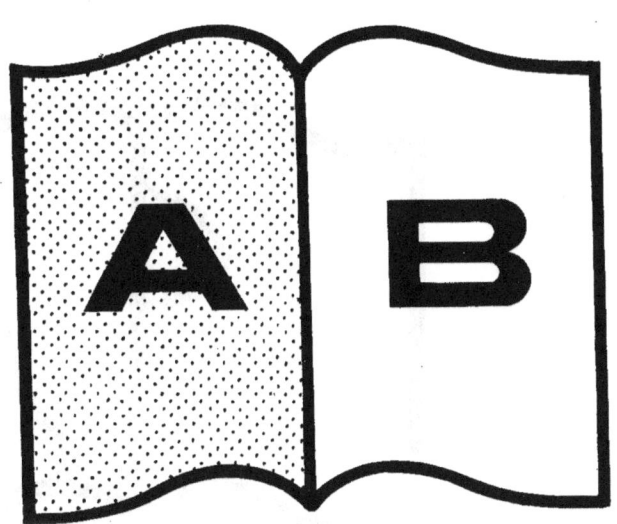

Contraste insuffisant
NF Z 43-120-14

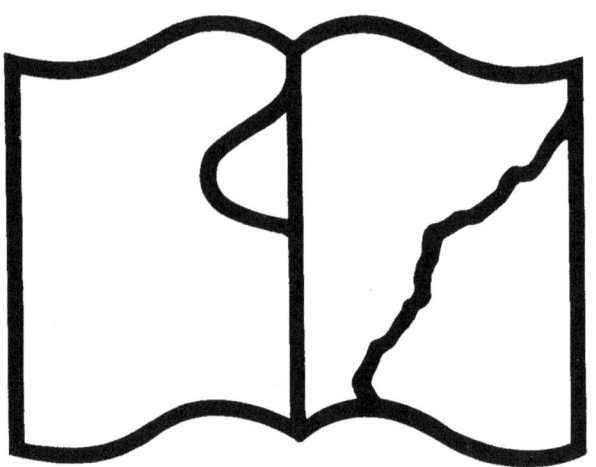

Texte détérioré — reliure défectueuse
NF Z 43-120-11

ALEXANDRE DUMAS ILLUSTRÉ

ROMANS — HISTOIRE — NOUVELLES
MÉMOIRES — VOYAGES

Louis XIV et son Siècle

PARIS
A. LE VASSEUR ET Cie, ÉDITEURS
33, RUE DE FLEURUS, 33

ALEXANDRE DUMAS
ILLUSTRE

---*---

Louis XIV et son Siècle

ILLUSTRATIONS
DE
CASTELLI, FOULQUIER, MARCKL, PHILIPPOTEAUX,
ROUARGUE, ETC.

PARIS
A. LE VASSEUR ET C¹ᵉ, ÉDITEURS
33, rue de Fleurus, 33

LOUIS XIV ET SON SIÈCLE

I

CIRCONSTANCES AUXQUELLES LOUIS XIV DOIT LA VIE. — ANNE D'AUTRICHE SE DÉCLARE ENCEINTE. — GRACE QU'ELLE DEMANDE AU ROI A CETTE OCCASION. — COUP D'ŒIL JETÉ EN ARRIÈRE. — LOUIS XIII. — ANNE D'AUTRICHE. — MARIE DE MÉDICIS. — LE CARDINAL DE RICHELIEU. — GASTON D'ORLÉANS. — MADAME DE CHEVREUSE. — PREMIÈRE MÉSINTELLIGENCE DE LOUIS XIII ET D'ANNE D'AUTRICHE. — JALOUSIE DU ROI CONTRE SON FRÈRE. — LE CARDINAL DE RICHELIEU AMOUREUX DE LA REINE. — ANECDOTE AU SUJET DE CET AMOUR.

Le 5 décembre 1637, le roi Louis XIII alla faire une visite à mademoiselle de la Fayette, qui, pendant le mois de mars de la même année, s'était retirée au couvent de la Visitation de Sainte-Marie, situé rue Saint-Antoine, où elle avait pris le voile sous le nom de sœur Angélique. Une des prérogatives attachées au titre de roi, de reine ou d'enfant de France étant d'entrer dans tous les couvents et de converser librement avec les religieuses, les visites du roi à son ancienne maîtresse ne souffraient aucune difficulté.

D'ailleurs, on sait que les maîtresses du roi Louis XIII n'étaient que ses amies et jamais les assiduités du chaste fils de Henri IV et du chaste père de Louis XIV, monarques fort peu chastes tous deux, ne portèrent en aucune façon atteinte à la réputation des femmes auxquelles elles s'adressaient.

Louise Motier de la Fayette, issue d'une ancienne famille d'Auvergne, était entrée, dès l'âge de dix-sept ans, dans la maison de la reine Anne d'Autriche, en qualité de fille d'honneur. Dès 1630, le roi l'avait remarquée, et les charmes de son esprit et de sa personne l'avaient tiré, sinon de sa chasteté, du moins de sa froideur habituelle; Bassompierre raconte qu'en passant à cette époque à Lyon, où Louis XIII séjournait, il y trouva le roi parmi les dames et *amoureux et galant contre sa coutume*.

Cette faveur de mademoiselle de la Fayette dura sans nuage aucun tant qu'elle prit sur elle de rester étrangère aux affaires politiques. Mais le père Joseph, qui était son parent du côté de Marie Motier de Saint-Romain, sa mère, ayant obtenu d'elle qu'elle entrât dans une cabale contre le cardinal, que l'ambitieux capucin voulait supplanter dans l'esprit du roi, dès lors toute tranquillité et tout bonheur furent perdus pour elle et pour son royal amant.

Selon ses habitudes, ce ne fut pas de front que Richelieu attaqua l'amour de Louis XIII pour mademoiselle de la Fayette; ce fut par une de ces mines souterraines, si familières à ce grand ministre, lequel fut forcé d'user la moitié de sa vie à des ruses qui réussissaient d'autant plus sûrement qu'étant indignes d'un génie si supérieur, on ne les attendait point de sa part. Il décida par menace Boizenval que Louis XIII avait tiré de sa garde-robe pour en faire son premier valet de chambre, à trahir son maître dont il était le plus intime confident, d'abord en faussant les messages verbaux que les deux amants s'envoyaient l'un à l'autre, puis en remettant au cardinal les lettres qu'ils écrivaient, et qui, dans son cabinet et sous la main d'habiles secrétaires que le cardinal payait à cet effet, subissaient des altérations telles, que les épîtres des deux amants, sorties de leurs mains pleines d'expressions de tendresse, arrivaient chargées de récriminations si amères, qu'une rupture allait éclater entre eux lorsqu'une explication éclaircit tout.

On fit venir Boizenval, qui fut forcé de faire l'aveu de sa trahison et de raconter les manœuvres du ministre, et ce fut seulement alors que Louis XIII et mademoiselle de La Fayette apprirent qu'ils étaient déjà depuis longtemps, sans s'en douter, sous le poids de la haine du cardinal.

Or, on le savait, c'était une chose terrible, même pour le roi, que cette haine. Buckingham, Chalais, Montmorency en étaient morts, et, selon toute probabilité, en ce moment-là, le père Joseph en mourait. Mademoiselle de La Fayette s'enfuit tout éperdue au couvent de la Visitation ; quelques instances que lui fit Louis XIII, elle ne voulut plus en sortir, et, sous le nom de sœur Angélique, y prit le voile, les uns disent le 19, les autres le 24 du mois de mai de l'année 1637.

Mais, quoique mademoiselle de Hautefort, rappelée par Richelieu de son exil, commençât à prendre dans le cœur du roi la place qu'avait occupée mademoiselle de La Fayette, Louis XIII n'en avait pas moins pensé que cette dernière, des relations qui lui étaient devenues nécessaires, et, comme nous l'avons dit, parti secrètement de Grosbois qu'il habitait, il était venu lui faire une visite. Entré au couvent à quatre heures de l'après-midi, il en était sorti à huit heures du soir.

De ce qui fut dit dans cette conversation, nul n'en sut jamais rien ; car elle eut lieu en tête-à-tête, comme toutes les conversations qu'avaient eues Louis XIII avec mademoiselle de La Fayette depuis qu'elle était au couvent de la Visitation de Sainte-Marie. Seulement, en sortant, le roi parut fort pensif à ceux de ses gens qui l'avaient accompagné ; il faisait dehors une tempête terrible mêlée de pluie et de grêle, une obscurité à ne pas voir à quatre pas devant soi ; le cocher demanda au roi s'il retournait à Grosbois ; Louis XIII alors parut faire un effort sur lui-même, et, après un instant de silence :

— Non, dit-il, nous allons au Louvre.

Et le carrosse prit rapidement le chemin du palais, à la grande joie de l'escorte enchantée de n'avoir point quatre lieues à faire par un si terrible temps.

Arrivé au Louvre, le roi monta chez la reine, qui le vit entrer avec un grand étonnement ; car, depuis longtemps. Louis XIII et Anne d'Autriche avaient de bien rares entrevues ; elle se leva, et la salua respectueusement. Louis XIII alla à elle, lui baisa la main avec la même timidité qu'il eût éprouvée devant une femme qu'il aurait vue pour la première fois, et, d'une voix très embarrassée :

— Madame, lui dit-il, il fait si gros temps, que je ne puis retourner à Grosbois ; je viens donc vous demander un souper pour ce soir et un gîte pour cette nuit.

— Ce me sera, un grand honneur et une grande joie d'offrir l'un et l'autre à Votre Majesté, répondit la reine, et je remercie Dieu maintenant de cette tempête qu'il nous a envoyée et qui m'effrayait si fort tout à l'heure.

Louis XIII, pendant cette nuit du 5 décembre 1637, partagea donc non seulement le souper, mais encore le lit d'Anne d'Autriche ; puis, le lendemain matin, il repartit pour Grosbois.

Était-ce le hasard qui avait amené ce rapprochement entre le roi et la reine, ce retour d'intimité entre le mari et la femme ? La tempête avait-elle réellement effrayé Louis XIII, ou avait-il cédé aux instantes prières de mademoiselle de La Fayette ? Cette dernière supposition est la plus vraisemblable. Quant à nous, nous croyons que la tempête ne fut qu'un prétexte.

Quoi qu'il en soit, cette nuit fut une nuit mémorable pour la France et même pour l'Europe, dont elle devait changer la face, car, neuf mois, jour pour jour, après cette nuit, Louis XIV devait venir au monde.

La reine s'aperçut bientôt qu'elle était enceinte ; cependant elle n'osa en parler à qui que ce fût pendant les quatre premiers mois, de peur de se tromper ; mais, vers le commencement du cinquième, elle n'eut plus aucun doute. Son enfant avait fait un mouvement. C'était le 11 mai 1638.

Aussitôt, elle fit appeler M. de Chavigny, des procédés duquel elle avait toujours eu à se louer. M. de Chavigny s'entretint avec elle pendant quelques instants, et, en sortant de son cabinet, s'achemina vers l'appartement du roi.

Il trouva Sa Majesté prête à partir pour la chasse au vol. Louis XIII en apercevant le ministre d'État, fronça le sourcil, car il crut qu'il venait lui parler administration ou politique, et son amusement favori, le seul auquel il prît un plaisir constant et réel, allait être retardé.

— Eh bien, que me voulez-vous ? demanda-t-il à M. de Chavigny avec un mouvement d'impatience, et qu'avez-vous à nous dire ? Vous le savez, si vous venez nous parler des affaires de l'État, cela ne nous regarde pas, cela regarde M. le cardinal.

— Sire, dit M. de Chavigny, je viens vous demander la grâce d'un pauvre prisonnier.

— Demandez au cardinal, demandez au cardinal, monsieur de Chavigny ; peut-être le prisonnier est-il l'ennemi de Son Éminence et, par conséquent, notre ennemi.

— Celui-là n'est l'ennemi de personne, sire ; c'est seulement un fidèle serviteur de la reine, injustement soupçonné de trahison.

— Ah ! je vous vois venir ! vous voulez encore me parler de Laporte ; cela ne me regarde pas, Chavigny ; adressez-vous à M. le cardinal. Venez, messieurs, venez !

Et il fit signe à ceux qui devaient l'accompagner de le suivre.

— Cependant, sire, dit Chavigny, la reine avait pensé qu'en faveur de la nouvelle que je vous apporte, Votre Majesté daignerait lui accorder la grâce que je suis chargé de lui demander de sa part.

— Et quelle nouvelle m'apportez-vous ? demanda le roi.

— La nouvelle que la reine est enceinte, répondit Chavigny.

— La reine est enceinte ! s'écria le roi. Alors, ce doit être de la nuit du 5 décembre.

— Je ne sais, sire ; mais ce que je sais, c'est que Dieu a regardé en miséricorde le royaume de France et qu'il a fait cesser une stérilité qui nous affligeait tous.

— Êtes-vous bien sûr de ce que vous m'annoncez là, Chavigny ? demanda le roi.

— La reine n'a rien voulu dire à Votre Majesté avant d'en être bien certaine. Mais, aujourd'hui même, elle a senti remuer son auguste enfant, et, comme vous lui avez promis, m'a-t-elle assuré, le cas échéant, de lui accorder la grâce qu'elle vous demanderait, elle vous demande, sire, de lui faire sortir le cas Laporte, son portemanteau.

— C'est bon, dit le roi, cela ne fait rien à notre chasse, messieurs, c'est un petit retard, voilà tout ; allez attendre en bas, tandis que, moi et Chavigny, nous passons chez la reine.

Les courtisans accompagnèrent joyeusement le roi jusqu'à l'appartement d'Anne d'Autriche, où Louis XIII entra tandis qu'ils continuaient leur chemin.

Le roi laissa Chavigny dans le salon de la reine et passa dans son oratoire ; là encore, on ignore ce qui fut dit entre eux, car personne ne fut admis en tiers dans leur entretien.

Seulement, au bout de dix minutes, le roi sortit la figure radieuse.

— Chavigny, dit-il, c'était vrai. Dieu veuille maintenant que ce soit un dauphin. Ah ! comme vous m'enragiez, mon très cher frère !

— Et Laporte, sire ? demanda Chavigny.

— Vous le ferez sortir demain de la Bastille, mais à la condition qu'il se retirera immédiatement à Saumur.

Le lendemain, 12 mai, M. Legras, secrétaire des commandements de la reine, se présenta à la Bastille, accompagné d'un commis de M. de Chavigny ; il avait mission de faire signer à Laporte la promesse de se retirer à Saumur. Laporte signa, et, le 13 au matin, il fut remis en liberté.

Ainsi le premier mouvement que fit Louis XIV, dans le sein de sa mère, fut le motif d'une des grâces qu'accorda si rarement Louis XIII. C'était de bon augure pour l'avenir.

Le bruit de la grossesse de la reine se répandit rapidement en France ; on eut peine à y croire : après vingt-deux ans de mariage et de stérilité, c'était presque un miracle.

D'ailleurs, on savait les causes de trouble et de désaccord qui avaient existé entre le roi et la reine. On n'osait donc pas nourrir une espérance qu'on regardait depuis longtemps comme perdue.

Jetons en arrière un coup d'œil sur les causes de ces dissensions conjugales ; ce sera pour nos lecteurs une occasion de faire connaissance avec les personnages les plus importants de cette cour romanesque, où les trois éléments français, italien et espagnol étaient réunis, et qui apparaissent au commencement du règne de Louis XIV, comme les représentants d'un autre âge et d'un autre siècle.

Le roi Louis XIII, que nous venons de mettre en scène et qui était alors âgé de trente-sept ans à peu près, était un prince à la fois fier et timide, d'une bravoure héroïque et d'une hésitation d'enfant ; sachant haïr violemment, mais n'aimant jamais qu'avec réserve ; dissimulé pour avoir longtemps vécu avec des gens qu'il détestait, patient et faible en apparence, mais violent par boutades, cruel avec délices et raffinement, quoique son père Henri IV eût tout fait dans son enfance pour le corriger de son penchant à la cruauté, jusqu'à l'avoir deux fois, de sa propre main, battu de verges : la première, parce qu'il avait écrasé entre deux pierres la tête d'un moineau vivant ; la seconde, parce qu'il avait pris en haine un jeune seigneur, et fallut, pour le satisfaire, tirer à ce gentilhomme un coup de pistolet sans balle, auquel coup le gentilhomme, prévenu d'avance, tomba comme s'il était mort ; ce qui causa une si grande joie au futur de Montmorency et de Cinq-Mars, qu'il en battit des mains. À ces corrections, la reine Marie de Médicis s'était récriée bien fort ; mais le Béarnais n'avait tenu aucun compte des réclamations maternelles, et lui avait répondu ces paroles prophétiques :

— Madame, priez Dieu qu'il vive ; car, croyez-moi, ce méchant garçon-là vous maltraitera fort quand je n'y serai plus.

L'enfance du roi avait, au reste, été fort abandonnée : la reine mère, qui, au dire de son mari lui-même, était *courageuse, hautaine, ferme, discrète, glorieuse, opiniâtre, vindicative et défiante*, voulait conserver le plus longtemps possible, le pouvoir royal qui était devenu pour elle un besoin. En conséquence, au lieu de donner à son fils cette haute instruction qui prépare à régner, elle l'avait laissé dans une ignorance parfaite, de sorte que son éducation n'était pas même celle d'un homme né dans une condition ordinaire. Toujours en familiarité avec Concini et Galigaï, que le jeune roi détestait, elle ne voyait son fils que lorsque son devoir l'amenait chez elle, et, la plupart du temps, elle le recevait froidement. Un jour, il arriva même que Louis XIII, en entrant chez sa mère, marcha sur la patte d'un chien, que Marie de Médicis aimait beaucoup ; le chien mordit le roi à la jambe. Le jeune prince, emporté par la douleur, lui donna un coup de pied. Le chien s'enfuit en criant ; alors, la reine mère le prit dans ses bras, l'embrassant et le plaignant, sans même demander à son fils des nouvelles de sa blessure. Aussi, frappé au cœur de cette preuve d'indifférence, le roi sortit aussitôt en disant à Luynes :

— Regarde donc, Albert, elle aime mieux son chien que moi.

Charles-Albert de Luynes, le seul favori de Louis XIII, peut-être, qui soit mort sans avoir vu la haine du roi succéder à son amitié, sans doute parce qu'il fut non seulement son ami, mais encore son complice, était l'unique compagnon qu'on laissait approcher du jeune prince, et encore ne jouissait-il de cette faveur que parce qu'on ne voyait en lui qu'un homme frivole et sans conséquence. En effet, qui aurait pu prendre ombrage d'un personnage de si médiocre naissance, qu'on lui contestait même le titre de simple gentilhomme avec lequel lui et ses deux frères s'étaient présentés à la cour?

Voici, au reste, ce qu'on racontait sur leur origine :

Le roi François 1er avait, parmi les musiciens attachés à son palais, un joueur de luth, Allemand, nommé Albert, lequel était en grande faveur près de lui à cause de son talent et de son esprit. Aussi, lorsque le roi fit pour la première fois son entrée à Marseille, lui accorda-t-il pour son frère, homme d'Église, un bon canonicat qui était vacant. Le chanoine avait deux bâtards ; il fit étudier l'aîné pour en faire un homme de science, et éleva l'autre pour en faire un homme de guerre.

L'aîné devint médecin, prit le nom de Luynes, d'une petite maison qu'il possédait près de Mornas, suivit la reine de Navarre jusqu'à sa mort, et, ayant fait fortune, lui prêta jusqu'à douze mille écus.

Le cadet fut archer du roi Charles, se battit en champ clos dans le bois de Vincennes, devant toute la cour, et tua son homme ; ce qui le mit en si grande réputation, que M. Danville, gouverneur du Languedoc, le prit avec lui, lui donna sa lieutenance de Pont-Saint-Esprit, puis enfin le mit gouverneur dans Beaucaire, où il mourut, laissant trois fils et quatre filles.

Les trois fils étaient : Albert, Cadenet et Brantès.

Tous trois furent recommandés par la Varenne à Bassompierre. La Varenne, comme on le sait, était à Henri IV ce que Lebel était à Louis XV. Bassompierre, qui avait si fort à se louer de la Varenne du vivant du feu roi, chose rare, le plus grand égard pour la recommandation d'un homme qui avait cessé d'être en faveur. Il plaça Albert près du roi, et les deux frères chez le maréchal de Souvré, qui les donna à Courtanvaux, son fils.

Albert fut le bienvenu et jouit bientôt de la faveur du jeune roi. En effet, Louis XIII, abandonné, sans un seul ami, réduit à la société d'un valet de chiens et d'un fauconnier, n'avait pour toute distraction que la volière qu'il avait fait faire dans son jardin ; pour tout plaisir, que celui de concourir lui-même, un fouet à la main, les tombereaux sur lesquels on transportait le sable dont il se servait pour bâtir de petites forteresses ; pour toute occupation, que la musique, qu'il aimait passionnément, et quelques arts mécaniques qu'il étudiait tout seul. Le jeune roi, disons-nous, s'était pris d'une vive et subite amitié pour Albert, qui, admis à tous les exercices du corps, était venu jeter une grande animation dans sa vie jusque-là si morne et si monotone.

Ce qui, surtout, avait mis Albert au mieux dans l'esprit du roi, c'était son habileté à dresser des pies-grièches avec lesquelles Louis XIII et lui donnaient la chasse aux petits oiseaux dans les jardins des Tuileries et du Louvre. Il en résulta que, le roi devenant un peu plus occupé, la reine mère regarda comme un bonheur l'amitié de Luynes, qui, selon elle, devait encore détourner l'esprit de son fils des affaires de l'État.

Ce fut vers cette époque, c'est-à-dire au commencement de 1615, qu'on annonça au jeune roi son prochain mariage avec l'infante Anne d'Autriche, fille de Philippe III et de la reine Marguerite.

Louis XIII montrait peu de goût pour les plaisirs. La nature l'avait fait dévot et mélancolique. Il atteignait quatorze ans lorsque son mariage fut résolu ; et, tandis qu'à cet âge le roi son père, d'amoureuse mémoire, courait déjà, comme il le dit lui-même, bois et montagnes, pourchassant femmes et filles dans la veine de ce sang impétueux qui continua de brûler sous ses cheveux gris, le jeune roi se préoccupa de ce mariage comme d'un lien qu'il reconnaissait déjà saint et indissoluble, et, au lieu de se laisser entraîner à l'ardeur et les désirs de son âge, il apporta dans la conduite de cette affaire l'amour-propre et la défiance d'un homme qui ne veut pas être dupé.

Aussi, dès qu'il apprit, à Bordeaux, que sa femme s'acheminait vers la Bidassoa, où l'échange des princesses devait être fait, — car, en même temps que Louis XIII allait épouser Anne d'Autriche, Henriette de France, qu'on appelait Madame, devait devenir la femme de l'infant don Philippe, — il envoya Luynes au-devant d'elle, sous prétexte de lui remettre une lettre, mais, en réalité, pour qu'il pût apprendre de la bouche d'un homme dans lequel il avait toute confiance, si la jeune princesse était digne de la réputation de beauté qu'on lui faisait.

Luynes laissa donc le roi à Bordeaux, où il était venu avec toute la cour, et, porteur du premier message amoureux que Louis XIII eût écrit, il s'avança au-devant du cortège qui amenait la petite reine ; c'est ainsi qu'on appelait Anne d'Autriche pour la distinguer de la reine mère, Marie de Médicis.

De l'autre côté de Bayonne, Luynes rencontra celle qu'il venait chercher ; il descendit aussitôt de cheval, s'approcha de la litière, et, mettant un genou en terre :

— De la part du roi, dit-il, à Votre Majesté.

Et, en même temps, il présenta à la princesse la lettre de Louis XIII.

Anne d'Autriche prit la lettre, la décacheta et lut ce qui suit :

« Madame, ne pouvant, selon mon désir, me trouver auprès de vous à vostre entrée dans mon royaume, pour vous mettre en possession du pouvoir que j'y ai, comme de mon entière affection à vous aymer et servir, j'envoye devers vous Luynes, l'un de mes plus confidents serviteurs, pour, en mon nom, vous saluer en trois personnes et vous dire que vous estes attendue de moy avec impatience et pour vous offrir moy-mesme l'un et l'autre. Je vous prie donques de recevoir favorablement et le croire de ce qu'il vous dira de la part, madame, de vostre plus cher amy et serviteur,

« LOUIS. »

Cette lecture terminée, l'infante remercia gracieusement le messager, lui fit signe de remonter à cheval et de marcher près de sa litière, et alla dans la ville tout en s'entretenant avec lui.

Le lendemain, elle le renvoya avec cette réponse que le peu d'habitude qu'elle avait de la langue française la força à faire en espagnol :

« Señor, mucho me he holgado con Luynes, con las buenas nuevas que me ha dado de la salud de Vuestra Majestad. Yo ruego por ella y muy deseosa de llegar donde pueda servir á mi madre. Y así me doy mucha priesa á caminar por la soledad que me hace y bezar á Vuestra Majestad la mano, à quien Dios guarde como deseo. Bezo las manos á Vuestra Majestad (1).

« ANA. »

Luynes fit grande diligence, car il avait de bonnes nouvelles à rendre au roi. L'infante était belle à ravir ; mais, nous l'avons dit, Louis XIII était difficile à satisfaire ; soit curiosité, soit défiance, il voulut juger sa fiancée par ses propres yeux. Il partit donc de Bordeaux, sans bruit, à cheval, escorté de deux ou trois personnes seulement, entra dans une maison par la porte de derrière, alla s'établir à une fenêtre de rez-de-chaussée et attendit.

Le mot d'ordre avait été donné : comme le carrosse de l'infante arrivait devant la maison où était le roi, le duc

(1) « Sire, j'ai vu avec plaisir M. de Luynes, qui m'a donné de bonnes nouvelles de la santé de Votre Majesté. Je prie pour elle et je suis désireuse de faire ce qui peut être très agréable à ma mère ; ainsi, il me tarde d'achever mon voyage et de baiser la main de Votre Majesté, que Dieu garde comme je le désire. Je baise les mains de Votre Majesté.

« ANNE. »

d'Epernon, qui avait sa leçon faite, vint la haranguer ; de sorte que, pour répondre à cet honneur, Anne d'Autriche fut forcée de sortir à moitié par la portière de son carrosse ; le roi put donc tout à son aise voir sa fiancée.

La harangue finie, la petite reine continua son chemin, et le roi, enchanté que la réalité répondît si bien au récit que Luynes lui avait fait, remonta à cheval et piqua vers Bordeaux, où il arriva longtemps encore avant l'infante.

En effet, s'il faut en croire tous les historiens du temps, Anne d'Autriche avait dans sa personne de quoi satisfaire les plus royales exigences : belle d'une beauté majestueuse qui plus tard servit admirablement ses projets et imposa mille fois le respect et l'amour à la noblesse, turbulente dont elle était entourée, femme accomplie pour l'œil d'un amant, reine parfaite pour l'œil d'un sujet, grande, bien prise dans sa taille, possédant la plus blanche et la plus délicate main qui eût jamais fait un geste impérieux, des yeux parfaitement beaux, faciles à dilater, et auxquels leur couleur verdâtre donnait une transparence infinie, une bouche petite et vermeille, qui semblait une rose souriante, des cheveux longs et soyeux, de cette riante couleur cendrée qui donne à la fois, aux visages qu'ils encadrent, la suavité du teint des blondes et l'animation des brunes ; telle était la femme que Louis XIII recevait pour compagne, à l'âge où les passions, qui sommeillent encore chez les hommes vulgaires, sont censées, par un privilège particulier de leur rang, devoir être éveillées chez les rois.

La cérémonie du mariage fut célébrée le 25 novembre 1615, dans la cathédrale de Bordeaux, et les jeunes époux, après le festin qui fut donné au roi dans son logis, furent conduits au lit nuptial, chacun par sa nourrice qui ne le quitta pas. Ils demeurèrent ensemble cinq minutes ; après quoi, la nourrice du roi le fit lever et l'infante resta seule : car il avait été décidé que la consommation du mariage n'aurait lieu que deux ans plus tard, vu la grande jeunesse des époux, qui n'avaient pas tout à fait vingt-huit ans à eux deux.

A son retour à Paris, Louis XIII eut à s'occuper des querelles des princes du sang, querelles qui avaient eu pour source la régence improvisée de Marie de Médicis après l'assassinat du roi Henri, et qui, tantôt sous un prétexte, tantôt sous un autre, allumaient à chaque instant des troubles dans tous les coins de ce pauvre royaume encore ému de nos guerres de religion. Puis, après le traité de Loudun, il lui fallut s'occuper de la ruine du maréchal d'Ancre, qu'il décida, conduisit et acheva de manière à rappeler à la fois la fermeté de Louis XI et la dissimulation de Charles IX, avec cette différence, toutefois, que le premier, dans les exécutions de ce genre qu'il commit, fut toujours guidé par des vues politiques dont une certaine élévation, et que le second obéit aux ordres de sa mère, et n'agit que trompé par une fausse alarme ; tandis qu'à Louis XIII, seul, revient la responsabilité de cet événement si étrange, même au XVIIe siècle, et qui mit le bâton de maréchal aux mains de Vitry et l'épée de connétable à celles de Luynes.

On sait que Concino Concini, maréchal d'Ancre, fut assassiné sur le pont du Louvre, le 20 avril 1617, et que Léonora Galigaï fut brûlée en Grève comme sorcière, au mois de juillet suivant.

Alors se vérifia, à l'endroit de la reine mère, la prophétie que la Béarnaise avait faite sur le méchant garçon. Marie de Médicis, privée de son rang et de ses honneurs, fut reléguée à Blois plutôt prisonnière que comme exilée.

Cependant, malgré les preuves de virilité, qui, de temps en temps, éclataient comme des orages dans la vie de Louis XIII, Anne d'Autriche qui participait du caractère ferme de sa race et de l'esprit orgueilleux de sa nation, ne se laissait point intimider ; elle prenait même de temps en temps un dangereux plaisir à rompre un visière au roi, qui, de nature à la fois faible et violente, fronça plus d'une fois le sourcil devant l'altière Espagnole sans oser rien dire, comme cela lui arriva plus tard en face du cardinal de Richelieu, dont il fut plutôt l'écolier que le maître, et qui n'était encore à cette époque qu'évêque de Luçon.

Le grand malheur de la reine, malheur dont on lui fit un crime, on doit croire que, si Louis XIII eût pu élever à vingt ans un dauphin qu'il n'obtint du ciel que si tard, la tournure de son esprit et la face de son règne eussent complètement changé. Tandis qu'au contraire cette stérilité aigrit le roi, éloigna la reine de son époux, qu'elle trouvait sans cesse soucieux, amer et défiant, ouvrit un vaste champ aux médisances qui empoisonnèrent la vie tout entière d'Anne d'Autriche, et cela, avec un tel air de réalité, que les historiens sérieux les appellent de *méchants bruits* et des discours malins, c'est-à-dire des médisances, tandis que, selon toutes les probabilités, c'étaient de véritables calomnies.

Le premier de ces griefs que le roi n'oublia jamais, bien qu'il ait paru souvent le faire, fut l'amitié de la jeune reine pour le duc d'Anjou, Gaston, depuis duc d'Orléans,

fils favori de Marie de Médicis ; souvent le roi, dans sa jeunesse, et même depuis sa majorité, s'était montré jaloux de l'amour de la régente pour ce frère, qui, aussi gai et aussi joyeux que Louis XIII était sombre et mélancolique, semblait avoir hérité sinon du courage et de la loyauté du roi Henri IV, du moins de son esprit ; plus tard, la légèreté d'Anne d'Autriche lui inspira contre ce frère une jalousie d'époux qui ne contribua pas médiocrement à augmenter la haine du frère. En effet, la reine traitait cérémonieusement et avec tous les dehors de l'étiquette Gaston, en public, mais l'appelait tout simplement *mon frère* dans ses lettres ; et, en petit comité, chuchotait toujours avec lui, familiarité insupportable au roi, qui était, nous l'avons dit, de sa personne, le plus timide, et par conséquent, le plus ombrageux des hommes. De son côté, la reine Marie de Médicis, sans cesse à l'affût du pouvoir qu'on lui avait ôté et qu'elle ne voulait laisser reprendre par personne, soufflait, avec cette ardeur d'intrigue qu'elle avait puisée à la cour de Florence, à petites baleines la colère du roi par mille hostilités secrètes ou apparentes. Ainsi, il avait dit à la reine en présence de plusieurs témoins, un jour qu'elle venait de faire une neuvaine pour obtenir que sa stérilité cessât :

— Madame, vous venez de solliciter vos juges contre moi ; je consens que vous gagniez le procès, si le roi a assez de crédit pour me le faire perdre.

Le mot revint aux oreilles de Louis XIII, qui en fut d'autant plus irrité que le bruit de son impuissance commençait à se répandre.

Ce bruit, auquel la stérilité d'une princesse, belle, jeune et admirablement conformée, semblait donner toute consistance, amena, de la part de Richelieu, une des plus étranges et des plus hardies propositions qu'un ministre ait jamais faites à une reine et un cardinal à une femme.

Dessinons, en quelques traits, cette grande et sombre figure du cardinal-duc, qu'on appelait l'Éminence rouge, pour le distinguer du père Joseph, son confident, qu'on appelait l'Éminence grise.

Armand-Jean Duplessis, à l'époque où nous en sommes arrivés, c'est-à-dire vers 1623, avait à peu près trente-huit ans ; c'était le fils de François Duplessis, seigneur de Richelieu, chevalier des ordres du roi, gentilhomme de très bonne naissance, quoi qu'on en ait dit, et, sur ce point, ceux qui en douteraient peuvent recourir aux Mémoires de mademoiselle de Montpensier. On ne contestera pas que l'orgueilleuse fille de Gaston ne se fît honneur en noblesse.

A cinq ans, il avait perdu son père, qui mourut laissant trois fils et deux filles ; il était le dernier des garçons. L'aîné prit la carrière des armes et fut tué ; le second était évêque de Luçon et renonça à son évêché pour se faire chartreux ; Armand-Jean Duplessis, qui était d'Église, hérita donc de ce bénéfice.

Écolier, il avait dédié ses thèses au roi Henri IV, promettant, dans cette dédicace, de vendre de grands services à l'État, s'il était jamais employé.

En 1607, il alla à Rome pour se faire sacrer évêque. C'était alors Paul V qui était pape. Le saint-père lui demanda s'il avait l'âge exigé par les canons, c'est-à-dire vingt-cinq ans. Le jeune Armand répondit résolument que oui, quoiqu'il n'en eût que vingt-trois. Puis, après la cérémonie, il demanda au pape de l'entendre en confession et lui avoua alors le mensonge dont il venait de se rendre coupable. Paul V lui donna l'absolution ; mais, le même soir, le montrant à l'ambassadeur de France Maisoncourt :

— Voici, dit-il, un jeune homme qui sera un grand fourbe ! (*Questo giovine sarà un gran furbo !*)

De retour en France, l'évêque de Luçon allait beaucoup chez l'avocat le Bouteiller, qui avait des relations avec Barbin, l'homme de confiance de la reine mère. Ce fut là que le contrôleur général fit connaissance avec lui, goûta son esprit, pressentit son avenir, et, pour aider autant qu'il était en lui à sa fortune, le présenta à Léonora Galigaï, qui l'employa à de petites négociations dont il s'acquitta si habilement, qu'elle le fit connaître à la reine, qui fut à son tour si vite convaincue de son grand mérite, qu'en 1616 elle le nomma secrétaire d'État.

Ce fut un après cette nomination que se trama, entre le roi, Luynes et Vitry, la terrible affaire de l'assassinat du maréchal d'Ancre, sur laquelle nous n'avons dit qu'un mot. Ajoutons encore à ce propos un fait qui peint admirablement le caractère de celui que Paul V avait prédit devoir être *un gran furbo*. Nous prions seulement le lecteur de se rappeler que l'évêque de Luçon devait son élévation à Léonora Galigaï et à son mari Concino Concini.

Le jeune secrétaire d'État était logé chez le doyen de Luçon, lorsque, le soir qui précéda l'assassinat du maréchal on apporta au doyen un paquet de lettres, qu'on le pria de remettre à son évêque, attendu que l'une des lettres que renfermait le paquet, contenait un avis des plus pressés.

Onze heures venaient de sonner, lorsque le paquet fut rendu à son adresse. L'évêque de Luçon était au lit et allait s'endormir ; cependant, sur la recommandation que lui transmit son doyen en personne, il prit le paquet et l'ouvrit.

Une de ces lettres était, en effet, très importante et on ne peut plus pressée ; elle contenait l'avis que le maréchal d'Ancre serait assassiné le lendemain à dix heures. Le lieu de l'assassinat, le nom des complices, les détails de l'entreprise étaient si bien circonstanciés qu'il n'y avait pas de doute que l'avis ne vînt d'une personne parfaitement instruite.

Après avoir lu cette révélation, l'évêque de Luçon tomba dans une méditation profonde ; puis, enfin, relevant la tête et se tournant vers son doyen qui était demeuré là :

— C'est bien, dit-il, rien ne presse, la nuit porte conseil.

Et, poussant la lettre sous son traversin, il se recoucha et s'endormit.

Le lendemain, il ne sortit de sa chambre qu'à onze heures, et la première chose qu'il apprit en sortant fut la mort du maréchal.

Trois jours auparavant, il avait dépêché M. de Pontcourlay à Luynes, suppliant ce dernier d'assurer au roi qu'il était à sa dévotion. Malgré cette démarche, l'évêque de Luçon parut être tombé en disgrâce. Il demanda au roi, et obtint de lui, la permission de suivre la reine mère dans son exil à Blois. Beaucoup dirent alors qu'il était son amant ; beaucoup qu'il était son espion ; quelques-uns murmurèrent tout bas qu'il était l'un et l'autre : il est probable que ceux-ci étaient les mieux instruits.

Il ne tarda point à quitter la reine mère, et, feignant de croire qu'il était devenu suspect, se retira dans un prieuré qui lui appartenait près de Mirabeau, voulant, disait-il, se renfermer avec ses livres et s'occuper, suivant sa profession, à combattre l'hérésie.

Il n'était resté que quarante jours à Blois et quittait cette ville, en présentant à la fois sa retraite, à la reine mère, comme une nouvelle persécution que ses ennemis le forçaient de subir à cause d'elle, et à la cour, comme un acte d'obéissance empressée à la volonté du roi.

Cependant, l'exil de la reine mère s'était changé en une véritable prison ; ceux qui l'entouraient ne lui représentaient sans cesse Marie de Médicis comme son ennemie la plus à craindre, et Louis XIII était bien résolu à ne jamais rappeler sa mère. Un jour que Bassompierre, qui avait été autrefois l'amant de Marie de Médicis et qui était resté son fidèle, entrant dans la chambre du roi, trouva Louis XIII occupé à sonner du cor :

— Sire, lui dit-il, vous avez tort de vous adonner à cet exercice avec tant d'assiduité, il est fatigant pour la poitrine et il a coûté la vie au roi Charles IX.

— Vous vous trompez, Bassompierre, répliqua Louis XIII en mettant la main sur l'épaule du maréchal, ce n'est point cela qui le fit mourir ; c'est qu'il se mit mal avec la reine Catherine, sa mère, et qu'après l'avoir exilée, il consentit à se rapprocher d'elle ; s'il n'avait pas commis cette imprudence, il ne serait pas mort.

Aussi, comme Marie de Médicis vit que son fils ne se rapprochait pas d'elle et ne la rapprochait point de lui, elle s'échappa du château de Blois dans la nuit du 22 février 1619.

Quelque temps après, M. d'Alincourt, gouverneur de Lyon, ayant appris que l'évêque de Luçon était parti déguisé d'Avignon, où il se trouvait, se douta qu'il allait rejoindre la reine mère et le fit arrêter à Vienne en Dauphiné. Mais l'évêque de Luçon, à la grande surprise de M. d'Alincourt, tira de sa poche une lettre du roi qui ordonnait aux gouverneurs de province non seulement de lui laisser le passage libre, mais encore de l'aider dans l'occasion. M. d'Alincourt ne s'était pas trompé, Richelieu allait rejoindre la reine mère ; seulement, au lieu d'être un agent de Marie de Médicis, il était, selon toute probabilité, un agent de Louis XIII.

Les princes, toujours prêts à se mettre en révolte contre le roi, allèrent rejoindre la reine mère. La fuite de Marie de Médicis prit aussitôt un caractère de rébellion qui prouvait que Louis XIII n'avait pas si grand tort de se défier d'elle. La reine mère assembla une armée.

L'échauffourée du pont de Cé, que raconte si gaillardement Bassompierre, et dans laquelle le roi lui-même chargea à la tête de sa maison, mit fin d'un seul coup à la guerre ; en une escarmouche de deux heures, dit Duplessis-Mornay, dissipa le plus grand parti qu'il y ait eu en France depuis plusieurs siècles.

La reine mère fit sa soumission ; le roi reconnut que tout ce qu'elle avait fait, ainsi que ceux qui s'étaient joints à elle, avait été pour son plus grand bien et pour celui de l'État ; puis ils eurent une entrevue.

— Mon fils, dit la reine mère en apercevant Louis XIII, vous êtes bien grandi depuis que je ne vous ai vu.

— Madame, répondit le roi, c'est pour votre service.

A ces mots, la mère et le fils s'embrassèrent comme des gens qui ne se sont pas vus depuis deux ans et qui sont enchantés de se revoir.

Dieu seul sut ce que chacun gardait au fond du cœur de haine et de fiel.

Puis, comme M. de Sillery allait en ambassade à Rome, il eut la charge de demander au pape Grégoire XV, qui avait succédé à Paul V, le premier chapeau de cardinal vacant pour l'évêque de Luçon, afin disait la dépêche, de complaire à la reine mère, avec laquelle le roi vivait si bien en toute chose, qu'il avait plaisir à lui donner contentement.

En conséquence de cette recommandation, Armand-Jean Duplessis obtint le chapeau rouge le 5 septembre 1622, et prit, à partir de ce moment, le titre et le nom de cardinal de Richelieu.

Or, il y avait trois mois à peu près qu'il avait reçu cette faveur, et qu'investi de la confiance du roi, il commençait à attirer à lui cette toute-puissance qui fit Louis XIII si petit et lui si grand, lorsqu'un soir que le roi était déjà en froid avec la reine, sa femme, à cause des familiarités du duc d'Anjou et de ses railleries, au moment même où la santé de Sa Majesté donnait des craintes sérieuses, le cardinal se fit annoncer chez la reine à l'heure où les dames du palais venaient de la quitter, pour lui parler, disait-il, des affaires de l'État.

La reine le reçut, en conservant près d'elle qu'une vieille femme de chambre espagnole qui l'avait suivie de Madrid ; elle se nommait doña Estefania et parlait à peine le français.

Le cardinal, comme cela lui arrivait souvent, était en costume de cavalier ; rien en lui ne dénonçait l'homme d'Église. On sait, d'ailleurs, que, comme la plupart des prélats du temps, il portait la moustache et la royale.

Anne d'Autriche était assise, elle lui fit signe au cardinal de s'asseoir.

La reine pouvait avoir à cette époque vingt ou vingt-deux ans, c'est dire qu'elle était dans toute la fleur de sa beauté. Richelieu était encore un jeune homme, et l'on peut dire toutefois qu'un homme comme Richelieu fut jamais jeune.

La reine s'était déjà aperçue d'une chose dont les femmes, au reste, s'aperçoivent toujours, c'est que Richelieu était près d'elle plus galant que ne doit l'être un cardinal, et plus tendre qu'il ne convient d'être à un ministre.

Elle se douta donc de quelles affaires d'État il voulait lui parler ; mais, soit qu'il lui restât un dernier doute dans l'esprit et qu'elle voulût l'éclaircir, soit qu'il y eût un triomphe d'orgueil, pour une femme comme Anne d'Autriche, à s'assurer de l'amour d'un homme comme Richelieu, elle donna à son visage, ordinairement hautain, un air de bienveillance que le ministre s'enhardit.

— Madame, dit-il, j'ai fait connaître à votre Majesté que j'avais à l'entretenir des affaires de l'État ; mais j'aurais dû dire, pour parler plus sincèrement, que j'avais à l'entretenir de ses propres affaires.

— Monsieur le cardinal, dit la reine, je sais déjà qu'en plusieurs occasions, et surtout en face de la reine mère, vous avez pris mes intérêts fort à cœur, et je vous en remercie. J'écoute donc avec la plus grande attention ce que vous avez à me dire.

— Le roi est malade, madame.

— Je le sais, dit la reine ; mais j'espère que sa maladie n'est pas dangereuse.

— Parce que les gens de l'art n'osent pas dire ce qu'ils pensent à Votre Majesté. Mais Bouvard, que j'ai interrogé et qui n'a nulle raison de dissimuler avec moi, m'a dit la vérité.

— Et cette vérité…? demanda la reine avec une inquiétude réelle.

— Est que Sa Majesté est atteinte d'une maladie dont elle ne guérira jamais.

La reine tressaillit et regarda fixement le cardinal ; car, quoiqu'il n'y eût pas une sympathie profonde entre elle et Louis XIII, la mort du roi devait amener dans sa situation de si fâcheux changements, que cette mort, lui fût-elle indifférente à un autre point de vue, était dans tous les cas un grand coup dans sa destinée.

— Bouvard a dit à Votre Éminence que la maladie du roi était mortelle ?... demanda Anne d'Autriche en interrogeant de son regard perçant l'impassible physionomie du cardinal.

— Entendons-nous, madame, reprit Richelieu, car je ne voudrais pas inspirer à Votre Majesté une crainte trop précipitée. Bouvard ne m'a pas dit que la mort du roi fût imminente ; mais il m'a dit qu'il regardait la maladie dont le roi est atteint comme mortelle.

Le cardinal prononça ces paroles avec un tel accent de vérité, et cette funèbre prophétie s'accordait si bien avec les craintes qu'elle avait mille fois conçues, qu'Anne d'Autriche ne put s'empêcher de froncer soucieusement son beau sourcil et de pousser un soupir.

Le cardinal s'aperçut de la disposition d'esprit de la reine et continua :

— Votre Majesté a-t-elle songé quelquefois à la situation dans laquelle elle se trouverait si le roi venait à mourir?

La figure d'Anne d'Autriche s'assombrit de plus en plus.

— Cette cour, continua le cardinal, où Votre Majesté est regardée comme une étrangère, n'est peuplée pour elle que d'ennemis.

— Je le sais, dit Anne d'Autriche.

— La reine mère a donné à Votre Majesté des preuves d'une inimitié qui ne demande qu'à éclater.

— Oui, elle me déteste, et pourquoi? je le demande à Votre Éminence.

— Vous êtes femme et vous faites une pareille question! Elle vous déteste, parce que vous êtes sa rivale en puissance, parce qu'elle ne peut avoir votre rivale en jeunesse et en beauté, parce que vous avez vingt-deux ans et qu'elle en a quarante-neuf.

— Oui, mais je serais soutenue par le duc d'Anjou.

Richelieu sourit.

— Par un enfant de quinze ans! reprit-il, et quel enfant encore!... Avez-vous jamais pris la peine de lire dans ce cœur lâche et dans cette pauvre tête, où tous les désirs avortent, non pas faute d'ambition, mais faute de courage? Défiez-vous de cette impuissante amitié, madame, si vous comptez vous appuyer dessus ; car, au moment du danger, elle pliera sous votre main.

— Mais il y a vous, monsieur le cardinal ; ne puis-je pas compter sur vous?

— Oui, sans doute, madame, si je ne devais pas être entraîné dans la catastrophe qui vous menace. Gaston, qui succédera à son frère, me hait; mais Marie de Médicis, dont il est l'enfant chéri et qui pétrit son cœur comme elle ferait d'une cire molle, reprendra tout le pouvoir, et ne me pardonnera pas les marques de sympathie que je vous ai données. Si le roi meurt sans enfants, nous sommes donc perdus tous deux, on me relègue dans mon évêché de Luçon et l'on vous renvoie en Espagne, où un cloître vous attend. C'est une triste perspective quand on a rêvé comme vous la royauté, ou, mieux que cela encore, la régence !

— Monsieur le cardinal, la destinée des rois, comme celle des autres hommes, est dans les mains de Dieu.

— Oui, dit le cardinal en souriant, et c'est pour cela que Dieu a dit à sa créature : Aide-toi et le ciel t'aidera. »

La reine jeta de nouveau sur le cardinal un de ces regards clairs et profonds qui n'appartenaient qu'à elle.

— Je ne vous comprends pas, dit-elle.

— Et avez-vous quelque désir de me comprendre? demanda Richelieu.

— Oui, car la situation est grave.

— Il y a des choses difficiles à dire.

— Non pas, si l'on s'adresse à quelqu'un qui entende à demi-mot.

— Votre Majesté me permet donc de parler?

— J'écoute Votre Éminence.

— Eh bien, il ne faut pas que la couronne, en cas de mort du roi, tombe aux mains du duc d'Anjou, car le sceptre du même coup tomberait aux mains de Marie de Médicis.

— Que faut-il faire pour empêcher cela?

— Il faut qu'au moment où le roi Louis XIII mourra, on puisse annoncer à la France qu'il laisse un héritier de sa couronne.

— Mais, dit la reine en rougissant, Votre Éminence sait bien que, jusqu'à présent, Dieu n'a pas béni notre union.

— Votre Majesté croit-elle que la faute en soit à elle?

Une autre femme qu'Anne d'Autriche eût baissé les yeux car elle commençait à comprendre ; mais, tout au contraire, la fière princesse espagnole fixa son regard intelligent et profond sur le cardinal ; Richelieu soutint ce regard avec le sourire du joueur qui risque tout son avenir sur un seul coup de dé.

— Oui, dit-elle, je comprends ; c'est quatorze ans de royauté que vous m'offrez en échange de quelques nuits d'adultère !...

— En échange d'une nuit d'amour ! madame, dit le cardinal déposant son masque politique pour prendre le visage de l'homme amoureux, que je n'apprendrai rien à Votre Majesté en lui disant que je l'aime (1), et que, dans l'espérance d'être payé de cet amour, je suis prêt à tout faire, à tout risquer, à joindre enfin mes intérêts aux siens et à courir la chance d'une même chute dans l'espoir d'une même élévation.

Le cardinal n'était pas encore à cette époque l'homme de génie et le ministre inflexible qui se révéla depuis ; car,

(1) Voir note A à la fin du volume.

dans ce cas-là, celle qui fut si faible devant Mazarin eût peut-être plié devant Richelieu. Mais, à cette époque, le cardinal, répétons-le, n'était qu'au commencement de sa fortune, et nul regard, excepté le sien peut-être, ne pouvait sonder les profondeurs de l'avenir.

Anne d'Autriche prit donc en mépris cette audacieuse proposition, et résolut de voir jusqu'où irait cet amour du cardinal.

— Monseigneur, dit-elle, la proposition est inusitée et vaut, vous en conviendrez, la peine qu'on y réfléchisse. Laissez-moi la nuit, la journée de demain pour me consulter.

— Et, demanda le cardinal tout joyeux, demain soir, j'aurai l'honneur de mettre de nouveau mes hommages aux pieds de Votre Majesté?...

— Demain soir, j'attendrai Votre Éminence.

— Et avec quels sentiments Votre Majesté permet-elle que je m'éloigne d'elle?

La fière Espagnole imposa silence à son orgueil, et, avec un charmant sourire, tendit la main au cardinal.

Le cardinal baisa ardemment cette belle main, et se retira transporté de joie.

Alors, Anne d'Autriche resta un moment pensive, le sourcil froncé et la bouche rieuse ; puis, secouant la tête comme si elle avait pris une résolution, elle entra dans sa chambre à coucher, et ordonna que, le lendemain, d'aussi grand matin que possible, on lui fît venir madame de Chevreuse.

Madame de Chevreuse a joué, dans l'histoire que nous avons entrepris de raconter, un si grand rôle, que nous ne pouvons nous dispenser de dire quelques mots sur elle.

Madame de Chevreuse, cette folle créature que Marie de Médicis avait placée près de sa belle-fille pour la détacher peu à peu du roi et la détourner de ses devoirs en l'exemple de sa conduite, madame de Chevreuse, qu'on appelait le plus souvent madame la connétable, parce qu'elle avait épousé, en premières noces, ce même Charles-Albert de Luynes, que nous avons vu poindre près du roi Louis XIII, et qui avait grandi si fort et si vite, arrosé par la sève du maréchal d'Ancre, pouvait avoir, à cette époque, vingt-trois ou vingt-quatre ans. C'était une des femmes les plus jolies, les plus spirituelles, les plus légères et les plus intrigantes du temps. Logée au Louvre, du vivant de son premier mari, elle avait eu avec le roi de grandes familiarités, ce qui avait d'abord donné des inquiétudes à Anne d'Autriche, qui ignorait encore, à cette heure, les manières d'agir du roi avec ses maîtresses. Cependant, comme avec mademoiselle de Hautefort et mademoiselle de la Fayette, il s'en tint toujours avec madame de Chevreuse à un amour purement platonique. Ce ne fut cependant pas faute que madame la connétable lui fît beau jeu. On assure même qu'un jour Louis XIII, embarrassé de ses avances, lui dit :

— Madame de Luynes, je vous en préviens, je n'aime mes maîtresses que de la ceinture en haut.

— Sire, répondit la connétable, vos maîtresses alors feront comme Gros-Guillaume, elles se ceindront au milieu des cuisses.

Comme on le pense bien, il y avait plus d'ambition que d'amour dans toutes les galanteries que madame de Luynes faisait à Louis XIII ; voyant qu'elle ne pouvait être la maîtresse du mari, elle résolut d'être l'amie de la femme ; elle y arriva facilement. Anne d'Autriche, isolée et espionnée comme elle l'était, accueillait avec retour tout nouveau visage qui pouvait donner un peu de vie à sa solitude, un peu de gaieté à son abandon ; aussi, bientôt madame de Luynes et la reine furent-elles inséparables.

Vers ce temps, le connétable mourut à l'âge de quarante-trois ans, laissant sa veuve riche, non seulement de la fortune personnelle, mais encore de tous les diamants de la maréchale d'Ancre, dont le roi lui avait accordé la confiscation ; elle ne demeura pas longtemps sans être pauvre. Au bout d'un an et demi de veuvage, elle épousa, en deuxièmes noces, le second des MM. de Guise, et le mieux fait des quatre. Claude de Lorraine, duc de Chevreuse, lequel était du même année que son premier mari, avait, par conséquent, quarante-trois ans, c'est-à-dire près du double de son âge. C'était un homme d'esprit, et qui, sans chercher le danger, était, dans le danger, d'un courage et d'un sang-froid à toute épreuve. Au siège d'Amiens et, comme il n'était encore que prince de Joinville, son gouverneur ayant été tué dans la tranchée, le jeune prince, qui avait à peine quinze ans, se mit, au milieu du feu, à retourner ses poches à tirer sa montre de son gousset et ses bagues de ses doigts, ne quittant le cadavre que lorsqu'il se fut bien assuré qu'il n'avait plus rien de bon à prendre. Malgré cette anecdote, qui semblait indiquer dans le jeune prince un grand esprit d'ordre, M. de Chevreuse n'en devint pas moins, par la suite, un des seigneurs les plus magnifiques de la cour. Il fit, un jour, faire quinze carrosses, afin de choisir, parmi les quinze, celui qui serait le plus doux.

Or, nous avons dit que, le soir de la visite du cardinal, Anne d'Autriche avait donné l'ordre que, le lendemain, aussitôt son arrivée au Louvre, madame de Chevreuse fût introduite chez elle.

C'était, comme on pense bien, pour lui raconter toute cette scène, que la reine avait si grande hâte de voir son amie.

Madame de Chevreuse avait depuis longtemps remarqué cet amour du cardinal pour la reine, et bien souvent les deux amies en avaient ri entre elles; mais jamais elles n'avaient songé que cet amour se produisît d'une façon si nette et si positive.

Alors fut arrêté un projet digne de ces deux folles têtes, et qui devait, selon elles, guérir à tout jamais le cardinal de sa passion pour la reine.

Le soir, quand tout le monde fut retiré, le cardinal se présenta de nouveau, comme il en avait reçu la permission; la reine l'accueillit parfaitement, mais parut seulement émettre des doutes sur la réalité de l'amour dont son Eminence lui avait parlé la veille; alors, le cardinal appela à son secours les serments les plus saints et jura qu'il se sentait prêt à exécuter pour la reine les hauts faits que les chevaliers les plus en renom, les Roland, les Amadis, les Galaor, avaient exécuté autrefois pour la dame de leur pensée, et que, d'ailleurs, si Anne d'Autriche voulait le mettre à l'épreuve, elle acquerrait bien vite la conviction qu'il ne disait que l'exacte vérité. Mais, au milieu de ses protestations, Anne d'Autriche l'interrompit.

— Voyez le beau mérite, dit-elle, de tenter des prouesses dont l'accomplissement donne la gloire; c'est ce que tous les hommes font par ambition aussi bien que par amour. Mais ce que vous ne feriez pas, monsieur le cardinal, parce qu'il n'y a qu'un homme véritablement amoureux qui consentirait à le faire, ce serait de danser une sarabande devant moi.

— Madame, dit le cardinal, je suis aussi bien cavalier et homme de guerre qu'homme d'Eglise, et mon éducation, Dieu merci, n'a été celle d'un gentilhomme; je ne vois donc pas ce qui pourrait m'empêcher de danser devant vous, si tel était votre bon plaisir, et que vous promissiez de me récompenser de cette complaisance.

— Mais vous ne m'avez pas laissé achever, dit la reine; je disais que Votre Eminence ne danserait pas devant moi avec un costume de bouffon espagnol.

— Pourquoi pas? reprit le cardinal. La danse étant en elle-même une chose fort bouffonne, je ne vois pas pourquoi l'on n'assortirait pas le costume à l'action.

— Comment, dit Anne d'Autriche, vous danseriez une sarabande devant moi, vêtu en bouffon, avec des sonnettes aux jambes et des castagnettes aux mains?

— Oui, si cela devait se passer devant vous seule, et, comme je vous l'ai dit, que j'eusse promesse d'une récompense.

— Devant moi seule, reprit la reine, c'est impossible; il vous faut bien un musicien pour marquer la mesure.

— Alors, prenez Boccau, mon joueur de violon, c'est un garçon discret et dont je réponds.

— Ah! si vous faites cela, dit la reine, je vous jure que je serai la première à avouer que jamais amour n'a égalé le vôtre.

— Eh bien, madame, dit le cardinal, vous serez satisfaite; demain, à cette même heure, vous pouvez m'attendre.

La reine donna sa main à baiser au cardinal, qui se retira plus joyeux encore que la veille.

La journée du lendemain se passa dans l'anxiété. La reine ne pouvait croire que le cardinal se décidât à faire une pareille folie; mais madame de Chevreuse n'en faisait pas un instant de doute, disant savoir de bonne source que son Eminence était amoureuse de la reine à en perdre la tête.

A dix heures, la reine était assise dans son cabinet; madame de Chevreuse, Vauthier et Beringhem étaient cachés derrière un paravent. La reine disait que le cardinal ne viendrait pas; madame de Chevreuse soutenait toujours qu'il viendrait.

Boccau entra, il tenait son violon et annonça que Son Eminence le suivait.

En effet, dix minutes après le musicien, un homme entra enveloppé d'un grand manteau qu'il rejeta aussitôt qu'il eut fermé la porte. C'était le cardinal lui-même dans le costume exigé; il avait des chausses et un pourpoint de velours vert, des sonnettes d'argent à ses jarretières et des castagnettes aux mains.

Anne d'Autriche eut grand'peine à retenir son sérieux en voyant l'homme qui gouvernait la France, accoutré d'une si étrange manière; cependant elle prit cet empire sur elle, remercia le cardinal du geste le plus gracieux et l'invita à pousser l'abnégation jusqu'au bout.

Soit que le cardinal fût véritablement assez amoureux pour faire une pareille folie, soit ainsi qu'il l'avait laissé paraître, il eût des prétentions à la danse, il ne fit aucune opposition à la demande, et, aux premiers sons de l'instrument de Boccau se mit à exécuter les figures de la sarabande, avec force ronds de jambes et évolutions de bras.

Malheureusement, grâce à la gravité même avec laquelle le cardinal procédait à la chose, ce spectacle atteignit à un grotesque si véhément, que la reine ne put garder son sérieux et éclata de rire. Un rire bruyant et prolongé sembla lui répondre alors comme un écho. C'étaient les spectateurs cachés derrière le paravent qui faisaient chorus. Le cardinal s'aperçut que ce qu'il avait pris pour une faveur n'était qu'une mystification, et sortit furieux. Aussitôt madame de Chevreuse, Vauthier et Beringhem firent irruption; Boccau lui-même suivit l'exemple, et tous cinq avouèrent que, grâce à cette imagination de la reine, ils venaient d'assister à un des spectacles les plus réjouissants qui se pussent imaginer.

Les pauvres insensés qui jouaient avec la colère du cardinal-duc!

Il est vrai que cette colère leur était encore inconnue. Après la mort de Bouteville de Montmorency, de Chalais et de Cinq-Mars, ils n'eussent certes pas risqué cette terrible plaisanterie.

Tandis qu'ils riaient ainsi, le cardinal, rentré chez lui, vouait à Anne d'Autriche et à madame de Chevreuse une haine éternelle.

En effet, toutes les espérances qu'il avait fondées sur l'amour d'Anne d'Autriche pour lui et sur les conséquences de cet amour, étaient évanouies. Si le roi mourait, Monsieur, son ennemi particulier, Monsieur égoïste, jeune, ambitieux et avide de paternité, montait sur le trône et sa fortune était renversée du coup; la perspective était terrible pour un homme qui avait déjà sacrifié tant de choses pour arriver où il en était.

Mais Dieu, qui avait ses desseins, raffermit la santé chancelante du roi. Bien plus, vers le commencement de l'année 1623, le bruit de la grossesse de la reine se répandit; malheureusement, à peine enceinte de trois mois, Anne d'Autriche, en jouant avec madame de Chevreuse, essaya de sauter un fossé, glissa en retombant, et se blessa. Le surlendemain, elle fit une fausse couche, et les espérances conçues trop hâtivement s'évanouirent.

Nous avons raconté dans ses plus rigoureux détails l'anecdote du cardinal dansant devant Anne d'Autriche, anecdote authentique s'il en fut, et consignée dans les Mémoires de Brienne, pour donner une preuve du désir que Richelieu avait de plaire à la jeune reine. Ce trait du ministre le plus austère que l'on ait connu en France, cette complaisance du plus fier gentilhomme que la noblesse ait compté dans ses rangs, enfin cette erreur de l'homme le plus sérieux que l'histoire ait célébré dans ses annales, indiqueront surabondamment quelle haute importance le cardinal attachait aux bonnes grâces d'Anne d'Autriche.

II

MISSION DU COMTE DE CARLISLE EN FRANCE. — ARRIVÉE DU DUC DE BUCKINGHAM. — SA MAGNIFICENCE. — L'HISTOIRE PREND LA FORME DU ROMAN. — INTRIGUES DE BUCKINGHAM POUR PLAIRE A LA REINE. — LES DIX-SEPT. — LE CHEVALIER DE GUISE ET BUCKINGHAM AU BAL DE LA COUR. — LE GRAND MOGOL. — LA DAME BLANCHE. — AVENTURE DES JARDINS A AMIENS. — SÉPARATION. — NOUVELLE VISITE DE BUCKINGHAM A LA REINE. — CONSÉQUENCES DE LA SCÈNE DU JARDIN D'AMIENS.

A cette première cause de discorde que nous venons de raconter et dont il faut aller chercher les sources dans l'esprit intrigant de Marie de Médicis, qui, croyant être sûre du cardinal de Richelieu, pensait n'avoir, pour ressaisir sa puissance perdue depuis l'assassinat du maréchal d'Ancre, qu'à combattre l'influence que devait prendre sur un roi de vingt ans une femme jeune et belle, se joignit bientôt une autre cause étrangère à toutes les volontés, étrangère à tous les calculs et qui surgit par une simple combinaison du hasard.

En 1624, la cour d'Angleterre envoya, en qualité d'ambassadeur extraordinaire à Paris, le comte de Carlisle; il venait demander au roi Louis XIII la main de sa sœur, Henriette-Marie de France, pour le prince de Galles, fils de Jacques VI. Cette demande, qu'elle eût cependant été traitée depuis longtemps sans qu'elle eût encore cependant été traitée diplomatiquement, fut accueillie par la cour de France, et le comte de Carlisle retourna en Angleterre, porteur de bonnes paroles.

Le comte de Carlisle avait pour compagnon d'ambassade milord Rich, qui fut depuis comte Holland; c'était un des plus beaux seigneurs de la cour d'Angleterre, quoiqu'en

France, sa beauté parut avoir quelque chose de fade. Cependant, comme il était fort riche et fort élégant, il n'en fit pas moins grand effet sur les dames qui entouraient Anne d'Autriche, et surtout sur madame de Chevreuse, à qui l'on prêtait, au reste, fort libéralement les trois quarts des aventures galantes qui faisaient bruit à la cour de France.

A son retour à Londres, milord Rich raconta au duc de Buckingham, son ami, tout ce qu'il avait vu de beau et de curieux au Louvre et à Paris, lui affirmant que ce qu'il avait vu de plus curieux et de plus beau, c'était la reine de France, et déclarant pour son compte que, s'il avait quelque espoir de plaire à une pareille princesse, il risquerait joyeusement fortune et existence, croyant que la perte de l'une serait bien payée par un regard, et la perte de l'autre par un baiser.

Celui auquel il s'adressait, jouait alors à la cour du roi Jacques VI le rôle que jouèrent, depuis, Lauzun à la cour du roi Louis XIV, et le duc de Richelieu à la cour du roi Louis XV.

Seulement, le ciel, prodigue envers le favori de Sa Majesté Britannique, avait mis dans la tête du duc de Buckingham un grain de folie de plus encore que dans celle des deux émules et folies que l'avenir devait lui susciter.

Maintenant, qu'on nous permette quelques lignes sur le personnage que nous allons mettre en scène et grâce auquel le roman va pénétrer dans notre histoire avec toutes ses folles aventures, ses émouvantes péripéties et ses traverses inattendues. Après huit ans d'une union grave et sérieuse, le roi et la reine de France étaient destinés à devenir des héros de comédie, plus tourmentés, plus intéressants, plus sujets à l'opinion publique que ne le furent jamais Clélie ou le grand Cyrus.

George Villiers, duc de Buckingham, était né le 20 août 1592, et, par conséquent, avait alors trente-deux ans. Il passait en Angleterre pour le cavalier le plus accompli qui existât en Europe, titre qu'étaient prêts à lui disputer, on le comprend bien, les dix-sept seigneurs de France (1). Sa noblesse, par son père, était ancienne ; par sa mère, illustre. Envoyé à Paris à l'âge de dix-huit ans, c'est-à-dire vers l'époque même où le roi Henri IV mourait, — comme lui, Buckingham, devait mourir dix-huit ans plus tard, — il était revenu à Londres, parlant élégamment le français, montant à cheval parfaitement, de première force sur les armes et dansant à ravir. Aussi frappa-t-il agréablement la vue de Jacques VI, dans un divertissement que lui donnèrent, en 1615, les écoliers de Cambridge. Jacques VI, qui n'avait jamais su résister aux charmes d'un beau visage et d'un bel habit, demanda que le jeune George fût présenté à la cour, et il le fit échanson. En moins de deux ans, le nouveau favori avait été créé chevalier, gentilhomme de la chambre, vicomte, marquis de Buckingham, grand amiral, gardien des cinq ports, enfin dispensateur absolu de tous les honneurs, dons, offices et revenus des trois royaumes.

Ce fut alors que, pour se réconcilier sans doute avec le jeune prince de Galles, sur lequel, un jour, il avait osé lever la main, il lui proposa d'aller voir, incognito à Madrid, l'infante qu'on lui destinait. Peut-être la folie d'une pareille proposition en fit-elle tout le succès. L'héritier de la couronne et le favori insistèrent tellement, qu'ils arrachèrent le consentement de Jacques VI. Buckingham et le prince de Galles arrivèrent à Madrid, choquèrent tous les préjugés de l'étiquette espagnole. Les négociations, commencées avec le cabinet de l'Escurial furent rompues ; il s'en ouvrit d'autres avec la cour de France ; milord Rich vint les ébaucher à Paris, retourna à Londres pour rendre compte au roi Jacques VI des dispositions, nous ne dirons pas du roi Louis XIII, mais du cardinal-duc, et Buckingham, choisi comme représentant de la Grande-Bretagne, fut envoyé à Paris pour mener à bonne fin les négociations.

De cette heure commence le roman dont nous avons parlé, roman qui marche dans sa voie dramatique et pittoresque tellement mêlé à l'histoire, que, pendant une période de plusieurs années, on ne peut plus séparer l'un de l'autre. C'est, au reste, une bonne fortune pour nous que d'avoir à nous occuper, au milieu d'événements qui, pour demeurer toujours vrais, doivent rester quelque peu arides, de détails comme ceux qui va nous fournir le favori du roi Jacques VI et du roi Charles Ier, l'amant d'une reine comme Anne d'Autriche, l'ennemi et le rival d'un homme comme le cardinal de Richelieu, mourant si tristement à la moitié à peine d'une vie si splendide, et l'on trouvera probablement, comme nous allons essayer de le montrer, que l'influence de ce roman a été très grande sur les plus belles pages de notre histoire de France.

Buckingham vint donc à Paris ; il était, comme nous l'avons répété d'après les auteurs contemporains, l'homme du monde le mieux fait et de la meilleure mine qui se pût voir. Aussi parut-il à la cour avec tant d'agréments et de magnificence, qu'il donna de l'admiration au peuple, de

(1) On appelait ainsi les dix-sept seigneurs les plus élégants de la cour de Louis XIII.

l'amour aux dames, de la jalousie aux maris et de la haine aux galants.

Louis XIII fut un de ces maris, et Richelieu un de ces galants.

Nous sommes bien loin aujourd'hui de ces amours chevaleresques qui n'avaient souvent, pour récompense des plus grands sacrifices, qu'un regard ou qu'un mot, passions dont la noblesse poétisait la matière ; on aimait alors les femmes comme des reines et les reines comme des divinités. Le duc de Médina, fou d'amour pour Élisabeth de France, mariée à Philippe IV le même jour où Anne d'Autriche épousait Louis XIII, brûlait, au milieu d'une fête, ses palais, ses tableaux, ses tapisseries, se ruinait enfin, pour avoir le droit de serrer un instant, entre ses bras, la reine d'Espagne qu'il enlevait au milieu des flammes, et à l'oreille de laquelle, pendant le périlleux trajet, il murmurait l'aveu d'amour. Buckingham fit mieux. Ce ne fut point simplement son palais qu'il brûla, ce fut deux grands royaumes qu'il mit en flammes, jouant l'avenir de l'Angleterre, qu'il faillit perdre, jouant sa vie qu'il y perdit, contre la chance de demeurer comme ambassadeur près d'Anne d'Autriche, malgré l'inflexible volonté de Richelieu.

En attendant ce dénoûment tragique encore caché dans les mystérieuses profondeurs de l'avenir, Buckingham parut comme ministre plénipotentiaire à la cour de France, et sa première audience laissa de ces souvenirs impérissables dans les annales de la cour.

En effet, Buckingham, introduit dans la salle du trône, s'avança, suivi d'une escorte nombreuse, vers le roi et la reine, auxquels il devait remettre ses lettres de créance. Il était vêtu d'un pourpoint de satin blanc, broché d'or sur lequel était jeté un manteau de velours gris clair, tout brodé de perles fines. Cette nuance si dangereuse pour le teint d'un homme de l'âge du duc (nous avons dit qu'à cette époque il pouvait avoir trente-deux ans), doit nous prouver quel éclat avait la figure de Buckingham, puisque cette parure lui seyait, comme disent les mémoires du temps. Bientôt on s'aperçut que toutes les perles avaient été cousues par un brin de soie si frêle, qu'elles se détachaient par leur propre poids et roulaient à terre. Cette magnificence, un peu brutale dans sa délicatesse même, ne plairait plus aujourd'hui, grâce à nos mœurs hypocrites et vanilleuses ; mais, alors, on ne se fit pas scrupule d'accepter les perles que le duc offrait de si bonne grâce à ceux qui, prenant d'abord la rupture du fil pour un accident, s'empressaient de les ramasser pour les lui rendre.

Le duc frappait ainsi un grand coup sur l'imagination de la jeune reine, très favorisée des dons de la nature, mais fort peu de ceux de la fortune ; car la cour de France était bien la plus galante, mais n'était pas la plus riche des cours de l'Europe. Le trésor amassé avec tant de soin par Henri IV, dans les dix dernières années de sa vie, déposé à la Bastille, avait été successivement épuisé par les guerres que les princes du sang avaient faites à l'État, auquel ils avaient cinq fois vendu la paix. Il en résultait que les caisses étaient à sec, et les augustes personnages dont nous écrivons l'histoire, fort gênés, quoiqu'on ne le fût point encore à ce degré où l'on arriva plus tard. En effet, plus tard, Anne d'Autriche, réduite à manger les restes des gens de sa cour, et à faire reconduire les ambassadeurs des cours de Pologne à travers des appartements non éclairés, dut se rappeler avec bien de l'amertume tant de richesses prodiguées par Buckingham pour obtenir un sourire, un regard bienveillant, un geste approbateur, tandis que Mazarin qu'elle avait préféré, soutenu, gorgé d'or et d'honneurs, la laissait habiter, elle, l'orgueilleuse fille des Césars, dans des chambres délabrées, la laissait, elle, la délicate princesse, dont le supplice dans l'autre monde devait être de se coucher dans de la toile de Hollande manquer de linge, et refusait à Louis XIV, enfant, des draps neufs, en remplacement de ses draps criblés de trous, « et à travers lesquels, dit Laporte, son valet de chambre, ses jambes passaient. »

Le duc de Buckingham, en homme expert dans les affaires d'amour n'avait pas seulement compté sur sa bonne mine et sur ses semailles de pierreries pour réussir auprès d'Anne d'Autriche ; c'était beaucoup, sans doute, mais ce n'était point assez, quand on éveillait les soupçons d'un roi et d'un cardinal. Buckingham, sûr d'avoir des ennemis dangereux et puissants, songea à se créer quelque allié, habile et adroit. Il regarda autour de lui et ne vit que madame de Chevreuse capable de tenir tête à toutes les intrigues dont il était menacé. Madame de Chevreuse, amie d'Anne d'Autriche, aventureuse plus que pas une aventurière des cinq royaumes d'Europe, madame de Chevreuse, belle, spirituelle et brave, marchandée par le cardinal de Richelieu, qui essaya de l'acheter, dévouée à ce qui était plaisir, caprice et fourberie, madame de Chevreuse pouvait devenir une auxiliaire incomparable.

Un nœud de diamants de cent mille livres et un prêt de deux mille pistoles, et puis peut-être bien aussi le côté hasardeux de l'entreprise, firent l'affaire.

Buckingham adopta une vieille ruse, toujours excellente puisqu'elle réussit toujours. Il feignit d'être amoureux de madame de Chevreuse ; il ne la quittait guère sinon dans les moments où ses devoirs de plénipotentiaire l'appelaient au Louvre ou chez le cardinal. De son côté, la reine, rassurée par cette apparente passion qui avait tout le caractère d'un amour publiquement déclaré, semblait en particulier prendre plaisir à recevoir les marques de respect et de tendresse extraordinaires que lui prodiguait, au milieu d'une cour toute parsemée des espions du roi et du cardinal, son audacieux amant.

Comme les occasions d'un rendez-vous ne se présentaient pas facilement, et que la personne de la reine était soigneusement défendue, madame de Chevreuse imagina de donner une fête somptueuse dans son hôtel ; la reine accepta la collation que sa favorite lui offrait, et le roi lui-même ne

lant jardinier n'était autre que le duc de Buckingham. Aussitôt chacun se mit en quête ; mais il était déjà trop tard, le jardinier avait disparu, et la reine se faisait dire la bonne aventure par un magicien qui, à l'inspection seule de sa belle main qu'il tenait entre les siennes, lui contait des choses si étranges, que la reine ne pouvait cacher son trouble en les écoutant ; enfin ce trouble augmenta au point que la princesse perdit tout à fait contenance, et que madame de Chevreuse, effrayée des suites que pouvait avoir une pareille folie, fit signe au duc qu'il avait outrepassé les bornes de la prudence, et l'engagea désormais à plus de circonspection.

Toujours est-il que, quels que fussent les discours qu'elle entendait, Anne d'Autriche les souffrit, quoiqu'elle ne se

Les perles se détachaient par leurs propre poids et roulaient à terre.

trouva aucun motif pour refuser d'y venir. Bien plus, il fit, à cette occasion, cadeau à la reine d'un nœud d'épaule qui se terminait par douze ferrets en diamants.

De son côté, le duc de Buckingham, à l'instigation duquel la fête avait été donnée, résolut d'inventer un moyen de ne pas quitter la reine autant qu'il lui serait possible, et, sous différents costumes, de s'attacher à tous ses pas depuis l'instant où elle mettrait le pied dans l'hôtel de madame de Chevreuse jusqu'à celui où elle remonterait en voiture. Un rapport que le cardinal se fit faire après celui-ci, nous a conservé tous les détails de cette fête qui servit à souhait les projets du duc, mais qui redoubla la jalousie du cardinal et du roi, sans arrêter pour cela les entreprises audacieuses du galant ambassadeur.

D'abord, la reine, après être descendue de voiture, désira faire un tour dans les parterres ; en conséquence, elle s'appuya sur le bras de la duchesse et commença sa promenade. Elle n'avait pas fait vingt pas, qu'un jardinier se présenta devant elle et lui offrit d'une main une corbeille de fruits et de l'autre un bouquet. La reine prit le bouquet en souriant ; mais, au moment où elle accordait ce salaire à la prévenance dont elle était l'objet, sa main toucha celle du jardinier, qui lui dit quelques mots tout bas. La reine fit un geste d'étonnement, et ce geste et la rougeur qui l'accompagna sont consignés dans le rapport où nous puisons ces détails.

Aussi, à l'instant même, le bruit se répandit que le ga-

fût pas moins méprise aux hommages du magicien qu'à ceux du jardinier ; la reine avait de bons yeux et d'ailleurs, son officieuse amie était là qui voyait double.

Le duc de Buckingham excellait dans l'art de la danse qui, à cette époque, nous en avons vu la preuve dans la sarabande dansée par le cardinal, n'était dédaignée de personne ; les têtes couronnées elles-mêmes avaient à cœur cette sorte de supériorité dont les dames se montraient fort touchées. Henri IV aimait beaucoup les ballets, et ce fut dans un ballet qu'il vit pour la première fois la belle Henriette de Montmorency, qui lui fit faire de si grandes folies ; Louis XIII composait lui-même la musique de ceux qu'on dansait devant lui, et il en avait surtout un de prédilection, qu'on appelait le ballet de la Merlaison. On sait en ce genre les succès de Gramont, de Lauzun et de Louis XIV.

Buckingham figura donc avec un éclat surprenant dans un certain ballet de démons, qu'on avait imaginé ce soir-là comme le plus gracieux divertissement dont on pût réjouir Leurs Majestés. Le roi et la reine applaudirent le danseur inconnu, qu'ils prirent. — Il est probable qu'un seul des deux commit cette erreur — pour un seigneur de la cour de France ; enfin, le ballet terminé, Leurs Majestés se préparèrent à ouvrir la séance du divertissement le plus pompeux de la soirée ; là aussi, Buckingham remplissait un rôle, et il l'avait non pas choisi, mais usurpé d'une manière bien audacieuse et bien adroite.

C'était la coutume alors de flatter les rois jusque dans leurs plaisirs, et les Orientaux, si habiles dans ce genre de courtisanerie, étaient mis à contribution par les maîtres des cérémonies français. La coutume des mascarades, dans le genre de celle que nous allons raconter, se perpétua jusqu'en 1720, et fut appliquée une dernière fois à ces fêtes de nuit données par madame du Maine, en son palais de Sceaux, et qu'on appelait les nuits blanches. Il s'agissait de supposer que tous les potentats de la terre, et surtout ceux des pays mystérieux qui sont situés de l'autre côté de l'équateur, les fabuleux sofis, les khans bizarres, les Mogols riches à milliards et les Incas souverains de mines d'or, s'avisaient un jour de se réunir pour venir adorer le trône du roi de France; on voit que l'idée n'était pas mal ingénieuse. Louis XIV, prince assez glorieux, comme on le sait, en fut dupe bien plus sérieusement encore lorsqu'il reçut la visite mystifiante du fameux ambassadeur persan, Mélic-mot-Riza-Beg, et qu'il voulut que la réception de ce charlatan fût faite avec toute la pompe dont la cour de Versailles était susceptible.

Les rois orientaux, dans la fête dont nous parlons, devaient être représentés par des princes des maisons souveraines de France. MM. de Lorraine, de Rohan, de Bouillon, de Chabot et de la Trémoille, furent désignés par le roi pour faire partie du divertissement. Le jeune chevalier de Guise, fils du Balafré, qui faisait le Grand Mogol, était frère cadet de M. de Chevreuse. C'était le même qui avait tué en duel le baron de Luz et son fils, et qui, plus tard, s'étant mis à cheval sur un canon qu'on éprouvait, fut tué par ce canon qui creva.

La veille même du divertissement, Buckingham avait été faire une visite au chevalier de Guise, lequel, comme tous les seigneurs de l'époque, se trouvant fort gêné d'argent, en était réduit aux expédients, et, malgré toutes les ressources qu'il avait employées, commençait à avoir grand'peur de ne point paraître le lendemain à la fête de madame de Chevreuse, avec toute la magnificence qu'il eût désirée. Buckingham était connu pour sa générosité. Depuis son arrivée à la cour de France, il avait obligé de sa bourse les plus fiers et les plus riches. Cette visite parut donc au chevalier de Guise une bonne fortune, et il allait, tournait et retournait dans son esprit le discours qu'il allait adresser au splendide ambassadeur, lorsque celui-ci alla au-devant de ses désirs en se mettant à sa discrétion pour une somme de trois mille pistoles, et en offrant, en outre, au chevalier de lui prêter, pour rehausser l'éclat de son costume, tous les diamants de la couronne d'Angleterre, que Jacques VI avait laissé emporter à son représentant.

C'était plus que n'eût osé espérer le chevalier de Guise: il tendit la main à Buckingham et lui demanda quelle chose il pouvait faire pour reconnaître un si grand service.

— Écoutez, lui dit Buckingham, je voulais, c'est une satisfaction puérile peut-être, mais c'est une chose qui me fera grand plaisir, je voulais trouver une occasion de porter à la fois sur mon habit toute cette cargaison de pierreries que j'ai apportées avec moi; prêtez-moi votre place une partie de la soirée de demain; tant que le Grand Mogol restera masqué, je ferai le Grand Mogol; au moment où il faudra se démasquer, je vous rendrai votre place. Nous pourrons ainsi jouer, vous ostensiblement, moi en secret, chacun notre rôle. Nous ferons un seul personnage à nous deux, voilà tout. Vous souperez et je danserai. Cela vous convient-il ainsi?

Le chevalier de Guise trouvait la chose trop facile à faire pour refuser le marché, et tout fut arrêté, entre les deux seigneurs, comme le désirait Buckingham.

Le chevalier accepta donc, se croyant l'obligé du duc, et reconnaissant en lui son maître; car, quoique ses folies eussent fait quelque bruit en France, il était loin encore d'approcher, pour l'extravagance surtout, d'un amoureux comme Buckingham.

Les choses furent faites ainsi qu'il était convenu, et le duc, masqué, resplendissant au feu des lustres et des flambeaux, apparut aux regards de la reine, escorté d'une suite nombreuse dont la magnificence n'égalait point, mais ne déparait pas la sienne.

La langue orientale est fertile en comparaisons emphatiques et en poétiques allusions Buckingham mit tout son art à glisser à la reine plusieurs compliments passionnés; cette situation plaisait d'autant plus à l'esprit aventureux du duc et à l'esprit romanesque d'Anne d'Autriche, qu'elle était fort dangereuse; le roi, le cardinal et toute la cour étaient là; et, comme le bruit s'était déjà répandu que le duc se trouvait au bal, chacun regardait de tous ses yeux, écoutait de toutes ses oreilles; mais nul ne se doutait que ce Grand Mogol, que l'on prenait pour le chevalier de Guise, fût Buckingham lui-même. Aussi le divertissement eut-il un si prodigieux succès, que le roi ne put s'empêcher d'en témoigner sa satisfaction à madame de Chevreuse.

Enfin arriva le moment où l'on annonça que le roi était servi; c'était l'heure de se démasquer, et des salons avaient été préparés à cet effet. Le Grand Mogol et son porte-sabre se retirèrent dans un cabinet: le porte-sabre n'était autre que le chevalier de Guise, qui prit à son tour les habits du duc, et s'en alla souper en costume de Grand Mogol, tandis que Buckingham avait pris le sien. L'entrée du chevalier fut un véritable triomphe, et il lui fut adressé force compliments sur la richesse de ses habits et sur la grâce avec laquelle il avait dansé.

Après le souper, le chevalier vint rejoindre le duc dans le cabinet où celui-ci l'attendait; là, la transformation s'opéra de nouveau. Le chevalier redevint simple porte-sabre, le duc remonta au rang de Grand Mogol, puis ils rentrèrent dans la salle; il va sans dire que la richesse du costume de ce puissant souverain et le poste élevé qu'il occupait dans la hiérarchie des têtes couronnées, lui valurent l'honneur d'être choisi par la reine pour danser avec elle. Buckingham eut ainsi jusqu'au matin toute liberté d'exprimer, sous le masque et dans le tumulte de la fête, des sentiments qui, depuis quelques confidences préparatoires de madame de Chevreuse, n'étaient déjà plus un secret pour la reine.

Enfin quatre heures du matin sonnèrent et le roi parla de se retirer; la reine ne fit aucune instance pour rester, car déjà, depuis quelques minutes, les cinq monarques avaient disparu et avec eux s'étaient évanouis l'entrain du bal et l'ornement de la fête. Anne d'Autriche regagna donc son carrosse; un laquais à la livrée et aux armes de la connétable se tenait à la portière pour l'ouvrir et la refermer. A la vue de la reine, il mit un genou en terre, mais, au lieu d'abaisser le marchepied, il tendit la main; la reine reconnut là la galanterie de son amie madame de Chevreuse; mais cette main lui pressa si doucement le pied, qu'elle baissa les yeux sur l'officieux serviteur et qu'elle reconnut le duc de Buckingham. Si bien préparée qu'elle fût à tous les déguisements que le duc pouvait prendre, son étonnement fut néanmoins si grand, qu'elle poussa un cri et qu'une vive rougeur lui monta au visage; ses officiers s'approchèrent aussitôt pour savoir la cause de cette émotion, mais la reine réjeta déjà au fond de son carrosse avec madame de Lannoy et madame de Vernet. Le roi revint dans le sien avec le cardinal.

Qu'on juge si l'histoire de ce temps, riche d'aventures romanesques, d'épisodes fabuleux et d'intrigues comme celle que nous venons de raconter fidèlement, peut s'écrire comme une histoire contemporaine, si sèche, si aride et si dénuée de chroniques, malgré l'énorme publicité des actes journaliers qui manquaient autrefois et que l'on possède aujourd'hui. Au reste, dans cette absence de publicité peut-être le secret de cette vie aventureuse qu'on menait alors sous le voile d'un mystère rarement éventé.

Quelques jours après, le bruit de ces différents déguisements se répandit dans la cour; de plus, on apprit que le duc de Buckingham avait, dans son cabinet de l'ambassade d'Angleterre, un portrait de la reine; ce portrait était placé sous un dais de velours bleu surmonté de plumes blanches et rouges, et qu'un autre portrait d'Anne d'Autriche, miniature entourée de diamants, ne quittait pas sa poitrine sur laquelle il était fixé par une chaîne d'or. Son fou fanatique pour ce portrait semblait indiquer qu'il le tenait de la reine même, et M. le cardinal, doublement jaloux, parce qu'il était doublement déçu, et comme amant et comme homme politique, passa de bien mauvaises nuits à ce propos.

Mais de jour en jour, et justement à cause de ces bruits de déguisements et de portraits, il devenait de plus en plus difficile à Buckingham de voir la reine; madame de Chevreuse, que l'on savait être la confidente de ces chevaleresques amours, était non moins espionnée que les deux illustres protégés; de sorte que Buckingham, poussé à bout, résolut de tout risquer pour avoir enfin une entrevue d'une heure, seul à seule avec Anne d'Autriche.

Madame de Chevreuse s'informa près de la reine de quelle façon elle verrait une tentative de ce sorte; la reine répondit qu'elle n'aiderait en rien, mais qu'elle laisserait faire; seulement, il fallait qu'elle pût toujours nier la complicité. C'était tout ce que voulaient la connétable et le duc.

Il y avait à cette époque une tradition fort populaire au Louvre: c'est qu'un fantôme revenait dans le vieux palais des rois. Ce fantôme était du sexe féminin et on l'appelait la dame blanche; cette tradition fut remplacée depuis par celle non moins populaire de l'homme rouge.

La connétable proposa au duc de jouer le rôle du fantôme; le duc était trop amoureux pour balancer, et il accepta à l'instant même. Ainsi déguisé, de l'avis de madame de Chevreuse, il pouvait braver les plus rigides surveillants de la reine, qui, s'il n'échappait pas à leurs regards, n'oseraient certainement soutenir sa présence et fuiraient incontinent à sa vue.

On discuta quelque temps pour savoir si l'entrevue aurait lieu le soir ou dans la journée. Le duc insistait pour qu'elle eût lieu le soir. Madame de Chevreuse prétendait que c'était trop risquer, parce que, parfois, le soir, le roi descendait chez la reine. On en référa à Anne d'Autriche, qui prétendait que, le jour, le duc perdrait tous les bénéfices de son déguisement. Elle dit, en outre, qu'elle avait acquis l'assurance qu'on pouvait se fier à son valet de chambre Bertin ; que ce valet de chambre resterait en sentinelle et à portée de voir, si le roi sortait de son appartement, et que, le cas échéant, on tiendrait une porte de dégagement ouverte pour faire sauver le duc. Il fut donc décidé que Buckingham entrerait au Louvre vers dix heures du soir.

A neuf heures, en effet, il se présenta chez madame de Chevreuse : c'est là que la transformation devait avoir lieu ; la connétable s'était chargée de confectionner le déguisement ; c'était, comme on le voit, une précieuse amie.

Buckingham trouva son costume prêt : il consistait en un habit, ou plutôt une robe blanche, d'une coupe bizarre, parsemée de larmes noires et ornée de deux têtes de mort posées l'une sur la poitrine et l'autre entre les deux épaules ; un bonnet étrange, blanc et noir comme la robe, un immense manteau et un de ces grands chapeaux à l'espagnole, nommés *sombreros*, complétaient le déguisement.

Mais là s'éleva une difficulté à laquelle madame de Chevreuse n'avait pas songé : c'est qu'en voyant ce costume, qui devait le transformer d'une manière si disgracieuse, le duc se révolta dans sa coquetterie, et déclara tout net qu'il ne paraîtrait pas devant Anne d'Autriche affublé d'un pareil accoutrement.

Le duc de Buckingham, moins grand politique que le cardinal, était plus profondément initié que lui aux choses d'amour ; il savait qu'il n'y a point de passion qui, chez une femme, tienne contre le ridicule, et il aimait mieux ne pas voir Anne d'Autriche, que d'obtenir cette faveur à la condition de lui paraître ridicule.

Mais madame de Chevreuse répondit qu'il n'y avait que ce moyen de pénétrer auprès de la reine ; elle ajouta que la reine, à grand'peine, avait accordé ce rendez-vous ; qu'elle attendait le duc le soir même, et qu'elle ne pardonnerait jamais à un homme, qui se disait si ardemment amoureux, d'avoir rencontré une occasion de l'entretenir, et de n'avoir pas saisi cette occasion.

D'ailleurs, peut-être la rieuse confidente d'Anne d'Autriche s'était-elle d'avance, dans sa folle imagination, fait une fête de voir l'ambassadeur d'Angleterre, l'homme sur lequel reposait l'avenir des deux puissants royaumes de l'Europe, déguisé en *dame blanche*. Peut-être aussi la reine, qui se défiait d'elle-même, voulait-elle, craignant et désirant cette entrevue, trouver dans ses yeux des armes contre son cœur.

Force fut donc au duc de Buckingham d'en passer par où voulait madame de Chevreuse. Il est vrai que, même sous cet accoutrement plus que bizarre, le duc espérait ne pas porter moins bien sa belle et noble tête ; mais, cette fois encore, il avait compté sans madame de Chevreuse, qui, ce soir-là, paraissait bien plus favoriser les intérêts du mari que ceux de l'amant.

Madame de Chevreuse avait décidé, dans sa sagesse, que le duc déguiserait sa figure comme il devait déguiser le reste de son corps.

Le duc, à cette proposition, offrit de mettre un loup de velours noir. A cette époque, ce genre de masque était fort en usage pour les femmes surtout, et les hommes eux-mêmes s'en servaient quelquefois. Mais madame de Chevreuse prétendit que le masque pourrait tomber, et qu'alors, dans la prétendue *dame blanche*, rien n'empêcherait de reconnaître le duc.

Il fallut encore que le duc cédât ; le rendez-vous était à dix heures précises, et déjà un quart d'heure s'était écoulé dans ces importants débats. Le duc poussa un soupir et se livra entièrement à celle qu'il avait bien de la peine à ne pas regarder comme son mauvais génie.

Une nouvelle découverte venait d'être faite par un physicien nommé Norbin : c'était une pellicule couleur de chair, au moyen de laquelle on pouvait, avec une couche de cette blanche et au moyen de la défigurer entièrement. Cette pellicule, coupée d'après un modèle convenu, se superposait à tous les méplats du visage dont elle changeait entièrement la configuration, tout en laissant libres les yeux, la bouche et le nez. Grâce à cette invention, en moins de cinq minutes, Buckingham était devenu méconnaissable même pour lui.

Cette première opération finie, on compléta le déguisement. Le duc ôta son manteau, mais garda le reste de son costume, par-dessus lequel il passa la longue robe blanche dont nous avons donné la description ; puis il enferma ses longs cheveux dans le bonnet fantastique, recouvrit d'un loup son visage déjà recouvert de la pellicule, se coiffa de son chapeau à larges bords, et jeta un grand manteau sur ses épaules. Dans cet équipage, moitié riant, moitié enrageant, il offrit le bras à madame de Chevreuse, qui devait l'introduire au Louvre.

Le carrosse de la connétable attendait à la porte. Ce carrosse était connu au Louvre et ne pouvait inspirer aucun soupçon ; d'ailleurs, le duc devait être introduit par les petites entrées, c'est-à-dire par une porte, un escalier et des couloirs réservés pour les seuls familiers de la reine et de la favorite.

Au guichet du Louvre, le valet de chambre Bertin attendait ; le concierge, en voyant le duc, demanda quel était cet homme. Madame de Chevreuse alors s'avança et dit :

— Vous le savez bien, c'est l'astrologue italien qu'a fait demander la reine.

En effet, le concierge avait été prévenu de cette circonstance, et, comme rien n'était plus fréquent à cette époque que ces sortes de consultations, il ne fit aucune difficulté de laisser passer le duc, trop bien accompagné, d'ailleurs, pour qu'un homme d'aussi basse condition qu'était le concierge fît la moindre observation.

Une fois le guichet passé, on ne rencontra plus personne jusque chez la reine. Celle-ci avait eu la précaution d'éloigner madame de Flotte, sa dame d'honneur, et attendait avec une anxiété on ne peut comprendre, cette visite qu'elle n'aurait jamais eu le courage de recevoir, si elle n'eût été fortifiée par l'assurance de son amie. A la porte, le valet Bertin abandonna madame de Chevreuse et le duc, et alla se mettre en observation sur l'escalier du roi.

Madame de Chevreuse avait une clef de l'appartement de la reine ; elle n'eut donc pas besoin de frapper ; elle ouvrit la porte, introduisit le duc et entra après lui ; seulement, elle laissa la clef à la porte, afin que Bertin pût les prévenir en cas d'alarme.

La reine attendait dans sa chambre à coucher. Le duc traversa donc ces deux chambres et se trouva en face de celle qu'il avait tant désiré entretenir sans témoins. Malheureusement pour lui, son costume, comme nous l'avons dit, était loin d'ajouter aux charmes de sa personne ; il en résulta que la première vue, l'effet qu'il avait tant redouté fut produit, et que la reine, quelle que fût sa frayeur, ne put s'empêcher de rire. Alors, Buckingham vit qu'il n'avait pas de meilleur parti à prendre que d'enjoyer dans l'humeur joyeuse de la reine, et il commença à faire les honneurs de sa personne avec tant d'esprit, de gaieté, de goût, et, par-dessus tout cela, tant d'amour, que les dispositions d'Anne changèrent bientôt, et que la reine oublia le ridicule du personnage, pour se laisser prendre seulement à son langage spirituel et passionné.

Buckingham s'aperçut du changement qui s'opérait dans l'esprit d'Anne d'Autriche, et en profita avec son habileté ordinaire ; il rappela à la reine que le but de cette entrevue était une lettre confidentielle qu'il avait à lui remettre de la part de sa belle-sœur, la supplia, cette lettre ne devant être connue de personne, d'éloigner même sa fidèle amie, madame de Chevreuse.

La reine alors, qui sans doute désirait du fond du cœur le tête-à-tête autant que Buckingham, ouvrit la porte de son oratoire y entra, laissant la porte ouverte, mais en faisant signe à Buckingham de la suivre. A peine le duc fut-il dans l'oratoire, que madame de Chevreuse, sans doute en compensation des tribulations qu'elle lui avait fait souffrir jusque-là, referma doucement la porte derrière eux.

Était-ce un mouvement de pitié pour le pauvre amant ? était-ce une convention arrêtée d'avance avec le noble duc ? Madame de Chevreuse pensait-elle, comme Didon, pitié des maux qu'elle avait soufferts ? ou bien quelque nouveau nœud de diamants avait-il réclamé son zèle pour le magnifique ambassadeur ? C'est ce que la chronique ne dit pas.

Dix minutes à peu près s'étaient écoulées depuis que le duc et Anne d'Autriche étaient enfermés dans l'oratoire, lorsque le valet de chambre Bertin entra tout pâle et tout effaré en criant :

— Le roi !

Madame de Chevreuse s'élança vers la porte de l'oratoire et l'ouvrit en criant à son tour :

— Le roi !

Buckingham, dépouillé de sa robe magique, son visage naturel encadré dans ses longs cheveux, vêtu seulement de son costume, toujours si élégant et si chevaleresque, était aux pieds de la reine. A peine s'était-il relevé à la tête-à-tête avec elle, qu'il avait été le lui son déguisement, abandonné son bonnet ridicule, ôté son masque, enlevé la pellicule, s'était, au risque de ce qui pouvait en arriver, montré tel qu'il était, c'est-à-dire un des plus beaux et des plus élégants cavaliers qui fussent au monde.

On comprend qu'alors Anne d'Autriche, à son tour, s'était livrée au sentiment qu'elle avait inutilement espéré combattre ; aussi la connétable retrouva-t-elle le duc à ses pieds.

Cependant il n'y avait pas de temps à perdre, le valet de chambre ne cessait de crier : « Le roi ! le roi ! » Madame de Chevreuse ouvrit une petite coulisse qui conduisait de l'oratoire au corridor commun. Le duc s'y élança, emportant toute sa défroque de *dame blanche*. Bertin et madame de Chevreuse l'y suivirent ; la reine referma la porte, rentra dans sa chambre, et, les forces lui manquant, tomba sur un fauteuil et attendit.

Le duc et le valet de chambre voulaient sortir du Louvre à l'instant même, mais madame de Chevreuse les retint ; c'était une femme de résolution, qui, dans quelque circonstance que ce fût, ne perdait jamais la tête ; elle arrêta le duc, le força de revêtir de nouveau sa robe, son bonnet et son masque ; puis, lorsqu'il fut déguisé à sa convenance, elle ouvrit la porte qui donne sur le corridor et lui rendit la liberté de s'en aller.

Mais Buckingham n'était pas au bout des traverses que lui réservait cette soirée. Arrivé à l'extrémité du corridor, il y rencontra des gens du petit service ; il voulut alors retourner en arrière, mais son manteau tomba. Heureusement ce qu'avait prévu madame de Chevreuse se réalisa aussitôt. En voyant cette robe funèbre semée de larmes et de têtes de mort, les gens du petit service poussèrent de grands cris et s'enfuirent en criant qu'ils avaient vu la *dame blanche*. Buckingham comprit qu'il fallait profiter de leur frayeur et le jouer le tout pour le tout : il s'élança à leur poursuite, et, tandis qu'ils fuyaient par des dégagements connus d'eux seuls, et que Bertin, ramassant le manteau et le chapeau, les emportait précipitamment dans sa chambre, il atteignit l'escalier, gagna la porte et se trouva dans la rue.

Madame de Chevreuse rentra chez Anne d'Autriche, enchantée du succès de sa ruse et riant aux éclats. Elle trouva la reine encore pâle et tremblante sur le même fauteuil où elle était tombée.

Heureusement, le valet de chambre Bertin s'était trompé : le roi avait bien quitté son appartement, mais ce n'était point pour descendre chez la reine; ayant le lendemain, une grande chasse au vol, il avait voulu, pour ne pas perdre de temps, aller coucher au lieu du rendez-vous. En conséquence, il avait passé devant la porte de la reine, mais ne s'était pas même arrêté pour prendre congé d'elle, devant revenir le jour suivant au Louvre.

A son retour, il apprit que la fameuse *dame blanche* avait été vue par les gens de service. Louis XIII était superstitieux et croyait aux apparitions, et à celle-ci surtout qui était traditionnelle ; il fit venir les gens qui avaient vu le fantôme, leur demanda les détails les plus circonstanciés sur ses allures et sur son costume, et, comme leur récit se trouvait en harmonie avec celui qu'il avait entendu vingt fois étant enfant, il n'émit aucun doute sur la réalité de l'apparition.

Mais le cardinal était moins crédule que le roi. Il se douta que quelque nouvelle tentative de Buckingham était cachée sous cette étrange aventure, et, par l'entremise de Rois-Robert, ayant séduit Patrice O'Reilly, valet de chambre du duc, il en obtint les renseignements qu'il désirait sur l'étrange événement que nous venons de rapporter (1).

Sur ces entrefaites, le roi Jacques VI mourut (8 avril 1625) et Charles Ier, âgé de vingt-cinq ans monta sur le trône.

Buckingham, en apprenant cette mort inattendue, reçut en même temps l'ordre de presser le mariage. Ce n'était pas l'affaire du favori, qui voulait rester le plus longtemps possible à Paris ; il avait compté être aidé dans ce projet par les difficultés que faisait la cour de Rome d'accorder la dispense. Mais le cardinal, qui avait autant à cœur d'éloigner Buckingham de Paris que celui-ci aurait souhaité d'y rester, écrivit au pape que, s'il n'envoyait pas cette dispense, le mariage se ferait sans sa permission ; et la dispense fut envoyée courrier par courrier.

Six semaines après la mort du roi Jacques, le mariage se fit. Le duc de Chevreuse fut choisi pour représenter Charles Ier, dont il était parent par Marie Stuart, et, le 11 mai, la bénédiction nuptiale fut donnée à madame Henriette, sœur du roi, à son époux provisoire, par le cardinal de la Rochefoucauld, sur un théâtre construit devant le portail de Notre-Dame.

Charles Ier avait hâte de voir sa femme ; aussi la cour ne tarda-t-elle pas à se mettre en route pour conduire la jeune reine jusqu'à la ville d'Amiens. Ce fut dans cette ville qu'arriva la fameuse aventure du jardin, aventure qu'à quelques détails près on trouve consignée de la même façon dans Laporte, dans madame de Motteville et dans Tallemant des Réaux.

Les trois reines, Marie de Médicis, Anne d'Autriche et madame Henriette, n'ayant point trouvé dans la ville un logis assez considérable pour les recevoir toutes trois, avaient pris des hôtels séparés. Celui d'Anne d'Autriche était situé près de la Somme, avec de grands jardins qui descendaient jusqu'à la rivière ; il était donc en général, à cause de son étendue et de sa situation, le rendez-vous des deux autres princesses, et, par conséquent, du reste de la cour. Buckingham, qui avait tout fait pour retarder le départ de Paris, avait de nouveau remis toutes ses batteries en jeu pour empêcher le départ d'Amiens : bals, fêtes, plaisirs, excursions qui fatiguent, repos après la lassitude, servaient de prétexte à l'ambassadeur et même aux reines, qui trouvaient la vie qu'on menait là bien autrement agréable que celle du Louvre. Ajoutons que le roi et le cardinal avaient été forcés de les quitter, et, depuis trois jours, étaient partis pour Fontainebleau.

Un soir donc que la reine, *qui aimait fort à se promener tard*, dit la chronique, avait prolongé sa promenade dans les jardins, par un temps magnifique, il advint une de ces aventures qui n'ont point assez de notoriété pour perdre tout à fait, de fortune ou d'existence, ceux auxquels elles arrivent, mais qui laissent, pendant toute leur vie, un doute, sinon une tache, sur leur réputation. Aujourd'hui, il est vrai, le doute est levé, les témoignages sont venus avec le temps, et la postérité a porté son jugement ; aujourd'hui, l'innocence de la reine est reconnue par les plus hostiles à la monarchie ; mais les contemporains en jugèrent bien autrement, aveuglés qu'ils étaient par la soif du scandale, ou rendus malveillants par l'esprit de parti.

Le duc de Buckingham donnait la main à la reine et milord Rich accompagnait madame de Chevreuse. Après un grand nombre de tours, d'allées et de venues, la reine, qui s'était assise, ayant autour d'elle toutes les dames de sa maison, se leva, reprit la main du duc et s'éloigna. Elle n'avait invité personne à la suivre, et personne ne la suivit ; mais, comme il faisait nuit close, la reine et son cavalier disparurent bientôt derrière une charmille. Au reste, cette disparition, quoi qu'on le pense bien, n'était pas demeurée inaperçue : on échangeait déjà quelques sourires malins et quelques coups d'œil expressifs, quand tout à coup on entendit un cri étouffé et l'on reconnut la voix de la reine. Aussitôt Putange, son premier écuyer, sauta par-dessus la charmille l'épée à la main, et vit Anne d'Autriche qui se débattait aux bras de Buckingham. A la vue de Putange, qui accourait en le menaçant, le duc, forcé d'abandonner la reine, dégaîna à son tour. Mais la reine se jeta au-devant de Putange, criant en même temps à Buckingham qu'il eût à se retirer à l'instant même pour ne pas la compromettre. Buckingham obéit ; il était temps : toute la cour accourait et allait être témoin de son insolence ; mais, lorsqu'on arriva, le duc avait disparu.

— Ce n'est rien, dit la reine aux personnes de sa suite ; le duc de Buckingham s'étant éloigné en me laissant seule, et j'ai eu si grand'peur de me trouver ainsi perdue dans l'obscurité, que le cri qui m'a fait accourir.

On fit semblant de croire à cette version, mais il est inutile de dire que la vérité transpira. Laporte raconte, en toutes lettres, que le duc s'émancipa jusqu'à vouloir caresser la reine, et Tallemant des Réaux, très malveillant au reste pour la cour, va plus loin encore.

Ni le bal de madame de Chevreuse, ni l'apparition de la *dame blanche* n'approchèrent, pour l'éclat et pour le scandale, de cette désespérante affaire ; les suites en furent terribles pour les deux amants : Buckingham lui dut probablement une prompte et sanglante mort, et la reine en souffrit pendant tout le reste de sa vie.

Le lendemain était fixé pour le jour du départ ; la reine devait voulut reconduire sa fille pendant quelques lieues encore. La voiture était composée de Marie de Médicis, d'Anne d'Autriche, de madame Henriette, de la princesse de Conty. La reine mère et madame Henriette étaient dans le fond, Anne d'Autriche et la princesse de Conty sur le devant.

Arrivées au lieu de la séparation, les voitures s'arrêtèrent. Le duc de Buckingham, qui, selon toute probabilité, n'avait pas vu la reine depuis l'aventure de la veille, vint ouvrir la portière et offrit la main à madame Henriette pour la conduire dans le carrosse qui lui était destiné et où l'attendait madame de Chevreuse, qui devait l'accompagner en Angleterre. Mais la reine l'eut-il déposée à sa place, qu'il revint vivement, rouvrit la portière une seconde fois, et, malgré la présence de madame de Médicis et de la princesse de Conty, prit le bas de la robe de la reine Anne d'Autriche et la baisa à plusieurs reprises ; puis, sur l'observation de la reine, que cette étrange marque de son amour la pouvait compromettre, le duc se releva et s'enveloppa un instant dans les rideaux de la voiture. Alors, on s'aperçut qu'il pleurait, car, si l'on ne pouvait voir ses larmes, on entendait ses sanglots. La reine n'eut pas le courage de se contenir plus longtemps, et, pour cacher les pleurs qui s'échappaient de ses paupières, elle porta son mouchoir à ses yeux. Enfin, comme s'il eût pris une résolution soudaine, comme si, par un violent effort, il se fût vaincu lui-même, Buckingham, sans aucun autre adieu et sans observer l'étiquette, s'arracha de la voiture de la reine, s'élança dans celle de madame Henriette, et donna l'ordre de partir.

Anne d'Autriche revint à Amiens. Elle croyait cet adieu le dernier, elle se trompait.

En arrivant à Boulogne, Buckingham trouva la mer complaisante, si grosse et si tempétueuse, qu'il lui fut impossible de partir. La reine, de son côté, apprenant ce retard à Amiens, envoya aussitôt Laporte à Boulogne, sous le prétexte d'avoir des nouvelles de madame Henriette et de madame de Chevreuse. Il était évident que là ne se bornait pas la mission du fidèle porte-manteau, et que l'intérêt royal s'étendait encore à une autre personne.

Le mauvais temps dura huit jours. Pendant ces huit jours, Laporte fit trois voyages à Boulogne, et, pour que le courrier de la reine n'éprouvât point de retard, M. de Chaulnes,

(1) *Archives de la police.*

gouverneur provisoire de la ville d'Amiens, faisait tenir les portes ouvertes toute la nuit.

Au retour de son troisième voyage, Laporte informa la reine que, le même soir, elle reverrait Buckingham. Le duc avait annoncé qu'une dépêche, qu'il avait reçue du roi Charles Ier, nécessitait une dernière conférence avec la reine et, qu'en conséquence, il allait partir dans trois heures pour Amiens. Ce retard de trois heures était nécessaire pour donner le temps à Laporte de prévenir la reine. Le duc le faisait supplier, en outre, au nom de son amour, de s'arranger de telle façon qu'il la trouvât seule.

Cette demande mit Anne d'Autriche en grand émoi. Cependant il est probable que le duc eût obtenu l'entrevue qu'il désirait ; la reine, sous prétexte que son médecin devait la saigner, avait déjà invité tout le monde à se retirer, lorsque Nogent Beautru entra et dit tout haut que le duc de Buckingham et milord Rich venaient d'arriver chez la reine mère pour affaire de conséquence.

Cette nouvelle, annoncée publiquement, renversait tous les projets d'Anne d'Autriche ; il était difficile maintenant qu'elle demeurât seule sans donner des soupçons sur le motif qui lui faisait désirer la solitude. Elle appela donc son médecin et se fit réellement saigner, espérant que cette opération éloignerait tout le monde ; mais quelques instances qu'elle pût faire, et quelque désir qu'elle exprimât de se reposer, elle ne put éloigner la comtesse de Lannoy, que la reine avait quelques motifs de croire vendue au cardinal-duc. Elle attendit dans une inquiétude croissante ce qui allait arriver.

A dix heures, on annonça le duc de Buckingham. La comtesse de Lannoy ouvrait déjà la bouche pour dire que la reine n'était pas visible ; mais la reine, craignant sans doute quelque éclat de la part du duc, donna l'ordre de faire entrer.

La reine permission fut-elle transmise à celui qui la sollicitait, que le duc se précipita dans la chambre.

La reine était au lit et madame de Lannoy debout à son chevet.

Le duc demeura atterré en voyant que la reine n'était pas seule, comme il s'y attendait ; son visage était si bouleversé, qu'Anne d'Autriche eut pitié de lui et lui dit, en espagnol quelques mots de consolation, lui expliquant qu'elle n'avait pas pu demeurer seule et que sa dame d'honneur était restée dans sa chambre presque malgré elle.

Alors, le duc tomba à genoux devant le lit, baisant les draps avec des transports si violents, que madame de Lannoy lui fit observer que ce n'était pas la coutume en France de se conduire ainsi à l'égard des têtes couronnées.

— Eh ! madame, répondit alors le duc avec impatience, je ne suis pas Français, et les coutumes de la France ne peuvent m'engager ; je suis le duc George Villiers de Buckingham, ambassadeur du roi d'Angleterre, et, par conséquent, représentant moi-même une tête couronnée. En cette qualité, continua-t-il, il n'y a ici qu'une personne qui ait le droit de me donner des ordres, et cette personne, c'est la reine.

Alors, se retournant vers Anne d'Autriche :

— Oui, madame, reprit-il ces ordres, je les attends à vos genoux, et j'y obéirai, le jure, à moins qu'ils ne me commandent de ne plus vous aimer.

La reine, embarrassée, ne répondit rien, et essayait inutilement d'armer son regard d'une colère qu'elle n'avait pas dans le cœur. Ce silence indigna la vieille dame qui s'écria :

— Jésus Dieu ! madame, n'a-t-il pas osé dire à Votre Majesté qu'il l'aimait ?

— Oh ! oui ! oui ! s'écria Buckingham, oui, madame, je vous aime, ou plutôt je vous adore à la manière dont les hommes adorent Dieu ! Oui, je vous aime, et je répéterai l'aveu de cet amour à la face du monde entier, parce que je ne sais pas de puissance humaine ni divine qui puisse m'empêcher de vous aimer. Et maintenant, ajouta-t-il en se relevant, je vous ai dit ce que j'avais à vous dire, et je n'ajouterai plus qu'une chose : c'est que mon seul but désormais sera de vous revoir, que j'emploierai tous les moyens pour cela, et que j'arriverai à ce but, malgré le cardinal, malgré le roi, malgré vous-même, dussé-je, pour réussir, bouleverser l'Europe !

Et, à ces mots, saisissant la main de la reine et la couvrant de baisers, malgré les efforts qu'elle faisait pour la retirer, le duc s'élança hors de l'appartement.

A peine la porte se fut-elle refermée derrière lui, que toute la force qui avait soutenu Anne d'Autriche en présence du duc l'abandonna, et qu'elle se laissa retomber sur son oreiller en éclatant en sanglots et en ordonnant à la comtesse de Lannoy de se retirer.

Alors, elle fit appeler doña Estefania, en qui elle avait la plus entière confiance, lui remit une lettre et une cassette et lui ordonna d'aller porter l'une et l'autre au duc. La lettre suppliait Buckingham de partir, la cassette contenait les aiguillettes ornées de douze ferrets de diamants qu'elle avait reçues du roi à propos du bal de madame de Chevreuse, et que la reine, on se le rappelle, avait portées à cette soirée.

Le lendemain, Anne d'Autriche prit congé de Buckingham devant toute la cour, et celui-ci, satisfait du gage d'amour qu'il avait reçu, se conduisit avec toute la circonspection que la plus scrupuleuse étiquette aurait pu exiger de lui.

Trois jours après, la mer se calma et force fut à Buckingham, de quitter la France, où il laissa à la fois la représentation du plus extravagant, mais aussi du plus magnifique seigneur qu'on y eût jamais vu.

Cependant, l'aventure d'Amiens porta ses fruits ; le cardinal en fut averti et la raconta au roi, dont il exalta la colère jusqu'à la fureur. C'était une chose singulière que cette habileté du ministre à incruster ses passions personnelles dans le cœur de son maître, ou plutôt de son esclave ; toute la vie de Richelieu s'usa à cette manœuvre, et le secret de son autorité est là. Louis XIII qui, non seulement n'aimait plus la reine, mais qui, par les raisons que nous avons dites, commençait peut-être à la détester déjà, et qui était encouragé dans cette malveillance naissante par les anciennes menées de la reine mère et par les manœuvres journalières de son ministre, fit aussitôt une exécution parmi les serviteurs de la reine, et la persécution. qui avait été sourde jusque-là, se mit à éclater tout d'un coup.

Madame de Vernet fut congédiée et Putange fut chassé.

Comme on le pense bien, madame la connétable, qui avait suivi la reine d'Angleterre à Londres, manqua à Anne d'Autriche dans cette grave circonstance.

Toutes ces imprudences de la jeune reine servaient fort la reine mère dans ses projets ; tout en ayant l'air de chercher à réunir les deux époux, elle se mit à envenimer l'affaire par un procédé qui extérieurement semblait des plus délicats et des plus obligeants pour sa belle-fille : elle laissa d'abord le roi faire à son loisir toutes les exécutions domestiques que nous avons rapportées, puis elle le prit à part et voulut lui démontrer que la reine était innocente, que ses relations avec Buckingham n'avaient jamais dépassé les bornes de la simple galanterie, soutenant que, d'ailleurs, elle avait toujours été trop bien entourée pour mal faire ; ce qui était, on en conviendra, une assez mauvaise raison à donner à la jalousie d'un mari. Enfin elle ajouta qu'il en était d'Anne d'Autriche comme d'elle-même, qui, dans sa jeunesse, avait parfois, grâce à la légèreté inhérente au premier âge de la vie, pu donner d'elle de fâcheuses impressions aux époux Henri IV, sans que cependant, en face de sa conscience, elle ait jamais rien eu à se reprocher.

Or, quelque respect filial que Louis XIII eût pour sa mère, il était évident qu'il savait à quoi s'en tenir sur sa prétendue innocence.

Aussi, l'on comprend combien peu de pareils raisonnements eurent d'influence sur le roi, ou plutôt, au contraire, quelle influence ils eurent. Louis XIII savait les déguisements de Buckingham et les artifices de madame de Chevreuse, tout lui ayant été expliqué par le cardinal, qui lui avait mis sous les yeux le rapport qu'il y en était fait faire, et dont la réfutation eût donné quelque peine à un logicien plus sévère que l'était Marie de Médicis. Louis XIII, au lieu de se calmer aux prétendues atténuations de sa mère, redoubla donc de sévérité, et renvoya de la maison d'Anne d'Autriche jusqu'à Laporte lui-même, serviteur trop fidèle, qui, s'il n'avait pas aidé, avait du moins tu les intrigues coupables ou innocentes de sa maîtresse. On ne laissa près de la reine que madame de la Boissière, duègne aussi farouche que le fut plus tard madame de Navailles. De ce moment, la reine se trouva donc, pour ainsi dire, gardée à vue.

Quelques auteurs assurent qu'avant son départ de Paris, Buckingham avait, en dessous main, reçu l'avis de se retirer au plus vite, sous peine d'une de ces démonstrations qui n'étaient point rares en ce temps-là, et dont Saint-Mégrin et Bussy d'Amboise avaient été victimes [1]. Buckingham comprit le conseil et le méprisa malgré son importance. En effet, on n'eût point officiellement arrêté et puni un ambassadeur ; mais un galant coureur d'aventures pouvait, pendant une nuit, devenir l'objet d'une vengeance que Richelieu ni le roi n'auraient pu empêcher et ne se seraient bien gardés de punir, et que Charles Ier lui-même n'eût pu attribuer qu'à la mauvaise étoile de son favori.

Cependant, non seulement une persécution ouverte se manifestait à l'égard d'Anne d'Autriche, mais encore une conspiration sourde se tramait dans l'ombre. Le cardinal avait été prévenu par madame de Lannoy, son espionne près de cette princesse, que la reine n'avait plus les ferrets de diamants qu'elle avait reçus du roi, et que, selon toute probabilité, ces ferrets avaient été envoyés par elle à Buckingham, pendant la nuit qui avait suivi son retour de Boulogne.

Richelieu écrivit aussitôt à lady Clarick, qui avait été la maîtresse de Buckingham, pour lui offrir cinquante mille

(1) V. la note B à la fin du volume.

livres si elle parvenait à couper deux des douze ferrets et à les lui envoyer.

Quinze jours après, Richelieu reçut les deux ferrets. Lady Clarick, à un grand bal où se trouvait le duc, avait profité de la foule pour les couper, sans que celui-ci s'en aperçût.

Le cardinal fut enchanté : il tenait enfin sa vengeance ; il le croyait du moins.

Le lendemain, le roi annonça à la reine qu'une fête donnée par les échevins de Paris allait avoir lieu à l'hôtel de ville, et la pria, pour faire à la fois honneur aux échevins et à lui, de se parer des ferrets de diamants qu'il lui avait donnés. Anne d'Autriche répondit simplement au roi qu'il serait fait selon son désir.

Le bal était pour le lendemain ; la vengeance du cardinal ne devait donc pas se faire attendre.

Quant à la reine, elle paraissait aussi tranquille que si aucun danger ne la menaçait. Le cardinal ne comprenait rien à cette tranquillité, qui, dans sa conviction, n'était qu'un masque à l'aide duquel, grâce à un grand empire sur elle-même, elle parvenait à cacher son inquiétude.

L'heure du bal arriva. Le roi et le cardinal étaient venus de leur côté, la réception ayant été ainsi réglée ; la reine devait venir du sien. A onze heures, on annonça la reine.

Tous les yeux se tournèrent aussitôt vers Sa Majesté, et surtout, comme on le pense bien, ceux du roi et du cardinal.

La reine était resplendissante : elle était habillée à l'espagnole, d'un habit de satin vert brodé d'or et d'argent ; elle portait des manches pendantes, renouées sur les bras avec de gros rubis qui lui servaient de boutons ; elle avait une fraise ouverte qui laissait voir sa gorge, qu'elle avait admirablement belle ; elle était coiffée d'un petit bonnet de velours vert surmonté d'une plume de héron, et par-dessus tout cela retombant gracieusement de son épaule ses aiguillettes ornées de leurs douze ferrets de diamants.

Le roi s'approcha d'elle, sous prétexte de lui faire compliment sur sa beauté, et compta les ferrets : il n'en manquait pas un seul.

Le cardinal demeura stupéfait ; les douze ferrets étaient sur l'épaule de la reine, et, cependant, il en tenait deux dans sa main crispée de colère.

Voici le mot de l'énigme.

En revenant de la fête et en se dévêtant, Buckingham s'était aperçu de la soustraction qui lui avait été faite. Sa première idée fut qu'il était dupe d'un vol ordinaire ; mais, en y songeant, il devina bien vite que les ferrets avaient été enlevés dans une intention bien autrement dangereuse, dans un but bien autrement hostile. Il avait aussitôt donné l'ordre qu'un embargo fût mis sur tous les ports d'Angleterre, et fait défendre à tout patron de bâtiment de mettre à la voile, sous peine de mort.

Pendant qu'on se demandait avec étonnement et presque avec terreur la cause de cette mesure, le joaillier de Buckingham faisait en grande hâte deux ferrets exactement pareils à ceux qui manquaient ; la nuit suivante, un bâtiment léger pour lequel seul la consigne avait été levée, faisait route vers Calais ; et, douze heures après le départ de ce bâtiment, l'embargo était levé.

Il en résulta que la reine reçut les ferrets douze heures avant l'invitation que lui fit le roi de s'en parer à l'hôtel de ville.

De là venait cette suprême tranquillité que ne pouvait comprendre le cardinal. Le coup était terrible pour lui : aussi, dès ce moment, jura-t-il la perte des deux mystificateurs.

On va voir de quelle manière il réussit dans ce double projet.

Nous avons dit comment Marie de Médicis, dans son éternel et avide besoin de pouvoir, prenait à tâche de souffler la discorde entre ses enfants, séparant ainsi par les soupçons le mari de sa femme. Mais Buckingham parti, mais la conspiration des ferrets éventée, Louis XIII se tenait pour parfaitement rassuré à l'endroit du duc ; la reine mère craignit en conséquence, entre son fils et sa belle-fille, un rapprochement, qui, dans ses calculs, devait annihiler son influence. Elle jeta de nouveau les yeux sur le duc d'Anjou, dont elle résolut de faire pour la seconde fois un fantôme de meurtre et d'adultère aux yeux jaloux et prévenus de Louis XIII.

Louis XIII avait été détourné de ses soupçons à l'égard de son frère par toutes les folies de Buckingham ; cependant il ne les avait jamais entièrement chassés de son cœur. Aussi, aux premiers mots qui lui revinrent d'un rapprochement entre Gaston et Anne d'Autriche, le vieux levain qui depuis longtemps s'aigrissait en lui se remit à fermenter de nouveau. La reine mère et Richelieu, dont les intérêts étaient les mêmes dans cette circonstance, réunirent leurs efforts pour augmenter la jalousie du roi. Les rapports officieux revinrent de tous côtés à Louis XIII ; ces rapports disaient qu'Anne d'Autriche, lasse de stérilité, belle, jeune et de sang espagnol, ne trouvant pour répondre à l'ardeur de ses sens qu'un mari froid et mélancolique, rêvait, comme la fin de son esclavage, la mort de Sa Majesté, et cette mort arrivant, avait arrêté d'avance une union plus en harmonie avec ses goûts et son humeur. Louis XIII se crut aussitôt entouré de conspirateurs. Il ne pouvait donc être mieux disposé selon les désirs de la reine mère et du cardinal pour punir cruellement. Il ne manquait qu'un complot : celui de Chalais éclata.

III

M. DE CHALAIS. — SON CARACTÈRE. — CONSPIRATION DU DUC D'ANJOU RÉVÉLÉE PAR CHALAIS AU CARDINAL. — LE CARDINAL ET LE DUC D'ANJOU. — MARIAGE PROJETÉ. — ARRESTATION A BLOIS DE CÉSAR, DUC DE VENDÔME, ET DU GRAND PRIEUR DE FRANCE, FILS NATURELS DE HENRI IV. — LE COMTE DE ROCHEFORT. — LE COUVENT DES CAPUCINS DE BRUXELLES. — LE COMPLOT EST MUR. — ARRESTATION, PROCÈS ET EXÉCUTION DE CHALAIS. — LA REINE EST AMENÉE EN PLEIN CONSEIL. — RÉPONSE DE LA REINE.

Chalais était maître de la garde-robe. Sa naissance était excellente. Petit-fils du maréchal de Montluc, il touchait, par les femmes, à cette brave race des Bussy-d'Amboise, dont la femme du maréchal était sœur, et qui défendit si héroïquement Cambrai contre les Espagnols.

C'était un beau jeune homme de vingt-huit à trente ans, fort élégant et fort couru des femmes, peu réfléchi, très railleur, imprudent et vain comme Cinq-Mars le fut plus tard. Il avait eu, quelque temps auparavant, un duel qui avait fait grand bruit, et qui l'avait parfaitement mis en place dans ce monde, où l'on palpitait encore pour les traditions de la chevalerie. Croyant avoir des motifs de plainte contre Pontgibaut, beau-frère du comte de Ludes, il alla l'attendre sur le Pont-Neuf, où il savait qu'il devait passer, et, là, il lui fit mettre l'épée à la main, et le tua. Bois-Robert, qui aimait fort les beaux garçons, dit Tallemant des Réaux, fit une élégie sur sa mort.

Il était de mode à cette époque de conspirer contre le premier ministre, qui avait tout le pouvoir et ne laissait au roi qu'une ombre de puissance ; ce qui faisait dire au vieil archevêque Bertrand de Chaux, que Louis XIII aimait beaucoup, et auquel il avait souvent promis le chapeau rouge :

— Ah ! si le roi était en faveur, je serais cardinal.

Cette mode n'était pas encore si dangereuse qu'elle le devint par la suite ; car, alors, Marillac, Montmorency et Cinq-Mars vivaient encore. Chalais conspirait donc contre le cardinal, c'est-à-dire qu'il agissait comme tout le monde.

Cependant, cette fois, la conspiration avait une certaine valeur. Gaston, que la noblesse n'avaient pas encore déshonoré les lâchetés successives, était à la tête des conspirateurs, poussé par Alexandre de Bourbon, grand prieur de France, et César, duc de Vendôme ; c'étaient ceux-ci, disait-on, qui avaient proposé la tête à Gaston et qui y avaient convenu Chalais. Cinq ou six autres jeunes gens s'étaient encore donnés au duc d'Anjou, et, étaient convenus d'assassiner avec lui le cardinal.

Voici de quelle manière le projet devait être exécuté :

Richelieu, sous le prétexte éternel de sa mauvaise santé qui lui rendait de si grands services pendant tout le cours de cette puissance sans cesse attaquée et toujours croissante s'était retiré à sa maison de campagne de Fleury, d'où il dirigeait les affaires du royaume. Le duc d'Anjou et ses amis devaient, en feignant une chasse qui les aurait conduits de ce côté, descendre chez Son Éminence, comme pour lui demander à dîner, et, là, au premier moment favorable, saisir l'occasion de l'envelopper et de lui couper la gorge.

Tous ces complots, qui aujourd'hui nous paraissent impossibles ou tout au moins étranges, étaient fort de mise alors et faisaient en quelque sorte le tour de l'Europe. Visconti avait été assassiné ainsi dans le Dôme de Milan ; Julien de Médicis, dans l'église cathédrale de Florence ; Henri III, à Saint-Germain ; Henri IV, rue de la Ferronnerie, et le maréchal d'Ancre, au pont du Louvre.

Gaston, en se défaisant du favori de Louis XIII, imitait donc l'exemple de Louis XIII à l'égard du favori de Marie de Médicis ; tout était de réussir, car l'impunité suivrait d'autant plus sûrement le succès, que le tout cachait mal la haine qu'il portait lui-même au premier ministre.

Tout était donc prêt pour l'exécution de ce dessein, lorsque Chalais, ou par cette faiblesse de résolution dont il donna par la suite tant de preuves, ou pour s'attirer à son parti, alla s'en ouvrir au commandeur de Valençay. Mais, soit que celui-ci fût au cardinal, soit qu'il eût deviné Gaston, soit, ce qui est moins probable, qu'il eût réellement horreur d'un assassinat, le commandeur fit si bien, qu'au lieu de se laisser entraîner au parti de Chalais, il emmena Chalais à le suivre chez le cardinal pour lui tout révéler.

Le cardinal était occupé à travailler dans son cabinet avec un nommé Rochefort, homme de tête et de main, tout entier à sa dévotion, et qu'on trouve changeant d'âge, de figure et de nom, mêlé, sous-vingt costumes différents qu'il portait avec une égale vérité, à toutes les mystérieuses affaires de ce temps, lorsqu'on lui annonça que Chalais et le commandeur de Valençay demandaient à lui parler seul et en tête-à-tête pour affaires de la plus haute importance.

Son Éminence fit un signe à Rochefort, qui passa dans un cabinet voisin, séparé par une seule tapisserie de la chambre où travaillait le cardinal.

Chalais et le commandeur de Valençay furent introduits aussitôt que la portière fut retombée derrière Rochefort.

Chalais était muet et interdit : il comprenait qu'il avait fait une première faute, celle d'entrer dans la conspiration et qu'il allait en faire une seconde, celle de la révéler.

Ce fut donc le commandeur de Valençay qui parla. Le cardinal, assis devant sa table, le menton appuyé dans sa main, écouta toute la révélation de ce terrible complot tramé contre sa personne, sans qu'un seul trait de son visage exprimât autre chose que cette attention grave qu'il eût apportée à toute conspiration menaçant une autre tête que la sienne. Richelieu avait au plus haut degré ce courage particulier donné à certains hommes d'État de braver une chose qui fait sourciller le poignard des assassins. Lorsqu'il eut tout entendu, il remercia Chalais, qu'il pria de le revenir voir particulièrement.

Chalais revint. Le cardinal avait pour lui la séduction des promesses. Il flatta l'ambition du jeune homme et Chalais se dit tout à lui, à la condition cependant que personne ne serait inquiétée pour ce complot. Le cardinal promit, sur ce point, tout ce que Chalais voulut ; cela lui était d'autant plus facile, que les têtes du duc d'Anjou, du duc de Vendôme et du grand prieur, toutes têtes royales, n'étaient point encore de celles qui avaient l'habitude de tomber sous la hache du bourreau.

Le cardinal alla trouver le roi et lui raconta tout, mais en demandant de l'indulgence pour ce complot qui ne menaçait que lui, réservant toute sa sévérité, disait-il, pour les complots qui regardaient le roi. Il posait, par cette parole, la première planche des échafauds à venir.

Le roi admira la magnanimité de son ministre, et lui demanda ce qu'il comptait faire en cette circonstance.

— Sire, répondit le cardinal, laissez-moi conduire l'affaire jusqu'au bout ; seulement, comme je n'ai autour de moi ni gardes ni hommes armés, prêtez-moi quelques-uns de vos gens d'armes.

Le roi donna au cardinal soixante cavaliers qui, la veille du jour où l'assassinat devait avoir lieu, arrivèrent à onze heures du soir à Fleury.

Le cardinal les cacha de façon qu'on ne pût aucunement s'apercevoir de leur présence.

La nuit s'écoula tranquillement. Mais, à quatre heures du matin, les officiers de la bouche du duc d'Anjou arrivèrent.

Fleury, annonçant qu'au retour de la chasse leur maître devait dîner chez Son Éminence, et, pour lui épargner tout ennui, les envoyait afin de préparer le dîner.

Le cardinal fit répondre que lui et son château étaient tout au service du prince ; qu'il pouvait donc, à son gré, disposer de l'un et de l'autre.

Mais aussitôt il se leva et, sans rien dire à personne, partit pour Fontainebleau, où se trouvait Gaston.

Il était huit heures du matin, et celui-ci s'habillait pour la chasse, lorsque tout à coup sa porte s'ouvrit et son valet de chambre annonça Son Éminence le cardinal de Richelieu.

Derrière le valet de chambre apparut le cardinal, avant même que Gaston eût le temps de dire qu'il n'était pas visible. Le jeune prince reçut l'illustre visiteur avec un air de trouble qui acheva de prouver au ministre que Chalais avait dit la vérité.

Tandis que Gaston cherchait par quelles paroles il pouvait accueillir le cardinal, celui-ci s'approchant du prince :

— En vérité, monsieur, dit-il, j'ai raison d'être un peu en colère contre vous.

— Contre moi ! dit Gaston tout effrayé, et sur quel point, s'il vous plaît ?

— Sur ce que vous n'avez pas voulu me faire l'honneur de me commander à dîner à moi-même, circonstance qui m'eût cependant procuré l'inappréciable faveur de vous recevoir de mon mieux ; mais, en envoyant ses officiers de bouche, Votre Altesse m'a indiqué qu'elle désirait être en liberté. Je lui abandonne donc ma maison dont elle peut disposer comme il lui plaira.

Et, à ces mots, le cardinal, pour prouver au duc d'Anjou qu'il était son très humble serviteur, prit la chemise des mains de son valet de chambre, et, la lui ayant passée presque malgré lui, se retira en lui souhaitant bonne chasse. Le duc d'Anjou, devinant que tout était découvert, prétexta une indisposition subite, et la chasse n'eut pas lieu.

Cependant la magnanimité de Richelieu n'était qu'illusoire. Il sentait bien que, s'il ne ruinait pas d'un coup toute cette ligue de princes formée contre lui, dont la reine était le centre et madame de Chevreuse l'instrument, il finirait par succomber un jour ou l'autre à quelque complot mieux ourdi. Il chercha donc d'abord un moyen de désorganiser l'ensemble, sûr qu'ensuite les prétextes ne lui manqueraient pas pour frapper les individus.

Il était en ce moment question de marier le duc d'Anjou. La longue stérilité de la reine, que Richelieu avait eu un instant l'espérance de faire cesser, semblait préoccuper éternellement le ministre, qui réchauffait ainsi tous les griefs de Louis XIII contre Anne d'Autriche. Mais sur ce point, comme sur tous les autres, le ministre et le jeune prince, cherchant chacun son intérêt, n'étaient point d'accord.

Le duc d'Anjou, qui pendant tout le temps de sa vie, ne perdit pas un seul instant de vue la couronne sur laquelle il n'eut pas le courage de porter franchement la main, désirait épouser quelque princesse étrangère, dont la famille pût lui servir d'appui, ou le royaume de refuge.

Richelieu, au contraire, et quand nous disons Richelieu, nous disons le roi, Richelieu voulait que le duc d'Anjou épousât mademoiselle de Montpensier, fille de madame la duchesse de Guise. Gaston résistait, non pas que la jeune princesse lui déplût, au contraire, mais parce qu'elle ne lui apportait en dot qu'une immense fortune et ne donnait pas la moindre assurance à ses projets ambitieux.

Or, Gaston, trop faible pour résister seul, appelait ses amis à son aide, avait formé à la cour, parmi les ennemis du cardinal, un parti qui se déclarait pour l'alliance étrangère. Les chefs de ce parti étaient la reine et MM. le grand prieur de France et son frère César, duc de Vendôme.

Le cardinal avait facilement attiré le roi à son opinion en lui montrant les inconvénients de créer à son frère, dans une principauté étrangère cette retraite que désiraient sa mère et son frère. L'Espagne, qui soutenait la reine, avait trop d'inquiétude dans ses démêlés conjugaux, et l'inquiétait trop encore pour qu'il s'ouvrit une nouvelle source de pareils ennuis. Le roi était donc convaincu que le duc d'Anjou, pour le bien de l'État et la sécurité de la couronne, devait épouser mademoiselle de Montpensier.

Son Éminence lui donna la preuve que le grand prieur et M. de Vendôme contrecarraient ce dessein. Louis XIII regarda dès lors ses deux frères naturels comme ses ennemis ; mais Louis XIII était maître en dissimulation, et personne ne s'aperçut des nouveaux sentiments de haine qui venaient, à la voix du cardinal, de se glisser dans le cœur du roi.

Malheureusement, ce n'était pas chose facile que d'arrêter les deux frères d'un seul coup ; et en arrêter un seul, c'était se faire un ennemi acharné de l'autre. Disons ce qui causait cette difficulté.

Le duc de Vendôme n'était pas seulement gouverneur de Bretagne, mais il pouvait encore avoir de grandes prétentions à la souveraineté de cette province, par le fait de la duchesse, sa femme, héritière de la maison de Luxembourg, et, par conséquent, de la maison de Penthièvre. De plus, le prince était, disait-on, en train de nouer un mariage entre son fils et l'aînée des filles du duc de Retz, qui avait deux bonnes places dans la province. La Bretagne, ce fleuron souverain qu'on avait eu tant de peine à souder à la couronne, pouvait donc lui échapper de nouveau.

Le cardinal mit toutes ces considérations sous les yeux du roi, lui montra l'Espagnol entrant en France à la voix de la reine, l'Empire marchant contre nos frontières à l'appel du duc d'Anjou, et la Bretagne se révoltant au premier signal du duc de Vendôme. Il fallait donc prévenir, comme nous l'avons dit, cette catastrophe par l'arrestation des deux frères.

Tout vient à point à qui sait attendre. Les ennemis du cardinal se livrèrent eux-mêmes. Voyant le complot de Fleury déjoué, et Richelieu plus puissant que jamais, voyant que dans toute cette affaire aucun nom ni celui de son frère n'avaient point été prononcés, le grand prieur crut que Son Éminence en avait révélation du danger qu'elle courait, mais qu'elle ignorait le nom de ceux qui avaient tramé sa perte. Il revint donc lui faire sa cour avec les apparences d'un dévouement plus empressé que jamais. Le cardinal, de son côté, le reçut mieux et plus gracieusement qu'il n'avait encore fait. Cet accueil parut au grand prieur si franc et si sincère, que, se croyant au mieux avec le ministre il se hasarda, pensant le moment bien choisi, à demander le commandement de l'armée navale du roi.

— Quant à moi, lui répondit le cardinal, comme vous pouvez le voir, je suis tout à vous.

Le grand prieur s'inclina.

— Ce n'est donc pas de moi que viendra l'obstacle.

— Et de qui viendra-t-il ? demanda le solliciteur.

— Du roi lui-même.

— Du roi ! Et quel grief peut-il avoir contre moi ?

— Rien ; mais c'est votre frère qui vous fait tort.

— César ?

— Oui. Le roi se défie de M. de Vendôme. On croit qu'il écoute des gens mal intentionnés, il faudrait effacer d'abord les mauvaises impressions que le roi a reçues contre votre frère; puis nous reviendrions à vous.

— Monseigneur, dit le grand prieur, Votre Éminence veut-elle que j'aille moi-même quérir mon frère dans son gouvernement, et que je l'amène au roi pour qu'il se justifie ?

— Ce serait ce qu'il y aurait de mieux, répondit le cardinal.

— Mais, reprit le grand prieur, il est nécessaire que j'obtienne, avant tout, l'assurance que, si mon frère paraît à la cour, il n'y recevra aucun déplaisir.

— Écoutez, dit le cardinal, les choses tombent à merveille pour épargner à M. de Vendôme la moitié du chemin. Le roi veut aller se divertir à Blois ; partez pour la Bretagne et venez à Blois avec M. le duc. Quant à l'assurance que vous demandez, c'est au roi de vous l'offrir, et certes il ne vous la refusera pas.

— Eh bien, je pars aussitôt après l'audience de Sa Majesté.

— Allez attendre l'ordre chez vous, et vous ne tarderez pas à le recevoir.

Et, sur ces paroles, le grand prieur quitta le ministre, enchanté de lui et croyant déjà tenir son brevet d'amiral.

Le lendemain, il reçut une invitation de passer au Louvre. Le ministre avait tenu parole.

Louis XIII le reçut de son air le plus riant, lui parla des plaisirs qu'il se promettait à Blois, et l'invita, lui et son frère, aux chasses de Chambord.

— Mais, dit le grand prieur, mon frère sait que Votre Majesté est prévenue contre lui, et peut-être aurai-je quelque peine à lui faire quitter son gouvernement.

— Qu'il vienne, dit Louis XIII, qu'il vienne en toute assurance, je lui donne ma parole royale qu'il ne lui sera pas fait plus de mal qu'à vous.

Le grand prieur ne comprit pas le double sens de cette réponse et partit.

Mais, avant d'accompagner le roi dans son voyage et d'entrer en lutte avec trois fils de Henri IV, le cardinal de Richelieu veut savoir jusqu'où va sa puissance sur l'esprit du roi, et lui envoie cette note :

« En vous servant, sire, M. le cardinal ne s'est jamais proposé d'autre but que la gloire de Votre Majesté et le bien de l'État. Cependant, il voit avec un déplaisir extrême la cour divisée à son occasion, et la France menacée d'une guerre civile. La vie ne lui coûtera rien quand il s'agira de la donner pour le service de Votre Majesté ; mais le danger continuel d'être assassiné sous vos yeux est une chose qu'un homme de son caractère doit éviter avec le plus de soin qu'aucun autre. Mille personnes inconnues approchent de lui à la cour, et il est facile à ses ennemis d'en suborner quelqu'une. Si Votre Majesté souhaite que le cardinal continue à la servir, il lui obéira sans réplique, car enfin il n'a d'autres intérêts que ceux de l'État ; il vous prie seulement de considérer une chose : outre que Votre Majesté serait fâchée de voir un de ses bons serviteurs mourir avec si peu d'honneur, dans un pareil accident, votre autorité paraîtrait méprisée. Voilà pourquoi M. le cardinal vous supplie très humblement, sire, de lui accorder la permission de se retirer. Les mécontents, déconcertés, n'auront plus dès lors aucun prétexte de brouille. »

En même temps qu'il envoyait cette note au roi, le cardinal écrivait à la reine mère, pour qu'elle l'aidât à obtenir de Louis XIII sa retraite.

Tous deux furent fort alarmés de ce projet : le roi lui-même accourut faire visite au cardinal en sa maison de Limours, le suppliant de ne pas l'abandonner au moment où ses services lui étaient plus nécessaires que jamais, lui promettant protection entière contre le duc d'Anjou, et s'engageant à lui révéler fidèlement et à l'instant même tout ce qu'on lui rapporterait à son désavantage, sans exiger aucune justification de sa part. De plus, Sa Majesté lui offrit une garde de quarante hommes à cheval.

Le cardinal parut céder aux instances du roi, mais refusa l'escorte qui lui était offerte. Nul ne savait mieux que Richelieu prêter à gros intérêts sur l'avenir.

Ce moment fut un véritable triomphe pour le ministre et lui apprit ce qu'il pourrait faire dans la suite de Louis XIII, en répétant ce moyen. Le duc d'Anjou, son ennemi déclaré vint lui faire visite ; M. le prince de Condé, qu'il avait fait arrêter autrefois et qui était resté quatre ans à la Bastille, l'envoya assurer de son dévouement. Le cardinal reçut toutes ces avances en homme qui, se sentant mourir, oublie et pardonne.

Pendant tout ce temps, Son Éminence avait continué de voir Chalais et de lui faire bon accueil. Chalais se croyait au mieux avec le cardinal qui, en apparence, lui avait tenu la parole donnée, puisque aucun des complices de l'affaire de Fleury n'avait été inquiété. Il continuait donc de lui révéler les projets du duc d'Anjou ; mais dans ce moment Gaston n'avait d'autre projet que de trouver un royaume voisin où il pût se retirer pour échapper à la fois à la surveillance du cardinal et au mariage que lui imposait son frère. Richelieu parut plaindre le jeune prince, et poussa Chalais à l'exciter, de tout son pouvoir, à quitter la France, convaincu qu'il était que cette retraite achèverait de le perdre.

Cependant restait une affaire importante à terminer à Blois. Le roi partit donc pour cette ville, laissant le comte de Soissons gouverneur de Paris en son absence. A Orléans, la reine mère et le duc d'Anjou rejoignirent Sa Majesté. Le cardinal, sous prétexte de maladie, était parti devant, allant à petites journées, et, au lieu de demeurer à Blois, s'était retiré, toujours pour chercher le calme et le repos, à Beauregard, charmante petite maison située à une lieue de la ville.

Quelques jours après l'arrivée du roi, le grand prieur et le duc de Vendôme arrivèrent à leur tour. Le même soir, ils se rendent chez le roi pour lui présenter leurs hommages. Le roi les reçoit à merveille et leur propose une partie de chasse pour le lendemain ; mais les deux frères s'excusent sur la fatigue d'un voyage fait à franc étrier. Le roi les embrasse et leur souhaite bon repos.

Le lendemain, à trois heures du matin, tous deux étaient arrêtés dans leur lit et conduits prisonniers au château d'Amboise, tandis que la duchesse de Vendôme recevait l'ordre de se retirer dans sa maison d'Anet.

Le roi avait tenu strictement sa parole ; il n'avait pas été fait plus de mal à M. le duc de Vendôme qu'à M. le grand prieur, puisqu'ils avaient été arrêtés ensemble et conduits dans la même prison.

C'était de la part du cardinal une déclaration de guerre inattendue, mais franche et vigoureuse ; aussi Chalais courut-il à l'instant même chez Son Éminence pour réclamer la promesse qui lui avait été faite. Mais le cardinal prétendit n'avoir aucunement manqué à sa promesse, le M. le grand prieur et M. de Vendôme étant arrêtés, non pas à cause de la part qu'ils avaient prise au complot de Fleury, mais pour les mauvais conseils qu'ils donnaient, l'un de vive voix, l'autre par lettres, au duc d'Anjou, à l'endroit du mariage de Son Altesse avec mademoiselle de Montpensier.

Chalais ne fut point dupe de cette réponse ; aussi, soit remords, soit versatilité naturelle, il chercha quelqu'un pour faire dire au cardinal qu'il ne devait plus compter sur lui, qu'il lui retirait sa parole. Le commandeur de Valençay, auquel il s'adressa d'abord, refusa de se charger de la commission, avertissant Chalais qu'il prenait le chemin de la prison et peut-être de quelque chose de pire. Mais Chalais ne tint aucun compte de l'avis, et prévint par écrit le cardinal qu'il l'abandonnait.

Quelques jours après, Son Éminence apprit non seulement que Chalais s'était rejeté dans le parti du duc d'Anjou, mais encore qu'il avait renoué avec madame de Chevreuse, son ancienne maîtresse.

Dès lors, Chalais fut la victime expiatoire désignée d'avance.

Cependant le duc d'Anjou avait été fortement ému de l'arrestation de ses deux frères naturels, et, commençant à craindre pour lui-même, il parut chercher sérieusement une retraite hors de France, où, du moins, dans quelque place forte du royaume, d'où il pût tenir tête au cardinal et dicter ses conditions, comme l'avaient fait plus d'une fois MM. les princes, qui, après chaque révolte, étaient reparu à la cour plus riches et plus puissants.

Chalais, alors, se proposa au duc d'Anjou comme intermédiaire d'une négociation, soit avec les seigneurs mécontents ayant un commandement en France, soit avec les princes étrangers.

En effet, il écrivit à la fois au marquis de la Valette, qui tenait Metz, au comte de Soissons, qui tenait Paris, et au marquis de Laisgues, favori de l'archiduc, à Bruxelles.

La Valette refusa, non point qu'il ne fût mécontent de Richelieu, dont il avait de son côté fort à se plaindre, mais parce qu'il ne se souciait pas d'entrer dans une cabale dont le résultat était de rompre le mariage d'un fils de France avec mademoiselle de Montpensier, sa proche parente.

Le comte de Soissons envoya au duc d'Anjou un homme nommé Boyer, qui lui offrit cinq cent mille écus, huit mille hommes de pied et cinq cents chevaux, s'il voulait à l'instant même quitter la cour et venir le rejoindre à Paris.

Quant à M. de Laisques, on va voir tout à l'heure quel fut le résultat de la négociation entamée avec lui.

Sur ces entrefaites, Louvigny, cadet de la maison de Gramont, vint prier Chalais de lui servir de second contre le comte de Candale, fils aîné du duc d'Epernon, avec lequel il s'était pris de querelle à propos de la duchesse de Rohan, que tous deux aimaient.

Malheureusement, Louvigny s'était fait, sous le rapport de ces sortes d'affaires, une mauvaise réputation. Il avait eu, quelque temps auparavant, un duel et ce duel avait laissé sur sa renommée une tache ineffaçable : se battant contre Hocquincourt, qui fut depuis maréchal de France, il lui avait proposé d'ôter leurs éperons qui les gênaient tous deux. Hocquincourt avait accepté, et, tandis qu'il se baissait pour déboucler la courroie, Louvigny lui avait passé son épée au travers du corps. Hocquincourt en était resté si fort malade au lit et en avait été si mal, que son confesseur, le croyant près de trépasser, le pria de pardonner à Louvigny. Mais Hocquincourt, qui avait toujours quelque espoir d'en revenir, fit ses conditions :

— Si j'en meurs, oui, je lui pardonne! dit-il ; mais si j'en reviens, non.

Or, Chalais, qui sans doute craignait de voir se renouveler quelque scène du même genre, refusa obstinément à Louvigny de lui servir de second. « Ce méchant garçon fut si fort piqué de ce refus, dit Bassompierre, qu'il s'en alla du même pas révéler au cardinal tout ce qu'il savait et tout ce qu'il ne savait point. »

Or, ce que savait Louvigny, c'est que Chalais avait écrit au nom du duc d'Anjou à M. de la Valette, au comte de Soissons et à M. le marquis de Laisques ; et ce qu'il ne savait pas et ce qu'il affirma cependant, c'est que Chalais s'était engagé à tuer le roi, et que le duc d'Anjou et ses plus intimes amis avaient promis de se tenir à la porte de Sa Majesté pendant l'assassinat, afin d'appuyer Chalais s'il avait besoin de leur concours.

Le cardinal fit faire à Louvigny une déclaration par écrit que Louvigny signa.

On n'avait aucune preuve du côté de la Valette, ni du côté du comte de Soissons. D'ailleurs, cette conspiration avec l'un ou avec l'autre était insuffisante pour les projets du cardinal ; elle ne compromettait pas la reine.

La conspiration avec l'archiduc, au contraire, était ce que le cardinal pouvait désirer de mieux. En ménageant bien, on y faisait entrer le roi d'Espagne, et le roi d'Espagne, on se le rappelle, était le frère d'Anne d'Autriche.

Le cardinal tenait donc son complot, un complot, non plus contre lui seul, mais contre le roi et lui, un complot qui prouvait qu'on ne cherchait à le perdre, lui ministre, qu'à cause de son grand attachement au roi et à la France.

En effet, le cardinal était tellement détesté, et il connaissait si bien cette haine générale, qu'il avait compris que sa chute suivrait immédiatement la mort de Louis XIII. En conséquence, il ne pouvait régner qu'à l'aide du fantôme souverain. Tous ses soins avaient donc pour but de faire vivre Joseph une fantôme et de rendre terrible l'autorité royale.

Aussi la révélation de Louvigny fut la bienvenue. Rochefort, le même que nous avons trouvé travaillant avec le cardinal lorsque Chalais et le commandeur de Valençay entrèrent dans son cabinet, reçut l'ordre de partir pour Bruxelles, déguisé en capucin. Le moine improvisé tenait du père Joseph une lettre qui le recommandait aux couvents capucins des Flandres : cette lettre était signée du gardien des capucins de la rue Saint-Honoré. Rochefort avait reçu des instructions sévères. Tout le monde devait ignorer qui il était et le prendre véritablement pour un moine. En conséquence, il voyagerait à pied, sans argent, en demandant l'aumône, et, en entrant chez les capucins de Bruxelles, se soumettrait à toute la sévérité de la règle à toutes les rigueurs de l'ordre.

Les instructions du comte de Rochefort étaient de suivre de l'œil tous les mouvements du marquis de Laisques.

Le marquis fréquentait le couvent, dont il connaissait le supérieur, et c'est à cause de cela que le cardinal avait désigné ce couvent du comte de Rochefort pour le lieu de sa résidence.

Le nouveau venu s'y présenta comme un ennemi du cardinal, et il en dit tant de mal, en raconta tant de traits inconnus, joua enfin si admirablement son rôle, que tout le monde y fut pris et que le marquis de Laisques lui-même alla au-devant des désirs de Son Eminence, en priant le faux capucin de rentrer en France et de se charger de remettre à leur adresse des lettres de la plus haute importance. Rochefort fit l'effrayé, le marquis insista. Rochefort allégua l'impossibilité de quitter le couvent sans une permission du gardien souverain, chef de la communauté ; le marquis fit parler au gardien par l'archiduc lui-même. Le gardien, sur une si haute recommandation, accorda tout ce qu'on voulut. Rochefort fut donc autorisé à aller prendre les eaux de Forges, et le marquis de Laisques remit les lettres à Rochefort, en l'avertissant, non de les porter lui-même à Paris, ce qui eût été une imprudence, mais d'écrire au destinataire de les venir prendre.

Rochefort partit donc, et à peine fut-il en Artois, qu'il écrivit au cardinal ce qui venait de se passer. Le cardinal lui dépêcha en toute hâte un courrier auquel Rochefort remit le paquet confié par le marquis de Laisques. Richelieu l'ouvrit, en prit connaissance, fit faire des copies de tous les écrits qu'il contenait et le retourna à Rochefort, qui, ayant continué son chemin, le reçut comme il allait arriver à Forges ; de cette façon, il n'y avait pas de temps perdu. A peine Rochefort eut-il le paquet entre les mains, qu'il donna avis au destinataire de venir prendre ces lettres. C'était un avocat nommé Pierre, qui logeait rue Perdue, près la place Maubert.

Cet homme partit de Paris, ne se doutant pas que, depuis qu'il avait reçu la lettre du prétendu capucin, il était sous l'œil de la police cardinaliste, qui ne devait plus le perdre de vue un seul instant. Il fit ainsi toute la route, arriva à Forges, reçut le paquet des mains de Rochefort, repartit pour Paris et alla descendre directement à l'hôtel de Chalais. Le comte lut les lettres qui lui étaient adressées et fit la réponse qu'on lui demandait. Cette réponse mystérieuse est le secret que garde l'histoire. Quelle en était la teneur ? Nul n'en sut jamais rien, que le cardinal et probablement lui, le cardinal ne la montra. Rochefort lui-même ne sut rien de plus, cette lettre n'étant pas revenue entre ses mains.

Ce fut sur cette pièce que le cardinal bâtit tout un système d'accusation ; car, au dire du prélat, elle contenait le double projet de la mort du roi et du mariage de la reine avec M. le duc d'Anjou. Ce complot expliquait à merveille l'opposition qu'apportait le jeune prince à son union avec mademoiselle de Montpensier.

Chalais fut donc accusé d'avoir, de connivence avec la reine et le duc d'Anjou, voulu assassiner le roi. C'était, disaient les uns, avec une chemise empoisonnée ; c'était, disaient les autres, en le frappant d'un coup de poignard. Les auteurs de cette dernière version allèrent même plus loin : ils racontèrent qu'un jour Chalais avait tiré le rideau du lit du roi pour accomplir cet assassinat, mais que, reculant devant la majesté royale, toute tempérée qu'elle était par le sommeil, le couteau lui était tombé des mains.

Une seule observation de Laporte, qui se trouve en harmonie avec le livre du Cérémonial de France, détruit toute possibilité que cette histoire soit vraie. « Le maître de la garde-robe ne demeure pas dans la chambre du roi quand le roi dort, et le valet de chambre ne quitte jamais cette chambre quand le roi est au lit. » Il eût donc fallu que le valet de chambre fût le complice de Chalais, ou que Chalais fût entré dans la chambre le roi pendant le sommeil du valet de chambre.

Le roi, au premier avis que lui donna le cardinal de cette menée, voulait faire arrêter Chalais et mettre la reine et le duc d'Anjou en jugement. Mais Richelieu le calma en le priant d'attendre que le complot fût mûr. Louis XIII consentit donc à différer sa vengeance ; mais, pour être sûr que Chalais serait toujours sous sa main, et pour être sûr qu'il ne pourrait échapper au sort auquel d'avance il était destiné, le roi commanda un voyage en Bretagne, et la cour le suivit. Chalais, sans défiance, partit pour Nantes avec les autres.

Ce qui devait mûrir le complot, c'était la réponse à une lettre qu'avait écrite Chalais au roi d'Espagne, et dans laquelle il pressait Sa Majesté Catholique de conclure un traité avec la noblesse mécontente de France.

On remarquera que c'est un pareil traité qui, quatorze ans plus tard, fit couper la tête à Cinq-Mars et à de Thou.

La réponse du roi arriva tandis que Chalais était à Nantes ; sans doute le cardinal avait trouvé moyen, comme il l'avait fait pour le marquis de Laisques, d'avoir connaissance de cette lettre, avant qu'elle parvînt à sa destination.

Le jour même où il la reçut, Chalais eut une entrevue avec le duc d'Anjou, avec la reine et avec Monsieur, et resta fort avant dans la nuit chez madame de Chevreuse.

Le lendemain matin, il fut arrêté. La conspiration était mûre.

Le secret avait été gardé, non seulement avec cette discrétion, mais encore avec cette dissimulation qui caractérisaient la politique du roi et du cardinal, de sorte que la nouvelle de l'arrestation de Chalais tomba comme un coup de foudre au milieu de toute la cour.

La reine, que ses ennemis les plus acharnés, excepté le cardinal, n'ont jamais sérieusement accusée d'avoir voulu tuer le roi, avait eu au moins, la chose est incontestable, ainsi que M. le duc d'Anjou et madame de Chevreuse, communication de la lettre que Chalais avait reçue la veille. Ils se trouvaient donc compromis, sinon dans un complot d'assassinat contre le roi, car ils ignoraient encore que l'accusation du cardinal s'étendrait jusque-là, du moins dans une conspiration contre l'État, puisque cette lettre avait pour but d'attirer l'Espagnol en France.

Au reste, Chalais, il faut le dire, avait, par ses inconséquences, donné beau jeu au cardinal dans les accusations qu'il allait plaire à son Éminence de porter contre lui. Chalais, d'un naturel excessivement railleur, s'était fait à la cour grand nombre d'ennemis, et le roi lui-même n'était pas exempt de ses moqueries. En habillant Sa Majesté, il contrefaisait ses grimaces et ses tics habituels ; ce que le timide et vindicatif Louis XIII avait plus d'une fois remarqué dans la glace devant laquelle il se tenait. Chalais, d'ailleurs, ne s'arrêtait pas là ; il raillait tout haut le roi sur ses mœurs froides et sur sa faiblesse physique. Toutes ces plaisanteries, qui avaient déjà mis quelque gêne entre Louis XIII et son maître de garde-robe, devinrent des crimes lorsque celui-ci fut accusé de trahison.

Dès le lendemain de l'arrestation, on apprit que, contrairement aux anciennes lois du royaume, le roi avait nommé des commissaires choisis dans le parlement de Bretagne pour travailler au procès du prisonnier. Ce tribunal devait être présidé par Marillac. On espéra un instant que le garde des sceaux déclinerait l'indigne honneur qu'on lui faisait de le mettre ainsi à la tête d'une commission exceptionnelle. Mais Marillac s'était donné corps et âme au cardinal. Il ignorait que, six ans plus tard, son frère serait jugé à son tour par un tribunal pareil à celui qu'il présidait.

Cependant, le procès s'entama avec cette activité et ce silence que le cardinal savait mettre à ces sortes d'affaires. La cour, qui était venue à Nantes pour s'amuser, était tombée dans une tristesse morne et profonde. Il planait sur la ville quelque chose de pareil à cette torpeur qui engourdit la terre quand le ciel l'écrase de tout le poids d'un orage d'été.

La reine, atterrée, sentait instinctivement que, cette fois, elle était bien véritablement aux mains de ses ennemis. Gaston cherchait à fuir ; mais, se voyant trahi par ses plus proches, il n'osait se confier à personne et s'abandonnait à des colères inutiles et à des blasphèmes sans résultat. Madame de Chevreuse seule gardait son audace et son activité, sollicitant tout le monde en faveur du prisonnier, mais ne trouvant aucun homme qui voulût faire cause commune avec elle pour le pauvre Chalais. Richelieu commençait à se révéler à l'orient de cette sanglante mission qu'il semblait avoir reçue des mains de Louis XI : l'arrestation de M. de Vendôme et du grand prieur avait terrassé les plus fiers courages. Madame de Chevreuse comprit qu'il n'y avait rien à espérer ni de la reine ni du duc d'Anjou, effrayés pour eux-mêmes. Elle écrivit à madame de Chalais d'accourir à Nantes, sûre au moins de trouver dans le cœur d'une mère le dévouement et cet héroïsme qu'elle cherchait vainement dans le cœur de ses amis.

Cependant le procès se poursuivait ; mais Chalais, tout en reconnaissant la lettre du roi d'Espagne comme vraie, niait la sienne comme altérée. Selon lui, ses dépêches au marquis de Laisques n'avaient jamais contenu cet odieux complot d'un assassinat contre le roi, ni ce projet insensé de marier la reine avec M. le duc d'Anjou, qui avait huit ans de moins qu'elle. Il ajoutait que cette lettre, produite par le cardinal, était restée près de six semaines entre ses mains, puisque M. de Laisques ne l'avait jamais reçue, et il disait qu'il n'en fallait pas tant à un homme qui avait de si habiles secrétaires pour rendre mortelle l'épître la plus innocente.

Cette puissante dénégation embarrassait assez Richelieu. S'il ne se fût agi que de faire condamner Chalais, Son Éminence savait le tribunal qu'elle avait créé assez à sa dévotion pour passer outre ; mais il s'agissait de compromettre à tout jamais, aux yeux du roi, la reine et le duc d'Anjou. Si crédule que fût Louis XIII, il fallait cependant des preuves pour asseoir solidement à ses yeux une pareille accusation.

En effet, le roi commençait à douter ; et puis trois personnes, soit qu'elles fussent gagnées par la reine, par le duc d'Anjou ou par madame de Chevreuse, continuaient de se prononcer contre le mariage du duc d'Anjou avec mademoiselle de Montpensier. Ces trois personnes étaient Barradas, favori du roi, d'autant plus influent qu'il succédait dans la faveur de Louis XIII à Chalais, et que, sur tous les autres points, il se prononçait contre son prédécesseur ; Tronson, secrétaire du cabinet, et Sauveterre, premier valet de chambre de Sa Majesté. Ils faisaient observer au roi que c'était une mauvaise politique que d'allier un frère déjà presque rebelle à cette rebelle famille des Guise, qui sans cesse avait couvé des yeux le trône de France ; que Gaston, en réunissant à son apanage les biens immenses de mademoiselle de Montpensier, se trouverait plus riche, et, partant, peut-être plus puissant que le roi.

Ces remontrances inquiétaient Louis d'une étrange manière. Ses nuits solitaires et troublées réagissaient contre ses jours. Tant que le cardinal était là, les victorieux arguments de sa puissante politique battaient en brèche toute espèce de raisonnement ; mais derrière le cardinal entraînant Barradas le favori, Tronson le secrétaire, Sauveterre le valet de chambre, et, lorsque ces trois hommes abandonnaient le roi à leur tour, ils le laissaient en proie à la haine qu'il portait instinctivement au cardinal, à toutes les suggestions de la solitude, à toutes les apparitions de l'obscurité.

Un matin, le jésuite Suffren, confesseur de Marie de Médicis, entra, sans être annoncé, suivant un des privilèges de sa charge, dans le cabinet du roi. Louis XIII crut que c'était un de ses familiers et ne releva point la tête. Il avait la tête appuyée entre ses deux mains et pleurait. Le jésuite comprit que le moment était mal choisi et voulut se retirer sans bruit, afin d'éviter une explication. Mais, au moment où il rouvrait la porte pour sortir, le roi releva le front et le vit. Le confesseur n'en fit pas moins un mouvement pour se retirer ; Louis XIII l'arrêta d'un geste, et, se levant :

— Ah ! mon père, mon père ! s'écria-t-il en se jetant tout en larmes dans les bras du jésuite, je suis bien malheureux ! La reine, ma mère, n'a point oublié l'affaire du maréchal d'Ancre et de sa favorite Galigaï ; elle a toujours aimé et elle aime mon frère plus que moi. De là vient ce grand empressement de le marier à ma cousine de Montpensier.

— Sire, répondit le jésuite, je puis affirmer à Votre Majesté qu'elle est dans l'erreur à l'égard de son auguste mère. Vous êtes le premier-né de son cœur comme le premier-né de ses entrailles.

Ce n'était point une réponse semblable que cherchait Louis XIII ; il retomba donc sur son fauteuil en murmurant :

— Je suis bien malheureux !

Le jésuite sortit et courut du même pas chez la reine mère et chez le cardinal, auxquels il raconta l'étrange scène qui venait de se passer. Richelieu comprit qu'il fallait frapper un grand coup pour reconquérir cet esprit vacillant, toujours prêt à lui échapper par l'excès de sa faiblesse. Le même soir, il revêtit un habit de cavalier et descendit au cachot de Chalais.

Chalais était au secret le plus absolu ; il fut donc fort étonné quand il vit apparaître un étranger dans son cachot, et son étonnement redoubla lorsque dans cet étranger il reconnut Richelieu.

Le geôlier referma la porte sur le ministre et sur Chalais.

Une demi-heure après, le cardinal sortit de la prison, et, quoique la nuit fût avancée, il se rendit à l'instant même au logis du roi. Louis XIII, qui se croyait débarrassé de lui jusqu'au lendemain, fit quelques difficultés pour le recevoir ; mais Richelieu insista, disant qu'il venait pour affaire d'État.

A ce mot, devant lequel toutes les portes s'ouvraient, les portes de la chambre à coucher du roi s'ouvrirent devant le cardinal. Son Éminence s'approcha de Louis XIII sans rien dire, se contentant de lui tendre et s'inclinant respectueusement devant lui, un papier plié en quatre. Le roi le prit et le déplia lentement ; il connaissait les manières du cardinal et avait deviné, rien qu'en le voyant entrer, que ce papier contenait une nouvelle de grande importance.

En effet, c'était un aveu entier de Chalais ; il reconnaissait pour vraie la lettre écrite par lui au marquis de Laisques ; il accusait la reine, il accusait Monsieur.

Louis XIII pâlit en face de cette preuve. Pareil à un enfant qui se révolte contre son gouverneur, et qui, s'apercevant que cette révolte le conduit tout droit à sa perte, se jette dans les bras de celui qu'il voulait fuir, le roi appela le cardinal son seul ami, son unique sauveur, et lui avoua ses doutes du matin, que le prélat connaissait déjà.

Richelieu pressa le roi de lui dire quels étaient ceux qui avaient mis ces méchantes idées dans sa tête royale, rappelant la parole engagée par Sa Majesté, lorsque, après l'affaire de Fleury, il avait voulu se retirer, et que Louis XIII lui avait promis, s'il voulait rester, de lui tout révéler.

Le roi dénonça Tronson et Sauveterre ; mais, pensant que c'était bien assez de remplir fidèlement les deux tiers d'une promesse, il ne prononça pas même le nom de Barradas.

Le cardinal n'insista pas davantage : il se doutait bien que Barradas pour quelque chose dans les répugnances royales ; mais Barradas était un homme sans aucun avenir, brutal et emporté, qui, un jour ou l'autre, devait, par ses familiarités, se mettre mal dans l'esprit du roi.

En effet, peu de temps auparavant, le roi, par plaisanterie, avait jeté quelques gouttes d'eau de fleurs d'oranger à la figure de Barradas, et celui-ci s'était mis dans une telle colère, qu'il avait arraché le flacon des mains du roi et l'avait brisé à ses pieds. Un tel homme, comme on le voit, ne pouvait inquiéter le cardinal.

Son Éminence, qui connaissait à merveille la versatilité du roi, ne se trompait pas à l'égard de Barradas. Celui-ci eut bientôt son tour. Amoureux de la belle Cressias, fille d'honneur de la reine, et voulant l'épouser à toute force, il éveilla la jalousie de son maître, qui, après l'avoir relégué à Avignon, lui donna Saint-Simon pour successeur, par la raison, dit le roi à ceux qui l'interrogeaient sur les causes de cette nouvelle fortune qui surgissait à la cour, que Saint-Simon lui apportait toujours des nouvelles sûres de la chasse, ménageait ses chevaux et ne buvait pas dans ses cors (1).

On conçoit, en effet, que des amitiés qui reposaient sur des bases si solides ne devaient pas durer longtemps.

Le cardinal, comme nous l'avons dit, satisfait de sa double dénonciation, s'en tint donc là, et, après avoir fait jurer au roi le secret sur cette lettre, il se retira.

Le roi et le cardinal passèrent, selon toute probabilité, une nuit fort différente.

Le lendemain, le bruit se répandit sourdement que Chalais avait fait des aveux terribles.

On connaît la faiblesse de Gaston. Sa première idée fut de fuir ; mais où fuirait-il ? M. de la Valette refusait de le recevoir à Metz ; il avait défiance du comte de Soissons ; restait la Rochelle.

Le matin, le prince se rendit chez le roi pour lui demander la permission d'aller visiter la mer. Le roi devint très pâle en voyant entrer son frère, qu'il n'avait pas encore rencontré depuis la révélation du cardinal. Mais il ne l'en embrassa pas moins fort tendrement, et, quant à la permission qu'il lui demandait, il le renvoya pour l'obtenir à son Éminence, disant que, pour sa part, il ne voyait aucun inconvénient à ce petit voyage.

Gaston fut pris à l'air de bonhomie du roi. Il crut que ce bruit d'une révélation faite par Chalais était un faux bruit, et s'en alla droit à Beauregard, maison de campagne de Richelieu. Le cardinal, qui était à une de ses fenêtres donnant sur la route, dut le regarder venir du même œil que son chat favori, charmant petit tigre de salon, devait voir venir une souris.

Les grands ministres ont toujours quelque animal préféré, qu'ils aiment et estiment de la haine et du mépris qu'ils portent aux hommes : Richelieu adorait les chats, et Mazarin jouait toute la journée avec son singe ou avec sa fauvette.

Richelieu alla au-devant du prince jusqu'au haut de l'escalier et le fit entrer dans son cabinet avec toutes les marques de considération qu'il avait l'habitude de donner à ceux de ses ennemis qui étaient plus haut placés que lui ; puis il fit asseoir le prince et se tint debout devant lui, quelque instance que pût faire Gaston pour qu'il s'assît à son tour.

C'était une chose étrange que ce prince assis venant solliciter un ministre debout.

Gaston exposa son désir de visiter la mer.

— De quelle façon, demanda le cardinal, Votre Altesse désire-t-elle voyager ?

— Mais très simplement et comme un particulier, répondit Gaston.

— Ne vaudrait-il pas mieux, reprit Richelieu, attendre que vous fussiez le mari de mademoiselle de Montpensier, et voyager en prince ?

— Si j'attends que je sois le mari de mademoiselle de Montpensier, répliqua le duc d'Anjou, je ne verrai pas encore la mer de ce voyage-ci ; car je ne compte pas épouser mademoiselle de Montpensier de sitôt.

— Et pourquoi cela, s'il vous plaît, monseigneur ? dit le cardinal.

— Parce que, répondit confidentiellement le jeune prince, je suis atteint d'une maladie qui rend ce mariage impossible.

— Bah ! dit le cardinal, j'ai une ordonnance avec laquelle je me fais fort de guérir Votre Altesse.

— Oui ! et dans combien de temps ? demanda Gaston.

— D'ici à dix minutes, dit le cardinal.

Gaston regarda Richelieu. Le ministre souriait. Le jeune prince trouva le sourire venimeux et frissonna.

— Et vous avez cette ordonnance ? reprit-il.

— La voici, dit le cardinal tirant de sa poche la déclaration de Chalais.

Le duc d'Anjou connaissait l'écriture du prisonnier. L'accusation tout entière de la main du prisonnier était terrible. Il devint pâle comme la mort, car, quoiqu'il ne fût point coupable, il comprit qu'il était perdu.

— Je suis prêt à obéir, monsieur, dit-il au cardinal ;

(1) C'est le fils de ce même Saint-Simon qui nous a laissé sur son temps les fameux Mémoires qui portent son nom.

mais encore, si je consens à épouser mademoiselle de Montpensier, faut-il que je sache ce qu'on fera pour moi.

— Peut-être, répondit le cardinal, monseigneur, dans la position où il est, devrait-il se contenter de l'assurance qu'il aura la liberté et la vie sauve.

— Comment ! s'écria le duc d'Anjou, on me mettrait en prison et l'on me ferait mon procès, à moi, duc d'Anjou ?

— C'était du moins l'avis de votre auguste frère, dit le cardinal ; je l'ai fait revenir de cette résolution, juste peut-être, mais trop sévère. Il y a plus, j'ai obtenu pour vous, monseigneur, si vous voulez ne plus apporter aucun retard au mariage que vous désirons tous voir accomplir, j'ai obtenu, dis-je, qu'on vous donnerait le duché d'Orléans, le duché de Chartres, le comté de Blois, et peut-être même la seigneurie de Montargis, c'est-à-dire un million à peu près de revenu ; ce qui, avec les principautés de Dombes et de la Roche-sur-Yon, les duchés de Montpensier, de Châtellerault et de Saint-Fargeau que vous apportera la princesse votre femme, vous fera quelque chose comme quinze cent mille livres de revenu.

— Et Chalais, demanda le duc d'Anjou, qu'en sera-t-il fait ? Prenez-y garde, monsieur le cardinal, je ne veux pas que mon mariage soit sanglant.

— Chalais sera condamné, dit le cardinal, car il est coupable ; mais...

— Mais quoi ! reprit le duc d'Anjou.

— Mais le roi a droit de grâce, et il ne laissera pas mourir un gentilhomme pour lequel il a eu une si grande amitié.

— Si vous me promettez sa vie, monsieur le cardinal, dit Gaston, qui éprouvait un peu moins de répugnance pour mademoiselle de Montpensier, depuis qu'il voyait de combien d'avantages cette union était entourée, je consens à tout.

— Je m'y emploierai de tout mon pouvoir, ajouta le cardinal ; d'ailleurs, je ne voudrais pas laisser périr quelqu'un qui m'a rendu d'aussi grands services que l'a fait M. de Chalais. Ainsi, soyez donc tranquille, monseigneur, et laissez la justice faire son devoir ; la clémence fera le sien.

Sur cette promesse, le duc d'Anjou se retira. Il affirma depuis, dans sa lettre au roi, avoir eu du cardinal une parole positive que Richelieu, de son côté, nia toujours avoir donnée.

Le soir du même jour, le roi fit demander Gaston. Le jeune prince se rendit tout tremblant chez son frère : il y trouva la reine mère, le cardinal et le garde des sceaux. Il s'attendait, en voyant ces quatre visages sévères, à être arrêté ; mais il s'agissait seulement d'un papier à signer. C'était une déclaration constatant que le comte de Soissons lui avait fait des offres de service ; que la reine, sa belle-sœur, lui avait écrit plusieurs billets pour le détourner d'épouser mademoiselle de Montpensier, et que l'abbé de la Scaglia, ambassadeur de Savoie, était entré dans toute cette intrigue antimatrimoniale. De Chalais pas un seul mot.

Gaston fut trop heureux d'en être quitte à si bon marché. Il renouvela la promesse déjà faite au cardinal d'épouser mademoiselle de Montpensier, et signa la déclaration qu'on lui présentait, moyennant laquelle on lui permit de quitter Nantes. Mais, quelques jours après, il fut rappelé pour la célébration de son mariage. Mademoiselle de Montpensier était arrivée avec madame la duchesse de Guise, sa mère. Celle-ci, quoique fort riche comme héritière de la maison de Joyeuse, ne donna cependant à sa fille d'autre dot qu'un diamant : il est vrai que ce diamant était estimé quatre-vingt mille écus.

Le jeune prince avait chargé le président le Coigneux de débattre les articles de son contrat, et de mettre pour condition que Chalais aurait la vie sauve. Mais, à cet endroit, le roi prit une plume et raya lui-même l'article, si bien que le président n'osa pas insister.

Cependant le cardinal, qui était presque engagé avec Gaston, craignant que celui-ci ne fît de nouvelles difficultés, tira le Coigneux à part et lui dit que le roi voulait que Chalais fût jugé, mais qu'il avait obtenu que huit jours s'écouleraient avant le jugement de l'exécution. Pendant ces huit jours, il promettait de faire les démarches nécessaires, et, d'ailleurs, de son côté, pendant ces huit jours, Gaston agirait.

Le contrat fut donc signé sans aucune condition que des promesses en l'air. Aussi la cérémonie nuptiale fut-elle froide et sombre. Il n'y avait aucun appareil qui indiquât un mariage princier. Le nouveau duc d'Orléans, l'un de ces chroniqueurs qui remarquent toutes choses, les petites comme les grandes, ne fit même pas faire un habit neuf pour cette importante cérémonie, où il jouait le premier rôle.

Le lendemain de son mariage, le prince partit pour Châteaubriant, ne voulant sans doute pas rester dans une ville où le procès capital fait à son confident, interrompu un instant à propos de ses noces, allait être repris avec plus d'acharnement que jamais.

En effet, le tribunal, à qui l'on avait donné momentanément congé, reçut l'ordre de se réunir de nouveau.

Sur ces entrefaites, madame de Chalais la mère arriva. C'était une de ces femmes de grande race et de grand cœur, comme il en apparaît de temps en temps sur les degrés de l'histoire des siècles passés. A peine à Nantes, elle fit tout au monde pour parvenir jusqu'au roi ; mais les ordres étaient donnés : le roi fut invisible. Elle dut donc attendre.

Enfin, le 18 août au matin, l'arrêt fut rendu, il était conçu en ces termes :

« Vu par la chambre de justice criminelle assemblée à Nantes, en vertu de la commission décernée par le roi, pour la recherche du procès du comte de Chalais et de ses complices, informations, interrogatoires et confessions du dit Chalais, conspirations secrètes contre la personne du roi et de son État, conclusions du procureur général, dit a été que ladite chambre, commissaires députés à cet effet, ont déclaré et déclarent ledit Chalais atteint et convaincu du crime de lèse-majesté au premier chef, perturbateur du repos public, etc., etc.; et, pour réparation de ce, ladite chambre a condamné et condamne ledit Chalais à être appliqué à la question ordinaire et extraordinaire, à avoir la tête tranchée, le corps coupé en quatre parties, et ses biens acquis et confisqués au roi, etc.

» MALESCOT. »

Aussitôt l'arrêt connu, la mère du condamné fit une nouvelle démarche pour arriver jusqu'à Louis XIII ; mais la porte lui était plus que jamais fermée. Cependant elle supplia tant et si fort, qu'elle obtint qu'on remettrait au roi une lettre qu'elle avait apportée. Le roi la reçut, lui fit dire qu'il rendrait la réponse dans la journée.

Voici cette lettre, qui nous a paru un modèle de douleur et de dignité :

Au Roi.

» Sire,

» J'avoue que qui vous offense mérite, avec les peines temporelles, celles de l'autre vie, puisque vous êtes l'image de Dieu. Mais, lorsque Dieu promet pardon à ceux qui le demandent avec une digne repentance, il enseigne aux rois comme ils doivent en user. Or, puisque les larmes changent les arrêts du ciel, les miennes, sire, n'auront-elles pas la puissance d'émouvoir votre pitié ? La justice est un moindre effet de la puissance des rois que la miséricorde : le punir est moins louable que le pardonner. Combien de gens vivent au monde qui seraient sous la terre avec infamie, si Votre Majesté ne leur eût fait grâce ! Sire, vous êtes roi, père et maître de ce misérable prisonnier ; peut-il être plus méchant que vous n'êtes bon, plus coupable que vous n'êtes miséricordieux ? Ne serait-ce pas vous offenser que de ne point espérer en votre clémence ? Les meilleurs exemples pour les bons sont de la pitié ; les méchants deviennent plus fins et non pas meilleurs par les supplices d'autrui. Sire, je vous demande, les genoux en terre, la vie de mon fils, et de me permettre point que celui que j'ai nourri pour votre service meure pour celui d'autrui ; que cet enfant que j'ai si chèrement élevé soit la désolation de ce peu de jours qui me restent, et enfin que celui que j'ai mis au monde me mette au tombeau. Hélas ! sire, que ne mourût-il en naissant, ou du coup qu'il reçut à Saint-Jean, ou en quelque autre des périls où il s'est trouvé pour votre service, tant à Montauban qu'à Montpellier et autres lieux, ou de la main même de celui qui nous a causé tant de déplaisirs ? Ayez pitié de lui, sire : son ingratitude passée rendra votre miséricorde d'autant plus recommandable. Je vous l'ai donné à huit ans ; il était petit-fils du maréchal de Montluc et du président Jamin par alliance. Les siens vous servent tous les jours, qui n'osent se jeter à vos pieds, de peur de vous déplaire, ne laissant pas de demander en toute humilité et révérence, les larmes à l'œil avec moi, la vie de ce misérable, soit qu'il la doive achever dans une prison perpétuelle, ou dans les armées étrangères, en vous faisant service. Ainsi Votre Majesté peut relever les siens de la porte, satisfaire à votre justice et relever votre clémence, nous obligeant de plus en plus à louer votre bénignité, et à prier Dieu continuellement pour la santé et prospérité de votre royale personne, et moi particulièrement qui suis

» Votre très humble et très obéissante servante et sujette,
» DE MONTLUC. »

On comprend avec quelle impatience la pauvre mère attendit la réponse promise. Le même jour, elle arriva comme l'avait dit le roi. Elle était tout entière de sa main. Ceux qui voudront voir la logique opposée à l'éloquence, la haine répondant à la douleur, n'ont qu'à lire cette lettre. La voici (1) :

A madame de Chalais, la mère.

« Dieu, qui n'a jamais failli, se serait grandement mécompté si, établissant par ses décrets un séjour éternel de peines pour les coupables, il faisait grâce à tous ceux qui demandent pardon. Alors, les bons et les vertueux n'auraient pas plus d'avantage que les méchants, qui ne manquent jamais de larmes pour changer les arrêts du ciel. Je l'avoue, et cet aveu serait que je vous pardonnerais très volontiers, si, Dieu n'ayant fait cette grâce particulière de m'élire ici-bas sa vraie image, il m'eût encore fait celle, qu'il s'est réservée à lui seul, de pouvoir connaître l'intérieur des hommes. Car alors, selon la vraie connaissance que je pourrais puiser de la source de cette divine science, je lancerais et retirerais le foudre de mes châtiments sur la tête de votre fils, dès que j'aurais reconnu sa vraie repentance ou non, de laquelle toutefois, bien que je ne puisse faire aucun jugement assuré, vous pourriez encore obtenir pardon de ma clémence, s'il n'y avait que moi seul qui eût intérêt dans cette offense ; car sachez que je ne suis point roi cruel ni sévère, et que j'ai toujours les bras de ma miséricorde ouverts pour recevoir ceux qui, avec une vraie contrition de leur faute commise, m'en viennent humblement demander pardon. Mais, quand je jette la vue sur tant de millions d'hommes qui s'en reposent tous sur ma diligence, dont je suis le fidèle pasteur et que Dieu m'a donnés en garde, comme à un bon père de famille qui en doit avoir pareil soin et gouvernement qu'il a pour ses propres enfants, afin de lui en rendre compte après cette vie ; et c'est en quoi je vous témoigne assez que la justice est un moindre effet de la puissance que la miséricorde et compassion que j'ai de mes loyaux sujets et de mes fidèles serviteurs, lesquels espérant tous en ma bonté, je veux les sauver tous du présent naufrage par le juste châtiment d'un seul ; n'y ayant rien de plus certain, que c'est quelquefois une grâce envers plusieurs que d'en bien châtier quelqu'un. Si je vous avoue que beaucoup de gens vivent encore qui seraient sous la terre avec infamie si je ne leur avais pardonné ; aussi m'avouerez-vous que l'offense de ceux là n'étant pas à comparer au crime exécrable de votre fils, les a rendus dignes de ma clémence : comme vous pouvez voir, en effet, de vérité de ce que je vous dis par les exemples de quelques autres atteints et convaincus du même crime, qui, justement punis, pourrissent maintenant sous la terre, lesquels s'ils eussent survécu à leurs entreprises impies et damnables, cette couronne qui ceint mon chef serait à présent un déplorable objet de misère à ceux-là mêmes qui ont vu fleurir les succès ils au milieu des mouvements et des troubles. Et cette puissante monarchie, si bien et si heureusement gouvernée et conservée par les rois mes prédécesseurs, serait maintenant déchirée et mise en pièces par d'illégitimes usurpateurs. Ne m'estimez donc non plus cruel que l'habile chirurgien qui coupe quelquefois un membre gangrené et pourri pour garantir les autres parties du corps qui s'en allaient être la nourriture des vers sans ce pitoyable retranchement. Et assurez-vous que, s'il y a quelques méchants qui deviennent plus fins, aussi y en a-t-il beaucoup qui s'amendent par l'appréhension du supplice. Levez donc vos genoux de terre et ne me demandez plus la vie d'un qui la veut ôter à celui qui est, comme vous le dites vous-même, son bon père et maître, et à la France, qui est sa mère et sa nourrice. Cette considération, la mienne, m'ôte maintenant la croyance que vous l'ayez jamais nourri et élevé pour mon service, puisque la nourriture que vous lui avez donnée produit des effets d'un naturel si méchant et si barbare que de vouloir commettre un si étrange parricide. Je l'aime donc bien mieux voir à présent la désolation du peu de jours qui vous reste à vivre qui me rend une entière et fidèle obéissance ; j'autorise bien les regrets que vous avez qu'il ne soit pas mort à Saint-Jean, Montauban ou autre lieu, qu'il tâchât de conserver mon honor son prince naturel, mais qu'il sera ennemis de mon bien ; non pour le repos de mon peuple, mais pour le troubler. Cependant, s'il est vrai qu'à quelque chose malheur est bon, je dois remercier le ciel de pouvoir garantir tout mon État par un si notable exemple, puisqu'il servira de miroir à ceux qui vivent aujourd'hui et à la postérité, pour apprendre comme il faut aimer et servir fidèlement son roi, et qu'il sera la crainte de plusieurs autres qui se rendraient plus hardis à commettre un semblable crime par l'impunité de celui-ci. C'est pourquoi vous implorerez

(1) Ces deux lettres, très rares et à peu près inconnues quoique très authentiques, ne sont citées, que je sache, par aucun historien

désormais en vain ma pitié, vu que j'en ai plus que je ne le saurais exprimer et que ma volonté serait que cette offense ne touchât que moi seul ; car ainsi vous auriez bientôt obtenu le pardon que vous demandez ; mais vous savez que les rois, étant personnes publiques dont le repos de l'État dépend entièrement, ne doivent rien permettre qui puisse être reproché à leur mémoire, et qu'ils doivent être les vrais protecteurs de la justice. Je ne dois donc rien souffrir, en cette qualité, qui puisse m'être reproché par mes fidèles sujets, et aussi je craindrais que Dieu qui, régnant sur les rois comme les rois règnent sur les peuples, favorise toujours les bonnes et saintes actions et punit rigoureusement les injustices, ne me fit un jour rendre compte, au péril de la vie éternelle, d'avoir injustement donné la vie temporelle à celui qui ne peut espérer de ma miséricorde d'autres promesses que celles que je vous fais à tous deux qu'en considération des larmes que vous verser devant moi, je changerai l'arrêt de mon conseil, adoucissant la rigueur du supplice, comme aussi l'assistance que je vous promets de mes saintes prières que j'enverrai au ciel, afin qu'il lui plaise d'être aussi pitoyable et miséricordieux envers son âme qu'il a été cruel et impitoyable envers son prince, et à vous, qu'il vous donne la patience en votre affliction, telle que je le désire votre bon roi.

» LOUIS. »

Cette lettre ne laissait aucune espérance à madame de Chalais. Elle adoucissait seulement le supplice du condamné et diminuait l'infamie de la peine. Restait le cardinal ; mais madame de Chalais savait qu'il était inutile de s'adresser à lui. Alors cette femme prit une résolution suprême, c'était celle de s'adresser aux bourreaux.

Nous disons aux bourreaux, car il y en avait, en ce moment, deux à Nantes: l'un qui avait suivi le roi, et qu'on appelait le bourreau de la cour ; l'autre qui restait à Nantes, et qui était le bourreau de la ville.

Elle réunit tout ce qu'elle avait d'or et de bijoux, attendit la nuit, et, couverte d'un long voile, se présenta tour à tour chez ces deux hommes.

L'exécution était fixée au lendemain. Chalais avait nié toutes les révélations faites au cardinal ; il avait dit tout haut que ces révélations lui avaient été dictées par Son Éminence, sous la promesse formelle de la vie ; enfin il avait réclamé la confrontation avec Louvigny, son seul accusateur. On n'avait pu lui refuser cette confrontation.

A sept heures, Louvigny fut donc conduit à la prison et mis en face de Chalais. Louvigny était pâle et tremblant. Chalais était ferme comme un homme qui sait n'avoir rien dit. Il adjura Louvigny au nom du Dieu devant lequel, lui, Chalais, allait paraître de déclarer si jamais il lui avait fait la moindre confidence à l'égard de l'assassinat du roi et du mariage de la reine avec le duc d'Anjou. Louvigny se troubla et avoua, malgré ses déclarations précédentes, qu'il se tenait rien de la bouche de Chalais.

— Mais, demanda le garde des sceaux, comment alors le complot est-il parvenu à votre connaissance?

— Étant à la chasse, dit-il, j'ai entendu des gens vêtus de gris que je ne connais point qui, derrière un buisson, disaient à quelques seigneurs de la cour ce que j'ai rapporté à M. le cardinal.

Chalais sourit dédaigneusement, et, se retournant vers le garde des sceaux :

— Maintenant, monsieur, dit-il, je suis prêt à mourir.

Puis, à voix basse :

— Ah ! traître cardinal ! murmura-t-il, c'est toi qui m'as mis où je suis.

En effet, l'heure du supplice approchait ; mais une circonstance étrange faisait croire que l'exécution n'aurait pas lieu.

Le bourreau de la cour et le bourreau de la ville avaient disparu tous deux, et, depuis le point du jour, on les cherchait inutilement.

La première idée fut que c'était une ruse employée par le cardinal pour accorder à Chalais un sursis pendant lequel on obtiendrait pour lui une commutation de peine. Mais bientôt le bruit se répandit qu'un nouveau bourreau était trouvé et que l'exécution serait retardée d'une heure ou deux, voilà tout.

Ce nouveau bourreau était un soldat condamné à la potence, et auquel on avait promis sa grâce s'il consentait à exécuter Chalais.

Comme on le pense bien, et inexpérimenté qu'il fût à cette besogne, le soldat avait accepté.

A dix heures, tout fut donc prêt pour le supplice. Le greffier vint prévenir Chalais qu'il n'avait plus que quelques instants à vivre.

C'était dur, quand on était jeune, riche et beau, issu d'un des plus nobles sangs de France, de mourir pour une si pauvre intrigue et victime d'une pareille trahison. Aussi, à l'annonce de sa mort prochaine, Chalais eut-il un moment de désespoir.

En effet, le malheureux jeune homme semblait abandonné de tout le monde. La reine, cruellement compromise elle-même, n'avait pu hasarder une seule démarche. Monsieur s'était retiré à Châteaubriant et ne donnait pas signe de vie. Madame de Chevreuse, après avoir fait tout ce que son esprit remuant lui avait inspiré, s'était réfugiée chez M. le prince de Guéménée pour ne pas voir cet odieux spectacle de la mort de son amant.

Tout le monde semblait donc avoir abandonné Chalais, lorsque tout à coup il vit apparaître sa mère, dont il ignorait la présence à Nantes, et qui, après avoir tout tenté pour sauver son fils, venait l'aider à mourir.

Madame de Chalais était une de ces natures pleines à la fois de dévouement et de résignation. Elle avait fait tout ce qu'il était humainement possible de faire pour disputer son enfant à la mort. Il lui fallait maintenant l'accompagner à l'échafaud et le soutenir jusqu'au dernier moment. C'était dans ce but que, après avoir obtenu la permission d'accompagner le condamné, elle se présentait devant lui.

Chalais se jeta dans les bras de sa mère et pleura abondamment. Mais, puisant une force virile dans cette force maternelle, il releva la tête, essuya ses yeux et dit le premier :

— Je suis prêt.

On sortit de la prison. A la porte attendait le soldat, à qui on avait donné, pour remplir sa terrible mission, la première épée venue : c'était celle d'un garde suisse.

On s'avança vers la place publique où était dressé l'échafaud. Chalais marchait entre le prêtre et sa mère.

On plaignait fort le beau jeune homme, richement vêtu, qui allait être exécuté ; mais il y avait aussi bien des larmes pour cette noble veuve, vêtue du deuil de son mari, qui accompagnait son fils unique à la mort.

Arrivée au pied de l'échafaud, elle en monta les degrés avec lui. Chalais s'appuya sur son épaule ; le confesseur les suivit par derrière.

Le soldat était plus pâle et plus tremblant que le condamné.

Chalais embrassa une dernière fois sa mère, et, s'agenouillant devant le billot, fit une courte prière. Sa mère s'agenouilla près de lui et unit ses prières aux siennes.

Un instant après, Chalais se retourna du côté du soldat.

— Frappe, dit-il, je suis prêt.

Le soldat, tout tremblant, leva son épée et frappa. Chalais poussa un gémissement, mais releva la tête ; il était blessé seulement à l'épaule. L'exécuteur inexpérimenté avait frappé trop bas.

On le vit, tout couvert de sang, échanger quelques paroles avec le bourreau, tandis que sa mère se levait et venait l'embrasser.

Puis il replaça sa tête, et le soldat frappa une seconde fois. Chalais poussa un second cri : cette fois encore, il n'était que blessé.

— Au diable, cette épée ! dit le soldat, elle est trop légère, et, si l'on ne me donne pas autre chose, je ne viendrai jamais à bout de la besogne.

Et il jeta l'épée loin de lui.

Le patient se traîna sur ses genoux et alla poser sa tête toute sanglante et toute mutilée sur la poitrine de sa mère.

On apporta au soldat la doloire d'un tonnelier. Mais ce n'était pas l'arme qui manquait à l'exécuteur, c'était le bras.

Chalais reprit sa place.

Les spectateurs de cette horrible scène comptèrent trente-deux coups. Au vingtième, le condamné criait encore : « Jésus ! Maria ! »

Puis, lorsque tout fut fini, madame de Chalais se redressa, et, levant les deux mains au ciel :

— Merci, mon Dieu ! dit-elle, je croyais n'être la mère que d'un condamné, je suis la mère d'un martyr.

Elle demanda les restes de son fils, et on les lui accorda.

Le cardinal était parfois rempli de clémence.

Madame de Chevreuse reçut l'ordre de demeurer au Verger, où elle était.

Gaston apprit la mort de Chalais tandis qu'il était au jeu, et continua sa partie.

La reine fut sommée par le roi de descendre au conseil, où on la fit asseoir sur un tabouret. Là, on lui montra la déposition de Louvigny et les aveux de Chalais. On lui reprocha d'avoir voulu assassiner le roi pour épouser Monsieur.

Jusque-là, la reine avait gardé le silence ; mais, à cette dernière accusation, elle se leva et se contenta de répondre avec l'un de ces dédaigneux sourires, si familiers à la belle Espagnole :

— Je n'aurais point assez gagné au change.

Cette réponse acheva de lui aliéner l'esprit du roi, qui crut, jusqu'à son dernier moment, que Chalais, Monsieur et la reine avaient véritablement conspiré sa mort.

Louvigny ne porta pas loin son infâme action : un an après, il fut tué en duel.

Quant à Rochefort, il était audacieusement retourné à Bruxelles, et, même après l'exécution de M. de Chalais, il demeura dans son couvent, sans que personne sût la part qu'il avait prise à la mort de ce malheureux jeune homme. Mais, un jour, en tournant l'angle d'une rue, il rencontra l'écuyer du comte de Chalais, et n'eut que le temps d'abaisser son capuchon sur son visage. Cependant, malgré cette précaution, craignant d'avoir été reconnu, il s'échappa aussitôt de la ville. En effet, il était temps; derrière lui les portes se fermèrent; puis des recherches furent faites et le couvent fut fouillé.

Il était trop tard: Rochefort, redevenu cavalier, courut la poste sur la route de Paris; il revint alors près de Son Eminence, s'applaudissant du succès de sa mission, que, dans ses idées à lui, il déclara avoir honorablement remplie.

Ce que c'est que la conscience!

IV

CE QU'ÉTAIENT DEVENUS LES ENNEMIS DU CARDINAL — PROJETS POLITIQUES ET AMOUREUX DE BUCKINGHAM. — MORT DE LA DUCHESSE D'ORLÉANS. — NOUVELLES EXÉCUTIONS. — MILORD MONTAIGU. — MISSION DE LAPORTE. — LA PARTIE DE CARTES. — SITUATION CRITIQUE DE LA ROCHELLE. — FIN TRAGIQUE DE BUCKINGHAM. — REGRETS DE LA REINE. — ANNE D'AUTRICHE ET VOITURE.

Grâce à l'amour de Buckingham, l'indifférence du roi pour Anne d'Autriche s'était changée en froideur. A propos de l'affaire de Chalais, cette froideur se changea en antipathie; nous allons voir dans ce chapitre l'antipathie se changer en haine.

Ce fut à partir de ce moment que le cardinal devint souverain maître. La royauté s'était éclipsée le jour de l'assassinat de Henri IV, pour ne reparaître que le jour de la majorité de Louis XIV. Le demi-siècle qui s'écoula entre ces deux événements fut consacré aux règnes des favoris, si l'on peut toutefois appeler des favoris Richelieu et Mazarin, ces deux tyrans de leurs maîtres.

La reine, tantôt par l'intermédiaire de Laporte, tantôt par les soins de madame de Chevreuse, retirée ou plutôt exilée en Lorraine, avait conservé des relations épistolaires avec le duc de Buckingham, lequel, toujours tenu de cet amour chevaleresque que nous avons raconté, ne perdait pas l'espoir, après avoir été amant aimé, de devenir un jour amant heureux. En conséquence, il faisait sans cesse solliciter par le roi Charles Ier la permission de revenir à Paris comme ambassadeur, permission que le roi de France, ou plutôt le cardinal, refusait avec un acharnement égal à la persistance qu'on mettait à la demander. Or, ne pouvant pas venir en ami, Buckingham résolut de venir en ennemi. La Rochelle fournit, sinon une cause, du moins un prétexte de guerre.

Buckingham, qui disposait des forces de l'Angleterre, espérait encore réunir contre la France, l'Espagne, l'Empire et la Lorraine. Certes, la France, si forte que l'eût faite Henri IV, et qu'essayait de la faire Richelieu, ne pourrait résister à cette terrible coalition; elle serait donc forcée de plier. Buckingham se présenterait comme négociateur; la paix serait accordée au roi et au cardinal. Mais une des conditions de cette paix serait que le duc de Buckingham reviendrait à Paris comme ambassadeur.

L'Europe tout entière allait donc se soulever et la France être mise à feu et à sang à propos des amours d'Anne d'Autriche et de Buckingham, et de la jalousie du cardinal; car, pour la jalousie du roi, il n'en était pas question. Louis détestait trop la reine, surtout depuis cette affaire de Chalais, pour en être sérieusement jaloux.

Comme on le voit, il ne manquait à tout ce poème qu'un Homère pour faire de Buckingham un Pâris, d'Anne d'Autriche une Hélène, et du siège de la Rochelle une guerre de Troie.

La Rochelle était une des cités données aux huguenots par Henri IV, lors de la publication de l'édit de Nantes; ce qui faisait dire à Bassompierre, quand il avait huguenot et qu'il assiégeait la ville;

— Vous verrez que nous serons assez bêtes pour prendre la Rochelle.

Or, cette ville était pour le cardinal un sujet de trouble éternel; c'était un foyer d'insurrection, un nid de rebelles, un centre de discordes. N'avait-on pas donné dernièrement encore à Gaston le conseil de s'y retirer?

Henri de Condé avait été mis à Vincennes et ne s'était jamais relevé de cet échec. Il est vrai que la France y avait gagné quelque chose. Pendant ses trois ans de captivité, M. le Prince s'était rapproché de sa femme et en avait eu deux enfants: Anne-Geneviève de Bourbon, connue plus tard sous le nom de duchesse de Longueville, et Louis II de Bourbon, qui fut depuis le grand Condé.

Le grand prieur et le duc de Vendôme étaient arrêtés et détenus au château d'Amboise. Richelieu avait eu un instant l'intention de les faire juger et de les laisser debout pour l'échafaud de Chalais. Mais l'un avait allégué les privilèges des pairs de France et l'autre ceux de la religion de Malte dont il était membre. Ce double appel avait arrêté la procédure; mais, pour avoir sous la main les deux fils de Henri IV, le cardinal les avait fait transférer du château d'Amboise au château de Vincennes.

Le comte de Soissons, dénoncé au cardinal comme ayant offert des secours d'armes et d'argent au duc d'Anjou, n'avait pas jugé prudent d'attendre le retour du roi et de son ministre. Il quitta Paris, et, sous le prétexte d'un voyage de santé, passa les Alpes et descendit à Turin. La haine du cardinal, impuissante contre sa personne, essaya de l'atteindre dans sa considération. Il fit écrire à M. de Béthune, notre ambassadeur à Rome, pour que le titre d'Altesse fût refusé au comte de Soissons à la cour pontificale. Mais c'était le temps des diplomates grands seigneurs, et M. de Béthune répondit: « Si M. le comte est coupable, il faut lui faire son procès et le punir; s'il est innocent, il est inutile de le chagriner d'une manière où l'honneur de la couronne est intéressé: j'aime mieux quitter mon emploi que de me prêter à une si pauvre persécution. »

Le nouveau duc d'Anjou était devenu, par son mariage, prince de Dombes et de la Roche-sur-Yon, duc d'Orléans, de Chartres, de Montpensier et de Châtellerault, comte de Blois et seigneur de Montargis; mais tous ces titres nouveaux, au lieu de le grandir, l'avaient abaissé; car ils avaient été écrits sur son contrat de mariage avec le sang de Chalais. Le nouveau duc d'Orléans, surveillé à chaque heure du jour par ses familiers, haï du roi, méprisé de la noblesse n'était donc plus à craindre pour le cardinal.

Ainsi, Henri de Condé était réduit à l'impuissance.

Le grand prieur et le duc de Vendôme étaient prisonniers à Vincennes.

Le comte de Soissons était exilé en Italie.

Gaston d'Orléans était déshonoré.

La Rochelle seule tenait encore contre la volonté de Richelieu.

Malheureusement, on ne fait pas le procès d'une cité comme on fait le procès d'un homme; il est plus difficile de raser une ville que de couper une tête. Le cardinal ne cherchait donc que l'occasion de punir la Rochelle, lorsque Buckingham la lui fournit.

Buckingham, comme nous l'avons dit, voulait la guerre. Or, la guerre n'était pas chose difficile à obtenir de notre vieille monarchie. Le ministre anglais excita d'abord des tracasseries entre Charles Ier et madame Henriette, comme Richelieu avait fait entre Louis XIII et Anne d'Autriche. A la suite de ces tracasseries, le roi d'Angleterre renvoya à Paris toute la maison française de sa femme, comme Louis XIII avait renvoyé autrefois toute la maison espagnole de la reine; cependant, quoique cette violation d'une des principales clauses du contrat blessât fort le roi, la cause ne lui parut pas assez suffisante pour une rupture. Alors, Buckingham, après avoir attendu vainement des paroles de guerre, résolut d'user d'un autre moyen. Il excita quelques armateurs anglais à s'emparer des navires marchands français qu'il fit ensuite déclarer de bonne prise par sentence de l'Amirauté. C'étaient là de graves infractions le fit jurée; mais Richelieu avait l'œil fixé sur un seul point sur la Rochelle. Il voulait comme on dit, faire d'une pierre deux coups, en finir d'une seule fois avec la guerre civile et la guerre étrangère. Les réclamations de la France près du roi Charles Ier furent donc poursuivies assez mollement pour faire comprendre à son favori qu'il fallait encore quelque chose de plus pour amener la rupture souhaitée. Il engagea le roi d'Angleterre à embrasser le parti des protestants de France, et à leur fournir des secours. Les Rochellois, assurés désormais d'un appui en Angleterre, envoyèrent à Buckingham le duc de Soubise et le comte de Brancas, le favori, accordant plus que ceux-ci ne venaient demander, conduisit hors des ports de la Grande-Bretagne une flotte de cent voiles et vint s'abattre avec elle sur l'île de Ré, dont il s'empara, à l'exception de la citadelle de Saint-Martin, que le comte de Toiras défendit héroïquement contre vingt mille Anglais avec une garnison de deux cent cinquante hommes.

Enfin, Richelieu en était arrivé à ce qu'il voulait. Comme un pêcheur qui, penché sur le rivage, attend le moment favorable, il pourrait d'un seul coup de filet prendre maintenant Anglais et Rochelois, ennemis politiques et ennemis religieux.

Aussitôt les ordres furent donnés pour acheminer toutes les troupes disponibles sur la Rochelle.

Deux événements détournèrent un instant les yeux de la France du point important où ils étaient fixés. Mademoiselle de Montpensier, devenue duchesse d'Orléans, à Nantes, accoucha d'une fille qui fut depuis la grande Mademoiselle, et que nous retrouverons dans la guerre de la Fronde et à la cour de Louis XIV. Mais la jeune et belle princesse, sur laquelle reposait tout l'espoir de la France, mourut en couches : son mariage, arrosé de sang, n'avait point obtenu la bénédiction du ciel.

Le second événement fut l'exécution du comte de Bou-

Nous avons dit que les projets de Buckingham contre la France, quoique inspirés par une cause futile, devaient avoir un grand effet : c'était de soulever contre la France d'abord l'Angleterre, et la chose était déjà faite ; puis par une ligue, de réunir au roi Charles Ier les ducs de Lorraine, de Savoie, de Bavière, ainsi que l'archiduchesse qui, au nom de l'Espagne, commandait dans les Flandres. Or, pour nouer cette ligue, dont madame de Chevreuse, exilée en Lorraine à la suite du procès de Chalais, avait préparé les fils, le duc de Buckingham venait d'envoyer un de ses agents

Louis XIII prit l'enfant et alla le montrer à la fenêtre.

teville. Réfugié dans les Pays-Bas pour avoir pris part à vingt-deux duels, ce gentilhomme avait quitté Bruxelles et était venu chercher une vingt-troisième rencontre en pleine place Royale. Arrêté et conduit à la Bastille avec son second, le comte des Chapelles, qui avait tué Bussy d'Amboise, son adversaire, les deux coupables furent décapités en Grève, malgré les prières des Condé, des Montmorency et des d'Angoulême, et sans qu'à la chute de ces deux têtes, dont l'une était celle d'un Montmorency, la noblesse de France, cette noblesse si querelleuse, qui avait chaque jour l'épée à la main, protestât autrement que par un long cri de terreur.

Au reste, le roi détourna les esprits en donnant rendez-vous à cette même noblesse devant la Rochelle, et en annonçant qu'il conduirait lui-même le siège.

Laissons le cardinal déployer son génie guerrier comme il avait déjà déployé son génie politique, et suivons un petit incident particulier qui se rattache au but de cette espèce d'avant-propos, en montrant une nouvelle cause de l'antipathie conjugale qui, entre Louis XIII et Anne d'Autriche allait bientôt devenir de la haine.

les plus sûrs, un de ses affidés les plus habiles : c'était milord Montaigu.

Mais Richelieu aussi avait des agents sûrs et des affidés habiles, et cela, près du duc de Buckingham lui-même. Il connut donc l'existence de la ligue aussitôt qu'elle fut formée et en fit part au roi, ne lui laissant pas ignorer que l'amour de Buckingham pour la reine allait jeter tout ce trouble dans le royaume. Aussi, Louis XIII étant tombé malade à Villeroi, au moment où il se rendait à la Rochelle la reine accourut de Paris pour le visiter. Or, l'ordre avait été donné à M. d'Humières, premier gentilhomme de la chambre, de ne laisser entrer personne dans l'appartement du roi, sans en demander auparavant la permission à l'auguste malade. Le pauvre gentilhomme crut que la reine devait être exceptée d'un pareil ordre, et l'introduisit sans l'annoncer. Dix minutes après, Anne d'Autriche sortit tout en larmes de la chambre de son mari, et M. d'Humières reçut l'ordre de quitter la cour.

Anne d'Autriche s'en était donc revenue à Paris tout inquiète de ce nouvel orage qu'elle sentait grossir du côté de l'Angleterre, lorsque tout à coup elle apprit que lord Montaigu, agent du duc de Buckingham, venait d'être arrêté.

Voici de quelle façon la chose s'était passée :

Richelieu, les yeux fixés sur Portsmouth, en avait vu partir lord Montaigu, lequel, passant par les Flandres, devait se rendre en Lorraine et en Savoie. Alors, le cardinal avait donné ordre, de la part du roi, à M. de Bourbonne, dont la maison était située sur les frontières du Barrois, où devait nécessairement passer lord Montaigu, de le faire observer et de l'arrêter, s'il pouvait.

M. de Bourbonne avait grand désir de se rendre agréable au cardinal. Aussi, à peine eut-il reçu cet ordre, qu'il avisa aux moyens de l'exécuter. Il fit venir deux Basques qui étaient à lui et dont il connaissait l'adresse, leur ordonna de se déguiser en compagnons serruriers, de s'attacher aux pas de lord Montaigu, qui devait être à cette heure à Nancy, de le suivre partout, tantôt de près, tantôt de loin, ainsi que la commodité le leur permettrait ou qu'ils le jugeraient à propos. Ces deux Basques suivirent les instructions reçues, accompagnèrent Montaigu pendant tout son voyage; puis, lorsqu'il fut dans le Barrois, et tout proche de la frontière de France, un des Basques se détacha et vint prévenir son maître. Aussitôt M. de Bourbonne monta à cheval avec dix ou douze de ses amis, et, allant se placer sur le chemin que devait suivre l'envoyé de Buckingham, ils l'arrêtèrent au moment où celui-ci se croyait enfin arrivé au terme de sa mission. Avec lord Montaigu étaient un gentilhomme, nommé Okenham, et un valet de chambre dans la valise duquel on trouva le traité. Les prisonniers furent conduits à Bourbonne, où on leur donna à souper, et, de là, à Coiffy, château assez fort pour ne pouvoir pas être enlevé d'un coup de main. Comme on craignait quelque tentative de la part du duc de Lorraine, les régiments qui se trouvaient en Bourgogne et en Champagne eurent ordre de se concentrer autour de Coiffy. Ils devaient, de là, escorter les prisonniers jusqu'à la Bastille.

Ce fut avec une terreur profonde que la reine apprit l'arrestation de lord Montaigu; elle connaissait la grande confiance que le duc de Buckingham avait dans ce gentilhomme, et tremblait qu'il ne l'eût chargé de quelque lettre à son adresse; car, au point où elle en était maintenant avec le roi, il s'agissait pas moins pour elle que de son renvoi en Espagne.

Alors, elle entendit raconter que la compagnie des gendarmes de la reine faisait partie des troupes qui devaient escorter lord Montaigu, et se rappela ces, deux ou trois ans auparavant, elle avait fait entrer dans cette compagnie, en qualité d'enseigne, Laporte, un de ses plus dévoués serviteurs, comme on a pu le voir, lorsque, après les affaires d'Amiens, il fut tombé dans la disgrâce du roi. Elle s'informa où était Laporte et apprit qu'il avait obtenu un congé pour venir passer le carême à Paris; il paraissait donc à sa portée, et le hasard l'avait amené sous sa main. Elle le fit venir secrètement au Louvre, et le reçut à minuit, sans qu'il eût été reconnu.

Anne d'Autriche raconta à ce fidèle serviteur, qui avait déjà souffert pour sa reine et qui était prêt à souffrir encore, la situation terrible où elle se trouvait.

— Je ne connais que vous, ajouta la princesse, en qui je puisse me confier, et vous seul êtes capable de me tirer du mauvais pas où je suis engagée.

Laporte l'assura de son dévouement, et lui demanda de quelle manière il pouvait le lui prouver.

— Écoutez, lui dit la reine : il faut que vous rejoigniez à l'instant même votre compagnie, et que pendant la conduite que vous ferez de lord Montaigu, vous trouviez moyen de lui parler et de savoir si par hasard je suis nommée dans les papiers qu'on lui a saisis; puis vous lui recommanderez de se bien garder de prononcer mon nom dans ses interrogatoires, car, sans se sauver aucunement, il me perdrait.

Laporte répondit qu'il était prêt à mourir pour le service de la reine. Anne d'Autriche le remercia, l'appela son sauveur, lui offrit ce qu'elle avait d'argent, et il partit la nuit même.

Il arriva à Coiffy juste au moment où les troupes en sortaient; lord Montaigu était au milieu d'elles, monté sur un petit cheval, libre en apparence, mais sans épée et sans éperons. Or, non seulement on le conduisait à Paris en plein jour et ostensiblement, mais encore on avait fait prévenir les troupes de Lorraine qu'au moment où le prisonnier quitterait le château, on tirerait deux coups de canon afin de leur donner avis de ce départ. Elles pouvaient donc, si c'était le bon plaisir de leur duc, essayer de troubler la marche. Les deux coups de canon, en effet, furent tirés; on s'arrêta même et l'on se mit en bataille pour donner aux Lorrains tout le temps d'engager l'affaire; mais ils se tinrent dans leurs quartiers, et les troupes françaises, au nombre de huit ou neuf cents chevaux, commandées par MM. de Bourbonne et de Boulogne, son beau-père, continuèrent leur route vers Paris.

En arrivant à Coiffy, Laporte avait repris sa place au milieu de ses camarades ; mais comme on savait que son congé n'était point encore expiré, le baron de Ponthieu, guidon de la compagnie, un des partisans d'Anne d'Autriche, se douta bien qu'il était venu pour un motif plus important que d'assister à la conduite du prisonnier. Il lui en témoigna même quelque chose tout en marchant, et, comme Laporte connaissait le dévouement du baron de Ponthieu pour la reine et sentait qu'il aurait besoin de lui pour approcher de lord Montaigu, sans s'ouvrir tout à fait, il lui laissa soupçonner qu'il était sur la trace de la vérité. M. de Ponthieu, voyant que Laporte désirait rester maître d'un secret qui n'était pas le sien, eut la discrétion de ne pas insister davantage. Seulement, le soir même, il le retint près de lui, ne voulant point qu'il allât coucher dans les quartiers de la compagnie, et pensant que ce séjour dans son voisinage donnerait plus facilement lieu à Laporte de s'approcher du prisonnier.

En effet, pour distraire lord Montaigu, que, malgré sa captivité, on traitait en grand seigneur, tous les soirs M. de Bourbonne et M. de Boulogne invitaient les officiers à jouer avec lui. Laporte, faisant partie du corps d'officiers, avait été invité avec les autres et ne manquait jamais de se trouver à ces réunions.

Dès le premier jour, lord Montaigu, qui avait vu Laporte lors du voyage du duc de Buckingham en France, le reconnut, et, comme il le savait des plus fidèles serviteurs sur Laporte, et, lorsque celui-ci sans affectation se retourna de son côté, ils s'échangèrent un regard qui échappa à tout le monde, excepté au baron de Ponthieu, qui confirma encore dans cette conviction que Laporte était venu pour s'aboucher avec le prisonnier.

Afin de seconder, facilement toutefois, autant qu'il le pourrait, les démarches de ce fidèle serviteur, un soir qu'il manquait un quatrième pour faire la partie de lord Montaigu, M. de Ponthieu désigna Laporte, lequel prit avec empressement la place qui lui était offerte à la table de jeu. A peine fut-il assis, qu'il rencontra le pied de Montaigu; ce qui lui fit comprendre que milord l'avait reconnu. Laporte essaya, de son côté, en employant le même langage, de mettre le prisonnier sur ses gardes; puis, au moyen de phrases intelligibles pour eux seuls, chacun recommanda à l'autre la plus grande attention.

En effet, il était impossible de se rien dire, mais on pouvait s'écrire. Tout en jouant, Laporte laissa traîner sur la table un crayon avec lequel on marquait les points; lord Montaigu, sans que personne le remarquât, s'empara du crayon.

Le lendemain, la partie recommença; Laporte, comme la veille, était placé entre le prisonnier et le baron de Ponthieu ; de l'autre côté était M. de Bourbonne lui-même.

Tout en battant les cartes, Laporte laissa échapper de ses mains une partie du jeu qui tomba à terre. Courtoisement, lord Montaigu se baissa pour aider Laporte à réparer sa maladresse. Seulement, en même temps qu'il ramassait les cartes, il ramassa aussi un billet qu'il glissa dans sa poche.

Le lendemain, lord Montaigu, qui était fort affable, alla au-devant de Laporte dès qu'il l'aperçut et lui tendit la main. Celui-ci s'inclina devant une si grande politesse et sentit que milord, tout en lui serrant la main, lui glissait entre les doigts la réponse au billet de la veille.

Cette réponse était des plus rassurantes. Lord Montaigu affirmait qu'il n'avait reçu du duc de Buckingham aucune lettre pour la reine ; que son nom ne se trouvait nullement compromis dans les papiers qu'on avait saisis, et il terminait en disant que la reine pouvait être tranquille et qu'il mourrait avant de ne rien dire ou faire qui pût être désagréable à Sa Majesté.

Quoique possesseur de ce premier billet, si impatiemment attendu, Laporte n'en resta pas moins attaché à l'escorte, et continua de faire presque tous les soirs la partie du prisonnier. En effet, il n'osait ni confier le premier billet à la poste, de peur qu'il ne fût détourné, ni quitter sa compagnie, de peur qu'on ne soupçonnât ce qu'il y était venu faire.

Laporte, tout impatient qu'il était, se rapprocha cependant de Paris par étape par étape; il y arriva le jour du vendredi saint, et, comme, ce même jour, le prisonnier fut conduit et écroué à la Bastille, il put être libre aussitôt cette formalité achevée.

La reine avait su son retour non par un messager, mais par elle-même; car elle était si inquiète, qu'ayant connu le jour de l'arrivée de lord Montaigu, elle était montée en voiture et avait croisé l'escorte. Parmi les gendarmes, elle aperçut Laporte, et celui-ci, qui l'avait remarquée de son côté, essaya de la rassurer par un signe de triomphe.

Anne d'Autriche n'en passa pas moins une journée fort agitée. Aussi, dès que la nuit fut venue, Laporte, comme la première fois, fut introduit au Louvre et y trouva la reine, qui l'attendait dans une grande anxiété.

Laporte commença par lui remettre le billet de lord Montaigu, que la reine lut et relut avec avidité ; puis, poussant un grand soupir :

— Ah ! Laporte, dit-elle, voici la première fois depuis un mois que je respire librement. Mais comment se fait-il qu'ayant de si riches nouvelles à m'annoncer, vous ne me les ayez pas transmises plus tôt, ou ne me les ayez pas apportées en plus grande diligence ?

Alors, Laporte raconta à la reine ce qui s'était passé et comment il avait cru devoir, pour la propre sûreté de Sa Majesté, user de cet excès de prudence. La reine fut obligée d'approuver les raisons de ce fidèle serviteur et d'avouer qu'il avait bien fait d'agir avec cette circonspection. Puis elle lui fit de nombreuses promesses, lui disant que nul ne lui avait jamais rendu un si grand service que celui qu'il venait de lui rendre.

Cependant le roi et le cardinal pressaient le siège de la Rochelle, où les choses empiraient de jour en jour. Depuis le blocus si hermétiquement fermé et qui empêchait tout convoi d'entrer dans la ville, depuis la digue construite en travers de la rade et qui empêchait tout vaisseau de pénétrer dans le port, la ville, qui avait cessé complètement d'être ravitaillée, manquait de tout et n'était soutenue que par l'énergie, la prudence, la fermeté de son maire Guiton, et l'exemple que donnaient la duchesse de Rohan et sa fille, qui, depuis trois mois, ne vivaient que de cheval et de cinq onces de pain par jour, à elles deux. Mais tout le monde n'avait pas même de la chair de cheval et deux onces et demie de pain : la populace manquait de tout. Les faibles en religion se plaignaient tout haut. Le roi, averti de ce qui se passait dans la ville, fomentait cette discorde toujours étouffée, toujours renaissante, et promettait de bonnes conditions. Les magistrats du présidial étaient en opposition avec le maire. Des assemblées se réunissaient, dans lesquelles s'élevaient de graves conflits ; dans l'une d'elles, on en vint aux mains, et le maire et ses partisans échangèrent des gourmades avec les conseillers du présidial.

Quelques jours après cette scène violente à la suite de laquelle les partisans du roi avaient été chercher un refuge au camp royal, deux ou trois cents hommes et autant de femmes, qui ne pouvaient plus supporter les atroces privations auxquelles ils étaient en proie prirent la résolution de sortir de la ville et d'aller demander du pain à l'armée royaliste. Les assiégés, même que cela débarrassait d'autant de bouches inutiles, leur ouvrirent les portes avec joie, et toute cette procession affligée s'avança vers le camp, les mains jointes, et implorant la clémence du roi. Mais les solliciteurs s'adressaient, dans la vertu peu pratiquée par Louis XIII, qui donna d'abord l'ordre de mettre les hommes ; puis, lorsqu'ils furent en cet état, les soldats prirent des fouets, et, comme un troupeau, chassèrent les malheureux vers la ville qu'ils venaient de quitter et qui ne voulut plus leur rouvrir. Trois jours ils restèrent au pied des murailles, mourant de froid, mourants de faim, implorant tour à tour amis et ennemis, jusqu'à ce qu'enfin les plus misérables, comme cela arrive toujours, ayant pitié d'eux; les portes se rouvrirent, et il leur fut permis de revenir partager la misère de ceux qu'ils avaient abandonnés.

Un instant, on avait cru que tout allait finir : Louis XIII, presque aussi las du siège que l'étaient les assiégés, avait un jour fait venir son roi d'armes, Breton, lui avait ordonné de revêtir sa cotte d'armes fleurdelisée, de mettre sa toque sur sa tête, de prendre son sceptre à la main, et de s'en aller, précédé de deux trompettes, faire, dans les formes accoutumées, sommation au maire et à tous ceux qui composaient le conseil de la ville, de se rendre.

Voici quelle était la sommation au maire :

« A toi, Guiton, maire de la Rochelle, je te somme, de la part du roi mon maître, mon unique et souverain seigneur et le tien, de faire, à l'instant même, une assemblée de ville où chacun puisse entendre de ma bouche ce que j'ai à signifier de la part de Sa Majesté. »

Si le maire venait à la porte de la ville écouter cette sommation et assemblait le conseil de ville, comme elle en contenait l'ordre, Breton devait se présenter devant ce conseil et lire cette seconde sommation :

« A toi, Guiton, maire de la Rochelle, à tous échevins pairs, et généralement à tous ceux qui ont part au gouvernement de la ville, je vous somme, de la part du roi mon maître, mon unique seigneur et le vôtre, de quitter votre rébellion, de lui ouvrir vos portes, et de lui rendre promptement l'entière obéissance que vous lui devez, comme à votre seul souverain et naturel seigneur ; je vous déclare qu'en ce cas il usera de sa bonté à votre endroit, et vous pardonnera votre crime de félonie et de rébellion ; au contraire, si vous persistez dans votre dureté, refusant les effets de la clémence d'un si grand prince, je vous déclare de sa part, que vous n'avez plus rien à espérer de sa miséricorde, mais que vous devez attendre de son autorité, de ses armes et de sa justice, la punition que vos fautes ont méritée ; bref, toutes les rigueurs qu'un si grand roi peut et doit exercer sur de si méchants sujets. »

Mais, malgré l'appareil déployé par le roi d'armes, malgré les fanfares réitérées des trompettes qui l'accompagnaient, le maire ni personne ne vint le recevoir aux portes ; les sentinelles mêmes ne voulurent pas lui répondre, et Breton fut obligé de laisser à terre ses deux sommations.

C'est qu'au milieu de leur détresse les assiégés avaient une grande espérance : cette espérance reposait sur la diversion dont les flattait le duc de Buckingham et qui en effet était sur le point d'éclater, lorsqu'il survint un de ces événements inattendus qui renversent toutes les combinaisons humaines, et qui d'un seul coup en perdent ou sauvent les États.

Buckingham poursuivait son projet d'une invasion en France avec toute l'activité dont il était capable, et au milieu d'une vive opposition qu'il avait suscitée, en Angleterre, cette guerre contre la France, qui effectivement n'avait aucune cause importante : il est vrai que, depuis qu'elle était entreprise, et que les protestants voyaient à quelle détresse étaient réduits leurs frères de la Rochelle, ils désiraient les premiers qu'un vigoureux coup de main fit lever le siège au roi et au cardinal. Mais Buckingham, déjà battu à l'île de Ré, voulait tenter ce coup de main en même temps que tous les princes de la ligue se déclareraient. Or, l'arrestation de lord Montaigu avait jeté du trouble dans l'association, et l'avait obligé de rappeler une flotte partie pour secourir la Rochelle. Cette flotte rentra dans la rade de Portsmouth, sans avoir rien fait ni même rien tenté.

C'est que Buckingham, comme nous l'avons dit, attendait toujours la nouvelle que les ducs de Lorraine, de Savoie et de Bavière étaient, ainsi que l'archiduchesse, prêts à entrer en France.

Mais, au retour de cette flotte, retour dont la cause était inconnue, une grande sédition éclata. Le peuple alla à l'hôtel de Buckingham et égorgea son médecin. Le lendemain Buckingham fit afficher un placard dans lequel il annonça qu'il n'avait rappelé la flotte que pour en prendre lui-même le commandement. Mais on répondit à ce placard par un autre, qui contenait ces menaçantes paroles :

« Qui gouverne le royaume ? Le roi. Qui gouverne le roi ? Le duc. Qui gouverne le duc ? Le diable... Que le duc y prenne garde, ou il aura le sort de son docteur. »

Buckingham ne s'inquiéta point autrement de cette menace, d'abord parce qu'elle avait déjà si souvent retenti à son oreille, qu'il avait fini par s'y habituer. Il continua donc les préparatifs de guerre sans prendre aucune précaution pour la conservation de sa personne.

Enfin le 23 août, au moment où Buckingham, après avoir reçu, dans la maison qu'il habitait à Portsmouth, le duc de Soubise et les envoyés de la Rochelle, sortait de la chambre où il avait eu quelques démêlés avec eux, comme il se retournait pour adresser la parole au duc de Fryar, il éprouva tout à coup une profonde douleur, accompagnée d'une impression glacée. Apercevant un homme qui fuyait, il porta la main à sa poitrine et sentit le manche d'un couteau qu'il arracha aussitôt de la blessure en criant :

— Ah ! le misérable ! il m'a tué.

Puis, au même instant, il tomba entre les bras de ceux qui le suivirent, et mourut sans avoir pu prononcer un mot de plus.

Près de lui et à terre se trouvait un chapeau ; au fond de ce chapeau était un papier, et sur ce papier on lut ces mots :

« Le duc de Buckingham était l'ennemi du royaume, et à cause de cela je l'ai tué. »

Alors, des cris se firent entendre par toutes les fenêtres :

— Arrêtez l'assassin ! l'assassin est ma tête !

Beaucoup de gens se promenaient dans la rue, attendant la sortie du duc, virent à l'issue de cette foule arriver un homme sans chapeau, fort pâle, mais qui cependant paraissait calme et tranquille, et ils se mirent en criant :

— Voici l'assassin du duc.

— Je le répondit cet homme, c'est moi qui l'ai tué.

On arrêta le meurtrier et on le conduisit devant les juges.

Là, il déclara tout, disant qu'il avait cru sauver le royaume en tuant celui qui le perdait le roi par ses mauvais avis. Au reste, il soutint constamment n'avoir pas de complices, et ne s'être porté à cette action par aucun motif de haine particulière.

Cependant on découvrit que cet homme, qui était lieutenant, avait deux fois demandé au duc, qui le lui avait deux fois refusé, le grade de capitaine. Il se nommait John Felton, il mourut avec la fermeté d'un fanatique et le calme d'un martyr.

On comprend quel retentissement une pareille nouvelle eut en Europe et surtout à la cour de France. Lorsqu'on annonça cette mort à Anne d'Autriche, elle perdit presque connaissance et laissa échapper cette imprudente exclamation :

— C'est impossible ! je viens de recevoir une lettre de lui.

Mais bientôt il n'y eut plus de doute, et ce fut Louis XIII qui, de retour à Paris, se chargea de confirmer à la reine cette terrible nouvelle. Il le fit, du reste, avec le fiel qu'il avait dans le caractère, ne prenant point la peine de cacher à sa femme toute la joie qu'il ressentait de cet événement.

De son côté, la reine fut aussi franche que lui. On la vit s'enfermer avec ses plus intimes, et ses plus intimes la virent longuement pleurer. Il y a plus : le temps, tout en adoucissant sa douleur, ne parvint jamais à chasser de son esprit l'image de ce beau et noble duc, qui avait tout risqué pour elle, et à qui, dans ses soupçons contre Richelieu et Louis XIII, elle crut toujours que son amour avait coûté la vie.

Aussi ses familiers, qui n'ignoraient pas quel tendre souvenir elle gardait au duc de Buckingham, lui en parlaient-ils souvent, parce qu'ils savaient qu'elle en entendait parler avec plaisir.

Un soir que la pauvre reine, isolée comme une simple femme, causait près de la cheminée en tête-à-tête avec Voiture, son poète favori, celui-ci paraissant rêveur, elle lui demanda à quoi il pensait, Voiture lui répondit avec cette facilité d'improvisation qui caractérisait les poètes de cette époque:

Je pensais que la destinée,
Après tant d'injustes malheurs,
Vous a justement couronnée
De gloire, d'éclat et d'honneurs ;
Mais que vous étiez plus heureuse,
Lorsque vous étiez autrefois,
Je ne dirai pas amoureuse...
La rime le veut toutefois.
Je pensais — nous autres poètes,
Nous pensons extravagamment !
Ce que, dans l'humeur où vous êtes,
Vous feriez, si dans ce moment
Vous avisiez en cette place
Venir le duc de Buckingham,
Et lequel serait en disgrâce
De lui ou du père Vincent.

Or, c'était en 1644 que Voiture prétendait que le beau duc l'emporterait sur le confesseur de la reine, c'est-à-dire seize ans après l'assassinat que nous venons de raconter !...

V

FIN ET CONSÉQUENCES DE LA GUERRE. — BRUITS A PROPOS DE LA GROSSESSE D'ANNE D'AUTRICHE. — PREMIER ENFANT. — CAMPANELLA. — NAISSANCE DE LOUIS XIV. — JOIE GÉNÉRALE. — RÉJOUISSANCES. — HOROSCOPE DU NOUVEAU-NÉ. — PRÉSENTS DU PAPE. — CORTÈGE DU FUTUR ROI.

On sait le résultat politique de cette guerre. La Rochelle, affamée par la digue que fit construire le cardinal, fut forcée de se rendre, et capitula le 28 octobre 1628, après onze mois de siège.

Quant au résultat privé, ce fut une rupture complète entre le roi et la reine, rupture qui, pendant les dix ans qui suivirent, ne fit encore que s'envenimer de la mort de M. de Montmorency, de la guerre d'Espagne de 1635, et des relations secrètes d'Anne d'Autriche avec M. de Mirabel, ambassadeur d'Espagne. On se rappelle que Laporte fut victime de ces relations, et qu'il était détenu à la Bastille lorsque M. de Chavigny vint demander sa grâce en annonçant à Louis XIII la grossesse de la reine.

Aussi, comme nous l'avons dit au commencement de cette histoire, on douta fort longtemps en France de cette heureuse nouvelle, et, lorsque enfin elle fut bien confirmée, mille bruits étranges coururent sur cette conception si longtemps et si vainement attendue.

Ces bruits sont indignes de l'histoire, nous le savons bien; aussi les rapporterons-nous sans y donner aucune créance, mais pour faire preuve seulement que nous n'avons rien négligé dans l'étude de cette époque, et que nous avons également consulté les graves pages de Mézeray, de Levassor et de Daniel, les piquants mémoires de Bassompierre, de Tallemant des Réaux et de Brienne, les archives des bibliothèques et les bruits des ruelles.

On assurait que la reine aurait été parfaitement convaincue que la stérilité qu'on lui reprochait ne venait pas de son fait par une première grossesse dont elle se serait aperçue vers l'année 1636. Cette grossesse, disait-on toujours, avait été heureusement cachée au roi, et peut-être ce premier enfant disparu reparaîtra-t-il plus tard un masque de fer sur le visage.

La disparition de ce premier enfant, qui, selon les mêmes bruits toujours, aurait été un garçon, avait donné, à ce qu'on prétendait, de graves regrets à Anne d'Autriche, d'abord comme mère, ensuite comme reine. La santé du roi devenait pire de jour en jour, et Sa Majesté pouvait mourir d'un moment à l'autre, laissant sa veuve exposée à la vieille haine de Richelieu. Or, Anne d'Autriche avait sous les yeux un exemple de cette haine. La reine Marie de Médicis, ayant un jour osé prendre ouvertement parti contre le cardinal, avait été exilée, toute mère du roi qu'elle était, et traînait une vie misérable à l'étranger.

Il est vrai que le cardinal aussi semblait condamné ; et les médecins disaient qu'il lui restait peu de temps à vivre. Mais l'Éminence elle-même s'était faite si souvent plus malade qu'elle n'était, et avait si fort abusé de ses agonies que, comme à celles de Tibère, on n'y croyait plus. D'ailleurs, le cardinal fût-il réellement malade, et sa maladie fût-elle réellement mortelle, qui pouvait dire lequel, dans cette course au tombeau entre le roi et lui, atteindrait le plus tôt le but ? Et le cardinal survécût-il de six mois seulement au roi, c'était assez pour perdre à tout jamais la reine.

Aussi disait-on toujours que, dès que la reine s'était aperçue d'une seconde grossesse, elle avait voulu tirer parti de celle-là en faisant accroire à Louis XIII qu'il y était intéressé, et en utilisant, comme héritier présomptif de la couronne, le fruit de cette grossesse, si c'était un garçon. La scène qui s'était passée chez mademoiselle de la Fayette, et par laquelle nous avons ouvert cette histoire, ne serait donc qu'une scène habilement préparée, qu'une comédie où le roi aurait joué le rôle de dupe.

Des indiscrétions verbales et même écrites de M. de Guitaut, capitaine des gardes de la reine, avaient fait naître ou du moins corroboré ces bruits. M. de Guitaut avait raconté, non seulement que ce n'était pas à Louis XIII que l'idée était venue d'aller souper et coucher au Louvre, mais encore que, pendant cette mémorable soirée du 5 décembre, c'était la reine qui deux fois avait envoyé chercher, au couvent de la Visitation de Saint-Antoine, son auguste époux, lequel enfin, de guerre lasse et après avoir longtemps bataillé, s'était rendu à ses instances et surtout à celles de mademoiselle de la Fayette.

Quant au véritable père de ces deux enfants, nous le verrons apparaître et grandir plus tard.

Mais nous le répétons, toutes ces allégations n'existent qu'à l'état de bruits, aristocratiques ou populaires, et l'historien, tout en les notant pour mémoire, ne peut rien appuyer sur eux.

Un seul fait existait bien réellement : c'était que la reine était enceinte, et que cette grossesse excitait une grande joie par toute la France. Cependant cette joie était mêlée d'une dernière crainte : si la reine allait accoucher d'une fille !

Anne d'Autriche, qui paraissait croire à la naissance future d'un garçon, avait désiré avoir, pour tirer son horoscope au moment de sa naissance, un habile astrologue, et s'était adressée au roi pour le lui trouver ; le roi alors avait référé de cette importante affaire au cardinal, qui s'était chargé de découvrir le sorcier en question.

Richelieu, fort crédule en astrologie, comme le prouvent ses Mémoires, avait alors songé à un certain Campanella, jacobin espagnol, de la science duquel il croyait autrefois avoir eu des preuves ; mais Campanella avait quitté la France. Le cardinal fit prendre des renseignements sur ce qu'il était devenu, et apprit que Campanella, saisi par l'Inquisition italienne comme sorcier, était détenu, en attendant son jugement dans les prisons de Milan. Richelieu était fort influent près des cours étrangères ; il fit instamment demander la liberté de Campanella, et cette liberté lui fut accordée.

La reine fut donc prévenue qu'elle pouvait être tranquille et accoucher quand bon lui semblerait, attendu que l'astrologue qui devait tirer l'horoscope du petit dauphin était en route pour la France.

Enfin le moment tant désiré arriva. Le 4 septembre 1638, à onze heures du soir, la reine ressentit les premières douleurs de l'enfantement. Elle était à Saint-Germain en Laye, dans le pavillon de Henri IV, dont les fenêtres donnaient sur l'eau.

Le résultat attendu avait un si grand intérêt pour les Parisiens, que beaucoup de gens, qui ne pouvaient séjourner à Saint-Germain, ou qui étaient retenus par leurs affaires à Paris, avaient, vers les derniers jours de la grossesse de la reine, disposé des messagers sur le chemin de Saint-Germain à Paris, pour avoir des nouvelles plus fraîches et plus actives.

Malheureusement, le pont de Neuilly venait d'être rompu, et l'on avait établi un bac qui passait fort lentement; mais les avides chercheurs de nouvelles, devançant l'invention du télégraphe, placèrent en sentinelles, sur la rive gauche du fleuve, des hommes qui se relayaient de deux heures en deux heures, et qui étaient chargés d'annoncer d'une rive à l'autre la situation des choses.

Ils devaient faire des signes négatifs tant que la reine ne serait point accouchée, demeurer mornes et les bras croisés si la reine accouchait d'une fille, enfin lever leurs chapeaux en poussant de grands cris de joie si la reine mettait au jour un dauphin.

Le dimanche 5 septembre, vers cinq heures du matin, les douleurs devinrent plus fréquentes, et la demoiselle Filandre courut avertir le roi, qui n'avait point dormi de la nuit que sa présence devenait nécessaire. Aussitôt Louis XIII se rendit près de la reine, et fit mander à Monsieur, son frère unique, à madame la princesse de Condé et à madame la comtesse de Soissons, de le venir retrouver chez sa femme.

Il était six heures quand les princes arrivèrent et furent introduits près d'Anne d'Autriche. Contrairement au cérémonial, qui veut que la chambre de la reine soit pleine de monde, il ne se trouva chez Anne d'Autriche, avec le roi et les personnages que nous venons d'indiquer, que madame de Vendôme, le roi ayant permis, mais sans qu'aucune princesse pût s'en autoriser, d'assister à la délivrance, à cette permission lui étant accordée à titre de grâce personnelle.

De plus, se trouvaient encore dans la chambre de la malade, madame de Lansac, gouvernante de l'enfant qui allait naître, mesdames de Senecey et de Flotte, dames d'honneur, deux femmes de chambre dont le procès-verbal n'a point gardé les noms, la nourrice future et la sage-femme, qui s'appelait madame Péronne.

Attenant au pavillon, dans une chambre voisine de celle où allait accoucher la reine, était un autel dressé pour la circonstance, sur lequel les évêques de Lisieux, de Meaux et de Beauvais, officiaient les uns après les autres, et devant lequel ils devaient leurs messes dites, rester en prières jusqu'à ce que la reine fût délivrée.

De l'autre côté, dans le cabinet de la reine et près de la chambre encore, étaient réunies la princesse de Guémenée, les duchesses de la Trémoille et de Bouillon, mesdames de Ville-aux-Clercs, de Mortemart, de Liancourt et autres dames, qualifiées les filles de la reine, l'évêque de Metz, les ducs de Vendôme, de Chevreuse et de Montbazon, MM. de Souvré, de Mortemart, de Liancourt, de Ville-aux-Clercs, de Brion, de Chavigny; enfin les archevêques de Bourges, de Châlons et du Mans, et les principaux officiers de la maison du roi.

Louis XIII allait d'une chambre à l'autre avec beaucoup d'inquiétude. Enfin, à bord à deux heures et demie du matin, la sage-femme annonça que la reine était délivrée; puis, un instant après, au milieu du profond silence d'anxiété qui avait suivi cette nouvelle, elle s'écria:

— Réjouissez-vous, sire, de cette fois encore le royaume ne tombera point en quenouille: Sa Majesté est accouchée d'un dauphin.

Louis XIII prit aussitôt l'enfant des mains de la sage-femme, et, tel qu'il était, il alla le montrer à la fenêtre en criant:

— Un fils, messieurs, un fils!

Aussitôt les signes convenus furent faits, et de grands cris de joie retentirent, qui passèrent la Seine et qui, grâce aux télégraphes vivants placés sur la route, se prolongèrent à l'instant même jusqu'à Paris.

Puis Louis XIII rapportant le dauphin dans la chambre de sa femme, le fit ondoyer à l'instant même par l'évêque de Meaux, son premier aumônier, en présence des princes, princesses, seigneurs et dames de la cour, et de M. le chancelier. Enfin il se rendit dans la chapelle du vieux château, où un Te Deum fut chanté en grande pompe; ensuite il écrivit de sa propre main une longue lettre dit cachet au corps de la ville, et la fit porter à l'instant même par M. de Perre-Baillieul.

Les réjouissances que le roi recommandait à la ville dans cette lettre, dépassèrent tout ce qu'il pouvait espérer. Tous les hôtels de la noblesse furent illuminés de grands flambeaux de cire blanche, qui brûlaient dans d'énormes candélabres de cuivre. En outre, toutes les fenêtres étaient ornées de lanternes en papier de couleurs variées; les nobles y faisaient peindre leurs armes en transparent, les bourgeois y inscrivaient une foule de devises relatives à la circonstance.

La grosse cloche du palais sonna tout le jour et tout le lendemain, ainsi que celle de la Samaritaine; ces cloches ne sonnaient jamais qu'à la naissance des fils de France, au jour de la naissance des rois ou à l'heure de leur mort. Pendant tout le reste de la journée, et toute celle du lendemain, l'Arsenal et la Bastille firent feu de tous leurs canons et de toutes leurs boîtes. Enfin, le même soir, comme le feu d'artifice qu'on devait tirer sur la place de l'Hôtel-de-Ville ne pouvait être prêt que le lendemain, on fit un bûcher où chacun apporta son fagot: ce qui produisit une flamme si grande, que, de l'autre côté de la Seine, on pouvait lire sans autre lumière que la lueur de ce feu.

Toutes les rues étaient garnies de tables où l'on s'asseyait en commun pour boire à la santé du roi, de la reine et du dauphin, pendant que le canon tirait ses feux de joie, allumés partiellement et à l'envi par les particuliers.

Les ambassadeurs, de leur côté, rivalisèrent de luxe en fêtèrent, à qui mieux mieux, le grand événement. L'ambassadeur de Venise fit suspendre aux fenêtres de son hôtel des guirlandes de fleurs et de fruits merveilleusement travaillées, sur lesquelles se reflétaient les feux des lanternes et des flambeaux de cire, tandis que des musiciens nombreux, traînés sur un char de triomphe attelé de six chevaux, parcouraient les rues en jouant de joyeuses fanfares. L'ambassadeur d'Angleterre fit tirer un très beau feu d'artifice et distribua du vin dans tout le voisinage.

Les congrégations religieuses témoignèrent aussi leur joie. Les feuillants de la rue Neuve-Saint-Honoré firent une aumône générale de pain et de vin, emplissant les paniers et les vases de ceux des pauvres qui se présentaient. Les jésuites, qu'on retrouve toujours et partout les mêmes, c'est-à-dire pleins d'ostentation et jaloux de parler aux yeux, allumèrent, dans les soirées du 5 et du 6, plus de mille flambeaux dont ils garnirent la devanture de leur maison. Le 7, ils firent tirer, dans leur cour, un feu d'artifice qu'un dauphin de flamme alluma, entre plus de deux mille autres lumières qui éclairaient un ballet et une comédie sur le même sujet, représentés par leurs écoliers.

Le cardinal n'était point à Paris lors de cet heureux événement; il était à Saint-Quentin, en Picardie. Il écrivit au roi pour le féliciter et l'inviter à nommer le dauphin Théodose, c'est-à-dire Dieudonné.

— J'espère, disait-il dans sa lettre, que, comme il est Théodose par le don que Dieu vous en a fait, il le sera encore par les grandes qualités des empereurs qui ont porté ce nom.

Par le même courrier le cardinal félicitait la reine; mais la lettre était courte et froide.

— Les grandes joies, disait le cardinal dans cette épître officielle, les grandes joies ne parlent point.

Cependant l'astrologue Campanella était entré en France, et on l'avait conduit près du cardinal avec lequel il revint à Paris. Son Éminence lui expliqua alors pour quelle cause il l'avait fait venir, et lui commanda de dresser l'horoscope du dauphin sans rien dissimuler de ce que sa science lui révélerait. C'était une grande responsabilité pour le pauvre astrologue, qui doutait peut-être un peu lui-même de cette science à laquelle on faisait un appel; aussi, essaya-t-il d'abord de reculer. Mais, pressé par Richelieu, qui lui fit comprendre qu'il ne l'avait pas tiré pour rien des prisons de Milan, il répondit qu'il serait prêt.

En conséquence, on le conduisit à la cour, où il fut introduit près du dauphin, qu'il fit déshabiller et qu'il considéra attentivement de tous côtés; puis, l'ayant fait rhabiller, il s'en retourna chez lui pour tirer ses pronostics.

Le résultat de ses observations, comme il est facile de le présumer, était impatiemment attendu; aussi, comme on voyait que non seulement il ne reparaissait point à la cour, mais encore qu'il ne donnait pas de ses nouvelles, la reine commença à perdre patience et l'envoya chercher. Campanella revint, mais il prétendit que ses études sur le corps du dauphin n'avaient point été assez complètes; il le fit déshabiller derechef, l'examina une seconde fois, et tomba dans une profonde méditation. Enfin, pressé par Richelieu de formuler son horoscope, il répondit en latin.

— Cet enfant sera luxurieux comme Henri IV et très fier; il régnera longtemps et péniblement, quoique avec un certain bonheur; mais sa fin sera misérable et amènera une grande confusion dans la religion et dans le royaume.

Un autre horoscope était tiré en même temps par un astrologue d'un autre genre. L'ambassadeur de Suède, Grotius, écrivait à Oxenstiern, quelques jours après la naissance du jeune prince:

« Le dauphin a déjà changé trois fois de nourrice, car non seulement il tarit leur sein, mais encore il le déchire. Que les voisins de la France prennent garde à une si précoce rapacité. »

Le 28 juillet suivant, le vice-légat d'Avignon, Sforza, nonce extraordinaire du pape, présenta à la reine, à Saint-Germain les langes bénits que Sa Sainteté a l'habitude d'envoyer aux premiers-nés de la couronne de France, en témoignage qu'elle reconnaît ces princes pour les fils aînés de l'Eglise. Il bénit, en outre, au nom de Sa Sainteté, le dauphin et son auguste mère.

Ces langes, tout éblouissants d'or et d'argent, étaient enfermés dans deux caisses de velours rouge, qu'on ouvrit en présence du roi et de la reine (1).

Maintenant, jetons les yeux autour de nous, au dedans et au dehors, sur la France et sur l'Europe, et voyons quels souverains régnaient alors, et quels hommes étaient nés ou allaient naître pour concourir à la gloire de cet enfant qui recevait à sa naissance le nom de Dieudonné, et qui devait mériter, ou du moins obtenir, trente ans plus tard, celui de Louis le Grand.

Commençons par les différents Etats de l'Europe.

Ferdinand III régnait en Autriche. Né en 1608, la même année que Gaston d'Orléans, roi de Hongrie en 1625, de Bohême en 1627, des Romains en 1636, et, enfin, élu empereur en 1637, il tenait le plus grand et plus puissant empire du monde. En Allemagne seulement, soixante villes impériales, soixante souverains séculiers, quarante princes ecclésiastiques, neuf électeurs, parmi lesquels étaient trois ou quatre rois, le reconnaissaient pour leur souverain. En outre, sans compter l'Espagne, plutôt son esclave que son alliée, il avait les Pays-Bas, le royaume de Naples, la Bohême et la Hongrie.

Aussi, depuis Charles-Quint, la balance penchait-elle sous l'Autriche, qui n'avait point de contre-poids européen.

C'était cette puissance qu'avait attaquée avec tant d'acharnement le cardinal de Richelieu, sans lui occasionner cependant tout le mal qu'il aurait pu lui faire s'il n'eût été éternellement contraint de se détourner de son œuvre politique pour veiller à sa propre sûreté.

Après l'Empire, dans l'ordre des nations, venait l'Espagne, gouvernée par la branche aînée de la maison d'Autriche, l'Espagne, que Charles-Quint avait élevée au rang de grande nation et que Philippe II avait soutenue à la hauteur où son père l'avait portée ; l'Espagne, dont les rois se vantaient, grâce aux mines du Mexique et du Potosi, d'être assez riches pour acheter le reste de la terre ; ce qu'ils ne faisaient pas, ajoutaient-ils parce qu'ils étaient assez forts pour la conquérir. Philippe III avait, tant bien que mal, porté ce terrible poids, légué par les deux géants dont il descendait. Cependant, il était facile de voir que ce poids, déjà trop lourd pour lui, écraserait son double successeur, Philippe IV, qui régnait à cette heure, et, qui, après avoir perdu le Roussillon par sa faiblesse, la Catalogne par sa tyrannie, venait de perdre le Portugal par sa négligence.

L'Angleterre réclamait la troisième place. Dès cette époque, elle prétendait à la souveraineté des mers et ambitionnait la position de médiatrice entre les autres Etats. Mais, pour parvenir, en ce moment du moins, cette haute destinée, il lui eût fallu un autre souverain que le faible Charles Ier, et un peuple moins divisé que ne l'était celui des trois royaumes. L'œuvre que l'Angleterre avait à accomplir à cette heure, c'était celle d'une révolution religieuse dont, six ans plus tard, son roi devait être victime.

Ensuite venait le Portugal, conquis, en 1580, par Philippe II, et reconquis, en 1640, par le duc de Bragance ; le Portugal cet éternel ennemi de l'Espagne, lassé d'avoir été soixante ans sous sa puissance, comme est une boule inerte sous la griffe d'un lion de marbre ; le Portugal, qui, outre ses Etats d'Europe, tenait les îles du Cap-Vert, de Madère et les Açores, les places de Tanger et de Carache, les royaumes de Congo et d'Angola, l'Ethiopie, la Guinée, une partie de l'Inde, et aux confins de la Chine la ville de Macao.

Puis la Hollande (et celle-ci mérite une mention particulière car nous allons avoir souvent affaire à elle) ; ce sont ses défaites qui donneront à Louis XIV le titre de Grand), la Hollande, qui se composait de sept provinces unies, riches en pâturages, mais stériles en grains, mais malsaines, mais presque entièrement submergées par la mer, contre laquelle ses digues la défendent seules, et qui semble une Venise du Nord avec ses marais, ses canaux et ses ponts ; la Hollande, qu'un demi-siècle de liberté et de travail vient d'élever à la hauteur des nations de second ordre, et qui aspire, si l'on n'arrête sa course ascendante, à prendre place au premier rang ; la Hollande, cette Phénicie moderne, rivale de l'Italie pour le commerce, et qui la menace de sa route du Cap, plus courte pour arriver dans l'Inde qu'aucune des trois routes de caravanes qui aboutissent à Alexandrie, à Smyrne et à Constantinople ; rivale de l'Angleterre pour sa marine, et dont les corsaires s'intitulent les balayeurs des mers et ont pris pour pavillon un balai, sans songer qu'un jour ils seront fouettés des verges arrachées

(1) Voyez la note C à la fin du volume.

à leur pavillon ; la Hollande, enfin que sa position a faite une puissance maritime, et que les princes d'Orange, les meilleurs généraux de l'Europe à cette époque, ont faite une puissance guerrière.

Au delà de la Hollande commençaient, à travers leurs neiges, à apparaître les peuples du Nord, le Danemark, la Suède, la Pologne et la Russie. Mais ces peuples, toujours en guerre entre eux, semblaient avoir une question de suprématie polaire à régler avant d'avoir à s'occuper des questions de politique centrale. Le Danemark avait bien eu son Christian IV ; la Suède, son Gustave Vasa et son Gustave-Adolphe ; mais la Pologne attendait encore son Jean Sobiesky, et la Russie, son Pierre Ier.

De l'autre côté du continent, à l'autre horizon de l'Europe et tandis que grandissaient les Etats du Nord, tombaient les Etats du Midi. Venise, cette ex-reine de la Méditerranée, que jalousaient, cent ans auparavant, tous les autres royaumes, frappée au cœur par cette route du Cap, qu'avait retrouvée Vasco de Gama, tremblante à la fois devant le sultan et devant l'empereur, ne défendant plus qu'à peine ses Etats de terre ferme, n'était plus que le fantôme d'elle-même et commençait cette ère de décadence qui fait d'elle la plus belle et la plus poétique ruine vivante qui existe encore aujourd'hui.

Florence était tranquille et riche ; mais ses grands-ducs étaient morts. De la postérité du Tibère toscan (1), des petits-fils de Jean des Bandes-Noires, il ne restait plus que Ferdinand II. Florence avait conservé la prétention de s'appeler l'Athènes de l'Italie ; mais sa prétention se bornait là. Il va sans dire que la postérité de ses grands artistes ne valait guère mieux que celle de ses grands-ducs, et que ses poètes, ses peintres, ses sculpteurs et ses architectes étaient aussi dégénérés de Dante, d'Andrea del Sarto et de Michel-Ange, que ses grands-ducs actuels, de Laurent la Magnifique ou de Côme le Grand.

Gênes, comme sa sœur et sa rivale Venise, était fort affaiblie ; elle avait produit tous ses grands hommes, elle avait accompli toutes ses grandes choses, et nous verrons le successeur d'André Doria venir à Versailles demander pardon d'avoir vendu de la poudre et des boulets aux Algériens.

La Savoie ne comptait plus, déchirée qu'elle était par la guerre civile ; d'ailleurs, le parti prédominant se montrait tout entier en faveur de la France.

La Suisse n'était, comme elle l'est encore aujourd'hui, qu'une barrière naturelle posée entre la France et l'Italie : elle vendait ses soldats au prince qui était assez riche pour les lui payer, et elle avait cette réputation de bravoure commerciale, que ses enfants ont soutenue au 10 août et au 29 juillet.

Voilà l'état de l'Europe. Voyons maintenant quel était celui de la France.

La France n'avait pas encore pris de la position marquée parmi les Etats. Henri IV allait probablement en faire la première nation européenne quand il fut assassiné, et le couteau de Ravaillac avait tout remis en question. Richelieu l'avait faite respectée ; mais, excepté du Roussillon et de la Catalogne, il ne l'avait pas agrandie. Il avait gagné la bataille d'Avein sur les Impériaux, mais il avait perdu celle de Corbie contre les Espagnols, et l'avant-garde ennemie était venue jusqu'à Pontoise. A peine avions-nous quatre-vingt mille hommes sur pied ; la marine, nulle sous Henri III et Henri IV, naissait à peine sous Richelieu. Louis XIII avait quarante-cinq millions de revenu, c'est-à-dire cent millions à peu près de notre monnaie actuelle, pour faire face à toutes les dépenses de l'Etat ; et, depuis le siège de Metz par Charles-Quint, on n'avait pas revu cinquante mille soldats réunis sous un seul chef et sur un seul point.

Mais, occupé à rendre la France formidable au dehors, à décapiter la rébellion en dedans, à ruiner les familles princières et aristocratiques, qui, repoussées sous la faux de Louis XI, fomentaient ces éternelles guerres civiles qui avaient enfiévré l'Etat depuis Henri II, le cardinal n'avait point eu le temps de songer aux détails secondaires, qui font, sinon la grandeur d'un peuple, du moins le bonheur et la sécurité des citoyens. Les grands chemins, abandonnés par l'Etat, étaient à peine praticables et tout infestés de brigands ; les rues de Paris, étroites, mal pavées, couvertes de boue, remplies d'immondices, devenaient, à partir de dix heures du soir, le domaine des filous, des voleurs et des assassins, que ne gênaient guère les rares lumières avaricieusement semées dans la ville, et que ne dérangeaient presque jamais dans leurs expéditions les quarante-cinq hommes de garde mal payés auxquels en était réduit le guet de Paris.

L'esprit général était à la révolte. Les princes du sang se révoltaient, les grands seigneurs se révoltaient, et tout à l'heure nous allons voir se révolter le parlement. Une teinte de chevalerie barbare, mais ayant son caractère pittoresque, était répandue sur la seigneurie, toujours prête

(1) Cosme Ier.

à mettre l'épée à la main, et faisant de chaque duel particulier un combat de quatre, de six, et même de huit personnes. Ces combats, malgré les édits, avaient lieu partout où l'on se trouvait, sur la place Royale, contre les Carmes-Déchaussés, derrière les Chartreux, au Pré-aux-Clercs. Mais déjà sur ce point, Richelieu avait amené une grande réforme. A cheval sur le siècle de Henri IV, qu'il vit finir, et le siècle de Louis XIV, qu'il vit commencer, Richelieu avait, comme Tarquin le Superbe, abattu les têtes trop hautes ; et, à l'époque où nous sommes arrivés, il ne restait plus guère comme types du siècle passé, que le duc d'Angoulême, le maréchal de Bassompierre et M. de Bellegarde ; encore M. de Bassompierre sortait-il de la Bastille ; et M. d'Angoulême, après y avoir été quatre ou cinq ans, sous la régence de Marie de Médicis, avait-il manqué d'y retourner sous le ministère du cardinal.

Quant au degré de lumières où les tribunaux étaient parvenus, ou au degré d'obéissance dans lequel ils étaient tombés, deux procès en font foi : celui de la Galigaï, brûlée comme sorcière en 1617, et le procès d'Urbain Grandier, brûlé comme sorcier en 1634.

Les lettres aussi étaient en retard. L'Italie avait ouvert la route brillante à l'esprit humain : Dante, Pétrarque, l'Arioste et le Tasse avaient successivement paru ; Spenser, Sidney et Shakspeare leur avaient succédé en Angleterre ; Guillem de Castro, Lope de Vega et Calderon, sans compter l'auteur et les auteurs du *Romancero*, cette Iliade castillane, avaient fleuri ou florissaient en Espagne, et cela, tandis que Malherbe et Montaigne pétrissaient la langue que commençait à parler Corneille. Mais aussi, pour avoir tardé plus longtemps à briller, la prose et la poésie françaises allaient jeter un éclat plus vif. Corneille, que nous avons déjà nommé, et qui avait fait jouer à cette époque ses trois chefs-d'œuvre, le *Cid*, *Cinna* et *Polyeucte*, comptait alors trente-deux ans ; Rotrou en avait vingt-neuf, Benserade vingt-six, Molière dix-huit, La Fontaine dix-sept, Pascal quinze, Bossuet onze, La Bruyère six ; Racine allait naître.

Enfin mademoiselle de Scudéry, qui préparait l'influence des femmes sur la société moderne, avait trente et un ans ; Ninon et madame de Sévigné, qui devaient compléter son œuvre, venaient d'atteindre, la première vingt-deux ans, et la seconde douze.

VI

NAISSANCE DU DUC D'ANJOU. — REMARQUES CURIEUSES A PROPOS DU MOIS DE SEPTEMBRE. — FAVEUR DE CINQ-MARS. — L'ACADÉMIE FRANÇAISE. — « MIRAME ». — PREMIÈRE REPRÉSENTATION DE CETTE TRAGÉDIE. — FONTRAILLES. — LA CHESNAYE. — M. LE GRAND. — ANECDOTES SUR CINQ-MARS. — FABERT. — CONSPIRATION TERRIBLE. — VOYAGE DU ROI DANS LE MIDI. — MALADIE DU CARDINAL. — IL ABAT LES CONSPIRATEURS. — DERNIERS MOMENTS DE RICHELIEU. — DOUBLE JUGEMENT SUR CE MINISTRE.

Les événements de quelque importance qui s'écoulèrent dans les deux ou trois premières années de la vie de Louis XIV, furent la mort du père Joseph, que nous avons déjà trouvé malade au commencement de cette histoire, la faveur croissante de M. de Cinq-Mars, substituée à celle de mademoiselle de Hautefort, enfin le nouvel accouchement de la reine, qui lui donna le jour à un second fils, qu'on nomma duc d'Anjou et qui naquit le 21 septembre.

Ce fut à ce propos que l'on remarqua quelle singulière influence le mois de septembre avait eue sur la vie. Le cardinal était né le 5 septembre 1585 ; le roi, le 27 septembre 1600 ; le dauphin, le 5 septembre 1638 ; le duc d'Anjou venait de naître le 21 septembre 1640 ; enfin ce même mois, qui a vu naître Louis XIV, le verra aussi mourir en 1715.

A cette occasion, de nouvelles recherches furent faites par les savants, et ils découvrirent que c'était aussi pendant le mois de septembre que le monde avait été créé ; ce qui flatta beaucoup Louis XIII et lui devint une nouvelle garantie de la prospérité à venir du royaume.

Cependant, sans que la reine reprît aucune influence, ses relations avec le roi étaient devenues meilleures, tandis qu'au contraire l'oppression du cardinal se faisait sentir à Louis XIII tous les jours de plus en plus, le roi le prenait dans une sourde haine, que Richelieu était trop habile pour ne pas remarquer. Aussi tout ce qui entourait le roi était-

il à Son Éminence : valets, gentilshommes, favoris. Il n'y avait dans toute cette nombreuse cour que MM. de Tréville, des Essarts et Guitaut, qui eussent toujours tenu ferme, les deux premiers pour le roi et le dernier pour la reine.

Louis XIII s'était de nouveau rapproché de mademoiselle de Hautefort ; mais cette liaison, toute chaste qu'elle était, pouvait avoir un résultat funeste au cardinal, à cause de l'amitié que la reine portait à sa demoiselle d'honneur. Richelieu l'éloigna du roi, comme il en avait éloigné La Fayette, et poussa à sa place un jeune homme sur lequel il pouvait compter. Louis XIII se laissa faire comme toujours ; favori ou favorite, peu lui importait, quoique cependant, selon toute probabilité, ses amours fussent moins innocentes avec les uns qu'avec les autres.

Ce jeune homme était le marquis de Cinq-Mars, dont le beau roman du comte Alfred de Vigny a rendu le nom populaire.

Le cardinal avait remarqué déjà que le roi prenait plaisir à la conversation de ce jeune homme, et, croyant pouvoir compter sur lui, parce que le maréchal d'Effiat, son père, était une de ses créatures, il désirait lui voir occuper près du roi la même place que le pauvre Chalais, comme s'il eût dû prévoir que, la fin devant être la même, les commencements devaient être pareils. Cinq-Mars fut donc placé près de Louis XIII, non comme maître de la garde-robe, poste que tenait pour le moment le marquis de la Force, mais comme premier écuyer de la petite écurie.

Cinq-Mars avait été près d'un an et demi avant de se décider à accepter le fatal honneur qu'on lui faisait. Il se rappelait Chalais décapité, Barradas en exil ; et, jeune, beau, riche, il se souciait peu d'aller risquer sa vie dans ce gouffre de la faveur royale qui dévorait tout. Mais le cardinal et son destin le poussaient : il n'y avait point à faire résistance. Du reste, jamais faveur n'avait été si grande ni si réelle. Le roi l'appelait tout haut son cher ami et ne pouvait se passer de lui un seul instant, si bien que, lorsque Cinq-Mars partit pour le siège d'Arras, il lui promettait à son souverain de lui écrire deux fois le jour ; et, comme pendant toute une journée Louis XIII n'avait reçu aucune nouvelle, il passa la soirée à pleurer, en disant que sans doute M. de Cinq-Mars était tué, et qu'il ne se consolerait jamais d'un tel malheur.

Cependant le cardinal avait conservé toute sa haine contre Anne d'Autriche, et le double et heureux accouchement de la reine n'avait fait qu'augmenter ce vieux levain d'amour aigri. Aussi Son Éminence, qui venait de faire bâtir le Palais Cardinal, voulut-elle, tout en inaugurant sa nouvelle demeure, tirer une vengeance éclatante de sa royale adversaire.

On sait les goûts poétiques du cardinal : il avait fondé, en 1635, l'Académie française, que Saint-Germain appelait *la volière de Psaphon* (1). Les académiciens reconnaissants proclamèrent le cardinal *dieu*, et, sur son ordre divin, censurèrent le *Cid*. Bien plus, on avait fait le portrait de Son Éminence au milieu d'un grand soleil ayant quarante rayons chacun de ces rayons aboutissant au nom d'un académicien.

Le cardinal disait tout haut qu'il n'aimait, n'estimait que la poésie ; aussi, quand il y travaillait, ne donnait-il audience à personne. Un jour qu'il causait avec Desmarets, il lui demanda tout à coup :

— A quoi croyez-vous que je prenne le plus de plaisir, Monsieur ?

— Selon toute probabilité, monseigneur, répondit celui-ci, c'est à faire le bonheur de la France.

— Vous vous trompez, répliqua Richelieu, c'est à faire des vers.

Mais sur ce point, comme sur tous les autres, le cardinal n'aimait guère à être repris. Un jour, M. de l'Étoile lui fit observer le plus doucement possible, que, dans les vers que Son Éminence avait bien voulu lui lire, il y en avait un qui se trouvait avoir treize pieds.

— La, la ! monsieur, dit le cardinal, il me plaît ainsi, et je le ferai bien passer, qu'il n'ait un pied de trop ou un pied de moins.

Mais, malgré la prédiction du grand ministre, comme il n'en est pas des vers ainsi que des lois, le vers ne passa point.

Le cardinal n'en avait pas moins, tant bien que mal, achevé sa tragédie de *Mirame*, en collaboration avec Desmarets, son confident, et, l'ayant choisie pour l'inauguration de la salle de spectacle, il invita les rois, la reine et toute la cour, à y venir assister. Cette salle lui coûtait trois cent mille écus ; c'était bien le moins qu'il eût le droit d'y faire jouer ses pièces.

Son Éminence devait avoir deux triomphes dans la même soirée : triomphe de vengeance, triomphe de poésie. La pièce était remplie d'allusions amères contre Anne d'Autriche, et tout à tour ses relations avec l'Espagne et ses amours avec Buckingham y étaient censurées.

---

(1) Voir la note D à la fin du volume.

Aussi ne manqua-t-on point de remarquer ces vers :

Celle qui vous paraît un céleste flambeau,
Est un flambeau funeste à toute ma famille,
Et peut-être à l'État. . . . .

Plus loin, le roi disait encore :

Acaste, il est trop vrai, par différents efforts,
On sape mon État et dedans et dehors ;
On corrompt mes sujets, on conspire ma perte,
Tantôt couvertement, tantôt à force ouverte.

Il y a plus, Mirame, après avoir été accusée de crime d'État, s'accusait elle-même d'un autre crime, et, dans un moment d'abandon, elle disait à sa confidente :

Je me sens criminelle aimant un étranger,
Qui met, par mon amour, cet État en danger.

Tous ces vers étaient criblés d'applaudissements. Richelieu avait retrouvé les claqueurs inventés par Néron, et dont ses successeurs, poètes et ministres, devaient faire, en littérature et en politique, un si heureux usage.

Pendant ce temps, le cardinal, exalté par le succès et par la vengeance, était hors de lui, sortant à moitié de sa loge, tantôt pour applaudir lui-même, tantôt pour imposer silence, afin qu'on ne perdît pas un mot des beaux endroits. Quant à Anne d'Autriche, on peut facilement juger quelle devait être sa contenance.

La pièce fut dédiée au roi par Desmarets, qui en prenait la responsabilité. Le roi accepta la dédicace. Il est vrai qu'en même temps il refusait celle de *Polyeucte*, de peur d'être obligé de donner à Corneille ce que M. de Montauron lui avait donné pour celle de *Cinna*, c'est-à-dire deux cents pistoles.

Polyeucte, fut, en conséquence, dédié à la reine.

Cependant Cinq-Mars assistait à cette représentation avec Fontrailles ; tous deux étaient dans la loge du roi, et, comme ils causaient beaucoup, écoutant médiocrement la pièce, le cardinal commença à se défier de l'un, et se promit de se venger de l'autre.

Quelque temps après, Fontrailles, Ruvigny et autres, étaient dans l'antichambre du cardinal, à Rueil, où l'on attendait je ne sais quel ambassadeur. Richelieu sortit pour aller au-devant de l'illustre personnage, et, voyant Fontrailles, qui était non seulement fort laid de visage, mais encore bossu par devant et par derrière, il lui dit :

— Rangez-vous donc, monsieur de Fontrailles ! cet ambassadeur n'est pas venu en France pour voir des monstres ; mais, en lui-même :

— Ah ! scélérat, dit-il, tu viens de me mettre le poignard dans le cœur ; mais, sois tranquille, je te le mettrai où je pourrai.

De ce moment, Fontrailles n'eut plus qu'un seul désir, celui de la vengeance, et de ce désir imprudent qu'avait dit Richelieu éclata sur lui un an après, dans la plus terrible conjuration qu'il eût jamais eue à combattre.

Fontrailles était des meilleurs amis de Cinq-Mars ; il lui fit comprendre quelle honte il y avait de servir d'espion au cardinal, et de trahir pour cet homme le roi qui le comblait de biens. Cinq-Mars n'aimait pas le roi, dont il ne recevait les amitiés qu'avec impatience et même avec dégoût ; mais il était ambitieux, puis le vent soufflait à la conspiration. Cinq-Mars se laissa donc aller à une nouvelle cabale.

Le favori s'était lassé d'une place subalterne, et avait demandé celle de grand écuyer, que, malgré l'opposition de son ministre, le roi lui avait accordée. Mais, avant même que cette nomination fût connue, le cardinal en savait par la Chesnaye, premier valet de chambre du roi, qui servait d'espion à Son Éminence. Richelieu, voulant alors arrêter cette fortune dans sa naissance, accourut au Louvre et se plaignit au roi. Louis XIII avait recommandé à Cinq-Mars de ne rien dire de cette nomination, que lui seul et la Chesnaye connaissaient. Cinq-Mars jura ses grands dieux qu'il n'en avait ouvert la bouche à personne, et accusa la Chesnaye, dont il exigea le renvoi. Le roi, à cette époque, n'avait rien à refuser à son favori. La Chesnaye fut honteusement chassé et alla se plaindre au cardinal lequel put mesurer dès lors l'étendue du pouvoir qu'avait déjà conquis le nouveau favori.

Si nos lecteurs veulent savoir par quelles complaisances Cinq-Mars en était arrivé là, qu'ils lisent les étranges et scandaleuses historiettes de Tallemant des Réaux.

Aussi le roi était-il plus jaloux de Cinq-Mars qu'il ne l'avait jamais été d'aucune de ses maîtresses ; il lui faisait de grandes querelles à propos de Marion de Lorme, que le beau et élégant jeune homme avait aimée, et de mademoi-selle de Chaumerault, qu'il aimait encore. Mais ces querelles étaient toujours suivies de raccommodements dans lesquels M. le Grand, c'est ainsi qu'on appelait Cinq-Mars depuis qu'il était grand écuyer, jouait le rôle de la femme aimée. Les choses cependant en vinrent au point, qu'à cause de cet amour, mademoiselle de Chaumerault fut chassée de la cour et exilée en Poitou.

Tout cela faisait de Cinq-Mars un singulier favori toujours en dispute avec son maître ; car Cinq-Mars, le cardinal excepté, aimait tout ce que haïssait Louis XIII, et haïssait tout ce qu'il aimait.

Cependant la représentation de *Mirame* n'avait pas, comme on le comprend bien, rapproché la reine du cardinal. Forte de sa double maternité, elle encourageait le duc d'Orléans, cet éternel conspirateur et ce traîtriseur éternel de tous ses complices, à tenter encore quelque entreprise contre Richelieu. Or, excité déjà par Fontrailles, M. de Cinq-Mars, enivré de la faveur du roi, était tout prêt à se mettre le chef d'un complot, dans lequel Louis XIII, M. le Grand croyait le savoir, ne serait pas éloigné d'entrer lui-même.

On pressait la guerre avec l'Espagne. La Catalogne ne demandait pas mieux que de se faire France, et le cardinal avait répondu à un nommé Lavallée qui venait de la part de M. de Lamothe-Houdancourt, lui montrer la preuve de ses intelligences dans l'Aragon et dans Valence :

— Dites à M. de Lamothe-Houdancourt qu'avant qu'il soit trois mois je mènerai le roi en personne en Espagne.

En conséquence de cette promesse qu'il songeait réellement à accomplir, le cardinal fit venir, au mois d'août 1641, l'amiral de Brezé et lui annonçant qu'il devait en toute hâte armer les vaisseaux qui se trouvaient dans le port de Brest, et aller, après avoir traversé le détroit, se planter entre eux devant Barcelone, tandis que le roi marcherait sur Perpignan. Or, comme le cardinal avait dans son esprit fixé cette expédition à la fin de janvier 1642, l'amiral n'avait pas de temps à perdre ; aussi promit-il de quitter Paris sous huit jours.

Après avoir pris les ordres du cardinal, c'était bien le moins que de Brezé prit ceux du roi. Il se présenta donc chez Sa Majesté, et comme sa charge lui donnait les grandes entrées, il fut aussitôt introduit.

Le roi causait avec M. de Cinq-Mars dans l'embrasure d'une fenêtre, et cela si chaudement, que ni l'un ni l'autre ne s'aperçurent de la présence de M. de Brezé. Celui-ci put donc entendre, presque malgré lui, une partie de la conversation. Cinq-Mars se déchaînait contre le cardinal, lui reprochant les plus terribles crimes sans que le roi parût autrement prendre le parti de son ministre.

Brezé ne savait que faire ; son bon génie l'inspira ; il se retira à reculons en silence, retenant son haleine, et sortit sans avoir été vu.

Brezé était des plus fidèles au cardinal, mais aussi il était honnête homme ; il ne savait que faire. Dénoncer Cinq-Mars à Son Éminence était d'un espion ; garder le secret était d'un ami mal dévoué. Il résolut alors de saisir la première occasion pour chercher une querelle à Cinq-Mars, et d'essayer de le tuer en duel, ce qui conciliait tout. Mais le hasard fit que, pendant quatre ou cinq jours, le grand amiral ne put rencontrer le grand écuyer. Enfin le sixième jour comme Cinq-Mars suivait le roi à la chasse. Brezé le trouva seul et dans un endroit convenable. Il allait donc lui proposer, sous un prétexte quelconque, de mettre l'épée à la main, ce que M. le Grand, qui était brave, n'aurait pas manqué d'accepter, lorsqu'un chien parut. Brezé crut que ce chien était seul et que toute la meute était suivie des chasseurs ; il piqua son cheval et s'éloigna, remettant le duel à un autre moment.

Pendant deux jours encore, de Brezé chercha inutilement cette occasion perdue. La semaine qu'il avait demandée était écoulée ; il fallait partir. Le cardinal le rencontra, lui renouvela l'ordre donné. Brezé demanda deux jours de plus pour ses équipages ; enfin ces deux jours écoulés, comme le cardinal commençait à lui faire froide mine, le jeune homme, ne sachant plus que faire, courut chez M. des Noyers et lui raconta tout.

— C'est bien, dit M. des Noyers, ne partez point encore, ni aujourd'hui, ni demain.

— Mais, si M. le cardinal se fâche de ce que je lui ai désobéi ? demanda le grand amiral.

— Si monseigneur le cardinal se fâche, j'en fais mon affaire.

Sur cette assurance, M. de Brezé resta. Le lendemain Son Éminence le rencontra et lui dit avec son plus charmant sourire :

— Vous avez bien fait de prendre un jour ou deux de plus, monsieur le grand amiral, et je vous sais gré d'être resté ; maintenant, vous pouvez retourner à Brest ; soyez tranquille, je n'oublie ni mes amis ni mes ennemis.

M. de Brezé partit, et le cardinal, sur ses gardes, fit épier de plus près Cinq-Mars, dont la grande faveur l'inquiétait sérieusement.

Cependant la conspiration allait son train. Fontrailles était parti, déguisé en capucin, pour porter lui-même, au roi d'Espagne, un traité auquel accédaient Gaston d'Orléans, la reine, M. de Bouillon et Cinq-Mars. Le favori, plus hautain et plus insolent que jamais, croyait sa faveur inattaquable,

— Sire, je ne suis point M. de Vitry.
— Mais qui êtes-vous donc? demanda le roi.
— Sire, je suis Abraham Fabert, votre serviteur pour tout autre chose qu'un assassinat.
— Bien! avait répondu Louis XIII; je voulais vous tâter,

Le cardinal avait fondé l'Académie française en 1635.

lorsqu'un jour, il s'aperçut tout à coup qu'il avait fort perdu de cette faveur. Voici à quelle occasion.

Abraham Fabert, le même qui fut depuis maréchal de France, était capitaine aux gardes et assez bien dans l'esprit du roi. On assure même qu'un jour, Louis XIII, qui avait des retours de haine et de jeunesse, et qui se souvenait de quelle façon expéditive il s'était débarrassé du maréchal d'Ancre, s'ouvrant à Fabert du projet d'assassiner le cardinal, en lui faisant entendre que ce serait lui qu'il chargerait de ce coup, Fabert, disait-on toujours, avait secoué la tête et s'était contenté de répondre :

Fabert; je vois que vous êtes un honnête homme, et je vous remercie : les honnêtes gens deviennent de jour en jour plus rares.

Or, Fabert qui ne s'était point aperçu que sa réponse, si hardie qu'elle fût, lui eût nui le moins du monde dans l'esprit du roi, causait un jour devant Sa Majesté de sièges et de batailles. Cinq-Mars, qui, jeune, brave et avantageux ne doutait de rien fut sur plusieurs points en opposition avec Fabert. Cette discussion de l'orgueil contre la science lassa le roi.

— Pardieu! dit-il, monsieur le Grand, vous avez tort,

vous qui n'avez jamais rien vu, de vouloir lutter contre un homme d'expérience.

— Sire, répondit Cinq-Mars étonné de se sentir attaqué du côté même où il eût, au contraire, espéré du secours, il y a certaines choses que lorsqu'on a du sens et de l'éducation, on sait sans les avoir vues.

Puis, à ces mots, faisant au roi un léger salut, M. le Grand se retira; mais, en se retirant, il passa près de Fabert et lui dit :

— Merci, monsieur Fabert; je n'oublierai pas ce que je vous dois.

Et, sur ce mot, il sortit.

Le roi avait vu le mouvement, mais n'avait point entendu les paroles. Il suivit son favori des yeux; puis, lorsque celui-ci eut fermé la porte.

— Fabert, lui demanda-t-il, que vous a dit ce jeune fou?
— Rien, sire, répondit le capitaine.
— Je croyais avoir entendu qu'il vous avait fait des menaces.
— Sire, on ne fait pas de menaces devant Votre Majesté, et d'ailleurs je ne les souffrirais pas.
— Tenez, Fabert, lui dit le roi après un instant de silence, il faut que je vous dise tout.
— A moi, sire?
— Oui, à vous qui êtes un galant homme; eh bien, je suis las de M. le Grand.
— De M. le Grand? reprit Fabert avec un étonnement extrême.
— Oui, de M. le Grand, Fabert; il y a six mois que je le couve.

Fabert fut aussi étourdi de la sortie que de l'expression.

— Mais, sire, dit-il au bout d'un instant, tout le monde croit M. le Grand dans la plus haute faveur près de Votre Majesté.

— Oui, continua le roi, oui, parce qu'on pense qu'il reste à causer avec moi quand tout le monde est retiré; mais il n'en est point ainsi, Fabert; ce n'est pas avec moi qu'il reste, c'est dans la garde-robe à lire l'Arioste. Mes deux valets de chambre, qui sont à lui, se prêtent à ce manège, grâce auquel il soutient son crédit; mais, moi, je sais mieux que personne ce qui en est, n'est-ce pas? Eh bien, moi, je vous dis qu'il n'y a point d'homme au monde si peu complaisant ni si perdu de vices; c'est le plus grand ingrat de la terre; il m'a quelquefois fait attendre des heures entières dans mon carrosse, tandis qu'il soupait après la Marion de Lorme ou la Chaumerault. Il me ruine, Fabert; le revenu d'un royaume ne suffirait pas à ses dépenses, et à l'heure où je vous parle, il a jusqu'à trois cents paires de bottes.

Le même jour, Fabert donna avis au cardinal de la situation où était M. de Cinq-Mars près du roi. Richelieu n'y voulait pas croire; il se fit répéter trois ou quatre fois cette sortie de Sa Majesté, demandant si c'étaient bien ses propres paroles. Puis, enfin, confiant dans la loyauté de Fabert pour mettre en doute ce que celui-ci lui rapportait, et voyant, malgré cette désaffection du roi, M. de Cinq-Mars demeurer fort calme et fort tranquille, il se douta que quelque complot caché donnait cette force au grand écuyer. Le ministre ne se trompait pas: Cinq-Mars, défait du roi, se sentait ou croyait se sentir soutenu par la reine et par le duc d'Orléans. D'ailleurs, le traité avait été reçu à Madrid, et Fontrailles était revenu avec des promesses magnifiques.

Ce fut quelques jours après cette révélation que M. de Thou vint trouver Fabert, son ami, et voulut l'entraîner au parti de M. de Cinq-Mars; mais, aux premiers mots qui sortirent de sa bouche, Fabert l'arrêta.

— Monsieur, lui dit-il, je sais sur M. de Cinq-Mars bien des choses que je ne puis vous dire; ne me parlez donc pas de lui, je vous prie.

— Alors, dit de Thou, parlons d'autre chose.

— Volontiers, pourvu que ce ne soit point de choses qui intéressent l'Etat, car je vous préviens que je les redirais à M. le cardinal.

— Mais, mon Dieu reprit alors de Thou, que vous a donc fait Son Eminence, pour que vous soyez si fort son ami? Elle ne vous a pas même donné votre compagnie des gardes, que vous avez achetée.

— Et vous, répondit Fabert, n'avez-vous pas honte d'être le suivant d'un enfant à peine hors de page? Prenez garde, monsieur de Cinq-Mars, pour que je vous accompagne depuis longtemps, car c'est moi qui vous le dis! il vous mène par un mauvais chemin.

Et, sans s'expliquer davantage, Fabert quitta M. de Thou, qui, avec ce caractère irrésolu qui le faisait appeler, par Cinq-Mars, Son Inquiétude, demeura fort perplexe et surtout fort étonné.

Cependant le moment du départ était venu. Le roi partit de Saint-Germain le 27 février 1642; c'était bien ce qu'avait dit le cardinal à M. de Brézé.

A Lyon, le roi s'arrêta pour célébrer un Te Deum, en l'honneur de la victoire de Kempen, que venait de remporter, sur le général Lamboy, le comte de Guébriant. En sortant de l'église, où le cardinal avait officié, le roi trouva une députation de Barcelonais qui l'invitait à se rendre dans leur ville.

Tout allait donc au mieux: par le comte de Guébriant, le cardinal battait l'Empire; par M. de Lamothe-Houdancourt, il soumettait l'Espagne.

Le roi et le cardinal se remirent en route par Vienne, Valence, Nîmes, Montpellier et Narbonne.

A Narbonne, Fontrailles rejoignit la cour. Il rapportait le traité signé entre lui et le duc d'Olivarès. Seulement, chacun avait signé d'un autre nom que le sien. Fontrailles avait signé de Clermont, et le duc d'Olivarès don Gaspar de Gusman.

Ce traité mit M. de Cinq-Mars dans une grande joie.

En effet, de magnifiques promesses lui étaient faites par cet écrit, ou plutôt par le traité personnel qu'il avait passé avec Gaston. La santé du roi était si mauvaise, que sa mort pouvait arriver d'un moment à l'autre. Or, Gaston d'Orléans, dans ce cas, s'était obligé à partager, sinon le droit, du moins la régence avec M. de Cinq-Mars.

Le favori, à la grande inquiétude du cardinal, faisait donc plus calme visage que jamais.

Le roi, en arrivant à Narbonne, avait pour but de son voyage la conquête du Roussillon et l'achèvement du siège de Perpignan.

Mais un grave accident était survenu au cardinal: un abcès terrible s'était ouvert à son bras; et, dévoré par la fièvre, écrasé par la douleur, il avait, malgré son courage, déclaré qu'il ne pouvait aller plus loin. Le roi resta quelques jours encore à Narbonne, dans l'espérance que le cardinal irait mieux; mais son mal, au contraire, ne faisant qu'empirer, le roi se décida à partir pour le camp, où il arriva bientôt.

Cependant le cardinal était resté à Narbonne, en proie aux plus vives douleurs du corps et aux plus graves inquiétudes de l'esprit. Il laissait M. de Cinq-Mars, son ennemi, près du roi: il devinait que quelque complot suprême s'ourdissait contre lui et, par conséquent, contre la France. Or, au moment où il avait besoin de toute sa vigueur, de toute son activité, de tout son génie, voilà que la fièvre le clouait dans son fauteuil, loin du siège et presque loin des affaires: car il semblait bien que, peu à peu qu'empirât encore la position dans laquelle il se trouvait, tout travail lui devenait impossible. Pour comble de disgrâce, les médecins annoncèrent au cardinal que l'air de la mer lui était si contraire, que son état ne ferait qu'empirer tant qu'il resterait à Narbonne. Force fut donc au cardinal de quitter cette ville et de se diriger vers la Provence, dans un état si désespéré, qu'avant de partir il fit venir un notaire et lui dicta son testament.

Cependant, tandis que le cardinal, porté en litière, allait chercher à Arles et à Tarascon un air plus doux, le roi, sur qui retombait tout le fardeau des affaires, sentit qu'il était au-dessus de ses forces de mener à la fois la guerre et la politique, le siège et l'État. En conséquence, croyant trouver le cardinal encore à Narbonne, il partit le 10 juin pour cette ville. Les plus intimes l'accompagnaient, et parmi eux, Cinq-Mars et Fontrailles.

Or, voici ce qui s'était passé pendant le temps que le roi revenait à Narbonne, ou, du moins, ce que raconte Charpentier, premier secrétaire du cardinal.

Richelieu, qui se rendait à Tarascon, était arrêté à quelques lieues de cette ville et se reposait dans une auberge de village, lorsqu'un courrier qui venait d'Espagne et se disait porteur des nouvelles les plus importantes, demanda à lui parler. Charpentier l'introduisit, et le courrier remit une lettre au cardinal.

A la lecture de cette dépêche, le cardinal devint plus pâle encore qu'il n'était et fut pris d'un grand tremblement.

Aussitôt, il ordonna que tout le monde sortît, excepté Charpentier; puis, lorsqu'il fut seul avec lui:

— Faites-moi apporter un bouillon, dit-il, car je me sens tout troublé.

Puis, lorsqu'on eut apporté le bouillon:

— Fermez la porte au verrou, reprit le cardinal.

Alors, il relut la dépêche, et, la passant à Charpentier:

— A votre tour, dit-il, lisez cela, et faites-en des copies.

Ce que le cardinal passait ainsi à Charpentier, c'était le traité avec l'Espagne.

Les copies faites, Son Eminence fit venir M. de Chavigny, le même que nous avons vu, trois ans auparavant, annoncer au roi la grossesse de la reine.

— Tenez, Chavigny, dit Richelieu, prenez des Noyers et allez avec ceci trouver le roi partout où il sera. Le roi vous dira que c'est une fausseté; mais n'importe, insistez toujours et proposez-lui d'arrêter M. le Grand, en lui disant que, si cette dépêche ment, il sera toujours temps de le relâcher, tandis que, si une fois l'ennemi entre en Champagne et que M. le duc d'Orléans tienne Sedan, il sera bien tard pour y remédier.

Chavigny prit lecture du papier qu'il avait mission de remettre au roi et partit aussitôt avec M. des Noyers.

Les deux messagers trouvèrent Louis XIII à Tarascon. Il causait avec ses courtisans, parmi lesquels étaient encore Cinq-Mars et Fontrailles, lorsqu'on annonça les deux secrétaires d'Etat. Le roi, se doutant qu'ils venaient de la part du cardinal, les reçut à l'instant même et les fit entrer avec lui dans son cabinet.

A peine Fontrailles avait-il entendu nommer MM. de Chavigny et des Noyers, qu'il eut soupçon de l'affaire; aussi, voyant que la conférence entre eux et le roi se prolongeait d'une façon inquiétante, il tira Cinq-Mars dans un coin:

— Monsieur le Grand, lui dit-il, mon avis est que les choses vont mal et qu'il est temps de nous retirer.

— Bah! dit Cinq-Mars, vous êtes fou, mon cher Fontrailles!

— Monsieur, lui répondit Fontrailles, quand on vous aura ôté la tête de dessus les épaules, comme vous êtes de grande taille, vous serez encore fort bel homme; mais, en vérité, je suis trop petit pour risquer cela aussi gaillardement que vous. Je suis donc votre très humble serviteur.

Sur quoi, Fontrailles tira sa révérence à M. le Grand et partit.

Comme l'avait pensé Richelieu, le roi jeta les hauts cris et renvoya Chavigny au cardinal, disant qu'il ne pouvait se décider à faire arrêter M. le Grand que sur une nouvelle preuve, et que tout cela était une conspiration contre le pauvre diable.

Chavigny retourna près du ministre, et, quelques jours après, revint avec l'original même du traité.

Le roi se trouvait avec Cinq-Mars quand Chavigny entra. Celui-ci s'approcha, comme s'il faisait une simple visite au roi, et, tout en parlant à Sa Majesté, la tira par son manteau. C'était l'habitude de Chavigny, lorsqu'il avait quelque chose de particulier à dire au roi.

Aussitôt, Louis XIII conduisit Chavigny vers son cabinet. Pour le coup, Cinq-Mars commença à ressentir quelques inquiétudes et voulut suivre le roi; mais Chavigny lui dit avec un ton d'autorité fort significatif:

— Monsieur le Grand, j'ai quelque chose à dire à Sa Majesté.

Cinq-Mars regarda le roi et surprit chez lui un de ces regards cruels qui lui étaient particuliers; il comprit qu'il était perdu et courut chez lui pour prendre de l'or et s'enfuir. Mais à peine y était-il entré, que, des gardes s'étant présentés à la porte d'entrée, il n'eut que le temps de sortir par une porte de derrière guidé par son valet de chambre Belot, qui le cacha chez une fille dont il était l'amant, en donnant au père de cette fille le premier prétexte venu, pour qu'il consentît à garder chez lui ce gentilhomme que le bon bourgeois ne connaissait pas.

Le soir, M. de Cinq-Mars dit à l'un de ses valets d'aller voir s'il n'y avait point quelque porte ouverte par laquelle il pût quitter Narbonne. Soit paresse, soit terreur, le valet fit mal la commission, et revint dire à son maître que toutes les portes étaient fermées; ce qui n'était point vrai, car, par hasard, toute cette nuit, une porte resta libre pour faire entrer le train du maréchal de la Meilleraie, qu'on attendait d'un moment à l'autre. Cinq-Mars fut donc forcé de rester à Narbonne.

Le lendemain matin, le bourgeois sortit pour aller à la messe et entendit crier à son de trompe que quiconque livrerait M. le Grand aurait une somme de cent écus d'or de récompense, tandis qu'au contraire, quiconque le cacherait, encourrait la peine de mort.

— Hé! se dit alors le bourgeois, ne serait-ce pas ce gentilhomme qui est chez nous?

S'étant alors approché du crieur, il se fit relire le signalement, et, ayant reconnu que celui qu'on cherchait était bien effectivement l'homme qui s'était caché dans sa maison, il l'alla dénoncer du même pas, et ramena avec lui des gardes qui l'arrêtèrent.

Les détails du procès et de la mort de M. de Cinq-Mars sont tellement connus, que nous ne les reproduirons pas ici. M. de Thou, comme le lui avait dit Fabert, était sur une mauvaise route; mais au moins il la suivit noblement jusqu'au bout, et, le vendredi 12 septembre, sur le même échafaud que l'ami qu'il n'avait voulu ni trahir ni quitter.

Mais le cardinal ne devait survivre que bien peu de temps à son triomphe. Revenu à Paris dans cette fameuse litière, portée par vingt-quatre hommes, et devant laquelle s'ouvraient les murailles et s'écroulaient les maisons, il se fit conduire à Rueil, où il commençait à mieux aller, lorsqu'il exigea de Juif, son médecin, qu'il lui fît fermer son abcès. Juif obéit après lui avoir fait toutes les observations qu'il avait cru devoir lui soumettre, et, le même jour il dit à l'académicien Jacques Esprit que Son Eminence n'irait pas loin.

Une querelle que le roi eut avec le cardinal hâta, selon toute probabilité, la mort de celui-ci. Cette querelle était venue à cause de M. de Tréville, capitaine des mousquetaires, et de MM. des Essarts, son beau-frère, Tilladet et la Salle, que le cardinal regardait comme ses ennemis; il tourmenta si fort le roi, que ces trois derniers reçurent leur congé le 26 novembre; mais au moins Louis XIII ne voulut-il pas que personne fût nommé à leur emploi. Cette résistance exaspérait le cardinal, en ce qu'il voyait qu'on regardait sa mort comme prochaine, et que cette mort venue, les trois officiers seraient aussitôt réintégrés dans leur charge. Alors, il attaqua M. de Tréville, que le roi abandonna à son tour, et auquel il envoya son congé le 1er décembre par un des siens, mais en le faisant prévenir en même temps de la continuation de ses bontés, l'invitant à aller servir en Italie et lui promettant que ce n'était qu'une courte absence et qu'il allait faire. Tréville partit le même jour et le roi ne cacha point à M. de Chavigny et à M. des Noyers que ce n'était qu'aux importunités du cardinal, et pour avoir la paix pendant le peu de jours qu'ils avaient encore à rester ensemble dans ce monde, qu'il lui avait fait cette concession d'éloigner de lui quatre de ses plus fidèles serviteurs.

Ces paroles, que Chavigny et des Noyers rapportèrent au cardinal, dans un premier moment d'humeur, lui firent une telle impression, que, déjà souffrant depuis le 28 novembre d'une douleur au côté, cette douleur s'accrût à tel point, qu'il fallut à l'instant même recourir aux médecins, et que, le dimanche 30 novembre, Son Eminence fut saignée deux fois; ce qui n'empêcha point, malgré ce traitement énergique, que son état ne fût assez alarmant pour que les maréchaux de Brezé, de la Meilleraie et madame d'Aiguillon couchassent au Palais-Cardinal.

Le lundi 1er décembre, le jour même où Tréville recevait son congé, et où le roi lui faisait assurer que ce congé ne serait pas long, le cardinal se trouva un peu mieux en apparence: mais, vers les trois heures de l'après-midi, la fièvre redoubla avec un violent crachement de sang et une grande difficulté à respirer. La nuit suivante, ses principaux parents et ses meilleurs amis veillèrent encore au palais, sans que deux nouvelles saignées amenassent aucune amélioration dans l'état du malade. Bouvard, premier médecin du roi, ne le quitta pas le chevet de son lit.

Le mardi matin, il y eut une grande consultation de médecins, et, le même jour, vers les deux heures, le roi, à qui l'on avait fait comprendre qu'il ne pouvait garder rancune à un mourant, vint le visiter et entra dans sa chambre avec M. de Villequier et quelques autres capitaines de ses gardes. Lorsque le cardinal le vit s'approcher de son lit, il se souleva.

— Sire, lui dit-il, je vois bien qu'il me faut partir et prendre congé de Votre Majesté; mais je meurs avec cette satisfaction de ne l'avoir jamais desservie et de laisser son Etat en un haut point et tous ses ennemis bien abattus. En reconnaissance de mes services passés, je supplie Votre Majesté de prendre soin de mes neveux. Je laisse après moi, dans le royaume, plusieurs personnes fort capables et bien instruites des affaires; ce sont MM. les Noyers, de Chavigny et le cardinal de Mazarin.

— Soyez tranquille, monsieur, le cardinal, répondit le roi, vos recommandations me sont sacrées, quoique j'espère vous revoir encore de sitôt à y faire droit.

Et, à ces mots, comme on apportait au cardinal une tasse de bouillon qu'il avait demandée, le roi la prit des mains du valet de chambre et la lui fit avaler lui-même; après quoi, sous prétexte qu'une plus longue conversation fatiguerait le malade, il sortit de la chambre, et l'on remarqua qu'en traversant la galerie et en regardant les tableaux qui devaient bientôt lui appartenir, puisque, par son testament, Richelieu laissait le Palais-Cardinal au dauphin, il était de si joyeuse humeur, qu'il ne put s'empêcher de rire deux ou trois fois aux éclats, quoiqu'il fût accompagné de deux grands amis du malade, M. le maréchal de Brezé et M. le comte d'Harcourt, qui le reconduisirent jusqu'au Louvre et auxquels il dit gracieusement qu'il ne quitterait point le palais que l'ami ne fût mort.

En voyant rentrer M. d'Harcourt, le cardinal lui tendit la main et lui disant:

— Ah! monsieur, vous allez perdre un bon et bien grand ami.

Puis, se tournant vers madame d'Aiguillon:

— Ma nièce, lui dit-il, je veux qu'après ma mort vous fassiez...

Mais, à ces mots, il baissa la voix, et, comme madame d'Aiguillon était à son chevet, on ne put entendre ce qu'il lui dit; seulement, on la vit sortir en pleurant.

Alors, appelant les deux médecins qui se trouvaient dans sa chambre:

— Messieurs, leur dit-il, je suis très fermement résolu à la mort; dites-moi donc, je vous prie, combien j'ai encore de temps à vivre.

Les médecins se regardèrent avec anxiété, et l'un d'eux lui répondit :

— Monseigneur, Dieu, qui vous voit si nécessaire au bien de la France, fera un coup de sa main pour vous conserver la vie.

— C'est bien, dit le cardinal, qu'on m'appelle Chicot.

Chicot était le médecin du roi ; c'était un homme très savant et en qui le cardinal avait la plus grande confiance ; dès que le malade le vit entrer :

— Chicot, lui dit-il, je vous demande, non point comme à un médecin, mais comme à un ami, répondez-moi à cœur ouvert, combien de temps ai-je encore à vivre ?

— Vous m'excuserez donc, répondit Chicot, si je vous dis toute la vérité ?

— Je vous ai fait venir pour cela, reprit le cardinal, et comme n'ayant de confiance qu'en vous seul.

— Eh bien, monseigneur, dit Chicot après lui avoir tâté le pouls et réfléchissant un instant, dans vingt-quatre heures, vous serez mort ou guéri.

— C'est bien, dit le cardinal, voilà parler comme il faut. Et il fit signe à Chicot qu'il désirait rester seul.

Sur le soir, la fièvre redoubla étrangement, et l'on fut forcé de le saigner encore deux fois.

A minuit, il fit demander le viatique, que le curé de Saint-Eustache lui apporta ; et, comme celui-ci venait de le poser sur une table préparée à cet effet :

— Voici mon juge qui me jugera bientôt, dit le cardinal ; je le prie de bon cœur pour qu'il me condamne si j'ai jamais eu autre chose dans l'intention que le bien de la religion et de l'Etat.

Ensuite, il communia, et à trois heures après minuit, reçut l'extrême-onction ; mais, abjurant jusqu'à la dernière apparence de cet orgueil sur lequel il s'était appuyé toute sa vie :

— Mon pasteur, dit-il à l'officiant, parlez-moi comme à un grand pécheur, et traitez-moi comme le plus chétif de votre paroisse.

Le curé lui ordonna alors de réciter le *Pater Noster* et le *Credo*, ce qu'il fit avec beaucoup de tendresse de cœur, baisant sans cesse le crucifix qu'il tenait entre ses bras ; de sorte qu'on croyait qu'il allait guérir, tant il paraissait mal ; madame d'Aiguillon, surtout, était tellement hors d'elle-même, qu'elle fut obligée de quitter le Palais-Cardinal, et que, rentrée chez elle, il fallut la saigner.

Le lendemain, 3 décembre, les médecins, voyant qu'ils ne pouvaient plus rien pour lui, l'abandonnèrent aux empiriques, si bien que, sur les onze heures, il était tellement mal, que le bruit de sa mort se répandit par toute la ville.

Vers les quatre heures du soir, le roi se rendit pour la seconde fois au Palais-Cardinal ; mais, à son grand étonnement, et probablement à son grand déplaisir, il se trouva que le malade allait un peu mieux. Une pilule qu'un nommé Lefèvre, médecin de Troyes, en Champagne, lui avait fait prendre, venait de produire cette amélioration dans son état. Sa Majesté demeura auprès de lui jusqu'à cinq heures, avec de grandes démonstrations de douleur et de regret ; puis elle se retira, mais cette fois avec moins de joie que la dernière.

La nuit fut assez tranquille ; la fièvre avait baissé, au point que tout le monde croyait, le lendemain matin, le malade en convalescence. Une médecine qu'il prit vers les huit heures, et qui sembla le soulager beaucoup, augmenta encore les espérances de ses partisans ; mais lui ne se laissa point tromper à ce retour apparent, et, vers midi, il répondit à un gentilhomme que la reine avait envoyé pour lui demander comment il se portait :

— Mal, monsieur, et dites à Sa Majesté que, si, dans tout le cours de sa vie, elle a cru avoir quelques griefs contre moi, je la prie bien humblement de me les pardonner.

Le gentilhomme se retira, et, à peine fut-il hors de la chambre, que le cardinal se sentit comme frappé à mort, et, se tournant vers la duchesse d'Aiguillon :

— Ma nièce, lui dit-il, je me sens bien mal, je vais mourir, je vous prie de vous éloigner ; votre douleur m'attendrit trop ; n'ayez point ce déplaisir de me voir rendre l'âme.

Elle voulut faire quelques observations ; mais le cardinal fit un geste si affectueux et si suppliant, qu'elle se retira à l'instant. A peine avait-elle fermé la porte, que le cardinal fut pris d'un étourdissement, laissa retomber sa tête sur l'oreiller et expira.

Ainsi mourut, à l'âge de cinquante-huit ans, dans le palais qu'il avait fait bâtir, sans que les yeux de son roi, qui ne fut jamais si satisfait d'aucune chose arrivée sous son règne, Armand-Jean Duplessis, cardinal de Richelieu.

Comme sur tout homme à tenu un royaume dans sa main, il y eut deux jugements sur lui : le jugement des contemporains, et le jugement de la postérité. Voici le premier ; nous essayerons tout à l'heure de formuler le second.

« Le cardinal, dit Montrésor, eut en lui beaucoup de bien et beaucoup de mal. Il avait de l'esprit, mais du commun, aimait les belles choses sans les bien connaître, et n'eut jamais la délicatesse du discernement pour les productions de l'esprit. Il avait une effroyable jalousie contre tous ceux qu'il voyait en réputation. Les grands hommes, de quelque profession qu'ils aient été, ont été encore ses ennemis, et tous ceux qui l'ont choqué ont senti la rigueur de ses vengeances. Tout ce qu'il n'a pas pu faire mourir a passé sa vie dans le bannissement. Il y a eu plusieurs conspirations faites pendant son administration pour le détruire ; son maître lui-même y est entré, et, cependant, par un excès de sa bonne fortune, il a triomphé de l'envie de ses ennemis, et a laissé le roi lui-même à la veille de sa mort. Enfin on l'a vu dans son lit de parade, pleuré de peu, méprisé de plusieurs, et regardé de tous les badauds avec une telle foule, qu'à peine, d'un jour entier, put-on aborder le Palais-Cardinal. »

Maintenant, voici le jugement de la postérité :

Le cardinal de Richelieu, placé à distance à peu près égale entre Louis XI, dont le but était de détruire la féodalité, et la Convention nationale, dont l'œuvre fut d'abattre l'aristocratie, paraît avoir reçu comme eux du ciel une sanglante mission. La grande seigneurie, repoussée sous Louis XII et François Ier, tomba sous Richelieu presque tout entière, préparant, par sa chute, le règne calme, unitaire et despotique de Louis XIV, qui chercha inutilement autour de lui un grand seigneur et ne trouva que des courtisans. La rébellion éternelle qui, depuis près de deux siècles, agitait la France, disparut presque entièrement sous le ministère, nous allions dire sous le règne de Richelieu. Les Guises, qui avaient touché de la main au sceptre de Henri III, les Condés, qui avaient mis le pied sur les degrés du trône de Henri IV, Gaston, qui avait essayé à son front la couronne de Louis XIII, rentrèrent, à la voix du ministre, sinon dans le néant, du moins dans l'impuissance. Tout ce qui lutta contre cette volonté de fer, enfermée dans ce corps débile, fut brisé comme verre. Un jour, Louis XIII, vaincu par les prières de sa mère, promit à la jalouse et vindicative Florentine la disgrâce du ministre. Alors, on réunit un conseil composé de Marillac, du duc de Guise et du maréchal de Bassompierre. Marillac proposa d'assassiner Richelieu ; le duc de Guise, de l'exiler ; Bassompierre, de le reléguer dans une prison d'Etat ; et chacun d'eux subit le sort qu'il voulait faire subir au cardinal : Bassompierre fut enfermé à la Bastille, le duc de Guise fut chassé de France, la tête de Marillac tomba sur l'échafaud, et la reine Marie de Médicis, qui avait sollicité la disgrâce, disgraciée à son tour, s'en alla mourir à Cologne d'une mort lente et misérable. Et toute cette lutte que soutint Richelieu, qu'on le comprenne bien, ce n'était pas pour lui qu'il la soutenait, c'était pour la France ; tous ces ennemis qu'il combattait, ce n'étaient pas seulement ses ennemis, c'étaient ceux du royaume. S'il se cramponna avec acharnement aux côtés de ce roi, qu'il força à vivre triste, malheureux et isolé, qu'il dépouilla tour à tour de ses amis, de ses maîtresses et de sa famille, comme on dépouille un arbre de ses feuilles, de ses branches et de son écorce, c'est qu'amis, maîtresses et famille épuisaient la sève du royauté mourante qui avait besoin de son égoïsme pour ne pas périr. Car ce n'était pas le tout que les luttes intestines : il y avait encore la guerre étrangère qui venait fatalement s'y rattacher. Tous ces grands seigneurs qu'il décimait, tous ces princes du sang qu'il exilait, tous ces bâtards royaux qu'il emprisonnait, appelaient l'étranger en France, et l'étranger, accourant à cet appel, entrait par trois côtés dans le royaume : les Anglais par la Guyenne, les Espagnols par le Roussillon, l'Empire par l'Artois. Eh bien, les Anglais on les chassant de l'île de Ré et en assiégeant la Rochelle ; l'Empire, en détachant la Bavière de son alliance, en suspendant son traité avec le Danemark et en semant la division dans la ligue catholique d'Allemagne ; l'Espagne, en créant à ses flancs ce nouveau royaume de Portugal, dont Philippe IV avait fait une province et dont le duc de Bragance refit un Etat. Ses moyens furent astucieux ou cruels, sans doute, mais le résultat fut grand. Chalais tomba, mais Chalais avait conspiré avec la Lorraine et l'Espagne ; Montmorency tomba, mais Montmorency était entré en France à main armée ; Cinq-Mars tomba, mais Cinq-Mars avait appelé l'étranger dans le royaume. Peut-être toutes ces luttes, la vaste plus, reprises depuis par Louis XIV et Napoléon, eût-il réussi. Il repoussa les Anglais et les chassant de l'île de Ré et en assiégeant la Rochelle ; il convoitait les Pays-Bas jusqu'à Anvers et Malines ; il réunit aux moyens d'enlever la Franche-Comté à l'Espagne ; il réunit le Roussillon à la France. Né pour être un simple prêtre, il devint, par la seule force de son génie, non seulement un grand politique, mais encore un grand général ; et, lorsque la Rochelle tomba sous les plans devant lesquels s'inclinèrent Schomberg, le maréchal de Bassompierre et le duc d'Angoulême, il dit au roi : « Sire, je ne suis pas prophète, mais j'assure à Votre Majesté que, si maintenant elle daigne faire ce que je lui conseillerai, elle aura pacifié l'Italie au mois de mai, soumis les huguenots du Languedoc au mois de juillet, et qu'elle sera de retour au mois d'août. » Et chacune de ces prophéties s'accomplit en son temps et son lieu, de telle sorte que, à partir de ce moment, Louis XIII jura de suivre, à tout jamais dans l'avenir, les conseils de Richelieu, dont il venait de se trouver si bien dans le passé. Enfin il mourut comme dit Montesquieu, après avoir fait jouer à son monarque le second rôle dans la monarchie, mais le premier dans l'Europe; après avoir avili le roi, mais après avoir illustré le règne; après avoir enfin fauché la rébellion si près de terre, que les descendants de ceux qui avaient fait la Ligue ne purent faire que la Fronde, comme, après le règne de Napoléon, les successeurs de la Vendée de 93 ne purent faire que la Vendée de 1832.

VII

ANECDOTES SUR LE CARDINAL DE RICHELIEU. — LE CORDON BLEU. — « LA MILLIADE ». — SON FAVORI DE CAMPAGNE. — LA FOLLONE. — ROSSIGNOL. — LE PÈRE MULOT. — LE GRAND ÉCUYER ET L'AUMÔNIER. — LE CARDINAL ET L'AUMÔNIER. — BOIS-ROBERT ET RICHELIEU. — RÉCITS DROLATIQUES. — RACAN EN VISITE. — LES CHAUSSES RETROUVÉES. — LES CHENETS VIVANTS. — MADEMOISELLE DE GOURNAY. — LES TROIS RACAN. — LES CHATS PENSIONNÉS. — LE CARDINAL ET MARION DE LORME. — MADAME DE CHAULNES. — MADAME D'AIGUILLON. — SES GALANTERIES. — ÉPIGRAMMES. — MADAME DE BOUTILLIER. — LE CARDINAL ET CHÉRET. — LA SAINT-AMOUR. — DISGRACE DE BOIS-ROBERT. — ODE A CE SUJET. — RUSE DE MAZARIN. — LA SAIGNÉE.

Les bornes dans lesquelles nous nous sommes renfermé nous ont forcé d'esquisser à grands traits la figure du cardinal; nous n'avons vu, si l'on peut parler ainsi, que le ministre; tâchons de montrer un peu l'homme.

Richelieu avait deux grandes vanités: la noblesse et la poésie. Il voulait absolument qu'on le crût de grande famille, en cela il avait raison; il voulait qu'on le tint pour grand poète, en cela il avait tort. Quant à être un grand ministre, il s'en occupait médiocrement, peut-être parce que, sur ce point, il était assuré que la postérité ne le démentirait pas. Examinons-le donc dans sa vie privée avec ses secrétaires, ses académiciens et ses maîtresses.

Nous l'avons dit, quoique réellement de grande maison, Richelieu se voyait souvent contester sa noblesse. Une fois, le grand prévôt d'Hocquincourt sollicitait du cardinal le cordon bleu.

— Que diable voulez-vous faire de ce joujou, monsieur? lui demanda Son Éminence.

— J'en demande pardon à monseigneur, reprit d'Hocquincourt, je ne regarde pas le cordon bleu comme un joujou, mais comme l'une des premières dignités de l'État.

— Belle dignité, ma foi! dit le cardinal.

— C'est cependant celle-là, reprit d'Hocquincourt impatienté, qui a fait votre père chevalier.

Cet orgueil de naissance le menait parfois trop loin. Un jour, le grand prieur de la Porte se trouvait chez le cardinal, lorsque celui-ci, soit par mégarde, soit par orgueil, passa devant le prince de Piémont, qui fut depuis duc de Savoie.

— Qui eût jamais cru, dit tout haut le grand prieur blessé de cet oubli des convenances, que le petit-fils de l'avocat Laporte eût passé devant le petit-fils de Charles-Quint?

Les satires qu'on imprimait contre lui à Bruxelles lui rendaient la vie extrêmement amère, et la Milliade fut la véritable cause de sa déclaration de guerre à l'Espagne.

Ses familiers étaient un gentilhomme de Touraine nommé la Follone, Rossignol, son déchiffreur, le père Mulot, son aumônier, et Bois-Robert, son *favori de campagne*, comme l'appelait le cardinal lui-même.

La Follone était une espèce de gardien que le cardinal s'était fait donner par le roi, avant qu'il eût un maître de chambre et des gardes. Il avait pour mission d'empêcher qu'on ne dérangeât le cardinal pour choses de peu d'importance. La Follone était le plus beau mangeur de la cour, et son grand appétit réjouissait fort Richelieu, qui souvent le faisait dîner à sa table. Le cardinal s'était aperçu qu'après chaque repas son convive marmottait quelques paroles avec une grande dévotion.

— La Follone, lui dit-il un jour, quelle est donc cette prière que vous adressez si dévotement au Seigneur?

— La voici, monseigneur, répondit celui-ci: « Mon Dieu! faites-moi la grâce de bien digérer ce que j'ai si bien mangé. »

Le cardinal trouva ces sortes de grâces si singulières, que, toutes les fois que la Follone dînait chez lui, il exigeait qu'il fit sa prière tout haut, et la Follone accomplissait cet acte avec tout le sérieux qui convenait à une si grave circonstance.

Ce Rossignol, que nous avons nommé, était un pauvre garçon d'Albi, qui avait une aptitude toute particulière à lire les lettres en chiffres. Au siège de la Rochelle, M. le prince en parla au cardinal. On le fit venir en poste. Une lettre venait justement d'être saisie; Rossignol la déchiffra, comme on dit, à livre ouvert. C'était une dépêche de Buckingham qui promettait un secours aux assiégés.

A Hesdin, Rossignol eut encore une bonne fortune de ce genre.

Le cardinal intercepta une lettre par laquelle les assiégés demandaient du secours. Rossignol répondit avec les mêmes signes, au nom du cardinal infant à qui cette lettre était adressée, qu'il ne pouvait les secourir et qu'il les invitait à traiter. Les assiégés ne se doutèrent point de la supercherie et se rendirent. Ce Rossignol fit fortune, devint maître des comptes à Poitiers, et bâtit, à Juvisy, une belle maison où Louis XIV alla voir.

Quant au père Mulot, l'aumônier du cardinal, c'était le partenaire de la Follone, avec cette différence que l'un mangeait et que l'autre buvait. Le digne aumônier avait gagné à cet exercice un nez qui comme celui de Bardolph, le joyeux compagnon de Henri V, eût pu servir le soir de lanterne.

Aussi, un jour que Richelieu, qui n'était encore qu'évêque de Luçon, essayait avec Bois-Robert des chapeaux de castor, et que le digne aumônier les regardait se livrer à cet exercice:

— Bois-Robert, dit Richelieu, celui-ci me sied-il bien?

— Oui, Votre Grandeur, répondit Bois-Robert; mais il vous irait encore mieux s'il était de la couleur du nez de votre aumônier.

Le père Mulot ne trouva rien à dire sur le moment; mais il en voulut toute sa vie à Bois-Robert de cette méchante plaisanterie.

Mulot fut plus heureux avec le pauvre Cinq-Mars. Un jour que le conseil du roi était à Charenton, l'aumônier du cardinal prit le grand écuyer de l'y mener avec lui; ce à quoi d'Effiat consentit avec plaisir. Mulot allait demander je ne sais quelle faveur qui lui fut nettement refusée; ce qui le mit de mauvaise humeur d'abord, et lui inspira, puisqu'il était expédié, le vif désir de s'en revenir dîner. Il pressait donc Cinq-Mars de le reconduire comme il l'avait amené; mais le grand écuyer était moins pressé de revenir. Aussi lui répondit-il qu'il n'avait point fait encore.

— Mais, dit Mulot désespéré, vous voulez donc me laisser revenir à pied?

— Non pas, mons de Mulot, répondit d'Effiat; mais ayez patience.

L'aumônier grommela entre ses dents.

— Ah! mons de Mulot! mons de Mulot! dit Cinq-Mars.

— Ah! mons Fiat! mons Fiat! répondit l'aumônier.

— Comment, mons Fiat? s'écria Cinq-Mars; ne savez-vous pas comment on m'appelle?

— Si fait, répondit l'aumônier, mais quiconque m'allongera mon nom, je lui raccourcirai le sien.

Et, tout en colère, il s'en revint à Paris à pied.

Mulot avait rendu autrefois un important service au cardinal; lorsque celui-ci fut relégué à Avignon, Mulot vendit tout ce qu'il possédait et lui porta trois ou quatre mille écus dont il avait grand besoin. Aussi conservait-il son franc-parler avec tout le monde, et ne se gênait-il pour qui que ce fût. C'était surtout à l'endroit du mauvais vin qu'il était intraitable. Un jour qu'il dînait chez M. Delaincourt, et qu'il était mécontent du vin qu'on lui servait, il fit venir le laquais qui le lui avait versé, et, le prenant par l'oreille:

— Mon ami, lui dit-il, vous êtes un grand coquin de ne pas avertir votre maître, qui peut-être, ne s'y connaissant point, croit nous donner du vin et nous sert de la piquette.

Le digne chanoine ne traitait pas mieux le cardinal que les autres, et il avait force occasions de se fâcher contre Son Éminence, car il n'y avait pas de tours que le cardinal ne lui jouât. Un jour qu'ils devaient aller ensemble faire une promenade à cheval, le cardinal mit des épines sous la selle de la monture de son aumônier. A peine le bon chanoine fut-il à cheval, que la selle pressant les épines et les épines piquant le coursier, celui-ci se mit à regimber de telle façon, que l'aumônier n'eut que le temps de sauter à terre. En voyant le cardinal sourire malignement, Mulot se douta que c'était de lui que venait le tour, et, comme il avait failli se casser le cou, il courut à lui tout furieux.

— Ah! décidément, s'écria-t-il, vous êtes un méchant homme.

— Chut! dit l'éminentissime, chut! mon cher Mulot, ou je vous ferai pendre.

— Comment cela?

— Oui, vous révélez ma confession.

Ce n'était pas la première fois que le bon chanoine tombait dans cette faute. Un jour que le cardinal disputait avec lui à table, et le poussait à bout comme de coutume:

— Tenez, lui dit Mulot exaspéré, vous ne croyez à rien, pas même en Dieu.
— Comment ! je ne crois pas en Dieu ? s'écria le cardinal.
— Allons, n'allez-vous pas dire aujourd'hui que vous y croyez, reprit l'aumônier furieux, quand hier, à confesse, vous m'avez avoué vous-même que vous n'y croyiez pas !

Tallemant des Réaux, qui cite l'anecdote, ne dit pas comment Son Éminence prit cette plaisanterie, un peu plus forte que les autres.

Après le père Mulot, celui qui était en plus grande familiarité avec le cardinal était François Métel de Bois-Robert, que le cardinal, dans ses moments de bonne humeur, appelait le Bois tout court, à cause d'un certain droit que M. de Châteauneuf lui avait accordé sur le bois venant de Normandie. Cependant, tout d'abord Bois-Robert lui avait déplu ; son humilité le désarma. Un jour que Son Éminence grondait ses gens pour ne l'avoir pas défait de Bois-Robert, celui-ci, qui n'était pas encore sorti, entendit l'algarade. Rentrant alors :

— Eh ! monsieur, dit-il au cardinal, vous laissez bien manger aux chiens les miettes qui tombent de votre table ; dites-moi, est-ce que je ne vaux pas un chien ?

Depuis ce moment, ils furent si bien ensemble que Bois-Robert disait en mourant :

— Je me contenterais d'être aussi bien avec Notre-Seigneur Jésus-Christ que j'ai été avec monseigneur le cardinal de Richelieu.

Le secret de cette familiarité, c'est que Bois-Robert avait toujours à débiter cent contes qui récréaient fort Son Éminence ; Racan surtout faisait les frais des récits drolatiques du favori de campagne de Son Éminence. C'est qu'aussi Racan était miraculeux de bonhomie et de distraction. Le jour qu'il fut reçu à l'Académie, tout Paris étant réuni pour entendre son discours de réception, il monta à la tribune, et, tirant de sa poche un papier tout déchiré :

— Messieurs, dit-il, je comptais vous lire ma harangue, mais ma grande levrette l'a toute mâchonnée ; la voilà, tirez-en ce que vous pourrez, car je ne la sais point par cœur, et je n'en ai point de copie.

Et il fallut que les auditeurs se contentassent de cette allocution qui fut tout le discours de Racan. Voilà pour la bonhomie.

Maintenant, veut-on connaître quelques-unes de ces distractions qui, racontées par Bois-Robert, faisaient la joie du cardinal ? Nous en citerons deux ou trois.

Un jour que Racan allait voir un de ses amis à la campagne, seul et sur un grand cheval, il laissa tomber son fouet et fut obligé de descendre. Mais ce n'était pas tout que de descendre, il fallait remonter, et l'étrier ne paraissant pas à Racan, dont il était certain qu'apprenait écrire un appui assez solide, il chercha une borne. Mais, comme toute la route, il n'en trouva point, de sorte qu'il dit le voyage à pied. Mais, arrivé à la porte de son ami, il aperçut un banc :

— Ah ! dit-il, ce n'est pas tout à fait cela que je cherchais, mais n'importe.

Et, avec l'aide de ce banc, il remonta sur son cheval et s'en revint tout droit sans avoir même l'idée d'entrer chez son ami, quoiqu'il eût fait trois lieues pour venir le voir.

Un autre jour qu'il avait couché avec Ivrande et Malherbe dans une même chambre, s'étant levé le premier, il prit les chausses d'Ivrande pour son caleçon, les passa sans s'apercevoir de la méprise, et mit les siennes par-dessus ; puis il acheva sa toilette et sortit. Cinq minutes après, Ivrande voulut se lever et ne trouva plus ses chausses.

— Mordieu ! dit-il à Malherbe, il faut que ce soit ce malavisé de Racan qui les ait prises.

Et, sur ce, passant les chausses de Malherbe, qui était encore couché, il sort tout courant, malgré les cris de celui-ci, pour rejoindre Racan, qu'il aperçoit s'en allant gravement avec un derrière deux fois plus gros qu'il n'était convenable. Ivrande le rejoint, et réclame son bien. Racan regarde :

— Ma foi ! oui, dit-il, tu as raison.

Et, sans plus de façon, il s'assied sur une borne, ôte d'abord les chausses de dessus, puis celles de dessous, le rend à Ivrande, repasse les siennes avec la même tranquillité que s'il était dans sa chambre, et continue son chemin.

Une après-midi qu'il avait beaucoup plu et que Racan venait de patauger dans la boue, il rentre chez M. de Bellegarde où il logeait, qu'il se trompant d'étage, s'en va droit à la chambre de madame de Bellegarde, qu'il prend pour la sienne. Madame de Bellegarde et madame de Loges étaient chacune au coin du feu, ne disant mot et curieuses de voir ce qu'allait faire ce maître distrait. Celui-ci, ne les apercevant pas, s'assied, sonne un laquais, et se fait débotter. Cette opération finie :

— Va nettoyer mes bottes, dit-il ; moi, je me charge de faire sécher mes bas.

Et, ce disant, il se déchausse et s'en vient poser proprement un de ses bas sur la tête de madame de Bellegarde, et l'autre sur la tête de madame de Loges, qui éclatent de rire.

— Oh ! pardon, mesdames, s'écrie alors le pauvre Racan tout ébahi, je vous prenais pour deux chenets.

Ces histoires, racontées par Bois-Robert, qui imitait l'accent de Racan, devenaient de la plus haute bouffonnerie, et amusaient fort le cardinal. Aussi Bois-Robert n'en laissait point manquer Son Éminence, et tous les jours il lui en racontait de nouvelles.

La suivante eut son tour et ne fut pas de celles qui amusèrent le moins Son Éminence.

Il y avait, à Paris, une vieille fille nommée Marie le Jars, demoiselle de Gournay, qui était née en 1565, et qui, par conséquent, pouvait, vers cette époque, avoir soixante et dix ans. Elle racontait elle-même, dans une courte notice qu'elle fit sur sa vie, qu'à l'âge de dix-neuf ans, ayant lu les Essais de Montaigne, elle fut prise du plus vif désir d'en connaître l'auteur. Aussi, lorsque Montaigne vint à Paris, l'envoya-t-elle saluer aussitôt, lui faisant déclarer l'estime dans laquelle elle le tenait, lui et son livre. Montaigne, le même jour, la vint voir et remercier, et, depuis lors, il s'établit entre eux une telle affection, qu'elle avait commencé de l'appeler mon père, et que lui l'appelait ma fille.

Cette demoiselle de Gournay s'était faite auteur, et avait publié un livre dans le style de l'époque et qui surpassait, en pathos, tout ce qui avait été écrit jusque-là ; ce livre était intitulé : l'Ombre de la demoiselle de Gournay.

Or, quoique devenue auteur elle-même, comme on le voit, la demoiselle de Gournay n'en avait pas moins conservé une haute admiration pour tous les grands poètes de l'époque, excepté pour Malherbe qu'elle détestait, parce qu'il s'était permis de critiquer son livre. En conséquence, lorsque son Ombre parut, elle l'envoya, selon l'usage déjà en vogue à cette époque, à plusieurs grands génies du temps, et, entre autres, à Racan.

Lorsque Racan reçut ce gracieux envoi de la demoiselle de Gournay, le chevalier de Bruell et Ivrande, les inséparables, étaient chez lui. Or, Racan, flatté de ce souvenir, déclara, devant eux, que le lendemain, sur les trois heures, il irait remercier la demoiselle de Gournay. Cette déclaration ne fut pas perdue pour le chevalier ni pour Ivrande, qui résolurent aussitôt de jouer un tour à Racan.

En effet, le lendemain, à une heure, le chevalier de Bruell se présente et heurte à la porte de la demoiselle de Gournay. Une dame de compagnie, qu'avait avec elle la vieille bonne fille, vient ouvrir. De Bruell lui expose son désir de voir sa maîtresse. Mademoiselle Jamin, c'est ainsi que se nommait la fille de compagnie, entra aussitôt dans le cabinet de mademoiselle de Gournay, qui faisait des vers, et lui annonça que quelqu'un demandait à lui parler.

— Mais quel est ce quelqu'un ? s'informa la demoiselle de Gournay.

— Il ne veut dire son nom qu'à madame.

— Quelle tournure a-t-il ?

— Mais, répondit mademoiselle Jamin, c'est un bel homme de trente à trente-cinq ans et qui a tout à fait l'air d'être de bon lieu.

— Faites entrer, dit la demoiselle de Gournay ; la pensée que j'allais trouver était belle, mais elle pourra me revenir, tandis que peut-être ce cavalier ne reviendra pas.

Comme elle achevait son monologue, le cavalier parut.

— Monsieur, dit-elle, je vous ai fait entrer sans vous demander qui vous étiez, sur le rapport que Jamin m'a fait de votre bonne mine ; mais, maintenant que vous voilà j'espère que vous voudrez bien me dire votre nom.

— Mademoiselle, dit le chevalier de Bruell, je me nomme Racan.

La demoiselle de Gournay, qui ne connaissait Racan que de nom, lui fit mille civilités, le remerciant de ce qu'étant jeune et bien luré, il consentait à se déranger pour une pauvre vieille comme elle. Sur quoi, le chevalier, qui était homme d'esprit, lui fit mille contes, qui l'attachèrent tellement, qu'elle appela Jamin pour qu'elle fit faire la chasse qui mijotait dans la pièce voisine. Malheureusement, les instants du chevalier de Bruell étaient comptés. Au bout de trois quarts d'heure d'une conversation que la demoiselle de Gournay déclara être des plus agréables qu'elle eût entendues de sa vie, il se retira, emportant force compliments sur sa courtoisie et laissant la bonne fille enthousiaste de lui.

C'était une heureuse disposition pour retrouver la pensée au milieu de laquelle elle avait été interrompue et qui avait fui effarouchée. Elle se remit donc à l'étude ; mais à peine y était-elle, qu'Ivrande, qui guettait ce moment, se glissa dans l'appartement ; puis, pénétrant jusqu'au sanctuaire où se tenait mademoiselle de Gournay, il ouvrit la seconde porte, et, voyant la vieille fille au travail, lui dit :

— J'entre ici librement, mademoiselle, puisque l'illustre auteur de l'Ombre ne doit pas être traité comme le commun.

— Voilà un compliment qui me plaît, dit la vieille fille frappée et se retournant vers Ivrande ; je l'inscrirai sur mes tablettes. Et maintenant, monsieur, continua-t-elle, quel motif me procure l'honneur de vous voir ?

— Mademoiselle, dit Ivrande, je viens vous remercier de l'honneur que vous m'avez fait de me donner votre livre.

— Moi, monsieur ! reprit-elle ; je ne vous l'ai pas envoyé et j'ai eu tort ; certes, j'aurais dû le faire. — Jamin ! une Ombre pour ce gentilhomme.

— Mais j'ai eu l'honneur de vous dire que j'en avais une, mademoiselle, reprit Ivrande, et la preuve, c'est que, dans tel chapitre, il y a telle chose, et, dans tel autre chapitre, telle autre chose.

— Ah ! mais cela me flatte infiniment, monsieur ; vous êtes donc auteur, que vous vous occupez ainsi des livres qui paraissent ?

— Oui, mademoiselle, et voici quelques vers de ma façon que je serais heureux de vous offrir en échange de votre livre.

— Mais, dit la vieille demoiselle, ces vers sont de M. Racan !

— Aussi suis-je M. Racan lui-même et bien votre serviteur, dit Ivrande en se levant.

— Monsieur, vous vous moquez de moi, dit la pauvre fille tout étonnée.

— Moi, mademoiselle ! s'écria Ivrande, moi, me moquer de la fille du grand Montaigne, de cette héroïne poétique, dont Lipse a dit : *Videamus quid sit poritura ista virgo* (1), et le jeune Heinsius : *Ausa virgo concurrere viris scandit supra viros* (2) !

— Bien ! bien ! dit la demoiselle de Gournay, touchée au delà de toute expression de cette avalanche d'éloges. Alors, celui qui vient de sortir a voulu se moquer de moi, ou peut-être est-ce vous-même qui voulez vous en moquer. Mais n'importe ; la jeunesse ne s'inquiète ni de la vieillesse, et je suis, en tout cas, bien aise d'avoir vu deux gentilshommes si bien faits et si spirituels

Ce n'était pas l'intention d'Ivrande de laisser croire que sa visite était une plaisanterie ; aussi fit-il si bien pendant les trois quarts d'heure qu'il passa à son tour avec mademoiselle de Gournay, qu'en la quittant, il la laissa entièrement persuadée que, pour cette fois, elle avait eu affaire au véritable auteur des *Bergeries*.

Mais à peine Ivrande était-il sorti, que le vrai Racan arriva à son tour. La clef était à la porte. Comme il était un peu asthmatique, il entra tout essoufflé, et, en entrant, il tomba dans un fauteuil. Au bruit qu'il fit, mademoiselle de Gournay, qui cherchait toujours à rattraper cette belle pensée qui avait fui devant le chevalier de Bruell, se retourna et vit avec étonnement une espèce de gros fermier qui, sans dire un mot, soufflait et s'essuyait le front.

— Jamin, dit-elle, Jamin, venez ici bien vite.

La dame de compagnie accourut.

— Oh ! voyez donc la ridicule figure ! s'écria mademoiselle de Gournay ne pouvant détacher ses yeux de Racan et éclatant de rire.

— Mademoiselle, dit Racan, qui, on se le rappelle, ne pouvait prononcer ni les r ni les c ; quand un quait d'heule je vous dilai pouiquoi je tuis venu ici ; mais, auparavant, laittez-moi leplendle mon haleine. Où diable êtes-vous venue loger ti haut ? Ah ! qu'il y a haut ! qu'il y a haut, mademoiselle !

On comprend que, si la figure et la tournure de Racan avaient réjoui mademoiselle de Gournay, ce fut bien autre chose lorsqu'elle entendit le baragouin dont nous avons essayé de donner une idée ; mais enfin on se lasse de tout, même de rire, et, lorsqu'à son tour elle eut repris haleine :

— Mais, monsieur, dit-elle, au bout de ce quart d'heure que vous me demandez, me direz-vous au moins ce que vous venez faire chez moi ?

— Mademoiselle, dit Racan, je vous lends glâce de votle plésent.

— De quel plésent ?

— Mais de votle *Omble*.

— De mon *Ombre* ? dit mademoiselle de Gournay, qui commençait à comprendre la langue que lui parlait Racan ; de mon *Ombre* ?

— Oui, tertainement, de votle *Omble*.

— Jamin, dit mademoiselle de Gournay, désabusez ce pauvre homme, je vous prie ; je n'ai envoyé mon livre qu'à M. de Malherbe, qui m'en a récompensé assez mal pour que je m'en souvienne, et à M. Racan, qui sort d'ici.

— Tomment ? qui solt d'iti, s'écria Racan. Mais t'est moi qui tuis Racan.

— Comment, vous êtes Latan ?

— Je ne vous dis pas Latan ; je dis Latan.

Et le pauvre poète faisait des efforts infinis pour dire son nom, qui, contenant malheureusement sur cinq lettres, les deux qu'il ne pouvait prononcer, demeurait si étrangement défiguré, que mademoiselle de Gournay faisait d'inutiles efforts pour le comprendre ; enfin, impatientée :

— Monsieur, dit-elle, savez-vous écrire ?

— Tomment, ti je tais elile ? Donnez-moi une plume et vous veliez.

— Jamin, donnez une plume à monsieur.

Jamin obéit, donna une plume au malencontreux visiteur, qui, de son écriture la plus lisible et en grosse moyenne, écrivit son nom de Racan.

— Racan ! s'écria Jamin.

— Racan ! reprit mademoiselle de Gournay, vous êtes M. Racan ?

— Mais oui, répliqua Racan, enchanté d'être compris, et croyant que l'accueil allait changer, mais oui.

— Oh ! voyez, Jamin, le joli personnage pour prendre un pareil nom ! s'écria mademoiselle de Gournay furieuse ; au moins les deux autres étaient-ils aimables et plaisants, tandis que celui-ci n'est qu'un misérable bouffon.

— Mademoiselle, mademoiselle, dit Racan, que tignifie te que vous dites là, je vous plie ?

— Cela signifie que vous êtes le troisième aujourd'hui qui se présente sous ce nom.

— Je n'en tais pas rien, mademoiselle ; mais te que je tais, t'est que je tuis le vlai Latan.

— Je ne sais pas qui vous êtes, reprit mademoiselle de Gournay ; mais ce que je sais, à mon tour, c'est que vous êtes le plus sot des trois. *Merdieu* ! je ne souffrirai pas qu'on me raille, entendez-vous !

Et, sur ce juron, arrangé par elle à sa manière et pour son usage, mademoiselle de Gournay se leva en faisant de la main un geste d'impératrice, geste par lequel elle invitait le poète à sortir.

A cette invitation, Racan, ne sachant plus que faire, sauta sur un volume de ses œuvres, et, le présentant à mademoiselle de Gournay :

— Mademoiselle, je tuis ti bien le vlai Latan, que, ti vous voulez plendle ce livle, je vous dilai d'un bout à l'autle tous les vels qui s'y tlouvent.

— Alors, monsieur, dit mademoiselle de Gournay, c'est que vous les avez volés, comme vous avez volé le nom de M. Racan, et je vous déclare que, si vous ne sortez pas d'ici à l'instant même, j'appelle au secours.

— Mais, mademoiselle...

— Jamin, crie au voleur, je t'en prie.

Racan n'attendit pas le résultat de cette démonstration : il se pendit à la corde de l'escalier, et, tout asthmatique qu'il était, descendit rapide comme une flèche.

Le jour même, mademoiselle de Gournay apprit toute l'histoire. On juge du désespoir quand elle découvrit qu'elle avait mis à la porte le seul des trois Racan qui fût le vrai. Elle emprunta un carrosse et courut dès le lendemain chez M. de Bellegarde, où logeait Racan. Celui-ci était encore au lit et dormait ; mais la pauvre fille avait tellement hâte de faire ses excuses à un homme pour lequel elle professait tant de haute estime, que, sans écouter ce que lui disait le valet de chambre, elle entra tout courant, alla droit au lit et tira les rideaux. Racan se réveilla en sursaut, et, se trouvant en face de la pauvre demoiselle, il crut qu'elle le poursuivait encore ; se jetant aussitôt à bas de son lit, il se sauva en chemise dans son cabinet de toilette ; une fois là, et retranché à triple renfort de serrure et de verrous, il écouta. Au bout d'un instant, les choses s'éclaircirent. Il apprit que ce n'étaient plus des reproches, mais des excuses qu'on venait lui faire, et, rassuré enfin sur les intentions de mademoiselle de Gournay, il consentit à sortir. De ce jour, au reste, Racan et elle furent les meilleurs amis du monde.

Bois-Robert jouait admirablement cette scène, et souvent il la joua devant Racan lui-même, dont il imitait le bégayement, et qui se renversait sur sa chaise en riant jusqu'aux larmes et en criant : *T'est vlai, t'est vlai, tien, n'est plus vlai !...*

Le cardinal, qui connaissait le héros de cette histoire, eut aussi l'occasion de connaître l'héroïne.

Un jour, Bois-Robert lui montra un portrait de Jeanne d'Arc, au-dessous duquel étaient ces quatre vers écrits à la main :

— Peux-tu bien accorder, vierge du ciel chérie,
La douceur de tes yeux et ce glaive irrité ?
La douceur de mes yeux caresse ma patrie,
Et ce glaive en fureur lui rend la liberté.

— Est-ce de toi ces vers, le Bois ? demanda le cardinal.

— Non, monseigneur, dit celui-ci ; ils sont de mademoiselle de Gournay.

— N'est-ce pas l'auteur de l'*Ombre* (1) ? dit le cardinal.

---

(1) Voyons ce que produira cette muse.
(2) La femme qui ose lutter avec les hommes s'élève au-dessus d'eux.

(1) *L'Ombre, ou les Présents et les Avis de la demoiselle de Gournay*. — Paris, 1635.

— Justement, répondit Bois-Robert.
— Eh bien, amène-la-moi.

Bois-Robert n'y manqua point, et, le lendemain, il amena mademoiselle de Gournay, qui avait alors près de soixante et dix ans, chez le cardinal. Richelieu, qui s'était préparé à cette visite, lui fit un compliment tout en vieux mots, tirés de son livre. Aussi vit-elle bien que le cardinal voulait s'amuser ; mais, sans se déconcerter le moins du monde :

— Vous riez de la pauvre vieille, monseigneur, dit-elle ; mais riez, riez, grand génie ! il faut que tout le monde contribue à votre divertissement.

Le cardinal, surpris de la présence d'esprit de la vieille fille et du bon goût de son compliment, lui fit aussitôt ses excuses, et, se retournant vers Bois-Robert :

— Le Bois, dit-il, il nous faut faire quelque chose pour mademoiselle de Gournay ; je lui donne deux cents écus de pension.

— Mais, dit Bois-Robert, je ferai observer à monseigneur qu'elle a une domestique.

— Et comment s'appelle la domestique ?
— Mademoiselle Jamin, bâtarde d'Amadis-Jamin, le page de Ronsard.

— C'est bien, dit le cardinal ; je donne cinquante livres par an à mademoiselle Jamin.

— Mais, monseigneur, outre sa domestique, mademoiselle de Gournay a encore une chatte.

— Et comment s'appelle la chatte ?
— Ma mie Piaillon, répondit Bois-Robert.
— Je donne vingt livres de pension à ma mie Piaillon, ajouta Son Éminence.

— Mais, monseigneur, reprit Bois-Robert voyant que le cardinal était en veine de magnificence, ma mie Piaillon vient de chatonner.

— Et combien de chatons a-t-elle faits ? demanda le cardinal.

— Quatre, répondit encore Bois-Robert.
— Allons ! j'ajoute une pistole pour les chatons.

C'était cependant le même homme qui faisait tomber les têtes de Chalais, de Bouteville, de Montmorency, de Marillac et de Cinq-Mars.

Bois-Robert fit encore donner une pension de cent livres à un pauvre diable de poète nommé Maillet. Celui-ci étant venu le trouver pour qu'il sollicitât un secours en sa faveur, Bois-Robert lui dit de lui adresser une demande et qu'il s'en chargerait. Maillet prit alors une feuille de papier et improvisa les quatre vers suivants :

Plaise au roi me donner cent livres
Pour des livres et pour des vivres.
Des livres je me passerais,
Mais des vivres je ne saurais.

Richelieu trouva le quatrain bouffon et accorda la demande.

Cependant le cardinal n'était pas généreux, et c'était surtout dans ses amours que son avarice éclatait.

Le cardinal eut plusieurs maîtresses. La célèbre Marion de Lorme en fut une. Elle vint le voir deux fois : la première, déguisée en page, car il fallait garder les convenances. Richelieu la reçut en habit de satin gris brodé d'or et d'argent, tout botté et avec un chapeau à plume. La seconde fois, Marion vint en courrier. Pour ces deux visites, le cardinal lui envoya cent pistoles par Bournais, son valet de chambre. Marion haussa les épaules et donna les cent pistoles au valet.

Madame de Chaulnes fut aussi, pendant quelque temps, dans les bonnes grâces du cardinal ; mais il pensa lui en coûter cher. Un soir qu'elle revenait de Saint-Denis, six officiers du régiment de la marine, qui étaient à cheval, voulurent lui casser deux bouteilles d'encre sur le visage. C'était une manière de défigurer fort en vogue à cette époque, et que le vitriol a remplacée depuis. Le verre cassé, l'encre pénétra dans les coupures et tout est dit. Mais madame de Chaulnes fit si bien de ses mains, que les bouteilles se brisèrent sur l'appui de la portière, et que ses robes et le carrosse seuls en furent tachés. On accusa madame d'Aiguillon de ce guet-apens.

Madame d'Aiguillon était la nièce du cardinal et passait pour être sa maîtresse. Elle avait été mariée, en 1620, à Antoine Dubourg de Combalet, qui était fort mal bâti et tout composé. Aussi le prit-elle en aversion au point qu'elle tomba dans une profonde mélancolie. Il en résulta que, lorsqu'il fut tué dans la guerre contre les huguenots, craignant que, par quelque raison d'État, on ne la sacrifiât en quelque alliance, elle fit vœu de ne plus se marier jamais, et de prendre l'habit de carmélite. Elle s'habilla alors aussi modestement qu'une dévote de cinquante ans, quoiqu'elle en eût vingt-six à peine ; elle portait une robe d'étamine et ne levait jamais les yeux. Elle était dame d'atours de la reine mère, et faisait son service dans cet étrange costume, qui ne parvenait pas à l'enlaidir, car elle était une des plus belles femmes de France, et dans toute la fleur de sa beauté. Cependant le cardinal, son oncle, devenant de plus en plus puissant, elle commença à laisser passer quelques boucles de cheveux, mit des rubans à sa robe, et, sans en changer la couleur, commença à en changer l'étoffe et à substituer la soie à l'étamine. Enfin, Richelieu ayant été nommé premier ministre, les prétendants se présentèrent pour épouser la belle veuve ; mais tous furent refusés, quoique, parmi ces prétendants, on comptât M. de Brezé, M. de Béthune et le comte de Sault, qui fut depuis M. de Lesdiguières. Il est vrai qu'on assurait que c'était le cardinal qui, par jalousie, ne permettait pas qu'elle se remariât. Cependant elle fut bien près d'épouser le comte de Soissons, et, si son premier mari n'eût pas été de si petite condition, probablement la chose se serait faite. On fit même courir le bruit que son mariage avec M. de Combalet n'avait jamais été consommé, et un chercheur d'anagrammes trouva dans son nom de famille de madame de Combalet était *Marie de Vignerot*, dans lequel on trouve lettre pour lettre, *vierge de ton mari*. Malgré cette anagramme, Marie de Vignerot resta veuve.

Mais, s'il faut en croire la chronique scandaleuse du temps, ce veuvage ne lui était pas difficile à porter, et madame de Combalet aurait eu quatre enfants du cardinal. C'était M. de Brezé, qu'elle n'avait pas voulu aimer, et dont elle avait refusé de devenir la femme, qui faisait courir ce méchant bruit. Il disait toutes les circonstances de la naissance et de l'éducation de ces quatre Richelieu. Aussi, un auteur anonyme fit-il l'épigramme suivante, dont nous ne sachions pas qu'il ait jamais réclamé le prix au cardinal, si amateur de vers que fût Son Éminence :

Philis, pour soulager sa peine,
Hier se plaignait à la reine
Que Brezé disait hautement
Qu'elle avait quatre fils d'Armand.
Mais la reine, d'un air fort doux,
Lui dit : « Philis, consolez-vous ;
Chacun sait que Brezé ne se dit qu'à médire ;
Ceux qui pour vous ont le moins d'amitié
Lui feront trop d'honneur de tout ce qu'il peut dire,
De ne croire que la moitié. »

Tous ces bruits revenaient aux oreilles du cardinal ; mais il ne s'en inquiétait guère. A toutes les heures du jour et même de la soirée, madame de Combalet avait ses entrées chez lui ; et, comme il l'aimait beaucoup, lui, c'est qu'elle avait fini par quitter sa robe de soie noire, de même qu'elle avait quitté sa robe d'étamine, elle portait toujours quand elle allait chez son oncle, d'un corsage, qui était fort décolleté, un bouquet qu'elle n'avait jamais en sortant. Un soir même le cardinal se retirait assez tard de chez madame de Chevreuse, et que celle-ci voulait le retenir plus longtemps encore :

— Je n'ai garde de rester, dit-il, car que dirait ma nièce si elle ne me voyait pas ce soir ?

En 1638, le cardinal acheta pour elle le duché d'Aiguillon. Ce fut alors seulement qu'elle quitta son nom de Combalet. Nous l'avons vue assister son oncle à son lit de mort.

Le cardinal avait, en outre, fort aimé dans sa jeunesse madame de Boutillier, dont le mari était secrétaire d'État aux finances, et le bruit public voulait qu'il en eût eu un fils, qui n'était autre que le secrétaire d'État Chavigny, dont nous avons déjà prononcé le nom plus d'une fois dans cette histoire. En effet, Chavigny fut toujours particulièrement protégé par le cardinal, et il comptait si fort sur cette protection, que souvent, dans ses relations avec Louis XIII, il menaçait le roi de la colère de Richelieu, menace sous laquelle le roi ne manquait jamais de plier.

Le cardinal était grand travailleur, et comme il dormait mal, il avait toujours, dans la chambre attenante à la sienne, un secrétaire qui se tenait prêt à écrire. Il avait donné cette charge, fort recherchée à cause de l'influence qu'elle permettait de prendre sur lui, à un pauvre petit garçon de Nogent-le-Rotrou, nommé Chéret. Ce garçon qui était discret et assidu, plus fort au ministère, qui le comblait de biens ; mais, au bout de cinq ou six années qu'il était près de Son Éminence, il arriva qu'un certain homme ayant été mis à la Bastille, M. de Laffemas, commis pour l'interroger, trouva dans ses papiers quatre lettres de Chéret, dans l'une desquelles celui-ci écrivait : « Je ne puis aller vous trouver, car nous vivons ici dans la plus étrange servitude du monde, et nous avons affaire au plus grand tyran qui fut jamais. » Laffemas, qui était l'âme damnée du cardinal, lui envoya aussitôt ces lettres. Chéret, comme d'habitude, était dans la chambre à côté. Le cardinal l'appela.

— Chéret, lui dit-il, qu'aviez-vous quand vous êtes entré à mon service ?
— Rien, monseigneur, répondit Chéret.
— Écrivez cela, dit le cardinal.

Chéret obéit

— Qu'avez-vous maintenant? continua Richelieu.
— Monseigneur, dit le pauvre garçon assez étonné de la question, avant de répondre à Votre Éminence, il faudrait que je songeasse un peu.

Quelques secondes s'écoulèrent en silence.
— Avez-vous songé? reprit le cardinal.
— Oui, monseigneur.
— Eh bien, qu'avez-vous? Dites.

Chéret fit tous ses calculs. Le cardinal les lui faisait écrire à mesure qu'il les détaillait.
— Vous oubliez une partie de cinquante mille livres, dit le cardinal.
— Monseigneur, répondit Chéret, je ne les ai point encore touchées, car il y a de grandes difficultés, et je ne sais si je les toucherai jamais.
— Je vous les ferai toucher, dit le cardinal; c'est moi qui vous ai procuré cette affaire, et il est juste, puisque je l'ai commencée, que je l'achève. Maintenant, calculez ce que vous possédez en tout.

Chéret calcula, et il se trouva que ce garçon, qui était entré au service du cardinal sans un sou, possédait, au bout de six ans, cent vingt mille livres.

Alors, le cardinal lui montra ses lettres.
— Tenez, lui dit-il, cette écriture est-elle bien la vôtre?
— Oui, monseigneur, répond en tremblant Chéret.
— Alors, lisez.

Chéret, pâle comme la mort, parcourut des yeux les quatre épîtres que M. de Laffemas avait renvoyées au cardinal.
— Avez-vous lu? dit celui-ci.
— Oui, monseigneur, balbutia Chéret.
— Eh bien, vous êtes un coquin, allez-vous-en, et que je ne vous revoie jamais!

Le lendemain, madame d'Aiguillon demandait sa grâce, et le cardinal l'accordait. Chéret est mort maître des comptes.

Bois-Robert, une fois brouillé avec lui, eut plus de peine à se remettre en faveur. Il est vrai que l'offense de Bois-Robert était grave.

A la répétition de *Mirame* (nous avons vu quelle importance le cardinal attachait à la représentation de ce chef-d'œuvre), à la répétition de *Mirame*, disons-nous, Bois-Robert avait reçu commission de faire entrer quelques comédiens et quelques comédiennes, pour que le cardinal pût juger des impressions que produirait sa pièce sur les gens du métier. Bois-Robert s'acquitta en conscience de sa charge d'introducteur; il fit entrer toute la Comédie, et, parmi les membres de la Comédie, une certaine mignonne nommée Saint-Amour Frelulet, qui avait été longtemps de la troupe de Mondori. Or, comme on allait commencer, M. le duc d'Orléans frappa à l'entrée du théâtre. Il n'était pas convié, c'est vrai; mais le moyen de refuser au premier prince du sang la porte qui venait de s'ouvrir pour une douzaine de comédiens et de comédiennes! M. le duc d'Orléans fut donc introduit.

C'était une bonne fortune pour toutes ces dames que de se trouver en petit comité avec le prince. Aussi chacune fit-elle de son mieux pour attirer ses regards, minaudant de l'œil, risquant des signes, levant sa coiffe, si bien que la répétition ne passa en manières de coquetterie, et que, n'ayant pu entendre, chacun fut bien empêché de donner son avis. On sait l'irritabilité d'un auteur en pareille occasion. Le cardinal n'avait rien perdu de cet impudent manège; mais il n'avait osé souffler mot à cause du duc, qui s'en était diverti à ce point, qu'on l'avait vu sortir, disait-on, avec la petite Saint-Amour.

Le cardinal renferma donc sa colère en lui-même, et l'on sait ce qu'étaient les colères rentrées du cardinal.

Le grand jour de la représentation arriva; Bois-Robert et le chevalier des Roches avaient été chargés des invitations. Les noms des personnes invitées étaient sur une liste. Elles se présentaient avec leurs billets, on comparait les noms des billets aux noms portés sur les listes et on laissait entrer.

Nous avons raconté ailleurs la représentation et l'effet qu'elle produisit. Quelques jours après, le roi, le duc d'Orléans et le cardinal se trouvaient ensemble:
— A propos, cardinal, dit le roi, qui aimait fort à *harpigner* (1) Son Éminence, il y avait bien du gibier l'autre soir à votre comédie.
— Comment cela, sire? demanda le cardinal. Toutes mes précautions ont pourtant été prises pour qu'on n'entrât qu'avec des invitations écrites. Deux gentilshommes gardaient les portes et conduisaient les personnes qui se présentaient au président Viguier et à M. l'archevêque de Reims.
— Eh bien, cardinal, dit Gaston, votre président et votre archevêque ont laissé entrer bon nombre de coquines;

(1) Nous ignorons si ce mot du temps est autorisé par le dictionnaire de l'Académie, mais nous le trouvons expressif et nous l'employons.

mais aussi, peut-être ces dames étaient-elles de leur suite.
— Pourriez-vous m'en nommer une? demanda le cardinal en pinçant ses lèvres minces.
— Eh! pardieu! répondit Gaston, je vous nommerai la petite Saint-Amour.
— Celle avec laquelle Votre Altesse a quitté la répétition l'autre jour? dit le cardinal.
— La même justement, reprit Gaston
— Voilà comme on est servi! reprit le cardinal.
— Il n'en est pas moins vrai, objecta le roi, que la reine s'est trouvée dans la même salle qu'une baladine, et qu'en sortant dans les corridors, il aurait pu arriver qu'elle la coudoyât.
— Je saurai quel est le coupable, sire, continua le cardinal, et je promets à Votre Majesté que justice sera faite.

On parla d'autre chose; puis, dix minutes après, le cardinal salua et se retira.

En rentrant chez lui, son premier soin fut de se faire apporter tous les billets qu'on avait conservés, pour savoir lequel de Bois-Robert ou du chevalier des Roches avait commis la faute.

Le billet de la marquise de Saint-Amour était signé Bois-Robert.

Le cardinal fit venir le coupable et lui ordonna de se retirer à son abbaye de Châtillon ou à Rouen. Bois-Robert voulut s'excuser; mais un froncement de sourcils du cardinal lui indiqua que c'était inutile, et que ce qu'il avait de mieux à faire était d'obéir. Bois-Robert, qui pleurait à volonté, s'éloigna avec force larmes. Mais le cardinal ne voulut pas plus voir les larmes qu'il n'avait voulu entendre les prières. C'était une disgrâce complète.

Bois-Robert se retira donc à Rouen, et ce fut de là qu'il adressa au cardinal cette ode, la meilleure peut-être qu'il eût faite de sa vie:

A LA VIERGE

Par vous, de cette mer j'évite les orages;
De ce port, plein d'écueils et fameux en naufrages,
Vous m'avez fait trouver un asile en ce lieu.
Trop heureux si jamais, dans ma sainte retraite,
Je pouvais oublier la perte que j'ai faite
En perdant Richelieu.

Cet esprit sans pareil, ce grand et digne maître
M'a donné tout l'éclat où l'on m'a vu paraître.
Il m'a d'heur et de gloire au monde environné.
C'étaient biens passagers et sujets à l'envie;
Mais, quand il m'a donné l'exemple de sa vie,
M'a-t-il pas tout donné?

C'est lui seul que je pleure en cette solitude,
Où je vivrais sans peine et sans inquiétude,
Si je n'avais point vu ce visage si doux.
Puisque l'on m'a privé de cet honneur insigne,
Vierge, mon seul refuge, enfin rendez-moi digne
De le revoir en vous.

Mais, tout en trouvant les vers fort beaux, le cardinal laissa l'auteur en exil. Ce n'est pas que les amis de Bois-Robert, contre l'habitude, n'eussent fait ce qu'ils pouvaient pour le servir. Citois, le médecin du cardinal, surtout, n'avait pas oublié son ancien ami, qui faisait si fort rire Son Éminence en lui racontant des historiettes du bonhomme Racan et de mademoiselle de Gournay. Une fois entre autres, c'était à l'époque où M. le cardinal était si malade à Narbonne, que, malgré son courage, il se plaignait sans cesse, ne pouvant reprendre un instant de bonne humeur:
— Ma foi, monseigneur, lui dit Citois, ma science est à bout, et je ne sais plus que vous donner, si ce n'est une chose qui vous faisait tant de bien autrefois.
— Laquelle? demanda le cardinal.
— Trois ou quatre grains de Bois-Robert après votre repas.
— Chut, monsieur Citois! dit sévèrement le cardinal, ce n'est pas encore le temps.

Cependant, à son retour à Paris, tout le monde parla au cardinal pour le pauvre Bois-Robert, qui manquait réellement à la cour; et, quoique Richelieu tînt bon, Mazarin, qui commençait d'être en grande faveur, écrivit à l'exilé:

« Venez me demander tel jour, et, fussé-je dans la chambre de Son Éminence, venez m'y trouver. »

Bois-Robert ne se le fit pas dire deux fois et accourut. Alors, Mazarin, prévenu qu'on le demandait, sortit, puis rentra tenant par la main Bois-Robert, qui se courbait jusqu'à terre. Mais, contre l'attente de ceux qui se trouvaient là et qui s'attendaient à une grande colère de la part du cardinal, celui-ci ne l'eut pas plus tôt vu, qu'il lui tendit les bras en éclatant en sanglots ; car le cardinal aimait fort ceux dont il croyait être aimé.

A ce spectacle de son ancien maître pleurant de joie de le revoir, Bois-Robert fut tellement étourdi, que, malgré la puissance qu'il avait sur sa glande lacrymale, il ne put trouver une larme. Mais, comme il était excellent comédien, il s'en tira en faisant le saisi.

— Voyez, monseigneur, s'écria alors Mazarin, qui le voulait servir, voyez le pauvre homme, il étouffe !

Et, comme la bouffonnerie italienne voulait le souffrant en ce moment à l'oreille de pousser la plaisanterie jusqu'au bout :

— Et vite, continua-t-il, il s'en va mourir d'apoplexie, un chirurgien ! un chirurgien !

Citois accourut. Il n'y avait plus à reculer. Il fallut que le pauvre Bois-Robert, sous prétexte qu'il était suffoqué par son émotion, se laissât tirer trois palettes de sang ; ce qui fut exécuté, quoiqu'il se portât le mieux du monde, au grand attendrissement du cardinal, qui mourut dix-neuf jours après.

Mais Bois-Robert ne pouvait pardonner à Mazarin ces palettes de sang qu'il lui avait fait tirer.

— Je n'ai pu obtenir de lui aucune autre chose, disait-il, et cette saignée est le seul bien que le ladre ait jamais eu l'intention de me faire.

VIII

ENTRÉE DE MAZARIN AU CONSEIL. — FAVEUR DE M. DES NOYERS. — BASSOMPIERRE SORT DE LA BASTILLE. — LES RESTES DE LA REINE MÈRE. — MALADIE DU ROI. — DÉCLARATION RELATIVE A LA RÉGENCE. — BAPTÊME DU DAUPHIN. — DERNIERS MOMENTS DE LOUIS XIII. — SON RÊVE PROPHÉTIQUE. — SA MORT. — JUGEMENT SUR CE ROI. — SON AVARICE, SA CRUAUTÉ, SA FUTILITÉ.

Dès que le cardinal fut mort, à la grande satisfaction du roi, celui-ci, pour tenir à la fois la parole qu'il avait donnée au mourant et celle qu'il s'était donnée à lui-même, rendit à Tréville, et des Essarts, à la Salle et à Tilladet, leurs brevets de capitaines des gardes et des mousquetaires, en même temps qu'il faisait entrer Mazarin au conseil et plaçait toute sa confiance en M. des Noyers, de telle façon que, quand on lui parlait de travailler sans ce dernier ministre :

— Non, non, disait-il, attendons le petit bonhomme ; nous ne ferions rien de bien en son absence.

Quelques jours après, le maréchal de Vitry, le comte de Cramail et le maréchal de Bassompierre sortirent de la Bastille.

Bassompierre y était depuis douze ans ; aussi trouva-t-il que de grands changements s'étaient faits dans la mode, dont il avait été un des plus illustres favoris, et dans ce Paris où son nom avait été si populaire. Il disait, en rentrant au Louvre, que ce qui l'avait le plus étonné, c'est qu'il aurait pu revenir de la Bastille au palais sur les impériales des voitures, tant il y avait de carrosses dans les rues ; quant aux hommes et aux chevaux, il déclarait ne les avoir pas reconnus, les hommes n'ayant plus de barbe et les chevaux plus de crins. D'ailleurs, il était demeuré ce qu'il avait été toute sa vie, spirituel et railleur ; mais l'esprit allait bientôt changer en France, comme avaient changé les rues et les visages.

Un autre retour se préparait encore, c'était celui des restes de la reine Marie de Médicis, victime de la haine du cardinal, qui avait eu sur Louis XIII cette puissance d'empêcher un fils de d'envoyer des secours à sa mère. Elle était morte à Cologne, dans la maison du peintre Rubens, sans autres soins que ceux d'une pauvre gouvernante, sans autre argent que celui que, par pitié, lui avait donné l'électeur. Or, elle avait demandé à être transportée après sa mort dans la sépulture royale de Saint-Denis. Mais il n'en avait été rien fait tant que Richelieu avait vécu, et l'on avait laissé pourrir son corps dans la chambre où elle était morte. Le roi, se rappelant alors ce qu'il avait si longtemps oublié, c'est-à-dire qu'il avait une mère, envoya un des gentilshommes pour ramener les pauvres restes qui demandaient à la patrie adoptive et le tombeau souverain. Un service leur fut fait à Cologne avant qu'ils quittassent la ville hospitalière : quatre mille pauvres y assistèrent ; puis le corbillard de velours noir se mit en route pour la France, s'arrêtant de ville en ville et recevant à chaque station les prières du clergé, mais, cela, sans entrer dans aucune église, car le cérémonial voulait que le cercueil touchât seulement à la dernière demeure des rois ; enfin après vingt jours de marche, le cercueil entra à Saint-Denis.

Cependant on faisait de grands préparatifs pour une campagne nouvelle, mais personne n'y croyait, tant la santé du roi était chancelante. Il semblait que le ministre souverain qui, toute sa vie, avait pesé sur lui, l'attirait à soi dans sa mort. Déjà, vers la fin de février, le roi était tombé sérieusement malade, selon toute probabilité, d'une gastro-entérite dont il avait paru se rétablir ; en sorte que, le premier jour d'avril, après un mois tout entier de souffrance, il s'était levé et avait passé la journée à peindre des caricatures : ce qui était devenu, dans le dernier temps de sa vie, un de ses divertissements les plus ordinaires.

Le 2 avril, il s'était levé et amusé comme la veille.

Enfin, le 3, il se leva encore, et voulut faire un tour de galerie ; sur quelque autre livre de dévotion, par M. Lucas, second capitaine des gardes par quartier l'aidant à marcher en le soutenant par-dessous les bras, tandis que Dubois, son valet de chambre, portait derrière lui un siège sur lequel, de dix pas et dix pas, il s'asseyait. Ce fut la dernière promenade du roi. Il se leva bien encore de temps à autre, mais il ne s'habilla plus, et, alla, toujours souffrant, s'affaiblissant, jusqu'au dimanche 19 avril, où après avoir passé une mauvaise nuit, il dit à ceux qui l'entouraient :

— Je me sens mal, et vois mes forces qui commencent à diminuer. J'ai demandé à Dieu, cette nuit, que, si c'était sa volonté de disposer de moi, je suppliais sa divine majesté d'abréger la longueur de ma maladie.

Et alors, s'adressant à Bouvard, son médecin, que nous avons déjà vu au chevet de mort du cardinal :

— Bouvard, dit-il, vous savez qu'il y a longtemps que j'ai mauvaise opinion de cette maladie, et que je vous ai prié et même pressé de me dire votre sentiment.

— C'est vrai, répondit Bouvard.

— Eh, comme vous n'avez pas voulu me répondre, reprit le roi, j'en ai augure que mon mal n'avait pas de remède ; je vois donc bien qu'il ne me faut mourir, et j'ai fait ce matin demander à M. de Meaux, mon aumônier, et à mon confesseur, les sacrements qu'ils m'ont refusés jusqu'aujourd'hui.

Sur les deux heures, le roi voulut cependant se lever ; il se fit porter sur sa chaise longue et commanda d'ouvrir ses fenêtres, afin qu'il pût voir, disait-il, sa dernière demeure. Or, cette dernière demeure, c'était Saint-Denis, que l'on découvrait parfaitement du château neuf de Saint-Germain, où le roi se trouvait alors.

Tous les soirs d'habitude, il se faisait lire la Vie des Saints ou quelque autre livre de dévotion, par M. Lucas, secrétaire du cabinet, et quelquefois même par Chicot, son médecin. Ce soir-là, il demanda les Méditations de la mort, qui étaient dans le livre du Nouveau-Testament, et, voyant que Lucas ne les trouvait pas assez vite, il lui prit le livre des mains, l'ouvrit, et du premier coup tomba sur le chapitre qu'il cherchait. La lecture dura jusqu'à minuit.

Le lundi 20 avril, il déclara la reine régente, en présence de M. le duc d'Orléans et de M. le prince de Condé, et de tout ce qu'il y avait de grands à la cour. La reine était au pied du lit du roi, et, pendant tout le discours qu'il prononça, elle ne cessa de pleurer.

Le 21, le roi avait passé la nuit encore plus mal qu'à l'ordinaire. Plusieurs gentilshommes étaient là qui venaient demander de ses nouvelles, et, comme Dubois, son valet de chambre, avait tiré les rideaux du lit pour le changer de linge, il se regarda lui-même avec une espèce de terreur, et ne put s'empêcher de s'écrier : « Jésus, mon Dieu ! que je suis maigre ! » Puis, ouvrant le rideau et étendant la main vers M. de Pontis : — Tiens, Pontis, lui dit-il, voilà cependant la main qui a tenu le sceptre, voilà le bras d'un roi de France ; ne dirait-on pas la main et le bras de la Mort elle-même ? »

Le même jour, une grande solennité s'apprêtait : c'était le baptême du dauphin, âgé de quatre ans et demi. Le roi avait désiré qu'il se nommât Louis, et avait désigné pour ses parrain et marraine le cardinal de Mazarin et madame la princesse Charlotte-Marguerite de Montmorency, mère du grand Condé. La cérémonie eut lieu dans la chapelle du vieux château de Saint-Germain, en présence de la reine ; le jeune prince était vêtu des habits magnifiques que lui avait envoyés Sa Sainteté le pape Urbain. Quand on apporta le petit dauphin, après la cérémonie, le roi, tout faible qu'il était, voulut le prendre sur son lit, et là pour s'assurer si ses instructions étaient suivies :

— Comment t'appelles-tu mon enfant ? lui demanda-t-il.

— Louis XIV répondit le dauphin.

— Pas encore, mon fils, pas encore, dit Louis XIII ; mais prie Dieu que cela soit bientôt.

Le lendemain, le roi se trouva plus mal encore, et les médecins jugèrent à propos qu'il communiât. On avertit la reine, afin qu'elle assistât à la cérémonie et qu'elle amenât ses enfants pour qu'ils reçussent la bénédiction du roi.

La cérémonie achevée, le roi demanda à Bouvard s'il croyait que ce serait pour la nuit suivante. Mais Bouvard répondit qu'à moins d'accidents, sa conviction était que Sa Majesté devait vivre plus longtemps.

Le lendemain, il reçut l'extrême-onction, et, comme, après la cérémonie, le soleil entrait dans sa chambre, M. de Pontis se plaça par mégarde devant la fenêtre :

— Eh ! Pontis, lui dit le roi, ne m'ôte pas ce que tu ne saurais me donner.

M. de Pontis ne savait pas ce que voulait dire le roi ; aussi demeurait-il toujours à la même place. Mais M. de Tresmes lui fit comprendre que c'était un de ses derniers soleils que le roi réclamait.

Le lendemain, il alla mieux et commanda à M. de Nyert, son premier valet de garde-robe, d'aller prendre son luth et de l'accompagner. Alors, il chanta avec Savi, Martin, Camfort et l'ordonnant, des airs qu'il avait composés sur les paraphrases de David, par M. Godeau. La reine fut fort surprise d'entendre toute cette musique ; elle accourut, et, comme tout le monde, parut ravie de voir que le roi se portait mieux.

Les jours suivants se passèrent en alternatives de bien et de mal. Enfin, le mercredi 6 mai, le roi retomba tout à fait, et, le 7, il se trouva si bas, qu'il dit à Chicot :

— Quand me donnera-t-on cette bonne nouvelle, qu'il me faut partir pour aller à Dieu ?

Le 8 et le 9, la maladie empira encore ; le 9 surtout, le roi fut pris d'un assoupissement qui inquiéta si fort les médecins, qu'ils firent grand bruit pour l'éveiller ; mais, n'en pouvant venir à bout, et craignant que cet assoupissement ne conduisît le roi à la mort, ils chargèrent le père Dinet, son confesseur, de le réveiller. Alors, celui-ci s'approcha de son oreille, et lui cria par trois fois :

— Sire, Votre Majesté m'entend-elle bien ? Qu'elle se réveille, s'il lui plaît, car il y a si longtemps qu'elle n'a pris d'aliments, qu'on craint que ce grand sommeil ne l'affaiblisse trop.

Le roi se réveilla, et, d'un esprit fort présent :

— Je vous entends bien, mon père, lui dit-il, et ne trouve point mauvais ce que vous faites ; mais ceux qui vous le font faire savent que je ne repose point les nuits et, maintenant que j'ai un peu de repos, ils me réveillent.

Alors, se retournant vers son premier médecin :

— Auriez-vous voulu voir, par hasard, monsieur, lui dit-il, si c'est que j'appréhende la mort ? Ne le croyez pas ; car, s'il me faut partir à cette heure, je suis prêt.

Puis, se retournant vers son confesseur :

— Est-ce qu'il faut m'en aller ? lui dit-il. En ce cas, confessez-moi, et recommandez mon âme à Dieu.

Le lendemain, 10, le roi se trouva plus mal encore et, comme on voulait lui faire prendre malgré lui, un peu de gelée fondue pour le soutenir :

— Messieurs, dit-il, faites-moi donc la grâce de me laisser mourir en paix.

Le même jour, vers les quatre heures, M. le dauphin vint pour voir son père ; mais le roi dormait : les rideaux du lit étaient tirés et l'on pouvait remarquer que, pendant son sommeil, le mourant avait le visage déjà défiguré. Alors, Dubois, l'un des valets de chambre, s'approcha du jeune prince et lui dit :

— Monseigneur, regardez bien comme le roi dort, afin qu'il vous souvienne de votre père quand vous serez plus grand.

Puis, quand le dauphin eut, avec des yeux bien effrayés, regardé le roi, Dubois le remit à madame de Lansac, sa gouvernante, qui l'éloigna ; mais, au bout d'un instant, Dubois demanda à l'enfant :

— Avez-vous bien vu votre père, monseigneur, et vous en souviendrez-vous ?

— Oui, répondit l'enfant ; il avait la bouche ouverte et les yeux tout tournés.

— Monseigneur, voudriez-vous bien être roi ? demanda alors Dubois.

— Oh ! non, certainement, répondit le dauphin.

— Et si cependant votre papa mourait ?

— Si papa mourait, je me jetterais dans le fossé.

— Ne lui parlez plus de cela, Dubois, dit madame de Lansac ; car voilà deux fois déjà qu'il répond la même chose, et, si le malheur que nous prévoyons arrivait, il faudrait fort veiller sur lui et ne pas quitter ses lisières.

Vers les six heures du soir, le roi qui sommeillait, s'éveilla en sursaut :

— Ah ! monsieur, dit-il en s'écriant à M. le Prince, qui se tenait dans la ruelle de son lit, je viens de faire un beau rêve.

— Lequel, sire ? demanda Henri de Bourbon.

— Je rêvais que votre fils, M. le duc d'Enghien, en était venu aux mains avec les ennemis ; que l'affaire avait été longue et opiniâtre, et que la victoire avait longtemps balancé, mais qu'après un rude combat elle était demeurée aux nôtres, qui sont restés maîtres du champ de bataille.

Et c'était un rêve prophétique, car, quelques jours après, M. le duc d'Enghien triomphait à Rocroy.

Le lundi 11, le roi fut dans un état désespéré ; il sentait de grandes douleurs et ne pouvait rien prendre. Il passa le jour à se plaindre, et les assistants le passèrent à pleurer.

Le mercredi 13 fut très mauvais. Pressé par ceux qui étaient auprès de lui de prendre son petit lait, il s'en défendit un instant, disant qu'il était si mal, que, s'il faisait le moindre effort, il s'en allait mourir. Cependant on insista : deux valets de chambre le prirent sous les bras pour le soulever ; mais, comme il l'avait prédit, il était trop faible pour supporter cette fatigue, et, perdant haleine, il pensa expirer. On le reposa alors promptement sur ses oreillers, où il fut longtemps sans pouvoir parler ; puis enfin il dit :

— S'ils ne m'eussent remis à l'instant même, tout était fini.

Alors, il appela ses médecins et leur demanda s'ils croyaient qu'il pût aller jusqu'au lendemain, leur disant que le vendredi il avait toujours été heureux ; qu'il avait triomphé dans toutes les attaques et gagné toutes les batailles qu'il avait entreprises ce jour-là ; qu'il avait, en conséquence, toujours désiré mourir un vendredi, convaincu qu'il ferait une meilleure mort, mourant le jour où était trépassé Notre-Seigneur.

Les médecins, après l'avoir considéré et touché, lui annoncèrent qu'ils ne croyaient pas qu'il pût aller jusqu'au lendemain.

— Dieu soit loué ! dit alors le roi, je crois qu'il est temps de faire mes adieux.

Il commença par la reine, qu'il embrassa tendrement, et à laquelle il dit beaucoup de choses qu'elle seule put entendre ; puis il passa à M. le dauphin, puis à son frère, le duc d'Orléans. Les embrassant tous deux à plusieurs reprises. Alors, les évêques de Meaux et de Lisieux, et les pères Ventadour, Dinet et Vincent, entrèrent dans la ruelle du lit qu'ils ne quittèrent plus. Bientôt le roi appela Bouvard :

— Tâtez-moi, dit-il, et dites-moi votre sentiment.

— Sire, répondit celui-ci, je crois que Dieu vous délivrera bientôt, car je ne sens plus le pouls.

Le roi leva les yeux au ciel et dit tout haut :

— Mon Dieu ! recevez-moi dans votre miséricorde.

Puis, s'adressant aux assistants :

— Prions Dieu, messieurs, ajouta-t-il.

Et, regardant l'évêque de Meaux :

— Vous verrez bien, n'est-ce pas ? quand il faudra lire les prières de l'agonie ; d'ailleurs je les ai toutes marquées d'avance.

Au bout d'un instant, le roi entrait dans l'agonie et M. de Meaux lisait les prières. Le roi ne parlait plus, n'entendait plus ; peu à peu les esprits de la vie semblaient se retirer de lui, toutes les parties de son corps mouraient les unes après les autres. Ce furent d'abord les pieds, puis les jambes, puis les bras ; ensuite le râle lui-même devint intermittent, de sorte que, de temps à autre, on le croyait mort, enfin il jeta le dernier soupir à deux heures trois quarts d'après-midi, le 14 mai 1643, jour de l'Ascension, au bout de trente-trois ans de règne, à une heure près.

Plus facile à mettre à sa place réelle que ne l'avait été le cardinal, il n'y eut pas deux opinions sur Louis XIII et le jugement de la postérité a été parfaitement celui des contemporains.

Louis XIII, qu'on appela le Juste, non point à cause de son équité, mais, suivant les uns, parce qu'il était né sous le signe de la Balance, et, suivant les autres, parce que, comme il était atteint d'un défaut dans la prononciation, le cardinal craignait qu'on ne l'appelât Louis le Bègue ; Louis XIII était, ainsi qu'on a pu le voir, un assez pauvre prince et un assez médiocre souverain, quoique, comme tous les Bourbons, il eût le courage du moment et l'esprit de repartie ; mais aussi, comme tous les Bourbons, il avait au plus haut degré ce vice privé dont la politique avait fait une vertu royale : l'ingratitude.

Il était, en outre, avare, cruel et futile.

On se rappelle qu'il refusa la dédicace de Polyeucte, de peur qu'il n'y eût quelque chose à donner à Corneille.

Après la mort de Richelieu, il raya toutes les pensions des gens de lettres, même celles des académiciens, en disant :

— Voici M. le cardinal trépassé, nous n'avons plus besoin de tous ces gens-là, qui n'étaient bons qu'à chanter ses louanges.

Un jour, à Saint-Germain, il voulut voir l'état de sa maison, et retrancha de sa royale main un potage au lait que la générale Coquet mangeait tous les matins ; puis, comme il vit que M. de la Vrillière, qui cependant était en grande faveur, s'était fait servir quelques biscuits :

— Ah ! ah ! la Vrillière, dit-il lorsqu'il le revit pour la première fois, vous aimez fort les biscuits, à ce qu'il paraît.

Et il supprima les biscuits de la Vrillière comme il avait supprimé le potage de la générale Coquet.

Il est vrai qu'un autre jour il donna un grand exemple de générosité. Comme un grand d'entreteneur un de ses valets de chambre qu'il aimait beaucoup et qu'il revoyait lui-même, selon son habitude, les comptes de dépense, pour savoir au juste ce que la maladie avait coûté, il vit : « Un pot de gelée pour un tel. »

— Ah ! s'écria-t-il, je voudrais qu'il en eût mangé six et qu'il ne fût pas mort.

Voilà pour l'avarice. Nous avons dit aussi qu'il était cruel.

Son début dans ce genre fut l'assassinat du maréchal d'Ancre et l'exécution de Galigaï. Plus tard, au siège de Montauban, il avait sous les yeux, étant logé au château, une vingtaine de huguenots grièvement blessés qui venaient d'être déposés dans les fossés secs, en attendant un chirurgien qu'on avait oublié de leur envoyer. Les pauvres gens mouraient de soif et étaient littéralement rongés par les mouches. Aussi la douleur leur arrachait-elle force cris et contorsions. Louis XIII ne leur fit donner aucun secours et empêcha même qu'on ne leur en portât. Il regarda leur agonie, au contraire, avec grand plaisir, et, appelant M. de la Roche-Guyon pour venir jouir de ce spectacle :

— Comte, lui dit-il, venez donc voir les grimaces de ces braves gens.

Plus tard, M. de la Roche-Guyon étant à l'extrémité, Louis XIII lui fit demander comment il allait.

— Mal, répondit le comte, et même dites au roi que, s'il veut en avoir le divertissement, il faut qu'il se presse, car je vais commencer mes grimaces.

On sait comment et probablement de quelle façon il aimait Cinq-Mars. Non seulement il ne songea point un instant à lui faire grâce, mais encore, le jour de sa mort, comme l'heure de l'exécution sonnait, le roi leva les yeux sur la pendule, tira sa montre pour voir si toutes deux s'accordaient, et dit :

— A cette heure, M. le Grand doit faire une vilaine grimace.

Ce fut là toute l'oraison funèbre qu'obtint de son roi ce malheureux jeune homme, que, peu de temps auparavant, il paraissait cependant chérir, et dont la vue passion dont les démonstrations, comme nous l'avons vu, furent quelquefois poussées jusqu'au ridicule.

Voilà pour la cruauté. Nous avons dit encore qu'il était futile.

Le roi, en effet, n'avait qu'un plaisir réel : c'était la chasse. Mais, comme il ne pouvait chasser, ni tous les jours, ni toute la journée, il fallait bien faire autre chose. Or, avec son caractère froid, mélancolique et ennuyé, la distraction n'était pas facile : aussi fut-ce qu'on ne saurait compter tous les métiers qu'il entreprit successivement : il faisait des filets, il fondait des canons, sculptait des arbalètes, forgeait des arquebuses, faisait de la monnaie. M. d'Angoulême, petit-fils de Charles IX, qui partageait ce dernier goût avec le roi, disait à Louis XIII :

— Sire, nous devrions nous associer ensemble : je vous empêcherais de vous ruiner, en vous montrant comment on remplace l'or et l'argent, et vous, vous m'empêcheriez d'être pendu.

Il était, en outre, bon jardinier, et il parvint à faire venir, bien avant la cour, des pois verts qu'il envoya vendre au marché. Un de ses courtisans, nommé Montauron, ignorant que les pois venaient de lui, les acheta fort cher et lui en fit don, de sorte qu'il eut les pois et l'argent.

Ce n'était pas tout que d'apprendre à faire venir des pois, il fallait encore savoir les assaisonner. Louis XIII, après s'être fait jardinier, se fit cuisinier. Il eut surtout, pendant quelque temps, la passion de lardier, et se servait de lardoires de vermeil que lui apportait son écuyer George.

Un jour, il lui prit la manie de raser. Il rassembla tous ses officiers, leur coupa la barbe et ne leur laissa qu'un petit toupet au menton, qu'on appela depuis une *royale*.

Son dernier métier fut de faire des châssis avec M. des Noyers ; il passait à cette occupation des heures entières, pendant lesquelles on croyait qu'il que le roi et le ministre travaillaient au bonheur de la France.

Outre cela, il était musicien assez habile. Lorsque le cardinal fut mort, il demanda à Miron, son maître des comptes, des vers sur cet événement. Miron lui apporta le rondeau suivant :

Il est passé, il a plié bagage,
Le cardinal, dont c'est bien grand dommage
Pour sa maison ; c'est comme je l'entends,
Car pour autrui, maints hommes sont contents,
En bonne foi, de n'en voir que l'image.
Il fut soigneux d'enrichir son lignage.
Par dons, par vols, par fraude et mariage ;
Mais aujourd'hui c'en est plus le temps :
Il est passé.

Or, parlerons sans crainte d'être en cage ;
Il est en plomb, l'éminent personnage
Qui de nos maux a ri plus de vingt ans.
Le roi de bronze en eut le passe-temps,
Quand sur le pont, avec son attelage,
Il est passé.

Le roi trouva le rondeau galant et en fit la musique.

Cette fois, c'était de la futilité doublée de cruauté et d'ingratitude.

On composa sur lui une épitaphe qui finissait par ces deux vers :

Il eut cent vertus de valet
Et pas une vertu de maître.

IX

MAZARIN. — SON ORIGINE. — SES COMMENCEMENTS. — OPINION DE RICHELIEU A SON SUJET. — SON COUP D'ESSAI. — PRÉDICTION D'UN AMBASSADEUR. — FACTIONS QUI PARTAGENT LA COUR. — TROIS PARTIS. — LE PLUS HONNÊTE HOMME DU ROYAUME. — CONDUITE DE LA REINE. — DÉCLARATION DU PARLEMENT. — LES RIVALITÉS ÉCLATENT. — MAZARIN ET LE VALET DE CHAMBRE DE LA REINE. — LES TABLETTES.

Nous entrons dans une nouvelle période qu'un homme va remplir, comme Richelieu a fait de la précédente. Disons, avant toutes choses, ce que c'était que cet homme.

Giulio Mazarini, dont nous avons francisé le nom en celui de Jules Mazarin, était fils de Pietro Mazarini, natif de Palerme, et d'Ortensia Bufalini, issue d'une assez bonne maison de Città-di-Castello. Lui-même naquit à Piscina, dans l'Abruzze, le 14 juillet 1602, et fut baptisé dans l'église Saint-Sylvestre, de Rome.

Il avait donc quarante et un ans à l'époque où nous sommes arrivés.

Les commencements de Jules Mazarin furent obscurs ; il avait étudié à Rome, disait-on, puis il avait passé en Espagne avec l'abbé Jérôme Colonna. Pendant trois ans, il avait suivi les cours des universités d'Alcala et de Salamanque. Enfin, il était de retour à Rome en 1622, lorsque les jésuites, à l'occasion de la canonisation de leur fondateur, voulurent faire représenter une tragédie, comme c'était leur habitude dans les grandes circonstances. La vie du nouveau saint fournit le sujet de la pièce, et Jules Mazarin joua, aux applaudissements de tous, le rôle d'Ignace de Loyola.

C'était d'un bon augure pour un homme qui se destinait à la diplomatie. Mazarin avait alors vingt ans. Ce fut vers cette époque qu'il entra au service du cardinal Bentivoglio. En quelle qualité on n'est pas fixé sur ce point. Ses ennemis disaient que c'était en qualité de domestique. Quoi qu'il en soit, son maître reconnut bientôt en lui de grandes capacités ; car, un jour, ayant conduit le jeune homme chez le cardinal neveu (c'est ainsi qu'on appelait le cardinal Barberino) :

— Monseigneur, lui dit-il, j'ai de grandes obligations à votre famille, je crois m'acquitter envers elle en vous donnant ce jeune homme que je vous amène.

Barberino regarda avec étonnement celui qui lui était présenté d'une façon si honorable ; mais il ne le connaissait pas même de vue.

— Je vous remercie du présent, dit-il, maintenant, puis-je savoir comment se nomme celui que vous me donnez avec une si belle recommandation ?

— Giulio Mazarini, Monseigneur.

— Mais, s'il est tel que vous le dites, demanda le défiant prélat, pourquoi me le donnez-vous ?

— Je vous le donne, parce que je ne suis pas digne de le garder.

— Eh bien, soit, répondit le cardinal neveu, je l'accepte de votre main. Mais à quoi le jugez-vous bon ?

— A tout, monseigneur.

— Si cela est comme vous le pensez, répondit Barberino, nous ne ferions pas mal de l'envoyer en Lombardie, avec le cardinal Ginetti.

Cette présentation lui ouvrit la route des honneurs. Recommandé comme il l'était, Mazarin fut chargé de quelques petites négociations qu'il accomplit assez heureusement et qui lui facilitèrent la voie à de plus grandes. Enfin, en 1629, lorsque Louis XIII, en forçant le pas de Suze, contraignit le duc de Savoie à se séparer des Espagnols, le cardinal Sacchetti, qui représentait le pape à Turin, revint à Rome, et laissa Mazarin, avec le titre d'internonce et ses pleins pouvoirs, pour conclure la paix.

Les nouvelles fonctions dont le jeune diplomate était chargé, l'amenèrent à faire plusieurs voyages, dont l'un fut la source de sa fortune. Il vint à Lyon en 1630, fut présenté à Louis XIII, qui s'y trouvait alors, et, après la présentation, causa deux heures avec le cardinal de Richelieu, lequel fut si charmé de cette conversation, où l'adroit Italien avait déployé les ressources de son esprit et la finesse de ses vues, qu'il sortit en disant :

— Je viens de parler au plus grand homme d'État que j'aie jamais rencontré.

On comprend que, du moment où Richelieu avait conçu d'un homme une pareille opinion, il fallait que cet homme fût à lui. Mazarin rentra en Italie entièrement dévoué aux intérêts de la France.

Cependant tous ses efforts n'avaient pu amener la paix : les Espagnols assiégeaient Casal, et les Français voulaient secourir la place. Mazarin, en passant d'un camp à l'autre, obtint d'abord une trêve de six semaines ; puis, ce temps expiré, comme toutes ses tentatives de pacification avaient

infatigable, avisé, prévoyant, secret, dissimulé, éloquent, persuasif et fécond en expédients. En un mot, il possède toutes les qualités qui font les habiles négociateurs ; son coup d'essai est vraiment un coup de maître ; celui qui paraît avec tant d'éclat sur le théâtre du monde, y doit faire apparemment une grande et belle figure. Comme il est fort, jeune et d'une complexion robuste, il jouira longtemps, si je ne me trompe, des honneurs qu'on lui prépare, et il ne lui manque que du bien pour aller loin. »

Les Vénitiens étaient grands prophètes en pareille matière. C'était, avec les Florentins, le peuple qui passait pour le plus habile en politique. Louis XI avait fait venir deux Vénitiens pour prendre d'eux des leçons de tyrannie.

La prédiction de l'ambassadeur s'accomplit en 1634. Richelieu, qui voulait avoir Mazarin près de lui, le fit nom-

On apporta le petit dauphin.

été inutiles, et que les Français marchaient au combat, il s'élance au galop dans l'étroit intervalle qui les séparait des Espagnols, afin de tenter un dernier effort sur le maréchal de Schomberg. Mais celui-ci, dans l'espoir de la victoire, propose des conditions presque inacceptables. Mazarin ne se rebute pas : il court aux Espagnols déjà sous les armes, s'adresse à leur général, exagère les forces des Français, lui montre sa position et celle de son armée comme désespérées obtient de lui les conditions demandées par le maréchal de Schomberg, pousse aussitôt son cheval à toute bride vers notre armée, en criant : La paix ! la paix ! Mais nos soldats, comme leur général, voulaient une bataille. On répond aux cris de Mazarin par les cris de Point de paix ! point de paix ! accompagnés d'une vive fusillade. Le négociateur ne se laisse point intimider par le danger, il passe au milieu des balles qui se croisent, son chapeau à la main, et, criant toujours : La paix ! la paix ! arrive ainsi près de Schomberg, qui, étonné qu'on lui accorde avant la bataille plus qu'il n'aurait osé demander après une victoire, accepte le traité et fait poser les armes à ses troupes. Deux heures après, les préliminaires de la paix, confirmée l'année suivante par le traité de Cherasco, étaient signés sur le champ de bataille.

Veut-on savoir ce que pensait de Mazarin, à cette époque, l'ambassadeur de Venise Sagredo ? Voici l'extrait d'une de ses dépêches au gouvernement vénitien :

« Giulio Mazarini, sérénissime seigneur, est agréable et bien fait de sa personne ; il est civil, adroit, impassible,

mer vice-légat d'Avignon. En 1639, il était envoyé en Savoie avec le titre d'ambassadeur extraordinaire ; enfin, le 10 décembre 1641, il fut nommé cardinal, et, le 25 février de l'année suivante, il reçut la barrette des mains mêmes de Louis XIII.

On se rappelle que le cardinal de Richelieu mourant avait recommandé au roi Louis XIII trois hommes. Ces trois hommes étaient : Chavigny, des Noyers et Mazarin.

Mais, nous l'avons vu, le règne de Louis XIII fut court. Le cardinal mourut le 4 décembre 1642, et, le 19 avril 1643, le roi se couchait sur le lit d'agonie qu'il ne devait plus quitter. Le jour suivant, soumis aux volontés de Richelieu mort, comme il l'avait été à celles de Richelieu vivant, il nommait à la reine régente un conseil dont le chef était le prince de Condé, et dont les membres étaient le cardinal Mazarin, le chancelier Séguier, le surintendant Bouthillier et le secrétaire d'État Chavigny.

Quant au duc d'Orléans, à qui Louis XIII avait pardonné ses rébellions, mais sans les oublier, il était nommé lieutenant général du roi mineur, sous l'autorité de la régente et du conseil.

Il est vrai que le roi n'était pas trépassé en plus grande confiance de sa femme que de son frère. Sur son lit de mort, Chavigny lui était venu parler de ses anciens soupçons contre Anne d'Autriche, à propos de la conspiration de Chalais, lui affirmant, à cette heure suprême, qu'elle n'avait jamais trempé en rien dans cette affaire, et le roi avait répondu :

— En l'état où je suis, je dois lui pardonner, mais je ne dois pas la croire.

En effet, quelques jours avant la mort du roi, un événement scandaleux s'était passé près de lui, qui avait dû rendre son agonie encore plus pénible en lui montrant l'avenir, du fond de sa tombe, comme à la lueur d'un éclair.

Le 25 avril, le roi avait reçu l'extrême-onction, et, comme le vieux Tibère, on l'avait cru mort. Alors, au milieu de la confusion générale, tous les intérêts particuliers s'étaient fait jour. La cour était, à cette époque, divisée en deux factions principales : le parti Vendôme et le parti la Meilleraie.

Nous dirons deux mots de cette querelle, dont les suites devront rejaillir sur les événements que nous allons raconter.

M. de Vendôme avait eu autrefois, on se le rappelle, le gouvernement de Bretagne. C'était en Bretagne qu'avait été le chercher le grand prieur son frère. Nous avons raconté comment tous deux furent arrêtés et conduits à Vincennes. Le cardinal prit alors le gouvernement de Bretagne pour lui et le légua en mourant au maréchal de la Meilleraie. Or, la famille de Vendôme ne voulait pas reconnaître cette transmission, et le duc de Beaufort, jeune, beau, hardi, présomptueux, populaire, fort de l'appui de la reine, avait annoncé tout haut qu'à la mort du roi, il reprendrait de gré ou de force le gouvernement arraché à son père.

Aussi, dès qu'on crut le roi mort, les deux factions qui partageaient la cour se rapprochèrent-elles à l'instant même aux côtés de leurs chefs. Le maréchal de La Meilleraie fit venir de Paris tous les siens, et Monsieur s'entoura de ses serviteurs.

Ces trois partis, car Monsieur représentait toujours un parti, ayant une attitude si menaçante, que la reine, mandée par le roi et craignant quelque collision, appela près d'elle le duc de Beaufort, et, le saluant du nom de *plus honnête homme du royaume*, lui remit la garde du château Neuf, où étaient le roi et le duc d'Anjou.

Pendant toute cette journée, M. de Beaufort se trouva donc, à la tête d'une garde nombreuse, le protecteur des enfants de France.

Cette faveur, comme on le pense bien, blessa hautement deux personnes : la première était le duc d'Orléans, qui devait être, au reste, habitué à ces défiances (1), et la seconde M. le prince de Condé, qui les méritait peut-être tout autant que lui.

Une scène à peu près pareille se présenta quand le roi mourut.

A peine Louis XIII eut-il fermé les yeux, que chacun s'était éloigné de lui ; trois personnes seulement, que le cérémonial de la cour enchaînait dans la chambre mortuaire, demeurèrent autour du cadavre, dont on devait faire l'autopsie. Il fallait un prince, un officier de la couronne et un gentilhomme de la chambre pour qu'on pût procéder à cette opération. Charles-Amédée de Savoie, duc de Nemours, le maréchal de Vitry et le marquis de Souvré donnèrent aux restes de leur souverain cette dernière marque de leur dévouement.

Pendant ce temps, Anne d'Autriche avait quitté le château Vieux, où gisait le corps de son mari, et était allée rejoindre le dauphin au château Vieux, les deux châteaux n'étaient séparés que par un intervalle de trois cents pas.

A peine arrivée, la reine, qui avait tout un avenir de régence à régler autour de Monsieur, lui fit dire par M. de Beaufort de la venir joindre pour la consoler. Monsieur s'empressa de se rendre à son ordre, et, comme le prince de Condé voulait accompagner Son Altesse royale, le duc de Beaufort lui fit observer qu'il avait défense de laisser pénétrer auprès de la reine toute autre que M. le duc d'Orléans.

— C'est bien, monsieur, répondit le prince ; mais dites à la reine que, si elle avait un pareil ordre à me transmettre, elle le pourrait tenir par son capitaine des gardes, et non par vous qui n'avez aucune mission pour cela.

— Monsieur, répondit le duc de Beaufort, j'ai fait ce que la reine m'a dit, et il n'y a personne en France qui puisse m'empêcher de faire ce que la reine me commandera.

M. le Prince, en sa double qualité de premier prince du sang et de grand maître, croyait avoir quelque titre à une exception, parut fort blessé de cette réponse du duc de Beaufort, et dès ce moment commença entre les deux princes une haine qui ne fit que s'envenimer par la suite et dont nous ne tarderons pas à voir les effets.

Pendant cette entrevue, tout fut arrêté entre la reine et Monsieur.

Anne d'Autriche, au reste, n'avait fait que passer au château Vieux pour y voir son beau-frère et y prendre son fils. Le même jour, elle revint à Paris et fit sa rentrée au Louvre, où toute la cour descendit avec elle.

Trois jours après, la reine avait si bien travaillé, que toutes les précautions prises par le feu roi pour assurer l'exécution de ses volontés, étaient mises à néant. Le parlement l'avait déclarée régente dans le royaume, « pour avoir le soin et l'éducation de la personne de sa Majesté et l'administration entière des affaires pendant que le duc d'Orléans, son oncle, serait son lieutenant général dans toutes les provinces du royaume, sous l'autorité de la reine, et chef des conseils sous son autorité. »

Lui absent, cette présidence était déférée au prince de Condé, mais toujours sous l'autorité de la reine. Celle-ci pouvait, du reste, faire choix de telles personnes que bon lui semblerait pour délibérer auxdits conseils sur les affaires qui lui seraient proposées, sans être obligée de suivre la pluralité des voix.

Ce dernier article, comme on le voit, renversait tout l'échafaudage de tutelle où le roi avait voulu placer Anne d'Autriche, et, au lieu de soumettre le pouvoir de la reine à celui du conseil, il mettait, au contraire, le conseil sous son entière dépendance.

Aussi, ni Mazarin ni Chavigny n'assistèrent-ils à cette déclaration : leur absence fut remarquée, et on les regardait tous deux comme en disgrâce. Déjà, sur les trois personnes recommandées à Louis XIII par Richelieu mourant, des Noyers avait quitté les affaires, et cela, du vivant même du roi ; les deux autres allaient disparaître à leur tour ; et, avec eux, cette influence du cardinal, qui avait continué de peser sur Louis XIII, son esclave, allait achever de s'éteindre sous Anne d'Autriche, son ennemie.

Les haines éclatèrent aussitôt contre Mazarin et Chavigny, dont chacun ambitionnait les dépouilles ; mais on se pressait trop. Anne d'Autriche avait hérité de son mari la dissimulation, « cette vilaine mais nécessaire vertu des rois, » dit madame de Motteville, et se préparait une seconde journée des Dupes.

Au reste, au moment même où l'on croyait Mazarin occupé, comme on le disait, à préparer ses bagages pour retourner en Italie, lui, la figure calme et parfaitement tranquille en apparence, avait accepté avec Chavigny, son ami et son compagnon d'infortune, comme on l'appelait alors, un dîner chez le commandeur de Souvré, le même dont le nom a déjà été prononcé dans cette histoire à propos du complot de Chalais et du duc d'Orléans contre la vie de Richelieu.

Cette amitié du cardinal Mazarin et de Chavigny datait de loin. Dès son arrivée en France, Mazarin avait fait une cour très assidue à Le Bouthillier, qui était dans la plus grande faveur de Richelieu, et à Chavigny, qui passait pour son fils ; tous deux l'avaient soutenu de tout leur pouvoir, et l'on assurait même que c'était aux instances réitérées de Chavigny près du cardinal que Mazarin avait dû le chapeau rouge.

Or, les deux amis, qui, disait-on, s'étaient juré l'un à l'autre de faire cause commune dans leur bonne ou mauvaise fortune à venir, avaient donc dîné chez le commandeur de Souvré, et, après le dîner, s'étaient mis au jeu, lorsque Beringhen entra.

En voyant paraître le premier valet de chambre de la reine, Mazarin se douta qu'il venait à son intention. Aussi donna-t-il sur-le-champ ses cartes à tenir à Bautru, et il passa avec le nouveau venu dans une chambre voisine, sans s'inquiéter du regard dont le poursuivait Chavigny, qui jouait à la même table.

— Monseigneur, dit Beringhen, je viens vous donner une bonne nouvelle.

— Laquelle ? demanda Mazarin avec son sourire froid et sa voix soyeuse.

— C'est que la reine est, à l'égard de Votre Éminence, dans de meilleures dispositions qu'on ne le croit.

— Et qui peut vous faire penser une chose si heureuse pour moi, monsieur de Beringhen ?

— Une conversation que je viens d'entendre entre elle et M. de Brienne, qui s'est dite disposée à vous faire premier ministre.

Contre l'attente du messager, le sourire commencé sur les lèvres du cardinal s'effaça ; sa figure redevint froide, et un regard impassible, mais profond, sembla plonger jusqu'au cœur du messager.

— Ah ! ah ! fit-il ; vous avez entendu cette conversation ?

— Oui, monseigneur.

— Et que disait Brienne ?

— Il disait à la reine que, puisqu'il lui fallait un premier ministre, Votre Éminence était, dans ce cas, le meilleur choix qu'elle pût faire, non seulement comme homme rompu aux affaires, mais aussi comme serviteur dévoué.

— Ainsi, Brienne a répondu de mon dévouement ? dit Mazarin.

— Il a dit qu'il était certain qu'une si grande faveur

(1) Voir la note 3 à la fin du volume.

toucherait Votre Éminence, et que, comme rien ne liait tant les âmes bien nées que la reconnaissance, il était certain que Sa Majesté pouvait compter sur vous.

— Et qu'a répondu à ceci Sa Majesté ?

— Sa Majesté craint que Votre Éminence n'ait des engagements antérieurs.

Mazarin sourit.

— Merci, monsieur de Beringhen, dit-il ; et croyez que dans l'occasion je me souviendrai de la peine que vous avez prise pour m'annoncer cette bonne nouvelle.

Et il fit un pas pour rentrer dans la salle de jeu.

— Est-ce tout ce que Son Éminence daigne me dire ? demanda Beringhen.

— Que voulez-vous que je vous dise ?... Vous m'annoncez que vous avez surpris une conversation dans laquelle la reine a manifesté de bonnes intentions à mon égard. Je n'ai à remercier que vous, et je vous remercie.

Beringhen vit que Mazarin, craignant sans doute un piège, était résolu à jouer serré ; il comprit la faveur dont allait jouir le rusé Italien, et pressentit que, le lendemain, il y aurait une foule de gens désireux de s'attacher à sa fortune ; il résolut donc de prendre position le jour même.

— Écoutez, monseigneur, dit-il ; je serai franc avec Votre Éminence ; je ne viens pas de mon propre mouvement.

— Ah ! ah ! fit Mazarin ; et au nom de qui venez-vous ?

— Je viens au nom de la reine.

Les yeux du futur ministre rayonnèrent de joie.

— Alors, c'est autre chose, dit-il ; parlez, mon cher monsieur de Beringhen, parlez.

Beringhen lui raconta qu'il n'avait rien entendu de la conversation de la reine et de M. de Brienne, conversation qui cependant avait eu lieu, mais qui lui avait été entièrement rapportée par Sa Majesté.

— En ce cas, dit Mazarin, c'est donc Sa Majesté qui vous a chargé de venir me trouver ?

— Elle-même, répondit Beringhen.

— Sur votre honneur ?

— Foi de gentilhomme ! Elle désire savoir si elle peut faire fond sur vous, et si, dans le cas où elle vous soutiendrait, vous la soutiendriez ?

Aussitôt, passant de l'extrême défiance à la confiance extrême :

— Monsieur de Beringhen, dit Mazarin, retournez vers la reine, et dites-lui que je remets, sans condition aucune, ma fortune entière entre ses mains. Tous les avantages que le roi m'avait faits par sa déclaration, j'y renonce. J'ai peine à le faire, il est vrai, sans avertir M. de Chavigny, nos intérêts étant communs ; mais j'ose espérer que Sa Majesté me gardera le secret, comme, de mon côté, je le garderai religieusement.

— Monseigneur, dit Beringhen, j'ai bien mauvaise mémoire, et je crains vraiment d'affaiblir les termes dont vous vous servez les reportant à la reine. Je vais faire demander du papier, une plume et de l'encre, et vous me les donnerez, s'il vous plaît, par écrit.

— Non pas, dit Mazarin ; car, si nous demandions toutes ces choses, Chavigny se douterait que nous sommes en conférence et non en causerie.

— Eh bien, dit Beringhen en tirant des tablettes de sa poche et en les présentant avec un crayon au cardinal, écrivez ceci.

Il n'y avait pas à reculer ; Mazarin prit les tablettes, le crayon et écrivit :

« Je n'aurai jamais de volonté que celle de la reine. Je me désiste maintenant, de tout mon cœur, des avantages que me promet la déclaration, et je l'abandonne sans réserve, avec tous mes autres intérêts, à la bonté sans égale de Sa Majesté.

« Écrit et signé de ma main.

« De Sa Majesté,

Le très humble, très obéissant et très fidèle sujet, et la très reconnaissante créature,

« JULES, cardinal de MAZARIN. »

Et il rendit les tablettes tout ouvertes à Beringhen, qui lut la promesse et qui, après l'avoir lue, secoua la tête.

— Eh bien ! dit le cardinal, trouvez-vous, mon cher monsieur de Beringhen, que ce billet ne dise pas tout ce qu'il doit dire ?

— Au contraire, dit Beringhen, je le trouve si bien tourné, que je donnerais beaucoup de choses, et la reine aussi, j'en suis sûr, pour qu'il fût écrit à la plume au lieu de l'être au crayon... Le crayon s'efface vite, monseigneur, vous le savez.

— Dites à la reine, reprit le cardinal, que, plus tard, je l'écrirai à l'encre, sur le papier, sur le parchemin, sur l'acier, où elle voudra, et que je le signerai de mon sang, s'il le faut.

— Ajoutez cela en post-scriptum, monseigneur, dit Beringhen, qui tenait à faire les affaires en conscience ; il y a encore de la place.

Le cardinal écrivit le post-scriptum demandé, et Beringhen, tout joyeux du succès de sa négociation, rapporta la promesse au Louvre.

La reine était encore avec le comte de Brienne, lorsque rentra Beringhen. Le comte de Brienne, par discrétion, voulut se retirer, mais la reine le retint. Après avoir lu avec une grande joie ce que le cardinal avait écrit, elle donna les tablettes à garder à Brienne, qui, remarquant qu'outre la promesse de Mazarin, il y avait sur ces tablettes plusieurs autres choses écrites encore, voulut les rendre à Beringhen pour qu'il les effaçât, mais Beringhen refusa de les reprendre. Alors, en présence de la reine, le comte les cacheta, et, rentré chez lui, les enferma dans une cassette d'où elles ne sortiront que lorsque la reine les lui demanda, c'est-à-dire lorsqu'eut paru la déclaration du parlement à laquelle Mazarin poussa de toute sa force.

Ce même jour, les tablettes furent apportées au cardinal par le Prince, que la reine voulait mettre bien avec lui et qui était chargé de lui donner en même temps le brevet par lequel Anne d'Autriche, non seulement rendait au cardinal la place qu'il avait perdue, mais encore le nommait chef de son conseil.

Alors, à la vue de cette faveur aussi grande qu'inattendue, les anciens bruits, à peu près oubliés, se renouvelèrent. On disait que, depuis 1636, le cardinal était l'amant de la reine.

Ainsi se trouvait expliquée, par ces bruits auxquels la conduite ultérieure d'Anne d'Autriche donna malheureusement une grande consistance, la naissance miraculeuse de Louis XIV, après vingt-deux ans de stérilité.

Ainsi se retrouvera peut-être encore expliqué plus tard le mystère de *l'homme au masque de fer*.

X

LE DUC D'ENGHIEN. — M. LE PRINCE. — CHARLOTTE DE MONTMORENCY. — LE BALLET ET HENRI IV. — DERNIER AMOUR DU BÉARNAIS. — LE ROI POSTILLON. — GASSION. — LA FERTÉ-SENECTÈRE. — DON FRANCESCO DE MELLO. — BATAILLE DE ROCROY.

Tous ces grands changements, si importants qu'ils fussent, prirent cinq jours à peine. Le sixième, on apprit la victoire de Rocroy, prédite sur son lit de mort par Louis XIII, à qui une vision l'avait révélée.

Qu'on nous permette un mot sur le jeune vainqueur qui va jouer un si grand rôle dans les affaires publiques et privées de la régence.

Le duc d'Enghien, qui sera bientôt le grand Condé, était fils de Henri de Bourbon, prince de Condé, qu'on appelait seulement *M. le Prince*, personnage médiocre, et connu surtout pour s'être fait acheter cinq ou six fois sa soumission, sous la régence d'Anne d'Autriche. On lui reprochait deux choses : la première d'être fort avare, la seconde d'être peu brave. A ces deux accusations, il répondait que le marquis de Rosning était plus avare et le duc de Vendôme plus poltron que lui. C'est la seule excuse qu'il ait jamais cherchée de sa poltronnerie et à son avarice.

M. le Prince était accusé d'un vice assez commun à cette époque ; et, au bout de dix ans de mariage avec la belle Charlotte de Montmorency, il n'en avait pas encore d'enfant, lorsque, heureusement pour la France, il fut mis à Vincennes. Nous avons déjà raconté comment sa femme alla s'y enfermer avec lui, et comment, pendant cette réclusion, naquirent la duchesse de Longueville et le duc d'Enghien.

Charlotte de Montmorency était, à l'âge de quinze ans, d'une beauté si ravissante, que Henri IV l'avait aimée jusqu'à la folie, et l'on prétendait même que la guerre qu'il allait faire en Flandre, lorsqu'il fut assassiné, avait lieu à son occasion.

Bassompierre aussi en était fort amoureux. Il dit, en parlant d'elle dans ses Mémoires : « Sous le ciel, il n'y avait alors rien de si beau que mademoiselle de Montmorency, ni de meilleure grâce, ni de plus parfait. » Et il allnit l'épouser, lorsque Henri IV le pria de renoncer à ce mariage. Le pauvre roi, qui comptait alors onze lustres, en était amoureux comme s'il n'avait eu que vingt ans.

Voici comment cette passion lui était venue.

C'était vers le commencement de l'année 1609. La reine Marie de Médicis avait projeté un ballet auquel elle avait engagé les plus belles personnes de la cour et dont, par conséquent, se trouvait mademoiselle de Montmorency, qui pouvait alors avoir treize ou quatorze ans au plus. Mais, à propos de ce ballet, de graves démêlés s'étaient élevés entre elle et le roi. Henri IV désirait que madame de Moret (1) en fût, et la reine ne la voulait pas ; d'un autre côté, la reine voulait que madame de Verderonne y figurât, et le roi s'y opposait absolument. Chacun avait tort en ce qu'il voulait, et raison en ce qu'il ne voulait pas. Mais, persistant dans ses désirs, absolue dans ses volontés, Marie de Médicis finit par l'emporter. Henri IV vaincu se vengeait en boudant, et avait déclaré qu'on pouvait faire ce qu'on voudrait, qu'il n'assisterait à aucune répétition de ce malencontreux ballet. Les répétitions n'en continuèrent pas moins, et, comme pour s'y rendre on passait devant le cabinet du roi, Henri en faisait fermer sévèrement la porte afin de ne pas même voir les futurs acteurs de cette fête.

Un jour on avait oublié de prendre cette précaution habituelle et que la porte était toute grande ouverte, le roi entendit du bruit dans le corridor, et, fidèle à sa rancune, courut à la porte pour la fermer. Malheureusement pour le cœur si inflammable du Béarnais, c'était mademoiselle de Montmorency qui s'avançait par le corridor. Henri IV demeura stupéfait d'une si parfaite beauté, et, oubliant le serment qu'il avait fait, comme il en avait déjà oublié bon nombre d'autres bien plus importants, non seulement il ne ferma pas la porte, mais encore, après un moment d'hésitation, il se lança sur les traces de mademoiselle de Montmorency et courut à la répétition.

Or, pendant ce moment d'hésitation, les belles actrices qui répétaient en costume avaient pris leurs places : elles étaient vêtues en nymphes et dansantes, un javelot doré à la main. Au moment où Henri IV parut sur la porte, mademoiselle de Montmorency se trouvait par hasard en face de lui, et, par hasard aussi, levait son javelot, mais cela avec un geste si gracieux et un si charmant sourire, que quoique la pointe du javelot ne touchât point la main de la belle nymphe, Henri IV en fut frappé au cœur.

Depuis ce temps, l'huissier ne ferma plus la porte, et le roi, qui tenait moins à ce que madame de Moret assistât au ballet, laissa faire la reine selon son plaisir. Ce fut alors aussi que Henri IV pria Bassompierre de renoncer à son mariage avec la belle Charlotte, et qu'il pensa à lui donner pour époux M. le Prince, dont il connaissait les goûts et dont il espérait avoir bon marché.

Le mariage se fit avec d'autant plus de facilité que M. le Prince ne possédait alors en biens-fonds qu'une dizaine de mille livres de rente. Or, le connétable de Montmorency, pour qui c'était un grand honneur que de s'allier à un prince du sang, donna cent mille écus à sa fille, et le roi, de son côté, fit don aux jeunes époux des biens qui avaient été confisqués au duc de Montmorency. Ce fut cette magnifique dot qui fit entrer dans la maison de Condé les terres de Chantilly, de Montmorency, d'Ecouen et de Valéry.

Cependant, contre l'attente du roi, M. le Prince s'avisa d'être jaloux ; il renferma sa femme, que l'amoureux Béarnais n'eut que la possibilité de voir, tant son mari faisait bonne garde. Toutefois, il obtint d'elle, à force de la supplier par lettres, qu'elle se montrât un soir à sa fenêtre, les cheveux pendants et entre deux flambeaux. Elle y consentit, elle était si belle, ainsi échevelée, que le roi, disent les chroniques, pensa se trouver mal de plaisir en la voyant, et qu'elle ne put s'empêcher de s'écrier :

— Jésus ! le pauvre roi serait-il donc devenu fou ?...

Ce ne fut pas tout ; il voulut avoir son portrait, et chargea Ferdinand, un des meilleurs peintres de l'époque, de le faire. Bassompierre, qui était devenu le confident du roi depuis qu'il n'en était plus le rival, attendait que le portrait fût fini, et, dès qu'il le vit achevé, il l'emporta si grande hâte, que, de peur qu'il ne s'effaçât, il fut forcé, à défaut de vernis, de le frotter de beurre frais. Ce portrait était d'une grande ressemblance, et Henri IV fit mille folies en le recevant.

Mais un malheur inattendu menaçait les amours tardives du vieux roi. Un jour, on lui dit que M. le Prince, dans un redoublement de jalousie, avait emmené sa femme dans son château de Muret, situé près de Soissons. Ce fut un profond désespoir : dès lors, il fit épier madame la Princesse pour connaître toutes ses démarches et essayer de la

voir à la dérobée. Un matin, il apprend que M. de Traigny, voisin de campagne de M. de Condé, a invité le prince et la princesse sa femme à venir dîner chez lui. Aussitôt, Henri se déguise en postillon, se met un emplâtre sur l'œil, et arrive à franc étrier sur le chemin, juste à temps pour la voir passer. M. le Prince ne fit pas attention à ce manant ; mais la belle Charlotte reconnut parfaitement ce prétendu postillon pour le roi.

Cependant, M. le Prince apprit cette nouvelle équipée du monarque et redoubla de surveillance. Mais alors madame la Princesse, poussée par ses parents et surtout par son père le connétable, se laissa entraîner à signer une requête par laquelle elle demandait le divorce. Dès que M. le Prince connut cette démarche, comme il se souciait peu de rendre la dot reçue, il se sauva à Bruxelles, emmenant sa femme avec lui.

Alors, le marquis de Cœuvres, ambassadeur dans les Pays-Bas, reçut l'ordre d'enlever la belle Charlotte ; mais, prévenu à temps, M. le Prince passa en campagne.

On sait comment, sur le point d'entrer en campagne, Henri IV fut assassiné. Le roi mort, M. le Prince revint à Paris, où, lasse de ses révoltes successives, Marie de Médicis le fit arrêter un beau matin par M. de Thémines et envoyer au donjon de Vincennes. Il y resta trois ans, et madame la Princesse alla, au grand étonnement de tout le monde, s'enfermer avec lui. C'était à cette union, si tourmentée dans ses commencements, que M. le duc d'Enghien devait la naissance.

Le jeune prince était brave autant que son père l'était peu, et, quoique âgé de vingt-deux ans à peine, lorsque arriva le jour de Rocroy, il avait déjà une grande réputation dans l'armée.

Sous ses ordres servaient les sieurs de Gassion, de la Ferté-Senectère, de l'Hôpital, d'Espenan et Sirot.

Gassion, qui fut depuis maréchal de France et qui mourut célibataire, sous le prétexte que la vie ne valait pas qu'on la donnât à un autre, était un des plus braves officiers de fortune qu'il y eût. Aussi le cardinal de Richelieu ne l'appelait-il jamais que *la Guerre*. Le général don Francesco de Mello l'appelait plus poétiquement *le lion de la France*.

La Ferté-Senectère était petit-fils de ce même François de Senectère, ou plutôt de Saint-Nectaire qui défendait Metz tandis que Charles-Quint l'attaquait, et sur qui le duc de Guise, enterré vivant dans cette ville, fit le couplet suivant :

Senectère
Fut en guerre,
Et porta l'épée à Metz ;
Mais
Il ne la tira jamais.

Le maréchal de l'Hôpital était ce même du Hallier, frère de M. de Vitry, qui avait tué le maréchal d'Ancre, et dont Lauzières, cadet de Thémines, disait tout haut :

— Ne me donnera-t-on donc jamais quelqu'un à assassiner traîtreusement pour me faire ensuite maréchal de France, comme on a fait Vitry ?

D'Espenan et Sirot étaient de braves soldats qui avaient fait leurs preuves.

L'armée ennemie, commandée par don Francesco de Mello, qui avait sous ses ordres le général Beck et le comte de Fuentes, — était forte de vingt-huit mille hommes.

Le duc d'Enghien n'avait sous ses ordres que quinze mille hommes d'infanterie et sept mille chevaux. Aussi, deux jours avant la bataille, avait-il reçu, en même temps que la nouvelle de la mort du roi, l'ordre de ne se livrer aucune affaire décisive. Mais le jeune général se souciait peu de cet ordre. Francesco de Mello avait dit qu'il prendrait Rocroy en trois jours, et que huit jours après, il serait sous les murs de Paris. Le duc d'Enghien accourut pour lui barrer la route.

Rocroy est situé au milieu d'une plaine environnée de bois et de marais, qu'on ne peut aborder qu'en traversant des défilés longs et difficiles, excepté du côté de la Champagne, où il n'y a guère à franchir que l'espace d'un quart de lieue en bois et en bruyères. Cette plaine, coupée par un ruisseau, peut contenir deux armées de vingt-cinq à trente mille hommes chacune ; mais il fallait arriver à cette plaine, et Francesco de Mello non seulement en gravit les meilleures positions, mais encore était maître de tous les défilés qui y conduisaient.

La surveille de la bataille, il y eut un conseil de guerre. Le maréchal de l'Hôpital, qu'on avait donné au jeune prince comme un mentor, était d'avis, ainsi que la Ferté-Senectère et d'Espenau, de se contenter de jeter un renfort dans la place ; mais Jean de Gassion et Sirot opinèrent pour qu'on fît lever le siège et, le jeune prince en se rangeant à leur opinion, la fit prévaloir. Il fut décidé qu'on forcerait le défilé qui s'ouvrait sur la Champagne.

---

(1) Jacqueline de Bueil, comtesse de Bourbon-Moret, que Henri IV avait achetée 30,000 écus, qu'il avait mariée à M. de Céay, et dont il avait eu un fils, Antoine de Bourbon, comte de Moret, qui, né en 1607, fut tué au combat de Castelnaudary.

Le 18 mai le duc d'Enghien divisa ses troupes en deux lignes précédées d'une avant-garde et soutenues d'une réserve ; il prit le commandement de la première ligne, confia la seconde au maréchal de l'Hôpital, donna l'avant-garde à Gassion et la réserve à Sirot.

A la pointe du jour l'armée française se présenta à l'entrée du défilé que Gassion trouva mal gardée, don Francesco de Mello ne s'attendant point à une pareille hardiesse. Le passage fut donc emporté après une résistance moins vive qu'on ne l'avait pensé, et les Français débouchèrent dans la plaine où le duc d'Enghien les forma aussitôt en bataille sur une colline, appuyant sa droite à des bois, sa gauche à un marais, et laissant derrière lui le défilé qu'il venait de traverser. En face était l'armée espagnole, déployée pareillement sur un monticule et séparée seulement de la nôtre par un vallon qui naturellement donnait le désavantage à celle des deux armées qui attaquerait.

En apercevant les Français, don Francesco de Mello envoya l'ordre au général Beck, qui commandait un corps de six mille hommes, détaché à une journée du camp, de venir le rejoindre sans perdre une seconde.

Le général espagnol rangea son armée dans le même ordre que la nôtre, prenant le commandement de la droite, donnant celui de la gauche au duc d'Albuquerque, et mettant sous les ordres du comte de Fuentes, son vieux général, cette vieille infanterie espagnole dont la réputation était européenne et dont il faisait sa réserve. Le comte de Fuentes, octogénaire et goutteux, ne pouvant plus se tenir à cheval, se faisait porter en litière sur le devant de cette réserve.

A six heures du soir, l'armée française achevait son mouvement. Aussitôt, une vive canonnade s'engagea tout à notre désavantage, l'artillerie ennemie étant plus nombreuse et mieux postée que la nôtre. Le duc d'Enghien ordonna alors d'aborder la ligne espagnole ; mais, au moment où l'on allait se mettre en mouvement, un incident inattendu le força de porter son attention d'un autre côté.

La Ferté-Senectère, qui commandait l'aile gauche sous les ordres du maréchal de l'Hôpital, voyant que l'affaire allait s'engager, voulut profiter de l'absence de celui-ci, qui avait été appelé près du prince, et qui recevait ses ordres, pour avoir la gloire de délivrer à lui seul la bataille de Rocroy. En face de laquelle il se trouvait. Au lieu donc de rester et d'attendre à son poste les commandements supérieurs, il se mit à la tête de sa cavalerie et de cinq bataillons d'infanterie, traversa le marais et fit une pointe sur la ville, dégarnissant ainsi l'aile gauche, et exposant le reste de l'armée à être tourné par l'ennemi. Don Francesco de Mello était trop habile général pour ne pas profiter d'une pareille faute : il fit avancer toute sa ligne pour séparer la Ferté-Senectère et sa cavalerie du reste de l'armée. Mais le duc d'Enghien avait tout vu et bien jugé d'un coup d'œil ; il avait déjà couvert l'espace vide, et le général espagnol vint se heurter contre lui. Aussitôt, il arrêta ses colonnes.

En même temps, la Ferté-Senectère recevait l'ordre de venir reprendre le poste qu'il avait si imprudemment quitté. La Ferté méritait une punition sévère ; mais, comme le mal n'était point si grand qu'il aurait pu l'être, il en fut quitte pour une rude remontrance, et après avoir reconnu sa faute et avoué le motif qui la lui avait fait commettre, il jura de la réparer le lendemain, fût-ce aux dépens de sa vie.

La journée, sans avoir été meurtrière, avait été fatigante; les deux armées restèrent dans la position qu'elles avaient prises et s'être toutes prêtes à combattre le jour suivant. Chacun dormit près de ses armes, et le lendemain matin, on trouva le duc d'Enghien, qui sans doute avait veillé fort tard, pris d'un sommeil si profond, qu'on eut peine à le réveiller.

C'est, comme nous l'avons dit, ce que Plutarque raconte d'Alexandre. Le vainqueur d'Arbelles et celui de Rocroy étaient du même âge : le plus âgé des deux n'avait pas vingt-cinq ans, et, à vingt-cinq ans, le premier besoin est le sommeil.

Le prince monta à cheval. Aucun changement ne s'était opéré dans les positions de la veille. Seulement, on vint lui dire que, pendant la nuit, don Francesco de Mello avait fait embusquer, dans un bois qu'on voyait s'étendre jusqu'au vallon qui séparait les deux armées, un corps de mille mousquetaires. Le prince comprit qu'ils étaient là pour le prendre en flanc lorsqu'il chargerait lui-même. Il résolut de les détruire sans retard.

Il fondit sur le bois, et tout fut dit. Dispersés, taillés en pièces, prisonniers ou morts, en un instant tous les mousquetaires avaient disparu. Alors, il ordonna à Gassion de traverser le bois à la tête de l'infanterie de l'aile droite, tandis qu'à la tête de sa cavalerie, tout échauffée de cette première victoire, il attaquerait sur le flanc.

C'était, comme nous l'avons dit, le duc d'Albuquerque qui commandait cette aile, et qui, ignorant la destruction de ses mousquetaires, attendait tranquillement leur attaque. Son étonnement fut donc grand, lorsqu'il vit venir à lui, sans être inquiétée, toute cette cavalerie commandée par le duc d'Enghien ; et, en même temps que le prince l'attaquait de front, il remarqua qu'il allait être pris en flanc par Gassion. Il détacha aussitôt huit escadrons pour faire face à ce dernier, et attendit de pied ferme le prince avec le reste de ses troupes ; mais, ce double choc fut si violent, que, d'un côté, son infanterie fut enfoncée par la cavalerie du duc, tandis que, de l'autre, sa cavalerie était repoussée par l'infanterie de Gassion. Le duc d'Albuquerque fit tout ce qui était au pouvoir d'un homme pour rallier ses soldats ; mais ses encouragements et son exemple furent inutiles : les Espagnols prirent la fuite, hachés par la cavalerie du prince, fusillés par l'infanterie de Gassion.

A l'aile droite, la victoire était décisive ; mais il n'en était pas de même à l'aile gauche, où le succès des Espagnols, au contraire, égalait presque le nôtre. Le maréchal de l'Hôpital avait mené sa cavalerie au galop, de sorte qu'au moment de charger l'ennemi, elle se trouva hors d'haleine et tout en désordre. Aussi Mello n'eut-il qu'à faire un pas en avant pour la repousser. La cavalerie, ramenée vigoureusement, se rejeta sur l'infanterie de la Ferté-Senectère, dans les rangs de laquelle elle porta le désordre. Mello profita de ce moment pour ordonner de sonner à son tour, et cette charge, conduite par lui-même, fut si profonde et si meurtrière, que la Ferté, frappé de deux blessures, fut pris avec toute son artillerie. En ce moment, le maréchal de l'Hôpital, en ralliant sa cavalerie, fut blessé hors d'une balle qui lui cassa le bras ; dès lors, les officiers, qui ignoraient le succès du duc d'Enghien, regardèrent la bataille comme perdue, et, dans cette persuasion, invitèrent Sirot à se mettre en retraite.

Mais celui-ci se contenta de répondre :

— Vous vous trompez, messieurs, la bataille n'est pas perdue, puisque l'ennemi n'a point encore ou affaire à Sirot et à ses compagnons.

Aussitôt, au lieu de battre en retraite, il ordonna la charge à son tour, et vint heurter, avec sa réserve, Mello qui se croyait déjà vainqueur, et qui tout à coup, à son grand étonnement, se vit arrêté par un mur d'airain.

En même temps, le prince, qui avait appris le désastre de l'aile gauche, était accouru avec sa cavalerie, et, aux cris de France ! France ! chargeait Mello par derrière.

Le général espagnol, serré entre deux feux, était victime de sa propre victoire. Attaqué de front par Sirot, qui avait repris l'offensive, en queue par le prince, qui tombait sur lui comme la foudre, en flanc par Gassion, qui, voyant l'aile gauche espagnole entièrement dispersée, venait aider à détruire l'aile droite, il fut forcé non seulement d'abandonner nos prisonniers et notre artillerie, mais encore de laisser entre nos mains une partie de la sienne. Ses troupes s'enfuirent de tous les intervalles laissés entre cette triple attaque, et lui-même fut forcé de suivre les fuyards.

Restait la réserve espagnole contre cette vieille et terrible infanterie qui s'ouvrait pour laisser passer le feu de ses canons et se reformaient sur eux. Il y avait là six mille hommes pressés un en seul bloc, et dix-huit pièces de canon réunies en une seule batterie. Il fallait détruire cette réserve avant qu'Albuquerque ralliât l'aile droite, l'aile-gauche, et surtout avant que le général Beck arrivât avec son corps d'armée. Aussi le prince, au lieu de poursuivre les fuyards, réunit-il tous ses efforts contre cette infanterie, qui immobile, morne et comme une redoute vivante, n'avait pris encore aucune part au combat.

Gassion fut envoyé, avec toute la partie de la cavalerie, pour empêcher Beck d'arriver sur le champ de bataille. Puis, avec tout le reste de l'armée, l'épée à la main, marchant à la première ligne, le prince se rua sur l'infanterie espagnole.

Le général Fuentes laissa approcher le prince et sa troupe jusqu'à la distance de cinquante pas. Alors, à son ordre, cette masse immobile s'ouvrit : dix-huit pièces de canon tonnèrent à la fois, faisant une effroyable trouée dans nos rangs, mais en un instant, sous le commandement du duc, à la vue de son sang-froid, la colonne d'attaque fut reformée de nouveau et s'avança une seconde fois pour être repoussée encore par cet ouragan de mitraille ; trois fois elle recula comme une marée, et trois fois revint à la charge, et la troisième fois, le combat corps à corps s'engagea ; mais alors, réduite à sa propre force, privée du secours de son artillerie, attaquée de tous côtés, enveloppée sur toutes ses faces, cette masse, compacte jusque-là, commença de se disjoindre; bientôt elle fut entamée, puis on la vit se fendre, s'écarteler, se dissandre, laissant deux mille morts sur le champ de bataille, et, au milieu d'eux, le vieux comte de Fuentes, qui précipité de sa litière, avait été criblé de blessures.

En ce moment, Gassion reparut. Le général Beck n'avait pas atteint et s'était mis en retraite avec le reste de l'armée. Il revenait à grande course de cheval et à la tête de sa cavalerie, demander au prince s'il n'y avait plus rien à faire.

Il n'y avait plus qu'à compter les morts et à réunir les prisonniers. La victoire était aussi complète que possible. Le prince embrassa Gassion qui l'avait si bien secondé et lui promit le bâton de maréchal.

L'ennemi laissait sur le champ de bataille neuf mille morts, et entre nos mains sept mille prisonniers, vingt-quatre pièces de canon et trente drapeaux. Don Francesco de Mello lui-même avait été pris ; mais il était parvenu à se sauver, en abandonnant aux mains de ceux qui le poursuivaient son bâton de commandement, lequel, apporté au duc d'Enghien, lui fut remis au moment où, du haut de son cheval et le chapeau à la main, il regardait le cadavre du vieux comte de Fuentes, percé de onze blessures.

Après un instant de muette contemplation :

— Si je n'avais pas vaincu, dit le prince, je voudrais être mort aussi honorablement que celui qui est couché là.

Le lendemain, le duc d'Enghien entra dans Rocroy.

Le bruit de ce succès inattendu se répandit bientôt dans Paris ; cette victoire, prédite cinq jours auparavant par le roi sur son lit de mort et qui avait lieu le jour même où l'on descendait Louis XIII au tombeau, parut providentielle aux Parisiens. Aussi, tout le royaume, saluant l'aurore du nouveau règne, était-il à la joie et à l'orgueil. La reine dont on connaissait les souffrances passées et dont chacun espérait le bonheur à venir, était saluée des acclamations de la foule partout où elle se montrait, et le cardinal de Retz, cet éternel mécontent, se rapprochant d'elle, disait « qu'il n'était point séant, en ce temps-là, à un honnête homme d'être mal avec la cour ». Les princes seuls éprouvaient quelque mécontentement de voir Mazarin dans la haute position où nous l'avons laissé près de la régente.

XI

SITUATION D'ANNE D'AUTRICHE. — RETOUR DE SES CRÉATURES. — CONDUITE DE MADAME DE CHEVREUSE. — LA PRINCESSE DE CONDÉ. — GÉNÉROSITÉ DE MAZARIN ENVERS MADAME DE CHEVREUSE. — MADAME DE HAUTEFORT. — LE MÉCONTENTEMENT GROSSIT. — LE ROI DES HALLES. — LE PARTI DES IMPORTANTS. — LES DEUX LETTRES. — QUERELLE ENTRE MADAME DE MONTBAZON ET LA PRINCESSE DE CONDÉ. — LA RÉPARATION. — DISGRÂCE DE MADAME DE CHEVREUSE. — CONSPIRATIONS CONTRE MAZARIN. — ARRESTATION DU DUC DE BEAUFORT. — FUITE DE MADAME DE CHEVREUSE. — MADAME DE HAUTEFORT ET LA REINE. — FIN DE LA CABALE DES IMPORTANTS.

Quoique succédant naturellement au pouvoir, la reine Anne d'Autriche se trouvait dans la position fausse de tout opprimé dont l'oppression cesse subitement pour faire place à une autorité presque illimitée. Ceux qui avaient souffert pour elle, et le nombre en était grand, croyaient, après avoir partagé la disgrâce, avoir le droit de partager sa puissance. Mais ce retour entier vers les amis exigeants ne put se faire sans jeter une grande perturbation dans la politique journalière, qui ne change pas avec les individus. La machine gouvernementale, montée par Richelieu, avait continué de marcher sous Louis XIII dans la même voie qu'elle avait suivie sous le cardinal, et allait marcher sous Anne d'Autriche comme elle avait fait sous Louis XIII.

C'est une loi générale et commune que ceux qui arrivent par un parti doivent d'abord, à ses exigences sont grandes, se brouiller avec ce parti. Témoin Octave, Henri IV et Louis-Philippe — Voilà ce qui a fait de l'ingratitude une vertu royale.

La position d'Anne d'Autriche n'était cependant pas précisément celles des grands fondateurs de dynastie : Octave fondait une monarchie, Henri IV remplaçait une race éteinte, Louis-Philippe se substituait à une branche vieillie, desséchée, mais vivante. Anne d'Autriche succédait tout simplement au pouvoir ; elle n'avait fait aucun effort pour arriver où elle était, et personne n'en avait fait pour l'y porter. C'étaient donc purement et simplement des dévouements privés, et non des services publics, qu'elle avait à récompenser.

Madame de Hautefort, exilée par le cardinal, fut rappelée près de la reine et rétablie dans son poste de dame d'atours. La marquise de Senecey, exilée comme madame de Hautefort, fut rappelée comme elle et rétablie dans sa charge de dame d'honneur. Laporte, son portemanteau, qui avait été mis en prison pour elle et qui en était sorti sur sa demande le jour où elle fit annoncer sa grossesse au roi par Chavigny, était demeuré exilé à Saumur, fut rappelé et nommé premier valet de chambre du roi. Enfin, madame de Chevreuse, à qui la déclaration de Louis XIII fermait le royaume pendant toute la durée de la guerre et même après la paix, reçut avis que cette interdiction était levée et qu'elle pouvait revenir en France.

Seul, le marquis de Châteauneuf parut plus maltraité que les autres. Depuis dix ans, il était prisonnier à Angoulême, pour avoir pris part aux cabales de la reine et du duc d'Orléans, et l'on croyait à une réparation éclatante à son égard, lorsqu'on apprit qu'au lieu du retour triomphal qu'il devait espérer, il avait simplement reçu la permission de se retirer dans telle de ses maisons des champs qu'il lui plairait. Les hommes à vue courte s'étonnèrent de ce demi-retour ; mais les autres se souvinrent que M. de Châteauneuf présidait la commission qui avait jugé Montmorency à mort, et que Montmorency était beau-frère de M. le Prince, et oncle de M. le duc d'Enghien. Or, ce n'était pas au moment où M. le Prince abandonnait ses droits à la reine, et où le duc d'Enghien venait de sauver la France à Rocroy, qu'on pouvait les mettre en face de l'homme qui avait contribué à faire tomber la tête de leur parent qui en échafaud.

Il y a toujours, aux grandes injustices, une petite raison qui, si petite qu'elle soit, est suffisante pour les faire excuser. Il y eut donc, comme à tous les commencements de règne, un moment où tout le monde fut content à peu près, et où les plus avisés attendirent avant de se prononcer sur l'avenir. Ce qui devait surtout forcer la reine à se dessiner, c'était l'arrivée de madame de Chevreuse.

On attendait de jour en jour la favorite. Depuis vingt ans, elle était l'amie de la reine ; depuis dix ans, elle était persécutée pour elle ; exilée, proscrite, chassée de France, menacée de la prison, elle avait fui, déguisée sous des vêtements d'homme, costume qu'elle portait, au reste, aussi élégamment que celui de femme (1), et, de même qu'Annibal allait partout cherchant des ennemis au peuple romain, elle aussi, dans tous les royaumes de l'Europe, cherché des ennemis au cardinal.

Comme tout ce qu'entreprenait madame de Chevreuse, son retour faisait grand bruit ; elle était sortie de Bruxelles avec vingt carrosses et rentrait en France avec un train de reine. Sans doute, en se rappelant son ancienne influence sur Anne d'Autriche, au temps de ses amours et de ses malheurs, elle se croyait la seule et véritable régente, et, dans cette persuasion, accourait toute joyeuse. Mais, à trois journées de Paris, elle rencontra le prince de Marcillac qui allait au-devant d'elle, dans le but de la prévenir de l'état des choses.

— La reine, lui dit-il, devenue sérieuse et dévote, n'est plus telle que vous l'avez laissée ; songez donc à régler votre conduite sur cet avis, car je suis venu tout exprès pour vous le donner.

— C'est bien, répondit madame de Chevreuse en souriant comme une femme sûre d'elle-même.

Et elle poursuivit sa route sans s'arrêter, prit son mari en passant à Senlis et arriva au Louvre.

La reine la reçut aussitôt et parut même avoir grand plaisir à la revoir ; mais il y avait cependant loin de cet accueil, dans lequel perçait un certain cérémonial, à celui auquel madame de Chevreuse s'attendait ; c'est qu'outre que la reine était devenue, comme l'avait dit le prince de Marcillac, sérieuse et dévote, Anne d'Autriche avait près d'elle madame la Princesse, cette belle Charlotte de Montmorency, l'ancienne rivale de madame de Chevreuse, que

(1) Elle était retirée à Tours. Richelieu lui envoya un exempt qui devait l'arrêter et la mener à la tour de Loches. Elle reçut l'exempt à merveille, lui fit faire bonne chère et lui dit qu'ils partiraient le lendemain ; mais, pendant la nuit, elle passa des habits d'homme qu'elle tenait près à tout hasard, et se sauva avec une demoiselle de compagnie, déguisée en homme comme elle. Cet habit lui allait si bien, qu'on avait fait à ce propos le couplet suivant, qui se chantait sur l'air de la *Belle Piémontaise*.

« La Boissière, dis-moi ;
Suis-pas bien en homme ?
— Vous chevauchez, ma foi ?
Mieux que tant que nous sommes !
Parmi les hallebardes
Elle est,
Au régiment des gardes,
Comme un cadet. »

Pendant cette fuite, il lui arriva une plaisante aventure que nous n'essaierons pas raconter ici ; nous la citerons seulement dans l'appendice. (Voyez note F à la fin du volume.)

ses cinquante ans plus qu'accomplis ne rendaient pas indulgente, et qui d'avance avait prévenu Sa Majesté contre son ancienne amie, « laquelle, dit madame de Motteville, était demeurée dans les mêmes sentiments de galanterie et de vanité, qui sont de mauvais accompagnements à l'âge de quarante-cinq ans. »

Puis, comme tous les exilés, madame de Chevreuse n'avait point senti marcher le temps, et croyait retrouver toutes choses en France comme elle les avait laissées. Or, non seulement les sentiments privés de la reine, mais encore ses sentiments politiques avaient changé, les premiers subissant l'influence des hommes, les autres celle des événements. Madame de Chevreuse connaissait l'amour, peut-être un peu intéressé, de la reine pour son frère, et sa grande sympathie pour l'Espagne, à laquelle, plus d'une fois, elle avait été près de sacrifier la France. Mais Anne d'Autriche n'était plus la femme stérile et persécutée, alliée aux complots du duc d'Orléans ; c'était la mère du roi, la régente de France. Or, pour être bonne sœur, il fallait qu'elle fût mauvaise mère, et, pour continuer d'être bonne Espagnole, il fallait qu'elle devint mauvaise Française.

Madame de Chevreuse ne comprit point tout ceci, et se retira médiocrement satisfaite de l'accueil qu'elle venait de recevoir, ne remarquant pas que, par ses liaisons flamandes, lorraines et espagnoles, elle était devenue à son tour une ennemie de l'État. Mais, si madame de Chevreuse menait toute sa politique à découvert et à grand bruit, elle avait affaire à un homme de principes tout opposés. Le même jour qu'elle avait été reçue par la reine, et deux heures après qu'elle l'eut quittée, on vint lui annoncer que le cardinal de Mazarin était là, sollicitant d'elle la faveur d'un entretien. Cette nouvelle rendit à madame de Chevreuse tout son courage : si le ministre faisait les premières avances vis-à-vis d'elle, c'est qu'elle n'avait rien perdu de sa puissance ; s'il venait la trouver, c'est qu'il avait besoin de son appui. Madame de Chevreuse prit donc ses airs de reine pour recevoir l'ancien domestique du cardinal Bentivoglio.

Celui-ci se présenta, respectueux, affable, souriant, il a parole plus soyeuse que jamais. Il avait appris l'arrivée de madame de Chevreuse et il venait accomplir un devoir en accourant tout aussitôt lui rendre ses hommages. De plus, comme il savait que les assignations de l'épargne venaient lentement, et qu'il ne doutait point qu'après un si long et si coûteux voyage madame de Chevreuse n'eût besoin d'argent, il lui apportait cinquante mille écus en or, qu'il la priait d'accepter à titre de prêt.

Une plus habile que madame de Chevreuse se fût laissé prendre à tant d'humilité ; elle se crut donc une puissance en se voyant courtisée ainsi par Mazarin, et, faisant signe à une suivante qui était restée dans la salle de se retirer, elle posa ses conditions pour reconnaître jusqu'où allait son crédit. Le rusé Italien la laissa faire, sûr de l'arrêter toujours quand il le voudrait. Madame de Chevreuse demanda que l'on contentât M. de Vendôme en lui rendant son gouvernement de Bretagne.

Mazarin répondit qu'on ne pouvait l'ôter des mains de M. le maréchal de la Meilleraye, à qui le cardinal de Richelieu l'avait remis ; mais, en échange, il lui offrait l'amirauté, que tenait M. de Brézé, qu'il était moins dangereux de mécontenter que le maréchal de la Meilleraye.

Le ministre faisait preuve de bonne volonté ; il n'y avait donc pour la duchesse qu'à lui faire un petit signe de tête en signe de satisfaction. Alors, elle demanda qu'on rendît au duc d'Épernon sa charge de colonel général d'infanterie et son gouvernement de la Guienne.

La charge était à la disposition de Mazarin ; il la rendit aussitôt. Quant au gouvernement de la Guienne, il avait été donné au comte d'Harcourt, et le ministre promit qu'il ferait tout au monde auprès de ce seigneur pour qu'il s'en démît.

Encouragée par ces deux premières concessions, elle aborda la grande affaire, qui était d'ôter les sceaux au chancelier Séguier pour les rendre au marquis de Châteauneuf. Mais là s'arrêta la bonne volonté de Mazarin. Nous avons dit quelle puissance s'opposait à la rentrée du marquis de Châteauneuf à la cour. Le prélat ne promit pas moins à madame de Chevreuse de faire tout ce qu'il pourrait, auprès de la reine pour qu'elle lui accordât ce dernier point, ainsi qu'il lui avait accordé lui-même les deux premiers. Mais, à partir de cette heure, il considéra madame de Chevreuse comme devant un jour devenir son ennemie ; ce n'était qu'une affaire de chronologie.

Pendant quelque temps, madame de Chevreuse put croire encore à la bonne foi du ministre ; mais, comme, dans son ignorance de l'intimité où vivait Mazarin avec la reine, elle ne manquait jamais, chaque fois qu'elle voyait celle-ci de mêler à la conversation quelque trait piquant contre le cardinal, qui ne faisait que la reine se refroidissait de plus en plus pour elle ; d'un autre côté, le duc de Vendôme demandait vainement qu'on laissât à l'amirauté, qu'on lui rendait, le droit d'ancrage, qu'on en avait séparé ;

comme, ensuite, M. le comte d'Harcourt ne voulait pas se défaire, en faveur du duc d'Épernon, de son gouvernement de Guienne ; comme, enfin, le ministre avait fini par lui dire tout net que ce qu'elle demandait pour le marquis de Châteauneuf était impossible, madame de Chevreuse se lassa de toutes ces vaines promesses ; elle commença par s'assurer l'appui de M. le duc de Beaufort, et, lorsque celui-ci lui eut protesté qu'il demeurerait invariablement attaché à ses intérêts, elle se crut assez puissante pour se faire chef de parti et commença à se déclarer hautement contre Mazarin.

De son côté, madame de Hautefort, celle de ses favorites que la reine avait le plus aimée après madame de Chevreuse, et à qui, le jour même qu'elle avait été nommée régente, elle avait écrit de sa propre main : « Venez, ma chère amie ! je meurs d'impatience de vous embrasser ! » madame de Hautefort, disons-nous, n'était pas plus favorisée que madame de Chevreuse. Elle s'était imaginé qu'elle ne pouvait jamais perdre la faveur d'Anne d'Autriche, faveur qu'elle avait acquise par la perte des bonnes grâces du roi. Elle eut donc assez de confiance ou de présomption pour ne point craindre de se heurter à cet écueil où devaient se briser tant de fortunes ; et, blâmant le choix que la reine avait fait, elle dit tout haut ce qu'elle pensait de Mazarin. La régente alors lui fit prévenir par Beringhen, son valet de chambre, et par mademoiselle de Beaumont, qui avait été autrefois à la reine d'Angleterre, qu'elle eût à cesser les méchants propos qu'elle tenait sur le cardinal, attendu que mal parler du ministre, c'était mal parler d'elle-même, qui l'avait choisi.

Sur ces entrefaites, arriva à la cour un homme qui croyait avoir droit aussi d'y réclamer quelque faveur par les dangers qu'autrefois il avait courus ; c'était l'ami de Cinq-Mars, ce même Fontrailles qui avait pris la fuite sous le prétexte qu'il tenait à sa tête, non pas pour sa tête elle-même, mais parce qu'en tombant elle permettrait qu'on vît, en le regardant par devant, que, grâce à sa tête, on ne voyait encore qu'en le regardant par derrière. Mais, contre son attente, Fontrailles n'obtint rien qu'un froid accueil. La reine se souvenait, un peu tard peut-être, que c'était lui qui avait été faire signer à Madrid le traité qui livrait la France à l'Espagne. Il avait compté sur l'influence de M. le duc d'Orléans ; mais M. le duc d'Orléans, tout meurtri encore de ses luttes contre le cardinal de Richelieu, s'était épris de l'abbé de la Rivière, son nouveau favori, et paraissait, momentanément du moins, avoir renoncé à tout projet politique.

D'un autre côté, deux hommes qui avaient joué un grand rôle sous le règne précédent, et à qui les obligations que leur avait laissées le cardinal Mazarin semblaient assurer leurs places, tombaient dans une disgrâce imprévue. Ces hommes étaient M. de Chavigny et M. de Bouthillier.

On se souvient de cette soirée où Beringhen avait été annoncer au cardinal Mazarin, qui jouait avec Chavigny chez le commandeur de Souvré, que la reine avait jeté les yeux sur lui pour le faire premier ministre. Mazarin, malgré ses engagements avec Chavigny, avait accepté, comme on l'a vu, sans réserver aucunement les droits de son ami. Chavigny reprocha au cardinal cet oubli de leur convention, et le ministre s'excuda assez mal, de sorte qu'un grand froid s'était glissé entre eux. Bientôt Chavigny apprit encore que, son beau-père à lui et à son gendre, Mazarin venait de permettre que la charge de M. de Bouthillier, son père, celle qu'il avait surintendant des finances, fût partagée entre MM. Bailleul et d'Avaux ; alors, il ne voulut plus rester longtemps sous l'influence d'un homme aussi oublieux de leur ancienne amitié, et offrit la démission de sa charge, démission qui fut acceptée. En conséquence il fut convenu, avec l'autorisation de la régente, à M. de Brienne, qui lui succéda immédiatement dans le conseil comme secrétaire d'État.

Tous ces mécontents se groupaient naturellement autour du duc de Beaufort, qui, le jour où la reine l'avait proclamé le plus honnête homme de France, et lui avait confié la garde de Louis XIV et de son frère, avait rêvé dans l'avenir une influence et une position qui lui étaient échappées au profit de M. le prince de Condé. De plus, M. le duc de Beaufort était l'amant de Montbazon, belle-mère de madame de Chevreuse, beaucoup plus jeune, au reste, et beaucoup plus belle que sa bru ; et l'on se rappelle qu'il avait promis à madame de Chevreuse de ne pas séparer ses intérêts des siens.

Nous dirons un mot sur le chef de parti, qui joua un si grand rôle dans la Fronde, et qui atteignit à une si grande popularité, que l'histoire lui a conservé le surnom de roi des halles, que lui avait donné le peuple de Paris.

François de Vendôme, duc de Beaufort, second fils de César, duc de Vendôme, fils naturel de Henri IV et de Gabrielle d'Estrées, était alors un beau jeune homme à la mine efféminée qui, avec ses cheveux blonds et droits, ressemblait bien plus à un Anglais qu'à un Français. Brave au delà de toute expression, toujours prêt aux entreprises hasardeuses, mais sans éducation et sans courtoisie dans ses paroles, il avait toutes les qualités et tous les défauts contraires de Gaston d'Orléans, qui, fort instruit et parlant avec élégance, n'agissait jamais ou agissait lâchement, aussi fit-on sur ces deux princes les couplets suivants :

Beaufort dans la bataille tonne ;
On le redoute avec raison ;
Mais, à la façon qu'il raisonne,
On le prendrait pour un oison.

Beaufort de grande renommée,
Qui sut ravitailler Paris,
Doit toujours tirer son épée
Sans jamais dire son avis.

S'il veut servir toute la France,
Qu'il n'approche pas du barreau ;
Qu'il regagne son éloquence
Et tire le fer du fourreau.

Gaston, pour faire une harangue,
Éprouve moins d'embarras ;
Pourquoi Beaufort n'a-t-il la langue ?
Pourquoi Gaston n'a-t-il le bras ?

Il y a plus : souvent même, dans la conversation, le duc de Beaufort prenait un mot pour un autre, ce qui changeait quelquefois entièrement le sens de la phrase et l'intention de sa pensée. Il disait d'un homme qu'il avait reçu une *confusion*, en voulant dire qu'il avait reçu une *contusion*. Un jour, il dit de madame de Grignan qu'il avait rencontrée en deuil : « J'ai vu aujourd'hui madame de Grignan, elle avait l'air fort *lubrique*... » Il voulait dire fort *lugubre*. Aussi, disait-elle de son côté en désignant un seigneur allemand : « Il ressemble comme deux gouttes d'eau au duc de Beaufort, si ce n'est qu'il parle mieux français. »

Chaque jour, le parti qui reconnaissait tacitement M. de Beaufort pour chef et qui se composait, dit le cardinal de Retz, *de quatre ou cinq mélancoliques qui avaient la mine de penser creux*, prenait ou essayait de prendre plus de consistance. Le duc de Beaufort ne négligeait rien pour faire croire qu'il était un profond machinateur de complots. *On tenait cabinet mal à propos*, dit toujours le cardinal de Retz ; *on donnait des rendez-vous sans sujet* ; les chasses mêmes étaient mystérieuses. Aussi le peuple, presque toujours exact dans ses appréciations, avait-il appelé cette faction *le parti des importants*. Il ne fallait qu'une occasion à ce parti pour se déclarer. Cette occasion, un hasard inattendu la fit naître.

Un jour que madame de Montbazon, femme d'Hercule de Rohan, duc de Montbazon, avait grand cercle chez elle, et avait reçu les principales personnes de la cour, une suivante trouva dans le salon deux lettres qu'elle avait portées à sa maîtresse ; ces lettres étaient des billets amoureux, mais sans signature. Les voici telles que les donne mademoiselle de Montpensier dans ses Mémoires :

« J'aurais beaucoup plus de regrets du changement de votre conduite, si je croyais moins mériter la continuation de votre affection. Je vous avoue, que, quand je l'ai crue véritable et violente, la mienne vous a donné tous les avantages que vous pouviez souhaiter ; maintenant, je n'espère pas autre chose de moi que l'estime que je dois à votre discrétion ; j'ai trop de gloire pour partager la passion que vous m'avez si souvent jurée, et je ne veux plus vous donner d'autre punition de votre négligence à me voir, que de vous en priver tout à fait. Je vous prie de ne plus venir chez moi, parce que je n'ai plus le pouvoir de vous le commander. »

« De quoi vous avisez-vous après un si long silence ? Ne savez-vous pas bien que la même gloire qui m'a rendue sensible à votre affection passée, me défend de souffrir les fausses apparences de sa continuation ? Vous dites que mes soupçons et mes inégalités vous rendent la plus malheureuse personne du monde. Je vous assure que je n'en crois rien, bien que je ne puisse nier que vous m'ayez parfaitement aimée, comme vous devez avouer que mon estime vous a dignement récompensé. En cela, nous nous sommes rendu justice, et je ne veux avoir dans la suite moins de bonté, si votre conduite répond à mes intentions. Vous les trouverez moins déraisonnables si vous avez plus de passion, et les difficultés de me voir ne feraient que l'augmenter au lieu de la diminuer. Je souffre pour m'aimer pas assez et vous pour aimer trop. Je vous dois croire, changeons d'humeur. Je trouverai du repos à faire mon devoir, et vous devez y manquer pour vous mettre en liberté. Je n'aperçois pas que j'oublie la façon dont vous avez passé avec l'hiver, et que je vous parle aussi franchement que j'ai fait autrefois. J'espère que vous en serez aussi bien, et que je n'aurai pas le regret d'être vaincue dans la résolution que j'avais faite de n'y plus retourner. Je garderai le logis trois ou quatre jours de suite, et l'on ne m'y verra que le soir ; vous en saurez la raison. »

Ces deux lettres ne laissaient aucun doute sur la nature des rapports qui avaient existé entre la personne qui les avait écrites et celle à qui elles étaient adressées ; seulement, comme nous l'avons dit, elles n'étaient pas signées. Madame de Montbazon trouva de bonne guerre de les attribuer à madame de Longueville, avec qui elle était en grande inimitié, et assura qu'elles étaient tombées de la poche de Coligny, qui lui faisait la cour.

Madame de Longueville, dont nous avons déjà parlé, mais que nous mettons pour la première fois en scène, était cette Anne-Geneviève de Bourbon, qui, ainsi que le duc d'Enghien son frère, était née au donjon de Vincennes pendant l'emprisonnement du prince de Condé, et qui, succédant à sa mère Charlotte de Montmorency, passait pour une des plus belles et des plus spirituelles femmes de l'époque. Sa maison était le rendez-vous des beaux esprits. Ce fait est consacré par les lettres de Voiture.

Cependant, avec toutes les chances de bonheur, richesses, grandeur, beauté, esprit, flatteries, la duchesse de Longueville était malheureuse, forcée qu'elle avait été par M. le Prince, son père, d'épouser un vieux mari, lequel, par un étrange jeu du hasard, qui augmentait encore l'inimitié des deux rivales, était amoureux fou de madame de Montbazon.

Malgré les hommages dont elle était entourée, et qu'elle devait surtout, disant les mémoires du temps, à ses yeux de turquoise, madame de Longueville passait pour fort sage. L'accusation portée par madame de Montbazon fit donc grand bruit, et, comme sa sagesse contestée et son incontestable beauté avaient fait beaucoup d'ennemis et d'envieux à la princesse, ce furent ceux mêmes qui étaient les moins persuadés qui crièrent la chose le plus haut et la répandirent le plus loin.

Enfin, après toutes les autres, comme cela arrive ordinairement, la personne intéressée à propos apprit ce qu'on disait d'elle : madame de Longueville, forte de son innocence et convaincue que le scandale tomberait de lui-même, ne voulut pas le relever. Mais madame la Princesse, fière et altière, fit de cet événement une affaire d'État, courut tout éplorée chez la reine, accusa madame de Montbazon de calomnier sa fille et demanda contre elle justice en princesse du sang offensée.

La reine avait mille raisons pour être du parti de madame la Princesse : elle laissait madame de Montbazon et commençait à s'impatienter des exigences du duc de Beaufort, son amant ; en outre, le cardinal la prévenait tous les jours de plus en plus contre le parti des importants dont M. de Beaufort était le chef. D'un autre côté, madame de Longueville était la sœur du vainqueur de Rocroy : on avait besoin de la parole de M. le Prince et de l'épée de son fils. La reine promit à madame la Princesse une réparation exemplaire.

Ce ne fut pas tout. Comme madame de Longueville, alors au commencement d'une grossesse, s'était retirée, pour laisser passer tout ce bruit, à l'une de ses campagnes nommée la Barre, laquelle était située à quelques lieues de Paris, la reine résolut, pour lui donner une marque publique de sa sympathie, de lui faire une visite, et cette visite lui renouvela la promesse qu'elle avait déjà faite à madame la Princesse, d'une éclatante réparation.

Toute la cour, qui n'attendait qu'une occasion pour prendre parti pour ou contre le cardinal Mazarin, avait profité de celle-là, quelque futile qu'elle fût, s'était divisée en deux camps. Les femmes étaient pour madame la Princesse et sa fille ; les hommes étaient pour madame de Montbazon ; et, le jour même de la visite de la reine à madame de Longueville, madame de Montbazon, par opposition, reçut celle de quatorze princes.

Cependant la reine tenait parole : elle avait ordonné que madame de Montbazon ferait des excuses à madame de Longueville ; mais la rédaction de ces excuses n'était pas chose facile. Madame de Motteville raconte dans le plus grand détail toutes les agitations de la soirée où elles se rédigèrent. Ce fut le cardinal qui les écrivit de sa main, et il dit plus d'une fois que le fameux traité de paix de Cherasco lui avait donné moins de mal à conclure. Chaque parole en était discutée par la reine elle-même en faveur de madame de Longueville, et par madame de Chevreuse, en faveur de madame de Montbazon. Enfin la rédaction en fut arrêtée.

Mais ce n'était pas le tout que d'avoir trouvé la formule des excuses ; lorsqu'on les lut à madame de Montbazon, elle refusa tout net de les prononcer ; alors, la reine ordonna, et il fallut se soumettre. Mazarin, pendant ce temps, était sous cape et voyait ses ennemis se perdre dans une lutte particulière ; le prétendu médiateur ne manquait pas une occasion de les déprécier de plus en plus dans l'esprit de la reine.

« Malgré l'ordre positif d'Anne d'Autriche, les négociations durèrent encore plusieurs jours ; enfin il fut arrêté que madame la Princesse donnerait une grande soirée à laquelle se trouverait toute la cour ; que madame de Montbazon y viendrait avec tous ses amis et amies, et que là la réparation aurait lieu.

En effet, à l'heure convenue, madame de Montbazon, fort parée et avec une démarche de reine, entra chez madame la Princesse, qui resta debout à l'attendre, mais sans faire un pas au-devant d'elle, pour qu'on vît bien que madame de Montbazon était forcée à cette démarche, et que les excuses qu'elle allait faire étaient des excuses imposées. Arrivée près de la Princesse, elle déploya un petit papier attaché à son éventail et lut ce qui suit :

« Madame, je viens ici pour vous protester que je suis très innocente de la méchanceté dont on a voulu m'accuser. Il n'y a aucune personne d'honneur qui puisse dire une calomnie pareille. Si j'avais fait une faute de cette nature, j'aurais subi les peines que la reine m'aurait imposées ; je ne me serais jamais montrée dans le monde et vous en aurais demandé pardon. Je vous supplie de croire que je ne manquerai jamais au respect que je vous dois et à l'opinion que j'ai de la vertu et du mérite de madame de Longueville. »

Madame la Princesse répondit :

« Madame, je crois volontiers à l'assurance que vous me donnez de n'avoir pris aucune part à la méchanceté qu'on a publiée. Je défère trop au commandement que la reine m'en a fait pour conserver le moindre doute à ce sujet (1). »

La satisfaction avait été faite, mais, comme on l'a vu, d'une façon peu satisfaisante. Aussi madame la Princesse demanda-t-elle, le même soir, à la reine la permission de ne plus se trouver aux mêmes lieux où se trouverait madame de Montbazon ; ce que la reine lui accorda sans peine. Toutefois, ce n'était pas chose facile à exécuter que ce projet, les deux personnes qui ne devaient plus se rencontrer ensemble appartenant à deux des plus grandes maisons de France et devant naturellement se trouver en rapport presque chaque jour. Aussi une nouvelle collision ne tarda point à avoir lieu ; voici à quelle occasion.

Madame de Chevreuse avait engagé la reine à une collation qu'elle donnait en son honneur dans le jardin de Reynard, situé au bout des Tuileries. La reine y voulut mener madame la Princesse, convaincue qu'elle était, qu'après ce qui venait de se passer et la remontrance qu'elle avait faite à madame de Montbazon, madame de Chevreuse n'aurait pas la hardiesse de faire asseoir sa belle-mère à la même table où elle faisait asseoir sa souveraine. Madame la Princesse s'en défendit, se doutant de ce qui allait arriver ; mais, sur les instances de la reine, elle céda et accompagna Sa Majesté. La première personne qu'aperçut Anne d'Autriche en arrivant fut madame de Montbazon, en grande toilette et se disposant à faire les honneurs de la collation. Alors, madame la Princesse demanda à la reine la permission de se retirer sans bruit pour ne point troubler la fête ; mais la reine n'y voulut point consentir, et lui dit que c'était donc à elle de remédier à la chose. En effet, Anne d'Autriche alla trouver un accommodement convenable en faisant dire à madame de Montbazon que, ne voulant pas lui faire injure en lui ordonnant tout haut de se retirer, elle l'invitait à feindre de se trouver mal et à quitter la partie sous prétexte de cette indisposition ; mais la patience de madame de Montbazon avait sans doute été mise à bout par sa première soumission, et elle refusa d'obéir à l'invitation de la reine. Alors, madame la Princesse fit de nouvelles instances pour se retirer ; mais la reine, offensée de cette résistance, ne voulut point permettre que madame la Princesse s'éloignât seule, et, refusant la collation qui lui était offerte, revint au Louvre avec elle. Le lendemain, madame de Montbazon reçut l'ordre de quitter la cour et de se retirer dans une de ses maisons de campagne ; et, cette fois, elle ne fit aucune difficulté d'obéir.

Le duc de Beaufort fut très sensible à cet exil. Or, comme il savait bien que le coup venait encore plus de Mazarin que des Condés, ce fut à Mazarin qu'il résolut de s'en prendre, et il fut décidé, entre lui et ses amis, qu'on se déferait du cardinal. Mais, brusque et franc comme il était, le duc de Beaufort faisait un mauvais conspirateur. Il bouda publiquement la reine, lui répondant à peine ou lui répondant d'une manière dédaigneuse lorsqu'elle lui adressait la parole, de sorte qu'il démolit pierre à pierre le peu d'amitié qu'elle avait conservée pour lui.

Cependant la conspiration allait son train ; le jour de son exécution était même fixé. M. le cardinal allait dîner à Maisons et devait sortir peu accompagné ; des soldats avaient été disposés sur la route et devaient faire le coup. Tout était prêt, assure madame de Motteville, lorsqu'une circonstance imprévue fit manquer l'affaire. M. le duc d'Orléans était arrivé au Louvre au moment où le cardinal montait en voiture, et le prêtat ou avait invité à dîner avec lui ; Gaston, ayant accepté, avait passé de sa voiture dans celle de Son Éminence, en sorte que sa présence empêcha l'exécution du complot.

Un autre jour, les mesures avaient été prises, dit-on, de manière à tuer le cardinal en tirant sur lui d'une fenêtre devant laquelle il devait passer pour se rendre au Louvre, et ; mais, la veille au soir, il fut averti de n'y pas aller, et, cette fois encore, le coup manqua.

Le lendemain, on fit grand bruit au Louvre de cette entreprise vraie ou supposée. La reine, surtout, prenait fort au sérieux le danger qu'avait couru le cardinal, et, s'approchant de madame de Motteville, les yeux ardents de colère, elle lui dit d'une voix altérée :

— Avant deux fois vingt-quatre heures, Motteville, vous verrez comment je me vengerai des tours que ces méchants amis me font.

Le même soir, qui était le lendemain du jour où, disait-on, le cardinal avait dû être assassiné, M. de Beaufort, en revenant de la chasse, se rendit au Louvre. Sur l'escalier, il rencontra madame de Guise, mère du jeune duc Henri de Lorraine, et madame de Vendôme, sa mère à lui. Toutes deux descendaient, après avoir passé avec la reine cette journée d'agitation pendant laquelle on n'avait fait que parler de l'assassinat manqué. Ces deux princesses, qui avaient remarqué l'intérêt que la reine avait pris à toute cette affaire, et qui peut-être même avaient entendu les paroles dites à madame de Motteville, voulurent empêcher le duc de Beaufort de monter, l'avertissant qu'il avait été fort question de lui pendant toute la journée au Louvre ; qu'on l'avait hautement et publiquement désigné comme le chef du complot, et que l'avis de ses amis était qu'il se retirât pendant quelques jours à Anet. Mais lui ne voulut rien entendre, et, comme ces deux dames insistaient pour qu'il n'avançât pas plus loin, et lui disaient qu'il y allait de ses jours :

— Ils ne l'oseraient ! dit-il.

— Hélas ! mon cher fils, répondit sa mère, ce fut en pareille circonstance la réponse de M. de Guise, et, le même soir, il était assassiné.

Mais le duc de Beaufort ne fit que rire de leur terreur et continua son chemin. Trois jours auparavant, la reine avait été au bois de Vincennes, où Chavigny lui avait donné une magnifique collation ; et, là, le duc de Beaufort était venu la rejoindre et l'avait trouvée fort gaie et fort gracieuse. La veille encore, il lui avait parlé, et rien dans ses manières n'avait indiqué un changement de dispositions à son égard. Il entra donc chez la reine avec sécurité, et la trouva dans son grand cabinet du Louvre, où elle l'accueillit de son plus gracieux sourire, et lui fit, sur la chasse de la journée, des questions qui annonçaient l'esprit le plus libre et le plus détaché. Sur ces entrefaites Mazarin entra. La reine lui sourit et lui tendit la main. Puis, comme si elle se rappelait tout à coup qu'elle avait quelque chose d'important à lui dire :

— Ah ! venez donc, dit-elle.

Et elle emmena le cardinal dans sa chambre.

La reine sortie, le duc de Beaufort voulut sortir à son tour par la porte du petit cabinet ; mais, sur le seuil, il trouva Guitaut, capitaine des gardes de la reine, qui lui barra le chemin.

— Qu'y a-t-il, monsieur de Guitaut ? demanda le duc de Beaufort étonné.

— Monseigneur, répondit celui-ci, je vous en demande pardon, mais, au nom du roi et de la reine, j'ai commandement de vous arrêter. Voulez-vous bien me suivre ?

— Oui, monsieur, répondit le duc ; mais voilà qui est étrange.

Puis, se retournant vers mesdames de Chevreuse et de Hautefort, qui causaient dans le petit cabinet :

— Vous le voyez, mesdames, dit-il, la reine me fait demander mon épée.

Et en même temps un sourire, moitié ironique, moitié menaçant, passa sur ses lèvres, car il se rappelait que, dix-sept ans auparavant, M. de Vendôme, son père, avait été arrêté de la même façon que lui par ordre du roi, et après que le roi lui avait parlé de plaisirs et de chasse comme venait de le faire la reine.

Mais, pour le moment, il n'y avait aucune résistance à tenter. Aussi le duc de Beaufort suivit-il Guitaut dans sa chambre, qui, pour cette nuit, devait lui servir de prison. Arrivé là, il demanda à souper et mangea de grand appétit ; puis il se coucha, et, fatigué de la chasse de la journée, il s'endormit sur-le-champ.

Le même soir, le bruit de son arrestation se répandit, et aussitôt madame de Vendôme, sa mère, et madame de Ne-

(1) Voir la note G à la fin du volume.

mours, sa sœur, accoururent au Louvre pour se jeter aux pieds de la reine et lui demander la grâce du duc de Beaufort. Mais la reine s'était enfermée avec le cardinal et refusa de les recevoir.

Le duc de Beaufort fut conduit au donjon de Vincennes, où on lui accorda un valet de chambre et un cuisinier de la bouche pour le servir. Ces deux hommes n'étant pas de sa maison, mais de la maison du roi, M. de Beaufort demanda d'être servi par des domestiques à lui, et madame de Motteville se fit l'interprète de cette prière. Il lui fut répondu par la reine elle-même que la chose ne pouvait être accordée, attendu qu'elle n'était point d'usage.

On envoya, en même temps, à M. et à madame de Vendôme, père et mère du duc de Beaufort, et à M. le duc de Mercœur, son frère, homme d'une vie tranquille et qui n'avait jamais voulu entrer dans aucune cabale, l'ordre de sortir incessamment de Paris. M. de Vendôme, pour gagner un peu de temps, fit dire à Anne d'Autriche qu'il était fort malade ; mais, pour toute réponse, Sa Majesté lui envoya sa propre litière. M. de Vendôme comprit qu'après une attention pareille de la part d'une souveraine, il ne pouvait rester davantage à Paris, et partit le jour même.

Madame de Chevreuse, on le comprend bien, ne vit pas sans se plaindre tous ses amis emprisonnés et exilés. Elle alla trouver elle et lui fit observer que tous ceux qu'elle éloignait ainsi étaient justement les personnes qui, ayant souffert pour elle, avaient droit à sa reconnaissance. Mais la reine, de ce ton froid et dédaigneux qu'elle savait si bien prendre, lui dit de ne se mêler de rien et de lui laisser gouverner l'État et disposer des affaires de la France à son gré. Lui conseillant à une amie de vivre agréablement à Paris sans entrer dans aucune intrigue, et de jouir, sous la régence, du repos qu'elle n'avait pu trouver sous le feu roi. Or, ce repos surtout était antipathique à madame de Chevreuse, qui jusque-là avait vécu d'intrigue et d'agitation ; aussi ne reçut-elle pas ces conseils avec une grande soumission d'esprit, et, sur quelques reproches qu'elle fit à la reine, celle-ci lui ordonna de retourner à Tours. On se rappelle que c'est là qu'elle avait été exilée d'abord du temps de Louis XIII. Madame de Chevreuse obéit ; mais, quelque temps après, on apprit qu'elle avait quitté Tours avec sa fille, et que, déguisées toutes deux, elles avaient gagné l'Angleterre.

Restaient, de toutes les anciennes amies de la reine, madame de Senecey et madame de Hautefort, à qui elle avait écrit au Mans, où cette dernière était exilée :

« Venez, ma chère amie ! je meurs d'envie de vous embrasser ! »

La disgrâce de ces deux dames ne se fit point attendre. On commençait à mal parler du cardinal et de la reine, et tout ce qui restait de vrais amis à Anne d'Autriche entendait avec peine les propos qui se tenaient hautement, surtout depuis la disgrâce des ennemis du nouveau ministre. Plusieurs personnes se réunirent pour prier madame de Hautefort, dont on croyait l'influence plus grande qu'elle n'était, de faire quelque remontrance à la reine. Comme cette prière s'accordait avec les sentiments secrets de madame de Hautefort, elle n'y fit pas grande difficulté et profita de la première occasion qu'elle trouva pour lui tout dire. La régente l'écouta avec attention et parut même un instant lui savoir gré de sa franchise ; mais, dès le lendemain, madame de Hautefort s'aperçut, au ton et aux manières de la reine, qu'elle avait eu tort de se hasarder dans une telle démarche.

Or, peu de temps après, il arriva qu'un gentilhomme servant de la reine, natif de Bretagne et nommé M. du Nedo, ayant prié madame de Hautefort de demander quelque faveur pour lui, celle-ci, toujours confiante dans l'amitié de Sa Majesté, n'hésita pas à se charger de son placet, et le remit effectivement à la régente, qui le prit et promit de le lire et de s'en occuper.

Quelques jours se passèrent sans qu'Anne d'Autriche rendît aucune réponse à Madame de Hautefort et sans que celle-ci osât en demander. Cependant, un soir, vers minuit, que toutes les autres dames s'étaient retirées, madame de Hautefort, en déchaussant la reine, lui rappela cette demande qu'elle lui avait remise en faveur du vieux gentilhomme servant dont elle avait embrassé les intérêts. Mais la reine parut avoir complètement oublié et le gentilhomme, et sa demande, et la recommandation dont elle était accompagnée. Cette indifférence blessa fort madame de Hautefort, qui se releva les larmes aux yeux.

— Eh bien, qu'y a-t-il encore ? demanda la reine impatientée.

— Il y a, reprit madame de Hautefort, que je voudrais bien donner un conseil à Votre Majesté, mais que je n'ose.

— Il me semblait cependant que ni vous ni les autres ne vous faisiez faute de m'en donner, des conseils. Aussi je vous avoue que je commence à en être lasse.

— Eh bien, permettez-moi de vous en donner encore un, dit madame de Hautefort, et je promets à Votre Majesté que ce sera le dernier.

— Dites alors ; lequel ?

— C'est de vous ressouvenir, madame, des choses arrivées à la feue reine Marie de Médicis, qui, ayant fait mal parler d'elle à propos de cet Italien, cause de tous ses malheurs, revint à Paris après un long exil, et abandonna dans sa prospérité ceux qui l'avaient servie dans sa première disgrâce ; ce qui fut cause qu'à la seconde, elle fut abandonnée de tous, ou assistée si faiblement qu'elle mourut de faim.

L'avis était dur ; aussi la reine prit-elle feu là-dessus, et, répétant qu'elle était lasse des réprimandes, elle se jeta dans son lit sans consentir à recevoir d'elle d'autres soins, et en lui ordonnant seulement de fermer ses rideaux et de ne plus lui adresser la parole.

A cet ordre, madame de Hautefort tomba à genoux en joignant les mains et attestant Dieu que ce qu'elle avait dit et fait était pour la plus grande gloire de la reine ; mais la reine ne lui répondit point, et madame de Hautefort, qui devait avoir l'habitude de la disgrâce, sortit en comprenant que la sienne était complète. En effet, le lendemain, la régente lui fit dire de se retirer et d'emmener mademoiselle d'Escars, sa sœur, avec elle.

Quant à la marquise de Senecey, dès le premier abord elle sut à quoi s'en tenir ; elle avait demandé qu'on la fît duchesse, ce que le cardinal éluda par des promesses qu'il ne tint jamais ; puis, enfin, qu'on donnât à ses petits-enfants le titre de prince, à cause du nom de Foix, qu'ils portaient : ce qui lui fut refusé. Elle resta cependant à la cour, sans qu'on pût dire qu'elle y fût bien ni qu'elle y fût mal ; mais ce qu'on pouvait dire à coup sûr et sans crainte de se tromper, c'est qu'elle y était sans crédit.

Ce fut ainsi que s'évanouit cette fameuse cabale des importants, qui vit, en quelques jours, toutes ses espérances détruites par l'emprisonnement de son chef et par la dispersion de ses affidés.

Mazarin resta seul et tout-puissant sur le roi, sur la reine et sur la France.

XII

RETOUR DU DUC D'ENGHIEN A PARIS. — LE DUC DE GUISE. — L'ARCHEVÊQUE DE VINGT ANS. — SES FOLIES. — SON ORGUEIL. — SES MAITRESSES. — LA VISITE PASTORALE. — L'ABBESSE D'AVENAY. — L'ARCHEVÊQUE EN EXIL. — IL DEVIENT SOLDAT. — SES MARIAGES. — SON COMBAT AVEC COLIGNY. — FUREUR DU DUEL A CETTE ÉPOQUE.

Sur ces entrefaites, le vainqueur de Rocroy arriva à Paris.

Le cardinal avait jugé son amitié si importante, que ce fut en déguisant ses propres ressentiments sous la nécessité de conserver cette amitié, qu'il avait obtenu successivement de la reine les réparations publiques de madame de Montbazon à madame la Princesse, puis l'arrestation du duc de Beaufort, puis l'exil de M. le duc, et de madame la duchesse de Vendôme et du duc de Mercœur, puis la disgrâce de madame de Chevreuse, puis le renvoi de madame de Hautefort ; puis enfin la démission du comte de la Châtre, colonel général des Suisses.

Le duc d'Enghien, selon toute probabilité, avait trouvé que la réparation de madame de Montbazon n'était pas égale à l'offense faite à sa sœur. Mais, sachant que le duc de Beaufort était de moitié dans cette offense, il venait lui en demander raison. Malheureusement pour ses projets, il trouva, en arrivant à Paris, le duc de Beaufort arrêté. Aucun appoint ne restait donc avec lequel un premier prince du sang pût tirer l'épée, et l'on voulut le remettre la querelle à des champions secondaires.

On se rappelle que le nom du comte de Coligny, petit-fils de l'amiral Coligny, tué à la Saint-Barthélemy, avait été mêlé dans toute cette affaire. On avait dit que c'était de sa poche qu'étaient tombées les lettres attribuées à madame de Longueville. Aussi, lorsqu'il sut que le duc d'Enghien, faute de champion digne de lui, renonçait à une vengeance personnelle, Coligny, poussé par la duchesse de Longueville, vint lui demander la permission de faire appeler en duel le duc de Guise, qui avait pris hautement le parti de madame de Montbazon, et que le bruit public désignait comme ayant remplacé M. de Beaufort dans ses bonnes grâces.

Ce duc de Guise, dont nous prononçons pour la seconde fois le nom, était, de son côté, petit-fils du grand Henri de Guise, comme le comte de Coligny était petit-fils du grand Coligny; c'était un des seigneurs les plus braves, et surtout, si le mot pouvait être de mise pour cette époque, nous dirions les plus *excentriques* de la cour. Aussi demandons-nous à nos lecteurs la permission de les entretenir de lui quelques instants, avant de l'introduire sur cette scène où il sera appelé à jouer un rôle si bizarre.

Henri de Lorraine, duc de Guise, comte d'Eu, prince de Joinville, pair et grand chambellan de France, était né à Blois, le 4 avril 1614; ainsi, à l'époque où nous sommes arrivés, il était âgé de vingt-neuf ans.

Destiné, dès l'enfance, à être d'Église, le jeune prince avait reçu au berceau quatre des premières abbayes de France, et, à quinze ans, il était archevêque de Reims. Mais la possession de tant de richesses et l'espérance de tant de grandeurs ne tournaient que bien difficilement son esprit vers les idées religieuses. Tout jeune, il courait déjà les rues de Paris en cavalier, et l'abbé de Gondy disait, en le rencontrant un jour sans tonsure, avec le manteau court et l'épée au côté :

— Voici un petit prélat qui est d'une Église bien militante !

En effet, M. de Reims, comme on l'appelait alors, était un charmant cavalier avec le nez un peu aquilin et un peu saillant, le front bien fait, un regard qui prenait toutes les expressions, et une tournure vraiment princière. Il fallait que cela fût ainsi, puisque l'austère madame de Motteville, qui blâmait si fort ses amours désordonnées, ne pouvaient s'empêcher de dire :

— On croirait volontiers que cette famille descend de Charlemagne; car celui que nous voyons aujourd'hui a quelque chose qui sent particulièrement le paladin et le héros de chevalerie.

Ce qui contrariait les plaisirs du jeune prince, c'est que le cardinal de Richelieu, qui ne perdait pas de vue les rejetons des grandes familles, avait les yeux sur lui, et, toutes les fois qu'il venait à Paris, l'appelait avec tant d'affection. M. de Reims, lui demandait avec tant d'insistance des nouvelles de son archevêché, que le pauvre prélat, si bonne envie qu'il eût de demeurer à la cour, était toujours forcé de retourner à sa résidence. Il est vrai qu'il se consolait de cet exil avec madame de Joyeuse, dont le mari, Robert de Joyeuse, seigneur de Saint-Lambert, était lieutenant de roi au gouvernement de Champagne. La Joyeuse, qui appartenait à la grande maison de ce nom, était, au reste, un mari de la vieille roche, prenant les choses comme on les prenait sous Henri IV, et se faisant faire par les amants de sa femme des pensions qu'il mangeait publiquement de son côté avec les courtisanes.

Les amours de l'archevêque et de madame de Joyeuse étaient si longues, qu'un jour une suivante de la dame lui ayant demandé pour son frère une prébende de Reims, le prince le lui accorda, mais à la condition que, puisque c'était à elle qu'il avait donné la chanoinie, ce serait elle qui porterait l'habit de chanoine. Ce qui fut fait effectivement, et, pendant près de trois mois, l'archevêché put être édifié par la vue de son archevêque, promenant dans ses carrosses non seulement sa maîtresse, mais encore la suivante de la maîtresse en costume de chanoine.

Malheureusement pour les maîtresses de M. de Reims, il était d'un cœur non seulement fort inflammable, mais aussi fort changeant. Tout en jurant à madame de Joyeuse qu'il l'adorait, il faisait de temps en temps, et pour chercher aventure, des voyages à Paris. Or, madame de Joyeuse le vit un jour revenir dans son archevêché des bas jaunes; et, comme ce n'était pas la couleur ordinaire des bas des archevêques, et que celui-ci continuait à se chausser ainsi, elle s'informa des causes de cette singularité et apprit que, pendant son dernier voyage de Paris, il avait vu à l'hôtel de Bourgogne une célèbre actrice du temps, nommée la Villiers, laquelle jouait les grands rôles tragiques, qu'en étant devenu fort amoureux, il lui avait fait demander quelle était la couleur qu'elle préférait. À quoi elle lui avait répondu : Le jaune. Le jeune archevêque s'était alors déclaré son chevalier, et lui avait promis de prendre ses couleurs. Comme on l'a vu, il lui tenait parole.

Au milieu de toutes ces folies, il portait haut, quoique cadet, l'orgueil de sa naissance. Au lever, il se faisait donner la chemise par les plus nobles prélats. Huit ou dix évêques se soumettaient, pour ne pas lui déplaire, à ce cérémonial princier; mais, un jour qu'on présentait la chemise à l'abbé de Retz, celui-ci, sous prétexte de la chauffer, la laissa tomber dans le feu, et elle fut brûlée. On en alla chercher une autre; mais quand on la rapporta, l'abbé de Retz était parti, de sorte qu'il fallut que, ce jour-là, le noble archevêque se contentât d'une chemise passée par son valet de chambre.

Il y avait alors en France trois princesses, filles de Charles de Gonzague, duc de Nevers et de Mantoue. L'aînée Louise-Marie de Gonzague, avait été élevée chez madame de Longueville; on l'appelait la princesse Marie. Monsieur (Gaston d'Orléans) l'avait aimée et avait voulu l'épouser; mais la reine mère s'était opposée formellement à ce mariage. C'était la même qui devait être aimée plus tard du pauvre Cinq-Mars et finir par épouser, comme nous le verrons bientôt, Vladislas VII, roi de Pologne.

La seconde était Anne de Gonzague de Clèves, qu'on appela depuis la princesse palatine.

Et enfin, la troisième, Bénédicte de Gonzague de Clèves, qu'on appelait madame d'Avenay, parce qu'elle était supérieure de l'abbaye d'Avenay, en Champagne.

Or, M. de Reims devint amoureux de cette dernière sur la seule réputation de ses belles mains.

C'était chose facile pour un prélat de son rang, que de pénétrer dans les couvents; c'était même un droit de sa haute position. Il annonça donc que, plusieurs abus lui ayant été signalés, il allait faire une tournée dans son archevêché. Cette tournée n'avait d'autre but pour le prince que de se rapprocher, sans que personne s'en doutât, de madame d'Avenay, et de s'assurer si effectivement l'abbesse avait les mains aussi parfaites que le disait sa réputation.

M. de Reims, avant de se présenter à Avenay, était venu dans deux ou trois autres couvents, et avait étonné les grands vicaires par l'accompagnaient par la rigidité des règles qu'il avait prescrites et l'éloquente indignation avec laquelle il avait tonné contre les abus. Il s'avançait donc vers le couvent d'Avenay, précédé d'une formidable réputation de rigorisme. Aussi, ce fut en tremblant que les religieuses lui ouvrirent leurs portes et que l'abbesse vint au-devant de lui. Mais, en voyant ce bel archevêque de dix-huit ans, elles furent instinctivement rassurées.

M. de Reims commença sa visite avec une sévérité que ne démentait en rien celle qu'il avait déployée dans ses visites aux autres couvents; il s'informa de tout, des heures des offices, de leur durée, des pénitences qui étaient imposées dans les différentes infractions aux règles de l'abbaye; puis, comme il avait, disait-il, quelques questions plus graves à adresser à l'abbesse, il l'invita à le conduire dans un endroit où il pût lui parler sans témoins. La pauvre abbesse, qui avait peut-être quelques petites infractions mondaines à se reprocher, le conduisit à sa chambre. Aussitôt le jeune archevêque referma la porte avec soin, et s'approcha de la jeune épouse du Seigneur.

— Mon Dieu! que me voulez-vous donc? demanda l'abbesse.

— Regardez-moi, madame, dit l'archevêque.

L'abbesse le regarda avec les yeux tout effarés.

— Voilà d'admirables mains, dit le prélat, on m'en avait bien prévenu.

— Mais, monseigneur, qu'ont à faire mes yeux...?

— Montrez vos mains, continua l'archevêque.

L'abbesse étendit vers lui ses mains tremblantes.

— Voilà d'adorables mains, s'écria-t-il, et l'on ne m'en avait pas trop dit.

— Mais, monseigneur, qu'ont à faire mes mains...?

Le prélat saisit une de ces deux mains et la baisa.

— Monseigneur, reprit l'abbesse souriante, que veut dire ceci?

— Ne comprenez-vous pas, ma chère sœur, dit M. de Reims, que, sur la réputation de votre beauté, je suis devenu amoureux de vous; que j'ai quitté mon archevêché pour venir vous le dire; qu'à l'aide d'une petite ruse je me suis ménagé cette entrevue; que cette entrevue n'a fait qu'augmenter ma passion, et que, je vous aime comme un fou?...

Et, à ces mots, il se jeta aux pieds de l'abbesse, qui, un instant auparavant, était prête à tomber aux siens.

Quoique la jeune abbesse n'eût qu'elle-même que dix-neuf ans, ne s'attendît pas à cette déclaration, il paraît qu'elle n'en fut moins effrayée que de l'interrogatoire dont elle avait été menacée; aussi, séance tenante, fut-il convenu, pour ne pas exciter de soupçons, qu'on ne prolongerait pas davantage la conférence; mais que, dès le lendemain, elle sortirait du couvent par une porte dérobée et déguisée en laitière; de son côté, l'archevêque devait l'attendre avec un costume de paysan.

Ainsi fut-il fait, et, durant quinze jours, tous les matins, les deux amants continuèrent de se voir de la même façon.

Pendant le séjour de M. de Reims dans les environs de l'abbaye d'Avenay, il fit la connaissance d'Anne de Gonzague de Clèves, qui venait voir madame d'Avenay, sa sœur aînée, plus âgée qu'elle de deux ans seulement. M. de Guise ne l'eut pas plutôt vue, que, malgré ses nouvelles et romanesques amours, il entra en galanterie avec elle.

Malheureusement, vers ce temps, son père, le duc Charles de Lorraine, s'étant joint aux partisans de Marie de Médicis, qui venait de sortir du royaume, et ayant inutilement essayé de soulever la Provence, fut forcé de se retirer en

Italie, où il appela ses trois fils : de Joinville, de Joyeuse et notre archevêque, qui, comme son grand-père le Balafré, s'appelait Henri de Lorraine.

Ce fut pendant son séjour en Italie qu'il prit l'habitude des mœurs et de la langue italiennes, habitude qui lui fut si utile par la suite, lors de sa conquête du royaume de Naples.

Mais bientôt le jeune prélat se lassa de la vie monotone et triste de l'exil. Après deux ou trois ans de séjour en Toscane, il passa en Allemagne, s'engagea dans les troupes de l'empereur, et s'y distingua par une bravoure si téméraire et surtout si chevaleresque, que des chevaliers de Malte, natifs de Provence, s'étant mis en tête de conquérir l'île de Saint-Domingue, choisirent Henri de Lorraine pour leur chef. Le dessein en était pris ; mais le jeune prince ne voulut pas suivre une pareille affaire, tout exilé qu'il était, sans l'agrément du cardinal de Richelieu, à qui il fut demandé et qui le refusa.

Cependant les deux frères aînés de Henri de Lorraine étant morts, le jeune prince sollicita et obtint la permission de revenir à la cour. Il y reparut bien décidé, maintenant qu'il était le seul héritier du nom de Guise, à faire tant de folies, que le cardinal lui enlevât son archevêché.

Ce n'était pas chose difficile à exécuter qu'un pareil projet, et nous avons vu qu'avant son départ, il était déjà en bon train : il n'avait donc qu'à la reprendre là où il l'avait laissé. Le hasard le servit à merveille, car il retrouva la princesse d'Avenay, étant morte depuis deux ans.

« Alors, dit mademoiselle de Montpensier, les deux jeunes gens firent l'amour comme dans les romans. M. de Reims, tout archevêque qu'il était, fit accroire à la princesse Anne qu'il avait, sans doute en vertu de dispenses particulières, la faculté de se marier ; la princesse le crut ou fit semblant de le croire, et un chanoine de Reims leur dit la messe matrimoniale dans la chapelle de l'hôtel de Nevers. »

Quelque temps après, comme on contestait à la princesse Anne la validité de cette singulière union.

— N'est-ce pas, monsieur, dit-elle au chanoine, que M. de Guise est mon mari ?

— Ma foi, madame, répondit le bonhomme, je n'en saurais jurer ; mais ce dont je puis répondre, c'est que les choses se sont passées comme s'il l'était.

Vint la conspiration du comte de Soissons. Notre archevêque était trop turbulent pour ne pas saisir cette occasion de chercher des nouvelles aventures ; mais, après la bataille de Marfée, où le vainqueur succomba d'une façon si mystérieuse au milieu même de sa victoire, Henri de Lorraine se retira à Sedan, et de Sedan passa en Flandre, où il prit une seconde fois du service dans les troupes de l'empereur.

La princesse Anne se déguisa aussitôt en homme et partit pour rejoindre son amant ; mais, en arrivant à la frontière, elle apprit que notre archevêque avait contracté un second mariage et venait d'épouser Honorée de Glimes, fille de Geoffroy, comte de Grimberg, veuve d'Albert-Maximilien de Hennin, comte de Bossut.

La princesse Anne revint aussitôt à Paris.

Quant au nouveau marié, déclaré criminel de lèse-majesté en 1641, il attendit tranquillement la mort du cardinal de Richelieu et celle du roi. Alors, la reine ordonna la réhabilitation du duc de Guise et le fit prévenir qu'il pouvait rentrer en France. Henri de Lorraine ne se le fit pas dire deux fois ; seulement il garda pour lui cette bonne nouvelle et, sans prévenir davantage la comtesse de Bossut qu'il n'avait prévenu la princesse Anne, il partit un beau matin de Bruxelles, ayant en cependant l'attention de laisser une lettre par laquelle il disait à sa femme « qu'il avait voulu lui épargner des adieux pénibles, mais qu'aussitôt qu'il aurait établi à Paris une maison digne d'elle, il lui écrirait de le venir rejoindre. » Peu après, au lieu de la lettre qu'elle attendait, madame de Bossut en reçut une par laquelle Henri de Lorraine lui disait qu'il était vrai qu'il avait cru lui-même l'avoir épousée, mais que, depuis son retour en France, tant de docteurs des plus savants lui avaient assuré qu'elle n'était pas sa femme, qu'il avait bien été forcé de le croire.

M. de Guise arriva à Paris juste au moment où venait d'avoir lieu la querelle de madame de Montbazon avec madame de Longueville, et prit parti, comme nous l'avons vu, pour madame de Montbazon, dont il fut bientôt l'amant.

Ce fut alors que le duc d'Enghien permit au comte Maurice de Coligny de l'appeler en duel.

Coligny prit pour second d'Estrade, le même qui fut depuis maréchal de France, et le chargea d'aller porter la proposition au duc de Guise.

— Mais, lui dit celui-ci, qui était son parent et qui avait le regret de le voir se battre au moment où il relevait d'une longue maladie, le duc de Guise n'est pour rien dans l'insulte qu'a faite madame de Montbazon à madame de Longueville, et, s'il m'en fait l'observation, je regarde que vous devez vous tenir comme satisfait.

— Il n'est pas question de cela, répondit Coligny, j'ai engagé ma parole à madame de Longueville ; va donc dire au duc que je veux me battre contre lui à la place Royale.

Le duc de Guise accepta, et la rencontre eut lieu quelques jours après. Madame de Longueville était cachée chez la vieille duchesse de Rohan, dont les croisées donnaient sur cette place, et regardait derrière une fenêtre.

Les quatre adversaires se rencontrèrent sur le milieu de la place Royale, venant, deux d'un côté, deux de l'autre : Coligny, assisté de d'Estrade, Bridieu servant de second au duc de Guise.

— Monsieur, dit le duc de Guise à Coligny en l'abordant, nous allons décider aujourd'hui les vieilles querelles de nos deux maisons, et montrer quelle différence il y a entre le sang des Guise et celui des Coligny.

A ces mots, ils mirent l'épée à la main. Au bout de deux ou trois passes, Coligny, blessé à l'épaule et à la poitrine du même coup, tomba. Le duc de Guise lui mit aussitôt l'épée à la gorge et le somma de se rendre. Coligny tendit son épée. Pendant ce temps, de son côté, d'Estrade mettait Bridieu hors de combat. Au bout de quelques mois, après un mieux qui ne se soutint pas, Coligny mourut des suites de sa blessure. Il était écrit que cette maison des Guise devait être éternellement fatale aux Coligny.

Par cette défaite de son champion, madame de Longueville perdit tous les avantages de la victoire précédemment remportée d'abord sur madame de Montbazon, et l'on fit sur elle ce couplet qu'avant de retourner à l'armée, son frère, le duc d'Enghien, put entendre chanter dans les rues de Paris :

Essuyez vos beaux yeux,
Madame de Longueville,
Essuyez vos beaux yeux :
Coligny se porte mieux.
S'il a demandé la vie,
Ne l'en blâmez nullement,
Car c'est pour être votre amant,
Qu'il veut vivre éternellement.

C'était au même lieu et pour une cause aussi futile que, quinze ans auparavant, Boutteville, des Chapelles et la Bertha s'étaient battus contre Beuvron, Bussy d'Amboise et Choquet ; mais, on se le rappelle, Boutteville et des Chapelles payèrent de leur tête cette infraction aux édits du cardinal.

Quant au duc de Guise, il ne fut pas même inquiété, et cette impunité devint le signal de la reprise des duels, étouffés par la main de fer du ministre de Louis XIII.

Richelieu avait appuyé sa rigueur d'un calcul fait en mars 1607 par M. de Loménie, lequel avait trouvé que, depuis l'avènement au trône de Henri IV, en 1589, quatre mille gentilshommes avaient été tués en duel, ce qui faisait une moyenne de deux cent vingt par an.

XIII

LA COUR QUITTE LE LOUVRE POUR LE PALAIS-ROYAL. — ENFANCE DE LOUIS XIV. — LES ENFANTS D'HONNEUR. — ÉDUCATION DU JEUNE ROI. — LEÇONS DE SON VALET DE CHAMBRE. — AVERSION DU ROI CONTRE MAZARIN. — TRISTE ÉTAT DE SA GARDE-ROBE. — AVARICE DU CARDINAL-MINISTRE. — PORTRAIT DE MAZARIN PAR LA ROCHEFOUCAULD.

Le 7 octobre 1643 la reine quitta le Louvre avec le roi et le duc d'Anjou, et vint habiter le Palais-Cardinal ; seulement, sur l'observation du marquis de Prouville, alors grand maréchal des logis de la maison du roi, qui représenta à Anne d'Autriche qu'il n'était pas convenable que le roi habitât la maison d'un de ses sujets, l'inscription qui était au-dessus de la porte fut ôtée, et l'on y substitua celle de Palais-Royal. C'était une nouvelle ingratitude envers la mémoire de celui qui en avait fait don à son souverain, don splendide, s'il faut en croire ces vers de Corneille :

Non, l'univers entier ne peut rien voir d'égal
Au superbe dehors du Palais-Cardinal.
Toute une ville entière, avec pompe bâtie,
Semble d'un vieux fossé par miracle sortie,
Et nous fait présumer, à ses superbes toits,
Que tous ses habitants sont des dieux ou des rois.

En effet, le Palais-Cardinal était dans l'origine un simple hôtel situé à l'extrémité de Paris, au pied du mur d'enceinte; il avait été rebâti en 1629 sur l'emplacement des hôtels de Rambouillet et de Mercœur, achetés par le cardinal, et, suivant le cours de sa fortune, il s'était agrandi comme elle. Plus puissant que le roi, le cardinal avait

La reine, touchée de la vérité de cet argument, rétablit l'inscription; mais l'usage l'emporta, et le titre de Palais-Royal, qui avait été donné à ce monument à cause de la présence du jeune roi, l'emporta sur celui de Palais-Cardinal.

Louis XIV, alors âgé de cinq ans, fut installé dans la chambre de Richelieu. Son appartement était petit, mais commodément situé entre la galerie des hommes illustres, qui occupait l'aile gauche de la seconde cour, et la galerie qui régnait le long de l'aile de l'avant-cour, et dans laquelle Philippe de Champagne, peintre favori de Son Éminence, avait peint les plus beaux traits de sa vie.

L'appartement de la reine régente était beaucoup plus

Les quatre adversaires se rencontrèrent sur le milieu de la place Royale

voulu être plus magnifique que son souverain. En conséquence, le mur d'enceinte de Paris avait été abattu, le fossé avait été comblé, le jardin, dégagé de tout ce qui l'empêchait de prendre une forme régulière, s'était étendu jusqu'aux prairies sur lesquelles on a bâti depuis la rue Neuve-des-Petits-Champs et la rue Vivienne. En outre, Richelieu avait fait percer la rue qui a pris son nom et qui conduisait directement de son palais à sa ferme de la Grange-Batelière, située au pied de Montmartre. Toutes ces acquisitions, y compris le prix de l'hôtel Sillery qu'il avait acheté dans le seul but de l'abattre et d'avoir une place devant son palais, avaient coûté au cardinal huit cent seize mille six cent dix-huit livres, somme énorme pour le temps, puisqu'elle correspond à près de quatre millions de notre monnaie.

Aussi, lorsque madame d'Aiguillon, nièce du cardinal, vit qu'on faisait enlever l'inscription qui constatait que cette huitième merveille du monde avait été bâtie par son oncle, elle écrivit à la reine pour la supplier de rétablir la première inscription. « Il est peu séant, disait-elle dans sa supplique, de faire injure aux morts, car les morts ne peuvent repousser l'injure qu'on leur fait; en remettant à sa place l'inscription que Votre Majesté a ôtée, elle honorera la mémoire du cardinal de Richelieu et elle immortalisera son nom. »

vaste et plus élégant. Non contente de ce que Richelieu avait fait, elle ajouta encore au luxe des ornements qu'il avait prodigués, et confia le soin de ces embellissements intérieurs à Jacques Le Mercier, son architecte, et à Vouet, qui se proclamait lui-même le premier peintre de l'Europe.

Son cabinet, qui passait pour *la merveille* et le *miracle de Paris*, renfermait un tableau de Léonard de Vinci, la *Parenté de la Vierge*, par Andrea del Sarto, un *Énée sauvant Anchise*, d'Annibal Carrache, une *Fuite en Égypte*, du Guide, un *Saint Jean monté sur un aigle*, de Raphaël, deux tableaux du Poussin, et *les Pèlerins d'Emmaüs*, de Paul Véronèse. Ce cabinet était l'ouvrage du cardinal; mais la reine y ajouta une salle de bains, un oratoire et une galerie. Tout ce que le goût du temps avait pu créer de fleurs, de chiffres et d'allégories était semé sur un fond d'or dans la salle de bains. L'oratoire était orné de tableaux de Philippe de Champagne, de Vouet et de Bourdon Stella, qui représentaient les principales actions de la vie de la Vierge; une seule fenêtre, dont les carreaux étaient montés en argent, l'éclairait.

Quant à la galerie placée à l'endroit le plus retiré, et dont Vouet avait peint le plafond et Macé travaillé le parquet, la régente l'avait destinée à tenir le conseil; c'est dans cette galerie que seront arrêtés, en 1650, les princes de Condé, de Conti et le duc de Longueville. Les appartements de la reine donnaient sur le jardin, qui, à cette époque, n'avait ni la forme, ni la régularité qu'il a aujourd'hui. Il contenait un mail, un manège et deux bassins; le plus grand, appelé le rond-d'eau, était ombragé d'un petit bois. Louis XIV enfant se laissa tomber un jour dans le bassin du petit jardin, dit *jardin des Princes*, et faillit y périr (1).

Mazarin aussi était venu demeurer au Palais-Cardinal avec la reine ; son logis donnait sur la rue des Bons-Enfants ; il avait à sa porte sentinelle et corps de garde, comme aux autres entrées.

Cependant Louis XIV était toujours entre les mains des femmes, dont il ne devait sortir qu'à l'âge de sept ans. Le cardinal était le surintendant de son éducation, M. de Villeroy, son gouverneur, M. de Beaumont, son précepteur, et Laporte, qui nous a laissé sur l'enfance du roi de si curieux mémoires, était son premier valet de chambre.

A part la *Gazette de France*, qui enregistrait les faits et gestes officiels du jeune roi, les premiers renseignements que nous ayons sur lui nous sont donnés par Louis-Henri de Loménie, fils de ce comte de Brienne qui avait succédé à Chavigny dans sa charge de secrétaire d'État.

Né en 1636 il n'avait que sept ans lorsque le comte de Brienne, son père, le plaça près du roi en qualité d'enfant d'honneur ; la présentation se fit dans la galerie du Louvre qui renfermait les portraits des rois de France. Louis XIV devait être bien enfant lors de cette présentation, dont Brienne ne nous garde pas la date précise, puisque madame de Lansac, ainsi que nous l'avons raconté fut exilée en 1643, pour faire place à la marquise de Senecey, assistait à cette réception dans laquelle furent compris le petit marquis de La Châtre, MM. de Coislin, neveux du chancelier Séguier, M. de Vivonne, qui fut depuis maréchal de France, le comte du Plessis-Praslin, et le chevalier son frère.

Madame de la Salle, femme de chambre de la reine régente, et placée par elle près du roi, reçut les nouveaux compagnons de Sa Majesté, tambour battant à la tête de la compagnie des enfants d'honneur, qui était déjà nombreuse, et qu'elle avait sous ses ordres ; elle tenait une pique à la main ; un hausse-col retombait sur son mouchoir bien empesé et scrupuleusement tiré ; elle avait sur la tête un chapeau d'homme couvert de plumes noires, et portait l'épée au côté. Elle remit à chacun des nouveaux enfants d'honneur un mousquet, qu'ils reçurent en portant la main à leur chapeau, mais sans se découvrir, car ce n'était pas l'ordre. Puis elle les embrassa tous les uns après les autres au front, leur donna sa bénédiction d'une façon aussi cavalière qu'aurait pu le faire l'abbé de Gondy, et, la bénédiction donnée, commanda l'exercice que l'on faisait une fois par jour.

Quoique le roi ne fût encore qu'à la bavette, il prenait un plaisir extrême au maniement des armes ; tous ses divertissements étaient guerriers ; ses doigts battaient sans cesse le tambour, soit sur les tables, soit contre les vitres ; dès que ses petites mains purent tenir des baguettes, il se fit apporter un tambour pareil à celui des cent Suisses, et frappait dessus continuellement.

Les manœuvres des enfants d'honneur furent interrompues pendant quelques jours par les événements que nous avons racontés, qui mirent toute la cour en émoi ; mais, une fois au Palais-Royal, elles recommencèrent de plus belle ; seulement, quoique ce fût toujours madame de la Salle qui les commandait, ils n'étaient plus présidées par madame de Lansac, mais bien par madame de Senecey.

Le roi et les enfants d'honneur échangeaient de temps en temps de petits présents. Brienne raconte qu'il donna au roi, entre autres choses, un canon d'or traîné par une puce, une trousse de chirurgien, garnie de toutes ses pièces et qui ne pesait que quelques grains, enfin une petite épée d'agate, garnie d'or et ornée de rubis. En échange, le roi voulut bien prêter un jour à Brienne une arbalète dont il se servait ; mais, au moment où il étendait la main pour la lui reprendre, madame de Senecey lui dit :

— Sire, les rois donnent ce qu'ils prêtent.

Alors, Louis XIV fit signe à Brienne d'avancer et lui dit :

— Gardez cette arbalète, monsieur de Brienne, je voudrais que ce fût quelque chose de plus considérable ; mais, telle qu'elle est, je vous la donne et c'est de tout mon cœur.

Il va sans dire que ces paroles, qui avaient déjà une tournure officielle, lui étaient soufflées par sa gouvernante.

Brienne garda donc l'arbalète. Le cadeau était d'autant plus précieux que cette arme avait été entièrement forgée, limée, ciselée et montée de la propre main du roi Louis XIII qui, ainsi que nous l'avons dit au commencement de cette histoire, aimait à s'occuper de serrurerie.

---

(1) Tous ces détails sont tirés du bel et consciencieux ouvrage de M. Vatout sur les résidences royales.

A sept ans, c'est-à-dire en 1645, Louis XIV fut tiré des mains des femmes, et le gouverneur, le sous-gouverneur et les valets de chambre entrèrent en fonctions.

Ce changement étonna beaucoup le jeune roi, qui ne voyait plus ses bonnes amies auprès de lui, et demandait inutilement à Laporte les contes de fées avec lesquels les femmes avaient l'habitude de l'endormir.

Laporte dit alors à la reine que, si elle l'avait pour agréable, au lieu de ces contes de *Peau-d'Âne*, il tirait un enfant chaque soir quelque bon livre ; que, si le roi s'endormait, la lecture serait perdue, mais que, s'il ne s'endormait pas, il lui resterait toujours dans la mémoire quelque chose de ce qu'il aurait entendu. Laporte demanda alors à M. de Beaumont, précepteur du roi, l'*Histoire de France* de Mézeray, dont il lui lisait tous les soirs un chapitre. Contre toute attente, le roi prit grand plaisir à cette lecture, promettant bien de ressembler à Charlemagne, à saint Louis et à François Ier, et entrant dans de grandes colères lorsqu'on lui disait qu'il serait un second Louis le Fainéant.

Mais bientôt Laporte put s'apercevoir que ces lectures historiques n'étaient pas du goût du cardinal ; car, un soir que le roi était couché, et que lui-même, déshabillé et en robe de chambre, il lui lisait l'histoire de Hugues Capet, Son Éminence, voulant éviter le monde qui l'*attendait*, passa dans la chambre du roi, pour, de là, descendre à la conciergerie, où il logeait. Louis XIV, dès qu'il aperçut Son Éminence, fit semblant de dormir ; le cardinal alors demanda quel était le livre que Laporte lisait, et, sur sa réponse que c'était l'*Histoire de France*, il sortit en haussant les épaules et fort brusquement, sans approuver ni blâmer, mais laissant à l'intelligence de Laporte le soin de deviner la cause de ce brusque départ. Le lendemain, il dit tout bas sans doute le cardinal, car le roi lui passait ses chausses, puisque son valet de chambre lui apprenait l'histoire.

Au reste, ce n'était pas la seule leçon que Laporte donnait à son maître, car, un jour, ayant remarqué que, dans tous ses jeux, le roi faisait le personnage de valet, il se mit dans son fauteuil et se couvrit. Louis XIV, tout enfant qu'il était, trouva cette action si mauvaise, qu'il alla tout courant se plaindre à la reine. Aussitôt celle-ci fit venir Laporte, et lui demanda pourquoi il s'asseyait et se couvrait en présence du roi.

— Madame, dit Laporte, puisque Sa Majesté fait mon métier, il est juste que je fasse le sien.

Cette leçon frappa très fort Louis XIV, qui, à partir de ce jour, renonça entièrement à l'emploi des valets.

Nous avons dit que, lorsque Mazarin passa dans la chambre du roi, le roi fit semblant de dormir. Cela tenait à l'étrange aversion qu'il avait conçue, tout enfant, pour le cardinal. Cette aversion ne s'arrêtait pas à Son Éminence seulement, mais s'étendait à sa famille. Tous les soirs, le roi en donnait une preuve, car, lorsqu'il se couchait, le premier valet de chambre présentait, par ordre de Sa Majesté, un longeoir avec deux bougies allumées à celui des enfants d'honneur qu'il lui plaisait de faire rester à se coucher, et chaque soir le roi, défendait à Laporte de donner le longeoir de M. de Mancini, neveu du cardinal, brave et excellent jeune homme cependant, qui fut tué depuis au combat de la porte Saint-Antoine.

Un jour, à Compiègne, le roi, voyant passer Son Éminence avec beaucoup de suite sur la terrasse du château, se détourna en disant assez haut pour que Duplessis, gentilhomme de la manche, l'entendît : « Voilà le grand Turc qui passe. » Duplessis rapporta ce propos à la reine, qui fit venir l'enfant, le gronda fort et voulut le forcer à dire quel était celui de ses serviteurs qui donnait ce nom au cardinal, pensant bien que ce n'était pas de lui-même qu'il l'appelait ainsi ; mais le roi, tout bon, et rendant menaces que lui fit sa mère, il soutint qu'il ne devait cette suggestion à personne, et que l'imagination lui en était venue à lui-même. Un autre jour que le roi était à Saint-Germain, dans un petit cabinet du vieux château, assis sur sa *chaise d'affaires*, comme dit Laporte, M. de Charamante, second valet de chambre du roi, que le cardinal avait mis en cette charge, entra dans le cabinet et dit à Sa Majesté que Son Éminence, en sortant de chez la reine, s'était arrêtée dans sa chambre pour assister à son coucher ; ce qui était chose extraordinaire, le cardinal n'ayant pas pour habitude de rendre de pareils hommages au roi. Le roi ne répondit pas. Charamante, fort étonné de ce silence, regarda successivement, pour en chercher l'explication, M. Dumont, le sous-gouverneur, Laporte et un garçon de chambre, qui étaient là. Laporte, qui considérait Charamante comme un espion et qui craignait qu'il ne crût que c'était lui qui montait ainsi le jeune roi contre le cardinal, répéta ce qu'avait dit Charamante en entrant et fit observer à Sa Majesté que, si elle n'avait plus affaire où elle était, elle devait s'en aller se coucher, pour ne pas faire attendre plus longtemps Son Éminence. Mais le roi fit la sourde oreille, demeurant muet et immobile à l'observation de Laporte comme à l'annonce de Charamante si bien que le cardinal, après avoir attendu près d'une demi-heure, s'ennuya et descendit par le petit degré qui conduit au corridor. Comme il s'en allait, les éperons et les épées des gens de sa suite firent tant de bruit, que le roi se décida enfin à parler.

— M. le cardinal, dit-il, fait grande rumeur par où il passe; il faut qu'il ait bien cinq cents personnes à sa suite.

Quelques jours après, au même lieu et à la même heure, le roi, revenant de ce cabinet pour aller se coucher, et ayant vu un gentilhomme de M. le cardinal, nommé Bois-Fermé, dans ce passage:

— Allons, dit-il à M. de Nyert et à Laporte, M. le cardinal est encore chez maman, car j'ai vu Bois-Fermé, dans le passage; l'attend-il donc toujours ainsi?

— Oui, sire, répondit Nyert; mais, outre Bois-Fermé, il y a encore un gentilhomme dans le degré et deux dans le corridor.

— Il en a donc d'enjambée en enjambée? dit le jeune roi.

Il est vrai que, quand même cette aversion n'eût pas été instinctive, comme celle qu'ont d'habitude les enfants pour les amants de leur mère, ou n'eût pas été, ce qui est plus probable encore, inspirée au roi par ceux qui l'entouraient, elle lui serait venue naturellement par le peu de soin que prenait Mazarin de contenter l'enfant royal, qu'il laissait, non seulement manquer des choses qui regardaient ses divertissements, mais encore des objets nécessaires aux premiers besoins de la vie.

Ainsi, la coutume était que l'on donnât au roi, tous les ans, douze paires de draps, et deux robes de chambre, une d'été et une d'hiver; mais Mazarin, ne se soumettait pas à cette coutume, qu'il regardait sans doute comme trop coûteuse, ne donna que six paires de draps au roi pour trois ans entiers; aussi ces draps étaient-ils si usés, que ses jambes passaient au travers et passaient à cru sur le matelas. Quant aux robes de chambre, le cardinal les avait réglées avec la même économie: au lieu de lui donner deux par an, il se contenta d'en donner une pour deux ans que le jeune roi portait hiver et été; c'était une robe de chambre de velours vert, doublée de petit-gris qui, la dernière année, ne lui venait plus qu'à la moitié des jambes.

Un jour, le roi voulut s'aller baigner à Conflans. Laporte donna aussitôt les ordres nécessaires et l'on fit venir un carrosse pour conduire Sa Majesté avec les hardes de sa chambre et de la garde-robe. Mais, comme Laporte se disposait à y monter le premier, il s'aperçut que tout le cuir des portières qui couvraient les jambes était emporté, et que le reste du carrosse était d'ailleurs en si mauvais état, qu'il ne ferait pas, sans se briser, le trajet, si court qu'il fût; alors, Laporte rendit compte au roi de l'état de sa sellerie, lui disant qu'il était impossible d'aller à Conflans comme il le désirait, attendu que, si on les voyait dans une pareille voiture, les plus petits bourgeois se moqueraient d'eux. Le roi crut le récit exagéré et voulut juger lui-même de l'état du carrosse; mais, en voyant le peu de respect qu'on avait pour lui, puisqu'on supposait qu'il pourrait monter dans une pareille voiture, il rougit de colère, et, le soir même, s'en plaignit amèrement à la reine, à Son Éminence et à M. de Maison, alors surintendant des finances. Grâce à cette plainte, le roi eut quatre carrosses neufs.

Au reste cette avarice de Mazarin, dont nous aurons, dans le cours de cette histoire, si souvent occasion de donner de nouvelles preuves, ne s'arrêtait pas aux choses du roi, mais s'étendait à tous les détails d'administration de la cour. Tant se faisant avec un désordre et une parcimonie étranges. Par exemple, tandis que le roi, qui fit bâtir Versailles, manquait de draps, de robes de chambre et de carrosses, les dames attachées à la personne d'Anne d'Autriche, sa mère, n'avaient point de table au palais, et fort souvent restaient sur leur faim. Après le souper de la reine, elles en mangeaient les débris sans ordre ni mesure, se servant, pour tout appareil, de sa serviette à laver et des restes de son pain (1).

Les festins publics et de représentation n'étaient pas mieux réglés, tant l'avarice sordide du cardinal étendait sans cesse et partout sa griffe de harpie. En 1645, le jour de la signature du contrat de la princesse Marie de Gonzague, le jour même dont nous avons parlé à propos des amours et des folies du duc de Guise, lorsque la reine reçut à Fontainebleau les ambassadeurs de Pologne, elle leur donna un grand souper, ou, du moins, son intention fut de leur donner; mais, le soir, dit madame de Motteville, on raconta à la reine qu'il y avait eu une dispute entre les officiers de la bouche, de sorte que le premier service avait manqué. En outre, l'ordre avait été si mal observé, que, lorsque ces somptueux étrangers, qui s'étaient signalés par leur luxe oriental, voulurent sortir, ils furent forcés

(1) Madame de Motteville.

de marcher sans lumière jusqu'au grand escalier de l'appartement du roi. La reine gronda fort en apprenant ce désordre. En effet, de pareils oublis d'étiquette et une semblable pénurie devaient paraître étranges à une princesse élevée au milieu du luxe espagnol, et dans une cour alimentée par les ruisseaux d'or et de pierreries qui roulaient vers elle des deux Indes.

Nous nous sommes étendu sur ces détails, parce qu'ils montrent l'état financier du royaume et les besoins de la cour, et qu'ils font ressortir une haine pour l'obéissance, innée chez Louis XIV, qui, dès son enfance, réagit contre cette tyrannie ministérielle sous laquelle s'était toute sa vie incliné le roi son père.

Quant à Mazarin, que nous allons voir jouer le principal rôle dans la période qui nous reste à parcourir jusqu'à la majorité du roi, nous citerons le portrait qu'en trace le comte de la Rochefoucauld, et nous laisserons les événements en faire apprécier la justesse.

« Son esprit était grand laborieux, insinuant et plein d'artifice; son humeur était simple, il ne pouvait même dire qu'il n'en avait point, et que, selon l'utilité, il feignait toute sorte de personnages. Il savait éluder les prétentions de ceux qui lui demandaient des grâces, en leur en faisant espérer de plus grandes. Il avait de petites vues, même dans les plus grands projets, et, au contraire du cardinal de Richelieu, qui avait l'esprit hardi et le cœur timide, le cardinal de Mazarin avait plus de hardiesse dans le cœur que dans l'esprit; il cachait son ambition et son avarice sous une modération affectée; il déclarait qu'il ne voulait rien pour lui, et que, toute sa famille étant en Italie, il voulait adopter pour ses parents tous les serviteurs de la reine, et chercher sa grandeur et sa sûreté en les comblant de biens. »

On a vu de quelle façon il pratiquait ces principes.

XIV

RÉVOLTE DU TOISÉ. — NAISSANCE DU JANSÉNISME. — PREMIÈRE REPRÉSENTATION DE « RODOGUNE ». — SECOND MARIAGE DE GASTON. — NOCES DE MARIE DE GONZAGUE. — MAGNIFICENCE DES POLONAIS. — FÊTES A LA COUR. — « LA FOLLE SUPPOSÉE ». — CAMPAGNE DE FLANDRE. — LE DUC DE BELLEGARDE, SA RÉPUTATION, SES AMOURS. — BASSOMPIERRE. — UN CONTE DE FÉE. — HENRI IV ET BASSOMPIERRE. — LES DEMI-PISTOLES. — ESPRIT DE BASSOMPIERRE. — ANECDOTES A SON SUJET. — SA MORT, SON PORTRAIT.

L'année qui venait de s'écouler, année de laquelle datait le nouveau règne, avait été féconde en événements: un roi mort, une grande victoire remportée par le fils du premier prince du sang, un nouveau ministre porté au pouvoir, une révolution d'intérieur soulevée et calmée presque aussitôt, un petit-fils de Henri IV arrêté et mis en prison, toute une faction exilée, dispersée, la politique maintenue dans la ligne où, depuis vingt ans, la poussait le cardinal de Richelieu; enfin, deux grands hommes élevés au maréchalat, Turenne et Gassion.

Aussi, les années suivantes semblent-elles se reposer, engourdies dans leur bonheur et leur tranquillité. Les succès guerriers se balancent: contre les impériaux, on gagne, à peu de chose près, la bataille de Fribourg et l'on prend Gravelines; mais, en Espagne, on perd la bataille de Lérida et on lève le siège de Tarragone. A Rome, le pape Urbain VIII meurt et Innocent X le remplace; enfin, la reine d'Angleterre, Henriette de France, tandis que sa sœur Élisabeth meurt sur le trône d'Espagne, abandonne le sien, déjà ébranlé par la révolution puritaine, et se réfugie en France. Les trois grands événements de l'année sont: la révolte du toisé, la naissance du jansénisme et la première représentation de la tragédie de *Rodogune*.

Un mot sur chacun de ces trois grands événements.

Il avait plu au peuple de Paris, dit madame de Motteville, de s'émouvoir au sujet de certains impôts qu'on avait voulu mettre sur les maisons. Or, voici ce qui a amené cette émotion:

Les anciennes ordonnances défendaient de bâtir dans les faubourgs de Paris; mais on sait en général comment, nous autres Français, nous respectons les ordonnances anciennes et modernes. Un grand nombre de bâtiments s'étaient donc élevés sur les terrains prohibés, et Mazarin avait laissé faire, tout en regardant les travailleurs avec son sourire narquois ; car, en pressant un peu cette contravention, il voyait un moyen d'en faire, sous le titre d'amende, sortir quelques lingots. En conséquence de ce calcul, un arrêt fut rendu par le conseil, et les officiers du Châtelet furent chargés de mesurer, dans chaque faubourg, les constructions nouvellement établies ; cette mesure amena une petite sédition populaire, qui fut appelée la sédition du toisé, et qui n'eut d'autre résultat que de faire revenir la reine de Rueil, où elle s'amusait fort, et de donner au parlement de nouveaux griefs contre la cour.

Quant au jansénisme, cette secte, qui a fait tant de bruit en France et qui a si fort tourmenté Louis XIV et madame de Maintenon, il est nécessaire de reprendre la chose d'un peu plus haut pour donner de la question une idée bien exacte à nos lecteurs.

Il y avait en France un homme connu à la fois par l'austérité de ses mœurs et par la vivacité de son esprit : c'était l'abbé de Saint-Cyran. Richelieu, qui savait le parti qu'on pouvait tirer d'un pareil caractère, si une fois il se donnait à un homme ou à une idée, lui offrit un évêché que l'abbé refusa. Ce fut pour le cardinal un motif d'étonnement auquel vint bientôt se joindre un motif de plainte.

Gaston, frère de Louis XIII, veuf de mademoiselle de Guise, qui était morte en donnant le jour à la grande Mademoiselle, que nous allons bientôt voir, toute jeune qu'elle est, jouer dans la Fronde un rôle plus important que celui de son père, Gaston, disons-nous, avait, en secondes noces, épousé une princesse de Lorraine. Richelieu contre la volonté duquel ce mariage s'était accompli, voulut le faire casser. Tout le clergé de France, subissant le despotisme de sa volonté, déclara le mariage nul. L'abbé de Saint-Cyran seul soutint qu'il était bon et valable. Cette fois, c'en était trop. Richelieu fit enlever l'abbé qui ne voulait ni accepter ses bienfaits ni subir ses volontés, et le fit conduire à Vincennes. Cette arrestation eut lieu le 14 mai 1638.

Huit jours auparavant était mort un grand ami de l'abbé de Saint-Cyran, qui était évêque d'Ypres, en Belgique, et que l'on nommait Corneille Jansénius. Ce prélat laissait un livre, œuvre de toute sa vie, ayant pour titre l'*Augustinus*.

A cette époque, les subtiles questions de la théologie n'avaient point encore cédé la place aux discussions plus matérielles de la politique. Le nouveau livre traitait de la grâce, matière qu'un décret pontifical du pape Urbain VIII défendait de toucher. Le livre fut donc prohibé d'abord ; mais, comme cause de cette interdiction il s'était immédiatement fort répandu, il fut attaqué en France, et Saint-Cyran délégua sa défense à Antoine Arnaud, le plus jeune des vingt enfants de l'avocat Arnaud

De là, la naissance du jansénisme, si ardemment poursuivi par les jésuites, non point parce que le livre attaquait leur ordre, comme on pourrait le croire, mais parce qu'il eut en France pour patron l'abbé de Saint-Cyran, qui avait combattu le père Garasse et pour défenseur le fils de l'avocat Arnaud, leur ancien adversaire.

Mais la question ne devait pas rester théologique. Un ordre de la reine fut signifié un matin à Antoine Arnaud, lequel lui enjoignait de partir pour Rome, afin de rendre compte de sa conduite au saint-père. Cet ordre produisit une émotion d'autant plus grande, qu'il était plus inattendu. Arnaud, pour ne point obéir, se cacha, tandis que l'Université, dont il était membre, la Sorbonne, à laquelle il venait d'être associé, envoyaient des députations à la reine pour la supplier de rétracter l'ordre qu'elle avait donné.

En même temps, le parlement, qui mûrissait chaque jour davantage pour la révolte, allait plus loin encore ; il déclarait au chancelier que les libertés de l'Eglise gallicane ne permettaient pas de faire juger, pour matières ecclésiastiques, un Français ailleurs qu'en France, et qu'en conséquence, il tenait Antoine Arnaud pour dispensé d'obéir à la reine.

Cette fois, la question était grave, car, de théologique, elle devenait politique. Anne d'Autriche fut forcée de céder. Les gens du roi déclarèrent que la reine ne rétractait pas publiquement son ordre, parce qu'une pareille rétractation était contre la dignité du souverain, mais qu'elle acceptait l'intercession du parlement, non seulement pour l'affaire particulière et la personne du sieur Arnaud, mais encore pour la conséquence et l'avenir.

Dès lors, tous ceux qui avaient pris parti pour l'*Augustinus*, son patron et son défenseur, furent appelés jansénistes. Nous verrons plus tard les principes du jansénisme se développer parmi les solitaires de Port-Royal.

Rodogune, l'un des chefs-d'œuvre de Corneille, termina l'année. C'était, s'il faut en croire le discours qui précède cette pièce, un des ouvrages de prédilection du poète. Ce discours est curieux, à cause de la naïve admiration que l'auteur y témoigne pour sa tragédie.

« Elle a tout ensemble, dit-il, la beauté du soleil, la nouveauté des fictions, la force des vers, la facilité de l'expression, la solidité du raisonnement, la chaleur des passions, la tendresse de l'amour, et cet heureux assemblage est ménagé de telle sorte, qu'elle s'élève d'acte en acte : le second passe le premier, le troisième est au-dessus du second, et le dernier l'emporte sur tous les autres. L'action y est une, grande, complète ; sa durée ne va point ou fort peu au delà de la représentation ; le sujet est des plus illustres qu'on puisse imaginer, et l'unité de lieu se rencontre de la manière que je l'indique dans le troisième de mes discours et avec l'indulgence que j'ai demandée pour le théâtre. »

Comme les Fréron et les Geoffroy n'avaient point encore été inventés à cette époque, le public fut de l'avis de Corneille.

L'année 1645 s'ouvrit par l'arrestation du président Barillon et par la bataille de Nordlingen, que gagnèrent en communauté le duc d'Enghien et le maréchal de Turenne. Puis vinrent les noces de la princesse Marie de Gonzague avec le roi de Pologne, lesquelles noces furent un grand plaisir pour la capitale, à cause du spectacle nouveau qu'elles offrirent. Enfin, l'entrée solennelle des envoyés extraordinaires eut lieu à Paris le 29 octobre.

Le palatin de Posnanie, et l'évêque de Warmie avaient été choisis par le roi Vladislas VII pour épouser en son nom la princesse Marie.

Le duc d'Elbeuf fut envoyé par la reine, avec une douzaine de personnes de condition, les carrosses du roi, ceux du duc d'Orléans et ceux du cardinal pour les recevoir à la porte Saint-Antoine.

Le cortège des ambassadeurs se composait d'abord d'une compagnie de gardes à pied, habillées de rouge et de jaune, avec de grandes boutonnières d'orfèvrerie sur leurs habits ; ils étaient commandés par deux ou trois officiers richement vêtus et montés sur de magnifiques chevaux. Leurs habits étaient composés d'une veste turque fort belle, sur laquelle ils portaient un grand manteau à manches longues, qu'ils laissaient pendre d'un côté du cheval. Ces vestes et ces manteaux étaient enrichis de boutons de rubis, d'agrafes de diamants et de broderies de perles.

Après cette première compagnie s'avançaient deux autres troupes à cheval, portant les mêmes livrées que celles qui étaient à pied, avec cette seule différence que, quoique les couleurs fussent les mêmes, les étoffes étaient plus riches et les harnais des chevaux couverts de pierreries. A la suite de ces deux compagnies venaient nos académistes (1), qui, dit madame de Motteville, pour faire honneur aux étrangers et déshonneur à la France, étaient allés au-devant d'eux. En effet, leurs chevaux couverts de rubans et de perles paraient mesquins et pauvres auprès des chevaux polonais couverts de caparaçons de brocart et chargés de pierreries.

Les voitures du roi ne faisaient pas, du reste, meilleur effet auprès des carrosses des ambassadeurs, lesquels étaient couverts d'argent massif partout où les nôtres avaient de fer.

A la suite de ces trois compagnies marchaient les seigneurs polonais vêtus de brocart d'or et d'argent, chacun avec son train et sa livrée ; les étoffes en étaient si riches et si belles, les couleurs si vives et si resplendissantes, une telle pluie de diamants semblaient ruisseler sur tous ces habits, que les dames de la cour avouèrent qu'elles n'avaient jamais rien vu de plus agréable et de plus riche. Quelques-unes opposeront ici est vrai, à cette entrée la réception du duc de Buckingham ; mais vingt ans s'étaient passés depuis cette réception et les nouveaux élégants n'y avaient pas assisté, ou ne s'en souvenaient plus.

Chacun de ces seigneurs polonais avait près de lui un seigneur français qui l'accompagnait pour lui faire honneur. Mais ce fut un bien autre objet d'admiration, quand parurent enfin les envoyés extraordinaires eux-mêmes, ayant devant eux le sieur de Berlize, introducteur des ambassadeurs ; l'évêque de Warmie, vêtu de tabis violet avec un chapeau d'où pendait un cordon d'or enrichi de diamants, était à sa droite, et à sa gauche le palatin de Posnanie, vêtu de brocart d'or chargé de pierreries, ayant son cimeterre, son poignard et ses étriers tout couverts de turquoises et de rubis, et de diamants, et son cheval sellé et houssé de toile d'or et ferré de quatre fers d'or, assez faiblement attachés, pour qu'il s'en déferrât pendant le trajet.

Ils traversèrent ainsi toute la ville ; le peuple était dans les rues et les personnes de qualité aux fenêtres ; la reine et le roi se tenaient sur le balcon du Palais-Cardinal pour les voir passer. Malheureusement, ne le purent voir de plaisir, la nuit étant venue et les rues n'étant à cette époque aucunement éclairées ; le désappointement, au reste,

(1) On ne confondra pas les académiciens avec les académistes ; ces derniers étaient ce que sont de nos jours les directeurs de manège.

fut aussi grand pour les uns que pour les autres, car, si le roi et la reine étaient contrariés de ne pas voir les ambassadeurs et leur suite, ceux-ci ne l'étaient guère moins de n'être pas vus; aussi se plaignirent-ils beaucoup qu'on ne leur eût donné ni torches ni flambeaux pour éclairer leur marche, et lorsque M. de Liancourt premier gentilhomme, vint les complimenter, ils firent demander à la reine d'aller à la première audience dans le même ordre qu'ils avaient tenu à leur entrée; et cette faveur on le pense bien, leur fut à l'instant même accordée. Tout le temps qu'ils restèrent à Paris, ils logèrent à l'hôtel de Vendôme, qui était vide par l'exil de ses maîtres.

Le 6 novembre 1645, le mariage eut lieu; l'évêque de Warmie célébra la messe et le comte palatin Opalinsky, épousa la princesse au nom de son souverain.

Le 7 et le 8 novembre furent consacrés au spectacle et à la danse; le premier jour, le roi donna la comédie française et italienne au Palais-Royal, dans cette même salle que le cardinal avait fait bâtir pour insulter Anne d'Autriche avec sa tragédie de *Mirame*.

Le soir du lendemain, il y eut bal. « Le roi, dit une relation du temps, avec la grâce qui reluit dans toutes ses actions, prit par la main la reine de Pologne et la conduisit à l'aide d'un pont, sur le théâtre, où Sa Majesté commença le branle qui fut rempli de la plupart des princes, princesses, seigneurs et dames de la cour. Le branle fini, le roi, avec la même grâce et son port majestueux conduisit cette reine en son siège, et, étant retournée sur le théâtre, Sa Majesté s'assit avec M. le duc d'Anjou pour voir danser les courantes, qui furent commencées par le duc d'Enghien, aussi doux à la danse que rude dans ses combats, et continuées par les autres seigneurs et dames. Le roi y dansa pour la seconde fois, et prit M. le duc d'Anjou avec une telle adresse, que chacun fut ravi de voir tant de gentillesse dans ces deux jeunes princes. »

La reine, au reste, fut parfaite pour la princesse Marie; elle la traita comme sa fille, lui constitua un dot de sept cent mille écus, et, pendant toute la soirée du bal mariage, lui céda le pas sur elle.

Cette générosité de la reine était d'autant plus remarquable qu'elle faisait pour ainsi dire la critique du cardinal Mazarin, dont la parcimonie fut cause, comme nous l'avons dit, qu'au repas donné à Fontainebleau aux envoyés polonais, le premier service manqua, et qu'ils se virent obligés de se retirer après le dîner par une galerie non éclairée.

La princesse Marie fut conduite à son royal époux par la maréchale de Guébriant, à qui l'on fit cet honneur en récompense de la mort de son mari, qui avait été tué, deux ans auparavant, à Rottweil.

L'année se termina par l'introduction en France d'un spectacle nouveau. Le cardinal Mazarin invita toute la cour à se trouver, pendant la soirée du 14 décembre 1645, dans la salle du Petit-Bourbon. Là, des comédiens venus d'Italie représentèrent devant le roi et la reine un drame chanté, ayant pour titre *la Folle supposée*, avec décorations, machines et changements de scènes, ballets fort industrieux et récréatifs, jusqu'alors inconnus en France. Les paroles étaient de Giulio Strozzi; les décorations, machines et changements de scènes, de Giacomo Torelli; enfin les ballets, de Giovanni-Batista Balbi.

Ce fut le premier opéra joué en France. Le cardinal de Richelieu nous avait donné la tragédie et la comédie, Mazarin nous donnait l'opéra; chacun restait dans son caractère.

Les commencements de l'année 1646 furent marqués par ce qu'on appela la première campagne du roi. Il s'agissait de venger en Flandre quelques revers éprouvés en Italie. Un conseil fut tenu à Liancourt, où le duc d'Orléans, le cardinal Mazarin et le maréchal de Gassion arrêtèrent le plan de la campagne; puis on annonça que toute la cour allait se porter vers la frontière de Picardie: c'était un moyen de changer les courtisans en soldats.

Louis XIV n'avait pas huit ans encore; aussi la reine ne voulut point le perdre de vue, et ses quartiers de guerre ne furent pas poussés plus loin qu'Amiens. Au moment où l'armée quitta cette ville pour aller assiéger Courtrai, la première campagne du jeune souverain fut finie, et il revint à Paris pour apprendre la nouvelle de la prise de cette ville, et assister au *Te Deum* qui fut chanté à Notre-Dame à cette occasion.

Cependant, trois hommes restaient encore qui représentaient, dans cette nouvelle cour et dans ce nouveau siècle, le siècle écoulé et la cour disparue. C'étaient le duc de Bellegarde, le maréchal de Bassompierre et le duc d'Angoulême. Les deux premiers moururent cette année. Racan disait qu'on avait cru trois choses de M. de Bellegarde, lesquelles n'étaient pas vraies. La première, c'est qu'il était poltron; la seconde, qu'il était galant; la troisième, qu'il était libéral.

Quant à la première accusation, le duc d'Angoulême, bâtard de Charles IX, s'était chargé d'y répondre dans ses Mémoires; car, à propos du combat d'Arques, il dit:

« Parmi ceux qui donnèrent le plus de marques de leur valeur, il faut nommer M. de Bellegarde, grand écuyer, duquel le courage était accompagné d'une telle modestie, et l'humeur d'une si affable conversation, qu'il n'y en avait point qui, dans les combats, fit paraître plus d'assurance, ni dans la cour plus de gentillesse.

« Il vit un cavalier tout plein de plumes, qui demanda à faire le coup de pistolet pour l'amour des dames, et, comme il en était le plus chéri, il crut que c'était à lui que s'adressait le cartel; de sorte que sans s'attendre, il part de la main sur un genet nommé Frégouze, et attaque, avec autant d'adresse que de hardiesse, le cavalier, lequel, tirant M. de Bellegarde d'un peu loin, le manque; mais lui, le serrant de près, lui rompit le bras gauche, si bien que, tournant le dos, le cavalier chercha son salut en faisant retraite dans le premier escadron qu'il trouva des siens. »

Ce qui avait pu faire croire qu'il était peu galant auprès des femmes, ce fut le chemin rapide que sa beauté lui procura à la cour de Henri III. On sait ce que répondait un courtisan de ce temps là à qui l'on reprochait de ne pas faire son chemin aussi vite que Bellegarde:

— Pardieu! dit-il, le beau mérite à lui de ne pas rester en route; on le pousse, Dieu merci, assez pour qu'il avance.

Mais, si, sous Henri III, il eut la réputation de n'être point assez galant, sous Henri IV il se fit celle de l'être trop; car il fut si publiquement le rival du Béarnais près de Gabrielle d'Estrées, que Henri IV n'osa donner à M. de Vendôme, fils de cette maîtresse, le nom d'Alexandre, de peur qu'on ne l'appelât Alexandre le Grand; car, à cause de sa charge de grand écuyer, on appelait M. de Bellegarde M. le Grand.

On sait qu'au moment où Gabrielle d'Estrées, duchesse de Beaufort, fut empoisonnée, Henri IV allait peut-être faire la folie de l'épouser; ce qui était un grand sujet d'inquiétude pour ses amis. Aussi, un jour, M. de Praslin, qui se montrait un des plus opposés à ce mariage, offrit au roi de lui faire surprendre Bellegarde couché avec madame de Beaufort. En effet, une nuit que la cour était à Fontainebleau, il fit lever le roi, lui disant que le moment était venu de s'assurer de la vérité de l'accusation. Henri le suivit sans mot dire, traversa derrière lui un grand corridor; mais, arrivé à la porte:

— Oh! non, dit-il; cette pauvre duchesse, cela lui ferait trop de peine!

Et il s'en retourna se coucher.

Tout vieux qu'il était, le duc de Bellegarde était fort occupé d'Anne d'Autriche, lorsque le duc de Buckingham arriva en France et attira si bien les yeux de la reine de son côté, qu'elle ne vit plus personne autre. A cette occasion, Voiture fit sur le pauvre duc le couplet suivant:

L'astre de Roger
Ne luit plus au Louvre;
Chacun le découvre,
Et dit qu'un berger.
Arrivé de Douvre,
L'a fait déloger.

Le cardinal de Richelieu avait fait exiler M. de Bellegarde à Saint-Fargeau, où il demeura huit ou neuf ans. A la mort du cardinal, il revint à Paris, et il mourut le 13 juillet 1646, à l'âge de quatre-vingts-trois ans.

Quant au maréchal de Bassompierre, plus jeune de treize ou quatorze ans que le duc de Bellegarde, c'était le type parfait du gentilhomme au XVIe siècle. Aussi fut-il au roi Henri IV ce que Luynes fut au roi Louis XIII.

François de Bassompierre était né en Lorraine le 12 avril 1579. Une histoire assez singulière, et qui sentait d'une lieue son origine allemande, courait sur sa famille. La voici, telle que le maréchal la raconte lui-même dans ses Mémoires.

Il y avait un comte d'Orgevilliers qui, en revenant un jour de la chasse, eut la fantaisie d'entrer dans une chambre située au-dessus de la grande porte du château, laquelle était fermée depuis longtemps. Il y trouva une femme, couchée sur un lit admirablement travaillé et dont les draps étaient d'une finesse merveilleuse. Cette femme était d'une beauté remarquable, et, comme elle dormait, ou faisait semblant de dormir, il se coucha près d'elle.

Sans doute, la belle inconnue s'attendait au genre de réveil que lui ménageait le comte; car, au lieu de se fâcher, comme c'était un lundi que cette aventure arrivait, elle lui promit de revenir le même jour de chaque semaine, lui recommandant le secret, et le prévenant que, si quelqu'un devenait confident de leurs amours, elle serait à tout jamais retirée pour lui.

Ce commerce dura quinze ans sans que la dame, toujours jeune et belle, parût vieillir d'un seul jour; mais il n'y a pas de bonheur durable dans ce monde, et celui-ci prit fin, comme toutes les choses d'ici-bas.

Le comte avait scrupuleusement gardé le secret de sa bonne fortune; mais la comtesse, qui, depuis quinze ans, s'était aperçue que, tous les lundis, son mari découchait, voulut enfin savoir ce qu'il faisait pendant cette sortie hebdomadaire; elle l'épia, le vit entrer dans la chambre, fit faire une fausse clef de la porte, et, ayant attendu le prochain lundi, elle entra dans la chambre à son tour et trouva le comte endormi dans les bras de sa rivale. Alors, la comtesse, qui savait le respect que la femme doit à son époux, ne voulut pas même réveiller le comte, mais, détachant son couvre-chef, elle l'étendit sur le pied du lit et se retira sans faire aucun bruit.

Or, à son réveil, la fée; car cette belle inconnue était une fée, ayant vu le couvre-chef, poussa un grand cri, parce que, comme le sien se trouvait sur une chaise, à côté de son chevet, il demeurait évident pour elle qu'il était entré quelqu'un pendant son sommeil et que, par conséquent, son secret était découvert. A ce cri, le comte se réveilla à son tour et reconnut le couvre-chef de sa femme.

Alors, la pauvre fée, fondant en larmes, lui annonça que tout était fini et qu'ils ne devaient plus se voir ni là ni ailleurs, un arrêt du destin lui ordonnant de rester désormais éloignée du comte de plus de cent lieues. Mais le comte avait de la fée s'accomplit. M. de Pange, qui donna trois talismans qui devaient être plus précieux que la dot la plus somptueuse, puisque chacun de ces talismans promettait le bonheur à la famille qui le possèderait; et, au contraire, si quelqu'un dérobait un de ces gages, toutes les calamités de la terre devaient arriver au voleur.

Alors, la fée embrassa une dernière fois le comte et disparut.

Les trois gages que la fée avait laissées au comte étaient un gobelet, une bague et une cuiller.

Le comte maria ses trois filles et leur donna à chacune un talisman et une terre. L'aînée épousa un seigneur de la maison de Croy, et eut le gobelet et la terre de Fénestrange; la seconde épousa un seigneur de la maison de Salm, et eut la bague et la terre de Phislingue; la troisième épousa M. de Bassompierre, et eut la cuiller et la terre d'Orgevilliers. Trois abbayes étaient dépositaires de ces trois talismans tant que les enfants étaient mineurs: Nivelle pour Croy, Remiremont pour Salm, et Epinal pour Bassompierre.

Un jour, M. de Pange, qui connaissait cette histoire et qui savait quelle vertu était attachée à la bague de Salm, la lui enleva pendant une orgie et la mit à son doigt. Mais alors la prédiction de la fée s'accomplit. M. de Pange, qui avait une jolie femme et trois filles charmantes mariées à trois hommes qu'elles aimaient, et quarante mille livres de rente de fortune, trouva, à son retour d'Espagne, où il était allé demander pour son maître la fille du roi Philippe II, sa fortune dissipée, ses trois filles abandonnées par leurs maris et sa femme enceinte d'un jésuite. De l'ange mourut de chagrin; mais, avant de mourir, il avoua son vol et renvoya la bague à son propriétaire.

La marquise d'Harvé, de la maison de Croy, en montrant un jour le gobelet, le laissa tomber, et le gobelet se brisa en mille pièces. Elle le ramassa et le remit dans l'étui en disant:

— Si je ne puis l'avoir entier, j'en garderai du moins les morceaux.

Le lendemain, en rouvrant l'étui, elle retrouva le gobelet aussi intact qu'auparavant.

Bassompierre, comme nous l'avons dit, possédait la cuiller, et, à cette époque, où l'on croyait fort à toutes ces choses, on attribuait hautement à ce talisman le bonheur qui l'accompagnait sans cesse dans ses guerres comme dans ses amours. Le fait est que le comte de Bassompierre était un des seigneurs les plus spirituels, les plus galants et les plus généreux de l'époque.

Un jour qu'il jouait avec le roi Henri IV, on s'aperçut qu'une certaine quantité de demi-pistoles avaient été mises sur la table pour des pistoles.

— Sire, dit Bassompierre, qui connaissait parfaitement les dispositions que le roi avait et qu'il avouait lui-même pour le vol, pour peu que Votre Majesté qui a mis ces demi-pistoles?

— Ventre-saint-gris! s'écria le roi, c'est vous, j'en jure, et non pas moi.

Bassompierre ne dit rien, prend les demi-pistoles, va les jeter par la fenêtre aux laquais qui étaient dans la cour, revient, met des pistoles sur la table et s'assied.

— Par ma foi! dit la reine Marie de Médicis, Bassompierre fait le roi, et le roi fait Bassompierre.

— Oui-da, ma mie, répondit Henri IV en se penchant à son oreille, vous voudriez bien qu'il le fît, n'est-ce pas? Vous auriez un mari plus jeune.

On sait que Henri IV trichait au jeu et ne pouvait s'empêcher de voler tout ce qu'il trouvait à sa convenance.

— Ventre-saint-gris! disait-il souvent, quand, dans ses jours de bonne humeur, il avouait ces deux défauts, il est bien heureux que je sois roi: sans cela, je serais déjà pendu.

Non seulement Bassompierre était beau joueur, mais encore joueur heureux, et, comme il jouait très gros jeu, tous les ans il gagnait cinquante mille écus au duc de Guise. Un jour, la duchesse lui offrit une pension viagère de dix mille écus, s'il ne voulait plus jouer contre son mari.

— Peste! madame, dit-il, j'y perdrais trop.

Henri IV, qui, malgré certaines jalousies conjugales amassées contre Bassompierre, l'estimait fort, l'avait, peut-être même à cause de ces jalousies, envoyé en ambassade à Madrid. A son retour, l'ambassadeur raconta qu'il avait fait son entrée solennelle sur un mulet que le roi d'Espagne lui avait envoyé.

— Oh! la belle chose que ce devait être, dit le Béarnais, que de voir un âne sur un mulet!

— Tout beau sire, dit Bassompierre, vous oubliez que c'était vous que je représentais.

La sensibilité n'était pas le côté brillant du comte. Au moment où il s'habillait pour aller au ballet chez le roi, on vint lui annoncer que sa mère était morte.

— Vous vous trompez, répondit-il froidement, elle ne sera morte que lorsque le ballet sera dansé.

Ce stoïcisme était d'autant plus méritoire que la danse était le seul exercice du corps que Bassompierre n'exécutait point avec une entière perfection. Aussi, un jour, le duc Henri II de Montmorency, le même qui fut décapité à Toulouse, se moqua-t-il de lui à un bal.

— Il est vrai, dit Bassompierre, que vous avez plus d'esprit que moi aux pieds; mais, en revanche, ailleurs j'en ai plus que vous.

— Si je n'ai pas aussi bon bec, j'ai aussi bonne épée, dit le duc.

— Oui, je le sais, répondit Bassompierre, vous avez celle du grand Anne (de Montmorency).

On se les arrêta comme ils sortaient pour aller se battre.

Au moment où M. de Guise pensa prendre parti contre la cour, M. de Vendôme disait à Bassompierre:

— Vous serez sans doute du parti de M. de Guise, vous qui êtes l'amant de sa sœur de Conti?

— Oui, cela n'y fait rien, répondit Bassompierre, j'ai été l'amant de toutes vos tantes et je ne vous aime pas plus pour cela.

Bassompierre avait, assure-t-on, été aussi heureux près de la femme de Henri IV que près de ses maîtresses. Un jour que Henri IV lui demandait quelle charge il ambitionnerait à la cour:

— Celle de grand panetier, sire, répondit-il.

— Et pourquoi cela? demanda Henri IV.

— Parce que l'on couvre pour le roi.

Quand il acheta Chaillot pour y tenir la cour, la reine mère l'y vint voir avec toutes ses dames d'honneur et visita l'acquisition du comte dans tous ses détails.

— Comte, lui dit-elle ensuite, pourquoi avez-vous acheté cette maison? C'est une maison de bouillie.

— Madame, répondit Bassompierre, je suis Allemand.

— Ce n'est pas être à la campagne, mais dans un faubourg de Paris.

— J'aime tant Paris, que je ne voudrais jamais le quitter.

— Mais cela n'est bon qu'à mener des filles.

— Madame, j'y en mènerai; mais je gage une chose; c'est que, si vous me faites l'honneur de m'y venir voir, vous en mènerez encore plus que moi.

— A vous entendre, Bassompierre, reprit la reine en riant, toutes les femmes seraient donc des coquines?

— Madame, il y en a beaucoup.

— Mais moi, Bassompierre?

— Ah! vous, dit le comte en s'inclinant, c'est autre chose; vous êtes la reine.

La reine mère avait fort de quereller Bassompierre sur sa prédilection pour la capitale, car elle-même disait un jour devant le comte, en parlant de Paris et de Saint-Germain:

— J'aime tant ces deux villes, que je voudrais avoir un pied à Saint-Germain et l'autre à Paris!

— Et moi, dit Bassompierre, je voudrais alors demeurer à Nanterre.

On sait que Nanterre est à moitié chemin de ces deux villes.

Le comte avait toujours été fort civil et fort galant. Un de ses laquais ayant vu une dame traverser un jour la cour du Louvre sans que personne lui portât la queue de sa robe, alla la prendre en disant:

— Il ne sera pas dit qu'un laquais de M. de Bassompierre aura vu une dame embarrassée et n'aura pas été à son aide.

Et il porta la queue de cette dame jusqu'au haut du grand escalier. C'était madame de la Suze; elle raconta l'anecdote au maréchal, qui, sur l'heure, fit le laquais valet de chambre.

On croit qu'il était marié avec la princesse de Conti. En tout cas, il en avait eu un fils: ce fils, qu'on appelait Latour-Bassompierre, logeait chez lui, et était bien de race. Dans un combat où il servait de second, voyant qu'il avait affaire à un homme qui, estropié depuis quelques années du bras droit, employait le bras gauche, il voulut qu'on lui ôtât à son tour le bras droit, quoiqu'on lui fit observer que son adversaire avait eu le loisir de s'habituer à son infirmité. Tous deux se battirent donc du bras gauche et Latour-Bassompierre blessa son adversaire.

Quelque temps avant d'entrer à la Bastille, Bassompierre rencontra M. de la Rochefoucauld, qui se teignait la barbe et les cheveux.

— Diable! Bassompierre, dit le comte, qui ne l'avait pas vu depuis longtemps, vous voilà gros, gras, gris.

— Et vous, répond Bassompierre, vous voilà teint, peint, feint.

En entrant à la Bastille, il avait fait vœu de ne plus se raser qu'il ne fût dehors. Mais, en prison, ayant rencontré madame de Gravelle, il manqua à son vœu après l'avoir tenu un an.

Ce fut à la Bastille qu'il fit la connaissance de l'académicien Esprit.

— Voilà, dit-il en le quittant, un homme qui est bien véritablement seigneur de la terre dont il porte le nom.

Tout autour de lui les prisonniers faisaient leur calcul d'espérance. L'un disait : « Je sortirai à telle époque ; » et l'autre : « En tel temps. » Bassompierre disait :

— Moi, je sortirai quand M. du Tremblay sortira.

M. du Tremblay était le gouverneur. Il tenait sa place du cardinal, et, par conséquent, devait, selon toute probabilité, la perdre quand Richelieu mourrait ou tomberait. Aussi lorsque le cardinal fut bien malade, M. du Tremblay vint trouver Bassompierre.

— Monsieur le comte, dit-il, voici M. le cardinal qui se meurt; je ne crois pas que vous restiez longtemps ici.

— Ni vous non plus, monsieur du Tremblay, répondit Bassompierre toujours fidèle à son idée.

Cependant, le cardinal mort, M. du Tremblay fut conservé et Bassompierre élargi. Mais alors ce fut lui qui ne voulait plus sortir de prison.

— Je suis officier de la couronne, disait-il, bon serviteur du roi, et l'on m'a traité indignement. Je ne sortirai pas de la Bastille que le roi ne m'en fasse prier lui-même. D'ailleurs, je n'ai plus de quoi vivre.

— Bah ! lui dit le marquis de Saint-Luc, sortez toujours d'ici, croyez-moi, et, après, vous y reviendrez si vous avez bonne envie.

Rendu à la liberté, il ne tarda pas à rentrer dans sa charge de colonel des Suisses. Alors, il remit sur cette table, qui se trouvait la meilleure de la cour.

Il était encore agréable et de bonne mine, quoiqu'il eût soixante-quatre ans, et, comme aux jours de sa jeunesse, les bons mots ne lui manquaient pas. Vers cette époque, M. de Marescot, qui avait été envoyé à Rome afin de solliciter le chapeau de cardinal pour M. de Beauvais, aumônier de la reine, après avoir échoué dans son ambassade, reparut à la cour fort enrhumé.

— Cela n'est pas étonnant, dit Bassompierre, il est revenu de Rome sans chapeau.

Comme il avait une excellente santé, et qu'il disait ne pas savoir encore où était son estomac, il arriva qu'après un merveilleux dîner, chez M. d'Emery, il tomba malade ; cependant lorsqu'il eut gardé le lit dix jours, il alla mieux et se leva ; mais alors Yvelin, médecin de la reine, qui était venu le saigner, ayant affaire à Paris le le pressa de revenir. Arrivé à Provins, il s'arrêta dans la meilleure hôtellerie et mourut la nuit en dormant, et sans aucune souffrance. Son corps fut transporté dans sa maison de Chaillot, où on l'enterra.

Cependant, s'il faut en croire madame de Motteville, la mort de cet homme, qui avait tenu une si grande place dans le commencement de ce siècle, ne fit pas grand effet à la cour ; son esprit et ses manières avaient vieilli, c'est-à-dire que, comme les grands seigneurs s'en allaient, le grand seigneur encore debout gênait les jeunes gentilshommes dont M. le duc d'Enghien était alors le modèle, et qu'on appelait alors les petits-maîtres. Voici, au reste, ce que madame de Motteville dit de Bassompierre :

« Ce seigneur, qui avait été si chéri du roi Henri IV, si favorisé de la reine Marie de Médicis, si admiré et si loué dans tout le temps de sa jeunesse, ne fit pas grand regretté dans le nôtre. Il conservait encore quelques restes de sa beauté passée : il était civil, obligeant et libéral ; mais les jeunes gens ne le pouvaient plus souffrir. Ils disaient de lui qu'il n'était plus à la mode, qu'il faisait trop souvent de petits contes, qu'il parlait toujours de lui et de son temps ; et j'en ai vu d'assez injustes pour le traduire en ridicule sur ce qu'il aimait à leur faire faire bonne chère, quand même il n'avait pas de quoi dîner pour lui. Outre les défauts qu'ils lui trouvaient, dont je demeure d'accord de quelques-uns, ils l'accusaient, comme d'un grand crime, de ce qu'il aimait à plaire, de ce qu'il était magnifique, et de ce qu'étant d'une cour où la civilité et le respect étaient en règne pour les dames, il continuait à vivre dans les mêmes maximes, dans une cour où, tout au contraire, les hommes tenaient quasi pour honte de leur rendre quelque civilité et où l'ambition déréglée et l'avarice sont les plus belles vertus des plus grands seigneurs et des plus honnêtes gens du siècle.

« Et cependant, ajoute madame de Motteville, les restes du maréchal de Bassompierre valaient mieux que la jeunesse des plus polis de notre temps. »

Vers la même époque, mourut M. le Prince ; mais il n'y a rien autre chose à dire de lui, sinon qu'il fut le père de M. le duc d'Enghien, qu'à partir de ce moment on appela à son tour M. le prince de Condé ou simplement M. le Prince.

XV

ÉTAT DES OPÉRATIONS MILITAIRES. — MASANIELLO A NAPLES. — PRÉTENTIONS DU DUC DE GUISE. — SES FOLIES POUR MADEMOISELLE DE PONS. — LE BAS DE SOIE. — LA MÉDECINE. — LE PERROQUET BLANC. — LES CHIENS SAVANTS. — SUCCÈS DU DUC A NAPLES. — SA CHUTE. — CALME A L'INTÉRIEUR. — FAMILLE DE MAZARIN. — SES NIÈCES ET SES NEVEUX. — LEURS ALLIANCES. — PAUL DE GONDY. — SES COMMENCEMENTS. — SES DUELS. — LA NIÈCE DE L'ÉPINGLIÈRE. — SENTIMENTS DE RICHELIEU A L'ÉGARD DE GONDY. — SES VOYAGES EN ITALIE. — LA PARTIE DE BALLON. — IL EST PRÉSENTÉ A LOUIS XIII. — IL DEVIENT COADJUTEUR. — SES LIBÉRALITÉS. — ÉMEUTES A CAUSE DES IMPÔTS. — NOUVEAUX ÉDITS. — LA RÉSISTANCE S'ORGANISE.

Cependant le temps marchait, la guerre continuait à l'étranger, et la haine contre la régente et le parlement s'aigrissait de plus en plus. Les Provinces-Unies s'étaient séparées de la France, à l'instigation de l'Espagne, qui avait profité de la folie du prince d'Orange pour arriver à ce résultat. Le prince de Condé avait remplacé le comte d'Harcourt en Espagne ; mais, malgré les violences avec lesquelles il était monté à l'assaut, il avait été repoussé de devant Lérida ; le maréchal de Gassion avait été blessé devant Lens et était mort de ses blessures ; enfin Naples s'était révoltée à la voix de Masaniello, ce pêcheur d'Amalfi qui, après avoir été lazzarone vingt-cinq ans, fut roi trois jours, puis pendant vingt-quatre heures, et assassiné par ceux qui avaient été ses compagnons de pêche, de royauté et de folie. Aussitôt tous les petits princes de l'Italie convoitèrent cette couronne de Naples, qui venait de glisser de la tête du lazzarone et que devait essayer M. de Guise, notre ancienne connaissance, que nous avons un instant perdu de vue, mais auquel nous demandons à nos lecteurs la permission de revenir, pour lui voir accomplir de nouvelles folies, non moins curieuses que celles que nous connaissons déjà.

Après avoir été successivement amoureux de l'abbesse d'Avenay et de sa sœur ; après avoir successivement épousé la princesse Anne, à Nevers, et la comtesse de Bossut, à Bruxelles ; après s'être déclaré le chevalier de madame de Montbazon, notre ex-archevêque s'était définitivement énamouré de mademoiselle de Pons.

Mademoiselle de Pons était une charmante et spirituelle personne appartenant à la reine, d'une taille admirable et d'une fort gracieuse figure, à laquelle on ne pouvait reprocher que d'être un peu haute en couleur ; mais ce qui avait paru un défaut aux femmes à la mode de l'époque, qui ne parvenaient à se donner cette fraîcheur qu'à force de rouge, paraissait une qualité à M. de Guise. Il avait donc déclaré son amour, et l'ambitieuse personne, qui voyait moyen, par cette déclaration, de s'allier au dernier chef restant d'une maison souveraine, avait laissé comprendre au prince qu'elle n'était point, ou du moins ne serait pas longtemps insensible à une passion dont on lui donnerait de véritables preuves.

Le duc de Guise avait donné dans sa vie tant de preuves de ses passions, qu'un autre eût été à bout d'expédients ; mais ce n'était pas une imagination comme la sienne qui restait jamais en arrière. D'abord, et avant toute chose, il promit à mademoiselle de Pons de l'épouser.

— Pardon, monseigneur, dit celle-ci, mais le bruit court que vous avez déjà deux femmes, et je vous avoue que je ne me sens aucune disposition à entrer dans un sérail.

— Quant à ceci, dit le duc, vous avez tort de vous en inquiéter ; lorsque vous m'aurez dit que vous m'aimez, je partirai immédiatement pour Rome, et j'obtiendrai du saint-père une bulle de nullité.

— Donnez-moi des preuves de votre amour, répéta mademoiselle de Pons, et je vous dirai si je vous aime.

La première preuve que le prince donna à mademoiselle de Pons de son amour fut de lui dérober un bas de soie qu'elle venait de quitter, et de le porter en guise de plume à son feutre. Cette nouvelle mode fit grand bruit à la cour. On courait aux fenêtres pour voir passer M. de Guise. Mais le prince ne s'en inquiéta point, et continua de porter mélancoliquement, pendant huit jours, ce singulier ornement à son chapeau.

C'était déjà une preuve assez raisonnable de folie ; mais mademoiselle de Pons, qui était fort exigeante, ne s'en contenta point, et en demanda d'autres. M. de Guise se mit en devoir de les lui offrir.

La cour était à Fontainebleau, et M. de Guise, pour ne pas quitter mademoiselle de Pons, avait suivi la cour. Malheureusement mademoiselle de Pons était souffrante et tenait la chambre. M. de Guise s'installa sur l'escalier chargeant toutes les personnes qui montaient, et à qui leur sexe ou leur emploi donnait le droit d'entrer chez mademoiselle de Pons, de lui dire qu'il était son très humble serviteur.

Au nombre des personnes qui montaient, M. de Guise avisa un garçon apothicaire. Il alla à lui et lui demanda ce qu'il portait ainsi dans son tablier ; celui-ci tira un flacon contenant une liqueur fort noire, et répondit au prince que c'était une médecine destinée à mademoiselle de Pons.

Le prince prit une pistole dans sa bourse et dit à l'apothicaire qu'il prenait cette médecine pour lui-même et qu'il l'invitait à en aller préparer une autre absolument pareille.

— Mais, reprit le garçon apothicaire, que dirai-je à mademoiselle de Pons, qui attend impatiemment cette médecine ?

— Vous lui direz, mon ami, dit le duc de Guise avalant de l'air le plus sentimental du monde cette odieuse liqueur que, puisqu'elle est malade, je dois l'être aussi ; car, si la moitié de moi-même a une maladie, l'autre ne saurait certainement être en bonne santé.

Et le prince se retira dans son appartement, où d'atroces coliques le retinrent toute la journée ; mais, à chaque douleur, il s'entendait se féliciter de souffrir les mêmes maux que devait souffrir sa maîtresse.

Mademoiselle de Pons fut touchée, mais ne fut pas convaincue, et elle demanda une troisième preuve.

Un jour mademoiselle de Pons exprima le désir d'avoir un perroquet blanc.

A peine ce souhait fut-il formé, que M. de Guise sortit tout courant et commença de remuer Paris pour se procurer l'animal demandé, mais ce n'était pas chose facile. Alors, il fit crier à son de trompe dans tous les carrefours qu'il donnerait cent pistoles à celui qui lui apporterait un oiseau pareil à celui que désirait mademoiselle de Pons. Huit jours s'écoulèrent pendant lesquels M. de Guise parcourut toutes les boutiques de marchands d'oiseaux, de bateleurs et d'éleveurs de bêtes. Mais tout fut inutile ; il ne put malgré ses soins, ses peines et son argent, se procurer qu'un perroquet blanc de corps, c'est vrai, mais jaune de tête.

— Mademoiselle, dit-il, je suis au désespoir d'avoir si mal répondu à votre désir ; mais venez, s'il vous plaît, vous promener au Cours-la-Reine, vous y verrez un spectacle, qui, je l'espère, vous récréera.

Mademoiselle de Pons monta en voiture avec mademoiselle de Saint-Mégrin, son amie, et M. le duc de Guise. Arrivée au Cours-la Reine, elle vit les deux côtés de la promenade tout peuplés de chiens savants. M. de Guise avait réuni tous les artistes quadrupèdes de la capitale, et tous sautaient pour mademoiselle de Pons exclusivement, refusant de sauter pour les grands souverains de l'Europe.

Il y en avait près de deux mille. Mademoiselle de Pons ne put tenir à une pareille preuve ; elle tendit la main au prince et laissa échapper le je vous aime, si longtemps attendu. Le prince pensa mourir de joie ; et, ne s'en rapportant à personne du soin de suivre son divorce près du pape, il partit le lendemain pour la cour de Rome, après avoir échangé solennellement avec mademoiselle de Pons la promesse d'un éternel amour.

M. de Guise était donc, d'occurrence, dans la capitale du monde chrétien, lorsque arriva cette vacance du trône de Naples. Il songea que la conquête d'une couronne serait une assez belle preuve à ajouter aux preuves déjà données. Se souvenant qu'Yolande d'Anjou, fille du roi René, de Naples, avait épousé un de ses ancêtres, et, avec cette rapidité de décision qui était un des caractères de son imagination chevaleresque, il écrivit aux chefs de la révolte :

« Le duc de Guise, qui a du sang napolitain dans les veines est à Rome et s'offre à vous. »

En même temps, il envoya un courrier à la cour de France avec des lettres pour le roi, pour la reine, pour M. le duc d'Orléans et pour le cardinal Mazarin. Il leur annonçait que, la royauté de Naples étant devenue vacante, il allait s'en emparer et causer ainsi un grand dommage à l'Espagne, avec laquelle on était en guerre. Une dépêche particulière à son frère lui rendait compte plus en détail du dessein qu'il avait formé, et lui donnait des instructions pour traiter avec lui à la cour de France.

On connaissait le duc de Guise pour un écervelé et l'on taxa son projet de folie.

Le duc de Guise avait pour tout soutien quatre mille écus d'or, et pour toute armée six gentilshommes attachés à sa maison ; mais il avait au côté l'épée de son aïeul François et dans la poitrine le cœur de son grand-père Henri. Le 11 novembre, il partit de Rome dans une barque de pêcheur, et, huit jours après, il écrivait au cardinal Mazarin :

« J'ai réussi, monseigneur ; je suis duc de la république de Naples ; mais j'ai trouvé tout ici dans un tel désordre et dans une telle confusion, que, sans une puissante assistance, il m'est difficile de me maintenir. »

Mazarin abandonna le duc, qui, deux mois après, était prisonnier des Espagnols à Capoue.

C'est qu'en effet le peuple de Paris donnait en ce moment une occupation inattendue à la cour ; si inattendue, que le cardinal de Retz écrit dans ses mémoires : « Celui qui eût dit, à cette époque, qu'il pouvait arriver quelque perturbation dans l'Etat, eût passé pour un insensé non pas dans l'esprit de la vulgaire, mais parmi les d'Estrées et les Sennéterre, » c'est-à-dire parmi les plus habiles du royaume.

L'avocat général Talon était du même avis, car, à la même date, il écrivait :

« Soit qu'on se lasse de parler des affaires publiques ou d'essuyer les contradictions qui y surviennent, soit que les esprits se relâchent dans la considération de leurs intérêts, toutes choses sont dans le plus grand calme. »

Un seul événement préoccupait la cour, c'était la maladie du roi et de M. le duc d'Anjou, son frère, qui avaient tous deux la petite vérole à Fontainebleau.

Il est vrai que madame de Motteville raconte qu'un des hommes les plus habiles et les mieux instruits de la cour lui dit alors qu'il prévoyait de grands troubles dans l'État, mais sans doute cet homme, comme le dit le cardinal de Retz, fut traité d'insensé, et personne ne fit le moins du monde attention à sa prophétie.

Tout paraissait, au contraire si bien assis, que Mazarin qui se voyait ancré pour toujours en France se résolut à y faire venir sa famille : c'était encore une des combinaisons de son prédécesseur le cardinal de Richelieu, qu'il adoptait. Il avait alors sept nièces et deux neveux, et il comptait les allier aux plus grandes maisons du royaume. Ces nièces étaient d'abord Laure et Anne-Marie Martinozzi, filles de sa sœur Marguerite, qui avait épousé le comte Jérôme Martinozzi ; puis Laure-Victoire, Olympe, Marie, Hortense et Marie-Anne Mancini. Les deux neveux étaient le jeune Mancini que Louis XIV enfant détestait si fort, qu'il ne voulait jamais souffrir, comme nous l'avons vu que Laporte lui donnât le bougeoir ; enfin Philippe-Julien Mancini, qui hériterait d'une partie des biens du cardinal, et entre autres du duché de Nevers à condition qu'il porterait à l'avenir le nom de Mazarin avec celui de Mancini. Tous ces Mancini avaient pour mère Hiéronyme Mazarini seconde sœur du cardinal et femme de Michel-Laurent Mancini baron romain. Ce seigneur avait bien eu neuf enfants, mais nous ne parlons ici que de ceux qui ont joué un rôle dans notre histoire.

Or, le 11 septembre de l'année 1647, trois de ces jeunes filles et l'un de ces deux neveux arrivèrent à Paris, conduits par madame de Nogent, qui, de la part du cardinal, était allée les recevoir à Fontainebleau. Le soir même de leur arrivée, la reine les voulut voir, et on les amena au Palais-Royal ; Mazarin, qui affectait une grande indifférence pour ses nièces, sortit, pour aller se coucher, par une porte, tandis qu'elles entraient par l'autre ; mais comme on se doutait bien qu'il ne les avait pas fait venir sans de grandes intentions, les courtisans du cardinal, et il y en avait beaucoup, s'empressèrent tellement autour d'elles, que le duc d'Orléans, s'approchant de madame de Motteville et de l'abbé de la Rivière, qui causaient ensemble, leur dit de ce ton amer qui lui était si habituel :

— Voilà tant de monde autour de ces petites filles, que je doute si leur vie est en sûreté, et si on ne les étouffera pas à force de les regarder.

Le maréchal de Villeroy s'approcha alors du groupe, et, sans savoir ce que venait de dire le duc d'Orléans, il dit à son tour :

— Voilà de petites demoiselles qui présentement ne sont pas riches, mais qui bientôt auront de beaux châteaux, de bonnes rentes, de belles pierreries et de bonne vaisselle d'argent, et peut-être de grandes dignités ; quant au garçon, comme il faut du temps pour le faire grand, il pourrait bien ne voir sa fortune qu'en peinture.

Le maréchal de Villeroy ne passait pas pour un devin ; cependant jamais prophétie ne fut plus complètement accomplie.

Victoire Mancini épousa le duc de Vendôme, petit-fils de Henri IV ; Olympe épousa le comte de Soissons ; Marie, après avoir manqué de devenir reine de France en épousant Louis XIV, épousa Laurent de Colonne, connétable de Naples ; quant au jeune homme, on sait qu'il sera tué au combat de la barrière Saint-Antoine.

Cependant, après avoir été accueillies par la reine, les jeunes filles se rendirent chez leur oncle, qui les reçut à son tour, mais avec froideur. C'est que, six mois auparavant il avait dit à quelques-uns de ses amis, en leur montrant des statues qu'il avait fait venir de Rome :

— Voilà les seules parents à qui je permettrai jamais de venir en France.

Il est vrai que, huit jours après l'arrivée de ses nièces, il disait à la princesse Anna Colonna, en les lui montrant toutes trois :

— Vous voyez bien ces petites filles, l'aînée n'a pas douze ans, les deux autres en ont à peine huit et neuf et déjà les premiers du royaume me les ont demandées en mariage.

Deux autres sœurs devaient les venir rejoindre plus tard, ainsi que leur second frère Julien et Anne Martinozzi leur cousine : c'étaient Hortense Mancini qui venait de naître, et Marie-Anne Mancini qui n'était pas encore née. La première devait épouser le fils du maréchal de la Meilleraye, grand maître de l'artillerie, et la seconde Godefroy de la Tour, duc de Bouillon.

Quant aux deux sœurs Martinozzi, l'aînée, Laure, resta en Italie, et épousa un duc de Modène ; la plus jeune, Anne-Marie, épousa le prince de Conti, frère du grand Condé.

La prédiction de Villeroy se trouva donc parfaitement justifiée. Mais ce que le maréchal ne pouvait prévoir, c'est que d'Olympe Mancini devait naître ce fameux prince Eugène qui mit la France à deux doigts de sa perte, et de Victoire Mancini, ce fameux duc de Vendôme qui la sauva, et duquel on dit qu'il soutint la couronne de France sur la tête du roi Louis XIV et qu'il mit celle de l'Espagne sur la tête du roi Philippe V.

Vers le même temps, un homme commençait à se faire connaître, qui jouera un rôle trop important par la suite, pour que nous n'esquissions pas son portrait avant de le mettre en scène : c'était le coadjuteur de Paris.

Jean-François-Paul de Gondi était né, en 1614, d'une ancienne famille d'Italie établie en France, et, comme il avait deux frères aînés, il fut destiné à l'église et reçu chanoine de Notre-Dame de Paris, le 31 décembre 1627. Plus tard, on lui donna l'abbaye de Buzay ; trouvant ce nom approchant un peu trop de celui de Buze, il se fit appeler l'abbé de Retz.

Cette détermination de ses parents faisait le désespoir du pauvre abbé, qui était fort enclin, au contraire, à la vie aventureuse ; aussi, espérant qu'un bon duel lui ferait tomber la soutane de dessus les épaules, il pria, un jour le frère de la comtesse de Maure, qui se nommait Attichi, de se servir de lui comme second la première fois qu'il aurait l'occasion de tirer l'épée ; or, comme de seigneur la tirait souvent, l'abbé de Gondi, n'eut pas longtemps à attendre. Un matin, Attichi vint le trouver et le pria d'aller défier de sa part un nommé Molheville, enseigne colonel des gardes, lequel de son côté, prit pour second un parent du maréchal de Bassompierre, qui mourut depuis major général dans l'armée de l'empire ; les quatre adversaires se rencontrèrent derrière les Minimes du bois de Vincennes, où ils se battirent à la fois à l'épée et au pistolet. L'abbé de Gondi blessa Bassompierre d'un coup d'épée à la cuisse et d'un coup de pistolet au bras ; néanmoins, celui-ci qui était plus fort et plus âgé que lui, parvint à le désarmer. Tous deux alors coururent séparer leurs amis, qui s'étaient entrebléssés.

Ce combat fit grand bruit, et cependant ne produisit pas l'effet qu'en attendait le pauvre abbé. Le procureur général commença des poursuites, puis il les discontinua à la prière de ses proches, mais il resta que l'abbé de Gondi demeura avec sa soutane et son duel. Aussi résolut-il, le premier lui ayant si mal réussi, en chercher bien vite un second ; l'occasion s'en présenta d'elle-même.

L'abbé faisait la cour à madame du Chastelet ; mais cette dame, étant engagée avec le comte d'Harcourt, traita Gondi d'écolier. Ne pouvant pas s'en prendre à la dame, l'abbé s'en prit au comte, et, le rencontrant à la comédie, lui fit un appel : rendez-vous fut donné pour le lendemain matin au delà du faubourg Saint-Marcel. Dans cette seconde rencontre, l'abbé ne fut pas moins heureux que dans la première. Après avoir reçu un coup d'épée qui, par bonheur, ne fit que l'effleurer la poitrine, le comte d'Harcourt le jeta par terre et aurait eu infailliblement l'avantage, si, en se colletant avec son adversaire, son épée ne lui eût échappé des mains ; Gondi, qui était dessous, voulut alors raccourcir la sienne pour lui en donner dans les reins ; mais d'Harcourt, qui était plus âgé et plus vigoureux, lui tint le bras si serré, qu'il ne put exécuter son dessein ; ils luttaient donc ainsi sans pouvoir se faire aucun mal, lorsque d'Harcourt dit :

« Levons-nous, il n'est pas honnête de se gourmer comme nous le faisons ; vous êtes un joli garçon, je vous estime, et je ne fais pas difficulté de dire que je ne vous ai donné aucun sujet de me quereller. »

Il fallut bien s'en tenir là, et, comme il s'agissait de la réputation de madame du Chastelet, l'affaire non seulement ne put faire scandale, mais encore ne fut pas même connue. L'abbé resta donc avec sa soutane et deux duels.

Gondi fit encore quelques tentatives auprès de son père, l'ancien général de galères, Philippe-Emmanuel de Gondi ; mais, comme celui-ci visait pour son fils à l'archevêché de Paris qui était déjà dans la famille, il ne voulut rien entendre ; l'abbé en fut donc réduit à son remède ordinaire, et résolut de tâter d'une nouvelle rencontre.

Sans motif raisonnable, il chercha querelle à M. de Praslin. On prit rendez-vous au bois de Boulogne ; M. de Meillencourt servait de second à Gondi, et le chevalier du Plessis à M. de Praslin. On se battit à l'épée. L'abbé de Gondi reçut un grand coup de pointe à travers la gorge et en rendit un à Praslin à travers le bras ; ils allaient continuer comme si de rien n'était, lorsque les seconds vinrent les séparer. L'abbé de Gondi avait amené des témoins espérant qu'il serait intenté un procès ; mais on ne pouvait forcer son destin, aucune information ne fut faite, et l'abbé de Gondi resta avec sa soutane et trois duels.

Cependant il crut bien, un jour, avoir trouvé son affaire. Il était allé courre le cerf à Fontainebleau avec la meute de M. de Souvré, et, comme ses chevaux étaient fort las, il prit la poste pour revenir à Paris. Mieux monté alors que son gouverneur et suivi d'un valet de chambre qui courait avec lui, il arriva le premier à Juvisy et fit mettre sa selle sur le meilleur cheval qui se trouvait dans les écuries du maître de poste. Justement à la même minute, un capitaine de la petite compagnie des chevau-légers du roi, nommé Contenot, venait de Paris aussi en poste et aussi pressé de partir que l'abbé de Gondi ; il commanda à un palefrenier d'ôter la selle de celui-ci et d'y mettre la sienne. Ce que voyant, l'abbé s'avança en disant que le cheval était à lui. Contenot, à ce qu'il paraît, n'aimant pas les observations, répondit par un soufflet si bien appliqué, que Gondi en eut la figure toute en sang. L'abbé tira aussitôt son épée. Contenot en fit autant, et tous deux se chargèrent ; mais, à la deuxième ou troisième passe, Contenot glissa, et, comme, en voulant se soutenir, il donna de la main contre un morceau de bois pointu, la douleur lui fit lâcher son épée. Au lieu de profiter de la circonstance, ce qui eût été de bonne guerre, l'abbé fit deux pas en arrière et invita Contenot à reprendre son arme ; ce qu'il fit, mais par la même, et en demandant à Gondi un million de pardons, que l'abbé accepta tout en secouant la tête, car il voyait bien que ce ne serait pas encore de celui-là qu'il lui enlèverait sa soutane.

Le pauvre abbé, ne sachant plus à quel saint se vouer, résolut de prendre publiquement une maîtresse, et chargea le valet de chambre de son gouverneur de chercher quelque jolie fille qu'il pût entretenir. Celui-ci se mit aussitôt en quête et trouva, chez une épinglière, une jeune personne de quatorze ans, d'une beauté surprenante ; c'était la nièce de l'épinglière. Le valet de chambre entama donc le marché avec cette femme ; on convint de cent cinquante pistoles. Alors, il fit voir la jeune fille à l'abbé, qui approuva le choix de son valet ; celui-ci loua une petite maison à Issy, y conduisit l'épinglière et plaça sa propre sœur auprès d'elle.

Dès le lendemain, l'abbé, qui avait trouvé la fillette fort jolie, courut lui faire une visite ; mais il ne la vit tout en larmes, et passa le temps de cette première entrevue à essayer de la consoler sans pouvoir y réussir. Le lendemain, il y retourna, espérant une meilleure chance ; mais il la trouva encore plus désespérée que la veille. Enfin le surlendemain, elle lui parla si doucement, si sagement, si saintement, qu'il eut honte de l'action qu'il avait commise, et, faisant monter la jeune fille dans son carrosse, la conduisit incontinent chez sa tante de Maignelais, à qui il raconta toute l'affaire ; celle-ci la mit dans un couvent, où, dix ans après, elle mourut en odeur de sainteté. De ce moment, l'abbé vit bien qu'il était condamné à la soutane à perpétuité, et il en prit son parti.

Ce fut vers ce temps que l'abbé de Gondi écrivit son histoire de la *Conjuration de Fiesque*, qu'il termina à l'âge de dix-huit ans. M. de Lausière, à qui il l'avait prêtée pour la lire, la prêta à son tour à Bois-Robert, qui la prêta au cardinal de Richelieu. Celui-ci la dévora d'un trait, et, après en avoir achevé la lecture, dit, en présence du maréchal d'Estrées et du maréchal de Bonneterre :

— Voilà un dangereux esprit !

L'abbé se le tint pour dit, et, comme il savait qu'on ne faisait pas revenir le cardinal de Richelieu sur ses premières impressions, il trouva plus court de lui donner raison, en se liant avec M. le comte de Soissons, son ennemi.

Cette haine du cardinal de Richelieu, qui s'augmenta encore de la liaison de l'abbé de Gondi avec M. le comte, détermina ses parents à l'envoyer en Italie. Gondi commença ses voyages par Venise, et à peine fut-il arrivé dans cette ville, qu'il se mit à faire galanterie à la signora Vendramena, l'une des plus nobles dames de la ville, qui, comme elle était fort entourée et qu'elle avait un mari très jaloux, M. de Maillé, ambassadeur pour le roi, voyant l'abbé, qui lui était recommandé, en péril d'être assassiné, lui ordonna de sortir de Venise.

L'abbé partit pour Rome. A peine y fut-il, qu'il lui arriva une aventure qui retentit jusqu'en France. Un jour qu'il jouait au ballon dans les thermes de l'empereur Antonin, le prince de Schemberg, ambassadeur de l'Empire, lui fit dire de quitter la place ; l'abbé répondit au messager que lui était envoyé de la part du prince, que, si Son Excellence eût fait la chose civilement, il se serait empressé d'accéder à ce qu'il demandait ; mais que, du moment qu'il avait procédé en lui donnant un ordre, il se croyait obligé de lui répondre qu'il ne recevait d'ordre que de l'ambassadeur de France. Le prince de Schemberg lui fit dire alors par le chef de ses estafiers qu'il eût à sortir du jeu, de bonne volonté, ou qu'il allait l'en faire sortir de force. Mais l'abbé ne répondit qu'en sautant sur son épée, et en menaçant le messager de la lui passer au travers du corps. Soit crainte, soit mépris du peu de gens qu'avait avec lui l'abbé de la part de Schemberg se retira.

Comme nous l'avons dit, l'affaire fit si grand bruit, qu'elle arriva jusqu'à Mazarin, qui se rangea, touchant l'abbé de Gondi, à l'avis de Richelieu.

Après un an de séjour en Italie, l'abbé de Gondi revint en France et reprit ses liaisons avec M. le comte de Soissons. Un complot contre le cardinal de Richelieu, dont l'abbé était un des principaux agents, et qui était mené de la Bastille même, par le maréchal de Vitry, le maréchal de Bassompierre et le comte de Cramail, éclater au premier succès que remporterait M. le comte, qui avait publiquement levé l'étendard de la révolte.

On apprit à Paris le gain de la bataille de Marfée ; mais, presque en même temps que cette nouvelle, arrivait celle de la mort du comte, qui, au moment de la victoire, avait été tué au milieu des siens, sans qu'on ait jamais su par qui ni comment ; on retrouva son corps avec une balle dans la tête, voilà tout. Les uns accusèrent le cardinal de l'avoir fait assassiner, les autres dirent qu'il s'était tué lui-même par mégarde, en relevant la visière de son casque, avec le canon de son pistolet. Quoi qu'il en soit, la nouvelle de cette mort fit manquer le complot, et l'abbé qui, pour cette fois, croyait bien être débarrassé de sa soutane, se trouva plus que jamais fixé dans sa profession.

A la mort du cardinal de Richelieu, l'abbé de Gondi fut présenté à Louis XIII, par son oncle Jean-François de Gondi, archevêque de Paris. Le roi le reçut à merveille, lui rappela sa continence avec la nièce de l'épinglière, et son duel avec Coutenan, en le félicitant de sa conduite dans ces deux circonstances. Cela encouragea l'abbé à demander pour lui la coadjutorerie de Paris ; mais ce ne fut qu'un an

plus tard, et sous la régence d'Anne d'Autriche, que celle-ci accorda à l'abbé de Gondi la demande qu'il avait faite au roi. Alors, l'abbé de Gondi, sans doute dans la prévoyance du rôle qu'il devait jouer bientôt, commença à se populariser par ses aumônes. Lui-même raconte que, du mois de mars au mois d'août, c'est-à-dire en moins de quatre mois, il dépensa trente-six mille écus en libéralités de ce genre. M. de Morangis lui fit observer que de pareilles dépenses n'étaient pas en proportion avec sa fortune.

— Bah ! répondit le nouveau coadjuteur, j'ai fait mes comptes, et, César, à mon âge, devait six fois plus que moi.

En supposant que l'abbé de Gondi dît vrai, il aurait dû à peu près huit millions à cette époque.

Le mot fut rapporté à Mazarin et ne contribua pas à le faire revenir de sa première opinion.

Voilà où en étaient les hommes et les choses, lorsqu'au commencement de janvier 1648, le peuple de Paris s'ameuta à propos de l'édit du tarif. Sept ou huit cents marchands s'assemblèrent et députèrent dix d'entre eux, qui allèrent trouver M. le duc d'Orléans au Luxembourg, entrèrent dans sa chambre et lui demandèrent justice en lui déclarant que, soutenus comme ils savaient l'être par le parlement, ils ne souffriraient pas qu'on les ruinât avec les anciens impôts qui allaient grossissant sans cesse et les nouveaux qu'on inventait tous les jours. Le duc d'Orléans, pris au dépourvu, leur fit espérer quelques modérations et les congédia, dit madame de Motteville, avec le mot ordinaire des princes : « On verra. »

Le lendemain, les mutins s'assemblèrent encore ; ils se présentèrent au palais, qu'ils envahirent, et, comme ils y trouvèrent le président de Thoré, fils du surintendant des finances d'Emery, ils crièrent contre lui, l'appelant fils de tyran, l'outrageant et le menaçant. Mais, à la faveur de quelques-uns de ses amis, il s'échappa de leurs mains.

Le jour suivant, ce fut au tour de Mathieu Molé. Ils l'attaquèrent comme ils avaient fait la veille de Thoré, le menaçant de se venger sur lui des maux qu'on leur voulait faire. Mais lui leur répondit que, s'ils ne se voulaient pas rebelles aux volontés du roi, il n'allait faire dresser des potences dans les places, et faire pendre sur l'heure les plus mutins d'entre eux, à quoi les révoltés répondirent que, si on plantait ces potences, elles serviraient aux mauvais juges qui, esclaves de la faveur de la cour, leur refusaient justice.

Sur ces entrefaites, il arriva un nouveau renfort aux mutins ; ce fut de la part des maîtres de requêtes. Comme Mazarin, dans son avarice, ne songeait qu'à tirer sans cesse de l'argent de toutes choses et par tous les moyens possibles, il avait augmenté de douze nouveaux officiers le corps des maîtres des requêtes. Or, ceux-ci, qui avaient acheté leurs charges fort cher, comprirent que cette adjonction de douze nouveaux membres allait en faire baisser le prix et que, lorsqu'ils voudraient les vendre, ils n'en retrouveraient plus ce qu'elles leur avaient coûté ; en conséquence, par ressentiment anticipé du mal qu'ils craignaient dans l'avenir, ils résolurent de le rapporter les procès des particuliers, et jugèrent, entre eux, sur les saints Evangiles, de ne point souffrir cette augmentation et de résister à toutes les persécutions de la cour, se promettant les uns aux autres que, si, par suite de leur rébellion, quelqu'un d'entre eux perdait sa charge, ils se cotiseraient tous pour la lui rembourser.

Sur ce, ils vinrent trouver le cardinal Mazarin, et l'un d'entre eux, nommé Gomin, lui parla au nom de tous avec une telle hardiesse, que le ministre en fut tout étonné. On tint conseil le jour même chez la reine. D'Emery fut appelé. La position du surintendant des finances était fâcheuse ; il avait sur le bras tout le peuple qui commençait à crier contre lui. Il exposa la situation. On manda le premier président et les gens du roi. Le conseil fut long, tumultueux, et ne décida rien. Puis, après le conseil, M. le Prince et M. le cardinal d'Anjou s'allèrent souper chez le duc d'Orléans.

Pendant la nuit qui suivit cette journée, des coups de feu retentirent dans divers quartiers de Paris. Le lieutenant civil fut alors envoyé pour savoir d'où venaient ces coups de feu et ce qu'ils signifiaient. Mais il lui fut répondu par les bourgeois qu'ils essayaient leurs armes pour voir ce qu'ils en pouvaient faire, attendu que, si le ministre voulait continuer de les pressurer ainsi, ils étaient résolus à suivre l'exemple des Napolitains. On se rappelle que le bruit de la révolte de Naples était parvenu à Paris quelques jours auparavant. En même temps, des hommes sortant on ne savait d'où, couraient de maisons en maisons, disant aux bourgeois de faire leur provision de poudre, de balles et de pain.

On sentait dans l'air ce souffle de révolte, si étrange à cette époque où les émeutes étaient rares, si facile à reconnaître pour ceux qui l'ont une fois respiré.

Ces choses se passaient dans la nuit du vendredi au samedi.

Le samedi, la reine, allant à la messe à Notre-Dame, comme elle en avait l'habitude ce jour-là, fut suivie jusque dans l'église par environ deux cents femmes qui criaient en demandant justice, et voulaient se mettre à genoux devant elle pour lui faire pitié; mais les gardes les en empêchèrent, et la reine, fière et hautaine, passa devant ces femmes sans les écouter.

Après midi, l'on rassembla de nouveau le conseil: il y fut convenu qu'on tiendrait ferme. On envoya chercher les minés que la nuit précédente, et qu'à chaque instant on eût pu croire qu'on en venait aux mains.

Le dimanche, le trouble continua. La vue des soldats campés dans les rues avait exaspéré le peuple. Les bourgeois s'étaient emparés des cloches de trois églises de la rue Saint-Denis, où les gardes avaient paru. Le prévôt des marchands

Le jour suivant ce fut au tour de Mathieu Molé.

gens du roi pour leur ordonner de maintenir l'autorité. Le soir, on fit commandement au régiment des gardes de se tenir sous les armes; on posa des sentinelles et l'on ordonna des postes dans tous les quartiers. Le maréchal de Schomberg, qui venait d'épouser mademoiselle d'Hautefort, cette ancienne amie de la reine, si cruellement disgraciée, depuis que la reine était régente, fut chargé de disposer les Suisses, et Paris, cette nuit, fut changé en un vaste camp; cette ressemblance était d'autant plus grande que les coups de feu retentissaient plus nombreux et plus disséminés se présenta alors au Palais-Royal et avertit la reine et le ministre que Paris tout entier était sur le point de prendre les armes. On répondit que cet appareil militaire n'avait été déployé que pour mener le roi à Notre-Dame, où il allait rendre grâce au Seigneur de son heureuse convalescence. En effet, aussitôt après son passage, les troupes furent retirées.

Mais, le lendemain, le roi monta au parlement. Averti de la veille seulement, le chancelier fit une longue harangue, représenta les nécessités de l'État, le besoin que le peuple donnât moyen de subvenir aux frais de la guerre par laquelle seulement on pouvait arriver à une bonne paix ; il parla fortement de la puissance royale et tâcha d'établir pour lui fondamentale l'obéissance des sujets envers leur prince.

L'avocat général Talon répondit ; sa harangue fut forte et vigoureuse ; il supplia la reine de se souvenir, lorsqu'elle serait dans son oratoire, à genoux devant Dieu, pour le prier de lui faire miséricorde, que ses peuples aussi étaient à genoux devant elle, la priant de leur faire merci. Il lui rappela qu'elle commandait à des hommes libres et non à des esclaves, et que ces hommes, constamment pressurés, ruinés, sangsurés par de nouveaux édits, n'avaient plus rien à eux que leurs âmes, et encore parce que leurs âmes ne pouvaient être vendues à l'encan, comme leurs meubles, par les gens du roi. Il ajouta que les victoires et les lauriers qu'on portait si haut, étaient, certes, de glorieux trophées pour le royaume, mais ne donnaient au peuple aucune de ces deux choses dont il manquait : le pain et les vêtements.

Le résultat de la séance fut que le roi porta cinq ou six nouveaux édits plus ruineux que les précédents. Mais, le lendemain, les chambres s'assemblèrent pour examiner les édits que le roi avait portés la veille. La reine leur fit donner l'ordre de la venir trouver par députés. Les chambres obéirent et envoyèrent des compagnies. La régente blâma fortement ce qu'on faisait, et demanda si le parlement prétendait toucher aux choses que la présence du roi avait consacrées. Le parlement prétendit que c'était son droit et qu'il était institué pour servir de bouclier au peuple contre les exigences exagérées de la cour. Alors, la reine s'emporta et déclara qu'elle entendait que tous les édits fussent exécutés sans modification aucune.

Le jour suivant, ce fut le tour des maîtres des requêtes, qu'elle reçut près d'elle et qu'elle reçut plus mal encore que les députés des chambres, leur disant qu'ils étaient de plaisantes gens pour vouloir borner ainsi l'autorité du roi.

— Je vous montrerai bien, continua-t-elle, que je puis créer ou détruire des offices qu'il me plaira, et, pour preuve, sachez que je vous suspends de vos charges.

Mais ce discours, au lieu de les intimider, sembla leur donner une nouvelle hardiesse. Les uns l'accueillirent en riant, d'autres en chuchotant entre eux, d'autres encore en hochant la tête ; puis ils se retirèrent avec une révérence qui ne promettait rien de bon. « Ils sentaient, dit madame de Motteville, qu'il y avait des nuages dans l'air et que le temps était mauvais pour la cour. » Le lendemain, au lieu d'obéir, ils se présentèrent en corps au parlement pour s'opposer à l'enregistrement de leur édit. Paris était mûr pour une sédition. Seulement, un chef manquait. Tournons les yeux du côté de Vincennes et nous allons le voir apparaître.

XVI

ÉVASION DE BEAUFORT. — MADEMOISELLE DE MONTPENSIER ET LE PRINCE DE GALLES. — PROJET DE MARIAGE DE LA PRINCESSE AVEC L'EMPEREUR. — MADESELLE ET L'ARCHIDUC. — LE COADJUTEUR REPARAIT. — VICTOIRE DE LENS. — LE COADJUTEUR ET MAZARIN. — LE « TE DEUM ». — INQUIÉTUDES DU PEUPLE. — ARRESTATION DE BROUSSEL. — MOUVEMENTS POPULAIRES. — CONDUITE DU COADJUTEUR. — COMÉDIE POLITIQUE. — DISSIMULATION DES UNS, TERREUR DES AUTRES. — COLÈRE DE LA REINE. — EFFROI DU LIEUTENANT CIVIL. — MISSION DU COADJUTEUR. — IL SAUVE LA MEILLERAIE. — DANGER QU'IL COURT LUI-MÊME. — NOUVELLE VISITE AU PALAIS-ROYAL. — RÉPONSE DE LA REINE. — LE COADJUTEUR DEVANT LA FOULE. — LE PEUPLE SE DISPERSE.

On se rappelle l'arrestation du duc de Beaufort et comment, après cette arrestation, le prisonnier avait été conduit au donjon de Vincennes. Il y était, depuis cinq ans déjà, confié à la garde de Chavigny, son ennemi personnel, lorsque le bruit se répandit qu'un certain astrologue, nommé Goisel, avait prédit que le jour de la Pentecôte ne se passerait pas sans que le duc de Beaufort s'échappât de prison. Ce bruit était parvenu aux oreilles du cardinal et lui avait donné quelques inquiétudes. En conséquence, il avait fait venir l'exempt qui gardait le duc et qu'on nommait la Ramée, pour s'enquérir de cet homme si la fuite était possible. Celui-ci alors lui avait expliqué que le duc était constamment gardé par un officier et par sept ou huit soldats qui ne le quittaient jamais ; qu'il était servi par les officiers du roi, n'avait près de sa personne aucun domestique à lui, et, par-dessus tout cela, était gardé par Chavigny. Le cardinal recommanda de nouveau la surveillance à la Ramée, lequel se retira en souriant et en disant que, pour que le duc de Beaufort se sauvât du donjon, il lui faudrait être oiseau, et même oiseau de petite taille, attendu que les barreaux si rapprochés, qu'ils faisaient véritablement une cage. Rassuré par ces détails, Mazarin ne songea plus à la prédiction.

Cependant, comme tout prisonnier, le duc de Beaufort ne pensait à autre chose qu'à s'enfuir. N'ayant aucun domestique auprès de lui, il s'était successivement adressé à deux ou trois gardes ; mais les promesses, si magnifiques qu'elles fussent, ne les avaient pas tentés. Alors, il se tourna vers le valet de ce même exempt que Mazarin avait envoyé quérir pour l'interroger et qui se nommait Vangrimont. Celui-ci se laissa corrompre, feignit une maladie pour avoir la liberté de sortir, et, chargé d'un billet du duc pour son intendant, reçut de ce dernier la somme qui devait être le prix de sa trahison. En outre, l'intendant averti, prévint les amis du duc que quelque chose se tramait en faveur de son maître et qu'ils se tinssent prêts à le seconder. On gagna le pâtissier de Vincennes, lequel promit de cacher, dans le premier pâté qu'il confectionnerait pour la table du duc, une échelle de cordes et deux poignards.

Le valet de l'exempt, en rapportant toutes ces nouvelles au duc, lui fit promettre et jurer que, lors même que l'entendrait avec lui dans sa fuite, mais encore que, dans tous les pas dangereux, il le laisserait passer le premier.

La veille de la Pentecôte, le pâté fut servi, mais le duc n'y voulut point toucher ; cependant, comme il avait peu mangé à son dîner et qu'il pouvait avoir faim pendant la nuit, il garda le pâté dans sa chambre. Au milieu de la nuit, il se leva, ouvrit le pâté, en tira, non pas précisément une échelle de cordes, mais un peloton de soie qui se dévidait de lui-même, deux poignards et une poire d'angoisse. C'était ainsi qu'on appelait une espèce de bâillon perfectionné, qui rendait tout cri impossible de la part de celui auquel il était appliqué.

Le lendemain, jour de la Pentecôte, le duc feignit d'être malade pour rester au lit, et donna sa bourse à ses gardes pour qu'ils allassent boire à sa santé. Ceux-ci prirent conseil de la Ramée, lequel leur dit qu'il n'y avait pas d'inconvénient, attendu qu'il resterait près du prince. Les gardes se retirèrent donc.

Lorsque le prince fut seul avec la Ramée, il se leva, commença sa toilette et pria celui-ci de l'aider à s'habiller. Il était complètement vêtu, lorsque Vangrimont, ce même valet de l'exempt qui était à la dévotion du prince, parut à la porte. Le duc et lui échangèrent un signe qui voulait dire que le moment était venu. Le duc tira un poignard de dessous son traversin, le mit sur la gorge de l'exempt, lui donnant sa parole qu'il le tuerait sans pitié s'il poussait le moindre cri. Au même instant, le valet lui mit une poire d'angoisse dans la bouche, puis tous deux lui lièrent les mains et les pieds avec l'écharpe à réseaux d'argent et d'or du duc, le couchèrent à terre, s'enfuirent par la porte, et, se référmant derrière eux, gagnèrent une galerie qui donnait sur le pied de côte Saint-Maur et dont les fenêtres ouvraient sur les fossés, attachèrent leur corde à la fenêtre, et se préparèrent à descendre. Mais, là, comme le prince allait passer le premier, le valet de l'exempt lui rappela leurs conventions.

— Tout beau, monseigneur ! dit-il, au cas où Votre Altesse serait reprise, elle ne court d'autre risque que de rester en prison, tandis que, moi, si je suis repris, je ne puis manquer d'être pendu. Je demande donc à passer le premier comme la personne m'en a été faite.

— C'est juste, dit le prince ; passe donc.

Le valet ne se le fit pas dire deux fois, saisit la corde et se laissa glisser ; mais, comme il était gros et lourd, à cinq ou six toises du sol, la corde se rompit et il tomba lourdement au fond du fossé. Le duc le suivit et, arrivé à l'endroit où la corde était cassée, se laissa glisser le long du talus. De sorte qu'il arriva sain et sauf au fond du fossé, où il trouva le valet tout contusionné.

Aussitôt, de l'autre côté du fossé, apparurent cinq ou six hommes au prince, qui jetèrent une corde aux fugitifs ; mais, cette fois encore, pour être sûr de se sauver, le valet exigea que ce fût lui qu'on tirât le premier des fossés. Le prince l'aida à se lier à la corde autour de l'estomac, puis les gens du prince le tirèrent à eux fort endolori, non seulement de sa chute, mais encore de son ascension, car, manquant de forces, il n'avait pu s'aider ni des pieds ni des mains, de sorte que, son corps pesant de tout son poids, la corde avait failli l'étouffer.

Le duc vint après et arriva au haut du talus sain et sauf. On mit le valet sur un cheval, le prince sur un autre, et l'on s'élança vers la porte de Nogent, qu'on se fit ouvrir. De l'autre côté était une troupe d'une cinquantaine d'hommes à cheval au milieu de laquelle se jeta le duc, tout joyeux d'être libre, et il disparut avec son cortège.

Une femme et un petit garçon, qui cueillaient des herbes dans un petit jardin attenant au fossé, virent toute cette évasion. Mais, les hommes qui attendaient le duc de Beaufort les ayant menacés, ils ne firent aucun mouvement et ne poussèrent aucun cri tant que les fugitifs furent à portée de leur vue et eux, par conséquent, de leur vengeance. Mais à peine eurent-ils disparu, que la femme courut tout dire à son mari, lequel se rendit aussitôt au donjon, où il donna l'alarme. On n'y avait aucun soupçon de l'événement, tout y était encore dans la plus grande tranquillité, et les gardes y buvaient toujours l'argent du duc de Beaufort. Aussi nul ne voulait croire à sa fuite ; on traitait le pauvre homme de fou ; mais il insista si fort, sa femme qui l'avait accompagné donna tant de détails, que l'on monta enfin chez le duc. On y trouva l'exempt couché par terre, les pieds et les mains garrottés, la poire d'angoisse dans la bouche, un des deux poignards nu près de lui, son épée liée avec un ruban pour qu'il ne le pût tirer du fourreau et son bâton rompu à ses pieds.

La première chose que l'on fit fut de lui ôter la poire de la bouche. Alors, il raconta comment les choses s'étaient passées ; mais d'abord on crut qu'il avait aidé à la fuite du duc et qu'il n'avait été arrangé ainsi que pour ôter tout soupçon. En conséquence, on le mit au cachot jusqu'à plus ample information. Plus tard, son innocence fut reconnue ; mais il n'en reçut pas moins l'ordre de vendre sa charge, sur laquelle il perdit cinq ou six cents écus. Ce que le duc de Beaufort ayant appris à son retour, il les lui fit remettre.

Cette nouvelle produisit, à la cour, bien des effets différents. Mais il était difficile de juger à l'extérieur des sensations qu'elle avait produites. La reine parut peu s'inquiéter de cette fuite et le cardinal ne fit qu'en rire, disant que M. de Beaufort avait bien fait, et qu'à sa place il eût agi comme lui, mais seulement qu'il n'eût pas attendu si tard pour le faire. En effet, on pensait que le duc de Beaufort était peu à craindre, n'ayant ni places fortes ni argent, et, tout préoccupé qu'on était des querelles que cherchait le parlement et des émeutes qu'essayait le peuple de Paris, on était loin de croire à une guerre. D'ailleurs, un grand événement préoccupait alors la cour de France.

On se rappelle le mariage forcé de Monsieur avec mademoiselle de Guise, lors de l'affaire de Chalais, et la mort de la jeune princesse en donnant le jour à une fille que l'on appela mademoiselle de Montpensier. Cette fille avait grandi, placée sous la tutelle de la reine bien plus que sous celle de Monsieur ; puis, comme elle était d'un caractère fier et indépendant, en grandissant, elle avait fini par échapper peu à peu à la tutelle de tous deux.

Le premier prince qui lui avait fait la cour était le jeune prince de Galles, exilé en France avec sa mère, tandis que son père Charles Ier disputait son trône au parlement et à la tête à Cromwell.

Dans les fréquentes occasions que lui donnaient les fêtes, les bals et les comédies de la cour, il était constamment occupé d'elle. Quand elle allait voir la reine d'Angleterre, il la venait prendre à la descente de son carrosse et l'y reconduisait, et cela, toujours le chapeau à la main, quelque temps qu'il fît. Il y avait plus : un jour que Mademoiselle devait aller chez madame de Choisy, femme du chancelier de Gaston, la reine d'Angleterre, qui sans doute eût vu avec plaisir le mariage des deux jeunes gens, vint au logis de Mademoiselle et la voulut coiffer elle-même ; ce qu'elle fit, tandis que le jeune prince tenait le flambeau. Ce jour-là, le prince portait un nœud d'épée incarnat, blanc et noir, couleurs des rubans qui attachaient la couronne de la princesse. En descendant de voiture à la porte de madame de Choisy, la princesse retrouva le prince de Galles qui l'attendait, et, après qu'il se fut occupé d'elle toute la soirée, il l'attendit encore à la porte du Luxembourg qu'elle habitait avec Monsieur. Toutes ces assiduités faisaient croire à un futur mariage.

Mais telles n'étaient point les vues de Mazarin. Les choses se passaient en 1646 et 1647, et les affaires d'Angleterre allaient si mal sous cette époque, que le seul héritage probable du prince de Galles serait bientôt une vengeance à poursuivre et un trône à reconquérir. On parla donc alors, soit que des ouvertures eussent réellement été faites pour cette alliance, soit que cette nouvelle n'eût pour but que d'éloigner le prince de Galles d'une façon convenable, du mariage de Mademoiselle avec l'empereur, qui venait de perdre sa femme.

Mademoiselle était ambitieuse, et, quoique l'empereur eût plus du double de son âge, elle accueillit avec empressement les premiers mots qui lui furent dits de cette union. Le jeune prince, qui comprit qu'un empereur, tout vieux et laid qu'il était, devait l'emporter sur un prince jeune et beau, mais sans empire, se retira et laissa le champ libre à son illustre rival.

C'était tout ce qu'on voulait à la cour de France ; aussi cessa-t-on bientôt d'entretenir officiellement ou, du moins, Mademoiselle de ce mariage ; ce qui faisait grand'peine à Mademoiselle de Montpensier, s'il faut en croire ce qu'elle dit elle-même à cette occasion dans ses Mémoires.

« Le cardinal Mazarin, écrit-elle, me parlait souvent de me faire épouser l'empereur, et, quoiqu'il ne fît rien pour cela, il m'assurait fort qu'il y travaillait ; l'abbé de la Rivière s'en faisait aussi de fête pour faire sa cour auprès de moi, et m'assurait qu'il ne négligeait point d'en parler à Monsieur et au cardinal. Mais ce qui, depuis, m'a fait juger que tout cela n'était que pour m'amuser, c'est que Monsieur me dit un jour : « J'ai vu la proposition du ma-« riage de l'empereur vous plaît ; si cela est ainsi, j'y con-« tribuerai de tout ce que je pourrai, mais je suis convaincu « que vous ne serez pas heureuse en ce pays-là ; on y vit à « l'espagnole, l'empereur est plus vieux que moi. C'est pour-« quoi je pense que ce n'est point un avantage pour vous et « que vous ne sauriez être heureuse qu'en Angleterre, si « les affaires se remettent, ou en Savoie. » Je lui répondis que je souhaitais de tout cœur que le choix était pour moi-même ; que je le suppliais d'agréer ce que je désirais, et que j'en parlais par bienséance ; que ce n'était pas un homme jeune et galant, et que l'on pouvait voir par là, comme c'était la vérité, que je pensais plus à l'établissement qu'à la personne. Mes désirs néanmoins ne purent émouvoir pas de ceux qui avaient autorité pour faire réussir l'affaire, et je n'eus de tout cela que le déplaisir d'en entendre parler plus longtemps. »

Sur ces entrefaites, et comme Mademoiselle commençait à s'apercevoir qu'il était peut-être de l'intérêt de son père, qui, n'ayant pas de fortune pour lui-même, ferait des grands biens de sa fille, de ne la point marier, Villarmont, gentilhomme de mérite, capitaine aux gardes et ami d'un de ses serviteurs nommé Saujon, fut fait prisonnier en Flandre par Piccolomini, qui, après quelques mois de captivité, lui permit sur parole de revenir en France. Avant de le laisser partir, le général lui donna un dîner, et, comme c'est l'habitude d'entretenir les étrangers de leur pays, il fit tomber la conversation sur la cour de France. Il en vint alors tout naturellement à parler de Mademoiselle, et loua fort son caractère et sa beauté.

— Qui, oui, dit Piccolomini, nous la connaissons, de réputation du moins, et nous serions bien heureux d'avoir ici une personne de son mérite.

Une pareille réflexion d'un homme dans l'intimité de l'archiduc Léopold-Guillaume était plus qu'une ouverture. Aussi ces paroles frappèrent-elles Villarmont, qui les répéta à Saujon, auquel elles tournèrent la tête et qui, à partir de ce moment, ne fit plus que rêver le mariage de Mademoiselle avec l'archiduc.

D'abord, ces nouvelles un peu vagues, répétées à Mademoiselle, ne firent pas grande impression sur elle, car elle songeait toujours à l'empire ; mais bientôt le bruit se répandit que l'empereur allait épouser une archiduchesse du Tyrol, et, de dépit, elle commença à donner un peu plus de créance aux projets de Saujon. Jusqu'à quel point cette intrigue eut-elle consistance, c'est ce que l'on ne put savoir, puisque Mademoiselle était seule du secret, rien, tout ; mais, un matin, on arrêta Saujon, et, le soir, on se dit tout bas que Mademoiselle avait failli être enlevée par l'archiduc.

Restait encore à savoir si la princesse devait donner les mains à cet enlèvement ; or, sur ce point, il n'y eut plus de doute, lorsqu'on apprit qu'elle était consignée dans ses appartements et que, le lendemain, elle fut appelée devant la reine, le cardinal et le duc d'Orléans, comme devant un conseil.

On comprend le bruit que dut faire une pareille affaire dans une cour à laquelle la reine donnait l'exemple d'une dévotion si exagérée ; aussi détourna-t-elle un instant la vue de tout ce monde des affaires publiques, et, pendant qu'il en était question, le coadjuteur vint deux fois voir la reine et le cardinal pour les prévenir que les émotions populaires allaient croissant, sans cela parût faire sur le ministre ou sur la régente l'impression que méritait une pareille nouvelle.

Le fait est que la reine et Mazarin, qui ne voyaient point ou s'efforçaient de ne pas voir les choses comme elles étaient, n'attachaient point à la personne de M. le coadjuteur toute l'importance qu'elle commençait à avoir. Il est vrai aussi que sa personne avait, à la première vue, quelque chose de grotesque ; c'était un petit homme noir, mal fait, maladroit de ses mains en toute chose, écrivant d'une manière illisible, sans avoir pu jamais tracer une ligne droite, et, ayant, outre cela, la vue si basse, qu'il n'y avait pas à quatre pas, si bien que lui et M. Duquevilly, son parent, qui avait la vue fort basse aussi, s'étant donné un jour rendez-vous dans une cour, ils s'y promenèrent plus d'un quart d'heure sans s'apercevoir, et ne s'y seraient jamais trouvés si, l'idée leur étant venue en même temps qu'ils avaient assez attendu comme cela, ils ne se fussent rencontrés au même moment sur le seuil, comme ils s'en retournaient fort mécontents l'un de l'autre.

Cependant le parlement délibérait toujours, et ceux qui montraient le plus de fermeté contre la cour étaient le conseiller de la grand'chambre Pierre Broussel, et Blancmesnil, président des enquêtes, si bien qu'à mesure qu'ils tombaient dans le discrédit royal, par un effet tout naturel, ils gagnaient dans l'esprit du peuple. Mais il y avait entre les parties belligérantes comme une espèce de trêve, car les yeux étaient au moment tournés vers la frontière. M. le Prince (on se rappelle qu'à la mort de son père, le duc d'Enghien avait repris ce nom), M. le Prince avait quitté Paris pour l'armée, et il était évident, par la disposition des deux généraux qui commandaient les forces opposées, qu'une affaire décisive était instante et ne pouvait tarder d'avoir lieu.

Or, l'issue de cette affaire devait avoir une grande influence sur les esprits. M. le Prince vaincu, la cour, qui avait besoin d'hommes et d'argent pour continuer la guerre, était forcée de se jeter dans les bras du parlement ; M. le Prince vainqueur, la cour pouvait parler haut par la voix de cette victoire.

On était donc, de part et d'autre, dans cette curieuse attente, lorsque, le 25 août, arriva à Paris un homme qui venait d'Arras, lequel annonça que, le jour de son départ, on avait entendu le canon toute la journée, preuve que l'on en était venu aux mains avec l'ennemi, ce qui était déjà une grande nouvelle ; mais une chose qui faisait de cette grande nouvelle une bonne nouvelle, c'est qu'il ajoutait qu'on n'avait vu revenir personne du côté de la frontière, ce qui était un marqué du gain de la bataille ; car, si la bataille eût été perdue, on aurait vu des fuyards et des blessés. Cette nouvelle arriva le matin à huit heures, et, dès que le cardinal la sut, il envoya chercher le maréchal de Villeroy, et éveiller la reine pour la lui apprendre. Quoiqu'il n'y eût rien de sûr dans tout ce récit, les probabilités suffiraient cependant déjà pour donner une grande joie à toute la cour, car on le croyait véritable, parce qu'on le sentait nécessaire.

Néanmoins, la journée se passa sans aucune autre nouvelle et avec de fâcheux retours de crainte : ce ne fut qu'à minuit seulement qu'arriva le comte de Châtillon, envoyé en courrier extraordinaire par le prince de Condé, qui l'avait fait partir du champ de bataille. Les ennemis avaient été complètement battus, avaient laissé neuf mille morts sur la place et s'étaient retirés dans une déroute complète, nous abandonnant tous leurs bagages et une partie de leur artillerie ; notre armée enfin avait remporté la victoire de Lens.

Nous l'avons dit, tout le monde était à l'affût pour connaître l'effet que produirait cette nouvelle sur la cour et le coadjuteur, plus que tout autre. Trois ou quatre jours auparavant, il était venu faire une visite à la reine, qui lui remontrait comme d'habitude, que les esprits allaient s'émouvant de plus en plus, lorsque le cardinal Mazarin l'avait arrêté par un apologue.

— Monsieur le coadjuteur, avait dit le ministre, avec son fin sourire et cet accent italien dont il n'avait jamais pu se défaire, du temps que les bêtes parlaient, oùn loup assoura son serment à un troupeau de brebis qu'il le protégerait contre tous ses camarades, pourvu que l'onne d'elles allât tous les matins lécher la blessure qu'il avait reçue d'un rien...

Mais le coadjuteur, devinant la fin de l'apologue, avait interrompu le ministre par une grande révérence et s'était retiré. Le turbulent abbé avait donc, de son côté, au plus mal avec la cour, et il n'était pas étonnant que, toutes ses mesures étant prises, comme il l'avoue lui-même, il désirât savoir quel effet la victoire de Lens avait produit sur la cour.

Le lendemain, qui était le 24 août, il s'y présenta donc lui-même, ne voulant, dans une aussi grave affaire, s'en rapporter qu'à ses propres impressions. Il trouva la reine presque folle de joie ; mais, le cardinal, plus maître de lui paraissait comme à l'ordinaire, et, allant au coadjuteur avec plus de bienveillance qu'il ne lui en avait montré depuis longtemps :

— Monsieur le coadjuteur, lui dit-il, je suis doublement satisfait du bonheur qui nous arrive, d'abord pour le bien général de la France, ensuite pour montrer à MM. du parlement comme nous usons de la victoire.

Il y avait un tel accent de bonhomie dans les paroles du ministre, que, si habitué que fût le coadjuteur à se défier de lui, il se retira convaincu que, cette fois, par extraordinaire, le rusé cardinal avait dit ce qu'il pensait. Aussi, le lendemain, jour de la Saint-Louis, prêcha-t-il sur le soin que le roi doit avoir des grandes villes, et sur les devoirs que les grandes villes doivent rendre au roi.

Un *Te Deum* était indiqué pour le 26 août. Selon la coutume, on fit faire la haie, depuis le Palais-Royal, jusqu'à Notre-Dame, par les régiments des gardes ; puis, aussitôt que le roi fut entré, on forma les gardes en trois bataillons qui stationnèrent place Dauphine et place du Palais-Royal. Le peuple s'étonna que ces soldats demeurassent sous les armes et se douta, en ce moment, qu'il se tramait quelque chose contre lui ou contre ses défenseurs.

En effet, l'ordre avait été donné à Comminges, l'un des quatre capitaines des gardes, d'arrêter le président Blancmesnil, le président Charton, et le conseiller Broussel ; comme, des trois personnes indiquées, Broussel était, sinon la plus considérable, du moins la plus populaire, Comminges se le réserva, chargeant deux de ses exempts de se présenter chez Blancmesnil et chez Charton. Comminges se tenait à la porte de l'église, attendant le dernier ordre. La reine, en sortant, lui fit signe de venir à elle et lui dit tout bas :

— Allez, et que Dieu vous assiste !

Comminges salua et s'apprêta à obéir. Alors, pour l'encourager encore, le secrétaire d'État Tellier s'approcha de lui et lui dit :

— Bon courage ! tout est prêt et ils sont chez eux.

Comminges répondit qu'il n'attendait plus que le retour d'un de ses hommes auquel il avait donné quelques ordres préparatoires pour agir, et s'arrêta avec ses gardes devant le portail de l'église.

Cependant, comme il était d'habitude que les gardes suivissent toujours le roi, cette station de Comminges inquiéta le peuple déjà en défiance, et l'alarme commença de se répandre ; alors, les passants, les curieux, les spectateurs se mirent, par groupes, à commencer à écouter et à regarder. Mais les précautions de Comminges étaient prises pour qu'il ne se doutât de rien. Ce qui causait ce retard, c'est qu'il avait envoyé son carrosse avec quatre de ses gardes, un page et un exempt à la porte de Broussel, en ordonnant à l'exempt, aussitôt que lui, Comminges, paraîtrait dans la rue, d'aborder la porte avec le carrosse, portières abattues et manteau levé. En effet, à peine eut-il calculé que le temps nécessaire s'était écoulé pour que ses ordres fussent exécutés, qu'il quitta ses hommes et se rendit seul dans la rue qu'habitait Broussel. En le voyant, l'exempt exécuta l'ordre reçu. Comminges s'avança vers la maison de Broussel, un petit laquais qui appartenait au conseiller ouvrit sans difficulté. Aussitôt Comminges s'empara de la porte, y mit deux gardes, et, avec deux autres, monta dans l'appartement de Broussel. Lorsque la porte s'ouvrit devant Comminges, le conseiller était assis à table, vers la fin de son dîner et sa famille autour de lui. On comprend l'effet que produisit sur tout cet intérieur bourgeois la vue du capitaine des gardes. Les femmes se levèrent, Broussel seul demeura assis.

— Monsieur, dit Comminges, je suis porteur d'un ordre du roi pour me saisir de votre personne ; le voici, et vous pouvez le lire ; mais le mieux serait pour vous et pour moi d'obéir sans retard et de me suivre à l'instant même.

— Mais, monsieur, dit Broussel, pour quel crime le roi me fait-il enlever ?

— Vous comprenez, monsieur, dit Comminges en s'avançant vers le conseiller, que ce n'est pas à un capitaine des gardes de s'enquérir de ces sortes de choses qui regardent vos robes ; j'ai l'ordre de vous arrêter et je vous arrête.

Et, à ces mots, il étendit la main vers Broussel, agissant ainsi de sa personne, parce qu'il comprenait qu'il n'y avait pas de temps à perdre.

Mais, au même moment, une vieille servante courut à une fenêtre qui donnait sur la rue et se mit à crier :

— Au secours ! au secours ! on enlève mon maître ; au secours !

Puis, comme elle vit que ses cris avaient été entendus et que les voisins commençaient à s'émouvoir, elle vint se poster devant la porte en criant :

— Non, vous n'emmènerez pas M. le conseiller, nous vous en empêcherons, à l'aide ! au secours !

Et elle redoubla ses cris de telle façon, que, lorsque Comminges arriva au bas de l'escalier avec son prisonnier, on le traînait de force et qu'on jeta dans le carrosse, déjà la voiture était entourée d'une vingtaine d'hommes qui parlaient de couper les traits et de s'opposer à l'arrestation de leur protecteur.

Comminges vit qu'il fallait payer d'audace. Il chargea le rassemblement qui se dispersa, mais sans disparaître, puis il revint sur le carrosse, monta dedans, referma la portière et ordonna au cocher de se mettre en marche ; tandis que les quatre gardes s'alignaient devant pour ouvrir le passage. Mais à peine eurent-ils parcouru vingt pas, qu'un détour de la première rue, ils trouvèrent les chaînes tendues. Il fallut faire tourner le carrosse et suivre une autre route, ce qui ne se fit pas sans livrer une nouvelle bataille. Cependant, comme à cette époque le peuple n'était point aguerri à ces luttes de rues, qu'il avait encore une grande crainte des soldats et des gardes, plus respectés que les autres parce qu'ils accompagnaient toujours le roi, la résistance ne fut pas d'abord bien décidée et le peuple permit que le carrosse gagnât le quai. Mais, là, le combat devint plus sérieux. Les gens qui étaient chez Broussel et qu'on n'avait pu arrêter avec lui, excités par la vieille servante, s'étaient répandus dans les rues et criaient à l'aide, de toutes leurs forces. On commençait à jeter des pierres aux gardes; à tous moments on arrêtait les chevaux. Enfin, une trouée ayant été faite, Comminges ordonna au cocher de prendre le galop. Malheureusement, au moment où il obéissait, un pavé se trouva sous la roue et le carrosse brisé. Un grand cri s'éleva aussitôt de tous côtés, et le peuple s'abattit, comme un vol d'oiseaux de proie, sur cette voiture renversée. Comminges crut un instant qu'il était perdu, lorsqu'en s'élançant par la portière, il vit reluire les mousquets d'une compagnie des gardes qui venait au tumulte. Aussitôt il tira son épée, et demeura debout sur la voiture pour être vu de plus loin :

— A moi, compagnons! cria-t-il. Aux armes! Au secours!

Les gardes, qui reconnurent l'uniforme et la voix de leur chef, s'avancèrent alors au pas de course, écartant le peuple et entourant le carrosse renversé. Mais, outre qu'une roue du carrosse était cassée, les rênes des chevaux étaient déjà coupées. Ce carrosse se trouvait donc hors d'état de continuer la route. En ce moment, Comminges, aperçut un autre carrosse dont les propriétaires s'étaient arrêtés pour regarder tout ce tumulte. Il dit un mot au sergent des gardes qui s'élança avec dix hommes vers ce carrosse, en fit, malgré leurs représentations, descendre ceux qui étaient dedans et l'amena à Comminges. Alors, à la vue du peuple qu'on tenait écarté, et dont l'émotion allait toujours augmentant, on fit sortir Broussel du carrosse brisé et on le fit monter dans l'autre, qui se mit immédiatement en route vers le Palais-Royal. Derrière Comminges le carrosse abandonné fut mis en morceaux. Mais, comme s'il y eût eu une fatalité à cette malheureuse arrestation, à peine fut-on dans la rue Saint-Honoré, que le nouveau carrosse se rompit à son tour. Alors, le peuple, voyant que c'était une occasion pour lui de tenter un dernier effort, s'élança de nouveau sur les gardes, de sorte qu'il le fallut repousser cette fois à grands coups de crosse et d'épée, qui firent force blessures. Mais le sang qui coulait déjà, au lieu d'épouvanter les séditieux, ne fit qu'augmenter leur rage. Des cris de menaces et de mort se faisaient entendre de tous côtés! Les bourgeois commencèrent à sortir des maisons avec leurs hallebardes. D'autres apparaissaient aux fenêtres avec des arquebuses. Un coup de plutôt fut tiré qui blessa un garde. En ce moment, heureusement pour Comminges, qui ne savait plus comment faire avancer son prisonnier, un autre carrosse apparut envoyé par M. de Guitaut, son oncle. Comminges se jeta dedans, tirant son prisonnier après lui : et les chevaux frais et vigoureux qui le conduisaient partirent au galop. On gagna un relais qui attendait derrière les Tuileries, où, débarrassé qu'on était enfin de toute cette populace, on s'élança à fond de train vers Saint-Germain, d'où le prisonnier devait être conduit à Sedan. En même temps, on conduisait Blancmesnil et Novion à Vincennes.

On comprend qu'après le tumulte qu'avait causé l'arrestation du bonhomme Broussel, comme l'appellent les auteurs du temps, le bruit de cet événement se répandit bientôt dans tout Paris. Le premier mouvement du peuple fut à la consternation, le second à la colère ; comme si chacun eût perdu un père, un frère, un ami, un protecteur, on éclata coup sur coup et en tout lieu. L'émotion gagnait de rue en rue, et comme une marée qui monte ; on criait, on fermait les boutiques ; les voisins se demandaient les uns aux autres s'ils avaient des armes, et ceux qui en avaient, en prêtaient à ceux qui n'en avaient pas, soit piques, soit hallebardes, soit arquebuses. Le coadjuteur, qui dînait avec trois chanoines de Notre-Dame, nommés Chapelain, Gomberville et Plot, s'informa de la cause de tout ce bruit, et apprit alors qu'en sortant de la messe, la reine venait de faire arrêter Broussel, Blancmesnil et Novion. Cette nouvelle était peu en rapport avec la promesse qu'elle lui avait faite la veille à la cour, mais elle ne l'en toucha que davantage. Il sortit donc aussitôt avec le même costume qu'il avait eu pendant la messe, c'est-à-dire en rochet et en camail ; mais il ne fut pas plus tôt arrivé au Marché-Neuf, qu'il se vit entouré d'une foule immense. Le peuple l'avait reconnu et c'était avec des hurlements autour de lui, demandant à grands cris qu'on lui rendît Broussel. Le coadjuteur se démêla de toute cette populace en montrant une borne et en disant qu'il allait au Louvre pour demander à la reine qu'elle fît justice. Comme il arrivait sur le pont Neuf, il y trouva le maréchal de la Meilleraie, à la tête des gardes, lequel, bien qu'il n'eût encore en face et pour adversaires que quelques enfants qui l'insultaient vers lui et lui jetaient des pierres, ne laissait pas que d'être fort embarrassé ; car non seulement il commençait à entendre seulement gronder l'orage, mais encore il pouvait déjà le voir venir. Le coadjuteur et le maréchal s'abouchèrent ensemble ; le maréchal lui raconta en détail tout ce qui s'était passé ; de son côté, le coadjuteur lui dit qu'il allait au Palais-Royal parler de cette af-

faire à la reine. Alors, le maréchal s'offrit de l'y accompagner, résolu de ne rien cacher au ministre et à elle de l'état où en étaient les choses. Ils s'avancèrent donc tous deux vers le Palais-Royal, suivis de plus d'un millier d'hommes et de femmes, qui criaient à tue-tête : « Broussel! Broussel! Broussel! »

Ils trouvèrent la reine dans son grand cabinet ; elle avait près d'elle M. le duc d'Orléans, le cardinal Mazarin, M. de Longueville, le maréchal de Villeroy, l'abbé de la Rivière, Bautru, Nogent et Guitaut, capitaine de ses gardes. Elle le reçut le coadjuteur ni bien ni mal, car elle était trop fière pour se repentir de ce qu'elle avait fait ; quant au cardinal, il parut avoir complètement oublié ce qu'il avait dit la veille.

— Madame, dit le coadjuteur, je viens, comme c'est mon devoir, pour recevoir les commandements de la reine, et contribuer, en tout ce qui sera de mon pouvoir, au repos de Votre Majesté.

La reine fit de la tête un petit signe de satisfaction ; mais, comme autour d'elle la Rivière, Bautru, Nogent et Guitaut traitaient l'émeute de bagatelle, elle ne crut pas devoir lui faire un plus long remerciement. Cependant, à toutes ces imprudentes railleries de courtisans, qui ne savaient pas ou qui affectaient de ne pas savoir la gravité de la situation, le maréchal de la Meilleraie s'emporta, en appelant au témoignage du coadjuteur. Celui-ci, qui avait vu les choses de près, et qui n'avait aucun motif de taire la vérité, la dit tout entière, assurant que l'émotion était grave, et prédisant qu'elle deviendrait plus grave encore, mais alors le cardinal sourit malignement, et la reine s'écria tout en colère :

— Monsieur le coadjuteur, il y a de la révolte à s'imaginer qu'on puisse se révolter ; voilà de ces contes ridicules comme en font ceux qui favorisent les rébellions ; mais, soyez tranquille, l'autorité du roi y mettra bon ordre.

Alors, le cardinal, qui vit la reine s'avancer trop, et qui remarqua sur la figure du coadjuteur l'effet produit par les paroles qu'elle avait laissé échapper, dit à son tour, avec ce ton doux et faux qui lui était habituel :

— Madame, plût à Dieu que tout le monde parlât avec la même sincérité que M. le coadjuteur ! il craint pour son troupeau, il craint pour la ville, il craint pour l'autorité de Votre Majesté ; je suis bien persuadé que le péril n'est pas au point qu'il se l'imagine ; mais je crois aussi qu'il l'a vu tel qu'il l'a dit, et qu'il parle dans la religion de sa conscience.

La reine, comprenant ce que lui voulait dire le cardinal, changea à l'instant même de figure et de ton, et fit mille remerciements au coadjuteur, qui, à son tour, faisant semblant d'être sa dupe, s'inclina respectueusement. Ce que voyant, la Rivière haussa les épaules et dit tout bas à Bautru :

— Voyez donc ce que c'est que de n'être pas jour et nuit en ce pays-ci ; voilà M. le coadjuteur, qui n'est pas une bête cependant, et qui prend au sérieux ce que lui dit la reine.

La vérité est que tous ceux qui se trouvaient dans le cabinet jouaient pour le moment la comédie : la reine faisait la douce et était en colère ; le cardinal faisait l'assuré et tremblait fort intérieurement ; M. le coadjuteur faisait le crédule et ne l'était pas ; M. le duc d'Orléans faisait l'empressé et était aussi insouciant dans cette affaire qu'il l'était dans toutes les autres ; M. de Longueville témoignait beaucoup de tristesse et était joyeux au fond du cœur ; le maréchal de Villeroy faisait le gai et avouait un instant après, les larmes aux yeux, que l'État penchait au précipice ; enfin Bautru et Nogent bouffonnaient et représentaient, pour plaire à la reine, la vieille servante de Broussel animant le peuple à la rébellion, quoiqu'ils sussent fort bien, que tout au contraire de la tragédie, qui ordinairement est suivie d'une farce, la farce, cette fois-ci, pourrait bien être suivie de la tragédie. Le seul abbé de la Rivière était convaincu que toute cette émotion n'était que fumée.

Cette dissimulation eut son effet, même sur le maréchal de la Meilleraie, qui, étant venu vers le coadjuteur pour dire la vérité, mais qui, en voyant sur tous les visages cette assurance vraie ou feinte, eut honte de la crainte qu'il avait éprouvée et prit les airs de capitan. Juste en ce moment, la porte du cabinet s'ouvrit et la lieutenant-colonel des gardes parut, venant dire à la reine que le peuple s'enhardissait de plus en plus et menaçait de forcer les soldats. Or, comme le maréchal était un homme tout pétri de contre-temps, comme était le cardinal de Retz, il s'emporta de plus en plus, et, au lieu de revenir à son opinion première, il demanda qu'on le laissât se mettre à la tête des quatre compagnies des gardes réunies, avec lui tous les courtisans qu'il trouverait dans les antichambres, et tous les soldats qu'il rencontrerait sur sa route, assurant qu'il se faisait fort de mettre en fuite toute cette canaille. La reine, qui d'instinct adoptait toujours les moyens violents, se rangea aussitôt à son projet ; mais, comme c'était chose grave que de se lancer ainsi en avant, toute comédie cessa, et le maréchal de la Meilleraie et la reine restèrent seuls de leur avis ; ce qui les refroidit quelque peu. D'ailleurs, en ce moment, le chancelier Séguier parut, si pâle et si tremblant, que tous les yeux se tournèrent vers lui et que la reine ne put s'empêcher de crier en grande émotion :

— Qu'y a-t-il donc, monsieur le chancelier, et que se passe-t-il de nouveau ?

Cette fois, si peu habitué que fût M. le chancelier à dire la vérité, la terreur l'emporta cependant sur la coutume, et il raconta les choses comme il les avait vues, c'est-à-dire en les faisant pires encore qu'elles n'étaient, car il les avait vues avec les yeux de la peur. Chacun en revenant donc à des idées plus conciliantes, lorsque M. de Senneterre entra à son tour. Aussi calme que le chancelier avait été ému, il assura que la chaleur du peuple commençait à se ralentir, qu'il ne prenait point les armes comme on l'avait cru d'abord et qu'avec un peu de patience tout irait bien.

Aussitôt chacun, rassuré, en revint à l'avis de la reine et du maréchal, qui était d'user de rigueur. Mais tous ces changements de résolution faisaient perdre un temps précieux, dans lequel on peut dire en quelque sorte que le salut de l'État était enfermé. Alors, le vieux Guitaut, qui n'avait pas une grande réputation d'esprit, mais que la reine savait lui être affectionné parmi les plus fidèles, prit la parole, et, d'une voix plus rauque encore qu'à l'ordinaire, déclara que, d'une façon ou de l'autre, il fallait agir, ajoutant qu'il n'y avait que de l'état et des mal-intentionnés qui pussent s'endormir dans l'état où étaient les choses.

— Mais alors, dit brusquement en se retournant vers lui Mazarin, qui ne l'aimait pas, quel est votre avis ?..

— Mon avis, monsieur, répondit Guitaut, est de rendre mort ou vif ce vieux coquin de Broussel à ceux qui le réclament.

— Et vous, monsieur le coadjuteur, dit Mazarin, que pensez-vous de l'avis de Guitaut ?

— Je pense, monsieur le cardinal, répondit le coadjuteur, qu'il y a du bon et du mauvais dans ce que dit le capitaine des gardes ; il faut rendre Broussel, mais vivant et non mort.

— Le rendre ! s'écria la reine rougissant de colère, et s'élançant vers le coadjuteur, le rendre à cette canaille qui le demande ! J'aimerais mieux l'étrangler de mes propres mains, non seulement lui, mais, ajouta-t-elle en saisissant presque le coadjuteur à la gorge, mais encore ceux qui...

Mais, sur ce geste imprudent, le cardinal lui dit quelques mots à l'oreille ; la reine laissa retomber ses bras, et, le sourire sur les lèvres :

— Que je suis folle de m'emporter ainsi ! dit-elle. Pardonnez-moi, monsieur le coadjuteur.

En ce moment, le lieutenant civil, Dreux d'Aubray, entra le front couvert d'une pâleur si mortelle, que le coadjuteur avoua qu'il n'avait jamais vu, même à la comédie italienne, qui serait tant et si naïvement représentée. Il raconta aussitôt toutes les aventures qui lui étaient arrivées de son logis au Palais-Royal, toutes les menaces qu'on lui avait faites, et toutes les craintes qu'il avait eues que la journée ne se passât point sans quelque grande et complète sédition. La crainte est contagieuse : celle du lieutenant civil si bien exprimée par sa pâleur, par ses gestes, par le tremblement de sa voix, que la terreur dont il était saisi gagna peu à peu tous les assistants. Toute cette populace apparut alors, non seulement aux yeux du cardinal, mais encore à ceux de la reine, non comme un amas ridicule, mais comme une masse menaçante. On avoua que l'affaire valait la peine d'être discutée et l'on établit une espèce de conseil improvisé, dans lequel il fut permis à chacun de dire son opinion ; or, cette fois, comme le coadjuteur, le maréchal de Villeroy et le maréchal de la Meilleraie s'étaient réunis à l'avis de Guitaut, qui était qu'on rendît Broussel au peuple, Mazarin conclut à ce qu'on le lui rendît affectivement ; seulement, il ajouta que, comme Broussel avait été conduit hors de Paris, on ne pourrait le rendre que le lendemain. Il était évident que c'était une immense perte du temps ; que, si le peuple se tenait en armes, en lui rendrait son conseiller ; mais que, s'il se dispersait, on se mettrait en mesure contre un mouvement du même genre, tout en oubliant ce qu'on lui avait promis. Alors, le cardinal, se tournant vers le coadjuteur lui annonça que personne mieux que lui ne pouvait porter cette bonne nouvelle au peuple, qui la recevrait plus volontiers de sa part que d'aucune autre, puisqu'il était en quelque sorte son député. Le coadjuteur vit le piège, et réclama une promesse faite, quelque impertinence qu'il y eût à faire une pareille demande ; mais la Meilleraie l'entraîna, et les courtisans le poussèrent dehors en criant que c'était chose inutile, puisqu'il avait la parole de la reine, laquelle, disaient-ils, valait mieux que tous les écrits. Ce n'était pas l'avis du coadjuteur, qui sentait qu'on l'entraînait à la perte de sa popularité, puisqu'on faisait de lui, l'organe d'un mensonge et d'une déception. Il se retourna pour répliquer ; mais la reine était déjà rentrée dans la chambre grise, et Monsieur le poussait tendrement des deux mains en disant de sa voix la plus douce :

— Allez, monsieur le coadjuteur, allez sauver l'État.

Les gardes du corps le prenaient dans leurs bras et le portaient jusque hors du Palais-Royal en criant :

— Il n'y a que vous qui puissiez remédier au mal, monsieur le coadjuteur ; allez ! allez !

Ainsi, comme Basile, sous prétexte, non qu'il avait la fièvre, mais qu'il pouvait la calmer, le coadjuteur se retrouva dans la rue avec son rochet et son camail, entouré de nouveau d'une foule de peuple à travers laquelle il essaya de passer en lui donnant sa bénédiction. Mais c'était autre chose que le peuple attendait ; aussi se mit-il à crier : « Broussel ! Broussel ! qu'on nous rende Broussel ! »

Le coadjuteur était bien décidé à ne rien promettre de ce qu'il savait qu'on ne tiendrait pas ; aussi continuait-il à bénir le plus majestueusement qu'il pouvait, lorsque le maréchal de la Meilleraie, à la tête des chevau-légers de la garde, s'avança l'épée à la main, en criant :

— Oui, oui, vive le roi ! et liberté à Broussel !

Mais, comme l'on ne vit que son épée nue, et qu'on n'entendit que la première partie de sa phrase, son geste et sa parole échauffèrent beaucoup plus de gens qu'ils n'en calmèrent. On cria aux armes ; un crocheteur, le sabre à la main, s'élança vers le maréchal, qui le tua d'un coup de pistolet. Alors, les cris redoublèrent ; de tous côtés on courut aux armes. Le peuple, qui avait suivi le coadjuteur jusqu'au Palais-Royal, et qui attendait sa sortie à la porte, le poussa ou plutôt le porta jusqu'à la Croix-du-Trahoir, où il retrouva le maréchal de la Meilleraie, qui en était venu aux mains avec une grosse troupe de bourgeois qui lui avait barré le passage, et qui répondait au feu des chevau-légers par une fusillade assez bien nourrie ; le coadjuteur alors, espérant que les uns et les autres porteraient respect à sa dignité et à son habit, se jeta entre eux pour essayer de les séparer ; il avait pensé juste, car le maréchal, qui commençait à être fort embarrassé, prit avec joie ce prétexte pour ordonner aux chevau-légers de cesser le feu. De leur côté, les bourgeois s'arrêtèrent, se contentant de tenir ferme dans le carrefour ; mais vingt ou trente, qui ne savaient rien de cette espèce de trêve, sortirent de la rue des Prouvaires, avec des hallebardes et des mousquetons et, se voyant pas le coadjuteur, ou feignant de ne pas le voir, se ruèrent sur les chevau-légers, cassèrent d'un coup de pistolet le bras à Fontrailles, qui était près du maréchal, blessèrent un des pages qui portait la soutane du coadjuteur, lequel fut lui-même renversé d'un coup de pierre qui l'atteignit au-dessus de l'oreille. Au moment où il se relevait sur le genou, un garçon apothicaire, qui était un des plus enragés dans la rébellion, lui appliqua le canon de son mousquet contre la tête ; mais le prélat, saisissant le canon de sa main, s'écria :

— Ah ! malheureux ! si ton père te voyait !

Le jeune homme se trompa au sens de ces paroles, et crut qu'il allait, par mégarde, tuer quelque ami de son père ; il en résulta qu'il regarda avec attention l'homme qu'il allait tuer par inadvertance, et que, remarquant seulement alors les habits ecclésiastiques de celui qu'il avait devant les yeux :

— Ô mon Dieu ! ne seriez-vous pas le coadjuteur ?

— Certes, que je le suis, répondit celui-ci, et vous alliez tuer un ami, croyant tuer un ennemi.

Le jeune homme reconnaissant sa méprise, aida le coadjuteur à se relever et se mit à crier :

— Vive le coadjuteur !

Alors, tout le monde fit le même cri, on s'empressa autour de lui, et, dans ce mouvement, le maréchal, se trouvant dégagé, se retira aussitôt vers le Palais-Royal.

Le coadjuteur se dirigea du côté des halles, traînant toute cette population après lui ; mais, là, il trouva, comme il le dit lui-même, toute la fourmilière des fripiers sous les armes ; il s'expliquer. On avait vu entrer le coadjuteur au Palais-Royal, on l'en avait vu sortir, on voulait une réponse de la reine. Le coadjuteur en avait bien une, mais il ne s'y était pas trop lui-même. Il lui enchanté de trouver cette occasion pour en aller chercher une seconde ; il proposa donc de retourner au Palais-Royal. Sa proposition fut accueillie avec de grands cris, et, sur ce, il reprit le chemin qu'il venait de faire, accompagné de quarante mille personnes.

À la barrière des Sergents, il trouva la Meilleraie, qui, reconnaissant du service qu'il lui avait rendu en le tirant d'affaire, se jeta à son cou, et l'embrassa presque à l'étouffer, en lui disant :

— Je suis un fou, un brutal ! j'ai failli perdre l'État, et vous m'avez sauvé ; venez, parlons de la reine en Français véritables et en gens libres, et prenons chacun nos notes pour faire pendre, à la majorité du roi, ces pestes de l'État, ces flatteurs infâmes qui font croire à la reine que cette affaire n'est rien.

Puis, descendant de cheval, il prit le coadjuteur par la main et le conduisit jusque dans la chambre grise où était la reine, et, le montrant de la main à Sa Majesté :

— Voici, madame, dit-il, celui à qui je dois la vie, et à qui Votre Majesté doit le salut de sa garde et peut-être celui du Palais-Royal.

La reine alors se prit à sourire, mais d'un sourire si ambigu, que le coadjuteur n'en fut pas dupe ; toutefois, ne témoignant aucunement combien il était blessé de ce nouveau doute, et interrompant le maréchal de la Meilleraie qui continuait de faire son éloge :

— Madame, dit-il, il ne s'agit pas de moi ; mais de Paris soumis et désarmé qui vient se jeter aux pieds de Votre Majesté.

— Il est bien coupable et bien peu soumis ! répondit la reine le visage tout en feu ; mais, d'un autre côté, s'il eût été aussi furieux qu'on a voulu me le faire croire, comment se serait-il adouci en si peu de temps ?

A ces mots, le maréchal de la Meilleraie, qui vit le fond de la pensée de la reine, ne put se retenir et, tout en jurant, lui dit :

— Pardieu ! madame, en voyant comme on vous trompe, un homme de bien doit vous dire toute la vérité. Eh bien, je vous le dis, moi : c'est que, si vous ne mettez aujourd'hui même Broussel en liberté, il n'y aura pas demain pierre sur pierre dans tout Paris.

Le coadjuteur voulut appuyer cette opinion du maréchal ; mais la reine lui ferma la bouche avec un rire moqueur et en lui disant :

— Allez vous reposer, monsieur le coadjuteur ; vous devez être fatigué d'avoir tant et si bien travaillé aujourd'hui.

A une pareille réponse, il n'y avait rien à dire. Le coadjuteur sortit la rage dans le cœur, se promettant bien de se venger ; mais comment ? Il n'en savait rien encore, et les choses n'étaient pas assez nettement dessinées pour qu'il pût prendre un parti.

A la porte, une foule innombrable attendait le coadjuteur et le força de monter sur l'impériale de son carrosse, qu'on venait de lui amener, pour qu'il rendit compte de ce qu'il avait fait au Palais-Royal. Alors, il raconta que, sur l'affirmation qu'il avait donnée à la reine, que le peuple était sur le point de poser les armes et de se disperser si on lui rendait Novion, Blancmesnil et Broussel, la reine avait positivement promis la liberté des prisonniers.

Cette promesse, malgré l'adverbe qui l'accompagnait, parut bien vague au peuple, et peut-être ne s'en fût-il pas contenté deux heures plus tôt ; mais l'heure du souper approchait.

« Cette circonstance, dit le cardinal de Retz, pourra paraître ridicule : elle est fondée cependant, et j'ai observé qu'à Paris, dans les émotions populaires, les plus échauffés ne veulent pas se déshonorer. »

Grâce à cette circonstance, le peuple de Paris se dispersa donc, et le coadjuteur put rentrer tranquillement chez lui, où il se mit au lit et se fit saigner, pour éviter les suites que pouvait avoir le coup de pierre qu'il avait reçu à la tête.

Ne le quittons pas encore, car c'est lui qui va être le pivot des événements que nous allons raconter.

XVII

LE COADJUTEUR ET SES AMIS. — LEURS CRAINTES ET LEURS CONSEILS. — PENSÉES AMBITIEUSES DE GONDI. — PRÉPARATIFS DE GUERRE CIVILE. — DISPOSITIONS DU COADJUTEUR. — MOUVEMENT DU PEUPLE. — LES BARRICADES. — PROJETS DE LA COUR. — DÉMARCHE DU PARLEMENT PRÈS DE LA REINE. — DANGER QUI LE MENACE A SON RETOUR. — SA NOUVELLE DÉMARCHE AU PALAIS-ROYAL. — IL OBTIENT LA LIBERTÉ DE BROUSSEL. — INQUIÉTUDES A LA COUR. — TRIOMPHE DE BROUSSEL. — ARRÊT DU PARLEMENT. — DESTRUCTION DES BARRICADES. — COUPLET SUR LES « FRONDEURS ».

Cependant le coadjuteur était rentré chez lui, mal satisfait et plus souffrant encore d'esprit que de corps. Il ne se dissimulait pas qu'il avait été le jouet de Mazarin et de la reine, et que tous deux l'avaient poussé en avant avec l'intention de ne pas tenir une seule des promesses qu'ils avaient faites, par sa bouche, au peuple de Paris. Or, si cela était ainsi, le coadjuteur perdait d'un seul coup, près des Parisiens, cette popularité qu'il avait acquise par tant de soins, d'argent et de peine.

Il en était là de ses réflexions, lorsque Montrésor entra. Montrésor, cet éternel mécontent qui conspirait avec Cinq-Mars contre Richelieu, et avec le coadjuteur contre Mazarin.

— Eh bien, monsieur, lui dit-il tout d'abord, vous avez fait aujourd'hui une belle expédition !

— Comment cela ? demanda le coadjuteur.

— Sans doute, reprit Montrésor ; que croyez-vous avoir gagné, je vous prie, aux deux visites que vous avez faites au Palais-Royal ?

— J'y ai gagné, répondit le coadjuteur, impatienté que cette voix de Montrésor répondît si bien à la voix qui murmurait en lui, que je me suis acquitté envers la reine, de qui je tiens ma dignité de coadjuteur.

— Alors, vous croyez que la reine est satisfaite de vous ? demanda en raillant Montrésor.

— Je l'espère.

— Eh bien, détrompez-vous, monsieur, car elle vient de dire à madame de Navailles et à madame de Motteville qu'il n'avait pas tenu à vous d'émouvoir le peuple, et que vous avez, Dieu merci ! fait tout ce qui avait dépendu de vous pour cela.

Cette réponse était si bien en harmonie avec ce qui se passait dans l'âme du coadjuteur, que, quoiqu'il hochât la tête en manière de doute, Montrésor vit bien que le coup avait porté. D'ailleurs, un renfort lui arrivait : M. de Laigues, capitaine des gardes de M. le duc d'Orléans, et qui était des plus intimes du coadjuteur, ouvrait la porte en ce moment.

— Ah ! vous êtes le bienvenu, monsieur de Laigues, dit le coadjuteur ; vous ne savez pas ce que me disait à l'instant même Montrésor ?

— Non, répondit de Laigues.

— Il me disait qu'on s'était moqué de moi à la cour et qu'on y prétendait que tout ce que j'ai fait dans la journée n'était qu'une comédie qui avait pour but d'émouvoir le peuple.

— Eh bien, dit froidement de Laigues, Montrésor avait raison.

— Pouvez-vous m'en donner des nouvelles certaines ? reprit le coadjuteur, qui sentait que la colère commençait à lui prendre l'esprit.

— Je viens du souper de la reine à l'instant même, répondit de Laigues.

— Eh bien, qu'y avez-vous vu ? qu'y avez-vous entendu ?

— J'y ai vu des gens fort joyeux, que les choses avaient tourné mieux qu'ils ne l'espéraient, et j'y ai entendu force méchantes plaisanteries sur certain coadjuteur qui avait essayé de soulever le peuple, et qui, n'ayant pas réussi, avait fait semblant d'être blessé quoiqu'il ne le fût pas ; et, qui, croyant sortir de chez lui pour être applaudi comme une tragédie de Corneille, était rentré chez lui comme une farce de Boisrobert. Enfin ce même coadjuteur dont je vous parle, a fait tous les frais de la conversation, et, pendant deux heures entières, a été exposé à la raillerie fine de Bautru, à la bouffonnerie de Nogent, à l'enjouement de la Rivière à la fausse compassion du cardinal, et aux éclats de rire de la reine.

— Mon cher coadjuteur, dit Montrésor, n'avez-vous donc pas lu certaine Conjuration de Fiesque, qu'a écrite, voilà tantôt une quinzaine d'années, un certain abbé de Gondi de ma connaissance ?

— Si fait, Montrésor, répondit le coadjuteur, si fait, Fiesque est même, vous le savez, mon héros favori ; mais je n'ai vu nulle part que Fiesque eût son titre de comte de Lavagna au doge contre lequel il conspirait.

— C'est bien, dit Montrésor en se levant, endormez-vous dans ces beaux sentiments, et vous vous réveillerez demain à la Bastille.

— Qu'en pensez-vous, de Laigues ? demanda le coadjuteur.

— Moi, répondit le capitaine des gardes, je suis entièrement de l'avis de Montrésor ; à votre place, après ce que j'ai entendu, je vous jure que, si je n'étais pas décidé à résister ouvertement, je prendrais la fuite, et cela, non pas demain, non pas cette nuit, mais à l'instant même.

En ce moment la porte s'ouvrit pour la troisième fois, et M. d'Argenteuil, qui avait été autrefois premier gentilhomme du comte de Soissons, et qui avait fort connu l'abbé de Gondi chez le comte, entra tout pâle et tout effaré.

— Vous êtes perdu ! lui dit-il tout d'abord et sans lui laisser le temps de lui adresser une seule question. Le maréchal de la Meilleraie m'envoie vous dire qu'il ne sait pas quel diable possède le Palais-Royal, et leur a mis dans l'esprit à tous que vous aviez fait ce que vous aviez pu pour exciter la sédition ; mais il n'a pas réussi à les faire revenir sur votre compte, et les mesures les plus violentes vont être, dès cette nuit, prises contre vous.

— Lesquelles ? demanda le coadjuteur.

— Écoutez, reprit d'Argenteuil, tout cela n'est encore qu'un projet ; mais les projets, d'un moment à l'autre, peuvent être mis en exécution. Voici ce dont il était question au Louvre et ce que M. de la Meilleraie m'a chargé de vous dire. Vous devez être arrêté et conduit à Quimper-Corentin ; Broussel sera mené au Havre de Grâce, et, à la pointe du jour, le chancelier se rendra au palais pour interdire le Parlement, et pour lui commander de se retirer à Montargis.

— Eh bien, dirent en même temps Montrésor et de Laigues, que dites-vous de cela ?

— Que le peuple ne les laissera pas faire.

— Le peuple, dit le comte d'Argenteuil, ah bien, oui ! Et où croyez-vous donc qu'il soit ?

— Mais n'est-il donc pas dans les rues ?

— Eh bien, voilà justement où le cardinal et la reine ont été d'excellents prophètes en disant que la nuit ferait évanouir tout ce tumulte. Le peuple, mon cher coadjuteur, est rentré chez lui. Le maréchal de la Meilleraie, envoyé par la cour pour s'assurer de l'état de Paris, est revenu leur annoncer la vérité, c'est-à-dire qu'à cette heure, de toute cette multitude qui encombrait les rues et les carrefours, il n'y a plus cent hommes dehors ; que les feux s'éteignent et que personne n'est là pour les rallumer, de sorte que quelqu'un qui arriverait cette nuit de Bretagne ou du Languedoc n'aurait pas même soupçon de ce qui s'est passé dans la journée.

Le coadjuteur regarda Montrésor et de Laigues qui souriaient.

— Ainsi, mon cher d'Argenteuil, dit le coadjuteur, voilà ce que le maréchal de la Meilleraie vous a chargé de me dire.

— Oui, que vous songiez à votre sûreté.

— Et le maréchal de Villeroy n'a rien dit ?

— Il n'a point osé, car vous savez comme il est timide ; mais il m'a serré la main d'une manière qui ne m'a pas laissé de doute ; et moi, maintenant je vous dis qu'il n'y a pas une âme dans les rues, que tout est calme, et que, demain, on pendra qui on voudra.

— Que me dites Montrésor, qu'avais-je dit ?...

Alors, M. de Laigues, renchérissant encore sur les autres, commença de longues lamentations sur la conduite du coadjuteur dans cette journée, conduite, disait-il, qui faisait pitié à ses amis, quoiqu'elle les perdit en même temps que lui-même.

Le coadjuteur les laissa bien se plaindre et le railler ; puis, lorsqu'ils eurent fini.

— Écoutez, leur dit-il, laissez-moi un quart d'heure, et, dans un quart d'heure, je vous ferai voir que nous pouvons encore inspirer un autre sentiment que la pitié.

Alors, il les fit entrer dans une chambre à côté et resta seul.

Le coadjuteur en était arrivé à ce point qu'il avait ambitionné toute sa vie, soit qu'il lût Plutarque, soit qu'il écrivit Fiesque, c'est-à-dire d'être un chef de parti. Or, comme il attendait sans cesse ce moment, tout avait été préparé d'avance pour que la fortune ne lui manquât point quand le moment se présenterait. Il appela son valet de chambre et l'envoya avec une lettre chez le maître des comptes, Miron qui était colonel du quartier Saint-Germain-l'Auxerrois, pour qu'il vînt le trouver à l'instant même.

En ce moment, minuit sonnait à Notre-Dame. Le coadjuteur se mit à la fenêtre. La nuit était sereine. Le calme le plus grand régnait dans les rues de Paris, et, de loin en loin, comme le lui avait dit d'Argenteuil, quelques feux mourants jetaient une dernière lueur.

Alors, comme le quart d'heure demandé était plus qu'écoulé, Montrésor, de Laigues et d'Argenteuil sortirent de leur cabinet et trouvèrent le coadjuteur debout et regardant par la fenêtre.

— Eh bien, dit d'Argenteuil, le quart d'heure est passé.

— Oui, répondit le coadjuteur.

— Et à quoi songez-vous ?

— Je songe, dit le coadjuteur en refermant tranquillement la fenêtre, que, demain à midi, je serai maître de tout Paris.

Les trois confidents de cet étrange secret éclatèrent de rire ; car ils croyaient que le coup que le coadjuteur avait reçu à la tête lui avait troublé la cervelle.

En ce moment, le valet de chambre entra avec le maître des comptes Miron. Alors, le coadjuteur lui donna une seconde lettre pour un auditeur de la chambre des comptes, nommé Laspinay, et qui était capitaine du quartier Saint-Eustache. Ce Laspinay était une vieille connaissance à lui, et ils avaient conspiré ensemble du temps de la révolte de M. le comte de Soissons. Le valet de chambre sortit aussitôt pour porter cette seconde lettre.

Sans doute, Miron était prévenu d'avance, car il ne parut aucunement étonné d'avoir été dérangé à une heure si avancée de la nuit. Le coadjuteur lui raconta ce qui se passait, et tous deux, s'étant retirés à l'écart, causèrent pendant une demi-heure, à peu près, des mesures qu'il y avait à adopter. Puis Miron prit congé du coadjuteur et de ses amis et se retira. Mais, quelques minutes après, la porte se rouvrit et il reparut suivi d'un homme du peuple.

Cet homme était justement le frère de son cuisinier. Ayant été condamné à être pendu quelque temps auparavant, il s'était soustrait à son jugement, il n'osait plus sortir que la nuit. Miron, en quittant le coadjuteur, venait de rencontrer cet homme qui, l'ayant reconnu, lui avait dit, justement à la question qui les occupait en ce moment, des choses si intéressantes qu'il était remonté avec lui.

En effet, cet homme errant la nuit, suivant sa coutume, avait aperçu près de la porte de Miron deux officiers arrêtés et causant. De peur d'être reconnu, il s'était caché, et avait alors entendu toute leur conversation. Ces deux officiers étaient Rubentel, lieutenant, et Vannes, lieutenant-colonel des gardes. Ils discutaient sur la manière dont ils devaient entrer chez Miron pour le surprendre comme on avait surpris Broussel, et s'enquéraient des postes où il serait bon de mettre les gardes, les Suisses, les gens d'armes et les chevau-légers pour s'assurer de tous les quartiers depuis le Pont-Neuf jusqu'au Palais-Royal.

Alors, cet homme, jugeant qu'il n'y avait pas de temps à perdre, était entré chez Miron pour le prévenir de ce qui se tramait contre lui, et avait appris qu'on venait de l'envoyer chercher de la part du coadjuteur. Il était alors venu à l'archevêché dans l'espérance de le rencontrer, et l'avait trouvé comme il sortait.

— Eh bien, dit le coadjuteur, il ne nous manquait que de savoir les endroits où l'on devait mettre des gens de guerre. Nous voilà fixés sur ces endroits ; faites comme nous avions dit, mon cher Miron, mais ne perdez pas un instant.

Miron s'inclina et sortit.

Le coadjuteur commandait comme un chef d'armée.

Resté seul avec ses amis, il leur demanda s'ils voulaient le seconder. Après quelques minutes d'hésitation, ils acceptèrent. Montrésor et de Laigues coururent réunir leurs amis. D'Argenteuil, qui était lié avec le chevalier d'Humières, Louis de Crevant, depuis maréchal de France, lequel était en recrue à Paris, promit de lui emprunter une vingtaine d'hommes. On convint alors des postes où se trouveraient Montrésor et de Laigues. Quant à d'Argenteuil, comme il était aussi brave et aussi déterminé qu'homme du monde, il eut la charge de se tenir à la porte de Nesle ; car l'homme qui avait donné tous les détails que nous avons rapportés, avait deux fois entendu Rubentel et Vannes prononcer le nom de cette porte, et il croyait qu'on devait enlever quelqu'un de ce côté.

Pendant ce temps, Miron prenait les précautions convenues, plaçant lui-même les bourgeois les plus considérables des quartiers menacés dans tous les lieux où il était question de mettre des gens de guerre. Ces bourgeois étaient en manteau noir et sans armes, et, au bout de deux heures, Miron avait mis une telle activité, que plus de quatre cents hommes étaient disséminés depuis le Pont-Neuf jusqu'au Palais-Royal, avec aussi peu de bruit, dit le coadjuteur dans ses Mémoires, et aussi peu d'émotion qu'il eût pu y en avoir si les novices des Chartreux y fussent venus pour y faire leurs méditations.

Pendant ce temps, Lespinay était venu à son tour ; il eut l'ordre de se tenir prêt à s'emparer, à la première invitation, de la barrière des Sergents, afin d'y élever une barricade contre les gardes du Palais-Royal ; sans doute aussi, il était prévenu d'avance, car il reçut cet ordre comme si c'était la chose la plus facile que de l'exécuter, et il se retira sans faire aucune observation, disant que l'on pouvait compter sur lui, et qu'il serait à son poste.

Alors, le coadjuteur, après avoir donné ses ordres comme M. le duc d'Enghien la veille de la bataille de Rocroy, s'endormit dans l'attente qu'on le réveillât.

A six heures du matin, on entra dans sa chambre ; c'était le secrétaire de Miron qui venait lui dire que les gens de guerre n'avaient point paru pendant toute la nuit, et qu'on avait vu seulement quelques cavaliers, qui étaient venus pour reconnaître les pelotons de bourgeois, et qui, après les avoir reconnus non point considérables, étaient retournés au galop vers le Palais-Royal.

Mais, si tout était tranquille de ce côté, et si rien ne paraissait menacer de ce point, il n'en était pas de même du côté de la chancellerie, où il était facile de voir, par les allées et venues des hoquetons, qu'il se brassait quelque chose contre la tranquillité du peuple de Paris.

A sept heures, un second messager de Miron vint avertir le coadjuteur que le chancelier s'avançait avec toute la pompe de la magistrature vers le palais ; en même temps, un courrier de d'Argenteuil annonçait que deux compagnies des gardes suisses marchaient vers la porte de Nesle.

Le moment était venu, le coadjuteur fit dire à chacun d'agir selon ses instructions.

Un quart d'heure après, au bruit qui retentit jusqu'à l'archevêché, le coadjuteur put voir qu'il était fidèlement obéi. Montrésor et de Laigues, qui se trouvaient sur le Pont-Neuf, secondés par les bourgeois de Miron avaient appelé tout le peuple aux armes. De son côté, Lespinay s'était emparé de la barrière des Sergents, et d'Argenteuil, déguisé en maçon et une règle à la main, avait chargé les Suisses avec ses recrues, leur avait tué vingt ou trente hommes, pris un drapeau et avait dissipé le reste des deux compagnies

A cette triple attaque, tout avait pris feu dans la ville. La rébellion, comme une traînée de poudre, avait couru du centre de Paris aux quartiers les plus éloignés. On voyait tout le monde sortir en armes, même les femmes et les enfants. En un instant il y eut plus de douze cents barricades de faites. — Le chancelier, poussé de tous côtés, voyant le peuple ému sortir, pour ainsi dire, de dessous les pavés, se sauva à grand'peine, au milieu des cris et des malédictions, dans l'hôtel d'O, qui était au bout du quai des Augustins, du côté du pont Saint-Michel. Mais à peine les portes se furent-elles refermées derrière lui, que le peuple se rua contre elles avec une telle fureur, qu'il les brisa. Le chancelier se sauva avec son frère, l'évêque de Meaux, dans un petit cabinet dont la porte était perdue dans la tapisserie, et qu'il referma derrière lui. Mais, comme il sentait bien que sa vie était en danger, et que, s'il était découvert, il serait mis en pièces, après avoir inutilement cherché une issue à ce cabinet, il se jeta aux genoux de son frère et se confessa, car d'un instant à l'autre il s'attendait à être massacré. Cependant, contre toute espérance, il ne fut pas découvert. Le peuple s'amusa à piller l'hôtel, la cupidité l'emportant sur la vengeance, et, en démeublant les magnifiques chambres, enrichies de splendides tapisseries et de riches garnitures de cheminée, on oublia le petit cabinet perdu où s'était réfugié le chancelier.

Pendant tout ce temps, on était réuni chez la reine; il y avait à cette réunion toutes les princesses, et, parmi elles, cette pauvre reine d'Angleterre, qui avait quitté un royaume en révolution pour venir demander asile à un autre royaume plein de troubles. Quant au cardinal, il était travaillant dans le petit cabinet de la reine, avait près de lui l'abbé de la Rivière, et quelques-uns des seigneurs de la cour qu'il regardait comme ses plus fidèles. En ce moment arriva un homme que le chancelier Séguier, tout en fuyant, avait envoyé au Palais-Royal pour prévenir la reine et le cardinal de la situation où il se trouvait. La reine fit aussitôt appeler le maréchal de la Meilleraie, lui ordonna d'aller au secours du chancelier. Le maréchal partit avec les gendarmes et les chevau-légers.

Pendant ce temps, on interrogeait le messager. Comme il n'avait aucun motif pour dissimuler, il dit la vérité tout entière, c'est-à-dire que Paris était soulevé, que les chaînes étaient tendues à toutes les extrémités des rues, qu'à chaque pas on rencontrait des barricades gardées par les bourgeois, et que, tout en redemandant Broussel, le peuple criait de toute sa force : « Vive le roi et le coadjuteur ! » La reine aussitôt passa dans le cabinet du cardinal Mazarin avec cet homme, lui fit répéter tout ce qu'il avait dit, et il fut convenu qu'on enverrait quelqu'un à M. de Gondi.

Le maréchal de la Meilleraie était cependant parvenu à grand'peine jusqu'à l'hôtel d'O. Une vieille femme, la seule qui fût restée, le conduisit au cabinet où était caché le chancelier. Il le fit alors entourer par une garde, et l'accompagnait à pied sur le quai, lorsque, après quelques pas sur le quai, on rencontra la duchesse de Sully, fille du chancelier, qui, sachant ce qui se passait, venait le chercher en carrosse. Le chancelier et l'évêque de Meaux montèrent dans le carrosse. Le maréchal l'entoura avec ses gardes, et l'on prit le plus vite possible le chemin du Palais-Royal. Mais, comme on traversait le Pont-Neuf et qu'on passait devant la place Dauphine, le peuple, qui était embusqué sur cette place, fit un feu assez vif. L'exempt du roi, qui marche toujours à la suite du chancelier, fut tué, ainsi qu'un garde et plusieurs soldats. Madame la duchesse de Sully, en se jetant devant la portière pour couvrir le chancelier de son corps, reçut une balle dans le bras; heureusement, c'était une balle morte qui ne lui fit qu'une forte contusion. On arriva ainsi au Palais-Royal, et, à la vue de madame de Sully blessée, du chancelier presque mort de peur, et de M. l'évêque de Meaux, qui n'en valait guère mieux, la cour comprit que, pour cette fois, c'était une chose sérieuse, et qui valait la peine qu'on y réfléchît.

Un instant après, revint à son tour le messager qu'on avait envoyé au coadjuteur. C'était l'argentier du roi; il avait trouvé M. de Gondi à l'archevêché; mais celui-ci avait déclaré que, n'ayant aucune influence sur le peuple, il ne pouvait que témoigner à la reine et au cardinal le regret qu'il éprouvait du mépris qu'on faisait de leur autorité. Il était évident que cette réponse était une défaite, car tous les rapports prouvaient, au contraire, que le coadjuteur était alors plus influent que jamais sur le peuple de Paris.

En ce moment, on annonça à la reine que le parlement, qui s'était assemblé ce jour-là de très bon matin, s'avançait en corps et en habits vers le Palais-Royal après avoir décrété contre Comminges, lieutenant des gardes de la reine, qui avait exécuté les arrestations de la veille, et avoir déclaré qu'il était défendu à tous gens de guerre, sous peine de vie, d'exécuter à l'avenir de pareilles commissions. La marche du parlement, au reste, était un triomphe ; on abaissait les chaînes devant lui, on ouvrait les barricades, et tout le peuple suivait en criant :

— Broussel ! Broussel !

Bientôt on annonça que le parlement était à la porte du palais. Toute furieuse qu'était la reine, il n'y avait pas moyen de lui en défendre l'entrée ; elle ordonna donc qu'il fût introduit.

La députation entra ; elle avait à sa tête le premier président et le président de Mesme ; les autres membres étaient restés dans la cour.

Le président voulut parler ; mais ce fut la reine qui, se levant et marchant à lui, prit la parole :

— N'est-ce pas une chose bien étrange et bien honteuse, messieurs, dit-elle, que, du temps de la feue reine, ma belle-mère, vous ayez vu arrêter et conduire en prison M. le Prince sans avoir montré aucun ressentiment, et que, pour un misérable Broussel, vous et votre peuple fassiez tant de choses, que la postérité regardera avec horreur la cause de tant de désordres, et que le roi mon fils aura un jour sujet de se plaindre de votre procédé et de vous en punir ?

Le président laissa achever la reine ; puis, quand elle eut fini :

— Oserai-je vous faire observer, madame, dit-il, que ce n'est pas l'heure des récriminations et qu'en l'état où est le peuple, il ne faut penser qu'au remède qui le peut calmer ? Quant à moi, madame, ajouta-t-il, mon avis est que vous devez vous épargner la douleur de vous voir reprendre votre prisonnier par force, en nous le rendant de votre propre volonté et de votre bonne grâce.

— Il est possible que vous voyiez la chose ainsi, reprit la reine ; mais ce que je vois, moi, c'est qu'il est impossible de faire ce tort à l'autorité royale que de laisser impuni un homme qui l'a attaquée avec tant de violence.

— Est-ce donc votre dernier mot, madame, dit le président, et refusez-vous absolument ce qu'on vous demande ?

— Oui, répondit la reine, tant qu'on me le demandera comme on le fait. Vous avez dû voir, dans le courant de ma régence, quelles étaient mes intentions ; j'ajouterai qu'en mon particulier, je serais peut-être disposée à lui pardonner ; mais, vous le savez bien vous-mêmes, messieurs, il y a une certaine sévérité à laquelle les rois sont obligés pour contenir les peuples dans quelque crainte.

Et, sur ce, la reine leur tourna le dos et rentra dans le cabinet où était Mazarin. Le président la fit alors supplier de revenir et de leur accorder encore quelques minutes d'entretien.

Ce ne fut pas la reine qui sortit, ce fut le chancelier ; il venait dire à MM. du parlement que, s'ils témoignaient à l'avenir plus de respect aux volontés du roi, la reine, de son côté, leur ferait toutes les grâces qui dépendraient d'elle.

Le président demanda l'explication de cette réponse. Alors, le chancelier dit que, si le parlement voulait s'engager à ne plus discuter sur les affaires d'État, et à ne plus contrôler les édits, la reine leur rendrait les prisonniers.

Le parlement se retira en disant qu'il allait délibérer sur cette proposition. Il sortit alors du Palais-Royal dans le même ordre qu'il y était entré. Mais, comme il ne disait rien au peuple de la liberté de Broussel, au lieu des acclamations qui l'avaient accompagné à sa venue, il ne trouva plus qu'un morne silence au retour. A la barrière des Sergents, où était dressée la première barricade, les interpellations, les murmures commencèrent. Mais le premier président les apaisa en disant que la reine avait promis qu'il serait fait satisfaction au peuple. A la seconde barricade, les interpellations, les murmures recommencèrent et furent apaisés par le même moyen ; mais, à la Croix-du-Trahoir, le peuple ne voulut plus se payer de cette monnaie ; il se fit un grand tumulte, et un garçon rôtisseur, s'avançant à la tête de deux cents hommes, et mettant sa hallebarde contre la poitrine du premier président :

— Ah ! traître, lui dit-il, voilà donc comme tu défends nos intérêts ! Retourne au Palais-Royal à l'instant, et, si tu ne veux pas être massacré toi-même, ramène-nous Broussel ou le Mazarin en otage.

A cette menace, le désordre se mit dans le parlement ; cinq ou six présidents à mortier, une vingtaine de conseillers se jetèrent dans la foule et parvinrent à s'échapper. Seul, et quoiqu'il courût plus grand risque que tous les autres, le premier président ne s'intimida point, et, conservant toujours la dignité de la magistrature, il rallia autour de lui ce qu'il put de sa compagnie et reprit à petits pas le chemin du Palais-Royal.

On y était déjà prévenu de ce qui venait de se passer. D'ailleurs, la rumeur de cette populace arrivait jusqu'à la chambre de la reine ; on entendait les cris et les menaces qui poursuivaient le retour du parlement. Cette fois, les députés trouvèrent la reine plus disposée à les entendre ; et les dames de la cour s'étant jetées à ses pieds, en la suppliant, elle ne résista plus.

— Eh bien, messieurs, dit-elle, voyez donc ce qu'il est à propos de faire.

Le parlement s'assembla dans la grande galerie, et délibéra ; puis, après une heure, il revint trouver la reine. Le premier président, au nom de la compagnie, lui protesta de sa fidélité et de celle de ses collègues ; puis il lui rendit compte de la délibération. Cette délibération portait qu'il ne serait fait aucune assemblée jusqu'après la Saint-Martin.

C'était, comme on le voit, une trêve et non pas une paix ; mais les choses en étaient à ce point, qu'il ne s'agissait plus d'imposer la loi, mais de la recevoir. La reine parut se contenter de ce semblant de concession ; elle donna à l'instant même une lettre de cachet pour mettre en liberté le prisonnier, et un carrosse du roi fut commandé pour aller le chercher en toute diligence.

Cette fois, le parlement sortit du Palais-Royal aussi triomphant que la reine était humiliée. Le peuple et les bourgeois l'attendaient pour lui demander compte de cette seconde ambassade. Il répondit qu'il avait la liberté de Broussel ; mais le peuple ne l'eût pas voulu croire, si un neveu du prisonnier, qui s'était emparé de la lettre de cachet, ne l'eût montrée tout ouverte, en disant que, le lendemain, à huit heures du matin, Broussel serait à Paris. Cette promesse calma un peu la colère du peuple ; mais, comme il craignait qu'on ne le trompât encore, ainsi qu'on avait fait la veille, il déclara qu'il resterait sous les armes toute la nuit, et que, si le lendemain, à dix heures du matin, Broussel n'était pas de retour, il saccagerait le Palais-Royal, n'y laisserait pas pierre sur pierre, et pendrait le Mazarin sur ses ruines.

Aussi l'alarme fut-elle grande à la cour. Les bourgeois tiraient incessamment, et le bruit de leur fusillade faisait croire à chaque instant qu'on en venait aux mains. Les révoltés étaient si près de la maison du roi, que les sentinelles des gardes et celles de la rue Saint-Honoré n'étaient qu'à dix pas les unes des autres. La reine elle-même, malgré sa fermeté, ne put fermer l'œil de toute la nuit. Les menaces populaires n'avaient point été cachées au ministre ; aussi demeura-t-il dans son cabinet tout botté et prêt à monter à cheval. Il avait un corps de garde chez lui, un autre à sa porte, et un régiment de cavalerie l'attendait dans le bois de Boulogne pour l'escorter dans le cas où il serait contraint de sortir de Paris. Un Italien, qui était à son service, dit le lendemain à madame de Motteville que, pour tout le royaume de France, il ne voudrait pas passer une seconde nuit pareille à celle que lui et son maître venaient de passer.

Le jour suivant, les cris, les menaces et les insolences redoublèrent. Les bourgeois criaient tout haut qu'ils allaient envoyer chercher le duc de Beaufort et le mettre à leur tête. Lorsque neuf heures sonnèrent et qu'on vit que le prisonnier n'était pas de retour, ce fut un tel redoublement de vociférations, que la reine et le Mazarin, effrayés, furent près de partir. Enfin, à dix heures, les menaces et les malédictions se changèrent en cris de triomphe : Broussel venait de reparaître, le peuple l'apportait dans ses bras, au milieu des chaînes détendues et des barricades rompues pour le laisser passer. On le conduisit ainsi droit à Notre-Dame, où un Te Deum fut chanté. Mais le pauvre conseiller, tout honteux de ce grand bruit qui se faisait à son occasion, n'attendit point que la messe fût finie, et, s'échappant par une petite porte de l'église, il se sauva chez lui, étonné lui-même d'une popularité dont, jusqu'à ce jour, il ne s'était pas douté. Pendant ce temps, le parlement assemblé, maître de la ville, sentant son pouvoir en sa main et en sa puissance entière le roi, la reine et le ministre, rendait l'arrêt suivant :

« La cour, aujourd'hui les chambres assemblées ; ouï le prévôt des marchands de cette ville, sur les ordres qu'il avait donnés en conséquence de l'émotion qui était arrivée le jour de devant-hier, hier et ce matin ; ouï aussi le procureur général du roi, a ordonné que toutes les chaînes tendues et barricades faites par les bourgeois seront détendues, démolies et ôtées ; enjoint à eux de se retirer chacun chez soi et s'appliquer à leurs vacations. Fait en parlement, le 28 août 1648. »

Deux heures après, les barricades étaient rompues, les chaînes levées, les boutiques ouvertes, et Paris se montrait aussi tranquille que si tout ce qui venait de s'y passer n'eût été qu'un songe.

Quelques jours auparavant, Mazarin avait dit que le parlement était comme les écoliers qui frondent dans les fossés de Paris, et qui se séparent dès qu'ils voient le lieutenant civil, pour se rassembler de nouveau dès qu'il est éloigné.

Cette plaisanterie avait été rapportée au parlement, qu'elle avait fort blessé. Le matin des barricades, le conseiller Bachaumont, voyant comment les choses tournaient, se mit à chanter le couplet suivant, qu'il improvisa sur un air à la mode :

Un vent de fronde
A soufflé ce matin ;
Je crois qu'il gronde
Contre le Mazarin ;
Un vent de fronde
A soufflé ce matin ;

Le couplet fit fortune ; on appela les partisans de la cour les mazarins, et ceux du parlement les frondeurs. Le coadjuteur et ses amis, qui, comme on l'a vu, avaient fait le mouvement, acceptèrent la dénomination et prirent des cordons de chapeau qui avaient la forme d'une fronde. Aussitôt le pain, les gants, les mouchoirs, les éventails, les écharpes, tout fut à la Fronde. Maintenant, la Révolution pouvait venir : le nom sous lequel elle devait être inscrite aux registres populaires était trouvé.

XVIII

LA COUR SE RETIRE A RUEIL. — VICTOIRES ET BLESSURE DU PRINCE DE CONDÉ. — IL EST RAPPELÉ. — LE PRINCE ET LE POSSÉDÉ. — MOTION ÉNERGIQUE FAITE AU PARLEMENT. — DÉCLARATION DE LA REINE. — PRÉTENDU MARIAGE DE LA REINE AVEC MAZARIN. — INFLUENCE DE CONDÉ. — LA COUR REVIENT A PARIS. — NOUVELLES HOSTILITÉS DU PARLEMENT CONTRE MAZARIN. — CONSEIL ODIEUX DU PRINCE DE CONDÉ. — LA COUR SE PROPOSE DE RETOURNER A SAINT-GERMAIN. — « LA REINE BOIT ». — DÉPART DE PARIS. — DÉNUMENT DE LA COUR A SAINT-GERMAIN. — TERREUR DES PARISIENS. — LETTRE DU ROI. — ARRÊT DU PARLEMENT. — LA GUERRE CIVILE EST DÉCLARÉE.

Tous ces événements avaient rendu Paris insupportable à la reine ; elle saisit donc la première occasion venue de le quitter. On prétexta la nécessité de faire nettoyer le Palais-Royal, et le roi, la reine, M. le duc d'Anjou, qui venait d'avoir la petite vérole, et le cardinal Mazarin, qui n'était pas bien remis encore de sa frayeur, se retirèrent à Rueil, Saint-Germain étant occupé par la reine d'Angleterre.

En toute autre circonstance, la chose n'aurait point été extraordinaire. On était au mois de septembre, et un roi, une reine et un prince du sang qui vient d'être malade, peuvent éprouver, comme de simples particuliers, le désir d'aller passer quelques jours à la campagne. Cependant, ce départ eut l'air d'une fuite. Le roi monta en carrosse à six heures du matin et partit avec le cardinal ; quant à la reine, elle resta comme la plus vaillante, dit madame de Motteville, puis alla se confesser aux Cordeliers, dire adieu à ses bonnes religieuses du Val-de-Grâce, et se retira à son tour.

M. le duc d'Orléans resta pour s'entendre avec le parlement, s'il s'élevait de nouvelles difficultés. Ce prince, complètement effacé depuis longtemps, commençait à reparaître, timide, mais tracassier et ambitieux comme toujours. Il était lieutenant général du royaume, et, par conséquent, disposait de quelque autorité. Il donna des inquiétudes à la reine, qui songea à faire venir le prince de Condé pour le lui opposer.

Le prince de Condé poursuivait le cours de ses victoires. Après avoir battu l'ennemi à Lens, il venait de prendre Furnes, et avait été blessé à la hanche ; c'était une occasion pour le rappeler à Paris.

En l'attendant, sans doute pour prendre une revanche de la journée des barricades et de la contrainte où elle avait été de rendre Blancmesnil et Broussel, la reine exila de nouveau le vieux marquis de Châteauneuf et fit arrêter Chavigny, le premier sous le prétexte qu'il avait pris part aux troubles, le second sous celui que, lié avec plusieurs membres du parlement, il les avait fomentés, mais, en réalité, à cause de la vieille haine qui était née entre Mazarin et lui, du jour où Beringhen était venu traiter avec Mazarin au nom de la reine.

matiques, et, de plus, brave, non pas à telle ou telle heure, mais toujours.

Il eut en revenant à Paris, une aventure dont le bruit l'avait précédé et avait fort diverti la cour. En traversant la Bourgogne, il entendit parler d'un possédé qui faisait grand bruit et il avait désiré le voir. Effectivement, on le conduisit près de cet homme, en l'avertissant que s'il

On le conduisit ainsi droit à Notre-Dame.

Ces deux événements étaient la nouvelle du jour, lorsque M. le prince de Condé arriva à Paris.

Le parlement ne le voyait pas venir sans crainte. A vingt-sept ans, M. le Prince avait la réputation du premier général de l'Europe. En outre, il avait un grand parti à la cour : il était à la tête de la faction des petits-maîtres, c'est-à-dire des élégants, qui remplaçaient, sous Louis XIV, les dix-sept gentilshommes de Louis XIII ; de plus, il avait contribué à l'arrestation du duc de Beaufort, auquel le peuple s'était fort attaché, comme cela arrive dans les époques de mécontentement, par la seule raison qu'il était persécuté ; enfin, c'était un homme de cour, de résolution et d'esprit, sachant l'histoire, la philosophie et les mathé-

voulait le voir entrer dans une de ses crises, il fallait le toucher avec un chapelet. M. le Prince promit de suivre cette recommandation en disant qu'il avait justement sur lui un reliquaire bénit par le pape et qui ne le quittait jamais. Quant au possédé, comme cette nouvelle eût pu l'intimider, on lui laissa ignorer quelle noble visite il recevait.

M. le Prince fut introduit et trouva le possédé assez calme. Mais on souffla aussitôt à l'oreille du visiteur que, s'il voulait voir se changer ce calme en orage, il n'avait qu'à toucher le malade avec son chapelet. Condé fit signe de l'œil qu'il allait suivre l'instruction donnée, et, tirant de sa poche sa main fermée, il la posa sur la tête du possédé, lequel fit aussitôt des grimaces épouvantables, des contorsions exagérées et des soubresauts fantastiques. M. le Prince le laissa faire jusqu'au bout, et alors, ouvrant la main, il montra qu'il l'avait touché, non pas avec un reliquaire, mais purement et simplement avec sa montre. Cette vue augmenta tellement la fureur du possédé, qu'il voulut se jeter sur M. le Prince et l'étrangler.

Mais celui-ci fit deux pas en arrière et, levant sa canne :
— Monsieur le diable, dit-il, j'ai toujours désiré vous voir ; je vous préviens donc que, si vous me touchez, je rosserai si bien votre étui, que je vous forcerai d'en sortir.

Le diable se le tint pour dit et ne bougea plus.

De son côté, le duc d'Orléans voyait arriver M. le Prince avec quelque contrariété. Non content d'être son rival en politique, M. de Condé était encore la rival de Gaston en amour. Il aimait mademoiselle du Vigean, à laquelle Monsieur faisait la cour et dont il était aimé.

Nous dirons plus tard comment cet amour se passa.

Le 20 septembre, M. le Prince arriva à Paris. C'était deux jours après l'exil de Châteauneuf et l'arrestation de Chavigny ; il trouva donc Paris ému tout de nouveau, et le parlement assemblé pour tirer Chavigny de prison, comme il en avait tiré Broussel et Blancmesnil.

Deux jours après cette arrivée, et comme le prince allait saluer la reine à Rueil, une séance des plus orageuses se tenait. Le président Viole, qui était des amis particuliers de Chavigny faisait un rapport sur l'exil du marquis de Châteauneuf, sur la détention de Chavigny, sur l'éloignement du roi, sur le retour du prince de Condé et sur l'approche des gens de guerre.

Alors, le président Blancmesnil s'écria que tout cela venait d'un seul homme étranger à la France, et que tous les malheurs finiraient si l'on appliquait à cet homme l'arrêt qui avait été rendu en 1617 après la mort du maréchal d'Ancre, et qui portait qu'il était défendu à tout étranger de tenir offices, bénéfices, honneurs, dignités ni gouvernement. C'était, contre Mazarin, une attaque plus directe qu'aucune de celles qui avaient été portées. Aussi eut-elle son retentissement à Rueil.

Le lendemain, deux lettres arrivèrent au parlement, l'une du duc d'Orléans, l'autre du prince de Condé, qui demandaient une conférence à Saint-Germain.

Au lieu d'une, il y en eut deux : vingt et un membres du parlement se rendirent de leur côté à Saint-Germain, où le duc d'Orléans et le prince de Condé se transportèrent également. Le résultat de ces deux conférences fut que la reine donna, le 4 octobre, une déclaration signée d'elle, du cardinal, des princes et du chancelier, conçue en ces termes :

« Aucun officier ne pourra être destitué, même de l'exercice de sa charge, par simple lettre de cachet ; tout officier arrêté sera rendu dans les vingt-quatre heures à ses juges naturels, et il en sera de même pour tous les sujets du roi, à moins qu'il ne faille des preuves, auquel cas la détention ne pourra excéder six mois. »

Cette déclaration avait surtout cela de singulier, qu'elle était signée par deux princes dont l'un avait été exilé deux ou trois fois sans que le parlement s'en émût, et dont l'autre avait vu son père trois ans à Vincennes, sans que ce même corps, qui s'était soulevé une première fois pour l'emprisonnement de Blancmesnil et de Broussel, se soulevant une seconde fois pour l'exil de Châteauneuf et pour l'arrestation de Chavigny, eût fait la moindre réclamation.

Quant à l'atteinte portée aux droits de la cour, madame de Motteville appelle cette déclaration un assassinat contre l'autorité royale. Ajoutons que Chavigny, qui avait déjà été transféré au Havre, fut mis en liberté, avec ordre de se retirer dans ses terres.

Cette victoire donnait au parlement la mesure de sa force et faisait comprendre à Mazarin toute sa faiblesse, et combien peu, malgré ses efforts, il avait pris racine en France, puisqu'il s'en était fallu de si peu qu'on ne lui appliquât l'édit rendu contre les étrangers à l'époque de l'assassinat du maréchal d'Ancre. Aussi serait-ce à ce moment qu'il faudrait faire, selon toute probabilité, remonter la date fort incertaine d'un fait déclaré controuvé par quelques historiens, mais affirmé par la princesse palatine, seconde femme de Monsieur, frère de Louis XIV, et mère du régent, c'est-à-dire du mariage secret de la reine avec le cardinal.

Répétons purement et simplement ce qu'elle dit.

« La reine mère, veuve de Louis XIII, non contente d'aimer le cardinal Mazarin, avait fini par l'épouser ; il n'était point prêtre et n'avait pas les ordres qui pussent l'empêcher de contracter mariage. Il se lassa terriblement de la bonne reine et la traita durement, mais c'était l'usage du temps de contracter des mariages clandestins. »

Quant à celui de la reine mère, on en connaît maintenant toutes les circonstances ; le chemin secret par lequel le cardinal se rendait chaque nuit chez elle, se voit encore au Palais-Royal, et, lorsqu'elle venait le voir, il disait toujours, à ce qu'on prétend :

— Que me veut encore cette femme ?

La vieille Beauvais, première femme de chambre de la reine mère, avait le secret de ce mariage avec le cardinal Mazarin. Cela obligeait la reine à passer par tout ce que voulait cette confidente. Aussi cette grande influence de la Beauvais était-elle un vif sujet d'étonnement pour les courtisans. Voyez plutôt ce qu'en dit Dangeau, l'homme officiel, le *Moniteur* vivant de cette époque : « C'était une femme avec laquelle les plus grands ont longtemps compté, et qui, toute vieille, hideuse et borgnesse qu'elle était devenue, a de temps en temps continué de paraître à la cour avec un grand habit comme une dame, et d'y être traitée avec distinction jusqu'à sa mort. » Ajoutons que non seulement la Beauvais avait été la confidente de la reine mère, mais encore qu'elle fut la première maîtresse du roi Louis XIV.

Cependant, malgré cet appui royal dont les causes commençaient à être connues de la ville aussi bien qu'à la cour, ainsi que le prouvent les pamphlets du temps et, entre autres ceux qui ont pour titre : la *Pure Vérité cachée*, *Qu'est-ce vu à la cour?* et la *Vieille Amoureuse*. Mazarin voulut se créer encore d'autres soutiens.

Les deux princes, comme nous l'avons dit, étaient en présence : le duc d'Orléans, sinon vieux, du moins usé par toutes ses conspirations sans fruit ; le prince de Condé, jeune, et fort de trois ou quatre victoires et d'un traité de paix qui était en train de se signer. Comme on le pense bien, Mazarin n'hésita pas et s'appuya sur Condé. Sa préférence se manifesta à l'occasion du chapeau de cardinal que le duc d'Orléans avait sollicité pour l'abbé de la Rivière, son favori, et que Mazarin demanda pour M. le prince de Conti, frère de M. le prince de Condé. Le duc d'Orléans fit grand bruit, cria, bouda, menaça même ; mais, heureusement, on savait que Gaston était plus dangereux pour ses amis que pour ses ennemis.

Deux événements vinrent encore augmenter l'influence du prince de Condé à la cour : le retour du roi qu'il avait conseillé, et qui fut bien reçu, et la nouvelle de la paix conclue avec l'Empire, et à la suite de laquelle la *Gazette de France* annonça : que les Français pourraient dorénavant « abreuver paisiblement leurs chevaux dans le Rhin. »

Comme on le voit, dès cette époque, le Rhin, cette frontière naturelle de la France, était la grande question entre l'Empire et nous.

Cependant le roi grandissait et déjà indignait ce qu'il devait être un jour. Quand on avait annoncé devant lui la nouvelle de la victoire de Lens :

— Ah ! ah ! avait-il dit, voilà qui ne fera pas rire MM. du parlement.

Tout enfant qu'il était, il avait fort souffert des atteintes portées à son autorité. Aussi, un jour que les courtisans s'entretenaient devant lui du pouvoir absolu des empereurs turcs en rapportant quelques exemples :

— À la bonne heure, dit le jeune roi, voilà ce qui s'appelle régner.

— Oui, sire, dit alors le maréchal d'Estrées, qui se trouvait à portée d'entendre ces paroles et qui les avait entendues ; mais deux ou trois de ces empereurs ont été étranglés de mon temps.

Aussitôt le maréchal de Villeroy, qui avait, de son côté, aussi entendu l'exclamation du roi et la réponse du maréchal fendit la foule et, s'adressant à d'Estrées :

— Merci, monsieur, dit-il ; vous venez de parler comme il faut parler au roi, et non comme lui parlent les courtisans.

Cependant, soit politesse naturelle, soit qu'il connût déjà la valeur du prince de Condé, un jour que ce dernier entrait chez lui et qu'il travaillait, Louis se leva et commença à causer avec lui. Le Prince la tête découverte. Cet excès de politesse, qui choquait les règles de l'étiquette, blessa Laporie, qui prit successivement le précepteur et le sous-précepteur de dire au roi de se couvrir. Mais ni l'un ni l'autre n'en voulut rien faire. Alors, Laporie prit le chapeau du roi, qui était sur une chaise, et le lui présenta.

— Sire, dit le prince de Condé, Laporte a raison, il faut que Votre Majesté se couvre quand elle nous parle ; elle nous fait assez d'honneur quand elle nous salue.

A cette époque, M. de Condé paraissait, en effet, fort attaché au roi. Sa première question, à son retour, avait été pour demander à Laporte si le roi serait honnête homme et aurait de l'esprit, et, sur la réponse affirmative, il s'était écrié :

— Ah ! tant mieux ! vous me ravissez ; car il n'y a pas d'honneur à obéir à un méchant prince, ni de plaisir à obéir à un sot.

C'était aussi l'avis du cardinal Mazarin. Un jour que le maréchal de Grammont flattait le ministre d'une puissance éternelle :

— Ah ! monsou, lui dit-il, vous ne connaissez pas Sa Majesté ; il y a en elle de l'étoffe pour quatre rois et un honnête homme.

C'était ce même maréchal de Grammont qui, ayant pris parti pour les frondeurs, disait plus tard à Louis XIV :

— Du temps que nous servions Votre Majesté contre le cardinal Mazarin.

Manière de parler qui faisait beaucoup rire le roi.

Cependant la Saint-Martin était venue, et le parlement avait repris ses délibérations, plus acerbe que jamais contre la cour ; les pamphlets se succédaient avec acharnement contre le cardinal : chaque jour, il paraissait quelque nouvelle mazarinade. Le ministre en avait ri d'abord, et avait dit ce fameux mot si souvent répété depuis : « Ils chantent, ils payeront. » Mais enfin les chansons avaient fait place à un écrit qui faisait grand bruit et qui se produisait sous le titre de *Requête des trois états du Gouvernement de l'Ile-de-France au parlement de Paris.*

C'était une diatribe terrible contre le ministre.

« Il était, disait la requête, Sicilien, sujet du roi d'Espagne et de basse naissance ; il avait été valet à Rome, avait servi dans les plus abominables débauches ; il avait été poussé par les fourberies, les bouffonneries et les intrigues ; il avait été envoyé en France comme espion, avait, par son influence sur la reine, gouverné toutes choses depuis six ans, au grand scandale de la maison royale et à la grande dérision des nations étrangères. Il avait disgracié, banni, emprisonné les princes, les officiers de la couronne, les gens du parlement, les grands seigneurs, enfin, les plus fidèles serviteurs du roi. Il s'était environné de traîtres, de concussionnaires, d'impies et d'athées ; il s'était attribué la charge de gouverneur du roi pour élever à sa mode ; il avait corrompu le peu qui restait de candeur et de bonne foi à la cour, en y mettant à la mode les breland et les jeux de hasard ; il avait violé et renversé la justice, pillé et ravi toutes les finances, consommé par avance trois années du revenu de l'Etat. Il avait encombré les prisons de vingt-trois mille personnes, dont cinq mille étaient mortes dans la seule année. Quoiqu'il eût dévoré par un près de 120 millions, il n'avait payé ni les gens de guerre, ni les pensions, ni l'entretien des places fortes ; il avait enfin partagé ces grandes sommes avec ses amis, en ayant transporté hors du royaume la plus grande partie, tant en lettres de change et en espèces, qu'en pierreries. »

Dans tout autre temps, ce libelle, quoique vrai beaucoup de parties, n'auraient pas eu grande importance ; mais, à cette heure, il correspondait si bien à l'esprit du peuple et aux griefs du parlement, qu'il devenait une chose grave. On fit donc de grandes recherches. L'auteur resta inconnu, mais l'imprimeur fut découvert et condamné au bannissement perpétuel par sentence du Châtelet.

Néanmoins, il était impossible de demeurer dans cette situation, il importait de savoir enfin qui régnait, du parlement ou du roi, et si, comme le disait Anne d'Autriche, son fils n'était pas un roi de cartes.

On décida de se raccommoder d'abord avec M. le duc d'Orléans : c'était chose facile. On fit l'abbé de la Rivière secrétaire d'État ; on lui donna l'entrée au conseil et on lui promit le second chapeau. L'abbé de la Rivière, connaissait son maître et qui savait qu'il n'y avait rien à attendre de lui, du moment qu'il fallait déployer un peu d'énergie, se fit lui-même négociateur de la réconciliation, qui eut lieu vers les fêtes de Noël.

Aussitôt on s'assembla en conseil et l'on résolut de prendre un parti sur ce qu'il y aurait à faire.

Le prince de Condé avait toute influence ; aussi ce fut son avis qui prévalut ; c'était l'avis d'un homme de guerre, plutôt que celui d'un homme d'État. Il s'agissait de transporter à Saint-Germain, d'empêcher le pain de Gonesse d'arriver à Paris et d'affamer la capitale. Les Parisiens alors s'en prendraient au parlement, cause de tous ces désordres, et le parlement serait trop heureux de recevoir le pardon et les conditions de la cour.

Peut-être le cardinal ne trouvait-il pas, au fond de l'âme, ce parti le meilleur ; mais il venait de l'homme tout-puissant à cette époque, il plaisait au caractère aventureux de la reine, il fut adopté. Seulement, on convint que le silence le plus profond serait gardé, à ce point que le duc d'Orléans promit de n'en point parler à Madame ni à sa fille, et que le prince de Condé s'engagea à n'en pas dire un seul mot ni à sa mère, ni à M. le prince de Conti, son frère, ni à madame de Longueville, sa sœur.

Le moment du départ fut arrêté pour la nuit du 5 au 6 janvier.

On employa les quelques jours qui séparaient encore l'instant fixé à concentrer vers Paris les troupes dont on pouvait disposer : sept ou huit mille hommes, à peu près. Ces mouvements inquiétèrent les Parisiens, et, sans que l'on sût de quoi il était question, on éprouva cette espèce de crainte et de malaise qu'on respire avec l'air, à la veille des grands événements. Les bourgeois semblaient ne pas pouvoir tenir dans leurs maisons, et, lorsque les gens de connaissance se rencontraient dans les rues, ils se demandaient avec inquiétude des nouvelles, comme si à chaque instant quelque chose d'inattendu devait arriver. La cour elle-même était en alarme ; il y eut des ordres donnés, puis des contre-ordres. Mais, comme nous l'avons dit, personne n'avait positivement connaissance du parti pris, que la reine, M. le duc d'Orléans, M. le prince de Condé, M. le cardinal et M. le maréchal de Grammont.

La journée du 5 janvier s'écoula dans les inquiétudes croissantes, mais sans amener aucun événement. Le soir, comme de coutume les princes et les ministres firent leur cour à la reine, mais ils la quittèrent de bonne heure. Le maréchal de Grammont ayant l'habitude, tous les ans, la veille des Rois, de donner un grand souper, chacun se rendit donc chez lui, et la reine, restée seule, passa dans son cabinet, où étaient le roi et M. le duc d'Anjou, gardés par madame de la Trémouille. Les deux enfants jouaient ensemble ; la reine, prenant une chaise, s'assit devant une table où elle s'appuya pour les regarder. Un instant après, madame de Motteville entra et alla se placer debout derrière la reine, qui lui adressa la parole avec sa tranquillité habituelle à regarder les enfants. En ce moment, madame de la Trémouille, qui était assise dans un coin et dans l'ombre, fit signe de l'œil à madame de Motteville de venir lui parler ; celle-ci se rendit à l'invitation, et madame de la Trémouille lui dit si bas, que la reine ne put l'entendre :

— Savez-vous le bruit qui court ? C'est que la reine part cette nuit.

C'était le premier mot que madame de Motteville entendait dire de ce projet, et il lui parut si improbable qu'elle se contenta de répondre à madame de la Trémouille, en haussant les épaules, la tranquillité avec laquelle la reine regardait jouer ses deux enfants. Mais, si bas qu'eût parlé madame de la Trémouille, la reine avait entendu qu'elle avait parlé ; elle se retourna, et lui demanda ce qu'elle avait dit ; madame de la Trémouille, qui ne croyait pas plus que madame de Motteville à ce prochain départ, lui répéta tout haut ce qu'elle avait dit tout bas. Mais la reine se mit à rire :

— On est vraiment fou dans ce pays, dit-elle, et l'on ne sait quelle chose s'imaginer ; demain, je vais passer la journée au Val-de-Grâce.

M. le duc d'Anjou, qu'on emportait en ce moment pour le coucher, entendit ce que disait la reine et ne voulut pas sortir que sa mère ne lui eût fait la promesse de l'y conduire avec elle ; la reine le lui promit et l'enfant se retira tout joyeux.

— Maintenant que d'Anjou est sorti, mesdames, dit la reine, nous allons, si vous le voulez bien, amuser le roi, tirer la fève entre nous ; appelez Brégy et faites apporter le gâteau.

On obéit à la reine. Le gâteau fut apporté, et madame de Brégy étant venue, on en fit six parts : une pour le roi, une pour la reine, une pour madame de la Trémouille, une pour madame de Motteville, une pour madame de Brégy et une pour la Vierge.

Chacun mangea sa part sans trouver la fève ; elle était dans la part de la Vierge. Alors, le roi prit la fève et la donna à sa mère, la faisant ainsi reine, et elle, de son côté, comme si elle n'eût autre chose dans l'esprit que de se divertir, fit apporter une bouteille d'hypocras, dont les dames burent d'abord ; puis elles la forcèrent à en goûter, afin d'avoir occasion de crier :

— La reine boit !

On parla ensuite d'un repas que devait donner deux jours après Villequier, capitaine des gardes. La reine désigna celles de ses femmes à qui elle permettrait d'y aller, et celles qu'il faudrait et Pâris venir la petite bande de violons de M. le Prince pour s'y mieux divertir. Enfin, ayant fait appeler Laporte, elle lui remit le roi pour qu'on le couchât à son tour. Madame de la Trémouille alors fut la première à rire de l'idée qu'elle avait eue que la reine pouvait partir.

Vers les onze heures du soir, comme la reine était prête à se déshabiller, elle envoya chercher Beringhen, le premier écuyer, qui rentra un instant après avoir été mandé. Elle le prit à part et le conduisit dans un coin où elle lui parla tout bas quelque temps. C'était pour lui commander les carrosses du roi ; mais, comme la reine avait peur qu'on ne se doutât de la conversation, elle dit tout haut, en revenant vers ses femmes, qu'elle venait de donner quelques ordres relatifs à des œuvres de charité. Les femmes, à qui la dissimulation parfaite de la reine avait ôté toute défiance, ne se doutèrent de rien. La reine alors se déshabilla et passa dans sa chambre. Les dames sortirent et, à la porte, trouvèrent Comminges et Villequier ; ils étaient aussi ignorants qu'elles, et ne purent rien leur dire.

Aussitôt les dames parties, les portes du Palais-Royal furent fermées derrière elles, puis la reine appela madame Beauvais, sa première femme de chambre, et se rhabilla. On introduisit alors Comminges et Villequier, qu'on avait retenus dans le salon, et la reine leur donna les ordres nécessaires. Derrière eux entra le maréchal de Villeroy, qui n'était pas prévenu non plus, et à qui seulement alors la reine apprit le projet de départ. Celui-ci s'occupa aussitôt des préparatifs qui lui étaient personnels ainsi qu'au roi, continuant de laisser dormir le jeune prince jusqu'à trois heures du matin.

À trois heures, on éveilla le roi et son frère ; puis on les fit monter dans un carrosse qui les attendait à la porte du jardin royal. La reine les rejoignit un instant après ; elle descendait avec madame Beauvais, et était suivie de Guitaut, de Comminges et de Villequier ; tous avaient passé par le petit escalier dérobé qui conduisait des appartements de la reine au jardin. Les carrosses partirent alors sans obstacle, et ne s'arrêtèrent qu'au Cours, qui était le lieu du rendez-vous général. Là, on attendait M. le duc d'Orléans, M. le Prince et toute la maison royale.

Un instant après, Monsieur arriva avec Madame ; puis, dans son carrosse particulier, Mademoiselle, qu'on avait envoyé chercher par Comminges ; puis M. de Condé avec M. de Conti et madame la princesse ; quant à madame de Longueville, elle n'avait pas voulu venir, prétextant sa grossesse avancée. Enfin mesdemoiselles Manchi, qu'on avait envoyé chercher chez madame de Sénecey, où elles étaient, arrivèrent à leur tour. M. le cardinal vint le dernier, il était à jouer, et, comme le jeu était une de ses passions et qu'il gagnait ce soir-là, avait eu grand'peine à lui faire quitter la partie.

En un instant, au reste, il y eut sur le Cours une vingtaine de carrosses contenant cent cinquante personnes au moins ; car les amis de ceux qui partaient, avertis au moment même, n'avaient pas voulu rester à Paris, où l'on présumait qu'il allait se passer de grands désordres. En attendant, tous ces fuyards, à part ceux qui avaient le secret de la chose, étaient saisis d'une terreur profonde, et l'on eût dit qu'ils quittaient une ville prête à être prise d'assaut.

La reine manifesta quelque surprise de ne pas voir madame de Longueville avec madame la Princesse, mais comme elle était loin de deviner le motif qui retenait madame de Longueville à Paris, elle se contenta de l'excuse que celle-ci lui envoyait par la bouche de sa mère et de ses deux frères. Puis, voyant toute la maison assemblée, elle donna l'ordre du départ.

Mais, en arrivant à Saint-Germain, le désordre augmenta. À cette époque, où le véritable luxe n'était pas encore introduit, on transportait les meubles d'un château dans l'autre ; et Saint-Germain, qu'on n'habitait jamais l'hiver, était tout démeublé. Or, de peur de donner des soupçons, le cardinal n'avait osé faire remeubler cette résidence : il avait seulement envoyé deux petits lits, dont la reine prit l'un et le roi l'autre ; on trouva en outre deux autres lits de camp, dont l'un fut pour M. le duc d'Anjou, l'autre pour M. le duc d'Orléans. Madame la duchesse d'Orléans et Mademoiselle couchèrent sur la paille. Mais il restait encore cent quarante ou cent cinquante autres personnes à pourvoir, et en un instant, bien que madame de Motteville, la paille devint si rare, qu'on n'en put plus avoir pour de l'argent.

Vers cinq heures du matin, la nouvelle de la fuite du roi commença à se répandre dans Paris, et y porta une terreur profonde. Chacun se leva précipitamment, et, dès six heures du matin, les rues étaient pleines de cris et de tumulte. Alors, tout ce qui appartenait à la cour essaya de fuir pour la rejoindre, tandis qu'à l'instant même le peuple ferma les portes et tendit les chaînes, pour arrêter tous ces fuyards. Le chancelier se sauva déguisé en père de la mission de Saint-Lazare, madame de Brienne en sœur grise, Brienne et son frère en écoliers avec leurs livres sous le bras ; et M. de Brienne père, qui voulut tout simplement forcer le passage avec son parent l'abbé de l'Escaladieu, fut contraint de faire le coup de pistolet pour passer. L'abbé de l'Escaladieu reçut un coup de hallebarde dans les reins.

Tout était donc confusion et ignorance, dans la ville. On parlait de siège, de blocus et de famine, et, comme lorsqu'on ignore tout on craint tout, Paris était dans une grande terreur, quand le bruit se répandit que les prévôts des marchands et les échevins de Paris avaient reçu une lettre du roi. Bientôt les copies de cette lettre circulèrent. Nous la reproduisons textuellement.

« Très chers et bien-aimés, étant obligé avec un très sensible déplaisir à partir de notre bonne ville de Paris cette nuit même, pour ne pas demeurer plus exposé aux pernicieux desseins d'aucuns officier de notre cour du parlement, lesquels, ayant intelligence avec les ennemis de l'État, après avoir attenté contre notre autorité en plusieurs rencontres et abusé longuement de notre bonté, se sont portés jusques à conspirer de se saisir de notre personne ; nous avons bien voulu, par l'avis de notre très honorée dame et mère, vous donner part de notre résolution, et vous ordonner, comme nous le faisons très expressément, de vous employer en tout ce qui dépendra de vous pour empêcher qu'il n'arrive rien à notre dite ville qui puisse en altérer le repos, ni préjudicier à notre service, vous assurant, comme nous l'espérons, que tous les bons bourgeois et habitants d'icelle continueront avec nous dans les devoirs de bons et fidèles sujets, ainsi qu'ils ont fait jusqu'à présent. Nous réservant de vous faire savoir dans peu de jours la suite de notre résolution, et cependant nous confiant en votre fidélité et affection à notre service, nous ne vous ferons la présente plus longue et plus expresse.

« Louis.

« Donné à Paris, le 5 janvier 1649. »

Le 7, de Lisle, capitaine des gardes du corps, apporta de la part du roi une interdiction aux cours souveraines de continuer leurs séances et un ordre au parlement de se retirer à Montargis.

Le parlement refusa de prendre connaissance de cet ordre, disant qu'il ne venait pas du roi, mais de ceux qui l'entouraient et lui donnaient de mauvais conseils. Sur cette réponse, la reine fit faire défense aux villages environnant Paris d'y porter ni pain, ni vin, ni bétail ; dès lors l'intention de la cour devint visible : on voulait affamer Paris. Le parlement décida qu'une députation irait porter des remontrances à la reine. La députation se mit en route, vint à Saint-Germain, mais ne fut pas reçue. À son retour, la députation fit son rapport à la compagnie, laquelle, à son tour, et en réponse à la lettre du roi, rendit l'arrêt suivant :

« Ce jour, etc.

« Attendu que le cardinal Mazarin est notoirement l'auteur de tous les désordres de l'État et du mal présent, l'a déclaré et le déclare perturbateur du repos public, ennemi du roi et de l'État, et lui enjoint de se retirer de la cour dans ce jour, et dans huitaine hors du royaume, et, ledit temps passé, enjoint à tous les sujets du roi de lui courre sus. Fait défense à toute personne de le recevoir. Ordonne en outre qu'il sera fait levée de gens de guerre en cette ville en nombre suffisant, et certaine fois, commissions délivrées pour la sûreté de la ville tant au dedans qu'au dehors, et escorter ceux qui amèneront les vivres et faire en sorte qu'ils soient amenés et apportés en toute sûreté et liberté, et sera le présent arrêt lu, publié et affiché partout où il appartiendra, et, à ce qu'aucun n'en puisse cause d'ignorance, enjoint aux prévôts des marchands et échevins de tenir la main à son exécution.

« GUIET. »

C'était un nom bien humble et bien inconnu pour répondre au nom de Louis dont était signée la première lettre que nous avons mise sous les yeux de nos lecteurs. Aussi cette déclaration mit-elle les courtisans en grande gaieté ; mais cette gaieté fut bientôt tempérée par une triple nouvelle qu'on apprit à la cour. Le duc d'Elbeuf et le prince de Conti venaient de quitter Saint-Germain pour retourner à Paris. M. le duc de Bouillon s'était déclaré pour le parlement. Enfin madame de Longueville s'était fait transporter à l'hôtel de ville, promettant à la cause populaire l'appui du duc de Longueville, son mari, et du prince de Marcillac, son amant.

Ainsi, la guerre civile était déclarée non seulement entre le roi et son peuple, mais encore entre les princes du sang.

XIX

UN MOT SUR LE DUC D'ELBŒUF, LE DUC DE BOUILLON, LE PRINCE DE CONTI, MADAME DE LONGUEVILLE, LE COADJUTEUR. — POURQUOI ILS ÉTAIENT MÉCONTENTS. — INTELLIGENCES DE GONDI AVEC MADAME DE LONGUEVILLE. — OVATION DU COADJUTEUR AU MARCHÉ-NEUF. — VISITE DE BRISSAC A M. DE GONDI. — PROJETS DE M. D'ELBŒUF. — IL JOUE AU FIN AVEC LE COADJUTEUR. — ARRIVÉE DU PRINCE DE CONTI. — DÉFIANCE DU PEUPLE CONTRE LA FAMILLE DE CONDÉ. — LES PRINCES AU PARLEMENT. — LUTTE ENTRE LE PRINCE DE CONTI ET M. D'ELBŒUF. — INTRIGUES DU COADJUTEUR. — MESDAMES DE LONGUEVILLE ET DE BOUILLON A L'HÔTEL DE VILLE. — CONTI EST DÉCLARÉ GÉNÉRALISSIME DU PARLEMENT.

Disons d'abord quelques mots de ces chefs que s'était donnés le peuple, ou plutôt qui s'étaient donnés au peuple.

Charles de Lorraine, duc d'Elbœuf, avait épousé Catherine-Henriette, fille légitimée de Henri IV et de Gabrielle d'Estrées. C'était un assez pauvre homme, plus connu par son frère cadet le duc d'Harcourt que par lui-même. Il était mécontent, parce que c'était l'état de la maison de Lorraine d'être mécontente; d'ailleurs, les princes de cette maison tenaient à la cour mauvaise position, et les princes de Condé, qu'on appelait *messeigneurs*, n'appelaient pas même *messieurs* les princes de la maison de Lorraine. Le duc d'Enghien ne disait jamais, en parlant d'eux, que *ceux de Guise*.

M. de Bouillon avait meilleure réputation que M. le comte d'Elbœuf en guerre et en politique. Du temps du feu roi, il avait, on se le rappelle, été compromis dans l'affaire de Cinq-Mars. Comme il était prince souverain de Sedan, il s'était tiré d'affaire en livrant sa ville. Le cardinal et le roi morts, il avait cru pouvoir la reprendre; mais elle ne lui avait pas été rendue. On lui avait parlé d'une indemnité pécuniaire; mais cette indemnité avait tant tardé à venir, qu'il prétendait bien à voix qu'on se raillait de ses prétentions. M. de Bouillon avait donc aussi des raisons d'être mécontent.

M. le prince de Conti était mécontent, parce que d'abord les cadets, à cette époque, étaient toujours mécontents; puis parce qu'il était bossu et que son frère était bien fait; puis enfin parce qu'on voulait le faire d'Église, et que, le coiffât-on de ce chapeau de cardinal, qui avait amené une si grande discussion entre le prince de Condé et le duc d'Orléans, il aimait encore mieux le feutre gris à plume blanche, ou le pourpoint de velours noir doublé de menu vair, que l'on portait à cette époque, que la calotte rouge et la barrette.

Madame de Longueville était mécontente... Ceci est plus difficile à raconter. Il y a parfois aux mécontentements des femmes de si singulières causes, que l'histoire, cette grande prude qui, comme la vérité, devrait marcher toujours nue, et qui, au contraire, la plupart du temps, s'avance voilée comme une matrone romaine, n'en dit rien ; il faut alors, pour peu qu'on soit curieux de connaître la cause des choses, recourir aux Mémoires du temps et aux bruits des ruelles. Répétons donc seulement ce qu'on disait des causes du mécontentement de madame de Longueville.

Madame de Longueville était mécontente, disait-on, parce qu'elle portait un si grand et si singulier amour à M. le prince de Condé, son frère, que, lorsque celui-ci avait fait la cour à mademoiselle de Vigean, madame de Longueville avait considéré cet amour de son frère comme une infidélité et lui avait voué une haine d'autant plus profonde que, n'osant se plaindre à personne, ses larmes s'étaient amassées en elle-même et avaient tourné en fiel. Elle avait déversé alors tout son amour fraternel sur le prince de Conti. Mais, comme une femme ne peut pas s'en tenir à l'amour fraternel, elle avait pris pour amant M. le prince de Marcillac, François de la Rochefoucauld, sixième du nom et auteur des *Maximes*.

M. de Longueville, l'homme du monde, dit le cardinal de Retz, qui avait le mieux les commencements de toutes choses, était mécontent, parce que sa femme était mécontente.

Mais il y avait un homme, dont nous n'avons point parlé depuis quelque temps, qui était plus mécontent encore que tous ceux que nous venons de nommer : c'était le coadjuteur.

En effet, après cette fameuse journée des barricades qu'il avait faite, son importance s'était en quelque sorte perdue dans le résultat. Broussel et Blancmesnil avaient été mis en liberté; c'était tout ce que voulait le peuple. Le coadjuteur avait bien été mandé à la cour, la reine lui avait bien fait toute sorte de tendresses, le cardinal-ministre l'avait bien embrassé sur les deux joues ; mais derrière ces masques il avait vu les visages, et ces visages, en cas d'échéant d'une revanche, ne lui avaient rien promis de bon. Aussi il était demeuré tranquille, entretenant son influence sur le peuple, ses amitiés avec le parlement, et ses relations avec les chefs de quartier, et attendant les événements, sûr qu'il était que les événements ne pouvaient manquer de le venir trouver.

En effet, le jour même que le roi sortit de Paris, ainsi que nous l'avons dit, le coadjuteur fut réveillé à cinq heures du matin par l'argentier de la reine, son messager ordinaire : il apportait une lettre écrite de la main d'Anne d'Autriche elle-même, par laquelle elle priait le coadjuteur de se transporter à Saint-Germain. Le coadjuteur répondit qu'il ne manquerait pas de se rendre aux ordres de Sa Majesté. Un instant après, le président Blancmesnil entra chez le coadjuteur pâle comme un mort. Il venait lui annoncer le bruit courant, qui était que le roi marchait sur le palais avec huit mille chevaux ; car, dans le premier moment, les nouvelles les plus étranges et les plus exagérées s'étaient répandues par la ville. Cependant, lui répondit que, loin de marcher sur le palais avec huit mille chevaux, le roi venait de s'enfuir de Paris avec ses gardes. Blancmesnil sortit aussitôt pour faire part de cette nouvelle à ses collègues ; et le coadjuteur courut à l'hôtel de Condé, où était restée madame de Longueville.

Comme il était grand ami de M. de Longueville et que M. de Longueville, dit le coadjuteur lui-même, n'était pas l'homme de la cour qui fût le moins avec sa femme, il avait été quelques temps sans la voir. Cependant, dans la prévoyance des événements qui étaient arrivés et du besoin qu'il pouvait avoir d'elle, il y était retourné depuis quelques jours, et l'avait trouvée fort enragée contre la cour et surtout contre M. de Condé, son frère. Le coadjuteur lui avait alors demandé si elle avait quelque pouvoir sur M. le prince de Conti, et madame de Longueville lui avait répondu que, quant à celui-ci, il était entièrement entre ses mains, et qu'elle en ferait tout ce qu'elle voudrait. C'était tout ce que désirait le coadjuteur, qui, de ce moment, avait quelqu'un à opposer à M. le Prince. Il est vrai que quelqu'un n'était que l'ombre d'un chef de parti ; mais c'était tant mieux pour le coadjuteur, qui voulait faire agir ce chef de parti à sa volonté. Il avait donc prévenu madame de Longueville de se tenir prête à tout événement, de rappeler son mari à Paris, et de ne point quitter la capitale, sous quelque prétexte que ce fût.

Il trouva madame de Longueville prête à l'envoyer chercher lui-même. Elle était restée, comme elle l'avait promis ; mais M. de Condé lui avait enlevé le prince de Conti presque de force. Elle se trouvait donc seule à Paris, M. de la Rochefoucauld venant de partir pour essayer de ramener le prince de Conti, et M. de Longueville étant dans son gouvernement de Normandie. Il est vrai qu'ayant reçu la veille une lettre du prince, annonçant que, le 6 au soir, il serait à Paris.

Madame de Longueville était fort inquiète. Elle demanda au coadjuteur ce qui se passait dans les rues, où elle n'osait s'aventurer. Les rues étaient pleines de tumulte et de confusion : les bourgeois, d'eux-mêmes, s'étaient emparés de la porte Saint-Honoré ; le coadjuteur avait fait garder celle de la Conférence par un homme à lui ; enfin, le parlement s'assemblait.

Il fut convenu alors entre madame de Longueville et le coadjuteur, qu'outre M. de la Rochefoucauld, on enverrait encore Saint-Ibal, ami particulier de M. de Gondi, à Saint-Germain, pour qu'il tâchât de voir M. de Conti et de presser son retour.

Saint-Ibal partit déguisé.

Le coadjuteur aurait pu en faire autant et parvenir ainsi près de la reine, qui l'avait fait demander ; mais ce n'était pas son affaire : il voulait partir ostensiblement afin d'être empêché de continuer son voyage. Il fit mettre les chevaux à son carrosse, et cria tout haut à son cocher : « A Saint-Germain ! » C'était le moyen de ne pas sortir de la ville.

En effet, au bout de la rue Neuve-Notre-Dame, un marchand de bois nommé Dubuisson, qui avait beaucoup de crédit sur les ports, commença à ameuter le peuple, rossa le postillon, battit le cocher et déclara que le coadjuteur n'irait pas plus loin. En un instant le carrosse fut renversé. On démonta les roues, les femmes du Marché-Neuf formèrent une espèce de litière sur laquelle on fit monter le coadjuteur, que l'on ramena, à sa grande joie, en triomphe chez lui.

Il écrivit aussitôt à la reine et au cardinal pour leur exprimer tous ses regrets et leur dire l'impossibilité dans laquelle il avait été de continuer sa route. Mais ni l'un ni l'autre ne furent dupes de cette ruse, et leur aigreur contre le turbulent prélat s'en augmenta encore.

Trois jours se passèrent dans les allées et venues que nous avons racontées au précédent chapitre. M. de la Rochefoucauld ni Saint-Ibal ne revenaient point, et l'on avait appris que M. de Longueville, apprenant que la cour était à Saint-Germain, avait tourné bride et s'était rendu près de la reine. Quel était son dessein? Tout le monde l'ignorait.

Le coadjuteur était fort embarrassé. Il avait répondu à M. de Bouillon de la coopération de M. le prince de Conti et de M. de Longueville; et l'on n'avait pas de nouvelles de M. de Conti, et celles qu'on avait de M. de Longueville étaient fort mauvaises, lorsqu'une circonstance imprévue vint encore redoubler ses embarras.

Dans l'après-midi du 9 janvier, M. de Brissac entra chez le coadjuteur. Il avait épousé une de ses cousines, et cependant M. de Gondi et lui se voyaient rarement. Aussi le coadjuteur lui demanda-t-il à quel heureux hasard il devait sa visite.

— Ma foi, dit M. de Brissac, je me suis aperçu ce matin que j'étais du même parti que vous, et, comme vous êtes mon cousin, je viens vous demander du service dans l'armée du parlement.

— Venez-vous de la part de M. de Longueville? demanda le coadjuteur.

— Pourquoi cette question?

— Parce que, par votre femme, vous êtes le cousin de M. de Longueville aussi bien que le mien.

— Non, je viens de ma part à moi. J'ai à me plaindre du maréchal de La Meilleraie et je viens chercher aventure dans le parti opposé au sien. S'il eût été pour vous, j'aurais été pour la cour.

— Eh bien, en ce cas, venez avec moi, dit le coadjuteur.

— Vous sortez? demanda Brissac.

— Oui.

— Et où allez-vous?

— Au parlement. Voyez par la fenêtre si les chevaux sont à la voiture.

Brissac regarda par la fenêtre, et poussa une exclamation de surprise.

— Qu'y a-t-il? demanda le coadjuteur.

— M. d'Elbœuf et ses trois fils, dit Brissac.

— Comment, M. d'Elbœuf? Je le croyais à Saint-Germain avec la reine.

— Il y était, répondit en riant Brissac, mais, que voulez-vous? il n'aura pas trouvé à dîner à Saint-Germain et il vient voir s'il ne trouvera pas à souper à Paris.

— Vous l'avez donc vu?

— Nous avons fait route ensemble depuis le pont de Neuilly, où je l'ai rencontré, jusqu'à la Croix-du-Trahoir, où je l'ai laissé, et, pendant tout le chemin, il m'a juré qu'il ferait mieux dans la Fronde que M. de la Mayenne, son cousin, n'avait fait dans la Ligue.

— Et il vient ici?

— Il est à cette heure dans l'escalier.

Aucune visite ne pouvait compliquer davantage les embarras du coadjuteur. Il n'osait s'ouvrir à personne des engagements qu'il avait pris avec le prince de Conti et M. de Longueville, de peur de faire arrêter ceux-ci à Saint-Germain, si toutefois ils n'étaient pas arrêtés déjà; d'un autre côté, M. de Bouillon avait déclaré qu'il ne ferait rien tant qu'il ne verrait pas M. de Conti, et le maréchal de la Motte-Houdancourt, tant qu'il ne verrait pas M. de Longueville. En attendant, M. d'Elbœuf, qui jouissait près du peuple de Paris de la vieille popularité acquise aux princes de Lorraine, pouvait, en se faisant élire général, renverser tous ses projets. Le coadjuteur résolut donc de gagner du temps, en faisant croire à M. d'Elbœuf qu'il était dans ses intérêts.

En ce moment, M. d'Elbœuf entra, suivi de ses trois fils.

Il raconta donc au coadjuteur qu'il quittait la cour, lui et ses enfants, pour prendre la cause du parlement, et que, sachant l'influence qu'il avait sur les Parisiens, il lui venait faire sa première visite. Cette confidence fut suivie d'une foule de cajoleries et de compliments, entre lesquels les fils prenaient de temps en temps la parole pour placer les leurs.

Le coadjuteur répondit avec beaucoup de respect à toutes ces honnêtetés et demanda à M. d'Elbœuf ce qu'il comptait faire.

— Mais, dit le prince, je compte de ce pas aller à l'hôtel de ville offrir mes services à MM. les échevins de Paris. N'est-ce pas votre avis que je fasse ainsi, monsieur le coadjuteur?

— Cependant, répondit celui-ci, il me semble, mon prince, qu'il serait mieux que vous attendissiez à demain et que vous offrissiez vos services aux chambres assemblées.

— Eh bien, dit M. d'Elbœuf, je ferai ce que vous me dites, décidé à me diriger en tout selon votre avis.

Et il se retira, suivi de ses trois fils.

A peine furent-ils sortis, que le coadjuteur, qui avait cru remarquer certain sourire échangé entre le père et les enfants, ordonna à l'un de ses gens de suivre M. d'Elbœuf, et de venir l'informer du lieu où il allait.

Comme l'avait prévu le coadjuteur, M. d'Elbœuf allait droit à l'hôtel de ville. Le coadjuteur et lui avaient joué au fin et n'avaient pu se tromper ni l'un ni l'autre. Aussitôt le coadjuteur se mit à la besogne: il s'agissait d'intrigues, il était dans son élément.

Il écrivit à l'instant même au premier échevin Fournier, qui était un de ses amis, qu'il prît garde que l'hôtel de ville ne renvoyât M. d'Elbœuf au parlement, ce qui aurait fait à celui-ci une recommandation contre laquelle il aurait été difficile de lutter; puis il manda à ceux des curés de Paris qui lui étaient le plus sûrement dévoués de jeter parmi leurs paroissiens des soupçons contre M. d'Elbœuf, en leur rappelant qu'il était capable de faire toute chose pour de l'argent, et en leur remettant en mémoire qu'il était un des intimes amis de l'abbé de la Rivière, favori du duc d'Orléans. Enfin lui-même sortit vers sept heures du soir et courut toute la nuit à pied et déguisé, visitant tous les membres du parlement qu'il connaissait, non point pour leur parler du prince de Conti ni de M. de Longueville, ce qui eût rendu sa tâche plus facile, car il craignait toujours de les compromettre, mais pour leur rappeler combien M. d'Elbœuf était un homme peu sûr et comment le parlement devait être biaisé que le prince se fût offert à l'hôtel de ville avant de s'offrir à lui, comme le coadjuteur lui en avait donné le conseil.

Jusqu'à deux heures du matin, le coadjuteur courut ainsi, bien convaincu que, de son côté, M. d'Elbœuf ne perdait pas son temps. Il venait de rentrer, brisé de fatigue, et s'était couché presque décidé à se déclarer ouvertement le matin contre M. d'Elbœuf, lorsqu'il entendit que l'on heurtait à sa porte. Il appela aussitôt son valet de chambre en lui ordonnant d'aller voir qui était là. Un instant après, il entendit des pas qui se rapprochaient vivement, et le chevalier de la Chaise, qui éclata à M. de Longueville dans sa chambre, sans attendre qu'on l'annonçât, en criant:

— Sus, sus, monsieur, levez-vous! M. le prince de Conti et M. de Longueville sont à la porte Saint-Honoré; mais le peuple crie qu'ils viennent trahir la ville et ne veut pas les laisser entrer.

Le coadjuteur poussa un cri de joie et sauta à bas de son lit. C'était la nouvelle que, depuis trois jours, il attendait avec tant d'impatience. En un instant il fut habillé, et, comme, tout en s'habillant, il avait donné l'ordre de mettre les chevaux, son carrosse se trouva prêt en même temps que lui. Il sauta aussitôt dedans avec le chevalier de la Chaise et se fit conduire chez le conseiller Broussel, qu'il prit avec lui afin de doubler sa popularité, et, précédé de coureurs portant des flambeaux, il se rendit à la porte Saint-Honoré, où attendaient effectivement M. de Longueville et M. le prince de Conti, qui s'étaient sauvés à cheval de Saint-Germain.

Ce fut alors que le coadjuteur vit qu'en prenant Broussel, il n'y avait pas eu surcroît de précaution. Le peuple avait une si grande crainte du prince de Condé, que ce qui lui tenait en quelque chose excitait au plus haut degré sa défiance. Enfin, comme le coadjuteur et Broussel, non seulement répondaient d'eux, mais encore affirmaient au peuple qu'ils venaient à Paris pour le défendre, les chaînes furent levées. MM. de Conti et de Longueville montèrent dans le carrosse du coadjuteur, et, tous ensemble, escortés par les cris de joie du peuple, revinrent à l'hôtel de Longueville, où ils rentrèrent en grand jour. Le coadjuteur recommanda à la duchesse de les maintenir dans de bonnes résolutions et courut chez M. d'Elbœuf. La défiance qu'inspirait le prince de Conti semblait lui imposer cette démarche. Il voulait proposer au prince de s'unir à M. de Conti et à M. de Longueville; mais M. d'Elbœuf était déjà parti pour le palais.

Il n'y avait pas de temps à perdre, ou plutôt il y avait déjà trop de temps de perdu. Le coadjuteur revint au grand galop de ses chevaux à l'hôtel de Longueville pour forcer MM. de Conti et de Longueville de se présenter à l'instant même au parlement. Mais M. de Conti se trouvait si fatigué, qu'il s'était mis au lit. Quant à M. de Longueville, comme il ne se pressait jamais, il répondit qu'il avait le temps. Le coadjuteur pénétra alors jusqu'à la chambre du prince pour le faire lever; mais ce fut bien pis encore: le sommeil l'accablait, et l'on n'en pouvait rien tirer, sinon qu'il se sentait bien mal. Le coadjuteur était près de devenir fou en voyant que les gens pour lesquels il s'était donné tant de peine, lui manquaient au moment où, après une si longue attente, il croyait les tenir enfin. Mais madame de Longueville monta à son tour chez son frère. Elle venait annoncer que la séance du parlement était levée et que le duc d'Elbœuf marchait à l'hôtel de ville, toujours suivi de ses trois fils, pour y prêter serment.

Il était trop tard, l'occasion était perdue: il fut convenu que M. le prince de Conti se présenterait au parlement dans la séance de l'après-midi. Le coadjuteur promit de venir le prendre, et, voulant mettre à profit les quelques heures qui lui restaient, il s'occupa d'envoyer d'avance des gens à lui aux alentours du parlement pour y crier : « Vive Conti ! » Quant à lui, il n'avait pas besoin de cette caution ; il s'était aperçu qu'il était plus populaire que jamais.

Puis il écrivit à tous les capitaines de quartier pour leur annoncer que M. de Conti venait d'arriver et pour leur dire de bien assurer le peuple que celui-là seul était dans ses intérêts. Enfin il chargea son secrétaire, qui à l'occasion était poète, de faire des couplets contre M. d'Elbœuf et ses enfants. Le coadjuteur connaissait ses ouailles et savait combien le ridicule avait de prise sur les Parisiens. Ces différentes occupations le conduisirent jusqu'à une heure de l'après-midi. C'était le moment indiqué pour qu'il revînt prendre le prince.

Cette fois, le prince était prêt. Il monta dans le carrosse du coadjuteur sans autre suite que celle du prélat, qui était, au reste, fort grande et se faisait reconnaître de fort loin. Ils arrivèrent les premiers et avant M. d'Elbœuf sur les marches du palais et descendirent de voiture. Les cris de *Vive le coadjuteur!* retentirent alors de tous côtés ; mais ceux de *Vive le prince de Conti!* furent si rares, que M. de Conti vit bien que les gens seuls apostés par lui avaient crié. Au bout d'un instant, d'ailleurs, tous ces cris furent couverts par une clameur immense : c'était le duc d'Elbœuf qui arrivait au milieu des hurlements de joie de la populace. Il était en outre suivi de toutes les gardes de la ville qui l'entouraient depuis le matin comme général.

En entrant, M. d'Elbœuf donna l'ordre aux gardes de se tenir à la porte de la grand'chambre. Le coadjuteur, qui craignait quelque entreprise contre le prince qu'il protégeait, se tint aussi à cette porte avec ses gens à lui. M. de Conti s'avança alors vers le parlement, qui venait de s'asseoir, et d'une voix assez ferme :

— Messieurs, dit-il, ayant connu à Saint-Germain les pernicieux conseils que l'on donnait à la reine, j'ai cru que j'étais obligé, en ma qualité de prince du sang, de m'y opposer, et je suis venu vous offrir mes services.

Mais, alors, M. d'Elbœuf s'avança.

— Messieurs, dit-il à son tour, et avec le ton avantageux d'un joueur qui a la première manche, je sais tout le respect que je dois à M. de Conti, mais il me semble qu'il arrive un peu tard. C'est moi qui ai rompu la glace, c'est moi qui me suis offert le premier à votre compagnie ; vous m'avez remis le bâton de général et je le garde.

Aussitôt le parlement, qui, comme le peuple, était en défiance de M. de Conti, éclata en applaudissements. M. de Conti voulut parler de nouveau, mais un grand tumulte l'en empêcha. Le coadjuteur vit que ce n'était pas le moment d'insister et que l'affaire pouvait devenir mauvaise pour le prince. Il le tira en arrière, lui faisant signe de laisser le champ de bataille à M. d'Elbœuf. Celui-ci profita de la victoire, parla, pérora, promit tout et merveilles, et le parlement rendit un arrêt par lequel il défendit aux troupes royales d'approcher de Paris à la distance de vingt lieues.

M. d'Elbœuf se retira en grand triomphe. Quant à M. de Conti, il eut peine à sortir, et il fallut que le coadjuteur passât devant lui pour ouvrir la foule, qui lui était plutôt hostile que bienveillante.

La partie semblait mal engagée ; mais le coadjuteur ne se laissait point battre facilement.

« La popularité, cultivée et nourrie de longue main, ne manque jamais, dit-il lui-même, pour peu qu'elle ait eu le temps de germer, à étouffer ces fleurs mixtes et naissantes de la bienveillance publique que le pur hasard fait quelquefois pousser. »

Il attendit donc avec assez de tranquillité le résultat des mesures qu'il avait prises. D'ailleurs le hasard le servit.

En entrant chez madame de Longueville, le coadjuteur trouva un capitaine du régiment de Navarre, nommé Quincerot, qui l'attendait. Ce capitaine venait de la part de madame de Lesdiguières, et apportait la copie d'un billet écrit par M. d'Elbœuf à l'abbé de la Rivière, une heure après l'arrivée de M. le prince de Conti et de M. de Longueville à Paris. Dans les circonstances présentes, ce billet était un trésor. Le voici :

« Dites à la reine et à Monsieur que ce diable de coadjuteur perd tout ici et, que dans deux jours, je n'y aurai aucun pouvoir ; mais que, s'ils veulent me faire un bon parti, je leur témoignerai que je ne suis pas venu à Paris avec une si mauvaise intention qu'ils se le persuadent. »

Le coadjuteur ne prit pas le temps de faire lire le billet à madame de Longueville et au prince de Conti ; puis il courut mystérieusement le montrer à tous ceux qu'il rencontrait, en leur demandant le secret, et cependant il laissait chacun en prendre copie, puis recommandait à celui à qui il venait d'accorder cette marque de confiance de n'en pas dire un mot, ce qui lui donnait l'assurance que le soir même tout Paris le connaîtrait.

Il rentra chez lui vers dix heures et trouva plus de cent cinquante lettres des curés et des officiers des quartiers. Les uns avaient opéré sur leurs paroissiens, les autres sur leurs troupes. Les dispositions étaient excellentes pour le prince de Conti. Il ne s'agissait plus que de rendre M. d'Elbœuf ridicule, et il était perdu. C'était l'affaire de Marigny, qu'on avait chargé de composer le triolet. Voici comment il s'en était tiré.

Monsieur d'Elbœuf et ses enfants
Ont fait tous quatre des merveilles ;
Ils sont pompeux et triomphants,
Monsieur d'Elbœuf et ses enfants.
On dira jusqu'à deux mille ans,
Comme une chose sans pareilles,
Monsieur d'Elbœuf et ses enfants
Ont fait tous quatre des merveilles.

C'était tout ce qu'il fallait. En lâchant le couplet par la ville, le coadjuteur était bien sûr que chacun ferait le sien à la suite. Il ne se trompait pas, comme nous le verrons bientôt.

Il fut fait une centaine de copies, de ce triolet que l'on éparpilla dans les rues et qu'on colla dans les carrefours.

Dans ce moment, on apprit que les troupes du roi s'étaient emparées de Charenton. M. d'Elbœuf avait été si occupé de se défendre lui-même, qu'il n'avait songé à défendre Paris. Cette faute tombait mal au moment où circulaient les copies du billet que le duc avait écrit à la Rivière. Comme on le pense bien, le coadjuteur ne fut pas des derniers à tirer parti de cet événement, à dire tout bas que, si l'on cherchait une preuve que M. d'Elbœuf était d'accord avec la cour, cette preuve était toute trouvée.

A minuit, M. de Longueville et le maréchal de la Motte-Houdancourt vinrent prendre le coadjuteur, tous trois se rendirent chez M. de Bouillon, qui n'avait point encore paru en rien, et qui était au lit ayant la goutte. D'abord il hésita ; mais lorsque le coadjuteur lui eut expliqué son plan, il se rendit. Séance tenante, toute la journée du lendemain fut réglée, et chacun rentra chez soi.

Le lendemain, 11 janvier, à dix heures du matin, le prince de Conti, son beau-frère et le coadjuteur sortirent de l'hôtel Longueville dans le plus beau carrosse de la duchesse. Le prince se mit à la portière pour qu'on le pût bien voir, et s'avancèrent vers le palais. Dès les premiers pas, on put reconnaître aux cris du peuple le changement qui, grâce aux soins des curés et des officiers des quartiers, s'était opéré depuis la veille. Les cris de *Vive M. le prince de Conti!* retentissaient de tous côtés, et, comme on avait eu le soin de mettre l'air du triolet au-dessus des vers on chantait déjà non-seulement le couplet qui avait été fait contre M. d'Elbœuf, mais encore les couplets suivants :

Monsieur d'Elbœuf et ses enfants
Font rage à la place Royale ;
Ils vont tous quatre piaffants,
Monsieur d'Elbœuf et ses enfants.
Mais, sitôt qu'il faut battre aux champs.
Adieu leur humeur martiale,
Monsieur d'Elbœuf et ses enfants
Font rage à la place Royale.

Vous et vos enfants, duc d'Elbœuf,
Qui logez près de la Bastille,
Valez tous quatre autant que neuf,
Vous et vos enfants, duc d'Elbœuf,
Le rimeur qui vous mit au bœuf
Mérite quelques coups d'étrille,
Vous et vos enfants, duc d'Elbœuf
Qui logez près de la Bastille.

Il faut bien qu'il soit contenté,
Monsieur d'Elbœuf et sa famille ;
Vraiment il l'a bien mérité,
Il faut bien qu'il soit contenté,
Il nous a si bien assisté,
Qu'il n'est pas sorti de la ville ;
Il faut bien qu'il soit contenté,
Monsieur d'Elbœuf et sa famille.

Ainsi les poètes de carrefour n'avaient pas perdu de temps pour répondre au poète de l'archevêché, et pour reprocher à M. d'Elbœuf la prise de Charenton.

On arriva donc, au milieu d'un cortège grossissant toujours, jusqu'au palais de justice. Là M. le prince de Conti se présenta de nouveau au parlement, et, comme la veille, lui offrit ses services.

Puis vint le duc de Longueville, qui, étant gouverneur de Normandie, s'approcha et offrit à la ville de Paris la coopération de Rouen, de Caen et de Dieppe, et au parlement l'appui de la province, ajoutant qu'il priait les chambres, pour sûreté de son engagement, de vouloir bien prendre pour otage à l'hôtel de ville sa femme et l'enfant qu'elle allait mettre au monde. Cette proposition, qui prouvait la bonne foi de celui qui la faisait, fut accueillie avec des cris d'enthousiasme.

En ce moment, le duc de Bouillon entra appuyé sur deux gentilshommes, et, prenant place au-dessous du prince de Conti, avec M. de Longueville, il annonça au parlement qu'il venait lui offrir ses services et qu'il servirait avec joie sous les ordres d'un aussi grand prince que l'était M. de Conti. M. de Bouillon passait pour un des premiers capitaines de l'époque. Son courage était hors de doute sa sagesse était connue. Son discours fit donc un grand effet.

M. le duc d'Elbœuf crut alors qu'il était temps d'intervenir. Il répéta son discours de la veille, disant qu'il ne rendrait son commandement qu'avec la vie. Mais en ce moment le coadjuteur frappa le dernier coup qu'il avait préparé.

Le maréchal de la Motte-Houdancourt entra, alla se placer au-dessous de M. de Bouillon, et répéta, à peu de chose près, au parlement le discours que celui-ci venait de lui faire, c'est-à-dire qu'il était prêt à servir avec M. de Bouillon sous les ordres du prince de Conti. Ce n'était pas un homme d'une grande capacité, mais c'était un excellent soldat, son nom était connu avec honneur dans la guerre, et faisait gloire au parti pour lequel il se déclarait. Son apparition et son discours achevèrent donc de faire pencher la balance en faveur du prince de Conti.

La première pensée du président Molé, qui au fond ne voulait pas de mal à la cour, fut de se servir de cette lutte afin d'affaiblir les deux factions l'une par l'autre; il proposa, en conséquence, de laisser la chose indécise pour cette séance et de la reprendre à la séance suivante. Mais le président de Mesme, qui avait plus longue vue que lui, se pencha vers lui et lui dit à l'oreille:

— Vous vous moquez, monsieur! ils s'accommoderaient peut-être aux dépens de notre autorité; ne voyez-vous pas que M. d'Elbœuf est pris pour dupe et que ces gens-là sont les maîtres de Paris?

En même temps, le président Le Coigneux, qui était au coadjuteur, éleva la voix et dit:

— Messieurs, il faut en finir avant de dîner, dussions-nous ne dîner qu'à minuit. Prenons ces messieurs en particulier et qu'ils nous fassent part de leurs intentions, nous verrons bien mieux les intentionnés pour l'État.

L'avis fut adopté. Le président Le Coigneux fit entrer MM. de Conti et de Longueville dans une chambre, et MM. de Novion, de Bellièvre, et le duc d'Elbœuf dans l'autre. Or, Novion et de Bellièvre, comme le président Le Coigneux, étaient tout à M. le prince de Conti.

Le coadjuteur jugea la situation d'un coup d'œil. Il vit qu'il n'avait plus besoin là, tandis qu'au contraire sa présence était utile ailleurs pour porter le dernier coup. Il s'élança hors du palais et courut prendre chez elles madame de Longueville et madame de Bouillon avec leurs enfants, et les mena à l'hôtel de ville. Le bruit de l'offre faite par M. de Longueville s'était déjà répandu, de sorte que cette marche fut un triomphe. Madame de Longueville, quoiqu'elle vînt d'avoir la petite vérole, était alors dans tout l'éclat de sa beauté; madame de Bouillon était encore belle; toutes deux arrivèrent au perron de l'hôtel de ville, qu'elles montèrent tenant leurs enfants entre leurs bras; puis, arrivées au dernier degré, elles se retournèrent vers la Grève, qui était pleine de peuple, depuis le bas jusqu'aux toits, car toutes les fenêtres étaient encombrées, et, montrant leurs enfants:

— Parisiens, dirent-elles, MM. de Longueville et de Bouillon vous confient ce qu'ils ont de plus cher au monde, leurs femmes et leurs enfants!...

De grandes acclamations répondirent à cette parole. En même temps, le coadjuteur, d'une fenêtre de l'hôtel de ville, jetait des poignées d'or au peuple. Dix mille livres y passèrent, mais aussi l'enthousiasme devint de la fureur. On jurait de se faire tuer pour le prince de Conti, le duc de Longueville et le duc de Bouillon. Les deux duchesses remercièrent, firent semblant d'essuyer des larmes de reconnaissance et rentrèrent à l'hôtel de ville. Mais de si grands cris les y suivirent, qu'elles furent forcées de se montrer aux fenêtres.

Le coadjuteur les laissa jouir de leur triomphe et courut au palais, suivi de tout un monde de gens armés et désarmés, menant un tel bruit, qu'on eût dit qu'il conduisait Paris avec lui. Déjà il avait été précédé par la capitale des gardes de M. le duc d'Elbœuf, qui avait tout vu, tout entendu, et qui, jugeant la partie en mauvaise voie, avait couru avertir son maître. Aussi le pauvre duc était-il tout découragé. Ce fut, au reste, bien autre chose lorsque, le président Bellièvre ayant demandé au coadjuteur ce que c'était que tout ce bruit de tambours et de trompettes, celui-ci lui répondit en racontant, avec les embellissements de son imagination et les fleurs de sa rhétorique, ce qui venait de se passer à l'hôtel de ville. Le duc d'Elbœuf comprit qu'il était perdu s'il essayait de résister plus longtemps. Il plia tout à coup et déclara qu'il était prêt, comme MM. de Bouillon et de la Motte-Houdancourt, à servir sous les ordres de M. de Conti. En conséquence, tous trois furent déclarés lieutenants sous M. le prince de Conti, nommé généralissime du parlement.

Seulement, M. d'Elbœuf sollicita et obtint, en dédommagement des sacrifices qu'il faisait en résignant l'autorité souveraine, l'honneur de sommer la Bastille de se rendre; ce qui fut fait dans l'après-midi. La Bastille n'avait aucune intention de résister, et M. du Tremblay, son gouverneur, obtint la vie sauve et la permission d'emporter tous ses meubles sous trois jours.

Pendant que M. d'Elbœuf sommait la Bastille qui se rendait, le marquis de Noirmoutier, le marquis de la Boulaie et M. de Laigues faisaient, avec cinq cents cavaliers qui les avaient suivis, le coup de pistolet vers Charenton. Les mazarins avaient voulu tenir, mais on les avait repoussés; de sorte que, sur les sept heures du soir, tous ces beaux cavaliers, encore tout animés de la première fumée de la poudre, vinrent à l'hôtel de ville annoncer eux-mêmes leur avantage. Il y avait grande réunion autour de madame de Longueville et de madame de Bouillon, qui leur permirent d'entrer tout bottés et tout éperonnés. Alors, ce fut un mélange singulier d'écharpes bleues, d'armes refuisantes, de bruits de violons retentissant dans l'hôtel de ville, et de trompettes sonnant sur la place. Tout cela donnait à cette guerre étrange un air de chevalerie qui n'existe que dans les romans, aussi Noirmoutier, qui était grand amateur de *l'Astrée* (1), ne put-il s'empêcher de comparer madame de Longueville à Galatée, assiégée dans Marcilly par Lindamor.

Certes, c'était bien là, du moins pour le moment, la véritable cour, et le roi, la reine et le cardinal de Mazarin, isolés à Saint-Germain, habitant dans un château sans meubles et couchant sur de la paille, faisaient avec M. de Conti, de Longueville, de Bouillon, les deux duchesses, un singulier contraste.

Peut-être nous sommes-nous étendu un peu longuement sur ce mouvement populaire qui nous a paru curieux; mais, nous aussi, nous avons vu Paris en révolution; nous aussi, nous avons vu une cour d'un instant à l'hôtel de ville, et nous nous sommes laissé entraîner à peindre un tableau qui, quoique de deux siècles en arrière, nous semblait encore actuel et presque vivant.

XX

CONDÉ SE DÉCLARE POUR LA COUR. — ARRIVÉE DU DUC DE BEAUFORT A PARIS. — HISTOIRE DU JEUNE TANCRÈDE DE ROHAN. — MESURES DES FRONDEURS. — DÉNUEMENT DE LA REINE D'ANGLETERRE. — LE COMTE D'HARCOURT. — MISSION QU'IL REÇOIT. — SUCCÈS DES PARISIENS. — « LA PREMIÈRE AUX CORINTHIENS ». — MORT DU JEUNE TANCRÈDE. — CONDÉ ATTAQUE ET PREND CHARENTON. — AFFAIRE DE VILLEJUIF. — DÉMARCHES PACIFIQUES DE LA COUR. — NÉGOCIATIONS PARTICULIÈRES. — TRAITÉ GÉNÉRAL. — FIN DE LA PREMIER ACTE DE LA GUERRE CIVILE. — RÉVOLUTION EN ANGLETERRE.

Cependant l'effroi avait été grand à Saint-Germain quand on avait appris toutes ces nouvelles, d'autant plus grand que le prince de Condé étant à Charenton, on eut peur un instant qu'il ne se réunît au prince de Conti et à madame de Longueville. Mais tout au contraire: il accourut, furieux contre son frère et contre sa sœur, et, prenant par la main un petit bossu qui mendiait à la porte du palais:

— Tenez, madame, dit-il à la reine, voici le général des Parisiens.

Il faisait allusion à son frère le prince de Conti.

Cette saillie fit beaucoup rire la reine, et la gaieté du

(1) Célèbre roman de M. d'Urfé.

prince de Condé, la façon méprisante dont il parlait des rebelles, rassurèrent la cour. De leur côté, les frondeurs répondaient par des couplets. Lorsqu'on sut à Paris cette colère du prince de Condé contre M. de Conti, et ses grands préparatifs de bataille, on fit aussitôt ce couplet :

Condé, quelle sera ta gloire
Quand tu gagneras la victoire
Sur l'officier et le marchand !
Tu vas faire dire à ta mère :
« Ah ! que mon grand fils est méchant !
Il a battu son petit frère. »

Les mazarins aussi n'étaient pas en reste de satires ; c'était une justice à leur rendre. Dans cette singulière guerre, il y eut plus de chansons de faites que de coups de canon de tirés. Ils répondirent au couplet contre M. de Condé par un couplet contre M. de Bouillon :

Le brave monsieur de Bouillon
Est incommodé de la goutte ;
Il est hardi comme un lion,
Le brave monsieur de Bouillon.
Mais, s'il faut rompre un bataillon
Ou mettre le prince en déroute ;
Ce brave monsieur de Bouillon
Est incommodé de la goutte ;

Comme on le voit, l'épigramme était devenue une arme, et ses blessures, pour n'être pas mortelles, n'en étaient pas moins cuisantes. Les femmes surtout eurent fort à en souffrir, et ceux qui sont amateurs de scandales pourront consulter le recueil qui fut fait pour M. de Maurepas et qui ne comporte pas moins de quarante-quatre volumes.

Sur ces entrefaites arriva à Paris un nouveau compétiteur au généralat : c'était le duc de Beaufort, qui, depuis sa fuite de Vincennes, était resté errant dans le Vendômois, et qui venait réclamer sa part de rébellion. Il y avait droit : on la lui donna.

Son arrivée, au reste, fit grand bruit à Paris, où nous savons qu'il était adoré. D'ailleurs, le coadjuteur l'avait préparée. M. de Beaufort lui avait à l'avance fait parler par Montrésor et lui avait offert son alliance. Cette alliance devait naturellement être celle du renard et du dogue : la ruse d'un côté, la force de l'autre. Le coadjuteur s'était aperçu que M. de Bouillon était à M. de Conti et que le maréchal de la Motte était à M. de Longueville, et ce que le duc d'Elbœuf était pour lui-même ; il pensa qu'il lui fallait un général à lui, et il produisit le duc de Beaufort.

Le jour de son arrivée, il le promena dans les rues de Paris et ce fut un triomphe. Le coadjuteur le nommait, le montrait et le louait. Dans la rue Saint-Denis et dans la rue Saint-Martin, ce fut comme une émeute. Les hommes criaient *Vive Beaufort !* les femmes se jetaient sur ses mains qu'elles baisaient ; les dames de la halle surtout avaient pour lui un enthousiasme difficile à décrire, lorsqu'il fut arrivé dans leur quartier, il fallut qu'il descendît de voiture, et qu'il se laissât embrasser tout à leur loisir. Il y eut plus : l'une d'elles, qui avait une fort belle fille de dix-sept ans, lui amena, en lui disant que le plus grand honneur qui pût arriver à sa famille serait qu'il daignât lui faire un enfant. Le duc de Beaufort répondit à cette mère complaisante qu'elle n'avait qu'à conduire le soir même la fille à son hôtel, et qu'il ferait ce qu'il pourrait pour accomplir son désir. La mère n'y manqua point, et Rochefort, qui raconte cette anecdote, assure que l'une et l'autre s'en retournèrent, le lendemain matin fort satisfaites.

Lorsqu'on apprit cette réception triomphale à Saint-Germain, on appela M. de Beaufort par dérision *le roi des halles*, et le nom lui en est resté.

Cependant Paris se peuplait de princes qui venaient prendre parti contre la cour, et de seigneurs qui venaient servir sous eux. Le parlement comptait déjà au nombre de ses défenseurs le prince de Conti, le duc de Longueville, le comte d'Elbœuf, le duc de Bouillon, le duc de Chevreuse, le maréchal de la Motte-Houdancourt, le duc de Brissac, le duc de Luynes, le marquis de Vitry, le prince de Marcillac, le marquis de Noirmoutier, le marquis de la Boulaie, le comte de Fiesque, le comte de Maure, le marquis de Laigues, le comte de Matha, le marquis de Fosseuse, le comte de Montrésor, le marquis d'Aligre, et le jeune et beau Tancrède de Rohan, qu'un arrêt du parlement avait déclaré ne devoir s'appeler que Tancrède.

C'était une touchante histoire que celle de ce jeune homme, et qui n'a pas fait un des épisodes les moins curieux et les moins poétiques de cette singulière guerre. Disons-en quelques mots.

Sa grand'mère était cette Catherine de Parthenay Soubise, ennemie de Henri IV, qu'elle a écrit contre lui un des plus curieux pamphlets du temps. Elle ne voulait pas à toute force que son fils fût duc, répétant sans cesse ce cri de guerre des Rohan : *Roi ne puis, prince ne daigne, Rohan suis.*

Quoi qu'elle eût dit et fait, son fils fut duc, et, ce qui était à cette époque bien plus déshonorant encore pour une grande famille, il fut auteur. Il est vrai que, tout en écrivant, il resta ignorant comme un grand seigneur. Dans son voyage d'Italie, publié par Louis Elzévir à Amsterdam en 1649, il attribue les *Pandectes* à Cicéron, ce qui fait dire à Tallemant des Réaux :

« Voilà ce que c'est que de ne pas montrer ses ouvrages à quelque honnête homme. »

Ce duc de Rohan avait épousé Marguerite de Béthune-Sully. Ce fut la mère de Tancrède. Cette duchesse de Rohan était fort galante ; elle avait eu bon nombre d'amants et, entre autres, M. de Candale, qu'elle brouilla successivement avec le duc d'Épernon son père, puis avec Louis XIII, et qu'enfin elle fit faire huguenot. Aussi disait-il :

— Il faut, en vérité, que madame de Rohan m'ait jeté un sort, car elle m'a brouillé avec mon père, avec le roi et avec Dieu ; elle m'a fait mille infidélités, et cependant je ne puis me détacher d'elle.

Madame de Rohan et M. de Candale étaient à Venise quand elle s'aperçut qu'elle était enceinte. Comme il y avait tout lieu de penser que M. de Rohan ne voudrait pas reconnaître un enfant qu'il avait les plus fortes raisons pour ne pas croire le sien, madame de Rohan revint à Paris. Candale l'y suivit quelque temps après, et, madame de Rohan étant accouchée d'un garçon, ce garçon fut baptisé sous le nom de Tancrède Lebon et porté chez une madame Millet, sage-femme. Lebon, dont on tirait le nom à l'enfant, était le valet de chambre favori de M. de Candale.

Madame de Rohan avait une fille, qui, marchant sur les traces de sa mère, était, dès l'âge de douze ans, la maîtresse de M. de Ruvigny. Une femme de chambre lui raconta un jour l'histoire de la duchesse, et comment elle était accouchée d'un petit Tancrède. Mademoiselle de Rohan rapporte l'affaire à son amant. Ruvigny consulté et s'assure que, né pendant le mariage, l'enfant, s'il peut un jour prouver sa naissance, aura droit au nom et à la fortune de son père. Dès lors tous deux arrêtent qu'ils enlèveront Tancrède et le feront disparaître.

L'enfant n'était plus à Paris chez la sage-femme, mais en Normandie, près de Caudebec, chez un nommé la Mestairie, père du maître d'hôtel de madame de Rohan. On communique le complot à un ami commun, nommé Henri de Tailleter, seigneur de Barrière, qui se charge de l'expédition, part pour la Normandie, enfoncé une nuit la porte de la Mestairie, enlève le petit Tancrède et le transporte en Hollande, où il le met chez son frère, capitaine d'infanterie au service des États, qui le prend chez lui comme un enfant de basse naissance qu'il élève par charité.

Sept ou huit ans se passèrent pendant lesquels mademoiselle de Rohan se maria avec M. de Chabot, qui prit le nom de Rohan, lequel, sans cette substitution, s'éteignait dans la personne de Henri II, duc de Rohan, tué le 13 avril 1638, à la bataille de Reinfeld.

À la mort de son mari, madame de Rohan avait bien en envie de faire reparaître le pauvre Tancrède ; mais elle ne savait ce qu'il était devenu, et elle l'avait inutilement fait chercher. Malheureusement, madame de Chabot-Rohan demanda un jour conseil sur toute cette affaire à M. de Thou, le même qui fut exécuté avec Cinq-Mars ; elle avait toujours peur de voir revenir Tancrède.

Soit indiscrétion, soit affaire de conscience, de Thou vint redire cette confidence à la reine, laquelle, à son tour, en parla à madame de Lansac, qui finit par raconter un jour toute cette histoire à madame de Rohan elle-même.

C'était en 1645 seulement que madame de Rohan avait appris que son fils vivait encore et avait su en quel lieu il était. Aussitôt, elle envoya son valet de chambre en Hollande avec ordre de ramener son fils à tout prix. Le valet de chambre, qui se nommait Jean Rondeau, s'ouvre au jeune homme, qui s'écrit :

— Ah ! je savais bien que j'étais gentilhomme, car je me souviens toujours, mon enfant, avoir été plusieurs fois dans un carrosse où il y avait des armoiries.

Rondeau et le jeune Tancrède arrivèrent à Paris.

Madame de Rohan était mal avec sa fille et son gendre. Elle avait donc un double motif pour faire reconnaître Tancrède : l'amour maternel d'abord, cette haine ensuite. Elle prépara un factum pour le parlement, dans lequel elle présentait Tancrède de Rohan comme son fils, disant qu'elle avait été forcée de le cacher, de peur que le cardinal de Richelieu ne poursuivît en lui le dernier rejeton mâle du dernier chef protestant.

Chose étrange ! au milieu de ses cheveux noirs, le jeune homme avait une touffe de cheveux blancs, comme M. de

Rohan en avait eu une toute sa vie. Mais cela ne suffisait pas pour qu'il fût reconnu comme l'héritier du nom et de la fortune des Rohan. On produisit l'acte de baptême, et il fut reconnu que Tancrède avait été baptisé sous le nom de Lebon.

D'ailleurs, le prince de Condé, tout puissant alors, avait pris parti pour madame de Rohan-Chabot, qui servait ses amours avec mademoiselle de Vigean, et, comme la majorité des juges était catholique, il n'avait pas eu de peine à les prévenir contre madame de Rohan et son fils. Aussi, lorsque l'arrêt du conseil privé ordonna que l'affaire serait portée devant la grand'chambre réunie à la chambre de l'édit et à la Tournelle, madame de Rohan, de l'avis de ses conseils, avait fait défaut pour réserver à Tancrède toutes les exceptions résultant de sa minorité. L'arrêt avait donc été rendu sans plaidoyer, et défense avait été faite à Tancrède Lebon de prendre le nom de Rohan.

Ce fut un coup terrible pour le pauvre jeune homme, qu'on eût mieux fait de laisser dans l'obscurité que de le traîner au grand jour qui éclairait ainsi sa honte ; car c'était un garçon de cœur et d'esprit, ayant haute mine quoiqu'il fût petit, ce qui pouvait manquer, dit un auteur du temps, sa mère et ses deux pères étant petits. Aussi, dès que l'occasion s'en était présentée, le jeune Tancrède s'était jeté dans le bruit et dans le tumulte, espérant s'y faire un nom assez grand pour qu'il lui donnât le droit de réclamer celui de ses ancêtres.

— Monsieur le Prince, disait-il, m'a vaincu au parlement ; mais que je le rencontre sur la grande route de Charenton, et l'on verra lequel de nous deux cédera le pas à l'autre.

Un jour, on lui faisait observer qu'il se fatiguait outre mesure, ne quittant les armes ni le jour ni la nuit, et se jetant dans toutes les escarmouches.

— En l'état où je suis, répondit-il, il m'est défendu de m'endormir ; si je n'ai quelque mérite par moi-même, vous voyez bien que le monde sera de l'avis du parlement.

N'est-ce pas que ce jeune Tancrède, que nous allons bientôt retrouver sur son lit de mort, méritait bien cette petite digression ? L'historien est si heureux quand il peut évoquer devant lui, ne fût-ce que pour un instant, une de ces pâles et mélancoliques figures qui semblent n'appartenir qu'au roman.

Cependant, grâce aux mesures prises par le parlement, on avait fait face à peu près à tous les dangers. L'armée royale, qui montait à sept ou huit mille hommes, tandis que les milices organisées dans Paris s'élevaient à plus de soixante mille, avait bien essayé d'occuper Charenton, Lagny, Corbeil, Poissy et Pontoise ; mais, avant que ce mouvement fût opéré, tous les paysans, dans l'espérance d'un bénéfice avaient apporté à Paris tout ce qu'ils avaient de vivres, lesquels, joints aux petits convois qui passaient entre les sutures de l'armée royale, suffisaient à approvisionner la capitale. De plus, en exécution de l'arrêt rendu contre Mazarin, on avait saisi tous ses biens, meubles et immeubles, ainsi que les revenus de ses bénéfices, et, comme pour prouver à la cour qu'on ne manquait pas d'argent, on porta quarante mille livres à la reine d'Angleterre, qui était restée au Louvre, où depuis six mois la cour la laissait mourir de faim.

En effet, quelques jours avant le départ du roi, le coadjuteur avait été faire visite à la reine d'Angleterre, qui lui fit entrer dans la chambre de sa fille, et, lui montrant celle-ci qui était couchée, lui avait dit :

— Vous voyez, monsieur le coadjuteur, je suis venue tenir compagnie à ma pauvre Henriette, qui est un peu malade et qui n'a pas pu se lever faute de feu.

Cette petite-fille de Henri le Grand, cette *pauvre Henriette*, comme l'appelait sa mère, qui ne pouvait se lever faute d'un fagot qu'économisait sur elle le cardinal Mazarin, était celle qui devint plus tard femme de Monsieur, frère de Louis XIV.

En même temps, la cour éprouvait un échec en Normandie. Elle avait appelé auprès d'elle le comte d'Harcourt, cadet du duc d'Elbœuf, lequel avait été surnommé *cadet à la perle*, à cause d'une seule perle qu'il portait à l'oreille. C'était un grand général de haute réputation, qui avait fait avec succès les guerres d'Italie, et qui avait remplacé en Espagne le maréchal de la Mothe-Houdancourt. Autrefois, dans un combat particulier, il s'était battu contre Bouteville et avait eu l'avantage. C'est pourquoi le cardinal de Richelieu avait jeté les yeux sur lui et l'avait fait venir au Palais-Cardinal. D'Harcourt, qui connaissait la rigueur des édits, s'était rendu aux ordres du ministre, médiocrement rassuré sur ce qui allait se passer. En effet, Richelieu l'avait reçu avec son visage le plus sévère.

— Monsieur le comte, lui avait-il dit, le roi veut que vous sortiez du royaume.

— Monseigneur, répondit le comte, je suis prêt à obéir.

— Oui, reprit le cardinal en souriant, mais comme commandant des forces navales.

En effet, d'Harcourt était sorti de France à la tête des forces navales, qui n'étaient pas grand'chose à cette époque, et avait, contre toutes les espérances, repris les îles Saint-Honorat et Sainte-Marguerite. Après la mort de M. le Grand, la reine lui avait donné la charge de grand écuyer, dont il avait fort besoin ; car, si son frère d'Elbœuf, qui était l'aîné, manquait toujours d'argent, à bien plus forte raison lui, qui était cadet. Aussi disait-il que ses deux fils s'appelleraient l'un la Verdure, et l'autre la Violette. Il indiquait ainsi qu'ils seraient simples soldats. Au reste, avec tout son courage, il se laissait conduire par le premier faquin venu ; ce qui faisait dire au cardinal de Richelieu, un jour qu'on lui proposait le comte d'Harcourt pour une mission :

— Encore faudra-t-il savoir si son apothicaire sera d'avis qu'il s'en charge.

Le comte d'Harcourt, cette fois, avait reçu mission de s'emparer de Rouen au nom du roi et de remplacer le duc de Longueville dans son gouvernement. Mais le parlement de Rouen, travaillé par M. de Longueville, et suivant l'exemple du parlement de Paris, ferma les portes de la ville au comte d'Harcourt ; et, comme le comte était venu sans argent et sans soldats, seuls leviers avec lesquels on ouvre ou brise les portes, force lui fut de se retirer.

Tous ces événements donnaient du courage aux Parisiens assiégés. Ou commencèrent à faire des sorties, drapeaux déployés. Sur ces drapeaux, on lisait : *Nous cherchons notre roi.* A la première sortie qu'on fit avec cette devise, on prit un troupeau de cochons qu'on ramena triomphalement dans la ville ; il ne faut pas demander si ce singulier succès excita l'hilarité des Parisiens.

Peu à peu, on s'aguerrit et chaque jour amena une escarmouche. Le duc de Beaufort sortit avec un corps de cavalerie et d'infanterie pour livrer bataille au maréchal de Grammont ; mais il rentra en disant que le maréchal avait refusé la bataille, ce qui n'était pas pour un succès.

Il est vrai que ce succès fut bien vite compensé par un échec qu'éprouva le chevalier de Sévigné, qui commandait un régiment levé par l'archevêque de Corinthe. Cette fois, la déroute des nouvelles recrues fut complète, et l'on appela cette affaire *la première aux Corinthiens*.

En échange, le duc d'Elbœuf reprit le poste de Charenton, abandonné par le prince de Condé et y fit conduire du canon. Mais, comme si toute cette guerre, pour ressembler tout à fait à un jeu, ne devait procéder que par partie et par revanche, le marquis de Vitry fut attaqué près de Vincennes par deux escadrons de cavalerie allemande qui lui tuèrent une vingtaine d'hommes, et il se retira en laissant parmi les prisonniers Tancrède de Rohan, blessé à mort.

Alors, le caractère du pauvre jeune homme ne se démentit pas. Se sentant atteint mortellement, il ne voulut jamais dire qu'il était et parla hollandais jusqu'à sa mort. Comme on avait pensé cependant que c'était un gentilhomme de distinction, on exposa le cadavre, il fut reconnu. C'est ainsi que mourut loin de sa mère l'orphelin qui avait été élevé loin de sa mère, et qui avait vécu loin de sa mère. Madame de Rohan reçut cette nouvelle à Romorantin, où elle s'était retirée.

Une pareille guerre devait paraître au vainqueur de Rocroy et de Lens bien futile et bien fatigante. Aussi résolut-il de donner un jour lui-même et sérieusement. Il laissa fortifier Charenton, donna le temps d'y loger trois mille hommes de garnison, d'y conduire de l'artillerie ; puis il se disposa à l'emporter.

Le 7 février, au soir, M. de Chanleu, qui commandait ce poste, eut avis que le duc d'Orléans et M. le Prince marchaient contre lui avec sept ou huit mille hommes de pied, quatre mille chevaux et du canon. Il envoya aussitôt prévenir M. le prince de Conti en lui demandant ce qu'il devait faire.

On tint conseil chez M. de Bouillon, qui avait la goutte, et qui, jugeant la place intenable fut d'avis de retirer Chanleu et ses hommes, en laissant seulement un poste pour défendre le pont. Mais M. d'Elbœuf, qui aimait cet officier et qui voulait lui donner l'occasion de se signaler, fut d'un avis contraire, auquel se joignirent le duc de Beaufort et le maréchal de la Mothe. On écrivit donc à Chanleu de tenir, en lui disant qu'on viendrait à son secours avec la garnison de Paris. Mais, quoiqu'on eût commencé à faire défiler les troupes à onze heures du soir, elles ne furent en bataille qu'à huit heures du matin.

C'était trop tard : dès la pointe du jour M. le Prince avait attaqué Charenton. Aux premiers coups de feu, le duc de Châtillon, Gaspard de Coligny, frère de celui qui était mort de la blessure que lui avait faite le duc de Guise au duel de la place Royale, reçut une balle tout au travers du corps et tomba. Le prince de Condé reprit sa place et se précipita avec son ardeur accoutumée dans les retranchements de Chanleu se fit tuer, mais qui furent pris.

Le lendemain, le duc de Châtillon mourut tenant le bâton de maréchal que la reine lui avait envoyé, et qu'il n'avait possédé qu'une heure.

A la faveur du combat de la veille, le marquis de Noirmoutier avait fait un détachement de mille chevaux et était sorti de Paris sans être aperçu pour aller au-devant d'un convoi qui venait d'Etampes. Comme, le surlendemain, on ne le voyait pas revenir, le 10, M. de Beaufort et M. le maréchal de la Motte sortirent pour favoriser son retour. Mais, dans la plaine de *Villejuif*, on trouva le maréchal de Grammont avec deux mille hommes de pied, des gardes suisses et françaises et deux mille chevaux. Ces derniers avait couru par la ville que le duc de Beaufort était engagé avec l'ennemi.

Le 12, le commandant de la porte Saint-Honoré vint avertir le parlement qu'un héraut revêtu de sa cotte d'armes et précédé de deux trompettes demandait à être introduit ; il était porteur de trois lettres, une pour le parlement, l'autre pour le prince de Conti, la troisième pour l'hôtel de ville.

A cette nouvelle, il y eut grande agitation ; mais, poussé

La reine d'Angleterre fit entrer le coadjuteur dans la chambre de sa fille.

étaient commandés par Charles de Beauvau, seigneur de Nerlieu. A peine celui-ci, qui était un des plus braves gentilshommes de l'armée royale, eut-il vu le corps du duc de Beaufort, qu'il fondit dessus. Mais, aux premiers coups portés, Nerlieu tomba mort ; ce qui n'empêcha pas le combat de se continuer avec tant d'acharnement que M. de Beaufort s'étant pris corps à corps avec un nommé Briolles, celui-ci lui arracha son épée des mains. Au même instant, M. de la Motte étant venu au secours du duc, les mazarins furent forcés de plier. En ce moment, le convoi parut, et le maréchal ne voulut pas pousser plus loin sa victoire, disant que les ennemis seraient assez battus s'il parvenait à faire entrer le convoi dans Paris.

Il y entra effectivement, escorté de près de cent mille hommes qui étaient sortis en armes au premier bruit qui

par le coadjuteur, le conseiller Broussel se leva et dit qu'on n'envoyait d'ordinaire de héraut qu'à ses égaux ou à ses ennemis. Or, le parlement n'étant ni l'égal ni l'ennemi du roi, ne pouvait recevoir son héraut.

Ce biais, tout subtil qu'il était, fut accueilli avec acclamation. On décida qu'on enverrait une députation au roi pour savoir quelles ouvertures il avait à faire au parlement, et l'on renvoya le héraut en faisant demander un sauf-conduit pour la députation.

Le surlendemain, le sauf-conduit arriva et la députation partit.

Mais ce n'était pas publiquement que les vraies démarches se faisaient ; pendant que la députation s'acheminait vers Saint-Germain, M. de Flamarens venait faire une visite au prince de Marcillac, qui, blessé d'un coup de mousquet dans une escarmouche qu'il avait engagée à Brie-Comte-Robert, commençait à avoir assez de cette petite guerre ; il était chargé, de la part de l'abbé de la Rivière, de faire des propositions secrètes aux chefs des rebelles. D'abord on offrait au prince de Conti son entrée au conseil et une place forte en Champagne, pourvu qu'il abandonnât à l'abbé de la Rivière le chapeau de cardinal auquel il avait prétendu. Cette dernière condition aurait pu être placée la première, attendu que quitter l'Église était la chose la plus agréable que l'on pût proposer à M. de Conti.

Quant à M. de Longueville, qui devait amener de Rouen un secours à Paris, on lui proposait, s'il voulait retarder ce secours, outre les anciens gouvernements, le gouvernement de Pont-de-l'Arche et une charge à la cour. On promettait, de plus, à M. de Bouillon d'en finir définitivement avec lui du rachat de la ville de Sedan, qui traînait depuis si longtemps.

Toutes ces propositions, jointes aux bonnes paroles que donna la reine aux envoyés, et à l'arrivée d'un agent espagnol qui vint pour proposer la médiation de l'archiduc Léopold, lequel, écrivait-il ne voulait plus traiter avec le cardinal, mais avec le parlement, amenèrent une espèce de trêve, pendant laquelle cent muids de blé devaient entrer par jour dans Paris et des conférences avoir lieu à Rueil.

Trois jours après, ces conférences s'ouvrirent. Pendant qu'elles avaient lieu, deux grandes nouvelles arrivaient au parlement ; la première, que le duc de Longueville marchait sur Paris avec dix mille hommes qu'il amenait de Rouen au secours de la capitale ; la seconde, que M. de Turenne venait de se déclarer pour le parlement.

C'étaient là deux riches nouvelles ; aussi écrivit-on aux plénipotentiaires de tenir ferme. Mais ceux-ci, voyant, d'un côté, le duc d'Orléans exaspéré et le prince de Condé menaçant, de l'autre, le peuple exalté et le parlement décidé à tenir jusqu'au bout, puis, au milieu de tout cela, l'Espagne prête à profiter de nos guerres civiles, prirent sur eux de signer tout seuls, et, le 13 mars, les articles suivants furent arrêtés :

1° Toutes les hostilités cesseraient de part et d'autre, les passages redeviendraient libres, et le commerce serait rétabli ;

2° Le parlement se rendrait à Saint-Germain pour y tenir un lit de justice ;

3° Il ne serait fait dans l'année aucune assemblée de chambre, si ce n'était pour mercuriales et réceptions d'officiers ;

4° Dans le narré de la déclaration à publier, il serait parlé de l'intention du roi pour l'exécution des déclarations de juillet et octobre 1648 ;

5° Tous les arrêts du parlement, rendus nuls depuis la sortie du roi, demeureraient nuls et non avenus ;

6° Il en serait de même des lettres de cachet et déclarations du roi au sujet des mouvements derniers ;

7° Les gens de guerre, levés en vertu des pouvoirs du parlement et de la ville, seraient licenciés ;

8° Le roi ferait retirer ses troupes des environs de Paris ;

9° Les habitants de Paris poseraient les armes ;

10° Le député de l'archiduc serait renvoyé sans réponse ;

11° Les meubles seraient rendus aux particuliers, et l'Arsenal et la Bastille au roi ;

12° Le roi pourrait emprunter, au denier douze, cette année et l'année suivante, les sommes dont il aurait besoin ;

13° Le prince de Conti et tous autres qui avaient pris les armes seraient conservés en leurs biens, charges et gouvernements, s'ils déclaraient, le duc de Longueville dans dix jours et les autres dans quatre, qu'ils acquiesçaient au traité, faute duquel acquiescement le corps de ville ne prendrait plus aucune part dans leurs intérêts ;

14° Le roi retournerait à Paris dès que les affaires de l'État le pourraient permettre (1).

Il y avait au traité général un petit inconvénient : c'est qu'il s'était fait si vite, qu'il n'avait pas permis aux traités particuliers de se conclure. Il y eut donc grand bruit au parlement le jour où il fut lu, et l'on décida qu'une seconde députation serait envoyée, pour établir particulièrement les intérêts des généraux.

Les généraux étaient : le prince de Conti, le duc d'Elbœuf, le duc de Bouillon, le duc de Beaufort, le duc de Longueville et le maréchal de la Motte-Houdancourt.

On devait faire aussi quelques choses pour le maréchal de Turenne, qui s'était décidé un peu tard, mais qui, enfin, s'était décidé.

Alors, il y eut une chose unique, et qui indique toute l'impudence et toute la vénalité de l'époque : les stipulations particulières furent portées au traité général et discutées publiquement.

Le prince de Conti obtint Damvilliers.

---

(1) Le retour du roi était fort désiré, s'il faut en croire une pièce de vers qui courait alors, et que nous reproduisons à cause de son originalité. (Voir la note H à la fin du volume.)

Le duc d'Elbœuf, le payement des sommes dues à sa femme, et cent mille livres pour l'aîné de ses fils.

Le duc de Beaufort, sa rentrée à la cour, la grâce entière de ceux qui l'avaient aidé dans sa fuite, le recouvrement des pensions du duc de Vendôme, son père, et une indemnité pour ses maisons et châteaux que le parlement de Bretagne avait fait démolir.

Le duc de Bouillon, des domaines d'égale valeur à l'estimation qui serait faite de Sedan, une indemnité pour la non-jouissance de sa principauté, et le titre de prince accordé à lui et à ceux de sa maison.

Le duc de Longueville, le gouvernement de Pont-de-l'Arche.

Le maréchal de la Motte-Houdancourt, deux cent mille livres d'argent, sans préjudice des autres grâces qu'il plairait au roi de lui accorder.

Enfin, l'armée d'Allemagne devant être supprimée, le maréchal de Turenne serait employé selon l'estime due à sa personne et à ses services.

Moyennant ces nouvelles conditions, la paix ne souffrit plus aucune difficulté, et, le 5 avril, un *Te Deum* fut chanté en grande pompe à Notre-Dame, où reparurent, comme représentants de la royauté absente, les gardes françaises et les suisses du roi.

Ainsi finit le premier acte de cette guerre burlesque, où chacun resta au-dessous de sa réputation et dont l'événement le plus important fut l'accouchement de la reine de Paris par intérim, madame de Longueville, laquelle, pendant son séjour à l'hôtel de ville, mit au monde un fils qui fut tenu sur les fonts de baptême par le prévôt des marchands, et qui reçut les noms de Charles-Paris-Orléans.

Singulière coïncidence de noms, on en conviendra.

Il est vrai que, pour faire compensation à toutes ces misères, il venait de s'accomplir, à soixante et six lieues de Paris, une révolution un peu plus sérieuse.

Le 30 janvier 1649, la tête du roi Charles Stuart, tombée sur l'échafaud de White-Hall, avait été ramassée et montrée au peuple anglais comme celle d'un traître, par un bourreau voilé dont on ne sait jamais le nom.

Mais à peine trouve-t-on trace de cette grande catastrophe dans nos auteurs contemporains, tant étaient de bruit les neuf cents pamphlets qui parurent pendant le cours de cette guerre.

Il est vrai que l'exemple perdu pour les contemporains ne l'était pas pour la postérité : cent quarante-quatre ans plus tard, la Convention nationale devait répondre au parlement anglais en montrant à son tour au peuple français la tête de Louis XVI.

XXI

LE DUC D'ORLÉANS RENTRE A PARIS. — PROJET D'ALLIANCE ENTRE LA MAISON DE VENDÔME ET MAZARIN. — SUCCÈS DE L'ENNEMI. — LA REINE PART POUR COMPIÈGNE AVEC SES DEUX FILS, LE CARDINAL ET M. LE PRINCE. — DISPOSITIONS DE CONDÉ. — BROUILLE DE MAZARIN ET LUI. — LES DEUX IMPRIMEURS. — RENÉ DUPLESSIS. — LES MAZARINS ET LES FRONDEURS. — LE SOUPER INTERROMPU. — LES VISITES A COMPIÈGNE. — SUCCÈS DU DUC D'HARCOURT. — RENTRÉE DE LA COUR A PARIS. — JOIE DE LA POPULACE. — NOUVELLE BROUILLE ENTRE CONDÉ ET MAZARIN. — AFFAIRE DES TABOURETS. — MÉCONTENTEMENT ET VENGEANCE DE M. LE PRINCE. — MADAME DE CHEVREUSE ET MAZARIN. — DÉMARCHES AUPRÈS DU COADJUTEUR. — ENTREVUE DE GONDI AVEC LA REINE. — DÉMONSTRATIONS AMICALES DE MAZARIN. — CONVENTIONS MENAÇANTES POUR CONDÉ. — DÉSESPOIR AMOUREUX DE MONSIEUR. — MADAME DE CHEVREUSE LE CONSOLE. — L'ENTRE DANS LE COMPLOT CONTRE M. LE PRINCE. — VISITE DE CONDÉ A LA REINE. — IL EST ARRÊTÉ AVEC SON FRÈRE. — CONSÉQUENCES DE CETTE ARRESTATION.

Pendant que ces choses se passaient, la reine, peu pressée de rentrer à Paris, où pleuvaient sur elle et sur son ministre les pamphlets les plus insolents, était restée à Saint-Germain, et le duc d'Orléans seul, de toute la famille royale, était revenu prendre sa résidence habituelle au Luxembourg.

Il n'y avait plus de guerre flagrante ; mais tout cependant était à peu près demeuré dans le même état. Le duc de Beaufort était toujours le roi des halles. Le coadjuteur, qui, seul parmi tous les stipulants, n'avait rien demandé pour lui, était resté l'homme populaire par excellence. Madame de Longueville avait transporté sa cour de l'hôtel de ville dans son hôtel. M. de Condé, qui s'était rapproché d'elle, venait la voir de temps en temps, et, à chaque voyage, elle reprenait sur lui un peu de cette influence qu'elle avait eue autrefois. La duchesse de Chevreuse était rentrée à l'hôtel de Luynes, et, suppléant à sa beauté passée par celle de sa fille, qui alors était dans tout son éclat, elle l'avait à peu près donnée pour maîtresse au coadjuteur. On frondait plus que jamais, car maintenant la fronde était bien plus qu'un parti, c'était une mode.

Au milieu de tout cela courut le bruit que M. de Vendôme, qui, grâce aux traités, était rappelé de son exil, venait d'arrêter un projet d'alliance entre le cardinal et sa maison. On disait que le duc de Mercœur, son fils aîné, allait épouser Victoire Mancini, l'aînée des trois sœurs, et la chose paraissait si incroyable à tout le monde, que tout le monde la croyait. Ainsi commençait à se réaliser la prédiction du duc de Villeroy à propos de ces trois petites filles arrivées un soir d'Italie.

Pendant ce temps, l'ennemi, profitant du rappel des troupes vers Paris, prenait sa revanche de la bataille de Lens en s'emparant d'Ypres et de Saint-Venant.

La reine annonça alors qu'elle quittait Saint-Germain avec ses deux fils pour aller coucher à Chantilly et continuer ensuite son chemin vers la frontière. On sait déjà ce que c'était que la frontière de France pour le roi et la reine. Tous deux s'arrêtèrent à Compiègne. Le cardinal et le prince de Condé poussèrent jusqu'à la Fère pour y passer la revue des troupes que l'on dirigeait vers les Flandres.

Mais, là, les conseils que le prince avait reçus pendant ses visites à madame de Longueville portèrent leurs fruits. Le prince, nous l'avons dit, était un homme d'esprit et surtout d'imagination, brave mais mobile, avide de toutes les gloires, mais facilement rassasié de celles qu'il avait conquises. Or, à vingt-sept ans, il avait mérité le titre de grand capitaine. Sa réputation des armes balançait celle de Turenne. Il voulut conquérir celle de grand politique et lutter contre Mazarin.

C'est que madame de Longueville lui avait montré sa position claire comme le jour. Tous ceux qui avaient servi contre la cour étaient rentrés en faveur, et encore avaient fait leurs conditions pour y rentrer. Lui, l'avait servie et n'avait rien obtenu, pas même le chapeau de cardinal dont il avait si grande hâte de coiffer son frère.

Il y avait plus : ce frère cadet, mal fait, mal venu, ignorant aux choses de guerre et de politique, avait été, grâce à son nom, nommé généralissime des troupes de Paris. Un instant il avait régné, lui troisième ou quatrième, dans la capitale de la France. Qu'eût donc fait à sa place Condé, homme de guerre, homme de génie ? Il eût régné seul et fût peut-être resté roi.

D'ailleurs, cette alliance des Vendôme avec Mazarin le gênait. M. de Beaufort, moins grand homme de guerre que lui, mais aussi brave et plus populaire, visait à la place qu'il occupait. S'il y avait quelques obstacles pour y atteindre, Victoire Mancini allait les écarter.

Aussi, pendant son séjour à Compiègne, le prince avait-il témoigné beaucoup de mauvaise humeur. A la Fère, cette mauvaise humeur s'augmenta ; Mazarin commençait à s'impatienter des exigences du grand capitaine, il se fâcha. Condé ne cherchait qu'une occasion pour rompre, il rompit.

Le comte d'Harcourt, cadet du duc d'Elbœuf, qui avait déjà, comme nous l'avons dit, succédé à M. de la Motte dans le commandement de l'armée d'Espagne fut choisi pour remplacer Condé à l'armée de Flandre, et le prince se retira dans son gouvernement de Bourgogne, mécontent de tout, des hommes et des choses qui devenaient trop petites, et des hommes qu'on faisait trop grands.

Pendant ce temps, les pamphlets allaient leur train : de ceux qui étaient faits contre Mazarin, tout le monde riait et nul n'en prenait souci ; mais, de ceux qui étaient faits contre le roi, la reine et la religion, on s'inquiétait quelquefois.

Deux imprimeurs mirent au jour, vers cette époque, deux ouvrages dont la reine était si mal traitée, que la justice s'en émut. L'histoire a conservé le nom d'un de ces imprimeurs et d'un de ces ouvrages : l'imprimeur s'appelait Marlot ; l'ouvrage était intitulé : *la Custode du lit de la reine*. La Tournelle, fit le procès aux deux coupables et les condamna à être pendus en Grève. Le jugement était sur le point de s'exécuter, le peuple entourait la potence ; celui qui devait être pendu le premier avait déjà la corde au cou et le pied sur l'échelle, lorsqu'il s'avisa de crier qu'on le faisait mourir, lui et son compagnon, pour avoir débité des vers contre Mazarin. Le peuple prit les paroles au vol, jeta de grands cris, se rua vers le gibet et emporta en triomphe les deux condamnés, qui, au coin de la première rue, se dérobèrent à l'ovation et gagnèrent prudemment au pied.

On voit que le cardinal avait agi sagement en passant par Compiègne pour revenir à Paris.

Cependant toutes ces démonstrations frondeuses vexaient fort les partisans du cardinal, qui, en l'absence de leur patron, étaient rentrés à Paris. Au nombre de ces partisans était René, marquis de Jarzé, seigneur du Plessis-Bourré, nommé capitaine des gardes du corps du roi en 1648. C'était un des hommes les plus spirituels de la cour et le rival, pour les bons mots, du prince de Guéméné et de Bautru. Il se mit dans l'esprit de lutter contre cette tendance rebelle et d'accoutumer le peuple de Paris à ce nom de Mazarin, qui lui inspirait une si vive répulsion. Plusieurs jeunes gens, appartenant comme lui à la faction des petits-maîtres dont M. le Prince était le chef, entrèrent avec lui dans le complot. C'étaient M. de Candale, Louis-Charles Gaston, de Nogaret, de La Valette, M. de Bouteville, François-Henri de Montmorency, fils du Bouteville décapité pour s'être battu en duel contre Bussy d'Amboise, Jacques de Stuer, marquis de Saint-Mégrin, dont un des ancêtres avait été assassiné autrefois par ordre du duc de Guise, et encore plusieurs autres jeunes fous aux grands noms qui s'appelaient Manicamp, Ruvigny, Souvré, Rochechouart, Vineville, et qui entretenaient en folies de pages le courage dont ils étaient toujours prêts d'ailleurs à faire preuve en face de l'ennemi.

En conséquence de ce plan, tous ceux que nous venons de nommer, fortifiés de leurs amis et des amis de leurs amis, prirent l'habitude de se promener dans le jardin des Tuileries, qui commençait à être vers le soir le rendez-vous des gens à la mode, parlant haut, vantant Mazarin et raillant les frondeurs.

D'abord, on en prit le bruit pour ce qu'il était réellement, c'est-à-dire pour une folle démonstration sans but comme nous portée. Bien plus, un soir que Jarzé et ses amis venaient par le bout d'une allée et que le duc de Beaufort et les siens venaient par l'autre bout, comme les deux troupes n'étaient plus qu'à vingt pas l'une de l'autre, le duc de Beaufort, soit qu'il voulût éviter de heurter de front tous ces mazarins, soit qu'il eût effectivement besoin de conférer avec un jeune conseiller qu'il avait aperçu dans une allée latérale, le duc de Beaufort, disons-nous, quittant la grande allée, l'alla prendre par-dessous le bras et causa avec lui jusqu'à ce que Jarzé et ses compagnons, qui se trouvaient avoir le chemin libre, car les amis du prince l'avaient suivi, furent passés. Il n'en fallait pas tant pour exalter toutes ces jeunes têtes. Jarzé, qui était fort à la mode parmi les belles dames du temps, s'en alla raconter dans les ruelles que lui et ses amis avaient pris aux Tuileries le haut du pavé et que les frondeurs n'avaient point osé le leur disputer. Ces confidences de ruelles, faites le soir, grossissaient la nuit et avaient presque toujours, le lendemain matin, un grand retentissement. Bientôt M. le coadjuteur apprit l'affaire par mademoiselle de Chevreuse, qui, nous l'avons dit, prenait grand intérêt à tout ce qui touchait à l'honneur du belliqueux prélat.

La dernière chose dont avait besoin Gondi, c'était d'être excité à faire un éclat, disposé qu'il était à le faire même sans excitation. Au coup d'aiguillon, Gondi ne fit qu'un saut de l'hôtel de Luynes à l'archevêché, et manda chez lui pour affaire de la plus haute importance le duc de Beaufort, le maréchal de la Motte, Rais, Vitry et Fontrailles.

On passa une partie de la nuit en délibération.

Le lendemain, Jarzé et ses compagnons avaient fait le projet d'aller souper chez Renard, restaurateur en vogue à cette époque, que nous avons déjà nommé à propos des démêlés de madame la Princesse et de madame de Montbazon, et dont l'établissement faisait suite au jardin des Tuileries. Ils devaient être douze, avoir des violons, boire à la santé de Mazarin et danser après.

On se mit à table ; mais alors les convives s'aperçurent qu'ils n'étaient plus qu'onze ; on chercha quel était le déserteur qui manquait ainsi à l'appel, et l'on reconnut que c'était le commandeur de Souvré. Au moment où l'on se demandait la cause de ce retard, un laquais arriva et remit une lettre à Jarzé. Cette lettre lui annonçait qu'il eût à lever le siège, lui et ses amis, attendu qu'il se machinait quelque chose contre eux. En effet, le commandeur de Souvré avait été averti de ne pas se trouver à cette fête par sa nièce, mademoiselle de Toussy, laquelle en avait été avertie elle-même par le maréchal de la Motte, qui l'aimait, et qui, quelque temps après, l'épousa.

Cet avis, donné à onze jeunes gens qui ne demandaient que bruit et rumeur, était trop prudent pour être suivi. D'ailleurs, le commandeur de Souvré ne s'étendait point sur la nature du danger qui les menaçait. La petite troupe mazarine se décida donc à l'attendre et à lui faire face quand il se présenterait.

On ne fut pas longtemps dans l'attente : le premier service n'était pas fini, que le duc de Beaufort entra dans le jardin, suivi du duc de Retz, du duc de Brissac, du maréchal de la

Motte, du comte de Fiesque, de Fontrailles, et d'une cinquantaine d'autres gentilshommes avec leurs laquais.

Les convives comprirent alors que c'était là l'orage dont ils étaient menacés.

Le duc de Beaufort s'approcha et fit un signe aux gentilshommes qui l'accompagnaient, lesquels environnèrent la table.

Or, comme avant tout M. de Beaufort était petit-fils de Henri IV, deux des convives se levèrent pour lui rendre l'espèce de salut qu'il avait fait en portant la main à son chapeau. C'étaient Ruvigny et Rochechouart, ce dernier plus connu dans les mémoires du temps sous le nom de commandeur de Jars.

Les autres demeurèrent assis.

Le prince se tint un instant debout, les regardant avec cet air fier et méprisant qui lui était habituel.

— Messieurs, dit-il, vous soupez de bien bonne heure, ce me semble.

— Mais pas trop tôt, monseigneur, répondit Ruvigny, car il est tantôt sept heures.

— Avez-vous des violons? demanda le prince.

— Non, monseigneur, répondit Rochechouart; ils sont commandés, mais ils ne sont pas encore venus.

— Tant pis! dit le prince, car mon intention était de vous faire danser.

A ces mots, prenant la nappe par un coin, il la tira avec tant de violence, que tout ce qui était sur la table fut renversé, et qu'une portion des mets tomba sur les convives.

Alors, tous se levèrent furieux et demandant leurs épées; le duc de Candale, le premier, courut à l'un de ses pages, lui prit la sienne, la tira hors du fourreau, et revint se jeter, l'épée nue, au milieu des assaillants, appelant tout haut le duc de Beaufort, son cousin, en duel, et lui rappelant qu'il pouvait se battre contre lui sans se dégrader, attendu qu'il était petit-fils de Henri IV comme lui. Mais le duc de Beaufort répondit que ce n'était pas là qu'il en voulait, mais à Jarzé, qu'il comptait jeter du haut en bas du rempart pour lui apprendre à mieux mesurer ses paroles dans l'avenir. Malgré cette déclaration, il y eut un instant de lutte terrible. Le duc de Beaufort cherchait et appelait Jarzé, qui, étant brave, se fût sans doute jeté audevant de lui, si le duc de Beaufort avait eu une épée; mais, comme il n'en avait pas, il pensa que le prince ne le cherchait que pour lui faire insulte; et, sur les instances de ses amis, il s'esquiva. Le duc de Beaufort resta donc maître du champ de bataille. Mais M. de Candale n'était point satisfait de la déclaration de son cousin. Celui-ci la lui renouvela; ce qui ne l'empêcha point de la faire appeler le lendemain matin dans toutes les règles; mais M. de Beaufort continua de dire que ce n'était point à lui qu'il avait affaire, et qu'il ne se battrait point contre lui. Or, comme le courage de Beaufort était connu, on loua fort à la fois Candale de l'avoir défié, et le duc d'avoir refusé le défi.

Cette escapade faillit faire manquer le mariage du duc de Mercœur avec Victoire Mancini. Le cardinal, furieux de la défaite de ses partisans, qui, à la suite de cette affaire, avaient été forcés de quitter Paris, déclara d'abord qu'il ne donnerait pas sa nièce au frère d'un extravagant qui le haïssait. Ainsi, dans une alliance entre la maison Mazarin et la maison de Vendôme, entre l'ancien domestique du cardinal Bentivoglio et la descendance de Henri le Grand, c'était, chose étrange! Mazarin qui menaçait de retirer sa parole.

Cependant, la reine, lasse en haïssant le prince de Condé, avait compris qu'elle n'était pas assez forte en ce moment pour se passer de lui. Elle lui avait écrit en Bourgogne une lettre pleine de tendres instances, et le prince avait quitté Mâcon, où il était, pour revenir à Compiègne. La reine n'attendait que ce retour pour négocier sa rentrée à Paris.

Le coadjuteur, jugeant sa présence indispensable, résolut de s'en donner le mérite. Il partit pour Compiègne, descendit à la porte du palais, monta l'escalier, et, sur la dernière marche, rencontra, dit-il, un petit homme tout vêtu de noir qui lui glissa un billet dans la main. Sur ce billet était écrit: Si vous entrez chez le roi vous êtes mort.

Le coadjuteur mit le billet dans sa poche et entra.

Il trouva la reine qui le reçut à merveille et lui fit force instances pour qu'il consentît à voir le cardinal. Le coadjuteur qui tenait à garder sa popularité près des Parisiens, refusa; mais quoi, la reine se fâcha presque. Le coadjuteur la laissa dire, se contentant de lui répondre que, s'il se raccommodait avec le cardinal, il perdrait à l'instant même toute influence et ne pourrait plus rien pour son service.

Quelques jours après cette visite, madame de Chevreuse eut permission de faire la sienne. Madame de Chevreuse était toujours, non pas par elle-même, m... par ses relations, une amie ou une ennemie fort importante. Toutefois, elle craignait qu'il ne lui arrivât quelque accident pendant le voyage, et, pour la décider à le faire, il fallut que le premier président lui promît qu'il ne lui adviendrait aucune chose fâcheuse. En effet, elle revint à Paris saine et sauve. Seulement, la reine ne l'avait point embrassée.

Le lendemain, ce fut le tour du prince de Conti. Il vint à Compiègne, sous prétexte d'y voir son frère; le cardinal Mazarin, l'ayant rencontré comme par hasard chez M. de Condé, l'invita à dîner et le prince accepta cette invitation.

Presque en même temps, on reçut la nouvelle que le duc d'Harcourt avait forcé l'Escaut entre Bouchain et Valenciennes, et défait un corps ennemi de huit cents chevaux. Ce n'était là ni la victoire de Rocroy ni celle de Lens, mais enfin c'était toujours une victoire, et la reine résolut d'en profiter pour revenir dans sa capitale. Cette rentrée eut lieu le 18 du mois d'août 1649, après une absence de six mois.

« Ce fut un véritable prodige, dit madame de Motteville, que l'entrée du roi en ce jour, et une grande victoire pour le ministre. Jamais la foule, ne fut si grande à suivre le carrosse du roi, et il semblait, par cette allégresse publique, que le passé fût un songe. Le Mazarin si haï était à la portière, avec M. le Prince et fut regardé si attentivement de ceux qui suivaient le roi, qu'on eût dit qu'ils ne l'avaient jamais vu. Ils se disaient les uns aux autres: « Voici le « Mazarin. » Les gens du peuple qui arrêtaient les voitures par la presse bénissaient le roi et la reine, et parlaient à l'avantage du Mazarin. Les uns disaient qu'il était beau, les autres lui tendaient la main et l'assuraient qu'ils l'aimaient bien; les autres disaient qu'ils allaient boire à sa santé. Enfin, après que la reine fut entrée chez elle, ils se mirent à faire des feux de joie et à bénir le Mazarin qui leur avait ramené le roi. »

Il est vrai que si madame de Motteville ajoute, à la ligne suivante, que Mazarin avait fait distribuer de l'argent à cette populace, et quelques auteurs prétendent que, malgré son avarice, le ministre consacra cent mille livres à se préparer cette triomphale entrée.

Vraie ou fausse, cette démonstration eut cela de fâcheux, que la reine prit les acclamations qui saluaient son retour pour l'approbation de ce qu'elle avait fait.

Le soir, il y eut grande réception au Palais-Royal, et, tandis que le cardinal se retirait pour se reposer, disait-il, le duc d'Orléans amenait, par les petits appartements, le duc de Beaufort chez la reine. Le duc de Beaufort fit force protestations de dévouement; la reine donna force assurances d'oubli. Et chacun se retira ne croyant pas un mot de ce que l'autre lui avait dit. Il est vrai que le hasard avait voulu que l'entrevue eût lieu dans la même chambre où, sept ans auparavant, Beaufort avait été arrêté.

Mais, comme on eût pu le croire sous le prince n'avait jamais quitté Paris.

Mais, comme on le comprendra bien, tous ces raccommodements étaient cicatrisés à la surface, envenimés au dedans. M. de Condé se montrait plus maussade que jamais. Il se croyait quitte de tout engagement avec la cour, ayant, comme il l'avait promis, ramené heureusement le roi à Paris, et d'ailleurs à tout moment de se retirer. Le mariage du duc de Mercœur avec Victoire Mancini l'aigrissait d'ailleurs cruellement. Il savait que la reine avait reçu secrètement le duc de Beaufort; il voyait les faveurs ministérielles près de pleuvoir sur cette maison de Vendôme qu'il détestait, tandis que, pressé par sa sœur madame de Longueville de faire délivrer à son mari le gouvernement de Pont-de-l'Arche qui lui avait été promis, il n'en pouvait venir à bout. Enfin, un soir qu'il avait insisté près du cardinal plus que de coutume sur ce sujet, celui-ci, contre son habitude, lui répondit assez brutalement.

— Votre Éminence veut donc la guerre? dit le prince.

— Je ne la veux pas, répondit le ministre; mais, si vous me la faites, monsieur le Prince, il faudra bien que je la soutienne.

M. de Condé prit alors son chapeau, et, regardant le cardinal avec ce sourire railleur qui lui était particulier:

— Adieu, Mars! dit-il.

Et, saluant profondément il se retira.

Le propos fut dit à haute voix et chacun l'avait entendu; le lendemain, on n'appelait plus Mazarin que le dieu Mars.

Cette fois, on crut M. le Prince définitivement brouillé avec le ministre, et déjà les frondeurs les plus zélés s'inscrivaient chez M. de Condé, lorsque le duc d'Orléans, qui poursuivait toujours pour son abbé de la Rivière le chapeau de cardinal, parvint à les raccommoder, ou du moins, l'une des clauses de ce traité fut que la princesse de Marcillac et madame de Pons auraient les honneurs du tabouret. Moyennant cette faveur accordée à l'amie de sa sœur et à la femme de l'amant de sa sœur, le prince grimaça un sourire auquel personne ne se trompa.

Mais ce fut une grande affaire que l'affaire de ces deux tabourets accordés à la requête du prince. Toute simple qu'elle paraît à nos lecteurs, ce n'était pas moins qu'une espèce de révolution de cour. Les règles de l'étiquette voulaient que le tabouret, chez la reine, n'appartînt qu'aux duchesses, femmes de ducs et pairs à brevet. La sœur du duc de Rohan l'avait obtenu de Henri IV à titre de parenté, et encore la chose avait-elle fait grand bruit et excité force mécontentements. De son côté, Louis XIII l'avait accordé aux filles de la maison de Bouillon; mais les filles de la maison de Bouillon descendaient de princes souverains. Enfin la reine, de son côté, au commencement de la régence, avait aussi donné le tabouret à la comtesse de Fleix, fille de la marquise de Senecey; mais la comtesse de Fleix était parente de la reine Anne d'Autriche comme la sœur du duc de Rohan était parente de Henri IV. Or, la femme du prince de Marcillac et madame de Pons, veuve de François-Alexandre d'Albret, n'avaient ni l'une ni l'autre aucun droit pareil à faire valoir.

Toute la noblesse se souleva donc contre cette prétention, fit des assemblées dont l'une eut lieu chez le marquis de Mouglat, grand maître de la garde-robe et signa une protestation.

Ce fut pour M. de Condé une nouvelle cause d'en vouloir à la reine; car, comme pour faire comprendre qu'elle avait eu la main forcée en cette occasion, elle laissa ses plus intimes serviteurs prendre part à cet acte d'opposition qui acquit bientôt une si grande importance, qu'elle déclara au public qu'elle était contrainte de céder à une démonstration si générale. En conséquence, quatre maréchaux allèrent annoncer à l'assemblée de la noblesse que la reine retirait à madame de Pons et à la princesse de Marcillac la faveur qu'elle venait de leur accorder.

Une occasion de se venger se présenta bientôt à M. le prince de Condé, qui la saisit avec empressement. Le duc de Richelieu, petit-neveu du grand cardinal était devenu amoureux de madame de Pons à qui la reine venait d'ôter, avec tant de facilité, le tabouret qu'elle lui avait donné à si grand'peine. Or, cet amour était vu de mauvais œil à la cour; car, M. le duc de Richelieu étant gouverneur du Havre, une union entre lui et madame de Pons devenait chose grave. En effet, madame de Pons était l'amie intime de madame de Longueville, et madame de Longueville n'avait déjà, par son mari, que trop d'influence en Normandie. Ce fut une raison pour que M. de Condé poussât à ce mariage regardé par les plus hardis comme impossible. Il conduisit les deux amants dans la maison de la duchesse de Longueville, à Trie, où ils devaient devenir époux, servit de témoin au duc de Richelieu, et, aussitôt après la cérémonie, le fit partir avec sa femme pour le Havre, afin qu'il prît immédiatement possession de son gouvernement. Puis Condé s'en revint à la cour se vanter tout haut que le duc de Longueville possédait maintenant une place de plus en Normandie.

Ce dernier coup frappa cruellement la reine et le cardinal, qui depuis longtemps déjà supportaient à grand'peine les façons de M. le Prince. Ils en étaient encore tout meurtris quand, le 1er janvier 1650, madame de Chevreuse, qui était rentrée en grâce, ou à peu près, vint faire sa visite du jour de l'an à la reine. Le cardinal était chez Anne d'Autriche, et, au moment où la visiteuse allait se retirer, il la prit dans l'embrasure d'une fenêtre.

— Madame, lui dit-il, je vous écoutais tout à l'heure et vous faisiez à Sa Majesté de grandes protestations de dévouement.

— C'est qu'en effet, monsieur le cardinal, répondit madame de Chevreuse, je lui suis tout à fait dévouée.

— Si cela est ainsi, comment ne lui donnez-vous point vos amis?

— Le moyen de lui donner mes amis? dit madame de Chevreuse. La reine n'est plus reine.

— Et qu'est-elle donc? dit le cardinal.

— La très-humble servante de M. le Prince.

— Eh bien, dit madame de Chevreuse, la reine fait comme elle peut. Si l'on se pouvait assurer de certaines personnes, on ferait bien des choses; mais M. de Beaufort est à Vigneul (1) et le coadjuteur est à...

— Est à ma fille, n'est-ce pas? dit madame de Chevreuse. Mazarin se mit à rire.

— Eh bien, dit madame de Chevreuse, je vous réponds de lui et d'elle.

— En ce cas, ne me dites rien et revenez ce soir.

Madame de Chevreuse n'eut garde d'y manquer. On sait l'ardeur de son caractère pour l'intrigue. Il y avait longtemps que forcément elle se reposait, ou se débattait dans des intrigues inférieures indignes d'elle. Sa joie fut donc grande lorsque la reine s'ouvrit à elle du désir de faire arrêter à la fois M. le Prince, M. de Conti et M. de Longueville. Une seule chose retenait encore la reine, suivant ce

(1) Vigneul était un des serviteurs de M. le Prince et appartenait entièrement au duc de Condé.

qu'elle dit à madame de Chevreuse: c'était de savoir si le coadjuteur prêterait les mains à cette arrestation, et si M. le duc d'Orléans, sans lequel on n'osait la faire, garderait le silence, non pas vis-à-vis du prince, mais vis-à-vis de son confident l'abbé de la Rivière, lequel avait pris à tâche d'entretenir les bonnes relations entre le prince de Condé et Monsieur.

Madame de Chevreuse réfléchit un instant et répondit de tout.

L'assistance du coadjuteur était la plus difficile à obtenir; c'était donc celle dont il fallait s'occuper d'abord. La reine donna à madame de Chevreuse une lettre conçue en ces termes:

« Je ne puis croire, nonobstant le passé et le présent, que M. le coadjuteur ne soit pas à moi. Je le prie que je puisse le voir sans que personne le sache, que madame et mademoiselle de Chevreuse. Ce nom sera sa sûreté.

« ANNE. »

Madame de Chevreuse revint en toute hâte à l'hôtel avec sa fille, qui l'avait accompagnée au Palais-Royal. Elle trouva le coadjuteur qui les attendait, et elle entama tout de suite la négociation, en lui demandant s'il éprouverait une grande répugnance à entrer en raccommodement avec le cardinal Mazarin.

En même temps, mademoiselle de Chevreuse, faisant semblant de laisser tomber son mouchoir, se mit au main du prélat, pour lui faire comprendre que ce qu'on lui demandait lui avait plus de portée qu'une question ordinaire.

Le coadjuteur réfléchit, et son premier mouvement fut répulsif; car, quelque temps auparavant, il avait rompu une négociation pareille, et, bientôt après, il avait eu avis que ce retour de la reine vers lui n'était qu'un piège. On voulait faire cacher derrière une tapisserie M. le maréchal de Grammont, afin qu'il pût rapporter à M. le Prince que ces fameux frondeurs, sur lesquels il était parfois disposé à s'appuyer, n'étaient dégoûtés des faveurs de la cour que comme le renard de la fable l'est des raisins auxquels il ne peut atteindre.

— Madame, dit le coadjuteur après un instant de silence, je ne répugnerais pas à ce que vous me dites, si vous m'apportiez une parole écrite de la main de la reine, et si vous ne répondiez de tout.

— Justement, dit madame de Chevreuse, je réponds de tout, et voici une lettre de Sa Majesté.

En même temps, elle tendit la lettre au coadjuteur.

De Gondi la lut, prit une plume et répondit:

« Il n'y a jamais eu de moment dans ma vie dans lequel je n'aie été également à Votre Majesté. Je serais trop heureux de mourir pour son service pour songer à ma sûreté. Je me rendrai où elle me commandera.

« GONDI. »

Le coadjuteur enveloppa le billet d'Anne d'Autriche dans le sien pour faire preuve à Sa Majesté de sa confiance en elle, et remit le tout à madame de Chevreuse, qui, dès le lendemain, porta cette réponse à la reine.

Dans la journée, le coadjuteur reçut ce petit mot de la main de madame de Chevreuse:

« Trouvez-vous à minuit au cloître Saint-Honoré. »

Le coadjuteur se trouva au rendez-vous à l'heure dite. A minuit et quelques minutes, un homme s'approcha de lui. Il reconnut Gabouri, portemanteau de la reine.

— Suivez-moi, dit celui-ci, on vous attend.

Le coadjuteur suivit son guide, qui le fit entrer par une petite porte, et, prenant un escalier dérobé, le conduisit tout droit à l'oratoire de la reine. C'était là, on se le rappelle, que se prenaient les grandes décisions politiques. Quelquefois seulement, par distraction, on y priait Dieu.

La reine reçut le coadjuteur comme on reçoit un homme dont on a besoin, et, aux premiers mots qu'elle prononça, celui-ci put voir qu'elle était de bonne foi. Depuis une demi-heure déjà, il était avec elle lorsque Mazarin parut à son tour.

Le cardinal fut plus démonstratif encore: en entrant, il demanda à la reine la permission de lui manquer de respect en embrassant devant elle un homme qu'il estimait autant qu'il l'aimait, et, à ces paroles, il se jeta dans les bras du coadjuteur.

Puis, après cette accolade, se reculant d'un pas:

— Eh! monsieur, dit Mazarin en regardant tendrement de Gondi, je n'ai qu'un regret en ce moment: c'est de ne pas pouvoir prendre ma calotte rouge et vous la mettre moi-même sur la tête.

— Monseigneur, dit le coadjuteur, il y a quelque chose

de plus important pour moi que le chapeau de cardinal et qui me fera plus de plaisir je vous l'avoue, que si Sa Majesté me donnait la tiare elle-même.

— Et qu'est-ce donc? demanda Mazarin.

— Eh bien, c'est une haute position à l'un de mes amis auquel je pourrai me fier et qui me protégerait contre la colère de M. le Prince, lorsque M. le Prince sortira de prison envenimé et furieux contre moi; cela, je vous l'avoue, me rassurerait plus que dix chapeaux de cardinal.

— Voyons, demanda Mazarin, cette haute position, y avez-vous pensé? quelle serait-elle?

— Au commencement de la régence, répondit le coadjuteur, vous rappelez-vous, monseigneur, que la surintendance des mers avait été promise à la maison de Vendôme? Eh bien, donnez cette surintendance des mers à M. de Beaufort, et je suis à vous.

— C'est-à-dire, reprit le cardinal, que la surintendance a été promise à M. de Vendôme, et, après lui, à son fils aîné, M. de Mercœur.

— Monseigneur, répondit Gondi, ou je me trompe, ou il se prépare en ce moment pour la duc de Mercœur une alliance qui lui vaudra mieux que toutes les surintendances du monde.

Le cardinal sourit et regarda la reine.

— Allons, dit-il, on verra, et, si vous le voulez, dans une seconde entrevue, nous accommoderons l'affaire ensemble.

Une seconde et une troisième entrevue eurent lieu, et, dans ces conférences, on arrêta définitivement:

Que M. de Vendôme aurait la surintendance des mers, et que M. de Beaufort, son second fils, en aurait la survivance;

Que M. de Noirmoutier aurait le commandement de Charleville et du Mont-Olympe;

Que M. de Brissac aurait le gouvernement de l'Anjou;

Que M. de Laigues serait capitaine des gardes de Monsieur;

Enfin, que le chevalier de Sévigné aurait vingt-deux mille livres.

Moyennant quoi, il fut assuré à la reine qu'elle avait le loisir de faire arrêter M. le prince de Condé, M. le prince de Conti et M. le duc de Longueville.

Il eu avait coûté moins cher à Marie de Médicis pour faire arrêter leur père par Thémine et ses deux fils.

Restait M. le duc d'Orléans, dont il fallait enchaîner l'indiscrétion à l'égard de son favori: madame de Chevreuse s'en était chargée, on s'en souvient. Elle alla trouver Monsieur.

Monsieur était dans un profond désespoir. Outre ses favoris, outre sa femme, qu'il avait enlevée et qu'il avait épousée contre le gré du roi son frère, Monsieur, de temps en temps, avait encore des maîtresses. Or, il venait d'avoir pour une dame d'honneur de Madame, nommée Soyon, une de ces violentes passions comme Monsieur en avait quelquefois.

Malheureusement, un beau matin, la pauvre Soyon avait disparu et s'était enfermée dans un couvent de carmélites, d'où ni menaces ni promesses n'avaient pu la faire sortir.

Monsieur en avait appelé à la reine et au cardinal; mais tous deux, qui n'avaient aucun motif en ce moment de servir Monsieur, s'étaient réunis et avaient répondu que la volonté royale ou la puissance ministérielle se brisait devant la vocation, et que mademoiselle Soyon paraissait avoir une vocation extraordinaire.

Monsieur se désolait.

Madame de Chevreuse, tombant au milieu de cette désolation, offrit au prince de lui dire par qui avait été dirigée la petite cabale qui lui avait enlevé sa maîtresse, mais il jurait sur l'Évangile de garder le secret sur une chose qu'elle allait lui confier, de faire sortir Soyon des Carmélites. Monsieur jura tout ce qu'on voulut: c'était le plus grand faiseur de serments qu'il y eût en France.

Alors, madame de Chevreuse lui raconta que le complot avait été fait entre la Rivière et madame la Princesse, femme de M. de Condé: la Rivière, par jalousie contre Soyon; madame la Princesse, par crainte qu'on ne se servît à la cour de l'influence de cette fille pour brouiller Monsieur avec son mari.

Monsieur demanda des preuves. Madame de Chevreuse se les était procurées et les lui montra.

La douleur de Monsieur fit place à une violente colère.

Alors, madame de Chevreuse mit entre les mains de Monsieur une lettre par laquelle Soyon déclarait qu'elle était prête à sortir des Carmélites, si elle avait assurance de la reine d'être soutenue contre *ses ennemis*.

Ses ennemis, c'étaient l'abbé de la Rivière et madame la Princesse.

La colère de Monsieur devint de la fureur.

Madame de Chevreuse craignit d'avoir dépassé son but. Monsieur pouvait être indiscret par faiblesse comme par haine. Elle le calma de son mieux, pria Son Altesse royale de lui permettre de mener toute cette affaire, et en obtint la promesse de laisser tout faire et un nouveau serment de garder le secret.

Malheureusement, madame de Chevreuse ne se dissimulait pas que deux serments de Monsieur en valaient à peine un d'un autre.

Cependant, contre son habitude, Monsieur tint sa parole. Il continua de faire bonne mine à M. le Prince, à madame la Princesse et à l'abbé de la Rivière.

La dissimulation était une vertu de famille.

L'arrestation du prince, de son frère et de son beau-frère, fut alors fixée au 18 janvier, à midi; elle devait avoir lieu au moment où tous trois se rendraient au conseil. Dès la veille, M. le duc d'Orléans avait donné avis qu'il n'y pourrait pas assister, étant malade.

Le matin de ce jour, M. le Prince alla faire une visite au cardinal; il le trouva occupé à parler à Priolo, domestique de M. de Longueville, qu'il chargeait de mille douceurs pour son maître, le priant de recommander à M. de Longueville de ne pas manquer de se trouver au conseil. A la vue du prince, le cardinal voulut s'interrompre pour le saluer; mais celui-ci lui fit signe de ne pas se déranger pour lui et s'approcha de la cheminée.

Près de cette cheminée, le secrétaire d'état Lyonne écrivait sur une table certains ordres qu'à la vue du prince il glissa sous le tapis: c'étaient les ordres nécessaires à l'arrestation.

Le prince resta un quart d'heure, à peu près, à causer avec Mazarin et Lyonne, et, prit congé d'eux pour s'en aller dîner chez madame la Princesse, sa mère. Il trouva sa mère inquiète. Madame la Princesse avait été, le matin même, faire une visite à la reine, et, selon l'habitude des grandes entrées qu'elle avait à toute heure, elle avait pu pénétrer dans la chambre à coucher de Sa Majesté. La reine était au lit, se disant malade, quoique son visage, qui n'avait subi aucune altération, démentît ouvertement ses paroles. Ce n'est pas le tout: la reine avait paru timide et embarrassée envers son amie, et cette amie, qui se rappelait avoir vu Sa Majesté dans un état à peu près pareil le jour de l'arrestation de M. de Beaufort, invitait son fils à prendre garde à lui.

M. le Prince sourit et tira de sa poche une lettre qu'il montra à sa mère.

— Madame, dit-il, je crois que vous vous trompez; j'ai vu la reine hier, elle m'a fait mille amitiés, et voici une lettre qu'avant-hier j'ai reçue de M. le cardinal.

La princesse prit la lettre et la lut. En effet, elle était de nature à rassurer les plus timides, car en voici la reproduction textuelle:

« Je promets à M. le Prince, sous le bon plaisir du roi, par le commandement de la reine régente, sa mère, que je ne me départirai jamais de ses intérêts et, y serai attaché envers tous et contre tous, et prie Son Altesse de me tenir pour son très humble serviteur et de me favoriser de sa protection, que je mériterai avec toute l'obéissance qu'elle peut désirer de moi. Ce que j'ai signé en présence et par le commandement de la reine.

« Cardinal MAZARIN. »

La princesse rendit cette lettre à son fils en secouant la tête: cet engagement était si formel et si solennel tellement à point, qu'il l'effrayait.

— Écoutez, mon fils, dit-elle, je ne suis pas la seule de mon avis, et M. le prince de Marcillac, qui, comme vous le savez, est au courant de bien des choses, me disait encore il y a quelques jours: « Madame, tâchez, si vous le pouvez, que jamais les trois princes ne se trouvent ensemble au conseil. » Je vous l'ai dit, et je vous le répète, faites attention à vous.

Ainsi l'amour maternel inspirait à madame la Princesse, au moment de l'arrestation de son fils, les mêmes pressentiments qu'il avait inspirés à madame de Vendôme au moment de l'arrestation du sien.

Ni l'une ni l'autre ne devaient être écoutées.

Cependant la princesse voulut précéder son fils chez la reine, sous prétexte d'avoir des nouvelles de sa santé, dont elle était inquiète; elle prit les devants.

Un quart d'heure après elle, M. le Prince se rendit au Palais-Royal. Il fut aussitôt introduit chez la reine, qui était toujours au lit; seulement, elle avait fait tirer les rideaux pour qu'on ne vît point le grand trouble de son visage.

Madame la princesse douairière de Condé était dans la ruelle.

Le prince s'approcha du lit de la reine et entra en conversation. La reine lui répondit assez librement, et il fut convaincu plus que jamais qu'il était, sinon en grande faveur, du moins en grande nécessité. Après quelques lieux communs, comme l'heure approchait, il quitta donc la reine. Madame la Princesse tendit à son fils une main que le prince baisa. Puis il prit congé d'elle. Ce fut le dernier adieu que la pauvre mère reçut de son fils, car elle devait mourir pendant sa captivité.

Le prince de Condé passa alors dans un petit cabinet d'où l'on entrait dans un second, lequel donnait à la fois dans l'appartement du cardinal et dans la galerie où se tenait d'ordinaire le conseil.

M. le Prince voulait aller chez le cardinal; mais, dans ce petit passage, il rencontra Son Éminence, qui l'aborda avec son visage le plus souriant.

Comme ils causaient ensemble, M. de Longueville entra et prit part à la conversation jusqu'à ce que M. le prince de Conti arrivât à son tour; ce qui ne tarda point à s'effectuer.

Alors, le cardinal, les voyant tous trois réunis, et pour ainsi dire sous sa griffe, appela un huissier.

— Allez prévenir, la reine dit-il, que MM. de Condé, de Conti et de Longueville sont arrivés, que *tout est prêt* et qu'elle peut venir au conseil.

C'était la formule convenue entre le cardinal et la reine. L'huissier se dirigea vers la chambre de Sa Majesté.

Sur ces entrefaites, entra l'abbé de la Rivière.

— Excusez-moi, messieurs, dit le cardinal, j'ai à causer d'une affaire d'importance avec l'abbé de la Rivière; entrez toujours au conseil et je vous suis.

Les princes entrèrent dans la galerie, le prince de Condé marchant le premier, le prince de Conti venant après lui, et M. de Longueville s'avançant le dernier.

Les ministres venaient ensuite.

Pendant ce temps, on prévenait la reine et le cardinal entraînait l'abbé de la Rivière dans son appartement. En apprenant que les princes étaient réunis, la reine donna congé de madame la Princesse en lui disant qu'il fallait qu'elle se levât pour aller au conseil. Madame la Princesse salua alors la reine et se retira.

De son côté, Mazarin occupait l'abbé de la Rivière d'une singulière façon. Il lui montrait les étoffes rouges de différents tons pour savoir de lui quelle nuance irait le mieux à l'air de son visage lorsqu'il serait cardinal. On sait qu'il y avait deux ans que le ministre tenait le favori de Monsieur en laisse avec cette éternelle promesse du cardinalat. L'abbé de la Rivière venait de faire choix d'une charmante nuance, entre la couleur nacarat et la couleur de feu, lorsqu'on entendit quelque bruit dans la galerie. Mazarin sourit, de son sourire de chat, et dit de sa voix la plus soyeuse à l'abbé de la Rivière en lui prenant le bras:

— Monsieur l'abbé, savez-vous ce qui se passe à cette heure dans la grande galerie?

— Non, répondit l'abbé de la Rivière.

— Eh bien, je vais le lui dire, moi; on arrête MM. de Condé, de Conti et de Longueville.

L'abbé de la Rivière devint pâle comme son linge, qui était toujours fort blanc, dit Segray, laissa tomber les étoffes et demanda:

— M. le duc d'Orléans sait-il cette arrestation?

— Il la sait depuis quinze jours et y prête les mains.

— Il la sait depuis quinze jours et ne m'en a rien dit? reprit l'abbé. Alors, je suis perdu.

En effet, en ce moment même, les choses se passaient comme venait de le dire le cardinal. Pendant que M. le prince de Condé causait avec M. le comte d'Avaux, les yeux tournés vers la porte par laquelle devait entrer la reine, cette porte s'ouvrit et le vieux Guitaut parut. Comme le prince aimait fort Guitaut, il crut que celui-ci avait quelque grâce à lui demander, et, quittant M. d'Avaux, il marcha au-devant du capitaine des gardes de la reine.

— Eh bien, mon bon Guitaut, lui dit-il, que me voulez-vous?

— Monseigneur, dit Guitaut, ce que je vous veux, c'est que j'ai l'ordre de vous arrêter, vous, M. le prince de Conti, votre frère, et M. de Longueville, votre beau-frère.

— Moi, Guitaut! s'écria M. le Prince; moi, vous m'arrêtez!

— Oui, monseigneur, répondit Guitaut fort embarrassé, mais étendant la main vers l'épée que M. le Prince portait à son côté.

— Au nom de Dieu! dit le prince en faisant un pas en arrière, Guitaut, retournez vers la reine et dites-lui que je la supplie de permettre que je puisse la voir et lui parler.

— Monseigneur, dit Guitaut, cela ne servira de rien, je vous jure; mais n'importe, pour vous satisfaire, j'y vais.

À ces mots, Guitaut salua le prince et rentra chez la reine.

— Messieurs, dit le prince de Condé revenant vers ceux avec lesquels il causait et qui n'avaient rien entendu, car tout le dialogue que nous venons de rapporter avait eu lieu à voix basse, messieurs, savez-vous ce qui m'arrive?

— Non, dit M. d'Avaux, mais, à l'émotion de la voix de Votre Altesse, je pense que ce doit être quelque chose d'extraordinaire.

— Oui, fort extraordinaire, en effet. La reine me fait arrêter, et vous aussi, mon frère Conti, et vous aussi, monsieur de Longueville.

Tous les assistants poussèrent un cri de surprise.

— Cela vous étonne autant que moi, n'est-ce pas, messieurs? dit le prince; car, ayant toujours si bien servi le roi, je croyais être assuré de la protection de la reine et de l'amitié du cardinal.

Puis, se tournant vers le chancelier Séguier et le comte Servien, qui étaient là:

— Monsieur le chancelier, dit-il, je vous prie d'aller chez la reine lui assurer de ma part qu'elle n'a pas de plus fidèle serviteur que moi; et vous, monsieur le comte Servien, de me rendre le même office près du cardinal.

Tous deux s'inclinèrent et sortirent, enchantés d'avoir cette occasion de s'éloigner du prince; mais aucun d'eux ne revint. Guitaut seul rentra.

— Eh bien? demanda vivement le prince.

— Eh bien, monseigneur, je n'ai rien pu obtenir, et la volonté positive de la reine est que vous soyez arrêté.

— Allons donc, dit le prince; puisqu'il en est ainsi, obéissons.

Et il donna son épée à Guitaut, tandis que le prince de Conti remettait la sienne à Comminges, et M. de Longueville, à Cressy.

— Maintenant, où allez-vous me mener? continua le prince. Surtout que ce soit dans un endroit chaud. J'ai attrapé des fraîcheurs au camp, et je m'en fais grand mal.

— J'ai l'ordre de conduire Votre Altesse à Vincennes.

— Alors, allons-y donc, dit le prince.

Puis, se retournant vers la compagnie:

— Au revoir, messieurs! dit-il; tout prisonnier que je suis, ne m'oubliez pas. Embrassez-moi, Brienne; vous savez que nous sommes cousins.

C'était ce même comte de Brienne dont nous avons déjà parlé lorsque Beringhen vint offrir le ministère à Mazarin de la part d'Anne d'Autriche.

Alors, Guitaut ouvrit une porte, douze gardes qui se tenaient prêts entourèrent les princes, et, tandis que Guitaut allait rendre compte à la reine que ses ordres étaient exécutés, Comminges, prenant le commandement de la petite troupe, conduisit M. de Condé vers la porte d'un escalier dérobé.

— Oh! oh! dit Comminges, dit le prince en voyant ouvrir cette porte et en sondant des yeux le noir passage sur lequel elle donnait, voici qui sent fort les états de Blois.

— Vous vous trompez, monseigneur, dit Comminges; je suis honnête homme, et, s'il se fût agi d'une pareille commission, on eût choisi un autre que moi.

— Allons donc, dit le prince, je me fie à votre parole.

Et il marcha le premier, donnant l'exemple à ses frères.

M. de Conti, qui, pendant toute la scène de l'arrestation, n'avait pas prononcé une seule parole ni montré un instant de crainte, le suivit, et M. de Longueville passa le dernier; seulement, comme il avait mal à la jambe et qu'il marchait difficilement en cette occasion, Comminges ordonna à deux gardes de le prendre par-dessous les bras et de l'aider à marcher. On arriva ainsi, et sans qu'aucune autre parole fût prononcée, à la porte du jardin du Palais-Royal, qui donnait dans la rue de Richelieu. Là, on retrouva Guitaut. Le prince de Condé était en avant de ses frères d'une dizaine de pas.

— Voyons, Guitaut, dit-il, de gentilhomme à gentilhomme, comprenez-vous quelque chose à ce qui m'arrive?

— Non, monseigneur, répondit Guitaut; mais je vous supplie de considérer qu'ayant reçu l'ordre de vous arrêter de la bouche même de la reine, je ne pouvais me dispenser, comme capitaine de ses gardes, de l'exécuter.

— C'est juste, dit le prince; aussi, je ne vous en veux pas.

Et il lui tendit la main.

Pendant ce temps, les deux autres princes le rejoignirent. Guitaut ouvrit alors la porte. Un carrosse était tout prêt, et, à dix pas de là, Miossens, avec une compagnie de gendarmes, attendait sans savoir de quels illustres prisonniers il était question; aussi son étonnement fut-il grand lorsqu'il reconnut M. de Condé, M. de Conti et M. de Longueville.

Les trois frères montèrent dans le carrosse. Guitaut remit la garde de ses prisonniers à Comminges et à Miossens. Puis il rentra au Palais-Royal, tandis que le carrosse prenait au galop la route du bois de Vincennes. Mais, comme la route par laquelle on conduisait les princes était détournée et difficile, attendu que, pour qu'ils ne fussent pas vus, on n'avait pas voulu suivre le grand chemin, le carrosse versa.

En un instant, M. le Prince, dont la belle taille, l'adresse et l'agilité étaient incomparables, se trouva hors de la portière, debout et à vingt pas de son escorte.

Miossens, qui crut qu'il voulait se sauver, courut à lui.

— Oh ! monsieur le Prince, dit-il je vous en prie...

— Je ne veux point me sauver, Miossens, dit le prince ; mais l'occasion est belle pour un cadet de Gascogne, et de votre vie peut-être ne retrouverez-vous la pareille.

— Ne me tentez pas, monseigneur, dit Miossens ; je vous jure que j'ai la plus grande vénération pour Votre Altesse : mais, vous comprenez, il me faut, avant toute chose, obéir au roi et à la reine.

— Allons donc, dit M. le Prince, remontons en voiture, mon cher Miossens ; mais, au moins, recommandez au cocher de faire attention à ce qu'il ne nous verse plus.

On remonta dans le carrosse, qui avait été redressé, et Comminges, qui avait eu un instant grand'peur que ses prisonniers ne lui échappassent, recommanda au cocher d'aller plus vite.

— Plus vite? dit le prince en éclatant de rire. Oh ! ne craignez rien, Comminges, personne ne viendra à mon secours, et je n'avais pas pris, je vous jure, mes précautions contre ce voyage ; seulement, je vous supplie, dites-moi quel est mon crime.

— Votre crime, monseigneur, dit Comminges, m'a l'air d'être celui de Germanicus, qui devint suspect à l'empereur Tibère, pour valoir trop, pour être trop aimé, et pour s'être fait trop grand.

Et la voiture reprit au galop le chemin de Vincennes.

Au bas du donjon, Miossens s'approcha du prince pour prendre congé de lui. Alors seulement, le prince parut un peu ému.

— Monsieur, dit-il à Miossens, je vous remercie de vos bons procédés envers moi; dites à la reine que, malgré son injustice, je suis toujours son humble serviteur.

On entra au donjon. Comme on n'attendait point les prisonniers, il n'y avait point de lits préparés. Comminges, qui devait les garder huit jours, demanda des cartes, et tous quatre passèrent la nuit à jouer.

Pendant ces huit jours, Comminges resta constamment auprès du prince, et il dit souvent, depuis, que, grâce à l'esprit enjoué de Son Altesse royale et à sa vaste instruction, ces huit jours de prison avaient été les plus agréables de sa vie.

En quittant le prince de Condé et son frère, Comminges leur demanda s'ils désiraient quelques livres.

— Oui, dit le prince de Conti, je désire *l'Imitation de Jésus-Christ*.

— Et vous, monseigneur? demanda Comminges.

— Moi dit le prince de Condé, je désire *l'Imitation de M. de Beaufort*.

On se rappelle que, sept ans auparavant, M. de Beaufort s'était échappé de ce même château de Vincennes avec une audace incroyable et un bonheur miraculeux.

Le prince et Comminges se séparèrent les larmes aux yeux.

« Et cependant, dit madame de Motteville, ni lui ni le gentilhomme n'étaient accusés d'être susceptibles d'une grande tendresse. »

Toutes les promesses faites furent tenues scrupuleusement :

M. de Vendôme eut la surintendance des mers;

Noirmoutier, le gouvernement de Charleville et du Mont-Olympe ;

Brissac, le gouvernement d'Anjou ;

Laigues, son brevet de capitaine des gardes ;

Et le chevalier de Sévigné, ses vingt-deux mille livres.

En outre, mademoiselle de Soyon sortit des Carmélites et fut nommée dame d'atours de la reine ; ce qui lui permit de rester demoiselle.

Il n'y eut que l'abbé de la Rivière qui n'eut point la barrette de cardinal. Cela lui fut d'autant plus pénible, qu'on se rappelle qu'il en avait déjà choisi l'étoffe.

Ainsi s'accomplit ce grand événement qui, du jour au lendemain, changea la face des choses, abattant un pouvoir pour en élever un autre, et donnant à la royauté l'appui de ceux qui, depuis sept ans, combattaient contre elle. Aussi, lorsqu'on apprit cette nouvelle, la joie des Parisiens fut-elle grande. Mazarin, bafoué, honni, exécré, redevint populaire du jour au lendemain ; et c'était tout simple, disait le peuple avec son habituel bon sens et son éternelle raillerie, que Son Éminence fût redevenue populaire, puisqu'elle avait cessé d'être *Mazarin*.

En effet, le cardinal était devenu frondeur.

XXII

MADAME DE LONGUEVILLE EN NORMANDIE. — SA VIE AVENTUREUSE. — ELLE ARRIVE EN HOLLANDE. — ÉVASION DE MADAME DE BOUILLON. — ELLE EST REPRISE. — MADAME DE CONDÉ A BORDEAUX. — DÉMARCHE DE MADAME LA PRINCESSE DOUAIRIÈRE. — CONDUITE DE GASTON. — TURENNE TRAITE AVEC LES ESPAGNOLS. — INQUIÉTUDE DE LA COUR. — ELLE SE REND A COMPIÈGNE. — BORDEAUX REÇOIT LES MÉCONTENTS. — LA COUR MARCHE CONTRE CETTE VILLE. — ACTE DE CRUAUTÉ DE LA REINE. — REPRÉSAILLES DES BORDELAIS. — LE BARON DE CANOLLE. — SON EXÉCUTION. — FIN DE LA GUERRE DU MIDI. — VISITE DE MADAME DE CONDÉ A LA REINE. — MOT DE LA ROCHEFOUCAULD. — SUCCÈS DE TURENNE A LA TÊTE DES ESPAGNOLS. — LE COADJUTEUR ENTRE DANS LE PARTI DES PRINCES. — CONDITIONS DE CETTE ALLIANCE. — LE PRINCE DE CONDÉ EST TRANSFÉRÉ DE VINCENNES A MARCOUSSIS, PUIS AU HAVRE. — CAMPAGNE DE MAZARIN. — FIN DE MADAME LA PRINCESSE DOUAIRIÈRE DE CONDÉ. — ARRÊT DU PARLEMENT. — LE CARDINAL REVIENT A PARIS. — DÉTAILS SUR LE DUC D'ANGOULÊME.

Il y a ceci de remarquable en politique, et c'est sans doute ce qui fait de la politique une science si appréciée, que, lorsqu'un roi, un gouvernement ou un ministre fait une de ces choses déshonnêtes ou perfides qui perdraient un particulier de réputation, tous les obstacles s'aplanissent, toutes les difficultés s'écartent, et qu'à la place du chemin ardu et raboteux qu'il suivait, se présente tout d'abord une route facile et souriante. Il est vrai qu'au bout de cette route est parfois un abîme ; mais, disons-le, bien plus souvent encore, c'est là qu'est le but auquel tout roi, tout gouvernement veut atteindre, c'est-à-dire la conservation du pouvoir.

Ainsi, M. le prince de Condé avait sauvé la France à Rocroy, à Nordlingue et à Lens ; ainsi, M. le prince de Condé avait soutenu la royauté à Saint-Germain et à Charenton ; ainsi, M. le Prince avait ramené triomphant le roi à Paris ; tant que le cardinal fut reconnaissant envers M. le Prince, tout lui fut embarras et déboire. Un jour, il prend la résolution de trahir celui auquel il doit tout, et la trahison s'accomplit à la grande joie du peuple, qui récompense le ministre de sa mauvaise action en lui rendant à l'instant même sa popularité perdue. Cela fait comprendre, sinon excuser, bien des lâchetés et bien des infamies.

Quoi qu'il en soit, ce n'était pas le tout de s'être débarrassé des trois princes ; restait madame de Longueville.

A la première nouvelle de l'arrestation de son mari et de ses deux frères, madame de Longueville s'était retirée dans la Normandie, sur laquelle elle croyait pouvoir compter. La reine annonça qu'elle partait pour Rouen avec ses deux fils.

La Normandie, qui, un an auparavant, s'était soulevée à la voix de madame de Longueville, entendit la même voix cette fois sans la reconnaître et ne bougea point. Madame de Longueville quitta Rouen, où la reine arriva derrière elle, et gagna le Havre. Elle comptait sur le duc de Richelieu, qu'elle avait fait nommer gouverneur ; mais le duc de Richelieu lui ferma les portes de la ville, que lui-même fut bientôt forcé de quitter.

Madame de Longueville se réfugia à Dieppe. Mais la reine établit le comte d'Harcourt gouverneur de Normandie et envoya contre madame de Longueville des troupes commandées par Le Plessis-Bellièvre. Madame de Longueville n'attendit point que le château fût assiégée. Quand elle vit paraître les premières troupes, craignant d'être livrée par M. de Montigny, qui en était le gouverneur, elle sortit par une porte de derrière, et, suivie de quelques femmes qui avaient eu le courage de ne la point quitter, et de quelques gentilshommes qui lui étaient restés fidèles, elle fit deux lieues à pied pour gagner le petit port de Pourville, devant lequel attendait un bâtiment qu'à tout hasard elle avait frété. Lorsqu'elle arriva au bord de la mer, la marée était si forte et le vent si orageux, que les matelots lui donnèrent le conseil de ne point s'embarquer par un pareil temps.

Mais ce que madame de Longueville craignait par-dessus la tempête, c'était de tomber aux mains de la reine. Elle donna donc des ordres pour que l'embarquement eût lieu, et, comme, à cause des secousses de la marée, la barque ne la pouvait venir chercher jusqu'à terre, un marinier, comme d'habitude, la prit dans ses bras pour la transporter à bord. A peine eut-il fait vingt pas, qu'une vague énorme, venant se briser contre lui, le renversa. En ce moment, on crut madame de Longueville perdue ; car, en tombant, cet homme l'avait lâchée et on la vit un instant tournoyer dans la mer ; mais on arriva à temps à son aide et on le tira sur le bord. Elle fut bientôt remise et voulut faire une nouvelle tentative pour gagner le bâtiment ; mais, cette fois, les matelots déclarèrent positivement que c'était tenter Dieu et refusèrent d'obéir. Force fut donc d'employer un autre moyen. On envoya chercher des chevaux pour suivre la côte : les gentilshommes se mirent en selle ; madame de Longueville, les femmes et les filles de sa suite en firent autant, et l'on marcha toute la nuit. Dans la journée du lendemain, on arriva chez un seigneur du pays de Caux qui la reçut avec beaucoup de respect et la cacha fidèlement.

Là, elle apprit que le patron du bâtiment qu'elle n'avait pas pu joindre était à la solde du cardinal, et, que, si elle eût mis le pied à bord, elle était livrée. Enfin elle envoya au Havre, gagna la capitaine de Dijon se rendit à la première sommation ; Belgarde fit peu de résistance ; on établit M. de Vendôme un gentilhomme qui venait de se battre en duel et se trouvait obligé de quitter la France, et aborda bientôt en Hollande, où elle fut accueillie en reine fugitive par le prince d'Orange et sa femme.

Il y avait loin, de ces soirées orageuses aux bords de la mer, aux brillantes nuits de l'hôtel de ville, et pourtant, un an ne s'était pas écoulé entre ces deux caprices de la destinée.

La campagne de Normandie était terminée : tous les commandants de place, tous les gouverneurs de château s'étaient hâtés de faire leur soumission. Le roi se tourna vers la Bourgogne. Même chose y arriva qu'en Normandie. Le château de Dijon se rendit à la première sommation ; Belgarde fit peu de résistance ; on établit M. de Vendôme gouverneur de Bourgogne comme on avait établi M. d'Harcourt gouverneur de Normandie ; puis la reine, le roi et M. le duc d'Anjou rentrèrent à Paris.

Avant son départ de Paris, la régente avait donné l'ordre d'arrêter dans sa maison la duchesse de Bouillon, dont le mari, ami du prince de Conti et de M. de Longueville, était parti, aussitôt après l'arrestation de M. le Prince, pour aller trouver Turenne, sur lequel il croyait que les princes pouvaient compter, et dont cet ordre avait été exécuté. Cependant, tout en lui mettant des gardes dans son hôtel, tout en la consignant dans sa chambre, on avait laissé sa jeune fille libre de circuler. Un soir, mademoiselle de Bouillon vint voir sa mère ; mais elle la trouva couchée et endormie, elle parut vouloir retourner à son appartement, et prit la sentinelle qui était dans l'antichambre de l'éclairer.

La sentinelle, sans défiance, prit la lumière et marcha devant mademoiselle de Bouillon sans s'apercevoir que la duchesse marchait derrière sa fille. Arrivée au corridor, mademoiselle de Bouillon continua son chemin ; la duchesse prit l'escalier, descendit et s'enferma dans la cave, où dès que la complaisante sentinelle eut repris son poste, sa fille s'empressa de la rejoindre. Alors, avec l'aide de quelques amis qui leur jetèrent des cordes, la mère et la fille se sauvèrent par le soupirail, gagnèrent une maison particulière et s'y cachèrent en attendant qu'elles pussent quitter Paris. Malheureusement, le jour même qui avait été fixé pour leur évasion définitive, mademoiselle de Bouillon tomba malade de la petite vérole. Sa mère alors ne la voulut point quitter, et la police, ayant été avertie, les fit prendre toutes deux et conduire à la Bastille.

Madame la Princesse, femme de M. le Prince, fut plus heureuse. L'ordre avait été donné de l'arrêter à Chantilly et de la garder à vue. Mais elle fut prévenue à temps, mit une de ses femmes dans son lit, et, tandis qu'on s'amusait à arrêter, à interroger et à reconnaître celle qui la remplaçait, elle fuyait avec M. le duc d'Enghien son fils, et gagnait Montrond, ville de seconde force dont s'étaient emparés les partisans de M. de Condé. Montrond n'était cependant qu'une espèce de halte que faisait la fugitive, car cette ville ne pouvait soutenir par elle-même un siège en règle, et l'on s'occupa de négocier avec Bordeaux, que l'on savait être très mécontent de l'administration du duc d'Epernon, qu'on lui avait donné pour gouverneur, et qui s'était complètement brouillé avec le parlement et les magistrats. En apprenant cette nouvelle, la cour ordonna au maréchal de la Meilleraie d'aller prendre le gouvernement des troupes du Poitou.

Cependant, tandis que madame de Longueville fuyait à grand'peine, que madame et mademoiselle de Bouillon étaient prises en fuyant, et que madame la Princesse de Condé négociait avec Bordeaux, une autre femme se préparait à résister : il est vrai que cette femme était une mère à laquelle on avait pris ses deux fils.

Madame la princesse douairière, cette fille du vieux connétable, cette sœur de Montmorency, décapité à Toulouse, ce dernier objet des amours romanesques du roi Henri IV, cette mère du grand Condé, que la reine caressait encore dans la ruelle de son lit tandis qu'à dix jours d'elle elle faisait arrêter son fils, résolut de faire ce que personne n'osait, c'est-à-dire de demander justice aux parlements, au nom du vainqueur de Rocroy et de Lens.

Pendant que la reine était encore en Bourgogne, madame la princesse douairière, qui s'était cachée jusque-là dans Paris, se présenta donc sur le passage des conseillers de la grand'chambre, accompagnée de la duchesse de Châtillon. Elle venait demander que ses fils fussent jugés s'ils étaient coupables, mis en liberté s'ils étaient innocents. Le premier président, qu'on soupçonnait d'être de ses amis, laissa le parlement s'assembler et délibérer à ce sujet, et il fut arrêté que la princesse demeurerait en sûreté chez un nommé Lagrange, maître des comptes ; tandis qu'on ferait prier le duc d'Orléans, qui, en l'absence du roi, de la reine et du cardinal, était le maître des affaires, de venir prendre sa place au palais.

Gaston répondit aux députés que madame la princesse avait pleine liberté d'aller à Bourges, et qu'il croyait qu'elle devait au moins paraître disposée à obéir à cet ordre en se retirant en quelque lieu proche de la capitale, où elle attendrait le retour du roi et de la reine, qui aurait lieu dans deux ou trois jours. Ce terme moyen tira de ses embarras.

Madame la Princesse fut forcée d'obéir. Elle partit le soir même du jour où cette délibération avait été prise, et se retira à Berny, d'où le roi, qui arriva effectivement le surlendemain, lui donna ordre de partir pour Valery. Madame la Princesse, n'ayant plus aucune espérance, essaya d'obéir ; mais, à Angervilly, elle tomba malade de fatigue et de douleur, et fut forcée de s'arrêter.

Pendant ce temps, madame de Longueville et M. de Turenne s'étaient rencontrés à Stenay, et avaient fait un traité avec les Espagnols. M. de Turenne avait aussitôt rejoint les troupes de l'archiduc, qui étaient en Picardie et qui, après avoir pris le Catelet, assiégeaient Guise. Mais Guise se défendit à merveille, et, au bout de dix-huit jours, les Espagnols furent forcés de lever le siège. M. de Turenne alors forma une petite armée avec l'argent de l'Espagne, la grossit des débris des garnisons de Stenay et de Bellegarde, et, rejoint bientôt par MM. de Bouteville, de Coligny, de Duras, de Rochefort, de Tavannes, de Persan, de la Moussaye, de la Suze, de Saint-Ibal, de Mailly, de Foix et de Grammont, il prit une attitude qui ne laissait pas que d'être inquiétante.

Aussi la cour partit-elle pour Compiègne, tandis que le cardinal poussait jusqu'à Saint-Quentin pour conférer avec le maréchal Duplessis sur les moyens de s'opposer à M. de Turenne. Ce fut là qu'on apprit que les choses se brouillaient sérieusement du côté de la Guyenne.

En effet, de Montrond, madame de Condé avait lié des intelligences avec le prince de Marcillac, devenu duc de la Rochefoucauld par la mort de son père, et avec M. de Bouillon, qui, après avoir entraîné M. de Turenne avait dû revenir faire un appel à la noblesse d'Auvergne et du Poitou, appel auquel la noblesse avait répondu en formant une petite armée de deux mille cinq cents hommes, à peu près. Rendez-vous fut donné à Mauriac, et madame la Princesse, emportant son fils comme un drapeau, arriva le 14 mai à ce rendez-vous, où elle et le duc d'Enghien furent salués par des acclamations unanimes, et par le serment de ne quitter les armes que lorsque justice serait faite aux princes prisonniers.

On marcha sur Bordeaux en équipages de guerre, trompettes sonnantes, enseignes déployées, descendant la Dordogne, la princesse et son fils en bateau, la petite armée le long du rivage. A travers quelques escarmouches, on arriva à Coutras, où l'on apprit que, selon l'espérance conçue, la ville de Bordeaux était prête à recevoir la princesse et son fils, mais à la condition que leur escorte, qui paraissait un peu trop nombreuse aux magistrats, resterait en dehors de la ville.

La concession fut faite, et la princesse entra dans Bordeaux aux cris de « Vive M. le prince de Condé ! Vive M. le duc d'Enghien ! Vive madame la Princesse ! »

En même temps qu'elle entrait par une porte, un envoyé de la cour entrait par l'autre. On vint la prévenir que ce messager courait grand danger d'être mis en pièces par le peuple, si elle n'interdisait point son arrestation en sa faveur. On délibéra un instant s'il ne serait pas bon de laisser écharper ce malheureux pour donner à la cour une idée de l'esprit public en Guyenne ; mais la pitié l'emporta, et madame de Condé fit dire qu'elle demandait la grâce de cet homme, laquelle grâce lui fut accordée.

Le parlement de Bordeaux décida que madame la Princesse était la bienvenue dans la ville, et qu'elle y pourrait demeurer en sûreté, à la condition qu'elle ne tenterait rien contre le service du roi.

La cour donna la mesure de son inquiétude en déclarant madame de Longueville, le duc de Bouillon, le vicomte de Turenne et le duc de la Rochefoucauld, criminels de lèse-majesté. Cette déclaration fut envoyée à tous les parlements de France, et même à celui de Bordeaux.

Bientôt les nouvelles du Midi devinrent de plus en plus alarmantes. Madame la Princesse renouvelait à Bordeaux les scènes de l'hôtel de ville de Paris. C'était son tour d'être reine, comme madame de Longueville l'avait été. Elle recevait les ambassadeurs du roi d'Espagne, traitant avec eux, refusait les lettres du maréchal de La Meilleraie, faisait écrire par le parlement de Bordeaux au parlement de Paris, et confiait aux ducs de la Rochefoucauld et de Bouillon, qui d'abord devaient rester hors des murailles, les deux postes les plus importants de la ville.

Ce fut en ce moment qu'on apprit la levée du siège de Guise. Cela donnait quelque relâche à la cour. On résolut de marcher contre la Princesse, comme on avait marché contre madame de Longueville. M. le duc d'Orléans fut nommé lieutenant général du royaume en deçà de la Loire, et le roi, la reine et le cardinal se mirent en route, mais déjà inquiets et regardant derrière eux autant que devant eux. Il résulta de cette hésitation que, tandis que les gazettes de la cour annonçaient qu'on marchait à grandes journées, on mit près d'un mois pour aller de Paris à Libourne.

Le premier acte de la reine, en arrivant dans cette ville, fut un acte de sévérité qui amena de cruelles représailles.

Il y avait, à deux lieues de Bordeaux, une petite bicoque, moitié château, moitié forteresse, où commandait un gouverneur nommé Richon. La reine ordonna que le siège de cette bicoque, qui s'appelait Vayres, fût poussé avec activité. En effet, Richon, qui n'était pas homme de guerre, mais seulement valet de chambre du duc de la Rochefoucauld, ne put tenir longtemps ; Vayres fut pris, et un conseil de guerre condamna Richon à être pendu pour avoir eu l'audace d'oser tenir devant le roi, n'étant pas même gentilhomme.

Brienne, fils de ce comte de Brienne dont nous avons déjà parlé plusieurs fois, raconte son exécution, qui eut lieu dans Libourne, où il avait alors la petite vérole et qui lui fut une grande distraction dans sa maladie, ayant eu le plaisir, dit-il, de voir par ses fenêtres exécuter le rebelle.

Ce qui fut une distraction pour Brienne fut une grande terreur pour les Bordelais. Cette exécution leur présageait une rude guerre, et beaucoup parlaient déjà de traiter, lorsque les chefs du parti furent résolurent de mettre, par un acte de vigueur, la ville tout entière hors la loi. Il ne s'agissait pour cela que de pendre un officier royaliste.

Plusieurs avaient été pris dans les premières courses qu'avaient faites les Bordelais hors leurs murailles, et, entre autres, le baron de Canolle, major du régiment de Navailles, qui commandait à l'île Saint-Georges. Le choix tomba sur lui, et il fut décidé qu'on lui ferait son procès et qu'il serait pendu séance tenante.

C'était un beau et brave officier de trente-cinq à trente-six ans, qui, depuis qu'il était prisonnier sur parole à Bordeaux, s'était fait recevoir dans les meilleures maisons de la ville. Il était chez une dame à laquelle il faisait la cour, jouant tranquillement aux cartes, lorsqu'on le vint chercher et qu'on lui annonça qu'il allait passer devant un conseil de guerre. Ce conseil était présidé par madame la princesse et par M. le duc d'Enghien, — c'est-à-dire par une femme et par un enfant. On le condamna à mort à l'unanimité.

En dehors le peuple attendait.

On eut grand'peine à conduire le malheureux baron de Canolle jusqu'à la potence. Le peuple voulait le mettre en morceaux. Mais la force publique le protégea : il ne fut que pendu. La mort de cet officier fut sublime de gaîté et de résignation.

Dès lors, personne à Bordeaux ne parla plus de se rendre.

Le jugement avait été approuvé par les députés du parlement, les jurats et les officiers des compagnies bourgeoises.

On a fait dépuis, à Danton, l'honneur de croire qu'il avait organisé la terreur et inventé les massacres de septembre ; on se trompait : il n'y a rien de nouveau sous le ciel.

Le siège commença.

Ce siège contre une ville rebelle fit, s'il faut en croire Brienne, une terrible impression sur Louis XIV, qui n'avait encore que douze ans ; car, un jour qu'il était sur les bords de la Dordogne à voir dresser un attelage de huit chevaux pour la reine sa mère, le jeune courtisan s'approcha de lui, et, le voyant pensif et les yeux tournés du côté opposé à celui où manœuvrait l'attelage, il le regarda avec attention, et vit que le roi s'était détourné ainsi pour pleurer. Alors, Brienne lui prit la main, et, la baisant :

— Qu'avez-vous, mon cher maître ? lui dit-il, il me semble que vous pleurez.

— Chut ! lui dit le roi, taisez-vous, je ne veux pas que personne s'aperçoive de mes larmes ; mais, soyez tranquille, je ne serai pas toujours enfant, et ces coquins de Bordelais me le payeront, Brienne ! je vous jure que je les châtierai comme ils le méritent.

Ces paroles et surtout les sentiments qu'elles exprimaient étaient étranges dans un enfant de cet âge.

Cette petite guerre devait finir, au reste, comme toutes celles de l'époque. La reine se lassa d'assiéger la ville, et la ville se lassa d'être assiégée par la reine. Après des prodiges de capricieuse valeur, opérés du côté de la cour par le maréchal de La Meilleraie, les marquis de Roquelaure et de Saint-Mégrin, et du côté de madame la Princesse par les ducs de Bouillon et de la Rochefoucauld, on reçut les propositions d'accommodement toutes faites de Paris. M. le duc d'Orléans et le parlement soumettaient ces propositions à la reine.

Le premier prince du sang et le premier corps de l'État étaient, surtout réunis, d'un trop grand poids dans la balance pour qu'on osât les repousser. Ces propositions furent communiquées aux Bordelais, qui les acceptèrent, et un traité se conclut par lequel :

1° Amnistie complète était accordée aux Bordelais ;

2° Il était permis à madame la Princesse de se retirer dans celle de ses maisons qui lui conviendrait ;

3° Les ducs de la Rochefoucauld et de Bouillon rentraient en grâce avec toute sûreté pour leurs vies et leurs biens ;

4° Enfin le duc d'Épernon était rappelé.

De plus, la princesse devait quitter immédiatement Bordeaux pour y faire place à la reine, qui tenait à commander à son tour, ne fût-ce que vingt-quatre heures, dans la ville rebelle.

En effet, madame la Princesse s'embarqua sur sa petite galère pour gagner Coutras, où elle avait permission de s'arrêter quelques jours ; mais, au milieu de la rivière, elle rencontra le bateau du maréchal de La Meilleraie, lequel s'approcha pour la saluer. Alors, une pensée rapide surgit dans l'esprit de la princesse.

Elle dit au maréchal qu'elle allait à Bourg présenter ses respects à la reine et qu'elle consentirait à partir pour Coutras qu'après avoir eu cet honneur. M. de La Meilleraie lui-même vit dans cette proposition un moyen de tout terminer sans avoir recours aux ambassadeurs, aux avocats politiques qui embrouillent d'ordinaire les choses au lieu de les éclairer. Il retourna à Bourg à l'instant même, et, en face de tout le monde, annonça à Sa Majesté que madame de Condé était là et attendait son bon plaisir pour se jeter à ses pieds. Le premier sentiment de la reine fut répulsif. Elle objecta qu'elle ne pouvait la recevoir, n'ayant pas de logement à lui donner. Mais le maréchal, qui avait décidé que la visite se ferait, répondit que la princesse, pour avoir l'honneur de voir Sa Majesté, passerait plutôt la nuit dans sa galère, et que lui, d'ailleurs, pouvait la recevoir dans sa maison. La reine alors consentit à l'entrevue, et un instant après parut madame la Princesse.

Sur le rivage était un messager d'Anne d'Autriche qui venait annoncer à la suppliante qu'elle était la bienvenue, et, près de ce messager, madame de La Meilleraie, qui l'attendait pour l'accompagner.

Pendant ce temps, la reine envoyait en toute hâte un courrier au cardinal, qui avait donné un rendez-vous à M. de Bouillon. Le cardinal revint aussitôt et passa chez la reine.

À peine eurent-ils arrêté ensemble le plan qu'il y avait à suivre, que les portes s'ouvrirent, et madame de Condé fut reçue. Le plan adopté était qu'on ne lui accorderait aucune chose relativement à la liberté des princes.

En entrant, madame la Princesse se jeta aux genoux de la reine, tenant M. le duc d'Enghien son fils par la main, et demandant la liberté de son mari et du père de son enfant. Mais la reine la releva avec son inflexible douceur, et elle ne put rien obtenir.

Cependant, en apparence du moins, la réception fut bonne. Le cardinal invita le duc de Bouillon et le duc de la Rochefoucauld à venir souper avec lui, et comme ils acceptèrent, il les emmena dans son carrosse. Au moment où le carrosse se mettait en mouvement, le cardinal se prit à rire.

— Qu'y a-t-il donc, monsieur ? demanda le duc de Bouillon, et quelle chose vous fait rire ainsi ?

— Une chose qui me passe en l'esprit à cette heure, dit le ministre ; qui aurait jamais pu croire, il y a seulement huit jours, que ceux qui arrivent aujourd'hui, c'est-à-dire que nous serions tous les trois dans le même carrosse ?

— Hélas ! monseigneur, répondit le duc de la Rochefoucauld, tout arrive en France.

C'est sans doute cette conviction profonde que tout arrivait en France, qui a fait écrire au duc de la Rochefoucauld ses désespérantes *Maximes*.

Deux jours après que madame la Princesse eut quitté Bordeaux, où elle avait régné pendant quatre mois, la reine y fit son entrée avec le roi. M. le duc d'Anjou, Mademoiselle, fille du duc d'Orléans, le cardinal Mazarin, le maréchal de la Meilleraie et toute la cour.

Mais, pendant que la royauté ou plutôt le ministre remportait dans Bordeaux ce succès contesté, M. de Turenne, comme on le pense bien, n'était pas demeuré inactif. Malheureusement, une grande contestation s'élevait entre lui et les Espagnols à la solde desquels il s'était mis. M. de Turenne voulait marcher droit sur Paris et, à l'aide de la terreur ou d'un mouvement populaire, enlever M. le prince de Condé. Les Espagnols, qui, au contraire, et cela se comprend, ne portaient pas une profonde affection au prince qui les avait battus, voulaient prendre le plus de places possible en Picardie et en Champagne et laisser Vincennes bien en repos. Enfin le maréchal de Turenne obtint qu'on lui laisserait faire une pointe et prit, en quinze ou vingt jours, la Capelle, Vervins, Château-Porcien, Rethel, Neufchâtel-sur-Aisne et Fismes. Le maréchal Duplessis, qui défendait la France de ce côté, fut forcé de s'enfermer dans la ville de Reims. Alors, Turenne vit son plan audacieux sur le point de s'accomplir, et, un matin, le bruit se répandit que les coureurs espagnols étaient venus faire le coup de pistolet jusqu'à Dammartin, c'est-à-dire à dix lieues à peine de Paris.

La terreur fut si grande dans la capitale, qu'on n'osa laisser les princes à Vincennes, et qu'on les transporta au château de Marcoussis, situé à six lieues de Paris derrière les rivières de Seine et de Marne, lequel appartenait au comte d'Entragues.

Cette translation terminée, l'affaire la plus importante était de trouver de l'argent. Après de longues délibérations parlementaires, *on*, dit l'avocat général Omer Talon, *il fut avancé bien des sottises*, on proposa une chambre de justice contre les financiers, et l'on fit payer d'avance, par les détenteurs d'offices, une année de leur droit annuel. Cette mesure procura un peu d'argent et en promit beaucoup. M. le duc d'Orléans, d'ailleurs, contribua à la cotisation générale pour une somme de soixante mille livres.

Mais le parlement ne s'était pas imposé à lui-même un si dur sacrifice sans remonter à la cause qui l'y forçait: or, cette cause, c'était le cardinal de Mazarin, qui entraînait le roi, la reine, la cour et l'armée à cent cinquante lieues de Paris pour faire la guerre, à quoi? A une ville parlementaire.

Aussi des relations fréquentes s'étaient-elles établies entre le parlement de Paris et celui de Bordeaux. Le parlement de Bordeaux avait présenté requête pour la mise en liberté en considération et en avait délibéré tout haut, malgré l'opposition de M. le duc d'Orléans, que la seule idée de la mise en liberté de M. le Prince faisait mourir de peur.

Un parti de mécontents se reformait, composé des frondeurs qui n'avaient rien ou du moins pas assez obtenu, et des anciens Mazarins, qui avaient été sacrifiés. Le coadjuteur, que Mazarin avait blessé dans deux ou trois occasions, s'était refait l'âme de ce parti. M. de Beaufort, tout satisfait qu'il semblait devoir être, par la faveur de la cour et par la nouvelle grâce qu'elle venait de lui accorder, préférait sa royauté populaire au rôle de courtisan; peut-être avait-il craint un instant de la voir baisser; mais un événement qui arriva à point l'avait rassuré à ce sujet. Une nuit, son carrosse, qui courait sans lui les rues de Paris, ayant été arrêté par des hommes armés, un de ses gentilshommes avait été tué. C'était tout bonnement une de ces attaques de voleurs si fréquentes à cette époque; mais l'esprit public, qui ne demandait qu'à se venger de son retour momentané vers le Mazarin, ne manqua pas de faire de cet accident nocturne un événement politique. On accusa le ministre d'avoir voulu faire assassiner M. de Beaufort; on éclata en imprécations contre le cardinal, et, comme pour un pareil crime la poésie était devenue impuissante, la peinture, sa sœur, s'en mêla. Trois jours après cette demi-catastrophe, il n'y avait pas un coin de rue, pas un carrefour, pas une place qui n'eût son Mazarin pendu en effigie à une potence plus ou moins haute, selon que le cardinal avait dans le peintre un ennemi plus ou moins acharné. Les murailles étaient encore couvertes de cette manifestation populaire, lorsque, le 15 novembre 1650, on rentra dans la capitale.

La presque réconciliation qui avait eu lieu à Bordeaux entre la reine et madame de Condé, entre le cardinal et MM. de la Rochefoucauld et de Bouillon, cette paix dans laquelle, moins la mise en liberté des prisonniers, tout était à l'avantage des rebelles, avait quelque peu effrayé les frondeurs, qui, en se ralliant à la cour, lui avaient donné la force d'exécuter l'arrestation des princes. Aussi le parti attendait-il le ministre une requête à la main; après cette requête, on jugerait de ses intentions et l'on agirait. Cette requête était la demande du chapeau de cardinal pour le coadjuteur. La demande fut présentée à la reine par madame de Chevreuse et vigoureusement repoussée par Sa Majesté.

Le duc d'Orléans, à qui ses instincts craintifs donnaient parfois une apparence de profondeur politique, vint alors appuyer la demande de madame de Chevreuse, et la reine, se rétractant de son premier refus, répondit qu'elle soumettrait la demande à son conseil et qu'il serait fait selon ce que le conseil opinerait.

C'était une autre manière de refuser en mettant à couvert l'autorité royale, le conseil étant composé du comte Servien, du secrétaire d'État Le Tellier, et du nouveau chancelier le marquis de Châteauneuf, qui, tous, étaient ennemis jurés du coadjuteur.

Le coadjuteur avait plusieurs motifs d'être mécontent: le premier était que M. le cardinal, après la catastrophe du roi d'Angleterre, Charles 1er, avait mal reçu le comte de Montrose, qui avait, pour la cause de son roi, opéré de si merveilleuses choses en Écosse.

Le second était le refus d'une amnistie demandée par Gondi, en faveur de quelques particuliers emprisonnés à l'époque des premiers troubles, relâchés par le parlement pendant la guerre de la Fronde, et qui craignaient d'être inquiétés. Il avait parlé de cette amnistie au cardinal dans le cabinet de la reine, et le cardinal lui avait répondu, en lui montrant le cordon de son chapeau, qui était à la Fronde:

— Comment donc! avec d'autant plus de plaisir que je serai compris dans cette amnistie.

Huit jours après, le cardinal avait ôté le cordon de son chapeau, oublié sa promesse et donné des ordres pour que l'on fît enquête contre les agitateurs.

Le troisième motif du mécontentement du coadjuteur fut le refus de cette barrette, que le cardinal se voulait un jour ôter à lui-même de la tête pour la mettre sur celle du coadjuteur.

Cette dernière offense combla la mesure, et le coadjuteur se retrouva ennemi du cardinal comme auparavant. Seulement, cette fois, la haine était bien autrement envenimée et menaçante. Or, le coadjuteur n'était pas un homme à garder longtemps sa haine sans essayer d'en frapper son ennemi. Il se réunit au parti des princes. Les chefs de ce parti étaient trois femmes.

Tout est étrange dans cette époque, et, il semble que, pendant cinq ou six ans, la cours ordinaire des choses soit renversée.

Ces trois femmes étaient: madame de Rhodes, veuve du sieur de Rhodes et fille naturelle du cardinal Louis de Lorraine; la princesse Anne de Gonzague, la même qui, après s'être crue longtemps la femme de notre ancienne connaissance le duc de Guise, s'était décidée enfin à épouser sérieusement un frère de l'électeur palatin et que l'on appelait, en conséquence, la princesse palatine; enfin mademoiselle de Chevreuse.

Comment mademoiselle de Chevreuse, qui, nous le savons, avait négocié près du coadjuteur l'arrestation de MM. de Condé, de Conti et de Longueville, se trouvait-elle maintenant un des chefs du parti des princes? On le saura tout à l'heure.

Les autres membres de ce parti étaient le duc de Nemours, le président Viole et Isaac d'Arnauld, mestre de camp des carabins.

M. le duc d'Orléans s'y était tout doucement affilié afin de se faire, de ce côté, une petite porte de salut contre la colère de M. de Condé, lorsque celui-ci sortirait de prison. Ce bon prince était de toutes les cabales et les trahissait toutes; aussi sait-on ce qu'on doit le plus admirer ou de sa facilité à y entrer, ou de la facilité de ceux qui les composaient, à l'y recevoir.

Le coadjuteur fut mis, par madame de Rhodes et par mademoiselle de Chevreuse, en rapport avec la princesse palatine.

Tout fut arrangé en une séance; on renverserait Mazarin; les princes sortiraient de prison; le coadjuteur serait fait cardinal; enfin, mademoiselle de Chevreuse épouserait le prince de Conti.

On signa un traité contenant ces dispositions, ou à peu près. Mais ce traité n'avait d'importance qu'à la condition qu'à toutes ces signatures se joindrait celle du duc d'Orléans.

Ce fut une chasse en règle. Son Altesse royale, dépistée, lancée, traquée, fut prise entre deux portes. On lui mit la plume entre les mains, on lui présenta l'acte, « et Gaston signa, disait mademoiselle de Chevreuse, comme il eût signé la cédule du sabbat, s'il avait eu peur d'y être surpris par son bon ange. »

Vers le même temps, le cardinal, pour mettre les princes à l'abri d'un coup de main, avait décidé qu'ils seraient transférés de Marcoussis au Havre. Ce fut le comte d'Harcourt, gouverneur de Normandie à la place de M. de Longueville, qui opéra la translation.

Tous trois, en prison, avaient conservé leur caractère : M. de Condé faisait de l'esprit et chantait, M. de Conti soupirait et priait, M. de Longueville souffrait et se plaignait. Le jour où l'on se mit en marche, M. de Condé fit contre le chef de son escorte un couplet qu'il lui chanta tout le long de la route. Le voici :

Cet homme gros et court,
Si connu dans l'histoire,
Ce grand comte d'Harcourt,
Tout rayonnant de gloire,
Qui secourut Casal et qui reprit Turin.
Est maintenant,
Est maintenant,
Recors de Jules Mazarin.

Au reste, la prison de M. le Prince avait fait grand bien à sa popularité. Les gens de lettres avaient pris parti pour lui : Corneille, Sarrasin, Segrais, Scarron et mademoiselle de Scudéry allaient partout chantant ses éloges, et, quelques jours après son départ de Vincennes, mademoiselle de Scudéry, qui était venue accomplir une espèce de pèlerinage à la chambre du vainqueur de Rocroy et de Lens, pèlerinage fort à la mode à cette époque, ayant vu des fleurs que M. le Prince, pour se distraire, avait pris l'habitude d'arroser, écrivit sur le mur le quatrain suivant :

En voyant ces œillets qu'un illustre guerrier
Arrosa de sa main qui gagnait les batailles,
Souviens-toi qu'Apollon a bâti des murailles,
Et ne t'étonne plus de voir Mars jardinier.

Cependant la campagne de Guyenne avait donné au cardinal le goût de la guerre. Au lieu de rester à Paris, où s'agitaient ses ennemis intérieurs, il partit donc pour la Champagne, où le maréchal Duplessis se préparait à reprendre Rethel.

A peine eut-il franchi la barrière, que les hostilités commencèrent contre lui. Une requête de madame la princesse fut présentée au parlement, tendante à ce que les princes fussent mis en liberté, ou du moins en jugement, et transportés du Havre au Louvre, où ils seraient gardés par un officier de la maison du roi.

C'était le moment pour le duc d'Orléans de s'expliquer ; mais, comme on le sait, le prince ne se hâtait jamais de se mettre en avant. Il fit dire qu'il était malade.

En ce moment arriva à Paris la nouvelle de la mort de madame la princesse douairière. Elle était trépassée sans avoir revu ses enfants, ni ceux qui avaient intérêt à tirer parti de cette mort, l'attribuèrent au chagrin que lui avait causé la captivité de ses fils.

Alors, on délibéra sur la requête de madame la princesse, nonobstant l'absence du duc d'Orléans, et l'on était en train d'attribuer au ministre étranger tous les malheurs privés et publics de la France, lorsqu'un courrier apporta la nouvelle de la reprise de Rethel et d'une victoire remportée par le maréchal Duplessis sur Turenne, qui était accouru, mais trop tard, au secours de cette ville.

Le parlement fut averti que le matinée un Te Deum allait être chanté en l'honneur de ce double succès, et qu'on l'invitait à s'y rendre.

Cette nouvelle contrariait les nouveaux plans du coadjuteur ; aussi, le matin même du jour où la parlement devait se rendre à Notre-Dame, il appuya fortement la requête de madame la princesse, disant qu'il fallait profiter des victoires de la frontière pour assurer la paix de la capitale. Alors, les opinions un instant intimidées reprirent une nouvelle hardiesse. Le Te Deum interrompit mais ne rompit point la discussion, et, le 30 décembre, un arrêt fut rendu portant que de très humbles remontrances seraient faites au roi et à la reine touchant l'emprisonnement des trois princes et pour demander leur liberté.

Le lendemain du jour où cet arrêt fut rendu, c'est-à-dire le 31 décembre, le cardinal, averti par la reine que l'on profitait de son absence pour cabaler à découvert contre lui, rentra en toute hâte dans la capitale.

Ce fut par le retour du cardinal que se terminèrent les événements si variés de l'année 1650, pendant laquelle mourut le duc d'Angoulême, que nous avons cité avec Bellegarde et Bassompierre comme un des types qui restaient encore du siècle passé. C'était un des derniers, et il mérite bien que nous nous occupions un instant de lui. C'est un

suprême regard jeté sur la société du XVIe siècle ; nous allons bientôt faire connaissance avec celle du XVIIe.

Charles de Valois, duc d'Angoulême, était fils de Charles IX et de Marie Touchet, et, pendant les soixante et dix-sept ans que dura sa vie, il vécut sous cinq rois : Charles IX, Henri III, Henri IV, Louis XIII et Louis XIV.

Charles IX, à sa mort, l'avait recommandé à Henri III. Celui-ci l'aimait fort, et le duc d'Angoulême, qui, destiné dès son enfance à l'ordre de Malte, avait été pourvu en 1587 de l'abbaye de la Chaise-Dieu, non seulement assista son tuteur royal à ses derniers moments, mais encore nous a laissé dans ses Mémoires la meilleure et la plus exacte relation qu'il y ait de son agonie.

Catherine de Médicis en mourant à son tour lui légua les comtés d'Auvergne et de Lauraguais. Voilà comment il fut appelé d'abord comte d'Auvergne et garda ce titre jusqu'au moment où Marguerite de Valois, première femme de Henri IV, que ce monarque avait répudiée, fit casser par le parlement la donation de Catherine de Médicis, et donner ces deux comtés au dauphin Louis XIII.

Pendant ce temps, le fils de Charles IX était à la Bastille pour avoir conspiré en 1602 avec Biron. Il en sortit au commencement de 1603 ; mais il y rentra en 1604 pour avoir conspiré avec la fameuse marquise de Verneuil, maîtresse de Henri IV, laquelle était sa sœur utérine.

Cette fois, il fut condamné à perdre la tête ; mais Henri IV commua cette peine en celle d'une prison perpétuelle. Or, dès cette époque, il n'y avait plus de prison perpétuelle. En 1616, le comte d'Auvergne sortit de la Bastille pour devenir, en 1619, colonel général de la cavalerie de France, chevalier des ordres du roi et duc d'Angoulême ; enfin, en 1628, nous l'avons vu commandant en chef de l'armée devant la Rochelle.

Ce fut après ce siège que le duc d'Angoulême, retrouvant un peu de temps à lui, se remit à faire le métier pour lequel il avait autrefois proposé une association à Henri IV, c'est-à-dire de la fausse monnaie. Seulement, il ne le faisait pas lui-même, il était trop grand seigneur pour cela, et se contentait de donner des conseils.

Un jour, le roi Louis XIII lui demanda ingénuement si à cet honnête métier. Il paraît que le duc n'avait pas dans le fils la même confiance que dans le père ; car il répondit :

— Sire, je ne sais ce que veut dire Votre Majesté ; je loue, dans mon château de Grosbois, une espèce de chambre à un nommé Merlin, et pour cette chambre il me donne quatre mille écus par mois ; mais, de ce qu'il y fait, je ne m'inquiéterai pas, tant qu'il me payera régulièrement.

Louis XIII, plus scrupuleux que le duc d'Angoulême, s'en inquiéta et fit faire une descente à Grosbois. Merlin n'eut que le temps de s'échapper par une croisée en entendant les gendarmes ; on trouva dans sa chambre fourneaux, alambics et creusets ; mais le duc d'Angoulême déclara qu'il ne connaissait pas tous ces instruments aux formes incongrues, et, qu'ils appartenaient à son locataire. La chose en demeura là.

Cependant la fuite de Merlin avait fort diminué ses revenus ; aussi, quand ses gens lui demandaient leurs gages :

— Ma foi, mes amis, disait-il, c'est à vous de vous pourvoir ; quatre rues aboutissent à l'hôtel d'Angoulême, vous êtes en beau lieu, profitez-en, si vous voulez.

L'hôtel d'Angoulême était situé rue Pavée au Marais, et, à partir de ce moment, passé sept heures du soir l'hiver et dix heures l'été, les abords en devinrent fort dangereux.

La Bastille avait, au reste, inspiré au duc d'Angoulême un grand respect pour le cardinal de Richelieu, qui y envoyait tout le monde si facilement ; aussi fut-il toujours un des plus zélés courtisans du ministre. Un jour, celui-ci, en lui donnant un corps de armée à commander, lui dit :

— Monsieur, le roi vous confie ce commandement ; mais il désire, autant que possible, que vous vous absteniez de voler.

— Monsieur, répondit le bonhomme, ce que vous me dites là est bien difficile à exécuter ; mais, enfin, on fera tout ce qu'on pourra pour contenter Sa Majesté.

Charles de Valois, à l'âge de soixante et dix ans, tout courbé et tout estropié de la goutte, il avait épousé une fille de vingt ans, belle, pleine de corps et agréable d'esprit, que l'on appelait Françoise de Nargonne, et qu'il laissa veuve en 1650. Cette veuve, qui vécut jusqu'au 15 août 1715, avait pu présenter cet exemple, unique peut-être dans l'histoire moderne, d'une bru mourant cent quarante et un ans après son beau-père. (On sait que Charles IX est mort en 1574.) Selon toute probabilité, pareille chose n'était pas arrivée depuis les patriarches.

Maintenant, supposons que le duc d'Angoulême, au lieu d'être fils naturel de Charles IX, eût été fils légitime ; ni Henri III, ni Henri IV, ni Louis XIII, ni Louis XIV n'ont régnaient. Qu'arrivait-il alors de la France ? quels changements cet héritier direct de la royauté des Valois apportait-il dans le monde ?... Il y a des abîmes dont s'épouvante la vue, et que n'ose sonder l'intelligence humaine !...

XXIII

INTRIGUES DE MAZARIN APRÈS SA RENTRÉE A PARIS. — REFUS DE MADEMOISELLE. — FIDÉLITÉ DE GASTON. — PLAINTES DU PARLEMENT. — FACTUM DU GARDE DES SCEAUX CONTRE LE COADJUTEUR. — DISCOURS DE GONDI. — LA CITATION IMPROVISÉE. — NOUVEL ORAGE MENAÇANT POUR LA COUR. — LE DUC D'ORLÉANS ET MAZARIN. — MESURES QUE PREND GASTON. — LA TEMPÊTE ÉCLATE CONTRE LE CARDINAL. — AVIS DE MADAME DE CHEVREUSE. — DÉPART DE MAZARIN. — CONSEIL DU COADJUTEUR. — INDÉCISION DE MONSIEUR. — ÉMOTION DANS PARIS. — LE PEUPLE AU PALAIS-ROYAL. — DÉLIVRANCE DES PRINCES. — ARRIVÉE DE CONDÉ A PARIS. — RETRAITE DU COADJUTEUR. — PRÉTENTIONS DE M. LE PRINCE. — LA REINE SE RAPPROCHE DU COADJUTEUR. — CONVENTIONS. — MAJORITÉ DU ROI.

Il ne fallut au cardinal, en arrivant à Paris, qu'une conversation avec la reine et un coup d'œil jeté sur les choses, pour juger tout le terrain qu'il avait perdu. Les négociations que nous avons rapportées n'avaient pu se faire si secrètement, qu'il n'en eût transpiré quelque bruit. Le cardinal se sentait abandonné de tous ses appuis à la fois. Celui qu'il crut le plus important à reconquérir fut l'appui du duc d'Orléans. Ce fut donc vers ce prince que se dirigèrent les premières démarches du ministre ; mais M. le duc d'Orléans, à défaut de toute autre force, avait du moins la force d'inertie. Il fit le malade, il fit le boudeur, il fit le mécontent, et le cardinal vit qu'il fallait frapper un grand coup.

Mademoiselle de Neuillant, fille d'honneur de la reine, la même que nous reverrons à la cour de Louis XIV, sous le nom de duchesse de Navailles, fut chargée d'aller trouver Mademoiselle, fille de Gaston. On se rappelle cette princesse ; nous en avons déjà parlé plusieurs fois, et une fois surtout à propos de son mariage projeté avec l'empereur.

Mademoiselle de Neuillant avait mission de lui offrir, de la part de Mazarin, le roi pour mari, à la condition qu'elle empêcherait son père de se réunir au parti des princes.

Mademoiselle d'Orléans, qu'on appelait la grande Mademoiselle, parce qu'elle était née du premier mariage de M. le duc d'Orléans avec mademoiselle de Guise, et que, depuis, de son second mariage avec Marguerite de Lorraine, son père eût d'autres filles, devait offrir cela, en particulier, que princesse du sang, riche à millions et d'une figure assez agréable, elle passerait sa vie à essayer de se marier, sans jamais pouvoir y réussir. Il est vrai qu'au moment de sa naissance, un devin qui avait tiré son horoscope lui avait prédit qu'elle ne se marierait jamais. Était-ce l'horoscope qui influait sur la destinée, est-ce la destinée qui donna raison à l'horoscope ?

Soit que Mademoiselle ne fût pas dupe de la promesse et ne crût pas à la sincérité de celui qui la lui faisait, soit que la différence d'âge qu'il y avait entre elle et le roi lui fit regarder, malgré le désir qu'elle en avait, cette union comme impossible, la princesse reçut l'ambassadrice en riant, et en lui disant *avec une légèreté incroyable*, répète madame de Motteville :

— J'en suis désolée, mademoiselle, mais nos paroles sont données et nous voulons les tenir.

— Eh ! mon Dieu ! reprit mademoiselle de Neuillant, faites-vous reine d'abord, et ensuite vous tirerez les princes hors de prison.

Ce raisonnement, quelque logique qu'il fût, n'eut aucune influence sur Mademoiselle, et cette fois encore, elle manqua l'occasion de troquer sa couronne de princesse contre une couronne royale.

Un tel refus inquiéta fort le cardinal. Il fallait que Monsieur fût engagé bien avant pour ne pas se laisser prendre à une pareille proposition. Cela n'empêcha point le cardinal de convier le prince à dîner chez lui le roi et la reine, la veille des Rois. Un instant, pendant ce repas, le ministre crut avoir gagné Gaston à son parti ; car le duc d'Orléans, avec son esprit mordant et versatile, avait donné l'exemple en raillant lui-même les frondeurs. Le cardinal saisit la balle au bond ; quelques courtisans qui étaient à se laissèrent emporter à de si grandes gaietés, que l'on fit sortir le roi, trop jeune encore, dit madame de Motteville, pour soutenir le bruit de ces chansons libertines.

Le chevalier de Guise, entre autres, fut un des plus bruyants convives, et, buvant à la santé de la reine, qui était encore souffrante, il proposa, pour hâter sa convalescence, de jeter le coadjuteur par les fenêtres la première fois qu'il viendrait au Louvre.

Ce n'étaient que des paroles, mais des paroles qui, reportées à ceux qu'elles menaçaient, amenaient des actions. Le coadjuteur sut ce qui avait été dit devant le roi et la reine, et jugea qu'il n'y avait pas une minute à perdre pour renverser le ministre. Il pressa le parlement de toute l'influence qu'il avait sur lui.

Pour la première fois, M. le duc d'Orléans tenait bon dans le parti qu'il avait adopté. Cette inflexibilité de six semaines fut le plus grand miracle que fit le cardinal de Retz.

Ce qu'il y avait de curieux dans tout cela, c'est que les princes étaient prévenus au Havre de tout ce qui se faisait à Paris, et qu'ils dirigeaient eux-mêmes le mouvement qui devait amener leur liberté. On correspondait avec eux au moyen de doubles louis creux qui se dévissaient, et dont la cavité contenait une lettre.

Cependant, plus d'un mois s'était écoulé, et le parlement ne recevait pas de réponse à sa requête à la reine, lorsque, le 4 décembre, au milieu de la séance, était venu un messager de la régente, priant ces messieurs de lui envoyer une députation au Palais-Royal.

La députation fut envoyée aussitôt.

Le premier président, qui était en tête, porta la parole, et, au lieu de laisser la reine expliquer la cause pour laquelle elle avait fait dire au parlement de la venir trouver, il commença tout d'abord par se plaindre, au nom de la compagnie, de ce qu'aucune réponse n'avait encore été faite à la requête du 30 octobre.

La reine répondit que le maréchal de Grammont était parti pour le Havre, dans le but de dire MM. les princes de prison quand ils lui auraient donné toute sûreté pour la tranquillité de l'État.

C'était une réponse un peu bien évasive. Aussi les députés insistèrent-ils pour que la reine se prononçât plus positivement. Mais elle les renvoya à M. le garde des sceaux, qui, au lieu de leur répondre, fit une sortie contre le coadjuteur. Malheureusement, comme le garde des sceaux avait un rhume et parlait avec grande difficulté, M. le président lui demanda de lui donner son factum par écrit : ce que le garde des sceaux fit sans remarquer que la minute était corrigée de la main de la reine.

Cette accusation contenait, entre autres choses :

« Que tous les rapports que le coadjuteur avait faits au parlement étaient faux et controuvés par lui ; *qu'il en avait menti* (ces quatre mots étaient de la main de la reine) ; que c'était un méchant et dangereux esprit qui donnait de funestes conseils à Monsieur ; qu'il voulait perdre l'État, parce qu'on lui avait refusé le chapeau ; qu'il s'était vanté publiquement qu'il mettrait le feu aux quatre coins du royaume, et qu'il se tiendrait auprès, avec cent mille hommes qui s'étaient engagés à lui, pour casser la tête à ceux qui se présenteraient pour l'éteindre. »

La lecture de cet écrit, en pleine séance, produisit, comme on le pense bien, un grand effet. C'était le feu mis aux poudres, et la lutte était devenue une question de vie et de mort entre Mazarin et de Gondi. Celui-ci s'élança à la tribune, piqué par ce pamphlet comme un cheval par l'éperon :

— Messieurs, s'écria-t-il, si le respect que j'ai pour les opinants ne me fermait la bouche, j'aurais lieu de me plaindre de ce que vous n'ayez pas relevé l'indignité de cette paperasse qu'on vient de lire, contre toutes les formes, dans cette compagnie ; je m'imagine qu'elle est cru que ce libelle, qui n'est qu'une saillie de la fureur de M. le cardinal Mazarin, était au-dessous d'eux et de moi ; ils ne se sont pas trompés, messieurs, et je n'y répondrai que par un passage d'un ancien : *In difficillimis Reipublicœ temporibus urbem non deserui, in prosperis nihil de publicâ retibavi, in desperatis nihil timui* (1). Je demande pardon à la compagnie de sortir, par ce peu de paroles, de la délibération ; j'y reviens donc : mon avis est, messieurs, de faire de très humbles remontrances au roi, de le supplier d'envoyer incessamment une lettre de cachet pour la liberté des princes, ainsi qu'une déclaration d'innocence en leur faveur, et d'éloigner de sa personne et de ses conseils M. le cardi-

---

(1) « Dans les temps les plus difficiles de la République, je n'ai point déserté la ville ; dans les temps favorables, je n'ai rien demandé pour moi ; dans les désespérés, je n'ai pas eu peur. »

Le coadjuteur eût été fort embarrassé de dire à quel auteur il empruntait cette citation ; il avait besoin d'une arme, il la forgeait lui-même et la lançait toute rouge à ses ennemis.

nal Mazarin ; mon sentiment est aussi que la compagnie résolve, dès aujourd'hui, de s'assembler lundi pour recevoir la réponse qu'il aura plu à Sa Majesté de faire à MM. les députés.

La réponse du coadjuteur excita de vives acclamations, et sa proposition, mise aux voix, fut adoptée à l'unanimité.

La reine alors fit demander, par M. de Brienne, une entrevue à Monsieur. Mais le coadjuteur tenait pour le moment Gaston d'Orléans sous son entière domination. Il répondit à la reine qu'il lui rendrait ses devoirs habituels lorsque les princes seraient hors de prison et qu'elle aurait éloigné le cardinal de sa personne.

Cette fois, l'orage grondait de tous côtés, dans la famille royale, dans la noblesse et dans le peuple.

Cependant la reine essaya encore d'y faire face. Elle répondit qu'elle désirait autant que personne la liberté des princes, mais qu'encore fallait-il qu'elle prît ses sûretés pour l'État ; que, quant au cardinal, elle le tiendrait dans ses conseils tant qu'elle le jugerait utile au service du roi, attendu qu'il n'appartenait point au parlement de prendre connaissance de quels ministres elle se servait.

Le même jour, le duc d'Orléans se rendit au Palais-Royal, malgré l'avis de ses amis, qui craignaient qu'on ne lui fît fait un mauvais parti. Son Altesse royale était dans un moment de courage comme elle était dans un moment de fixité ; elle n'écouta rien, et, pour la première fois, alla regarder ses ennemis politiques en face.

Mazarin, en apercevant le prince, courut à lui et voulut se justifier ; mais il s'y prit mal, il attaqua M. de Beaufort et le coadjuteur, qui étaient en ce moment les conseils du prince, et le parlement, qui faisait sa force ; il compara le duc de Beaufort à Cromwell; le coadjuteur à Fairfax, et le parlement à la chambre haute, qui venait de condamner Charles I à mort.

Le prince l'arrêta court, et lui dit que, MM. de Beaufort et le coadjuteur étant ses amis, il ne souffrirait point qu'on parlât mal de leur personne ; que, quant au parlement, c'était le premier corps de l'État ; que les princes avaient toujours subi ses remontrances, et s'étaient généralement bien trouvés d'y avoir fait droit.

Sur quoi, il se retira.

Le lendemain, le duc d'Orléans envoya chercher le maréchal de Villeroy et le secrétaire d'État Le Tellier, et leur ordonna de dire de sa part à la reine qu'il était mécontent du cardinal ; que celui-ci lui avait parlé insolemment la veille, et qu'il lui en demandait raison, déclarant qu'il exigeait qu'elle l'éloignât de ses conseils, où il ne reprendrait jamais sa place tant que le cardinal en ferait partie ; en outre, il somma le maréchal de lui répondre de la personne du roi, lui ordonnant, en sa qualité de lieutenant général du royaume, de n'obéir qu'à lui.

Le secrétaire d'État Le Tellier reçut en même temps l'ordre de ne rien expédier sans le communiquer au prince.

Gaston manda aussi aux quarteniers de la ville de tenir leurs armes prêtes pour le service du roi, leur défendant absolument de recevoir d'autres ordres que les siens.

Le lendemain, le coadjuteur se présenta de la part du prince au parlement. Il vint instruire la compagnie de la scène qu'avait eue Monsieur, la veille, au Palais-Royal. Il rapporta, en outre, à l'assemblée les paroles outrageuses dont le Mazarin s'était servi, en comparant M. de Beaufort à Cromwell, le coadjuteur à Fairfax, et le parlement à la haute cour d'Angleterre.

Cette insulte, en passant par la bouche du coadjuteur, acquit de proportions telles, qu'elle souleva toute l'assemblée. Il y eut un moment de rumeur terrible contre le cardinal. Les propositions les plus violentes furent faites. Un conseiller, nommé Coulon, fut d'avis d'envoyer une députation à la reine pour qu'elle éloignât le ministre à l'instant même. Le président Violé proposa de le faire venir au parlement pour y répondre de son administration, et d'exiger réparation de ce qu'il avait dit contre l'honneur de la nation. Quelques-uns opinèrent même pour qu'il fût arrêté. On ne décida rien pourtant, par cela même qu'on était décidé à tout, et l'on se sépara aux cris de Vive le roi! et Point de Mazarin! Ces cris se répandirent du parlement dans les rues de la ville.

La reine ne s'était pas attendue à une pareille tempête. Le Palais-Royal était dans le trouble. Quelques officiers proposaient au cardinal de se retirer dans une place forte. Le marquis de Villequier d'Aumont, le marquis d'Hocquincourt, le marquis de la Ferté-Senectère et Jacques d'Etampes, seigneur de la Ferté-Imbault, qui venaient d'être faits maréchaux de France, se montrèrent fidèles à celui à qui ils devaient le bâton et proposaient de faire venir des troupes dans Paris, de cantonner le quartier du Palais-Royal et de tenir bon contre M. le duc d'Orléans. Mais toutes ces choses paraissaient bien hasardeuses à la reine et surtout au ministre.

Sur ces entrefaites, madame de Chevreuse arriva au Palais-Royal. On ignorait ses traités avec le coadjuteur. On demandait conseil à tout le monde, on lui demanda conseil comme aux autres. Son avis fut que le cardinal devait s'éloigner de Paris et laisser passer l'orage. Pendant cette absence momentanée, elle travaillerait à le raccommoder avec le duc d'Orléans. Une fois les princes sortis de prison, elle se chargerait, disait-elle, de ramener l'esprit de Son Altesse royale à de meilleurs sentiments pour le ministre.

Cet avis, qu'on croyait celui d'une amie, parut le plus raisonnable, quoiqu'il fût le plus perfide, et prévalut. Le ministre résolut de partir le soir même et d'aller au Havre délivrer les princes. Il prit un ordre secret de la reine adressé à leur gardien, auquel cet ordre enjoignait d'obéir ponctuellement au cardinal (1).

Personne ne fut prévenu de cette fuite. Le 6 février, au soir, le cardinal vint comme d'habitude chez la reine, qui lui parla longtemps devant tout le monde, sans que personne pût apercevoir aucune altération dans sa voix ni sur le visage de l'un ou de l'autre. Pendant ce temps, le peuple ému, parcourait les rues, et on entendait retentir de tous côtés le cri Aux armes!

A dix heures, le cardinal Mazarin prit congé de la reine sans plus d'affectation qu'il eût dû le devoir le lendemain, et rentra dans son appartement. Là, il se revêtit d'un justaucorps rouge, passa des chausses grises, prit un chapeau à plume, et, sortant à pied du Palais-Royal, suivi de deux de ses gentilshommes seulement, il gagna la porte Richelieu, où il trouva quelques-uns de ses gens qui l'attendaient avec ses chevaux. Deux heures après, il était à Saint-Germain, où il devait passer la nuit.

Pendant ce temps, la reine tenait cercle avec le même visage et les mêmes manières que d'habitude.

Le coadjuteur apprit la nouvelle par MM. de Guéménée et de Béthune. Il courut aussitôt chez Monsieur, qu'il trouva entouré de courtisans. Seulement, une crainte troublait ce premier moment de triomphe : la reine, qu'on avait vue si calme et si tranquille, n'avait-elle point le projet de rejoindre le cardinal en emmenant le roi? C'était l'opinion du coadjuteur ; mais, quoiqu'au fond ce fût peut-être aussi celle de Monsieur, il ne voulut permettre qu'aucune précaution fût prise pour prévenir cet événement. C'est que, le roi et la reine hors de Paris, Monsieur restait le maître, et qui sait alors si les projets de toute sa vie ne se réaliseraient pas?

En effet, le surlendemain, au moment où le coadjuteur venait de se mettre au lit et commençait à s'endormir, il fut réveillé par un ordinaire de Monsieur, qui lui dit que Son Altesse royale le demandait. Il sauta aussitôt à bas de son lit, et, comme il s'habillait, un page entra apportant un billet de mademoiselle de Chevreuse, qui ne contenait que ces quelques mots : « Venez en toute hâte au Luxembourg, et prenez garde à vous par les chemins. »

Le coadjuteur, montant aussitôt en voiture, ordonna de toucher au palais, et il trouva dans l'antichambre mademoiselle de Chevreuse, qui l'attendait assise sur un coffre.

— Ah! c'est vous! s'écria-t-elle en apercevant Gondi ; ma mère, qui est souffrante et qui ne peut sortir, m'a envoyée dire à Monsieur que le roi était sur le point de quitter Paris. Il s'est couché comme à l'ordinaire, mais il vient de se relever et il est déjà, dit-on, tout botté.

— Et l'avis vous vient-il de bon lieu? demanda le coadjuteur.

— Du maréchal d'Aumont et du maréchal d'Albret, répondit mademoiselle de Chevreuse. Je suis donc accourue chez Monsieur, que j'ai éveillé, et dont la première parole a été : « Envoyez quérir le coadjuteur. »

— Entrons donc, reprit Gondi, et sans perdre une minute ; car, si Monsieur met à se décider sa lenteur ordinaire, nous arriverons trop tard.

Ils rentrèrent, et trouvèrent Monsieur couché avec Madame.

— Ah! mon cher Gondi, s'écria le duc d'Orléans en apercevant le coadjuteur ; vous aviez bien dit ! Et maintenant que ferons-nous?

— Il n'y a qu'un parti à prendre, monseigneur, répondit le coadjuteur : c'est de nous emparer des portes de Paris.

Mais c'était une mesure bien vigoureuse pour Monsieur, dont la force s'usait toujours dans les préparatifs de l'exécution. Aussi tout ce que le coadjuteur put tirer de lui, ce fut qu'il enverrait de Souches, capitaine de ses Suisses, chez la reine, pour la supplier de faire réflexion aux suites d'une action de cette nature.

(1) Voici le texte de cet ordre :

« Monsieur de Bar, je vous fais celle-ci pour vous dire que vous exécutiez ponctuellement tout ce que mon cousin le cardinal de Mazarin vous fera savoir de mon intention, touchant la liberté de mes cousins, le prince de Condé, le prince de Conti et le duc de Longueville, qui sont en votre garde, sans vous arrêter à quelque autre que vous pourriez recevoir ci-après du roi, monsieur mon fils, et de moi, contraire à celui-ci ; priant Dieu qu'il vous ait en sa sainte garde.

« Écrit à Paris, le 6 février 1651. »

— Cela suffira, disait Monsieur dans la crainte qu'il avait de prendre un parti trop décisif ; et, quand la reine verra que sa résolution est pénétrée, elle n'aura garde de la suivre.

Alors, Madame, s'impatientant de la faiblesse de son mari, commanda de lui apporter une écritoire qui était sur la table de son cabinet, prit une grande feuille de papier, et, toute couchée qu'elle était, écrivit les lignes suivantes :

« Il est ordonné à M. le coadjuteur de faire prendre les armes et d'empêcher que les créatures du cardinal Mazarin ne fassent sortir le roi de Paris.

» MARGUERITE DE LORRAINE. »

Mais, au moment où Madame passait cet ordre au coadjuteur, Monsieur le lui arracha des mains, et, l'ayant lu, le froissa et le jeta de côté. Pendant ce temps, Madame se penchait à l'oreille de mademoiselle de Chevreuse et lui disait tout bas :

— Je te prie, ma chère nièce, de pousser le coadjuteur, par toute l'influence que tu as sur sa personne, à faire de lui-même tout ce qu'il faut qu'il fasse ; demain, je lui réponds de Monsieur.

Mademoiselle de Chevreuse obéit aussitôt, et le coadjuteur, qui n'avait besoin que de cette promesse, et qui même à la rigueur s'en serait passé, s'élança hors de la chambre. Mais, comme le duc d'Orléans le vit sortir, il s'écria :

— Ah ! monsieur le coadjuteur, je vous en supplie, n'oubliez pas que pour rien au monde je ne veux me brouiller avec le parlement.

— Eh ! mon cher oncle, dit mademoiselle de Chevreuse en fermant la porte derrière le coadjuteur, je vous défie de vous

Toute cette procession dura jusqu'à trois heures du matin.

brouiller autant avec lui, par votre fermeté, que vous l'êtes avec moi par votre faiblesse.

Le coadjuteur écrivit sans retard à M. de Beaufort, le priant de se rendre en toute hâte à l'hôtel de Montbazon, tandis que mademoiselle de Chevreuse, de son côté, allait éveiller le maréchal de la Motte. Au bout d'un instant, cette alarme bruissait par les rues. Aussitôt les amis des princes montèrent à cheval et parcoururent la ville en criant : « Aux armes ! » Les bourgeois s'assemblèrent et se portèrent en masse au Palais-Royal. La reine alors eut avis que M. le duc d'Orléans était prévenu de tout, et qu'on lui voulait enlever le roi. Le jeune prince était, en effet, habillé, botté et prêt à partir. Elle le fit à l'instant même déshabiller, ordonna qu'il se mît au lit, et allait s'y mettre aussi, lorsqu'un officier des gardes accourut, disant que le peuple était exaspéré à cette idée d'une seconde fuite pareille à la première, et qu'il voulait absolument voir le roi. Les sentinelles envoyèrent en même temps demander des ordres pour savoir ce qu'elles avaient à faire, cette multitude se ruant vers le Palais-Royal et menaçant de briser les grilles.

Ce fut en ce moment que l'envoyé du duc d'Orléans entra au Palais-Royal. On le conduisit à la reine.

— Madame, lui dit-il, je viens de la part de Son Altesse royale vous supplier de faire cesser ce bruit. De tous côtés on lui a rapporté que vous aviez dessein de sortir cette nuit de Paris et d'emmener le roi. Son Altesse vous prévient que la chose est impossible et que les Parisiens ne le souffriraient pas.

— Monsieur, dit la reine, c'est votre maître qui a causé toute cette émotion ; c'est donc à lui de la faire cesser, si bon lui semble. Quant à ses frayeurs sur la fuite du roi, elles sont mal fondées : le roi et son frère sont couchés et dorment paisiblement sous mes yeux ; moi-même, j'étais déjà au lit lorsque tout ce bruit m'a forcée de me lever. D'ailleurs, continua-t-elle, pour plus grand témoignage, passez avec moi dans la chambre du roi et assurez-vous par vous-même de ce que je vous dis.

A ces mots, la reine conduisit effectivement de Souches dans l'appartement de Sa Majesté, lui donnant l'ordre de lever lui-même les rideaux du lit, afin qu'il vît bien si le roi était effectivement couché. De Souches obéit. Le jeune prince était son lit et faisait semblant de dormir.

— Maintenant, dit la reine, retournez vers celui qui vous envoie et dites-lui ce que vous avez vu.

En ce moment, les cris redoublèrent. On entendait au milieu du tumulte cette phrase constamment répétée : « Le roi !... le roi !... nous voulons le voir le roi ! »

Anne d'Autriche parut prendre une résolution subite.

— Descendez, dit-elle à de Souches, et ordonnez de ma part qu'on le voie toutes les portes ; ce que vous avez vu, il faut que tout le monde le voie ; seulement, prévenez que le roi dort, et priez tous les gens de faire le moins de bruit possible.

De Souches descendit, transmit les ordres de la reine aux gardes et sa prière au peuple. Aussitôt toutes les portes furent ouvertes, et la multitude se précipita dans le Palais-Royal.

Cependant, contre toute probabilité, à peine le peuple fut-il dans les appartements, que ceux qui les commandaient, se rappelant qu'on leur avait dit que le roi dormait, invitèrent les visiteurs à faire le moins de bruit possible. Chacun alors retint son haleine et marcha sur la pointe du pied. La chambre royale s'emplit, et ces furieux qui, un instant auparavant, menaçaient de briser les portes de fer, qu'ils eussent brisées en effet, si l'on avait tardé d'une seconde à les leur ouvrir, s'approchèrent, respectueux et pleins d'amour, du lit dont ils n'osaient lever les rideaux. La reine alors les écarta, et, dès qu'ils virent le roi, ils tombèrent à genoux, priant Dieu de conserver ce bel enfant, qui, au milieu du bruit et de l'émeute de sa ville et de la rébellion de son peuple, dormait d'un si bon sommeil.

Seulement, Louis XIV ne dormait pas, et jurait tout bas que sa ville et son peuple lui payeraient un jour cet instant de sommeil qu'il était forcé de feindre.

Toute cette procession dura jusqu'à trois heures du matin.

Pendant ce temps, le cardinal cheminait à petites journées vers le Havre, car il espérait toujours que le roi et la reine le rejoindraient. Mais il vit venir un courrier qui lui annonça les événements qui s'étaient passés la nuit de son départ, et l'impossibilité où la reine était de quitter Paris.

Le 15 février, la nouvelle arriva que les princes étaient en liberté. Le cardinal Mazarin avait ouvert lui-même les portes de leur prison, espérant sans doute, grâce à la joie qu'ils allaient ressentir de se trouver libres, pouvoir nouer quelque raccommodement avec M. de Condé. Mais celui-ci, qui savait, par ses correspondants de Paris, que le cardinal n'agissait pas selon son libre arbitre, et qu'il était forcé par Monsieur et par le parlement, reçut toutes les ouvertures de l'ex-ministre avec hauteur, et, pour lui prouver qu'il n'avait si grande hâte de sortir, lui donna à dîner dans sa prison.

Le 16, on sut à Paris que les princes arriveraient dans la journée.

Monsieur alla au-devant d'eux jusqu'à mi-chemin de Saint-Denis. Le coadjuteur et M. de Beaufort étaient dans sa voiture. En l'apercevant, les princes firent arrêter la leur et montèrent près de lui. De Saint-Denis à Paris, le carrosse fut obligé de marcher au pas, tant la foule était considérable. Enfin, l'on arriva au Palais-Royal au milieu des cris et des acclamations de toute la ville. Le roi, la reine et M. le duc d'Anjou y étaient restés seuls. M. de Beaufort et le coadjuteur, qui pensaient que leur présence serait médiocrement agréable à la reine, allèrent, M. de Beaufort garder la porte Saint-Honoré, et le coadjuteur entendre complies aux Pères de l'Oratoire.

M. le Prince monta au Palais-Royal et fut, dit la Rochefoucauld dans ses Mémoires, reçu en homme qui était plus en état de faire grâce que de la demander.

Pendant ce temps, le cardinal sortait du Havre, gagnait la frontière du Nord et se retirait à Brühl, petite ville de l'électorat de Cologne.

Le lendemain du jour où le cardinal avait quitté Paris, le parlement rendait un arrêt, pour remercier la reine de son éloignement, et pour lui demander une déclaration qui exclût de son conseil tout étranger ou toute personne qui aurait fait serment à d'autres princes que le roi. La reine se hâta de publier cette déclaration qui mettait le coadjuteur dans cette nécessité de n'être jamais du conseil ou de n'être jamais cardinal, puisque, en sa qualité de mademoiselle, il était forcé de prêter serment au pape.

Un mois après, le président Viole vint dégager la parole de M. le Prince à l'endroit du mariage de mademoiselle de Chevreuse avec le prince de Conti. C'était encore un des effets de l'influence de madame de Longueville sur son frère. Elle craignait qu'une fois les époux de mademoiselle de Chevreuse, celle-ci ne livrât son mari pieds et poings liés au coadjuteur, son amant.

En même temps, on retirait les sceaux au marquis de Châteauneuf pour les donner au premier président Molé, ennemi déclaré de M. de Gondi.

Il était évident que le coadjuteur, après avoir si puissamment contribué à la paix, était choisi pour faire les frais de la guerre.

Mais le coadjuteur n'était pas homme à rester longtemps dans une position fausse. Il connaissait sa force et se l'exagérait encore. Il résolut de se retirer sous sa tente épiscopale et de punir la cour par son absence. En conséquence, il alla trouver Monsieur et lui dit qu'ayant eu l'honneur de la satisfaction de le servir dans les deux choses qu'il avait eues le plus à cœur, c'est-à-dire l'éloignement du cardinal et le retour des princes, ses cousins, il lui demandait la liberté de rentrer purement et simplement dans les exercices de sa profession, et, comme la semaine sainte arrivait, de se retirer, pour y faire pénitence, dans son cloître Notre-Dame.

Si dissimulé que fût Monsieur, il ne put empêcher ses yeux de jeter un éclair de joie. En effet, le coadjuteur était, après la victoire, un allié embarrassant. Monsieur lui tendit les bras, le serra contre son cœur, lui jura qu'il ne l'oublierait jamais, et espéra être débarrassé de lui.

En sortant de chez Monsieur, le coadjuteur se rendit chez les princes, auxquels il voulut faire ses adieux. Ils étaient tous à l'hôtel de Condé avec madame de Longueville et la princesse palatine. Les deux femmes ne purent faire pas faire grande attention à cette retraite. M. de Conti reçut le compliment en riant, et prit congé du coadjuteur en lui disant :

— Au revoir, bon père ermite !

Mais M. le Prince vit la conséquence de ce pas de ballet, comme dit le coadjuteur dans ses Mémoires, et parut fort surpris.

Le soir même, Gondi, en apparence tout à Dieu, était renfermé dans son cloître Notre-Dame, laissant faire du temps et à deux sentiments qui ne pouvaient manquer de lui rouvrir une porte pour rentrer sur le théâtre du monde : la haine des princes pour le ministre, et l'amour de la reine pour Mazarin.

Cependant, le coadjuteur semblait avoir pris son parti, et ne paraissait plus mêlé à aucune intrigue politique. Il s'occupait de ses devoirs religieux, se voyait que de Chevreuse. C'était à qui gaillerait le vaincu, à l'hôtel de Condé et au Palais-Royal. On le comble, le temps, le distraire, le reclus avait fait faire une volière dans une de ses fenêtres, Nogent-Bautru, le bouffon de la cour, annonça que l'on pouvait être tranquille désormais, et le coadjuteur n'avait plus que deux soins : faire son salut, *et siffler les linottes.*

De là le proverbe.

Cependant, M. de Condé, débarrassé du coadjuteur, commençait à formuler ses demandes et à dessiner sa position. On lui avait promis pour lui le gouvernement de Guyenne, qu'on avait ôté au duc d'Epernon, et la lieutenance générale, ainsi que la citadelle de Blaye avec le duc de la Rochefoucauld. En outre, il réclamait le gouvernement de la Provence pour le prince de Conti. Or, comme il tenait déjà dans l'intérieur Clermont en Argonne, Stenay, Bellegarde, Dijon et Montrond ; que M. de Longueville, l'œil tourné vers la Normandie, ne perdait pas de vue son ancien gouvernement, c'était, si on lui accordait ses demandes, créer à un sujet une position presque royale ; c'était donner à un ambitieux les moyens de soutenir une lutte dans laquelle la royauté pouvait succomber.

Aussi, du fond de son exil, d'où il correspondait avec la reine sur toutes les affaires de l'Etat, Mazarin voyait-il plein de terreur, ces prétentions de M. le Prince, qui avait d'ailleurs commencé de se saisir de sa part sans s'occuper de ses amis ; c'était, du reste, assez son habitude, ce qui lui faisait dire, à chaque promesse d'engagement pris qu'on lui rappelait :

— Ah ! M. de Beaufort est bien heureux de n'avoir eu besoin que d'une échelle pour sortir de prison.

Les choses en étaient à ce point, lorsqu'un soir le vicomte d'Autel, frère du maréchal Duplessis, un des plus intimes confidents de la reine et des plus fidèles serviteurs de Mazarin, entra vers une heure du matin dans la chambre du coadjuteur, et, se jetant dans ses bras :

— Salut à M. le ministre, dit-il.

Le coadjuteur le regarda en face et lui demanda s'il était fou.

— Je ne suis pas fou le moins du monde, répondit d'Autel, et j'ai à votre porte, au fond de mon carrosse, quelqu'un qui est tout prêt à vous affirmer que je suis dans mon bon sens.

— Et quelle est la personne qui prend une pareille responsabilité ? demanda en riant le coadjuteur.

— C'est le maréchal Duplessis, mon frère.

Le coadjuteur commença à écouter plus attentivement.

— Ecoutez, continua d'Autel, et pesez chacune de mes paroles. La reine vient de me commander tout à l'heure de vous dire qu'elle remet entre vos mains sa personne, celle du roi son fils et la couronne.

Alors, il lui dit que le cardinal avait écrit à la reine que, si elle ajoutait le gouvernement de la Provence à celui de la Guyenne dont elle venait déjà de se relâcher, elle se déshonorerait aux yeux du roi son fils, qui, lorsqu'il serait en âge, la considérerait comme ayant perdu son Etat.

Le coadjuteur écoutait de toutes ses oreilles, lorsque le maréchal Duplessis entra à son tour, et, jetant une lettre sur la table :

— Tenez, dit-il à Gondi, lisez.

Cette lettre était du cardinal ; il disait :

« Vous savez, madame, que le plus capital ennemi que j'aie au monde est le coadjuteur ; eh bien, servez-vous-en plutôt que de traiter avec le Prince aux conditions qu'il propose ; faites M. de Gondi cardinal, donnez-lui ma place, mettez-le dans mon appartement ; il sera peut-être à Monsieur plus qu'à Votre Majesté ; mais Monsieur ne veut point la perte de l'Etat, ses intentions dans le fond ne sont pas mauvaises ; enfin tout, madame, plutôt que d'accorder à M. le Prince ce qu'il demande ; car, s'il l'obtenait, il n'y aurait plus qu'à le mener à Reims. »

De cette ouverture le coadjuteur ne se souciait pas du tout de tirer un ministère, mais un chapeau. Il répondit au maréchal, demeurant toujours dans son système de dévouement à ses amis, qu'il était tout prêt à servir la reine sans aucun intérêt, d'autant plus qu'il lui répugnait, disait-il, d'entrer dans une place toute chaude et toute fumante encore. Le maréchal comprit que cette modestie et cette délicatesse venaient sans doute au coadjuteur du défaut de sûreté ; il ajouta donc :

— Il faudrait que vous vissiez la reine.

Et, comme le coadjuteur se taisait :

— Que vous la vissiez en personne.

Et, comme il se taisait encore, Duplessis lui présenta une lettre d'Anne d'Autriche.

— Tenez, lui dit-il, lisez ; vous fiez-vous à cela ?

Cet écrit promettait toute sûreté au coadjuteur s'il venait au Palais-Royal.

Le coadjuteur prit la lettre, la lut, baisa le papier avec l'apparence du plus profond respect ; puis, s'approchant de la bougie, le brûla tout entier, et, quand il n'y en eut plus que la cendre sur la table, se retournant vers le maréchal :

— Quand voulez-vous me conduire chez la reine ? dit-il. Je suis à ses ordres.

Il fut convenu que le coadjuteur attendrait le lendemain au soir à minuit dans le cloître Saint-Honoré. Ce fut une seconde répétition de la scène que nous avons déjà racontée. Seulement, au lieu de Gaboury le portemanteau, le coadjuteur vit venir à lui le maréchal Duplessis. L'introducteur avait grandi avec les événements.

Le maréchal conduisit le coadjuteur à l'oratoire de la reine. Une demi-heure après, la reine entra et le maréchal les laissa tête à tête.

De cette entrevue et des deux autres qui suivirent résultèrent certains articles arrêtés entre le cardinal Mazarin, le garde des sceaux de Châteauneuf, le coadjuteur de Paris et madame de Chevreuse, articles dont voici la substance :

« Le coadjuteur, pour se maintenir dans la confiance du peuple, pourra parler, au parlement ou ailleurs, contre le cardinal Mazarin, jusqu'à ce qu'il trouve le moment propice pour se déclarer en sa faveur sans rien hasarder.

« M. de Châteauneuf et madame de Chevreuse feront semblant d'être mal avec le coadjuteur, afin de pouvoir traiter séparément avec le cardinal, posséder les bonnes grâces de la reine et se conserver en même temps dans le public par le moyen du cardinal.

« Madame de Chevreuse, M. de Châteauneuf et le coadjuteur s'efforceront de détacher le duc d'Orléans des intérêts du prince de Condé et d'obtenir que Son Altesse royale ménage le cardinal, sans rompre toutefois avec M. le Prince.

« M. de Châteauneuf sera premier ministre et garde des sceaux.

« M. le marquis de la Vieuville sera surintendant des finances, moyennant 400,000 livres qu'il trouvera au cardinal.

« M. de Mazarin obtiendra du roi pour le coadjuteur la promesse formelle du cardinalat, et la charge de ministre d'Etat, mais cette promesse ne devra se réaliser qu'après la tenue des états généraux, afin que le coadjuteur puisse servir plus utilement le cardinal au sein de ces états, leur bonne intelligence n'étant pas connue.

« Le cardinal récompensera tous ceux qui se sont entremis pour le succès de la présente négociation.

« Le sieur Mancini recevra le duché de Nevers ou le Rethelois avec le gouvernement de Provence, et épousera mademoiselle de Chevreuse.

« Le cardinal empêchera M. de Beaufort d'avoir aucune part dans la confiance de la reine et du roi, et le traitera toujours comme son ennemi.

« Le cardinal autorisera M. de Châteauneuf et le coadjuteur, ainsi que madame de Chevreuse, à s'approcher de la reine, et aura en eux une entière confiance sur la promesse qu'ils lui font d'être dévoués à ses intérêts.

« Le tout à condition qu'on ne parlera plus de ce qui s'est passé avant, pendant ou depuis la guerre de Paris, et aussi depuis l'emprisonnement de MM. les princes, contre lesquels se fait principalement la présente union, l'intérêt commun des parties contractantes étant fondé sur la ruine de M. le Prince ou du moins sur son éloignement de la cour.

« Le cardinal promet enfin d'empêcher que le duc d'Orléans ait connaissance du présent traité, ainsi que des conférences qui pourront suivre. »

Nous nous sommes étendu sur ces détails pour montrer de quelle étrange façon les affaires publiques se brassaient à cette époque et combien y avait peu de part le peuple, qui cependant y était le plus intéressé.

Ce qu'il y a de curieux, c'est qu'en même temps, et comme la régence était sur le point de finir, la reine faisait porter au parlement deux déclarations, l'une contenant les causes pour lesquelles le cardinal Mazarin était à tout jamais exclu du royaume, l'autre par laquelle le prince de Condé était reconnu innocent de tout ce qu'on lui avait imputé contre le service du roi.

Ces déclarations furent enregistrées le 5 septembre. Le lendemain, le roi atteignit sa majorité.

La veille, le sieur de Rhodez, grand maître des cérémonies, avait fait avertir le parlement que le roi devait se rendre le 7 au palais et y tenir un lit de justice pour la déclaration de sa majorité.

Le 6 au soir, le marquis de Gesvres, capitaine des gardes du corps, les grands maîtres et maîtres des cérémonies, et le sieur de Réaux, lieutenant des gardes, après avoir visité tout le palais, en prirent les clefs et y restèrent pour préparer toutes les choses nécessaires à la séance du lendemain.

Le 7 au matin, toute la cour sortit du Palais-Royal, trompettes en tête ; après la compagnie des chevau-légers, après celle du grand prévôt, venaient cent maîtres représentant la noblesse de France, après les gouverneurs de provinces, les chevaliers de l'Ordre, les premiers gentilshommes de la chambre, les grands officiers de la maison du roi, après six trompettes du roi habillés de velours bleu, précédaient six hérauts à cheval revêtus de leurs cottes d'armes de velours cramoisi semé de fleurs de lis d'or, leur caducée en main, venaient les maréchaux marchant deux à deux, tous richement vêtus et montés sur de grands chevaux, dont les housses étaient chargées d'or et d'argent.

Derrière eux venait seul le comte d'Harcourt, grand écuyer de France, portant en écharpe l'épée du roi attachée à son baudrier et qu'il relevait sur son bras dans un fourreau de velours bleu semé de fleurs de lis d'or. Il était vêtu d'un pourpoint de toile d'or et d'argent et d'un haut-de-chausses plein de broderies semblables, monté sur un cheval de bataille gris pommelé, en housse de velours cramoisi garni de passements d'or à point d'Espagne, ayant au lieu de rênes deux écharpes de taffetas noir.

Les pages et valets de pied en grand nombre, vêtus de neuf, avec force plumes blanches, bleues et rouges, et la tête nue, suivaient le comte devant les gardes du corps à pied, comme aussi le portemanteau et les huissiers et massiers.

« Alors, dit la relation à laquelle nous empruntons ces détails, paraissait le roi, que son auguste contenance et sa douce gravité vraiment royale, avec sa civilité naturelle, faisaient remarquer à tous pour les délices du genre humain, et redoubler aux grands et aux petits les vœux qu'ils font ordinairement pour sa santé et prospérité. »

Le jeune Louis XIV, pour jouer le premier rôle dans cette grande solennité, était revêtu d'un habit tellement couvert de broderie d'or, qu'on n'en pouvait discerner ni l'étoffe ni la couleur. En outre, il était de si haute stature, qu'on avait peine à croire qu'il n'eût que quatorze ans. Aussi, en voyant un jeune seigneur du même âge que le roi, mais beaucoup plus petit que lui, la foule, mesurant la taille à l'âge, se laissa emporter à crier : « Vive le roi ! » Mais, en ce moment, le cheval du jeune souverain, qui était un barbe de couleur isabelle, s'étant cabré, celui-ci le maîtrisa de telle façon, qu'on reconnut bien que c'était un roi et un roi qui saurait soumettre un jour les hommes, que celui qui, si jeune, soumettait déjà les animaux.

Sa Majesté fut reçue à la porte de la Sainte-Chapelle par l'évêque de Bayeux, revêtu de ses habits épiscopaux, lequel lui fit une harangue que le jeune roi écouta avec beaucoup de recueillement ; ensuite il le conduisit au chœur, où il entendit une messe basse célébrée par un chapelain de la chapelle.

En sortant de la Sainte-Chapelle, le roi alla prendre sa place au parlement. Ceux de nos lecteurs qui seront curieux de savoir où il était assis, comment il était assis, qui il avait à sa main droite, qui à sa main gauche, qui devant lui, qui autour de lui, pourront lire la relation qui en fut faite alors et que madame de Motteville insèra dans ses Mémoires.

Après quoi, le roi, assis et couvert, prit la parole et dit :
— Messieurs, je suis venu en mon parlement pour vous dire que, suivant la loi de mon État, j'en veux prendre moi-même le gouvernement, et j'espère de la bonté de Dieu que ce sera avec piété et justice. Mon chancelier vous dira plus particulièrement mes intentions.

Suivant le commandement, le chancelier, qui avait reçu le roi debout, se remit en son siège et fit un long discours, dans lequel, dit la relation, il s'étendit éloquemment sur les paroles du roi.

Lorsqu'il eut fini, la reine s'inclina un peu et dit au roi :
— Monsieur, voici la neuvième année que, par la volonté dernière du défunt roi, mon très honoré seigneur, j'ai pris le soin de votre éducation et du gouvernement de l'État ; Dieu a donné à ma volonté donné bénédiction à mon travail et conservé votre personne qui m'est si chère et si précieuse à tous vos sujets, à présent que la loi du royaume vous appelle au gouvernement de cette monarchie, je vous remets avec grande satisfaction la puissance qui m'avait été donnée pour le gouverner, et j'espère que Dieu vous fera la grâce de vous assister de son esprit de force et de prudence pour rendre votre règne heureux.

Sa Majesté lui répondit :
— Madame, je vous remercie du soin qu'il vous a plu prendre de mon éducation et de l'administration de mon royaume ; je vous prie de continuer à me donner vos bons avis, et je désire qu'après moi vous soyez le chef de mon conseil.

A ces mots, la reine se leva de sa place et s'approcha pour saluer son fils ; mais celui-ci, descendant de son lit de justice, vint à elle et l'embrassa ; puis chacun d'eux s'en revint à sa place.

Monseigneur le duc d'Anjou se leva alors, s'approcha du roi son frère, et, fléchissant le genou, lui baisa la main et lui protesta de sa fidélité. Son Altesse royale le duc d'Orléans en fit autant, comme aussi les princes de Conti et les autres princes. Aussitôt le chancelier, les ducs et pairs, les ecclésiastiques, les maréchaux de France, les officiers de la couronne et tous ceux qui étaient en séance se levèrent et rendirent en même temps hommage au roi.

Ce fut en ce moment qu'on remarqua, parmi tous ces princes, ducs, pairs, maréchaux, l'absence de celui qui eût dû s'y trouver avant tous, c'est-à-dire du prince de Condé. Le bruit circula bientôt qu'il avait quitté Paris la nuit précédente.

Était-ce pour ne pas faire serment de fidélité au roi ?

Malgré cette absence, qui inspirait une crainte vague mais réelle, le retour de Sa Majesté au Palais-Cardinal n'en fut pas moins salué par des acclamations unanimes, et les cris de « Vive le roi ! » continuèrent toute la nuit autour des feux de joie allumés de cent pas en cent pas par toute la ville.

Profitons de cette halte naturelle que nous offre l'histoire pour jeter un coup d'œil sur la société française, et voir quel aspect elle présentait vers le milieu du XVIIe siècle.

XXIV

CE QU'ÉTAIT LA SOCIÉTÉ A CETTE ÉPOQUE. — QUELLES FEMMES ONT EU DE L'INFLUENCE SUR ELLE. — MARION DE LORME. — ANECDOTES. — LE SURINTENDANT D'ÉMERY. — LE PRÉSIDENT DE CHEVRY. — CLAUDE QUILLET. — MORT DE MARION. — NINON DE LENCLOS. — SON PÈRE. — SAINT-ÉTIENNE. — RARAY. — COULON. — LES PAYEURS, LES FAVORIS, LES MARTYRS ET LES CAPRICES. — NAVAILLES. — MADAME DE CHOISY. — SA SOCIÉTÉ. — MADEMOISELLE DE SCUDÉRY. — SON ÉDUCATION LITTÉRAIRE. — SES EMBARRAS D'ARGENT. — SES PREMIERS OUVRAGES. — « LES CHRONIQUES DU SAMEDI ». — LA MARQUISE DE RAMBOUILLET. — SON HÔTEL. — LA CHAMBRE BLEUE. — BONTÉ DE MADAME DE RAMBOUILLET. — SA DÉFINITION DE L'AMITIÉ. — L'ÉVÊQUE DE LISIEUX ET LES ROCHES DE RAMBOUILLET. — LES CHAMPIGNONS DU COMTE DE GUICHE. — FAMILLE DE MADAME DE RAMBOUILLET. — LA BELLE JULIE. — M. DE PISANI. — MADEMOISELLE PAULET. — M. DE GRASSE. — VOITURE.

Nous symboliserons l'esprit de cette époque par cinq femmes de conditions et de caractères différents. Ce sont elles qui ont, en quelque sorte, créé l'influence féminine sur la société moderne. Jusque-là, les femmes n'existaient guère que réduites à la condition de maîtresses, c'est-à-dire d'esclaves-reines, et c'est ainsi que nous voyons apparaître tour à tour Diane de Poitiers, madame d'Étampes et Gabrielle d'Estrées. Leur pouvoir est tout physique et tient à leur beauté : qu'elles perdent l'influence qu'elles ont sur leurs amants couronnés, et l'influence qu'elles avaient sur le monde est perdue. Le XVIIe siècle vit naître une autre empire, et s'accomplir une autre conquête : c'est celle de l'esprit.

Ces cinq femmes, dont nous allons parler, sont : Marion de Lorme, qui représente la courtisane ; Ninon de Lenclos, qui représente la femme galante ; madame de Choisy, qui représente la femme du monde ; mademoiselle de Scudéry, qui représente la femme de lettres, et madame de Rambouillet, qui représente la grande dame.

Marie de Lorme était née à Châlons-sur-Marne, à l'époque où nous sommes arrivés, elle pouvait avoir trente-quatre ou trente-cinq ans. Mais, on le sait, elle était dans tout l'éclat de sa beauté et de sa réputation. Fille d'un homme riche, elle avait vingt-cinq mille écus de dot, et elle pu se marier, comme on le voit ; mais sa vocation l'entraîna.

Son premier amant fut Desbarreaux, le fils de l'ancien intendant des finances sous Henri IV, le même qu'une omelette et un sonnet ont rendu célèbre (1). A cette époque où Marion vivait encore chez son père, il resta huit jours caché chez elle, dans un petit cabinet où l'on mettait le bois, et où Marion lui portait à manger. Cette contrainte parut insupportable à la jeune fille, et elle quitta la maison paternelle. A partir de ce jour, Marie fut Marion.

Après Desbarreaux vint Rouville, le beau-frère du comte de Bussy-Rabutin, le même que Brantôme appelle un *homme rude et haut à la main* ; ce fut pour elle qu'il se battit avec la Ferté-Senectère, dont nous avons parlé à propos de la bataille de Rocroy et des intrigues de la Fronde.

Puis Miossens, qui conduisit M. le Prince à Vincennes, Miossens, qui ne lui fit pas la cour, mais auquel elle le fit ; puis le malheureux Cinq-Mars ; puis Arnaud ; puis M. de Châtillon ; puis M. de Brissac. Ceux-ci furent ses amants de cœur. Elle avait, outre cela, ses amants politiques, puis ses amants d'argent, puis ses cavaliers servants.

Nous avons dit comment elle vint deux fois chez le cardinal de Richelieu, et jeta au nez du valet de chambre je ne sais quelle somme que le ministre lui envoyait. Une autre fois, il lui offrit un diamant qui valait soixante pistoles. Peut-être allait-elle le refuser, comme elle avait fait de l'argent, lorsqu'il échappa au cardinal de dire que cette bague venait de madame d'Aiguillon :

— En ce cas, dit Marion, je la garde comme un trophée.

Ses grandes dépenses et le désordre de sa famille, qu'elle nourrissait, la forçaient de temps en temps à prendre des amants d'argent. Ses deux trésoriers étaient le surintendant d'Emery, dont le nom a déjà été prononcé plusieurs fois, et le président de Chevry.

Le seigneur d'Emery, comme on l'appelait depuis qu'il était surintendant des finances, était fils d'un banquier de Lyon, nommé Particelli. « C'était, dit le cardinal de Retz, l'esprit le plus corrompu de son siècle ; il ne cherchait que des noms pour trouver des édits, et disait en plein conseil que la bonne foi n'était faite que pour les marchands. »

Il est difficile de faire en quatre lignes, un portrait plus exact.

Son père fit une célèbre banqueroute ; ce qui fut cause que le fils changea de nom, et, au lieu de s'appeler Particelli comme son père, s'appela d'Emery.

Richelieu appréciait, à ce qu'il paraît, dans d'Emery, les qualités que critique l'abbé de Gondi, c'est-à-dire cette grande imagination à l'endroit des impôts, car il le présenta à Louis XIII sous son nouveau nom, comme intendant des finances.

— M. d'Emery ? M. d'Emery ? répéta le roi. Je ne connais pas cela ; mais mettez-le vite en cette place, monsieur le cardinal, car j'ai entendu dire que ce coquin de Particelli y prétendait, et, comme je le sais très intrigant, j'ai peur qu'il n'y arrive ; ce qui nous ferait grand tort à tous deux.

— Oh ! sire, dit le cardinal, il n'y a pas de danger. Ce Particelli, dont parle Votre Majesté, a été pendu.

— A la bonne heure ! dit le roi. Eh bien, puisque vous répondez de M. d'Emery, mettez-le en cette place.

Et d'Emery fut installé.

Ayant été envoyé aux états de Languedoc comme intendant, il fit retrancher à M. de Montmorency la pension de cent mille livres que les états lui faisaient. Ce retranchement mit le comble aux griefs du duc contre la cour, et le détermina à se jeter dans la révolte dont il fut victime. Madame la princesse de Condé, qui regardait d'Emery comme un des assassins de son frère, le haïssait cruellement.

Il ne donnait point d'argent à Marion, car Marion n'en acceptait pas ; mais il lui faisait faire des affaires. Or, par amants d'argent, il faut entendre amants à cadeaux. Le plus souvent, dans les conditions qu'on faisait avec elle, on convenait de tant de marcs d'argent. Aussi, à sa mort, dit Tallemant des Réaux, trouva-t-on chez elle pour plus de vingt mille écus de hardes.

---

(1) Un vendredi qu'il faisait un grand orage, Desbarreaux avait ordonné, dans une auberge, une omelette au lard, impiété qui parut fort scandaleuse à l'hôte, lequel, sur l'injonction expresse de Desbarreaux, n'avait pas moins été forcé d'obéir. Il apporta donc le plat défendu ; mais, au moment où il allait le poser sur la table, il se fit un si violent coup de tonnerre, que toute la maison en trembla, et que l'hôte tomba à genoux. « Pardieu ! dit Desbarreaux prenant pitié de la terreur de cet homme, voilà bien du bruit pour une omelette. » Et, ouvrant la fenêtre, il la jeta dans la rue.

Quant au sonnet qu'il fit dans un mouvement de repentir, tout le monde le sait, c'est celui qui commence par ce vers :

Grand Dieu ! tes jugements sont remplis d'équité.

Il est vrai encore que l'on conteste à Desbarreaux son omelette et son sonnet. Ses amis ont attribué l'omelette à Bachaumont ; ses ennemis, le sonnet à l'abbé de Lavau. Il ne resterait donc plus pour illustrer Desbarreaux que d'avoir été le premier amant de Marion de Lorme : maintenant, Marion a-t-elle eu un premier amant ?

Quant à Charles Duret, seigneur de Chevry, que l'on appelait tout bonnement le président Chevry, c'était un autre original. Il était neveu du célèbre Duret, qui avait été médecin de Charles IX, de Henri III et de Marie de Médicis, et qui, se figurant que l'air de Paris était mauvais, faisait élever son unique sous une cloche de verre où le pauvre enfant mourut.

Le président Duret avait l'habitude de dire :

— Si un homme me trompe une fois, Dieu le maudisse ! s'il me trompe deux fois, Dieu le maudisse et moi aussi ! mais, s'il me trompe trois fois, Dieu me maudisse tout seul !

L'histoire ne dit pas s'il s'appliquait cet axiome aux femmes. Ce qui nous ferait croire le contraire, c'est qu'il était, comme nous l'avons dit, un des tenants de la belle Marion.

Par ses bouffonneries et par sa danse, il s'était mis fort bien en cour, et Henri IV et Sully l'aimaient beaucoup. Ce fut lui qui inventa les figures du fameux ballet où le roi prit pour Charlotte de Montmorency ce grand amour que nous avons raconté. Cette faveur le conduisit tout droit à l'intendance des finances que lui accorda le maréchal d'Ancre. Lorsque celui-ci fut tué, il faillit tomber comme créature de Concini ; mais il se maintint en donnant dix mille écus à la Clinchamp, que Brantès, frère de Luynes, entretenait. Ce Brantès est le même qui fut depuis duc de Luxembourg.

Le président de Chevry avait de singuliers tics en parlant ; il disait à tout propos et au bout de chaque phrase : *Mange mon loup, mange mon chien* ; ce qui rendait sa conversation fort inintelligible. Cependant, comme il se connaissait cette infirmité, lorsqu'il parlait à de grands personnages, il essayait de se corriger. Un jour, en causant avec Richelieu, il parvint pendant quelque temps à ne pas retomber dans son défaut habituel. Mais néanmoins il ne put s'empêcher de laisser à la fin échapper la moitié de sa phrase.

— Ah ! par ma foi, s'écria Chevry, j'en demande pardon à Votre Éminence, voilà mon loup fâché.

— Eh bien, dit le cardinal, ne perdez pas de temps, mettez vite votre chien dessus, s'il est de bonne race, et il le mènera assez loin peut-être pour que nous ne les revoyions ni l'un ni l'autre.

C'était sans doute aussi par un autre tic qu'il n'appelait Marion que *mon petit père*.

Le président de Chevry mourut de la pierre et après avoir subi l'opération de la taille. Aussi fit-on pour lui cette épitaphe :

Ci-gît qui fuyait le repos,
Qui fut nourri, dès la mamelle,
De tributs, de taille, d'impôts,
De subsides et de gabelles ;
Qui mettait dans ses aliments
Le jus des dédommagements,
Et l'essence du sou pour livre.
Passant, songe à te mieux nourrir,
Car, si la *taille* l'a fait vivre,
La *taille* aussi l'a fait mourir.

Quant au cavalier servant de Marion de Lorme, au *patito*, comme on disait à cette époque en imitation du langage italien, c'était Claude Quillet, auteur du poème latin *la Callipédie*, lequel, ayant faussement pris sa position sur les religieuses de Loudun, se retira à Rome, où il fut longtemps secrétaire du maréchal d'Estrées puis revint, après la mort du cardinal, à Paris, où il se fit serviteur de la Marion sans en jamais rien obtenir, mais aussi sans jamais perdre l'espérance qu'il en obtiendrait quelque chose. En effet, le pauvre Quillet en obtint à peu près tout, excepté ce qu'il désirait au-dessus de tout.

Malgré la vie que menait la Marion, elle était fort respectée, car elle recevait ce qu'il y avait de mieux à la cour, et, une fois maîtresse de maison, maintenait chacun en son lieu et place. Aussi, un jour qu'elle allait solliciter le président de Mesmes de faire sortir son frère Baye de prison où il avait été mis pour dettes, ce président fut si charmé de ses manières et de son esprit, qu'il lui dit :

— Se peut-il, mademoiselle, que j'aie vécu jusqu'à cette heure sans vous avoir vue ?

Après quoi, il la conduisit jusqu'à la porte de la rue et la mit en carrosse de chapeau à la main.

Le jour même, de Baye sortit de prison.

Marion mourut à trente-neuf ans et plus belle que jamais. Sans ses fréquentes grossesses qui, il faut le dire, par les soins mêmes qu'elle avait de sa propre beauté, n'arrivaient jamais à terme, elle eût eu sans doute la longue existence qu'on lui a attribuée ; mais, se trouvant enceinte pour la cinquième ou sixième fois, elle prit une si forte dose d'antimoine qu'elle se tua. Quoiqu'elle n'ait été malade que trois jours, elle se confessa plus de dix fois: la pauvre fille retrouvait toujours à dire quelque péché oublié.

Pendant vingt-quatre heures, elle fut exposée sur son lit avec une couronne de vierge. Mais le curé de Saint-Gervais trouva la chose un peu hardie, et fit fermer les portes.

Cette mort fit grande sensation dans Paris et l'on composa sur elle ces quatre vers:

> La pauvre Marion de Lorme,
> De si rare et plaisante forme,
> A laissé ravir au tombeau
> Son corps si charmant et si beau.

Il est inutile de dire que la version qui fait vivre Marion de Lorme cent trente-quatre ans, qui la fait assister à son propre convoi et marier trois fois, est une pure fantaisie de poète et ne mérite aucun crédit.

Ninon était de cinq ans la cadette de Marion de Lorme. On l'appelait Anne de Lenclos. C'était la fille d'un gentilhomme de Touraine attaché à M. d'Elbœuf. Elle était encore bien jeune lorsque son père fut obligé de quitter la France pour avoir tué le baron de Chabans, avant que celui-ci, disait-on, eût eu le temps de se mettre en garde, et comme il était encore sur le marchepied de sa voiture.

Durant son absence, sa fille grandit, et, comme M. de Lenclos était un philosophe, la petite Anne envisagea la vie au même point de vue sous lequel son père, dès sa jeunesse, la lui avait fait entrevoir. Elle se distinguait par l'agrément et la vivacité de son esprit, jouait bien du luth et dansait admirablement, surtout la sarabande; aussi les dames du Marais l'avaient-elles souvent dans leur compagnie.

Son premier amant fut un nommé Saint-Etienne; il s'était présenté chez sa mère à titre d'époux, mais se retira quand il vit qu'avec Anne de Lenclos le mariage était inutile.

Après lui, le chevalier de Raray en fut amoureux; mais cette fois, mademoiselle de Lenclos, avertie par la retraite de Saint-Etienne, fut plus sévère, ce qui faisait que la jeune fille ne pouvait voir le chevalier qu'à la dérobée. Un jour, elle l'aperçut passant dans la rue, et descendit vite; le chevalier accourut à elle et se mit à causer sous la grande porte. Un pauvre les importunait en leur demandant l'aumône. Anne de Lenclos fouilla dans sa poche, et, ne trouvant rien que son mouchoir, qui était garni de dentelle:

— Tiens, lui dit-elle, prends, et laisse-nous en paix.

Ce fut vers ce temps que le conseiller Coulon fit sa connaissance. Il en traita, assure-t-on, avec sa mère, et l'entretint à raison de cinq cents livres par mois. A partir de ce moment, mademoiselle de Lenclos rompit avec toutes les prudes du quartier et s'appela Ninon.

Après le conseiller Coulon, ou plutôt en même temps que ce conseiller, qu'elle conserva toujours, elle eut d'Aubijoux, de Châtillon, qui n'était encore que d'Andelot, puis le marquis de Sévigné, puis Rambouillet, puis Méré, dont elle eut un fils, puis Miossens, depuis maréchal d'Albret dont elle en eut un autre. Alors, elle prit ses amants par quartier, les gardant un trimestre chacun. Aussi écrivait-elle à Sévigné: « Je crois que je t'aimerai trois mois; tu sais, trois mois! c'est pour moi l'infini. »

Comme Marion de Lorme, Ninon avait elle-même divisé ses amants en trois classes: les payeurs, les favoris et les martyrs. Outre cela, Ninon avait encore ses caprices. Ce fut elle qui mit le mot à la mode.

Un jour, au cours, elle vit dans la voiture du maréchal de Grammont un gentilhomme qui lui parut de bonne mine; c'était Philippe de Montault-Benac, depuis duc de Navailles. Aussitôt, elle lui fit dire qu'elle serait bien aise de lui parler. Navailles ne perdit pas de vue la voiture de Ninon, et, après la promenade, monte près d'elle. Alors, Ninon le ramène chez elle, lui donne à souper, ensuite, le conduisant dans sa chambre, et lui montrant le lit:

— Couchez-vous, monsieur, lui dit-elle, et vous aurez bientôt compagnie.

Puis elle se retire.

Navailles, resté seul, se couche; mais, une fois couché, comme il était las, il s'endort. Ninon rentre et le trouve ronflant de son mieux; elle prend alors les habits du dormeur et s'en va se coucher dans une autre chambre.

Le lendemain, Navailles est réveillé par un grand bruit. Il ouvre les yeux, et voit dans sa chambre un jeune cavalier, l'épée à la main et qui s'avance vers son lit en le menaçant.

— Monsieur, dit Navailles à moitié endormi, et se reculant dans la ruelle, si je vous ai offensé, je suis bon gentilhomme, et tout prêt à vous rendre raison; mais ce que vous faites ressemble fort à un assassinat.

A ces mots, Ninon éclate de rire. Navailles rappelle ses souvenirs de la veille et reconnaît qu'en effet il s'est rendu coupable d'une grave offense envers son hôtesse; mais il paraît qu'il lui en fit ses excuses si galamment, que Ninon lui pardonna, et que, si le duel eut lieu, il n'eut pas du moins des suites fatales.

Voilà où elle en était à l'époque où nous sommes arrivés, tenant excellente maison, ayant des laquais à belle livrée, et recevant concurremment avec Marion de Lorme, sa rivale, ce qu'il y avait de mieux dans tout Paris. Comme Ninon vécut quatre-vingt-dix ans, et traversa presque tout le règne de Louis XIV, nous aurons le loisir de la voir reparaître et nous reparlerons d'elle en 1705, c'est-à-dire à l'époque de sa mort.

Madame de Choisy, que nous avons citée comme ayant eu une grande influence sur les commencements de la société moderne, était la femme de M. de Choisy, chancelier de M. le duc d'Orléans; elle était tellement à la mode, et plaisait si fort au cardinal Mazarin, qu'un jour celui-ci entra chez le maréchal d'Estrées, où il y avait grande réunion:

— Quoi! dit-il, vous vous divertissez ici, et madame de Choisy n'y est pas? Quant à moi, mon avis est qu'il n'y a de réunion complète que là où elle se trouve.

Madame de Choisy connaissait son influence, et en était fière; aussi fit-on sur elle ce quatrain:

> La Choisy fait bien la vaine
> Elle croit être la reine,
> Quand elle voit dans son palais
> Tant de seigneurs et de laquais.

En effet, ses salons étaient le rendez-vous des plus grands personnages de la cour. Mademoiselle de Montpensier dans ses Mémoires, madame de Brégis dans ses Portraits, Segrais dans ses Divertissements de la princesse Aurélie, et Saumaise dans le Dictionnaire des Précieuses, en font le plus grand éloge. Aussi disait-elle un jour à Louis XIV enfant:

— Sire, si vous voulez devenir un grand roi, il faut vous entretenir souvent avec M. de Mazarin; si vous voulez devenir un homme poli, il faut vous entretenir plus souvent avec moi.

Louis XIV n'oublia pas cet avis de madame de Choisy, et plus d'une fois, lorsqu'on le complimentait sur l'élégance de ses paroles:

— Ce n'est pas étonnant, répondait-il, je suis l'élève de madame de Choisy, et c'est elle qui m'a appris le beau langage.

Madame de Choisy était la mère de ce singulier abbé de Choisy qui nous a laissé des mémoires sur lui-même, une histoire de mademoiselle de la Vallière et une histoire du roi Louis XIV, qui passa la moitié de sa vie habillé en femme, et, sous le nom de madame de Sancy, cherchait à faire des passions, dont la chronique scandaleuse du temps prétend n'avoir pas toujours été malheureuses. Ce fut lui probablement qui servit de héros à Louvet pour son roman de Faublas.

Il allait tant de gens chez madame de Choisy, qu'elle avait pris le parti d'agir fort librement avec les visiteurs. A ceux qui l'ennuyaient, elle disait tout simplement:

— Vous ne m'accommodez pas; si je puis m'habituer à vous, je vous le ferai savoir.

Quand elle avait société trop nombreuse, elle disait:

— Messieurs, nous sommes trop de gens ici, on ne s'entend pas causer; voyez à qui de vous s'en ira.

Un jour, le comte de Roussy, qu'elle avait rencontré la veille, vint heurter à sa porte; elle mit la tête à la fenêtre, et, le reconnaissant:

— Monsieur le comte, lui dit-elle, je vous ai déjà vu hier, et c'est bien assez; aujourd'hui, j'ai affaire à monsieur.

Et, en même temps, elle montrait au comte un beau jeune homme de quinze ans qui était avec elle à la fenêtre.

Il est vrai que, s'il faut en croire les épigrammes du temps, madame de Choisy montrait encore autre chose que le beau langage.

En voici une qui est venue jusqu'à nous; mais peut-être était-elle d'un de ces mécontents qu'elle avait si cavalièrement congédiés:

> Je ne sais si l'on me trompe,
> Mais on dit que l'on vous montre,
> Mademoiselle Rohan,
> A jouer de la prunelle.
> Qu'en dis-tu, Jean de Nivelle?
> — C'est la Choisy qui l'apprend.

Madame de Choisy avait un commerce de lettres réglé avec la reine de Pologne, Marie de Gonzague, avec madame Royale de Savoie, avec madame Christine de France, avec la fameuse reine Christine de Suède, et avec plusieurs princesses d'Allemagne.

Madeleine de Scudéry, comme les autres femmes que nous avons citées, était née presque en même temps que le siècle. Elle était sœur de Georges de Scudéry et née au Havre, en 1607, d'un capitaine sicilien qui avait suivi la fortune des princes de la maison d'Anjou. Aussi, Scudéry dit-il de lui-même :

> Moi qui suis fils d'un capitaine
> Que la France estima jadis,
> Je fais des desseins plus hardis,
> Et ma manière est plus hautaine.

Quoique le frère et la sœur soient restés ensemble quarante-sept ans sans se quitter, nous les séparerons. Occupons-nous d'abord de la sœur ; nous retrouverons Scudéry à propos du théâtre.

Mademoiselle de Scudéry était une grande personne qui avait le visage fort long, et qui était maigre et noire ; ce qui faisait dire à madame de Cornuel, qu'elle avait désignée dans l'un de ses romans sous le nom de Zénocrite, et qui était mécontente de la désignation : que la Providence, qui fait toujours bien ce qu'elle fait, sachant que mademoiselle de Scudéry devait beaucoup écrire, lui avait fait user de l'encre. Elle racontait elle-même comment le goût de lire des romans lui était venu et l'avait conduite tout naturellement à celui d'en composer. Un jour que, toute petite fille, elle s'était procuré un livre traitant de matières amoureuses, son confesseur, qui était un moine fouillant, nommé dom Gabriel, lui ôta ce livre des mains, et la gronda fort de se livrer à pareilles lectures, et en lui promettant de lui en donner un autre dont la moralité pourrait tirer plus de fruit. En effet, dès le lendemain, il lui apporta le volume promis. Mais l'étonnement de mademoiselle de Scudéry fut grand lorsqu'elle vit que son confesseur ne lui avait enlevé le premier ouvrage que pour lui en donner un autre infiniment plus léger, et dont tous les endroits licencieux étaient marqués avec tant de soin, qu'elle n'eût pas la peine de les chercher. Aussi, la première fois que revint le moine, la jeune pénitente remercia-t-elle sincèrement du cadeau qu'il lui avait fait, disant qu'elle le chargerait désormais du soin de lui choisir sa bibliothèque ; et, à ces mots, elle lui présenta le livre tout ouvert à l'un des endroits marqués ; mais le moine jura ses grands dieux qu'il s'était trompé en lui donnant ce livre. Mademoiselle de Scudéry, qui tenait son confesseur en faute, fit avec lui ses conditions : ce fut qu'il dirait à madame de Scudéry que sa fille pouvait lire tout ce qu'elle voudrait, et qu'elle avait l'esprit trop fort et trop juste pour que les romans pussent le lui gâter. A partir de ce moment, mademoiselle de Scudéry eut la liberté de lire tout ce qu'il lui plut et en profita.

Ce fut M. Sarrau, conseiller à Rouen, qui prêta à mademoiselle de Scudéry les autres romans avec lesquels elle acheva son éducation littéraire.

Mademoiselle de Scudéry et son frère avaient été fort persécutés par la fortune. Aussi, disait-elle toujours, comme si elle eût parlé du bouleversement de l'empire grec : « Depuis le renversement de notre maison... » Enfin, un de leurs amis était sur le point de leur faire toucher dix mille écus, résultat d'une créance due autrefois à leur père et dont il n'y avait d'autres preuves que le témoignage même de cet ami ; ce fut le malheur, comme nous l'avons dit, était sur mademoiselle de Scudéry et son frère. Par le plus beau temps du monde, et sans qu'il n'y avait qu'un seul nuage au ciel, le tonnerre tomba subitement de ce nuage et alla tuer cet ami, qui se promenait à la Tournelle au milieu de cinq cents personnes. Les dix mille écus furent perdus du coup.

Ce fut alors que madame de Rambouillet, prenant pitié d'eux, sollicita pour Georges de Scudéry le gouvernement de Notre-Dame de la Garde de Marseille. Ce gouvernement avait été promis à la marquise par le cardinal Mazarin ; mais, au moment d'en délivrer les expéditions, M. de Brienne, dont nous avons déjà parlé, écrivit à madame de Rambouillet qu'il était de dangereuse conséquence de donner un gouvernement à un poète qui avait fait des pièces pour l'hôtel de Bourgogne, ce théâtre s'étant mis bien souvent en opposition avec M. le cardinal. C'était l'époque des citations historiques. Madame de Rambouillet répondit à Brienne qu'elle avait trouvé, dans les livres, que Scipion l'Africain avait, lui aussi, fait des comédies, ce qui ne l'avait pas empêché d'être un fort estimable général. Il paraît que Brienne ne sut que répondre à une si puissante observation ; car, sans plus de difficultés, il délivra les expéditions réclamées.

Mademoiselle de Scudéry partit avec son frère pour Marseille, et c'est là qu'elle écrivit ses *Harangues des femmes illustres* et *l'Illustre Bassa*. Or, quoiqu'elle eût plus de talent que son frère, comme elle était encore inconnue, ce fut sous le nom de celui-ci qu'elle publia non seulement ses premiers volumes, mais encore *le Grand Cyrus* et *la Clélie*, qui furent signés : Georges Scudéry, gouverneur de Notre-Dame de la Garde.

Ces publications et surtout *Cyrus* eurent le plus grand succès. Ce succès fut dû principalement aux portraits contemporains qui remplissaient les romans de l'auteur, et où chacun, à sa joie ou à son désespoir, se reconnaissait. Ainsi, madame Tallemant, la maîtresse des requêtes, s'appelle Cléocrite ; mademoiselle Robineau, la maîtresse de Chapelain, est Doralise ; Conrart est le sage Cléodamas ; mademoiselle Conrart, la sage Ibérise ; Pélisson est Herminius ; quant à mademoiselle de Scudéry, elle s'était modestement appelée Sappho.

Un plumassier prit l'enseigne du *Grand Cyrus* et fit fortune.

Cependant, Scudéry, ayant perdu sa place de gouverneur de Notre-Dame de la Garde, revint à Paris avec sa sœur, et chacun s'empressa de le dédommager de ce petit revers de fortune, en lui envoyant mille présents. L'abbesse de la Trinité de Caen, sœur de madame de Chevreuse, leur donna une montre enrichie de pierreries. Madame Duplessis-Guénégaud, le meuble d'une chambre tout entière, et madame de Longueville, son portrait avec un cercle de diamants qui valait plus de douze cents écus. En outre, les livres rapportaient beaucoup ; mais, sous prétexte qu'ils étaient signés de lui, Scudéry en touchait le prix, et l'employait à acheter des tulipes. Heureusement pour sa sœur, il prit parti contre Mazarin et fut exilé en Normandie.

Cet exil ne fit que doubler la réputation et mademoiselle de Scudéry, qui, dès lors, tint maison ouverte, et eut tous les huit jours des réunions de beaux esprits, qui passaient la soirée à faire des vers et de la prose. Pélisson composa un recueil de ce qui se disait et se faisait dans ces soirées, qu'on appela les *Chroniques du Samedi*. Ce recueil, encore manuscrit, est enrichi de notes de la main de Pélisson et de corrections de l'écriture de mademoiselle de Scudéry (1).

Ce fut encore mademoiselle de Scudéry qui inventa cette ingénieuse carte du royaume de Tendre, laquelle eut un si grand succès, non pas seulement à Paris, mais dans toute la France (2).

Catherine de Vivonne, marquise de Rambouillet, qui, sans avoir jamais rien écrit, a un nom des plus illustres dans les lettres, était fille de Jean de Vivonne, marquis de Pisani, et de Julie Savelli, dame romaine, de l'illustre famille Savelli qui a donné deux papes à la chrétienté, Honoré III et Honoré IV.

Sa mère, qui lui avait appris l'italien en même temps que le français, de sorte qu'elle parlait indifféremment les deux langues, était née dans une haute position à la cour de Henri IV. Lorsque la reine Marie de Médicis aborda en France, le roi envoya madame de Pisani pour la recevoir à Marseille.

Mademoiselle de Pisani épousa, à douze ans, le marquis de Rambouillet, et, dès l'âge de vingt ans, cessa d'aller aux assemblées du Louvre, disant qu'elle ne trouvait rien d'amusant à ces assemblées, que la façon dont on la pressait pour y entrer. Cependant, lorsque, quelques jours avant sa mort, Henri IV fit couronner la reine Marie de Médicis, madame de Rambouillet fut désignée pour faire partie des dames qui devaient assister à la cérémonie.

M. de Rambouillet avait vendu, dès 1606, l'ancien hôtel de sa famille à Pierre Forget-Dufresne ; celui-ci, après l'avoir payé à cette époque trente-quatre mille cinq cents livres tournois, le revendit trente mille écus au cardinal de Richelieu, qui le fit abattre et construisit à sa place le Palais-Cardinal. Ce fut alors et vers 1615 que la marquise de Rambouillet se décida à faire bâtir l'hôtel célèbre auquel les beaux esprits du temps devaient donner une réputation européenne. Elle abattit, à son tour, la maison de son père, qui était située rue Saint-Thomas-du-Louvre, à l'endroit même où a été bâti depuis le Vaudeville, et, comme elle était mécontente des dessins qu'on lui apportait, elle déclara qu'elle en ferait le plan elle-même. Elle chercha longtemps ; mais enfin, un soir, qu'elle rêvait beaucoup rêvé à la grande affaire qui la préoccupait :

— Eh vite ! eh vite ! s'écria-t-elle, du papier ! car j'ai trouvé ce que je cherchais.

Et, sur l'heure, elle fit le dessin intérieur et extérieur de son hôtel, et cela, avec un tel goût, que Marie de Mé-

---

(1) Nous parlons de ce recueil avec connaissance ; nous l'avons vu entre les mains d'un de nos amis.

(2) Dans notre drame de *Christine*, nous avons injustement attribué cette carte à la Calprenède.

dicis, qui était cependant du pays des beaux palais et des grands architectes, envoya, quand elle fit bâtir le Luxembourg, ses ouvriers prendre conseil de madame de Rambouillet et modèle de son hôtel.

« En effet, dit un auteur du temps, c'est de madame de Rambouillet qu'on a appris à mettre les escaliers de côté pour avoir une grande suite de chambres, à exhausser les planchers et à faire des portes et des fenêtres hautes et larges et vis-à-vis les unes des autres. C'est aussi la première qui s'est avisée de faire peindre une chambre d'autre couleur que de rouge ou de brun, et c'est ce qui a valu à la grande chambre de son hôtel le nom de *chambre bleue.* »

Or, cette chambre est la fameuse chambre bleue, si célèbre dans les œuvres de Voiture, et qui, dit Sauval, dans les *Antiquités de Paris*, était parée d'un ameublement de velours bleu rehaussé d'or et d'argent. C'était le lieu où Arthénice (1) recevait ses visites ; les fenêtres sans appui, qui régnaient du haut en bas, depuis le plafond jusqu'au parterre, la rendaient très gaie et laissaient jouir sans obstacle de l'air, de la vue, et du plaisir du jardin.

Ce jardin était le clos des Quinze-Vingts. Madame de Rambouillet avait tant fait, qu'on lui avait permis de planter une allée de sycomores sous ses fenêtres et de semer du foin dessous ; aussi se vantait-elle d'être la seule dans Paris qui, de la fenêtre de son cabinet, vit faucher un pré.

Mais, un beau matin, cette charmante vue, qui récréait tant Arthénice, lui fut interceptée par M. de Chevreuse, voisin de madame de Rambouillet : il fit bâtir une garderobe qui lui cacha tout son horizon. M. de Rambouillet envoya alors chez M. de Chevreuse pour se plaindre du procédé.

— Oh ! mon Dieu, dit celui-ci, c'est vrai, c'est parfaitement vrai ; oui, M. de Rambouillet est mon ami, mon bon voisin, et même dans une circonstance il m'a sauvé la vie ; mais où diable veut-il que je mette mes habits ?

Notez que M. de Chevreuse, le même qui fit faire quinze ou seize carrosses pour choisir parmi ceux le plus doux, avait dans son hôtel quarante chambres parfaitement vides, lorsqu'il s'avisa de faire bâtir cette garde-robe.

Aussi, un auteur du temps, un des bons amis de madame de Rambouillet, s'écrie-t-il, plein d'indignation : « Aurait-on cru qu'il se fût trouvé au monde un chevalier, et encore un chevalier descendant des neuf preux, qui, sans respecter la grande Arthénice, ôtât à ce cabinet une de ses plus charmantes beautés ! »

En effet, M. de Chevreuse prétendait descendre de Godefroy de Bouillon, qui était compté quelquefois parmi les fameux chevaliers qu'on désignait sous le nom de preux.

Il faut convenir, au reste, que madame de Rambouillet méritait bien la réputation de bel esprit qu'elle avait acquise. Elle avait été sur le point d'apprendre le latin, seulement pour lire Virgile dans l'original, lorsqu'une maladie l'en empêcha ; mais, ne voulant pas perdre la belle résolution qu'elle avait prise, au lieu du latin elle étudia l'espagnol ; mais à une époque où les femmes n'écrivaient guère, car c'est de madame de Sévigné que date la réputation épistolaire du beau sexe, madame de Rambouillet passait pour écrire de ces lettres charmantes ; c'était, en outre, un cœur d'or, qui n'avait pas de plus grand plaisir que d'envoyer aux pauvres toutes les économies qu'elle pouvait faire, sans que ceux-ci pussent savoir d'où leur venait cette manne bienfaisante.

— On assure, disait madame de Rambouillet, que donner est un plaisir de roi ; je vais plus loin, et je prétends que c'est un plaisir de dieu.

Un de nos grands poètes a résumé les deux parties de cette maxime en un seul vers, l'un des plus beaux qui aient été faits depuis que l'on fait des vers :

Qui donne aux pauvres prête à Dieu.

Il n'y avait pas de meilleure amie que madame de Rambouillet. M. Arnaud d'Andilly, qui prétendait être professeur en amitié, lui dit un jour qu'il voulait lui donner des leçons dans cette science, et il débuta par lui demander comment elle comprenait l'amitié.

— Par un oubli entier de ses intérêts pour ceux de ses amis, répondit madame de Rambouillet.

— Alors, dit M. d'Andilly, pour un de vos amis, vous consentiriez à souffrir un grand dommage ?

— Non seulement pour un de mes amis, répondit madame de Rambouillet, mais encore pour tout honnête

---

(1) Parmi les précieuses, la marquise de Rambouillet était connue sous le nom d'Arthénice.

homme, fût-il aux Indes, ne l'eussé-je jamais connu et ne dussé-je jamais le connaître.

— Si vous ne savez tant que cela, madame, reprit M. d'Andilly, toute leçon est inutile, et je n'ai plus rien à vous apprendre.

Un jour, madame de Rambouillet trouva l'occasion de joindre l'exemple au précepte, car, comme elle recevait chez elle le cardinal de Lavalette et madame la Princesse, dont Richelieu croyait devoir se défier, celui-ci envoya le père Joseph à la marquise, pour lui offrir son amitié et tous les biens qui l'accompagnaient ordinairement, si elle voulait lui rendre compte des conversations qui se tenaient chez elle.

— Mon père, répondit la marquise au capucin, dites à M. le cardinal que l'on connaît trop la considération que m'inspire sa personne, pour se permettre de mal parler de lui en ma présence.

Le père Joseph n'en put tirer d'autre réponse ; ce qui était méritoire à une époque où la moitié de Paris mouchardait l'autre.

Avec tout cela, personne n'avait jamais tenu le plus petit propos sur madame de Rambouillet ; elle disait, sans que nul la démentit, qu'elle détestait les galants et qu'elle serait plutôt morte que d'avoir pour amant un homme d'Eglise.

— Aussi, ajoutait-elle, je suis enchantée de demeurer à Paris, et non à Rome comme a fait longtemps ma mère, car alors on n'eût pas manqué, quelque bien que je me conduisisse, de faire de moi la maîtresse du cardinal ; ce qui m'aurait désespérée.

Et cependant madame de Rambouillet était liée avec force gens d'Église ; témoin la galanterie qu'elle fit à l'évêque de Lisieux, un jour qu'il alla voir à Rambouillet. Ce jour-là, la marquise proposa à M. de Lisieux de venir promener avec elle dans la prairie qui s'étendait au pied du château, et au bout de laquelle était un cercle de grosses roches, ombragées par de grands arbres verts et touffus. La marquise conduisait son hôte vers cet endroit ; celui-ci, de loin, commença à apercevoir quelque chose de brillant entre les branches ; à mesure qu'il avançait, l'évêque remarquait que ce quelque chose ressemblait fort à des femmes, et, quand il fut tout près, il vit ces femmes se changer en nymphes. En effet, c'étaient mademoiselle de Rambouillet et toutes les autres demoiselles de la maison, qui, habillées en ondines, en naïades et en hamadryades, étaient assises sur ces roches, et faisaient, pour un évêque surtout, qui devait être peu habitué à ce charmant spectacle, un des plus agréables groupes qui se pussent voir ; aussi le bonhomme en fut-il si charmé, que, chaque fois qu'il venait à Paris, il s'empressait de lui demander des nouvelles des roches de Rambouillet.

Toutes les surprises que s'amusait à faire la belle Arthénice à ses visiteurs n'étaient pas toujours aussi gracieuses. Un jour que le comte de Guiche était venu à Rambouillet et qu'il avait mangé force champignons, gourmandise qui l'avait conduit à se coucher de bonne heure, Chaudebonne, qui était un des habitués de la maison, s'en alla dans la garde-robe du comte de Guiche, y prit tous les pourpoints qu'il avait apportés avec lui, y compris celui qu'il venait de quitter, et les descendit aux dames, qui, restées au salon, se mirent aussitôt à les rétrécir de quatre ou cinq doigts ; puis Chaudebonne les alla reporter à leur place.

Le lendemain, le comte, qui s'était couché avant tout le monde, se réveilla de bonne heure, appela son valet, et voulut s'habiller pour aller faire, avant le déjeuner, un tour dans le parc ; mais, après avoir eu beaucoup de peine à passer les manches de son habit, il vit avec étonnement qu'il lui était impossible de le boutonner ; il en demanda un autre ; même difficulté ; un autre encore ; il s'en fallait toujours de quatre doigts qu'il pût le mettre ; enfin il en était à son quatrième pourpoint lorsque Chaudebonne entra, venant chercher le comte de la part des dames qui l'attendaient pour déjeuner. Le comte alors exposa à Chaudebonne la singulière position où il se trouvait ; Chaudebonne lui donna aussitôt le conseil, au risque de passer pour peu élégant qu'il lui était effectivement, de mettre l'habit de la veille. Le comte de Guiche ordonna alors en soupirant à son laquais de le lui apporter ; mais celui-là se trouva encore plus étroit que les autres.

— Pardieu ! s'écria Chaudebonne, comme frappé d'une idée subite, ne seraient-ce point ces champignons que vous mangeâtes hier qui vous auraient fait enfler ?

— Comment, cela ? demanda le comte.

— Eh oui ! reprit Chaudebonne, ne savez-vous pas que la forêt de Rambouillet est pleine de champignons vénéneux, et qu'il faut bien les connaître pour les distinguer des bons! Le cuisinier se sera trompé et voilà que vous êtes victime de cette méprise.

— Hum ! fit le comte de Guiche effrayé, cela pourrait bien

être, d'autant plus que je me suis senti mal toute la nuit, et que, ce matin, je ne me sens pas bien encore.
— Peste ! s'écria Chaudebonne, il faut appeler du monde et voir à cela bien vite.

Et, en même temps, il ouvre la porte et se met à crier par l'escalier et par les fenêtres, de sorte qu'au bout d'un instant tous les hôtes du château, y compris madame de Rambouillet, étaient réunis dans la chambre du comte de Guiche, lequel, assis dans un grand fauteuil et faisant la plus piteuse mine de la terre, était tout près de se trouver mal. On envoya aussitôt chercher un médecin, qui, étant prévenu, tâta le pouls au malade, hocha fort la tête, comme s'il n'avait pas grand espoir, et ordonna de le coucher, tandis qu'il allait écrire une ordonnance.

Toutes les femmes se retirèrent. M. de Guiche, soutenu par Chaudebonne et son valet de chambre, se traîna jusqu'à son lit, où il fut à peine couché, que, se sentant plus mal que jamais, il demanda un confesseur. Son valet sortit aussitôt pour l'aller chercher ; Chaudebonne voulut le suivre, mais le comte de Guiche l'arrêta en disant qu'il ne voulait pas mourir seul. En ce moment, le valet rentra.
— Eh bien, lui dit le comte de Guiche, le confesseur, où est-il ?
— Avant que j'aille le chercher, répondit le valet, madame la marquise m'a ordonné de remettre ce billet à M. le comte.

Et le valet remit à son maître un petit papier plié en quatre.
— Lisez, mon cher ami, disait le comte de Guiche à Chaudebonne, car, pour moi, je n'y vois plus.
Chaudebonne prit le billet et lut :

Ordonnance pour M. le comte de Guiche.

« Prenez de bons ciseaux et décousez vos pourpoints. »

Le comte apprit alors le tour qu'on lui avait joué, et, heureux d'en être quitte pour la peur, il renvoya bien vite confesseur et médecin.

Mais le singulier de l'affaire fut que, quelques jours après, la marquise de Rambouillet, sa fille et Chaudebonne, comme pour venger le comte de Guiche, mangèrent à leur tour et bien réellement de mauvais champignons, en sorte qu'ils allaient mourir empoisonnés tous les trois si l'on n'eut trouvé par hasard de la thériaque dans un cabinet.

Parlons un peu de la famille de madame la marquise de Rambouillet ; nous nous occuperons ensuite de ses amis.

Madame de Rambouillet eut sept enfants. Sa fille aînée fut madame de Montausier, la seconde fut madame d'Hyères ; puis M. de Pisani, un joli petit garçon, qui mourut à l'âge de huit ans, parce que sa gouvernante, ayant été voir un pestiféré, fut assez imprudente pour embrasser cet enfant à son retour de l'hôpital ; elle et lui en moururent en deux jours. Les trois derniers enfants de madame de Rambouillet étaient madame de Saint-Étienne et madame de Pisani, qui, comme madame d'Hyères, se firent religieuses, et enfin Claire-Angélique d'Angennes, qui fut la première femme de M. le comte de Grignan.

Nous ne parlerons donc que de Montausier, de M. de Pisani, et de mademoiselle de Rambouillet, les autres, comme nous l'avons dit, étant entrés en religion.

Madame de Montausier s'appelait Julie-Lucine d'Angennes ; Lucine était le nom d'une sainte de la maison de Savelli, et on avait l'habitude de donner ce nom aux aînées de la famille. Après la fameuse Hélène, il n'y a guère de personnes au monde dont la beauté ait été plus hautement et plus généralement chantée ; aussi eut-elle grand nombre d'adorateurs, et, comme tout en leur tenant rigueur, elle ne pouvait les guérir de leur passion, mademoiselle de Rambouillet ont l'honneur d'ajouter un mot à la langue amoureuse : Ninon de Lenclos avait ses martyrs, mademoiselle de Rambouillet eut ses mourants.

Au nombre de ces derniers furent les deux frères, le marquis de Montausier et M. de Salle, son cadet. En arrivant à Paris, M. de Montausier voulut se faire présenter à madame de Rambouillet. Il s'adressa pour cela à un de ses amis, le conseiller d'État Jean Aubry, qui avait des habitudes d'amitié dans la maison de la marquise ; mais, ayant fait, en lui adressant cette demande, je ne sais quelle faute de français :
— Oh ! s'écria la dame, qui était précieuse, est-ce que vous croyez qu'on peut mener chez madame de Rambouillet un homme qui s'exprime d'une façon aussi incongrue ? Apprenez d'abord à parler, ma cher Saintongeois, et, ensuite je vous y mènerai.

En effet, elle ne voulut l'y conduire que trois mois après, et lorsqu'elle eut employé ces trois mois à lui donner des leçons de tout genre.

M. de Montausier se déclara aussitôt l'amant de mademoiselle de Rambouillet, et la demanda en mariage à sa mère. La marquise, qui avait des prétentions à deviner l'avenir et qui avait prédit le jour de l'accouchement de madame la princesse et celui de la mort du roi Louis XIII, lui demanda auparavant à voir sa main ; mais à peine en eut-elle examiné les lignes, qu'elle s'écria :
— Ah ! jamais je ne vous donnerai ma fille, car je vois dans votre main que vous tuerez une femme.

Et, quelques instances qu'il fit, il n'en put avoir d'autre réponse.

Mademoiselle de Rambouillet avait, comme sa mère, la manie de deviner. Un jour qu'avec mademoiselle de Bourbon, depuis duchesse de Longueville, elle s'amusait sur le balcon de l'hôtel à deviner le nom des passants :
— Je gage, dit mademoiselle de Rambouillet, que ce paysan qui passe s'appelle Jean.

Aussitôt on fit signe au paysan de venir.
— Compère, disent les deux jeunes filles, n'est-il pas vrai que vous vous appelez Jean ?
— Oui, mesdemoiselles... Mais j'ai encore un autre nom... tout à votre service.

Et le paysan s'éloigna sur ces paroles, enchanté d'avoir donné le plom à de si belles dames.

Revenons au marquis de Montausier.

C'était un brave officier et un aventureux amant. Il était dans Casal et prit part aux grands exploits qui s'y firent ; plus tard, il arrêta toute l'armée du duc de Savoie devant une bicoque que l'on n'avait pas jugée en état de résister un seul jour. Enfin, étant amoureux d'une Piémontaise et apprenant que la ville dans laquelle elle demeurait était assiégée, il se déguisa en capucin, entra dans la ville, se fit reconnaître, et la défendit si bien, que l'ennemi fut forcé de lever le siège.

Lui aussi se mêlait de prophétiser ; car, après avoir fait, comme nous l'avons dit, la cour à mademoiselle de Rambouillet pendant un fort long temps, sans en avoir pu rien obtenir à cause des malheureuses lignes de sa main, il partit pour la guerre de la Valteline ; et, en prenant congé de celle qu'il avait tant aimée, comme elle lui disait au revoir :
— Non pas au revoir, dit-il, mais adieu.
— Et pourquoi adieu ? demanda mademoiselle de Rambouillet.
— Parce que je serai tué dans cette campagne, et que ce sera mon frère, plus heureux que moi, qui vous épousera.

On rit d'abord de la prophétie ; puis, trois mois après, on apprit qu'il était mort. Un coup de pierre à la tête. On avait voulu le trépaner, mais il s'y était absolument refusé en disant qu'il y avait dans ce monde assez de fous sans lui.

Mentionnons ici que le marquis de Montausier fut le premier qui porta perruque.

M. de Salle, son cadet, devenu M. de Montausier, faisait effectivement, depuis quatre ans déjà, la cour à mademoiselle de Rambouillet ; mais, intimidé par le refus qui avait été fait à son frère aîné, il n'avait point osé se déclarer qu'il ne fût maréchal de camp et gouverneur de l'Alsace ; aussi fut-il douze ans amoureux de mademoiselle de Rambouillet. Cependant, quatre ans avant son mariage avec elle, il lui avait fait don de cette fameuse *Guirlande de Julie,* qui fit si grand bruit dans le temps. Comme ce bruit s'est éteint peu à peu, disons en deux mots ce que c'était.

La Guirlande de Julie pour mademoiselle de Rambouillet, Julie-Lucine d'Angennes, était un magnifique manuscrit, dont chaque page représentait une fleur peinte sur vélin, et, au-dessous de cette fleur un madrigal d'un des beaux esprits du temps, à l'honneur de mademoiselle de Rambouillet. Ce manuscrit fut adjugé en 1784, à la vente de la Vallière, à un libraire anglais nommé M. Payne, qui l'acheta au prix énorme de 14,510 francs.

C'était le chef-d'œuvre de Jarry, le plus célèbre calligraphe du temps, et qui faisait toute les belles Bibles, que l'on admire aujourd'hui l'admiration des bibliomanes. Madame de Rambouillet avait fait quelques prières à un de ses amis et chargé Jarry de les lui écrire.
— Madame, dit celui-ci en les lui rapportant, vous devriez me permettre de prendre vos prières, car celles que je copie dans les livres de messe sont quelquefois si sottes, que j'ai honte de les transcrire.

On comprend l'effet que fit dans le monde des précieuses l'apparition de la *Guirlande de Julie.* On lui trouva le goût d'un goût suprême, et, cependant ce ne fut que quatre ans après que le marquis, étant devenu, comme nous l'avons dit, maréchal de camp et gouverneur d'Alsace, eut la hardiesse de se déclarer.

Ce fut mademoiselle Paulet, à laquelle nous allons venir tout à l'heure, qui se chargea de l'ambassade ; elle fut appuyée par madame de Sablé et madame d'Aiguillon ; mais, malgré ce luxe d'instances, mademoiselle de Rambouillet, qui ne voulait pas se marier, allait refuser, lorsque, voyant la peine que ce refus faisait à sa mère, elle se décida tout à coup en disant :
— Eh ! mon Dieu, madame ! pourquoi M. de Montausier

et vous, ne m'avez-vous pas dit que la chose vous était si agréable? car, depuis douze ans, je l'eusse faite.

En effet, mademoiselle de Rambouillet avait trente-huit ans, lorsque M. de Montausier fit cette demande, c'est-à-dire prés de trois fois l'âge qu'avait sa mère lorsqu'elle accoucha d'elle.

Ce fut M. Godeau, évêque de Grasse, qui les maria. C'était un ancien ami de la famille et un des grands serviteurs de mademoiselle de Rambouillet; on l'appelait, à cause de cela, et en faisant allusion à sa petite taille, *le nain de la princesse Julie*. Nous en dirons quelques mots tout à l'heure.

Laissons M. et madame de Montausier tout entiers à cette lune de miel qu'ils ont achetée par douze ans d'attente, et passons à leur frère, M. de Pisani.

M. de Pisani était venu au monde beau, blanc et bien fait, comme son père, sa mère, ses sœurs et son frère, que l'on nommait, en raison de leur droite et belle taille, les Sapins de Rambouillet. Mais, ayant eu, en nourrice, l'épine du dos démise, et cela, sans qu'on le sût, il demeura si petit et devint si contrefait, que, lorsqu'il eut atteint sa vingtième année, on eut toutes les peines du monde à lui confectionner une cuirasse. Cela lui donna la crainte qu'on ne le fît d'Église. Aussi ne voulut-il jamais étudier, ni même lire en français, malgré les exhortations de Chavaroche, son gouverneur; ce qui ne lui ôta rien à l'esprit, qu'il avait fort subtil, ni au raisonnement, qu'il avait si exact, qu'on eût dit qu'il renfermait toute la logique du monde dans sa tête.

Enfin, le marquis de Pisani obtint ce qu'il désirait, c'est-à-dire d'aller à l'armée. Il suivit M. le duc d'Enghien dans toutes ses campagnes, quoique ce fût une terrible figure, à cheval, que celle du marquis de Pisani. On l'appelait le Chameau des bagages de M. le duc. Il partit quelque temps avant le mariage de sa sœur, et, comme si tout le monde de cette famille eût dû prophétiser, il dit à son beau-frère en partant:

— Sois heureux, Montausier, je vais me faire tuer.

Et, en effet, le 3 août 1645, jour de la bataille de Nordlingen, gagnée par M. le Prince, la prédiction du marquis de Pisani se réalisa. Il était à l'aile du maréchal de Grammont, qui fut rompue au commencement de la bataille. Le chevalier de Grammont lui cria en prenant la fuite:

— Viens, par ici, Pisani, c'est le plus sûr.

Mais le marquis ne voulut pas le suivre, et, ayant essayé de tenir, avec quelques hommes seulement contre un régiment de Cravates, il fut massacré par eux.

Il restait donc mademoiselle de Rambouillet, Claire-Angélique d'Angennes. C'était une précieuse, encore plus précieuse que sa sœur. Aussi, un gentilhomme saintongeois, compatriote de M. de Montausier, disait-il que, tant que mademoiselle de Rambouillet serait à l'hôtel, il n'oserait y mettre le pied, parce qu'il avait ouï dire qu'elle s'évanouissait en entendant un méchant mot.

Elle était déjà précieuse, lorsque Molière fit représenter, en 1659, *les Précieuses ridicules*; et, comme elle assistait à la première représentation, tout le monde la reconnut et la salle presque entière se tourna vers elle.

Cependant, le mariage de M. de Montausier avait porté ses fruits, et la belle Julie était enceinte. Le jour de l'accouchement, comme le travail était pénible, on envoya Chavaroche, qui, comme Voiture, comme M. de Godeau, comme Costar, comme tout le monde enfin, avait été amoureux d'elle; on envoya, disons-nous, Chavaroche chercher à Saint-Germain la ceinture de sainte Marguerite, qui avait la renommée d'être souveraine en semblable occasion. Chavaroche arriva tout en courant à l'abbaye; mais il n'était que trois heures du matin et il trouva les moines couchés. Or, comme il ne comprenait pas que le monde entier ne fût point ému de l'événement qui le préoccupait:

— Voilà de beaux moines, dit-il, qui dorment tandis que madame de Montausier accouche!

Et, à partir de ce moment, il parla toujours très mal des moines de l'abbaye de Saint-Germain.

Madame de Montausier ne perdit rien pour avoir attendu, et elle accoucha, coup sur coup, de deux fils et d'une fille; les deux fils moururent en bas âge, et la petite fille fut une merveille, comme sa mère et comme sa grand'mère. A peine sevrée, elle faisait l'admiration des habitués de l'hôtel, et avait pris rang parmi les précieuses.

Le jour où elle eut ses cinq ans accomplis, elle prit un petit siège et s'assit près du lit de madame de Rambouillet. Puis, une fois qu'elle fut assise:

— Or çà, bonne maman, dit-elle, parlons un peu d'affaires d'État, aujourd'hui que j'ai cinq ans.

Il est vrai qu'à l'époque de la fronderie, et que tout le monde en parlait, sans peut-être en parler plus juste que ne l'eût fait la petite-fille de madame de Rambouillet.

Un autre jour, M. de Nemours, archevêque de Reims, lui dit qu'il la voulait épouser.

— Oh! monsieur, lui répondit-elle, gardez votre archevêché, il vaut bien mieux que moi.

M. de Grasse lui demandait:

— Combien y a-t-il, mademoiselle, que votre poupée a été sevrée?

— Et vous? répondit l'enfant.

— Comment! et moi?

— Sans doute; je puis bien vous demander cela, puisque vous n'êtes guère plus grand qu'elle.

Il ne faut pas s'étonner si toutes ces belles choses faisaient fureur, reportées dans le monde par des beaux esprits comme mademoiselle Paulet, M. Godeau et M. Voiture.

Mademoiselle Angélique Paulet, née vers la fin du siècle précédent, et qui était connue dans la société des précieuses sous le nom de Parthénie, était fille de Charles Paulet, secrétaire de la chambre du roi, qui avait inventé un impôt sur les offices de judicature et de finance, que, de son nom, on avait appelé *la paulette*. Jolie, pleine de vivacité, d'une taille admirable, dansant bien, jouant du luth, et chantant si merveilleusement, qu'un jour qu'elle avait chanté près d'une fontaine, on y trouva, disait-on, deux rossignols morts de jalousie. Un seul défaut gâtait tout cet ensemble; mademoiselle Paulet était de blond ardent que nous désignons sous le nom de roux; mais de ce défaut ses flatteurs firent une qualité.

— Rousses, dit Saumaise, voici votre consolation, et Parthénie dont je parle, qui a eu les cheveux de cette couleur, est une précieuse dont l'exemple suffit pour faire voir qu'elles sont aussi capables de donner de l'amour que les brunes et les blondes.

Voiture, que, dans le même langage de l'hôtel Rambouillet, on désignait sous le nom de Valère, n'appelait mademoiselle Paulet, sans doute à cause de la couleur fauve de sa chevelure, que *la lionne*.

Ainsi, quand nous croyions, pour désigner nos femmes à la mode, emprunter un nom fashionable à nos voisines les Anglais, nous ne faisions que leur réclamer ce qu'ils nous avaient pris.

Sarrazin a dit d'elle, à propos d'un voyage qu'elle fit à Mézières:

Reine des animaux, adorable lionne,
Dont la douce fureur ne paraît en votre personne,
Si ce n'est que l'Amour se serve de vos yeux;
Enfin vous éclairez nos vallons à Mézières
De ces vives lumières
Que le grand Chapelain a mises dans les cieux.

Mademoiselle Paulet débuta dans le monde par ce fameux ballet dont nous avons parlé, et où Henri IV vit pour la première fois la belle Charlotte de Montmorency, la petite Paulet représentait Amphion (c'était sans doute Arion que le poète voulait dire), et, montée sur un dauphin, elle chantait, de cette jolie voix qui acquit tant de célébrité dans la suite, des vers de Legendre qui commençaient par cet hémistiche:

Je suis cet Amphion, etc.

Elle partagea les honneurs du ballet avec la belle Charlotte.

On comprend qu'elle ne manqua pas d'adorateurs. Henri IV, s'il ne lui rendit pas hommage lui-même, aurait voulu voir son fils, le duc de Vendôme, former des relations avec elle, et renoncer, grâce aux faveurs des jolies femmes, à des goûts d'un autre genre.

Après Henri IV vint M. de Guise, qui fit la cour à mademoiselle Paulet; puis, après M. de Guise, M. de Chevreuse son frère; puis enfin, comme si la lionne eût jeté son dévolu sur toute la famille, après M. de Chevreuse vint le chevalier de Guise. Ce dernier était chez elle lorsqu'on lui apporta le cartel du baron de Luz, qu'il tua après avoir tué son père.

A ces messieurs succédèrent M. de Bellegarde, M. de Montmorency et M. de Termes; ce dernier en était si jaloux, qu'un maître des requêtes, nommé Pontel, garçon d'assez bon lieu, ayant voulu faire la cour à mademoiselle Paulet, quoique ce fût pour le mariage, il le fit assommer à coups de bâton. Le pauvre diable en fut si malade, qu'il en pensa mourir. Quant à mademoiselle Paulet, c'était un avertissement pour elle de mettre un peu d'ordre dans sa conduite; elle en profita et se retira pour quelque temps à Châtillon.

Madame de Rambouillet, qui avait vu mademoiselle Paulet au ballet de la cour, l'avait prise, de ce jour-là, en grande amitié; mais, sachant la légèreté de sa conduite, elle avait hésité à la recevoir chez elle; enfin, comme, au bout de quelque temps que la belle lionne était à Châtillon, on n'entendait rien dire contre elle, et que cette retraite ressemblait à un repentir, la marquise, sur les instances de madame Clermont d'Entragues, consentit à la voir. Dès lors, elle affecta une si grande pruderie, que, s'étant aperçue que sa suivante était grosse, elle l'envoya aux Madelonnettes.

Cela n'empêchait point que mademoiselle Paulet ne continuât d'avoir des adorateurs ; seulement, ce n'étaient point des favoris, mais des martyrs ou des mourants, selon qu'on voudra employer la langue de Ninon de Lenclos ou celle de mademoiselle de Rambouillet. Dans une seule lettre, Voiture lui en compte sept : le cardinal de Lavalette, un docteur en théologie, nommé Dubois, un marchand linger de la rue Aubry-le-Boucher, nommé Bodeau, le commandeur de Malte Sillèry, un poète nommé Bordier, un conseiller de la cour et un prévôt de la ville.

Ce marchand de la rue Aubry-le-Boucher était tellement fou de mademoiselle Paulet, qu'au retour du roi Louis XIII de la Rochelle, il s'avisa, comme capitaine de son quartier, d'habiller tous ses soldats de vert, parce que le vert était la couleur de mademoiselle Paulet.

Bientôt, ni madame de Clermont, ni madame de Rambouillet ne purent plus se passer de la lionne. Madame de Clermont la fit loger chez elle presque de force ; la marquise, la première fois que mademoiselle Paulet la vint visiter à Rambouillet, la fit recevoir, à l'entrée de la ville, par les plus jolies filles qu'elle put trouver, et qui allèrent audevant d'elle vêtues de blanc et couronnées de fleurs. La plus belle et la plus richement vêtue lui présenta, en outre, les clefs du château, et, lorsqu'elle passa sur le pont, deux petites pièces d'artillerie firent feu en son honneur.

Le fait est que mademoiselle Paulet était l'âme de l'hôtel Rambouillet. L'abbé Arnaud parle de la représentation d'une *Sophonisbe* de Mairet, qui fut donnée chez madame de Rambouillet, et dans laquelle la belle Julie, que, dans le langage des précieuses, on appelait Zirphée, joua le rôle

La réunion de l'hôtel de Rambouillet.

de l'héroïne, tandis que lui faisait Scipion. « A cette représentation, dit-il, mademoiselle Paulet, habillée en nymphe, chantait avec son théorbe entre les actes, et cette voix admirable, dont on a assez ouï parler sous le nom de Parthénie, ne nous faisait point regretter la meilleure bande de violons, qu'on emploie d'ordinaire en ces intermèdes. »

Ce furent mademoiselle Paulet et madame de Clermont qui introduisirent M. Godeau chez madame de Rambouillet.

Antoine Godeau, qu'on appelait M. de Grasse, parce qu'il était évêque de cette ville, descendait d'une bonne famille de Dreux. C'était un prélat fort éveillé, de belle humeur, ayant toujours le mot pour rire, buvant sans cesse, rimant sans raison, et, quoique tout petit et extraordinairement laid, fort enclin à l'amour. Ses prières et surtout son *Benedicite* l'avaient mis fort en crédit chez le cardinal de Lavalette, et ses vers chez le cardinal de Richelieu. Il avait fait pour ce grand ministre une ode que celui-ci trouvait

si magnifique, que, pour exprimer en poésie quelque chose d'admirable, il disait toujours :
— Godeau n'aurait pas fait mieux.

Avant d'être évêque de Grasse et de Vence, par la faveur du cardinal de Richelieu, M. Godeau n'était pas riche ; il faisait donc toute sorte de littérature : des traductions, des histoires, des biographies, et surtout des prières ; il en faisait pour tous les âges et pour toutes les conditions ; il en fit une intitulée : *Prière pour un procureur et au besoin pour un avocat.*

A peine fut-il entré chez madame de Rambouillet, qu'il jouit des bonnes grâces de toute la société, et que, pour comble de faveur, mademoiselle de Rambouillet lui permit de prendre le titre de natal, de la princesse Julie.

M. de Grasse était fort fidèle dans ses amitiés. Lorsque mademoiselle Paulet mourut, chez madame de Clermont, en Gascogne, M. de Grasse y alla exprès de Provence pour l'assister à sa mort.

Quant à Voiture, qui partageait avec M. Godeau et mademoiselle Paulet les privilèges de l'intimité dans l'hôtel Rambouillet, c'était tout bonnement le fils d'un marchand de vins d'Amiens, qui commença dès le collège à faire du bruit ; mais, malgré tout son talent et tout son esprit, il n'avait pu conquérir ses entrées dans les grandes maisons, lorsqu'un jour M. de Chaudebonne, l'ayant rencontré chez la femme du trésorier Sainte, et l'ayant entendu parler, s'approcha de lui et lui dit :

— Monsieur, vous êtes trop galant homme pour rester dans la bourgeoisie, il faut que je vous en tire.

Voiture ne demandait pas mieux, et accepta l'offre avec reconnaissance. Le même soir, Chaudebonne en parla à madame de Rambouillet, et, quelques jours après, Voiture fut introduit dans l'hôtel ; c'est à ce grand événement qu'il fait allusion, quand il dit dans l'une de ses lettres : « Depuis que M. de Chaudebonne m'a réengendré chez madame et mademoiselle de Rambouillet. »

Bientôt Voiture fut à la mode, et fit la cour aux plus grandes dames, telles que la marquise de Sablé et madame des Loges: celle-ci, qui passa pour l'avoir assez bien traité, avait cependant mal commencé avec lui, croyant avoir des raisons de s'en plaindre.

— Monsieur, dit-elle un jour qu'il venait de raconter une histoire, vous nous avez déjà dit cela ; tirez-nous donc un peu du nouveau, s'il vous plaît.

Voiture cachait avec grand soin que son père avait été marchand de vins ; aussi la locution dont s'était servie madame des Loges en lui parlant fut-elle on ne peut plus douloureuse.

L'histoire ne dit pas quelle circonstance rapprocha les deux ennemis.

Les bonnes fortunes de Voiture l'enorgueillirent bientôt au point qu'il osa faire la cour, sous le nom de Valère, à la belle Julie elle-même qu'il en parut épris et jaloux toute sa vie, se donnant avec elle des airs d'amoureux mécontent les plus amusants du monde. Le prince de Condé disait de lui : « En vérité, si Voiture était de notre condition, il n'y aurait pas moyen de le souffrir. » En effet, Voiture était si impertinent, que non seulement il faisait à madame la Princesse des visites en galoches, mais encore qu'il quittait ses façons ses galoches devant elle pour se chauffer les pieds, le tout vrai que ses amis mettaient ses inconvenances sur le compte de sa distraction.

Les amis de Voiture se trompaient, c'était un système qu'il avait adopté ainsi, de faire devant les grands ce qu'il lui convenait, et de leur dire ce qui lui passait par l'esprit. Nous avons cité les vers qu'il improvisa pour Anne d'Autriche, lorsqu'elle lui demanda à quoi il pensait, et qu'il lui dit tout franc qu'elle avait été amoureuse de Buckingham.

Miossens, qui fut depuis le maréchal d'Albret, était encore un des habitués de l'hôtel de Rambouillet ; c'était un garçon d'esprit, mais qui avait une telle façon de parler, qu'on entendait à peu près qu'il disait.

Un jour qu'il venait de raconter une longue histoire au cercle de la marquise :

— Vous venez de parler pendant une heure, lui dit Voiture ; eh bien, je me donne au diable si j'ai entendu un seul mot de ce que vous disiez.

— Ah ! monsieur Voiture, répliqua Miossens en riant, épargnez un peu vos amis.

— Monsieur, reprit Voiture, il y a longtemps que je tiens à honneur d'être des vôtres ; mais, comme vous ne m'épargnez pas, cela commence à m'ennuyer.

Un jour qu'il se promenait au Cours avec le marquis de Pisani et M. Arnauld, s'amusant à deviner, d'après la mine et la mise, quel pouvait être l'état des gens, un homme passa dans son carrosse, habillé de taffetas noir et ayant des bas verts. Voiture offre de parier que c'était un conseiller à la cour des aides. Pisani et Arnauld gagent contre lui, mais à la condition qu'il ira demander lui-même à cet homme qui il est. Voiture descend de son carrosse et fait arrêter celui du passant.

— Pardon, Monsieur, lui dit-il en avançant la tête par la portière, mais j'ai parié que vous étiez un conseiller à la cour des aides, et je voudrais savoir si je ne suis trompé.

— Monsieur, répondit froidement l'inconnu, gagez toujours que vous êtes un sot, et vous ne perdrez jamais.

Voiture tira sa révérence, et revint tout penaud vers ses amis.

— Eh bien, lui crièrent-ils, as-tu deviné qui il est ?

— Je n'en sais rien, dit Voiture ; mais ce que je sais, c'est qu'il a deviné qui je suis.

Voiture avait les plus singulières imaginations du monde. Un jour que madame de Rambouillet avait la fièvre ayant entendu dire au médecin que parfois la fièvre se guérissait par une grande surprise, il s'en allait songeant quelle surprise il pouvait faire à la malade, lorsqu'il rencontra deux montreurs d'ours avec leurs bêtes.

— Ah ! pardieu ! dit-il, voilà bien mon affaire.

Et il prend avec lui les Savoyards et les animaux, et conduit le tout à l'hôtel Rambouillet.

La marquise était alors assise auprès du feu et enveloppée dans un paravent. Voiture entre doucement, approche deux chaises du paravent, et fait monter dessus ses recrues ; madame de Rambouillet entend souffler derrière elle, se retourne, et aperçoit deux museaux d'ours au-dessus de sa tête. Elle pensa mourir de frayeur ; mais, comme l'avait prédit le médecin, la fièvre fut coupée. Cependant, elle fut longtemps à pardonner à Voiture la bonne santé qu'il lui avait rendue. Quant à lui, il disait partout que c'était la plus belle cure qu'il eût faite et même qu'il eût vu faire.

Voiture passait pour être marié secrètement. Un jour, le comte de Guiche, dont nous avons déjà parlé, lui demanda tout haut si la chose était vraie. Mais Voiture, faisant semblant de ne pas l'entendre, ne répondit point, et, comme madame de Rambouillet poussa du coude le comte de Guiche, pour lui faire comprendre qu'il commettait une indiscrétion, il ne renouvela pas sa demande.

Une semaine après, comme Voiture sortait, vers une heure du matin, de chez madame de Rambouillet, il s'acheminé tout droit vers la demeure du comte de Guiche, et sonna jusqu'à ce que le valet de chambre lui vînt ouvrir.

— M. le comte de Guiche ? demanda Voiture.

— Mais, dit le valet de chambre, il dort.

— Y a-t-il longtemps ?

— Il s'est couché, il y a deux heures, à peu près, et il est dans son premier sommeil.

— N'importe, j'ai quelque chose de très pressé à lui dire.

Comme le valet de chambre connaissait Voiture, il ne fit pas d'autres objections et alla réveiller son maître, qui ouvrit les yeux tout en grommelant, et qui, reconnaissant le visiteur qui s'était approché sur la pointe du pied s'écria :

— Comment, c'est vous, Voiture ! Que diable me voulez-vous à cette heure ?

— Monsieur, répondit très sérieusement Voiture, vous me fîtes l'honneur de me demander, il y a huit jours, si j'étais marié, je viens vous servir de vous dire que je le suis.

— Ah ! peste ! s'écria le comte, quelle méchanceté de m'empêcher ainsi de dormir !

— Monsieur, reprit Voiture, je ne pouvais pas, à moins d'être un ingrat, rester plus longtemps marié sans venir vous le dire, après la bonté que vous avez eue de vous occuper de mes petites affaires.

On comprend qu'avec ces manières d'agir Voiture devait avoir de fréquentes querelles ; aussi eut-il dans sa vie presque autant de duels que les plus grands duellistes de l'époque. La première fois, ce fut en collège et au lever du jour qu'il se battit contre le président des Haucaux ; la seconde fois, ce fut le soir, contre Le Brun de la Coste, à propos d'une querelle de jeu ; la troisième fois, il y eut contre un Espagnol, à Bruxelles, et au clair de lune ; enfin la quatrième fois, ce fut la nuit, aux flambeaux, dans le jardin même de l'hôtel Rambouillet, et contre Chavaroche, gouverneur du marquis de Pisani. Le duel fut sérieux, Voiture reçut un coup d'épée au travers de la cuisse ; comme on les avait vus dégainer, on accourut pour les séparer, trop tard pour empêcher Voiture d'être blessé, mais assez tôt pour sauver Chavaroche, que le laquais de Voiture allait percer par derrière. Lorsqu'on raconta la belle équipée à la marquise de Rambouillet, elle se montra furieuse.

— Vraiment, dit-elle, ces deux vieux fous feraient bien mieux de lire leur bréviaire.

En effet, Voiture et Chavaroche avaient au moins quarante-cinq ans à cette époque, et étaient tous deux titulaires d'abbayes.

Voiture était petit mais bien fait, et s'habillait soigneusement ; seulement, on a dit qu'il se moquait des gens à qui il parlait. C'était d'ailleurs le plus coquet des hommes. Dans sa lettre soixante et dix-huitième, adressée à une maîtresse inconnue, il se peint lui-même ainsi : « Ma taille est de deux ou trois doigts au-dessous de la médiocre, j'ai la tête assez belle, avec beaucoup de cheveux gris, les yeux doux, mais un peu égarés, et le visage assez niais. »

Ses passions dominantes étaient l'amour et le jeu, mais le jeu plus encore que l'amour. Souvent, en jouant, il était obligé d'aller changer de chemise, tant il mettait d'ardeur à cette occupation ; quelquefois même il se fâchait contre les gens qui dérangeaient une partie de jeu arrêtée. Un soir, M. Arnaud amena le petit Bossuet (qui, dit Tallemant des Réaux, *préchotait*, dès l'âge de dix ans) chez madame de Rambouillet pour y faire un sermon. Le talent de cet enfant, qui fut depuis le grand Bossuet, parut si singulier à tout le monde, que la soirée tout entière se passa à l'écouter ; ce qui sembla fort ennuyeux à Voiture qui avait compté occuper sa soirée à jouer, et non à entendre un prêche. Aussi lorsqu'on lui demanda son avis sur le petit Bossuet :

— Ma foi, dit-il, je n'ai jamais vu prêcher si tôt ni si tard.

Une fois cependant, après une grave remontrance de madame de Rambouillet sur le jeu, Voiture fit serment de ne plus jouer et tint promesse huit jours durant ; mais, au bout de ces huit jours, ne pouvant résister plus longtemps, il s'en alla chez le coadjuteur pour se faire relever de son vœu. Justement, dans la pièce qui précédait celle où se tenait M. de Gondy, il y avait partie engagée, et, comme il manquait un partenaire à table, le marquis de Laigues, capitaine des gardes du duc d'Orléans, l'appela pour venir prendre la place vide.

— Attendez un instant, dit Voiture, j'ai fait vœu de ne plus jouer, et je viens prier M. le coadjuteur de me relever de mon serment.

— Bah ! dit le marquis de Laigues, il vous en relèvera aussi bien après qu'avant, et, tandis que vous allez lui parler un autre prendra votre place.

Convaincu par cette dernière raison, Voiture s'assit et perdit trois cents pistoles dans la soirée. Le chagrin qu'il eut de cette perte fit qu'il oublia de demander à M. le coadjuteur de le relever de son serment, et qu'il n'y pensa plus depuis.

Voiture mourut subitement à cinquante ans à peine, pour être purgé ayant la goutte.

Il était fort sobre et ne buvait jamais que de l'eau ; c'est pourquoi, dans une débauche, un gentilhomme de M. le duc d'Orléans, nommé Blot, fit contre lui ce quatrain :

Quoi ! Voiture tu dégénère !...
Sors d'ici ! Maugrebleu de toi !
Tu ne vaudras jamais ton père :
Tu ne vends du vin ni n'en bois.

Quelques jours après sa mort M. de Blérancourt, qui avait attendu ce moment pour dire quelque chose de Voiture, dit d'un air tout étonné à madame de Rambouillet :

— Mais, savez-vous, madame, qu'il avait de l'esprit ?

— Vraiment ! répondit la marquise, vous nous donnez là du nouveau ! Pensiez-vous donc que c'était pour sa noblesse et pour sa belle taille qu'il était reçu dans les meilleures maisons de Paris ?

La vieille marquise mourut en 1665 ; mais, quoique M. et madame de Montausier lui succédassent, et qu'en vieillissant, ils eussent conquis parmi les précieuses le titre du sage Ménalidas et de la sage Ménalide, l'hôtel Rambouillet ne survécut que de nom à sa fondatrice.

N'oublions pas de consigner ici que M. de Montausier est l'Alceste du *Misanthrope*.

XXV

COMMENCEMENT DU THÉÂTRE. — L'HÔTEL DE BOURGOGNE. — LE THÉÂTRE DU MARAIS. — ÉTAT PRÉCAIRE DES ACTEURS. — GAULTIER-GARGUILLE. — HENRI LEGRAND. — GROS-GUILLAUME. — BELLEROSE. — LA BEAUPRÉ. — LA VALLIOTE. — MONDORY. — BELLEROSE. — BARON Iᵉʳ. — D'ORGEMONT. — FLORIDOR. — MADEMOISELLE BARON. — DUEL ENTRE DEUX ACTRICES. — LES BÉJART. — MOLIÈRE. — AUTEURS DRAMATIQUES. — SCUDÉRI. — LA CALPRENÈDE. — TRISTAN L'ERMITE. — LA SERRE. — BOIS-ROBERT. — COLLETET. — SCARRON. — ROTROU. — CORNEILLE.

Ce sont ces cinq femmes que nous venons de passer en revue, qui prirent la société du XVIIᵉ siècle à son berceau, et qui en firent la société la plus élégante et la plus spirituelle du monde.

Maintenant, passons, comme nous l'avons promis, de la société au théâtre, et complétons le tableau littéraire de cette époque par le portrait de quelques-uns de ces grands génies du temps, que leur époque a placés trop haut, et que la postérité a mis trop bas.

La comédie ne commença d'être en honneur que sous le cardinal de Richelieu, et par le soin qu'il en prit ; avant cette époque, les honnêtes femmes n'y allaient point. Le théâtre de l'hôtel de Bourgogne et celui du Marais étaient les seuls qui existassent réellement. Les comédiens n'avaient point de costumes à eux, louaient des habits à la friperie, et jouaient sans laisser aucun souvenir ni des ouvrages, ni des acteurs qui les représentaient. Un nommé Agnan fut le premier qui eut quelque réputation à Paris ; puis vint Valeran, grand homme de bonne mine, qui était à la fois acteur et directeur. Les artistes n'avaient rien de fixe, et partageaient chaque soir, chacun selon sa position, l'argent que Valeran recevait lui-même à la porte. Il y avait alors deux troupes à Paris : l'une qui jouait à l'hôtel de Bourgogne, l'autre au Marais. Ces comédiens, disent les mémoires du temps, étaient presque tous des filous, et leurs femmes vivaient dans la plus grande licence du monde, chacune étant commune, même à la troupe dont elle n'était pas.

Le premier qui vécut un peu chrétiennement fut Hugues Guérin, dit Gaultier-Garguille, qui débuta dans la troupe du Marais vers 1598. Scapin, célèbre acteur italien, à cette époque où les ultramontains étaient nos maîtres en l'art dramatique disait qu'on n'aurait pu trouver dans toute l'Italie un comédien meilleur que Gaultier-Garguille.

Henri Legrand vint un peu après Gaultier-Garguille, il s'appelait Belleville dans le haut comique, et Turlupin dans la farce. La carrière dramatique de cet artiste fut une des plus longues que l'on connaisse au théâtre : elle dura cinquante-cinq ans. Ce fut lui qui, le premier, renchérissant sur le luxe de Gaultier, eut une chambre avec des meubles qui lui appartenaient ; jusqu'à tous les autres comédiens n'avaient jamais eu ni feu ni lieu, vivant épars, çà et là, dans les granges et dans les greniers comme des bohémiens et des mendiants.

Presque en même temps qu'il s'enrichissait de Gaultier-Garguille et de Turlupin, le théâtre du Marais recrutait encore Robert Guérin, dit Gros-Guillaume, qui passa ensuite à l'hôtel de Bourgogne. Gros-Guillaume s'appelait aussi le Fariné, de ce qu'il ne portait pas de masque comme les autres, mais seulement se couvrait le visage de farine.

Voilà où en était le théâtre français, quand le cardinal de Richelieu commença à tourner les yeux vers lui. Il remarqua, à l'hôtel de Bourgogne, Pierre le Messier, dit Bellerose ; ce fut lui qui, dit-on créa, en 1639, le rôle de Cinna. Avec Bellerose étaient, au même théâtre, la Beaupré et la Valliote.

La première jouait dans les tragédies de Corneille mais elle n'appréciait pas bien haut l'illustre auteur du *Cid*.

— Corneille nous a fait grand tort, disait-elle, nous avions ci-devant des pièces de théâtre que l'on ne nous vendait que trois écus, et qu'on nous faisait en une nuit ; on y était accoutumé et nous gagnions beaucoup. Présentement, les pièces de M. Corneille nous coûtent fort cher et nous rapportent moins que les autres.

Quant à mademoiselle Valliote, qu'on appelait la Valliote, c'était une fort jolie personne, très bien faite et qui inspira de grandes passions et entre autres à l'abbé d'Armentières ; celui-ci en fut amoureux à un point si étrange, qu'il acheta sa tête au fossoyeur, et pendant de longues années conserva son crâne dans sa chambre.

Mondory commença à paraître vers ce temps-là ; il était fils d'un juge de Thiers, en Auvergne. Son père l'envoya à Paris chez un procureur ; mais, comme justement ce procureur aimait beaucoup le spectacle, il lui conseilla à l'enfant d'aller à la comédie les fêtes et les dimanches, disant qu'il y dépenserait peu et s'y débaucherait moins que partout ailleurs. Le clerc dépassa les espérances du procureur, le prit tant de plaisir au spectacle, qu'il se fit comédien, et devint bientôt grâce à ses succès, chef d'une troupe qui se composait de Lenoir et de sa femme, lesquels avaient été au prince d'Orange ; de Villiers, auteur médiocre, mais bon acteur, et de sa femme dont nous avons parlé à propos de M. de Guise qui, du temps qu'il était archevêque de Reims, porta des bas jaunes en son honneur. Le comte de Belin, qui était amoureux de la petite Lenoir, faisait faire des pièces à Mairet, à la condition qu'elle y aurait un rôle. Or, comme la crainte de cet amour il protégeait toute la troupe il pria madame de Rambouillet de permettre que Mondory et ses comédiens jouassent chez elle la *Virginie* de Mairet ; ce à quoi elle consentit. La représentation eut lieu en 1631 en présence du cardinal de Lavalette, qui fut si satisfait de Mondory, qu'il lui fit une pension.

De ce jour-là, Mondory commença à prendre quelque crédit dans le monde et fut remarqué par le cardinal de Richelieu lui-même, qui se mit à protéger le théâtre du Marais, que dirigeait Mondory. Mais, en 1634, le roi, qui, à l'endroit des petites choses était toujours en hostilité avec le cardinal, tira, pour faire pièce à Son Éminence,

Lenoir et sa femme de la troupe du Marais, et les fit passer à l'hôtel de Bourgogne. Ce fut alors que Mondory engagea Baron, et, redoublant d'efforts continua de maintenir à son théâtre une vogue que vint bientôt doubler la tragédie de *Marianne* de Tristan l'Ermite, laquelle se soutint cent ans à la scène, et dont le succès balança celui du *Cid*. Le personnage d'Hérode fut le triomphe de Mondory. Un soir, en jouant ce rôle, cet excellent comédien éprouva une attaque d'apoplexie qui lui laissa sur la langue un tel embarras, qu'il ne put jouer depuis. Le cardinal essaya de le faire remonter une fois encore sur la scène ; mais il ne put achever son rôle, ce qui fit dire au prince de Guémenée : *Homo non periit, sed periit artifex*, c'est-à-dire : l'homme est encore vivant, mais l'artiste est mort.

Cependant, tout impotent qu'il était Mondory rendit encore un service en faisant venir à son théâtre Bellerose dit le Capitan matamore, excellent acteur qui ne jouait la comédie que peu de temps ; car, s'étant pris de dispute avec Desmarets, celui-ci lui donna un coup de canne ; le comédien n'osa se venger à cause du cardinal, dont Desmarets était le favori, mais il quitta le théâtre, s'engagea comme soldat, devint commissaire d'artillerie et fut tué sur le champ de bataille.

Le cardinal, qui eut longtemps l'intention de former une seule troupe des deux, les faisait jouer réunies chez lui. Baron, la Villiers, son mari et Jodelet soutenaient la troupe de l'hôtel de Bourgogne ; d'Orgemont, Floridor et la Beaupré, soutenaient celle du Marais, à laquelle Corneille donnait ses pièces.

Si l'on en croit les opinions du temps, d'Orgemont valait mieux que Bellerose, lequel, dit Tallemant des Réaux, était un comédien fardé, qui regardait où il jetterait son chapeau de peur de gâter ses plumes ; quant à Baron, il jouait, à ce qu'il paraît, admirablement bien les rôles de bourru. Il finit d'une étrange façon. Faisant le personnage de Don Diègue, il se piqua le bout du pied avec son épée ; la gangrène s'y mit, et il mourut de cette égratignure. Il avait eu de sa femme seize enfants, au nombre desquels fut le célèbre Baron, qui joua plus tard avec tant de succès les premiers rôles de la tragédie et de la comédie.

Mademoiselle Baron (on sait qu'on ne donnait le titre de dame qu'aux filles de noblesse) était non seulement une excellente actrice, mais encore une des plus belles femmes de son temps. Lorsqu'elle se présentait pour avoir la faveur d'assister à la toilette de la reine, Anne d'Autriche n'avait qu'à dire à ses filles d'honneur : « Mesdames, voici la Baron ; » et toutes se sauvaient, tant les jolies femmes craignaient de paraître laides auprès d'elle. Aussi lorsqu'elle mourut, le 7 septembre 1662, *la Muse historique* de Loret publia-t-elle à sa louange des vers qui commençaient ainsi :

Cette actrice de grand renom,
Dont la Baronne était le nom,
Cette merveille du théâtre,
Dont Paris était idolâtre, etc.

Vers ce temps arriva sur le théâtre du Marais un accident qui eût pu finir d'une façon aussi tragique que celui de Baron. La Beaupré, qui commençait à se faire vieille, et que l'âge rendait d'humeur difficile, se prit de dispute avec une jeune comédienne, sa rivale, qui, en lui parlant, ne ménagea point les expressions.

— C'est bien dit la Beaupré, et je vois, mademoiselle, que vous voulez profiter de la scène que nous devons jouer tout à l'heure ensemble, pour nous battre réellement.

La pièce que l'on allait jouer était une farce dans laquelle effectivement les deux femmes avaient un duel. Or, sur les paroles que nous avons rapportées, la Beaupré, allant chercher deux épées bien affilées, en donna une à sa rivale, qui, croyant celle-ci était mouchetée comme d'habitude, se mit en garde sans défiance ; mais, au bout d'un instant, elle reconnut son erreur. La Beaupré la frappa au cou, et en une seconde elle fut couverte de sang. Elle rompit alors rapidement, toujours poursuivie par la Beaupré, qui voulait absolument la tuer ; mais à ses cris on accourut, et on la tira des mains de son ennemie. Cet événement fit une telle impression sur la pauvre femme, qu'elle jura de ne plus jamais jouer dans les pièces où jouerait la Beaupré, et elle tint parole.

Cependant Bellerose, qui dirigeait l'hôtel de Bourgogne, s'était fait dévot, parla de se retirer. Floridor, qui, comme nous l'avons dit, était au Marais traita de sa direction moyennant vingt mille livres, c'était la première vente de ce genre qui avait lieu, et elle était fondée sur la subvention que, dès ce temps, le roi donnait à l'hôtel de Bourgogne. Floridor fut peu regretté : c'était un médiocre comédien, qui, ayant reçu autrefois un coup d'épée qui lui avait traversé les poumons, en était resté pâle et sans haleine. Son départ fit grand tort à la troupe du Marais, car les meilleurs comédiens le suivirent à l'hôtel de Bourgogne.

Vers cette époque, Madeleine Béjart et Jacques Béjart se réunirent à Molière pour former une troupe ambulante sous le nom de *l'Illustre Théâtre*. La Béjart avait alors une grande réputation. Quant à Molière, qui venait de quitter les bancs de la Sorbonne pour le suivre, il était encore inconnu ; il donnait des avis à la troupe, faisait des pièces sans retentissement et jouait avec quelque succès les rôles bouffons. Ce ne fut qu'en 1653 qu'il fit représenter *l'Étourdi* à Lyon, et, en 1654 *le Dépit amoureux* à Béziers. Enfin, le 20 février 1662 il épouse Armande-Grossinde-Élisabeth, Béjart, sœur de la Madeleine Béjart dont il avait été si épris d'abord.

Maintenant, passons du théâtre aux auteurs qui l'alimentaient (1).

Les progrès du théâtre français peuvent, à partir du moment où les pièces ont pris une forme, se diviser en trois périodes :

La première, d'Étienne Jodelle à Robert Garnier, c'est-à-dire de 1521 à 1573.

La seconde, de Robert Garnier à Alexandre Hardy, c'est-à-dire de 1573 à 1630.

Enfin la troisième, d'Alexandre Hardy à Pierre Corneille, c'est-à-dire de 1630 à 1670.

C'est cette dernière époque, au milieu de laquelle nous sommes arrivés, sur laquelle nous allons jeter un coup d'œil pour compléter le tableau de la société française, vers la moitié du XVIIe siècle et au commencement du règne de Louis XIV.

Les hommes compris dans cette période sont Georges de Scudéri, Bois-Robert, Desmarets, la Calprenède, Mairet, Tristan l'Ermite, du Ryer, Pujet de la Serre, Colletet, Boyer, Scarron, Cyrano de Bergerac, Rotrou et Corneille. Nous nous occuperons des plus marquants.

Nous avons déjà dit quelques mots de Georges de Scudéri à propos de sa sœur. Revenons à lui : il a, sinon tenu assez de place, du moins fait assez de bruit dans la première moitié du XVIIe siècle pour que nous lui consacrions un article à part.

Georges de Scudéri avait vingt-sept ou vingt-huit ans lorsqu'il donna, en 1629, sa première tragi-comédie, tirée du roman de *l'Astrée*, et intitulée, *Lygdamon et Lydias, ou la Ressemblance*, laquelle fut suivie, en 1631, d'une autre tragi-comédie, intitulée *le Trompeur puni, ou l'Histoire septentrionale*. Le succès qu'obtinrent ces deux ouvrages lui donna un tel orgueil, qu'il fit graver son portrait, en taille-douce, avec cet exergue à l'entour :

Et poète et guerrier,
Il aura du laurier.

Un critique, il y en a eu dans tous les temps, effaça ces deux vers et mit ceux-ci à la place :

Et poète et Gascon,
Il aura du bâton.

On peut s'imaginer la fureur de Scudéri ; mais le critique garda l'anonyme, et force fut au poète de laisser passer l'insulte avec sa vengeance.

En effet, Georges de Scudéri avait la prétention de manier l'épée aussi bien que la plume, du moins s'il faut en croire les dernières lignes de la préface qu'il fit pour les œuvres de *Théophile*. Nous les citons comme un modèle de caractère ; les voici :

« Je ne fais pas difficulté de publier hautement que tous les morts ni tous les vivants n'ont rien qui puisse approcher des fortes de ce vigoureux génie, et, si parmi les lecteurs, il se rencontre quelque extravagant qui juge que j'offense sa gloire imaginaire, pour lui montrer que je le crains autant que je l'estime, je veux qu'il sache que je m'appelle DE SCUDÉRI (2) »

Lorsque Scudéri obtint à si grand'peine le gouvernement

---

(1) Voir la note I à la fin du volume.
(2) Au reste, dès la préface de son *Lygdamon*, Scudéri avait donné son prospectus. Voici ce précieux morceau dans toute sa pureté primitive.

S'adressant au lecteur en le tutoyant, comme c'était alors l'habitude des poètes :

« La poésie ne me tient lieu de divertissement agréable, dit-il, et non d'occupation sérieuse ; si je rime, c'est qu'alors je ne suis pas à faire ; je n'ai pour but en ce travail que le seul désir de me contenter ; car, bien loin d'être mercenaire, l'imprimeur et les comédiens témoigneront que ni leur ni pas vendu ce qu'ils ne pouvaient pas payer. Tu couleras aisément sur des fautes que je n'ai point remarquées, si tu daignes apprendre qu'on m'a vu employer la plus grande partie de mon âge que j'ai, à voir la plus grande et la plus belle cour de l'Europe et que j'ai passé plus d'années parmi les armes que dans mon cabinet et usé beaucoup plus de mèches en arquebuses qu'en chandelles ; de sorte que je sais mieux ranger les soldats que les paroles, et mieux carrer les bataillons que les périodes. »

de Notre-Dame de la Garde, madame de Rambouillet, qui le lui avait fait obtenir, disait de lui :

— Cet homme-là n'aurait certes pas voulu d'un gouvernement dans une vallée. Je m'imagine le voir dans son château de Notre-Dame de la Garde, sa tête au milieu des nues, regardant avec mépris tout ce qui est au-dessous de lui.

Scudéri ne resta que peu d'années dans son gouvernement, où, s'il faut en croire Chapelle et Bachaumont, il ne fut point remplacé, d'après ces vers de leur *Voyage* :

Gouvernement facile et beau,
Auquel suffit, pour toute garde,
Un suisse avec sa hallebarde...
Point sur la porte du château.

Mais, malgré ses fonctions politiques, Scudéri n'avait point cessé de se livrer à la littérature. Il donna successivement au théâtre : *le Vassal généreux, la Comédie des comédies, Orante, le Fils supposé, le Prince déguisé, la Mort de César, Didon, l'Amant libéral, l'Amour tyrannique, Eudoxe, Andromire, Ibrahim* et *Arminius*.

Ce fut dans la préface de cette dernière tragédie, qu'ayant éprouvé quelques ennuis avec les comédiens, il dit que, « à moins que les puissances souveraines ne le lui ordonnent, il ne veut plus travailler pour le théâtre. » Ce qu'il y a d'étonnant, c'est que Scudéri tint presque parole. Il est vrai qu'ayant pris parti pour M. le Prince, il fut forcé de s'exiler en Normandie, lorsque M. le Prince se déclara contre la cour.

En effet, les rodomontades de Scudéri n'étaient pas seulement en paroles, et, tout au contraire des poètes de cette époque, si renommés par leur vénalité et leur bassesse, il était gentilhomme dans le cœur. En voici un exemple :

Scudéri devait faire la dédicace d'*Alaric* à la reine Christine, et la reine Christine lui avait promis de lui donner, en reconnaissance de cette dédicace, une chaîne d'or de mille pistoles. Mais, dans l'intervalle qui s'écoula entre l'achèvement et l'impression du poème, le comte de la Gardie, qui avait été le protecteur de Scudéri, étant tombé en disgrâce, la reine exigea que le nom du comte disparût de la préface du poème.

— Dites à la reine, répondit Scudéri au messager que Christine lui avait envoyé pour traiter de cette importante affaire, que, quand même elle me promettrait, au lieu de la chaîne qu'elle devait me donner, une chaîne aussi grosse et aussi pesante que celle dont il est parlé dans l'*Histoire des Incas*, je ne détruirais jamais l'autel où j'ai sacrifié.

La réponse déplut à Christine, qui ne donna point à Scudéri la chaîne qu'elle lui avait promise, et le poète n'obtint pas même un remercîment du comte de la Gardie, celui-ci ayant toujours conservé l'espérance de rentrer en faveur.

On reproche à Scudéri d'avoir, par ordre de Richelieu, critiqué le *Cid*. Quand on lit les œuvres de Scudéri, on l'excuse. Scudéri devait trouver le *Cid* une fort médiocre tragédie.

Il va sans dire que Scudéri fut de l'Académie.

Nous avons trop parlé de Bois-Robert à propos du cardinal de Richelieu pour qu'il nous reste grand'chose à en raconter, sinon un trait qui prouve qu'en changeant de maître, il n'avait pas changé de caractère.

Richelieu mort, Bois-Robert avait essayé de se donner à Mazarin, qui n'avait pas voulu de lui. En conséquence, il s'était déclaré des fidèles de M. le coadjuteur, autour duquel se rangeaient tous les beaux esprits qui haïssaient le ministre. Néanmoins, poussé par la versatilité de son humeur, tout en faisant sa cour au coadjuteur, Bois-Robert avait fait des vers contre lui et ses amis. Ignorant que l'abbé de Gondi connût ces vers, il vint un jour lui demander à dîner : le coadjuteur le reçut avec sa grâce habituelle, et lui montra à son convive la place qu'il avait coutume d'occuper ; seulement, après le dîner :

— Mon cher Bois-Robert, lui dit-il, faites-moi donc l'amitié de me dire les vers que vous avez faits contre moi et mes amis.

Sans se démonter Bois-Robert se leva, alla regarder dans la rue et vint se rasseoir.

— Ma foi, non, monsieur, dit-il, je n'en ferai rien ; votre fenêtre est trop haute.

Les pièces qu'il fit représenter sont : *les Rivaux, les Deux Alcandre, les Trois Oronte, Palène, le Couronnement de Daric, Didon la Chaste, l'Inconnue* et *les Généreux ennemis*. Aucun de ces ouvrages n'a la moindre valeur.

Bois-Robert était de l'Académie.

Colletet aussi ; il était même de ceux qui avaient été nommés par la protection du favori du cardinal, et que, pour cette raison, on appelait les Enfants de la Pitié de Bois-Robert. Au reste il était plein de déférence pour ses confrères, car, un jour que l'on discutait sur l'adoption d'un mot assez peu usité :

— Je ne connais pas ce mot-là, dit-il ; mais je le trouve bon, puisque ces messieurs le connaissent.

Colletet était fils d'un procureur au Châtelet ; il épousa la servante de son père, qui n'était ni belle, ni riche ; elle s'appelait Marie Prunelle et habitait Rungis, petit village à trois lieues de Paris. Un jour, on vint dire à Colletet retenu par ses occupations poétiques dans la capitale, que sa femme était fort mal ; il partit aussitôt, et, tout le long son chemin, pour ne pas perdre son temps, s'amusa à faire son épitaphe, et, comme, en arrivant, il n'avait pas encore trouvé le dernier vers il resta à la porte jusqu'à ce qu'il fût fait. Contre son attente, sa femme ne mourut pas de cette maladie. Colletet remit l'épitaphe dans son portefeuille, et elle ne servit que six ans après. La voici :

Quoiqu'un marbre taillé soit riche et précieux,
Un plus riche tombeau Prunelle a pu prétendre :
Sitôt que son esprit s'en alla dans les cieux.
Mon cœur fut son cercueil et l'urne de sa cendre.

Ce fut de cette Prunelle, dont, par circonstance, il avait fait Brunelle, comme Barthole de Suzonnette avait fait Rosinette, qu'il eut François Colletet, duquel Boileau a dit dans sa première satire :

Tandis que Colletet, crotté jusqu'à l'échine.
S'en va chercher son pain de cuisine en cuisine.

Brunelle morte, Colletet épousa la servante de la défunte, comme il avait épousé la servante de son père. Quant à celle-ci, elle faillit l'enterrer. En passant par la rue des Bourdonnais, qu'on appelait alors la rue des Carneaux, l'entablement d'une vieille maison tomba sur la tête du poète. Au reste, Colletet était l'homme des précautions par excellence ; on lui trouva, on le ramassant, sa propre épitaphe toute faite dans sa poche ; ce fut par là qu'on sut son nom ; la voici :

Ici gît Colletet : s'il valut quelque chose,
Apprends-le de ses vers, apprends-le de sa prose ;
Ou, si tu donnes plus aux suffrages d'autrui,
Vois ce que mille auteurs ont publié de lui.

Les épitaphes de Colletet étaient des brevets de longue vie ; mais, s'il ne mourut pas de l'accident, il en fut du moins bien malade.

Colletet rétabli, ce fut sa femme qui tomba malade et qui mourut ; mais, comme il avait pris l'habitude des servantes, il épousa celle de son frère. Celle-ci, au moins était jolie et avait de l'esprit ; elle s'appelait Claudine Lenain. Colletet se brouilla avec son frère, parce que celui-ci se rappelant que cette fille avait été à son service, ne voulait pas absolument l'appeler sa sœur.

Colletet, pour se faire pardonner ce troisième mariage d'antichambre, voulut absolument immortaliser sa nouvelle femme. Non seulement une partie des vers qu'il fit depuis cette époque lui furent adressés, mais encore il voulut faire croire qu'elle en composait elle-même. A cet effet, il faisait des vers qu'elle signait et qu'il allait montrant partout. Il poussa cette complaisance ou plutôt cette manie si loin que, se sentant malade de la maladie dont il trépassa enfin, il fit sur son lit d'agonie des vers que sa femme devait publier le lendemain de sa mort, et qui expliquaient le silence forcé qu'elle allait garder, une fois son époux au tombeau. Les voici :

Le cœur gros de soupirs, les yeux noyés de larmes,
Plus triste que la mort dont je sens les alarmes,
Jusque dans le tombeau je vous suis, cher époux !
Comme je vous aimai d'un amour sans seconde,
Et que je vous louai d'un langage assez doux,
Pour ne plus rien aimer ni rien louer au monde,
J'ensevelis mon cœur et ma plume avec vous.

Malheureusement, la Fontaine, dont nous aurons à nous occuper plus tard, révéla la supercherie conjugale du pauvre Colletet dans la strophe suivante :

Les oracles ont cessé,
Colletet est trépassé.
Dès qu'il eut la bouche close
Sa femme ne dit plus rien :
Elle enterra vers et prose
Avec le pauvre chrétien.

La pauvre femme, quelques années après la mort de son mari, devint si misérable, qu'elle en était réduite à demander l'aumône dans les allées reculées du Luxembourg. Dans cette affreuse misère, causée quelque peu, à ce que prétendent les mémoires du temps, par l'ivrognerie, il n'y avait sorte de ruses qu'elle n'employât pour tirer quelques pistoles de la bourse de ses anciennes connaissances. La veille de sa propre mort, elle imagina que sa mère était trépassée et alla demander à Furetière, l'un des amis de son mari, six écus pour la faire enterrer; Furetière les lui donna. Son étonnement fut grand, lorsque, le surlendemain, la mère de Claudine se présenta et lui demanda à son tour deux pistoles pour faire enterrer sa fille.

— Vous vous moquez, dit Furetière, c'est vous qui êtes morte, et non pas elle.

Et, quelques raisons que lui donnât la bonne femme pour lui prouver son existence, il ne voulut pas démordre de sa première idée, et la tint toujours pour enterrée.

Colletet était un des cinq auteurs que le cardinal de Richelieu faisait travailler à ses tragédies. Il donna cependant plusieurs pièces à lui seul, et, entre autres, *Cymnède ou les Deux Victimes*.

Un jour, Colletet alla lui lire des vers intitulés *le Monologue des Tuileries*. Arrivé à cet endroit de la description où l'on voit

La cane s'humecter de la bourbe de l'eau,
D'une voix enrouée et d'un battement d'aile,
Animer le canard qui languit auprès d'elle...

le cardinal se leva, tout transporté, alla à son secrétaire, y prit cinquante pistoles et les donna au poète.

— Prenez cela, monsieur Colletet, lui dit-il, et ne m'en lisez pas davantage; car, si le reste de la pièce est de la force de ces trois vers, le roi lui-même ne serait pas assez riche pour le payer.

Le cardinal trouvait-il réellement ces vers beaux, ou se débarrassait-il, au prix de cinquante pistoles, de l'ennui d'entendre le reste?...

Tristan l'Ermite, qui prétendait descendre du fameux Pierre l'Ermite, qui avait prêché la croisade, était l'auteur de cette fameuse tragédie de *Marianne*, dont nous avons parlé à propos de Mondory, et qui, paraissant la même année que *le Cid*, disputa la foule à Corneille. Son auteur était, comme Scudéri, un homme d'épée; à l'âge de treize ans il avait été forcé de quitter son pays, pour avoir tué un garde du corps. Outre *Marianne* il donna encore la tragédie de *Panthée*, *la Chute de Phaéton*, *la Folie du sage*, *la Mort de Sénèque*, *les Malheurs domestiques du grand Constantin*, *le Parasite*, et enfin *Osman*, qui ne fut joué qu'après sa mort.

Malgré ses succès de théâtre Tristan vécut pauvre et misérable, ne sachant et ne voulant pas se flatter; d'ailleurs, il était joueur, et on le rencontrait dans tous les tripots, où il restait le jour pour jouer et la nuit parce qu'il n'avait pas de gîte. Un de ses amis lui reprocha ce genre de vie, et nous a transmis sa réponse.

— Laissez, dit Tristan, vivre les poètes à leur fantaisie. Ne savez-vous pas qu'ils n'aiment pas la contrainte? Eh! que vous importe qu'ils soient mal vêtus, pourvu que leurs vers soient magnifiques? Plût à Dieu que nos poètes de théâtre n'eussent que ce défaut! Mais, tout au contraire de ceux dont vous parlez, ils sont superbes de leurs habits, leur mine est relevée de toute sorte d'ajustements et leurs poèmes sont languissants et destitués de conduite.

Il y avait encore un autre auteur qui, pour le succès, le disputait à Corneille; c'était Pujet de la Serre, dont le nom s'est perdu depuis et qui cependant faisait grand bruit alors avec sa tragédie en prose de *Thomas Morus*. En effet, elle avait si grand succès, que les portes du théâtre furent enfoncées le jour de la seconde représentation, et que quatre portiers furent tués en essayant de s'opposer à cette irruption. Aussi, que l'on vantait *le Cid* devant lui:

— Je céderai le pas à M. Corneille, dit-il, quand il aura eu cinq portiers de tués à une de ses pièces.

Il avait fait l'épitaphe du roi Gustave-Adolphe.

— Mais, lui dit un de ses amis, vous lui avez fait rendre son âme à Dieu.

— Sans doute, répliqua celui-ci; pourquoi pas?

— Mais parce que c'était un hérétique, votre roi de Suède.

— Je lui ai fait rendre son âme à Dieu, répondit la Serre; mais je n'ai pas dit ce que Dieu en a fait.

Outre *Thomas Morus*, la Serre fit encore *le Sac de Carthage*, *Climène ou le Triomphe de la Vertu*, et *Thésée ou le Prince reconnu*.

S'il ne fit pas fortune, ce fut sa faute, car il disait orgueilleusement, en parlant de lui, qu'il achetait un cahier de papier trois sous et le revendait cent écus.

La Calprenède, qui signait ses romans et ses pièces: « Gaultier de Coste, chevalier, seigneur de la Calprenède, Toulgou, Saint-Jean de Livet, et Vatimesnil, » était né au château de Toulgou, près Sarla. Il débuta par *la Mort de Mithridate*, jouée en 1635, et qui obtint un grand succès. Pendant la première représentation, il se tenait derrière le théâtre; un de ses amis l'aperçut, et, comme il le cherchait pour lui faire son compliment:

— Eh bien, mon cher la Calprenède, lui dit-il, vous voyez comme votre pièce réussit.

— Chut! chut! dit la Calprenède, ne parlez pas si haut; si mon père savait que je me suis fait poète, il me déshériterait.

— Vraiment? dit l'ami.

— Oh! mon Dieu, oui, reprit la Calprenède. C'est au point qu'un jour qu'il me surprit rimant, il saisit un pot de chambre et me le jeta à la tête; heureusement, je baissai le front...

— De sorte, reprit l'interlocuteur, qu'il n'y eut que le pot de chambre de cassé.

— Apprenez, l'ami, dit la Calprenède, qu'au château de Toulgou, tous les pots de chambre sont d'argent.

Un jour qu'il se promenait avec Sarrasin, secrétaire de M. de Longueville, la Calprenède vit passer un homme auquel il avait quelques motifs d'en vouloir.

— Ah! malheureux que je suis! s'écria-t-il, j'avais juré de tuer ce coquin la première fois que je le rencontrerais.

— Eh bien, dit Sarrasin, l'occasion est belle.

— Impossible, mon cher; j'ai été à confesse ce matin, et mon confesseur m'a fait promettre de le laisser vivre encore quelque temps.

Ce qu'il y avait d'étonnant, c'est qu'avec tout cela, la Calprenède était réellement brave. Son beau-frère, M. de Brac, ayant un procès avec lui pour le douaire de sa femme, le fit appeler comme il était aux Petits-Capucins du Marais, aujourd'hui la paroisse Saint-François. La Calprenède sort aussitôt; mais à la porte il est attaqué par quatre hommes. Au premier pas qu'il fait, il met le pied sur le ruban de ses jarretières et trébuche; mais il se relève aussitôt, et, au lieu de fuir, tournant au mur, il fait face à ses quatre adversaires. Un gentilhomme limousin nommé Savignac, et un ex-capitaine aux gardes nommé Villiers-Courtin, le regardèrent faire d'abord pour voir comment il s'en tirait; puis, voyant qu'il tenait ferme, ils vinrent à son secours et mirent en fuite les quatre bravi.

La Calprenède avait fait un mariage d'amour. Une jeune veuve, qui était folle de ses romans, et qui avait quelque chose, vint lui dire qu'elle était prête à l'épouser, pourvu qu'il consentît à finir la *Cléopâtre* qu'il avait laissée en suspens, à cause d'une querelle avec ses libraires. La Calprenède y consentit, et l'obligation de finir la *Cléopâtre* fut un des articles du contrat.

Quelques jours après son mariage, la Calprenède, faisant ses visites de noces, vint chez Scarron. Mais, tout en causant, notre nouveau marié s'inquiétait fort de son laquais qui était resté en bas.

— Je vous prie, disait-il, mon cher Scarron, faites-le monter.

Mais, so reprenant:

— Non, non, c'est inutile.

Puis, revenant à la charge:

— Cependant, ajouta-t-il, je ne puis laisser ce garçon dans la rue.

— Bon! fit Scarron, je vous entends; vous voulez me faire savoir que vous avez un gentilhomme à votre suite. N'en parlons plus, je me le tiens pour dit.

La femme de la Calprenède, comme celle de Colletet, faisait des vers, avec cette différence qu'elle les faisait elle-même. On a d'elle une pièce de poésie, qui est un échantillon remarquable du goût du temps. Un cœur, qui avait pris des engagements qu'il ne pouvait tenir, est saisi par les huissiers de Cythère, et l'on vend ses meubles au plus offrant et dernier enchérisseur.

On adjugea ses devoirs à Sylvie,
A la jeune Chloris les douceurs de sa vie
A Phillis ses tourments,
A la divine Iris ses mécontentements,
Amarylis reçut ses premières tendresses,
La folâtre Cléon ses trompeuses promesses;
On livra ses sanglots à la belle Cypris, etc.

Outre ses romans de *Cassandre*, de *Cléopâtre*, de *Pharamond*, et sa tragédie de *Mithridate*, que nous avons déjà mentionnée, la Calprenède fit encore jouer *Bradamante*, *Jeanne d'Angleterre*, *le Sacrifice sanglant* et *le Comte d'Essex*, la meilleure de ses pièces de théâtre.

Passons à Scarron, dont nous avons dit un mot à la page précédente, et qu'on appelait, à cette époque, le petit Scarron, ou Scarron cul-de-jatte.

Paul Scarron, plus connu encore par la fortune étrange de sa veuve que par son propre talent, était fils d'un conseiller à la grand'chambre, qu'on appelait Scarron l'apôtre, parce qu'il citait sans cesse saint Paul. Son organisation le portait non seulement à la poésie, mais encore à tous les plaisirs mondains. Il était joli garçon, dansait agréablement dans les ballets, et paraissait sans cesse de la plus belle humeur du monde, quand tout à coup on vit le pauvre malheureux tout ratatiné sur lui-même, ne sortant plus qu'en chaise, et n'ayant de mouvement de libre que celui des doigts et de la langue, dont il continua de se servir, au dire de quelques-uns, même avec excès. Comment cette infirmité soudaine lui était-elle venue, c'est ce que personne n'affirme bien précisément. Les uns disent que c'est d'une drogue que lui donna un charlatan; les autres racontent qu'à la suite d'une mascarade au Mans, dont il était chanoine, poursuivi par la populace, il fut forcé, pour lui échapper, de se jeter dans la Sarthe, dont les eaux glacées lui donnèrent cette paralysie. Enfin lui-même dans une épître à madame d'Hautefort, attribue sa maladie à une autre cause; car dit-il,

> Car un cheval malicieux,
> Qui conçut pour moi de la haine,
> Me fit par deux fois dans la plaine
> Tomber de mon brancard maudit.
> Dont mon pauvre cou se tordit;
> Et, depuis cette mâle entorse,
> Ma tête, quoique je m'efforce,
> Ne peut plus regarder en haut,
> Dont j'enrage, ou bien peu s'en faut.

Malgré cette infirmité, Scarron était toujours de charmante humeur, se faisant porter dans sa chaise, riant et bouffonnant partout où il allait, et disant toujours à l'abbé Giraut, factotum de Ménage, de lui trouver une femme, recommandant par-dessus toutes choses à son fondé de pouvoir que cette femme se fût mal conduite, pour qu'il eût le droit, dans ses moments de mauvaise humeur, de jurer contre elle tout à son loisir. L'abbé Giraut présenta à Scarron deux ou trois femmes qui étaient dans les conditions requises. Mais Scarron refusa toujours: il était prédestiné.

En effet, vers le même temps, et tandis que Scarron rimait ses boutades du *Capitan matamore* en vers de huit syllabes et en rimes en *ment*, grandissait obscure et inconnue celle qui devait être sa femme, et dont nous suivrons plus tard la singulière et magnifique destinée.

Scarron était non seulement la providence de la Comédie, où il faisait jouer *Jodelet* et *l'Héritier ridicule*, non seulement le protégé du coadjuteur, auquel il dédiait son *Roman comique*, mais encore l'ami de M. de Villars, père du maréchal, de M. de Beuvron, père du duc d'Harcourt, des trois Villarceaux, et enfin de tout ce qui était élégant à Paris.

Outre les comédies que nous avons déjà nommées, Scarron donna encore au théâtre *Don Japhet d'Arménie* et *le Gardien de soi-même*.

Nous dirons plus tard comment Scarron mourut, lorsque nous parlerons de sa veuve.

Rien ne vient par secousse dans ce monde, et toute chose a son précédent. Comme Scarron précéda Molière, Rotrou annonça Corneille.

Rotrou, quoique plus jeune que Corneille de quelques années, l'avait précédé dans la comédie et dans la tragédie: dans la comédie par *la Bague de l'oubli*, dans la tragi-comédie, par *Cléagénor et Doristée*, et dans la tragédie, par *l'Hercule mourant*. Aussi Corneille l'appelait-il son père et son maître. Mais, pour ne pas être détrôné, Rotrou, après la représentation de *la Veuve*, se hâta, un peu prématurément selon nous, de céder le trône à son rival, ce qu'il fit par des vers assez beaux pour qu'ils pussent faire accuser leur auteur de modestie. Les voici:

> Pour te rendre justice autant que pour te plaire,
> Je veux parler, Corneille, et ne puis plus me taire.
> Juge de ton mérite, à qui rien n'est égal,
> Par la confession de ton propre rival.
> Pour un même sujet même désir nous presse;
> Nous poursuivons tous deux une même maîtresse;
> Mon espoir toutefois est déçu chaque jour,
> Depuis que je t'ai vu prétendre à son amour.

Et c'était l'auteur de *Venceslas* qui donnait cette preuve d'humilité. Mais Rotrou était ainsi fait: c'était un cœur prêt à tous les dévouements; il abdiqua la vie comme il avait abdiqué la gloire, et cela, à la première occasion.

Rotrou était lieutenant particulier et civil, assesseur criminel et examinateur au comté et bailliage de Dreux; car, chose curieuse, ces deux grands poètes nous venaient de Normandie, tandis que leurs deux rivaux, Scudéri et la Calprenède, venaient du Midi. C'était une nouvelle lutte de la langue d'oyl contre la langue d'oc, dans laquelle une seconde fois la langue d'oc devait être vaincue. Rotrou était à Dreux, quand une maladie épidémique du caractère le plus dangereux se déclara dans cette ville. Trente personnes mouraient par jour. Les habitants les plus notables s'étaient enfuis; le maire était mort, le lieutenant général était absent: Rotrou les remplaça tous deux. En ce moment, son frère, qui habitait Paris, le supplia, par une lettre de venir le rejoindre; mais Rotrou répondit que sa présence nécessaire à son pays, et qu'il y resterait tant qu'il la jugerait utile.

« Ce n'est pas, ajoutait-il avec cette grandeur simple qu'il avait si souvent prêtée à ses héros; ce n'est pas que le péril ne soit grand puisqu'à l'heure où je vous écris, la cloche sonne pour la vingt-deuxième personne qui est morte aujourd'hui; elle sonnera pour moi quand il plaira à Dieu. »

Dieu voulut couronner cette belle vie par une belle mort, la gloire par le dévouement. La cloche sonna à son tour pour lui; et Rotrou monta au ciel, sa couronne de poète sur la tête et sa palme de martyr à la main.

Quant à Corneille, que dire de lui, si ce n'est que l'auteur du *Cid*, d'*Horace* et de *Cinna* était un homme heureux? Applaudi de Paris tout entier, il fut censuré par l'Académie; et, après avoir eu Richelieu pour ami, il eut pour ennemis la Calprenède, Bois-Robert et Scudéri. Certes, il eût arrangé sa vie dans la prescience de l'avenir, qu'il ne l'aurait point faite autrement.

Avec la première période théâtrale on avait vu finir la littérature nationale; avec la seconde s'était introduit sur notre scène le génie italien et espagnol. Nous verrons leur succéder bientôt l'imitation grecque et latine, car c'est alors qu'on appela Corneille un vieux Romain: c'était un vieux Castillan, voilà tout. Il y avait en lui beaucoup plus de Lucain que de Virgile. Il aurait pu, s'il eût voulu, faire *la Pharsale*, mais jamais l'*Énéide*.

Lucain, on se le rappelle, était de Cordoue.

XXVI

MAJORITÉ DU ROI. — LES BARBONS. — ÉTAT DE LA FRANCE A L'INTÉRIEUR ET A L'EXTÉRIEUR. — MONSIEUR. — LE PRINCE DE CONDÉ. — MAZARIN. — LE COADJUTEUR. — MADEMOISELLE. — LE CARDINAL RENTRE EN FRANCE. — SA TÊTE EST MISE A PRIX. — IL TRAVERSE TRANQUILLEMENT LA FRANCE ET VA REJOINDRE LA REINE A POITIERS. — LE MARÉCHAL DE TURENNE REVIENT OFFRIR SES SERVICES AU ROI. — LA COUR SE DIRIGE VERS ORLÉANS. — MADEMOISELLE SE DÉCLARE ET PREND ORLÉANS.

Louis XIV était majeur. Comme Louis XIII, il passait, en un instant, d'une dépendance complète à une autorité absolue; mais, tout au contraire de son père, qui avait débuté par un acte de vigueur, et qui était retombé presque immédiatement dans une faiblesse dont il ne devait sortir que par boutades, lui devait conserver sa faiblesse au delà de sa minorité, et ne s'élever que par degrés jusqu'à la force, ou plutôt jusqu'au moment où lui fut la caractère distinctif de son règne. Donc, quoique le roi eût atteint sa majorité; c'était toujours Anne d'Autriche qui régnait, éclairée par l'esprit subtil de Mazarin, tout aussi puissant sur elle, plus puissant même peut-être depuis qu'il était exilé, que lorsqu'il avait son appartement au Louvre ou au Palais-Royal.

Le roi, comme nous l'avons dit, avait sur son lit de justice publié trois déclarations; la première contre les blasphémateurs du saint nom de Dieu, la seconde contre les duels et les rencontres, la troisième pour reconnaître l'innocence du prince de Condé. Or, ce qu'il y avait de remarquable, c'est que le prince de Condé ne s'était pas même donné la peine d'attendre cette déclaration pour se rendre coupable, en projets du moins, d'un second crime pareil à celui qu'on venait de lui pardonner.

Le conseil avait du même coup été remanié, comme on

dit de nos jours : le marquis de Châteauneuf avait repris la principale direction des affaires, qu'il attendait depuis si longtemps ; les sceaux, enlevés au président Molé, lui avaient été rendus ; enfin, M. de Lavieuville, qui, vingt-sept ans auparavant, avait ouvert la porte du conseil au jeune Richelieu, lequel l'en avait fait sortir, pour ainsi dire, avant que la porte fût refermée, était nommé surintendant des finances par l'influence de son fils, amant de la princesse palatine. Il est vrai, en outre, ce qui n'indiquait peut-être pas un excellent économiste, qu'il prêtait, en arrivant au ministère, quatre cent mille livres, non pas à l'Etat, non pas au roi, mais à la reine. Le plus jeune de ces trois conseillers était le président Molé, qui avait soixante-sept ans ; de sorte qu'on appliqua à ces trois ministres un nom déjà tout fait sous l'autre règne ; on les appela les *Barbons*.

La France était assez tranquille à l'intérieur, quoique chacun comprit parfaitement que cet état de tranquillité n'était qu'un repos momentané, qu'une halte entre deux guerres civiles ; elle aimait le roi comme on aime les choses inconnues, par l'espérance ; elle se défiait de la reine, dont elle craignait à la fois les violences et les faiblesses ; elle exécrait le cardinal, dont l'avarice la ruinait ; enfin, sans aimer ni haïr M. de Condé, qui mettait dans sa conduite politique tout le caprice qu'une coquette met dans sa conduite privée, elle se rappelait ses éclatantes victoires et sympathisait avec son courage.

Nulle part le roi n'avait d'armée. Sur les frontières des Pays-Bas, deux corps faisaient beaucoup plus de mal aux Français leurs compatriotes qu'aux Espagnols leurs ennemis ; l'un, commandé par le maréchal d'Aumont, était à lui ; l'autre était au prince de Condé, commandé par Saulx-Tavannes ; le premier faisait quelques courses sans résultat, l'autre se tenait immobile et, pour ainsi dire, dans une menaçante neutralité.

Le maréchal de la Ferté-Senectère était en Lorraine avec un autre corps, et, comme il n'avait pas devant lui, ainsi que le maréchal d'Aumont, un allié plus que suspect, il agissait de son mieux, prenant Mirecourt, Vaudevrange et Châtté. C'étaient de petits succès sans doute, mais au moins ce n'étaient pas des revers.

Notre armée d'Italie tenait également une position assez honorable. Le roi d'Espagne, auquel nous avions encore affaire de ce côté, était fort préoccupé pour le moment de la Catalogne ; de sorte que le marquis de Caracène, gouverneur de Milan, se contentait de menacer le Piémont, mais ne joignait jamais l'effet à la menace.

L'armée d'Espagne était confiée au sieur Marchain, qu'on avait fait sortir de prison en même temps que les princes, pour en faire, non seulement un général, mais encore un vice-roi. Ces sortes de retours de fortune n'étonnaient personne à cette époque où ils avaient nombre d'antécédents. Il était donc parti immédiatement pour la Catalogne et s'était enfermé dans Barcelone, que le marquis de Mortare assiégeait par terre, tandis que don Juan d'Autriche la bloquait par mer.

Quant au Midi, où couraient éparpillés les corps qui avaient servi à M. le duc d'Epernon et au maréchal de la Meilleraie dans la dernière campagne, il était encore chaud de la guerre civile, et, comme à tout prendre, les gens intéressés à cette guerre y avaient plutôt gagné que perdu, il était prêt à la recommencer.

A cette époque, la marine n'existait pas, et, sous ce rapport, l'Espagne, l'Angleterre et la Hollande étaient fort au-dessus de nous.

Maintenant, passons des choses aux hommes.

Monsieur continuait de jouer son rôle de mécontent inactif ; plus il vieillissait, plus s'aigrissait en lui la propre conviction de cette impuissance qui l'avait toujours empêché d'arriver au but proposé. Il s'était à peu près brouillé avec le coadjuteur pour ne se raccommoder tout à fait avec M. de Condé ; il se défiait du parlement, qui se défiait de lui ; il essayait vingt négociations différentes pour amener un mariage entre Mademoiselle et le roi, et, dès qu'on venait à lui, faisait un pas en arrière, comme s'il craignait cette alliance. La seule chose qui, pour le moment du moins, parût franche en lui, c'était sa haine contre le cardinal.

Le prince de Condé, comme nous l'avons dit, était parti de Paris dans la nuit qui avait précédé la déclaration de la majorité royale ; il s'était rendu immédiatement à Trie, où était le duc de Longueville, avec l'espérance de l'entraîner de nouveau dans le tourbillon de sa fortune. Mais le duc de Longueville était vieux, et sa captivité l'avait vieilli encore. Il refusa l'honneur que lui faisait son beau-frère. Celui-ci revint donc prendre à Essonnes MM. de la Rochefoucauld et de Nemours, s'arrêta un jour à Angerville-la-Rivière pour attendre une lettre du duc d'Orléans, laquelle devait arriver et n'arrivait point ; puis il continua sa route jusqu'à Bourges, où il atteignit un conseiller du parlement, qui venait lui proposer de demeurer tranquille dans son gouvernement de Guienne jusqu'à ce qu'on eût assemblé les états généraux. Mais, comme ce que craignait surtout M. le Prince, c'était la tranquillité, il rejeta la proposition avec dédain, poussa jusqu'à Montrond, laissant le prince de Conti et le duc de Nemours dans cette ville, et continua avec Lenet, son conseiller, sa route pour Bordeaux.

Si Bordeaux s'était soulevé pour madame de Condé et pour M. le duc d'Enghien, c'est-à-dire pour une femme et un enfant sans défense, ce devait être, comme on le comprend, bien autre chose encore pour M. le Prince, qui apportait aux rebelles la réputation du premier capitaine du monde, et la garantie de ses victoires passées ; aussi, à peine le sut-on à Bordeaux, que cette ville devint un centre de rébellion. La princesse de Condé et M. le duc d'Enghien vinrent l'y rejoindre. Madame de Longueville, qui était sortie du couvent où elle était en retraite, dès qu'elle avait vu la guerre prête à se rallumer, y arriva derrière elle ; le comte Foucaut du Doignon, gouverneur de Brouage, qui tenait toute la côte depuis la Rochelle jusqu'à Royan, se déclara pour lui. Le vieux maréchal de la Force et ses amis de la Guienne vinrent lui offrir leurs services ; le duc de Richelieu amenait des levées faites dans la Saintonge et dans le pays d'Aunis ; le prince de Tarente, qui tenait Taillebourg sur la Charente, lui avait fait dire qu'il était son serviteur ; enfin l'on attendait le comte de Marchain, le même que la reine venait de faire vice-roi de la Catalogne, lequel avait promis d'abandonner sa vice-royauté et de venir rejoindre M. le Prince avec les régiments qu'il parviendrait à débaucher. En outre, Lenet était parti pour Madrid, où il négociait avec la cour d'Espagne.

La position de M. le Prince comme rebelle était donc meilleure qu'elle n'avait jamais été.

Le cardinal Mazarin, contre lequel la haine nationale se maintenait toujours à la même hauteur, était encore à Brühl. C'est qu'il avait reçu les ordonnances rendues par le parlement, signées par le roi, approuvées par la reine, lesquelles le déclaraient traître et inhabile, excluant à l'avenir tous les étrangers des affaires de l'Etat, mais, quoiqu'il répondît à ces déclarations par une lettre pleine de douleur et de dignité, elles ne l'inquiétaient guère ; il continuait d'être en correspondance réglée avec Anne d'Autriche, des bonnes grâces de laquelle il était toujours certain, et qui lui avait fait part du retour du coadjuteur. Il se tenait donc prêt, malgré tous les arrêts intervenus et à intervenir, à rentrer en France, et une petite armée, rassemblée pour lui à cet effet, n'attendait que ses ordres pour se mettre en marche. Cette troupe avait été formée dans le pays de Liège et sur les bords du Rhin ; pour la lever, il avait vendu tout ce qu'il possédait.

Le coadjuteur, quoique s'occupant sans doute de tenir à Anne d'Autriche les promesses qu'il lui avait faites, paraissait à la surface entièrement retiré des affaires. Quelques jours après sa majorité, le roi lui avait fait venir et lui avait remis publiquement l'acte authentique par lequel la France le désignait pour le cardinalat. Mais, comme il ne se fiait pas entièrement à la sincérité de la recommandation royale, il envoya lui-même un courrier extraordinaire à Rome, à l'abbé Charrier, chargé de la sollicitation du chapeau. L'attente de ce grand événement tant désiré par lui, et ses relations plus tendres que jamais avec mademoiselle de Chevreuse, semblaient donc entièrement l'absorber, et il paraissait pour l'heure partagé entre sa politique et son amour.

Mademoiselle, à qui on ne faisait pas grande attention parce qu'on sentait instinctivement qu'elle était mal dans l'esprit de la reine, attendait toujours un mari qui ne venait pas. Il avait d'abord été question, on se le rappelle, du jeune prince de Galles, puis de l'empereur, puis de l'archiduc, puis du roi ; ce dernier, il parlait, était celui qui aurait flatté le plus ses espérances, et qui caressait le mieux son ambition. Aussi, comme elle se voyait qu'on n'arrivait en cette étrange époque que par les craintes qu'on inspirait, elle n'avait d'autre préoccupation que de remonter le moral paternel, et d'essayer de souffler au duc d'Orléans quelque rébellion bien sérieuse qui le mit en position d'obtenir, par la crainte, ce qu'on refusait au mépris qu'inspirait son indécision.

Maintenant que nous avons montré au public théâtre et acteurs, passons aux événements.

On avait appris à Paris l'arrivée de M. le Prince à Bordeaux, ainsi que la façon dont il y avait été reçu par le parlement et la noblesse. Il fut, en conséquence, arrêté que le roi irait tenter contre le mari une expédition pareille à celle que, quelques mois auparavant, il avait accomplie contre la femme. On décida donc que le roi marcherait sur la capitale de la Guienne, s'avançant par le même chemin que M. le Prince avait suivi, pour neutraliser sans doute, par ce second passage, l'impression que le premier ne pouvait manquer d'avoir laissée ; et, le 2 octobre, le roi, qui avait déjà quitté, le 27 septembre, Paris pour Fontainebleau, quitta Fontainebleau pour prendre la route du Berry. Ses premiers pas furent faciles et de bon augure : Bourges ouvrit ses portes, et MM. de Conti et de Nemours, n'osant tenir dans Montrond, allèrent rejoindre M. le Prince à Bordeaux.

La cour passa dix-sept jours à Bourges et continua sa route vers Poitiers. Ce fut alors, et tandis que commençaient, devant Cognac, les premières hostilités entre M. le duc d'Harcourt, commandant de l'armée du roi, et MM. de la Rochefoucauld et de Tarente, lieutenants de l'armée de M. le Prince, qu'on apprit la nouvelle que le cardinal de Mazarin venait d'entrer en France avec six mille hommes.

En effet, le cardinal s'était peu à peu rapproché de la France, allant à Huy d'abord, puis à Dinant, puis à Bouillon, puis à Sedan, où M. de Fabert l'avait reçu à merveille car il était porteur d'un passeport de la reine ; et, de là, à la tête de six mille hommes, ayant l'écharpe verte, qui était la couleur de sa maison, il avait passé la Meuse, gagné Rethel, et s'avançait à travers la Champagne, escorté par deux maréchaux de France, le marquis d'Hocquincourt et le marquis de la Ferté-Senectère.

On comprend l'effet que produisit dans Paris une pareille nouvelle. On oublia tout, guerre civile et guerre extérieure, condéens et Espagnols. Le parlement se rassembla en toute hâte, et, quoiqu'on y lût un billet du roi, qui invitait la compagnie à ne prendre aucun souci du voyage de Son Éminence, attendu qu'elle avait suffisamment fait connaître ses intentions à la reine, on se hâta de procéder contre l'exilé qui se faisait rebelle. Il fut, en conséquence, déclaré que le cardinal et ses adhérents, ayant contrevenu aux décisions portées dans la déclaration du roi, étaient, à partir de ce moment, considérés comme perturbateurs du repos public, et qu'il leur serait couru sus par les communes ; qu'en outre, la bibliothèque et les meubles du cardinal seraient vendus, et que sur cette vente serait prélevée une somme de cent cinquante mille livres pour qui le livrerait mort ou vif. Le coadjuteur voulut bien défendre son nouvel allié ; mais sa popularité faillit sombrer dans cet orage, et tout ce qu'il put faire sans se perdre lui-même, fut de quitter l'assemblée, en déclarant que sa qualité d'ecclésiastique ne lui permettait point d'assister à une délibération où il était question d'appliquer la peine de mort.

Quelques jours auparavant, une déclaration pareille avait été rendue aussi contre M. le Prince, M. le prince de Conti, madame de Longueville et MM. de Nemours et de la Rochefoucauld ; mais la seconde fit oublier la première. Il semblait, à l'acharnement que le parlement y mettait, que le cardinal Mazarin fût le seul ennemi à craindre, le seul adversaire qu'il fût important de combattre : sa magnifique bibliothèque fut mise à l'encan, vendue et dispersée, malgré l'offre qu'avait faite un bibliophile de l'époque, nommé Violette, de la prendre en bloc pour quarante-cinq mille livres.

Pendant ce temps, le cardinal continuait sa route. On apprit successivement qu'il avait passé à Epernay, à Arcis-sur-Aube, à Pont-sur-Yonne. Enfin, le 30 janvier, un mois après avoir mis le pied sur la terre de France, sans y avoir, malgré les déclarations furibondes du parlement, rencontré aucun obstacle, il entrait à Poitiers dans la carrosse du roi, qui était allé lui-même à sa rencontre.

La nouvelle eut un grand retentissement à Paris ; mais celui de tous qu'elle blessa le plus fit M. le duc d'Orléans, qui, une fois du moins, semblait devoir être constant dans ses haines. M. de Condé apprit, de Bordeaux, la grande colère où il était, et, voulant profiter de cette colère, il lui envoya M. de Fiesque pour conclure un traité avec lui. Le comte était, en outre, porteur d'une lettre pour Mademoiselle.

Madame fit tout ce qu'elle put pour empêcher son mari de signer ; mais la haine du duc d'Orléans contre le cardinal l'emporta sur l'influence habituelle de sa femme. Ce traité contenait l'assurance que M. le duc d'Orléans joindrait les troupes dont il pouvait disposer à celles que M. de Nemours allait chercher en Flandre, et qu'à partir de ce moment, il servirait, ostensiblement s'il le fallait, la cause de M. le Prince contre celle du cardinal.

Aussitôt qu'il eut fini avec le père, le comte de Fiesque s'occupa de la fille. Il était porteur, nous l'avons dit, d'une lettre du Prince pour Mademoiselle ; il lui demanda une audience qu'il obtint, et lui remit cette lettre, qui était conçue en ces termes :

« Mademoiselle,

« J'apprends avec la plus grande joie du monde les bontés que vous avez pour moi. Je souhaiterais avec passion vous pouvoir donner des preuves de ma reconnaissance. J'ai prié M. le comte de Fiesque de vous témoigner l'envie que j'ai, par mes services, de mériter la continuation de vos bonnes grâces. *Je vous supplie d'avoir créance à ce qu'il vous dira de ma part*, et d'être persuadée que personne au monde n'est avec plus de passion et de respect, mademoiselle, etc.

« LOUIS DE BOURBON. »

Or, les choses que le comte de Fiesque avait à dire à Mademoiselle, de la part de M. le Prince, et auxquelles celui-ci la priait d'avoir créance, c'était le désir qu'il avait de la voir reine de France. Mademoiselle reçut le compliment avec grande joie et pria à son tour le comte d'assurer à M. le Prince qu'elle était de ses meilleures amies, et qu'elle ne verrait personne, avec autant de satisfaction que lui, se mêler de ses intérêts.

L'occasion s'offrit bientôt pour Monsieur et Mademoiselle de montrer leur fidélité à ce nouvel engagement. Quelques rencontres de peu d'importance avaient eu lieu entre M. d'Harcourt et les lieutenants de M. le Prince, et même avec M. de Turenne, et M. le Prince lui-même. Le roi en personne avait mis le siège devant Poitiers, défendu par M. de Rohan, et, au moment, où il allait être secouru, M. de Rohan avait rendu la place. C'était donc un succès réel pour le roi, lorsqu'on apprit à la cour sa haine toujours croissante du parlement contre Mazarin, et le nouveau traité de l'oncle du roi avec M. le Prince. Ces deux nouvelles étaient inquiétantes. Paris se trouvait abandonné au parlement et à Monsieur : il était important de revenir dans la capitale, et l'on décida que ce retour s'opérerait sans retard. Cette résolution courageuse fut due surtout au concours de M. de Turenne, qui, pour cette seconde révolte, n'ayant pu s'entendre avec Condé, était venu offrir ses services à Mazarin, juste au moment où le roi dînait chez lui.

On se mit en marche ; mais, comme le roi atteignait Blois, et, après une station de deux jours dans cette ville, concentrait ses troupes à Beaugency, on apprit que le duc de Nemours, qui entrait en France à la tête d'un corps espagnol, allait opérer sa jonction avec le duc de Beaufort, et que les deux princes réunis devaient marcher sur l'armée royale. Il était urgent, en pareille circonstance, de savoir pour quel Orléans se déclarerait. En effet, Louis XIV n'était que le roi de France, tandis que Monsieur était le seigneur particulier d'Orléans. Or, Monsieur avait signé, comme nous l'avons dit, un traité avec les princes. Ce traité était connu. On envoya donc demander aux autorités d'Orléans pour qui elles comptaient se prononcer. Les autorités répondirent qu'elles suivraient le parti de Monsieur.

C'était mettre Monsieur dans la nécessité de se déclarer ; ce qui était toujours une grande violence pour son caractère ; il eût bien voulu que les autorités fermassent d'elles-mêmes leurs portes au roi, et prissent ainsi pour leur propre compte la responsabilité de leur rébellion. Il avait même envoyé les comtes de Fiesque et de Grammont pour tâcher de les y décider. Mais les bourgeois répondirent qu'ils ne risqueraient jamais aucun acte de vigueur contre Sa Majesté, si leur duc n'était pas là pour les encourager par sa présence, et les messagers, après quatre jours d'absence, vinrent rapporter cette nouvelle à Monsieur.

Cette fois, il n'y avait pas à reculer. Orléans était une place trop forte pour qu'on ne prît point un parti à son égard. Aussi, tous les amis de Monsieur se réunirent-ils pour le déterminer à partir à l'instant même. Il s'y résolut, ou du moins, parut s'y résoudre, le dimanche des Rameaux, et, faisant demander une escorte aux ducs de Beaufort et de Nemours, pour le prendre au sortir d'Étampes et le conduire jusqu'à Orléans, il annonça son départ pour le lendemain.

Ce même jour, Mademoiselle avait fait dessein d'aller coucher aux Carmélites de Saint-Denis, pour y passer la semaine sainte, lorsqu'elle apprit la résolution de son père. Elle alla au Luxembourg afin de prendre congé de lui, et trouva le prince dans un de ces états de malaise qui mettait l'obligation d'arrêter quelque importante résolution. Il se plaignit amèrement de cette nécessité que ses amis lui faisaient de quitter Paris, disant que, s'il abandonnait cette ville, tout était perdu ; ajoutant à ces plaintes ses souhaits accoutumés, quand il était forcé d'obéir à quelque engagement pris, c'est-à-dire d'être loin des affaires publiques, retiré dans son château de Blois, et enviant la félicité de ces gens qui avaient le bonheur de vivre sans avoir le droit d'exiger d'eux qu'ils se mêlassent de quelque chose. Mademoiselle était habituée à ces soléances dans lesquelles s'évaporait d'ordinaire ce qu'avait eu d'énergie le prince. Elle comprit qu'il en serait de cette affaire comme des autres, et que M. le duc d'Orléans y laisserait encore, par ses lâchetés, quelque lambeau de sa considération personnelle. Elle ne se trompait point : plus le moment de se décider approchait, plus Monsieur était indécis. Enfin, elle le quitta à huit heures du soir, convaincue qu'il n'y avait aucune espérance de l'amener à cet acte d'énergie.

Comme elle sortait de chez Son Altesse, le comte de Chavigny, le même dont nous avons déjà eu occasion de parler plusieurs fois dans le courant de cette histoire, et qui était devenu l'ennemi particulier du cardinal Mazarin, par suite de la tromperie que celui-ci lui avait faite, arrêta Mademoiselle et lui dit tout bas :

— Voici assurément, mademoiselle, la plus belle action du monde à faire pour vous, et qui obligerait sensiblement M. le Prince.

— Laquelle? demanda Mademoiselle

— Ce serait d'aller à Orléans à la place de Monsieur.

Mademoiselle, dont le caractère était aussi aventureux que celui du prince son père était timide, avait déjà songé à cet accommodement. Aussi tressaillit-elle de plaisir à cette ouverture.

— Volontiers, dit-elle ; obtenez-moi le congé de Son Altesse, et je pars cette nuit même.

— Bon ! dit Chavigny, je vais faire de mon mieux.

Et il revint chez le prince tandis que Mademoiselle retournait à son logis.

En rentrant, elle se mit à table pour souper. Quoique sa préoccupation lui eût ôté l'appétit, elle n'en faisait pas moins semblant de manger, écoutant chaque bruit, tournant incessamment les yeux vers la porte, lorsqu'on lui annonça le comte de Tavannes, lieutenant général de l'armée de M. le Prince, lequel entra, et, jugeant que l'importance de la chose lui permettait de passer par-dessus les lois de l'étiquette, lui dit tout bas :

— Nous sommes trop heureux, mademoiselle ! c'est vous qui venez à Orléans, et M. de Rohan va vous le venir dire de la part de Son Altesse.

En effet, un instant après, M. de Rohan parut. Il apportait l'ordre attendu, lequel fut reçu avec une grande joie. Le même soir, Mademoiselle invita le comte et la comtesse de Fiesque à l'accompagner, ainsi que madame de Frontenac ; quant à M. de Rohan, il s'offrit de lui-même. Ensuite Mademoiselle donna tous les ordres nécessaires à son équipage. Le lendemain matin, elle fit ses dévotions, et s'en alla dîner au Luxembourg, où Monsieur, tout joyeux de s'être tiré d'affaire sans avoir eu besoin de faire acte d'énergie par lui-même, lui annonça qu'il avait déjà envoyé M. de Flamarin à Orléans pour y donner avis de sa prochaine arrivée.

Au moment de partir, Mademoiselle fit ses adieux au prince son père, qui lui dit :

— Allez à Orléans, ma chère fille ; vous y trouverez l'évêque, M. d'Elbène, qui vous instruira de l'état de la ville ; prenez aussi conseil de MM. de Fiesque et de Grammont ; ils y ont été assez longtemps pour connaître ce qu'il y a à faire, et surtout empêchez, à quelque prix que ce soit, que l'armée ne passe la rivière de la Loire ; c'est tout ce que j'ai à vous ordonner.

Mademoiselle salua ses devants, et prit congé de lui en toute hâte, car elle avait peur qu'il ne lui retirât la mission qu'il venait de lui donner. Mais il n'y avait pas de danger ; le duc se trouvait trop heureux d'en être quitte ainsi ; il demeura à sa fenêtre tout le temps qu'il put voir sa fille, et envoya après elle, pour lui servir d'escorte, un lieutenant, deux exempts, six gardes et six suisses.

Comme Mademoiselle sortait de Chartres, elle trouva M. de Beaufort qui venait au-devant d'elle, et qui, à partir de ce moment, l'accompagna toujours à la portière de sa voiture. A quelques lieues plus loin, elle rencontra une escorte de cinq cents chevaux commandée par M. de Valon, maréchal de camp dans l'armée de Monsieur. L'escorte était composée de gens d'armes et de chevau-légers. Les chevau-légers prirent les devants, et le reste marcha derrière la carrosse et sur les côtés ; mais, en arrivant dans les plaines de la Beauce, Mademoiselle, qui était jalouse de se montrer digne du grade de chef d'expédition qu'elle occupait, monta à cheval et marcha en tête des troupes.

Presque aussitôt l'occasion se présenta de faire acte de volonté. Un courrier passa qui fut arrêté, suivi de deux autres qui furent arrêtés aussi. L'un de ces courriers était porteur d'une lettre de Messieurs d'Orléans, annonçant à Son Altesse royale que le roi leur avait mandé que, cette nuit-là, il couchait à Cléry, et que, de là, il passait outre pour se rendre à Orléans où il envoyait d'avance son conseil.

Il n'y avait pas de temps à perdre pour prévenir Sa Majesté. On continua donc la route sans s'arrêter que le temps strictement nécessaire, et l'on arriva à Toury, où l'on trouva M. de Nemours, lequel témoigna à Mademoiselle une grande joie de sa venue, et lui déclara qu'à partir de ce moment, on tiendrait les conseils de guerre devant elle.

Un conseil fut tenu effectivement. Mademoiselle exprima le désir de son père, que les ennemis ne passassent point la Loire ; et toutes les mesures furent prises en conséquence pour s'opposer au passage du fleuve.

Le lendemain, on partit de fort grand matin, et, à Artenay, on trouva le marquis de Flamarin, qui venait au-devant de la princesse et qui lui dit qu'il avait de grandes et importantes affaires à lui communiquer. Mademoiselle mit pied à terre en une hôtellerie, où elle apprit du marquis de Flamarin que Messieurs de la ville d'Orléans ne la voulaient point recevoir, et lui faisaient dire que le roi d'un côté et elle de l'autre les rendaient fort embarrassés, et que, pour n'être point rebelles au roi ou désobéissants à leur seigneur, ils la priaient de s'arrêter et de faire la malade ; qu'eux, pendant ce temps, fermeraient leurs portes et laisseraient passer le roi, et que, le roi passé, ils la recevraient avec tous les honneurs qui lui étaient dus. Mais Mademoiselle tenait à prouver qu'autant le duc d'Orléans avait peu de caractère, autant elle était résolue. Elle déclara donc que, sans s'inquiéter de cet avis, elle allait marcher sur Orléans. En effet, elle monta en carrosse, laissa son escorte pour aller plus vite, et ne mena avec elle que les compagnies de Monsieur, et encore parce qu'elles s'engagèrent à marcher du même pas qu'elle.

Tout le long de la route, les nouvelles les plus décourageantes arrivaient. Les uns disaient à Mademoiselle que les autorités étaient bien décidées à lui fermer leurs portes ; les autres, que le roi était déjà à Orléans, et tenait la ville. Mais Mademoiselle ne voulut rien entendre, et continua sa route, en disant que le pis qui pouvait lui arriver, c'était de tomber entre les mains de gens parlant la même langue qu'elle, qui la connaissaient et qui lui rendraient certainement, dans sa captivité, tout le respect qui était dû à sa naissance.

Mademoiselle avait envoyé d'avance à Orléans ce lieutenant des gardes que lui avait donné Monsieur, et qui se nommait Pradine. A une lieue ou deux de la ville, elle le rencontra qui revenait. Il était chargé, par les autorités, de dire à Mademoiselle qu'on la suppliait de ne pas continuer sa route, attendu qu'on serait forcé de lui refuser l'entrée de la ville. Il apportait en toute hâte cette réponse à la princesse, et avait laissé les messieurs assemblés, parce que M. le garde des sceaux et le conseil du roi étaient à la porte opposée à celle par où venait Mademoiselle, et demandaient à entrer. Cela prouva une seule chose à la princesse, c'est qu'il n'y avait pas de temps à perdre. Elle força donc la marche et arriva à onze heures du matin à la porte Bannière, qui était fermée et barricadée. Mademoiselle fit dire que c'était elle ; mais on n'ouvrit point. Elle attendit alors près de trois heures dans une hôtellerie, pendant lesquelles le gouverneur de la ville, M. de Sourdis, qui n'avait aucun pouvoir, lui envoya des confitures pour lui faire prendre patience. Mademoiselle trouva que, si gracieuse que fût l'attention, elle n'était point de nature à la détourner de son projet. En conséquence, malgré les avis de son conseil ; elle sortit de l'hôtellerie et s'en alla se promener sur le bord des fossés. A peine y fut-elle, que les gens du peuple et les bourgeois qui étaient accourus au haut du rempart reconnurent la princesse, et, se la montrant les uns aux autres, se mirent à crier :

— Vive le roi ! vivent les princes ! point de Mazarin !

En voyant ces démonstrations, Mademoiselle s'avança sur le bord du fossé, et, haussant la voix :

— Bonnes gens, cria-t-elle, courez à l'hôtel de ville, et, si vous avez envie de me voir de plus près, faites-moi ouvrir la porte.

A ces mots, il se fit un grand mouvement sur le rempart ; mais on ne répondit rien, si ce n'est qu'on cria de nouveau et plus fort qu'auparavant :

— Vive le roi ! vivent les princes ! à bas Mazarin !

Mademoiselle continua sa promenade, quoique ceux qui l'entouraient insistassent toujours pour la faire rentrer, et elle arriva devant une porte dont la garde prit les armes et lui fit faire honneur, se mit et ne lui dire que la fit se rempart. Mademoiselle voulut tirer parti de cette démonstration, et cria au capitaine de lui ouvrir la porte ; mais il fit signe qu'il n'avait pas les clefs.

— Alors, c'est à rompre, cria Mademoiselle, car vous me devez plus d'obéissance à moi qu'à Messieurs de la ville, puisque je suis la fille de votre maître.

Cependant, comme ils ne paraissaient prendre aucune résolution, Mademoiselle, qui était peu endurante de sa nature, commença à faire succéder les menaces aux invitations, car de prières il n'en avait pas été question le moins du monde. Ceux qui l'entouraient s'étonnaient d'une pareille conduite, qu'ils regardaient comme inconsidérée.

— Mais à quoi donc pense Votre Altesse, lui disaient-ils, de menacer des gens de la bonne disposition desquels elle dépend ?

— Bah ! répondit la princesse, c'est un essai, et je veux voir si je ferai plus par les menaces que par la bonne amitié.

Les deux dames qui accompagnaient Mademoiselle, et qui étaient mesdames de Fiesque et de Frontenac, se regardèrent alors avec étonnement; et la comtesse de Fiesque, se retournant vers la princesse :

— Il faut que Votre Altesse, dit-elle, ait, pour agir ainsi, quelque certitude dont elle n'a point daigné nous faire part; sans quoi, elle n'aurait pas cette confiance.

— Oui, dit Mademoiselle, et cette certitude, la voici : avant mon départ de Paris, j'ai fait venir dans mon cabinet le marquis de Vilène, qui est, comme vous le savez, un des plus habiles astrologues du temps, et il m'a dit ces mots : « Tout ce que vous entreprendrez le mercredi 27 mars depuis midi jusqu'au vendredi vous réussira, et même dans ce temps-là vous ferez des affaires extraordinaires. » Or, continua Mademoiselle, j'ai la prédiction dans ma poche, je suis confiante dans la science du marquis de Vilène; cet extraordinaire que j'attends m'arrivera aujourd'hui, et ce sera que je ferai rompre les portes ou que j'escaladerai les murailles.

Les deux dames se mirent à rire, quoiqu'elles fussent assez effrayées d'une pareille confiance. Mais Mademoiselle continua imperturbablement son chemin, et, à force d'aller, se trouva au bord de la rivière, où les bateliers qui formaient à Orléans une très puissante corporation, lui vinrent offrir leurs services. Elle les accepta, leur fit un beau discours, et, lorsqu'elle les vit échauffés par ses paroles, elle leur demanda s'ils ne pouvaient pas la mener jusqu'à la porte de Faux qui donnait sur l'eau.

— Volontiers, dit le patron d'une des barques; mais il n'est point besoin d'aller jusque-là, et, si Son Altesse veut nous en donner la charge, nous nous faisons fort d'en rompre une qui est plus proche.

Mademoiselle leur répondit en leur jetant l'argent à pleines mains et en leur disant de se hâter. Puis, pour les animer de sa présence, sans regarder les ronces et aux pierres qui meurtrissaient ses pieds et déchiraient ses mains, elle monta sur un petit tertre; et, quand elle fut en haut, comme tous ceux qui l'entouraient lui représentaient qu'elle s'exposait trop, et faisaient tout leur possible pour l'obliger à s'en retourner, Mademoiselle leur imposa silence.

La princesse n'avait d'abord voulu envoyer personne des siens pour aider les bateliers à enfoncer la porte Brûlée, à laquelle les braves gens travaillaient, afin de pouvoir désavouer l'entreprise si elle ne réussissait pas. Un seul chevau-léger de Son Altesse, lequel était de la ville, avait demandé la permission de se mêler de l'affaire, et l'avait obtenue, disant que, comme il connaissait tout le monde à Orléans, il pouvait être bon qu'on le vît au nombre des travailleurs; mais bientôt, on vint dire à Mademoiselle que l'affaire avançait. Elle y envoya aussitôt un des exempts qui étaient avec elle, et un de ses écuyers, et elle-même descendit derrière eux pour voir comment les choses se passaient. Mais, comme le quai était interrompu, et qu'il y avait entre la muraille et la porte un endroit où l'eau de la rivière battait la muraille, on apporta deux bateaux pour servir de pont à la princesse, et, l'autre bord se trouvant fort escarpé, on plaça dans le second bateau une échelle par laquelle la princesse monta à grand'peine, car un des échelons était rompu ; mais rien ne lui coûtait pour arriver là un but qu'elle tenait pour si important. Elle parvint donc au quai, et, dès qu'elle y fut, elle ordonna à ses gardes de retourner aux carrosses pour prouver à Messieurs d'Orléans qu'elle entrait en leur ville avec toute confiance, puisqu'elle y entrait sans aucun gendarme.

Dès que là princesse fut là, ainsi qu'elle l'avait prévu, sa présence redoubla l'ardeur des bateliers qui travaillaient de leur mieux à rompre la porte au dehors, tandis que les bourgeois en faisaient autant au dedans. Quant à la garde de la porte, elle était sous les armes, simple spectatrice de l'effraction, mais sans l'aider ni l'empêcher.

Enfin deux planches du milieu tombèrent ; on ne pouvait l'ouvrir autrement, car elle était traversée par deux énormes barres de fer. Aussitôt, sur l'ordre qu'elle donna, un valet de chambre prit Mademoiselle, la souleva entre ses bras, et la glissa par le trou, où elle n'eut pas plus tôt la tête passée, qu'on battit le tambour; de l'autre côté était le capitaine, qui tira la princesse à lui. A peine fut-elle debout, qu'elle lui tendit la main en disant :

— Monsieur le capitaine, vous n'avez point perdu votre journée, et vous serez bien aise de pouvoir vous vanter de m'avoir aidée à entrer.

Au même instant, les cris de « Vive le roi ! vivent les princes ! à bas Mazarin ! » retentirent de nouveau ; deux hommes prirent une chaise de bois, assirent Mademoiselle dessus et se mirent à la porter vers l'hôtel de ville, où l'on délibérait toujours pour savoir à qui, de l'un ou du roi, l'on ouvrirait les portes. Tout le monde se jetait au-devant d'elle, et, comme les actions hardies ont toujours une grande puissance sur les masses, le peuple admirait fort le courage de la princesse, se pressant sur ses pas, essayant de la toucher, et baisant le bas de sa robe. Après cinq ou six cents pas faits ainsi, elle s'ennuya de l'ovation et déclara que, sachant marcher, elle désirait faire usage de ses pieds. A cette de-

mande, le cortège s'arrêta. Les dames de la suite de la princesse profitèrent de cette halte pour la rejoindre. Une compagnie de la ville arriva, tambour battant, et prit la tête afin de conduire, avec tous les honneurs possibles, la princesse au palais qu'habitait ordinairement Monsieur. A moitié chemin, on rencontra le gouverneur. Il était fort embarrassé, comprenant que les confitures qu'il avait envoyées n'étaient qu'une bien médiocre preuve de dévouement. Derrière lui venaient Messieurs de la ville, non moins embarrassés que lui, et, qui commençaient à balbutier un discours, lorsque Son Altesse, voyant qu'il fallait les mettre à leur aise, les interrompit en disant :

— Messieurs, vous êtes sans doute fort surpris de me voir entrer de cette façon ; mais, comme je suis très impatiente de ma nature, je me suis ennuyée d'attendre à la porte Bannière ; j'ai fait alors le tour des murailles, et, ayant trouvé la porte Brûlée ouverte, je suis entrée ; vous devez être bien aises que j'aie pris cette résolution, car elle vous sauve de tout reproche à l'égard du roi pour le passé ; quant à l'avenir, je m'en charge. Lorsque les personnes de ma qualité sont dans un lieu, elles répondent de tout, et, ici, c'est d'autant plus de raison que la ville est à Monsieur.

— Mademoiselle, répondit le maire, nous offrons toutes nos excuses à Votre Altesse de l'avoir fait attendre, mais nous nous rendions au-devant d'elle pour lui ouvrir les portes.

— J'en suis convaincue, dit Mademoiselle, et c'est dans cette conviction que, pour vous épargner la moitié du chemin, je me suis décidée à m'introduire par la porte que j'ai trouvée ouverte.

Parvenue à son logis, Mademoiselle écouta les harangues de tous les corps constitués, et, à partir de ce moment, donna des ordres dans la ville sans que personne hésitât un instant à les exécuter.

Le lendemain de l'arrivée de Mademoiselle on la vint éveiller à sept heures du matin pour la prévenir qu'il serait bon qu'elle se promenât dans les rues, afin de rallier à elle tous les esprits s'il restait encore quelques dissidents. En effet, le roi n'avait point renoncé à entrer à Orléans, et le garde des sceaux voulait faire une nouvelle tentative pour se présenter à la porte de la ville avec le conseil. Mademoiselle, comprenant l'importance de la démarche, se rendit à l'avis qu'on lui donnait, et envoya chercher le maire de la ville et le gouverneur pour l'accompagner. Les chaînes étaient tendues partout, comme c'est l'habitude dans les villes en état de siège ; on offrit à les abaisser, mais Mademoiselle refusa et ordonna qu'elle irait à pied.

En effet, elle parcourut les rues principales, s'arrêtant à l'hôtel de ville pour faire un discours aux autorités, en face de la prison pour délivrer les prisonniers, au palais de l'évêque pour y dîner. Le soir seulement, elle rentra à son logis.

Une lettre de M. de Beaufort lui fut bientôt remise. Il annonçait à la princesse qu'il n'avait pu la venir trouver comme il le lui avait promis, parce que, dans l'espoir de s'emparer de la personne du roi, qui remontait l'autre rive, il avait tenté de franchir la Loire au pont de Gergau. Mais M. de Turenne l'avait arrêté avec une magnifique défense, et, sans utilité aucune, il avait perdu grand nombre de braves gens, et entre autres Sirot, baron de Vitaux, le même dont nous avons déjà parlé à propos de Rocroy, et qui avait, dans le cours de sa longue carrière militaire, reçu cet honneur digne de marque, qu'il avait fait le coup de pistolet avec trois rois : le roi de Bohême, le roi de Pologne et le roi de Suède, et qu'il avait même percé d'une balle le chapeau de ce dernier.

Mademoiselle fut fort marrie de cette attaque inutile et qui coûtait si cher. Elle écrivit à MM. de Beaufort et de Nemours de la venir trouver, et, de peur qu'ils ne fissent ombrage à MM. de la ville, elle leur donna rendez-vous dans une hôtellerie du faubourg Saint-Vincent ; de son côté, comme elle craignait qu'on n'hésitât à la recevoir, elle laissa ses carrosses sous la porte, ainsi que MM. de Fiesque et de Grammont, qui l'attendirent en causant avec M. le maire et MM. les échevins, et elle s'avança vers le lieu indiqué pour le rendez-vous. A peine y était-elle, que ces messieurs arrivèrent chacun de son côté ; car, quoique beaux-frères, et peut-être même parce qu'ils étaient beaux-frères, ils se ne cessaient d'éternelles et amères discussions. M. de Beaufort salua Mademoiselle assez froidement ; mais, par opposition, M. de Nemours lui fit de grands compliments sur ce qui s'était passé à son entrée, et cet exemple fut suivi par tous les chefs qui se trouvaient là ; mais bientôt, comme on s'était réuni pour tenir conseil, Mademoiselle congédia tous les officiers qui ne devaient point prendre part à la délibération, et elle ne garda que les sommités.

La question était de savoir de quel côté irait l'armée. M. de Nemours fut d'avis qu'elle passât la rivière à Blois, et M. de Beaufort, qu'elle marchât sur Montargis. En effet, de ce lieu, en envoyant un corps à Montereau, on se trouverait maître des rivières de Loire et d'Yonne, et l'on couperait le chemin de Fontainebleau à la cour. Les deux beaux-frères tenaient chacun vigoureusement à leur avis, Mademoiselle, appelée à adopter l'un ou l'autre de ces deux plans, se rangea à celui de M. de Beaufort ; ce qui mit M. de Nemours, qui était d'un caractère fort irritable, dans une grande colère, si bien que, sans aucun respect pour la princesse, il commença à pester, jurant que l'avis contraire au sien n'était donné que dans le but d'abandonner M. le Prince, et que, quant à lui, comme il tenait à rester fidèle à sa promesse, il se séparerait de la cause de Monsieur, plutôt que de marcher sur Montargis. Mademoiselle alors essaya de lui prouver que les intérêts de M. le Prince lui étaient aussi chers que les siens propres. Mais M. de Nemours s'entêta et ne répondit rien autre chose que ces mots, qu'il répétait sans cesse :

— Si l'on marche sur Montargis, je m'en irai.

— Monsieur, dit la princesse, si telle est votre intention, je vous prie de m'en avertir ; car, dans la situation où nous sommes, il est bon de savoir distinguer ses amis de ses ennemis.

— C'est justement pour cela, dit M. de Nemours, que je ne serais point fâché de démasquer les faux amis qui trompent M. le Prince, et qui veulent faire ce que ne feraient pas des ennemis déclarés.

— Et quels sont ceux-là ? dit M. de Beaufort impatienté, et se levant du bahut sur lequel il était assis, pour marcher à M. de Nemours.

— Vous, monsieur, répondit le duc.

Cette parole n'était point lâchée, que M. de Nemours avait reçu un soufflet. M. de Nemours riposta et fit sauter la perruque blonde de M. de Beaufort. Au même instant, les deux princes firent un bond en arrière et revinrent l'un sur l'autre l'épée à la main ; mais on se jeta entre eux et on les sépara ; il y eut un instant de confusion terrible, car ceux qui étaient dehors entrèrent au bruit. Mademoiselle s'était levée et avait ordonné au lieutenant de ses gardes de recevoir l'épée des deux princes. Mais M. de Nemours ne la voulut donner qu'à elle-même ; quant à M. de Beaufort, il se laissa conduire par la princesse dans le jardin, et là, se mettant à genoux devant elle, il lui demanda pardon pour lui et son beau-frère. Le voyant assez calme, Mademoiselle le quitta alors pour revenir à celui-ci, qu'elle eut toutes les peines du monde à apaiser : il ne voulait rien écouter. Mademoiselle avait beau le prêcher et lui dire que de semblables querelles étaient ce qu'il pouvait y avoir de plus désavantageux pour le parti, et que les ennemis, s'ils en avaient connaissance, s'en réjouiraient comme d'une victoire, il continuait à s'emporter en menaces. Cependant Mademoiselle insista de telle sorte, qu'il fut forcé de céder ; il promit de faire des excuses à M. de Beaufort et même de l'embrasser ; mais tout cela de très mauvaise façon. Quant à M. de Beaufort, il n'en fut pas de même : il s'avança les bras ouverts et les larmes aux yeux à la rencontre de son beau-frère, qui, loin de répondre à cette tendresse, l'embrassa, dit Mademoiselle, comme il aurait fait d'un valet.

Cette dispute apaisée tant bien que mal, Mademoiselle rentra en ville. Les bourgeois avaient été quelque peu inquiets de sa longue absence ; mais aux plus considérables elle en raconta la cause ; puis, arrivée à son logis, elle écrivit aux deux princes pour les prier de bien vivre ensemble et d'ordonner à l'armée de marcher.

Le samedi suivant, la princesse reçut cette lettre de Monsieur, en réponse à l'avis qu'elle lui avait donné de la prise d'Orléans :

« Ma fille,

Vous pouvez penser la joie que j'ai eue de l'action que vous venez de faire ; vous m'avez sauvé Orléans et assuré Paris. C'est une joie publique, et tout le monde dit que votre action est digne de la petite-fille de Henri le Grand. Je ne doutais pas de votre cœur ; mais, en cette action, j'ai vu que vous avez encore plus de prudence que de cœur. Je vous dirai encore que je suis ravi de ce que vous avez fait autant pour l'amour de vous que pour l'amour de moi. Dorénavant, faites-moi écrire par votre secrétaire les choses importantes, par la raison que vous savez.

« GASTON. »

Cette raison était que Mademoiselle écrivait si mal, que son père ne pouvait parvenir à déchiffrer ses lettres (1).

Vers le même temps, c'est-à-dire le 11 ou le 12 mars, M. le coadjuteur reçut la nouvelle qu'il était nommé cardinal : le chapeau tant désiré par lui, et objet de tant d'intrigues, lui avait été accordé dans le consistoire du 18 février 1652.

(1) Voir la note J à la fin du volume.

XXVII

LE PRINCE DE CONDÉ ARRIVE A L'ARMÉE REBELLE. — SES LETTRES A MADEMOISELLE. — ÉTAT DE L'ARMÉE ROYALE. — COMBAT SINGULIER ENTRE LE ROI ET SON FRÈRE. — DÉTRESSE DE LA COUR. — QUEL ÉTAIT ALORS LE CRÉDIT DE LOUIS XIV. — LES CENT LOUIS GARDÉS ET PERDUS. — MISÈRE GÉNÉRALE. — RETOUR DE MADEMOISELLE A PARIS. — ELLE CONTINUE DE SE MONTRER CHEF DE PARTI. — UN COMBAT SE PRÉPARE. — MONSIEUR REFUSE D'AGIR. — IL DONNE SES POUVOIRS A MADEMOISELLE. — ELLE SE REND A L'HÔTEL DE VILLE. — PROPOSITIONS QU'ELLE FAIT AUX CONSEILLERS. — COMBAT DU FAUBOURG SAINT-ANTOINE. — MADEMOISELLE FAIT TIRER LE CANON DE LA BASTILLE SUR LES TROUPES ROYALES. — RETRAITE DE L'ARMÉE DU ROI. — MADEMOISELLE EST COMPLIMENTÉE AU LUXEMBOURG.

Le 2 avril suivant, Mademoiselle apprit une nouvelle dont elle douta d'abord, tant elle la désirait : c'était l'arrivée de M. le Prince à l'armée ; mais, le lendemain, elle reçut, par le neveu de Guitaut, qui était aussi dévoué au prince de Condé que son oncle l'était à la reine, la lettre suivante, qui ne lui laissa plus aucune inquiétude à ce sujet :

« Mademoiselle,

« Aussitôt que j'ai été arrivé ici, j'ai cru être obligé de vous dépêcher Guitaut pour vous témoigner la reconnaissance que j'ai de toutes les bontés que vous faites paraître pour moi, et en même temps pour me réjouir avec vous de l'heureux succès de votre entrée à Orléans ; c'est un coup qui n'appartient qu'à vous et qui est de la dernière importance. Faites-moi la grâce d'être persuadée que je serai toujours irrévocablement attaché aux intérêts de Monsieur, et que je vous témoignerai toujours que je suis avec tous les respects et la passion imaginables, Mademoiselle, votre très humble et très obéissant serviteur. »

« LOUIS DE BOURBON. »

Cependant l'aide qu'apportait M. le Prince aux affaires de la guerre civile était toute personnelle ; car il arrivait, lui huitième seulement, laissant sur ses derrières Agen presque révolté contre lui, et sa famille tout entière divisée par de scandaleuses dissensions. Il avait traversé en sept jours tout l'espace qui sépare Bordeaux d'Orléans, et failli être pris à Cosne par un capitaine au service du roi, qui ne le manqua que d'une demi-heure.

Mais M. le Prince était comme César : partout où il allait, il menait sa fortune avec lui. Il arriva donc le 1er avril, et Mademoiselle reçut de lui, le 8 du même mois, la lettre suivante :

« Mademoiselle,

« Je reçois tant de nouvelles marques de vos bontés, que je n'ai point de paroles pour vous en remercier ; seulement vous assurerai-je qu'il n'y a rien au monde que je ne fisse pour votre service ; faites-moi l'honneur d'en être persuadée, et de faire un fondement certain là-dessus. J'eus hier avis que l'armée mazarine avait passé la rivière et s'était séparée en plusieurs quartiers. Je résolus à l'heure même de l'aller attaquer dans ses quartiers. Cela me réussit si bien que je tombai dans leurs premiers quartiers avant qu'ils en eussent eu avis ; j'enlevai trois régiments de dragons d'abord, et, après, je marchai au quartier général d'Hocquincourt, que j'enlevai aussi. Il y eut un peu de résistance, mais enfin tout fut mis en déroute, nous les suivîmes trois heures, après lesquelles nous allâmes à M. de Turenne ; mais nous le trouvâmes posté si avantageusement, et nos gens étaient et las de la grande traite et si chargés du butin qu'ils avaient fait, que nous ne crûmes pas le devoir attaquer dans un poste si avantageux ; cela se passa en coups de canon. Enfin il se retira. Toutes les troupes d'Hocquincourt ont été en déroute, tout le bagage pris, et le butin va à deux ou trois mille chevaux, quantité de prisonniers et leurs munitions de guerre. M. de Nemours y a fait des merveilles et a été blessé d'un coup de pistolet au haut de la hanche, ce qui n'est pas dangereux ; M. de Beaufort y a eu un cheval de tué, et y a fort bien fait ; M. de la Rochefoucauld, très bien ; Clinchamp, Tavannes, Valon, de même, et tous les autres maréchaux de camp ; Maré est blessé d'un coup de canon ; hors cela, nous n'avons pas perdu trente hommes. Je crois que vous serez bien aise de cette nouvelle, et que vous ne douterez pas que je ne sois, mademoiselle, votre très humble et très obéissant serviteur.

« LOUIS DE BOURBON. »

A part les pertes de cette journée, qui furent d'autant plus sensibles à Mademoiselle, que les blessés nommés par le Prince dans sa lettre étaient tous de ses amis, elle eut grande joie de cette bonne nouvelle. En effet, la confusion sans y penser, cracha sur le lit de Monsieur qui cracha aussitôt sur le lit du roi, lequel, un peu en colère, lui cracha au nez. Monsieur aussitôt sauta sur le lit du roi et pissa dessus ; le roi en fit autant sur celui de Monsieur ; et, comme ils n'avaient plus de quoi cracher ni pisser, ils se mirent à tirer les draps l'un de l'autre dans la place, et, peu après, ils se prirent pour se battre. Pendant ce démêlé, je faisais ce que je pouvais pour arrêter le roi ; mais, n'en pouvant venir à bout, je fis avertir M. de Villeroy, qui vint mettre le holà. Monsieur s'était plus tôt fâché que le roi ; mais le roi fut bien plus difficile à apaiser que Monsieur. »

On avait, par un grand détour, laissé Paris à gauche, et l'on était arrivé à Saint-Germain ; là, on apprit que les Parisiens avaient rompu les ponts, ce qui attrista fort tout le monde, attendu que chacun comptait sur Paris pour se ravitailler : personne n'avait d'argent que le cardinal, à ce qu'on disait ; mais il s'en défendait fort et soutenait, au

Peu après, ils se prirent pour se battre.

fut extrême dans l'armée royale. La cour était à Gien, pauvre et misérable, car toutes les villes lui fermaient leurs portes comme avait fait Orléans. Cette défaite du maréchal d'Hocquincourt avait jeté une alarme effroyable dans l'illustre état-major. Aussitôt que la reine avait su les armées en présence, elle avait donné l'ordre de faire filer sur Saint-Fargeau tous les équipages qui étaient à cinq lieues de Gien, au delà de la Loire. Dès la pointe du jour, tous les carrosses étaient de l'autre côté du pont pleins de dames et de demoiselles ; mais les équipages filèrent avec tant d'embarras et de précipitation, que, si M. le Prince eût forcé M. de Turenne et le peu de gens qu'il avait, il prenait le roi et toute la cour. — « Aussi, dit Laporte, arriva-t-on pour coucher à Saint-Fargeau, si étourdi que l'on ne savait ni ce qu'on faisait ni ce qu'on devait faire. »

De Saint-Fargeau, la cour alla successivement à Auxerre, à Joigny, à Montereau. Pendant cette retraite, qui ressemblait fort à une déroute, les ordres furent si mal donnés, qu'on se mangeait littéralement les uns les autres. Le roi n'était pas exempt de ce brigandage ; le frère du comte de Broglie pilla sa petite écurie, et, lorsque M. de Beringhen envoya de Givry redemander les chevaux volés, celui qui les détenait lui rit au nez et le mit à la porte.

De Montereau, on vint à Corbeil. Là, après le combat général, eut lieu un combat singulier entre le roi et son frère. Les détails en étant difficiles à raconter, nous laissons ce soin à Laporte.

« Le roi, dit-il, voulut que Monsieur couchât dans sa chambre, qui était si petite, qu'il n'y avait le passage que d'une personne. Le matin, lorsqu'ils furent éveillés, le roi, contraire, qu'il était plus pauvre que le dernier soldat de l'armée.

Dans la nuit, même, on apprit qu'un autre combat s'était donné à Étampes, dans lequel l'armée des princes avait été repoussée. La nouvelle arriva à point du jour ; M. de Villeroy la reçut le premier et courut en avertir le roi, le duc d'Anjou et Laporte. Tous trois se levèrent incontinent et couvrurent, en mules, en bonnet de nuit et en robe de chambre, porter cette nouvelle au cardinal qui dormait de son côté, et qui se leva en même équipage pour la porter à la reine. Tous ces petits détails prouvent dans quelle inquiétude était la cour, puisque la nouvelle d'un si mince avantage y faisait si grand bruit.

Une anecdote peut faire juger du peu de crédit que, tout majeur qu'il était, le roi avait à cette époque. Birragues, premier valet de la garde-robe du roi, ayant prié M. de Créquy, premier gentilhomme de la chambre en année, de parler au roi pour un de ses cousins, enseigne dans le régiment de Picardie, qui venait d'être blessé au combat d'Étampes et qui demandait la place de son lieutenant qui y avait été tué, le roi trouva cela juste, et promit de bonne grâce d'en parler à la reine et à Son Éminence ; mais, à cinq ou six jours de là, comme le roi n'avait encore donné aucune réponse et que Laporte l'habillait, M. de Créquy, qui assistait à la toilette, lui demanda s'il avait eu la bonté de se souvenir de l'affaire de M. de Birragues. Le roi ne répondit rien et baissa la tête comme s'il n'eût pas entendu.

— Sire, lui dit alors Laporte, qui, bouclant le haut-de-chausses du roi, avait un genou en terre, ceux qui ont l'honneur d'être à Votre Majesté sont bien malheureux puisqu'ils ne peuvent pas même espérer d'obtenir les choses justes.

Alors, le roi, approchant doucement sa bouche de l'oreille de son valet de chambre :

— Il n'y a pas de ma faute, mon cher Laporte, dit-il d'un ton plaintif et fort bas ; je lui en ai parlé ; mais cela n'a servi de rien.

Par lui, le roi désignait le cardinal pour lequel il avait toujours la même antipathie.

De Saint-Germain, on retourna à Corbeil, et, de Corbeil, on alla mettre le siège devant Étampes. Le matin du départ, on vint dire à Laporte, tandis qu'il déjeunait, que le roi le faisait appeler ; Laporte se leva aussitôt et se rendit près de Sa Majesté.

— Tiens, Laporte, lui dit le roi en tirant une poignée d'or de sa poche, voici cent louis que M. le surintendant des finances m'envoie tant pour mes menus plaisirs que pour en faire des libéralités aux soldats ; garde-les-moi.

— Et pourquoi Votre Majesté ne les garde-t-elle pas elle-même ?

— Ah ! dit le roi, parce que, ayant de longues bottes, j'ai peur que cet argent ne me gêne.

— Oui, s'il reste dans les poches du haut-de-chausses, dit Laporte ; mais pourquoi Votre Majesté ne le mettrait-elle pas dans la poche de son pourpoint ?

— Tu as raison, dit le roi, tout à la satisfaction d'avoir cent louis à lui, je les garde.

Mais le roi ne devait pas être longtemps possesseur de cette bienheureuse somme. La façon dont il la perdit est assez caractéristique pour que nous la racontions ici. C'est, d'ailleurs, un nouveau coup de pinceau au portrait d'un homme que nous avons l'intention de rendre le plus ressemblant possible.

Pendant le séjour à Saint-Germain, Moreau, le premier valet de garde-robe, avait avancé onze pistoles pour des gants. Or, comme, ainsi que nous l'avons dit, tout le monde était fort pauvre, l'absence de ses cent dix livres gênait ce brave serviteur ; aussi, ayant appris que le roi avait touché cent louis, pria-t-il Laporte de le faire rentrer dans ses avances. Laporte promit d'en parler le soir même.

De Corbeil, on était allé coucher au Mesnil-Cornuel, où le roi soupa chez Son Éminence. A neuf heures, il rentra dans sa chambre, et, comme Laporte le déshabillait :

— Sire, lui dit-il, Moreau a avancé pour Votre Majesté onze pistoles pendant que nous étions à Saint-Germain, et, comme, dans la passe où nous sommes, tout le monde a besoin de son petit fait, je lui ai promis de les demander à Votre Majesté.

— Hélas ! dit tristement le roi, tu t'y prends trop tard, mon cher Laporte, je n'ai plus d'argent.

— Et à quoi l'avez-vous donc dépensé, sire ? demanda Laporte.

— Je ne l'ai point dépensé, répondit le roi.

— Avez-vous joué chez le cardinal, et avez-vous perdu ?

— Non, tu sais bien que je ne suis pas assez riche pour jouer.

— Attendez, attendez, sire, dit Laporte, je devine ce qu'il en est : gageons que le cardinal vous a pris votre argent.

— Oui, ma foi, et tu as vu avec un gros soupir ; tu vois bien que tu as eu tort de ne pas le prendre ce matin, toi.

En effet, le cardinal s'était aperçu de l'opulence inaccoutumée de son royal pupille, et, bon gré mal gré, il l'avait dévalisé.

On alla au siège d'Étampes, et ce fut là véritablement que Louis XIV fit ses premières armes. Son attitude fut assez ferme, quoique trois ou quatre boulets passassent tellement près de lui, qu'il en entendit le sifflement. Comme tout le monde, le soir, le félicitait sur son courage, il se retourna vers Laporte, qui s'était tenu près de lui pendant tout le temps :

— Et toi, Laporte, lui dit-il, as-tu eu peur ?

— Non, ma foi, sire, pas un instant.

— Tu es donc brave ?

— Sire, répondit Laporte, on est toujours brave quand on n'a pas le sou.

Le roi se mit à rire. Mais le valet de chambre, le prince et peut-être Mazarin furent les seuls qui comprirent la plaisanterie.

Cependant c'était une chose triste pour le jeune roi, que de voir ainsi des soldats malades et estropiés qui tendaient la main, murmura-t-on pas leur demandaient l'aumône sans qu'il pût seulement tirer de sa poche un seul douzain pour les soulager.

Outre la misère des soldats, celle du peuple était affreuse. Dans tous les lieux où passait la cour, les paysans s'y jetaient, croyant y être en sûreté contre les déprédations de l'armée qui désolait la campagne. En conséquence, ils y amenaient leurs bestiaux, qui bientôt mouraient de faim, car leurs maîtres n'osaient sortir pour les faire paître ;

puis, quand les bestiaux étaient morts, ils mouraient eux-mêmes ; car, n'ayant ni pain ni vin, ne trouvant pour tout couvert, contre la chaleur du jour et la fraîcheur des nuits, que le dessous des auvents, des chariots et des charrettes qui étaient dans les rues, ils étaient pris de fièvres malignes et mouraient par centaines. Ce n'était rien encore quand c'étaient des hommes qui mouraient ; mais quand c'étaient des mères, le tableau était effroyable, car leurs enfants mouraient à leur tour de soif et de faim en se lamentant autour d'elles. Un jour que le roi passait sur le pont de Melun, il vit une femme et trois enfants couchés à côté l'un de l'autre : la mère et deux des enfants étaient déjà expirés ; le troisième, qui avait quelques mois à peine, était seul vivant et tétait encore.

Ce qu'il y avait d'étrange, c'est que la reine, qui paraissait fort touchée de ces misères, disait que ceux qui étaient cause de tant de malheurs auraient un grand compte à rendre à Dieu, oubliant que c'était à elle surtout que ce compte serait demandé au jour du dernier jugement.

Pendant ce temps, Mademoiselle, qui n'avait plus rien à faire à Orléans, s'y ennuyait cruellement et avait pris le parti de quitter la ville. Le 2 mai, elle en sortit accompagnée de mesdames de Fiesque et de Frontenac, ses fidèles ; aussi le duc d'Orléans leur écrivait-il : « A mesdames les comtesses, maréchales de camp dans l'armée de ma fille contre le Mazarin. » Et, lorsqu'elles passèrent, le comte de Quinski, colonel d'un régiment allemand, qui marchait devant Mademoiselle, leur fit rendre les mêmes honneurs que l'on rend aux maréchaux de camp ; cela flatta d'autant plus ces dames, que le galant colonel était neveu de Walslenstein.

Au Bourg-la-Reine, Mademoiselle trouva M. le prince de Condé, qui venait au-devant d'elle avec le duc de Beaufort, le prince de Tarente, M. de Rohan et tout ce qu'il y avait de gens de qualité à Paris. En apercevant la princesse, il mit pied à terre et la salua. Mademoiselle le fit monter dans son carrosse et rentra avec lui dans Paris, dont la moitié des habitants semblait l'attendre à la barrière. Plus de cent carrosses escortèrent Mademoiselle jusqu'au Luxembourg. L'occasion allait se présenter pour elle de donner un pendant à son expédition d'Orléans.

Tout annonçait une rencontre décisive entre les troupes royales et celles de M. le Prince. Le roi venait de quitter Melun, pour passer en revue, à Lagny, les troupes que le maréchal Laferté-Senectère avait amenées de Lorraine, et, poussant jusqu'à Saint-Denis, il y avait pris son logis. En effet, un mouvement sur Paris était résolu ; il s'agissait d'attaquer les troupes des princes répandues le long de la Seine, entre Suresnes et Saint-Cloud. M. le Prince jugea que la position n'était pas tenable et résolut de décamper pendant la nuit et d'aller prendre le poste de Charenton. Comme c'est encore Mademoiselle qui a joué le grand rôle dans la journée que nous allons raconter, c'est à elle que nous nous attacherons particulièrement, comme au pivot principal autour duquel tout tourna.

Dans la soirée du 1er juillet, et vers dix heures et demie à peu près, Mademoiselle entendit battre le tambour et sonner les trompettes ; elle courut à sa fenêtre qu'elle ouvrit, et, comme son logis n'était séparé de ces fossés que par les Tuileries, il lui fut facile d'entendre les troupes de M. le Prince qui défilaient, et même de distinguer les différentes marches que jouaient ces troupes. Elle resta ainsi jusqu'à minuit, toute pensive, et avec le vague instinct que la journée du lendemain serait une grande journée pour elle.

Pendant cette soirée, plusieurs personnes vinrent faire leur cour à Mademoiselle, et entre autres M. de Flamarin, que la princesse avait pris en amitié pendant son voyage d'Orléans.

— Mon cher Flamarin, lui dit la princesse, savez-vous à quoi je songeais lorsque vous êtes entré ?

— Non, Votre Altesse.

— Eh bien, je songeais que, demain, je ferais quelque trait imprévu autant bien qu'à Orléans.

— Oh ! dit Flamarin, il faudra en ce cas que Votre Altesse soit bien matinale.

— Et pourquoi cela ?

— Parce qu'il n'y aura rien demain ; des négociations ont été entamées et les armées ne se retrouveront en face l'une de l'autre que pour s'embrasser.

— Oui, oui, dit la princesse, je connais toutes ces négociations et nous sommes de grandes dupes de nous y être amusés au lieu de mettre nos troupes en état, car, pendant ce temps, M. de Mazarin a rassemblé toutes les siennes, et il ne peut rien résulter que de désavantageux pour nous de la journée de demain.

— Vous croyez ?

— Oui, et ce serait fort bien employé, vous qui êtes un des négociateurs, si vous y aviez quelque bras ou quelque jambe cassée.

— Allons, allons, dit Flamarin en quittant la princesse, à demain, et nous verrons qui se trompe.

Et tous deux se quittèrent en riant.

Flamarin était bien tranquille, car on lui avait prédit qu'il ne mourrait que la corde au cou.

Mademoiselle se coucha à près d'une heure ; mais à six elle entendit frapper à sa porte. Elle se réveilla en sursaut et appela ses femmes, lesquelles introduisirent le comte de Fiesque. Il était envoyé par M. le Prince à Monsieur, pour lui dire que Son Altesse venait d'être attaquée entre Montmartre et la Chapelle ; que, quant à lui, comte de Fiesque, il venait d'être refusé à la porte Saint-Denis, ce qui lui donnait de grandes inquiétudes qu'on n'en fît autant au Prince en cas de retraite. Il avait donc supplié Gaston de monter à cheval et de voir par lui-même où en étaient les choses ; mais il était arrivé ce qui arrivait toujours dans les occasions décisives, le courage avait manqué au prince et il avait refusé de se lever, disant qu'il se trouvait fort mal. Alors, n'ayant plus d'espoir que dans la princesse, le comte était venu la trouver, pour la supplier, au nom de M. de Condé, de ne point l'abandonner.

Mademoiselle s'en serait bien gardée : elle avait goûté à Orléans de cette vie animée de la guerre civile qui avait rempli l'existence de madame de Chevreuse et de madame de Longueville, et elle y avait trouvé toutes les émotions d'un jeu où l'on joue sa vie au lieu d'y jouer sa fortune. En outre, madame la Princesse était fort malade à cette époque, et Mademoiselle, dans sa recherche éternelle d'un mari, nourrissait au fond du cœur, sinon le désir, du moins l'espérance d'épouser M. le Prince. Elle promit donc au comte de Fiesque de faire tout ce qui serait en son pouvoir, se leva vivement, s'habilla avec toute la diligence possible, et courut au Luxembourg, où elle trouva Monsieur debout et au haut du degré.

— Ah ! monsieur, lui dit la princesse en l'apercevant, ce que je vois me comble de joie ; M. de Fiesque, qui me quitte, m'avait dit que vous étiez malade, et au contraire je vous trouve debout.

— Le comte de Fiesque ne s'est pas trompé, ma chère fille, dit Gaston ; je ne suis pas assez malade, c'est vrai, pour garder le lit, mais je le suis trop pour me mêler d'aucune affaire aujourd'hui.

— Il faudrait cependant, s'il était possible, prendre sur vous de monter à cheval, dit la princesse ; car, autant que j'oserai donner un conseil à mon père, je lui dirai que l'affaire dont il s'agit en ce jour touche essentiellement son honneur.

— Ma chère fille, dit le prince, je vous remercie de votre conseil ; mais, en vérité, la chose est impossible, je me sens trop faible et ne pourrais faire cent pas.

— Alors, monseigneur, couchez-vous tout à fait, dit Mademoiselle ; car mieux vaut qu'aux yeux du monde, vous soyez malade à ne pouvoir vous lever.

Le conseil était bon, Gaston ne voulut pas le suivre ; au reste il était fort calme, ainsi que tous ses gens, qui allaient et venaient en disant :

— Ma foi, chacun pour soi, sauve qui peut !

— Eh bien, monseigneur, dit Mademoiselle emportée par son impatience, tout ceci est étrange, et à moins que vous n'ayez dans votre poche, pour vous et les vôtres, un traité signé Mazarin, je ne comprends point votre tranquillité.

Le prince ne répondit rien à cette accusation, ce qui prouva à Mademoiselle qu'elle pouvait bien avoir dit vrai ; mais, comme MM. de Rohan et de Chavigny, qui étaient des meilleurs amis du prince, arrivèrent en ce moment, ils obtinrent enfin de Gaston qu'il enverrait Mademoiselle à sa place à l'hôtel de ville, comme il l'avait envoyée à Orléans, et à cet effet il donna une lettre à M. de Rohan, laquelle accréditait Mademoiselle près de MM. les maîtres et les échevins.

Maîtresse de cette lettre, Mademoiselle partit aussitôt du Luxembourg avec la comtesse de Fiesque, sa maréchale de camp ordinaire. En arrivant sur la rue Dauphine, elle trouva Jarzé, le même dont il a été question à propos de la querelle de M. de Beaufort avec les mazarins chez Renard. Jarzé était alors à M. le Prince, et était envoyé par lui afin que Son Altesse royale donnât l'ordre de faire passer par la ville les troupes qui étaient demeurées à Poissy, et dont il avait grand besoin, étant attaqué avec acharnement et se trouvant en nombre trois fois inférieur aux royalistes ; ces troupes attendaient à la porte Saint-Honoré.

Jarzé avait quitté la bataille au moment où elle était la plus acharnée ; il avait une balle qui lui traversait le bras et, comme c'était près du coude et que la balle avait touché l'os, il souffrait beaucoup. Mademoiselle l'emmena avec elle à l'hôtel de ville, en lui disant que ce n'était pas à Monsieur qu'il fallait s'adresser, mais au gouverneur de Paris, pour lequel elle avait une lettre ; Jarzé la suivit.

Les rues étaient pleines d'attroupements ; presque tous les bourgeois avaient des armes, et, comme ils reconnaissaient Mademoiselle, et que son affaire d'Orléans, qui avait fait si grand bruit, était encore toute chaude, ils lui criaient en passant :

— Nous voici, nous voici, Mademoiselle ! que Votre Altesse ordonne et nous ferons tout ce qu'elle dira.

Mademoiselle les remerciait doucement et avec reconnaissance, leur disant que, pour le moment, elle allait prendre l'avis du gouverneur de Paris à l'hôtel de ville, mais les priant de lui conserver leur bon vouloir pour plus tard. En effet, en refusant à Mademoiselle ce qu'elle allait demander, ce peuple si bien disposé lui était une dernière ressource.

On arriva enfin à l'hôtel de ville ; le maréchal de l'Hôpital, qui était alors gouverneur de Paris, et le conseiller Lefèvre, qui était prévôt des marchands, s'avancèrent au-devant de la princesse jusqu'au haut du degré, lui faisant excuse de n'être point venus plus loin, faute d'avoir été avertis ; Mademoiselle les remercia, leur dit que Monsieur était souffrant, l'avait envoyée à sa place, et les pria de la suivre dans la salle des délibérations ; ce que ces messieurs firent aussitôt. Là, M. de Rohan leur présenta la lettre de Son Altesse royale. Le greffier en fit lecture. La lettre donnait pleins pouvoirs à Mademoiselle.

— Eh bien, demandèrent ces messieurs lorsque la lecture fut achevée, que désire Son Altesse royale ?

— Elle désire trois choses, répondit d'une voix ferme Mademoiselle : la première, que l'on fasse prendre les armes dans tous les quartiers de la ville.

— C'est déjà fait, dit le maréchal de l'Hôpital.

— La seconde, qu'on envoie à M. le Prince deux mille hommes détachés de toutes les colonelies du quartier.

— C'est bien difficile, répondit le maréchal ; on ne détache point les bourgeois comme l'on ferait de troupes organisées ; mais, soyez tranquille, on enverra à M. le Prince deux mille hommes des troupes qui sont à la disposition de Son Altesse royale.

— Enfin la troisième, dit Mademoiselle, et elle avait gardé celle-ci pour la dernière comme la plus importante ; la troisième, c'est que l'on donne passage à l'armée, ou de la porte Saint-Honoré à la porte Saint-Denis ou Saint-Antoine.

Cette demande, comme l'avait bien pensé Mademoiselle, était la plus grave des trois ; aussi, là-dessus, le maréchal de l'Hôpital, le prévôt des marchands et les conseillers se regardèrent-ils sans répondre ; mais Mademoiselle, comprenant la situation du prince, qui, pendant tout ce temps, combattait à forces bien inférieures, revint à la charge.

— Messieurs, dit-elle, il me semble que vous n'avez guère à délibérer là-dessus. Son Altesse royale a toujours été si parfaite pour la ville de Paris, qu'il est bien juste qu'en cette occasion, où il va de son salut et de celui de M. le Prince, on lui témoigne quelque reconnaissance de tout ce qui a été fait ; en outre, il faut que vous soyez persuadés, messieurs, que le cardinal revient avec les plus méchantes intentions du monde, et que, si M. le Prince était défait, il n'y aurait pas de quartier pour ceux qui ont prescrit le ministre et mis sa tête à prix, ni même pour Paris, qui serait sans aucun doute mis à feu et à sang. C'est donc à nous d'éviter ce malheur, et nous ne saurions rendre un plus grand service au roi, que de lui conserver la plus belle ville de son royaume qui est sa capitale, et qui a toujours été la plus grande fidélité pour son service.

— Mais, Mademoiselle, dit le maréchal, songez que, si nos troupes ne s'étaient pas approchées de cette capitale, celles du roi n'y seraient pas venues.

— Je songe, monsieur, répondit la princesse, que, tandis que nous nous amusons à discuter ici sur des choses inutiles, M. le Prince est en péril dans vos faubourgs, et que ce sera une grande douleur, et une honte éternelles pour Paris, s'il y périt faute d'être secouru ; vous pouvez le secourir, messieurs, faites-le donc au plus tôt.

La harangue fit son effet. Ces messieurs se levèrent et sortirent pour délibérer. Pendant ce temps, Mademoiselle priait Dieu, agenouillée, à la fenêtre qui donne sur le Saint-Esprit.

La délibération fut longue, et Mademoiselle était dans une grande impatience ; mais enfin les conseillers rentrèrent et le maréchal de l'Hôpital lui dit que lui et MM. les conseillers étaient prêts à lui donner tous les ordres qu'elle demanderait.

Elle envoya aussitôt Jarzé dire au prince que ses troupes avaient l'entrée de la ville, tandis que, pour ne pas perdre de temps, le marquis de la Boulaie courait faire ouvrir, à celles qui venaient de Poissy, la porte Saint-Honoré.

Cependant on se battait dans les faubourgs, et le bruit du canon retentissait sourdement dans Paris ; Mademoiselle voulut aller à ce bruit, pour juger par elle-même à quel point en étaient les choses. Elle sortit de l'hôtel de ville pour se diriger vers la porte Saint-Antoine. La place de Grève était pleine de peuple qui criait qu'on trahissait M. le Prince.

qu'on abandonnait son défenseur. Un homme s'approcha de Mademoiselle, et, lui montrant le maréchal de l'Hôpital, qui, pour lui faire honneur, l'accompagnait jusqu'au bas des degrés :

— Altesse, lui dit-il, comment souffrez-vous près de vous ce mazarin ? Si vous n'en êtes pas contente, dites un mot, et nous le noierons.

— Au contraire, dit la princesse, j'en suis très contente ; car il vient de faire tout ce que je veux.

— A la bonne heure ; en ce cas, qu'il rentre à l'hôtel de ville et qu'il marche droit.

Le maréchal ne se le fit pas dire deux fois, et rentra.

Alors, Mademoiselle continua son chemin en carrosse. Mais, en arrivant dans la rue de la Tixeranderie, elle aperçut un déplorable spectacle. C'était le duc de la Rochefoucauld qui venait de recevoir un coup de mousquet ; la balle était entrée par le coin de l'œil droit et sortie par l'œil gauche, de sorte que les deux yeux étaient offensés, et qu'il semblaient lui tomber des orbites, tant il lui coulait de sang le long du visage. Son fils le tenait par une main, et Gourville, un de ses amis les plus intimes, par l'autre, car il se sentait complètement aveugle. Il était à cheval et vêtu d'un pourpoint blanc, ainsi que ceux qui le conduisaient ; seulement, il était tellement couvert de sang, que c'était le rouge qui semblait être la couleur, et le blanc les taches. Le jeune prince de Marsillac et Gourville fondaient en larmes ; car, à voir le duc en cet état, on ne devait guère penser qu'il en revint jamais. Mademoiselle s'arrêta, et voulut lui parler ; mais le duc n'entendait rien davantage qu'il n'y voyait, et il ne répondait point.

Mademoiselle continua donc son chemin ; mais elle n'en était pas quitte avec les blessés. A l'entrée de la rue Saint-Antoine, elle rencontra Guitaut qui était pâle, avait son pourpoint tout ouvert, et qu'un soldat soutenait.

— Ah ! mon pauvre Guitaut, dit la princesse, qu'as-tu donc et que t'est-il arrivé ?

— J'ai que je viens de recevoir une balle au travers du corps, répondit Guitaut.

— En mourras-tu ?

— Je crois que non.

— Alors, bon courage !

Cent pas plus loin, elle rencontra Valon. C'était encore un des capitaines qui l'avaient accompagnée dans son expédition d'Orléans. Lui n'avait qu'une contusion dans les reins ; mais, comme il était fort gras, il avait besoin d'être pansé promptement.

— Ah ! dit-il aussitôt qu'il aperçut la princesse, nous sommes tous perdus !

— Au contraire, dit Mademoiselle, nous sommes tous sauvés ; car c'est moi qui commande aujourd'hui à Paris, comme j'ai commandé à Orléans.

— Eh bien, dit Valon, voilà qui me rend mon courage ; car, si vous êtes la maîtresse, tout ira au mieux.

Mademoiselle s'avançait vers la porte, au milieu des blessés que l'on rapportait de tous côtés. Il n'était question que de M. le Prince. Il n'avait jamais été si brillant ; il était partout à la fois, et partout où il était, il faisait, disait-on, des merveilles.

Mademoiselle envoya au capitaine qui gardait la porte ses pleins pouvoirs signés de Messieurs de la ville, lui ordonnant de laisser circuler librement les gens de M. le Prince, et elle entra dans la maison d'un maître des comptes, nommé M. de Lacroix, qui était la plus proche de la Bastille et dont les fenêtres donnaient sur la rue.

A peine y était-elle, que M. de Condé, qui venait d'apprendre son arrivée, y accourut ; il était dans un état pitoyable, ayant deux doigts de poussière sur le visage, ses cheveux mêlés et collés au front, sa chemise et son collet pleins de sang. En outre, sa cuirasse était affreusement bosselée des coups qu'il avait reçus, et il tenait à la main son épée toute sanglante et toute ébréchée dont il avait perdu le fourreau.

— Ah ! mademoiselle, dit-il en jetant son épée qu'un écuyer ramassa, vous voyez un homme au désespoir ; j'ai perdu tous mes amis ; M. de Nemours, M. de la Rochefoucauld et Clinchamp sont blessés à mort ; il n'y a que moi qui ne puisse pas attraper une égratignure, et, Dieu merci, cependant je ne me suis pas épargné.

— Rassurez-vous, dit Mademoiselle, ils ne sont pas si mal que vous croyez ; Clinchamp est à deux pas d'ici et le médecin en répond ; M. de la Rochefoucauld est dangereusement atteint, mais, s'il plaît à Dieu, il en reviendra aussi ; quant à M. de Nemours, sa blessure est la moins dangereuse des trois.

— Ah ! vous me rendez un peu de force, dit M. de Condé, car, en vérité, j'avais le cœur brisé ; excusez-moi, mais il faut que je pleure sur tant de braves gens qui se font tuer pour notre querelle particulière.

Et, à ces paroles, le prince éclata en sanglots.

Mademoiselle le laissa tout entier à cette explosion de sensibilité qui était d'autant plus appréciable chez lui qu'elle était rare ; puis, lorsqu'elle le sentit un peu calmé :

— Voyons, dit-elle, ne vaudrait-il pas mieux vous revenir en ville ?

— Oh ! non, non, non, dit-il, je m'en donnerai de garde ; le plus chaud de l'affaire est fini, et je tâcherai que le reste de la journée se passe en escarmouches ; ayez seulement bien soin de faire entrer les bagages qui sont hors la porte, et de ne point sortir d'où vous êtes, afin qu'on puisse s'adresser à vous dans tous les besoins.

— Ainsi, dit encore une fois la princesse, vous ne voulez pas rentrer en ville ?

— Non, dit-il, car je ne veux pas qu'on plein midi on m'accuse d'avoir reculé devant les mazarins. Allons, Gouins, mon épée, et remettons-nous à la besogne.

Et, à ces mots, ayant salué Mademoiselle, il descendit l'escalier, sauta lestement sur un cheval frais qui l'attendait à la porte, et courut de nouveau à la mêlée.

Mademoiselle s'était mise à la fenêtre pour le suivre des yeux. Elle vit alors passer encore un de ses amis : c'était un beau seigneur nommé le marquis de la Roche-Gaillard. Il était blessé à la tête et avait perdu toute connaissance ; on le portait étendu sur une échelle, comme s'il était mort.

Un autre venait, tué sur son cheval, mais cependant demeuré en selle. L'animal suivait les bagages, conduisant son maître mort et tout renversé sur son cou. La princesse se rejeta en arrière. Le spectacle de tous ces blessés était affreux à voir ; d'ailleurs, elle avait des ordres à donner. Elle commanda, comme l'en avait priée M. le Prince, qu'on fit filer les bagages, et elle les envoya à la porte Royale, où un poste de quatre cents hommes, qu'y était établi, eut mission de les garder. Puis elle disposa, sur le boulevard Saint-Antoine et sur celui de l'Arsenal, un autre corps de quatre cents mousquetaires que Messieurs de la ville lui envoyaient comme réserve.

Il était temps que M. le Prince partît : le combat recommençait avec plus d'acharnement que jamais. L'armée royale attaquait à la fois la barrière Saint-Denis et le faubourg Saint-Antoine. M. le Prince demanda au maréchal de Turenne. On lui répondit qu'il dirigeait en personne l'attaque contre le faubourg Saint-Antoine. Il y courut aussitôt, jugeant que c'était là que sa présence était nécessaire, et se contentant d'envoyer quelque cavalerie à la barrière Saint-Denis.

En effet, M. de Turenne s'avançait avec toute armée de ce côté ; l'autre attaque n'était que simulée ; il avait dix ou onze mille hommes, et M. le Prince cinq ou six mille seulement. En reconnaissant son infériorité, M. le Prince se barricada dans la grande rue à la vue des ennemis et le mieux qu'il lui fut possible. Alors, malgré la promesse de M. de Condé de s'en tenir aux escarmouches, commença le combat le plus terrible de toute la journée. M. le Prince était partout et toujours au premier rang, et les royalistes eux-mêmes dirent depuis qu'à moins d'un archange ou un démon, il avait fait tout ce qu'il était humainement possible de faire. Tout à coup on vint lui dire que les mazarins avaient forcé la grande barricade de Picpus ; l'infanterie avait fait de son mieux, mais la cavalerie avait été prise d'une panique affreuse, et s'était enfuie avec une telle épouvante, que M. le Prince n'avait ramené avec elle tout ce qu'elle avait rencontré sur son chemin. Alors M. le Prince prit cent mousquetaires, rassembla ce qu'il trouva d'officiers d'infanterie, mais aussi de cavalerie sous sa main, trente ou quarante peut-être, et, l'épée au poing, chargea si résolument qu'il reprit la barricade défendue par quatre régiments : le régiment des gardes, celui de la marine, Picardie et Turenne.

Pendant ce temps, Mademoiselle avait envoyé quelqu'un à la Bastille pour savoir si le gouverneur était de ses amis ou de ses ennemis ; s'il se déclarerait pour M. le Prince ou tiendrait pour le roi. C'était justement M. de Louvière, le fils du conseiller Broussel, que nous avons déjà vu apparaître dans les émotions populaires qui eurent lieu à l'occasion de l'arrestation de son père. Il fit répondre que, pourvu qu'il eût un ordre écrit de Monsieur, il ferait tout ce que lui commanderait la Princesse.

Celle-ci résolut aussitôt d'aller porter l'ordre elle-même. Elle se rendit à la Bastille, où elle n'avait jamais été, et, de là, vint sur une tour ; elle aperçut beaucoup de monde sur les hauteurs de Charonne. Au milieu de cette foule étaient des carrosses et des litières, de sorte que Mademoiselle demeura convaincue que là étaient le roi, la reine et toute la cour ; elle ne s'était point trompée.

Vers Bagnolet, dans un fond, se réunissait toute l'armée qui s'apprêtait à une troisième attaque. On voyait de loin les généraux ou plutôt on les reconnaissait à leur suite ; car, à cette distance, on ne pouvait distinguer les visages. Mademoiselle vit le partage qu'ils firent de leur cavalerie pour venir se camper entre le faubourg et le fossé. Elle envoya aussitôt un page porter à toute bride avis de ce mouvement à M. le Prince, qui, profitant de ce moment de répit, examinait les mêmes mouvements du haut du clocher de l'abbaye Saint-Antoine. Il donna à l'instant même ses ordres pour faire face à cette nouvelle attaque, et le page revint vers Mademoiselle pour lui dire que M. le Prince comptait toujours sur elle. Juste à ce moment, Mademoiselle faisait pointer les canons dans la direction des troupes royales, ordonnant, si la chose devenait nécessaire, que l'on fît feu sans hésitation. Elle en fit aussitôt conduire plusieurs pièces.

Mademoiselle s'en revint alors à la maison qu'elle avait déjà occupée. Un messager du prince l'y attendait, qui venait demander qu'elle envoyât du vin à ses braves défenseurs. Elle en fit aussitôt conduire plusieurs pièces.

Le nombre des morts et des blessés devenait effrayant, et à chaque instant quelque nouveau s'inscrivait sur la fatale liste ; le marquis de Laigues venait d'être dangereusement blessé, le comte de Bussa venait d'être frappé à mort ; Sister, neveu du maréchal de Rantzau, venait d'être tué sur place. On entendait la mousqueterie à mille pas à peine de la maison où était Mademoiselle. En effet, M. de Turenne attaquait M. le Prince avec toutes ses troupes, plus celles du maréchal de la Ferté-Senectère qui venaient d'arriver.

Il ne suffisait pas d'être un héros pour tenir contre des forces si supérieures, il eût fallu être un dieu ; aussi M. le Prince, fut-il forcé de reculer. Un instant sa position fut terrible ; acculé contre le fossé, tenant la tête avec les plus braves pour donner le temps à ses soldats de rentrer par la barrière, il allait être écrasé sous le choc d'une armée quatre fois plus nombreuse que la sienne, quand tout à coup le sommet de la Bastille s'enflamma comme un Sinaï, le canon tonna à coups pressés, et des rangs entiers de l'armée royale disparurent foudroyés.

C'était Mademoiselle qui, fidèle à sa parole, tuait, comme le dit depuis le cardinal Mazarin, son mari avec le canon de la Bastille.

Ce coup de vigueur sauva M. le Prince. L'armée royale, qui ne s'attendait pas à cette terrible démonstration de l'opinion parisienne, s'arrêta effrayée. Condé rallia ses troupes, chargea, repoussa M. de Turenne, et put dès lors opérer tranquillement sa retraite.

On était tellement sûr de la victoire dans le camp royal, que la reine avait fait partir un carrosse pour ramener M. le Prince prisonnier ; et, comme le cardinal avait des intelligences dans Paris, particulièrement du côté de la porte du Temple, où était M. de Guénégaud, trésorier de l'épargne et colonel du quartier, lorsqu'il entendit le canon de la Bastille, il s'écria :

— Bon ! voici le canon de la Bastille qui tire sur les gens de M. le Prince.

— Monseigneur, dit quelqu'un qui était là, prenons garde bien plutôt que ce ne soit sur nos gens.

— Peut-être que Mademoiselle aura été à la Bastille, et c'est le canon qu'on tire pour son arrivée, dit alors une autre personne.

Mais le maréchal de Villeroy ne s'y trompa point, et, hochant la tête :

— Si c'est Mademoiselle qui est à la Bastille, dit-il, croyez que c'est elle qui tire, et non pas que l'on tire pour elle.

Une heure après, tout était éclairci, et la reine jurait une haine éternelle à la princesse.

Les pertes de l'armée royale furent grandes, surtout par les noms. M. de Saint-Mesgrin, lieutenant général et lieutenant des chevau-légers du roi, fut tué ; M. le marquis de Nantouillet fut tué pareillement ; du Fouilloux, enseigne des gardes et du favori du jeune roi, tomba tué de la main même de M. le Prince ; enfin, Paul Mancini, neveu du cardinal, charmant jeune homme de seize ans, qui donnait les plus belles espérances, fut blessé en faisant des merveilles à la tête du régiment de la marine dont il était mestre de camp, et mourut de sa blessure.

Le soir, il y eut réception au Luxembourg ; on y complimenta fort Mademoiselle sur la conduite qu'elle avait tenue dans cette journée ; mais ce fut surtout M. le Prince dont on exalta le prodigieux courage. Lui-même vint recevoir sa part d'éloges, et avoua que ce combat était le plus rude de ceux auxquels il eût encore assisté.

Parmi tous les courtisans, Mademoiselle chercha en vain le marquis de Flamarin ; personne ne l'avait vu, et l'on ignorait complètement son sort. Mademoiselle ordonna que les recherches les plus exactes fussent faites, et l'on retrouva son corps percé d'une balle à l'endroit même où, quelques années auparavant, il avait tué en duel M. de Canillac. Pour une circonstance singulière et que personne ne put expliquer, il avait la gorge serrée avec une corde.

Ainsi s'accomplit cette prédiction qui lui avait été faite, qu'il mourrait la corde au cou.

XXVIII

ASSEMBLÉE A L'HÔTEL DE VILLE. — SINGULIER SIGNE DE RALLIEMENT. — NOUVEAUX EMBARRAS DE MONSIEUR. — LE PROJET D'« UNION ». — ATTAQUE A L'HÔTEL DE VILLE. — CONFESSION GÉNÉRALE. — INQUIÉTUDE DES PRINCES. — NOUVELLE MISSION DE MADEMOISELLE. — SINISTRES RENCONTRES QU'ELLE FAIT. — COURAGE DE CETTE PRINCESSE. — SON ARRIVÉE A L'HÔTEL DE VILLE. — ELLE SAUVE LE PRÉVÔT DES MARCHANDS. — LA COUR SE RETIRE A PONTOISE. — DÉCLARATION DU PARLEMENT EN FAVEUR DE MONSIEUR. — ARRÊT CONTRAIRE DU CONSEIL ROYAL.

Paris était au prince de Condé, quoique, chose étrange, il eût pris par une retraite. Mais ce n'était pas le tout que de l'occuper militairement, il fallait encore y exercer le pouvoir administratif, et on ne pouvait avoir lieu que par la cession que feraient Messieurs de la ville d'une portion de leur autorité. Une assemblée fut donc provoquée dans laquelle MM. les princes, comptant sur quelques affidés, espéraient que cette cession leur serait faite sous le titre d'union : cette assemblée fut fixée au 4 juillet.

M. le Prince, pour reconnaître ses soldats au milieu de la foule, avait ordonné que chacun d'eux mît quelques brins de paille à son chapeau, et chacun aussitôt obéi, de sorte que le peuple, voyant ce nouveau signe de ralliement l'adopta de son côté. Il en résulta que, comme un flot envahisseur, tous ceux que l'on rencontrait dans Paris sans un bouchon au chapeau, si c'était un homme, ou à l'épaule, si c'était une femme, étaient poursuivis aux cris de La paille ! la paille ! jusqu'à ce qu'ils eussent arboré cet étrange étendard. Il n'y avait que les religieux qui se vissent obligés d'en porter, et un frère carme, ayant voulu faire résistance, fut si cruellement battu, qu'on le tint pour mort.

Mais, au moment de se rendre à l'hôtel de ville, le cœur, comme toujours, faillit à Monsieur ; il hésita, chercha les meilleures des mauvaises raisons qu'il avait l'habitude de donner, et se fit tellement tirailler, que, quoique l'ouverture de la séance fût fixée à deux heures, il n'arriva qu'à quatre.

La chose était cependant de la plus haute importance ; on devait dans cette assemblée reconnaître Monsieur comme lieutenant général de l'État, ainsi qu'il avait déjà été fait par le parlement, avec pouvoir de donner ordre à tous, en vertu de l'autorité du roi qu'il garderait entre ses mains, tant que Sa Majesté serait prisonnière du cardinal Mazarin, déclaré ennemi de l'État, perturbateur du repos public, etc., etc.

Pendant la route, Monsieur reprit quelque assurance, car il put remarquer que tout le monde portait de la paille, comme autrefois on portait du foin des frondes. Il trouva sur sa route sa fille qui le salua ; Mademoiselle avait à son éventail un bouquet de paille noué par un ruban bleu, qui était la couleur du parti.

Les rues étaient encombrées de monde, et à peine si Monsieur et M. le Prince purent arriver à la place de Grève, et se faire jour jusqu'à l'hôtel de ville ; le peuple paraissait fort ému, et menaçait surtout le maréchal de l'Hôpital et le prévôt des marchands, qu'il traitait de mazarins, la plus grosse injure et surtout la plus fatale menace de cette époque.

Les deux princes entrèrent, et la séance fut ouverte par la lecture d'une lettre du roi qu'on venait de recevoir ; cette lettre demandait que l'on retardât l'assemblée de huit jours. Elle fut accueillie par des huées et mise à l'instant même de côté.

Alors, Monsieur et M. le Prince, chacun à son tour, remercièrent l'assemblée de ce que la ville de Paris avait fait pour eux le jour du combat de la porte Saint-Antoine ; mais ni l'un ni l'autre ne s'expliqua sur ce qu'il attendait à l'avenir. C'est alors que la proposition devait être faite d'une union par quelques conseillers ; mais personne ne se leva, et l'attente des princes fut trompée sur ce point, le seul cependant pour lequel l'assemblée avait été convoquée. Bientôt, comme s'il n'en eût pas été question d'autre chose, M. le Prince se leva, fit signe à Monsieur de le suivre, et tous deux, quittant l'assemblée, sortirent par la grande porte qui donne sur la place de Grève.

Or, Monsieur et M. le Prince paraissaient fort mécontents ; quelques gens du peuple remarquèrent ce mécontentement, et, comme ils en demandaient la cause aux officiers du prince, ceux-ci répondirent que cela tenait non seulement à ce que l'acte d'union n'avait pas été signé, mais à ce qu'il n'avait pas même été proposé. A cette nouvelle, le peuple qui ne demandait pas mieux, puisqu'il était assemblé, que de faire quelque bruit, s'émut, criant que tous ceux qui étaient à l'hôtel de ville étaient autant de mazarins, qui, le jour du combat de la porte Saint-Antoine, auraient laissé périr M. le Prince, si Mademoiselle ne leur eût forcé la main. Et bientôt mille voix partirent de cette foule, criant : *L'union ! l'union !* En même temps, ces voix furent accompagnées d'une salve de mousqueterie qui brisa une partie des carreaux de l'hôtel de ville.

En entendant ces cris, en voyant les balles briser les fenêtres et trouer les murailles de la chambre où ils étaient, l'effroi fut si grand parmi ceux qui composaient l'assemblée, que la majeure partie d'entre eux se jeta à terre, et crut certainement être arrivée au dernier moment de sa vie. Les uns se confessèrent intérieurement ; les autres, s'emparant des ecclésiastiques, se confessèrent à eux ; chacun demandait l'absolution à son voisin, qui la donnait et la recevait. Mais ce fut bien pis, lorsque les balles, au lieu d'arriver diagonalement, comme elles avaient fait à la première décharge, arrivèrent horizontalement. Des soldats plus expérimentés que les autres étaient montés dans sa chambre pour y changer de chemise, car il avait eu chaud à l'hôtel de ville, et M. le Prince demeura dans l'antichambre avec Mademoiselle, la duchesse de Sully, la comtesse de Fiesque et madame de Villars, s'amusant à lire des lettres qu'un trompette de M. de Turenne venait de lui apporter, quand arriva un bourgeois tout essoufflé.

— Ah ! s'écria cet homme, au secours ! au secours ! Le feu est à l'hôtel de ville ; on s'y fusille, on s'y tue ; c'est, en vérité, la plus grande pitié du monde.

Le Prince entra aussitôt pour annoncer cette nouvelle à Monsieur, lequel en fut si surpris, qu'oubliant que l'antichambre était pleine de monde, il y accourut tout en chemise pour interroger lui-même le messager ; mais celui-ci ne put que répéter ce qu'il avait dit.

— Mon cousin, dit alors Monsieur, allez à l'hôtel de ville, je vous prie, vous y donnerez ordre à tout.

— Monsieur, répondit le Prince, il n'y a point de lieu où je n'aille pour votre service ; mais, quant à celui-ci, dispensez-m'en, je vous prie ; je ne suis point du tout homme d'émeute, et me sens très politron en pareille circonstance ; envoyez-y M. de Beaufort, il est bien connu et fort aimé parmi le peuple, et il y fera beaucoup mieux que je ne pourrais faire.

En effet, le prince en parla à M. de Beaufort, qui partit aussitôt, promettant qu'il aurait bon marché de tous ces gens-là.

En ce moment, Mademoiselle, qui prenait goût à la politique, entra dans le cabinet de son père et lui offrit d'aller tout pacifier, disant que ce serait un coup de partie, si on profitait de la circonstance pour mettre le maréchal de l'Hôpital et le prévôt des marchands à la porte, tout en ayant l'air de les tirer des mains de la populace. Monsieur approuva sa fille, et, comme elle avait déjà deux fois si bien réussi, il la chargea de cette troisième mission.

Mademoiselle partit avec ses aides de camp ordinaires, mesdames de Fiesque et de Frontenac, plus madame de Sully et madame de Villars-Orondate, lesquelles avaient grand'peur. En sortant du Luxembourg, suivies de tous les gens de Son Altesse royale et de M. le Prince, les cinq héroïnes trouvèrent un homme mort, ce qui faillit faire rentrer les deux dernières ; mais Mademoiselle les encouragea et les retint.

Mais ce n'était que le commencement. Comme Mademoiselle arrivait au bout de la rue de Gesvres, et s'apprêtait à tourner le pont Notre-Dame, elles virent rapporter M. Ferrand, conseiller au parlement, lequel avait été assassiné à coups de poignard ; cette vue produisit une impression d'autant plus vive sur la princesse, que la mort était fort de ses amis. Elle interrogea ceux qui passaient et elle apprit qu'on venait d'assommer encore un maître des comptes nommé Miron, lequel était aussi une de ses connaissances. Le bruit courait, en outre, que le vicaire de Saint-Jean en Grève, pour sauver son curé qui était enveloppé par le peuple, s'était élancé de son église élevant au-dessus de sa tête le saint-sacrement qu'il avait pris sur l'autel, et que, malgré cette céleste sauvegarde, les furieux avaient tiré sur lui.

A ces désastreuses nouvelles, toute la suite de Mademoiselle mit pied à terre, et entoura son carrosse pour l'empêcher d'aller plus loin. Elle envoya alors trois ou quatre messagers à l'hôtel de ville, mais pas un ne revint. On chercha un trompette pour le faire sonner, mais on n'en rencontra nulle part. Enfin Mademoiselle, pensant qu'il s'en trouverait peut-être quelqu'un à l'hôtel de Nemours, se décida à s'y rendre. Mais un bien autre accident l'attendait : en traversant le petit Pont, le carrosse de la princesse accrocha la charrette dans laquelle on transportait les morts de l'Hôtel-Dieu, et, qui était pleine de cadavres ; comme Son Altesse regardait en ce moment par la portière, elle n'eut que le temps de se rejeter au fond de son carrosse pour n'être pas soufflétée par les pieds qui sortaient des ouvertures de la charrette. Dans une autre circonstance, il y eût eu de quoi faire évanouir Son Altesse ; mais elle avait vu depuis deux jours tant de morts de sa connaissance, que les morts inconnus ne lui produisirent qu'une médiocre impression.

Il n'y avait aucun trompette à l'hôtel de Nemours. Mademoiselle se contenta donc de demander des nouvelles du duc ; sa blessure au bras était en voie de guérison. Madame de Villars, qui appréciait peu les idées belliqueuses de la princesse, profita de l'événement pour rester à l'hôtel de Nemours, et madame de Fiesque, qui était très fatiguée, demanda un congé pour aller se coucher.

Mademoiselle revint au Luxembourg, désespérée d'avoir si mal réussi ; mais Monsieur, qui était fort brave lorsqu'il ne s'agissait pas de s'exposer en personne, lui proposa de faire une seconde tentative. Mademoiselle, qui n'avait pas besoin d'être excitée lorsqu'il fallait se jeter dans l'aventureux, accepta aussitôt, et, quoiqu'il fût minuit, partit moins accompagnée encore cette fois qu'elle ne l'était la première, puisque madame de Fiesque et madame de Villars avaient déserté pendant la première expédition.

Cette fois, le peuple avait disparu, et les rues étaient pleines de corps de garde ; chacun de ces corps de garde offrait une escorte à Mademoiselle, de sorte qu'elle eût pu, à la place de Grève, se trouver à la tête de cinq cents hommes ; mais elle n'en voulut point, et arriva presque seule. M. de Beaufort vint au-devant de la princesse, la fit descendre de son carrosse, et tous deux traversèrent les portes de l'hôtel de ville, sur des poutres encore toutes fumantes. Le bâtiment semblait désert ; on n'y voyait pas une seule personne ; la grande salle où avait eu lieu la séance, encore garnie de ses banquettes et de ses gradins, était complètement vide. Mademoiselle regardait tristement cette espèce de squelette de l'assemblée, lorsque le maître d'hôtel de la ville entra avec précaution et s'approchant d'elle, vint lui dire que le prévôt des marchands était dans un cabinet et serait bien aise de la voir. Son Altesse laissa les dames dans la grande salle, et, montant seule, elle trouva le prévôt des marchands coiffé d'une perruque qui le déguisait, d'ailleurs aussi calme et aussi tranquille que s'il n'avait couru aucun danger.

— Monsieur, dit la princesse, Son Altesse royale m'a envoyée ici pour vous tirer d'affaire, et j'ai accepté cette mission avec joie, ayant toujours eu de l'estime pour votre personne. Je n'entre point dans les sujets de plaintes qu'elle croit avoir contre vous. Sans doute vous avez cru bien faire, et souvent ce sont nos amis qui nous embarquent dans les choses fâcheuses.

— Mademoiselle, répondit le prévôt, vous me faites beaucoup d'honneur d'avoir cette pensée de moi, qui suis le très humble serviteur de Son Altesse royale et de la vôtre ; croyez que j'ai agi, dans tout ce que j'ai fait jusqu'ici, selon ma conscience. Maintenant, je vois qu'on m'en veut déposer : tant mieux ! Je serais trop heureux de n'être point en charge dans un temps comme celui-ci, et, si vous voulez me faire apporter de l'encre et du papier, je vous donnerai ma démission à l'instant même.

— Monsieur, dit la princesse, je rendrai compte à Son Altesse royale de ce que vous me dites ; quant à votre démission, si on la veut, on vous l'enverra prendre ; pour moi, Dieu me garde de demander quelque chose à un homme dont je viens de sauver la vie.

— En somme, demanda à son tour M. de Beaufort, que désirez-vous ? et, que puis-je faire pour votre service ?

— Je désire, répondit le prévôt, rentrer à mon logis, et vous pouvez m'y faire reconduire, monseigneur.

— Soit, dit le duc.

Et il alla lui-même reconnaître une petite porte, et, s'étant assuré qu'elle était libre, il revint le quérir.

Alors, le bonhomme fit mille compliments à ses deux sauveurs et se retira.

Cette première opération terminée, Mademoiselle songea au maréchal de l'Hôpital, qui se trouvait dans une situation non moins précaire, et qui, elle aussi, était de ceux qu'elle était prête à assurer sa retraite. Mais, en descendant, elle trouva mesdames de Béthune et de Fiesque, ses deux maréchales de camp, fort effarées. Tandis qu'elles causaient ensemble, une balle de mousquet avait passé entre elles deux, sans toucher ni l'une ni l'autre, il est vrai, et était allée faire son trou dans le mur. Mademoiselle les rassura, et alla frapper à la porte de la chambre où, disait-on, se tenait le maréchal. Mais personne ne répondit; lassé d'attendre, ou ne voulant rien devoir à ses ennemis, il était parti par une fenêtre, avec l'aide d'un valet, à qui il promit cent pistoles pour ce service et auquel il les envoya effectivement le lendemain.

Le jour commençait à poindre ; le peuple se rassemblait. Mademoiselle n'avait plus rien à faire à l'hôtel de ville, elle rentra donc chez elle : il était quatre heures du matin ; elle se coucha et dormit tout le jour.

Pendant la journée, on alla chez le prévôt des marchands pour y prendre la démission qu'il avait offerte ; le soir même, le conseiller Broussel, sur les sentiments duquel il ne s'élevait aucun doute, fut nommé à sa place, et, le lendemain, on ordonna, pour le faire reconnaître dans son nouveau poste, une assemblée à l'hôtel de ville, après laquelle il se rendit au Luxembourg, et prêta serment entre les mains de Son Altesse royale, comme on a coutume de le faire entre les mains du roi.

En apprenant ces nouvelles, la cour se retira de Saint-Denis à Pontoise. On avait eu d'abord l'intention de faire filer le roi sur la Normandie ; mais on comprit avec juste raison qu'il serait plus en sûreté au milieu d'une armée ayant M. de Turenne pour général, que partout ailleurs.

Pendant ce temps-là, les princes agissaient sur le parlement, des écrivains anonymes demandaient la régence, et Broussel lui-même proposa en pleine compagnie de rendre au duc d'Orléans le titre de lieutenant général du royaume qu'il portait pendant la minorité, avec tout pouvoir pour la guerre et pour les finances, lequel il emploierait à l'exclusion du cardinal de Mazarin. Enfin le duc d'Orléans obtint, à la majorité de soixante-quatorze voix contre soixante-neuf, la déclaration suivante :

« Attendu que la personne du roi n'est point en liberté, mais détenue par le cardinal Mazarin, M. le duc d'Orléans est prié d'employer l'autorité de Sa Majesté et la sienne pour la délivrer, et, à cet effet, de prendre la qualité de lieutenant général du roi dans l'étendue du royaume, et d'en faire toutes les fonctions, tant que ledit cardinal sera en France, comme aussi le prince de Condé d'accepter, sous l'autorité de Son Altesse royale, le commandement et la conduite des armées. »

C'était l'autorité royale ou à peu près. Aussi, après avoir entendu lire cette déclaration :
— Bon ! dit le conseiller Catinat, il ne lui manque plus maintenant que le pouvoir de guérir les écrouelles.

Cette déclaration fut rendue le 20 juillet, et, le 31 du même mois, un arrêt du conseil royal déclara les dernières résolutions prises à l'hôtel du parlement nulles de toute nullité, comme ayant été obtenues de gens sans liberté et sans pouvoir, et transféra le parlement de Paris à Pontoise, ainsi que le roi Henri III l'avait autrefois transféré à Tours.

XXIX

DIVISIONS ENTRE LES PRINCES. — SUITES DE LA QUERELLE DE M. DE NEMOURS AVEC LE DUC DE BEAUFORT. — DUEL A MORT. — LE PRINCE DE CONDÉ REÇOIT UN SOUFFLET. — MOT DU PRÉSIDENT BELLIÈVRE. — MONSIEUR PERD SON FILS UNIQUE. — NOUVELLE OPPOSITION DU PARLEMENT. — NOUVEAU DÉPART DE MAZARIN. — LE ROI RENTRE A PARIS. — EMBARRAS DE MADEMOISELLE. — DÉPART DES PRINCES. — ILS SONT DÉCLARÉS CRIMINELS DE LÈSE-MAJESTÉ. — RAPPEL DE MAZARIN. — MOTIF QUI LE DÉTERMINE A REVENIR. — IMPRUDENCE DU COADJUTEUR. — ON SONGE A SE DÉBARRASSER DE LUI. — LA VOLONTÉ ROYALE COMMENCE A SE MANIFESTER. — ARRESTATION DU CARDINAL DE RETZ. — FIN DE LA SECONDE GUERRE DE LA FRONDE. — RETOUR DE MAZARIN.

A peine les princes eurent-ils remporté la victoire politique que nous venons de raconter, que la division se mit entre eux. Il fut décidé qu'à l'avenir il y aurait un conseil plus réglé que par le passé, et non seulement tout le monde voulut être de ce conseil, mais encore des discussions s'élevèrent entre les princes étrangers et les princes français sur les questions de préséance. Il en résulta une querelle entre M. le duc de Nemours, qui était de la maison de Savoie, et M. de Vendôme, bâtard de la maison de France. Cette querelle inspira d'autant plus de crainte aux amis des deux princes, qu'elle était une recrudescence de la scène d'Orléans, dans laquelle, on s'en souvient, M. de Beaufort avait donné un soufflet à M. de Nemours, et M. de Nemours avait fait sauter la perruque de M. de Beaufort.

Au premier bruit qui se répandit de cette querelle, Monsieur et M. le Prince firent donner parole au duc de Nemours que, de vingt-quatre heures, il ne tenterait rien contre M. de Beaufort. Quant à ce dernier, comme on s'accordait à dire que, dans cette occasion, il avait montré autant de patience que M. de Nemours d'aigreur, on ne s'inquiéta point de lui.

Mais M. de Nemours avait sans doute fait quelque restriction mentale qui lui permettait de manquer à la parole donnée ; car, aussitôt qu'il put être libre, il se mit à la recherche de son beau-frère. Or, celui-ci n'était pas difficile à trouver, vu que c'était l'homme le plus connu et surtout le plus bruyant de Paris, et que, partout où il passait, il laissait trace de son passage. M. de Nemours apprit donc qu'il se promenait aux Tuileries avec quatre ou cinq gentilshommes et il en effet, à peine fut-il dans le jardin qu'il aperçut M. de Beaufort avec ses quatre amis : c'étaient MM. de Bury, de Ris, Brillet et Héricourt. Le duc de Nemours marcha droit à lui et le provoqua.

M. de Beaufort était fort calme et n'en voulait nullement à M. de Nemours ; aussi fit-il tout au monde pour se dispenser de ce duel, alléguant qu'il ne pouvait se défaire de ceux qui étaient avec lui, et que mieux valait remettre la chose à un autre jour. Mais dans M. de Nemours répondit, en haussant la voix, que ce n'était point cela qui empêcherait la rencontre ; qu'il amènerait, au contraire, un nombre égal d'amis et qu'ainsi la partie serait plus complète. Dès lors, il n'y eut plus moyen de rien arranger, car ces messieurs, se voyant appelés ainsi, crurent de leur honneur de répondre, et répondirent en effet que, pour que le combat eût lieu sans retard, ils allaient attendre M. de Nemours et ses amis, au Marché-aux-Chevaux.

M. de Nemours revint à son logis et trouva par malheur le nombre de gentilshommes dont il avait affaire : c'étaient quatre jeunes seigneurs nommés MM. de Villars, le chevalier de la Chaise, Campan et Luzerche. Ils acceptèrent la partie et s'en vinrent immédiatement où ils étaient attendus.

M. de Nemours avait apporté des épées et des pistolets, et, pour ne point perdre de temps, il avait chargé les pistolets d'avance. Aussi, tandis que les seconds s'accommodaient entre eux, chacun choisissant son adversaire, M. de Nemours, venant à M. de Beaufort, voulut commencer à l'instant même ; mais le duc essaya une nouvelle tentative de conciliation.

— Ah ! mon frère, dit-il, quelle honte de nous emporter comme nous le faisons ! soyons bons amis et oublions le passé.

Mais M. de Nemours jeta un pistolet tout chargé aux pieds de M. de Beaufort, et, se reculant pour prendre l'espace nécessaire :

— Non, coquin ! dit-il, il faut que je te tue, ou que tu me tues.

Et, à ces mots, il lâcha la détente de son pistolet, et, voyant que son adversaire n'était point touché, se rua sur lui l'épée à la main. Il n'y avait pas à reculer : M. de Beaufort ramassa le pistolet, tira presque sans ajuster, et M. de Nemours tomba frappé de trois balles.

Plusieurs personnes qui étaient dans le jardin de l'hôtel de Vendôme, lequel était tout proche, accoururent au bruit, entre autres M. l'abbé de Saint-Spire. Il se précipita sur le blessé ; mais celui-ci n'eut que le temps de murmurer : « Jésus, Marie ! » Après quoi, il lui serra la main, et il expira aussitôt.

En même temps, trois des témoins de M. le duc de Beaufort tombaient grièvement blessés : c'étaient les comtes de Bury, de Ris et Héricourt. Le comte de Bury en revint ; mais de Ris et Héricourt mourront de leurs blessures.

Le lendemain, la chose recommença entre le prince de Tarente, fils du duc de la Trémouille, et le comte de Rieux, fils du duc d'Elbeuf ; c'était encore pour une question de préséance. M. le Prince, qui se trouvait là, prit alors parti pour le prince de Tarente, qui lui était proche parent. Dans la discussion, le comte de Rieux fit un geste que M. le Prince interpréta à offense et auquel il répondit par un soufflet. Le comte de Rieux riposta aussitôt par un autre. M. le Prince, qui n'avait point d'épée, sauta sur celle du baron de Migenne ; M. de Rieux tira la sienne ; alors, M. de Rohan se jeta entre eux et fit sortir le comte de Rieux, que Monsieur envoya à la Bastille. M. le Prince voulait le suivre pour lui demander raison ; mais tous ceux qui se trouvaient là lui soutenaient que c'était un coup de poing qu'il avait reçu et non un soufflet. M. le Prince se débattit longtemps ; enfin, jugeant que son courage bien éprouvé le mettait au-dessus de toutes les insultes, il se rendit de bonne grâce, et, le même soir, entrant chez la fille de Monsieur :

— Ma foi ! lui dit-il, mademoiselle, vous voyez un homme qui a été battu aujourd'hui pour la première fois de sa vie.

Pareille chose avait failli arriver dans la première Fronde, et n'avait été arrêtée que par une plaisanterie du président Bellièvre. M. de Beaufort, trouvant quelques empêchements à ses projets dans M. le duc d'Elbœuf, s'emporta, et, cherchant un moyen d'arriver à son but, s'écria :

— Si je donnais un soufflet à M. d'Elbœuf, ne croyez-vous pas que cela changerait la face des choses ?

— Non, monseigneur, répondit le président ; je crois que cela ne changerait que la face de M. d'Elbœuf.

Quelques jours après toutes ces aventures, le fils unique de Monsieur mourut : c'était un enfant de deux ans, beau de visage, mais qui ne parlait ni ne marchait, ayant une jambe toute cambrée ; ce qui venait, disait-on, de ce que Madame s'était tenue continuellement de côté pendant sa grossesse. Monsieur fut extrêmement affligé de cette mort ; il en fit part à la cour, en demandant la permission de faire enterrer le petit prince à Saint-Denis ; mais cette permission lui fut refusée dans une lettre fort dure, où on lui disait que cette mort venait du ciel, et que c'était une punition de sa rébellion contre son roi.

Nous avons dit que le roi avait rendu une ordonnance qui transférait le parlement à Pontoise. L'obéissance ou le refus était également embarrassant pour l'honorable compagnie ; mais elle s'en tira par son biais ordinaire, en disant qu'elle ne pouvait obéir aux ordres du roi ni même entendre la lecture de ces ordres, tant que le cardinal Mazarin serait en France. En conséquence, la compagnie rendit une ordonnance par laquelle il était défendu à chacun de ses membres de s'éloigner de Paris, et enjoint aux absents d'y revenir.

Alors, le conseil du roi comprit, et Mazarin lui-même contribua à lui faire comprendre que cet état de choses était intolérable. Le ministre offrit sa retraite, et elle fut acceptée. En conséquence, le 12 août, étant à Pontoise, le roi rendit une ordonnance sur l'éloignement du cardinal.

C'était d'une excellente politique : le coup d'État de l'hôtel de ville, dans lequel trois ou quatre conseillers, deux échevins et une trentaine de bourgeois furent tués, avait indisposé le parlement contre MM. les princes. La nomination de Monsieur comme lieutenant général n'avait passé qu'à la majorité de cinq voix, ce qui dénotait une opposition de soixante-neuf membres contre soixante et quatorze. Le départ de Mazarin enlevait le prétexte des troubles : lui parti, l'opposition parlementaire devenait de la rébellion politique, et il savait trop la grande lassitude que chacun avait de la guerre pour craindre que cette guerre ne continuât quand le prétexte en serait enlevé.

La déclaration du roi annonçant le départ du cardinal arriva à Paris le 13 et produisit l'effet attendu. Les deux princes se rendirent au parlement et déclarèrent que, le principal motif de la guerre n'existant plus, ils étaient prêts à déposer les armes, pourvu qu'il plût à Sa Majesté de donner une amnistie, d'éloigner les troupes qui étaient dans les environs de Paris, et de retirer celles qui étaient en Guienne.

La négociation fut longue : les princes voulaient des garanties, le roi faisait ses réserves, les princes voulaient que tout fût oublié, et il y avait des choses dont le roi tenait à se souvenir. Dans cette circonstance, il arriva ce qui arrive ordinairement : c'est que, tout en ayant l'air de soutenir la cause générale, chacun traitait pour soi ; Monsieur, par l'intermédiaire du cardinal de Retz ; M. le Prince, par celui de Chavigny. Mais ni l'un ni l'autre ne réussit ; Monsieur n'eut que des réponses vagues, et M. le Prince ne put obtenir ce qu'il désirait, et, comme il était, pour s'être, dit Gui-Joly, approché d'une comédienne, il fut obligé de quitter Paris. Mais, comme il crut que son envoyé Chavigny avait mal soutenu ses intérêts, il se mit, avant de partir, dans une telle colère contre lui, que Chavigny fut pris d'un saisissement dont il mourut quelques jours après.

MM. de Beaufort et Broussel donnèrent tous deux leur démission, l'un de gouverneur de Paris, l'autre de prévôt des marchands.

Le 17 octobre, le roi arriva à Saint-Germain : les chefs de la garde bourgeoise et les députés de la ville y coururent aussitôt et revinrent ramenant en triomphe l'ancien gouverneur de Paris, le maréchal de l'Hôpital, et l'ancien prévôt des marchands, le conseiller Lefèvre. Ils annonçaient en outre que, le surlendemain, le roi ferait sa rentrée dans la capitale.

Cette nouvelle produisit une joie générale dont Monsieur put, du Luxembourg, entendre les éclats, et dont il s'apprêtait à prendre sa part, lorsque Mademoiselle reçut du roi une lettre par laquelle Sa Majesté lui faisait savoir que, revenant à Paris et n'ayant d'autre logement à donner à son frère que le palais des Tuileries, il la priait de quitter ce logis assez promptement pour qu'en arrivant le surlendemain, le duc d'Anjou pût le trouver vide.

Mademoiselle répondit qu'elle obéirait aux ordres du roi, et qu'elle allait prendre ceux de Son Altesse royale.

Avant de se rendre chez son père, Mademoiselle envoya chercher ses deux conseillers ordinaires, le président Viole et le conseiller au parlement Croissy. Tous deux accoururent, et le président Viole lui dit que le bruit se répandait que Monsieur avait traité particulièrement à la cour ; et il montra même les articles du traité en disant :

— Dame ! vous connaissez Son Altesse aussi bien que moi, je ne réponds de rien.

Mademoiselle connaissait Monsieur aussi bien que personne. Elle trouva son père fort inquiet pour lui-même, et, par conséquent, fort insensible à ce qui pouvait arriver aux autres ; aussi ne fit-il pas même à sa fille l'offre d'une chambre au Luxembourg ; alors, Mademoiselle lui demanda la permission d'aller loger à l'Arsenal, permission que Monsieur accorda avec sa légèreté ordinaire.

Mais, en rentrant chez elle, Mademoiselle y trouva madame d'Epernon et madame de Châtillon, qui venaient se lamenter en sa compagnie de ce qu'elle était forcée de quitter les Tuileries, qui étaient le plus charmant logement du monde, et qui lui demandèrent où elle comptait aller.

— A l'Arsenal, répondit Mademoiselle.

— Ah ! mon Dieu ! s'écria madame de Châtillon, qui vous a donc donné un pareil conseil ?

— MM. Viole et Croissy.

— Mais ils sont fous ! s'écria madame de Châtillon ; à quoi songez-vous d'aller à l'Arsenal ? Pensez-vous faire des barricades ? croyez-vous pouvoir tenir contre la cour dans l'état où vous êtes ? Ne vous mettez pas cela dans l'esprit et songez seulement à faire votre retraite, car je vous dis que Monsieur a traité pour lui, mais pour lui seul ; il a même dit, et je le tiens de source certaine, qu'il ne répondait point de vous, et, tout au contraire, vous abandonnait.

La journée se passa pour Mademoiselle à chercher une retraite. Vingt logis différents furent discutés et écartés. Le soir, Mademoiselle, qui ne s'était encore arrêtée à rien, alla coucher chez madame de Fiesque.

Cependant, malgré les bruits qui couraient sur Monsieur, et auxquels de trop nombreux antécédents avaient donné créance, il n'y avait aucun traité de fait ; non pas que Monsieur ne l'eût point proposé, mais parce que cette fois le roi, ou plutôt son conseil, n'en avait point voulu signer. En effet, le lundi 21 octobre au matin, Monsieur reçut de Sa Majesté une lettre qui lui enjoignait de quitter Paris.

A peine Monsieur eut-il reçu cette lettre, que, sans en rien dire à personne, il courut au palais assurer le parlement qu'il n'avait fait aucun traité, qu'il ne séparerait jamais ses intérêts de ceux de la compagnie, et qu'il périrait avec elle.

Comme la compagnie ignorait ce qui s'était passé, elle remercia Monsieur, lequel rentra chez lui fort maussade et cherchant quelqu'un à qui s'en prendre de cette disgrâce.

En ce moment, Mademoiselle accourait au Luxembourg. Elle entra dans le cabinet de Madame, où se trouvait Son Altesse royale.

— Oh ! mon Dieu ! monsieur, lui dit-elle, est-il donc vrai que vous ayez reçu l'ordre de vous en aller ?

— Que j'aie reçu ou non cet ordre, répondit Monsieur, que vous importe ? Je n'ai point de comptes à vous rendre.

— Mais moi, demanda Mademoiselle, vous pouvez bien me dire si je serai chassée.

— Mais, répondit Son Altesse, il n'y aurait rien d'étonnant à cela ; vous vous êtes assez mal gouvernée vis-à-vis de la cour pour en attendre ce traitement ; cela vous apprendra une autre fois à ne pas suivre mes conseils.

Quelque bien que Mademoiselle connût son père, cette réponse la déconcerta un instant. Cependant, elle se remit, et, souriant, quoiqu'elle fût fort pâle et fort agitée en dedans :

— Monsieur, dit-elle, je ne comprends pas ce que vous me dites : car, lorsque j'ai été à Orléans, c'est par votre ordre. Je n'ai point cet ordre écrit, c'est vrai, attendu que vous me l'avez donné verbalement ; mais j'ai vos lettres, beaucoup trop obligeantes, je l'avoue, par lesquelles vous me louez de la conduite que j'ai tenue.

— Oui, oui, murmura Monsieur ; aussi n'est-ce point d'Orléans que je veux parler ; mais votre affaire de Saint-Antoine, croyez-vous qu'elle ne vous ait pas nui à la cour ? Vous avez été bien aise de faire l'héroïne et de vous entendre dire deux fois que vous aviez sauvé notre parti ; eh bien, maintenant, quoi qu'il vous arrive de mal, vous en consolerez en vous rappelant les louanges que vous avez reçues.

Mademoiselle eût certes été démontée si quelque chose eût pu la démonter de la part de son père.

— Je ne crois pas, monsieur, répondit-elle, vous avoir plus mal servi à la porte Saint-Antoine qu'à Orléans ; car ces deux actions si reprochables, selon vous, je les ai accomplies par votre ordre, et, si elles étaient à recommencer, je les ferais encore, parce que mon devoir m'y obligerait ; je ne pouvais pas, étant votre fille, me dispenser de vous obéir et de vous servir ; si vous êtes malheureux, il est juste, par la même raison, que je partage votre disgrâce et votre mauvaise fortune ; quand je ne vous aurais pas servi, je ne laisserais pas que d'y participer. Je ne sais ce que c'est que d'être une héroïne, mais je sais ce que c'est que d'être d'une grande naissance, ce qui m'impose l'obligation de ne jamais rien faire que de grand et d'élevé. On appellera cela comme on voudra ; quant à moi, j'appelle cela *suivre mon chemin*, étant née à n'en point prendre d'autre.

Mademoiselle voulut sortir, mais sa belle-mère la retint. Alors, se retournant vers Son Altesse royale :

— Maintenant, monsieur, dit-elle, vous savez que je suis chassée des Tuileries ; voulez-vous bien me permettre de loger au Luxembourg ?

— Ce serait avec grand plaisir, répondit Monsieur, mais je n'ai point de logement.

— Il n'y a personne ici qui ne me cède le sien ; autorisez-moi donc seulement à prendre celui qui me conviendra.

— Mais il n'y a personne non plus ici qui ne me soit nécessaire, et ceux qui y sont n'en délogeront point pour vous.

— Alors, dit Mademoiselle, puisque Votre Altesse refuse absolument de me recevoir, je vais aller loger à l'hôtel de Condé, où il n'y a personne.

— Oh ! quant à cela, s'écria le Prince, je ne le veux point.

— Mais enfin, où voulez-vous donc, que j'aille ?

— Où vous voudrez.

Et il sortit.

Mademoiselle coucha, cette nuit là, chez madame de Montmort, sœur de madame de Frontenac espérant toujours qu'elle recevrait quelque lettre de Monsieur, qui lui permettrait de l'accompagner ; mais, au contraire, le lendemain, dès le matin, elle reçut un billet qui lui apprenait que Son Altesse royale était partie pour Limours. Mademoiselle expédia aussitôt à son père le comte de Holac, qui était attaché à son service et qui rejoignit Monsieur près de Berny.

— Ah ! lui dit Son Altesse apercevant je suis ravie de vous voir pour que vous disiez à ma fille qu'elle s'en aille à Bois-le-Vicomte, et qu'elle ne s'amuse pas aux espérances que lui pourrait donner M. de Beaufort ou madame de Montbazon, de servir M. le Prince par quelque action considérable qui remettrait ses affaires en bon état. Il n'y a plus rien à faire, car, moi qui suis plus aimé de lui considérablement qu'elle, je sorte de Paris m'a vu partir sans s'émouvoir. C'est pourquoi il faut qu'elle s'en aille et ne s'attende plus à rien.

— C'est bien son intention, monseigneur, répondit le comte de Holac ; aussi Mademoiselle, sachant la route que vous prenez, va-t-elle vous suivre à l'instant même.

— Non pas, non pas, dit le prince qu'elle aille à Bois-le-Vicomte, comme je l'ai dit et comme je le dis encore.

— Mais, monseigneur, reprit Holac, j'aurai l'honneur de faire observer à Votre Altesse que la chose est impossible : Bois-le-Vicomte est une maison au milieu de la campagne, les armées sont tout autour et pillent ce qui passe ; Mademoiselle, en demeurant à Bois-le-Vicomte, ne pourra s'approvisionner de rien ; d'ailleurs, Mademoiselle en a fait un hôpital pour les blessés du combat Saint-Antoine. Il est donc impossible qu'elle se retire dans ce château.

— Eh bien, dit Monsieur, qu'elle aille où elle pourra, pourvu que ce ne soit point avec moi.

— Alors, répliqua Holac, elle ira avec Madame.

— Impossible, impossible, dit Gaston. Madame est près d'accoucher et elle s'incommoderait.

— Je dois dire à Votre Altesse, reprit Holac, que, quelque défense qu'elle lui fasse, je crois Mademoiselle disposée à la venir rejoindre.

— Qu'elle fasse ce qu'elle voudra, répondit Monsieur ; mais qu'elle sache que, si elle vient, je la chasserai.

Il n'y avait pas à insister davantage. Holac revint rapporter cette conversation à la princesse. Monsieur continua sa route vers Limours, et, le lendemain, Mademoiselle, moins avancée que son père, sortit de Paris sans savoir où elle irait.

Nous avons raconté cette anecdote dans tous ses détails pour excuser Monsieur d'avoir successivement abandonné Chalais, Montmorency et Cinq-Mars. Il pouvait bien abandonner ses amis, puisqu'en semblable occasion il abandonnait sa propre fille.

La veille au soir, le roi était rentré dans Paris et était descendu au Louvre au milieu des acclamations de la multitude, amenant à sa suite une de nos anciennes connaissances, perdue de vue depuis longtemps, Henri de Guise, l'archevêque de Reims, le vainqueur de Coligny, le conquérant de Naples et le prisonnier de l'Espagne. Depuis quinze jours, il était rentré en France, rappelé par les sollicitations de M. le Prince.

Le lendemain, le roi donna une déclaration d'amitié dont étaient exclus les ducs de Beaufort, de la Rochefoucauld, de Rohan, dix conseillers au parlement, le président Pérault, de la chambre des comptes, et tous les serviteurs de la maison de Condé.

Pendant cette seconde guerre, voici, outre les choses que nous avons racontées, ce qu'on avait pu voir encore :

L'archiduc nous avait repris Gravelines et Dunkerque ; Cromwell, sans aucune déclaration de guerre, s'était emparé de sept ou huit de nos vaisseaux ; nous avions perdu Barcelone et Casal, dont l'une était la clef de l'Espagne, l'autre celle de l'Italie ; la Champagne et la Picardie avaient été ravagées par le passage des armées lorraines et espagnoles que les princes avaient appelées à leur secours ; le Berry, le Nivernais, la Saintonge, le Poitou, le Périgord, le Limousin, l'Anjou, la Touraine, l'Orléanais et la Beauce étaient ruinés par la guerre civile ; enfin, on avait vu les étendards d'Espagne se déployer sur le pont Neuf, en face de la statue de Henri IV, et les écharpes jaunes de Lorraine avaient flotté dans Paris avec la même liberté que les écharpes bleues et isabelle, couleurs des maisons d'Orléans et de Condé.

Si embrouillées que parussent les affaires au premier coup d'œil, en quelques jours on vit clair dans le grand échiquier politique sur lequel venaient de se passer tant de choses. Le roi et la reine étaient rentrés dans Paris au milieu d'acclamations qui prouvaient que la royauté était encore la seule institution immuable, le seul centre autour duquel se ralliait éternellement le peuple. Le coadjuteur, qui s'était tenu coi et tranquille pendant tous les événements que nous avons racontés, et dont les lesquels son nom ne se trouve mêlé que pour annoncer sa promotion au cardinalat, était venu des premiers le féliciter à leur rentrée. Le duc d'Orléans, après avoir fait toute sorte de protestations de fidélité à venir, s'était retiré à Blois avec l'assentiment de la cour. Mademoiselle, après avoir erré à droite et à gauche, avait enfin pris sa demeure à Saint-Fargeau, qui était une de ses maisons. Le duc de Beaufort, la duchesse de Montbazon et la duchesse de Châtillon avaient quitté Paris. Le duc de la Rochefoucauld, blessé grièvement, on se le rappelle, au combat du faubourg Saint-Antoine, s'était fait transporter à Bagneux, à peu près guéri de son double amour pour la guerre de partisan et pour madame de Longueville. Madame la Princesse, M. de Conti et madame de Longueville étaient à Bordeaux, non plus à titre de souverains et de maîtres de la ville, mais comme de simples hôtes.

Enfin le duc de Rohan, que l'on tenait pour un des plus fidèles serviteurs des princes, avait si bien arrangé ses petites affaires, que, huit jours après leur rentrée, le roi et la reine tenaient son fils sur les fonts de baptême.

Restait donc, pour seul et unique ennemi, M. le Prince, qui, tout terrible qu'il était, n'avait pas même de force. Le roi n'hésita donc point, dans un lit de justice du 13 novembre, à publier une déclaration portant que les princes de Condé, de Conti, la duchesse de Longueville, le duc de la Rochefoucauld, le prince de Tarente et tous leurs adhérents, ayant rejeté avec mépris et obstination les grâces à eux offertes, s'étaient ainsi rendus indignes de tout pardon, avaient irrévocablement encouru les peines portées contre les rebelles criminels de lèse-majesté, perturbateurs du repos public et traîtres à leur patrie.

Le parlement enregistra cette déclaration sans dire mot et, en voyant cette docilité, le roi regretta sans doute de ne pas y avoir ajouté un article qui mentionnât le rappel de Mazarin ; mais il n'en demeura pas moins visible pour la cour que ce rappel ne souffrirait désormais aucune difficulté, que la reine lui expédia, dans sa solitude de Bouillon, où il s'était retiré, l'abbé Fouquet, avec mission de lui dire que, tout étant calme et tranquille à Paris, il y pourrait revenir quand il voudrait.

Cependant, chose étrange, quoique le cardinal eût déjà reçu cette même avis par une lettre particulière de la reine, ce fut lui qui fit l'insolent et qui discuta longtemps avec l'ambassadeur pour savoir s'il ne valait pas mieux qu'il préférât les douceurs de sa retraite aux agitations du Palais-Royal ; mais, soit bonne foi, soit qu'il eût vu que cette résistance n'était que feinte, l'abbé Fouquet insista de telle façon, que le cardinal parut ébranlé ; et, comme ils se promenaient dans la forêt des Ardennes :

— Tenez, monsou l'abbé, dit Mazarin, voyons un peu ce que le sort nous conseillera dans cette importante affaire, car je suis décidé à m'en rapporter à lui.
— Et de quelle manière le consultera Votre Eminence? demanda l'abbé.
— Rien de plus facile, dit le cardinal; voyez-vous cet arbre?
Et il montra un pin qui s'élevait à dix pas d'eux et qui étendait au-dessus de leur tête sa cime verte et touffue.
— Sans doute que je le vois, répondit l'abbé.
— Eh bien, je vais jeter ma canne sur cet arbre : si elle y demeure, ce sera un signe infaillible qu'étant retourné à la cour, j'y demeurerai comme elle; mais, si elle retombe, ajouta-t-il en secouant la tête, ce sera une marque évidente que je dois rester ici.
Et, ce disant, il jeta sa canne en haut de l'arbre, où elle demeura si bien, que, trois ans après, on l'y montrait encore.
— Allons, dit le cardinal, la chose est décidée : puisque le ciel le veut ainsi, nous partirons demain, monsou l'abbé, aussitôt que j'aurai reçu une nouvelle que j'attends.

Pendant ce temps, une dernière mesure de grave importance se prenait à Paris.

Nous avons dit que le coadjuteur, maintenant cardinal de Retz, avait été le premier à aller féliciter le roi et la reine de leur retour; et, la reine lui ayant dit publiquement que ce retour était dû à ses paroles, le cardinal s'était, par ces belles paroles, tellement cru assuré de la faveur royale, que lorsque, pour l'éloigner de Paris, où l'on jugeait sa présence dangereuse, on lui fit proposer la direction des affaires de Rome pendant trois ans, le payement de ses dettes et un revenu suffisant pour faire brillante figure dans la capitale du monde chrétien, au lieu d'accepter la mission avec reconnaissance, il voulut faire ses conditions. En conséquence, il demanda un gouvernement pour le duc de Brissac, un emploi pour le comte de Montrésor, une charge pour le sieur de Caumartin, un brevet de duc et pair pour le marquis de Fosseuse, une somme d'argent pour le conseiller Joly, et enfin, comme il le dit lui-même, quelques autres misères, telles qu'abbayes, places et dignités.

C'était une grande imprudence de demander quelque chose comme ami, quand, cette fois, contre les coutumes reçues, les ennemis eux-mêmes n'avaient rien obtenu. Aussi, à partir de ce moment, la résolution de se débarrasser de Gondi fut-elle prise dans le conseil du roi, ou plutôt à Bouillon, où était Mazarin, car, qu'il fût à Bouillon, au milieu de la forêt des Ardennes ou au bord du Rhin, rien ne se faisait que par ses conseils, peut-être n'avait-il jamais été si puissant et surtout si bien obéi, que depuis que, exilé de la France, son génie seul y était resté.

Cependant les amis du ministre sentaient que la situation devenait chaque jour de plus en plus difficile pour lui. Le jeune roi grandissait et donnait de temps en temps des marques de ce caractère absolu qui devait amener plus tard le fameux mot : L'État, c'est moi. Deux circonstances avaient pu faire juger aux hommes de prévoyance le degré de volonté auquel était arrivé Louis XIV. Lorsque le président de Nesmond était allé à Compiègne avec une députation du parlement et lire les remontrances de la compagnie et demander l'éloignement de Mazarin, Louis XIV, rougissant de colère, avait interrompu l'orateur au milieu de sa harangue, et lui arrachant les papiers des mains, lui avait répondu qu'il en délibérerait avec son conseil. Nesmond avait voulu faire quelques observations sur cette façon d'agir; mais l'enfant couronné, fronçant le sourcil, avait répondu qu'il agissait comme doit agir un roi. Et la députation avait été forcée de se retirer sans pouvoir obtenir de lui d'autre réponse.

Voilà pour la première. Voici pour la seconde :
Il avait été décidé que la cour ferait sa rentrée à Paris le 21 octobre, et, comme cette décision avait été prise en l'absence du jeune roi, on avait arrêté qu'il irait à cheval près du carrosse de la reine, qui lui serait entouré par le régiment des gardes suisses et par le reste de l'armée. Mais Louis XIV ne voulut pas accéder à cet arrangement, quelques instances qui lui fussent faites : en conséquence, il décida qu'il entrerait à cheval à la tête du régiment des gardes françaises, sous sa seule escorte. Ce fut, en effet, ainsi qu'il entra, à la lueur de dix mille flambeaux, entouré d'un peuple immense, sur lequel cette sécurité produisit une sensation qui dépassa toutes les espérances. Ce qu'il y a de plus prudent en France, c'est le courage.

Les amis du cardinal de Retz l'invitaient donc à se défier de cette jeune volonté royale qui, à défaut d'être instruite par les hommes, avait pris leçon des événements, et le président Bellièvre, entre autres, lui exprima ses craintes; mais le cardinal lui répondit :

— J'ai deux rames en main qui empêcheront toujours mon vaisseau de sombrer : l'une est ma masse de cardinal, l'autre est la crosse de Paris.

Le peuple lui-même sembla l'avertir du danger qu'il courait; car, comme il assistait à une représentation de Nicomède, et que l'acteur venait de prononcer ce vers qui se trouvait dans le premier acte, scène première :

Quiconque entre au palais porte sa tête au roi,

le parterre se retourna vers le nouveau cardinal, lui faisant l'application de la maxime; ce qui était l'inviter à en sentir le profit.

Ce ne fut pas tout : la princesse Palatine, qui s'était ralliée à la cour, mais qui cependant avait conservé pour Gondi cet intérêt qu'inspire toujours un esprit supérieur, vint le trouver et l'exhorta à fuir, lui disant qu'on était décidé à l'écarter à tout prix, même au sacrifice de sa vie; mais il ne voulut pas plus croire la princesse Palatine qu'il n'avait voulu croire le président Bellièvre, ni cette voix du peuple qu'au temps de sa prospérité lui-même appelait la voix de Dieu.

Un incident survint qui fit déborder la colère royale déjà montée au bord du vase. Nous avons dit comment le roi tint, le 13 de novembre, un lit de justice dans lequel il déclara M. le Prince criminel de lèse-majesté. La veille, il envoya Saintot, maître des cérémonies, pour dire au cardinal de Retz de se rendre à cette séance, mais celui-ci lui répondit qu'il priait bien humblement Sa Majesté de le dispenser de cette charge, attendu que, dans les termes où il se trouvait avec M. le Prince, il n'était ni juste ni bienséant qu'il donnât sa voix pour le condamner.

— Prenez garde à ce que vous allez faire, dit Saintot; car, quelqu'un ayant prévu devant la reine l'excuse que vous venez de me donner, Sa Majesté a répondu que cette réponse ne valait rien, attendu que M. de Guise, qui devait sa liberté à M. le Prince, s'y trouverait sans discussion, et qu'elle ne comprendrait pas que vous eussiez plus de scrupule que M. de Guise.

— Monsieur, répondit le cardinal, si j'étais du même état que M. de Guise, j'aurais grand honneur à l'imiter, surtout dans les belles actions qu'il vient de faire à Naples.

— Ainsi, dit Saintot, Votre Eminence s'en tient à sa première résolution ?

— Tout à fait, répondit le cardinal.

Saintot alla reporter cette réponse au roi et à la reine.

Nous avons vu que le projet de se débarrasser de Gondi était arrêté, on décida de saisir la première occasion.

Plusieurs jours se passèrent sans que cette occasion se présentât; car, si le cardinal n'était pas assez effrayé pour quitter Paris, il n'était pas non plus assez confiant pour aller au Louvre.

On résolut alors de ne plus attendre et de l'arrêter partout où il se trouverait. L'ordre en fut donné de vive voix à Pradelle, capitaine au régiment des gardes; mais Pradelle fit observer au roi qu'il désirait fort avoir cet ordre par écrit, attendu que le cardinal ferait certainement résistance, et que, pour ne pas le laisser fuir, lui, Pradelle, serait peut-être forcé de le tuer. Le roi y consentit, et remit à Pradelle l'ordre suivant :

« De par le roi,

« Il est ordonné au sieur Pradelle, capitaine d'une compagnie d'infanterie du régiment des gardes françaises de Sa Majesté, de saisir et arrêter le sieur cardinal de Retz et de le conduire en notre château de la Bastille pour y être tenu en bonne et sûre garde, jusqu'à ce qu'il en soit autrement ordonné; et, au cas que quelques personnes, de quelque condition qu'elles fussent, se missent en devoir d'empêcher l'exécution du présent ordre, Sadite Majesté enjoint pareillement audit sieur Pradelle de les arrêter et de les constituer prisonnières, et d'y employer la force si besoin est, en sorte que l'autorité en demeure à Sa Majesté, laquelle enjoint à tous les officiers et subjects de s'y tenir la main sous peine de désobéissance.

« LOUIS.

« Fait à Paris, le 16 de décembre 1652. »

De la main même du roi était écrit en manière de post-scriptum :

« J'ai commandé à Pradelle l'exécution du présent ordre en la personne du cardinal de Retz, et même de l'arrêter mort ou vif en cas de résistance de sa part. »

Diverses mesures furent prises comme accompagnement de cet ordre. Touteville, capitaine aux gardes, ayant loué une maison assez proche de celle de madame de Pommereux, où allait quelquefois Gondi, y aposta des gens pour l'arrêter, et un officier d'artillerie, nommé le Fay, essaya de corrompre Peau, son contrôleur, pour savoir à quelle heure de la nuit Son Eminence avait l'habitude de sortir.

Sur ces entrefaites, M. de Brissac vint faire visite au cardinal, et lui demanda si son intention n'était point d'aller le lendemain à Rambouillet; le cardinal répondit que oui. Alors, Brissac tira un papier de sa poche et le lui présenta :

c'était un billet anonyme qui lui était adressé pour qu'il prévînt Gondi de ne point aller à Rambouillet, où il devait lui arriver malheur.

Cette fois, l'avertissement était positif, et l'aventureux prélat résolut d'en avoir le cœur net ; il prit avec lui deux cents gentilshommes, et alla à Rambouillet.

« J'y trouvai, dit-il lui-même dans ses Mémoires, un très grand nombre d'officiers des gardes : je ne sais s'ils avaient dessein de m'attaquer ; mais je sais bien que je n'étais pas en état d'être attaqué ; ils me saluèrent avec de profondes révérences ; j'entrai en conversation avec quelques-uns d'entre eux que je connaissais, et je revins chez moi, tout aussi satisfait de ma personne que si je n'eusse pas fait une sottise. »

En effet, le roi put voir à quel point était dangereux un homme qui trouvait en une demi-journée deux cents gentilshommes prêts pour l'accompagner dans une promenade.

Le cardinal de Retz n'avait donc pas été au Louvre depuis le lendemain de la Toussaint ; car, ayant prêché le jour de cette fête à Saint-Germain, paroisse du roi, Leurs Majestés étaient venues au sermon, et il avait cru devoir aller les en remercier, lorsque, le 18 décembre, surlendemain du jour où l'ordre avait été donné à Pradelle, madame de Lesdiguières, sa cousine, le vint voir, et lui dit qu'il avait tort de ne plus aller au Louvre, et que cela n'était pas bienséant. Comme le cardinal tenait madame de Lesdiguières pour une de ses fidèles amies, il lui avoua les causes pour lesquelles il n'y allait pas.

— N'y a-t-il que cela qui vous arrête ? dit-elle.

— Certainement, répondit le cardinal, et il me semble que c'est bien assez.

— En ce cas, allez-y donc et en toute sûreté, car nous savons le dessous des cartes : loin qu'il soit question de rien tenter contre votre personne, il a été tenu un conseil dans lequel, après de grandes contestations, il a été convenu qu'on s'accommoderait avec vous et qu'on ferait pour vos amis ce que vous demandez ; allez-y donc, et dès demain.

En effet, comme madame de Lesdiguières, ainsi qu'elle l'avait dit, savait ordinairement le dessous des cartes, le cardinal ne fit aucun doute que tous les rapports menaçants qu'on lui avait faits ne fussent des faussetés, et il résolut d'aller au Louvre le lendemain ; ce qu'il fit avec cette imprudence providentielle des hommes que la main du Seigneur pousse à leur perte.

Lorsque le cardinal se présenta au Louvre, il était de si bonne heure, que Leurs Majestés n'étaient point encore visibles. Il passa alors chez M. de Villeroy pour attendre que le moment fût venu. L'abbé Fouquet, le même qui avait été annoncer à Mazarin son appel, courut alors chez le roi, et l'avertit que le cardinal de Retz attendait chez M. de Villeroy le moment de lui présenter ses hommages. Le roi descendit aussitôt chez la reine pour la prévenir de ce qui se passait. Sur l'escalier, il rencontra le cardinal, et dit madame de Motteville, se servant en cette occasion de cette judicieuse modération qui a paru depuis si excellemment pratiquée par lui dans toutes ses actions, il lui fit bon visage et lui demanda s'il avait vu la reine. Le cardinal répondit que non. Le roi le convia alors à le suivre pour entendre la messe ; puis, ayant pris congé de la reine, il sortit. Mais dans l'antichambre il rencontra, Villequier, qui était capitaine des gardes en quartier, et qui l'arrêta dans l'antichambre même. Le cardinal était si loin, de s'attendre à ce dénoûment, qu'il ne fit aucune résistance. Villequier l'emmena dans son appartement, où il le fouilla. Le cardinal n'avait sur lui qu'une lettre du roi d'Angleterre, dans laquelle ce prince le priait de son côté de Rome, si on ne pourrait pas l'aider en lui envoyant quelque argent, et la moitié d'un sermon qu'il devait prêcher à Notre-Dame le dernier dimanche de l'Avent.

Cette lettre et cette moitié de sermon sont encore aujourd'hui à la Bibliothèque du roi.

Cette inspection faite, les officiers de la bouche apportèrent au cardinal un dîner tout servi, car ce n'était plus quelques heures plus tard qu'il devait quitter le Louvre.

Vers les trois heures, on l'avertit de se tenir prêt ; puis on lui fit traverser la grande galerie. Son guide alors le conduisit par le pavillon de Mademoiselle, à la porte duquel il trouva un carrosse du roi. Il monta d'abord, puis Villequier, puis cinq ou six officiers des gardes du corps. Ensuite le carrosse se mit en marche escorté de Miossens à la tête des gendarmes, de M. de Vauguyon à la tête des chevau-légers, et de M. de Vienne lieutenant-colonel du régiment des gardes ; il sortit par la porte de la Conférence, fit le tour des boulevards extérieurs, passa devant deux ou trois postes, à chacun desquels se tenait un bataillon de Suisses, les piques tournées vers la ville. Enfin, entre huit et neuf heures du soir, on arriva à Vincennes.

Miossens connaissait le chemin: c'est là qu'il avait mené tour à tour le duc de Beaufort, le prince de Condé, et qu'il menait enfin le cardinal de Retz.

Cette arrestation fit grand bruit, comme on le pense bien, quoique, par la fatigue de tant d'événements, le peuple ne s'en émût point ; mais les amis du cardinal s'effrayèrent, craignant que, pour s'en débarrasser sans bruit, on ne l'empoisonnât. En conséquence, ils tinrent un conseil pour imaginer un moyen de lui faire parvenir du contre-poison. Ce fut madame de Lesdiguières qui ayant à se reprocher d'être la cause de l'arrestation du cardinal, se chargea de la commission. Villequier, celui-là même qui avait conduit le prisonnier à Vincennes, lui faisant la cour, elle s'adressa à lui, et le pria de faire remettre au cardinal un pot d'opiat. Villequier y consentit ; mais, au moment de remplir la commission, il alla en demander la permission à la reine. Anne d'Autriche voulut voir le pot d'opiat, le fit décomposer par un chimiste, et apprit ainsi qu'il contenait du contre-poison. Elle se mit alors dans une grande colère et s'empressa de raconter le fait aux ministres. Servien proposa d'enlever l'opiat et de mettre en place un poison véritable ; mais Le Tellier s'y refusa formellement, et l'on se contenta de laisser le cardinal sans antidote.

Ainsi finit cette seconde guerre de la Fronde. Le cardinal de Retz en avait été le premier chef, il en fut la dernière victime. Dans le premier acte de cette tragi-comédie, il avait joué un rôle actif et brillant ; dans le second, il fut pâle, indécis, ne donnant que de mauvais conseils, ne faisant que des fautes. Ce prisé politique qui voulait rivaliser de finesse avec Mazarin et d'audace avec Richelieu, se laissa prendre aux paroles d'un enfant qui avait reçu sa leçon toute faite ; ce galant prélat, si habile aux intrigues amoureuses, n'osorait pas atteindre à sa liberté : c'était plus que de l'aveuglement, c'était presque de la folie.

Voilà la nouvelle que le cardinal Mazarin attendait pour rentrer à Paris. En l'attendant, il avait occupé son temps au profit de la France. Le 17 décembre, c'est-à-dire deux jours avant l'arrestation de Gondi, il était parti de Saint-Dizier et était allé rejoindre l'armée qui assiégeait Bar-le-Duc, et, le 22 décembre, il avait assisté à la reprise de cette ville. Après Bar-le-Duc, Ligny s'était rendu ; alors, Mazarin, comme pour faire annoncer son retour par des victoires, avait voulu reprendre encore Sainte-Ménehould et Rethel ; mais le grand froid qui avait empêché de mettre le siège devant ces deux villes, et il avait fallu que, à leur défont, il se contentât de Château-Porcien. Enfin, ayant appris que le comte de Fuensaldagne s'était emparé de Vervins, il avait si bien excité l'armée, harassée de cette campagne d'hiver, qu'elle s'était remise en marche, que, devant elle, les Espagnols avaient abandonné la ville, sans même essayer de nous la disputer. Mazarin seulement avoua pensé qu'il lui était permis de revenir à Paris.

Le roi alla au-devant de lui jusqu'à trois lieues pour le recevoir et le ramena dans son carrosse. Les courtisans avaient été jusqu'à Dammartin.

Un grand festin attendait au Louvre le ministre exilé. Son entrée fut une véritable triomphe. Le soir, il y eut devant le logis un feu d'artifice magnifique, et avec sa dernière lueur et sa dernière fumée s'évanouit le souvenir de M. le Prince, de M. de Beaufort et du cardinal de Retz, ces trois héros de la Fronde, dont le courage, la popularité et l'influence avaient été vaincus par la laborieuse patience de l'élève de Richelieu et du maître de Colbert.

Le même soir que Mazarin rentrait ainsi à Paris, y rentrèrent aussi, conduites par la princesse de Carignan, ces trois nièces auxquelles le maréchal de Villeroy avait, on se le rappelle, le jour de leur arrivée, prédit un si magnifique avenir, et qui jusque-là n'avaient guère prélude que par l'exil et le deuil.

Pendant cette année, si fertile en événements, moururent M. le duc de Bouillon, qui, après avoir fait la guerre au cardinal, était devenu non seulement son ami, mais encore son conseil ; le vieux maréchal Caumont de la Force, qui avait si miraculeusement échappé au massacre de la Saint-Barthélemy, et cette charmante mademoiselle de Chevreuse, qui dit adieu au monde juste à temps pour ne pas voir la chute de ce cardinal de Retz qu'elle avait tant aimé et qui fut si ingrat envers elle.

Ce fut aussi pendant le cours de cette même année 1652, que le poète Scarron épousa, vers le mois de juin, Françoise d'Aubigné, petite fille d'Agrippa d'Aubigné, ce sévère compagnon de Henri IV, plus fidèle que son roi en ses amitiés et surtout en ses croyances.

XXX

CONDUITE DU PRINCE DE CONDÉ. — PREMIÈRES MESURES DE MAZARIN. — DISTRIBUTION DE RÉCOMPENSES. — SIMPLE COUP D'ŒIL SUR LA SOCIÉTÉ PARISIENNE A CETTE ÉPOQUE. — FRANÇOISE D'AUBIGNÉ, DEPUIS MADAME DE MAINTENON. — SES COMMENCEMENTS. — ELLE EST DÉCLARÉE MORTE. — GRANDE MISÈRE. — ELLE ENTRE AU COUVENT. — SON ARRIVÉE A PARIS. — COMMENT ELLE FAIT LA CONNAISSANCE DE SCARRON. — SON MARIAGE. — SES SUCCÈS DANS LA SOCIÉTÉ. — MADAME DE LONGUEVILLE SE RETIRE DU MONDE. — LE PRINCE DE MARSILLAC FAIT SA PAIX AVEC LA COUR. — MARIAGE DU PRINCE DE CONTI. — SARRASIN NÉGOCIATEUR. — SA FIN. — ARRÊT DE MORT CONTRE CONDÉ. — VUES DE MAZARIN A L'ÉGARD DE LOUIS XIV. — FÊTES A LA COUR. — LE ROI ACTEUR ET DANSEUR. — IL EST SACRÉ. — SA PREMIÈRE CAMPAGNE. — MORT DE BROUSSEL.

Le prince de Condé avait dit à ceux qui le poussaient à la guerre « Prenez garde ! je suis le dernier à prendre les armes, mais aussi je serai le dernier à les déposer. »

Il avait tenu parole. Certes il pouvait, au lieu de quitter Paris, faire avec la cour une paix honorable, puisqu'en l'exilant une seconde fois, le cardinal, qui donnait de lui-même ne l'exilait que pour cela, lui en offrait les moyens. Mais Condé était un de ces génies capricieux qui veulent essayer de tout : après avoir fait du généralat comme Turenne, il avait tenté de faire de la politique comme madame de Longueville ; enfin, las de la politique, il avait voulu tâter de la vie de partisan comme Sforza et le duc de Lorraine. En conséquence, il était parti de Paris avec son cheval et son épée, avait rassemblé trois ou quatre mille hommes, s'était fait nommer général des troupes espagnoles, avait pris en passant ces villes que nous avons vu Mazarin lui reprendre, et enfin, forcé de reculer devant Turenne, il avait franchi, vers Luxembourg, la frontière de cette France qui, après les victoires de Rocroy, de Nordlingen et de Lens, l'avait nommé son héros.

De retour à Paris, sûr cette fois de ne le plus quitter, le premier soin du cardinal avait été de s'occuper des finances de l'État, qui étaient fort délabrées, et des siennes, qui n'étaient guère en meilleure situation. Pour remplacer le duc de la Vieuville, mort au moment où l'on venait de le faire duc, on avait nommé surintendant en commun le comte Servien et le procureur général Nicolas Fouquet, frère de cet abbé Fouquet, ami de Mazarin, qu'il avait été chercher à Bouillon. C'était une façon de récompenser en lui les services de son frère, et le ministre, en travaillant particulièrement chaque jour avec le comte Servien, prouva qu'il avait voulu lui donner une brillante position : voilà tout. Nous verrons plus tard ce que Fouquet fit de cette sinécure.

Puis on avait récompensé, à droite et à gauche, l'ingratitude à la cause des princes ou le dévouement à la cause royale. Le duc de Guise entra au conseil suprême avec le maréchal de Turenne, qui avait servi le roi pour Mazarin, et le maréchal de Grammont, qui avait servi le roi contre Mazarin ; le sieur de Lionne fut fait chevalier du Saint-Esprit et nommé maître des cérémonies de l'ordre ; le secrétaire d'État Le Tellier obtint la même faveur, en qualité de successeur de Chavigny en la charge de trésorier ; enfin le comte de Palluau, qui avait pris Montrond, et Miossens qui avait conduit successivement le prince de Condé et le cardinal de Retz à Vincennes, furent faits maréchaux de France, l'un sous le nom de maréchal de Clérambault, l'autre sous le nom de maréchal d'Albret.

Tout était tranquille à Paris, et tranquille, qu'après avoir pensé à l'établissement de sa propre fortune, le cardinal se sentit assez fort pour pourvoir à celle de sa famille. Outre les trois nièces qu'il avait déjà près de lui, il fit encore venir de Rome ses deux sœurs, veuves toutes deux, avec trois filles et un fils du nom de Mancini ; une septième nièce et un troisième neveu étaient restés en Italie, prêts à accourir en France au premier signe de leur oncle.

Paris présentait un nouvel aspect : la société de la régence et celle de la Fronde étaient presque dispersées ; Gaston, qui tenait cercle deux fois par semaine, était à Blois, Mademoiselle, en partant pour Saint-Fargeau, avait emmené avec elle ses maréchales de camp et ses dames d'honneur ; Condé avait disparu avec son brillant état-major d'officiers et les dames de son parti ; mesdames de Châtillon, de Rohan, de Montbazon et de Beaufort avaient quitté Paris ; tous les amis du coadjuteur, le duc de Brissac, Châteaubriand, Renaud de Sévigné, Lameth, d'Argenteuil, Château-Regnault, d'Humières, Caumartin et d'Jacqueville, s'étaient exilés ; M. de Montausier et sa femme étaient en Guienne ; le duc de la Rochefoucauld achevait sa convalescence à Damvilliers ; mademoiselle de Chevreuse venait de mourir ; madame de Chevreuse faisait pénitence de ses péchés en se remariant ; la princesse de Condé et madame de Longueville étaient toujours à Bordeaux ; M. de Conti s'était retiré dans sa terre des Granges, près Pezenas ; Scudéry et sa sœur étaient en Normandie ; madame de Choisy avait suivi son mari à Blois ; le pauvre cul-de-jatte Scarron était seul resté, et cela peut-être par cette seule raison qu'il lui était impossible de fuir.

Nous avons dit à la fin du chapitre précédent qu'il s'était marié ; tournons un instant les yeux vers sa jeune femme, dans les salons de laquelle va se transformer la société parisienne.

Françoise d'Aubigné était petite-fille de Théodore Agrippa d'Aubigné, et fille de Constant d'Aubigné, baron de Surineau. Ce dernier, qui, sans le consentement de son père, s'était marié avec Anne Marchand, veuve de Jean Courau, baron de Châtelaillon, ayant surpris sa première femme en flagrant délit d'adultère, la tua, elle et son amant, puis se remaria, en 1627, avec Jeanne de Cardillac, fille du gouverneur du Château-Trompette, en eut d'abord un fils, puis une fille qui naquit le 27 novembre 1635, dans les prisons de la Conciergerie de Niort.

Cette fille, dont la destinée commençait d'une façon si sombre, qu'elle avait pour tout horizon les murs d'un cachot, était Françoise d'Aubigné, qui épousa en premières noces le poète Scarron, et en secondes le roi Louis XIV.

Elle fut baptisée par un prêtre catholique. Le duc François de la Rochefoucauld, père de l'auteur des Maximes, et Françoise Tiraqueau, comtesse de Neuillant, furent ses parrain et marraine. Quelques mois après la naissance de cette petite fille, madame de Villette, sœur de Constant d'Aubigné, ayant visité celui-ci dans sa prison, fut touchée de la misère de toute la pauvre famille, et emmena sa nièce au château de Murcay, où elle passa quelques années. Mais, au bout de ce temps le prisonnier ayant obtenu d'être transféré au Château-Trompette, madame d'Aubigné réclama sa fille.

Elle avait quatre ans lorsque, jouant dans cette prison avec la fille du concierge, qui avait un ménage en argent, celle-ci lui reprocha de ne pas être aussi riche qu'elle.

— C'est vrai, répondit la petite Françoise ; mais, en revanche, je suis demoiselle, et vous ne l'êtes pas.

Enfin, vers 1639, d'Aubigné sortit de prison ; mais, ne voulant pas abjurer le calvinisme, il ne put obtenir du cardinal de Richelieu de demeurer en France, et fut forcé de s'embarquer pour la Martinique. Pendant la traversée, la petite Françoise devint malade, tomba en léthargie et fut déclarée morte par le médecin. On allait la jeter à la mer, selon l'habitude des cérémonies mortuaires à bord des bâtiments, lorsque sa mère, se penchant vers elle pour l'embrasser une dernière fois, sentit une légère haleine sur sa bouche, une légère pulsation à son cœur, et l'emporta toute délirante dans sa cabine, où l'enfant rouvrit les yeux sur ses genoux. La petite Françoise était sauvée.

Deux ans plus tard, à la Martinique, comme sa mère et elle, assises sur l'herbe, allaient manger une jatte de lait, elles entendirent, à quelques pas d'elles, un léger bruit accompagné d'un sifflement aigu. C'était un serpent qui s'approchait, le corps rampant, la tête haute et les yeux flamboyants, attiré par l'odeur du lait. Madame d'Aubigné prit sa fille par la main et l'entraîna avec elle. Mais le serpent, au lieu de les poursuivre, s'arrêta à la jatte, but le lait, qui était dedans, et se retira comme il était venu. Décidément la main de Dieu était sur cette enfant.

Cependant, grâce aux soins de madame d'Aubigné, les affaires des pauvres exilés commençaient de prospérer à la Martinique, lorsque son mari eut la fatale idée de l'envoyer en France pour voir si elle ne pourrait pas tirer quelque parti de ses biens séquestrés. Madame d'Aubigné partit. En son absence, son mari joua, perdit toute sa nouvelle fortune, et, lorsqu'elle revint sans avoir rien pu terminer, elle le trouva ruiné pour la seconde fois.

Dès lors, il ne leur resta plus pour vivre que les appointements d'une simple lieutenance ; encore ces appointements étaient-ils tellement engagés, que, lorsque Constant d'Aubigné mourut, en 1645, et que sa femme voulut revenir en Europe, elle fut obligée de laisser sa petite-fille, comme une espèce de gage, entre les mains de son principal créancier; mais celui-ci se lassa bientôt de nourrir l'enfant et la renvoya en France. La jeune Françoise aborda à la Rochelle, où sa mère apprit qu'elle était arrivée sans avoir même su son départ. Madame d'Aubigné était plus pauvre que jamais, et madame de Villette, qui déjà s'était chargée de l'enfant, la pria de la lui laisser une seconde fois. Madame d'Aubigné y consentit avec crainte, car madame de Villette était calviniste, et elle tremblait qu'entre ses mains sa fille ne changeât de religion. En effet, au bout de quelque temps, ses craintes se réalisèrent; la petite fille se fit calviniste. Mais alors madame de Neuillant, sa marraine, qui était près de la reine Anne d'Autriche, obtint un ordre pour retirer la jeune fille de la maison de sa tante, et pour la prendre chez elle, où tout fut mis en œuvre afin de la ramener à la religion catholique. Mais, prières, exhortations, conférences, tout fut inutile; celle qui devait révoquer un jour l'édit de Nantes commençait par être le martyr de la religion qu'elle devait persécuter.

Madame de Neuillant résolut de la vaincre par l'humiliation: elle était chargée des soins les plus infimes de la maison; c'était elle qui gardait les clefs, qui faisait mesurer l'avoine des chevaux, qui appelait les domestiques quand on avait besoin d'eux, car les sonnettes n'étaient pas encore en usage. Ce n'est pas tout: la bonne dame était fort avare et la laissait mourir de froid. Un jour, elle manqua d'être asphyxiée par du charbon qu'elle avait porté dans un vase de cuivre pour chauffer sa chambre. Ce dernier accident la fit réclamer par sa mère, qui la mit au couvent des Ursulines de Niort. Mais, là, ni madame de Neuillant, qu'elle avait quittée, ni madame de Villette, qui craignait de la voir revenir à la religion catholique ne voulurent payer sa pension.

Enfin, vaincue par la nécessité, bien plus que par les instances de sa mère, et sur l'assurance que lui donna son confesseur que, malgré son hérésie, sa tante, qu'elle adorait, ne serait point damnée, elle se fit catholique.

Les Ursulines la gardèrent un an; puis, voyant que, contre leur espoir, madame de Neuillant et madame de Villette demeuraient inflexibles, elles la mirent à la porte du

Tout cul-de-jatte qu'il était, Scarron était à la mode.

couvent. La pauvre enfant ne revint près de sa mère que pour la voir mourir, entre ses bras, de chagrin et de misère. Alors, écrasée de douleur, elle resta trois mois enfermée dans une petite chambre à Niort, ne sachant pas si mieux ne valait point rejoindre sa mère au tombeau par une mort volontaire, que d'essayer d'aller plus loin dans une vie où tout semblait se changer pour elle en obstacles et en impossibilités. Elle en était à ce point de doute et de désespoir, lorsque madame de Neuillant, se laissant toucher par tant de misères, la reprit et la mit au couvent des Ursulines de la rue Saint-Jacques, où elle fit sa première communion. Enfin, madame de Neuillant vint demeurer à Paris, et la prit dans sa maison aux mêmes conditions où elle avait déjà été. Parmi les personnes qu'elle recevait, était le marquis de Villarceaux, amant de Ninon de Lenclos: ce dernier fut si frappé de la beauté naissante de la jeune fille, qu'il lui fit une cour assidue, si assidue même, que Bois-Robert, à l'affût de toutes les intrigues politiques et amoureuses du temps, adressa au marquis la lettre suivante:

Ta constance est incomparable,
Et, devant ta flamme durable,
Les Amadis, les Céladons,
N'eussent paru que Mirmidons.
Mais j'en vois peu, je le confesse,
Dont la grâce et la gentillesse
Puissent causer cette langueur
Dont ton œil accuse ton cœur.
Serait-ce point certaine brune,
Dont la beauté n'est pas commune,
Et qui brille de tous côtés
Par mille rares qualités?
Outre qu'elle est aimable et belle,
Je l'ai vu lancer devers elle
De certains regards languissants,
Qui n'étaient pas trop innocents.
Je lui vois des attraits sans nombre
Ses yeux bruns ont un éclat sombre,
Qui, par un miracle d'amour,
Au travers des cœurs se fait jour.
Et sait éblouir la paupière
Mieux que la plus forte lumière.
Dans son esprit et dans son corps
Je découvre plus de trésors
Qu'elle n'en vit jamais paraître
Dans le climat qui l'a vu naître (1).
Si c'est cette rare beauté
Qui tient ton esprit enchanté,
Marquis, j'ai raison de te plaindre,
Car son humeur est fort à craindre :
Elle a presque autant de fierté
Qu'elle n a de grâce et de bonté.

Bois-Robert ne se trompait pas, et cette beauté était trop fière pour céder au marquis, et pour devenir la rivale de Ninon. Sa poursuite fut donc complétement inutile.

Ce fut vers le même temps que mademoiselle d'Aubigné fit, chez sa tante aussi, la connaissance du chevalier de Méré, qui, jeté dans la société des précieuses du temps, passait au milieu d'elles pour un homme de goût ; aussi reconnut-il dans la jeune fille autre chose que de la beauté. C'était un esprit fin et charmant, d'autant plus original que personne ne s'était occupé de lui donner une direction, et qu'il s'épanouissait naturellement comme ces fleurs des haies, qui ont de si vives couleurs et de si doux parfums.

Méré s'attacha à celle qu'il appelait que sa jeune Indienne, lui apprit le monde et les belles manières ; mais la petite Françoise était si malheureuse, qu'à toutes ses leçons elle secouait la tête, en disant qu'elle ne désirait rien que de trouver une âme charitable qui payât sa dot pour qu'elle pût entrer dans un couvent. Scarron demeurait dans la maison en face de celle de madame de Neuillant. Tout poète et gueux qu'il était, il se permettait de temps quelques-unes de ces bonnes actions qui font hausser les épaules aux gens riches. Le chevalier de Méré lui parla de sa petite protégée ; Scarron prenait de puiser dans la bourse de ses connaissances, et dans la sienne ce qui était nécessaire pour payer la dot de l'orpheline. De Méré alla porter cette bonne nouvelle à la petite Françoise, qui, toute joyeuse, accourut chez Scarron pour le remercier ; mais, en la trouvant si jeune, en la voyant si jolie, en l'entendant s'exprimer si élégamment, Scarron changea d'avis.

— Mademoiselle, lui dit-il, depuis que vous êtes là, j'ai réfléchi ; je ne veux plus vous donner pour vous cloîtrer.

Mademoiselle d'Aubigné jeta un cri de douleur.

— Attendez donc, dit Scarron : je ne veux pas que vous soyez religieuse, parce que je veux vous épouser. Mes gens ne font enrager, et je ne puis les battre ; mes amis m'abandonnent et je ne puis courir après eux ; quand ils seront commandés par une jeune maîtresse, mes laquais m'obéiront, et, quand ils me verront une jolie femme, mes amis reviendront chez moi. Je vous donne huit jours pour réfléchir.

Tout cul-de-jatte qu'il était, Scarron était à la mode ; il avait une réputation de bonté et de gaieté qui surpassait encore sa réputation de poète. À force de le regarder, mademoiselle d'Aubigné s'habitua à sa personne ; enfin, le huitième jour, elle donna son consentement, et tout fut décidé.

Quelques jours après ce mariage, elle écrivait à son frère :

« Je viens de contracter une union où le cœur entre

---

(1) On la croyait née en Amérique ; mais c'était une erreur.

pour peu de chose et où, en vérité, le corps n'entre pour rien. »

Scarron ne s'était pas trompé. Sous la direction de leur nouvelle maîtresse, les valets obéirent ; à l'aspect de la jeune femme, les amis revinrent. La maison de Scarron fut bientôt le rendez-vous des gens d'esprit de la cour et de la ville, et, à l'époque où nous sommes arrivés, c'était une mode, une fureur d'aller chez lui.

Mais Scarron avait fort marqué dans la Fronde; une partie des pièces satiriques qui avaient été lancées contre Mazarin étaient sorties de son arsenal, et, d'ailleurs, c'était trop juste ; dans un jour d'économie, le ministre avait supprimé la pension que le poète touchait comme malade de la reine, et le poète, qui ne pouvait rien supprimer au ministre, s'était vengé avec les armes que Dieu lui avait données.

Malheureusement, le ministre était revenu plus puissant que jamais, et la charmante madame Scarron, qui avait eu pour première tâche de faire obéir les domestiques récalcitrants et de ramener les amis déserteurs, eut pour seconde tâche, bien autrement difficile que l'autre, de raccommoder son mari avec la cour.

Cette tâche, la jeune femme l'entreprit. Malgré son intimité avec Ninon, nul n'avait jamais médit d'elle, et Ninon, quarante ans plus tard, disait à propos de madame de Maintenon : « Dans sa jeunesse, elle était vertueuse par faiblesse d'esprit ; j'aurais voulu la guérir de ce travers, mais elle craignait trop Dieu. »

Aussi madame Scarron avait-elle deux amies intimes : Ninon la courtisane et madame de Sévigné la prude.

Cette réputation de vertu inconstestée, cette réputation de beauté incontestable ouvrirent à madame Scarron toutes les portes. Les sollicitations multipliées qu'elle fut forcée d'entreprendre pour que son mari ne fût point exilé de Paris, montrèrent tout ce qu'il y avait, dans cette jeune femme, qui se révélait ainsi par le dévouement, de charme dans la conversation et de délicatesse dans la prière. Les marquises de Richelieu, de Villarceaux et d'Albret s'intéressèrent à elle. Enfin elle obtint ce qu'elle sollicitait, c'est-à-dire que son mari restât à Paris. Cette permission une fois obtenue, la maison de Scarron redevint, comme autrefois et même bien plus qu'autrefois, le rendez-vous de toute la société élégante.

D'ailleurs, tout se calmait à l'intérieur. Il y avait bien du côté des Pays-Bas, où Condé s'était réfugié, un point menaçant à l'horizon ; mais le coadjuteur était arrêté et tenu sous bonne garde à Vincennes ; le parlement était décimé et contenu : madame la princesse et son fils avaient quitté Bordeaux et étaient allés rejoindre leur mari et leur père ; le prince de Conti continuait de résider dans sa terre des Granges ; enfin madame de Longueville, en revenant rejoindre son mari, restée calme et tranquille au milieu des dernières émotions, s'était arrêtée à Moulins, chez l'abbesse des filles de Sainte-Marie, sa parente. Or, cette abbesse de Sainte-Marie n'était autre que la veuve de Montmorency, décapité à Toulouse par ordre du cardinal de Richelieu, et dont la mort avait autrefois fait répandre tant de larmes à madame de Longueville, quand la nouvelle de cette catastrophe était venue la frapper au milieu de son insoucieuse jeunesse. Alors, dans ce séjour de calme, au pied de l'autel où la veuve en deuil avait tant prié, au milieu du bruit du monde qu'elle avait peut-être un peu trop occupé d'elle-même, madame de Longueville avait commencé ce long retour vers Dieu, dont Villefort nous a conservé tous les détails dans son Histoire de la véritable vie d'Anne-Geneviève de Bourbon, duchesse de Longueville.

Pendant ce temps, l'amant de la belle pénitente, M. le prince de Marsillac, devenu duc de la Rochefoucauld par la mort de son père, guéri de la guerre civile par les deux blessures qu'il avait reçues, l'une à Brie-Comte-Robert, dans la première Fronde, en se battant contre Condé, l'autre dans la seconde, en se battant pour lui, était, comme nous l'avons dit, en convalescence à Damvilliers. La solitude et la perte du sang avaient produit un salutaire effet sur l'auteur des Maximes, et, presque aussi repentant que madame de Longueville, il n'avait plus qu'un désir, c'était de se réconcilier avec la cour, pour conclure le mariage de son fils, le prince de Marsillac, avec mademoiselle de la Roche-Guyon, unique héritière des Duplessis-Liancourt.

Dans le but d'arriver à cette union, M. de la Rochefoucauld envoya Gourville, son homme-lige (1), à Bruxelles, pour demander au prince de Condé son consentement à ce mariage. Or, comme Gourville avait fort marqué dans la

---

(1) Celui-là même qui nous a laissé de curieux Mémoires sur toute cette époque.

Fronde, et récemment encore venait d'enlever le directeur des postes Burin, lequel n'avait racheté sa liberté qu'en payant une rançon de quarante mille écus. Mazarin avait les yeux sur lui, et, ayant appris qu'il était momentanément à Paris, avait juré qu'il n'en sortirait pas. Gourville fut averti qu'il était tombé dans le piège; alors, en homme de ressource qu'il était, il résolut d'aller bravement au-devant du danger ; et au moment où Mazarin venait de mettre toute sa police à ses trousses, il lui fit demander une audience. Mazarin l'accorda, et Gourville, au lieu d'être amené devant le ministre comme un coupable, se présenta comme un ambassadeur.

Mazarin était sur toutes choses homme d'esprit : il comprit que celui qui avait trouvé un pareil biais pour se tirer d'affaire n'était point à mépriser. Il le reçut, l'écouta, vit tout le parti qu'il pouvait tirer de cet adroit et intrépide agent, lui fit des propositions qui furent acceptées, et, séance tenante, se l'attacha. Cette audience amena la réconciliation du duc avec la cour et la pacification entière de la Guienne. Enfin, le 24 juillet 1653, par l'intermédiaire de Gourville, la paix fut officiellement signée entre Mazarin et la ville de Bordeaux.

Ce fut alors que Mazarin, tranquille à l'intérieur, peu inquiété au dehors, commença à s'occuper sérieusement de l'établissement de sa famille et jeta les yeux sur le prince de Conti pour en faire le mari d'une de ses nièces.

Le moment était bien choisi : le prince de Conti ayant surpris une lettre de son frère, dans laquelle celui-ci ordonnait à ses gens de guerre, tout en ayant l'air d'obéir au prince, de n'obéir effectivement qu'au comte de Marsin, s'était brouillé avec lui, et ne demandait pas mieux que de se raccommoder avec la cour. En conséquence, on chercha un homme qui eût la confiance du prince de Conti et l'on songea à Sarrasin.

Jean-François Sarrasin, connu dans l'histoire littéraire de France comme un des beaux esprits du XVIIe siècle, était d'origine normande. Il vint à Paris à l'époque où brillaient les précieuses, fut recommandé à mademoiselle Paulet, qui le trouva à son gré et le produisit dans les salons comme un homme de bon lieu, quoique son père ne fût rien autre chose que le parasite du trésorier de France Foucault, dont il avait épousé la gouvernante. Bientôt il eut l'occasion d'être présenté au coadjuteur, et, étant devenu un de ses courtisans les plus assidus, il fut par lui recommandé au prince de Conti, qui, sur cette recommandation, le prit pour secrétaire.

Sarrasin, à tort ou à raison, passait pour faire beaucoup de choses pour de l'argent : le cardinal lui fit offrir vingt-cinq mille livres si l'affaire se terminait à sa satisfaction. Sarrasin se mit aussitôt en campagne, et, grâce à la situation d'esprit où le prince était vis-à-vis de son frère, il éprouva moins de difficultés qu'on ne s'y attendait. Le prince de Conti accepta, à la condition qu'on lui laisserait le choix entre toutes les nièces du cardinal ; on y consentit, et il choisit Anne-Marie Martinozzi, laquelle était presque fiancée au duc de Candale, qui avait jusque-là répugné à cette mésalliance, et fut fort étonné de voir un prince du sang prendre, de son propre choix, celle qu'il avait presque refusée.

En conséquence, le prince, ayant résigné tous ses bénéfices à l'abbé de Montreuil, vint à Paris, où Mazarin lui fit force caresses. Quelques jours après, il fut marié dans le cabinet du roi à Fontainebleau.

Sarrasin survécut peu au mariage dont il avait été la cheville ouvrière : d'abord, le bruit du temps veut qu'il n'ait pas touché un denier des vingt-cinq mille livres promises par le cardinal ; ensuite, Segrais raconte qu'un jour, dans un de ces fréquents mouvements de mauvaise humeur que le prince de Conti éprouvait à la suite de son mariage et qui étaient causés par la gêne où il se trouvait, ayant résigné quarante mille écus de bénéfices pour n'avoir que vingt-cinq mille écus de rente, il donna au pauvre Sarrasin un coup de pincettes à la tempe. Segrais ajoute que ce mauvais traitement impressionna tellement Sarrasin, qu'il en eut une fièvre chaude dont il mourut au bout de quelques jours.

Il est vrai que Tallemant des Réaux raconte cet accident d'une autre façon. Selon lui, jamais le prince de Conti ne se serait porté sur son secrétaire à une semblable voie de fait, et Sarrasin aurait été empoisonné par un Catalan dont il avait débauché la femme ; ce qui donnerait quelque poids à cette dernière assertion, c'est que la femme mourut de la même maladie, le même jour et presque à la même heure que lui.

En même temps que le prince de Conti épousait la nièce du cardinal, le parlement, tous les magistrats étant en robes rouges, rendait un arrêt par lequel Condé, convaincu des crimes de lèse-majesté et de félonie, et, comme tel, déchu du nom de Bourbon, était condamné à recevoir la mort en telle forme qu'il conviendrait au roi.

Condé répondit à cette condamnation en prenant Ro-

croy, et Turenne, réduit, à cause du peu de soldats qu'il avait, à aucune action générale, ne put répondre à ce succès que par un succès à peu près pareil : il prit Sainte-Menehould.

Cependant Mazarin, voyant grandir Louis XIV et assistant à chaque heure au développement de ce caractère qui devait être si impérieux un jour, avait compris qu'une nouvelle influence allait surgir, et, pour s'attacher le jeune roi, il se détachait peu à peu d'Anne d'Autriche, retenue elle-même à lui par trop de liens pour qu'elle osât jamais se plaindre publiquement de ce qu'elle appelait l'ingratitude italienne. Depuis quinze ans, il régnait par la mère ; il vit qu'il était temps de changer de système et de régner à l'avenir par le fils.

Louis XIV était naturellement enclin au plaisir : Mazarin appela les plaisirs à son aide. Malgré la pénurie de la cour, l'hiver se passa en fêtes et en réjouissances : la princesse Louise de Savoie épousa le prince de Bade, et la ville de Paris donna des repas ; on célébra la solennité de la Saint-Louis, et ce fut une nouvelle occasion de s'amuser. En outre, les représentations théâtrales allaient leur train. Louis XIV donnait les premiers symptômes de ce goût qu'il eut ensuite pour les lettres, en assistant à la représentation de Pertharite, ce qui n'empêcha point l'œuvre du grand Corneille de tomber à plat. En revanche, son frère Thomas donna deux nouvelles pièces qui réussirent, et un jeune homme, nommé Quinault, sa première comédie, qui fit fureur.

Outre la troupe de l'hôtel de Bourgogne et celle du Petit-Bourbon, qui donnait les représentations dans une galerie, seul reste de l'hôtel du connétable de Bourbon, qu'on avait démoli, trois autres troupes couraient la province.

Mademoiselle, avec sa vieille gouvernante, ses deux dames d'honneur, ses perroquets, ses chiens et ses chevaux anglais, s'ennuyait fort à Saint-Fargeau, en entretenant une.

Il y en avait une autre qui était restée avec la cour à Poitiers et qui l'avait suivie à Saumur.

Enfin, une troisième troupe donnait à Lyon une comédie en cinq actes dont le retentissement arrivait jusqu'à Paris : c'était l'Étourdi de Molière.

Non seulement, comme nous l'avons dit, le roi se plaisait aux représentations théâtrales, mais aussi le goût des ballets commençait à lui venir. Comme l'hôtel du Petit-Bourbon touchait à l'église Saint-Germain-l'Auxerrois, et, par conséquent, se trouvait près du Louvre, où logeait le roi, on choisit ce théâtre pour les fêtes de la cour. Ce fut là que se donnèrent les fameux ballets royaux qui firent tant de bruit, ballets exécutés par le roi, par le duc d'Anjou son frère, par les seigneurs de la cour, par les dames de la suite de la reine, et enfin par les acteurs qui avaient donné des conseils aux illustres débutants et mis en scène les pièces qu'ils jouaient, dansaient et chantaient.

Benserade, qui était fort en honneur à cette époque, eut le privilège exclusif de composer les vers de ces ballets, et, si ce ne fut point la source de sa réputation, ce fut du moins celle de sa fortune.

Cependant le premier de ces ballets où le roi figura, fut encore joué au Palais-Royal : il était intitulé la Mascarade de Cassandre ; ce n'était pour ainsi dire qu'un essai. Le roi en avait été si satisfait, qu'il en demanda promptement un second plus long que le premier. Celui-là fut intitulé la Nuit, et joué au théâtre du Petit-Bourbon.

Le roi y remplissait plusieurs rôles : d'abord, il paraissait sous la figure d'un des Jeux qui accompagnent Vénus, et, à la suite de quelques autres stances, disait celle-ci, qui donne une idée des leçons qu'on offrait au monarque de quinze ans :

La jeunesse a mauvaise grâce,
Quand, trop sérieuse, elle passe
Sans voir le palais de l'Amour ;
Il faut qu'elle entre, et, pour le sage,
Si ce n'est point un long séjour,
C'est un gîte sur son passage.

Le roi paraissait encore à la fin, mais cette fois sous les traits du soleil levant et il déclamait ces vers :

Déjà seul je conduis mes chevaux lumineux,
Qui traînent la splendeur et l'éclat après eux.
Une divine main m'en a remis les rênes ;
Une grande déesse a soutenu mes droits ;
Nous avons même gloire ; elle est l'astre des reines,
Je suis l'astre des rois.

Ce fut dans ces ballets, où Louis XIV s'habitua à être regardé comme un dieu, que M. le duc d'Anjou s'habitua à être regardé comme une déesse. Sa jolie figure faisait que presque toujours on lui donnait à remplir des rôles de femmes ; de là peut-être les goûts que nous verrons plus tard se développer en lui, et qui influèrent si étrangement sur tout le reste de sa vie.

Ce fut cette même année que, pour rendre les communications plus fréquentes entre les habitants de Paris, on inventa la petite poste. Cette invention fut célébrée par la muse historique de Loret. On mit, dit-il,

Des boîtes nombreuses et drues.
Aux petites et grandes rues,
Où, par soi-même ou ses laquais,
On pourra porter des paquets,
Et dedans à toute heure mettre
Avis, billet, missive, lettre,
Que des gens commis pour cela
Iront chercher et prendre là,
Pour, d'une diligence habile,
Les porter par toute la ville.

Nous avons dit qu'il n'y avait que deux théâtres à Paris : celui de l'hôtel de Bourgogne et celui du Petit-Bourbon. Bientôt le goût du spectacle se répandit tellement, que ces deux théâtres ne suffirent plus, et qu'il fallut rouvrir celui du Marais, le même dont la troupe italienne, dirigée par Mondori, avait parfois déridé le soucieux visage du cardinal de Richelieu. Une des premières pièces que l'on y joua fut l'Écolier de Salamanque ; elle eut un prodigieux succès, et un personnage surtout, jusqu'alors inconnu à notre scène, réunit toutes les sympathies du public : ce fut celui de Crispin, qui devint un type entre les mains de Molière.

Pendant ce temps, les ballets allaient leur train. On en joua successivement trois nouveaux : celui des Proverbes, celui du Temps, celui de Thétis et Pélée. Les deux premiers, qui ne demandaient pas grande mise en scène, furent joués dans la salle des gardes ; le troisième, pour lequel on fit venir des comédiens de Mantoue et qui parut supérieur à tout ce qu'on avait fait jusque-là dans ce genre, fut joué sur le théâtre du Petit-Bourbon. Louis XIV y paraissait sous cinq costumes différents, remplissant successivement les rôles d'Apollon, de Mars, d'une furie, d'une dryade et d'un courtisan ; il y eut un tel succès, qu'on le fit jouer tout l'hiver et jusqu'à trois fois dans la même semaine.

Cependant toutes ces fêtes coûtaient beaucoup d'argent, et l'État était pauvre. Mazarin alors, on se le rappelle, au lieu et à la place du duc de la Vieuville mort, nomma deux surintendants : le comte Servien, lequel avait donné l'utile conseil de substituer du poison à l'opiat que faisait passer madame de Lesdiguières au coadjuteur, et le procureur général Fouquet, dans lequel il récompensait l'abbé Fouquet son frère et adoucissait le parlement. Mazarin donc, ayant besoin d'argent, s'adressa à Servien, qui demeura court. C'était le moment qu'attendait Fouquet ; homme de ressources, financier habile, ambitieux de pouvoir et d'argent, parce que l'un donne l'autre, et que tous deux réunis donnent sinon le bonheur, du moins le plaisir, il se leva, déclarant que, si l'on voulait s'en rapporter à lui, il trouverait de l'argent, non seulement pour les fêtes, non seulement pour la guerre, mais encore pour une cérémonie à laquelle on n'osait penser, vu la pénurie du trésor, c'est-à-dire pour le sacre. Mazarin, peut-être même à cause de son caractère timide et reculant, aimait les gens hardis et entreprenants, surtout lorsque ces gens prenaient sur eux toute responsabilité : il laissa carte blanche à Fouquet, qui dès lors devint le seul et véritable surintendant des finances.

Au bout de trois mois, Fouquet avait tenu ses promesses, et Mazarin confiait à l'audacieux trouveur d'argent, non seulement les finances de l'État, mais encore le soin de sa propre fortune.

Le moment fixé pour le sacre arriva ; mais alors on s'effraya de l'isolement dans lequel on allait sacrer le roi de France. M. le duc d'Orléans, exilé à Blois, avait refusé de quitter, sans bonnes conditions, son exil pour cette cérémonie, et, comme on n'avait pas voulu lui faire ces conditions, il ne fallait pas compter sur lui ; Mademoiselle, toujours à Saint-Fargeau, ne pouvait assister à une solennité à laquelle n'assistait point son père ; M. le prince de Condé, condamné à mort, était à la tête des Espagnols ; M. le prince de Conti, présentant la difficulté de sa position, avait demandé et obtenu la permission de quitter sa jeune femme pour aller prendre le commandement de l'armée du Roussillon ; M. le coadjuteur était en prison ; dix mille Français, des premières maisons de France, avaient suivi Condé à l'étranger ou boudaient avec le cardinal de Retz ; les Montmorency, les Foix, les la Trémouille, les Coligny, brillaient, comme on l'a dit depuis, par leur absence. Mazarin, comme cela se fait au théâtre quand les premiers sujets manquent, se décida à faire remplir les rôles par des doubles.

La cérémonie ne fut donc point retardée ; car, grâce à Fouquet, la chose principale ne manquait point, l'argent.

Elle s'accomplit à Reims dans les formes ordinaires. Le lendemain, le roi reçut l'ordre du Saint-Esprit, qu'il conféra aussitôt à son frère, et, le surlendemain, usant du premier privilège de l'oing du Seigneur, il toucha les malades des écrouelles, au nombre de plus de trois mille.

Le jour suivant, le roi partit de Reims pour rejoindre l'armée. On voulait enlever Stenay au prince de Condé, et le roi devait commencer son apprentissage militaire en assistant à la prise de cette place. Il arriva à Rethel le 28 juin, et, de là, gagna Sedan, où il visita les lignes. On croyait à un siège long et meurtrier, car, selon toutes les probabilités, M. le Prince défendrait la ville ; mais, au lieu de cela, après avoir jeté quelques secours dans la place, il avait conduit toutes ses forces contre Arras. Stenay fut donc pris, et, ce fut sans doute ce premier succès qui donna à Louis XIV ce grand amour des sièges qu'il manifesta toujours depuis.

Stenay reconquis, on résolut de marcher aux Espagnols. Une partie de l'armée alla rejoindre le maréchal de Turenne ; l'autre, où demeura le roi, s'étant accrue de tous les renforts qu'on avait pu envoyer, forma deux corps sous le commandement du maréchal de la Ferté et du maréchal d'Hocquincourt. On s'étendit alors autour des Espagnols, et quelques combats sans importance furent livrés, préludant à une attaque générale que l'on voulait accomplir le jour même de la Saint-Louis, dans l'espérance qu'à son double titre d'aïeul du roi et de patron de la France, le héros de Taillebourg, le pèlerin de Mansourah et le martyr de Tunis veillerait à la gloire de nos armes. Ces pieuses espérances ne furent point trompées : les quartiers des Espagnols et des Lorrains furent enlevés. Mais le prince de Condé, qui s'était réservé pour le moment décisif, vint se jeter avec son impétuosité naturelle au milieu des vainqueurs, fit des merveilles de courage et de chevalerie, qui ne purent toutefois empêcher le canon et les bagages de l'ennemi de tomber entre nos mains, non plus que la levée du siège d'Arras, où le roi entra quelques jours après et félicita ses trois généraux et particulièrement M. de Turenne sur leur victoire.

Puis il revint à Paris et fit chanter un Te Deum.

Le lendemain de cette cérémonie, qui rendait grâce à Dieu d'un siège levé et d'une ville prise, mourut dans l'obscurité et le silence le conseiller Broussel, qui, cinq ou six ans auparavant, météore populaire, avait jeté tant d'éclat et fait tant de bruit.

XXXI

GONDI DEVIENT ARCHEVÊQUE DE PARIS. — OPPOSITION DE LA COUR. — INTRIGUES A CE SUJET. — OFFRES BRILLANTES. — REFUS DU CARDINAL DE RETZ. — RAISONS QUI LE DÉTERMINENT A DONNER SA DÉMISSION. — IL EST TRANSFÉRÉ AU CHATEAU DE NANTES. — LE PAPE NE VEUT PAS RATIFIER LA DÉMISSION. — EMBARRAS DU CARDINAL. — IL S'ÉCHAPPE DE PRISON. — COMMENT IL ÉVITE D'ÊTRE REPRIS. — LETTRE DU PRINCE DE CONDÉ AU CARDINAL. — FRAYEUR DE LA COUR. — PREMIÈRES AMOURS DE LOUIS XIV. — MADAME DE FRONTENAC. — MADAME DE CHATILLON. — MADEMOISELLE D'HEUDECOURT. — MADAME DE BEAUVAIS. — OLYMPE MANCINI. — PASSION SÉRIEUSE. — LE PARLEMENT VEUT FAIRE ACTE D'OPPOSITION. — DÉMARCHE HARDIE DU JEUNE ROI. — GONDI ARRIVE A ROME. — NOUVELLE CAMPAGNE DE LOUIS XIV. — FÊTES ET BALLETS. — PREMIER CARROUSEL. — CHRISTINE EN FRANCE. — PORTRAIT DE CETTE REINE PAR LE DUC DE GUISE. — MORT DE MADAME DE MANCINI ET DE MADAME DE MERCŒUR. — MARIAGE D'OLYMPE MANCINI. — FIN DE LA VIE POLITIQUE DE GASTON D'ORLÉANS.

Pendant que Louis XIV accomplissait ses premiers devoirs de roi et obtenait ses premiers succès de soldat, un grave événement, qui ressemblait à un échec, se passait en France.

Le cardinal de Retz, comme nous l'avons vu, avait été conduit à Vincennes. Or, quelques jours après son arrestation, son oncle l'archevêque de Paris étant mort, il se trouva, tout prisonnier qu'il était, parfaitement habile à succéder par son seul titre de coadjuteur.

L'archevêque de Paris était mort le 21 mars 1654, à quatre heures du matin ; à cinq, M. de Caumartin, porteur d'une procuration en bonne forme du cardinal de Retz, prit possession de l'archevêché. M. Le Tellier s'y présenta, de la part du roi, à cinq heures vingt minutes ; mais il était déjà trop tard.

Du fond de sa prison, le coadjuteur était encore à craindre : il avait conservé toutes ses relations avec les curés de Paris, qui dans un moment donné pouvaient encore une fois soulever le peuple, et avec le haut clergé, qui, voyant l'inviolabilité de l'Église attaquée dans un de ses membres, pouvait diriger ce soulèvement. En outre, le pape écrivait au roi lettres sur lettres pour demander la mise en liberté du cardinal de Retz.

D'ailleurs, un événement venait d'arriver à Vincennes, qui avait encore doublé la compassion du peuple en faveur du prisonnier. Le chapitre de Notre-Dame avait demandé et obtenu la permission pour un de ses membres de s'enfermer près du cardinal. Le choix était tombé sur un chanoine qui avait été élevé autrefois avec lui, et auquel il avait donné sa prébende ; mais le digne homme avait plus de dévouement que de force : bientôt la captivité altéra sa santé. Retz s'aperçut des changements que la mélancolie opérait en lui, et voulut le faire sortir ; mais le chanoine se refusa absolument à être mis en liberté. Quelque temps après, il fut pris de la fièvre tierce, et, pendant le quatrième accès, il se coupa la gorge avec un rasoir.

Le bruit de cette mort se répandit dans Paris : le peuple attribua ce suicide aux rigueurs de la prison, et sa pitié pour le cardinal en redoubla.

C'est sur ces entrefaites qu'était mort l'archevêque de Paris.

Aussitôt les deux grands vicaires du cardinal, qui s'appelaient Paul Chevalier et Nicolas Ladvocat, montèrent en chaire et fulminèrent, au nom du prisonnier, les bulles les plus incendiaires. A l'audition de ces bulles, les curés s'échauffèrent ; les amis du cardinal soufflaient le feu, et un petit livre parut, portant invitation à tous les desservants de Paris de fermer les églises.

C'était une espèce d'excommunication d'autant plus terrible, qu'elle venait non seulement du chef de l'Église, mais de l'Église tout entière.

Le cardinal Mazarin eut peur et négocia : il fallait obtenir du cardinal de Retz sa démission d'archevêque de Paris. On essaya d'abord de la menace.

Ce fut M. de Navailles, capitaine des gardes en quartier, qui vint trouver le prisonnier, et lui adressa, dit celui-ci, un discours qui semblait beaucoup plus venir d'un aga de janissaires que d'un officier du roi très chrétien ; mais le cardinal rédigea aguerri contre les menaces. Il dit à M. de Navailles qu'il ferait sa réponse par écrit. En effet, il la rédigea pendant la nuit même, et, le lendemain, la fit parvenir non seulement au roi, mais à ses amis qui l'imprimèrent et la répandirent dans Paris.

Cette réponse, dont chaque terme était mesuré, produisit le plus grand effet. Alors, tandis qu'on préparait de nouveaux moyens, Pradelle, qui, on s'en souvient, avait reçu l'ordre d'arrêter le cardinal, vint le voir et l'entretint des avantages qu'il y avait pour lui à renoncer à cet archevêché, pour rentrer en perspective la liberté et le retour des bonnes grâces du roi. Pradelle n'obtint rien ; mais, en se retirant, il n'ordonna pas moins tous les adoucissements possibles à la captivité du cardinal.

Quelque temps après, celui-ci vit entrer dans sa prison le président Bellièvre. La veille de cette visite, il en avait été prévenu par ses amis. Or, le cardinal, une fois prévenu, attendait cette visite avec plus d'impatience que de crainte ; car au temps de la Fronde, il avait eu force relations avec le négociateur qu'on lui envoyait, et le savait, au fond, ennemi de Mazarin.

En effet, le président étant entré et ayant salué le cardinal avec la même déférence que si celui-ci eût été en pleine liberté et en plein pouvoir, commença par lui dire :

— Monsieur le cardinal, je suis envoyé par le premier ministre vous dire qu'on vous offre les abbayes de Saint-Lucien de Beauvais, de Saint-Médard de Soissons, de Saint-Germain d'Auxerre, de Saint-Martin de Pontoise, de Saint-Aubin d'Ange, de Barbeau et d'Ovian, si vous voulez donner votre démission d'archevêque de Paris.

Puis, voyant que le cardinal le regardait avec surprise, étant loin de s'attendre à un pareil dédommagement :

— Attendez, continua-t-il ; jusqu'ici, je vous ai parlé comme un ambassadeur de bonne foi ; mais, à partir de ce moment, je vais me moquer avec vous du Sicilien assez sot pour m'employer à une proposition de cette sorte.

— Ah ! oui, je comprends, répondit le cardinal, reste le chapitre des sûretés.

— Justement ! et voilà sur quoi il vous sera impossible de vous entendre avec M. de Mazarin.

— N'importe, voyons toujours ce qu'il demande.

— Il demande que vous donniez douze de vos amis pour caution.

— Et les désigne-t-il ?

— Sans doute : ce sont MM. de Retz, de Brissac, de Montrésor, de Caumartin, d'Hacqueville...

Le cardinal fit un mouvement.

— Oui, très bien, continua le président ; mais laissez-moi parler jusqu'au bout, car je ne veux pas que vous m'ayez cru un instant capable de supposer que vous accéderiez à de pareilles propositions.

— Mais, dit le cardinal, pourquoi donc êtes-vous venu, alors ?

— Pour vous dire que vos amis sont convaincus que vous n'avez qu'à tenir ferme et que la cour vous donnera votre liberté ; eh bien, de part et d'autre on se trompe : Mazarin se trompe en croyant que vous accepterez ce que l'on vous propose ; vos amis se trompent en croyant qu'il vous suffira de tenir ferme, et que vous sortirez sur votre simple démission. Mazarin seul s'en contenterait, mais la reine tombe dans des désespoirs à la seule idée que vous puissiez sortir de prison. Le Tellier dit qu'il faut que le cardinal ait perdu le sens, de songer à vous lâcher lorsqu'il vous tient ; l'abbé Fouquet est furieux ; Servien ne s'est rangé à l'avis du ministre que par cette seule raison que cet avis est opposé à celui de ses confrères. Ainsi donc, résumons-nous : il n'y a que le Mazarin qui veuille votre liberté ; encore le veut-il ? Votre lutte comme archevêque produira un soulèvement, mais voilà tout ; le nonce menacera, mais il s'en tiendra à des menaces ; le chapitre fera des remontrances, mais on ne les écoutera point ; les curés prôneront, mais ils en demeureront là ; enfin le peuple criera peut-être, mais, à coup sûr, il est si las des émotions civiles, qu'il ne prendra point les armes. Or, ce que je vous dis là, la cour le sait aussi bien que moi ; tout ce qu'il vous résultera donc pour vous de ce tapage sera d'être transféré au Havre ou à Brest, et d'y demeurer à l'entière disposition de vos ennemis, qui useront alors de vous à leur loisir.

— Croyez-vous le cardinal capable de me faire empoisonner ? demanda Retz avec une tranquillité qui indiquait qu'il ne s'arrêtait point un instant pour la première fois à cette supposition.

— Non, répondit le premier président, Mazarin n'est point sanguinaire, je le sais ; seulement, je m'effraye de ce que j'ai appris de vos amis.

— Qu'avez-vous appris ?

— Que Navailles vous avait dit qu'on était résolu d'aller vite à votre égard, et que l'on pourrait bien suivre les voies dont tant de fois les États voisins avaient donné l'exemple.

— Mais enfin, dit le cardinal, vous me demandez donc de donner ma démission ?

— Non, je vous demande, à vous, excellent casuiste que vous êtes, si vous vous croiriez enchaîné par une démission datée du donjon de Vincennes.

— Pas le moins du monde, répondit le cardinal ; aussi voyez-vous bien qu'on ne s'en contente point et que l'on me demande des cautions.

— Mais, dit le président, si j'arrivais à ce qu'on ne vous les demandât point les cautions ?

— Oh ! alors, s'écria le cardinal, je signerais tout à l'instant même.

— Bon ! dit le président, le reste me regarde. Tenez ferme vis-à-vis de moi, voilà tout, et refusez toute autre démission que votre démission pure et simple.

Le cardinal s'engagea à suivre ce conseil, et le président sortit de la chambre avec une mine des plus attristées.

A la porte il rencontra Pradelle.

— Eh bien ? lui demanda celui-ci.

— Eh bien, répondit le premier président, vous voyez un homme désespéré.

— Il refuse donc ? dit Pradelle.

— Oui, ce n'est pas de l'archevêché qui le tient, il s'en soucie peu, et dans toute autre circonstance en donnerait, je suppose, facilement sa démission ; mais dans celle-ci il croit son honneur blessé par cette proposition qu'on lui fait de fournir des cautions ; aussi je ne veux plus me mêler de cela, attendu qu'il n'y a rien à faire.

Et, sur ces paroles, il se retira.

Le lendemain, le président Bellièvre revint. Mazarin, qui craignait le retour des émeutes parce qu'il voulait faire sacrer tranquillement le roi et disposer ensuite de toutes ses forces pour repousser Condé qui menaçait, consentit à un terme moyen qui conciliait tout. En échange des sept abbayes offertes, le cardinal de Retz donnerait sa démission ; seulement jusqu'au moment où le pape accepterait cette démission, le cardinal resterait prisonnier à Nantes, sous la garde du maréchal de la Meilleraie, parent du cardinal par sa femme, et auquel, comme le maréchal l'avait avoué lui-même, le coadjuteur avait à peu près sauvé la vie à l'époque des émeutes qui avaient eu lieu à propos de l'arrestation de Broussel. En tout cas et quoi qu'il arrivât de cette démission, le maréchal de la Meilleraie, par autorisation du roi, donnait promesse écrite au premier président Bellièvre que le cardinal de Retz ne pourrait jamais être remis aux mains de Sa Majesté.

Des garanties, il n'en était plus question.

La proposition était si belle, surtout avec la restriction mentale que comptait employer le cardinal de Retz, qu'il ne voulait point croire à ce que lui rapportait le négociateur ; mais celui-ci tira de sa poche la promesse du maréchal de la Meilleraie. Elle était conçue en ces termes :

« Nous, duc de la Meilleraie, pair et maréchal de France, promettons à M. le cardinal de Retz qu'en exécution de la lettre du roi, dont copie est ci-dessus transcrite (1), nous mettons M. le cardinal de Retz en liberté pour aller à Rome, selon et ainsi qu'il en est convenu avec M. de Bellièvre, premier président en la cour du parlement de Paris ; ce que nous exécuterons en même temps que nous aurons avis que les bulles de l'archevêché de Paris auront été expédiées en cour de Rome, sur la démission de mondit sieur cardinal de Retz, en faveur de celui que Sa Majesté aura nommé à Sa Sainteté pour ledit archevêché, ou que Sa Majesté aura reçu le bref de Sa Sainteté mentionné dans la dépêche, et ce sans que nous attendions pour ladite exécution nouvel ordre de Sa Majesté, ni même que nous pourrions recevoir au contraire. »

Contre cette promesse, Gondi échangea celle-ci :

« Nous, cardinal de Retz, reconnaissons n'avoir autre chose à désirer de M. le duc de la Meilleraie que l'exécution du contenu ci-dessus, au temps et aux conditions ci-mentionnées. »

« Fait ce 28 mars 1654. »

Le surlendemain, en vertu des engagements pris de part et d'autre, le cardinal sortit de Vincennes, avec une escorte de chevau-légers, de mousquetaires et de gardes de Son Éminence.

Le président Bellièvre accompagna le prisonnier jusqu'au Port-à-l'Anglais, où il prit congé de lui pour revenir à Paris, tandis que le cardinal continuait sa route vers Nantes. À Beaugency, l'on changea d'escorte et l'on s'embarqua.

Pradelle, qui avait mission d'accompagner Gondi jusqu'à Nantes, se mit dans un bateau avec son enseigne nommé Morel ; une compagnie du régiment des gardes se plaça dans un autre bateau et descendit avec lui côte à côte. Arrivés à Nantes, Pradelle et les gardes y demeurèrent un jour, puis retournèrent à Paris, et le prisonnier resta sous la seule garde du maréchal de la Meilleraie.

Le prince de Condé apprit, à Bruxelles où il était, la sortie du cardinal. Quoiqu'ils se fussent quittés à peu près brouillés, il jugea que le cardinal était venu de se raccommoder avec lui. En conséquence, il écrivit au marquis de Noirmoutiers, qui était des plus intimes de Gondi, la lettre de félicitation suivante :

« Bruxelles, 7 avril 1654.

» Monsieur, j'ai appris avec toute la joie imaginable la sortie de M. le cardinal de Retz de la côte de Vincennes ; je vous conjure de lui témoigner la part que j'y prends. Si je le savais entièrement libre, je ne manquerais pas de lui écrire sur ce sujet-là ; mais dans l'état où il est, j'appréhenderais de lui nuire. Je le ferai, sitôt que vous me manderez que je le puis faire. Je vous rends donc le maître de ma conduite en cette rencontre, et vous promets qu'en toutes, je vous témoignerai que je suis, monsieur, votre très affectionné cousin et serviteur.

« LOUIS DE BOURBON. »

Au reste, la situation de Gondi était bien changée, et, s'il faut en croire ce qu'il dit lui-même, elle était devenue parfaitement supportable. M. de la Meilleraie non seulement le reçut avec une parfaite courtoisie, mais encore, aussitôt que son prisonnier fut installé au château de Nantes, il lui chercha tous les divertissements possibles : dans la journée, chacun le pouvait voir, et, presque chaque soir, il avait la comédie ; les dames de la ville et même celles des environs s'y trouvaient. D'ailleurs, toutes ces politesses et tous ces soins, pour être agréables à l'illustre prisonnier, ne nuisaient en rien aux précautions prises pour le garder ; on ne le perdait jamais de vue lorsqu'il sortait : il avait bien la jouissance d'un petit jardin qui était au haut d'un bastion dont le pied plongeait dans la rivière ; mais, lorsqu'il allait dans ce jardin, son gardien se postait sur une terrasse d'où aucun des mouvements du prisonnier ne lui pouvait échapper, et, quand il était retiré dans sa chambre, l'unique porte de cette chambre était gardée par six hommes ; quant à la fenêtre, quoiqu'elle était très haute et grillée, elle répondait sur une cour dans laquelle était un corps de garde.

Bientôt la nouvelle attendue de Rome avec tant d'impatience arriva : le pape refusait d'agréer la démission du cardinal.

Ce refus fut une grande contrariété pour le prisonnier. Toujours en vertu de ces restrictions mentales, il pensait que l'agrément du pape ne validait point une démission signée entre les quatre murs d'une prison ; malheureusement pour lui, le pape, à ce qu'il paraît, pensait autrement.

Le cardinal envoya à Rome un de ses affidés nommé Malclair, pour tâcher de déterminer Sa Sainteté à signer en blanc les bulles qui devaient lui donner un successeur. Cette démarche n'eut pas plus de succès que la première, quoiqu'elle fût faite cette fois par le principal intéressé, et que l'agent qu'il avait envoyé eût expliqué à Sa Sainteté de quelle façon, une fois libre, le prisonnier comptait agir. Quelques instances qui lui fussent faites, le pape répondit donc à Malclair, qu'il savait bien que son agrément ne validerait point une démission qui avait été extorquée par force, mais qu'il savait bien aussi que ce serait un déshonneur pour lui quand on dirait qu'il avait ratifié une démission datée d'une prison.

Cette double réponse inquiéta fort le cardinal de Retz. Il connaissait le maréchal de la Meilleraie : c'était un homme élevé à l'école de Richelieu, c'est-à-dire à celle de l'obéissance ; il détestait Mazarin, mais il tremblait devant lui. Aussi, les deux nouvelles reçues, le prisonnier s'aperçut-il du changement qui commençait à s'opérer dans les manières de son gardien, lequel vint lui chercher une querelle, prétendant que la demande de ratification qu'il avait faite était une comédie convenue entre lui et le pape, et qu'en dessous main il poussait Sa Sainteté au refus qu'elle avait fait. Le cardinal eut beau protester, le maréchal ne voulut rien entendre, et persista dans sa croyance ou plutôt dans sa volonté de croire que les choses s'étaient passées ainsi.

Dès lors, il fut visible pour le prisonnier que, malgré sa promesse écrite, le maréchal ne cherchait qu'un prétexte honnête pour le remettre entre les mains de la cour.

Un voyage que le maréchal fit quelques jours après au fort de Brest, et le départ de sa femme, arrivée depuis huit jours seulement de Paris, et qu'il renvoya du château de Nantes à la Meilleraie, affermirent le prisonnier dans ses soupçons.

Ces soupçons furent encore confirmés par une lettre de Montrésor qu'une dame de la ville glissa dans les mains du cardinal en le venant voir, et qui contenait ces mots :

« Vous devez être conduit à Brest à la fin du mois, si vous ne vous sauvez. »

Ce billet n'était point signé ; mais le cardinal reconnut l'écriture. Il résolut en conséquence, de profiter de l'avis qu'on lui donnait. Seulement, la chose n'était point facile, attendu que, depuis le refus de Rome, M. de la Meilleraie était devenu plus défiant encore qu'auparavant.

À la descente de son carrosse, au moment de son arrivée, le cardinal avait trouvé son ami Brissac, qui l'attendait. Brissac était resté plusieurs jours, puis était parti, puis était revenu. Le prisonnier pensa tout naturellement à Brissac comme devant l'aider dans son évasion, et, à son premier voyage, s'ouvrit à lui de la nécessité de fuir s'il ne voulait retomber entre les mains du roi.

Ainsi que le cardinal l'avait espéré, Brissac consentit à l'aider de tout son pouvoir, et, comme il avait l'habitude, lorsqu'il voyageait, de mener avec lui force mulets pour porter ses bagages, toujours nombreux comme ceux d'un roi, il fut convenu que le cardinal se fourrerait dans un coffre, auquel on ferait des trous afin qu'il pût respirer, et qu'au moment où Brissac partirait, on emporterait le coffre avec les autres.

Le coffre fut préparé, le cardinal l'essaya même, et, selon lui, ce moyen ne présentait aucun danger, lorsqu'à son grand étonnement, Brissac, qui l'avait adopté, refusa tout à coup d'aider son ami à l'employer, disant d'abord que le cardinal ne pouvait manquer d'étouffer dans un pareil bahut, et ensuite que, reçu comme il l'était chez M. de la Meilleraie, ce serait violer toutes les lois de l'hospitalité que de lui enlever son prisonnier. Gondi eut beau insister, faire appel à la vieille amitié de Brissac, il n'en put rien

(1) Voir la note K à la fin du volume.

obtenir, sinon qu'il le seconderait une fois hors du château ; mais, quant à l'aider à en sortir, il s'y refusa complètement.

Il fallut donc chercher un autre moyen, et le cardinal s'y livra avec toute l'ardeur d'un homme emprisonné depuis deux ans.

Nous avons dit que le prisonnier allait se promener parfois dans une manière de jardin placé sur un bastion dont la Loire baignait le pied ; or, on était au mois d'août, et il avait remarqué que la rivière, en baissant, avait laissé au pied du bastion un espace vide ; une seconde remarque qu'il avait faite encore, c'est qu'entre la terrasse où se tenait l'homme qui le gardait à vue et le jardin du bastion, il y avait une porte qu'on avait fait poser pour empêcher les soldats d'aller manger le raisin.

Le cardinal bâtit là-dessus son plan d'évasion ; il avait un chiffre dont il se servait pour correspondre avec le premier président Bellièvre ; il lui annonça par ce chiffre qu'il se sauverait le 8 août.

Un gentilhomme, qui était au cardinal, devait se trouver à cinq heures du matin au pied du bastion, avec l'écuyer du duc de Brissac et deux autres de ses amis : le gentilhomme s'appelait Boisguérin, et l'écuyer Le Balde. Quant au duc de Brissac, il devait, dans un lieu désigné, attendre, avec le chevalier de Sévigné, le fugitif sur un bateau.

Le projet du cardinal, une fois hors de prison, était digne en tout point de son caractère aventureux, quoiqu'il avoue que ce n'est pas lui qui l'a trouvé, mais son ami Caumartin. Il devait profiter de l'absence du roi et de toute la cour, qui étaient à l'armée, pour marcher sur la capitale et s'en emparer. Ce projet, tout audacieux qu'il semble d'abord, n'était point impraticable, à ce qu'il paraît, puisque le premier président Bellièvre, à qui il fut communiqué, l'approuva entièrement.

Le cardinal, en lui annonçant sa fuite pour le 8, lui avait annoncé, en outre, qu'il serait à Paris pour dire à Notre-Dame la messe de la mi-août.

Le 8, à cinq heures du soir, le cardinal sortit donc pour aller se promener, selon son habitude. Selon son habitude aussi, le gardien, qui ne le perdait pas de vue, alla prendre son poste sur la terrasse.

Le cardinal dépassa la porte à claire-voie qui séparait la terrasse du balcon, et, sans affectation, la tirant après lui, il la ferma adroitement et mit la clef dans sa poche. Personne ne remarqua cet incident : il est vrai que le valet de chambre du cardinal amusait ses gardes en les faisant boire ; mais restaient les sentinelles placées sur la muraille, à droite et à gauche du bastion.

Le cardinal commença par jeter les yeux autour de lui : un moine jacobin se baignait dans la Loire ; deux pages se baignaient encore à cent pas plus loin ; il s'approcha du parapet, et vit ses quatre hommes qui, sous prétexte d'abreuver leurs chevaux, l'attendait au pied du bastion.

Dans un massif d'arbres, le médecin avait dû cacher une corde roulée autour d'un bâton ; le prisonnier devait attacher l'extrémité de cette corde à un créneau et enfourcher le bâton ; il descendrait alors en tenant des deux mains la corde et en la forçant à se dévider par son propre poids.

Gondi écarta le massif avec les mains : la corde y était.

En ce moment, il tressaillit, car de grands cris retentissaient du côté de la rivière ; il se retourna : c'était le jacobin, qui, ne sachant pas nager, avait voulu aller trop loin et se noyait.

Il pensa que le moment était bon, tira sa corde, l'attacha vivement, enfourcha son bâton, et se laissa couler.

La sentinelle l'aperçut et le mit en joue.

— Holà ! s'écria le cardinal, si tu tires, je te fais pendre.

La sentinelle crut que le prisonnier se sauvait d'accord avec M. de la Meilleraie, et ne cria point.

Les deux pages, qui voyaient de leur côté le cardinal se balançant au bout de sa corde, crièrent comme des enragés. Mais on crut qu'ils criaient ainsi pour appeler au secours du jacobin qui se noyait et personne ne fit attention au fugitif.

Le cardinal toucha terre sans accident, sauta en selle et partit au galop, accompagné de ses gentilshommes ; il avait quarante relais entre Nantes et Paris, et comptait être dans cette dernière ville le mardi suivant à la pointe du jour. Tous partirent aussitôt au grand galop la route de la Mauve.

Il fallait aller ventre à terre pour ne pas donner le temps aux gardes du maréchal de fermer la porte d'une petite rue du faubourg où était leur quartier : le cardinal avait un des meilleurs coureurs du monde qui avait coûté mille écus à M. de Brissac ; mais il ne pouvait lui lâcher la main, le pavé était fort mauvais. En arrivant à la rue qu'il fallait traverser, on aperçut deux gardes ; mais, quoiqu'ils ne parussent rien savoir encore, Boisguérin cria au cardinal de mettre le pistolet à la main. C'étaient de ces recommandations qu'il n'était point besoin de faire deux fois au belliqueux prélat : il tira l'arme des fontes et la dirigea vers celui des deux gardes qui se trouvait le plus proche de lui. En ce moment, un rayon du soleil se refléta sur la platine et éblouit le cheval comme un éclair ; il fit un écart, manqua des quatre pieds et jeta le cardinal contre la borne d'une porte, où il se brisa l'épaule. On le releva à l'instant même et on le remit à cheval ; il souffrait des douleurs atroces, mais il n'en continua pas moins sa route, se tirant de temps en temps les cheveux pour ne pas s'évanouir. Enfin on arriva au rendez-vous où attendaient M. de Brissac et le chevalier de Sévigné ; mais, en mettant le pied dans le bateau, le cardinal s'évanouit. On le fit revenir en lui jetant de l'eau au visage ; la rivière traversée, il lui fut impossible de remonter à cheval. Ceux qui l'accompagnaient cherchèrent alors un endroit où le cacher ; mais ils ne trouvèrent rien qu'une meule de foin, dans laquelle ils le hissèrent et où il resta avec un de ses gentilshommes. MM. de Brissac et de Sévigné partirent alors pour Beaupréau, à dessein d'y assembler la noblesse et de revenir tirer le cardinal de cette meule de foin.

Le cardinal y demeura caché pendant sept heures, souffrant horriblement d'une épaule rompue. Vers les neuf heures du soir, la fièvre le prit, et avec elle la soif, cette compagne ardente des blessures. Mais ni l'un ni l'autre des fugitifs n'osaient sortir, car, outre la crainte d'être vus, ils avaient encore celle de ne pouvoir raccommoder le foin qu'ils eussent dérangé, et, par là, de dénoncer leur retraite. Il fallut donc attendre au milieu des angoisses qu'occasionnait le bruit des pas des nombreux cavaliers qui, à la recherche du cardinal, passaient à gauche et à droite de la meule. Enfin, à deux heures du matin, un gentilhomme envoyé par M. de Brissac le vint prendre, et, après s'être assuré qu'il n'y avait plus d'ennemis dans les environs, il mit sur une civière et le fit porter par deux paysans dans une grange, où de nouveau il fut enseveli dans le foin. Mais, cette fois, comme il avait de l'eau près de lui, il trouva la couche délicieuse.

Au bout de sept ou huit heures, M. et Mme de Brissac vinrent prendre le cardinal avec une vingtaine de chevaux et le menèrent à Beaupréau, où il resta l'espace d'une nuit. Pendant ce temps, la noblesse s'assemblait, et, comme M. de Brissac était fort considéré dans tout le pays, il eut bientôt réuni deux cents gentilshommes, auxquels se joignit Henri de Gondi, duc de Retz, avec trois cents autres.

Malheureusement, il n'était plus temps de marcher sur Paris, où la nouvelle de l'évasion du cardinal ne pouvait tarder à arriver, et que l'on trouverait en mesure. La blessure avait tout perdu ; on se dirigea vers Machecoul, qui, étant dans le pays de Retz, mettait le fugitif en toute sûreté, à cette époque où chaque seigneur était roi de sa province.

La nouvelle arriva effectivement à Paris, le 13 août, et à Arras où était le prince de Condé, le 18. En l'apprenant, le prince écrivit aussitôt à M. de Noirmoutiers la lettre suivante :

« Monsieur,

» J'ai appris avec la plus grande joie du monde que M. le cardinal de Retz s'est sauvé. J'aurais souhaité de lui être utile dans son malheur. Si cela n'a pas été, il n'a point tenu à moi. Je lui écris pour lui témoigner ma joie ; je vous prie de lui faire tenir ma lettre, et vous le jugez à propos cependant. Je vous prie de croire que personne du monde n'est plus que moi, monsieur,

» Votre très humble et très obéissant serviteur,

« LOUIS DE BOURBON. »

A Paris, la peur fut grande : le chancelier Séguier et Servien, qui avaient proposé l'empoisonnement du cardinal, ne pensaient déjà qu'à se sauver en songeant qu'il allait arriver. Mais presque aussitôt ils apprirent que le fugitif s'était brisé l'épaule, et qu'au lieu de marcher sur Paris, il avait été obligé de se faire transporter à Machecoul ; ils gardèrent donc la place et se contentèrent d'écrire au roi, qui donna l'ordre d'arrêter le cardinal partout où on le trouverait.

Tout tournait au mieux pour le jeune roi. Il était à l'aurore de sa longue vie et de son grand règne, et le soleil, qui devait prendre pour devise *nec pluribus impar*, sortait radieux des nuages qui avaient obscurci la splendeur de sa naissance.

A Paris, Louis XIV retrouva les fêtes et les plaisirs qu'il avait un instant quittés pour les pompes du sacre et les hasards de la guerre ; puis les reines de ces fêtes, les Mancini, les Martinozzi, les Comminges, les Beuvron, les Villeroy, les Montmort, et madame de Sévigné, déjà connue depuis longtemps par sa beauté et qui commençait à se faire connaître par ses lettres ; c'était là que l'attendaient ses premières amours.

Dans ses inclinations enfantines, Louis XIV avait déjà remarqué trois femmes.

La première était madame de Frontenac, cette maréchale de camp de Mademoiselle qui avait fait avec elle la campagne d'Orléans et celle de Paris. Mademoiselle consigne ce premier amour dans ses Mémoires.

« Avant la majorité, dit-elle, on fut se promener sept ou huit fois. J'allais à cheval avec le roi, et madame de Frontenac m'y suivait ; le roi paraissait prendre grand plaisir à être avec nous, et tel que la reine crut qu'il était amoureux de madame de Frontenac, et là-dessus rompit les parties qui étaient faites ; ce qui fâcha le roi au dernier point. Comme on ne lui disait pas les raisons, il offrit à la reine cent pistoles pour les pauvres toutes les fois qu'il irait se promener. Il pensait que ce motif de charité surmonterait sa paresse, ce qu'il croyait qu'il faisait agir. Quand il vit qu'elle refusait cette offre, il dit : « Quand « je serai le maître, j'irai où je voudrai, et je le serai « bientôt. »

Son second amour fut pour madame la duchesse de Châtillon. Cette fois, le roi entrait en rivalité avec le duc de Nemours et le grand Condé. Il échoua bien plutôt par sa propre timidité, on le comprend, que par la vertu de la dame. Cet amour n'en fit pas moins grand bruit, et ces vers de Benserade coururent les ruelles :

> Châtillon, gardez vos appas
> Pour une autre conquête
> Si vous êtes prête,
> Le roi ne l'est pas.
> Avec vous il cause ;
> Mais, en vérité,
> Pour votre beauté
> Il faut bien autre chose
> Qu'une minorité.

Le troisième était pour mademoiselle d'Heudecourt. Celui-ci est consigné par Loret, dont la *Muse historique* consacrait jour par jour tous les événements importants de l'époque, depuis l'invention de la petite poste, comme nos lecteurs ont pu le voir, jusqu'aux passions juvéniles du roi.

Mais dans l'intervalle de ce dernier amour, au retour de l'armée, une complaisante institutrice, s'il faut en croire les bruits qui couraient en ce temps, s'était chargée de compléter l'éducation du roi, en ajoutant un peu de pratique à la théorie que devait avoir un jeune homme de quinze ou seize ans. Cette institutrice était madame Beauvais, femme de chambre de la reine, laquelle, *toute vieille et borgnesse* qu'elle était, dit Saint-Simon, aurait eu des choses positives encore de la précocité du jeune roi, que celles qui causèrent la disgrâce de Laporte (1).

Or, bientôt on s'aperçut que toutes les premières amours platoniques et matérielles commençaient à s'effacer devant un nouvel amour plus sérieux et surtout plus inattendu que les précédents.

Le roi était amoureux d'Olympe Mancini, nièce de Mazarin.

Lorsque cette jeune fille était arrivée à la cour, que le maréchal de Villeroy avait fait sur elle, sur sa sœur et sur sa cousine, cette prédiction qui était déjà en train de s'accomplir, puisque l'une avait épousé le prince de Conti et l'autre le duc de Mercœur, personne n'aurait pu croire à la beauté future d'Olympia Mancini : elle était maigre, avait le visage long, le teint brun, la bouche grande et les bras fluets. Mais, comme dit madame de Motteville, l'âge de dix-huit ans avait fait en elle son effet : elle avait engraissé, et cet embonpoint inattendu, en blanchissant son teint, en arrondissant son visage, avait creusé dans chacune de ses joues une charmante fossette. En même temps, sa bouche était devenue plus petite, et son œil sicilien, qu'elle avait toujours fin et beau, lançait des éclairs ; enfin il n'y avait pas jusqu'à son bras et ses mains qui ne fussent devenues assez remarquables pour être cités.

En peu de temps, cette passion fit d'assez grands progrès pour qu'on en parlât avec inquiétude à Anne d'Autriche. Mais à tout ce qu'on put lui dire sur ce sujet, la reine mère ne répondit jamais que par un sourire d'incrédulité.

Cependant Louis XIV semblait, pour cette fois, s'abandonner à cet amour avec toute la passion de son âge, et cette inclination, en l'absence de Mademoiselle, toujours en exil, et de madame de Longueville, toujours en retraite, faisait Olympe à peu près reine de la cour. Elle paraissait

(1) Voir la note L à la fin du volume.

donc la première dans toutes les préférences et les dignités que la faveur peut donner. Le roi, tout en ménageant madame de Mercœur, à cause du rang qu'elle tenait à la cour, faisait toujours danser Olympe, quoique d'ordinaire ce fût avec madame de Mercœur qu'il ouvrait le bal. Il avait, au reste, tellement pris l'habitude de rendre tous les honneurs aux nièces du cardinal, qu'un soir que la reine donnait bal dans sa chambre, et avait invité à cette petite réunion de famille la reine d'Angleterre et mademoiselle Henriette, sa fille, qui commençait à sortir de l'enfance, le roi, au premier son du violon, quoique les deux princesses fussent là, s'en alla prendre la main de madame de Mercœur pour se mettre en place avec elle. Anne d'Autriche, cette sévère observatrice des lois de l'étiquette, ne pouvant supporter une pareille infraction aux convenances, se leva, et, s'en allant arracher la main de madame de Mercœur de la main du roi, lui ordonna, tout bas, d'aller prendre madame de Mercœur pour se mettre en place avec elle. Cela n'avait point échappé aux yeux de la reine d'Angleterre, qui courut à elle, lui disant que sa fille avait mal au pied et ne danserait point ; mais Anne d'Autriche répondit que, si la princesse ne danserait point, la sienne ne danserait pas non plus ; de sorte que, pour ne point faire scandale, la reine d'Angleterre permit que sa fille acceptât la tardive invitation qui lui avait été faite.

Cette fois, Louis ne put danser que la troisième passe avec Olympia.

Après le bal, la reine fit en particulier une sévère réprimande au jeune roi. Mais celui-ci lui répondit fort résolument qu'il était d'âge à s'occuper des grandes filles et non des petites.

C'était pourtant cette petite fille, dont il devait devenir tellement amoureux six ou sept ans plus tard, que mademoiselle de la Vallière seule put le distraire de cet amour, qui, cette fois cependant, était un crime.

Ce fut sur ces entrefaites, et au moment où Louis XIV se faisait homme et essayait de se faire roi, que le parlement voulut donner signe d'existence. Fouquet, qui fournissait largement au luxe royal de Louis XIV et aux exigences avaricieuses du premier ministre, eut besoin de faire enregistrer quelques édits par les cours souveraines. Le roi se rendit lui-même au parlement et enleva l'enregistrement par sa seule présence ; mais à peine était-il hors du palais, qu'il fut question tout bas de revenir sur cet enregistrement. Les partisans du prince de Condé, les amis du cardinal de Retz, tout ce qui restait de vieux frondeurs, et il y en avait beaucoup, que le silence qui leur était imposé depuis le retour du roi, commencèrent à murmurer. Quelques jours s'écoulèrent pendant lesquels Louis XIV les entendit de Vincennes, dont, depuis la fuite du cardinal de Retz, il avait fait son séjour d'été.

Louis XIV envoya au parlement l'ordre de se rassembler le lendemain.

Cet ordre désorganisait une superbe partie de chasse. Aussi fut-il fait au jeune roi une foule de remontrances, qui, cette fois, n'avaient rien de parlementaire. Mais Louis XIV rassura les personnes qui l'entouraient en leur affirmant que sa présence au parlement n'empêcherait pas la chasse d'avoir lieu.

En effet, le 10 avril, à neuf heures et demie du matin, les députés de la compagnie envoyés à la rencontre du roi le virent arriver, à leur grand étonnement, en costume de chasse, c'est-à-dire en justaucorps rouge, en chapeau gris et en grosses bottes, suivi de toute la cour en même équipage. « Dans ce costume *inusité*, dit le marquis de Montgiat, grand maître de la garde-robe, il entendit la messe, prit sa place avec la cérémonial accoutumé, et, un fouet à la main, déclara au parlement qu'il voulait qu'à l'avenir ses discours fussent enregistrés et non discutés, menaçant dans le cas contraire, de revenir y mettre bon ordre. »

Ce coup d'État devait amener une royauté générale ou une obéissance passive. Les jours de la révolte étaient passés ; le parlement, fort contre le ministre, comprit sa faiblesse contre le roi, et obéit.

Ce fut le dernier soupir que la Fronde expirante poussa dans le palais. C'est qu'aussi tout continuait de seconder les désirs du roi. Le cardinal de Retz, après avoir, par le fait de sa blessure, manqué son entreprise sur Paris, s'était, comme nous l'avons dit, retiré à Machecoul, chez son frère, et de Machecoul à Belle-Isle. Mais, poursuivi par les troupes de M. de la Meilleraie, il s'était embarqué, avait abordé en Espagne, et, après avoir traversé la Péninsule, était arrivé à Rome juste à temps pour assister au convoi d'Innocent X, son protecteur. Il n'y avait donc à craindre de ce côté que les lointaines intrigues qu'il pouvait nouer à la cour de Rome. Or, ces intrigues devaient aboutir à empêcher Mazarin de faire nommer une de ses créatures, et voilà tout.

Mazarin se consola de cet échec en mariant, vers la même époque, une autre de ses nièces, Laura Martinozzi, sœur de la princesse de Conti, au fils aîné du duc de Modène.

Enfin, une dernière victoire venait d'être remportée par le maréchal de Turenne : Landrecies avait capitulé.

Le roi, à cette nouvelle, résolut de prendre sa part de la campagne. Il rejoignit l'armée pour faire avec elle son premier pas sur le territoire ennemi. On suivit donc la Sambre jusqu'à Thuin, et l'on passa l'Escaut pour aller chercher l'armée espagnole. Puis on mit le siège devant la ville de Condé, celle-là même qui donnait son nom au prince rebelle, et on la prit en trois jours.

Il est vrai que, pendant ce temps, Condé ne s'endormait point : il était tombé sur un parti de fourrageurs, conduit par le comte Bussy-Rabutin, le même qui devait se rendre si célèbre depuis par ses démêlés avec madame de Sévigné et par son *Histoire amoureuse des Gaules* ; dans cette rencontre, Bussy avait été battu, et ses hommes, dispersés, avaient abandonné aux Espagnols l'étendard fleurdelisé du roi, que l'on porta au prince de Condé, et que le prince de Condé renvoya galamment au roi. Mais Louis XIV était trop fier pour recevoir de pareils présents de la part d'un ennemi, et surtout d'un ennemi rebelle ; il le lui renvoya à son tour, en lui faisant dire que de pareils trophées étaient trop rares en Espagne, pour qu'il privât l'Espagne de celui-là.

Onze jours après, à titre de revanche, le roi prenait Saint-Guilain, et revenait à Paris, laissant ses généraux fortifier les quatre places conquises.

De nouvelles fêtes et de nouveaux ballets attendaient le jeune vainqueur. Jamais on n'avait vu tant de mariages à la fois : Laura Martinozzi épousait, comme nous l'avons dit, le duc de Modène ; le marquis de Thianges, mademoiselle de Mortemart ; Loménie de Brienne, fils du ministre d'État, une des filles de Chavigny. Nous en citons trois qui tombèrent presque en même temps ; un auteur contemporain en compte onze pendant le courant de l'année.

Il va sans dire qu'Olympe Mancini était toujours la reine de toutes les fêtes, et Loret, dans sa *Muse historique*, enregistre les petits soins de Louis XIV pour elle : « Le roi, dit-il,

Le roi, notre prince chéri,
Menait l'infante Mancini,
Des plus sages et gracieuses,
Et la perle des précieuses. »

Il est inutile de dire que le mot *précieuse*, à cette époque, était pris dans un bon sens, Molière n'ayant pas encore fait ses *Précieuses ridicules*.

Quelques mois après, Loret, le Dangeau poétique de l'époque, constate une nouvelle recrudescence de plaisirs dans les vers suivants :

Paris, de plaisirs inondé,
Est tellement dévergondé,
Qu'on n'y voit que réjouissances,
Que des bals, des festins, des danses,
Que des repas à grands desserts,
Et de mélodieux concerts.

Constatons que ce fut vers cette époque, et en l'honneur d'Olympia Mancini, que le roi donna son premier carrousel.

« Le roi, dit madame de Motteville, continuant d'aimer mademoiselle de Mancini, quelquefois plus, quelquefois moins, voulut, pour se divertir, faire une célèbre course de bagues qui eût rapport à l'ancienne chevalerie. »

En conséquence, il divisa toute sa cour en trois troupes de huit chevaliers chacune, se mit à la tête de la première, nomma le duc de Guise chef de la seconde, et le duc de Candale, de la troisième.

Les couleurs du roi étaient incarnat et blanc ;
Celles du duc de Guise étaient bleu et blanc ;
Et celles du duc de Candale, vert et blanc.

Chacun des chefs et des chevaliers avait un habit à la romaine avec un petit casque doré couvert d'une quantité de plumes. Leurs chevaux étaient ornés de la même manière et chargés de flots de rubans. Les trois troupes sortirent successivement du jardin, et passèrent dans le meilleur ordre sous les balcons du Palais-Royal, tout chargés des dames de la cour.

La troupe du roi marchait la première. A la tête de cette troupe parurent quatorze pages vêtus de toile d'argent avec des rubans incarnat et argent ; ils portaient les lances et les devises des chevaliers. Après eux venaient six trompettes, et après ces six trompettes s'avançait seul le premier écuyer du roi, habillé de la même manière ; il était à son tour suivi de douze pages du roi, richement vêtus et chargés de plumes et de rubans, dont les deux derniers portaient, l'un la lance du roi, l'autre son écu, sur lequel étaient écrits ces mots : *Ne più ne pari* (ni un plus grand ni un pareil) ; puis venait le maréchal de camp, puis le roi, puis les huit chevaliers, tous parés à merveille et richement vêtus ; mais, dit madame de Motteville, aussi surpassés par la bonne mine du roi, par sa grâce et par son adresse, qu'ils l'étaient par sa qualité de souverain et de maître.

Venait ensuite la troupe bleue et blanche commandée par le duc de Guise, dont le génie romanesque s'accommodait admirablement à ces sortes de fêtes. « Il était, dit madame de Motteville, suivi d'un cheval qui paraissait devoir servir à quelque Abencerrage ou à quelque Zégri, car il était mené par deux Mores qui lui faisaient suivre la troupe à pas lents et pompeux. » L'écu du duc avait pour devise un bûcher consumant un phénix, au-dessus duquel brillait le soleil qui venait lui redonner la vie, avec cette devise : *Que importa que muran, si resuscitan?* (Qu'importe qu'il tue, si l'on ressuscite?)

Enfin venait le duc de Candale, que l'on admira fort pour la belle tenue de sa troupe, mais surtout aussi pour sa belle tête blonde. Son écu avait pour devise une massue, avec ces mots, qui sans doute se rapportaient aux exploits qu'Hercule accomplit avec cette arme : *Elle peut me placer parmi les astres.*

On comprend que, soit adresse personnelle, soit complaisance de ses rivaux, tous les honneurs de cette journée, aurore des journées plus splendides qui devaient la suivre, furent pour le roi Louis XIV.

Ce carrousel terminé, le roi et toute la cour s'en allèrent passer l'été à Compiègne.

Ce fut là qu'on apprit que la reine Christine, cette fille de Gustave-Adolphe dont on avait entendu raconter des choses si extraordinaires, se rendait en France, après avoir abjuré à Rome entre les mains du pape. Louis XIV lui envoya le duc de Guise pour la recevoir à son entrée dans ses États, et la reine lui adjoignit Comminges. Tout le monde avait les yeux tournés vers l'Italie, lorsqu'on reçut du duc de Guise cette lettre, qui redoubla la curiosité. Elle était adressée à quelques-uns de ses amis :

« Je veux, dans le temps que je m'ennuie cruellement, penser à vous divertir, en vous envoyant le portrait de la reine que j'accompagne. Elle n'est pas grande, mais elle a la taille fournie et la croupe large, le bras beau, la main blanche et bien faite, mais plus d'homme que de femme, une épaule haute dont elle cache si bien le défaut par la bizarrerie de son habit, sa démarche et ses actions, que l'on en pourrait faire des gageures ; le visage est grand sans être défectueux, tous les traits sont de même et fort marqués, le nez aquilin, la bouche assez grande mais pas désagréable, ses dents passables, ses yeux fort beaux et pleins de feu, son teint, nonobstant quelques marques de petite vérole, assez vif et assez beau, le tour du visage assez raisonnable, accompagné d'une coiffure assez bizarre : c'est une perruque d'homme fort grosse et fort relevée sur le front, fort épaisse sur les côtés, qui a en bas des pointes fort claires ; le dessus de la tête est d'un tissu de cheveux, et le derrière à quelque chose de la coiffure d'une femme ; quelquefois elle porte un chapeau. Son corps, lacé par derrière de biais, est quasi fait comme nos pourpoints, sa chemise sortant tout autour au-dessus de sa jupe, qu'elle porte assez mal attachée et par trop droite. Elle est toujours fort poudrée avec force pommade et le met ainsi jamais de gants ; elle est chaussée comme un homme dont elle a le ton de voix et quasi toutes les actions ; elle affecte fort de faire l'amazone ; elle a pour le moins autant de gloire et de fierté qu'en pouvait avoir le grand Gustave son père ; elle est fort civile et fort caressante, parle huit langues, et principalement la française, comme si elle était née à Paris ; elle sait plus que toute notre Académie jointe à la Sorbonne, se connaît admirablement en peinture comme en toutes les autres choses, sait mieux toutes les intrigues de notre cour que moi. Enfin c'est une personne tout à fait extraordinaire. Je l'accompagnerai à la cour par le chemin de Paris ; ainsi vous en pourrez juger vous-même. Je crois n'avoir rien oublié de sa peinture, hormis qu'elle porte quelquefois une épée avec un collet de buffle, et que sa perruque est noire et qu'elle n'a sur la gorge qu'une écharpe de même. »

Ce qu'avait dit le duc de Guise de la reine Christine était exact en tout point, et surtout lorsqu'il avait parlé de sa connaissance de la cour. Aussitôt qu'il s'était nommé Christine lui avait, en riant, demandé des nouvelles de l'abbesse de Beauvais, de madame du Bossut et de mademoiselle de Pons ; et aussitôt que Comminges avait dit son nom, elle s'était informée du bonhomme Gaitaut, son oncle, et avait demandé si elle ne le verrait point en colère, spectacle qu'elle avait entendu dire être un des plus réjouissants de ceux qui l'attendaient à la cour de France. Ce prospectus, qui précédait de quelques jours l'illustre étrangère, ne fit donc que redoubler le désir que chacun avait de la voir.

Enfin, le 8 septembre 1656, après s'être arrêtée à Essonne pour voir un ballet, un feu d'artifice et une comédie, elle entra dans Paris, escortée de deux rangs de bourgeois en armes, qui avaient été la recevoir en bon ordre hors de la ville, et qui bordaient son chemin dans toutes les rues depuis Conflans, où elle avait couché, jusqu'au Louvre, où elle devait descendre. La foule était si grande pour la voir passer, qu'entrée à Paris vers deux heures de l'après-midi, elle n'arriva au Louvre qu'à neuf heures du soir. Elle fut logée dans l'appartement où étaient la tapisserie de Scipion et le magnifique lit de satin à broderies d'or que le cardinal de Richelieu avait en mourant laissé au feu roi. Le prince de Conti la vint recevoir et lui donna la serviette, qu'elle prit, dit madame de Motteville, après quelques compliments répétés.

Christine, au reste, était charmante pour ceux à qui elle voulait plaire. Son habit, si extravagant à entendre décrire, ne l'était pas trop à la vue, ou, du moins, on s'y accoutumait facilement. Son visage même parut assez beau, et chacun admira sa science, la vivacité de son esprit et les choses toutes particulières qu'elle savait de la France. Elle connaissait non seulement les généalogies et les blasons des principales familles, mais encore les détails des intrigues et des galanteries, et les noms des amateurs de peinture et de musique. Lorsqu'elle rencontra le marquis de Sourdis, elle lui fit le catalogue des tableaux qu'il avait dans son cabinet ; ce fut à ce point qu'elle apprenait aux Français eux-mêmes quelles étaient les richesses qu'ils possédaient. A la Sainte-Chapelle, elle voulut voir une agate de grand prix qui, disait-elle, devait s'y trouver, et elle insista tellement, qu'on découvrit que, vers la fin du règne du feu roi, cette agate avait été portée à Saint-Denis.

Quand elle fut restée quelques jours à Paris, elle la quitta pour aller faire visite au roi et à la reine, qui, ainsi que nous l'avons dit, étaient à Compiègne. Mazarin vint au-devant d'elle jusqu'à Chantilly, et, deux heures après, le roi et M. le duc d'Anjou y arrivèrent comme des particuliers. Le roi et son frère, étant entrés par une porte, qui était au coin des balustres du lit, se montrèrent au milieu de la foule qui l'entourait. Dès que Mazarin aperçut les augustes visiteurs, il les présenta à la reine en lui disant que c'étaient deux gentilshommes des plus qualifiés de France.

— Je le crois bien, répondit Christine, car ils sont nés à porter des couronnes.

Elle les avait reconnus d'après leurs portraits, qu'elle avait vus au Louvre.

Le lendemain, la reine, accompagnée du roi et de toute sa suite royale, vint recevoir la voyageuse au Farget, maison appartenant au maréchal de la Motte-Houdancourt, et située à trois lieues en avant de Compiègne, où ils lui donnèrent à dîner.

Christine resta plusieurs jours à Compiègne, causant politique avec les hommes d'État, science avec les savants, et raillant impitoyablement les railleurs. Le jour, elle allait à la chasse ; le soir, elle écoutait la comédie française, se récriant dans les beaux endroits, battant des mains, pleurant ou riant selon la situation, et, ce qui scandalisait fort les gens de la cour autant que cela réjouissait le parterre, posant ses jambes sur le devant de sa loge, comme si elle eût été seule dans son cabinet. La reine, voyant son goût pour le spectacle, la conduisit à une tragédie des jésuites dont Christine se moqua cruellement. C'était à cette époque, on le sait, l'habitude des jésuites, non seulement de composer, mais encore de faire jouer des tragédies. Le professeur de Voltaire était un des plus fameux tragiques de cette époque ; il s'appelait le père Porée.

En quittant le roi et la reine, Christine alla faire une visite qui scandalisa fort la cour. Mue de curiosité par les éloges que le maréchal d'Albret lui avait faits de Ninon, elle voulut absolument la voir ; resta deux heures avec elle et la quitta en lui donnant toutes les marques d'amitié possibles.

Après quoi, dit madame de Motteville, cette amazone suédoise prit des carrosses de louage, que le roi lui fit donner et de l'argent pour les pouvoir payer, et s'en alla suivie de sa chétive troupe, sans train, sans grandeur, sans vaisselle d'argent ni aucune marque royale.

Vers ce même temps, le cardinal perdit sa sœur madame de Mancini, et sa nièce madame de Mercœur.

Du premier moment où madame de Mancini tomba malade, elle se regarda comme perdue. Son mari, qui était grand astrologue, avait d'abord prédit sa propre mort, puis celle de son fils qui avait été au combat de la porte Saint-Antoine, et enfin celle de sa femme, qui devait arriver dans sa quarante-deuxième année. Or, la pauvre femme commençait à avoir quelque espérance que, pour cette fois, son mari s'était trompé, n'ayant plus que quelques jours pour accomplir cette quarante-deuxième année, lorsque, nous l'avons dit, elle se sentit plus mal et s'alita pour ne plus se relever. Son frère le cardinal l'assista à son lit de mort, et elle expira en lui recommandant ses deux dernières filles, Marie et Hortense.

Quant à madame de Mercœur, elle venait d'accoucher fort heureusement, lorsque subitement elle eut la moitié du corps frappé de paralysie et, du même coup, perdit la parole ; son oncle d'abord ne fut point très inquiet, les médecins ayant répondu de la malade ; mais, comme il sortait d'un ballet où le roi avait dansé, on vint lui dire que sa nièce se trouvait beaucoup plus mal ; il se jeta aussitôt dans un carrosse qu'il rencontra et se fit conduire à l'hôtel de Vendôme. Là, il trouva la pauvre duchesse qui se mourait et qui, privée du mouvement et de la parole, ne put que lui sourire.

Elle laissait au berceau le duc de Vendôme, qui, quarante ans plus tard, devait sauver la monarchie de Louis XIV.

Sur la fin de ce même mois de décembre de l'année 1656, Olympia Mancini, voyant que cet amour du roi, qui avait duré près de deux années, ne pouvait avoir pour elle aucun résultat avantageux, consentit à l'alliance qu'on lui proposait depuis quelque temps et épousa le prince Eugène, fils du prince Thomas de Savoie, qui prit le nom de comte de Soissons, madame de Carignan, sa mère, étant fille du fameux comte de Soissons et sœur du dernier comte de ce nom, qui l'avait laissée héritière en partie de cette illustre maison, laquelle est une branche de celle de Bourbon. Quant à elle, nous l'avons déjà dit, elle fut la mère de ce fameux prince Eugène qui sauva la monarchie de Louis XIV à deux doigts de sa perte.

L'année finit sur ces morts et sur ce mariage.

Pendant qu'il était à Compiègne, le roi avait encore reçu une autre visite : c'était celle de son oncle Gaston d'Orléans, qui, en abandonnant ses amis comme d'habitude, s'était sournoisement raccommodé avec la cour. Le prince partit de son château de Blois, passa près de Paris sans y entrer, puis arriva aux portes de Compiègne, où il rencontra le roi qui chassait. Après l'avoir salué, il se rendit chez la reine, puis chez le cardinal, qui, sous prétexte qu'il avait la goutte, n'était point venu au-devant de lui. On lui fit un excellent accueil et il fut reçu comme si rien ne s'était passé.

Après quelques jours, il quitta la cour, passa par Paris, où il n'était point entré depuis trois ans, et reprit le chemin de Blois, décidé cette fois à finir sa vie dans une obscurité dont il n'était jamais sorti qu'au dépens de son honneur.

C'était le dernier représentant de la guerre civile intérieure qui venait demander grâce, frayant le chemin du retour au prince de Condé, qui ne devait point tarder à en faire autant.

XXXII

INTRIGUES D'AMOUR DE MARIE DE MANCINI. — MADEMOISELLE DE LA MOTTE D'ARGENCOURT. — JALOUSIE. — UNE « DISTRACTION » ROYALE. — LA JEUNE JARDINIÈRE. — RETOUR A MARIE DE MANCINI. — PROJETS DE MARIAGE. — MESDEMOISELLES D'ORLÉANS. — HENRIETTE D'ANGLETERRE. — LA PRINCESSE DE PORTUGAL. — MARGUERITE DE SAVOIE. — L'INFANTE MARIE-THÉRÈSE. — CHRISTINE A FONTAINEBLEAU. — LETTRE CURIEUSE DE CETTE REINE. — FÊTES A LA COUR. — ESPÉRANCES DE MAZARIN. — OPPOSITION D'ANNE D'AUTRICHE. — TRAHISON ET PUNITION DU MARÉCHAL D'HOCQUINCOURT. — CAMPAGNE DU ROI. — GRAVE MALADIE. — MESURES DE PRÉCAUTION DU CARDINAL MAZARIN. — VOYAGE A LYON. — ENTREVUE DE LA COUR DE FRANCE ET DE CELLE DE SAVOIE. — LA GOUVERNANTE SOMNAMBULE. — CONDUITE DU ROI D'ESPAGNE. — IL FAIT OFFRIR L'INFANTE A MAZARIN.

Le cardinal Mazarin n'avait point oublié la recommandation de sa sœur mourante relativement à Marie et à Hortense Mancini, ou, bien plutôt encore, désireux de s'attacher le roi par le plus de liens possible, il espéra que l'une de ces deux jeunes filles l'occuperait, comme l'avait occupé Olympia. Le prévoyant ministre ne se trompait pas : il avait compté sur Hortense ; mais, à son grand étonnement, ce fut Marie qui accomplit l'œuvre de sa prévision.

Marie, qui, ainsi que sa sœur, était au couvent, et qui n'en sortit qu'à cette époque, se trouvait être la cadette de la comtesse de Soissons et l'aînée d'Hortense. Elle avait un an ou deux de moins que le roi, et était plutôt laide que belle. Sa taille, qui était grande, pouvait, il est vrai, devenir un jour agréable ; mais, pour le moment, elle était si maigre, ses bras et son cou paraissaient si longs et si dé-

montra bientôt une si violente passion pour elle, que la reine s'en inquiéta, et, un soir que le roi avait causé très longtemps avec mademoiselle d'Argencourt, elle le prit à part et le réprimanda fort sérieusement. Mais, au lieu de se rendre à cette réprimande, le roi, à la première occasion qui se présenta, déclara ses sentiments à mademoiselle de la Motte, et, comme celle-ci objectait la rigidité de la reine, le roi lui rappela qu'il était roi, et lui promit, si elle voulait répondre à son amour, de tenir tête à sa mère dans tout ce qu'elle lui pourrait dire. Mais la jeune demoiselle d'honneur, qui, en ce moment même, avait un

Mazarin présenta à la reine les augustes visiteurs.

charnés, que cette grande taille semblait plutôt chez elle un défaut qu'un agrément. Elle était brune ou plutôt jaune ; ses yeux, grands et noirs, paraissaient rudes, et sa bouche, garnie, il est vrai, de dents magnifiques, était grande et plate. Il en résulta qu'au premier abord les espérances du ministre furent trompées, et qu'à peine si le roi fit quelque attention à Marie et à sa sœur.

D'ailleurs, il se trouvait en ce moment préoccupé d'une autre passion, et c'était cette passion sans doute qui lui avait fait prendre en patience le mariage de la comtesse de Soissons. Ce nouvel amour avait pour objet une fille d'honneur que la reine depuis quelque temps avait prise près d'elle et qu'on appelait mademoiselle de la Motte d'Argencourt ; cette jeune personne n'avait ni une éclatante beauté, ni un esprit fort extraordinaire ; mais toute sa physionomie était aimable et gracieuse : sa peau n'était ni fort délicate, ni fort blanche, mais ses yeux bleus et ses cheveux blonds faisaient, avec la noirceur de ses sourcils et le brun de son teint, un mélange de douceur et de vivacité si étrange, qu'il était fort difficile de se défendre. Comme avec tout cela elle avait un très bon air et une taille charmante, qu'elle avait une manière de parler qui plaisait et qu'elle dansait admirablement bien, dès qu'elle fut admise au petit jeu, où parfois le roi venait le soir, celui-ci la remarqua et

amant que les uns disent être M. de Chamarante, valet de chambre du roi, que l'on n'appelait à la cour que le beau Chamarante, et les autres, M. le marquis de Richelieu, le même qui avait épousé la fille de madame Beauvais, refusa d'entrer dans cette conspiration, soit qu'elle craignit son amant, soit que, par son refus, elle voulût piquer les désirs du roi. Malheureusement, Louis XIV, qui, pour être roi, n'en était guère, à cette époque, plus avancé comme homme, ignorait encore tous les manèges de la coquetterie ; il recourut à sa mère comme il faisait dans ses peines enfantines, lui raconta tout, et, dans la candeur d'un premier désappointement, offrit lui-même de s'éloigner de l'objet de son amour. La reine se rendit aussitôt chez Mazarin, qui lui vint en aide, en offrant au roi une retraite. Louis XIV accepta, quitta la cour, s'enfuit à Vincennes, comme plus tard la Vallière devait s'enfuir à Chaillot, pria, se confessa, communia, et reparut après une absence de huit jours, se croyant guéri.

Cette retraite n'était point selon les calculs de la famille d'Argencourt, qui ayant remarqué l'amour de Louis, avait déjà spéculé sur cet amour ; la mère de la demoiselle avait offert au cardinal et à la reine de se prêter à tous les désirs du roi, s'engageant au mieux de sa fille, à ce que celle-ci se contentât du titre de maîtresse. Mais ce n'était point l'affaire de la reine, qui avait la prétention de garder son fils pur jusqu'au jour de son mariage, ni celle du cardinal, qui voulait bien que le roi aimât quelqu'un, mais à la condition que l'objet de cet amour serait une de ses nièces. Tous deux répondirent donc à madame d'Argencourt qu'ils lui étaient reconnaissants du sacrifice qu'elle voulait bien faire, mais que, le roi étant guéri de sa passion, ce sacrifice devenait inutile.

En effet, Louis XIV avait quitté Vincennes, froid et réservé ; il évitait toutes les occasions de se rencontrer avec mademoiselle d'Argencourt, et, lorsque quelqu'une de ces occasions se présentait à l'improviste, il paraissait tenir bon dans sa résolution de ne point revenir à elle. Malheureusement, deux jours après ce retour, comme il y avait un bal à la cour, et que le roi était en train d'en faire les honneurs, mademoiselle de la Motte entra. Belle de sa parure, et peut-être aussi de son dépit, elle marcha droit au jeune monarque, au milieu des regards de toute la cour, et le pria de danser avec elle. A cette prière, Louis devint fort pâle, et laissa tomber dans celle de la demoiselle une main qui demeura tremblante tout le temps que dura le branle. Dès lors, mademoiselle d'Argencourt se crut sûre de la victoire, et le soir même, fit part à ses compagnes des espérances qu'elle fondait sur l'émotion du roi, émotion que, du reste, tout le monde avait remarquée.

Le péril était urgent ; aussi Mazarin crut-il qu'il était temps d'intervenir. Ce ne furent point, comme la reine l'avait fait, la piété et la religion qu'il appela à son aide, ce furent la jalousie et le dédain : sa police, mise en campagne, lui avait rapporté l'intrigue, ou peut-être même la double intrigue de mademoiselle de la Motte. Une lettre saisie ou vendue, qui était de l'écriture de la demoiselle, ne laissait aucun doute sur ses relations avec le marquis de Richelieu. Tout cela fut raconté au roi avec les preuves à l'appui. L'orgueil fit alors chez Louis XIV ce que la persuasion n'avait pu faire : il cessa de voir mademoiselle d'Argencourt ; et, comme à cette heure justement, madame Beauvais vint se plaindre à la reine du trouble qu'elle avait jeté dans le ménage de sa fille, mademoiselle de la Motte reçut l'invitation de se rendre aux Filles de Sainte-Marie de Chaillot, où, détrompée non seulement de ses ambitions, mais encore de son amour, elle demeura, quoiqu'elle n'eût point fait de vœu et que personne ne l'y forçât, pendant tout le reste de sa vie.

Le cardinal se connaissait en amour aussi bien qu'en politique : il savait que rien ne guérit la passion platonique comme la jouissance matérielle. Or, il s'agissait de faire perdre complètement au roi le souvenir de la belle recluse : on lui chercha une *distraction*.

Le choix tomba sur une jardinière. D'où était-elle, on ne le sait pas. Comment se nommait-elle, on l'ignore. Seul, parmi tous les écrivains du temps, Saint-Simon parle de cet amour (1). Cependant l'aventure eut des suites : la jardinière devint enceinte et accoucha d'une fille ; mais, à cause de la basse extraction de sa mère, on ensevelit la pauvre enfant dans l'obscurité, et, lorsqu'elle eut dix-huit ans, on la maria à un gentilhomme des environs de Versailles, nommé Laqueue, auquel Bontemps, valet de chambre de confiance du roi, dit tout bas ce qu'il en était. Le gentilhomme accepta le mariage avec grande joie, espérant que cette alliance avec la maison des filles de Louis XIV le mènerait loin. Mais il se trompait : il ne put parvenir qu'au grade de capitaine de cavalerie, et encore fut-ce par la protection de M. de Vendôme. Quant à la jeune fille, qui, par malheur, savait le secret de sa naissance, elle était grande, bien faite, et ressemblait fort au roi, ressemblance qui fut cause sans doute qu'on ne lui permit point de sortir de son village, où elle mourut à trente-six ou trente-sept ans, enviant le sort de ses trois sœurs reconnues et si richement mariées. Elle avait ou plusieurs enfants qui, comme elle, s'éteignirent dans l'obscurité.

Mazarin ne s'était pas trompé. Cette passade avait complètement guéri le roi de sa passion pour mademoiselle de la Motte ; il reprit donc sa vie accoutumée et se rejeta dans les plaisirs. Ce fut alors qu'il se retrouva en face de Marie de Mancini, à laquelle il n'avait fait d'abord aucune attention.

Mais, s'il n'avait pas remarqué la jeune fille, il n'en avait point été ainsi de la jeune fille à son égard. La vue du roi, si beau et si majestueux, avait produit sur elle un sentiment qui n'était point le respect. « Car, dit sa sœur dans les Mémoires que nous a laissés d'elle Saint-Réal, elle était la seule que la majesté du roi n'effrayât point, et, tout amoureuse de lui qu'elle était, elle avait conservé une grande liberté en lui parlant. C'est au point qu'un jour qu'elle se promenait avec ses sœurs, ayant aperçu de loin un gentilhomme qui avait la tournure du roi, elle courut

(1) Voir ses Mémoires, T. VII, page 249, aux notes.

à ce gentilhomme en criant : « Ah ! c'est vous, mon pau« vre sire ! » Le gentilhomme se retourna, et Marie demeura toute honteuse en voyant qu'elle s'était trompée. »

Cette passion, qu'encourageait Mazarin, commençait à faire du bruit et l'on en parla au roi ; il parut d'abord en rire, mais tourna peu à peu ses regards vers celle à qui il l'inspirait : il est toujours doux et flatteur d'être aimé. Louis XIV fut reconnaissant à Marie de Mancini du sentiment qu'elle avouait ainsi hautement ; puis, en se rapprochant d'elle, il s'aperçut que, si la nature avait peut-être un peu négligé son visage, elle s'était en revanche fort occupée de son esprit. Marie de Mancini était charmante, causait et racontait agréablement ; enfin elle paraissait aimer Louis XIV de toutes les facultés de son cœur et de son esprit.

Cependant, en ce moment même, le cardinal s'occupait activement de l'événement qui pouvait le plus désoler cet amour naissant de sa nièce, qu'il avait lui-même encouragé : c'était le mariage du roi.

Plusieurs partis se présentaient. D'abord, mademoiselle d'Orléans, qu'on appelait déjà la grande Mademoiselle, à cause de ses sœurs nées du second lit de son père. Ce mariage avait été l'ambition éternelle de la princesse ; elle avait fait la guerre civile dans le seul but de forcer le roi à l'épouser, et, lorsqu'elle était maîtresse d'Orléans, comme Anne d'Autriche lui avait fait demander le passage par cette ville, elle avait dit à Laporte : « Qu'on me donne le roi pour mari et je livre Orléans. »

Laporte avait rapporté cette réponse à la reine, laquelle s'était mise à rire et avait répondu : « Eh bien, nous passerons à côté de la ville, au lieu de passer dedans, car le roi n'est pas pour son nez, quoiqu'il soit bien long. »

La réponse était un peu vulgaire, mais elle n'en était pas moins décisive, et, à partir de ce jour, il n'avait plus été question de Mademoiselle.

Mais, depuis la rentrée en grâce, sinon en faveur, de Gaston, il était question de la seconde Mademoiselle, c'est-à-dire de la fille cadette de Monsieur. Seulement, ceux qui parlaient de cette union étaient ceux qui la désiraient. Malheureusement, le cardinal n'était point de ce nombre : il n'avait pas à se louer de Gaston, et ne voulait pas, en faisant sa fille reine, augmenter l'importance agonisante de l'homme qui si souvent s'était déclaré contre lui. Mazarin était donc opposé à ce mariage.

Il y avait aussi à la cour la princesse Henriette d'Angleterre, cette petite fille avec laquelle le roi n'avait pas voulu danser un jour, qui se faisait belle à son tour, et d'heure en heure devenait plus désirable ; mais, née sur les marches d'un trône, la pauvre enfant avait vu ce trône se changer en échafaud, et c'était Cromwell qui pour le moment régnait en Angleterre. Il n'y avait donc point à songer à Henriette.

On avait, d'un autre côté, reçu des lettres de Comminges, qui était ambassadeur à Lisbonne ; il y avait une princesse de Portugal à marier, et sa mère désirait si fort qu'elle devint reine de France, qu'elle offrait de grandes sommes à Comminges, pour qu'il tâchât de décider Mazarin à cette alliance. Comminges avait envoyé le portrait de la princesse ; mais le bruit s'était répandu à la cour que le portrait était flatté, et que, si le roi s'en rapportait à la copie, il serait fort désappointé à la vue de l'original.

On s'occupait assez sérieusement encore d'une autre princesse : c'était la princesse Marguerite de Savoie, nièce de la reine d'Angleterre et cousine d'Henriette. Mais ceux qui connaissaient le dessous des cartes savaient que tous les pourparlers qui avaient eu lieu tendaient seulement à forcer le roi d'Espagne à se décider. Or, voici à quoi on désirait que l'Espagne se décidât.

La reine Anne d'Autriche et Mazarin, par politique, avaient toujours souhaité une alliance avec la maison d'Espagne ; mais il y avait un grand empêchement à cette alliance : l'infante Marie-Thérèse était fille unique, et, par conséquent, l'héritière de la couronne ; il était donc impossible de marier la future reine d'Espagne avec le roi régnant de France.

Mais, comme si toutes les chances du hasard voulaient se réunir pour la prospérité du royaume depuis si longtemps tourmenté, la reine d'Espagne venait d'accoucher d'un fils. L'infante n'était donc plus qu'une princesse ordinaire, puisque son frère, quoique cadet, prenait pour lui la couronne.

Depuis le jour de la naissance bienheureuse de ce prince, les yeux de Mazarin n'avaient point quitté l'Espagne, ou plutôt les États de Flandre et de Brabant, que Mazarin avait toujours eu l'ardent désir de donner à la France.

Parmi ses préoccupations, une nouvelle étrange éclata tout à coup au milieu de la cour : Christine, cette illustre voyageuse, si bien reçue à son premier voyage en France, était revenue sans s'être probablement assurée de l'agrément du roi, car, à Fontainebleau, elle avait reçu l'invitation de s'arrêter. Il est vrai que, pour adoucir cet ordre, on avait mis le château à sa disposition. Tout à coup on apprit que, dans ce château, sans égard pour l'hospitalité royale, sans respect pour les lois françaises, elle avait fait assassiner un de ses serviteurs nommé Monaldeschi. La cause de cette mort, on l'ignorait : elle avait envoyé chercher le supérieur des Trinitaires, lui avait remis un paquet de lettres ; puis, faisant venir Monaldeschi, elle l'accusa de l'avoir trahie. Monaldeschi nia. Alors, elle demanda. au moine les lettres qu'elle lui avait remises, et les montra au coupable ; celui-ci pâlit, et, attirant la reine dans un coin, il se jeta à ses pieds. Mais elle, après avoir patiemment écouté tout ce que ce malheureux avait à·lui dire, avait envoyé son capitaine des gardes nommé Sentinelli, avec ordre de faire justice du traître.

Alors commença une scène terrible de prières et de supplications, lesquelles ne produisirent que le mépris dans l'esprit de la reine, qui, voyant que le condamné ne voulait pas se confesser, sous le prétexte qu'il ne pouvait croire à sa mort, ordonna à son bourreau de le blesser pour qu'il y crût. Mais ce n'était pas chose facile à exécuter qu'un pareil commandement : Monaldeschi, dans la prévision du danger, s'était couvert d'une cotte de mailles, et les premiers coups s'émoussèrent sur cette cuirasse. Enfin, ayant lui avoir coupé trois doigts de la main, après être revenu, sur les instantes supplications de la reine, Sentinelli était parvenu, dit madame de Motteville, à lui passer son épée à travers la gorge et le lui avait coupée *à force de le chicoter*.

On comprend l'effet que produisit une pareille nouvelle à la cour : le sentiment d'horreur qu'elle inspira contre Christine fut universel ; et Louis XIV, trouvant mauvais que quelque autre que lui prétendît être roi et justicier dans son royaume, lui fit signifier son mécontentement par le cardinal Mazarin. La lettre du ministre parut sans doute inconvenante à la reine ; car elle lui fit à son tour la réponse suivante :

« Mons Mazarin, ceux qui vous ont appris le détail de Monaldeschi, mon écuyer, étaient très mal informés. Je trouve fort étrange que vous commettiez tant de gens pour vous informer de la vérité du fait ; votre procédé ne devrait cependant point m'étonner, tout fou qu'il est, mais je n'aurais jamais cru que ni vous ni votre jeune maître orgueilleux, eussiez osé m'en témoigner le moindre ressentiment. Apprenez, tous tant que vous êtes, valets et maîtres, petits et grands, qu'il m'a plu d'agir ainsi ; que je ne dois ni ne veux rendre compte de mes actions à qui que ce soit au monde, surtout à des fanfarons de votre sorte. Vous jouez un singulier personnage, dans un personnage de votre rang ; mais, quelque raison qui vous ait déterminé à m'écrire, j'en sais trop peu de cas pour m'en intriguer un seul instant : je veux que vous sachiez et disiez à qui voudra l'entendre, que Christine se soucie fort peu de votre cour et encore moins de vous ; que, pour me venger, je n'ai pas besoin d'avoir recours à votre formidable puissance ; mon honneur l'a voulu ainsi, ma volonté est une loi que vous devez respecter ; vous taire est votre devoir, et bien des gens que je n'estime pas plus que vous devraient bien apprendre ce qu'ils doivent à leurs égaux, avant de faire plus de bruit qu'il ne convient.

« Sachez enfin, mons cardinal, que Christine est reine partout où elle est, et qu'en quelque lieu qu'il lui plaise d'habiter, les hommes, quelque fourbes qu'ils soient, vaudront encore mieux que vous et vos affidés.

« Le prince de Condé avait bien raison de s'écrier, quand vous le reteniez prisonnier inhumainement à Vincennes : « Le vieux renard ne cessera jamais d'outrager « les bons serviteurs de l'Etat, à moins que le parlement « ne congédie ou ne punisse sévèrement cet illustrissime « Saint-Aquin de Piscina. »

« Croyez-moi donc, Jules, comportez-vous de manière à mériter ma bienveillance ; c'est à quoi vous ne sauriez trop vous étudier. Dieu vous préserve d'aventurer jamais le moindre propos indiscret sur ma personne ; quoique au bout du monde, je serai instruite de vos menées ; j'ai à mon service des amis et des courtisans qui sont aussi adroits et aussi surveillants que les vôtres, quoique moins bien soudoyés.
CHRISTINE. »

Ce moyen, tout violent qu'il était, réussit à Christine, et, après avoir passé deux autres mois à Fontainebleau sans être davantage inquiétée, elle reçut une invitation pour le ballet que devait danser le roi au carnaval, arriva à Paris le 24 février 1658, et fut logée au Louvre dans l'appartement du cardinal Mazarin.

Ce ballet était donné en l'honneur de Marie de Mancini, et avait pour titre l'*Amour malade*. Comme toujours, Benserade en avait fait les paroles ; mais, cette fois, la musique était d'un jeune homme dont le nom commençait à percer, et qui s'appelait Baptiste Lulli. Ce jeune homme était venu d'Italie avec le chevalier de Guise, qui l'avait donné à Mademoiselle, du service de laquelle il était passé à celui du roi. Outre la musique qu'il avait faite, comme nous l'avons déjà dit, il remplissait encore dans ce ballet le rôle de Scaramouche. Il eut donc un double succès, et, à partir de ce jour, le petit Baptiste, comme on l'appelait, fut à la mode.

Mademoiselle assistait à ce ballet ; depuis trois mois et peu près, elle était rentrée en cour. L'entrevue entre elle et la reine avait eu lieu à Sceaux, et, comme, pendant cette entrevue le roi était arrivé, la reine s'était contentée de dire :

— Voici une demoiselle que je vous présente ; elle est bien fâchée d'avoir été méchante et sera sage à l'avenir.

Puis les deux princes s'étaient donné la main et tout avait repris son train accoutumé, comme si le canon de la Bastille n'étant point la grondant toujours dans le passé.

Tout l'hiver se passa en fêtes et en mascarades. Pendant ces mascarades, le roi ne quittait point Marie de Mancini, dont il était amoureux tout de bon. Aussi, cette fois, la reine s'en inquiéta-t-elle.

En effet, le roi n'allait plus nulle part que mademoiselle de Mancini n'y vînt, ou plutôt il n'allait que là où elle était. Jamais il ne paraissait plus aux yeux de la reine que mademoiselle de Mancini, lui parlant tout bas, riant tout haut, sans être le moins du monde retenu par le respect ; aussi la reine lui fit-elle des reproches comme elle avait fait pour mademoiselle d'Argencourt.

Malheureusement, le roi avait un an de plus : c'était beaucoup qu'un an de plus à l'âge du roi ; il répondit avec aigreur qu'on l'avait assez tenu en chartre privée quand il était enfant, pour qu'il fût libre maintenant qu'il était un homme.

Alors, la reine commença de soupçonner une chose : c'est que Mazarin avait cette sourde espérance de faire épouser sa nièce au roi. Elle oublia ses propres liaisons avec le cardinal, et frémit à cette audacieuse idée.

En effet, comme nous l'avons dit, depuis quelque temps, le cardinal avait compris que le pouvoir passait insensiblement des mains de la reine entre celles du roi, et tous ses calculs avaient été de se mettre bien dans l'esprit de ce dernier, peu lui important maintenant d'être mal dans celui de la reine. Aussi ne gardait-il plus de ménagements à son égard, disant tout haut « qu'elle n'avait pas d'esprit ; qu'elle montrait plus d'affection pour la maison d'Autriche que pour celle où elle était entrée ; que le roi son époux avait eu de justes raisons de la haïr et de se défier d'elle ; qu'elle n'était dévote que par nécessité ; qu'enfin elle n'avait de goût que pour la bonne chère, se mettant point en peine de tout le reste.

Toutes ces attaques du cardinal revenaient, on le pense bien, à la reine, et, dans ce moment surtout, l'effrayaient fort ; aussi rassembla-t-elle secrètement ses plus habiles conseillers d'Etat et les avocats les plus célèbres du parlement pour savoir si, au cas où son fils se marierait sans son consentement, le mariage serait valable. Tous, d'une voix, dirent que non, et conseillèrent à la reine de faire d'avance ses protestations contre ce prétendu mariage-Brienne, qui avait toujours conservé la confiance d'Anne d'Autriche fut chargé de faire dresser cet acte important, promit de le faire enregistrer à huis clos par le parlement au cas où le roi épouserait secrètement la nièce du cardinal.

La reine n'avait point ouvert la bouche de toutes ces craintes à son ministre. Elle fut donc fort étonnée lorsqu'un jour, abordant lui-même la question, il parla le premier de ce prétendu mariage à la reine, raillant la folie de sa nièce, qui pouvait croire aux promesses que lui faisait un roi de vingt ans, mais raillant de telle façon, qu'il était facile de voir que cette plaisanterie était plutôt une ouverture qu'une désapprobation. La reine saisit à l'instant même l'occasion, et, après avoir écouté froidement le cardinal :

— Monsieur, lui dit-elle, je ne crois pas que le roi soit capable de cette lâcheté ; mais, s'il était possible qu'il en eût la pensée, je vous avertis que toute la France se révolterait contre vous et contre lui, et que, moi-même, je me mettrais à la tête de la révolte et y engagerais mon second fils.

Quelques jours après, la protestation fut dressée et montrée au cardinal. Ce fut alors que Mazarin, renonçant aux espérances conçues un instant peut-être, renouvela ses tentatives du côté de l'Espagne, en ayant l'air de continuer ses négociations avec la Savoie. En effet, l'un et l'autre de ces deux mariages étaient avantageux ; l'alliance avec la Savoie était un moyen de continuer la guerre ; l'alliance avec l'Espagne était un moyen d'assurer la paix.

Le printemps ramenait les préoccupations de la guerre Cette fois, la campagne s'ouvrit par une trahison. Le maréchal d'Hocquincourt, séduit par les beaux yeux de madame de Châtillon, qui avait déjà compté du nombre de ses adorateurs le roi, M. de Nemours et M. le Prince, avait traité avec Condé, et s'était engagé à lui livrer Péronne; heureusement, le traité fut connu à temps et le roi retira au maréchal son commandement.

Cette trahison fut bientôt plus cruellement punie encore : le maréchal d'Hocquincourt, qui était passé à l'ennemi, s'étant avancé au siège de Dunkerque pour reconnaître nos lignes, reçut une blessure mortelle et expira en manifestant le plus profond repentir, et en demandant au roi, comme seule grâce, que son corps fût enterré à Notre-Dame de Liesse, prière qui lui fut accordée.

Il fut donc résolu que le roi, cette année, se rendrait à l'armée plus tôt que d'habitude; mais, avant qu'il quittât Paris, une nouvelle réconciliation s'opéra : c'était celle de M. de Beaufort, lequel avait montré dans son exil beaucoup de fermeté et de hauteur, ne recherchant par aucune bassesse l'amitié du ministre, voulant même laisser un temps convenable entre ce qu'il avait fait contre lui et son raccommodement. De son côté, le ministre, sur la recommandation du duc de Vendôme, ne vit dans le duc de Beaufort que le frère du duc de Mercœur, son neveu, et le recevant, à partir du jour de sa rentrée en grâce, au nombre de ses amis, il lui donna la survivance de l'amirauté que le duc de Vendôme avait eue pendant la guerre.

Le roi partit donc le lendemain des fêtes de Pâques et commença par se présenter en personne devant Hesdin, qui venait de se révolter; mais, comme il n'y avait point de chance de réduire la ville, Mazarin ne voulut pas que Louis XIV prolongeât devant ces murailles une halte inutile et par conséquent humiliante, et il fut résolu qu'on irait à Calais pour travailler au grand dessein de cette année, qui était la prise de Dunkerque, conjointement avec les Anglais. En effet, dans le but d'intimider l'Espagne, Mazarin venait de faire alliance avec Cromwell.

Dunkerque fut pris le 14 juin; mais la joie que produisit cet évènement fut bientôt tempérée par l'accident qui arriva au roi. Une fièvre pourpre et continue le prit le 22, faisant de tels progrès, qu'on craignit bientôt pour sa vie. Plusieurs personnes, en cette circonstance, montrèrent au roi leur dévouement : la reine d'abord, qui avait résolu de se retirer au Val-de-Grâce si le roi mourait; le duc d'Anjou qui ne le voulut point quitter, quoique la fièvre fut contagieuse; et Marie de Mancini, qui chaque jour attendait des nouvelles, se désespérant de ce qu'il ne lui était pas permis de se constituer garde du malade.

Il n'en fut pas de même du cardinal, qui commença par songer à ses intérêts. Comme, en cas de mort du roi, il n'avait rien de bon à attendre du duc d'Anjou, il envoya enlever ses meubles et son argent de sa maison de Paris, et les fit transporter à Vincennes.

Le jeune comte de Guiche, fils du maréchal de Grammont, le marquis de Villeroy, fils du maréchal, et le jeune prince de Marsillac, fils du duc de la Rochefoucauld, qui dans ce moment étaient les favoris du roi, montrèrent aussi pour lui un grand dévouement.

Enfin les médecins annoncèrent que le malade était hors de danger, et la joie fut grande à la cour. Le roi revint à Compiègne, puis à Fontainebleau, puis à Paris. Chacun témoigna au jeune prince une grande allégresse de son retour à la santé. Un seul quatrain protesta contre ce qu'on regardait comme une grâce de Dieu. Il était de Bussy-Rabutin, et avait été fait pendant la maladie du roi; le voici :

Ce roi si grand, si fortuné,
Plus sage que César, plus vaillant qu'Alexandre,
On dit que Dieu nous l'a donné;
Hélas! s'il voulait le reprendre !...

Cette maladie n'avait fait que resserrer l'amour de Louis XIV pour Marie de Mancini; car, ainsi que nous l'avons dit, la jeune fille lui avait, pendant cette maladie, donné tous les signes d'attachement qui étaient en son pouvoir; aussi la reine hâta-t-elle ce qu'on appelait, depuis le commencement de l'année, le voyage de Lyon.

Le voyage de Lyon avait un but visible et un but caché. Le but visible était de mettre le roi en contact avec la princesse Marguerite de Savoie, dont il était toujours question comme reine de France; le but caché était de presser l'Espagne et son roi de se décider à nous donner l'infante

Le départ fut fixé au 25 octobre.

Dans l'intervalle, on apprit que le prince de Condé à son tour était tombé gravement malade à Bruxelles. Mazarin, se souvenant aussitôt d'une seule chose, c'est que Condé était prince du sang royal, fut bien aise peut-être d'ouvrir cette porte à une réconciliation. Il s'empressa donc d'accorder un passe-port à Guénaud, son médecin, qui passait pour le meilleur du monde, et de l'envoyer au prince. Guénaud partit, arriva à temps pour pratiquer au malade de nombreuses saignées qui le sauvèrent, et revint bientôt annoncer que le prince était en parfaite convalescence.

Mazarin alla aussitôt complimenter madame de Longueville, qui, touchée enfin par la grâce, comme nous l'avons dit, loin de pousser son frère à la révolte ainsi qu'elle le faisait autrefois, tâchait en ce moment de le réconcilier avec la cour, dont il restait, avec le cardinal de Retz, le dernier ennemi.

Les quelques mois qui séparèrent le retour du roi dans sa capitale de son départ pour Lyon furent remplis par des fêtes. Molière avait obtenu un privilège pour Paris, et, grâce à ses pièces, et surtout (faisons la part de l'aveuglement humain qui ne veut jamais voir les grands hommes à leur apparition) et surtout grâce à l'acteur Scaramouche, commençait à attirer la foule. Le petit Baptiste continuait de faire représenter ses premiers chefs-d'œuvre; des machinistes venus d'Italie semblaient avoir doublé les monts avec des baguettes d'enchanteurs. Le nombre des voitures augmentait avec une profusion et une somptuosité qui eussent bien autrement étonné Bassompierre sortant du tombe, qu'elles n'avaient autrefois étonné Bassompierre sortant de la Bastille. Le Cours était magnifique chaque jour; la foire Saint-Laurent, ce bazar où se trouvait réuni tout ce qui pouvait satisfaire le goût, l'élégance, la mode et même les vices, était splendide chaque nuit; enfin tout présageait l'approche de cette époque éblouissante qui semble inonder d'un torrent de lumière toute la portion moyenne du règne de Louis XIV.

Au jour dit, on partit pour Lyon : le 25 novembre, la cour de France y arriva, et, le 28 du même mois, celle de Savoie

A la nouvelle que les princesses approchaient, le cardinal Mazarin alla au-devant d'elles jusqu'à douze lieues environ. Le duc d'Anjou venait ensuite, qui les rencontra après avoir fait une lieue, à peu près ; enfin le roi et la reine mère allèrent ensemble jusqu'à une demi-lieue.

Leurs Majestés étaient en carrosse; mais, en apercevant de loin le cortège, le roi monta à cheval et poussa vers la voiture de la princesse de Savoie, qu'on appelait Madame Royale. Lorsqu'il n'en fut plus qu'à quelques pas, le carrosse s'arrêta, et Madame Royale descendit avec ses deux filles; car, outre la princesse Marguerite, elle était accompagnée de sa fille aînée, la princesse Louise, qui avait été mariée et qui était veuve. Le roi mit pied à terre, salua les princesses, regarda fixement celle qui lui était destinée, puis remonta à cheval et retourna brusquement au carrosse de la reine, qui lui demanda comment il avait trouvé la princesse de Savoie.

— Mais, dit le roi, elle est agréable, et, contre l'habitude, ressemble à ses portraits ; elle est un peu basanée, mais cela n'empêche point qu'elle ne soit bien faite.

On comprend quel plaisir ces paroles firent à la reine, qui pressa ses chevaux et en un instant eut rejoint les princesses. Aussitôt celles-ci descendirent de leur carrosse et la reine en fit autant. Madame Royale alors, en saluant Anne d'Autriche, se mit presque à genoux devant elle, lui prit la main et la baisa par force avec de très grandes soumissions. La reine de son côté, l'embrassa, ainsi que les princesses ses filles, qui toutes deux mirent les genoux en terre. Mademoiselle, qui était du voyage, salua madame de Savoie comme sa tante; puis on remonta en voiture. La reine fit mettre Madame Royale près d'elle sur le devant et prit sa place ordinaire; Mademoiselle s'assit derrière et alla s'asseoir près de madame de Carignan, qui avait été au-devant de Madame de Savoie, comme étant de sa maison par son mari; le duc d'Anjou se plaça près de la princesse Louise, à l'une des portières, et le roi à l'autre portière, près de la princesse Marguerite.

On revint ainsi à Lyon, où les deux cours descendirent au logement de la reine.

Ce qu'il y avait d'étrange, c'est que Marie de Mancini était du voyage, le roi n'ayant pu se décider à se séparer d'elle, ou peut-être lui ayant dit que le projet d'alliance avec la princesse Marguerite n'avait rien de bien sérieux. Elle était, comme ses autres sœurs du reste, sous la garde d'une vieille gouvernante, nommée madame de Venelle, laquelle exerçait sur les brebis confiées à sa garde une surveillance si exacte, que parfois le sommeil de la bonne dame en était troublé. A Lyon surtout, où les fenêtres de l'appartement des demoiselles Mancini, donnant sur la place Bellecourt, étaient fort basses, elle n'avait pas un instant de repos, si bien que la pauvre femme en devint somnambule. Une nuit, entre autres, elle se leva, entra dans la chambre des deux sœurs, et, tout endormie, s'approcha de leur lit pour s'assurer qu'elles étaient dedans. Mais il arriva que, en tâtonnant, elle fourra son doigt dans la bouche de Marie, qui dormait la bouche ouverte. Celle-ci, sentant entre ses mâchoires l'introduction d'un corps étranger, serra machinalement les dents, et, comme elle avait les dents belles et bonnes ainsi que nous l'avons dit, elle faillit couper le doigt à la pauvre madame de Venelle, que la douleur réveilla, et qui se mit à pousser de grands cris. A ces cris, les deux jeunes filles se réveillèrent à leur tour, et, voyant, à la lueur de la lampe de nuit, une espèce de fantôme dans leur chambre, se mirent à crier de leur côté. On accourut au bruit : tout s'éclaircit, et l'aventure, racontée le lendemain au roi, divertit fort toute la cour.

Cependant la nouvelle du voyage que le roi devait faire, ainsi que le motif pour lequel il l'entreprenait, était, selon les désirs de Mazarin, parvenue à Madrid et avait pénétré jusque dans l'Escurial. En apprenant que le roi de France allait épouser la princesse Marguerite, le roi Philippe IV s'était alors écrié : *Esto no puedo ser, y no sera* (cela ne peut pas être et ne sera pas).

En conséquence, Philippe IV appela aussitôt Antonio Pimentelli, et, sans même lui donner le temps de demander des passe-ports, de peur qu'il n'arrivât trop tard, il l'envoya en France.

Or, tandis que le roi, la reine, le cardinal, madame de Savoie et les deux princesses entraient par une porte, don Antonio Pimentelli entrait par l'autre, et, le même soir, demandant une audience à Mazarin. En l'apercevant, Mazarin, qui le connaissait de longue main, s'écria :

— Ou vous êtes chassé d'Espagne par le roi votre maître, ou vous venez nous offrir l'infante.

— Je viens vous offrir l'infante, monsieur, et l'ambassadeur, et voici mes pleins pouvoirs pour traiter avec vous de ce mariage.

A ces mots, il présenta au ministre une lettre de Philippe IV.

C'était ce qu'avait espéré Mazarin dans ses plus beaux rêves ; aussi courut-il incontinent chez la reine, et, comme il la trouva seule, rêveuse et mélancolique :

— Bonnes nouvelles, madame ! lui dit-il en riant, bonnes nouvelles !

— Qu'y a-t-il ? demanda la reine ; serait-ce la paix ?

— Mieux que cela, madame, répondit le ministre ; car j'apporte à la fois à Votre Majesté la paix et l'infante !

Cet événement arriva le 29 novembre, et cette grande nouvelle remplit la fin de l'année 1658.

XXXIII

CONCLUSION DU PROJET DE MARIAGE AVEC LA PRINCESSE DE SAVOIE. — JOIE DU ROI. — REPRÉSENTATION D' « ŒDIPE ». — LA FONTAINE. — BOSSUET. — RACINE. — BOILEAU. — PROJET DE TRAITÉ ENTRE LA FRANCE ET L'ESPAGNE. — FIN DES AMOURS DU ROI ET DE MARIE DE MANCINI. — MOT DE MAZARIN. — DÉPART DE MARIE. — LA COUR SE REND DANS LE MIDI. — CONFÉRENCES DE L'ILE DES FAISANS. — TRAITÉ DES PYRÉNÉES. — RETOUR DE CONDÉ. — MORT DE GASTON D'ORLÉANS. — ANECDOTES AU SUJET DE CE PRINCE. — FIN DE LA DERNIÈRE FRONDE.

Quinze jours après avoir quitté Lyon, la cour rentrait dans Paris.

De son côté, Madame Royale, avec laquelle la reine s'était expliquée franchement de don Antonio Pimentelli et de la mission dont il était chargé, regagnait la Savoie, avec cette promesse formelle que, si le roi n'épousait pas l'infante, il épouserait la princesse Marguerite.

Quant au roi, il n'avait vu, dans tout cet événement, qu'une chose qui le réjouissait fort, c'est que son mariage était retardé, et qu'il pouvait se livrer en toute liberté, non seulement aux plaisirs que cette époque de l'année lui offrait, mais encore à son amour pour Marie de Mancini, qui allait toujours croissant.

A son retour, justement le vieux Corneille venait de donner son *Œdipe*, qui avait été joué par les comédiens de l'hôtel de Bourgogne, tandis que, sous la protection du duc d'Anjou, Molière s'installait au Petit-Bourbon. D'un autre côté, deux hommes commençaient à percer aussi dans deux genres bien différents : c'étaient Jean de la Fontaine, qui arrivait de Château-Thierry, et Bossuet, qui arrivait de Metz. En outre, on parlait de deux jeunes gens qui donnaient des espérances et qui se nommaient, l'un, Racine, et l'autre, Boileau. Enfin, les deux premières parties du roman de *Clélie* venaient de paraître et avaient un succès prodigieux.

Pendant tout ce temps, don Antonio Pimentelli, caché dans le logis de Mazarin, préparait avec le ministre toutes les clauses du traité qui devait assurer la paix à l'Europe ; car, à cette époque déjà, la France avait pris une importance, qu'il n'y avait pas de grands mouvements européens si elle ne s'y trouvait mêlée ; mais, comme rien ne pouvait se terminer que par une conférence entre les ministres d'Espagne et de France, une entrevue fut arrêtée entre le cardinal et don Louis de Haro.

Le rendez-vous fut pris sur la frontière des deux royaumes : on devait fixer ultérieurement de quel côté de la rivière si ce serait sur la terre de France ou sur la terre d'Espagne, que l'entrevue aurait lieu.

Mais, avant toutes choses, Mazarin avait un grand devoir à accomplir. Depuis longtemps, on l'accusait, et la reine elle-même, comme nous l'avons vu, n'était point exempte d'inquiétude à cet égard, de vouloir mettre sa nièce sur le trône de France. Peut-être la chose était-elle vraie, tant que le ministre n'avait calculé que le médiocre avantage qui devait revenir à la France d'une union avec la Savoie ou avec le Portugal ; mais tout était bien changé depuis que le voyage de don Pimentelli avait donné un corps aux espérances que nourrissait le cardinal du côté de l'Espagne.

Aussi, au moment de partir pour les conférences, résolut-il d'attaquer vigoureusement cet amour que le roi, en toute circonstance, manifestait à Marie de Mancini et d'arracher du cœur des deux amants, sinon la passion, au moins l'espérance.

Ce n'était pas chose facile : l'empire qu'avait pris Marie était d'autant plus grand, qu'elle ne le devait pas à sa beauté, mais à son intelligence toute supérieure. Louis était donc, en réalité, aussi amoureux de son esprit que de sa personne. On conçoit dès lors qu'il accueillit fort rudement son ministre lorsque celui-ci parla d'une séparation ; mais le ministre ne se laissa point intimider et tint ferme. Louis XIV alors essaya de le séduire en lui offrant d'épouser sa nièce ; mais cette offre fut sans succès.

— Sire, répondit le cardinal, si Votre Majesté était capable d'une pareille faiblesse, j'aimerais mieux poignarder ma nièce de mes propres mains que de me prêter à un semblable mariage qui ne serait pas moins contraire à la dignité de la couronne que préjudiciable à la France ; et, si Votre Majesté persistait dans ce dessein, je lui déclare que je me mettrais dans un vaisseau avec mes nièces, et que je les emmènerais par delà les mers.

Il fallait résister ouvertement : le roi eut un instant y parut décidé ; mais enfin les supplications du cardinal l'emportèrent sur les artifices de sa nièce. Le jour du départ des jeunes filles fut fixé au 22 juin. La veille au soir, le roi vint chez la reine, extrêmement triste et tout à fait abattu. La reine alors, prenant un flambeau qui était sur la table, passa avec lui dans le cabinet des bains. Tous deux y restèrent une heure, à peu près ; puis le roi en sortit le premier, les yeux tout rouges de larmes ; la reine vint ensuite, fort affectée elle-même, et, s'adressant à madame de Motteville :

— Le roi me fait pitié, lui dit-elle ; il est tendre et raisonnable tout ensemble ; mais je viens de lui dire que je suis assurée qu'il me remerciera un jour du mal que je lui fais.

Le lendemain tant redouté arriva. L'heure des adieux à son tour ; la voiture qui devait emmener les trois sœurs attendait ; Marie de Mancini entra chez le roi et le trouva pleurant.

— Oh ! sire, s'écria-t-elle, vous êtes roi, vous pleurez, et je pars !...

Mais Louis XIV ne répondit rien à cet appel énergique et concis, et la jeune fille, sentant tout son espoir s'évanouir, s'éloigna avec orgueil, monta dans la voiture où l'attendaient ses deux sœurs, Hortense et Marie-Anne, et partit pour le Brouage, qui était le lieu choisi pour son exil.

Le roi la suivit, l'accompagnant à son carrosse, et resta à la même place jusqu'à ce que le carrosse eût disparu ; puis il rentra chez la reine et partit un instant après pour Chantilly, afin de s'enfermer dans la solitude avec ses souvenirs et sa douleur.

Quatre jours après, le cardinal partit à son tour, avec une suite princière : deux archevêques, quatre évêques, trois maréchaux de France et plusieurs seigneurs de la première condition l'accompagnaient. Le ministre d'Etat de Lyonne devait l'assister dans son travail, et don Antonio Pimentelli avait pris les devants pour l'annoncer au ministre espagnol.

L'île des Faisans avait été choisie pour le lieu de la conférence.

Le jour même où le cardinal arrivait à Saint-Jean de Luz, la cour quittait Fontainebleau pour se rendre dans le Midi ; mais le roi avait mis une condition à ce départ : c'est qu'en passant à Cognac, il reverrait Marie de Mancini. La reine y avait consenti. L'entrevue eut donc lieu sans amener pour les deux amants autre chose que de nouvelles larmes. Marie retourna au Brouage, et le roi continua sa route vers Bordeaux.

Les négociations furent longues ; il y avait surtout un point sur lequel on ne s'entendait pas : c'était la rentrée du prince de Condé dans ses biens et dans ses honneurs. Puis on disputait sur chaque ville qu'il fallait prendre ou céder. Mazarin, avec sa finesse et sa ténacité italiennes, faisait face à don Louis de Haro sur toutes les questions où celui-ci l'attaquait, et, quoiqu'il sentît qu'à ces veilles continues et à ces âpres conférences il perdrait sa santé, il tint bon jusqu'à ce que tout fût réglé au plus grand avantage de la France.

Ce traité contenait cent vingt-quatre articles, qui furent proposés, arrêtés et discutés, sans intervention aucune et seulement entre les deux ministres. On y stipulait une paix ferme et durable, une alliance perpétuelle, l'égalité des privilèges, des franchises et des libertés commerciales.

La France gardait de ses conquêtes, du côté des Pays-Bas, Arras, Bapaume, Hesdin, Lillers, Béthune, Lens, le comté de Saint-Pol, Thérouanne, l'Artois, moins Aire et Saint-Omer.

En Flandre, elle obtenait Gravelines, Bourbourg et Saint-Venant.

En Hainaut, Landrecies et le Quesnoi.

Dans le Luxembourg, Thionville, Montmédy, Dampvilliers, Yvoy, Chavancy et Marville.

Elle abandonnait Bergues et la Bassée, mais on lui donnait Marienbourg, Philippeville et Avesne.

Du côté de l'Espagne enfin, on lui cédait le Roussillon, le Conflans et ce qui pouvait se trouver de la Cerdagne, en deçà des Pyrénées.

Le roi d'Espagne renonçait encore à tous ses droits éventuels sur l'Alsace et les autres pays acquis par le traité de Munster.

La France, de son côté, restituait :

Dans les Pays-Bas, Audenarde, Ypres, Dixmude, Furnes, Merville, Menin, Comines, Bergues et la Bassée.

Dans le comté de Bourgogne, Bletterans, Saint-Amour et Joux.

En Italie, Valence et Mortara.

En Espagne, Roses, la Trinité, Cadagnes, Toxen, Seud'Urgel, la Bastide, Baga, Ripol et le comté de Cerdagne.

Quant au prince de Condé, comme il avait témoigné sa douleur de la conduite qu'il avait tenue depuis quelques années, et promis de réparer le passé par une entière obéissance à tous les commandements du roi, il fut convenu qu'après avoir désarmé et licencié ses troupes, il rentrerait en France et serait remis en ses charges et dignités.

Il lui était accordé deux mois pour ce licenciement.

Enfin, le gage de cette union et de la bonne amitié qui devait à l'avenir unir les deux royaumes était l'infante Marie-Thérèse, fille aînée du roi.

Les deux originaux du traité furent signés chacun sur la table de chaque ministre ; mais le contrat de mariage fut signé sur la table de don Louis de Haro, pour faire à la mariée l'honneur de contracter chez elle.

Ce contrat de mariage constituait à l'infante une somme de cinq cent mille écus d'or, payables en trois termes, moyennant laquelle elle renonçait en bonne et due forme à *toute autre prétention sur les successions de ses père et mère*, étant bien entendu que ni elle ni ses enfants ne pourraient succéder à aucun des Etats de Sa Majesté Catholique, même en cas d'extinction de ses successeurs légitimes (1).

Quant au mariage lui-même, il fut fixé au mois de mai ou de juin de l'année 1660.

---

(1) On verra plus tard l'importance de ces clauses, que nous soulignons pour qu'elles fixent l'attention de nos lecteurs.

La cour s'était retirée à Toulouse, pour y attendre la fin des négociations. Le cardinal Mazarin vint l'y rejoindre fort fatigué et fort souffrant ; il avait passé trois mois dans l'île des Faisans, c'est-à-dire dans un endroit malsain, travaillant dix ou douze heures par jour, malgré la goutte dont il était atteint. Cela n'empêcha point qu'après s'être reposé une semaine seulement, il ne partît avec le roi et la reine pour aller passer l'hiver en Provence. On s'arrêta à Aix.

En même temps que la cour parlait de Toulouse, M. le Prince partait de Bruxelles avec son fils, sa femme et sa fille ; à Coulommiers, il rencontra le duc et la duchesse de Longueville. Le duc de Longueville prit alors les devants pour aller annoncer son arrivée à la cour, où était le prince de Conti. En apprenant que son frère était à Lambesc, le prince de Conti, accompagné du maréchal de Grammont, alla le chercher, et le ramena au roi et à la reine, auxquels le cardinal présenta l'illustre rebelle, et sans qu'il y eût aucun témoin de l'entrevue. Mademoiselle voulait rester ; mais la reine lui dit :

— Ma nièce, allez-vous-en faire un tour au logis ; M. le Prince m'a fait demander qu'il n'y eût personne à notre première entrevue.

Mademoiselle se retira, et fit faire des compliments à M. le Prince en lui témoignant l'impatience qu'elle avait de le voir. Mais il lui fit répondre qu'il n'osait venir chez elle qu'après avoir été chez le duc d'Anjou ; ce qui fit qu'il n'eut sa visite que le lendemain. M. le Prince était d'ailleurs à la cour comme s'il n'en fût jamais sorti, et le roi parlait familièrement de tout ce qu'il avait fait, tant en France qu'en Flandre, et cela avec autant d'agrément que si les choses s'étaient toutes passées pour son service.

Les dames seules trouvèrent qu'un grand changement s'était opéré dans M. le Prince, et, comme les dames de cette époque surtout étaient fort curieuses, il fallut leur donner une raison : M. le Prince leur dit que le sang que lui avait tiré Guénaud, dans sa dernière maladie, l'avait si fort affaibli, qu'il ne s'en pouvait remettre.

Il fallut qu'elles se contentassent de cette excuse.

Quelques jours après ce retour du prince, on apprit la mort de Gaston, trépassé à Blois, le 2 février 1660, dans sa cinquante-deuxième année, après une courte maladie.

Nous avons essayé de tracer avec vérité le caractère de Monsieur, et nous l'avons suivi dans toutes ses tentatives de rébellion, et dans toutes les faiblesses qui en furent la suite. Tout ce qui eut confiance en lui souffrit par lui et pour lui : les uns l'exil, les autres la prison ou la mort. Un jour, il tendit la main au prince de Guéménée, lui, dans une fête publique, était monté sur des gradins.

— Monseigneur, lui dit le prince, je vous remercie d'autant plus que je suis le premier de vos amis que vous ayez aidé à descendre d'un échafaud.

Gaston d'Orléans était très fier et ne se découvrait que devant les dames. Un jour, étant encore enfant, il fit jeter dans le canal de Fontainebleau un gentilhomme qui, disait-il, lui avait manqué de respect. Mais la reine mère, Marie de Médicis, le força de demander pardon à ce gentilhomme, en le menaçant du fouet.

Monsieur se plaignait toujours du défaut de son éducation, et disait que cela lui venait de ce qu'on ne lui avait pour gouverneurs qu'un Turc et un Corse. Le Turc était M. de Brèves, qui était resté si longtemps à Constantinople, qu'il en était devenu tout mahométan ; le Corse était M. d'Ornano, petit-fils de San-Piétro, qui tua, à Marseille, sa femme Vanina d'Ornano.

Un jour, à son lever, auquel assistaient bon nombre de courtisans, un objet de grand prix disparut. Il s'en plaignit et quelqu'un s'écria :

— Il faut fermer les portes et fouiller tout le monde.

— Au contraire, dit le prince, comme je ne veux pas connaître le voleur, sortez tous, car la montre est à carillon, et, si elle venait à sonner, elle dénoncerait celui qui l'a prise.

Monsieur, dans sa jeunesse, avait fort aimé une fille de Tours qu'on appelait Louison, et lui avait fait de grands cadeaux ; mais, un jour, le roi Louis XIII apprit que la demoiselle partageait ses faveurs entre son frère et un gentilhomme breton, favori du prince et nommé René de l'Espine. A peine maître de la méchante nouvelle, le roi, selon son habitude, la communiqua à celui à qui elle pouvait être le plus désagréable. Monsieur, qui jusque-là ne s'était douté de rien, quoiqu'il fût honnêtement soupçonneux, courut chez la belle et lui fit tout confesser. Alors, il revint au roi et lui demanda conseil sur cette affaire. Le roi, qui, à cette époque, était amoureux et jaloux de mademoiselle d'Hautefort, lui conseilla de faire tuer son rival.

— Cependant, ajouta-t-il, il serait bon d'avoir sur ce point l'avis du cardinal.

Richelieu, qui n'aimait pas que les seigneurs s'accoutumassent à faire assassiner les gens, heureusement pour René de l'Espine, ne fut point de l'avis du roi. Mais on ne peut pas fuir sa destinée : exilé de France, le gentilhomme se retira en Hollande, où il devint l'amant de la princesse Louise de Bohême. Les Louise portaient malheur au pauvre René de l'Espine. Le plus jeune des frères de la princesse, qu'on appelait Philippe, et qui depuis fut tué à la bataille de Réthel, soudoya huit ou dix Anglais pour l'attaquer au moment où il sortirait de chez l'ambassadeur de France ; ceux-ci, malgré sa résistance, le percèrent de tant de coups, dit Tallemant des Réaux, que les épées se rencontraient dans son corps.

Gaston avait eu de cette Louison ce qu'il avait toute sa vie inutilement désiré obtenir de ses deux femmes légitimes, c'est-à-dire un fils qui vécut ; mais, comme il avait, à cause de l'Espine, des doutes sur sa naissance, il ne le voulut jamais reconnaître. Sa mère, de chagrin, se mit en religion aux filles de la Visitation de Tours, donnant à ses amies tout ce qu'elle avait de fortune, soit personnelle, soit venant de Monsieur, ne laissant à ce fils que vingt mille livres, du revenu desquelles on devait l'entretenir jusqu'à ce qu'il fût reconnu ou en état de s'aller faire tuer à la guerre. En effet, il entra au service des Espagnols sous le nom de comte de Charny, fut fait général des armées de la côte de Grenade en 1684, puis gouverneur d'Oran, et mourut en 1692, laissant à son tour un fils naturel qui, comme lui, fut appelé Louis.

On se rappelle que, veuf en premières noces de mademoiselle de Guise, Gaston épousa secrètement en exil la princesse Marguerite de Lorraine. C'était non seulement contre l'aveu du roi, mais encore contre les désirs de la famille de la princesse, de sorte qu'il l'enleva nuitamment de Nancy, déguisée en page, et suivant une voiture un flambeau à la main. Or, il arriva que la princesse, un peu empêchée de ce costume et assez inexpérimentée dans son nouvel office, tenait son flambeau de travers ; ce que voyant M. de Beauvau, qui marchait derrière elle, il lui donna un coup de pied au derrière.

— En vérité, il faut que ce drôle soit ivre ! voyez comme il marche et comme il porte son flambeau.

Il ne revit jamais depuis Madame sans que celle-ci lui rappelât son admonestation et sans qu'il lui en fit ses excuses.

Cette bonne princesse n'avait pas l'esprit fort subtil ; aussi, lorsque, après la mort de Richelieu, Gaston rentra en France avec elle, et qu'on les remaria à Meudon, elle fondit en larmes, croyant avoir été en péché mortel jusque-là. Pour la consoler Monsieur dit alors à son maître d'hôtel, nommé Saint-Rémy :

— Saviez-vous que je fusse marié avec la princesse de Lorraine ?

— Non, dit celui-ci ; je savais bien que vous couchiez toutes les nuits avec elle, mais je ne savais point que vous l'eussiez épousée.

En commençant à vieillir, elle devint malingre et tout hébétée. Elle avait alors contracté une singulière habitude ; c'était, dès que le maître d'hôtel apparaissait, la baguette à la main, pour annoncer que le dîner était servi, de faire une de ces sorties pressées qui ont tant fait rire depuis dans le *Malade imaginaire*. Un jour qu'elle s'apprêtait à opérer une de ces fugues, en présence du prince, Saint-Rémy s'arrêta gravement et se mit à examiner avec soin sa baguette.

— Que faites-vous donc là, Saint-Rémy ? demanda Gaston.

— Monseigneur, répondit celui-ci, je cherche si mon bâton est de rhubarbe ou de séné ; car, aussitôt qu'il paraît devant Madame, il la purge.

La mort de Gaston d'Orléans fit non seulement peu de bruit, mais encore peu de sensation ; il ne fut point regretté de sa fille, avec laquelle il était en procès ; il ne fut point regretté du roi son neveu, qui, depuis qu'il avait l'âge de raison, voyait en lui un ennemi ; il ne fut point regretté de ses amis, qui avaient tous quelque trahison à lui reprocher.

D'ailleurs, tous les regards comme toutes les espérances étaient tournés vers le grand événement qui devait être la suite du traité que venaient de signer Mazarin et don Louis de Haro.

La Fronde finissait comme les pièces de Molière, qui commençaient à être fort en vogue à cette époque, par un mariage. C'est qu'aussi la Fronde n'était guère autre chose qu'une tragi-comédie.

Ce qui passa aussi sans commentaires, quoique, politiquement, ce fût un fait de grave importance, c'est la soumission de M. le Prince. En lui vivait le dernier type de ces grands seigneurs factieux et turbulents du moyen âge. Le triomphe de Louis XIV sur lui fut le triomphe de la monarchie sur la féodalité. Ce n'étaient point deux hommes qui avaient été en face l'un de l'autre, c'étaient deux principes : l'un des deux était détruit à tout jamais.

XXXIV

MARIAGE DE LOUIS XIV. — PORTRAIT DE LA JEUNE REINE. — RETOUR DE LA FAMILLE ROYALE A PARIS. — RÉTABLISSEMENT DE LA ROYAUTÉ EN ANGLETERRE. — MALADIE DE MAZARIN. — DÉCLARATION DES MÉDECINS. — REGRETS DU CARDINAL. — GÉNÉROSITÉ EXTRAORDINAIRE DU MORIBOND. — RAILLERIE DE BAUTRU. — DERNIERS MOMENTS DE MAZARIN. — LE CARDINAL ET LE THÉATIN. — LA RESTITUTION POUR RIRE. — UNE DETTE DE JEU. — MORT DE MAZARIN. — SON TESTAMENT. — JUGEMENT SUR CE MINISTRE. SON AMBITION. — SON AVARICE. — SON ÉLOGE.

Le 3 juin 1660, don Louis de Haro épousa, au nom du roi Louis XIV, l'évêque de Fréjus lui servant de témoin, l'infante Marie-Thérèse, fille du roi d'Espagne Philippe IV, dans l'église de Fontarabie.

Le roi allait avoir vingt-deux ans. Sa femme avait, à quelques mois près, le même âge.

Le lendemain, la reine mère, le roi d'Espagne et l'infante reine se rendirent à l'île de la Conférence. On avait, pour cette occasion, orné à grands frais le pavillon qui avait servi aux réunions du cardinal Mazarin et de don Louis de Haro.

La reine arriva la première : elle était seule avec Monsieur, et mesdames de Flex et de Noailles, l'étiquette ne permettant pas au jeune roi de voir l'infante avant le moment fixé.

L'entrevue entre le frère et la sœur fut grave et digne. Anne d'Autriche voulut embrasser le roi d'Espagne ; mais celui-ci rejeta tellement sa tête en arrière, que, quelque effort que fit la reine, elle ne la put atteindre ; il y avait cependant un peu plus de quarante-cinq ans qu'ils ne s'étaient vus.

Don Louis apporta une chaise au roi son maître ; madame de Flex en apporta une à la reine. On plaça les deux chaises au milieu de la ligne qu'on avait tracée sur le parquet du pavillon et qui indiquait la séparation des deux royaumes : l'infante s'assit sur deux coussins près de son père.

Après quelques instants de causerie dont le sujet fut la guerre, le cardinal Mazarin interrompit Leurs Majestés pour leur dire qu'il y avait à la porte un inconnu qui désirerait fort que la porte au lieu d'être fermée, fût entr'ouverte. Anne d'Autriche sourit et demanda à son frère s'il permettait qu'en faveur de cet inconnu cette légère infraction aux lois de l'étiquette fût risquée. Le roi fit gravement signe de la tête qu'il y consentait. Aussitôt les deux ministres allèrent ouvrir la porte.

En dehors et à quelques pas était un jeune, élégant et beau gentilhomme qui dépassait de la tête les deux ministres et qui, s'il regarda avec curiosité les personnes du pavillon, ne fut point regardé avec moins de curiosité par elles, et surtout par la jeune reine ; celle-ci rougit fort lorsque son père, se penchant à l'oreille d'Anne d'Autriche, lui dit à demi-voix :

— *Lindo yerno* (un beau gendre) !

— Sire, dit la reine mère, me permettez-vous de demander à ma nièce ce qu'elle pense de cet inconnu ?

— Il n'est pas encore temps, répondit le roi.

— Et quand le temps sera-t-il venu ? insista Anne d'Autriche.

— Quand elle sera sortie de ce pavillon.

Cependant le duc d'Anjou se penchait aussi, de son côté à l'oreille de la jeune reine.

— Quel est votre avis, lui demanda-t-il, sur cette porte que vous regardez ?

— Mais, répondit-elle en souriant, mon avis est qu'elle me paraît fort belle et fort bonne à voir.

En ce moment, Louis, qui avait vu ce qu'il voulait, se retira et alla se poster au bord de la rivière pour assister à l'embarquement de l'infante.

— Eh bien, lui demanda M. de Turenne, Votre Majesté est-elle satisfaite ?

— Autant que possible, dit le roi ; d'abord, l'affreuse coiffure et l'habit de l'infante m'ont surpris ; mais, en la regardant avec attention, je l'ai trouvée fort belle, et je crois qu'il me sera facile de l'aimer.

En effet, Marie-Thérèse était petite, mais bien faite, frappant d'abord les yeux par un teint d'une blancheur éclatante ; puis, quand on passait aux détails de son visage, on reconnaissait qu'elle avait de beaux yeux bleus, brillants et doux à la fois ; des joues un peu fortes, mais fraîches ; des lèvres un peu épaisses, mais vermeilles ; le visage long et les cheveux d'un blond argenté qui allait parfaitement avec ce teint merveilleux.

Au bout d'un instant, l'infante s'embarqua.

Aussitôt le roi se mit à galoper le long de la rivière, suivant, le chapeau à la main, le bateau que sa femme montait, et il eût ainsi sans doute suivi la rive jusqu'à Fontarabie sans les marais qui l'empêchèrent de passer.

En arrivant à Fontarabie, la première femme de chambre de la reine, la señora Molina, demanda à sa jeune maîtresse ce qu'elle pensait du roi son époux.

— M'agrée fort, répondit l'infante ; je le trouve beau garçon, et sa cavalcade m'a surtout paru d'une suprême galanterie.

Le surlendemain, 9 juin, l'évêque de Bayonne fit la célébration du mariage, et, le soir même, la jeune reine quitta l'appartement de sa belle-mère pour aller prendre possession du sien, ou plutôt pour aller partager celui du roi. A partir de ce moment, Anne d'Autriche prit le titre de reine mère.

Le 15 juin, toute la cour quitta Saint-Jean-de-Luz pour retourner vers Paris. A Amboise, on rencontra le prince de Condé qui venait présenter son fils aux deux augustes époux. A Chambord, ce fut le duc de Longueville qui vint les saluer à son tour. A Fontainebleau enfin, le duc de Lorraine et le duc de Guise attendaient l'arrivée du roi et de la reine pour leur présenter leurs hommages. De là, toute la cour se rendit à Vincennes, où l'on attendit l'entrée solennelle, laquelle eut lieu le 26 août 1660, douzième anniversaire des barricades.

Pendant le voyage du roi et pendant les préparatifs de mariage, de grands événements s'étaient accomplis en Angleterre. Cromwell était mort le 13 septembre 1658, et le 19 mai 1660, pendant que l'on était à Saint-Jean-de-Luz, la cour avait appris le rétablissement du fils de Charles Ier dans son royaume. C'était ce même prince de Galles que nous avons vu si amoureux de Mademoiselle et à qui Gaston refusa sa fille à cause de sa position précaire à la cour de France.

Cependant la santé du cardinal Mazarin, mauvaise depuis longtemps, empirait de jour en jour. Déjà brisé par les fatigues des conférences, il avait éprouvé, à Sibourg, les premières atteintes de la maladie dont il mourut. Un jour la reine, étant entrée dans sa chambre au moment où plusieurs courtisans entouraient son lit, s'approcha du chevet et lui demanda comment il se portait.

— Mal, madame, répondit Mazarin.

Et, rejetant ses couvertures :

— Voyez, dit-il, voyez ces jambes qui ont perdu le repos en le donnant à la France.

Et, en effet, ses jambes et ses cuisses, qu'il montrait avec cette étrange familiarité, étaient si livides et si couvertes de taches blanches et violettes, que la reine ne put s'empêcher de pousser un cri et de verser quelques larmes en le voyant dans ce déplorable état. « Car, dit Brienne, on eût cru voir Lazare sortant de son tombeau. »

A Fontainebleau, le cardinal, qu'on avait ramené en litière et constamment couché, eut une nouvelle attaque. On prétendait que des bains qu'il avait pris lui avaient fait remonter sa goutte. Il eut la fièvre, des convulsions, et même le délire. Dans un de ces moments, le roi vint pour le consulter.

— Ah ! sire, lui dit-il, vous demandez conseil à un homme qui extravague !

Il arriva donc fort malade au Louvre, où il n'en voulut pas moins donner au roi un superbe ballet. Il faisait préparer, dans la galerie des portraits des rois, une décoration de colonnes de brocatelle d'or, à fond rouge et vert, découpée à Milan, quand le feu prit, brûla le plafond peint par Frémine et représentant Henri IV sous la figure de Jupiter foudroyant les Titans ou plutôt la Ligue, et dévora, en outre, tous les portraits des rois de la main de Janet et de Porbus.

Ce fut un nouveau coup pour le cardinal. Il quitta sa chambre, où il courait danger d'être brûlé vif, soutenu par son capitaine des gardes ; il était tremblant, abattu, et si pâle ou plutôt si livide, que tous ceux qui le virent en cet état le tinrent pour un homme perdu.

Derrière lui son appartement fut brûlé.

On le transporta au palais Mazarin. Guénaud, son médecin, fut aussitôt appelé. C'est le même dont Boileau a dit plus tard :

Guénaud sur son cheval en passant m'éclabousse.

Il appela onze de ses confrères, et, là, eut lieu la consultation qu'on a nommée la consultation des douze médecins, et à la suite de laquelle Guénaud alla trouver le cardinal et lui dit :

— Il ne faut pas, monseigneur, flatter Votre Éminence ; nos remèdes peuvent prolonger vos jours, mais ils ne peuvent guérir la cause du mal, et vous mourrez certainement de cette maladie ; mais ce ne sera point encore de sitôt ; préparez-vous donc à ce terrible passage. J'ai cru devoir parler franchement à Votre Éminence ; si mes confrères vous parlent autrement, vous vous trompent ; mais, moi, j'ai cru devoir vous dire la vérité.

Le cardinal reçut cet arrêt avec beaucoup plus de calme qu'on n'aurait pu s'y attendre ; seulement, regardant son médecin :

— Guénaud, lui dit-il, puisque vous êtes en train de me dire la vérité, dites-la-moi jusqu'au bout ; combien de jours ai-je encore à vivre ?

— Deux mois au moins, répondit Guénaud.

— Cela suffit, dit le cardinal. Adieu ! Venez me voir souvent, je vous suis obligé autant que peut l'être un ami ; profitez du peu de temps qui me reste pour avancer votre fortune, comme, de mon côté, je vais mettre à profit vos avis salutaires. Adieu encore un coup ; songez à ce que je puis faire pour votre service.

Cela dit, il s'enferma dans son cabinet et commença de se préparer à la mort.

Cependant cette résignation apparente disparaissait de temps en temps, et la peau du héros ne recouvrait pas si bien le moribond que l'oreille de l'homme ne passât.

Un jour, Brienne, son secrétaire, fils de Loménie de Brienne dont il avait tant eu à se louer lors de son avènement au ministère, était dans une galerie où Mazarin avait fait placer ses plus beaux tableaux, ses plus belles statues et ses plus beaux vases ; il entendit un bruit de pantoufles traînantes, accompagné d'une respiration étouffée, et se doutant que c'était le malade, il se cacha derrière une magnifique tapisserie exécutée sur les dessins de Jules Romain et qui avait appartenu au maréchal de Saint-André.

En effet, c'était le cardinal lui-même ; le malade entra. Il se croyait seul, et, se traînant avec peine d'une chaise à l'autre :

— Il faut quitter cela, disait-il ! il faut quitter cela ! et cela ! Que j'ai eu de peine à acquérir ces choses qu'il faut que je quitte aujourd'hui ! car, hélas ! je ne les reverrai plus où je vais...

Cette plainte d'un homme qui avait été si puissant et si envié attendrit Brienne ; il poussa un soupir. Mazarin l'entendit.

— Qui est là ? s'écria-t-il, qui est là ?

— C'est moi, monseigneur, dit Brienne ; j'attendais le moment de parler à Votre Éminence d'une lettre fort importante que je viens de recevoir.

— Approchez, Brienne, approchez, dit le cardinal, et donnez-moi la main, car je suis bien faible ; mais ne me parlez point d'affaires, je vous prie ; je ne suis plus en état de les entendre ; adressez-vous au roi et faites ce qu'il vous dira ; quant à moi, j'ai bien autre chose en tête maintenant.

Puis, revenant à sa pensée :

— Voyez-vous, mon ami, ce beau tableau du Corrège, continua-t-il, et encore cette Vénus du Titien et cet incomparable Déluge d'Antoine Carrache, eh bien, mon ami, il faut quitter tout cela !... Oh ! mes tableaux, mes chers tableaux, que j'aime tant et qui m'ont tant coûté !

— Oh ! monseigneur, lui dit Brienne, vous vous exagérez votre position, et vous êtes certainement moins mal que vous ne le pensez.

— Non, Brienne, non, je suis bien mal ; d'ailleurs, pourquoi désirerais-je vivre, quand tout le monde désire ma mort ?

— Monseigneur, se trompe, nous ne sommes plus au temps des passions ; c'était bon dans la Fronde, mais, aujourd'hui, personne ne fait plus de pareils souhaits.

— Personne !... (Mazarin essaya de sourire). Vous savez bien cependant qu'il y a un homme qui le souhaite, cette mort ; mais n'en parlons plus, il faut mourir, et plutôt aujourd'hui que demain... Ah ! il la souhaite, ma mort, va, je le sais !

Brienne n'insista point ; il comprenait que le ministre voulait parler du roi, qu'on savait avoir hâte de gouverner ; d'ailleurs, Mazarin regagna son cabinet et fit signe à son secrétaire de le laisser seul.

Quelques jours après, une chose arriva, qui fut un sujet d'étonnement pour tout le monde, et qui acheva aux plus incrédules que le cardinal était bien convaincu de sa fin prochaine. Son Éminence appela auprès d'elle Monsieur, frère du roi, et, de la main à la main, lui fit cadeau de cinquante mille écus.

La joie de Son Altesse royale, qui, grâce à l'avarice du premier ministre, n'avait jamais possédé trois mille livres à la fois, ne saurait trouver d'expression dans notre langue ; le jeune homme sauta au cou du cardinal, l'embrassa d'effusion, et sortit tout courant.

— Ah ! dit en soupirant Mazarin, je voudrais qu'il m'en coûtât quatre millions et avoir encore le cœur assez jeune pour éprouver une joie pareille.

Cependant il allait toujours s'affaiblissant. Cet arrêt de Guénaud, qu'il n'avait plus deux mois à vivre, lui rongeait incessamment le cœur : dans sa veille, il y pensait ; dans son sommeil, il en rêvait. Un jour que Brienne entrait dans son appartement à pas comptés et suspendus, parce que Bernouin, le valet de chambre du cardinal, l'avait prévenu que Son Éminence sommeillait devant le feu, assis dans son fauteuil, le jeune homme le vit, quoique endormi, dans une surprenante agitation ; son corps, par son propre poids, roulait tantôt en avant, tantôt en arrière ; sa tête allait du dossier de sa chaise à ses genoux ; il se jetait à droite et à gauche sans interruption, et, pendant cinq minutes que Brienne le considéra ainsi, le balancier de la pendule n'allait pas plus vite que son corps ; on eût dit qu'un démon l'agitait ; il parlait, mais ses paroles, sourdes, étouffées et sombres, étaient inintelligibles ; on sentait que la vie physique luttait en lui contre la menace d'une dissolution prochaine. Brienne eut peur que le cardinal ne tombât dans le feu : il appela Bernouin. Le valet de chambre accourut et secoua vivement le malade.

— Qu'y a-t-il ? qu'y a-t-il ? s'écria celui-ci en se réveillant. Guénaud l'a dit !

— Au diable soit Guénaud et son dire ! s'écria Bernouin, répéterez-vous donc toujours la même chose, monseigneur ?

— Oui, Bernouin, oui, reprit le cardinal, oui, il faut mourir, je ne saurais en réchapper ; Guénaud l'a dit ! Guénaud l'a dit !

C'étaient ces paroles terribles que le cardinal répétait en dormant et que Brienne n'avait pas pu entendre.

— Monseigneur, dit Bernouin essayant de distraire le cardinal de l'incessante pensée qui le torturait, M. de Brienne est là.

— M. de Brienne ? dit-il. Faites-le avancer.

Brienne s'avança et lui baisa la main.

— Ah ! mon ami, dit Mazarin, je me meurs ! je me meurs !

— Sans doute, répondit Brienne ; mais c'est vous qui vous tuez ; ne vous affligez donc plus par ces cruels discours qui font plus de mal à Votre Éminence que son mal même.

— Ah ! mon pauvre Brienne, il est vrai ; mais Guénaud l'a dit, et Guénaud sait bien son métier !

Sept ou huit jours avant sa mort, un caprice singulier passa par l'esprit du cardinal : il fit faire sa barbe, relever sa moustache et couvrir ses joues de blanc et de rouge, de sorte que de sa vie il n'avait été si frais ni si vermeil. Alors, il monta dans sa chaise à porteurs, qui était ouverte par devant, et alla faire un tour dans le jardin, malgré le froid qu'il faisait ; car ce que nous racontons se passait au commencement de mars. Aussi l'étonnement fut-il grand, chacun croyait rêver en voyant passer le cardinal dans cet équipage, rajeuni tout à coup comme Éson.

M. de Condé le vit et dit en le voyant :

— Fourbe il a vécu, fourbe il veut mourir.

Le comte de Nogent-Bautru, ce vieux bouffon de la reine que nous verrons bientôt disparaître de cette cour, où il avait joué les Gautier-Garguille, comme Mazarin y avait joué les Pantalons, le rencontra et, s'approchant de lui :

— Oh ! s'écria-t-il, comme il s'était donc dupe de la mascarade, oh ! comme l'air est bon à Votre Éminence ! il a fait un grand changement en vous ; Votre Éminence le devrait prendre plus souvent.

Ces mots allèrent au cœur du mourant qui comprit la raillerie.

— Rentrons, dit-il à ses porteurs, rentrons, je me sens mal.

— Cela se voit, reprit l'implacable bouffon, car Votre Éminence est bien rouge.

Le cardinal se laissa tomber sur son oreiller et on l'emporta.

Sur les marches du palais se trouvait par hasard l'ambassadeur d'Espagne, le comte de Fuensaldagne ; la litière passa devant lui ; un instant il arrêta ses yeux sur le moribond ; puis, avec une gravité toute castillane :

— Ce seigneur, dit-il à ceux qui l'accompagnaient, me représente assez bien feu M. le cardinal Mazarin.

En effet, l'ambassadeur ne se trompait que de quelques jours.

Néanmoins, Mazarin se reprit encore à la vie. Le jeu, qui avait été chez lui la passion dominante, survécut à toutes les autres ; ne pouvant plus jouer lui-même, il faisait jouer autour de son lit ; ne pouvant plus tenir les cartes, il les faisait tenir pour lui.

On joua ainsi jusqu'au moment où le nonce du pape, instruit que le cardinal avait reçu le viatique, vint lui conférer l'indulgence. Un instant avant que le représentant de Sa Sainteté entrât, le commandeur de Souvré tenait son jeu ; il fit un beau coup et s'empressa d'en avertir Son Éminence.

— Ah ! commandeur, dit le cardinal, vous avez beau faire, je perds plus dans mon lit que vous ne gagnez pour mot à table.

— Bon ! bon ! dit le commandeur, que dit là Votre Éminence ? il faut ne point avoir de ces pensées-là, et enterrer la synagogue avec honneur.

— Soit, dit le cardinal ; mais ce sera vous autres, mes amis, qui l'enterrerez ; moi, je payerai les frais de la pompe funèbre.

En ce moment, le nonce entra. A sa vue, les cartes disparurent, et l'on ne joua plus davantage près du lit du moribond.

Le soir, on annonça au cardinal qu'une comète venait de paraître.

— Hélas ! dit-il, la comète, en vérité, me fait trop d'honneur.

Ce nonce du pape était M. Piccolomini ; il donna au cardinal l'indulgence plénière *in articulo mortis*, parlant fort chrétiennement et employant la langue latine.

Le cardinal répondit en italien :

— Je vous prie, monsieur, de mander à Sa Sainteté que je meurs son serviteur et lui suis très obligé de l'indulgence qu'elle m'accorde et dont je sens avoir grand besoin ; recommandez-moi à ses saintes prières.

Et il ajouta tout bas quelques mots que personne n'entendit.

Alors, on lui administra l'extrême-onction.

A partir de ce moment, les courtisans furent exclus de la chambre du mourant, que gardait le curé de Saint-Nicolas-des-Champs. La porte resta ouverte seulement au roi, à la reine et à M. de Colbert.

Le roi vint le voir et demanda ses derniers conseils.

— Sire, répondit Mazarin, sachez vous respecter vous-même et l'on vous respectera ; n'ayez jamais de premier ministre, et employez M. de Colbert dans toutes les choses où vous aurez besoin d'un homme intelligent et dévoué.

Avant sa mort, il résolut d'établir les deux nièces qui lui restaient : l'une, celle que le roi avait aimée, c'est-à-dire Marie de Mancini, fut fiancée à don Lorenzo Colonna, connétable de Naples ; l'autre Hortense Mancini, au fils du maréchal de la Meilleraie, qui quitta son nom pour prendre celui du duc de Mazarin. Cette dernière, que son oncle avait toujours laissée dans un état voisin de la misère, raconte elle-même la sensation de bonheur qu'elle éprouva lorsque, son mariage arrêté, son oncle l'invita à passer dans le cabinet où était son trousseau et, en outre, une corbeille contenant dix mille pistoles en or, c'est-à-dire plus de cent mille livres. Elle appela aussitôt son frère et sa sœur et les mit à même du trésor. Chacun en fourra dans ses poches autant qu'elles en pouvaient contenir ; puis, comme au fond de la corbeille, il restait encore trois cents louis, on ouvrit les fenêtres et on les jeta à poignée dans la cour de l'hôtel Mazarin pour faire battre un monde de laquais qui se trouvait là, en leur criant :

— *Crepa adesso ! crepa !* (Qu'il crève, maintenant ! qu'il crève !)

Le cardinal commit cette prodigalité et peut-être aussi cette ingratitude sur son lit de mort de Vincennes, et en gémit profondément ; car, dans ce moment-là même, il était atteint d'une angoisse presque aussi cruelle que celle de la mort. Voici de quoi il s'agissait :

Mazarin avait des remords d'être si riche.

Le cardinal de Richelieu, homme de haute maison et de grande race, avait compris qu'il avait droit à une fortune princière ; Mazarin fils de pêcheur, homme de rien, parvenu, étonné lui-même de sa fortune, se trouva effrayé d'avoir, au moment de sa mort, plus de quarante millions à léguer à sa famille.

Il est vrai que son confesseur, bon théatin, effrayé du chiffre de cette fortune, que Mazarin, dans sa confession, avait avoué comme un péché, lui avait répondu tout net :

— Monseigneur, vous serez damné, si vous ne restituez le bien mal acquis.

— Hélas ! avait répondu Mazarin, je ne tiens rien, mon père, que des bontés du roi.

— Soit, dit le théatin, qui ne se laissait pas duper par les mots, et qui ne transigeait pas avec sa conscience ; mais il faut distinguer ce que le roi vous a donné de ce que vous vous êtes donné vous-même.

— Ah! s'écria le cardinal, si cela est ainsi, il faut donc tout restituer?

Puis, après avoir réfléchi un instant :

— Qu'on me fasse venir M. de Colbert, dit-il, il trouvera moyen de m'arranger tout cela.

On appela Colbert. C'était, on le sait, la créature du cardinal, et celui que le ministre avait particulièrement recommandé au roi.

Colbert vint. Mazarin lui confia son embarras, et Colbert ouvrit un avis qui avait pour but de concilier les derniers scrupules du cardinal avec le désir de voir son immense fortune ne point sortir de sa famille. C'était de faire au roi une donation de tous ses biens, laquelle, connue sa générosité royale, Louis XIV ne manquerait pas d'annuler sur-le-champ. L'expédient plut au cardinal, et, le 3 mars, il avait fait cette donation. Or, trois jours s'étaient écoulés, et, depuis trois jours, le roi n'avait pas rendu la donation. Le cardinal était au désespoir, se tordant les bras et criant :

— Ma pauvre famille, hélas! ma pauvre famille n'aura pas de pain.

Le 6 enfin, Colbert, tout joyeux, rapporta au cardinal la donation que le roi avait refusée, autorisant le mourant à disposer de tous ses biens comme il l'entendrait.

— Eh! tenez, mon père, s'écria le cardinal en montrant à son rigide confesseur la donation refusée, maintenant vous reste-t-il encore quelque motif de ne point me donner l'absolution?

Le bon théatin n'en avait plus aucun; aussi la lui donna-t-il.

Le cardinal alors tira de dessous son chevet son testament tout fait et le remit à Colbert.

En ce moment, on gratta à la porte. Comme la porte était défendue, Bernouin alla éloigner le visiteur.

— Qui était-ce? demanda Mazarin au valet de chambre lorsque celui-ci revint.

— C'était, répondit Bernouin, le président de la chambre des comptes, M. de Tubeuf; je lui ai dit que Votre Éminence n'était point visible.

— Ohimé! s'écria le moribond, qu'as-tu fait là, Bernouin? Il me devait de l'argent, peut-être me le venait-il apporter; rappelle vite, rappelle!

Bernouin courut après M. de Tubeuf et le ramena.

Mazarin ne s'était point trompé; M. de Tubeuf venait lui rapporter l'argent perdu par lui, sur le fameux coup dont le commandeur de Souvré s'était, on se rappelle, chargé au cardinal.

Celui-ci fit un accueil charmant à l'honnête joueur qui tenait avec tant de fidélité ses engagements, prit la somme qui montait à une centaine de pistoles, et demanda sa cassette aux pierreries; on la lui apporta. Il serra la somme dans un compartiment, puis se mit à examiner les uns après les autres, tous ses joyaux.

— Ah! dit le cardinal en se livrant à cet exercice, qui était son plaisir favori; ah! monsieur Tubeuf, vous êtes un beau joueur.

Tubeuf s'inclina.

— Je donne à madame Tubeuf, continua Mazarin, je donne à madame Tubeuf...

Le président des comptes crut que Mazarin, en souvenir de tout l'argent qu'il lui avait gagné, voulait donner quelque beau diamant, et regarda le cardinal en souriant, comme pour aider les paroles à sortir de sa bouche.

— Je donne à madame Tubeuf..., continua Mazarin. Enfin, dites à madame Tubeuf, que je lui donne le bonjour.

Et il referma la cassette, qu'il remit à Bernouin.

Quant à M. Tubeuf, il se retira avec la honte d'avoir cru un instant que Mazarin pouvait donner quelque chose.

Les journées du lendemain et du surlendemain se passèrent dans des alternatives de bien et de mal; mais le bien allait toujours diminuant et le mal toujours augmentant.

Le 7 au soir, la reine vint pour le voir; mais le malade était si souffrant, que Colbert, qui veillait dans le couloir, dit à la reine qu'il n'était probable qu'il ne passerait pas la nuit. Cependant il se trompait : il passa non seulement cette nuit, mais encore la journée du lendemain sans mourir; il est vrai que, le soir, il entra dans une agonie terrible.

— Monseigneur, dit le curé de Saint-Nicolas-des-Champs, c'est la nature qui paye son tribut.

— Oui, oui, monsieur, répondit le cardinal, je souffre beaucoup; mais je sens, Dieu merci, que la grâce est encore plus forte que le mal.

Deux heures après, son agonie augmentant, il se tâta le pouls lui-même, et, comme, sans doute, il lui paraissait encore vigoureux :

— Ah! dit-il, je sens à mon pouls que j'ai encore longtemps à souffrir.

A deux heures du matin, il se remua un peu dans son lit et dit :

— Quelle heure est-il? il doit bien être deux heures?

Enfin, une demi-heure après, il poussa un soupir et dit :

— Ah! Sainte Vierge, ayez pitié de moi, et recevez mon âme!

Puis il expira entre deux et trois heures du matin, le 9 mars de l'année 1661, dans la cinquante-deuxième année de sa vie, ayant vécu dix-sept mois seulement de plus que le cardinal de Richelieu, et après avoir, comme lui, exercé la toute-puissance pendant dix-huit ans.

« C'était le jour des ides de mars, fatal aux Jules, dit Priolo dans son histoire Jules César ayant été tué à Rome, et le cardinal de Mazarin étant mort à Vincennes, le même jour, à seize siècles de distance l'un de l'autre. »

Le roi, en s'éveillant, appela sa nourrice, qui couchait toujours dans sa chambre, et lui fit signe de l'œil pour qu'elle allât voir comment se trouvait le cardinal. La nourrice obéit et revint en disant que le cardinal était mort. Aussitôt, Louis XIV se leva, et, appelant Le Tellier, Fouquet et Lyonne, il leur dit :

— Messieurs, je vous ai fait venir pour vous avertir que, jusqu'à présent, j'ai bien voulu laisser gouverner mes affaires par feu M. le cardinal, mais qu'à partir d'aujourd'hui j'entends les gouverner moi-même. Vous m'aiderez de vos avis, quand je vous les demanderai.

Puis il congédia le conseil, alla trouver la reine mère, dîna avec elle et partit aussitôt pour Paris dans un carrosse fermé.

La reine mère fut portée en chaise; le marquis de Beaufort, son premier écuyer, et Nogent-Bautru, son bouffon, marchèrent constamment à pied chacun à une portière, et égayèrent incessamment le petit voyage par leurs plaisanteries.

La fortune que laissait le cardinal était immense : il disposait par son testament de cinquante millions, et il défendait sur toutes choses, dans ce testament, que l'on fît l'inventaire de ses effets; il craignait que le peuple, qui l'avait tant haï, ne fût scandalisé de pareilles richesses.

Son principal légataire était d'abord Armand-Charles de Laporte, marquis de la Meilleraie, duc de Rethelois-Mazarin, auquel il laissa tout ce qui resterait de ses biens après l'acquittement des legs particuliers, disposition dont le légataire lui-même ne put jamais connaître l'étendue à cause de l'interdiction à lui faite de dresser inventaire. Cette fortune était royale, et, approximativement, devait monter de trente-cinq à quarante millions.

Tous les autres parents eurent part à ces libéralités posthumes.

La princesse de Conti, sa nièce, reçut deux cent mille écus.

La princesse de Modène, la princesse de Vendôme, la comtesse de Soissons et la connétable Colonna, chacune une somme égale à la princesse de Conti.

Son neveu Mancini eut le duché de Nevers, neuf cent mille livres d'argent comptant, des rentes sur Brouage, la moitié de ses meubles avec tous ses biens de Rome.

Le maréchal de Grammont, cent mille livres.

Madame Martinozzi, sa sœur, dix-huit mille livres de pension viagère.

Les legs spéciaux étaient ceux-ci :

Au roi deux cabinets de pièces de rapport qui n'étaient pas encore achevés.

A la reine mère, un diamant estimé un million.

A la jeune reine, un bouquet de diamants.

A Monsieur, frère du roi, soixante marcs d'or, une tenture de tapisserie et trente émeraudes.

A don Louis de Haro, ministre d'Espagne, un très beau tableau du Titien, représentant Flore.

Au comte de Fuensaldagne, une grosse horloge à boîte d'or.

A Sa Sainteté, six cent mille livres destinées à faire la guerre aux Turcs.

Aux pauvres, six mille francs.

Enfin, à la couronne, dix-huit gros diamants, qui devraient être appelés les *Mazarins*.

C'était un dernier effort pour élever son nom à la hauteur des autres grands noms donnés à certains diamants, légués ou achetés par les rois. En effet, les dix-huit Mazarins, prirent place près des cinq Médicis, des quatre Valois, des seize Bourbons, des deux Navarres, du Richelieu et du Sancy.

Ce n'est pas la seule chose à laquelle le cardinal eût donné son nom ; perpétuer le souvenir de son passage en ce monde était le plus ardent de ses vœux. Outre ses dix-huit diamants, il avait donné son nom au marquis de la Meilleraie, qui, comme nous l'avons dit, s'appela le duc de Mazarin; au palais qu'il avait fait bâtir et qui s'appela le palais Mazarin; au jeu qu'il avait inventé et qui s'appelait le hoc Mazarin; enfin aux pâtés à la mazarine.

Comme on a pu le voir, si l'on a suivi avec quelque attention cette histoire, l'ambition et l'avarice étaient les passions dominantes du cardinal. Pour satisfaire son ambition, il trahit la France ; pour satisfaire son avarice, il ruina, et cependant, malgré ces deux reproches mérités, nul ministre étranger, ni même national, ne fit pour un pays ce que Mazarin fit pour sa patrie d'adoption.

Nous disons qu'il trahit la France. Voici à quelle occasion il trama cette trahison, qui n'eut pas d'ailleurs grande conséquence. Laissons parler Brienne.

« Sur ces entrefaites (1660), un jour que j'étais seul dans la chambre du cardinal et que j'écrivais sur sa table les dépêches pressantes qu'il venait de me commander, Son Éminence eut besoin de quelques papiers qui étaient dans l'une de ses cassettes. Le cardinal était alors au lit, où la goutte le retenait. Il m'appelle, et, me donnant ses clefs, me dit d'ouvrir la cassette marquée XI, et de lui apporter la liasse A, nouée d'un ruban jaune. Les cassettes, qui étaient rangées six à six sur deux différentes tables au pied du lit, avaient été mal placées : à la suite de la cassette X, on avait mis la cassette IX, que j'ouvris sans y faire attention, m'étant contenté de compter les cassettes jusqu'à ce que je fusse venu à celle qui se trouvait la onzième ; je tirai donc la liasse A ; mais ne la trouvant pas liée d'un ruban jaune, je dis à Son Éminence, du lieu où j'étais, qu'elle était nouée d'un ruban bleu. Le cardinal me répondit : « Vous vous êtes mépris au chiffre ; c'est la cassette IX que « vous avez ouverte au lieu de la cassette XI. » J'ouvris donc la cassette qu'on m'indiquait, et j'y trouvai, en effet, la liasse A, nouée d'un ruban jaune, que je portai à Son Éminence. Cependant cela ne se put pas faire sans que la liasse la cote du papier volant qui paraissait sur la liasse A renouée d'un ruban bleu, et j'y aperçus ces paroles remarquables :

« *Acte par lequel le R. d'E... m'a promis de ne pas s'opposer à ma P... à la P..., en cas que je puisse me faire É... après la mort d'A..., et ce, moyennant que je fasse agréer au R... de se contenter de la ville d'A..., au lieu de celle de C..., dont j'ai demandé de sa part la restitution à la couronne d'E...*

« Et plus bas.

« *N.-B. — Cet acte est bon, C... étant demeuré aux E...* »

L'intelligence de cette note était facile à Brienne, malgré

Ne pouvant plus jouer lui-même, il faisait jouer autour de son lit.

la précaution qu'avait prise le cardinal de s'arrêter aux initiales ; elle voulait dire :

« Acte par lequel le roi d'Espagne m'a promis de ne point s'opposer à ma promotion à la papauté, en cas que je puisse me faire élire après la mort d'Alexandre VII, et ce, sous la condition que je fasse agréer au roi de France de se contenter de la ville d'Avesne, au lieu de celle de Cambrai, dont j'ai demandé de sa part la restitution à la couronne d'Espagne.

« Cet acte est bon, Cambrai étant demeuré aux Espagnols. »

Malheureusement, la mort ne laissa point à Mazarin le temps de mettre à exécution cet ambitieux projet, Alexandre VII, qui avait été élu le 7 avril 1655, étant mort seulement le 22 mai 1667, c'est-à-dire un peu plus de six ans après celui qui comptait lui succéder.

Quant à l'avarice du cardinal, elle était passée en proverbe, et c'était le grand reproche que lui faisaient tous ensemble ses amis et ses ennemis ; tout lui était prétexte à argent, tout lui était matière à impôts. *Ils chantent, ils payeront* est devenu non seulement un proverbe français, mais un axiome européen.

Un jour, le cardinal Mazarin fut prévenu qu'un pamphlet terrible contre lui venait d'être mis en vente ; il le fit saisir, et, comme cette saisie décuplait naturellement sa valeur, il le fit revendre sous main à un prix exorbitant ; il gagna mille pistoles à ce coup de commerce, qu'il raconta lui-même et dont il riait beaucoup.

Mazarin trichait au jeu ; il appelait cela prendre ses avantages et, tout avare qu'il était, jouait de façon à perdre ou à gagner cinquante mille livres dans une soirée. Au reste, comme cela devait être, il se montrait fort sensible au gain ou à la perte.

Si le cardinal donnait de mauvaise grâce, ou plutôt même ne donnait point, en revanche, il n'était jamais si aise que quand il recevait, et pour arriver à recevoir, il employait parfois des moyens qui n'appartenaient qu'à lui.

Le cardinal Barberini avait un charmant tableau du Corrège représentant l'Enfant Jésus assis sur les genoux de la Vierge et donnant, en présence de saint Sébastien, l'anneau nuptial à sainte Catherine (1). Le cardinal se rappelait toujours avoir vu à Rome ce tableau, qui l'avait frappé ; il n'osa le demander à Barberini, qui, selon toute probabilité, ne le lui aurait pas donné ; mais il le fit demander par la reine, à laquelle celui-ci n'osa le refuser. De peur qu'il n'arrivât malheur à ce chef-d'œuvre pendant la route, on envoya un messager à Rome, lequel, aux frais du premier propriétaire, bien entendu, rapporta le tableau, que le donateur présenta lui-même à la reine, laquelle, pour lui accorder l'honneur qu'il méritait, le fit aussitôt accrocher dans sa chambre à coucher. Puis à peine Barberini avait-il le dos tourné, que le cardinal Mazarin le vint dépendre et emporta chez lui ce trésor tant convoité ; mais, à sa mort, le cardinal Barberini, dont l'intention avait toujours été de faire un cadeau à la couronne et non au ministre, vint trouver le roi et le pria de se souvenir que le tableau avait été donné à la reine, et, par conséquent, lui appartenait. Louis XIV fit droit à la demande du cardinal, et le tableau fut rapporté avec trois autres que le duc de Mazarin envoya au roi, parce que, disait-il, ces tableaux représentaient des nudités.

Les trois tableaux qui blessaient la pudeur de l'époux d'Hortense Mancini étaient la grande Vénus du Titien, celle du Corrège, et le tableau d'Antoine Carrache devant lequel s'arrêtait le cardinal Mazarin en se lamentant de le quitter.

On se rappelle que ce même duc de Mazarin, toujours par un sentiment de pudeur, mutila un jour à grands coups de marteau, toutes les statues antiques que lui avaient laissées son oncle. Le roi apprit ce sacrilège et lui envoya Colbert pour lui demander qui avait pu le pousser à une pareille action.

— Ma conscience, répondit le duc de Mazarin.

— Mais, monsieur le duc, dit Colbert, si c'est votre conscience, pourquoi donc avez-vous dans votre chambre à coucher cette belle tapisserie de *Mars et Vénus*, qui me paraît aussi impudique au moins que vos statues ?

— C'est, dit le duc, que cette tapisserie vient de la maison Laporte, dont je suis, et que, n'en portant plus le nom, j'en veux au moins garder quelque chose.

La raison parut sans doute suffisante à Louis XIV, qui lui laissa les tapisseries, puisqu'elles venaient de la maison Laporte, mais lui ôta les statues, qui venaient de la maison Mazarin.

Nous avions déjà cité en d'autres endroits quelques traits d'avarice du cardinal ; en les rapprochant de ceux-ci, ils les complèteront le tableau.

Aussi, Mazarin mourut-il exécré à peu près de tout le monde : exécré de la reine, qui lui reprochait son ingratitude ; exécré du roi, qui lui reprochait sa ruine.

Les épigrammes, qui l'avaient poursuivi pendant toute sa vie, abondèrent, comme on le comprend bien, à sa mort. Nous en citerons seulement quelques-unes (2) :

Enfin le cardinal a terminé son sort !
Français, que dirons-nous de ce grand personnage ?
Il a fait la paix, il est mort ;
Il ne pouvait pour nous rien faire davantage.

Mazarin sortit de Mazare,
Aussi pauvre que le Lazare,
Réduit à la nécessité ;
Mais, par les soins d'Anne d'Autriche,
Ce Lazare ressuscité,
Est mort comme le mauvais riche.

(1) Ce tableau est au musée du Louvre.
(2) Voir la note M à la fin du volume.

Ci-gît l'Eminence deuxième :
Dieu nous garde de la troisième !

Jules le cardinal gît dessous ce tombeau :
Passant, serre ta bourse et tiens bien ton manteau.

C'était une rage de faire des épitaphes au cardinal. Poètes, bourgeois, marchands, chacun apporta la sienne ; il n'y eut pas jusqu'à un Suisse, dont le défunt avait licencié le régiment, qui, passant devant son tombeau à Vincennes, ne voulût apporter sa part de l'offrande générale. Il réfléchit un instant, et grava sur le tombeau ce distique, qui, à notre avis, en vaut bien un autre :

Ci gît un couquin d'Italie,
Qui li cassi mon compagnie.

Un autre, qui ne put pas sans doute trouver deux rimes, se contenta de confectionner un anagramme, et dans JULES MAZARIN, trouva ANIMAL SI RUZE.

Maintenant, laissons de côté les passions de l'époque et les haines des partis, et jugeons Mazarin au point de vue des résultats et non des moyens.

Mazarin continua au dehors la politique de Henri IV, c'est-à-dire l'abaissement de la maison d'Autriche. Pour arriver à ce but, tous les moyens lui parurent bons : habile en politique, matérialiste en affaires d'État, il n'avait ni haines, ni amours, ni sympathies, ni antipathies. Quiconque servait ses vues était son allié ; qui s'y opposait, son ennemi. Le bien du pays passait chez lui avant toutes choses, même avant les exigences royales : Cromwell peut l'aider à affaiblir la maison d'Autriche, Cromwell peut lui donner six mille hommes pour reprendre Montmedy, Mardick et Saint-Venant : il traite avec Cromwell. Pour prix de son alliance, l'usurpateur exige que les princes légitimes soient chassés de France : Mazarin chasse les princes légitimes, ne maintenant une réserve qu'en faveur de la petite-fille de Henri IV. Il est avare, c'est pour les hommes, mais jamais pour les choses. Faut-il créer des ennemis à ses ennemis, ou plutôt aux ennemies de la France, l'or coule à flots. Pendant tout l'hiver, la guerre se poursuit avec activité dans les Pays-Bas, en Italie et en Catalogne. Mais, en même temps qu'il a des généraux qui battent les Espagnols et les impériaux, il a des agents qui négocient à Amsterdam, à Madrid, à Munich et à Bruxelles ; seulement, dans les grandes affaires, il ne s'en rapporte qu'à lui ; c'est lui qui traite, qui discute, qui négocie en personne. Aux conférences de l'île des Faisans, don Louis de Haro amène avec lui six des plus fortes têtes de l'Espagne ; Mazarin y va seul, fait face à tout le monde, discute paragraphe à paragraphe, phrase à phrase, mots à mots, un traité de cent vingt articles, demeure trois mois en lutte avec les premiers politiques de l'époque, épuise vingt-quatre entrevues de cinq et de six heures, au milieu des brouillards d'une rivière, des miasmes d'un marais, signe un des traités les plus avantageux que la France ait jamais signés ; et, comme il a ruiné toutes les forces de son corps et de son esprit dans l'accomplissement de cette grande œuvre sociale, il vient mourir à Paris, juste au moment où le roi peut lui annoncer que le mariage qu'il vient de faire, et qui va porter la France au premier rang des États politiques du monde, est béni du Seigneur et va donner un héritier à l'État.

Au dedans, il continua la politique de Richelieu, c'est-à-dire le triple abaissement de la féodalité, de l'Église et du parlement. La féodalité expiro à ses pieds le jour où Condé demanda grâce par la voix de l'Espagne ; l'Église reconnaît son impuissance, en laissant le coadjuteur en prison et le cardinal de Retz en exil ; enfin le parlement, rompu, brisé, décimé, voit Louis XIV entrer dans son enceinte, le chapeau sur la tête, le fouet à la main, et derrière le jeune roi, peut distinguer la tête fine et moqueuse de celui qu'il a condamné deux fois à mort, dont il a mis la tête à prix, insulté, raillé, et qui revient mourir en France, tout puissant, riche de cinquante millions, détesté, il est vrai, du peuple, de sa famille et du roi, mais laissant au peuple la paix, à sa famille des trésors, au roi un royaume duquel toute opposition parlementaire, ecclésiastique et féodale a disparu !

Maintenant, d'où vient cette exécration, cette haine, cette réprobation universelle contre Mazarin ? D'où vient que son génie est méconnu, que sa capacité est contestée, que ses intentions ne sont mises ses résultats sont niés par ses contemporains ? Le secret en est dans ce seul mot : *Mazarin était avare.*

Or, la main qui tient le sceptre doit, comme celle qui tient le monde, être large et ouverte : Dieu est non seulement libéral, il est prodigue.

XXXV

LE TELLIER. — LYONNE. — FOUQUET. — LEUR CARACTÈRE. — COLBERT ET LE TRÉSOR. — LOUIS XIV A VINGT-TROIS ANS. — PHILIPPE D'ANJOU, SON FRÈRE. — RETRAITE D'ANNE D'AUTRICHE. — MANIÈRE DE VIVRE DE LA JEUNE REINE. — LA PRINCESSE HENRIETTE ET LE JEUNE BUCKINGHAM. — LA REINE MÈRE D'ANGLETERRE ET SA FILLE REVIENNENT EN FRANCE. — MOTIFS DE CE RETOUR. — MONSIEUR VA A LEUR RENCONTRE. — LE COMTE DE GUICHE. — VIOLENTE JALOUSIE. — MARIAGE DU DUC D'ANJOU. — IL PREND LE TITRE DE DUC D'ORLÉANS. — PORTRAIT DE MADAME HENRIETTE. — EMPLOI ORDINAIRE D'UNE JOURNÉE DE LOUIS XIV. — LES FRONDEURS DEVIENNENT COURTISANS. — LE ROI AMOUREUX DE MADAME. — COMMENT ON VEUT CACHER CETTE LIAISON. — MADEMOISELLE DE LA VALLIÈRE. — ELLE ATTIRE L'ATTENTION DU ROI. — LOUIS XIV POËTE. — DANGEAU DOUBLEMENT SECRÉTAIRE. — LA CHUTE DE FOUQUET SE PRÉPARE. — FÊTE DE VAUX. — VOYAGE A NANTES. — ARRESTATION DE FOUQUET. — HAINES CONTRE COLBERT.

Nous avons dit qu'aussitôt après la mort de Mazarin, et avant même de quitter Vincennes, Louis XIV avait fait venir Le Tellier, Lyonne et Fouquet, et leur avait déclaré la résolution qu'il avait prise de régner par lui-même.

Disons un peu quels étaient ces trois hommes, que Mazarin léguait à Louis XIV. Nous parlerons plus tard de Colbert, qu'il lui avait seulement recommandé.

Michel Le Tellier, petit-fils d'un conseiller à la cour des aides, était un de ces hommes heureusement doués, auxquels la nature a donné en même temps la beauté du corps et la grâce de l'esprit : il avait le visage agréable, les yeux brillants, le teint frais et vif, le sourire fin, et cet air franc et ouvert qui prévient à la première vue en faveur de celui qui le possède. Toutes ses façons étaient celles d'un homme poli; toutes ses manières, d'un honnête homme, possédant un esprit doux, facile, insinuant, il parlait d'ordinaire avec tant de retenue, qu'on le croyait toujours plus habile qu'il n'était, et que souvent on attribuait à la sagesse une circonspection qui tenait tout simplement à l'ignorance ; courageux et même entreprenant dans les affaires de l'Etat, ferme à suivre un plan quand une fois il l'avait formé, incapable d'en être détourné par ses passions dont il était toujours le maître, régulier dans le commerce de la vie, promettant beaucoup peu, timide dans les affaires de famille, ne méprisant pas un ennemi, si petit qu'il fût, cherchant toujours à le frapper, mais en secret ; tel était l'humble homme, à le prononcer l'orgueilleux Louvois ; tel était l'homme qui disait à Louis XIV, à propos du chancelier Séguier, lequel voulait être duc de Villemor : « Sire, toutes ces grandes dignités ne vont point aux gens de robe comme nous, et il est d'une bonne politique de ne les accorder qu'à la vertu militaire. »

Hugues de Lyonne, gentilhomme dauphinois, possédait un génie supérieur à celui de son collègue Le Tellier ; son esprit, aiguisé dans les affaires, était vif et perçant.' Le cardinal Mazarin l'avait employé de bonne heure aux discussions diplomatiques, où il était devenu si habile négociateur, que sa réputation de finesse lui nuisait, surtout avec les Italiens, qui se défiaient d'eux-mêmes quand ils avaient à traiter avec lui ; au reste, fort désintéressé, ne regardant la fortune que comme un moyen de contribuer à ses plaisirs et de satisfaire ses passions, joueur, dissipateur, sensuel, tantôt paresseux avec délices, tantôt infatigable au travail, homme du moment, se laissant aller à tous les caprices, se pliant à toutes les nécessités, ne comptant que sur lui-même, tirant toutes ses ressources de son propre fonds, écrivant ou dictant toutes ses dépêches, et rattrapant par la vivacité de son esprit tout ce qu'il perdait par l'indolence de son corps ; voilà Lyonne tel qu'il était, ou, du moins, tel que nous le peint l'abbé de Choisy, auquel nous empruntons son portrait.

Nicolas Fouquet, dont la haute fortune et la chute terrible font un personnage à part dans l'histoire, avait le génie des affaires ; financier audacieux, il créait des ressources dans les situations qui semblaient les plus désastreuses, dans les cas qui semblaient les plus désespérés ; savant en droit, versé dans les lettres, entraînant d'esprit, noble de manières, facile à s'illusionner ; dès qu'il avait rendu le moindre service à un homme, service qu'il rendait d'ailleurs avec grandeur, promptitude et obligeance, il mettait cet homme au nombre de ses amis, comptant sur lui, comme si cette amitié eût été éprouvée par le temps et l'expérience ; au reste, sachant écouter et sachant répondre, ces deux choses si rares dans un ministre ; de plus, répondant toujours agréablement, de sorte que souvent, sans délier sa bourse ni celle de l'Etat, il renvoyait à demi contents les gens qui venaient à son audience ; vivant au jour le jour, prétendant être premier ministre sans perdre un instant des plaisirs auxquels il s'était habitué et que son tempérament lui rendait nécessaires, s'enfermant ostensiblement dans son cabinet, et, tandis que chacun louait le grand travailleur, descendant furtivement dans son petit jardin, où se succédaient tour à tour les plus jolies femmes de Paris, payées au poids de l'or ; généreux avec les gens de lettres, qui estimait à leur valeur et récompensait selon leur mérite ; ami de Racine, de la Fontaine et de Molière, Mécène de Le Brun et de Le Nôtre, il se flattait de conduire le jeune roi en se chargeant tout à la fois de son travail, de ses plaisirs et de ses amours, trois choses que, malheureusement pour l'ambitieux ministre, le roi se chargea de régler lui-même.

C'était à ces trois hommes que, deux heures après la mort de Mazarin, Louis XIV avait dit les paroles que nous avons citées. Le Tellier et Lyonne s'inclinèrent devant la volonté royale ; Fouquet sourit ; il tenait les finances, et, habitué à tout mener avec un frein d'or, il crut que le roi ne lui échapperait pas plus qu'un autre.

La première personne qu'en arrivant au Louvre, Louis trouva dans son cabinet fut un jeune homme au visage refrogné, aux yeux creux, aux sourcils épais et noirs, à l'abord sauvage et négatif. Cet homme qui attendait depuis deux heures l'occasion de lui parler seul, était Jean-Baptiste Colbert, celui que Mazarin chargeait, dans les derniers temps, de ses plus intimes affaires, et qu'en mourant il avait recommandé au roi.

Il venait lui dire qu'en différents lieux le cardinal Mazarin avait caché ou enfoui à peu près quinze millions d'argent comptant, et que, ne les voyant pas indiqués sur le testament, lui, Colbert, avait pensé que l'intention du cardinal était que ces sommes remplissent les coffres de l'épargne, qui étaient parfaitement vides. Louis XIV regarda avec étonnement Colbert, lui demanda s'il était sûr de ce qu'il disait. Colbert lui donna les preuves de ce qu'il venait d'avancer.

Rien ne servait mieux les desseins de Louis XIV que la découverte d'un pareil trésor dans un pareil moment. C'était l'indépendance royale vis-à-vis du surintendant des finances. Aussi cette révélation fut-elle le commencement de la fortune de Colbert.

On trouva chez le maréchal de Fabert cinq millions : deux à Brisach, six à la Fère, cinq ou six à Vincennes ; il y avait aussi des sommes considérables au Louvre ; mais, quoique ce fût le lieu où elles étaient cachées que l'on visita d'abord, on trouva l'argent disparu. Alors, on se souvint que Bernouin avait quitté, la veille, pendant deux heures, son maître agonisant : ces deux heures avaient suffi pour la soustraction.

Louis XIV se trouva donc tout à coup un des rois les plus riches de la chrétienté, car il possédait ainsi dans son trésor particulier dix-huit ou vingt millions ; d'autant plus riche, que tout le monde ignorait sa richesse, Fouquet comme les autres.

Le premier soin du roi fut de régler les choses d'étiquette ; car, à cette époque déjà, Louis XIV commençait à manifester ce respect de sa propre personne qu'il exigea plus tard que les courtisans portassent jusqu'à l'adoration.

A cet âge de vingt-trois ans auquel il était arrivé, c'était, en effet, moins l'éducation première, négligée à dessein peut-être par le cardinal, qu'un gentilhomme accompli : d'une taille peu élevée mais bien prise, il relevait cette taille par de hauts talons qui le mettaient physiquement à la hauteur de tout le monde ; ses cheveux étaient magnifiques et il les portait flottants comme les rois de la première et de la seconde race ; son nez était grand et bien fait, sa bouche vermeille et agréable, ses yeux bleus renfermaient un regard qu'il s'étudiait à rendre majestueux ; enfin son parler lent et accentué donnait à sa parole une gravité qui n'était pas de son âge.

Tous ces avantages ressortaient d'autant plus que son frère Philippe de France, duc d'Anjou, formait avec lui un parfait contraste. Prince de mœurs douces ou plutôt efféminées, d'un courage ardent mais sans suite, type complet, au physique et au moral, de cette molle et chevaleresque noblesse qui avait entouré le dernier Valois et avait illustré son règne par ses vices et par sa bravoure, il supportait avec peine cette supériorité que son frère aîné voulait s'arroger sur tout ce qui l'entourait. L'enfance des deux princes s'était passée dans cette lutte ; mais, depuis quelques années déjà, la main de fer de Louis XIV s'était essayée autour de lui, et le jeune duc avait été contraint de plier.

Il en était arrivé de même d'Anne d'Autriche, si puissante dans les premières années de sa tutelle. Elle avait vu d'abord Mazarin lui arracher lambeau par lambeau cette puissance à laquelle elle s'était cramponnée tant qu'elle l'avait pu. A la mort du cardinal, elle crut que le moment était venu de tenter quelques efforts pour reconquérir cette influence perdue ; mais, aux premières velléités de domination qu'elle laissa échapper, Louis XIV lui fit comprendre que ce qu'il avait dit aux ministres, c'est-à-dire qu'il voulait régner par lui-même, était une détermination prise depuis longtemps, fermement arrêtée dans son esprit et qui n'admettait aucun correctif. La reine mère prit son parti de cette nouvelle déception, et se prépara au Val-de-Grâce une retraite où les fleurs devinrent sa distraction principale. D'ailleurs, elle souffrait déjà de la maladie dont elle mourut ; les premières morsures d'un cancer commençaient à lui déchirer le sein.

Malgré cette beauté de la jeune reine, dont le roi s'était félicité lorsqu'il l'avait entrevue pour la première fois, Louis XIV n'avait pas un instant été amoureux de sa femme. Certes, il la traitait avec égards, en princesse d'Espagne et en reine de France, mais c'était bien peu pour ce jeune cœur qui rêvait autre chose, ses seules distractions étaient de parler de son pays, dans la langue ardente et colorée de l'Espagne, avec la reine mère, Espagnole comme elle. Les réunions lui plaisaient peu, car, dans ces réunions, elle voyait son jeune époux galant et empressé, effeuillant, comme dit Bussy-Rabutin, ce buisson de roses qui s'élevait autour d'elle, comme pour détourner d'elle les regards de son mari.

Une nouvelle cour vint encore se former au Louvre et redoubler les ombrages de la reine. Du vivant du cardinal, un projet de mariage avait été arrêté entre le duc d'Anjou et cette pauvre Henriette d'Angleterre, que l'avarice de Mazarin avait laissée manquer de bois au Louvre, et que Louis XIV avait si longtemps tenue à l'écart dans son mépris pour les petites filles ; mais la petite fille avait grandi, sa fortune avait changé, Henriette avait dix-sept ans et était sœur de Charles II, roi d'Angleterre.

Aussi, en apprenant la restauration de son fils sur le trône des Stuarts, madame Henriette était-elle partie avec sa fille, pour jouir du plaisir de voir Charles II paisible possesseur de son royaume. Elle avait trouvé, en arrivant à Londres, le duc de Buckingham, le fils de celui que nous avons vu jeter ses perles aux pieds du roi et de la reine de France, amoureux de la princesse royale, son autre fille ; mais, si amoureux qu'il fût, Buckingham ne put voir celle qui arrivait de France avec tous les charmes d'un autre pays, toutes les élégances d'une autre cour, sans que sa passion changeât d'objet ; Buckingham, en fait d'amour, était le digne fils de son père, et l'on put dire bientôt que les yeux d'Henriette lui avaient enlevé le peu de raison qu'il n'avait jamais eue.

Cependant la reine mère d'Angleterre était tous les jours pressée par les lettres de Monsieur de revenir en France. Le prince avait hâte d'achever son mariage, qu'il regardait comme un événement qui, en lui créant une existence indépendante comme fortune, devait le soustraire quelque peu à l'ascendant de son frère. Elle se décida donc à partir, malgré la mauvaise saison. Le roi, son fils, l'accompagna jusqu'à une journée de Londres. Le duc de Buckingham la suivit comme le reste de la cour ; mais, au lieu de revenir avec le roi, le favori sollicita alors la permission d'accompagner en France la reine mère et sa fille, permission qui lui fut accordée par Charles II.

La traversée fut favorable le premier jour ; mais, le lendemain, le vaisseau se trouva ensablé et en grand danger de périr. Le duc de Buckingham avait complètement oublié le danger qu'il courait lui-même pour s'occuper de celui de la princesse. Aussi, après cet événement, sa passion ne fut-elle plus un secret pour personne.

On tira le vaisseau de péril, mais il fallut relâcher au plus prochain port.

Là, la princesse fut attaquée d'une fièvre violente. C'était la rougeole.

Nouveau danger de la belle fiancée, nouvelles folies de Buckingham. Cette fois, la reine mère s'en émut ; et, lorsqu'on fut arrivé au Havre, où madame Henriette devait rester quelques jours pour se remettre, la reine exigea que Buckingham partît pour aller annoncer son arrivée à Paris.

Buckingham obéit. La reine Anne d'Autriche put revoir alors le fils de celui qu'elle avait tant aimé.

Quelques jours après, on annonça la venue des deux princesses. Monsieur alla au-devant d'elles avec tous les empressements imaginables, et continua jusqu'à son mariage à lui rendre des devoirs qu'on aurait pu prendre pour de l'amour, si, comme le dit madame de la Fayette, on n'avait su que le miracle d'enflammer le cœur de ce prince n'était réservé à aucune femme du monde.

A la suite de Monsieur, et à titre de son intime favori, était le comte de Guiche. Le comte de Guiche était le plus beau, le plus élégant, le plus galant, le plus brave, le plus hardi des seigneurs de la cour. Un peu trop de vanité et un certain air méprisant répandu sur toute sa personne ternissaient seuls ces charmantes qualités.

La première chose que fit Buckingham fut de devenir jaloux de Guiche, qui cependant, à cette heure, était occupé de madame de Chalais, fille du duc de Marmoutier.

Buckingham fut jaloux à sa manière, c'est-à-dire si bruyamment, que Monsieur s'en aperçut et qu'il s'en ouvrit à la fois aux deux reines mères. Toutes deux le rassurèrent : la reine d'Angleterre, par ce sentiment naturel à la femme de soutenir sa fille ; la reine Anne d'Autriche, par ce souvenir puissant qu'elle transportait du père au fils. Malgré ces protestations, Monsieur, qui, de son côté, était d'un naturel fort jaloux, ne fut rassuré que lorsqu'on lui eut promis qu'après un séjour convenable à la cour de France, le duc de Buckingham retournerait en Angleterre.

Cependant on s'occupait des préparatifs du mariage, qui devait avoir lieu au mois de mars.

Le roi alors donna, comme cadeau de noces, à son frère l'apanage du feu duc d'Orléans, tel que Gaston l'avait possédé, moins Blois et Chambord. A partir de ce moment, nous donnerons donc indifféremment au duc d'Anjou le nom de Monsieur, ou le titre de duc d'Orléans.

La princesse d'Angleterre, qui joue, dans les premières années de la grandeur de Louis XIV, un si charmant rôle, dénoué par une si terrible catastrophe, était en tout point digne de la passion et de cette jalousie. C'était une grande et toute gracieuse personne, quoique sa taille fût un peu gâtée : elle avait le teint d'une finesse extrême, blanc et rose ; ses yeux étaient petits, mais doux et brillants ; son nez était bien fait, sa bouche vermeille, ses dents semblaient deux rangs de perles ; seulement son visage, un peu maigre et un peu long, lui donnait un air de mélancolie qui eût pu être une beauté de plus, si la mélancolie eût été de mode à cette époque ; d'ailleurs, pleine de goût, s'habillant et se coiffant d'un air qui convenait à toute sa personne.

Le mariage eut lieu le 31 mars 1661, au Palais-Royal, en présence seulement du roi, de la reine mère, de la reine d'Angleterre, de mesdemoiselles d'Orléans et du prince de Condé. Quelques jours après, ainsi que la promesse en avait été faite à Monsieur, le duc de Buckingham quitta la France avec toutes les démonstrations de douleur imaginables.

Ce fut vers ce temps, comme nous l'avons dit, que le roi commença de prendre pour ses journées une habitude de régularité qui devinrent bientôt des règles d'étiquette.

A huit heures, le roi se levait, quoiqu'il se couchât toujours fort tard. En quittant le lit de la reine, il allait se mettre dans le sien, où il priait Dieu ; sa prière finie, il s'habillait. Alors commençait le travail des affaires de l'État, pendant lequel le maréchal de Villeroy, qui avait été son gouverneur, avait seul le droit d'entrer dans sa chambre. A dix heures, le roi passait au conseil et y restait jusqu'à midi ; puis il allait à la messe. Le temps qui séparait sa sortie de la chapelle du dîner, il le donnait au public et aux reines. Après le repas, il demeurait encore une heure ou deux en famille ; puis il retournait travailler avec l'un ou l'autre de ses ministres, donnait les audiences demandées, écoutant patiemment ceux qui se présentaient pour lui parler et les placets auxquels on répondait à certains jours fixes. Enfin la soirée s'écoulait occupée à une nouvelle réunion de famille, où assistaient les princesses et leurs dames d'honneur, ou à la représentation d'une comédie, ou à la répétition ou enfin à l'exécution de quelque ballet.

Sur la fin d'avril, la cour partit pour Fontainebleau. La prince de Condé et le duc de Beaufort la suivirent. Le prince de Condé, après Monsieur, tenait le premier rang, et le roi avait une grande considération pour lui ; de son côté, le prince, en toute occasion, témoignait être devenu un des serviteurs les plus dévoués, mais les plus humbles du roi. Plusieurs fois, le roi, les reines, Monsieur et Madame, prenant le frais sur le canal dans un bateau doré en forme de galère, M. le Prince réclama l'honneur de les servir, et s'acquitta de son service avec tant de grâce, dit madame de Motteville, qu'il était impossible, en le voyant agir de cette manière, de se souvenir des choses passées sans louer Dieu de la paix présente.

Quant à M. de Beaufort, le chef des importants et des frondeurs, ce fameux roi des halles, ce demi-dieu populaire, qui avait tant de fois par un seul de ses mouvements bouleversé la capitale, comme le géant enseveli soulève l'Etna, on le voyait maintenant s'empresser de suivre partout le roi, soit à la chasse, soit aux promenades, et, quand le prince de Condé servait Leurs Majestés, lui, servant M. de Condé, recevait les plats et les assiettes de sa main.

Un mois s'était passé déjà en fêtes, en promenades, en bals et en spectacles, quand tout à coup cette bonne harmonie qui, selon les mémoires du temps, faisait croire au retour de l'âge d'or, commença d'être troublée par les soupçons jaloux de la jeune reine. Un jour, elle alla se jeter aux pieds d'Anne d'Autriche et lui dit, dans le désespoir de son cœur, que le roi était amoureux de Madame.

Ce n'était pas la première ouverture qui en avait été faite à Anne d'Autriche. Monsieur, de son côté, était déjà venu se plaindre à sa mère. Seulement, cette fois, la chose était plus grave : on ne pouvait envoyer le roi de l'autre côté du détroit comme on avait fait de Buckingham.

En effet, cette cour, déjà renommée par sa galanterie et son élégance, avait encore crû en élégance et en galanterie depuis l'arrivée de Madame. Le roi, comme il l'avait remarqué la jeune reine et Monsieur, c'est-à-dire les deux personnes les plus intéressées à suivre le progrès de cet attachement, lui témoignait une complaisance extrême : c'était Madame et sa petite cour qui se composait de mademoiselle de Créquy, de mademoiselle de Châtillon, de mademoiselle de Tonnay-Charente, de mademoiselle de la Trémouille, de madame de la Fayette ; c'était, disons-nous, Madame qui dirigeait tous les divertissements, lesquels, d'ailleurs, avaient l'air de ne se faire que pour elle, si bien que le roi paraissait effectivement ne goûter de plaisir à toutes ces parties que celui qu'il en recevait. Par exemple, on était arrivé au milieu de l'été, dans les jours Madame s'allait baigner ; elle partait en carrosse à cause de la chaleur et revenait à cheval, suivie de toutes ses dames habillées galamment, faisant flotter au vent les mille plumes qu'elle avait sur la tête, accompagnée du roi et de toute la jeunesse de la cour ; puis, après le souper, on montait dans les calèches, et, au bruit du violon, on s'allait promener une partie de la nuit autour du canal.

Le surintendant ne comprenait pas où le jeune roi puisait l'argent nécessaire à ses dépenses, et attendait toujours, pour prendre sur lui l'ascendant qu'il s'était promis, que Louis XIV eût recours à sa caisse ; mais Louis XIV avait les millions de Mazarin, et, grâce à eux, faisait, comme nous l'avons vu, les honneurs de Fontainebleau à la femme de son frère.

Cette fois, la dénonciation qui arrivait de deux côtés à Anne d'Autriche l'inquiéta plus que la première : elle s'était déjà aperçue de cette passion naissante du roi pour Madame, à l'abandon dans lequel il laissait son frère ; elle promit donc d'en parler à la jeune princesse et tint parole. Mais celle-ci, fatiguée de la longue et sévère tutelle où l'avait gardée sa mère, craignant de n'avoir échappé à cette tutelle que pour passer sous celle de sa belle-mère, reçut assez mal les avis de celle-ci, et, sachant la haine que la jeune reine et la reine mère portaient à madame la comtesse de Soissons, à qui, on se le rappelle, le roi avait fait autrefois la cour, elle se lia avec elle et bientôt en fit sa confidente intime.

Comme on le comprend bien, les choses commençaient à s'aigrir ; les propos amers, en circulant des uns aux autres, envenimèrent la situation ; l'aigreur s'augmentait tous les jours entre la reine mère et Madame, et un froid très réel se glissait peu à peu entre le roi et Monsieur. Toutes ces choses allaient finir par amener des plus scandaleuses, lorsque l'idée vint au roi et à Madame, suggérée, on le croit, par la comtesse de Soissons, de couvrir leurs amours naissantes d'un autre amour qui se pourrait avouer, et on proposa au roi, pour servir de manteau à sa passion illégitime, mademoiselle de la Vallière, fille d'honneur de Madame et jeune personne sans conséquence.

Louise-Françoise de la Baume le Blanc de la Vallière, fille de marquis de la Vallière, était née à Tours le 6 août 1644, et, par conséquent, n'avait point encore dix-sept ans ; c'était une jeune personne aux cheveux blonds, aux yeux bruns et vifs, à la bouche grande et vermeille, aux dents blanches mais larges, à la peau marquée de petite vérole : elle n'avait ni gorge ni épaules ; son bras était mince et plat, et elle boitait légèrement d'une foulure mal remise qu'elle s'était faite à l'âge de sept ou huit ans en sautant du haut d'un tas de bois à terre. Au reste, on la disait généreuse et sincère, et, au milieu de cette cour, on ne lui connaissait d'autre adorateur que le jeune duc de Guiche, dont nous avons parlé, et qui, d'ailleurs, n'en avait rien obtenu. Il est vrai qu'on parlait aussi d'un vicomte de Bragelonne qui aurait eu à Blois les premiers soupirs de ce jeune cœur ; mais les plus méchantes langues ne citaient cet amour que comme un amour d'enfant, c'est-à-dire sans conséquence.

Telle était la victime que l'on proposait d'immoler aux convenances et sur laquelle on voulait détourner les soupçons de la jeune reine et de Monsieur, soupçons qui, nous l'avons dit, s'étaient portés non sans raison sur Madame.

Seulement, on ignorait une chose : c'est que cette jeune fille, que Louis n'avait pas même remarquée, nourrissait depuis longtemps un amour secret pour le roi, amour qui l'avait rendue insensible aux hommages des jeunes gens de la cour à ceux mêmes du duc de Guiche.

Quelques mots de cette pauvre Louise de la Vallière, la seule qui aima le roi pour lui-même.

Madame de la Vallière, la mère, s'était remariée à ce Saint-Rémy, qui était majordome de Gaston, celui-là même qui lui demandait, en voyant fuir la duchesse douairière d'Orléans, où sa baguette blanche était de rhubarbe ou de séné, de sorte que sa femme et sa fille avaient leurs entrées à la petite cour de Blois, où Gaston avait passé, fort retiré, les dernières années de sa vie. Mademoiselle de la Vallière, sans avoir aucun rang à cette petite cour, y vivait donc à peu près sur le même pied que si elle eût été fille d'honneur en titre. Ce fut là qu'elle se lia avec mademoiselle de Montalais, qui devait plus tard se trouver mêlée à sa vie d'une manière intime et douloureuse.

Sur ces entrefaites, le bruit se répandit que le roi devait venir à Blois en allant chercher l'infanta : c'était une grande nouvelle que le passage d'un roi de vingt-deux ans, au milieu de cet essaim de jeunes filles qui s'ennuyaient si splendidement à la cour de Monsieur.

Ce bruit, qui avait causé un si grand remue-ménage parmi tous les jeunes cœurs, se confirma bientôt. On apprit que le roi était parti de Paris, puis qu'il était arrivé à Chambord, puis enfin qu'il allait passer par le château.

Aussitôt par étiquette ou par coquetterie, toutes les jeunes provinciales revêtirent alors leurs plus riches habits. Leur désappointement fut grand, quand la forme surannée de ces habits et la vue de leurs étoffes passées de mode excitèrent les rires et les moqueries des belles et dédaigneuses Parisiennes qui suivaient le roi. Mademoiselle de la Vallière fut la seule qu'on ne railla point, car elle était en blanc ; mais elle eut un autre malheur presque aussi grand, ce fut de passer inaperçue.

Mais il n'en fut pas de même du roi à l'égard de la jeune fille ; ce monarque si jeune, si beau, si élégant, avait fait à elle vive impression sur elle, et un souvenir rayonnant de sa personne était resté dans sa mémoire.

Quelque temps après, Monsieur mourut, et Madame annonça qu'elle allait quitter Blois pour se rendre à Versailles.

Cette mort d'abord, puis ce départ désorganisaient toute la maison. M. de Saint-Rémy perdait sa place, et la petite Louise perdait ses amies et les espérances qu'elle avait pu fonder sur les bontés à venir de Madame. Ajoutons que ce qu'elle regrettait le plus, c'étaient ses amies et surtout cette Montalais, celle de toutes avec qui elle avait fait une plus intime liaison.

On sait à quelles circonstances infimes tiennent parfois tous les événements d'une vie à venir : la jeune fille était chez Madame douairière et se désespérait de quitter sa protectrice, lorsque madame de Choisy, la même dont nous avons déjà eu l'occasion de parler dans le tableau de la société française, que nous avons essayé de tracer dans un chapitre de cette histoire (1), quand madame de Choisy, qui se trouvait là, voyant ce grand désespoir enfantin, dit à la jeune fille :

— Qu'est-ce, mademoiselle ? êtes-vous donc si chagrine de rester à Blois ?

La jeune fille n'eut pas la force de répondre.

— Allons, dit madame de Choisy en lui pressant la main, n'ayez point de honte d'exprimer vos désirs, mon enfant ; seriez-vous heureuse de suivre Montalais et d'entrer avec elle dans la maison de madame Henriette, que l'on est en train de monter ?

— Ah ! madame, s'écria mademoiselle de la Vallière, ce serait tout mon bonheur.

— En ce cas, dit madame de Choisy, ayez bon courage, la maison de Madame n'est pas encore formée, et je parlerai pour vous.

La joie fut grande à cette promesse ; mais, Madame douairière étant partie, Montalais étant partie, madame de Choisy étant partie, quinze jours s'étant écoulés sans nou-

(1) Voir t. II, chap. XXIV.

velles, quinze autres jours les ayant suivis, mademoiselle de la Vallière se croyait complétement oubliée, lorsqu'on reçut tout à coup la nouvelle que la demande était agréée et que la jeune dame d'honneur avait huit jours seulement pour se rendre à son poste.

Mademoiselle de la Vallière était arrivée à Paris quelques jours après le mariage de Madame. Ce n'était pas la plus jolie personne de cette gracieuse cour, de sorte que son arrivée fit peu d'effet, excepté sur le duc de Guiche, qui reprit soudain son cœur à mademoiselle de Chalais pour en faire hommage à mademoiselle de la Vallière. Mais nous avons dit quelle égide protégeait ce cœur : mademoiselle de la Vallière aimait le roi.

Le hasard, qui s'arrange tantôt de manière à être confondu avec la Providence, tantôt de façon à faire douter d'elle, voulut que ce fût sur mademoiselle de la Vallière que le roi fixât.

La joie de la jeune fille fut donc grande, lorsqu'elle vit l'attention de Louis se porter sur elle : d'un autre côté, il y avait dans ce jeune cœur tout innocent, dans ce jeune esprit tout neuf, tant de charme, tant de grâce et tant de naïveté, que, sans y faire attention, cet amour, feint de la part du roi, se changea en un tendre intérêt, puis en un amour véritable.

Deux personnes perdaient à cette liaison inattendue et qui commençait à n'être plus secrète : le duc de Guiche et Madame. Les deux amants délaissés se rapprochèrent pour se plaindre l'un à l'autre sans doute ; mais, de leur côté aussi, ces plaintes se changèrent bientôt en expressions plus tendres, et de cette circonstance naquit, entre le jeune duc et Madame, cette passion qui dura toute leur vie.

Revenons au roi : le sentiment qu'il éprouvait pour mademoiselle de la Vallière prenait tous les caractères d'un véritable amour. Louis XIV était près d'elle plus timide, plus craintif et plus respectueux qu'il ne l'eût été près d'une reine. On citait mille traits qui paraissaient si extraordinaires, qu'on avait peine à les croire, et, entre autres, que, pendant un orage, le roi, qui s'était réfugié avec mademoiselle de la Vallière sous un arbre touffu, était resté, pendant tout le temps qu'avait duré cet orage, c'est-à-dire pendant près de deux heures, tête nue et le chapeau à la main.

Ce qui surtout donnait beaucoup de créance au bruit de cet amour, c'est que le roi gardait toute sorte de mesure pour mademoiselle de la Vallière : il ne la voyait plus chez Madame ni dans les promenades du jour, mais dans la promenade du soir seulement, pendant laquelle il sortait de la calèche de Madame et s'approchait de la portière de mademoiselle de la Vallière. Pour exprimer toute sa pensée, il se mit à faire des vers : ceux de Charles IX sont restés comme des modèles de charme et de goût ; nous laisserons le public juge de ceux de Louis XIV.

Un matin, la belle favorite reçut un bouquet accompagné de ce madrigal :

Allez voir cet objet si charmant et si doux,
Allez, petites fleurs, mourir pour cette belle ;
Mille amants voudraient bien en faire autant pour elle,
Qui n'en auront jamais le plaisir comme vous.

Ces premiers vers mirent Louis XIV en goût ; il pensa, dans sa toute-puissance, qu'il n'avait qu'à le vouloir pour être poète, et un second madrigal suivit le premier. Le voici :

Avez-vous ressenti l'absence,
Etes-vous sensible au retour
De celui que voire présence
Comble de plaisir et d'amour,
Et qui se meurt d'impatience
Alors que sans vous voir il doit passer un jour ?

Celui-là eut un heureux succès, car il obtint cette réponse dans la même langue :

Je ressens un plaisir extrême
De penser à vous nuit et jour ;
Je vis plus en vous qu'en moi-même.
Mon seul soin est de vous faire ma cour :
Les plaisirs, sans ce que l'on aime,
Sont autant de larcins que l'on fait à l'amour.

Nul ne peut savoir ou se serait arrêtée cette correspondance poétique sans une circonstance assez curieuse. Louis XIV trouvait ses vers charmants, et, selon toute probabilité, mademoiselle de la Vallière était de son avis ; mais ce ne fut point assez pour l'amour-propre du poète royal. Un matin qu'il venait de composer un nouveau madrigal, il arrêta le maréchal de Grammont qui passait et, le tirant avec lui dans l'embrasure d'une fenêtre :

— Maréchal, lui dit-il, il faut que je vous montre des vers.

— Des vers ? dit le maréchal, à moi ?

— Oui, à vous ; je désire en savoir votre avis.

— Dites, sire, fit le maréchal.

Et sa figure se refrogna, car il avait toujours eu un goût assez médiocre pour la poésie.

Le roi ne vit point ou fit semblant de ne pas voir ce froncement de sourcils et débita au vieux maréchal les vers suivants :

Qui les saura, mes secrètes amours ?...
Je me ris des soupçons, je me ris des discours.
Quoique l'on parle et que l'on cause,
Nul ne saura mes secrètes amours
Que celle qui les cause.

— Ouais ! dit M. de Grammont, qui a pu faire de pareils vers ?

— Vous les trouvez donc mauvais, maréchal ?

— Exécrables, sire.

— Eh bien, maréchal, dit en riant le roi, c'est moi qui les ai faits ; mais, soyez tranquille, votre franchise m'a guéri, et je n'en ferai pas d'autres.

Le maréchal se retira consterné, et, chose extraordinaire, le roi se tint la parole qu'il s'était donnée à lui-même.

Louis XIV en revint donc à la prose ; mais la prose non plus n'est pas chose commode à faire. Aussi, un jour qu'il devait écrire à mademoiselle de la Vallière, juste au moment d'entrer au conseil, il chargea Dangeau d'écrire pour lui. En sortant du conseil, le nouveau secrétaire présenta une lettre si bien tournée, que Louis XIV convint lui-même qu'il ne ferait pas mieux. Depuis ce jour, ce fut Dangeau qui servait de secrétaire au roi. Grâce à cette facilité, le roi put alors écrire deux ou trois lettres par jour à sa bien-aimée Louise ; mais alors ce fut la pauvre la Vallière qui se trouva à son tour embarrassée de ce grand travail. Heureusement, il lui vint tout à coup une idée lumineuse, ce fut de charger aussi Dangeau d'écrire pour elle au roi. Dangeau accepta et, de ce jour, fit les demandes et les réponses.

La correspondance dura un an. Un jour enfin, dans un moment d'expansion, la Vallière avoua au roi que les lettres si charmantes dont il lui faisait honneur, moitié à son esprit, moitié à son cœur, étaient écrites par Dangeau. Le roi éclata de rire et lui avoua, de son côté, que les lettres si passionnées qu'elle avait reçues de lui sortaient de la même plume.

Puis Louis XIV réfléchit à cette parfaite discrétion si rare à la cour, et ce fut le commencement de la fortune de Dangeau.

Pendant le temps qu'une favorite s'élevait, malgré tout le monde, et par la seule force plus encore de l'amour qu'elle portait au roi que de celui que le roi lui portait, une grande catastrophe se tramait : il s'agissait de la chute de Nicolas Fouquet, dont on prétendait que le cardinal avait dit au roi de se méfier en même temps qu'il lui recommandait Colbert.

Nul ne peut dire avec certitude si cet avis du cardinal Mazarin fut ou ne fut point donné par lui au jeune prince ; mais ce que chacun peut affirmer, c'est qu'une recommandation de Mazarin était bien inutile à ce sujet et que le ministre faisait tout ce qu'il pouvait pour hâter sa chute.

Où nous avons mal exposé le caractère du surintendant des finances, ou notre lecteur doit à présent savoir aussi bien que nous tout ce qu'il y avait d'orgueil, de vanité et de despotisme dans cet homme, qui espérait se soumettre le roi, comme il se soumettait les poètes et les femmes, par la puissance de l'argent.

Un bruit courait : c'est que lui aussi avait été en même temps amoureux de mademoiselle de la Vallière, et que, depuis que le roi s'était déclaré, au lieu de se retirer, comme la prudence, sinon le respect, lui commandait de le faire, il avait, par madame Duplessis-Bellièvre, fait offrir à la belle Louise vingt mille pistoles, c'est-à-dire près d'un demi-million, si elle voulait consentir à être sa maîtresse !

Ce bruit était venu jusqu'à Louis XIV, qui s'était enquis de la vérité près de mademoiselle de la Vallière. Celle-ci avait nié ; mais une profonde impression de haine n'en était pas moins demeurée contre l'insolent ministre dans le cœur de l'amant couronné.

D'ailleurs, ce n'était pas le roi seul qui avait à se plaindre de Fouquet. M. de Laigues, qui avait épousé en secret notre vieille connaissance madame de Chevreuse, était mécontent du surintendant et poussa la duchesse sa femme à parler contre lui à la reine mère. Madame de Chevreuse invita Anne d'Autriche à la venir voir à Dampierre ; Le Tellier et Colbert s'y trouvèrent tous deux, et il fut convenu qu'Anne d'Autriche sonderait son fils à l'égard du surintendant.

Depuis longtemps, le roi refusait à sa mère à peu près tout ce qu'elle lui demandait; il l'avait reçue assez rudement lorsqu'elle était venue lui faire des remontrances sur ses amours avec Madame. Il fut enchanté, tout en cédant à ses propres sentiments, d'avoir l'air de lui accorder quelque chose : ils convinrent ensemble qu'on arrêterait le ministre; mais, comme il avait grand nombre d'amis à Paris, que d'ailleurs toutes les ressources dont il disposait étaient dans la capitale, on arrangea un voyage à Nantes afin d'arrêter Fouquet dans cette ville et de se rendre du même coup maître de Belle-Isle, que le surintendant venait d'acheter et faisait fortifier, disait-on.

Ce fut sur ces entrefaites que Fouquet, prenant en pitié sans doute les mesquins plaisirs de Fontainebleau, voulut donner un exemple de luxe à Louis XIV. Le roi et toute la cour furent conviés au château de Vaux, le 17 août 1661.

Le château de Vaux avait coûté quinze millions à Fouquet (1.)

Le roi arriva au château avec une compagnie de mousquetaires commandée par M. d'Artagnan.

Tout ce qui avait un nom était convoqué à cette fête que la Fontaine devait décrire, que Benserade devait chanter, et pendant laquelle on devait jouer un prologue de Pélisson et une comédie de Molière. Fouquet avait découvert, avant Louis XIV, la Fontaine et Molière.

Le roi fut reçu aux portes du château par son orgueilleux propriétaire : Il entra; toute la cour le suivit. En un instant les magnifiques allées, les gazons, les escaliers, les fenêtres, tout fut plein de jeunes et nobles seigneurs, de blanches et joyeuses femmes; c'était un panorama délicieux d'arbres, de rayons, de cascades, un horizon charmant de soleil, de fleurs et de vie; et cependant, au sein de toute cette joie, au bruissement eux mille tiède et joyeux dans les fouilles des mots d'amour dans les allées, des serrements de mains dans l'ombre, à travers ces jardins rayonnants de fleurs aux feuilles de soie, de femmes aux robes de brocart, à travers cette cour si gaie dans ses propos, si futile dans ses serments, si folle dans son amour, une grande haine méditait une grande vengeance.

Si la perte de Fouquet n'eût pas été déjà arrêtée dans l'esprit de Louis XIV, elle l'eût été à Vaux. Celui qui avait pris pour devise *nec pluribus impar* ne pouvait souffrir qu'un homme obscur par son nom resplendît par son faste ; personne, dans le royaume, ne devait être, en luxe, en gloire et en amour, à la taille du roi. Comme il n'y a qu'un soleil au ciel, il ne pouvait y avoir qu'un roi en France.

Celui qui eût pu lire au fond de la pensée du souverain y eût lu des choses terribles pour le sujet qui recevait si bien le roi, n'aurait pu, pourtant, dans son royaume, recevoir aussi bien son sujet.

Puis à côté de la colère de Louis XIV marchait une haine qui montait au niveau de sa colère: c'était la haine de Colbert, qui était à cette colère du roi ce que le vent est à l'incendie.

Les eaux jouèrent.

Fouquet avait acheté et fait démolir trois villages pour faire venir les eaux de cinq lieues à la ronde dans leurs réservoirs de Vaux, c'était une chose à peu près ignorée en France, où l'on connaissait seulement les essais hydrauliques faits par Henri IV à Saint-Germain, que ces merveilles nées en Italie. Aussi l'on passa de l'étonnement à l'admiration et de l'admiration à l'enthousiasme; c'était un pas de plus que le surintendant faisait dans sa ruine.

Enfin le ciel vint. A la première étoile qui se leva au ciel, une cloche sonna. Toutes les eaux se turent : les tritons, les dauphins, les divinités de l'Olympe, les dieux de la mer, les nymphes des bois, tous les animaux de la Fable, tous les monstres de l'imagination cessèrent leur respiration bruyante et liquide; les dernières gouttes des jets d'eau, en retombant, troublèrent une dernière fois la limpidité des étangs; puis peu à peu ils reprirent leur calme qui devait durer l'éternité, car le souffle du roi allait passer dessus.

On marchait d'enchantements en enchantements, les tables descendaient des plafonds, une musique souterraine et mystérieuse se faisait entendre; et, quand parut le dessert, ce qui frappa le plus Dangeau, ce fut une montagne mouvante de confitures, qui vint se placer d'elle-même parmi les convives, sans qu'on pût voir le mécanisme qui la faisait avancer.

Louis XIV avait causé le matin avec Molière et s'était informé du sujet de la comédie. Cette comédie avait pour titre *les Fâcheux*, et Molière en avait dit le plan au roi. Après le dîner, Louis XIV appela l'auteur, le fit cacher derrière une porte; ensuite il fit venir M. de Soyecourt, le plus grand chasseur et le parleur le plus ridicule de tous les courtisans. Le roi causa dix minutes avec lui; puis,

(1) Voir la note N à la fin du volume.

quand il fut parti, Molière sortit de sa cachette, et, s'inclinant :
— Sire, dit-il, j'ai compris.
Et il alla crayonner à la hâte la scène du chasseur.

Pendant ce temps, Louis XIV visitait les appartements accompagné de Fouquet. Rien de pareil n'existait au monde: il vit des tableaux, œuvres d'un peintre de talent qu'il ne connaissait pas; il vit des jardins, œuvres d'un homme qui dessinait avec des arbres et des fleurs et dont il ne savait pas même le nom; le surintendant lui faisait remarquer toutes ces choses, croyant exciter son admiration et n'éveillant que son envie.

— Comment se nomme votre architecte? demanda le roi.
— Le Vau, sire.
— Votre peintre?
— Le Brun.
— Votre jardinier?
— Le Nôtre.

Louis plaça ces trois noms dans sa mémoire et continua de marcher. Il rêvait Versailles.

En passant dans une galerie, le roi leva la tête et aperçut les armes de Fouquet reproduites aux quatre angles; ces armes l'avaient déjà frappé plusieurs fois par leur insolence ; c'était un écureuil avec cette devise : *Quo non ascendam?* (Où ne monterai-je pas?)

Il appela M. d'Artagnan.

— En ce moment, on prévint la reine et mademoiselle de la Vallière que, selon toute probabilité, le roi allait faire arrêter Fouquet au milieu même de sa fête. Toutes deux accoururent. On ne s'était pas trompé. C'était effectivement le dessein du monarque; mais la mère et l'amante supplièrent si bien, firent si bien comprendre l'ingratitude qu'il y aurait à reconnaître une pareille hospitalité par une pareille trahison, que Louis se résolut à attendre quelques jours encore.

La cour se rendit au théâtre, qui avait été dressé au bas de l'allée des Sapins. On joua le prologue de Pélisson et *les Fâcheux* de Molière. La cour s'amusa fort à la comédie, et la cour admira surtout la scène du chasseur, car déjà le bruit s'était répandu que Louis en avait lui-même donné l'idée et fourni le modèle à l'auteur.

Après le théâtre, il y eut un feu d'artifice; après le feu d'artifice, un bal. Le roi dansa plusieurs courantes avec mademoiselle de la Vallière, de moitié plus belle à l'idée qu'elle avait empêché son royal amant de commettre une lâche action.

A trois heures du matin, la cour partit. Fouquet, qui était venu recevoir Louis XIV à la porte, le reconduisit jusqu'à la porte.

— Monsieur, dit le roi à son hôte en le quittant, je n'oserai plus désormais vous recevoir chez moi; vous y seriez trop mal logé.

Et Louis XIV revint à Fontainebleau, ne pouvant se consoler de l'humiliation que lui avait fait subir le surintendant, que par la résolution bien prise de le perdre.

Mais, pour arrêter impunément Fouquet, il fallait qu'il vendît sa charge de procureur général au parlement. A peine sortait-on des guerres civiles où la puissance de ce corps avait plus d'une fois ébranlé le trône : faire faire le procès à un de ses principaux officiers par des commissaires, c'était blesser toute la compagnie ; remettre le procès à la compagnie elle-même, c'était risquer de perdre sa vengeance. Louis XIV employa la ruse.

Il fit à Fouquet non moins bonne mine qu'auparavant, et, comme l'époque des promotions à l'ordre du Saint-Esprit approchant, il répéta plusieurs fois devant le surintendant qu'il ne ferait aucun chevalier de ses ordres qui fût de robe ou de plume, pas même le chancelier de France, ni le premier président du parlement de Paris, ni aucun des secrétaires d'Etat. Louis s'adressait à l'orgueil. L'orgueil comprit, et Fouquet, aveuglé par lui, vendit sa charge à M. de Harlay.

Dès lors, il ne fut plus question que du voyage de Nantes, que le roi pressa de tout son pouvoir. Douze jours après la fête de Vaux, c'est-à-dire le 29 août, le roi quitta Fontainebleau.

Rien ne décelait le véritable motif du voyage, qui se fit avec une certaine gaieté, et dont le duc de Saint-Aignan, premier gentilhomme de la chambre du roi, envoya, par ordre de Louis XIV, une relation en vers aux deux reines. En voici le commencement. Les vers ne sont pas trop mauvais pour des vers de grand seigneur :

Par un soleil ardent et beaucoup de poussière,
Entouré de seigneurs et devant et derrière,
Le plus brave des rois, comme le plus charmant,
Quitta Fontainebleau, piquant très vertement, etc. (1).

(1) Voir la note O à la fin du volume.

Quelques jours avant son départ, le roi avait commandé à Brienne de prendre la cabane (1) à Orléans, et de descendre la Loire jusqu'à Nantes, où les états se tenaient, afin d'y arriver avant lui : la veille, il avait vu Fouquet, qui avait la fièvre tierce et qui sortait de son accès ; le pauvre surintendant commençait à soupçonner son sort.

— Pourquoi le roi va-t-il à Nantes? demanda Fouquet au jeune secrétaire d'État ; le savez-vous, monsieur de Brienne ?

— Aucunement, répondit celui-ci.

— Votre père ne vous en a-t-il donc rien dit? continua Fouquet.

— Non, monsieur.

— Ne serait-ce point pour s'assurer de Belle-Isle ?

— A votre place, j'aurais cette crainte, et je la croirais bien fondée.

— Le marquis de Créquy m'a dit la même chose que vous, et madame Duplessis-Bellièvre m'en a dit autant que le marquis de Créquy. Je suis fort embarrassé de prendre une bonne résolution... Nantes, Belle-Isle ! Nantes, Belle-Isle ! répéta-t-il plusieurs fois.

Puis, continuant :

— M'enfuirai-je? dit-il. C'est ce qu'on serait peut-être bien aise que je fisse. Me cacherai-je? Cela serait peu facile ; car quel prince, quel État, si ce n'est peut-être la république de Venise, oserait me donner sa protection ?... Vous voyez ma peine, mon cher Brienne ; dites-moi ou écrivez-moi tout ce que vous entendrez dire de ma destinée, et surtout gardez-moi le secret.

Puis il embrassa Brienne les larmes aux yeux.

Brienne partit, comme nous l'avons dit, pour Orléans, où il s'embarqua dans le coche, avec un commis de M. Jeannin, trésorier de l'épargne, nommé Pâris, et avec son propre commis, à lui, nommé Ariste. Comme ils arrivaient au-dessus d'Ingrande, Fouquet, accompagné de M. de Lyonne, son ami, passa sur un grand bateau à plusieurs rameurs et salua Brienne. Un instant après, parut un second bateau allant du même train que le premier, où étaient Le Tellier et Colbert.

Alors, le commis de Brienne montrant ces deux bateaux qui se suivaient avec autant d'émulation que s'ils se disputaient le prix de la course :

— Voyez-vous ces deux bateaux? dit-il. Eh bien, l'un des deux doit faire naufrage à Nantes.

Les trois bateaux, c'est-à-dire celui de Fouquet, celui de Colbert et celui de Brienne, arrivèrent le soir même à Nantes, où ils ne précédèrent le roi que d'un jour.

Le lendemain le roi y fit son entrée sur des chevaux de poste ; il était accompagné de M. le Prince, de M. de Saint-Aignan, que nous avons déjà nommé, du duc de Gesvres, capitaine des gardes en quartier, de Puyguilhem, le futur duc de Lauzun qui commençait d'entrer en faveur auprès du maître, et du maréchal de Villeroy.

D'Artagnan avec une brigade de mousquetaires, de Chavigny, capitaine aux gardes, avec sa compagnie, attendaient le roi à son arrivée ; il descendit au château de Nantes et trouva au bas de l'escalier Brienne, qui lui tint l'étrier alors sur son cheval. Il s'appuya alors sur le bras du jeune secrétaire pour monter et lui dit en montant :

— Je suis content de vous, Brienne, vous avez fait bonne diligence. Le Tellier est-il arrivé ?

— Oui, sire, répondit Brienne, et M. le surintendant aussi ; ils me dépassèrent à Ingrande, et nous arrivâmes tous ici hier assez tard.

— Voilà qui va bien. Dites à Boucherat de me venir parler.

Boucherat était intendant, pour Sa Majesté, près des états de Bretagne.

Brienne obéit. Louis XIV parla longtemps à l'oreille de l'intendant ; puis, se retournant vers Brienne :

— Allez, lui dit-il, prendre des nouvelles de la santé de M. Fouquet, et revenez m'apprendre comment il se trouve du voyage.

— Sire, dit Brienne, demain, si je ne me trompe, est le jour de son accès.

— Oui, je le sais ; c'est justement pour cela que je lui veux parler aujourd'hui.

Brienne partit aussitôt et trouva Fouquet à moitié chemin du château, où il se rendait ; il s'acquitta de sa commission.

— Bien ! dit Fouquet ; vous voyez que je me rendais de moi-même près de Sa Majesté.

Le lendemain, le roi envoya de nouveau Brienne chez le ministre : c'était son jour d'accès. Brienne le trouva couché sur son lit, le dos appuyé à une pile de carreaux de damas vert ; il tremblait la fièvre, mais paraissait fort tranquille d'esprit.

— Eh bien, dit-il galement au messager, que me voulez-vous, mon cher Brienne ?

— Je viens comme hier savoir, de la part du roi, comment vous vous portez.

— Fort bien, à ma fièvre près ; j'ai l'esprit en repos et je serai demain hors d'inquiétude. Que dit-on au château et à la cour ?

Brienne regarda fixement le ministre.

— Que vous allez être arrêté, dit-il.

— Vous êtes mal informé, mon cher Brienne : c'est Colbert qui va être arrêté et non pas moi.

— En êtes-vous sûr ?

— On ne peut l'être plus : c'est moi qui ai donné des ordres pour le faire conduire au château d'Angers, et c'est Pétisson qui a payé les ouvriers pour mettre la prison hors d'état d'être insultée.

— C'est bien, et je souhaite que vous ne vous trompiez pas.

Le soir, Brienne revint encore de la part du roi. Fouquet était mieux de corps et toujours aussi tranquille d'esprit.

A son retour, Louis XIV questionna longtemps le jeune secrétaire sur la santé du surintendant. « Mais à toutes ces questions, dit Brienne, je vis bien que le roi le tenait perdu, car le roi ne l'appelait plus M. Fouquet, mais Fouquet tout court. »

Enfin il termina par dire à Brienne :

— Allez vous reposer : il faut que, demain, vous soyez à six heures du matin chez Fouquet et me l'ameniez, car je vais à la chasse.

Le lendemain, Brienne était à six heures du surintendant ; mais celui-ci, prévenu que le roi voulait lui parler, était déjà près de Louis XIV. Tout se trouvait préparé pour l'arrestation, et le roi, sachant que le surintendant avait nombre d'amis à la cour, et, entre autres, le capitaine des gardes, le duc de Gesvres, avait chargé de l'expédition d'Artagnan, homme d'exécution, en dehors de toutes les intrigues, et qui, depuis trente-trois ans dans les mousquetaires, ne connaissait que sa consigne.

En quittant le roi, c'est-à-dire vers les six heures et demie, et en traversant un corridor, Fouquet croisa M. de la Feuillade (1), qui était de ses amis et qui lui dit tout bas :

— Prenez garde, il y a des ordres donnés contre vous.

Cette fois, Fouquet reçut l'avis sans le repousser. Le roi, si dissimulé qu'il fût, lui avait paru étrange et surtout préoccupé ; aussi, à la porte, au lieu de monter dans sa chaise, monta-t-il dans celle d'un de ses amis, avec l'intention de se sauver. Mais d'Artagnan, qui avait l'œil sur celle où il devait se mettre, ne le voyant pas venir, se douta de quelque chose, poursuivit la chaise étrangère, qui prenait déjà une rue détournée, la rejoignit et arrêta Fouquet, qu'il fit monter aussitôt dans un carrosse à treillis de fer, qu'il avait été préparé d'avance.

Puis, au bout d'un instant, on le fit entrer dans une maison où il prit un bouillon et où on le fouilla.

Au moment de l'arrestation, Fouquet n'avait dit que ces mots :

— Ah ! Saint-Mandé ! Saint-Mandé !

Ce fut effectivement dans sa maison de Saint-Mandé que l'on trouva les papiers qui firent contre lui les principales charges.

Quand Brienne revint, il rencontra Fouquet à la porte du château, dans sa prison roulante et entouré de mousquetaires.

Brienne monta dans l'antichambre. Il trouva le duc de Gesvres qui se désespérait, non pas de ce qu'on eût arrêté son ami, mais de ce qu'un autre que lui l'eût arrêté.

— Ah ! s'écriait-il, le roi m'a déshonoré. Sur son ordre, j'aurais arrêté mon père ; à plus forte raison, mon meilleur ami. Est-ce qu'il soupçonne ma fidélité ? Qu'il me fasse couper le cou, alors.

Dans le cabinet du roi était Lyonne, pâle et défait, comme un homme à demi mort. Louis essayait de le consoler.

— Monsieur, lui dit-il de manière à ce que Brienne l'entendît, les fautes sont personnelles ; vous étiez son ami, je le sais, mais je suis content de vos services. Brienne, continuez de recevoir de M. de Lyonne mes ordres secrets. La disgrâce de Fouquet n'a rien de commun avec lui.

Le même jour, Fouquet fut conduit à cette prison d'Angers qu'il avait fait préparer pour Colbert, et Louis XIV partit pour Fontainebleau.

La chasse du roi était faite.

En arrivant, mademoiselle de la Vallière, dans les transports du retour et dans le bonheur de revoir le roi, céda à l'amant : c'était la dernière résistance que Louis XIV devait éprouver dans son royaume.

Ce qui venait de s'accomplir paraissait grave, à tout le

---

(1) Espèce de coche.

(1) François d'Aubusson, duc de la Feuillade.

monde, mais était plus grave encore que les apparences : ce n'était pas seulement une haine royale qui, longtemps comprimée, se faisait jour ; ce n'était pas seulement une grande fortune qui s'écroulait ; ce n'était pas un homme qui allait mourir inconnu dans quelque cachot obscur et ignoré ; non : c'était la dernière lutte du pouvoir administratif contre le pouvoir royal ; c'était plus que la chute d'un ministre, c'était la chute du ministérialisme.

On sait tout le retentissement qu'eurent l'arrestation et le procès de Fouquet. Quoi qu'on dise la morose et méprisante expérience, celui qui sème les bienfaits ne recueille pas toujours l'ingratitude : Fouquet avait grand nombre d'amis ; quelques-uns l'abandonnèrent certainement, mais beaucoup lui restèrent fidèles, et, pour l'honneur des lettres, madame de Sévigné, Molière et la Fontaine furent de ceux-là. Il y eut plus : ses partisans ne se bornèrent point à faire son éloge, ils attaquèrent son ennemi. On n'osait s'en prendre au roi, on s'en prit à Colbert. Colbert avait pour armes une couleuvre, comme Fouquet avait un écureuil, armes parlantes que le hasard avait données à chacun d'eux. On fit des boîtes à surprise ; elles contenaient un écureuil, et d'un double fond s'élançait une couleuvre qui le piquait au cœur et le tuait. Ces boîtes, en un instant furent à la mode et l'inventeur fit fortune.

De plus, comme c'était surtout parmi les gens de lettres que Fouquet avait ses amis, ce furent les gens de lettres qui attaquèrent Colbert avec le plus d'acharnement. Voici un des sonnets que l'on composa contre le protégé de Mazarin, lequel, au reste, devait peut-être à cette protection posthume la majeure partie des haines qui le poursuivaient :

Ministre avare et lâche, esclave malheureux,
Qui gémis sous le poids des affaires publiques,
Victime dévouée aux haines politiques,
Fantôme respecté sous un titre onéreux,

Vois combien des grandeurs le comble est dangereux.
Respecte de Fouquet les affreuses reliques ;
Et, tandis qu'à sa perte en secret tu t'appliques,
Crains qu'on ne te prépare un destin plus affreux.

Il sort plus d'un revers des mains de la fortune.
Sa chute quelque jour te peut être commune.
Nul ne part innocent d'où l'on te voit monté.

Garde donc d'animer ton prince à son supplice,
Et, près d'avoir besoin de toute sa bonté,
Ne le fais pas user de toute sa justice.

Puis on fit un léger changement aux armes de Colbert : c'était une couleuvre sortant d'un marais sur lequel un soleil darde ses rayons avec cette devise : *Ex sole et luto.*

XXXVI

NAISSANCE DU DAUPHIN. — ÉTAT DES ESPRITS A CETTE ÉPOQUE. — PREMIÈRE QUERELLE DU ROI AVEC MADEMOISELLE DE LA VALLIÈRE. — ELLE S'ENFUIT AUX CARMÉLITES DE CHAILLOT. — LA RÉCONCILIATION. — COMMENCEMENTS DE VERSAILLES. — « LA PRINCESSE D'ÉLIDE ». — « TARTUFE ». — CRÉATION DE CHEVALIERS DU SAINT-ESPRIT. — LE JUSTAUCORPS BLEU. — PUISSANCE DE LA FRANCE. — MADEMOISELLE DE LA VALLIÈRE DEVIENT MÈRE D'UNE FILLE, PUIS D'UN FILS. — DÉTAILS SUR LE DUC DE LA MEILLERAIE. — BAUTRU. — ANECDOTE A SON SUJET. — MALADIE DE LA REINE MÈRE. — MADAME ET LE COMTE DE GUICHE. — LA BROUILLE ET LE RACCOMMODEMENT. — FIN D'ANNE D'AUTRICHE. — CONSIDÉRATIONS SUR SON CARACTÈRE ET SA CONDUITE.

Le 1er novembre, à midi moins sept minutes, la reine accoucha, à Fontainebleau, de monseigneur le dauphin. Les courtisans inquiets se promenaient dans la cour de l'Ovale, car, depuis vingt-quatre heures, la reine était en travail, lorsque tout à coup le roi ouvrit la fenêtre et s'écria :
— Messieurs, la reine est accouchée d'un garçon !
Louis XIV était dans une véritable veine royale. Le traité des Pyrénées avait mis fin aux grandes guerres, Mazarin qui pesait sur lui était mort, Fouquet qui lui faisait ombre était tombé, la reine qu'il n'aimait pas venait de lui donner un fils, et mademoiselle de la Vallière qu'il aimait lui promettait le bonheur.

Le repos était donc partout, et l'on pouvait se livrer à toutes les fêtes que Louis XIV multipliait dans ses résidences.

L'opposition de la noblesse, qui, depuis François II, mettait la France en deuil, était anéantie ; l'opposition du parlement, qui, depuis Mathieu Molé, avait bouleversé Paris, était disparue ; l'opposition populaire, qui, depuis les communes, réagissait tantôt publiquement, tantôt sourdement contre les pouvoirs supérieurs, était endormie. La seule opposition qui restât était l'opposition des lettres.

Il y avait alors, comme aujourd'hui, comme toujours au reste deux écoles littéraires en France. Seulement, cette fois, leur séparation était politique.

Il y avait la vieille école frondeuse, qui se composait de la Rochefoucauld, Bussy-Rabutin, Corneille et la Fontaine
Il y avait la jeune école royaliste, dont étaient Benserade, Boileau, Racine

La Rochefoucauld faisait de l'opposition dans ses *Maximes*, Bussy-Rabutin dans son *Histoire amoureuse des Gaules*, Corneille dans ses tragédies, la Fontaine dans ses fables.

Benserade, Boileau, Racine louaient quand même.

Puis il y avait encore madame de Sévigné, espèce de juste milieu du temps, qui admire Louis XIV sans l'aimer, qui n'ose point avouer son antipathie pour la nouvelle cour, mais laisse percer sans cesse ses sympathies pour l'ancienne.

Quant à la guerre religieuse, qui devait renaître plus tard avec tant d'amertume d'un côté et tant de cruauté de l'autre, elle était à peu près apaisée ; les calvinistes avaient été dépouillés peu à peu des bénéfices de l'édit de Nantes. Depuis la prise de la Rochelle, ils n'avaient plus ni places fortifiées, ni châteaux, ni force organisée. Mais, au lieu de toute cette opposition matérielle et visible, se manifestant par des canons et des remparts, des pierres et du bronze, il existait une action sourde, souterraine, vivante, un progrès de prosélytisme, qui recevait sa vie des vieilles racines calvinistes inhérentes au sol, et sa force des sectes étrangères, alliées naturelles de la religion réformée de France. Seulement, invisible à l'œil, ce danger à venir était perceptible à la pensée ou plutôt à l'instinct, et l'on sentait, à certains tressaillements de la terre, qu'elle servait de tombe à un géant enterré, mais enterré tout vivant.

Cependant, comme nous l'avons dit, à l'intérieur, tout était calme, et rien ne troublait les amours ni les fêtes de Louis XIV.

Ces fêtes se donnaient toutes en l'honneur de mademoiselle de la Vallière, qui continuait d'être la favorite ; les reines en étaient le prétexte, voilà tout.

Louis XIV avait un double but en donnant ces fêtes, outre celui de glorifier la déesse invisible à laquelle elles étaient consacrées : il grandissait la royauté et abaissait la noblesse. En effet, pour rivaliser de luxe avec lui, la plupart des gentilshommes ou mangeaient leur patrimoine ou, n'ayant pas de patrimoine, s'endettaient ; alors, une fois ruinés, ils se trouvaient dans son entière dépendance. D'un autre côté, par le grand nombre d'étrangers que ces fêtes attiraient à Paris, le fisc recueillait des sommes doubles de celles que le trésor dépensait : c'était donc tout bénéfice ; sans compter que tout doucement, au milieu de ces fêtes, Louis XIV, après le prêtre fait roi, se faisait dieu.

Ce fut ainsi qu'eut lieu le fameux carrousel de la place Royale, dont le récit est dans les mémoires du temps, et celui qui donna son nom à la place qui la porte encore aujourd'hui.

La Vallière n'avait qu'une seule confidente, cette demoiselle de Montalais dont nous avons déjà parlé, et qui se trouvait à Blois avec elle. C'était une de ces âmes faites pour l'intrigue ; aussi était-elle le centre de trois liaisons amoureuses : celle du roi avec la Vallière, celle de Madame avec le duc de Guiche, et de mademoiselle de Tonnay-Charente avec le marquis de Marmontier.

Les premières querelles du roi et de sa nouvelle maîtresse vinrent à propos de Montalais. Louis XIV fut surpris en elle du génie intrigant ; il savait qu'elle avait été la confidente des premières amours de la Vallière avec Bragelonne ; il eut quelque soupçon que le sentiment que ce jeune homme avait autrefois dans le cœur de la Vallière, n'était pas éteint. Il crut que Montalais l'entretenait dans son souvenir et lui défendit de la voir.

La Vallière obéit au roi en apparence, c'est-à-dire que le jour elle n'avait aucune amie ; mais le roi, qui couchait toutes les nuits avec la reine, était à peine sorti, que Montalais accourait, passait une partie de la nuit avec la Vallière, et quelquefois même ne la quittait qu'au jour.

Madame apprit cette intimité. Elle connaissait en défense du roi, et, par conséquent, la désobéissance de la Vallière : elle avait gardé rancune à celle qui lui avait enlevé le cœur de Sa Majesté ; et, un jour, elle dit, en riant, à Louis de demander à la Vallière quelle était la personne qui lui tenait compagnie quand il était sorti.

Louis XIV avait tout l'orgueil de l'amour, il aimait en souverain absolu ; sa jalousie ne tenait point au cœur, mais à l'amour-propre offensé. A peine vit-il la Vallière, qu'il lui fit inopinément la question que lui avait dictée sa belle-sœur. Celle-ci perdit la tête, n'osa répondre, balbutia, nia. Le roi qui ne connaissait point la personne qui passait les nuits chez sa maîtresse, crut le crime plus grand qu'il n'était, éclata pour la première fois dans une colère épouvantable, et se retira furieux, laissant la Vallière au désespoir.

Cependant, une espérance restait à la pauvre femme : après un de ces premiers nuages qui, pareils à un orage d'été, glissent quelquefois dans le ciel pur d'un amour naissant, les deux amants s'étaient juré que toute querelle à venir ne verrait point passer la nuit sur elle ; et déjà plusieurs fois, à la suite d'une petite brouillerie, Louis XIV, dans la soirée, était venu chercher un raccommodement qu'on accueillait avec grande joie. Elle attendit donc dans l'espérance que, cette fois encore, le roi reviendrait ; mais elle attendit vainement : la soirée s'écoula, puis la nuit, puis vint le jour sans aucune nouvelle de son amant. Elle se crut perdue, sacrifiée, oubliée ; elle perdit la tête, se jeta dans une carrosse, et se fit conduire aux Carmélites de Chaillot.

Le matin, le roi apprit que la Vallière avait disparu et qu'on ignorait ce qu'elle était devenue.

Il courut aux Tuileries, interrogea Madame, qui ne savait rien ou qui ne voulut rien dire, puis Montalais, qui ne savait pas autre chose, sinon qu'elle avait rencontré, le matin même, la Vallière courant comme une folle par les corridors, et qui lui avait dit : « Je suis perdue, Montalais, et à cause de vous ! » Enfin il s'informa tant et si bien, qu'on lui indiqua le couvent où la pauvre affligée s'était fait conduire.

Le roi aussitôt monta à cheval, et, accompagné d'un seul page, s'élança à la recherche de la fugitive ; et, comme aucun bruit de voiture n'avait annoncé son arrivée, et qu'on n'avait pas voulu recevoir la pénitente dans le couvent, il la trouva étendue dans le parloir extérieur, la face contre terre, éplorée et hors d'elle-même.

Les deux amants demeurèrent seuls, et, là, dans une longue explication, la Vallière avoua tout, non seulement ses relations avec Montalais, mais encore les relations de celle-ci avec Madame et mademoiselle de Tonnay-Charente, dont elle était, comme nous l'avons dit, la confidente.

C'était moins que le roi n'avait cru de son infidélité, c'était plus qu'il ne permettait en désobéissance : Louis pardonna, mais le roi n'oublia point.

Cependant il ramena la Vallière ; mais, en rentrant aux Tuileries, il apprit que Monsieur avait dit :

— Je suis bien aise que cette petite drôlesse de la Vallière soit sortie elle-même de chez Madame ; car, après cet esclandre, elle n'y rentrera plus.

Le roi prit alors le petit degré et monta dans le cabinet de Madame. Puis il la fit venir pour la prier de reprendre la Vallière. Madame, qui la haïssait, éleva des difficultés qu'elle appuya sur la mauvaise conduite de celle que le roi protégeait. Mais Louis fronça le sourcil et dit à sa belle-sœur tout ce qu'il savait de ses propres amours avec le comte de Guiche. Madame effrayée, promit tout ce que Sa Majesté voulut. Le roi alla chercher la Vallière, la ramena lui-même chez Madame, et dit à sa belle-sœur en la ramenant :

— Ma sœur, je vous prie de considérer à l'avenir mademoiselle comme une personne qui m'est plus chère que la vie.

— Soyez tranquille, mon frère, répondit la princesse avec ce méchant sourire qui enlaidit parfois les plus charmants visages de femme, je traiterai désormais mademoiselle comme une fille à vous.

La Vallière reprit sa petite chambre, sans oser pleurer à cette cruelle réponse, car le roi avait fait semblant de ne pas l'entendre.

Cependant cette idée, qui avait germé au cœur de Louis XIV en visitant le château de Fouquet, de faire un palais et des jardins qui surpassassent ceux de Vaux, commençait à porter ses fruits : il avait choisi, parmi tous les châteaux de la couronne, celui qu'il voulait transformer en palais, celui qu'il laisserait comme une représentation matérielle de son siècle, et le choix était tombé sur Versailles (1).

(1) Dans notre histoire du château de Versailles, nous suivrons le terrain même sur lequel a été bâti ce splendide palais, dans les différentes transformations qu'il a subies depuis l'époque où il n'offrait aux regards qu'une prieuré, un manoir et un moulin, jusqu'au moment où il est devenu ce qu'on appelle aujourd'hui un Musée national.

Du temps de Louis XIII, l'ancien manoir avait disparu, mais le moulin existait encore, et, lorsque le monarque, triste et pensif, s'était arrêté à quelque chasse, il couchait, dit Saint-Simon, dans une méchante cabane à rouler ou dans ce moulin à vent.

Enfin, il se lassa, lui qui passait de si tristes jours, de passer encore de si mauvaises nuits : il fit d'abord bâtir un pavillon qui lui servit de rendez-vous de chasse ; ce pavillon était si peu de chose, que sa suite, qui autrefois couchait à l'air, couchait maintenant au moulin : c'était, comme on le voit, une petite amélioration pour les courtisans. Ce pavillon fut exécuté en 1624.

Enfin, en 1627, Louis XIII prit la résolution de transformer l'abri en habitation ; il acheta de Jean de Torcy un terrain que la famille de ce seigneur possédait depuis deux siècles, fit venir l'architecte Lemercier et lui fit bâtir le château, dont nul gentilhomme, dit Bassompierre, n'aurait pu tirer vanité, et que Saint-Simon appelle un château de cartes.

Cependant Louis XIII était moins difficile que Bassompierre et Saint-Simon : il faisait de son petit château ses délices. Il y passa l'hiver de 1632, tout le carnaval de 1633 et tout l'automne de la même année. Un soir qu'il faisait le tour de cette propriété qu'il regardait comme la seule qui fût à lui :

— Maréchal, dit-il dans un moment d'enthousiasme, au duc de Grammont, vous rappelez-vous avoir vu là un moulin à vent ?

— Oui, sire, répondit le maréchal ; le moulin à vent n'y est plus, mais le vent y est toujours.

Après la naissance de Louis XIV, Louis XIII revint à Versailles et, en mémoire de ce grand événement, acheta un terrain, recula un mur et enferma dans ce mur ce terrain qu'il nomma bosquet du Dauphin.

C'est le terrain sur lequel se trouve aujourd'hui le quinconce du nord, dit des Marronniers.

Ce fut vers 1663 que Louis XIV arrêta sérieusement de faire de Versailles une résidence royale. Jusque-là, quelques changements avaient été exécutés seulement dans les jardins par le célèbre Le Nôtre.

Le roi fit venir Mansard et Le Brun ; Mansard fit les plans et Le Brun les esquisses. Cependant Louis XIV ne se décida réellement qu'en 1664. Il avait choisi le 7 mai de cette année pour donner, dans les jardins de Versailles, une fête dans le genre de celle que Fouquet lui avait, trois ans auparavant, donnée dans les jardins de Vaux. Le duc de Saint-Aignan était l'ordonnateur de cette fête, dont l'*Orlando furioso* devait faire les frais. Grâce à l'imagination d'un machiniste italien nommé Vigarani, les jardins de Versailles devenaient le palais d'Alcine, et des divertissements s'enchaînaient les uns aux autres, composaient une espèce de poème qui devait durer trois jours, et avait reçu pour titre *les Plaisirs de l'île enchantée*.

Ce fut pendant la troisième journée, et dans le palais même d'Alcine, que fut représentée la *Princesse d'Élide*, de Molière. Si l'on doutait que la fête eût été donnée pour mademoiselle de la Vallière, on n'aurait qu'à se rappeler les vers suivants, que dit, dans la première scène, le confident Arbate à son roi Euryale.

Moi, vous blâmer, seigneur, des tendres mouvements
Où je vois qu'aujourd'hui penchent vos sentiments !
Le chagrin des vieux jours ne peut aigrir mon âme
Contre les doux transports de l'amoureuse flamme ;
Et, bien que mon sort touche à ses derniers soleils,
Je dirai que l'amour va bien à vos pareils ;
Que ce tribut qu'on rend aux traits d'un beau visage,
De la beauté d'une âme est un vrai témoignage,
Et qu'il est malaisé que, sans être amoureux,
Un jeune prince soit et grand et généreux.
C'est une qualité que j'aime en un monarque.
La tendresse du cœur est une grande marque
Que d'un prince à votre âge on peut tout présumer,
Dès qu'on voit que son âme est capable d'aimer.
Oui, cette passion, de toutes la plus belle,
Traîne dans son esprit cent vertus après elle ;
Aux nobles actions elle pousse les cœurs,
Et tous les grands héros ont senti ses ardeurs.

Au reste, Molière voulut se représenter aussi dans cette pièce où il avait représenté le roi et son amante ; s'il s'était fait en un instant courtisan, il voulut du moins que sa flatterie passât par la bouche railleuse du masque de la comédie.

Il représenta un bouffon et disait de lui-même :

Par son titre de fou, tu crois bien ne le connaître ;
Mais sache qu'il l'est moins qu'il ne le fait paraître,
Et que, malgré l'emploi qu'il exerce aujourd'hui,
Il a plus de bon sens que tel qui rit de lui.

Le lundi suivant, Molière faisait jouer, toujours à Versailles et toujours devant le roi et la cour, les trois premiers actes de *Tartufe*. Le roi trouva les scènes fort bien conduites et les vers fort beaux; mais il défendit à Molière d'en donner la représentation au public, attendu la difficulté qu'il y avait de distinguer les vrais des faux dévots.

Pauvre Molière, qui s'était changé en courtisan et déguisé en bouffon, pour préparer la voie à *Tartufe*, et qui voyait la comédie qu'il regardait déjà à cette époque la gloire du royaume. On réforma les finances, assez arbitrairement tenues jusque-là, comme on a pu le voir par la fortune de Fouquet; on donna des encouragements réguliers aux hommes de lettres, et Louis XIV plus d'une fois écrivit de sa main, en marge des ordonnances, les causes de ces encouragements. Une nouvelle société, qui devait amener ce qu'on appela la littérature du grand siècle, se créait. Molière, Boileau, Racine, la Fontaine, Bossuet, dont nous avons consigné la naissance à propos

Mademoiselle de La Vallière

comme son chef-d'œuvre, condamnée aux limbes par un seul mot du roi!

Louis XIV avait été content de l'effet des divertissements; il décida donc l'édification de Versailles. Mansard lui proposa alors d'abattre le petit château de Louis XIII, dont l'architecture mesquine tâcherait nécessairement le luxe de la nouvelle demeure. Mais le fils respecta l'asile où son père avait trouvé les seuls moments de repos de son règne, les seules heures de joie de sa vie, et il ordonna que le *château de cartes*, dût-il nuire à l'ordonnance générale, fût enchâssé dans le palais de marbre.

On jeta donc, vers la fin de 1664, les fondations du monument, où devaient s'engloutir cent soixante-cinq millions cent trente et un mille quatre cent quatre-vingt-quatorze livres.

Ce fut l'époque brillante du règne de Louis XIV. C'est de cette période que date l'exécution des plans que, dans le silence du cabinet, Colbert et lui avaient conçus pour de celle de Louis XIV, grandissaient avec lui; Corneille, de temps en temps, jetait encore un de ces éclairs dramatiques qui avaient illuminé son époque. Profitant de la réserve que Mazarin avait mise dans la distribution des ordres royaux, Louis XIV, sans violer les statuts, faisait, d'un seul coup, une promotion de soixante et dix chevaliers du Saint-Esprit, et, par une distinction toute particulière, laissait une nomination au prince de Condé, qui présentait Guitaut, son gentilhomme ordinaire, neveu du vieux Guitaut, que nous connaissons. Ce n'est pas tout: outre cette récompense nationale que lui a léguée Henri III pour augmenter le lustre de la naissance ou récompenser les services publics, Louis XIV, pour rémunérer les services personnels qu'on lui rend, et pour illustrer les préférences qu'il accorde, en invente une autre qui n'est soumise à aucune règle, et qui ne relève que de sa volonté, qu'il donne ou qu'il retire à sa fantaisie: c'est la permission de porter un justaucorps bleu pareil au sien. Cette permission s'accorde par brevet, et elle est fort de audée, car ceux qui portent ces justaucorps ont le droit de suivre le roi à la chasse, de l'accompagner dans ses promenades. A partir de ce moment, les favoris, plus heureux que les soldats, ont un uniforme ; on peut les reconnaître et les envier. Condé, le vainqueur de Rocroy, de Lens et de Nordlingen, le sollicite et l'obtient, non point parce qu'il a gagné quatre ou cinq grandes batailles et vingt combats particuliers, mais parce que, la serviette au bras, il a humblement servi le roi sur le canal de Fontainebleau. Puis, au milieu de ces décisions frivoles et qui cependant sont empreintes de la domination croissante du maître et de la dédication future du roi, on fonde ces manufactures qui doivent faire de la France commerciale, la sœur de la France intellectuelle ; des vaisseaux s'élèvent de nos ports, à l'étonnement de nos voisins, qui ne nous connaissaient pas de marine ; un secours est envoyé à l'empereur d'Autriche contre les Turcs ; le duc de Beaufort est chargé de diriger l'expédition de Djidjelli, prélude de celle de Chypre, où il laissera sa tête ; le Louvre s'achève en même temps que commence Versailles ; une compagnie des Indes orientales est créée ; la manufacture des Gobelins, dont Le Brun aura plus tard la direction est achetée pour le compte du roi. Enfin, puissant au dedans, Louis veut être respecté au dehors : l'Espagne et Rome se hasardent jusqu'à oublier les égards qu'elles doivent au futur arbitre de l'Europe ; mais, malgré le pouvoir temporel de l'une, malgré le pouvoir spirituel de l'autre, toutes deux nous font réparation.

Cependant, après son retour de Chaillot, mademoiselle de la Vallière sortit bientôt de chez Madame, dont elle avait eu si fort à se plaindre : le roi lui fit meubler le palais Brion avec une élégance et un luxe contre lesquels elle se défendit toujours vainement, ne demandant, disait-elle, au contraire, qu'une silencieuse obscurité. Malheureusement, comme Jupiter, Louis XIV portait avec lui cette flamme qui éclaire et qui dévore ; d'ailleurs, un autre genre d'illustration allait s'attacher à l'humble maîtresse du grand roi. Mademoiselle de la Vallière était enceinte. Cette nouvelle, non seulement se répandit à la cour, mais fut même presque officiellement annoncée.

Le 22 octobre 1666, mademoiselle de la Vallière accoucha, au château de Vincennes, d'Anne-Marie de Bourbon, légitimée de France, comme nous le dirons tout à l'heure, qui épousa, en 1780, Louis-Armand de Bourbon, prince de Conti (1).

Six mois après environ, toujours malgré elle, la favorite reçut de son royal amant le titre de duchesse. La terre de Vaujour et la baronnie de Saint-Christophe furent érigées en duché-pairie en faveur de la mère et de la fille qui furent légitimées par les mêmes lettres, lesquelles furent datées de Saint-Germain en Laye, du commencement de mai 1667 et enregistrées au parlement le 13.

Le 2 septembre de la même année, mademoiselle de la Vallière devint une seconde fois et mit au monde Louis de Bourbon, légitimé de France, et qui fut connu plus tard sous le nom de comte de Vermandois.

Toute la cour se para et se réjouit comme si l'enfant qui venait de voir le jour eût été un héritier légitime, et le crédit de la favorite parut plus consolidé que jamais.

Au milieu de toutes les intrigues des cours, qui ont pour but de renverser mademoiselle de la Vallière ou d'obtenir un justaucorps à brevet, distinction de plus en plus ambitionnée, tandis que la reine mère s'isole et souffre de la maladie dont elle doit mourir, deux de ses vieux amis le précèdent dans la tombe. L'un est le maréchal de la Meilleraie, que nous avons vu jouer un rôle important dans la Fronde et dont le fils, devenu duc de Mazarin, a épousé Hortense Mancini ; l'autre est son bouffon, Guillaume de Bautru, comte de Serrant, que l'on appelait habituellement Nogent-Bautru. Nous dirons bientôt pourquoi.

La fortune de Charles de la Porte, duc de la Meilleraie, tint à sa parenté avec le cardinal de Richelieu, son cousin germain, lequel le prit pour écuyer lorsqu'il était évêque de Luçon. D'écuyer il devint enseigne des gardes de la feue reine et, après ce qu'on appela la drôlerie du Pont-de-Cé, il fut fait capitaine dans ce corps d'élite.

Cette fortune avait commencé sous de fâcheux auspices ; le roi Louis XIII ne pouvait souffrir le futur maréchal, probablement en raison de la haine qu'il portait aux parents et aux créatures du cardinal ; un jour, Louis XIII lui ayant dit je ne sais quelle dureté ; le pauvre capitaine se retira dans l'antichambre et, devenu fou, dit Tallemant des Réaux, mangea toute une chandelle. Richelieu qui passait là, le vit faire et ne put s'empêcher de rire de cette étrange façon de calmer sa rage. Presque aussi piqué de l'hilarité du premier ministre que de la mauvaise humeur

(1) Voir la note P à la fin du volume.

du roi, la Meilleraie quitte Paris, vend ses biens, réalise une somme de quarante à cinquante mille livres et revient annoncer à son cousin Richelieu qu'il va trouver le roi de Suède pour lui demander du service. Le cardinal le laisse aller jusqu'à la porte ; puis, au moment où il va sortir :
— Allons, dit-il, vous êtes un homme de cœur, cousin ; restez et je vous pousserai.

Il fit rompre le contrat de vente. La Meilleraie rentra dans la terre dont il portait le nom, et le cardinal le poussa effectivement de telle façon, non seulement lui, mais encore toute sa famille, qu'il plaça sa sœur près de la reine mère, qu'elle ne quitta que pour être abbesse de Chelles, abbaye où, jusqu'alors, n'avait été tenue que par des princesses.

Quant à lui, la première faveur du cardinal fut de le faire chevalier de l'Ordre et de le marier à la fille du maréchal d'Effiat, que l'on désaccorda d'avec un gentilhomme d'Auvergne, nommé de Beauvais ; mais la jeune femme prétendit que ce gentilhomme avait été non seulement son fiancé, mais son époux, si bien qu'elle traita toujours de haut en bas celui qu'elle n'appelait que son second mari ; heureusement pour le futur maréchal, elle mourut jeune, après lui avoir donné ce fils qui fut depuis duc de Mazarin et qui avait quelque peu hérité de la folie de sa mère.

En 1637, toujours par l'influence de Richelieu, qui, comme on le voit, lui tenait parole, M. de la Meilleraie épousa Marie de Cossé-Brissac, et, pour combler, autant qu'il était possible, la distance qui le séparait de la maison à laquelle il s'alliait, il eut la lieutenance du roi en Bretagne ; ce qui l'amena plus tard, comme nous l'avons vu à propos du coadjuteur, à être gouverneur de Nantes.

Le pauvre duc était prédestiné à épouser des extravagantes. Un beau matin, sa nouvelle femme le persuada que les Cossé, dont elle était, descendaient de l'empereur Cocceius Nerva, lequel mourut sans postérité. En conséquence, comme princesse du sang impérial romain, elle faisait asseoir ses sœurs dans des fauteuils, ne s'asseyant en leur présence que sur une chaise, car elle se regardait comme déchue par son mariage avec un homme que l'on tenait de si pauvre maison, qu'on ne l'appelait, lorsqu'il était capitaine des gardes, que le petit la Meilleraie, et qu'on lui avait refusé mademoiselle de Villeroy, qui fut depuis madame de Courcelles.

Le duc était brave, et en donna plusieurs preuves. Au siège de Gravelines, où il avait la goutte le jour qu'on ouvrit la tranchée, il assista à cette ouverture sur un petit bidet et se tint fort inutilement à découvert sur le rideau, de sorte qu'on lui tira plus de vingt volées de canon et qu'un boulet passa si près de lui, que son cheval se cabra. Le danger était imminent et les officiers qui l'accompagnaient le prièrent de se retirer.
— Quoi ! leur dit le maréchal, auriez-vous peur, par hasard, messieurs ?
— Pour vous, monseigneur, répondirent-ils, pas pour nous.
— Pour moi ? reprit la Meilleraie. Oh ! messieurs, ce n'est point à un général d'armée d'avoir peur, surtout quand il est maréchal de France.

Au blocus de la Rochelle, il avait déjà fait une action qui l'avait fort recommandé parmi cette jeunesse qui portait en elle les dernières espérances de la chevalerie. Un jour, s'ennuyant au quartier, il fit venir un trompette et l'envoya vers la ville pour savoir s'il n'y avait pas quelque gentilhomme qui, s'ennuyant comme lui, voudrait faire le coup de pistolet pour se distraire. Un officier qui se trouvait aux postes avancés, et qui se nommait la Constancière, accepta, ils tirèrent chacun deux coups de pistolet l'un sur l'autre ; mais, au deuxième, la Constancière, touché, au milieu du front, le cheval du duc, qui s'abattit et se donna ainsi l'avantage à son adversaire. La Meilleraie, loin de lui garder rancune de cette victoire, lui fit avoir une compagnie dans son régiment.

Le maréchal de la Meilleraie mourut le 8 février 1664.

Quant à Guillaume de Bautru, comte de Serrant, conseiller d'État, membre de l'Académie française, il était d'une bonne famille d'Angers ; il avait épousé la fille d'un maître des comptes, qui, lorsqu'elle vint à la cour, ne voulut jamais y paraître que sous le nom de madame Nogent, et non sous celui de madame de Bautru, afin de ne pas être appelée madame de Beautrou par la reine Marie de Médicis, qui n'avait pu se déshabituer de prononcer l'u à l'italienne.

Cette femme passait pour un prodige de vertu, ne quittant jamais sa maison, n'allant en aucun lieu du monde ; ce qui valait force félicitations à son mari, et le rendait fort heureux, lorsqu'il s'aperçut que sa femme n'était si sédentaire que parce qu'elle avait un galant chez elle, et que ce galant n'était autre que son valet de chambre à lui. La peine fut proportionnée au crime : le valet fut condamné aux galères, après toutefois que Bautru se fut donné lui-même le plaisir d'une vengeance dont on peut voir dans Tallemant des Réaux les étranges détails (1).

Quant à sa femme, il la chassa, et elle accoucha à Montreuil-Bellay, en Anjou, d'un enfant qu'il ne voulut pas reconnaître.

Un jour, il dit en riant à la reine mère que l'évêque d'Angers était un saint, et qu'il faisait des miracles. La reine demanda quels miracles il faisait, et Bautru répondit qu'entre autres choses miraculeuses, il guérissait d'une maladie dont, à cette époque surtout, on guérissait fort rarement.

L'évêque sut cette plaisanterie et s'en plaignit tout haut.

— Comment l'aurais-je dit? répondit Bautru tout haut aussi ; il en est encore malade.

Jouant au piquet avec un nommé Goussaut, dont la réputation de bêtise était devenue proverbiale, Bautru fit une faute, et, s'en apercevant à l'instant même :

— Ah ! que je suis Goussaut ! s'écria-t-il.

— Monsieur, lui répondit Goussaut, vous êtes un imbécile.

— N'est-ce donc pas cela que j'ai dit? demanda Bautru.

— Non.

— En ce cas, c'est cela que j'ai voulu dire.

Il s'attaqua au duc d'Epernon et le mordit si bien un jour avec certaine épigramme, que celui-ci lui fit donner des coups de bâton par ses donneurs d'étrivières.

Quelques jours après, Bautru vint à la cour avec une canne.

— Avez-vous donc la goutte? demanda la reine.

— Non, répondit Bautru.

— Alors pourquoi portez-vous une canne ?

— Ah ! dit le prince de Guéménée, je vais expliquer la chose à Votre Majesté : Bautru porte une canne comme saint Laurent porte son gril ; c'est le signe de son martyre.

Bautru était fort entêté et disait qu'il n'avait trouvé au monde qu'un homme plus entêté que lui : c'était un juge de province. Un matin, ce juge qui l'avait déjà ennuyé plusieurs fois, se présenta chez lui.

— Ah ! ma foi, dit Bautru à son valet, dis que je suis au lit.

— Monsieur, répondit le valet après avoir fait la commission, il dit qu'il attendra que vous soyez levé.

— Alors, dis-lui que je suis fort mal.

— Monsieur, il prétend qu'il connaît d'excellentes recettes.

— Dis-lui que je suis à l'extrémité, et qu'il n'y a plus d'espoir.

— Monsieur, il dit qu'en ce cas, il ne veut pas que vous mouriez sans qu'il vous dise adieu.

— Dis-lui que je suis mort.

— Monsieur, il dit qu'il veut vous jeter de l'eau bénite.

— Allons, dit Bautru ne trouvant plus rien à objecter, puisqu'il en est ainsi, fais-le entrer.

Bautru était fort indévot et traitait Rome de chimère apostolique. Un jour, on lui montra une liste de dix cardinaux que venait de faire le pape Urbain, et qui commençait par le cardinal Facchinetti.

— Mais je n'en vois que neuf, dit Bautru, et vous m'en annonciez cependant dix.

Et il appela les uns après les autres les neuf derniers noms.

— Il y en a bien dix, reprit l'interlocuteur, mais vous oubliez le cardinal Facchinetti.

— Ah ! pardon, dit Baudru, je pensais que c'était le titre général.

Aussi, un de ses amis, qui connaissait son irréligion, fut-il fort étonné de lui voir un jour lever son chapeau au crucifix.

— Ah ! ah ! dit-il vous êtes donc raccommodés ?

— Nous nous saluons, dit Bautru, mais nous ne nous parlons pas (2).

Un soir que ses chevaux avaient couru toute la matinée, et qu'une personne qu'il voulait renvoyer en carrosse se défendait de cette politesse, en disant que les malheureuses bêtes, attelées depuis sept ou huit heures, seraient trop fatiguées si elles faisaient encore cette nouvelle course :

— Eh ! mordieu ! dit Bautru, si le Seigneur avait créé mes chevaux pour qu'ils se reposassent, ils les eût faits chanoines de la Sainte-Chapelle.

Ses plaisanteries, au reste, n'avaient pas toujours le caractère frivole et bouffon de celles que nous venons de citer. On s'occupait beaucoup à Paris de la révolution d'Angleterre et de la position précaire du roi Charles Ier.

— Oui, dit Bautru, c'est un veau qu'on promène de marché en marché et qu'on finira par mener à la boucherie.

Bautru mourut en 1655, et dans sa personne s'éteignit un des derniers représentants de cet esprit qui avait si fort

(1) Voir la note Q à la fin du volume.
(2) Cette anecdote fut attribuée à tort à Piron ; rendons à César ce qui appartient à César.

réjoui le bon roi Henri IV et la bonne reine Marie de Médicis, mais qui devait cesser d'être de mode à la cour plus grave et plus prude de Louis XIV.

Cependant une mort bien autrement importante que les deux morts que nous venons de consigner ici, devenait de jour en jour plus certaine et plus imminente : c'était celle de la reine mère.

Anne d'Autriche avait joui du rare privilège accordé par le ciel à quelques femmes, celui de ne point vieillir. Ses mains et ses bras étaient restées magnifiques, son front demeurait pur de rides, et ses yeux, toujours les plus beaux du monde, n'avaient pu renoncer à ces habitudes de coquetterie qui les avaient rendus si dangereux dans leur jeunesse ; quand, tout à coup, vers la fin du mois de novembre 1664, les douleurs que, depuis quelques années, elle ressentait dans le sein devinrent plus violentes. Le mal avait été négligé dans son principe ; il empira rapidement et l'on commença de comprendre, en voyant passer cette belle peau de la mate blancheur de l'albâtre à la teinte jaunâtre de l'ivoire, que la situation était grave, et que le jour approchait où l'orgueilleuse reine régente dépouillerait la vie avec moins de peine peut-être qu'elle n'avait dépouillé les grandeurs.

Plusieurs médecins furent appelés successivement, Vallot d'abord, le premier médecin du roi, bien plus chimiste, et surtout bien plus botaniste que médecin. Il traita la royale malade par des compresses de ciguë qui ne firent qu'empirer le mal puis, voyant, au bout de quinze jours, qu'elle ne ressentait aucun adoucissement, elle appela Séguin, son premier médecin à elle, homme savant, mais très absolu, et dont le système était de saigner toujours et pour tout ; de grandes discussions s'élevèrent entre les deux docteurs ; pendant ces discussions, le mal redoubla, et, le 15 du mois de décembre, après une mauvaise nuit passée au Val-de-Grâce, où depuis qu'elle avait quitté le pouvoir, ou plutôt que le pouvoir l'avait quittée, elle venait se mettre fréquemment en retraite, son sein se trouva en tel état, qu'elle jugea le mal incurable.

Dieu punissait étrangement la pauvre femme : pendant les dix ou quinze années qui venaient de s'écouler, elle avait vu, chez les religieuses dont elle avait fait ses compagnes, plusieurs exemples de ce mal terrible, et sa prière habituelle au Seigneur était qu'il la voulût bien préserver de cette maladie qu'elle redoutait plus que toutes les autres.

Et cependant elle reçut le coup avec résignation.

— Dieu m'assistera, dit-elle ; et, s'il permet que je sois affligée de ce mal affreux qui semble me menacer, ce que je souffrirai sera sans doute pour mon salut.

Aussitôt que cette nouvelle du danger de la reine se répandit, Monsieur accourut. Le roi, moins pressé, quoique prévenu en même temps que son frère, n'arriva que vers les trois heures ; le profond égoïsme, qui était le côté saillant du caractère de Louis XIV, se manifestait surtout dans ces sortes d'occasions.

On fit aussitôt une consultation des plus célèbres médecins et chirurgiens de Paris, et l'avis général fut que c'était un cancer, et que le mal était sans remède.

Alors, plusieurs personnes parlèrent à la malade d'un pauvre prêtre du village nommé Gendron, qui faisait des cures merveilleuses en pansant les pauvres, auxquels il s'était exclusivement consacré, allant chez eux dès qu'il les savait souffrants, tandis qu'il n'allait chez les riches et chez les puissants que lorsqu'il y était appelé.

Cet homme examina le sein de la reine, promit qu'il l'endurcirait comme une pierre, et affirma qu'ensuite elle vivrait aussi longtemps que si elle n'avait jamais eu de cancer.

Mais son remède, au lieu d'adoucir les douleurs de la malade, ne fit que les augmenter, et, quoique, dans le jour, la reine s'habillât comme d'habitude et se divertît du mieux qu'elle pût, la nuit, ceux qui couchaient dans sa chambre disaient qu'elle dormait mal et souffrait beaucoup. Enfin, contre toutes les promesses de l'empirique, le cancer s'ouvrit et le mal redoubla d'intensité.

A Gendron succéda alors un Lorrain nommé Alliot ; il traitait après lui une femme qui avait eu, disait-il, la même maladie que la reine mère, et qu'il prétendait avoir guérie ; cette espèce de preuve vivante de la puissance de son art donna quelques espérances à la cour. Malheureusement, par l'ordre de Dieu, dit madame de Motteville, les remèdes des médecins furent inutiles à la guérison de son corps, mais, par les tourments qu'ils lui firent souffrir, servirent à guérir les maladies de son âme.

Cependant le roi s'était habitué aux souffrances de sa mère, et ses plaisirs, interrompus un instant, avaient bientôt repris leur cours habituel. On oublie vite à la cour ceux qu'on n'y voit plus, et même quelquefois ceux qu'on y voit, et l'on oubliait l'ex-régente qui agonisait à l'autre bout de Paris.

Les amours du roi avec mademoiselle de la Vallière tenaient toujours, aussi n'en parlait-on plus ; mais ceux de-

Madame avec M. le comte de Guiche, fort traversés, étaient l'objet des conversations générales. La famille de Grammont était en grande faveur à la cour, et elle avait obtenu du roi que le comte de Guiche revînt de son exil. Il alla trouver le roi au siège de Marsal; le roi le reçut comme si rien ne s'était passé; Monsieur seul lui témoigna une grande froideur.

En apprenant ce retour près du roi, et le bon accueil que Louis avait fait au jeune comte, Madame prit peur que ce bon accueil ne fût un piège du roi pour surprendre les secrets de son amant. En conséquence, elle se hâta d'écrire à ce dernier. Mais, quelque hâte qu'elle y eût mis, la lettre arriva trop tard : le comte de Guiche avait effectivement tout avoué au roi.

A cette nouvelle, Madame entra dans une grande colère et écrivit au comte pour lui défendre de se présenter désormais devant elle et de jamais même prononcer son nom.

Le malheureux amant fut au désespoir. En véritable chevalier, il obéit ponctuellement aux ordres de sa dame, si cruels que fussent ces ordres, et demanda au roi la permission d'aller se faire tuer en Pologne. Le roi lui accorda au comte le congé qu'il demandait, et le pauvre amant eût été tué en effet d'une balle, si cette balle ne se fût aplatie contre un portrait de Madame qu'il portait sur son cœur dans une fort grosse boîte qui fut brisée du coup.

A son retour de Pologne, Madame lui fit redemander par le roi et ses lettres et le portrait qui gardait la trace de la balle. Le comte, telle était son obéissance aux ordres de Madame, restitua tout à l'instant même.

Cependant cette rigueur, vraie ou feinte, rendait le comte de Guiche plus amoureux que jamais. Il supplia la comtesse de Grammont, qui était Anglaise, de parler à Madame; mais Madame refusa constamment de rien entendre.

Le pauvre comte se désespérait et cherchait tous les moyens de voir Madame sans en trouver aucun, lorsque le hasard fit pour lui ce que n'avaient pu faire ni sollicitations ni calculs.

Madame de la Vieuville (on se rappelle que nous avons plus d'une fois prononcé ce nom à l'époque de la dernière Fronde), madame de la Vieuville donnait bal, et Madame avait fait projet d'y aller avec Monsieur. Pour que cette partie fût plus complète et plus gaie, on décida que l'on irait en masques. Afin de n'être pas reconnue, Madame fit habiller en même temps qu'elle trois ou quatre de ses filles, et Monsieur et elle, accompagnés de cette escorte féminine, partirent enveloppés dans des capes et dans un carrosse d'emprunt.

A la porte de madame de la Vieuville, le carrosse de Monsieur rencontra un autre carrosse tout chargé de masques comme le sien. Les deux troupes descendirent, se rencontrèrent dans le vestibule, et là, Monsieur proposa à la seconde troupe de se mêler avec la sienne. La proposition fut acceptée : chacun prit au hasard la main qu'on lui tendait; mais, dans la main qu'elle venait de prendre, Madame reconnut celle du comte de Guiche : une blessure qu'il avait reçue à cette main ne permettait point à Madame de douter un seul instant de ce singulier jeu du hasard.

De son côté, le comte de Guiche, déjà prévenu par l'odeur des sachets que Madame portait dans ses cheveux, sentit la main qu'il tenait si tremblante, qu'il se douta de quelque chose. La main voulut lui échapper; il la retint. Cet effort avait épuisé le courage de Madame. Le courant électrique était établi. La main trembla toujours, mais ne tenta plus de se retirer.

Tous deux étaient dans un si grand trouble, qu'ils montèrent l'escalier sans se rien dire. Enfin le comte de Guiche, ayant reconnu Monsieur parmi les masques, et voyant qu'il ne faisait point attention à sa femme, entraîna celle-ci dans une petite chambre moins pleine de monde que toutes les autres, et, là, il donna à Madame de si bonnes raisons pour justifier la faute qu'il lui avait commise, que la princesse lui pardonna.

Mais à peine le pardon tant désiré et si longtemps attendu était-il accordé, que l'on entendit la voix de Monsieur qui rappelait sa femme. Madame se sauva par une porte et le comte de Guiche par l'autre. En quittant son amant, Madame l'avait prié, de peur que son mari ne se doutât de quelque chose, de ne point rester plus longtemps au bal; le comte se conforma à cet ordre avec son obéissance ordinaire. Mais, au bas des degrés, il rencontra un ami et s'arrêta à causer avec lui; tout à coup le pied manque à un masque qui venait d'apparaître au haut de l'escalier; le masque jeta un cri; à ce cri, le comte de Guiche s'élança et reçut dans ses bras Madame, qui, sans ce secours inespéré, se fût blessée grièvement sans doute, étant grosse de plusieurs mois.

Cette circonstance activa encore le raccommodement, et, un soir que Monsieur était sorti masqué, les deux amants se rencontrèrent chez madame de Grammont.

Il va sans dire que la rencontre fut mise sur le compte du hasard.

Comme on le voit, et comme nous l'avons dit, la maladie de la reine n'empêchait pas les plaisirs d'aller leur train, et cependant le mal empirait tous les jours.

Le printemps vint : toute la cour alla à Saint-Germain, et la reine mère, malgré les représentations qui lui furent faites, voulut suivre la cour, disant qu'autant valait qu'elle mourût là qu'ailleurs.

Le 27 mai au matin la reine mère, assistant à la messe, eut un grand frisson ; elle n'en voulut rien dire pour ne point priver la jeune reine et Madame d'un divertissement qu'elles avaient projeté ; mais, après que les deux princes eurent partis, elle avoua à ceux qui lui trouvaient mauvais visage qu'elle croyait avoir la fièvre et qu'elle éprouvait un grand froid. En effet, à peine fut-elle couchée, que le frisson la prit, et l'accès dura six heures.

Ces six heures de fièvre menèrent la malade si rapidement, que le médecin déclara qu'il fallait la faire confesser.

Le même soir, la reine parla de faire son testament.

Cependant les médecins s'étaient trompés ; les douleurs augmentaient sans doute, mais la malade était destinée à souffrir longtemps encore avant de mourir. D'ailleurs, elle ne se faisait aucune illusion, et, s'en fût-elle fait, plus d'une fois les paroles de ceux qui l'entouraient la lui eussent ôtée. Le 3 août, entre autres, jour où elle avait été plus mal et où elle avait souffert davantage, Beringhen, notre vieille connaissance et un de ses plus anciens serviteurs, vint la voir. A peine l'eût-elle aperçu qu'elle s'écria :

— Ah! monsieur le premier (c'était le titre qu'on donnait à Beringhen en sa qualité de premier valet de chambre), ah! monsieur le premier, il faut nous quitter !...

A une autre époque, cette espèce d'élan, cette égoïste qu'il était, eût peut-être touché celui qui en était l'objet; mais, nous l'avons dit, le XVIIe siècle n'était pas celui de la sensibilité.

— Madame, répondit froidement Beringhen, vous pouvez penser avec quelle douleur vos serviteurs reçoivent cet arrêt; mais ce qui peut vous consoler, c'est de voir qu'en mourant Votre Majesté échappe à de grands tourments et de plus à une grande incommodité, particulièrement elle qui aime les parfums; car ces maux, vers la fin, sont d'une grande puanteur.

Cependant l'heure suprême n'était pas encore arrivée; après plusieurs alternatives de bien et de mal, la reine mère se trouva tout à coup infiniment mieux; la Providence semblait vouloir lui rendre quelques forces pour qu'elle pût supporter la triste nouvelle qui l'attendait.

Son frère, le roi d'Espagne Philippe IV, était mort le 17 septembre 1665, et la notification de cette mort arriva à Paris le 22 du même mois.

Cette nouvelle fut accueillie avec des sentiments bien divers à la cour de France. La jeune reine lui reçut en fille profondément attachée à son père ; la reine mère, en sœur qui voit son frère lui montrer le chemin de la tombe ; le roi, en souverain dont le regard profond et politique voit d'un coup d'œil tous les avantages qui peuvent résulter quelquefois pour les uns de la douleur des autres.

En effet, le jeune Charles II, qui devait mourir sans postérité, était maladif et souffrant, de sorte que nul ne croyait qu'il pût vivre longtemps.

A partir de ce moment, Louis XIV, selon toute probabilité, rêva la succession d'Espagne.

Le temps s'écoulait : la reine mère vivait au milieu d'atroces souffrances ; mais enfin elle vivait. L'hiver était arrivé, et avec lui les plaisirs étaient revenus; car à propos d'une souffrance prolongée comme l'était celle d'Anne d'Autriche, c'est que tout le monde s'y habitue, excepté la personne qui souffre.

Il y eut donc, le 5 janvier, veille des Rois, grand bal chez Monsieur ; le roi y assista en habit violet, car il était en deuil de son beau-père ; mais cet habit était tellement couvert de perles et de diamants, que sa couleur funèbre disparaissait sous les pierreries.

Le lendemain, la reine mère se trouva plus mal et les divertissements cessèrent. Le 17, elle communia.

Le mardi 19, les accidents augmentèrent, et l'on prévint le roi qu'il était temps que sa mère reçût le viatique. Comme l'en avait prévenue Beringhen, la mauvaise odeur qui s'échappait de sa plaie était telle, que, chaque fois qu'on la pansait, il fallait lui tenir à elle-même des flacons d'essence sous le nez.

Ce fut l'archevêque d'Auch qui apporta le corps de Notre-Seigneur ; il était assisté de l'évêque de Mende, du curé de Saint-Germain, de l'abbé de Quémadeuc et de quelques autres aumôniers.

Le soir, la mourante reçut l'extrême-onction.

Au milieu de la nuit, elle entra dans l'agonie ; cependant, de temps en temps, elle rouvrait les yeux et parlait.

Son médecin lui prit le bras pour lui tâter le pouls ; elle le sentit.

— Oh! c'est inutile, dit-elle, il n'y est plus.
Monsieur sanglotait, à genoux près du lit.
— Mon fils ! murmura-t-elle tendrement.
Puis, sentant que le médecin avait laissé son bras à nu :
— Couvrez mon bras, dit-elle.
Un instant après, son confesseur, qui était un moine espagnol, s'approcha de son lit, elle le reconnut.
— *Padre mio, yo me muero !* dit-elle.
Mais elle se trompait, car, un quart d'heure après, elle répondit à l'archevêque d'Auch qui l'exhortait :
— Ah ! mon Dieu ! je souffre beaucoup ; ne mourrai-je pas bientôt ?...
Une heure après, elle ouvrit la bouche et demanda *la croix*.
Ce furent les dernières paroles qu'elle prononça. On approcha le crucifix de ses lèvres ; elle fit alors, et de temps en temps, pour le baiser, quelques mouvements qui prouvaient qu'elle n'avait pas perdu connaissance.
Enfin, le mercredi 20 janvier 1666, entre quatre et cinq heures du matin, elle expira.
Le roi supporta cette mort comme il devait plus tard et successivement supporter celle de tous ses proches, c'est-à-dire avec un grand égoïsme ou une grande résignation.
Depuis qu'il avait échappé à la tutelle de sa mère, plusieurs altercations avaient eu lieu entre elle et lui ; et, une fois qu'elle avait tenté de lui faire des observations sur le scandale de ses amours avec mademoiselle de la Vallière, s'emportant vis-à-vis de la reine mère plus qu'il ne l'avait jamais fait pour mademoiselle de la Motte-d'Argencourt et pour Marie de Mancini, il s'était oublié jusqu'à lui dire qu'il n'avait plus besoin des conseils de personne et qu'il était assez grand pour se conduire lui-même.
Anne d'Autriche eut les qualités et les défauts des régentes : entêtement en politique, faiblesse en amour. Après avoir résisté à Buckingham, le plus beau, le plus élégant et le plus magnifique seigneur de l'époque, elle céda à Mazarin, qu'au dire de la princesse palatine, seconde femme de Monsieur, elle finit même par épouser (1). Mais au milieu de tout cela, le cœur de la mère resta inébranlable dans son amour ; son fils fut toujours pour elle le roi, et, pareille à ces belles madones de Beato Angelico et du Pérugin, pour lesquelles leur fils était déjà un Dieu, au milieu des dangers qui menaçaient son enfance, elle veilla sur lui avec une sollicitude toute presque toute du respect.
Anne d'Autriche avait soixante-quatre ans lorsqu'elle mourut, et elle en paraissait à peine quarante ; ce fut au point que, lorsqu'elle se souleva, les yeux brillants d'espoir, les joues ardentes de fièvre, pour recevoir le saint viatique, Monsieur s'écria :
— Oh ! voyez donc ma mère, elle n'a jamais été si belle.
Des sonnets, des vers et des épitaphes furent faits sur l'auguste défunte.
Nous en citerons trois :

Et soror et conjux et mater natuque regum
Nulla unquam tanto sanguine digna fuit.

Anne, dont la vertu, l'éclat et la grandeur
Ont rempli l'univers de leur vive splendeur,
Dans la nuit du tombeau conserve encor sa gloire.
Et la France à jamais aimera sa mémoire.

Elle sut mépriser les caprices du sort,
Regarder sans horreur les horreurs de la mort ;
Affermir un grand trône et le quitter sans peine.
Et, pour tout dire enfin, vivre et mourir en reine.

Nous citons ces vers par conscience et parce qu'ils sont de mademoiselle de Scudéry ; mais hâtons-nous de le dire, notre citation ne signifie pas que nous les admirions.
Terminons par ceux-ci, que l'évêque de Comminges fit dans la basilique même de Saint-Denis, au moment où l'on jetait dans la tombe encore ouverte d'Anne d'Autriche les insignes de la royauté.

Superbes ornements d'une grandeur passée,
Vous voilà descendus du trône au monument ;
Que reste-t-il de vous dans ce grand changement?
Qu'un triste souvenir d'une gloire effacée !

Mortels dont la fortune est toujours balancée,
Et qui des ris aux pleurs passez en un moment,
Si vous voulez sortir de votre égarement,
Que ce terrible objet frappe votre pensée.

Anne vivait hier, et cette Majesté
Qui régnait sur les cœurs par sa rare bonté,
Dans ces antres sacrés n'est plus qu'un peu de cendre,

Orateurs, taisez-vous ! cette foule de rois
Qui sont ici comme elle et sans force et sans voix,
Font moins de bruit que vous, mais se font mieux entendre.

XXXVII

CONSÉQUENCES DE LA MORT D'ANNE D'AUTRICHE. — REFROIDISSEMENT DU ROI POUR MADEMOISELLE DE LA VALLIÈRE. — COMMENCEMENT DE MADAME DE MONTESPAN. — LA PRINCESSE DE MONACO. — CARACTÈRE DE LA NOUVELLE FAVORITE. — PRÉPARATIFS DE GUERRE. — CAMPAGNE DE FLANDRE. — RUDESSE DE LOUIS XIV. — AMOURS DE LA GRANDE MADEMOISELLE AVEC LAUZUN. — PORTRAIT DE LAUZUN. — SON ORIGINE. — CAUSES DE SON RAPIDE AVANCEMENT. — IL SE FAIT METTRE A LA BASTILLE. — SA GROSSIÈRETÉ. — LE ROI CONSENT D'ABORD A SON MARIAGE. — MOTIFS QUI DÉTERMINENT LE ROI A DONNER SON CONSENTEMENT. — DERNIÈRES ANNÉES DU DUC DE BEAUFORT. — SA FIN MYSTÉRIEUSE.

La mort de la reine mère ne fit aucun changement dans les affaires publiques, dont, depuis longtemps, elle ne se mêlait plus ; mais elle laissa un grand vide à la cour. Anne d'Autriche connaissait tout le monde à cette cour ; elle savait la naissance et appréciait le mérite de chacun. Fière comme une Autrichienne, polie comme une Française, régulière comme une Espagnole, elle tenait chacun à la distance qui convenait, et ce que Louis XIV regretta surtout en elle, ce furent ces règles d'étiquette dont Anne d'Autriche savait faire des devoirs, et que Louis XIV fut obligé de convertir en lois (2).
Mademoiselle de la Vallière était toujours la sultane favorite. Cependant, en acquérant des droits sur Louis XIV comme mère, elle avait beaucoup perdu de ses charmes comme maîtresse. Sa fraîcheur, sa principale et l'on pourrait presque dire sa seule beauté, avait disparu, et l'on commençait à s'apercevoir à la cour que le roi ne l'aimait plus que de cet amour languissant et fatigué qui ne demande pas mieux que de changer d'objet. Le moment était bon pour briguer la survivance de cet amour qui s'en allait mourant, l'une des plus jolies femmes de la cour le comprit et en profita : c'était madame de Montespan.
Déjà, avant elle, une autre femme avait tenté de ce qu'elle allait entreprendre et était parvenue à rendre Louis XIV infidèle, sinon inconstant. Cette femme, c'était la princesse de Monaco, la gracieuse fille du comte de Grammont et, par conséquent la sœur du comte de Guiche. Mais ce caprice n'avait eu que la durée du désir qui l'avait fait naître et du plaisir qui l'avait satisfait.
Soit qu'elle fût plus adroite, soit qu'elle eût plus de charmes réels, il n'en fut pas ainsi de madame de Montespan.
Françoise-Athénaïs de Rochechouart de Mortemart, marquise de Montespan, que nous avons déjà introduite dans les fêtes de Fontainebleau sous le nom de mademoiselle de Tonnay-Charente qu'elle portait à cette époque, était née en 1641, et, en 1663, avait épousé Henri-Louis de Pardaillan de Gondrin, marquis de Montespan, lequel était d'une illustre famille de Gascogne, mais dont l'antiquité cependant ne pouvait lutter avec celle des Mortemart (2). Il avait obtenu pour elle, par le crédit de Monsieur, une place de dame du palais de la reine, et cette superbe beauté de la race des Mortemart, héréditaire comme l'esprit dans cette illustre famille, avait produit le plus grand effet sur tout le monde. Chacun alors s'était approché d'elle pour lui faire sa cour ; mais elle n'avait voulu écouter personne, et le marquis de la Fare, dans ses Mémoires, se cite lui-même comme un des malheureux que les beaux yeux de la marquise de Montespan avaient faits.
Le roi ne fit point d'abord attention à elle, et ce fut peut-

(1) Voir la note R à la fin du volume.

(1) Voir la note S à la fin du volume.
(2) Voir la note T à la fin du volume.

être en ce moment qu'elle prévint son mari que Louis XIV l'avait remarquée et qu'il eût à l'emmener en province ; mais, comme le péril ne parut pas imminent au marquis, il n'en fit rien.

Cependant madame de Montespan se mettait à la fois bien avec la reine en disant, un jour qu'on parlait de mademoiselle de la Vallière devant Marie-Thérèse :

— Si j'étais assez malheureuse pour qu'il m'arrivât ce qui lui est arrivé, je me enchorais pour tout le reste de ma vie.

Et, en même temps, elle se faisait l'amie de mademoiselle de la Vallière, en se glissant près d'elle et en l'accompagnant partout. Dans le ballet des Muses, de Benserade, elle représentait une bergère et récita des vers qui exprimaient les amours d'une rose pour le soleil. Le roi la remarqua.

Madame de Montespan, comme nous l'avons dit, avait beaucoup d'esprit. Madame de Sévigné, qui était bon juge en pareille matière, lui fait sur le point la part large et belle. Le roi parut rencontrer avec plaisir chez mademoiselle de la Vallière cette belle et spirituelle personne. La pauvre duchesse, qui sentait l'amour de Louis s'en aller, qui ne voyait plus même son royal amant aussi régulièrement que par le passé, crut que c'était un moyen de le ramener à elle que de se lier davantage avec son amie.

Ce qui devait arriver arriva, c'est-à-dire qu'en présence de ces deux femmes, l'une douce, timide et dévouée, l'autre spirituelle et artificieuse, l'amour du roi commença, à mesure qu'il s'éteignait pour mademoiselle de la Vallière, à s'allumer pour madame de Montespan.

Cependant, sur ces entrefaites, on faisait des préparatifs de campagne. Louis XIV, qui cherchait une guerre, prit pour prétexte les droits de la reine sur le Brabant, la haute Gueldre, le Luxembourg, Mons, Anvers, Cambrai, Malines, le Limbourg, Namur et la Franche-Comté. La disposition de la coutume de Brabant déclarait dévolus aux enfants du premier mariage les biens du père survivant à l'exclusion des enfants du second lit ; en vertu de ce droit, Marie-Thérèse, sortie du premier mariage de Philippe IV avec Elisabeth de France, réclamait la succession à ces provinces. Il est vrai qu'elle y avait renoncé par son contrat de mariage ; mais, par son contrat de mariage aussi, cinq cent mille écus d'or avaient été promis, qui n'avaient point été payés, et Louis XIV argua du défaut de payement de cette dot pour s'emparer des villes sur lesquelles la reine avait des prétentions.

On fit alliance avec le Portugal, ennemi naturel de l'Espagne, et avec les Provinces-Unies, qui ne voyaient pas sans inquiétude un voisin catholique et superstitieux si près d'elles.

Notre marine, qui à cette époque, où M. de Beaufort avait fait l'expédition de Djidjelli, avait pu fournir à peine seize navires de troisième ordre, présentait alors, tant dans le port de Brest que dans celui de Rochefort, un effectif de vingt-six vaisseaux, de six frégates légères, de six brûlots et de deux tartanes.

La maison du roi seule montait à 5.400 hommes.

Il y avait, en outre, vingt-six régiments de cavalerie française formant 20,000 hommes ; six régiments de cavalerie étrangère montant à 2.872 hommes, et deux régiments de dragons montant à 248 hommes ; quarante-six régiments d'infanterie française formant un effectif de 83,157 hommes ; enfin, quatorze régiments d'infanterie étrangère présentant un chiffre de 36,205 hommes.

Total : 148,397 hommes.

C'était une des plus forte armée qu'une puissance européenne eût jamais mise sur pied depuis les croisades.

Un nouveau ministre de la guerre avait été nommé presque cette occasion : c'était Louvois, fils de Le Tellier.

La campagne fut un voyage de cour.

Ce fut pendant cette campagne surtout que le roi se rapprocha de madame de Montespan. Toujours préoccupée de l'idée que c'était un moyen de voir elle-même plus souvent le roi, mademoiselle de la Vallière n'essaya pas même de s'opposer à ce qu'il vît son amie ; mais enfin elle comprit la faute qu'elle avait faite. Un jour, elle fit des reproches au roi, et le roi, impatienté, dans un de ces mouvements de dureté qui lui étaient si habituels, jeta sur ses genoux son petit chien épagneul nommé Malice, en lui disant :

— Tenez, madame, c'est assez pour moi.

Et il passa chez madame de Montespan, dont la chambre était proche de celle de la duchesse.

De ce moment, la pauvre la Vallière, qui avait toujours voulu se faire illusion, n'eut même plus la satisfaction de douter.

La reine, de son côté, en voyant ce nouvel amour, voulut faire quelques observations ; mais Louis ne les reçut pas mieux que celles que s'était permises mademoiselle de la Vallière.

— Est-ce que nous n'avons pas le même lit, madame ? demanda-t-il.

— Si fait, sire, répondit la reine.

— Eh bien, dit Louis, que pouvez-vous demander de plus ?

Cet amour faisait grand bruit ; mais un autre, qui ne causait pas moins de rumeur à la cour vers le même temps, était celui de la grande Mademoiselle pour Lauzun.

Mademoiselle de Montpensier, la petite-fille de Henri IV, l'orgueilleuse fille de Gaston, l'amazone d'Orléans, l'héroïne du combat du faubourg Saint-Antoine, la grande Mademoiselle, l'héritière unique de tous les fiefs d'Orléans, riche de sept cent mille livres de rente, la grande Mademoiselle enfin qui avait été question de marier à des princes, à des rois, à des empereurs, était amoureuse d'un simple gentilhomme et allait l'épouser.

C'était une nouvelle que, dans une de ses lettres, madame de Sévigné donne à deviner en cent et en mille.

Entrons dans quelques détails sur celui qu'elle aimait, et dont nous avons déjà prononcé le nom, à propos du voyage de Bretagne où Fouquet fut arrêté.

Antonin Nompar de Caumont, duc de Lauzun, né en 1632, c'est-à-dire ayant trente ans avant le roi, était venu à Paris sous le nom de marquis de Puyguilhem ; c'était, au dire de Saint-Simon, qui, au reste, on le sait, n'avait pas l'habitude de flatter ses portraits, un petit homme blondin, bien pris dans sa taille, de physionomie haute et spirituelle, plein d'ambition, de caprices et de fantaisies, jaloux de tout, jamais content de rien, voulant toujours et en toute chose dépasser le but où tout autre que lui se serait arrêté, naturellement chagrin, solitaire, sauvage ; ce qui ne l'empêchait point d'être fort noble dans ses façons, médisant et malin par nature, plein de traits cruels et de sel cuisant ; toutefois, bon ami quand il l'était, ce qui était rare ; bon parent volontiers, épousant avec ardeur les intérêts ou les querelles de sa famille, cruel aux défauts des autres, habile à trouver et à donner des ridicules, extrêmement brave et dangereusement hardi ; courtisan tantôt insolent et moqueur, tantôt bas jusqu'au valetage ; plein de recherche, d'industrie, de rêves, d'intrigues pour arriver à ses fins ; terrible aux ministres, redouté de tous, et d'autant plus impétrant qu'il était près du maître ; sans cesse plein de projets imprévus, capricieux, impossibles, mais spécieux et séduisants.

Vers 1658, il apparut tout à coup à Paris, venant de Gascogne, sans biens, mais avec cette ferme confiance en l'avenir qui avait fait et fera presque toujours réussir ses compatriotes. Il était quelque peu parent du duc de Gramont, et se recommanda de lui. Le vieux maréchal était fort bien en cour, dans la considération des ministres, dans la confidence du cardinal et de la reine mère. Son fils, le comte de Guiche, dont nous avons si souvent parlé, était déjà, à cette époque, la fleur des braves et le favori des dames. Il introduisit Puyguilhem chez la comtesse de Soissons, d'où le roi ne bougeait guère. Le jeune homme plut à Louis, qui lui donna, en le nommant capitaine, son régiment des dragons du roi ; bientôt après, le tenant dans une faveur de plus en plus grande, il le fit gouverneur du Berry, maréchal de camp, puis enfin créa pour lui la charge de colonel général des dragons.

Quelque temps après, le duc de Mazarin, que nous connaissons les pieuses folies à propos des belles statues de son oncle, voulut se défaire de sa charge de grand maître de l'artillerie. Puyguilhem apprit cette résolution, courut au roi et lui demanda cette place. Le roi, qui ne savait rien refuser à son favori, la lui promit, mais à la condition que, jusqu'au moment de sa nomination, il gardait le secret le plus absolu. C'était surtout pour échapper aux observations que ne manqueraient pas de lui faire son nouveau ministre de la guerre Louvois, ennemi tout particulier du candidat, que le roi lui recommandait le silence. Puyguilhem promit tout ce que le roi voulut.

La chose allait donc se faire, lorsque, le matin même du jour où le roi devait signer, Puyguilhem, qui avait ses grandes entrées, alla attendre la sortie du roi du cabinet des finances, dans une pièce, dit Saint-Simon, où personne n'entrait pendant le conseil, et qui était située entre celle où toute la cour attendait et celle où le conseil se tenait. Là, pour son malheur, Puyguilhem trouva Nyert, premier valet de chambre en quartier ; un premier valet de chambre est une puissance. Puyguilhem voulut se faire un ami de celui-là ; il lui conta quelle cause l'amenait et quelle espérance il avait conçue.

De Nyert, de son côté, avait un ami à se faire, c'était le ministre ; celui-ci écouta Lauzun jusqu'au bout. Quand il eut fini, regardant tout à coup sa montre, comme si une idée inattendue lui était passée par la tête, il feignit d'avoir oublié d'accomplir un ordre que le roi lui avait donné ; puis, sortant vivement, il monta quatre à quatre l'escalier qu'on appelait le petit degré, entra chez Louvois, et lui annonça que une chose à laquelle celui-ci était loin de s'attendre : c'est que qu'au sortir du conseil, Lauzun allait être déclaré maître de l'artillerie.

Louvois demeura stupéfait : il haïssait Lauzun, qui était

un ami de Colbert. Une si haute charge relevant du département de la guerre, donnée à un homme du caractère de Lauzun, lui promettait une foule de désagréments. Il embrasse Nyert, l'envoie reprendre avec Lauzun la conversation où il l'a laissée, saisit le premier papier venu pour se faire un prétexte d'entrée près du roi, et pénètre dans la chambre du conseil. Le roi, surpris de le voir, se lève, va à lui. Louvois l'entraîne dans l'embrasure d'une fenêtre, lui dit qu'il sait tout, exagère les défauts de Lauzun et déclare que cette nomination est une source de querelles futures entre lui et le grand maître, querelles qui nuiront non seulement à l'unité du service, mais encore à la tranquillité de Sa Majesté, qui sera constamment prise pour arbitre.

Le roi n'avait eu qu'un but en recommandant le secret à son favori, c'était de cacher ce qu'il voulait faire pour lui à Louvois, dont il avait d'avance deviné l'opposition ; aussi rien ne pouvait lui être plus désagréable que l'indiscrétion qu'avait commise Puyguilhem ; car de soupçonner un autre, il n'y avait pas moyen. Aussi, lorsque le roi sortit du conseil, au lieu de s'arrêter, passa-t-il devant lui sans rien dire. Puyguilhem demeura étourdi, et tout le reste de la journée prit à tâche de se trouver sur le passage du roi ; mais c'était chose inutile : le roi semblait ne l'avoir jamais vu. Enfin, au petit coucher, Lauzun se hasarda à s'avancer vers le roi et de lui demander s'il avait signé son brevet ; mais Louis XIV lui répondit de ce ton sec, et alarmant pour un favori :

— Cela ne se peut pas encore ; on verra.

Il était clair que quelque chose était survenu qui avait tout bouleversé. Lauzun s'informa, s'inquiéta, s'enquit : nul ne put rien lui dire. Il résolut de s'adresser à madame de Montespan.

Madame de Montespan avait quelques obligations à Lauzun. D'abord, on parlait de relations intimes qui auraient eu lieu entre elle et Puyguilhem ; ensuite, on disait que, devant le roi, le complaisant favori s'était non seulement retiré, mais encore qu'il avait aidé à aplanir certaines difficultés avec une adresse et une obligeance qui n'avaient pas peu contribué à lui faire obtenir du roi cette promesse imprudente que le roi venait de retirer.

Puyguilhem, comme nous l'avons dit, s'adressa donc à madame de Montespan. Celle-ci lui promit monts et merveilles ; cependant, malgré ses promesses, huit jours s'écoulèrent sans rien amener de satisfaisant pour Lauzun.

Mais ces huit jours n'avaient point été perdus. Lauzun se doutant que madame de Montespan le leurrait de fausses promesses, les avait employés à se faire l'amant de sa femme de chambre. Arrivé au point où cette fille ne lui pouvait plus rien refuser, il exigea d'elle qu'elle le cachât sous le lit de sa maîtresse au moment même où le roi, qui, ainsi que nous l'avons vu, passait toutes les nuits chez sa femme, viendrait à son heure accoutumée chez madame de Montespan.

C'était vers trois heures de l'après-midi que Louis XIV avait l'habitude de faire ses visites amoureuses. A deux heures et demie, Lauzun fut introduit par la camériste dans la chambre à coucher, où il prit son poste.

Il n'attendit pas longtemps. A peine avait-il tiré les courtines, que le roi et madame de Montespan entrèrent et s'approchèrent de Lauzun de telle façon, qu'il lui fut impossible de perdre un seul mot de ce qu'ils disaient.

Le hasard servit l'écouteur à souhait. La conversation tomba sur lui, et, alors, il apprit tout : l'indiscrétion de Nyert, la terreur de Louvois, et surtout le peu de zèle que mettait la favorite à servir ses intérêts.

Mademoiselle et le duc de Lauzun.

Un mouvement perdait à jamais Lauzun. Il resta immobile et sans haleine pendant tout le temps que le roi et madame de Montespan demeurèrent dans la chambre, c'est-à-dire pendant plus de deux heures ; puis, Louis et sa maîtresse étant sortis, il se retira à son tour, alla rajuster sa toilette et revint se coller à la porte de madame de Montespan, qui avait répétition pour un ballet.

Elle sortit et trouva Lauzun qui l'attendait. Le solliciteur lui offrit la main de la façon la plus galante, et lui demanda si, durant la visite que le roi lui avait faite, elle avait eu l'obligeance de songer à lui.

Madame de Montespan lui fit alors l'énumération de toutes les bonnes paroles qu'elle avait, à ce qu'elle assurait, dites au roi, et qui ne pouvaient, à son avis manquer de produire un excellent effet. Lauzun, la laissa bien s'enferrer ; puis, lorsqu'elle eut dit tout ce qu'elle avait à dire il se pencha à son oreille.

— Il n'y a qu'un petit malheur à tout cela ; dit-il,

— Et lequel ? demanda madame de Montespan.

— C'est que, depuis un bout jusqu'à l'autre, vous en avez menti comme une coquine !

Madame de Montespan jeta un cri et voulut quitter le bras de Lauzun ; mais il la retint presque de force.

— Oh ! attendez au moins que je vous prouve que je sais ce que j'avance.

Et il lui raconta d'un bout à l'autre tout ce qui s'était dit et fait dans cette chambre où cependant le roi et madame de Montespan croyaient bien n'être ni vus ni écoutés.

Tout ce récit bouleversa tellement madame de Montespan, qu'en rentrant dans la salle du ballet, elle s'évanouit.

Le roi, tout effrayé, accourut à elle, et Lauzun se retira comme par respect. Le soir, madame de Montespan raconta toute l'affaire à son royal amant.

Le roi était furieux ; cependant, comme il ignorait d'où Lauzun avait appris tous ces détails, il ne dit rien, et se contenta de tourner le dos à Lauzun. Mais celui-ci n'était pas homme à le tenir quitte à si bon marché. Il épia le roi, et, comme il avait les grandes entrées, un beau matin, il parvint à se trouver seul avec lui. Alors, s'approchant de Louis XIV :

— Sire, lui dit-il, j'avais cru que tout gentilhomme était obligé de tenir sa parole donnée, et que le titre de roi n'était qu'une raison de plus pour tenir cette parole. Il paraît que je m'étais trompé.

— Que voulez-vous dire, monsieur ? demanda Louis XIV.

— Je veux dire que Votre Majesté m'avait positivement promis la charge de grand maître de l'artillerie, et qu'elle ne me l'a point donnée.

— C'est vrai, dit le roi, je vous l'avais promise, mais à une condition : c'est que vous me garderiez le secret, et vous ne l'avez point gardé.

— C'est bien, dit Lauzun ; puisqu'il en est ainsi, je n'ai plus qu'une chose à faire : c'est de briser mon épée, afin que l'envie ne me reprenne jamais de servir un prince qui manque si vilainement à sa parole.

Et, joignant le fait à la menace, Lauzun tira effectivement son épée, la brisa sur son genou et en jeta les deux morceaux aux pieds du roi.

La colère monta au visage de Louis XIV comme une flamme. Il leva sur l'insolent la canne qu'il tenait à la main ; mais presque aussitôt, s'élançant vers sa fenêtre :

— Oh ! non, s'écria-t-il en l'ouvrant. Il ne sera pas dit que j'aurai frappé un homme de qualité.

Et, jetant sa canne par la fenêtre, il sortit.

Le lendemain, Lauzun fut conduit à la Bastille. Le même jour, l'artillerie fut donnée au comte du Lude.

Mais telle était l'influence de Lauzun sur le roi, que celui-ci lui envoya à la Bastille le grand maître de sa garderobe, pour lui proposer, en échange de la charge qu'il n'avait pu lui donner, la place de capitaine des gardes du roi, vacante par l'abandon qu'en faisait le duc de Gesvres, lequel achetait, du comte de Lude, la place de premier gentilhomme ; mais Lauzun se fit prier. Enfin pourtant il accepta, sortit de la Bastille, alla saluer le roi, prêta serment de sa nouvelle charge et rendit les dragons.

Quinze jours après, tout était sur le même pied qu'auparavant, et Lauzun obtenait encore la compagnie des cent gentilshommes de la maison du roi au bec de corbin qu'avait eue son père, et était fait lieutenant général.

Ce n'est pas tout : nous avons dit que madame de Monaco avait été un instant la maîtresse du roi, mais ce que nous n'avons pas dit, c'est que Lauzun avait d'abord eu ses bonnes grâces quand elle était encore mademoiselle de Grammont. Or, Lauzun, qui l'avait véritablement aimée, ne lui pardonna point d'avoir cédé au roi. Aussi, un jour qu'il était allé à Saint-Cloud, trouvant Madame assise à terre sur le parquet pour se rafraîchir, et près d'elle madame de Monaco, sa surintendante, à demi couchée et une main renversée, il fit si bien, qu'en coquetant avec les dames, il posa le talon de sa botte dans la main de madame de Monaco, et, pirouettant sur lui-même, salua la princesse et s'en alla.

De cette nouvelle impertinence, il n'était rien résulté, soit que madame de Monaco eût gardé pour elle la douleur de sa main écrasée, soit que le roi eût préféré son favori à son ancienne maîtresse. Lauzun continua donc avec le plus grand succès ses excentricités, comme on dirait de nos jours, et il poussa bientôt la hardiesse jusqu'à parler non seulement d'amour, ce qui n'eût rien été, mais encore de mariage à la grande Mademoiselle, propre cousine du roi.

C'était là une bien autre affaire que celle de l'artillerie, et cependant, au grand étonnement de tout le monde, le roi consentit à ce que, malgré sa petite noblesse de Gascogne, Puyguilhem devint son cousin.

Tout était fini, arrêté, conclu, et Lauzun, avec sa vanité ordinaire, n'eût point retardé son mariage pour faire faire des livrées à toute la maison et n'eût point tenu à ce que ce mariage fût célébré à la messe du roi.

C'était par trop de confiance dans sa fortune, et Lauzun fut puni de ce défi porté au sort. Cette fois, ce ne fut point Louvois qui vint faire des représentations au roi, ce furent Monsieur et M. le Prince, lesquels firent si bien, que le roi retira sa promesse.

Mademoiselle jeta feu et flamme ; mais Lauzun, contre toute attente, fit d'assez bonne grâce au roi le sacrifice de cette illustre union.

Maintenant, hâtons-nous de dire que ce n'était point par amitié pour Lauzun ou par condescendance pour sa cousine que Louis XIV avait donné son consentement à un mariage si disproportionné. Non, l'homme qui, un jour, dans un moment de franchise politique, avait dit : *l'État, c'est moi*, n'avait point de ces faiblesses-là ; non, ce consentement, jugé de tant de façons différentes, n'était rien autre chose qu'un calcul.

Mademoiselle était la seule opposition qui fut restée à la cour ; c'était l'incarnation de la Fronde là parue, ou peu s'en fallait de la société nouvelle. Mademoiselle, épousant un homme du sang, donnait au passé une importance qui pouvait se refléter dans l'avenir ; Mademoiselle, épousant Lauzun, restait la plus riche héritière de France, mais descendait de son rang de princesse du sang à celui de femme d'un simple gentilhomme.

Au reste, vers le même temps, disparaissait de la scène du monde un des hommes qui avaient joué l'un des principaux rôles dans cette Fronde déjà oubliée, et dont le hasard vient de nous faire dire un dernier mot.

C'était le grand amiral de France, M. de Beaufort.

M. de Beaufort avait été envoyé par Louis XIV au secours de Candie qu'assiégeaient les Turcs. Seulement, pour ne pas se brouiller avec le Grand Seigneur, le roi de France avait substitué le pavillon de Sa Sainteté au sien.

Sortie de Toulon le 5 juin 1669, la flotte du duc de Beaufort, à part une forte rafale de nord-ouest qui avait démâté *la Sirène* à la hauteur des îles d'Hyères, avait eu un temps magnifique ; le 17, vers la pointe de la Morée, on avait rencontré quatorze bâtiments vénitiens chargés de chevaux destinés à la cavalerie française.

On arriva en vue de Candie, et l'escadre mouilla dans une assez mauvaise rade ouverte au nord et située sous les murs de la ville, que l'on appelait la Fosse. Les Turcs étaient maîtres de toute l'île, excepté de la capitale.

En abordant dans l'île, qui appartenait alors aux chrétiens, Achmet-Pacha avait prédit cet envahissement successif par une parabole. Jetant son sabre au milieu d'un large tapis :

— Messieurs, avait-il dit, qui de vous prendra mon cimeterre sans marcher sur le tapis ?

Comme le cimeterre était bien loin de la portée de la main, personne ne songea même à essayer, et tous répondirent que c'était une chose impossible.

Alors, Achmet-Pacha, saisissant le bout du tapis, l'avait roulé petit à petit jusqu'à ce que le cimeterre se trouvât à la portée de son bras ; puis, prenant le cimeterre sans avoir effectivement marché sur le tapis :

— Voilà, dit-il, comment je réduirai Candie, pied à pied avec le temps (1).

La nuit venue, M. de Beaufort se rendit avec ses principaux officiers, chez M. de Saint-André Montbrun, qui commandait la place. La ville n'était plus qu'un monceau de ruines.

L'explication entre le grand amiral et le marquis de Saint-André fut grave. On était loin de se douter en Europe de l'état où les infidèles avaient réduit Candie. L'ambassadeur, qui avait sollicité le secours de la France, avait porté d'une garnison de 12,000 hommes qui défendait cette ville, quand à peine il en restait 2,500.

Cependant un tel secours, venu avec tant d'appareil, ne pouvait pas se contenter de soutenir le siège, enfermé dans la ville : l'honneur du drapeau français voulait que l'on combattît.

Une attaque fut résolue pour la nuit du 24 au 25 juin.

On employa les nuits du 20 au 23 à débarquer les troupes.

Le dernier conseil se tint le 24, à sept heures du soir.

A trois heures du matin, la sortie eut lieu. Elle était commandée par MM. de Beaufort et de Navailles.

La première attaque fut faite par M. de Dampierre : ses soldats trouvèrent les Turcs encore engourdis par le sommeil, de sorte que l'on put croire d'abord à une espèce de victoire.

Mais, en fuyant, ils mirent le feu aux mèches de quelques barils de poudre qui éclatèrent au milieu des vainqueurs.

Tout à coup, le bruit se répandit que le terrain était miné, et une terreur panique succéda à ce premier sentiment d'orgueil qu'avaient éprouvé nos soldats en voyant qu'ils venaient de remporter une si facile victoire. MM. de Beaufort et de Navailles aperçurent les fuyards qui revenaient vers eux en criant : *Sauve qui peut !*

Alors, MM. de Beaufort et de Navailles donnèrent avec tout ce qu'ils avaient d'hommes, criant : *Arrête ! arrête !* et frappant les fuyards tantôt du plat, tantôt de la pointe de leur épée.

Mais rien ne fit : la panique était telle, que ce ne furent point les troupes fraîches qui arrêtèrent les fuyards, mais les fuyards qui entraînèrent les troupes fraîches.

M. de Beaufort n'était point homme à fuir comme les autres. Au milieu de la déroute générale, il rassembla un groupe de gentilshommes, et, levant son épée :

— Allons, messieurs, dit-il, montrons à ces chiens de

(1) Eugène Sue, *Histoire de la Marine*.

parpaillots qu'il y a encore des gens en France qui savent mourir quand ils ne savent pas vaincre.

Et il s'enfonça dans les rangs des Turcs, où il disparut. Et tout fut dit. Jamais on ne revit M. de Beaufort ; jamais on n'en entendit parler davantage, et jamais on n'en eut de nouvelles, quelque démarche que l'on fit pour y parvenir.

XXXVIII

GRIEFS DE LOUIS XIV CONTRE LES PROVINCES-UNIES. — PROJET D'ALLIANCE DE LA FRANCE AVEC L'ANGLETERRE. — MADAME HENRIETTE NÉGOCIATEUR. — SUCCÈS DE SA MISSION. — MÉCONTENTEMENT DE MONSIEUR. — GRIEFS DE MADAME CONTRE SON MARI. — LE CHEVALIER DE LORRAINE. — LE ROI PREND FAIT ET CAUSE POUR MADAME. — COLÈRE DU DUC D'ORLÉANS. — MALADIE DE MADAME. — ELLE SE CROIT EMPOISONNÉE. — OPINION DES MÉDECINS. — PROGRÈS DU MAL. — DERNIERS MOMENTS DE LA PRINCESSE. — CONDUITE DE MONSIEUR. — VISITE DU ROI. — MORT DE MADAME HENRIETTE. — LE CRIME EST DÉVOILÉ. — INDULGENCE DU ROI.

Le traité d'Aix-la-Chapelle avait rapproché la France de la Hollande, et la Hollande n'avait pas vu sans inquiétude les progrès d'un voisin aussi dangereux que l'était Louis XIV. Elle avait raison de s'inquiéter, car le roi de France ne cherchait qu'un prétexte pour traiter en ennemis ses anciens alliés. Ce territoire factice conquis sur des marais et des dunes, cette formidable marine, qui faisait entrer dans les ports de l'Inde vingt vaisseaux hollandais contre un vaisseau français, ces arsenaux s'étendant d'un bout à l'autre du Zuiderzée, tout cela tentait trop fortement le roi, pour que Louis XIV, naturellement très faible en pareille matière, ne succombât point à la tentation.

De l'autre côté, l'importance que les Hollandais avaient prise, dans leur intervention entre la France et l'Espagne, leur avait exagéré leurs forces. Leurs presses mettaient au jour cinq ou six pamphlets par mois, dont deux ou trois pour le moins étaient dirigés contre la France. On frappait publiquement à la Haye et à Amsterdam, des médailles où la majesté du roi de France n'était pas toujours respectée. Un de ces pamphlets disait que c'était aux Hollandais que l'Europe devait la paix, et que Louis XIV aurait été vaincu si la Hollande ne fût venue à son aide en provoquant la signature immédiate du traité. Une médaille représentait le soleil pâli et effacé avec cet exergue : *In conspectu meo stetit sol* (1). Or, ce soleil *non pluribus impar*, c'est-à-dire qui en valait à lui seul une foule d'autres, ce soleil qui devait acquérir des forces à mesure qu'il s'élevait dans le ciel, ce soleil, c'étaient les armes parlantes, c'était la représentation visible du grand roi. L'insulte était donc non seulement patente, mais encore directe.

Toutes ces causes de guerre étaient bien petites et bien mesquines dans les cas ordinaires ; mais c'était tout ce qu'il fallait dans le cas exceptionnel où l'on se trouvait. La guerre, décidée d'avance dans l'esprit de Louis XIV, fut bientôt décidée dans le Conseil.

La première précaution à prendre dans une pareille entreprise, c'était de s'assurer la neutralité de l'Espagne et l'alliance de l'Angleterre. Le marquis de Villars fut envoyé à Madrid pour faire comprendre au cabinet espagnol l'intérêt qu'il avait à l'abaissement des Provinces-Unies, ses ennemies naturelles. Quant au roi d'Angleterre, Charles II, ce fut un tout autre ambassadeur qu'on résolut de lui envoyer.

Louis XIV annonça un voyage à Dunkerque, et les courtisans furent conviés à ce voyage.

Tout ce que le roi savait déployer de grandeur fut mis au jour à propos de cette circonstance : 30,000 hommes précédaient ou suivaient sa marche. Toute sa cour, c'est-à-dire la plus riche et la plus grande noblesse d'Europe, les plus gracieuses et les plus spirituelles femmes du monde, l'accompagnaient. La reine et Madame avaient presque un

(1) Le soleil s'est arrêté devant moi.

rang égal, et derrière elles venaient immédiatement, dans la même voiture, spectacle inouï, les deux maîtresses du roi, madame de la Vallière et madame de Montespan, qui, quelquefois même, montaient avec le roi et la reine dans un grand carrosse anglais.

Madame était, en outre, accompagnée d'une charmante personne qui, elle aussi, avait ses instructions secrètes ; c'était Louise-Renée de Penankoët, appelée mademoiselle de Keroualle. Elle avait été nommée par Louis XIV *séductrice plénipotentiaire*.

Le rôle était important et la mission difficile : il fallait l'emporter sur sept maîtresses connues et qui jouissaient, en ce moment et toutes à la fois, du privilège, fort couru à cette époque en Angleterre, de distraire le monarque des ennuis que lui causaient l'embarras de ses finances, les murmures de son peuple et les remontrances de son parlement.

Ces sept maîtresses étaient : la comtesse de Castelmaine, mademoiselle Stewart, mademoiselle Welles, fille d'honneur de la duchesse d'York, Nelly Gwyn, une des plus folles courtisanes du temps, miss d'Avys, célèbre comédienne, Bell Orkay la danseuse, et enfin une Moresque nommée Zinga.

Toutes ces intrigues politiques et amoureuses se faisaient au grand dépit de Monsieur, qui pestait, jurait, se dépitait, *rabrouait* Madame, comme dit Saint-Simon, mais ne pouvait rien empêcher. Monsieur était d'autant plus furieux, qu'on venait d'exiler son favori, le chevalier de Lorraine. Nous verrons plus tard quelle terrible catastrophe produisit cet exil. Mais le roi fit semblant de ne pas voir la sourde opposition qu'il faisait, ou, s'il la vit, il ne s'en inquiéta point, et Madame n'en partit pas moins le 24 ou le 25 mai pour Douvres, où elle arriva le 26.

La négociation réussit au delà des désirs de Louis XIV : Charles trouva mademoiselle de Keroualle charmante, et, moyennant quelques millions et la promesse faite par sa sœur que mademoiselle de Keroualle resterait en Angleterre, Charles promit tout ce qu'on voulut.

Il est vrai que, de son côté, il détestait fort la Hollande, dont les pratiques calvinistes mettaient éternellement tout son royaume en mouvement.

Mademoiselle de Keroualle resta en Angleterre, où le roi Charles II la fit duchesse de Portsmouth en 1673, et où le roi Louis XIV lui fit, la même année, don de la terre d'Aubigny, cette même terre qui avait été donnée en 1422, par le roi Charles VII, à Jean Stuart, comme une marque des grands et considérables services que celui-ci lui avait rendus dans la guerre contre les Anglais.

Les services de mademoiselle de Keroualle étaient d'une autre nature ; mais, comme ils n'étaient pas moins grands que ceux de Jean Stuart, Louis XIV n'hésita point à leur donner la même récompense.

Un traité d'alliance entre Louis XIV et Charles II fut, en conséquence, préparé. Il contenait onze articles, dont le cinquième, c'est-à-dire le plus important de tous, était conçu en ces termes :

« Lesquels seigneurs rois ayant, chacun en son particulier, beaucoup plus de sujets qu'ils n'en auraient besoin pour justifier dans le monde la résolution qu'ils ont prise de mortifier l'orgueil des états généraux des Provinces-Unies des Pays-Bas, et d'abattre la puissance d'une nation qui s'est si souvent montrée d'une extrême ingratitude envers ses propres fondateurs et créateurs de cette république, et laquelle même a l'audace de se vouloir ériger aujourd'hui en souverain arbitre et juge de tous les autres potentats ; il est convenu, arrêté et conclu que Leurs Majestés déclareront et feront la guerre, conjointement avec toutes leurs forces de terre et de mer, auxdits états généraux des Provinces-Unies des Pays-Bas, et qu'aucun desdits seigneurs rois ne pourra faire de traité de paix, de trêve ou de suspension d'armes avec eux, sans l'avis et le consentement de l'autre, etc., etc.

Les ratifications de ce traité devaient être échangées dans le courant du mois suivant.

On conçoit avec quels honneurs fut reçue à Calais l'ambassadrice qui apportait de si riches nouvelles.

On revint à Paris tout préparer pour la conquête ; mais, avant qu'on se mit en route pour l'accomplir, une catastrophe aussi douloureuse qu'inattendue vint épouvanter la cour de France.

Un cri poussé par Bossuet retentit par toute l'Europe :
— Madame se meurt ! Madame est morte !

Remontons aux antécédents de cette mort si soudaine et si dramatique.

Nous avons dit les jalousies et les plaintes de Monsieur à propos des galanteries de Madame. Il nous reste à dire les griefs de Madame contre Monsieur.

Il était impossible que deux frères se ressemblassent moins au physique et au moral que Louis XIV et son frère.

Le roi était grand, avait les cheveux cendrés, un air mâle et une haute mine ; Monsieur était petit, il avait les cheveux et les sourcils noirs, les yeux de couleur foncée, le nez grand, la bouche trop petite et de vilaines dents. Aucun des amusements des hommes ne lui convenait ; on ne pouvait parvenir à le faire jouer à la paume, à lui faire faire des armes ; excepté en temps de guerre, il ne montait jamais à cheval, et les soldats disaient qu'il craignait plus le hâle que la poudre, les coups de soleil que les coups de mousquet. Mais, au contraire, il se plaisait à se parer et à s'habiller, mettait du rouge, se déguisait souvent en femme, dansait comme s'il eût été une femme réellement, et n'avait, au milieu de toutes ces charmantes fleurs de beauté écloses à la cour du roi son frère, jamais été accusé d'un de ces jolis péchés pour lesquels son frère avait si souvent besoin d'absolution.

Madame de Fiennes lui disait un jour :

— Ce n'est pas vous, monseigneur, qui déshonorez les femmes, ce sont les femmes qui vous déshonorent.

On parlait d'un pari qu'avait fait madame de Monaco, pari dont sa beauté lui rendait le gain facile auprès de tout autre homme, et que cependant elle avait perdu près de Monsieur.

En échange, si Monsieur n'avait pas de maîtresses, il avait des favoris. Ces favoris étaient le comte de Beuvron, le marquis d'Effiat, petit-fils du maréchal, et Philippe de Lorraine Armagnac, chevalier de Malte, appelé ordinairement le chevalier de Lorraine. Ce dernier était le principal favori de Monsieur.

Le chevalier de Lorraine, né en 1643, était âgé de vingt-six ou de vingt-sept ans. C'était, dit la princesse palatine, deuxième femme de Monsieur, un drôle bien fait, et contre lequel on n'aurait rien eu à dire, si l'intérieur eût ressemblé au dehors.

Madame était jalouse du chevalier de Lorraine bien autrement qu'elle l'eût été d'une maîtresse : cette intimité de Monsieur avec un beau jeune homme dont les mœurs passaient pour être horriblement dissolues, la révoltait. Elle profita du degré de faveur où, d'avance, l'avaient mise les services qu'elle allait rendre au roi, pour lui demander l'exil du chevalier, exil qui lui fut d'autant plus facilement accordé, que Louis écoutait lui-même avec impatience tous ces bruits que faisaient naître les singulières habitudes de son frère.

Le chevalier de Lorraine reçut donc l'ordre de quitter la France.

A cette nouvelle, Monsieur commença par s'évanouir, puis il fondit en larmes, puis il vint se jeter aux pieds du roi mais il n'en put rien obtenir. Alors, en proie au plus violent désespoir, il quitta Paris et alla s'ensevelir dans son château de Villers-Cotterets.

Mais Monsieur n'était point de nature à bouder longtemps ; sa colère s'évapora en flamme et en fumée ; Madame, contre laquelle surtout était soulevée cette colère, protesta qu'elle n'était pour rien dans l'exil du chevalier. Le roi offrit des dédommagements ; Monsieur les accepta et revint à la cour, le cœur gros encore, mais étouffant son chagrin intérieur. Il continua de vivre avec le roi et avec Madame comme il l'avait fait jusque-là.

Il avait suivi la cour à Dunkerque et amassé de nouveaux déplaisirs dans tout ce voyage. Madame, pendant son séjour en Angleterre, avait raccommodé Buckingham avec le roi, et Monsieur n'avait point oublié que Buckingham avait affiché d'une façon scandaleuse son amour pour celle qui allait devenir sa femme.

Puis ce voyage lui avait encore donné un autre sujet de jalousie. Madame, disait-on, aurait, en Angleterre, écouté d'une oreille peu sévère les galanteries de son neveu James, duc de Montmouth, fils naturel de Charles II, le même qui fut exécuté le 15 juillet 1685, pour rébellion contre Jacques II. Mais, hâtons-nous de le dire, ce bruit auquel Monsieur, dans la disposition d'esprit où il se trouvait, paraissait en faisant semblant d'ajouter foi, n'avait jamais eu grande consistance à la cour.

Enfin, comme nous avons dit, on était revenu du voyage de Flandre, et Madame, dans toute la joie du résultat de la négociation qu'elle venait de terminer d'une façon si habile, dans tout l'orgueil de la puissance que lui donnait ce résultat, tenait sa cour à Saint-Cloud depuis le 24 juin, tandis que le chevalier de Lorraine était allé promener son dépit à Rome, d'où, selon toute probabilité, il ne devait pas revenir tant que Madame conserverait son crédit près du roi.

Le 29 juin, qui était un dimanche, Madame se leva de bonne heure et descendit chez Monsieur, qu'elle trouva au bain. Elle causa longtemps avec lui et, en sortant, entra chez madame de la Fayette, et, comme celle-ci s'informait de sa santé, elle lui répondit que cette santé était bonne et qu'elle avait passé une excellente nuit. Puis elle remonta chez elle.

Un instant après, madame de la Fayette, à son tour, monta chez la princesse.

La matinée se passa comme d'habitude ; on vint la prévenir que la messe était prête : elle alla l'entendre.

Au retour, elle passa chez mademoiselle d'Orléans, sa fille, dont un célèbre peintre d'Angleterre était occupé à faire le portrait. La conversation roula sur le voyage d'Angleterre, et la princesse fut fort gaie.

En revenant, elle demanda une tasse d'eau de chicorée. On la lui apporta ; elle la but et dîna comme d'habitude.

Après le dîner, on passa chez Monsieur, dont le même peintre anglais faisait le portrait. Pendant la séance, Madame se coucha sur des carreaux, ce qui lui arrivait souvent, et s'endormit.

Pendant son sommeil, son visage se décomposa si étrangement, que madame de la Fayette, qui était debout près d'elle, s'en effraya au point qu'elle écrit dans ses Mémoires :

« Je fus surprise de ce changement, et je pensai qu'il fallait que son esprit contribuât fort à parer son visage, puisqu'il le rendait si agréable quand elle était éveillée, et qu'elle l'était si peu quand elle était endormie. J'avais tort néanmoins, ajouta-t-elle, de faire cette réflexion, car je l'avais vue dormir plusieurs fois et je ne l'avais pas vue moins aimable. »

Une douleur d'estomac réveilla Madame, et elle se leva avec un visage si défait, que Monsieur lui-même en fut surpris et s'en inquiéta.

Elle passa au salon où elle s'arrêta à parler avec Boisfranc, trésorier de monseigneur, tandis que Monsieur descendait pour aller à Paris. Sur l'escalier, Monsieur rencontra madame de Mecklembourg et remonta avec elle dans le salon. Madame quitta Boisfranc et alla au-devant de l'illustre visiteuse. En ce moment, madame de Gamache lui apporta, dans sa tasse particulière, de l'eau de chicorée qu'elle venait de demander pour la seconde fois et qu'on tenait toujours prête dans l'antichambre. Madame de la Fayette en avait de son côté demandé une, et elle but de cette eau de chicorée en même temps que Madame.

La tasse destinée à Madame et le verre destiné à madame de la Fayette leur furent présentés par madame Gordon. Dans la tasse destinée à Madame étant une, et elle but de cette eau de chicorée en même temps que Madame.

La tasse destinée à Madame et le verre destiné à madame de la Fayette leur furent présentés par madame Gordon. Dans l'adieu de la princesse ; mais, ayant même de l'une main, Madame porta l'autre à son côté en s'écriant :

— Ah ! quel point de côté ! quel mal ! je n'en puis plus !...

En prononçant ces paroles, elle rougit excessivement ; mais presque aussitôt elle pâlit d'une pâleur livide en disant :

— Qu'on m'emporte ! qu'on m'emporte ! je ne puis plus me soutenir.

Madame de la Fayette et madame de Gamache prirent la princesse sous les bras ; elle marchait toute courbée et ne pouvait se soutenir. On la déshabilla ; pendant qu'on la déshabillait, ses plaintes redoublèrent et ses douleurs étaient si violentes que, malgré elle, les larmes roulaient de ses yeux.

A peine fut-elle au lit, que les douleurs augmentèrent encore ; elle se jetait de côté et d'autre, comme une personne en proie à des convulsions. On alla en toute hâte quérir son premier médecin, M. Esprit ; mais il dit que c'était une colique ordinaire et commanda les remèdes pratiqués en pareille circonstance, et cependant Madame continuait de crier que c'était un confesseur qu'il lui fallait et non un médecin, attendu que la chose était plus grave qu'on ne le croyait.

Monsieur était agenouillé devant le lit de la princesse ; la malade le vit dans cette posture et lui jeta les bras au cou en s'écriant :

— Hélas ! monsieur, vous ne m'aimez plus, et il y a longtemps ; mais cela est injuste, car jamais je ne vous ai trahi.

Cette voix avait un accent si lamentable, que tous les assistants se mirent à pleurer.

Toutes ces différentes phases s'étaient succédé depuis une heure à peine. Tout à coup, Madame s'écria que cette eau qu'elle avait bue était sans doute du poison ; qu'on avait peut-être pris une bouteille pour l'autre ; qu'elle sentait qu'elle était empoisonnée, et que, si on ne voulait pas qu'elle mourût, il fallait lui donner du contrepoison.

Monsieur était près de Madame au moment où ce cri de douleur lui échappa ; il ne parut ni ému ni embarrassé, et dit fort tranquillement :

— Il faut faire boire de cette eau à un chien.

Monsieur était près de Madame au moment où ce cri de douleur lui échappa ; il ne parut ni ému ni embarrassé, et qu'il fallait faire cette expérience, car c'était elle qui avait préparé l'eau, qu'elle était sûre qu'aucune substance nuisible n'y était mêlée, et que c'était à elle de donner la preuve de ce qu'elle avançait.

Elle se versa en conséquence un verre de cette eau et but. On apporta alors de l'huile et du contrepoison.

Sainte-Foix, premier valet de chambre de Monsieur, proposa de la poudre de vipère. Madame accepta, en lui disant :

— J'ai confiance en vous, Sainte-Foy, et de votre main je prendrai tout.

Les drogues qu'elle avait prises provoquèrent des vomissements, mais des vomissements imparfaits, qui ne servirent qu'à la fatiguer, au point qu'elle n'avait plus, disait-elle elle-même, la force de crier.

A partir de ce moment, Madame se regarda comme perdue et ne songea plus qu'à supporter ses douleurs avec patience. Depuis quelques instants déjà, elle avait fait demander un prêtre. Monsieur dit à madame de Gamache de tâter le pouls de la malade ; elle obéit et sortit de la ruelle épouvantée en disant qu'elle n'en trouvait plus et que Madame avait déjà les extrémités froides. Mais le médecin soutint toujours que c'était une colique et déclara qu'il répondait de Madame.

Le curé de Saint-Cloud était arrivé. On prévint la princesse de sa présence ; elle le fit approcher de son lit, et, comme une de ses femmes la soutenait dans ses bras, elle ne voulut point permettre qu'elle s'éloignât, et se confessa devant elle.

On avait déterminé de la saigner. Madame avait demandé que ce fût au pied ; le médecin préféra que ce fût au bras. On craignit que cette détermination ne la contrariât ; mais, sans aucune autre objection, elle dit qu'elle était prête à faire tout ce qu'on exigerait d'elle, que tout lui était indifférent à cette heure, attendu qu'elle se sentait mourir.

Il y avait déjà plus de trois heures qu'elle était dans cet état et que le mal allait toujours empirant lorsque arrivèrent deux médecins : Gueslin, qu'on avait envoyé chercher à Paris, et Vallot, qu'on avait envoyé chercher à Versailles. Aussitôt que la malade les vit, elle leur cria qu'elle était empoisonnée et qu'ils eussent à la traiter en conséquence.

Les nouveaux venus l'examinèrent, puis se réunirent en consultation avec M. Esprit, et tous trois revinrent dire à Monsieur qu'il ne s'inquiétât point de la princesse et qu'ils répondaient d'elle.

Mais Madame continua d'affirmer qu'elle sentait mieux sa souffrance que personne et qu'elle s'en allait mourant.

Il y eut alors un mieux apparent qui n'était rien qu'une plus grande faiblesse. Vallot s'en retourna à Versailles vers les neuf heures et demie, et les femmes demeurèrent à causer autour du lit de la malade. En ce moment, l'une d'elles se hasarda de dire qu'elle allait mieux. Alors, avec cette impatience si pardonnable à la personne qui souffre :

Cela est si peu véritable, dit-elle, que si je n'étais pas chrétienne, je me tuerais. Il ne faut souhaiter de mal à personne, ajouta-t-elle, mais je voudrais bien que quelqu'un pût sentir un moment ce que je souffre, pour connaître de quelle nature sont mes douleurs.

Deux heures s'écoulèrent encore pendant lesquelles les médecins, comme si Dieu les eût frappés d'aveuglement, attendirent un mieux qui ne venait pas, répondant d'elle et lui donnant, au lieu d'antidote, un bouillon, sous prétexte qu'elle n'avait rien pris de la journée. Mais à peine eût-elle avalé le bouillon que les douleurs redoublèrent.

Au milieu de ce redoublement de douleurs, le roi arriva. Il avait plusieurs fois envoyé de Versailles afin de savoir de ses nouvelles, et, à chaque fois, Madame lui avait, sans qu'il en coûtât rien, fait répondre qu'elle se mourait. Enfin M. de Créquy, qui avait passé à Saint-Cloud en allant à Versailles, avait dit au roi qu'il la croyait réellement en grand danger ; alors, le roi l'avait voulu voir.

Il était donc deux heures du soir lorsqu'il arriva.

La reine et la comtesse de Soissons étaient venues avec lui ; mesdames de la Vallière et de Montespan étaient venues ensemble.

Le roi fut effrayé des ravages que le mal avait déjà faits, et, comme on venait de changer la malade de lit, les médecins, qui virent alors son visage, commencèrent à douter de leur science. En conséquence, ils examinèrent Madame avec attention, tâtèrent les extrémités et les sentirent froides, cherchèrent le pouls et ne le trouvèrent plus.

Ils dirent alors au roi que cette froideur et ce pouls qui s'était retiré étaient une marque de gangrène, et qu'il fallait envoyer chercher le viatique.

On parla de faire venir un chanoine de grand mérite, nommé le père Feuillet. Madame approuva ce choix et demanda seulement que l'on se hâtât.

Alors, le roi, qui s'était éloigné du lit pour causer avec les médecins, s'en rapprocha.

— Ah ! sire, lui dit Madame Henriette, vous perdez la plus véritable servante que vous ayez jamais eue et que vous aurez jamais.

— Rassurez-vous, lui dit le roi, vous vous trompez, vous n'êtes point en si grand péril que vous dites, et cependant je suis, je l'avoue, étonné de votre fermeté, que je trouve grande.

— Oh ! sire ! reprit-elle ; c'est que je n'ai jamais craint de mourir, mais seulement de perdre vos bonnes grâces.

Cette fermeté-là prouva au roi que l'auguste malade n'avait aucun espoir. Il lui dit alors adieu en pleurant.

— Adieu, sire, dit-elle, la première nouvelle que vous aurez demain sera celle de ma mort.

Le roi sortit ; on reporta Madame dans son grand lit. En ce moment, un hoquet lui prit.

— Ah ! monsieur, dit-elle au médecin, c'est le hoquet de la mort.

En effet, les médecins déclarèrent qu'il n'y avait plus d'espérance.

Le chanoine qu'on avait envoyé chercher arriva ; il parla à la malade avec austérité ; mais il la trouva dans des dispositions qui laissaient l'austérité du prêtre loin de celle de la pénitente.

Sur ces entrefaites arriva l'ambassadeur d'Angleterre. A peine Madame l'eut-elle aperçu, qu'elle reprit sa force pour lui dire de s'approcher, et elle lui parla du roi son frère ; la conversation avait lieu en anglais ; mais, comme le mot *poison* est le même dans les deux langues, il était facile aux assistants de deviner sur quel sujet roulait la conversation.

Le chanoine craignit que cette conversation, qui pouvait éveiller des haines dans le cœur de la princesse, ne fût dangereuse à son salut.

— Madame, lui dit-il, l'heure est venue de sacrifier votre vie à Dieu et de ne point penser à autre chose.

Madame fit signe qu'elle était prête à recevoir le viatique, qu'elle reçut effectivement avec autant de courage que de religion.

Alors, Monsieur se retira à son tour ; mais Madame le fit rappeler pour l'embrasser une dernière fois ; après quoi, Madame l'invita elle-même à s'en aller, lui disant qu'il l'attendrissait.

Les médecins proposèrent un nouveau remède ; mais Madame, avant que de le prendre, demanda l'extrême-onction.

M. de Condom (1) arriva comme elle la recevait ; on l'avait envoyé prévenir en même temps que M. Feuillet. Il lui parla de Dieu avec cette éloquence et cette onction qui paraissaient dans tous ses discours ; et, comme il lui parlait, la femme de chambre s'étant approchée de Madame pour lui donner quelque chose qu'elle demandait, la princesse dit en anglais à cette femme de chambre :

— Quand je serai morte, donnez à M. de Condom l'émeraude que j'avais fait faire pour lui.

Et, comme, après cette interruption, il s'était remis à lui parler de Dieu, la malade se sentit prise d'une envie de dormir qui n'était rien autre chose qu'une défaillance ; mais elle s'y laissa tromper un instant.

— Mon père, dit-elle, ne pourrais-je pas prendre un peu de repos ?

— Prenez, ma fille, répondit-il, et, pendant ce temps, je vais prier Dieu pour vous.

Il fit effectivement quelques pas pour se retirer, mais Madame le rappela, disant qu'à cette fois elle sentait bien qu'elle allait expirer.

A ces mots, M. de Condom se rapprocha et lui donna le crucifix, qu'elle baisa avec ardeur. Le prélat continuait à lui parler, et elle lui répondait toujours avec un jugement aussi sain que si elle n'eût pas été malade, jusqu'à ce que sa voix s'affaiblit. Alors, de ses mains mourantes, elle fixa, pour ainsi dire, le crucifix sur sa bouche ; mais bientôt elle perdit ses forces comme elle avait déjà perdu la voix, et le crucifix, cessant d'être maintenu par ses mains, glissa près d'elle. Elle eut alors dans la bouche deux ou trois petits mouvements convulsifs qui se terminèrent par un soupir. C'était le dernier.

Ainsi expira madame Henriette d'Angleterre, à deux heures et demie du matin, neuf heures après avoir ressenti les premières atteintes du mal.

A peine Madame fut-elle morte, que cette accusation d'empoisonnement qu'elle avait portée tout haut à plusieurs reprises retentit au milieu du silence funèbre, et que chacun s'enquit des circonstances qui pouvaient amener quelque éclaircissement.

Or, voici les bruits qui se répandirent et auxquels s'attache, il faut l'avouer, une gravité devenue historique.

Nous avons dit que l'eau de chicorée que prenait habituellement Madame se plaçait, toujours dans l'armoire d'une des antichambres de son appartement. Cette eau de chicorée était dans un pot de porcelaine ; près de ce pot étaient une tasse et un autre pot dans lequel était de l'eau ordinaire pour le cas où Madame trouverait cette eau de chicorée trop amère.

Le jour même où Madame mourut, un garçon entrant

---

(1) Bossuet, qui n'était pas encore évêque de Meaux.

à l'improviste, trouva le marquis d'Effiat occupé à cette armoire. Il courut aussitôt à lui et lui demanda ce qu'il faisait là.

— Ma foi ! dit le marquis avec la plus grande tranquillité, je vous demande bien pardon, mon ami : j'avais chaud, je crevais de soif, et, sachant qu'il y avait de l'eau là dedans je n'ai pu résister au désir de boire.

Le garçon continua de grommeler, et le marquis d'Effiat, tout en réitérant ses excuses, entra chez Madame, où il causa pendant plus d'une heure avec les autres courtisans, sans la moindre émotion.

Comme l'avait prédit Madame, la première nouvelle qu'apprit le roi en se réveillant, le 30 juin au matin, ce fut sa mort. Puis à cette mort vinrent se joindre tous ces bruits de la cause qui l'avait amenée, bruits qui, pour ainsi dire, flottaient dans l'air. Le roi les accueillit, écouta tout ce qu'on disait du marquis d'Effiat, et, convaincu que le nommé Purnon, maître d'hôtel de Madame, était pour quelque chose dans cette catastrophe, il résolut de l'interroger.

Louis était couché lorsqu'il prit cette résolution ; il se leva, appela M. de Brissac, qui était dans les gardes, lui commanda de prendre six hommes sûrs et discrets, d'aller, le lendemain matin, enlever Purnon dans sa chambre et de l'amener dans ses cabinets par les derrières.

Cela fut exécuté comme le roi l'avait dit ; puis on vint le prévenir, à l'heure indiquée, que l'homme en question attendait.

Louis se leva et se rendit aussitôt dans la chambre où était cet homme.

Alors, renvoyant M. de Brissac et son valet de chambre afin de rester seul avec l'accusé, et prenant ce ton et ce visage qui n'appartenaient qu'à lui :

— Mon ami, lui dit-il en le regardant des pieds à la tête, écoutez-moi bien ; si vous m'avouez tout, que vous me répondiez la vérité sur ce que je veux savoir de vous, quoi que vous ayez fait, je vous pardonne et il n'en sera plus jamais question ; mais prenez garde à ne me pas déguiser la moindre chose, car, si vous le faites, vous êtes mort avant de sortir d'ici.

— Sire, répondit l'homme tremblant et rassuré à la fois, c'est-à-dire tremblant de la menace et rassuré par la promesse, que Votre Majesté m'interroge, je suis prêt à répondre.

— Bien. Madame n'a-t-elle pas été empoisonnée ?
— Oui, sire.
Le roi pâlit légèrement.
— Par qui ? demanda-t-il.
— Par le chevalier de Lorraine, répondit Purnon.
— Comment cela se peut-il ? Il est hors de France !
— Il a envoyé le poison de Rome.
— Qui l'a apporté ?
— Un gentilhomme provençal, nommé Morel (1).
— Et savait-il la commission dont il était chargé ?
— Je ne crois pas, sire.
— A qui a-t-il remis le poison ?
— Au marquis d'Effiat et au comte de Beuvron.
— Quelle chose a pu les déterminer à ce crime ?
— L'absence du chevalier de Lorraine, leur ami, absence qui nuisait fort à leurs affaires, et la certitude que, tant que Madame vivrait, le chevalier ne reprendrait pas sa place près de Monsieur.
— Est-il vrai que d'Effiat ait été vu par un garçon de chambre au moment où il accomplissait le crime ?
— Oui, sire.
— Mais comment, si l'eau de chicorée a été empoisonnée, les autres personnes qui ont bu de cette eau en même temps que la princesse n'ont-elles éprouvé aucune atteinte ?
— Parce que le marquis d'Effiat avait prévu ce cas, et empoisonné seulement la tasse de Son Altesse, où personne ne buvait.
— Et comment l'avait-il empoisonnée ?
— En frottant avec le poison les parois intérieures.
— Oui, murmura le roi, oui, cela explique tout (2).

Puis, faisant un effort pour rendre son visage plus sévère encore et sa voix plus menaçante :
— Mon frère, dit-il, savait-il quelque chose de tout ce complot ?
Et il attendit avec anxiété.
— Non, sire, répondit Purnon, aucun de nous trois n'était assez sot pour le lui dire ; il n'a point de secret, et nous aurait perdus.

« A cette réponse, dit Saint-Simon, le roi fit un grand Ah !... comme un homme oppressé qui respire tout à coup. »
— Voilà, dit-il, ce que je voulais savoir ; mais m'en assurez-vous bien ?
— Je vous le jure, sire, répondit Purnon.

(1) Voir la note T à la fin du volume.
(2) Voir la note U à la fin du volume.

Alors, le roi, presque consolé de la mort de Madame par cette idée que Monsieur n'y avait eu aucune part, rappela M. de Brissac, et lui ordonna d'emmener Purnon hors du château, et, une fois là, de le laisser libre.

Il ne fut point tiré d'autre vengeance de la mort de cette charmante princesse qui donnait le ton à toute la cour, et qui a laissé dans l'histoire de cette époque un souvenir si triste et si douloureux ; et même la lettre suivante prouve que Monsieur, usant de son influence sur le roi, obtint bientôt, non seulement le pardon, mais le retour même de son favori.

Lettre de M. de Montaigu à milord Arlington.

« Milord, je ne suis guère en état de vous écrire moi-même, étant tellement incommodé d'une chute que j'ai faite en versant, que j'ai peine à remuer le bras et la main. J'espère pourtant me trouver en état, dans un jour ou deux, de me rendre à Saint-Germain.

» Je n'écris présentement que pour rendre compte à *votre Grandeur* d'une chose que je crois pourtant que *vous savez déjà* : c'est que l'on a permis au chevalier de Lorraine de revenir à la cour, et de servir à l'armée en qualité de *maréchal de camp* (1).

» Si Madame a été empoisonnée, comme la plus grande partie du monde le croit, toute la France le regarde comme son empoisonneur, et s'étonne avec raison que le roi de France ait si peu de considération pour le roi notre maître que de lui permettre de revenir à la cour, vu la manière insolente dont il a toujours usé envers cette princesse pendant sa vie. Mon devoir m'oblige à vous dire cela afin que vous le fassiez savoir au roi et qu'il en parle fortement à l'ambassadeur de France, s'il le juge à propos ; car je puis vous assurer que c'est une chose qu'il ne saurait souffrir sans se faire tort. »

Malgré cette lettre, non seulement le chevalier de Lorraine resta impuni, mais encore, s'il faut en croire Saint-Simon, il fut comblé de charges et de bénéfices. Pourtant, malgré tout cela, il mourut si pauvre, quoiqu'il eût cent mille écus de revenu, à peu près, que ses amis furent forcés de le faire enterrer.

Sa mort, au reste, fut digne de sa vie. — Le 7 décembre 1702, causant debout au Palais-Royal près de Maré, gouvernante des enfants de M. le duc d'Orléans, il lui racontait qu'il s'était livré à la débauche toute la nuit. Mais, au moment où il lui disait les plus grandes horreurs du monde, il fut frappé d'apoplexie, perdit aussitôt la parole, et, peu de temps après, expira.

XXXIX

LOUIS XIV ET MADAME DE MONTESPAN. — ABANDON DE MADEMOISELLE DE LA VALLIÈRE. — PREMIÈRE GROSSESSE DE LA NOUVELLE FAVORITE. — MYSTÈRE DONT ON ENTOURE SON ACCOUCHEMENT. — NAISSANCE DU DUC DU MAINE. — CHUTE DE LAUZUN ; IL EST ARRÊTÉ. — IL RETROUVE FOUQUET DANS SA PRISON DE PIGNEROL. — LE JEUNE DUC DE LONGUEVILLE PARAIT A LA COUR. — SES LIAISONS AVEC LA MARÉCHALE DE LA FERTÉ. — MADAME DE LA FERTÉ ET SON MARI. — LA MARÉCHALE ET SON VALET DE CHAMBRE. — VENGEANCE DU MARÉCHAL. — LE MARÉCHAL ET LA DAME DE COMPAGNIE. — LE DUC DE LONGUEVILLE ET LE MARQUIS D'EFFIAT. — LE GUET-APENS. — LE COUP DE CANNE. — GUERRE CONTRE LA HOLLANDE. — PASSAGE DU RHIN. — MORT DU DUC DE LONGUEVILLE. — SON TESTAMENT. — ÉTAT DU THÉÂTRE. — RETRAITE DE MADEMOISELLE DE LA VALLIÈRE.

Les nouvelles amours de Louis XIV avec madame de Montespan ne contribuèrent pas peu à faire prendre au roi la mort de madame Henriette avec cette indifférence qu'on lui a reprochée, au reste, dans toutes les circonstances pareilles à celles que nous venons de raconter.

(1) Ce passage est écrit en chiffres dans la lettre originale.

Madame de Montespan était plus que jamais la favorite, et la pauvre duchesse de la Vallière n'était plus gardée que comme on garde une esclave destinée à parer le triomphe d'une reine.

Bientôt madame de Montespan se trouva grosse.

Louis XIV n'eut aucun doute sur sa paternité. Depuis longtemps, la marquise avait rompu avec Lauzun, dont elle était devenue l'ennemie mortelle. M. de Montespan, qui avait voulu élever la voix, avait été brutalement exilé et portait dans ses terres le deuil de son honneur. L'enfant de madame de Montespan était donc bien un enfant royal.

Cependant, quoique tout le monde sût ce qui se passait entre elle et le roi, elle eut, du feignit d'avoir, confusion de l'état où elle se trouvait ; si bien qu'elle inventa une nouvelle mode fort avantageuse aux femmes qui voulaient cacher leur grossesse. Cette mode consistait à s'habiller comme les hommes, à la réserve d'une jupe sur laquelle, à l'endroit de la ceinture, on tirait la chemise, que l'on faisait bouffer le plus qu'on pouvait et qui cachait ainsi le ventre.

Dès lors, tous les courtisans abandonnèrent la duchesse de la Vallière pour passer du côté de madame de Montespan, et cela, avec d'autant plus de facilité que, toute préoccupée de plaire au roi, mademoiselle de la Vallière n'avait jamais songé à se faire des amis. Aussi, un jour qu'elle se plaignait au maréchal de Grammont de l'abandon dans lequel elle se trouvait :

— Dame ! chère amie, lui répondit celui-ci, pendant que vous aviez sujet de rire, il fallait faire rire les autres ; maintenant que vous avez sujet de pleurer, les autres pleureraient...

Puis, comme c'était un homme fort sceptique que le maréchal de Grammont, et qui croyait peu à l'amitié, à la reconnaissance, au dévouement, et enfin à ces vertus bourgeoises que la cour traite de niaiseries, il ajouta tout bas, sans doute par capitulation avec sa propre conscience :

— Peut-être !

Le jour de l'accouchement venu, une femme de chambre de madame de Montespan, dans laquelle le roi et elle avaient toute confiance, monta dans un carrosse sans armoiries et s'en alla rue Saint-Antoine chez un accoucheur fort renommé à cette époque et que l'on appelait Clément, lui demandant s'il voulait venir pour accoucher une femme qui était en travail ; seulement, s'il consentait à la suivre, il fallait qu'il se laissât bander les yeux, qu'il ne sût pas où on le conduirait.

Clément, à qui de pareilles propositions étaient faites à chaque instant, et qui s'était toujours bien trouvé de les avoir acceptées, accepta encore celle-ci, se laissa bander les yeux, monta en carrosse avec la femme de chambre, et se trouva dans un appartement superbe lorsqu'on lui permit d'ôter son bandeau.

Mais les remarques qu'il put faire sur la somptuosité de l'appartement ne furent pas longues ; car, presque aussitôt, une fille qui était dans la chambre éteignit les bougies, de sorte que l'appartement ne resta plus éclairé que par le feu de la cheminée. Alors, le roi, qui était caché sous un rideau du lit, lui dit de ne rien craindre, qu'il était appelé pour exercer son ministère et que son ministère serait bien récompensé. Clément lui répondit qu'il était fort tranquille et ne craignait absolument rien. Puis, s'étant approché de la malade, l'ayant tâtée, et ayant vu que rien ne pressait encore :

— Seulement, ajouta-t-il, je voudrais savoir une chose.

— Laquelle ?

— Si je suis dans la maison du bon Dieu où il n'est pas permis de boire et de manger ; on m'a pris au dépourvu, de sorte que je meurs de faim, et on me ferait grand plaisir de me donner quelque chose.

Le roi se mit à rire, et, sans attendre qu'aucune des deux femmes qui se tenaient dans la chambre obéit au désir exprimé par le médecin, il alla lui-même à une armoire où il prit un pot de confitures qu'il lui apporta, puis à une autre armoire où il prit du pain qu'il lui apporta encore.

Clément mangea d'excellent appétit ; mais, après avoir mangé, il demanda si on ne lui donnerait pas quelque chose à boire. Aussitôt le roi alla encore quérir un verre et une bouteille, dont il lui versa deux ou trois coups les uns après les autres. Après quoi, Clément, se retournant vers le roi :

— Et vous, monsieur, lui dit-il, ne boirez-vous pas bien aussi un verre de vin ?

— Non, dit le roi, je n'ai pas soif.

— Tant pis ! reprit Clément, tant pis ! la malade en accouchera moins bien, et, si vous voulez qu'elle soit délivrée promptement, il faut boire à sa santé.

En ce moment, une douleur prit à madame de Montespan, qui interrompit la conversation. Louis XIV et l'accoucheur coururent à elle, le roi lui prit les mains, et le travail commença ; il fut rude, quoique court, et madame de Montespan accoucha d'un garçon.

Alors, le roi versa de nouveau à boire à Clément ; puis, comme il fallait que celui-ci vît l'accouchée pour reconnaître l'état dans lequel elle se trouvait, Louis se recacha sous les rideaux.

Tout allait bien, et Clément, après s'être assuré que la malade ne courrait aucun risque, se laissa de nouveau bander les yeux et reconduire à sa voiture. En route, celle qui le conduisait lui mit dans la main une bourse où il y avait cent louis d'or.

Clément ne sut que plus tard à qui il avait eu affaire, et raconta alors l'aventure telle que nous la consignons ici.

Ce garçon qu'il avait aidé à entrer dans le monde était Louis-Auguste de Bourbon, duc du Maine, qui fut plus tard appelé par Louis XIV à succéder à la couronne.

Il était né le 31 mars 1670.

On se rappelle ce que nous avons dit de Lauzun, de ses amours avec la grande Mademoiselle, et de l'union à laquelle le roi avait donné son consentement, mais qu'il retira ensuite. Revenons à lui pour un instant, et disons quelques mots de la catastrophe qui le précipita du haut de son étrange fortune.

Rien n'avait paru changé aux manières du roi envers Lauzun depuis l'ordre qu'il lui avait donné de ne plus songer à son mariage ; tout au contraire, comme Lauzun, du moins en apparence, s'était résigné, et même assez tranquillement, à renoncer à cette alliance, le roi paraissait lui avoir rendu toute son amitié. Pendant le voyage de Flandre même, qui avait pour but de conduire Madame à Dunkerque, M. de Lauzun avait été chargé du commandement des troupes qui escortaient le roi, et il avait fait les fonctions de major général avec beaucoup de galanterie et de munificence. A son retour, chacun le supposait donc plus en crédit que jamais.

Lauzun, tout le premier, croyait sa fortune parfaitement rétablie, oubliant qu'il avait pour ennemis Louvois et madame de Montespan : la favorite, c'est-à-dire la femme la plus nécessaire aux plaisirs du prince ; le ministre de la guerre, c'est-à-dire l'homme le plus nécessaire à l'ambition du roi.

Tous deux se réunirent contre lui ; chacun profita de l'occasion qui se présenta : l'une rappela les injures qu'il avait dites, l'autre le souvenir de l'épée brisée ; celui-ci l'insolence qu'avait eue le favori embastillé, de refuser pendant quelques jours la charge de capitaine des gardes du corps, que le roi avait eu la bonté de lui offrir en échange de celle de grand maître de l'artillerie ; celle-là fit valoir la spoliation des biens de Mademoiselle. On prétendit que Lauzun, plein de procédés inconvenants pour son illustre maîtresse, avait dit, lorsqu'on lui en avait fait reproche, que les filles de France voulaient être menées le bâton haut. On affirma au roi que ce petit gentilâtre de province avait, un jour, tendu sa jambe toute crottée à la petite-fille de Henri IV, en disant :

— Louise de Bourbon, tire-moi mes bottes.

Enfin, tous deux agirent de telle sorte, qu'ils obtinrent du roi l'autorisation de faire arrêter l'insolent et de le faire conduire dans une prison d'État.

Toute l'année 1671 se passa dans les menées que nous venons de dire, sans que Lauzun s'aperçût qu'il y eût rien de changé pour lui dans les manières du roi. Madame de Montespan même semblait complètement revenue à lui, et, comme Lauzun se connaissait fort en pierreries, souvent elle lui donnait commission de faire monter les siennes. Enfin, un soir du mois de novembre, l'ordre fut donné au chevalier de Fourbin, major des gardes du corps, d'arrêter M. de Lauzun. Il se transporta chez le duc ; mais, le matin, madame de Montespan avait chargé celui-ci d'aller à Paris pour s'entendre avec son joaillier sur certaine monture, et il n'était pas encore de retour. M. de Fourbin laissa un garde en sentinelle à sa porte, avec ordre de le venir avertir aussitôt que M. de Lauzun serait revenu. Une heure après, le garde vint avertir son major que celui qu'il était chargé d'arrêter arrivait à l'instant même. M. de Fourbin posa aussitôt des sentinelles tout autour de la maison, puis il entra dedans, et trouva, fort tranquille auprès du feu, M. de Lauzun, qui, du plus loin qu'il le vit, le salua et lui demanda s'il ne venait point le chercher de la part du roi. M. de Fourbin lui dit qu'il venait effectivement de la part du roi, mais pour le prier de lui rendre son épée, commission dont il s'acquittait à son grand regret, mais que sa grandeur ne lui avait pas permis de refuser.

Il n'y avait pas de résistance à faire. Lauzun demanda s'il ne lui était pas permis de voir le roi, et, sur la réponse négative de M. de Fourbin, il rendit à l'instant même son épée. Cette prompte obéissance aux ordres du roi n'empêcha point qu'il ne fût toute la nuit gardé à vue comme un criminel, et remis le lendemain aux mains de M. d'Artagnan, capitaine-lieutenant de la première compagnie des mousquetaires, lequel, ayant pris les ordres de M. de Louvois, le conduisit d'abord à Pierre-Encise et, de là, à Pignarol, où on l'enferma dans une chambre grillée et où on ne le laissait parler à qui que ce fût.

Ce changement de fortune était si inattendu, la chute était si profonde, l'ennui si cruel, que Lauzun finit par tomber malade, et cela, assez dangereusement pour qu'on lui envoyât un confesseur. Ce confesseur était un capucin, à qui une longue barbe donnait un air des plus respectables ; mais, comme le prisonnier craignait qu'on ne lui envoyât quelque espion, la première chose que fit Lauzun, quand le digne père s'approcha de lui, fut, pour s'assurer que ce n'était pas un capucin supposé, de lui tirer la barbe de telle façon, que le confesseur commença à jeter les hauts cris. Le moribond alors lui expliqua la chose, se confessa et guérit.

Une fois revenu à la santé, Lauzun, comme tous les prisonniers, n'eut plus qu'une idée, celle de la liberté. Il parvint à pratiquer un trou dans la cheminée ; mais le trou ne lui présenta point d'autre avantage que de le mettre en communication avec d'autres captifs. Ceux-ci avaient eux-mêmes travaillé dans une espérance pareille, et ils étaient parvenus à pratiquer un passage qui conduisait chez leur voisin. Ce voisin était le malheureux Fouquet, qui, arrêté à Nantes, comme on se le rappelle, avait été conduit de Nantes à la Bastille, et de la Bastille à Pignerol.

Fouquet apprit par ses voisins que le nouveau prisonnier était ce même petit Puyguilhem de Lauzun qu'il avait vu pointer autrefois à la cour sous la protection du maréchal de Grammont et dans l'intimité de la comtesse de Soissons, d'où le roi ne bougeait à cette époque et où il le voyait déjà d'un bon œil. Il manifesta le désir de lui parler. Les prisonniers alors exprimèrent à Lauzun le désir de l'exsurintendant, et Lauzun parvint à se hisser par leur trou et se trouva en face de Fouquet. Les deux compagnons, qui s'étaient connus, l'un au faîte de sa fortune, l'autre à l'aurore de la sienne, renouvelèrent connaissance. La chute de Fouquet était connue de Lauzun comme de toute la cour ; celui-ci n'avait donc rien à lui apprendre ; mais il n'en était pas de même de Lauzun : tout ce qu'il pouvait dire était nouveau pour le pauvre reclus, enfermé depuis onze ou douze ans.

Aussi, quand Lauzun raconta sa fortune rapide et incroyable, ses amours avec la princesse de Monaco et madame de Montespan, sa naissance par Louis XIV, sa scène à propos de la grande maîtresse de l'artillerie, l'épée brisée, sa sortie triomphale de la Bastille comme capitaine des gardes, son brevet de général de dragons et sa patente de général d'armée, son mariage publié avec Mademoiselle, un instant approuvé par le roi, le mariage secret qui avait succédé à l'autre, avec donation des biens immenses que possédait la fille de Gaston, Fouquet crut que le malheur lui avait fait perdre la tête, et déclara aux prisonniers que leur compagnon était fou, désira qu'on le vît peu à peu, de peur que, dans un accès, il ne les compromît ou même ne les dénonçât, ils cessèrent tout commerce avec lui.

Cependant l'absence de Lauzun, au temps de sa grandeur on n'avait pas cru pouvoir remplacer, lui qui avait fait, surtout auprès des femmes, une certaine sensation à la cour, était déjà presque oubliée. Un jeune et beau cavalier, qui avait sur Puyguilhem l'avantage d'être prince, venait de faire son apparition à Versailles et y avait eu le plus grand succès : c'était ce jeune duc de Longueville que nous avons vu venir au monde à l'hôtel de ville, pendant ces beaux jours de la Fronde que nous avons racontés, et qui, à la mort de son père, arrivée en 1663, avait hérité de ses biens et de son titre.

Outre ces biens, qui étaient considérables, et ce titre, qui était illustre, le duc de Longueville était un jeune homme tout charmant. D'autres peut-être avaient une plus belle taille et un plus grand air ; mais aucun n'avait comme lui cette grâce juvénile que les peintres mythologiques ont mise sur le visage d'Adonis ; aussi n'eut-il pas plus tôt paru à la cour, qu'aussitôt les femmes formèrent des projets sur sa personne.

Mais celle qui s'y prit la première, et avec le plus de persistance fut la maréchale de la Ferté.

La maréchale de la Ferté est trop célèbre dans la chronique amoureuse du temps pour que nous n'en disions pas quelques mots.

La maréchale de la Ferté était sœur de cette fameuse comtesse d'Olonne, dont Bussy-Rabutin a consacré les débauches dans son *Histoire amoureuse des Gaules*, et qui, à l'époque où nous sommes arrivés, était presque retirée du monde. Elle avait trente ans, et on lui en donnait trente-huit ; ce qui offre à son esprit impartial un terme moyen de trente-quatre ans.

La maréchale eut de terribles aventures ; nous en citerons une seule qui fit grand bruit dans le temps.

Quand le maréchal de la Ferté l'avait épousée, on dit généralement qu'il venait d'entamer la plus audacieuse de toutes ses entreprises de guerre, attendu qu'à moins que la maréchale n'eût été changée en nourrice, elle était d'un sang qui, comme celui de Phèdre, ne s'était pas encore démenti. Aussi le maréchal, qui passait pour un cavalier très brutal, avait-il justifié sa réputation en la faisant venir le lendemain et en lui disant ces propres paroles :

— Corbleu ! madame, vous voilà ma femme, et vous ne doutez pas, je l'espère, que ce ne soit un très grand honneur ; mais je vous avertis que, si vous ressemblez à votre sœur madame d'Olonne, et à une foule de vos parentes que je ne vous nomme pas, mais qui ne valent rien, vous y trouverez votre perte ; ainsi, réfléchissez à mes paroles et agissez en conséquence : comme vous agirez, j'agirai.

Madame de la Ferté fit la grimace ; mais le maréchal fronça le sourcil, et il fallut se soumettre.

Cependant les emplois du maréchal l'appelèrent à la guerre ; mais, en partant, il défendit absolument à sa femme de voir madame d'Olonne, craignant qu'une si mauvaise compagnie n'aidât à la corrompre ; en outre, il l'entoura de gens qui étaient tous dévoués à sa jalousie, et ce dévouement, et l'argent dont il était payé faisaient passer par-dessus le métier d'espion qu'ils avaient entrepris.

Madame d'Olonne apprit la défense faite à sa sœur et entra dans une grande colère contre le maréchal de la Ferté, jurant qu'elle s'en vengerait, et de la seule vengeance digne d'elle, c'est-à-dire en le frappant du coup qu'il avait tant redouté.

M. de Beuvron, le même dont nous avons déjà parlé à propos de la mort de Madame, était l'amant de la comtesse d'Olonne ; il entra dans ses ressentiments, et tous deux préparèrent de compte à demi la vengeance promise.

Parmi son domestique, la maréchale de la Ferté avait un valet de si bonne et de si parfaite tournure, qu'il semblait un homme de qualité. La comtesse d'Olonne jeta les yeux sur lui et, un matin, le fit venir.

De la conversation qu'elle eut avec ce garçon, il résulta qu'elle apprit, en effet, qu'il était d'une bonne famille de province, et cachait son véritable nom pour ne pas ignorant dans son pays qu'il avait été réduit à entrer en condition.

Un jour donc M. de Beuvron causait avec la maréchale :

— Madame, lui dit-il, avez-vous remarqué le garçon qui vous sert ?

— Lequel ? demanda la maréchale.

— Celui qui se fait appeler Étienne.

— Qui se fait appeler ?...

— Oui, je sais ce que je dis ; l'avez-vous remarqué ?

— Non.

— Eh bien, remarquez-le et dites-moi ce que vous en pensez.

Le lendemain, Beuvron retourna vers la maréchale.

— Eh bien ? lui demanda-t-il.

— Eh bien ? dit-elle.

— Avez-vous fait attention à Étienne ?

— Oui.

— Et comment le trouvez-vous ?

— Fort au-dessus de son état, je l'avoue.

— Je le crois bien, dit Beuvron ; c'est un gentilhomme.

— Un gentilhomme valet de chambre !

— L'amour fait faire tant de choses.

— Marquis...

— C'est comme cela, maréchale. Ce garçon était amoureux de vous et n'a trouvé que ce moyen de s'approcher de l'objet de son amour.

La maréchale voulut prendre la confidence en plaisantant ; mais Beuvron s'aperçut, à quelque chose qu'elle dit, que sa voix était émue et que, par conséquent, le coup avait porté. Il retourna donc vers la comtesse, à laquelle il raconta le succès de son entreprise. Aussitôt, de peur qu'une gaucherie du valet ne lui fît perdre le fruit d'une ruse qui paraissait si bien prendre, elle envoya chercher le prétendu gentilhomme et lui confia qu'elle avait découvert que sa sœur ne le détestait point, et que même le sentiment qu'elle éprouvait pour lui était tel, que, pour l'excuser vis-à-vis d'elle-même, elle en était arrivée à se persuader que ce n'était pas un simple valet, mais un gentilhomme déguisé. Elle lui montra ensuite tout le bénéfice qu'il pouvait tirer de cette erreur, s'il était assez adroit pour ne pas la contredire celle qui avait un si vif désir de ne pas être détrompée.

Le garçon était habile. Le commencement du discours l'avait effrayé ; mais la suite le rassura ; il se rappela les manières de la maréchale à son égard, et il lui sembla qu'en effet, il restait privilégié : il résolut de redoubler pour sa maîtresse de soins et de prévenances.

Rien ne fut perdu pour la maréchale, qui, attribuant à l'amour les soins et les prévenances de son serviteur, se confirma de jour en jour davantage dans cette idée qu'elle avait affaire à un homme de naissance et non à un valet, et le pressa tant, si bien, qu'il finit par prendre le nom d'un gentilhomme de son pays.

Dès lors, la maréchale cessa d'avoir aucune honte du sentiment qu'elle éprouvait, et, comme elle n'était plus retenue par sa propre pudeur, mais seulement par le manque de hardiesse de son amant, elle résolut de lui offrir cette occasion qu'il ne savait pas faire naître ou dont il n'osait pas profiter.

La maréchale avait remarqué qu'Etienne aimait passionnément à toucher ses cheveux, qu'elle avait fort beaux, et deux ou trois fois elle s'était fait peigner par lui, quoiqu'il fût assez mauvais coiffeur ; mais le bonheur qu'elle lui donnait avait fait passer la bonne maréchale sur les douleurs que lui causait son inexpérience. Un jour qu'elle était à sa toilette, elle l'envoya donc chercher sous prétexte de lui faire écrire quelques lettres sous sa dictée. Il vint ; mais, au lieu d'une plume, elle lui mit un peigne à la main. Le pauvre secrétaire, devenu coiffeur, comprit enfin la cause réelle qui l'avait fait appeler ; il se souvint du rôle qu'il jouait, et pour la première fois devint pressant comme un gentilhomme. Nul ne sait ce qui se passa ; mais Etienne et la maréchale restèrent une heure en tête-à-tête. Etienne sortit bien trois lettres à la main ; mais, dans le trouble où il était encore, il perdit une de ces lettres : elle fut trouvée et ouverte. L'adresse seule était écrite ; l'intérieur était blanc ; ce qui fit penser que, le secrétaire ayant eu si peu de besogne, l'amant avait dû en avoir beaucoup.

Le bruit revint à la comtesse d'Olonne qu'elle était parvenue à son but ; mais sa vengeance n'était pas satisfaite entièrement, tant que le maréchal ignorait son malheur. Une lettre anonyme fut écrite sous sa dictée par une main étrangère, et, comme le maréchal quittait l'armée pour se rendre à Paris, cette lettre lui fut remise sur la route.

D'abord, voyant une lettre sans signature et dont les caractères lui étaient inconnus, le maréchal n'y attacha pas grande importance ; cependant, comme il se défiait tout naturellement de sa femme, à cause du sang dont elle était, il résolut, vrai ou faux, de mettre à profit l'avis qu'il avait reçu.

Pour arriver au but que se proposait le maréchal, la plus profonde dissimulation était nécessaire. Il rentra à Paris, la figure riante, et traita sa femme, qui ne l'avait pas vu revenir sans inquiétude, avec tant de tendresse, qu'elle ne conçut aucun soupçon qu'il pût être instruit de rien. Or, comme elle aimait fort son gentilhomme et ils ne tardèrent pas à commettre quelques petites imprudences qui ne permirent point au maréchal de douter que l'avis qu'il avait reçu ne fût de la plus exacte vérité.

Sa première idée fut de faire assassiner son valet par les gens qui se chargent d'ordinaire de ces sortes de commissions ; mais ces gens sont parfois fort indiscrets au moment de la mort, et le maréchal résolut de faire sa besogne lui-même, pour qu'elle fût mieux et plus secrètement faite.

En conséquence, au lieu de témoigner aucun ressentiment à son valet, il feignit à son tour de lui faire de grandes amitiés, tellement que pouvoir plus s'en passer, il pria sa femme de le lui prêter pour aller avec lui en Lorraine. Arrivé à Nancy, il fit, au bout de quelques jours, semblant d'avoir une amourette dans les environs, et se rendit, accompagné d'Etienne, dans une maison où il entrait seul avec précautions et d'où il ne sortait qu'avec des précautions pareilles. Enfin, une nuit qu'ils revenaient à cheval tous deux, le maréchal laissa tomber sa cravache et pria Etienne de descendre de cheval pour la lui donner ; mais, comme le pauvre diable se baissait, obéissant à cet ordre, le maréchal tira un pistolet de ses fontes et lui fit sauter la cervelle. Après quoi, il revint tranquillement à Nancy, demandant à son logis si Etienne, qu'il avait envoyé, disait-il, chercher à deux lieues de là quelque argent qui lui était dû, n'était point de retour ; et, sur la réponse négative, il se coucha en recommandant qu'on le réveillât s'il rentrait.

Le maréchal dormit jusqu'au lendemain sans que rien troublât son sommeil ; Etienne n'était point rentré.

Dans la journée, on retrouva le cadavre ; mais on crut qu'il avait été assassiné à cause de l'argent qu'il rapportait, comme le maître l'avait dit, et le crime fut mis sur le compte de la garnison de Luxembourg, qui courait les champs.

Restait la maréchale ; mais, pendant l'absence de son mari, le comte de Beuvron, craignant que la plaisanterie de la comtesse d'Olonne n'allât trop loin, l'avait prévenue. La maréchale, qui, dans un pareil moment, avait besoin de se faire des amis, lui fut si reconnaissante envers Beuvron, qu'il devint le sien, et de telle façon, que, tout en se préparant un allié contre le maréchal, elle accomplissait sa vengeance contre sa sœur.

Le résultat de cette liaison de la maréchale avec le comte fut de parer le coup lui qui, après avoir frappé le pauvre valet de chambre, s'apprêtait à frapper la maréchale. Or, voici de quelle façon s'y prirent les deux amants.

Beuvron connaissait une fille parfaitement belle et des plus adroites ; il la tira de la maison où elle était, lui donna la mise simple et convenable d'une demoiselle de province, lui dicta son rôle et la plaça comme dame de compagnie chez la maréchale. Elle avait pour mission de s'interposer entre les deux époux, et de détourner par l'amour la colère du mari.

En effet, le maréchal, à son retour, fut tout d'abord frappé de la beauté de cette fille ; il la fit venir pour lui demander qui elle était et comment elle se trouvait chez sa femme. Celle-ci lui répondit que la maréchale était sa bienfaitrice, l'ayant protégée depuis son enfance, et qu'il y avait un mois, à peu près, la maréchale l'avait fait venir pour lui servir de dame de compagnie. Alors et à ce propos la rusée protégée dit tant de bien de la maréchale à M. de la Ferté, et cela d'une voix si douce, en accompagné d'un regard si charmant et si naïf à la fois, que le maréchal, qui, de son côté, était de complexion fort amoureuse, sentit sa colère se fondre, et remit à plus tard une vengeance qui pouvait le faire prendre en inimitié par une fille qui avait une si profonde reconnaissance pour sa bienfaitrice.

Mais là ne se bornait pas le rôle de l'adroite personne. Elle devait résister et elle résista. Le maréchal, aux prises avec cette vertu farouche, fit mille folies si publiques, que ce fut la maréchale à son tour qui se scandalisa, qui en appela à sa famille, à l'opinion du monde et presque au roi ; puis enfin, un beau matin, la jolie demoiselle de compagnie disparut en disant que, ne se sentant plus la force de résister, elle se retirait dans un couvent.

Le maréchal se mit en quête ; mais il n'avait garde de retrouver l'objet de ses amours. Moyennant une bonne somme d'argent, la prétendue dame de compagnie avait consenti à s'expatrier, et était passée en Amérique.

M. de la Ferté, au bout de six mois de recherches, apprit tout : il fit grand bruit de cet enlèvement qu'il attribua à la jalousie de sa femme. Celle-ci ne s'en défendit aucunement. L'aveu les brouilla ; mais la fantaisie du maréchal finit par se passer, et il revint tout naturellement à une femme qui l'aimait à ce point de se porter par jalousie à une pareille extrémité.

Depuis ce temps, le maréchal et sa femme avaient offert le modèle des bons ménages, le mari laissant toute liberté à sa femme, et la femme profitant de cette liberté.

Or, c'était cette bonne maréchale qui s'y prit à temps pour avoir près du beau duc de Longueville la primauté sur toutes les femmes de la cour.

Le duc était jeune et ardent, l'air de la cour était aux intrigues amoureuses, et, quoique la maréchale eût près du double de son âge, il ne fit pas le cruel. Seulement, il posa ses conditions, et une de ces conditions fut que tout autre adorateur que lui serait congédié.

Le marquis d'Effiat, le même qui avait reçu le poison des mains du chevalier de Lorraine et qui en avait frotté le verre de Madame, faisait à la maréchale une cour très assidue, et se croyait tout près de réussir lorsqu'il reçut notification de se retirer. C'était un homme brave, quoiqu'il n'aimât point la guerre ; abandonné à ses plaisirs, et si têtu, à l'endroit de l'amour surtout, que, lorsqu'il s'était mis, pour quelque femme ce fût, un désir en tête, il fallait que ce désir fût accompli. Il trouva de la dureté dans le congé qu'il recevait, se douta qu'il venait de la part de quelque rival et reconnut bientôt que c'était le duc de Longueville.

Le duc de Longueville était prince, prince du sang de Valois, c'est-à-dire d'un sang qui avait régné sur la France. Il était difficile de tenter une affaire avec lui sans s'exposer à d'étranges suites. D'ailleurs, placé si haut, le duc répondrait-il à la provocation d'un simple gentilhomme ? N'importe, le marquis d'Effiat en résolut pas moins de tout tenter pour arriver à son but, qui était de croiser son épée avec l'homme qui lui avait valu cette insulte de lui faire fermer la porte de la maréchale.

Il guetta le duc, mit des espions en campagne, se créa des intelligences dans la maison même, et bientôt fut averti d'un rendez-vous.

D'Effiat s'embusqua en personne pour s'assurer de la vérité du rapport. Il vit entrer d'abord le duc, puis la maréchale, et enfin, pour qu'aucun doute ne lui restât, il les vit sortir ensemble.

Le lendemain, à la promenade, d'Effiat s'approcha du duc, et, se penchant à son oreille :

— Monseigneur, lui dit-il, je suis fort curieux.

— Dites, et, si c'est en mon pouvoir, je tâcherai de contenter votre curiosité.

— Ce serait de vous voir l'épée à la main.

— Et contre qui ?

— Contre moi.

— Ah ! pour ceci, monsieur, répondit froidement le duc, je suis fâché de vous dire que c'est impossible, habitué que je suis à n'accorder cette faveur qu'à mes égaux, ou tout au moins, comme mes égaux sont rares, à des gentilshommes dont je connaisse au moins les ancêtres jusqu'à la cinquième génération.

Ce reproche fut d'autant plus sensible au marquis d'Effiat que l'on n'avait point grande opinion de sa noblesse. Cependant, comme il y avait beaucoup de monde au lieu où la chose se passait, il se retira sans rien dire de plus et sans donner aucun soupçon de ce qu'il avait dit. Mais, un soir que le duc était sorti seul en chaise, et que d'Effiat en avait été prévenu par ses espions, il alla se poster sur le chemin du prince, tenant d'une main sa canne et de l'autre son épée, et lui criant que, s'il ne sortait pas, il le traiterait non pas en prince, mais en homme qui refuse de donner satisfaction à un autre homme.

Le jeune duc était brave ; il vit qu'il n'y avait pas moyen de reculer, il voulut faire face à l'ennemi, si inférieur qu'il lui fût en qualité ; il donna donc l'ordre d'arrêter sa chaise, et sauta à terre.

Mais, avant qu'il eût tiré l'épée du fourreau, d'Effiat s'était jeté sur lui et lui avait donné plusieurs coups de canne.

A cette vue, les porteurs sautèrent sur les bâtons de la chaise et se mirent, malgré les cris du prince, qui en voulait tirer une autre vengeance, en posture d'assommer d'Effiat, lequel prit la fuite et disparut dans la nuit.

Le désespoir du duc fut grand : il défendit à ses porteurs de dire un seul mot de l'aventure ; et, certain du silence de d'Effiat, qu'une révélation de ce genre eût envoyé à la Bastille, il ne s'en ouvrit qu'à un de ses amis, qui lui dit qu'il n'y avait rien à faire que de se venger de son adversaire par un guet-apens pareil à celui dont il avait été victime ; seulement, au lieu de bâtons, il voulait qu'on se servît de poignards, et que d'Effiat demeurât mort sur la place.

C'était un de ces conseils comme on en donnait et comme on acceptait encore à cette époque, et le duc se préparait à le mettre à exécution lorsque, par bonheur pour d'Effiat, le duc de Longueville reçut l'ordre de se préparer à suivre le roi dans la guerre qu'il allait faire aux Hollandais. En effet, le moment de se mettre en campagne était venu.

Les Hollandais avaient vu avec épouvante les immenses préparatifs dont nous avons parlé. Louis XIV et son ministre de la guerre, Louvois, déployaient une incroyable activité pour préparer l'expédition contre la Hollande. Toute la noblesse avait été convoquée ; chaque château, comme au temps des guerres féodales, avait fourni son seigneur et à sa suite tout armés et tout équipés. 118,000 hommes étaient sur pied ; cent bouches à feu, muettes encore, se tenaient prêtes à tonner. Au milieu de ces troupes nationales, on reconnaissait, à leur costume, 3,000 Catalans, portant en bandoulière leurs manteaux bariolés et leurs légers mousquets, excellents tireurs, admirables partisans ; puis deux régiments savoyards, un de cavalerie, un d'infanterie ; 10,000 Suisses, non compris dans les anciens enrôlements ; des reîtres, des Allemands, des Italiens, restes de ces vieilles bandes des condottieri qui vendaient leur sang à qui voulait l'acheter ; et tout cela sans compter un peuple de volontaires, de partisans, de carabins qui, considérant déjà la Hollande comme une riche proie, voulaient se mêler à la curée, pour en tirer chacun son lambeau.

Ajoutez à cela des généraux comme Condé, Turenne, Luxembourg et Vauban.

En outre, et pendant ce temps, trente vaisseaux de haut bord se joignaient à la flotte anglaise, déjà forte de cent voiles, et commandée par le duc d'York, frère du roi.

Cinquante millions, qui ne feraient cent huit ou cent dix de nos jours, furent engloutis dans ces préparatifs.

Les états généraux consternés écrivirent à Louis XIV, lui demandant humblement en quoi les grands armements étaient faits contre eux, s'ils l'avaient offensé, et, s'ils avaient eu ce malheur, quelle réparation il exigeait.

Louis répondit qu'il ne devait de compte à personne, et ferait de ses troupes tel usage que demanderait sa dignité.

Dès lors, ils virent bien qu'il n'y avait plus de doute et que c'étaient eux que le roi menaçait.

Il fallut songer à se faire une armée et à lui donner un général. On réunit 25,000 hommes, à peu près ; on leur donna pour maréchaux de camp le général allemand Wurtz et le marquis de Montbas, réfugié calviniste, et l'on élut pour général en chef le prince d'Orange.

Guillaume d'Orange, cette grave et sombre figure qui, du jour où elle atteindrait toute sa hauteur, devait étendre son bras sur la couronne d'Angleterre et projeter son ombre jusque sur le trône de France, était loin encore, à cette époque, de laisser soupçonner aux plus prévoyants l'importance qu'elle prendrait plus tard dans l'histoire.

En effet, Guillaume, par sa position, qu'il devait à sa naissance, chef du parti féodal hollandais, était, au moment où nous sommes parvenus, un jeune homme de vingt-deux ans, faible de corps, mélancolique d'esprit, taciturne et froid comme son aïeul, mais n'ayant jamais vu ni sièges ni batailles, ce qui faisait qu'on ne pouvait savoir encore s'il était brave soldat et habile général. Ceux qui le connaissaient intimement, mais le nombre de ceux-là n'était pas grand, disaient qu'il avait un caractère actif, perçant et ambitieux, un courage flegmatique, persévérant et fait pour l'adversité, presque de la répulsion pour les plaisirs et pour l'amour, mais, tout au contraire, le génie de ces sourdes menées qui conduisent au but par des voies souterraines et obscures.

C'était, comme on le voit, tout l'opposé de son royal ennemi Louis XIV.

Le roi se mit en campagne à la tête de sa maison et de ses plus belles troupes, composant à peu près 30,000 hommes, que Turenne commandait sous lui. Le prince de Condé s'avançait, de son côté, avec une armée non moins forte ; enfin Luxembourg et Chamilly commandaient aussi des corps qui pouvaient le rejoindre au besoin.

On commença par faire en même temps le siège de quatre villes : Rhinberg, Orsoy, Wesel et Burick. Le roi en personne assiégeait celle de Rhinberg. Toutes quatre furent prises en un tour de main, et la première nouvelle qui partit de l'armée pour Paris fut la nouvelle simultanée de quatre victoires.

Toute la Hollande s'attendait à être subjuguée de la même façon dès que le roi aurait passé le Rhin. Le prince d'Orange avait d'abord fait tracer des lignes au delà du fleuve ; mais, ces lignes faites, il avait reconnu l'impossibilité de les défendre, et il s'était rejeté en Hollande pour revenir sur la rive opposée avec tout ce qu'il pourrait réunir de troupes.

Mais la rapidité des marches du roi le trompa : Louis arriva au bord du Rhin lorsqu'on le croyait encore occupé devant les villes qu'il assiégeait. Une espèce de conseil de guerre, présidé par le roi, et composé de Condé et de Turenne, s'assembla. Le passage fut décidé à l'unanimité et sans retard ; il s'agissait de couper toute communication entre la Haye et Amsterdam, afin d'en finir avec le prince d'Orange, le général Wurtz et son armée. Quant au marquis de Montbas, il s'était retiré avec les quatre ou cinq régiments qu'il avait sous ses ordres, disant qu'il ne pouvait pas combattre contre une armée commandée par le roi de France en personne.

Tout ce qui resta donc de troupes ennemies pour s'opposer au passage décrété, fut le feld-maréchal Wurtz avec quatre régiments de cavalerie et deux d'infanterie.

Il avait d'abord été résolu qu'on passerait le Rhin sur un pont de bateaux ; mais des paysans informèrent le prince de Condé que, la sécheresse ayant fort diminué le fleuve, il y avait près d'une vieille tour nommée Tol-Huys, un gué qui devait être praticable. Condé demanda un officier de bonne volonté pour sonder ce gué. Le comte de Guiche s'offrit : depuis la mort de Madame, il ne cherchait qu'une occasion pour se faire tuer.

Le comte revint, annonçant qu'effectivement, à l'exception d'une vingtaine de pas pendant lesquels les chevaux seraient obligés de nager, dans tout le reste du passage on aurait pied.

Il fut décidé, en conséquence, que, le lendemain, l'armée passerait le Rhin au gué indiqué.

Le camp était à six lieues du fleuve. On partit la nuit à onze heures, et, le lendemain à trois heures du matin, l'on se trouva sur la rive à l'endroit désigné. Quelques régiments seulement, du côté de l'ennemi, s'apprêtaient, comme nous l'avons dit, à disputer le passage.

Le comte de Guiche, qui avait sondé le gué et répondu de tout, s'élança le premier ; le régiment de cuirassiers de Revel le suivit et s'enfonça graduellement dans le fleuve ; puis les gentilshommes volontaires s'élancèrent à leur tour. Le roi vit la moitié des siens à l'autre rive de la maison ; mais Condé l'arrêta. Le prince avait la goutte et comptait passer en bateau ; or, il ne pouvait point passer en bateau si le roi passait à la nage.

Ce fut de la part du roi une grande faute que de ne point suivre sa première idée. S'il eût passé le Rhin où et en ce moment, et il n'y avait pas grand danger à courir, le monde tout entier célébrait ce passage comme une merveille, et, ainsi que le dit l'abbé de Choisy, Alexandre et son Granique n'avaient plus qu'à se cacher ; mais il céda à la voix du prince, et peut-être aussi à ce sentiment de la conservation qui parle au fond du cœur de l'homme le plus brave ; et, tout en se plaignant de *sa grandeur qui l'attachait au rivage* (1) il y resta.

Cependant l'armée passait ; quelques cuirassiers seulement avaient été entraînés par le courant et avaient disparu avec leurs chevaux, tandis que le reste de l'armée continuait son chemin.

Le prince de Condé à son tour se mit dans un bateau.

Au moment où le bateau quittait la rive, il entendit une voix qui criait :

---

(1) Boileau, *Épître sur le passage du Rhin.*

— Attendez-moi, mon oncle ! attendez-moi ! ou, mordieu ! je passe à la nage.

Condé se retourna et aperçut son neveu, le jeune duc de Longueville, qui accourait ventre à terre. Il était allé en partisan du côté d'Issel ; en arrivant au camp, il avait appris le départ du roi, et, sans prendre d'autre temps que celui de changer de cheval, il arrivait à toute bride.

Le prince, en voyant le cheval de son neveu soufflant et fatigué, eut peur qu'il n'eût point la force de lutter contre le courant, et, revenant au bord, il prit avec lui le jeune homme et son fils le duc d'Enghien. Puis on ordonna aux rameurs de faire force de rames, afin d'arriver les premiers.

Quelques cavaliers hollandais seulement étaient venus au-devant de nous jusqu'au tiers du fleuve ; mais ils n'échangèrent même pas un coup de pistolet et se retirèrent afin de tenir sur la rive. En effet, il y eut en abordant une mêlée d'un instant, et presque aussitôt l'infanterie hollandaise mit bas les armes et demanda la vie. Le jeune prince de Longueville, irrité de ce peu de résistance qui lui enlevait l'occasion de se signaler, s'élança sur la ligne hollandaise en s'écriant :

— Non, non, point de quartier pour cette canaille !

Et, en disant cela, il tira un coup de pistolet qui tua un officier.

Aussitôt, l'ennemi, perdant tout espoir, reprit ses armes, et fit sur les troupes du roi une décharge à bout portant qui tua une vingtaine d'hommes.

Le duc de Longueville tomba raide mort : la balle lui avait traversé la poitrine.

Ainsi périt, au début de sa vie, ce malheureux prince, à qui les destins semblaient cependant promettre une longue carrière de bonheur et de gloire.

En même temps, un capitaine de cavalerie, nommé Ossenbroek, courait au prince de Condé, qui, sortant de son bateau, mettait le pied à l'étrier, et lui appuyait le pistolet sur la poitrine. Condé écarta vivement le canon avec son bras ; mais, dans le mouvement, le coup partit et lui fracassa le poignet.

Passage du Rhin.

Alors, les Français, irrités de la blessure du prince et de la mort du duc, firent main basse sur les Hollandais, qui commencèrent à fuir de tous côtés.

Deux heures après, on reporta sur l'autre bord le corps de M. le duc de Longueville. Il était attaché sur un cheval pour que le courant ne le pût point emporter, la tête d'un côté, les jambes de l'autre. Des soldats lui avaient coupé le petit doigt de la main gauche pour lui enlever un diamant.

Sa mort produisit une grande sensation à Paris, et il fut fort regretté de tout le monde, excepté de d'Effiat, qui avait quelques soupçons du sort que le prince lui réservait.

Le roi passa le Rhin sur un pont de bateaux.

Laissons Louis poursuivre la folle conquête qu'il avait entreprise par orgueil et qu'il abandonna par ennui, et revenons à Versailles.

En faisant l'inventaire des papiers du duc de Longueville, on trouva un testament. Il y léguait, entre autres choses, cinq cent mille livres à un fils qu'il avait eu de la maréchale de la Ferté. Le legs fit grand bruit, comme on le pense bien ; la maréchale craignit d'abord que son mari ne se fâchât ; mais le roi intervint.

Dès lors, il rêvait la légitimation des enfants qu'il avait eus et pouvait encore avoir de madame de Montespan. L'enfant que laissait le duc de Longueville allait lui rendre un grand service : il faisait planche pour l'avenir.

Il envoya, en conséquence, au parlement de Paris l'ordre de légitimer le fils du duc de Longueville sans qu'il fût besoin de nommer sa mère ; ce qui ne s'était jamais fait, ce qui était contre les lois du royaume, et ce qui se fit cependant, sans que le parlement se permît la moindre remontrance.

Ce fut pendant la période qui vient de s'écouler que furent représentés : le *Misanthrope* (vendredi 4 juin 1666), *Attila* (février 1667), *Andromaque* (10 novembre même année), *Amphitryon* (janvier 1668), l'*Avare* (9 septembre même année), *Tartufe* (5 février 1669), *Britannicus* (13 décembre même année), le *Bourgeois gentilhomme* (14 octobre 1670), et enfin *Bajazet* (5 janvier 1672).

Un événement de quelque importance se rattache à la première représentation de *Britannicus*. Louis XIV y assistait. Les vers suivants le frappèrent comme un reproche :

Pour toute ambition, pour vertu singulière,
Il excelle à guider un char dans la carrière,
A disputer des prix indignes de ses mains,
A se donner lui-même en spectacle aux Romains.

A partir de ce moment, il se promit à lui-même de ne plus danser dans les ballets et se tint parole.

Cette même année 1672, la Vallière avait encore tenté de quitter la cour, et s'était retirée une seconde fois à Chaillot. Colbert alla l'y chercher de la part de Louis XIV. La première fois, il y était allé lui-même.

Ce ne fut, en effet, que deux ans plus tard que la Vallière, abreuvée de chagrins de toute espèce, obtint de se retirer aux Carmélites du faubourg Saint-Germain, à Paris, où elle prit l'habit de religieuse, à l'âge de trente ans, sous le nom de sœur *Louise de la Miséricorde*, et où elle mourut le 6 juin 1710, âgée de soixante-cinq ans.

En se retirant du monde, la pauvre délaissée prit congé du roi par les vers suivants :

Tout se détruit, tout passe, et le cœur le plus tendre
Ne peut d'un seul objet se contenter toujours.
Le passé n'a point d'éternelles amours,
Et les siècles futurs n'en doivent point attendre.

La constance a des lois qu'on ne veut point entendre.
Des désirs d'un grand roi rien n'arrête le cours ;
Ce qui plaît aujourd'hui déplaît en peu de jours ;
Son inégalité ne saurait comprendre.

Louis, tous ces défauts font tort à vos vertus :
Vous m'aimiez autrefois et vous ne m'aimez plus !...
Mes sentiments, hélas ! diffèrent bien des vôtres.

Amour, à qui je dois et mon mal et mon bien,
Que ne lui donniez-vous un cœur comme le mien !
Ou que n'avez-vous fait le mien comme les autres !...

Encore un mot sur le comte de Guiche, et tout sera fini avec ce beau et poétique jeune homme.

Le comte de Guiche, après le passage du Rhin dont il fut le héros, continua la campagne, risquant à chaque affaire sa vie, dont les balles et les boulets ne voulaient point. Puis il revint à la cour, comblé de gloire et plus à la mode que jamais : le roi, qui lui avait pardonné ses amours avec madame Henriette, et qui avait oublié le scandale que ces amours avaient causé, le reçut à merveille. Mais, dit l'auteur des *Mémoires du maréchal de Grammont*, il avait trouvé le secret de gâter toutes ses qualités par une présomption qui n'était ni permise ni à sa place ; car il voulait maîtriser toujours et décider souverainement de tout, lorsqu'il convenait uniquement d'écouter et d'être souple ; ce qui lui attira une aversion générale, et enfin une sorte d'éloignement de la part du roi, qui lui tourna la tête et ensuite lui donna la mort, car il ne put tenir à tant de dégoûts réitérés.

Le fait est que le comte de Guiche mourut de chagrin le 29 novembre, à Creutznach, dans le palatinat du Rhin.

Il était âgé de trente-cinq ans.

XL

PAIX DE NIMÈGUE, 1678. — COUP D'ŒIL RÉTROSPECTIF. — LOUIS XIV ET LES POÈTES. — LE VIEUX CORNEILLE VENGÉ PAR LE ROI. — VERS A CE SUJET. — CONSPIRATION DU CHEVALIER DE ROHAN. — SA FIN. — LES EMPOISONNEURS. — LA POUDRE DE SUCCESSION. — LA VOISIN. — LA VIGOUREUX. — LA « CHAMBRE ARDENTE ». — CONSULTATION DE MONSIEUR. — LE DIABLE LUI APPARAÎT. — LA VOISIN ET SES HABITUÉS. — CONJURATION DU CARDINAL DE BOUILLON. — LA REYNIE ET LA COMTESSE DE SOISSONS. — EXÉCUTION DE LA VIGOUREUX. — FIN DE LA VOISIN.

Nous ne suivrons pas, dans leurs phases si variées de succès et de revers, ces longues guerres de Flandre et d'Allemagne, dans lesquelles Condé et Turenne soutinrent leur réputation, et où le prince d'Orange fit la sienne. Nous en consignerons seulement les causes et les résultats.

Louis XIV avait commencé la guerre contre la Hollande avec l'alliance de l'Europe entière ; mais, peu à peu, les souverains, ses alliés, s'inquiétant de sa grande puissance, s'étaient éloignés de lui en le voyant à la porte de la Haye et d'Amsterdam. L'Espagne s'était d'abord déclarée contre la France ; ensuite, l'Empire, devenu menaçant, avait armé et marché contre nous ; enfin l'Angleterre, échappant à notre influence, après avoir proclamé sa neutralité, s'était faite notre ennemie. La guerre déclarée aux Provinces-Unies était devenue européenne. Nous nous étions levés pour écraser une petite république, nous avions une affaire maintenant non seulement à cette petite république que nous n'avions point écrasée, mais encore à trois grands royaumes.

La Suède seule nous était restée fidèle.

Louis comprit que, si l'on voulait traiter avec tous les coalisés à la fois, les prétentions des uns exciteraient les prétentions des autres, et qu'on n'arriverait jamais ainsi à la fin des exigences et, par conséquent, des négociations. Il recommanda à ses plénipotentiaires de traiter séparément avec chaque puissance.

Ce fut d'abord la Hollande, qui avait le plus souffert, qui était la plus fatiguée, et qui se sépara la première. D'ailleurs, elle n'était pas sans inquiétudes sur celui-là même qui l'avait défendue et sauvée : Guillaume d'Orange avait grandi dans la lutte, et avec lui le parti féodal. On parlait de son mariage avec la fille aînée du duc d'York. Dès lors, le stathoudérat ne deviendrait-il pas une chose inquiétante pour les Provinces-Unies ? La paix était donc également désirée à la Haye et à Versailles ; aussi les conditions en furent-elles bientôt arrêtées. Louis s'engageait à évacuer toutes ses conquêtes de Hollande et rendait Maestricht à la République. Le prince d'Orange obtenait la restitution de tous les biens qu'il avait en France par conquête, de famille, droit de conquête ou d'héritage ; enfin, les frais de la guerre restaient de chaque côté au compte de celui qui les avait faits.

L'Espagne vint après ; la paix fut moins avantageuse pour elle que pour la Hollande. Elle cédait à la France le comté de Bourgogne, Valenciennes, Bouchain, Cambrai, Aire, Saint-Omer, Maubeuge, Dinant et Charlemont.

Le traité avec l'empereur fut signé le dernier : Louis rendait Philipsbourg à l'Empire ; l'empereur cédait Fribourg à la France ; enfin, le duc de Lorraine rentrait dans son duché, sauf la ville de Nancy, réunie au domaine de la couronne.

Ce furent ces traités, signés le 10 août 1678 avec les Provinces-Unies, le 17 septembre de la même année avec Charles II, et le 5 février 1679 avec l'empereur, qu'on appela la *paix de Nimègue*.

Deux grandes catastrophes avaient signalé cette guerre : le Palatinat avait été brûlé, et M. de Turenne coupé en deux par un boulet de canon.

Voyons maintenant ce qui s'était passé à Paris tandis qu'on se battait en Hollande et en Allemagne.

La guerre ne nuisait en rien aux progrès des arts. Le roi venait prendre ses quartiers d'hiver à Paris, et madame de Montespan, au plus haut de sa faveur et de sa puissance, s'était fait une cour des plus grands poètes et des grands artistes : La Fontaine faisait ses fables ; Boileau chantait Louis sur tous les tons ; Molière faisait représenter *le Malade imaginaire* ; Racine, *Bajazet, Mithridate, Iphigénie* et *Phèdre*, et Corneille, *Pulchérie* et *Suréna*.

Mais, pour ce dernier, le public devenait injuste : depuis plus de vingt ans, il n'avait pas eu un succès qui ne fût contesté. Louis XIV résolut de le venger, et, pendant l'automne de 1670, il fit représenter les principaux chefs-d'œuvre de l'auteur du *Cid*.

Rien n'est perdu avec les poètes : le vieux Corneille, à soixante et quinze ans, retrouva toute la verve de sa jeunesse pour lui adresser les vers suivants :

Est-il vrai, grand monarque, et me puis-je vanter
Que tu prennes plaisir à me ressusciter ?
Qu'au bout de quarante ans, Cinna, Pompée, Horace,
Reviennent à la mode et retrouvent leur place ?
Et que l'heureux brillant de mes jeunes rivaux
N'ôte point l'ancien lustre à mes premiers travaux ?...
Achève : les derniers n'ont rien qui dégénère,
Rien qui ne fasse croire enfants d'un autre père.
Ce sont des malheureux étouffés au berceau
Qu'un seul de tes regards tirerait du tombeau.
On voit Sertorius, Œdipe, Rodogune,
Rétablis par ton choix dans toute leur fortune ;
Et ce choix ferait voir qu'Othon et Suréna
Ne sont point des cadets indignes de Cinna.
Le peuple, je l'avoue, et la cour les dégradent ;
Je vieillis, ou du moins ils se le persuadent ;
Pour bien écrire encor, j'ai trop longtemps écrit,
Et les rides du front passent jusqu'à l'esprit.
Mais contre ces abus que j'aurais de suffrages,
Si tu donnais le tien à mes derniers ouvrages !
Que de cette bonté l'impérieuse loi
Ramènerait bientôt et peuple et cour vers moi !
« Tel Sophocle à cent ans charmait encore Athènes,
Tel bouillonnait encor son vieux sang dans ses veines,
Diraient-ils à l'envi, lorsqu'Œdipe aux abois
De cent peuples pour lui gagna toutes les voix. »
Je n'irai pas si loin, et, si mes quinze lustres
Font encor quelque peine aux modernes illustres,
S'il en est de fâcheux jusqu'à s'en chagriner,
Je n'aurai pas longtemps à les importuner.
C'est le dernier éclat d'un feu prêt à s'éteindre ;
Je le vois sans regret faire, ils n'en ont rien à craindre.
Sur le point d'expirer, il lâche d'éblouir,
Et ne frappe les yeux que pour s'évanouir.
Souffre, quoi qu'il en soit, que mon âme ravie
Te consacre ce peu qui lui reste de vie.
Je sers depuis douze ans, mais c'est par d'autres bras
Que je verse pour toi du sang dans les combats ;
J'en pleure encore un fils (1) et tremblerai pour l'autre
Tant que Mars troublera ton repos et le nôtre.
Mes terreurs cesseront enfin par cette fois
Qui fait de tant d'Etats les plus ardents souhaits,
Cependant, s'il est vrai que mon zèle te plaise,
Sire, un bon mot de grâce au père de la Chaise (2).

Aux tragédies que nous venons de nommer et qui avaient le privilège d'émouvoir le cœur de nos ancêtres, s'était jointe une tragédie véritable qui avait produit une profonde sensation, non seulement dans Paris, mais dans toute la France. Nous voulons parler de l'exécution du chevalier de Rohan.

Le chevalier de Rohan était Breton : c'était un beau jeune homme de vingt-six à vingt-huit ans qui était venu à la cour et qui y avait eu de grands succès près des femmes. C'était même, au nombre des conquêtes qu'il y aurait faites, les deux sœurs, mesdames de Thianges et de Montespan. On avait cause ou pour une autre, le chevalier s'était retiré mécontent.

L'œil actif de l'Espagne le suivit dans sa retraite et l'atteignit dans son château. Il y avait de grands mécontentements en France pour les impôts qu'à chaque instant créait Colbert. On chansonnait tout haut l'élève comme on avait chansonné le maître ; seulement, on payait plus de poigne encore qu'au temps de la Fronde.

Les gentilshommes de la Bretagne et de la Guienne, provinces qui s'étaient longtemps regardées comme indépendantes, avaient toujours conservé des relations avec cette Espagne, habituée à infiltrer son or dans nos guerres civiles. Des propositions furent faites au chevalier de Rohan. Il était mécontent, ambitieux de bruit même encore que de places et d'honneurs, il accepta. La Hollande se joignit à

---

(1) Le second fils de Corneille était lieutenant de cavalerie lorsqu'il fut tué.
(2) Ce dernier vers est une apostille à la demande qu'il avait faite d'un bénéfice pour son troisième fils, pour lequel il obtint l'abbaye d'Aiguevive, près de Tours.

l'Espagne pour doubler les subsides. Une espèce de philosophe, nommé Affinius van Enden fut dépêché au chevalier. Tandis que Rohan dressait un plan de révolte, van Enden dressait un plan de république. Il y avait donc non seulement crime de haute trahison contre la personne du roi, mais encore projets de changement des constitutions de l'État.

La Normandie devait se soulever. On livrait à la Hollande le Havre et Honfleur. En même temps, les Espagnols entraient dans cette Guienne encore chaude des guerres civiles de la Fronde, encore peuplée de châtellenies, laquelle voyait avec peine le niveau de la toute-puissance monarchique s'étendre sur les têtes féodales. Mais Louis XIV avait porté loin l'art de la diplomatie et l'investigation des ambassades. La conjuration fut découverte à temps ; un seul soulèvement eut lieu en Bretagne à propos de l'impôt sur le tabac, et le chevalier, arrêté, fut amené à Paris, où son procès s'instruisit criminellement à la Tournelle.

Rohan fut condamné à être décapité, et Affinius van Enden à être pendu. Le supplice eut lieu sur la place de la Bastille.

Ce fut une chose grave que cette mort. Depuis les exécutions de Richelieu, et il y avait de cela plus de trente ans, on n'avait rien vu de pareil. Cette fois, Louis XIV s'était montré inflexible.

Mais les esprits furent détournés de cette grande catastrophe par de singulières inquiétudes qui se répandaient dans la société. Depuis la mort si tragique de madame Henriette, amenée, comme nous l'avons dit, par le poison, une foule de morts instantanées, subites, aux causes inconnues, avaient eu lieu. On parlait d'un bureau de magie et d'incantation, d'une fabrique de poisons terribles que, dans leur manie de tout frivoliser, les Parisiens avaient baptisés du nom de *poudre de succession*.

Deux Italiens, l'un nommé Exili, l'autre nommé Destinelli, avaient, disait-on, trouvé, en cherchant la pierre philosophale, le secret de ce poison qui ne laissait aucune trace. La Brinvilliers, la première, en avait fait l'essai sur le lieutenant général d'Aubray, et celui-ci était mort et avait été enterré sans que le moindre soupçon s'élevât contre la coupable.

Bientôt la Voisin, célèbre tireuse de cartes du temps, qui avait sa réputation de devineresse établie dans la plus haute société parisienne, avait vu tout le parti qu'elle pouvait tirer de cette adjonction à son commerce. Dès lors, non seulement elle prédisait aux héritiers la mort de leurs riches parents, mais encore elle s'engageait à leur livrer, pour ainsi dire, l'événement qu'elle avait promis. Elle s'associa la Vigoureux, autre sorcière comme elle, et deux prêtres, nommés Lesage et d'Avaux.

Le résultat de cette association fut ce surcroît de crimes dont nous venons de parler, et qui commença à effrayer tellement Louis XIV, que l'érection d'une CHAMBRE ARDENTE, ayant mission de juger les coupables, fut ordonnée.

L'établissement de cette juridiction exceptionnelle fournit au parlement, depuis si longtemps muet, une occasion de se plaindre ; c'était, en effet, un empiétement sur ses attributions. Mais il lui fut répondu que, pour juger des crimes où peut-être allait se trouver compromis tout ce que la cour avait de plus élevé, il fallait un tribunal secret, comme ceux de Venise et de Madrid.

La Reynie, lieutenant de police, fut un des présidents de cette chambre.

La Voisin, la Vigoureux et les deux prêtres furent arrêtés ; les interrogatoires tenus secrets. Mais, à travers le mutisme des juges, voici ce qui transpira relativement aux hauts personnages de la cour.

D'abord ce fut Monsieur dont on s'occupa. Monsieur était venu deux fois consulter la Voisin, en la compagnie du chevalier de Lorraine, du comte de Beuvron et du marquis d'Effiat.

La première fois qu'il vint, c'était pour savoir ce que serait devenu un enfant mâle dont madame Henriette avait dû accoucher en 1668, et dont il affirmait n'être point le père. Madame, selon lui, aurait été faire ses couches en Angleterre, où le bruit s'était répandu que l'enfant était mort. Il voulait connaître la vérité sur ce point important.

Ceci n'était pas précisément chose de magie. La Voisin proposa donc à Monsieur de s'assurer de ce fait par des moyens naturels, et, avec l'autorisation du prince, elle envoya à Londres son cousin Beauvillard, homme fort expérimenté et particulièrement habile dans ces sortes d'affaires.

Beauvillard revint au bout d'un mois muni d'une histoire vraie ou fausse. La voici :

Madame avait effectivement, en 1668, passé en Angleterre, où elle était accouchée d'un enfant qui n'était point mort, mais qui, au contraire, avait été mis sous la tutelle de son oncle le roi Charles II, lequel lui faisait les plus grandes amitiés. On attribuait cet enfant au roi Louis XIV lui-même.

Monsieur paya cette révélation quatre mille pistoles et

un gros diamant à la Voisin, et cinq cents demi-louis à Beauvillard.

La seconde fois que Monsieur revit la Voisin, ce fut à Meudon. Il avait la fantaisie de se trouver en face du diable, auquel il comptait demander ou la bague de Turpin ou un secret dans le genre de celui-là pour gouverner le roi.

La Voisin fit apparaître une figure que Monsieur, qui d'ailleurs était fort brave, accepta pour celle de Satan. Monsieur lui demanda ou la bague ou le talisman ; mais la figure répondit que le roi possédait lui-même un charme qui l'empêchait d'être dominé par personne.

La reine, à son tour, voulut voir la fameuse devineresse. La Voisin lui tira les cartes, et lui offrit de composer un philtre qui rendrait le roi amoureux d'elle uniquement. Mais la reine, sans même avoir besoin de réfléchir, répondit qu'elle aimait mieux pleurer, comme elle le faisait, les infidélités de son époux que lui donner un breuvage qui pouvait être nuisible à sa santé.

La reine ne vit l'empoisonneuse que cette seule fois.

Il n'en fut pas de même de la comtesse de Soissons, Olympe Mancini. Elle vint plus de trente fois chez la Voisin, qui, de son côté, alla aussi plus de trente fois peut-être chez elle. Son but était d'accaparer l'immense héritage du cardinal, son oncle, à l'exclusion des autres parents, et surtout de regagner sur le roi cet ascendant qu'elle avait eu et qu'elle s'était laissé reprendre. Moins scrupuleuse que la reine, elle réclamait à cor et à cri un philtre qui lui rendît le roi amoureux et soumis, et elle avait, dans l'espoir d'obtenir ce philtre, remis à l'empoisonneuse des cheveux, des rognures d'ongle, des chemises, plusieurs bas et col du roi, destinés à faire une poupée d'amour pareille à celle que le procès de la Môle (1) avait, cent ans auparavant, rendue si célèbre. Elle avait, en outre, remis, disait-on encore, à la Voisin quelques gouttes du sang du roi dans une fiole de cristal.

Les conjurations avaient été faites sans produire aucun résultat.

Fouquet, avant son arrestation, avait été plusieurs fois en relations avec la devineresse ; jusqu'à sa disgrâce, il lui faisait une pension que sa famille lui continua.

Bussy-Rabutin était venu lui demander un charme qui le fît aimer de sa cousine, madame de Sévigné, et le talisman qui le rendît seul favori du roi.

M. de Lauzun demandait à être toujours aimé de la maîtresse du roi ; il désirait avoir une certitude sur son mariage avec Mademoiselle, et voulait savoir s'il serait jamais chevalier des ordres.

La Voisin lui répondit relativement à ce dernier article, qu'il porterait le cordon bleu.

La prédiction se réalisa ; seulement, ce ne fut point l'ordre du Saint-Esprit qu'il reçut, mais celui de la Jarretière. La Voisin ne s'était trompée que de nuance : l'un était bleu foncé et l'autre était bleu clair.

Madame de Bouillon avait venu lui demander une pommade qui lui donnât deux choses qu'elle n'avait pas, étant fort maigre : l'une de ces deux choses était à la gorge.

Le duc de Luxembourg avait demandé à voir le diable, auquel il avait une réclamation à faire : il désirait que, par sa puissance, Satan fit remonter sa nomination de duc de Piney au jour de la première érection du domaine de Piney en duché-pairie, c'est-à-dire à l'année 1576.

Mais une des choses les plus curieuses de tout le procès fut celle qui arriva à monseigneur l'abbé d'Auvergne, Emmanuel-Théodore de la Tour, prince et cardinal de Bouillon.

Il était héritier de M. de Turenne ; malheureusement, Turenne n'avait aucune fortune. L'abbé d'Auvergne, qui ne pouvait admettre une telle indigence avec un si grand nom et de si hautes charges, se figura que le maréchal avait laissé le trésor, mais qu'n'ayant été roué sur le coup, il n'avait pas eu le temps d'indiquer l'endroit où le trésor était enfoui.

Il vint donc chez la Voisin déguisé en Savoyard, et lui demanda de lui faire connaître l'endroit où il devait fouiller pour retrouver ce trésor enfoui et, par conséquent, perdu.

Le premier mot de la Voisin au grand aumônier de France, lorsqu'elle eut écouté sa requête, fut de lui demander à son tour s'il avait la cervelle à l'envers.

Mais l'abbé d'Auvergne insista, railla la Voisin sur l'impuissance de son art et lui promit cinquante mille livres si elle évoquait le fantôme de M. de Turenne, et deux cent mille si le fantôme indiquait le lieu où gisait le trésor.

Cinquante mille livres parurent à la Voisin bonnes à empocher ; elle revint peu à peu sur son premier refus, dit que la chose n'était pas impossible, et qu'elle s'engageait à évoquer le fantôme du vainqueur des Dunes, si l'on voulait lui donner la moitié de la somme comptant et déposer

(1) Voir la note V à la fin du volume.

l'autre moitié entre les mains d'une tierce personne qui la lui remettrait après l'évocation.

L'abbé d'Auvergne acquiesça à cette demande.

La Voisin alors demanda quinze jours de délai ; elle avait besoin de ce temps pour préparer la conjuration. Puis il y avait des conditions sans lesquelles la Voisin déclarait qu'elle ne voulait rien faire.

D'abord la cérémonie devait être tenue secrète et ensevelie dans un mystère absolu. Ensuite trois personnes seulement devaient assister à cette conjuration ; elle, le prêtre Lesage et l'abbé d'Auvergne. Mais, à cette clause, l'abbé d'Auvergne se récria ; il voulait avoir avec lui deux gentilshommes depuis longtemps dévoués à sa maison ; l'un était un capitaine au régiment de Champagne, neveu du maréchal de France Gassion ; l'autre, dont on ne sait pas le nom, remplissait près du grand aumônier l'emploi que remplissait le chevalier de Lorraine près de Monsieur.

La Voisin céda sur ce point, et il fut arrêté que ces deux gentilshommes assisteraient à l'évocation.

Enfin, la troisième clause, sur laquelle on ne sait pourquoi il n'y eut pas moyen de lui faire entendre raison, fut le lieu où cette évocation devait se faire. Elle choisit la basilique de Saint-Denis, disant, sans vouloir donner d'autre explication, que la conjuration manquerait partout ailleurs.

Cette clause eut été inquiétante pour tout autre que le cardinal grand aumônier ; mais, pour un prélat, si haut placé, tout était facile : cent pistoles une fois données et un poste à la grande aumônerie parurent une récompense suffisante à un sacristain qui se chargea, moyennant cette rétribution et cette promesse, d'introduire le cardinal et sa suite dans l'église de l'abbaye, où, disait le contrat, *ils avaient fait vœu de passer la nuit en prières.*

Il fallut attendre un vendredi qui tombât en même temps le 15 d'un mois ; mais cela se rencontra plus tôt qu'on n'eût à l'espérer, et les quinze jours de délai demandés par la Voisin suffirent parfaitement et qu'à la première date indiquée, on pût procéder à la conjuration.

Au jour dit, le cardinal, ses deux gentilshommes, les deux prêtres, la Voisin, sa femme de chambre Rose, de laquelle on apprit tous ces détails, et un nègre porteur de l'attirail magique, se mirent en route à quatre heures de l'après-midi : ils devaient arriver à Saint-Denis avant la fermeture des portes. Le sacristain les attendait et les cacha dans le clocher.

À onze heures sonnantes, les sacrilèges sortirent de leur cachette et entrèrent dans l'église. Les deux prêtres devaient dire la messe diabolique, c'est-à-dire la *messe au rebours.*

On alluma cinq cierges de bougie noire, une manière d'autel fut dressé, les livres saints y furent mis contrairement à l'ordre qu'ils occupent dans le sacrifice divin qu'on allait profaner, le crucifix fut renversé la tête en bas. Les deux prêtres passèrent leur chasuble à l'envers.

Le hasard fit que cette nuit-là même, un orage grondait au ciel : on eût dit que cette profanation l'irritait, et que Dieu faisait entendre sa voix tonnante pour avertir qu'il offensait qu'il était temps encore de ne point aller plus avant.

La Voisin avait prévenu les assistants que, selon toute probabilité, le fantôme fendrait l'autel par le milieu et apparaîtrait au moment de la consécration.

Cependant l'orage semblait redoubler depuis que la messe sacrilège était commencée. À mesure qu'on avançait vers l'instant de la consécration, le tonnerre devenait plus éclatant et les éclairs étaient plus livides et plus rapprochés. Enfin, au moment où le prêtre Lesage élevait l'hostie, évoquant Satan au lieu d'évoquer Dieu, un cri aigu se fit entendre, une dalle du chœur se souleva et un fantôme apparut secouant son suaire.

Alors, tout à un coup, messe sacrilège, orage vengeur ; les assistants tombèrent la face contre terre, et une voix fit entendre ces paroles :

— Misérables ! ma maison que tant de héros ont illustrée, va désormais déchoir et s'avilir ; tous ceux qui porteront le nom de Bouillon sont à l'avance déshérités de ma gloire, et, avant un siècle, mon nom sera éteint ; le trésor que j'ai laissé, c'est ma réputation, ce sont mes victoires ; n'en cherche donc pas d'autre, indigne que tu es de l'héritage que j'ai fait !

À ces mots, le fantôme disparut.

Était-ce une comédie préparée par la Voisin, ou Dieu permit-il par effet naturel des choses qu'il intervertit son ordre pour punir les profanateurs ? Voilà ce qu'on ne sut jamais ; mais tels sont les faits que raconta la déposition de la femme de chambre Rose.

Trois personnes de la cour seulement furent appelées devant les juges : la duchesse de Bouillon, la comtesse de Soissons, et le maréchal de Luxembourg.

La duchesse de Bouillon n'était accusée que d'un désir qui n'était pas du ressort de la justice : appelée devant

(1) *Archives de la police*, tome 1er, pages 108 et suivantes.

M. de la Reynie, elle ne s'en rendit pas moins à l'assignation.
— Madame la duchesse, demanda la Reynie, avez-vous vu le diable ? Si vous l'avez vu, dites-moi quelle forme il avait.
— Non, monsieur, répondit la duchesse, je ne l'ai pas vu, mais je le vois en ce moment ; il est fort laid, et est déguisé en conseiller d'État.
La Reynie savait tout ce qu'il voulait savoir ; il n'en demanda pas davantage.
Quant à madame la comtesse de Soissons, la chose se passa autrement. Le roi, qui avait toujours conservé une certaine affection pour elle, eut la condescendance de lui dire que, si elle se sentait coupable des faits dont elle était accusée, il lui conseillait de quitter la France.
— Sire, répondit la comtesse, je suis innocente ; mais j'ai naturellement une telle horreur de la justice, que j'aime mieux m'expatrier que de paraître devant elle.
En conséquence, elle se retira à Bruxelles, où elle mourut vers 1708.
Quant à François-Henri de Montmorency-Bouteville, duc, pair et maréchal de France, lequel unissait les Montmorency au nom de la maison impériale de Luxembourg, il se rendit à la Bastille, où Louvois, son ennemi, le fit enfermer dans une espèce de cachot de six pas de long.
Appelé devant le juge pour être interrogé, on lui demanda s'il n'avait point fait un pacte avec le diable afin de marier son fils à la fille du marquis de Louvois.
Le maréchal sourit dédaigneusement.
— Monsieur, dit-il, quand Mathieu de Montmorency épousa la veuve de Louis le Gros, il ne s'adressa point au diable, mais aux états généraux, qui déclarèrent que, pour acquérir au roi mineur l'appui des Montmorency, il fallait lui consentir ce mariage.
Ce fut sa seule réponse. Il va sans dire qu'il fut acquitté.
La Voisin et ses complices furent condamnés à mort : la Vigoureux à être pendue, la Voisin à être brûlée. On avait conservé entre ces deux femmes la hiérarchie du supplice.
On commença par la Vigoureux ; pendant tous les interrogatoires, elle était restée muette, ou avait constamment dénié ; cependant, une fois condamnée, elle avait fait dire à M. de Louvois qu'elle révélerait les choses les plus graves s'il lui promettait la vie. Mais Louvois refusa.
— Bah ! dit-il, la question saura bien lui délier la langue.
La réponse fut rapportée à la condamnée.
— Bon ! dit-elle alors, il ne saura rien.
En effet, appliquée à la torture, elle subit la question ordinaire et extraordinaire sans dire un seul mot. Cette constance fut d'autant plus étonnante que la rigueur du supplice était horrible ; tellement, que le médecin déclara que, si l'on ne cessait pas les tortures, la patiente allait expirer. Conduite le lendemain matin en place de Grève, elle fit appeler les magistrats. Ceux-ci accoururent, croyant que c'était pour faire quelque révélation ; mais la Vigoureux ne leur dit rien que ces mots :
— Messieurs, ayez la bonté de dire à M. de Louvois que je suis sa servante, et que je lui ai tenu parole ; peut-être n'en eût-il pas fait autant, lui.
Puis, se tournant vers le bourreau :
— Allons, dit-elle, mon ami, achève ce qui te reste à faire.
Et elle marcha vers la potence, aidant l'exécuteur dans sa dernière œuvre autant que son corps blessé le lui permettait.
On rapporta à la Voisin la mort de la Vigoureux dans tous ses détails.
— Je la reconnais bien là ! s'écria-t-elle ; c'est une bonne fille, elle a pris le mauvais moyen ; je dirai tout, moi.
Le moyen ne lui réussit pas mieux qu'à sa complice, et, comme la Vigoureux, elle subit son arrêt dans toute sa rigueur, le 2 février 1688.
Une lettre de madame de Sévigné nous donnera sur la mort de cette malheureuse les meilleurs détails que nous puissions mettre sous les yeux de nos lecteurs.

« La Voisin, dit-elle, savait son arrêt dès lundi. Chose extraordinaire, le soir, elle dit à ses gardes : « Quoi ! nous ne ferons pas médianoche ? » Elle mangea avec eux à minuit par fantaisie, car il n'était pas jour maigre ; elle but beaucoup de vin, elle chanta vingt chansons à boire. Le mardi, elle eut la question ordinaire et extraordinaire ; elle avait dîné et dormi huit heures. Elle fut confrontée sur le matelas à mesdames de Dreux et de Féron, et à plusieurs autres. On ne parle pas encore de ce qu'elle a dit ; on croit toujours que l'on verra des choses étranges. Elle soupa le soir, et recommença, toute brisée qu'elle était, à faire la débauche avec scandale. On lui en fit honte, et on lui dit qu'elle ferait bien mieux de penser à Dieu et de chanter un *Ave maris Stella* ou un *Salve* que toutes ces chansons. Elle chanta l'un et l'autre en ridicule, et dormit ensuite. Le mercredi se passa de même en confrontations et débauches ; elle ne voulut point voir le confesseur. Enfin, le jeudi, qui était hier, on ne voulut lui donner qu'un bouillon ; elle en gronda, craignant de n'avoir point la force de parler à ces messieurs. Elle vint en carrosse de Vincennes à Paris ; elle étouffa un peu et fut embarrassée ; on la voulut faire confesser : point de nouvelles. A cinq heures, on la lia, et, avec une torche à la main, elle parut dans le tombereau habillée de blanc : c'est une sorte d'habit pour être brûlée. Elle était fort rouge, et l'on voyait qu'elle repoussait le confesseur et le crucifix avec violence. Nous la vîmes passer à l'hôtel de Sully, madame de Chaulnes, madame de Sully, la comtesse et bien d'autres. A Notre-Dame, elle ne voulut jamais prononcer l'amende honorable, et, à la Grève, elle se défendit autant qu'elle put de sortir du tombereau. On l'en tira de force, et on la mit sur le bûcher, assise et liée avec du fer. On la couvrit de paille, elle jura beaucoup ; elle repoussa la paille cinq ou six fois ; mais enfin le feu augmenta, et on la perdit de vue. Les cendres sont en l'air présentement. Voilà la mort de madame Voisin, célèbre par ses crimes et par son impiété. »

XLI

LA PRINCESSE PALATINE ; SON PORTRAIT. — SON CARACTÈRE. — SA CONDUITE A LA COUR. — ENFANTS NATURELS DE LOUIS XIV. — NOUVELLES AMOURS DU ROI. — MADAME DE SOUBISE. — MADAME DE LUDRE. — MADEMOISELLE DE FONTANGES. — MADAME DE MAINTENON. — SES PREMIERS RAPPORTS AVEC LOUIS XIV. — COMMENT LA COUR VOIT SA FAVEUR NAISSANTE. — LE PÈRE LA CHAISE. — MALADIE DU ROI. — FIN DE LA REINE MARIE-THÉRÈSE. — RETOUR MOMENTANÉ DE LAUZUN. — ÉTAT DE LA FRANCE PENDANT CETTE PÉRIODE.

Pendant la période qui vient de s'écouler, Monsieur s'était remarié avec la princesse, Élisabeth-Charlotte de Bavière, dont il avait eu, le 2 août 1674, un fils qui fut depuis le régent de France.
La seconde Madame, s'il faut en croire le portrait qu'elle fait de sa personne, était fort loin de ressembler à la première. Laissons-la parler : cette franchise des femmes envers elles-mêmes est assez rare pour que nous la consignions ici.

« Je suis née à Heidelberg en 1652, dans le septième mois. Il faut bien que je sois laide ; je n'ai point de traits : de petits yeux, un nez court et gros, des lèvres longues et plates, tout cela ne peut former une physionomie ; j'ai de grandes joues pendantes et un grand visage ; cependant je suis très petite de taille, courte et grosse ; j'ai le corps et les cuisses courts ; somme totale, je suis vraiment un petit laideron. Si je n'avais pas bon cœur, on ne me supporterait nulle part. Pour savoir si mes yeux annoncent de l'esprit, il faudrait les examiner au microscope ou avec des conserves ; autrement, il serait difficile d'en juger ; on ne trouverait probablement pas sur toute la terre des mains plus vilaines que les miennes, le roi m'en a souvent fait l'observation et m'a fait rire de bon cœur ; car, n'ayant pu me flatter en conscience d'avoir quelque chose de joli, j'ai pris le parti de rire la première de ma laideur. Cela m'a réussi et j'ai trouvé de quoi rire. »

On comprend l'effet singulier que produisit à la cour de France, c'est-à-dire au milieu des plus jolies et des plus gracieuses femmes du monde, une princesse qui se traite elle-même de magote. Monsieur, à qui cependant la chose devait être bien égale, la reçut même avec répugnance et le roi avec hésitation.
En effet, outre les défauts physiques que la seconde Madame vient de nous détailler avec une naïveté tout allemande, elle possédait dans tout ce qu'elle disait ou faisait, une certaine allure tudesque, qui semblait fort étrange à Versailles. Dans son enfance, elle avait toujours eu le regret d'être née fille et le désir de devenir garçon ; ce désir avait même failli lui coûter la vie ; car, ayant vu dans un vieux conte allemand que Marie Germain, qui était née fille comme elle, était devenue garçon à force de sauter, elle commença à faire des sauts si terribles, qu'elle faillit

vingt fois se rompre le cou. Au reste, tout au contraire de nos charmantes précieuses qui recevaient dans leurs ruelles, elle ne pouvait rester couchée le matin, s'élançant hors de son lit dès qu'elle était éveillée, déjeunant rarement et seulement de pain et de beurre. N'ayant jamais pu souffrir ni thé, ni chocolat, ni café, mais affectionnant les soupes au lait, au vin et à la bière, raffolant de la choucroute, ayant des coliques et vomissant jusqu'au sang lorsqu'elle prenait une goutte de bouillon, et ne se remettant l'estomac qu'avec du jambon et des saucisses. Quand elle arriva à la cour de France, cour la plus moqueuse et la plus spirituelle de l'époque, la première chose qu'elle remarqua, ce fut l'effet qu'elle y produisait. À peine la voyait-on paraître, que la raillerie allait son train; à plus forte raison quand on la voyait disparaître. Une des plus acharnées railleuses était madame de Fiennes, qui n'épargnait personne, pas même Monsieur et le roi. Un jour, la princesse palatine, la voyant bien en verve de méchant esprit, la prit par la main, l'attira dans son coin et lui dit :

— Madame, vous êtes fort aimable, vous avez infiniment d'esprit et surtout une manière de parler dont le roi et Monsieur s'accommodent parce qu'ils y sont accoutumés ; pour moi qui viens d'arriver, je n'y suis point faite et vous préviens que je me fâche quand on se moque de moi. C'est pourquoi j'ai voulu vous donner un petit avis : si vous m'épargnez, nous serons très bien ensemble ; si, au contraire, vous me traitez comme les autres, je ne dirai rien ; mais je me plaindrai à votre mari (1), et, s'il ne vous corrige pas, je le chasserai.

Madame de Fiennes promit à la princesse de l'épargner et lui tint parole. Aussi était-ce un étonnement général de voir comment au milieu des rires de fille de madame de Fiennes, la princesse palatine était seule épargnée. Monsieur demandait souvent à sa femme :

— Mais comment faites-vous donc pour que madame de Fiennes ne vous dise jamais rien de fâcheux ?

— C'est qu'elle m'aime, répondait Madame.

Madame se trompait ou faisait semblant de se tromper ; madame de Fiennes la détestait beaucoup, mais elle la craignait davantage encore.

Monsieur, selon l'habitude adoptée à la cour à cette époque, couchait toutes les nuits avec Madame ; mais, après la naissance du duc de Chartres et celle d'Élisabeth-Charlotte d'Orléans, les deux seuls enfants qui naquirent de leur union, Monsieur proposa à Madame de faire lit à part. Elle accepta avec joie et lui répondit :

— Oh ! de bon cœur, monsieur ! car je n'aime point le métier de faire des enfants. Je serai même très contente de cet arrangement, pourvu que vous ne me haïssiez point et que vous continuiez à avoir un peu de bonté pour moi.

Il le lui promit, et dès lors les deux époux furent contents l'un de l'autre. « En effet, ajoute la princesse dans ses Mémoires, c'était quelque chose bien désagréable que de coucher avec Monsieur : il ne pouvait souffrir qu'on le touchât pendant son sommeil ; il fallait donc me coucher sur le bord du lit, d'où plus d'une fois je suis tombée comme un sac. »

En arrivant à Saint-Germain, Madame sembla entrer dans un monde nouveau, tant elle était peu au courant de l'étiquette française ; cependant elle fit aussi bonne contenance que possible, quoiqu'au premier abord elle vit bien qu'elle avait déplu à son mari. Mais elle pensa qu'à force de soins et de prévenances, elle ferait oublier à Monsieur sa laideur, qui qui eut lieu en effet. Dès que Madame fut arrivée, le roi vint trouver la princesse au château neuf et lui amena M. le dauphin, à l'époque où nous sommes arrivés, un enfant de dix ans ; puis il la conduisit chez la reine en disant :

— Ne craignez rien, madame ; car elle aura plus peur de vous que vous n'aurez peur d'elle.

Cette ignorance de l'étiquette seule inquiétait le roi. Dans les premiers temps de la présence de Madame à la cour, il ne la quittait pas, s'asseyant près d'elle quand il y avait réception, et, toutes les fois qu'il lui fallait se lever, c'est-à-dire quand un prince ou un duc entrait dans la chambre, le roi lui donnait un coup de coude pour l'avertir, et Madame, qui savait ce que ce coup de coude voulait dire, se levait aussitôt.

Mais il y eut deux personnes à la cour pour lesquelles le roi, malgré l'influence qu'il avait sur Madame, ne put jamais lui inspirer la moindre affection : c'étaient madame de Montespan, qui, du reste, à l'époque où nous sommes arrivés, 1680, allait tomber en disgrâce, et madame de Maintenon, qui allait entrer en faveur.

Dans l'intervalle qui vient de s'écouler, le roi avait eu de madame de Montespan, outre M. le duc du Maine, dont

(1) Le comte des Chapelles, écuyer ordinaire de Madame ; malgré ce mariage, madame de Fiennes, comme cela arrivait souvent, avait conservé le nom de sa famille à elle, plus illustre que celui de la famille de son mari.

nous avons raconté la naissance, cinq autres enfants : le comte du Vexin, abbé de Saint-Denis, né le 20 juin 1672 (1) ; mademoiselle de Nantes, née en 1673 (2) ; mademoiselle de Tours, née en 1676 (3) ; mademoiselle de Blois, née en 1677 (4) ; le comte de Toulouse, né en 1678 (5).

Tous ces enfants, quoique fruits d'un double adultère, avaient été légitimés au mépris des lois françaises.

Mais cet amour croissant que Louis XIV éprouvait pour les enfants allait peu à peu se refroidissant pour leur mère. Ce qui était arrivé pour madame de La Vallière arrivait à cette heure pour madame de Montespan : chaque jour, elle perdait un charme, tandis qu'au contraire, tout autour du roi, d'autres femmes empressées à lui plaire croissaient en beauté, et opposaient la fleur de leur jeunesse aux trente-neuf ans de madame de Montespan.

Ce fut d'abord madame de Soubise qui régna un instant ; mais ce règne fut court : une petite aventure scandaleuse le termina. Un soir, le roi, qui jamais, au temps de ses plus grandes amours, n'avait passé une nuit hors du lit de la reine, un soir, disons-nous, le roi ne rentra point. La reine, fort inquiète de cette absence, fit chercher Sa Majesté partout, au château et même dans la ville. On alla frapper à la porte de toutes les femmes, qu'elles fussent prudes ou coquettes ; mais la recherche fut inutile : Sa Majesté ne se retrouva que le lendemain.

Cette incartade inaccoutumée fit grand bruit à la cour ; chacun en faisait fort diversement. madame de Soubise comme les autres. Madame de Soubise alla même plus loin que les autres, et, devant la reine, elle nomma une dame qu'elle accusa du rapt conjugal dont se plaignait la pauvre Marie-Thérèse.

Celle-ci retint le nom et le redit au roi. Le roi nia ; mais la reine répondit qu'elle était bien informée, tenant le nom de madame de Soubise.

— Eh bien, alors, puisqu'il en est ainsi, dit le roi, je vais vous dire où j'ai passé la nuit : je l'ai passée chez madame de Soubise elle-même. Quand je désire un rendez-vous d'elle, je mets un diamant à mon petit doigt ; si elle me l'accorde, elle met ses boucles d'oreilles d'émeraude.

Cette aventure perdit madame de Soubise.

Madame de Ludre lui succéda ; mais, comme elle ne fit que passer, nous ne la consignerons ici pour mémoire seulement, et pour rappeler un assez joli mot de la reine.

Quand le bruit se répandit que madame de Ludre était la maîtresse du roi, une dame de la reine eut la hardiesse de lui annoncer cette nouvelle, et de lui dire qu'elle devrait s'opposer à ce nouvel amour :

— Cela ne me regarde pas, dit la reine ; c'est l'affaire de madame de Montespan.

Puis vint mademoiselle de Fontanges, cette statue de marbre, comme on l'appelait, qui a conquis son immortalité non pas pour avoir été la maîtresse du roi, mais pour avoir laissé son nom à une coiffure.

C'était une fort belle personne dont le seul défaut, si toutefois c'en est un, était d'avoir les cheveux d'un blond un peu ardent. Sa beauté froide et sans animation n'avait pas plu d'abord à Louis, qui dit, en la voyant chez la seconde Madame, dont elle était fille d'honneur :

— Bon ! voici un loup qui ne me mangera point.

Louis XIV se trompait. D'ailleurs, mademoiselle de Fontanges était prédestinée : avant de venir à la cour, elle rêva qu'elle montait à la cime d'une montagne très élevée, et que, arrivée sur cette cime, après avoir été éblouie par un nuage resplendissant, elle se trouvait tout à coup dans une obscurité si profonde, qu'elle se réveilla de frayeur. Ce rêve lui fit une grande impression ; elle le raconta à son confesseur, lequel, se mêlant probablement de divination, lui répondit :

— Prenez garde à vous, ma fille ! cette montagne est la cour, où il vous arrivera un grand éclat. Cet éclat sera de très peu de durée et vous abandonnez Dieu ; car alors Dieu vous abandonnera, et vous tomberez dans des éternelles ténèbres.

Mais cette prédiction, au lieu d'épouvanter mademoiselle de Fontanges, avait exalté son ambition ; elle chercha cet éclat qui devait la perdre, et elle l'obtint.

Présentée au roi dans une chasse par madame de Montespan elle-même, qui calculait parfois des plaisirs d'un instant pour lui ramener le roi plus soumis que jamais, elle parvint, malgré son peu d'esprit, à plaire à celui-là même qui s'était promis qu'elle ne serait jamais rien pour lui, et, peut-être, à cause de cette résistance, devint-elle plus puissante qu'elle ne l'avait d'abord espéré elle-même.

En effet, le roi parut bientôt l'aimer avec folie ; il lui donna un appartement charmant et fit tendre son salon

(1) Mort en 1683. — (2) Morte en 1743. — (3) Morte en 1681. — (4) Morte en 1749. — (5) Mort en 1737.

de tapisseries qui représentaient ses victoires. Ce fut à propos de ces tapisseries que le duc de Saint-Aignan, ce spirituel et complaisant favori qui gardait son influence sur Louis XIV à force de complaisance et d'esprit, fit les vers suivants :

Le plus grand des héros paraît dans cette histoire ;
Mais quoi ! je n'y vois point sa dernière victoire !
De tous les coups qu'a faits ce généreux vainqueur,
Soit pour prendre une ville ou pour gagner un cœur,
Le plus beau, le plus grand et le plus difficile,
Fut la prise d'un cœur qui sans doute en vaut mille,
Du cœur d'Iris enfin, qui mille et mille fois
Avait bravé l'amour et méprisé ses lois.

Les vers n'étaient pas bons ; mais mademoiselle de Fontanges les trouva charmants, et le roi fut de l'avis de mademoiselle de Fontanges. Ils eurent dès lors le plus grand succès. Bientôt un autre événement non moins important que celui-ci arriva.

Un jour, dans une partie de chasse, le vent dérangea la coiffure de la favorite. Mademoiselle de Fontanges, avec ce goût particulier aux femmes qui fait que jamais elles ne sont mieux habillées que lors qu'elles s'habillent elles-mêmes, mademoiselle de Fontanges, disons-nous, retint sa coiffure avec un ruban. Ce ruban était si coquettement attaché et allait si bien à la fraîcheur de son visage, que le roi la pria de le garder. Le lendemain, toutes les femmes avaient un ruban pareil à celui de la favorite ; la coiffure était consacrée et s'appelait *coiffure à la Fontanges*.

Il y avait de quoi tourner la tête à la pauvre fille, « qui, dit l'abbé de Choisy, était belle comme un ange, mais sotte comme un panier. » Aussi la tête lui tourna-t-elle. Maîtresse déclarée, elle s'abandonna tout entière à l'orgueil de sa haute fortune, passa devant la reine sans la saluer, et, au lieu de se conserver madame de Montespan pour amie, lui rendit, en échange de ses amitiés, tant de dédains et d'insultes qu'elle s'en fit une ennemie mortelle.

Mademoiselle de Fontanges était arrivée au comble de sa fortune ; elle nageait resplendissante au milieu de cet éclat qui l'avait illuminée dans son rêve ; mais elle devait tomber, et elle tomba dans l'obscurité prédite.

La favorite accoucha d'un fils. C'était, on le sait, l'écueil des maîtresses royales. Mademoiselle de Fontanges, s'y brisa comme mademoiselle de la Vallière. La couche lui fut pénible et eut des suites fâcheuses : mademoiselle de Fontanges y perdit sa fraîcheur, puis son embonpoint, puis sa beauté. Elle vit que le roi, avec son égoïsme ordinaire, s'éloignait d'elle peu à peu. Elle ne put supporter cet abandon et demanda la permission de se retirer au couvent de Port-Royal, au faubourg Saint-Jacques. Cette permission lui fut accordée, et, de plus, le duc de la Feuillade reçut mission du roi d'aller prendre de ses nouvelles trois fois la semaine ; mais, comme l'état de la pauvre femme empirait de plus en plus et que les médecins déclaraient qu'ils n'avaient aucun espoir, elle demanda pour dernière grâce de voir une fois encore le roi. Louis s'en défendit longtemps ; mais son confesseur, dans l'espoir sans doute que l'aspect de sa mort serait pour le monarque trop mondain une haute leçon, le détermina à cette visite. Il vint donc au couvent, et trouva la mourante si changée, que, tout sec qu'il était, il ne put retenir ses larmes.

— Oh ! maintenant, s'écria mademoiselle de Fontanges je puis mourir contente, puisque mes derniers regards ont vu pleurer mon roi.

Elle mourut effectivement trois jours après, le 28 juin 1681, à l'âge de vingt ans.

Madame dit dans ses Mémoires : « Il est certain que la Fontanges est morte empoisonnée ; elle a même accusé de sa mort la Montespan. Un laquais que celle-ci avait gagné l'a fait mourir avec du lait. » Mais nous l'avons dit, la princesse palatine a toujours détesté madame de Montespan, et il ne faut point la croire sur parole.

Pendant ce temps-là commençait à apparaître dans la demi-teinte la véritable rivale de madame de Montespan : c'était la veuve Scarron, que nous avons vue il y a vingt ans sollicitant la survivance de la pension que la reine accordait à son mari malade.

Scarron était mort en laissant pour tout avoir à sa femme la permission de se remarier. Cette permission, au reste, était une fortune, s'il fallait en croire certaine prédiction. Un jour qu'elle franchissait la porte d'une maison que l'on réparait, un maçon nommé Barbé, qui passait pour prophète, l'arrêta, et, parodiant sans s'en douter la prédiction des sorcières de Macbeth :

— Madame, lui dit-il, vous serez reine !

On comprend que la veuve Scarron n'attacha à cette prédiction, toute l'importance qu'elle méritait, surtout lorsque, ayant perdu sa pension par la mort de la reine mère, elle se trouva forcée de se contenter d'une petite chambre pour elle et sa servante, chambre située au quatrième étage, et à laquelle conduisait un escalier étroit comme une échelle. Cependant cet escalier, si étroit qu'il fût, donnait passage aux plus grands personnages de la cour, qui avaient connu la belle veuve chez son mari, et qui, ayant apprécié son mérite, continuaient, toute pauvre qu'elle était, à lui faire leurs visites ; c'étaient M. de Villars, M. de Beuvron et les trois Villarceaux. Néanmoins, elle allait, cédant à sa mauvaise fortune, suivre mademoiselle de Nemours, sœur de la duchesse de Savoie, en Portugal, où celle-ci se rendait pour épouser le prince Alphonse, lorsque enfin madame de Montespan présenta à Louis XIV une requête tendante à ce que la pension de Scarron fût rendue à sa veuve.

— Ah ! s'écria le roi, encore une requête de cette femme ! c'est la dixième que je reçois.

— Sire, répondit madame de Montespan, je n'en suis que plus étonnée que Votre Majesté, dans ce cas, n'ait pas encore fait justice à une femme dont les ancêtres se sont ruinés au service des vôtres.

— Eh bien, donc, dit le roi, puisque vous le voulez...
Et il signa.

La veuve Scarron, assurée désormais de vivre, resta en France.

Quand M. le duc du Maine naquit, madame de Montespan se souvint de sa protégée. C'était, disait-on, une femme de mœurs austères, et qui ne pouvait ne pas être retirée ; elle avait pour directeur le fameux abbé Gobelin, qui, de capitaine de cavalerie, était devenu docteur en Sorbonne, et exigeait de ses dirigées autant de soumission qu'il en avait demandé autrefois à ses soldats. Tout cela lui donnait, malgré son esprit et ses hautes connaissances, bonne réputation dans le monde.

Il s'agissait de cacher la naissance de M. le duc du Maine et des autres enfants qui nécessairement devaient suivre celui-là. La veuve Scarron fut choisie pour leur gouvernante. On lui donna une maison au Marais et une pension pour les entretenir.

Bientôt la légitimation fit de ces enfants des princes ; la pension s'augmenta, mais aussi les devoirs de leur gouvernante. Ce n'était plus une éducation ordinaire qu'il fallait leur donner, c'était une éducation presque royale. Des discussions à ce sujet commencèrent alors à s'élever entre madame de Montespan et madame Scarron. Cette dernière voulut se retirer. Madame de Montespan, qui ne pouvait vivre avec elle et qui ne pouvait se passer d'elle, la rappela. Elle resta donc, mais elle mit à cette concession une condition absolue : c'était de demeurer indépendante et de ne rendre compte qu'au roi seul de l'éducation de ses enfants. Cette communication directe amena des lettres et des entrevues. C'était l'époque où toutes les femmes écrivaient bien, et, à l'exception de madame de Sévigné peut-être, madame de Maintenon écrivait mieux que toutes les femmes. Les lettres de la gouvernante produisirent donc sur le roi une impression que sa présence acheva.

C'était beaucoup, car Louis XIV détestait de lire. Un jour, il disait devant le duc de Vivonne, frère de madame de Montespan :

— Mais à quoi donc sert la lecture ?

— Sire, répondit le duc, qui était frais, vermeil et bien portant, la lecture fait à l'esprit ce que les bons dîners que je mange vous font aux miens à mes joues.

Cependant une chose déplaisait à Louis XIV, c'était ce nom de Scarron que portait cette gouvernante si intelligente et si spirituelle.

Elle prit donc le nom de Surgères.

Mais ce nom ne put tenir : une plaisanterie de madame de Montmorency le fit tomber ; elle s'avisa un jour de le mal prononcer, et, comme madame Scarron avait toujours fait la prude et avait le défaut de donner des conseils, même quand on ne lui en demandait point ; on l'appela madame *Surgère*.

Le mot fit fortune. Ninon, qui avait remplacé madame de Rambouillet et qui tenait bureau d'esprit, disait en parlant de madame Scarron :

— Ma foi ! le nom est bien trouvé : en effet, madame de la Sablière lui a *suggéré* d'épouser le cul-de-jatte Scarron ; le maréchal d'Albret, le duc de Richelieu, les trois Villarceaux lui ont *suggéré* de la faire cocu ; l'abbé Gobelin lui a *suggéré* de faire la prude ; on a *suggéré* à un maçon de lui prédire qu'elle deviendrait grande dame ; enfin l'ambition et l'ingratitude lui ont *suggéré* de ruiner dans l'esprit du roi, sa bienfaitrice, qui l'avait tirée de la misère pour lui confier ses enfants.

— Sans compter, ajouta madame de Montmorency, que c'est le mauvais ange de madame de Montespan qui a *suggéré* au roi de combler de biens la veuve Scarron.

Ce fut alors que la gouvernante acheta la terre de Maintenon ; mais elle n'y gagna rien, car Ninon, estropiant le nom à son tour, l'appela madame *de Maintenant*.

Au reste, comme elle ne pouvait pas changer de nom tous les jours et qu'elle était à son troisième, elle se tint à celui-là.

Cependant l'apparition de madame de Maintenon et l'influence qu'elle commençait à prendre sur le roi attristaient déjà la cour. Un noël du temps consacre cette funeste influence et indique avec quelle peine on voyait s'éloigner les beaux jours des la Vallière et des Montespan. Il est intitulé *le Messager fidèle* ; nous le donnons dans l'appendice (1).

Une autre influence venait, d'ailleurs, se joindre à celle de madame de Maintenon pour amener une réforme dans les mœurs royales, et, partant, dans les mœurs de la cour : c'était l'influence du père la Chaise.

Quelques mots sur ce jésuite, dont nous prononçons le nom pour la première fois, et qui eut une si grande influence sur l'époque nous avons essayons de faire connaître à nos lecteurs.

Le père la Chaise était neveu du fameux père Cotton, dont nous avons parlé en son lieu et place, et qui était confesseur de Henri IV. Son oncle paternel, le père d'Aix, l'avait fait jésuite ; il avait été recteur de Grenoble et de Lyon, puis provincial de la province. C'était un gentilhomme, et même d'assez bonne noblesse. Son père était bien allié, avait bien servi, et même aurait été riche pour son pays du Forez, s'il n'eût pas eu une douzaine d'enfants. Un de ses frères, se connaissant parfaitement en chiens, en chasses et en chevaux, fut longtemps écuyer de l'archevêque de Lyon, frère et oncle des maréchaux de Villeroy. C'est le même qui fut capitaine de la porte et auquel son fils succéda.

Les deux frères étaient à Lyon, l'un remplissant son emploi de provincial, l'autre sa charge d'écuyer, lorsque le père la Chaise fut appelé à Paris pour remplacer, en 1675, le père Ferrier, confesseur du roi.

C'était, du reste, une belle chose, en supposant que les choses se développent toujours dans l'esprit qui a présidé à leur création, que cette coutume du catholicisme qui, près du roi absolu ne relevant d'aucun pouvoir, plaçait l'esprit visible de Dieu dans la personne d'un homme ne relevant que de Dieu. Le confesseur, en ce cas, s'il remplissait sa mission sainte, était la sauvegarde unique du peuple et de la nation ; c'était lui qui venait offrir aux yeux du roi le tableau du juste et de l'injuste ; c'était lui qui venait opposer à l'inégalité de la vie l'égalité du tombeau. Or, les rois, en général, préféraient prendre leurs directeurs dans cet ordre des jésuites, d'ordinaire beaucoup plus savant que les autres ordres, et dont la constitution leur offrait cet avantage qu'ils faisaient vœu de n'accepter aucune fonction épiscopale, circonstance importante, on en conviendra, pour des hommes qui, une fois confesseurs du roi, avaient la feuille des bénéfices entre les mains.

« Le père la Chaise, dit Saint-Simon chez lequel les éloges sont rares, était d'un esprit médiocre, mais d'un bon caractère, juste, droit, sensé, sage, doux et modéré, fort ennemi de la délation, de la violence et des éclats : il avait de l'honneur, de la probité, de l'humanité, de la bonté ; il était affable, poli, modeste et même respectueux ; et, chose extraordinaire, lui et son frère ont toujours religieusement conservé une sorte de reconnaissance et même une dépendance marquée pour les Villeroy, dont ils avaient été les obligés ou les serviteurs. Fort désintéressé en tout genre, il l'était pour sa famille non moins que pour lui. Comme il se piquait de noblesse, il favorisait la noblesse tant qu'il le pouvait, faisant de bons choix pour l'épiscopat, où il fut fort heureux tant qu'il eut en son crédit. Il y avait bien contre lui certaines calomnies courantes comme contre tout ce qui est puissant (2) ; mais l'austérité de ses mœurs même avait sans doute donné lieu à ces calomnies, et ceux qui les premiers répandaient ces bruits n'y croyaient pas. »

Le père la Chaise, comme nous l'avons dit, se trouva chez l'allié naturel de madame de Maintenon. Ils eurent un mot de ralliement avec lequel ils firent tout faire au roi, le mot *salut* ; et cependant le roi était encore jeune, puisque, à l'époque où nous sommes arrivés, il n'avait que quarante ans.

Mais une circonstance venait en aide aux deux réformateurs : le roi, qui avait toujours eu une excellente santé, fut atteint d'une fistule. Le cas était grave, et la chirurgie, infiniment moins avancée qu'elle ne l'est de nos jours, donnait des craintes sérieuses. Le père la Chaise et madame de Maintenon, loin de le calmer, s'en servirent pour effrayer le roi. On lui montra madame de Montespan comme l'esprit tentateur qui le pouvait perdre.

Le roi pria madame de Maintenon, son bon ange, de dire

(1) Voir la note X à la fin du volume.
(2) Voir la note Y à la fin du volume.

à madame de Montespan que tout était fini entre eux, et qu'il ne voulait plus avoir aucun commerce avec elle. Madame de Maintenon se fit longtemps prier pour accepter cette commission, disant que c'étaient là de graves paroles, et qu'elle ne les voulait pas porter légèrement, attendu que le roi aurait peut-être de la peine à les soutenir ; mais le roi insista. Madame de Maintenon eut l'adresse de faire convertir la prière en ordre, et alors elle obéit. Le moyen de désobéir à Louis XIV !

Madame de Maintenon avait déjà, depuis un mois ou deux, rempli cette délicate mission, lorsqu'il fut décidé que le roi, pour sa santé, irait prendre les eaux de Barèges. Ces voyages étaient la pierre de touche de la faveur ; on attendit donc avec anxiété les nominations que le roi allait faire. Il nomma madame de Maintenon et fit dire en même temps à madame de Montespan qu'elle resterait à Paris.

La favorite sentit le coup : il était profond et presque mortel. Elle alla se renfermer dans la maison des Filles-Saint-Joseph, et y fit appeler madame de Miramion, la plus fameuse dévote du temps, pour y prendre d'elle des leçons de résignation et de piété. Mais, à tout ce que put lui dire la sainte femme, elle ne répondit autre chose que ces mots : « Ah ! madame, madame, comme il me traite ! Il me traite comme la dernière des femmes, moi la chasse comme sa maîtresse ! Dieu sait que je ne le suis plus, puisque, depuis la naissance du comte de Toulouse, il ne m'a pas même touché le bout du doigt. »

Le lendemain, madame de Montespan, que la violence de ses sentiments forçait au mouvement, quitta Paris pour Rambouillet. Le roi permit à mademoiselle de Blois de la suivre, mais il la défendit au comte de Toulouse.

Au bout de huit jours, Louis XIV se trouva mieux, et le voyage fut contremandé.

Alors, par un dernier mouvement de faiblesse sans doute, il fit dire à madame de Montespan, qu'il devait le lendemain se retirer à Fontevrault, qu'il ne partait pas.

Madame de Montespan prit cette attention pour un retour et accourut à Versailles pleine d'espérance ; mais ces espérances furent trompées ; ce qu'elle avait attribué à la passion n'était, dit l'abbé de Choisy, que pure politesse. Le roi avait quitté madame de Montespan par lassitude ; il continua de passer tous les jours chez elle en allant à la messe ; mais, en réalité, il ne faisait qu'y passer, et toujours accompagné de quelques courtisans, de peur qu'on ne l'accusât de vouloir reprendre ses chaînes rompues. D'ailleurs, ces visites d'un instant faisaient tellement contraste avec ses longues assiduités chez madame de Maintenon, que personne ne doutait plus de la disgrâce de l'une et de la faveur de l'autre.

Vers ce temps, la reine fut prise d'une maladie que l'on considéra d'abord comme une indisposition, et qui acquit bientôt la plus grande gravité : c'était un abcès sous le bras. Fagon lui fit saigner mal à propos, et lui donna l'émétique par-dessus la saignée ; si bien que le chirurgien, qui se nommait Gervais, recevant l'ordre du médecin, s'écria :

— Y songez-vous bien, monsieur Fagon ? Saigner la reine, mais c'est sa mort !

Fagon haussa les épaules.

— Faites ce que j'ordonne, dit-il.

Alors, le chirurgien se mit à pleurer à chaudes larmes, joignant les mains et disant :

— Mais vous voulez donc que ce soit moi qui tue la reine, ma bonne maîtresse !

Fagon insista : il n'y avait point à résister, le roi avait la plus grande confiance en lui. Le 30 juillet 1683, à neuf heures du matin, la reine fut saignée ; à midi, on lui fit prendre l'émétique ; à trois heures, elle était morte.

C'était une digne et excellente femme, mais d'une profonde ignorance, et, comme toutes les princesses espagnoles, ayant de la grandeur et sachant bien tenir une cour. Elle croyait aveuglément tout ce qu'on lui disait le roi, le bon comme le mauvais. Elle avait les dents noires et gâtées, et cela venait, disait-on, de ce qu'elle mâchait éternellement du chocolat. Elle était grosse et petite, paraissant plus grande quand elle ne marchait ni ne dansait ; car, lorsqu'elle marchait ou dansait, elle pliait sur les jambes, ce qui la rapetissait fort. Comme la reine Anne d'Autriche, sa tante, elle mangeait beaucoup, mais seulement par tous petits morceaux et toute la journée. Elle aimait passionnément le jeu, jouant presque tous les soirs la bassette, le revers ou l'hombre, ne se gagnant jamais, parce qu'elle ne savait bien jouer aucun jeu.

Elle avait une grande affection pour le roi. Quand il était en sa présence, elle ne le quittait pas des yeux, le dévorant du regard et cherchant à deviner ses moindres désirs. Alors, pourvu que le roi la regardât et lui sourît, elle était heureuse et gaie toute la journée. C'était bien autre chose quand le roi, qui, ainsi que nous l'avons dit, couchait avec elle toutes les nuits, lui donnait quelque preuve d'amitié plus intime encore ; alors, elle racontait sa bonne fortune à tout le monde, riant, clignotant des yeux, et frottant l'une contre l'autre ses deux petites mains.

Le roi ne l'aimait point d'amour, mais l'estimait sincèrement. Il fut donc, comme le dit madame de Caylus, plus attendri qu'affligé de sa mort. Madame de Maintenon, que la reine avait prise en amitié par haine contre la marquise de Montespan, à qui elle ne pouvait pardonner le mal que cette femme lui avait fait, resta près de la mourante jusqu'à son dernier moment, et, la reine expirée, voulut revenir chez elle. Mais M. de la Rochefoucauld la prit par le bras, et la poussa chez le roi en lui disant :

— Ce n'est pas l'heure de quitter le roi, il a besoin de vous.

Elle entra, mais ne resta qu'un moment avec Louis, et revint dans son appartement, conduite par M. de Louvois, qui l'invitait à passer chez la dauphine pour l'empêcher de suivre le roi à Saint-Cloud. Louvois faisait en effet observer que madame la dauphine, étant grosse et venant d'être saignée, se trouvait dans un état où réclamait des soins. Madame de Maintenon insista, et dit que, si madame la dauphine avait besoin de soins, le roi avait besoin, lui, de consolations. Louvois haussa les épaules, geste qui, d'ailleurs, lui était habituel, en disant :

— Allez, madame, allez ! le roi n'a pas besoin de consolations, et l'État a besoin d'un prince.

Effectivement, madame de Maintenon se rendit chez la dauphine, où elle s'installa, tandis que le roi partait pour Saint-Cloud. Il y demeura depuis le vendredi, jour où la reine mourut, jusqu'au lundi, qu'il partit pour Fontainebleau. Madame la dauphine, remise de son indisposition, alla l'y rejoindre, toujours accompagnée de madame de Maintenon. Toutes deux avaient pris le grand deuil et s'étaient munies de figures si affligées, que le roi ne put s'empêcher de leur faire quelques plaisanteries sur cette grande tristesse. « Ce à quoi, dit madame de Caylus, je ne jurerais pas que madame de Maintenon ne répondit comme le maréchal de Grammont à madame Héraut. »

Maintenant, comme notre lecteur, moins versé que madame de Caylus dans les anecdotes du temps, pourrait ignorer comment le maréchal de Grammont répondit à madame Héraut, nous allons le lui dire.

Madame Héraut avait pour charge à la cour d'avoir soin de la ménagerie, et, comme elle perdit son mari, le maréchal de Grammont, toujours bon courtisan, prit son air le plus lugubre pour lui faire son compliment de condoléance, auquel madame Héraut répondit :

— Ah! par ma foi! le pauvre cher homme, il a bien fait de mourir.

— Vraiment, répondit le maréchal, le prenez-vous sur ce ton-là ? Je ne m'en soucie pas plus que vous !

Vers le même temps reparut à Paris, mais non à la cour, notre ancienne connaissance, le duc de Lauzun. Disons quelques mots de lui, car nous aurons encore à le retrouver dans deux ou trois affaires de première importance.

Nous l'avons laissé à Pignerol, où Fouquet, son compagnon de captivité, le tenait pour fou, et où la permission qu'on leur donna de se voir ne put parvenir à ôter cette idée de la tête de l'ex-ministre.

Lauzun avait quatre sœurs qui toutes étaient sœurs : l'aînée était fille d'honneur de la reine mère, qui lui fit épouser en 1663 Nogent, capitaine de la porte et maître de la garde-robe ; il était fils de Nogent-Bautru, dont nous avons parlé souvent comme du bouffon de la reine mère, et fut tué au passage du Rhin. La seconde de ses sœurs avait épousé M. de Belzunce et passa sa vie avec lui en province ; la troisième fut abbesse de Notre-Dame de Saintes, et la quatrième, abbesse du Romeray, à Angers.

Madame de Nogent était la plus habile des quatre : ce fut elle qui, pendant sa captivité, Lauzun confia la gérance de ses biens. Elle plaça l'argent des brevets de ses places, qu'il avait eues pour rien et qu'il fut autorisée à vendre ; elle prit soin du fermage de ses terres et en accumula si bien les revenus, que, même à part les magnifiques donations que Mademoiselle lui avait faites, Lauzun tout prisonnier qu'il était, se trouvait immensément riche.

Mademoiselle cependant était inconsolable de cette longue et dure prison, et faisait toutes les démarches possibles auprès du roi pour obtenir sa liberté. Le roi songea à la lui accorder, mais en enrichissant son fils bien-aimé, le duc du Maine. Il parut céder aux instances de Mademoiselle, mais à condition qu'elle ferait donation au jeune prince et à sa postérité du comté d'Eu, d'Aumale et de la principauté de Dombes. Malheureusement, elle avait déjà fait don des biens premiers à Lauzun, ainsi que du duché de Saint-Fargeau et de la belle terre de Thiers en Auvergne ; c'était donc lui qui devait renoncer à Eu et à Aumale pour que Mademoiselle en disposât. D'ailleurs, c'était une spoliation patente et surtout si considérable, que Mademoiselle elle-même, quelque désir qu'elle eût de revoir Lauzun, ne pouvait se décider à la revoir à ce prix. D'un autre côté, Louvois et Colbert lui assuraient que, si elle continuait de refuser, Lauzun était prisonnier pour toujours. C'était une vieille vengeance que le roi tirait d'elle : il punissait autant dans Lauzun l'ancienne expédition de Mademoiselle à Orléans et le canon de la Bastille que les impertinences du favori. Mademoiselle comprit donc qu'il n'y avait effectivement rien à espérer, et elle déclara que cette renonciation ne la regardait pas, mais bien M. de Lauzun, et qu'elle ferait, dans ce cas, ce que M. de Lauzun lui même déciderait de faire.

Or, pour que le duc pût prendre une décision, il fallait qu'il fût libre, ou du moins qu'il parût l'être. On lui accorda donc, en 1679, la permission d'aller prendre les bains à Bourbon-l'Archambault, où il devait rencontrer madame de Montespan, et débattre avec elle les conditions de sa sortie. D'ailleurs, sa liberté n'était que factice, M. de Lauzun étant accompagné et gardé par un détachement de mousquetaires commandé par M. de Maupertuis.

Lauzun vit plusieurs fois madame de Montespan ; mais, indigné comme l'avait été Mademoiselle de ce grand dépouillement qu'on exigeait de lui, il aima mieux se faire reconduire à Pignerol que de céder.

Enfin, l'année suivante, Lauzun fut ramené à Bourbon-l'Archambault, et, soit que les conditions, cette fois, fussent meilleures, soit qu'il se lassât de la prison, il tomba d'accord avec madame de Montespan, qui revint triomphante à Paris. La donation demandée fut donc signée, et aussitôt Lauzun, qui ne conservait plus des grands biens de Mademoiselle que Saint-Fargeau et Thiers, fut mis en liberté, à la condition cependant qu'il ne quitterait pas l'Anjou ou la Touraine.

Cet exil dura près de quatre ans, il succédait à une prison qui en avait duré onze. Mais Mademoiselle se fâcha, cria contre madame de Montespan et contre son fils, se plaignit hautement et publiquement qu'on l'avait horriblement rançonnée, et cela si haut et si ferme, qu'il fallut bien rompre le ban du proscrit. Lauzun obtint la permission de revenir à Paris et liberté entière, pourvu qu'il se tint à deux lieues de toute résidence où le roi serait.

Il fit sa rentrée comme il convenait à un homme qui avait rempli un si grand rôle à la cour. Il était encore jeune, plus méchant que jamais et, malgré les spoliations, presque riche comme un prince. Il se mit à jouer un jeu effroyable et gagna. Monsieur lui ouvrit le Palais-Royal et Saint-Cloud ; mais le Palais-Royal et Saint-Cloud n'étaient point Marly ni Versailles, et Monsieur n'était pas le roi. Lauzun, habitué au soleil de la cour, n'y put tenir : il demanda et obtint la permission d'aller en Angleterre, où nous le laissons jouant gros jeu, et où nous le retrouverons remplissant un grand rôle.

L'époque que nous venons de parcourir, et qui embrasse les années comprises entre 1672 et 1684, années pendant lesquelles Louis XIV passe de l'âge de trente-quatre ans à l'âge de quarante-six, est la belle et éclatante époque de son règne, comme c'est la belle et éclatante époque de sa vie. Pendant cette période sur laquelle plane madame de Montespan, et que la favorite semble colorer du reflet de son esprit brillant et de son caractère hautain, lui fait de la France une puissance maritime ; il tient seul contre l'Europe ; il donne à Turenne, qui fait la guerre aux impériaux, une armée de 24.000 hommes ; à Condé, qui fait la guerre au prince d'Orange, une armée de 40.000 ; une flotte chargée de soldats va porter aux Espagnols la guerre à Messine ; il prend pour la seconde fois la Franche-Comté, déjà échappée de ses mains ; Turenne est tué, il oppose Condé à Montecuculli, et Condé, avec deux campements, arrête les progrès de l'armée allemande ; enfin, par le traité de Nimègue, où il impose sa paix à des puissances ennemies et dont il recueille les bénéfices, il rend à l'Europe la paix qu'il lui arrache, faisant dans l'un et l'autre cas de sa volonté l'arbitre du trouble ou du repos du monde.

La paix n'arrête pas l'impulsion donnée : la paix a ses grandeurs comme la guerre a ses gloires. Strasbourg, maîtresse du Rhin, formant à elle seule une puissante république, fameuse par son arsenal qui renferme neuf cents pièces d'artillerie, est prise sans que les longs coups de canon qu'elle coûte tirent l'Europe de son repos ; Alost, qu'il a oublié dans le traité de Nimègue, est arraché violemment au faisceau de villes, que l'Espagne possède encore dans les Pays-Bas ; Casal est acheté au prince de Mantoue, qui mangeait son petit État ville à ville ; le port de Toulon est construit ; 60.000 matelots sont organisés ; nos ports renferment cent vaisseaux de ligne, dont quelques-uns portent jusqu'à cent canons ; enfin une invention nouvelle, terrible, dont Louis XIV fera le premier essai, va lui permettre de bombarder cet imprenable Alger, qu'un de ses petits-fils prendra cependant.

N'oublions pas de consigner un fait qui eut lieu dans cette dernière période, pendant le mois d'août 1679. Le cardinal de Retz, qui, pendant son séjour à Rome, avait disputé la papauté à Innocent XI et obtenu huit voix, de retour à Paris depuis trois ans, quitta ce monde où il avait fait un instant si grand bruit, et qui, depuis vingt ans, l'avait à peu près oublié.

XLII

GUERRE CONTRE ALGER. — INVENTION DES BOMBES. — PETIT-RENAUD. — PREMIER BOMBARDEMENT. — TRAITÉ DE PAIX. — MORT DE COLBERT. — SES ÉPITAPHES. — SES FUNÉRAILLES. — SA FAMILLE. — GUERRE CONTRE GÊNES. — DEUXIÈME BOMBARDEMENT. — SUSPENSION DES HOSTILITÉS. — CONVENTIONS. — LE DOGE A VERSAILLES. — ÉTAT DU NOUVEAU PALAIS. — L'AMBASSADEUR GÉNOIS DEVANT LOUIS XIV.

Pendant ce temps, deux expéditions s'accomplissaient, qui devaient porter au comble de la gloire et surtout la renommée de Louis XIV, l'une contre Alger, l'autre contre Gênes.

Suivons l'ordre des dates et commençons par l'expédition d'Alger. Voici les faits :

Vers le mois de juin 1681, des corsaires tripolitains étaient venus enlever des bâtiments français jusque sur les côtes de Provence. Les corsaires se trompaient d'époque : ce n'était plus sous Louis XIV qu'on se permettait de pareilles hardiesses.

Aussi, sans prendre les ordres de personne, et agissant selon son impulsion, Duquesne, alors âgé de soixante et onze ans, rallia sa division, qui était de sept vaisseaux, poursuivit les corsaires et, les ayant joints près de l'île de Scio, les poussa si rudement, qu'ils furent obligés de se réfugier dans le port de la ville, qui appartenait au sultan. M. de Saint-Amant, officier sur la flotte française, fut aussitôt envoyé pour inviter le pacha de Scio à chasser les Tripolitains du port déclarant que, sur son refus, le commandant de la flotte française allait s'embosser sous les murs de la ville pour la ruiner complètement. Le pacha refusa d'abandonner ses bons amis tripolitains ; Duquesne vint jeter l'ancre à une demi-portée de canon des remparts, et commença un feu si vigoureux, qu'au bout de quatre heures, le pacha turc envoya à son tour un parlementaire pour supplier les Français de cesser les hostilités et pour offrir à leur capitale de s'en rapporter à l'intermédiaire de l'ambassadeur français à Constantinople.

L'affaire était en train de se traiter, lorsque Duquesne eut l'ordre de revenir immédiatement en France pour se préparer à l'expédition d'Alger.

Cette expédition avait été résolue dès 1660, époque à laquelle les pirates algériens avaient pris quelques bâtiments français sans déclaration de guerre. On les réclama ; ils les refusèrent ; de là l'ordre donné à Duquesne de revenir.

En effet, depuis longtemps, Duquesne avait médité sur les moyens d'attaquer cette aire de pirates, fléau de toute la Méditerranée ; il avait même écrit deux mémoires sur ce sujet, et dans le premier il proposait de boucher l'entrée du port d'Alger au moyen de vaisseaux maçonnés qu'on y coulerait et qui formeraient une digue à peu près pareille à celle avec laquelle Richelieu avait fermé le port de la Rochelle. Dans le second, il exposait dans tous ses détails un plan d'attaque, de débarquement et d'incendie.

Colbert avait souvent lu et relu ces deux mémoires ; mais une invention nouvelle venait de les rendre inutiles en offrant au grand roi des moyens de vengeance, non seulement plus rapides, mais encore plus conformes à ses goûts. Un jeune homme de trente ans venait d'inventer les bombes. Désormais Louis XIV, comme Jupiter, pouvait lancer la foudre : la dernière distance qui le séparait du maître des dieux venait d'être comblée.

L'inventeur de cette terrible machine se nommait Bernard Renaud d'Elicigaray ; il était né dans le Béarn en 1652, et on le nommait Petit-Renaud à cause de l'exiguïté de sa taille.

Petit-Renaud était un singulier mélange des qualités du partisan et du mathématicien. Emporté comme un homme d'action, rêveur comme un poète, distrait comme un astronome, lorsqu'il cherchait quelque problème, il devenait calme et réfléchi comme un vieux conseiller. Élevé chez M. Colbert du Terron, intendant de la Rochelle, et par conséquent habité un port de mer depuis son enfance, Renaud avait passé sa jeunesse dans les chantiers, dans les arsenaux, dans les ateliers de construction, et, là, avait, pour ainsi dire, appris la marine à livre ouvert.

Renaud, comme tous les gens de quelque valeur, qui étudient sans autre maître que la pratique et le bon sens, était sans cesse préoccupé des inventions qui pouvaient servir à perfectionner la marine, encore dans l'enfance : il avait déjà rêvé une construction de bâtiments tout à fait nouvelle, et qui devait doubler la vitesse de la marche et la rapidité des manœuvres, lorsque M. Colbert du Terron, protecteur du jeune homme, le recommanda à son cousin le ministre, qui le fit entrer chez M. le comte de Vermandois, grand amiral de France, dont nous avons raconté la mort. Sa place lui donnait le droit d'accompagner le jeune prince au conseil.

Un jour qu'il était question de donner une même forme à tous les bâtiments, et, par conséquent, de les assujettir à un même mode de construction, Renaud, qui n'avait jamais prononcé une parole, mais qu'on savait avoir étudié à Rochefort, fut interrogé par Duquesne sur certains détails particuliers à la construction des bâtiments qui sortaient de ce port.

Renaud alors, tout en donnant les détails demandés, se laissa entraîner, et, passant du détail à l'ensemble, établit tout un système nouveau de construction.

Ce système, qui consistait à alléger la proue et la poupe des bâtiments, et à les dégager des énormes châteaux d'avant et d'arrière qui les alourdissaient, était si clair, si net, si précis, qu'il frappa d'étonnement tous les vieux marins. Mais, quoique ce système fût exactement celui que depuis on adopta, la routine, la paresse des études nouvelles, l'habitude de l'éducation firent que l'on regarda le système de Renaud comme une belle théorie, mais une théorie inapplicable. Duquesne surtout fut des plus opposés à cette innovation, et, saisissant, d'ailleurs, que, sur si simple exposition, elle avait pris l'aspect d'un projet et qu'on la discutait sans qu'elle eût été proposée. Selon le vieux marin, deux châteaux d'avant et d'arrière étaient indispensables, attendu qu'en cas d'abordage, l'équipage pouvait s'y retirer et s'y défendre comme dans une forteresse.

— Les forteresses, dit Renaud, sont bonnes sur une terre solide, où l'immobilité est la première base de la force, et non sur un sol mouvant, où la rapidité est souvent cause du succès ; vous considérez les vaisseaux comme des forteresses, dites-vous ; eh bien, voilà pourquoi vos vaisseaux marchent comme des forteresses.

La réponse était vive pour un jeune homme qui parlait pour la première fois ; mais, comme, avant d'en arriver à ce mot, il avait dit beaucoup de bonnes choses, il en fut quitte pour une petite réprimande qui ne l'empêcha point de continuer d'assister au conseil. Seulement, il rentra dans son silence et peu à peu on oublia qu'il en était sorti.

Cependant, quelque temps après, dans une causerie que le jeune homme eut avec Colbert, il obtint plus de succès. Colbert avait appris ce qui s'était passé au conseil à propos du changement de construction proposé par Renaud, et son esprit si juste avait été frappé des raisonnements du jeune homme. Il causait donc avec notre utopiste, lorsque celui-ci lui dit, en causant, que, s'il était ministre, de la marine, la première chose qu'il ferait, ce serait de fonder une école publique de construction navale.

En effet, jusqu'à cette époque, il n'y avait pas d'école de construction, mais au contraire un secret de construction. Dans chaque port, un maître charpentier juré faisait construire les bâtiments sans autre plan que ce fameux secret reçu de son père ou acheté de son prédécesseur. Les capitaines et les ingénieurs du gouvernement n'avaient rien à y voir ; et ces maîtres charpentiers, ayant la prétendu secret, avaient aussi le monopole de la construction ; il fallait donc céder à leurs exigences.

Or, comme ces constructeurs privilégiés avaient souvent fait passer de fort mauvais moments à Colbert, Colbert n'était pas fâché de leur rendre ce qu'il leur devait ; aussi fit-il longuement causer Renaud, et, un mois après, une ordonnance parut, qui fondait une école de construction dans les ports de Toulon, de Rochefort et de Brest.

Cependant Renaud était préoccupé d'une grande chose dont il n'avait encore parlé à personne : il inventait les galiotes à bombes.

Ce fut sur ces entrefaites que Duquesne, rappelé de Scio, fut convoqué pour se trouver au conseil de marine ; on devait y discuter la valeur des deux projets sur l'attaque d'Alger.

La discussion fut vive. Chacun des deux plans présentait des avantages et des inconvénients. Renaud écouta avec une grande attention tout ce qui se dit pour ou contre l'un et l'autre projet ; puis, comme il se taisait selon son habitude, Colbert, qui commençait à prendre quelque confiance dans ses avis, se retourna de son côté et lui demanda :

— Eh bien, Renaud, que pensez-vous de cela ?

— Monseigneur, répondit le jeune homme, si j'étais directeur de l'expédition, je bombarderais Alger.

La réponse fit exactement le même effet que si, en 1804, Fulton eût dit à l'empereur :

— Sire, au lieu de débarquer en Angleterre avec ces bateaux plats, si j'étais à la place de Votre Majesté, j'y débarquerais avec des bateaux à vapeur.

Personne ne connaissait ces fameuses bombardières inventées par Renaud et déjà exécutées dans son esprit.

On demanda au jeune homme ce qu'il entendait par bombarder Alger.

Alors, avec sa simplicité habituelle, Renaud développa son plan, expliqua ce que c'était que les bombes, ce que c'était que les mortiers, comment il comptait placer ces mortiers sur les galiotes, et, de cette façon, bombarder Alger par mer.

Le projet avait un grandiose qui frappa tout le monde; mais, justement à cause de ce grandiose, il fut rangé au nombre des projets impraticables.

— Vous avez raison de ne pas me croire, dit Renaud, puisque je n'ai pas encore fait d'épreuves; mais, quand une seule épreuve sera faite, vous me croirez.

répondre, attendu qu'en ce cas la réponse est une preuve.

Les deux galiotes étaient prêtes. Elles avaient leurs équipages et leurs capitaines: l'une se nommait la Cruelle et l'autre la Brûlante. M. des Herbiers commandait la Brûlante, et M. de Combes la Cruelle.

M. de Combes était ami de Renaud. Renaud s'embarqua donc naturellement sur la Cruelle.

On partit dans les premiers jours du mois de décembre par un temps assez favorable; mais on connaît les variations atmosphériques particulières du canal de la Manche. Bientôt, le ciel se couvrit, le vent tomba, et la mer présenta cet aspect effrayant qui ressemble au calme et qui n'est que l'annonce de la tempête.

Ces signes désastreux ne pouvaient échapper à un œil aussi exercé que celui du capitaine. Il s'approcha de son ami, et, avec cette simplicité des hommes habitués au danger, il lui montra du doigt le ciel, puis la mer.

— Oui, dit Renaud; je vois bien.

Bombardement d'Alger.

La discussion fut reprise, plus lumineuse que jamais, sur les anciens moyens à employer; mais on ne décida rien, les deux projets de Duquesne paraissant presque aussi impraticables que celui de Renaud.

Colbert avait un fils qu'on appelait M. de Seignelay. C'était un homme d'une grande intelligence et fort avide de choses nouvelles: il entendit raconter par son père la proposition de Renaud; il avait une grande confiance dans ce jeune homme, qu'il connaissait dès longtemps; il obtint du ministre que Renaud pourrait faire construire une galiote au Havre, et que l'épreuve en serait faite.

Renaud, au comble de la joie, partit pour le Havre, fit construire sa galiote sous ses yeux, et tenta l'épreuve: elle réussit complètement.

Il écrivit aussitôt à son protecteur de venir. Seignelay accourut. L'épreuve fut renouvelée devant lui avec des résultats encore plus satisfaisants que la première fois.

Colbert ordonna alors de faire construire deux autres galiotes pareilles à Dunkerque, et deux autres au Havre.

Mais le jeune ingénieur était déjà assez célèbre pour avoir eu des ennemis. Quand on ne put pas nier la projection des bombes, on nia que des bâtiments chargés d'un poids aussi énorme que celui que nécessitait un pareil armement pussent marcher. Le bruit se répandit que les galiotes de Renaud ne tiendraient pas la mer.

— Si l'on veut, dit Renaud, j'irai chercher mes galiotes à Dunkerque et je les amènerai ici. De cette façon, on verra bien si elles tiennent la mer.

— Allez, dit Colbert, qui appréciait fort cette manière de

— Nous allons avoir une tempête.
— C'est immanquable.
— Veux-tu que nous gagnions quelque baie où nous relâcherons? Nous en avons encore le temps.
— De Combes, dit Renaud, n'as-tu pas entendu dire que mes galiotes ne tiendraient pas la mer?
— Oui, dit le jeune marin.
— Eh bien, tu comprends qu'au lieu de relâcher, il faut profiter de l'occasion de prouver à tous ces gens-là qu'ils se trompent. La tempête vient au-devant de nous, allons au-devant d'elle; la tempête, je l'espère, me donnera raison.
— Va donc pour la tempête! dit de Combes.

On fit aussitôt à la Brûlante les signaux de conserve et de sauvetage, et l'on attendit.

La tempête vint: elle dura soixante heures; elle creva les digues de Hollande et fit périr plus de quatre-vingts bâtiments.

On croyait Renaud et ses deux galiotes à jamais perdus, quand tout à coup on vit entrer dans le port du Havre les deux galiotes, qui, séparées d'abord par l'ouragan, s'étaient réunies à la hauteur de Dieppe.

Il n'y avait rien à répondre à une pareille preuve. Renaud demanda à faire partie de l'expédition d'Alger. Colbert se hâta de lui accorder cette demande. Les cinq galiotes se remirent en mer, et, après avoir doublé la pointe du Finistère, cet autre cap des Tempêtes, franchirent le détroit et arrivèrent à Toulon, rendez-vous général de l'armée navale commandée par Duquesne.

On sait les résultats de ce bombardement. La paix était

faite avec Baba-Hassan, le gouverneur, lorsque celui-ci fut assassiné par un certain Mezzo-Morte, qui, réunissant tous ceux qui étaient d'avis que l'on continuât la guerre, se fit proclamer à la place du gouverneur mort sous le nom de Hadji-Hussein et continua de défendre Alger à demi détruite. Malheureusement, les vents contraires, qui ordinairement soufflent en septembre, vinrent en aide aux pirates, et Duquesne fut forcé de s'éloigner de la ville sans avoir rien terminé. Néanmoins, dans la première quinzaine d'avril 1684, la paix fut conclue avec les Barbaresques.

Ils s'engageaient :

1° A rendre tous les Français en esclavage dans le royaume d'Alger ; en échange de quoi, on s'engageait seulement à leur rendre les janissaires du Levant, détenus sur les galères de France ;

2° A ne plus faire de courses dans l'étendue de dix lieues des côtes de France ;

3° A rendre tous les Français que les ennemis de la France conduiraient à Alger ou dans les autres ports du royaume, ainsi que les passagers pris sur les vaisseaux étrangers ;

4° A secourir tout vaisseau français poursuivi par des ennemis de la France sur les côtes du royaume, à ne donner aucun secours ni protection aux corsaires de Barbarie qui étaient ou seraient en guerre avec la France, etc.

Ce traité fut fait pour cent ans.

Dans le cas où il serait rompu, les marchands français qui se trouveraient dans toute l'étendue du royaume auraient le droit et la liberté de se retirer partout où bon leur semblerait.

Telle fut la fin de la campagne d'Alger, qui coûta plus de vingt millions à la France. En voyant le calcul de cette dépense, le nouveau dey dit à M. de Tourville :

— Votre empereur n'avait qu'à me donner dix millions et je ruinais Alger moi-même.

Mais ce n'était point là ce que voulait Louis XIV ; il voulait élever et détruire de ses propres mains, cela dût-il lui coûter le double.

Ce fut vers cette époque que mourut Colbert, à l'âge de soixante-quatre ans, dans son hôtel de la rue Neuve-des-Petits-Champs. Nous manquerions à ce qu'on doit à la mémoire de tout ministre trépassé si nous ne consignions pas ici quelques-unes des principales épigrammes auxquelles cette mort donna lieu.

Ci-gît sous cette froide lame
Le corps et peut-être aussi l'âme
D'un infâme inventeur d'impôts.
Tant mieux si son âme est mortelle ;
Mais, si Dieu ne la créa telle,
Comme il ne fait rien à propos,
Gare que la flamme éternelle
Ne grille son âme et ses os !

Qu'à bien rire chacun s'exerce :
Français, le petit Jean est mort ;
Ou, si je me trompe et s'il dort,
C'est le diable au moins qui le berce.

La mort habile et libérale
Nous a son secret découvert :
La pierre qui tua Colbert
Est la pierre philosophale (1).

Ici fut mis en sépulture
Colbert, qui de douleur creva.
De son corps on fit l'ouverture,
Quatre pierres on y trouva,
Dont son cœur était la plus dure (2).

En effet, la haine était grande contre Colbert : Louis XIV le haïssait parce que Louvois et madame de Maintenon le haïssaient, et qu'il pressentait d'avance qu'on devait lui donner le surnom de Grand ; les grands seigneurs le haïssaient parce que, de rien, Colbert était devenu « très haut et très puissant seigneur, messire Jean-Baptiste Colbert, chevalier, marquis de Château-Neuf-sur-Cher, baron de Sceaux, Lignières et autres lieux, conseiller ordinaire du roi en tous ses conseils, commandeur et grand trésorier de ses ordres, ministre et secrétaire d'État de la marine et des commandements de Sa Majesté, contrôleur général des finances, surintendant et ordonnateur général des bâtiments ; » les bourgeois le haïssaient parce qu'il avait ordonné la suppression des rentes sur l'hôtel de ville ; enfin le peuple le haïssait parce qu'il était riche et puissant, et que le peuple hait presque toujours ce qu'il devrait admirer.

Aussi l'on n'osa point faire de funérailles publiques à Colbert. Louis XIV abandonna Colbert mort, comme Charles 1er avait abandonné Strafford vivant ; Louis XIV, non moins détesté que son ministre à la fin de sa vie, eut des funérailles à peu près pareilles à celles qu'il lui avait laissé faire.

Le lendemain de sa mort, à une heure de nuit, le cadavre de Colbert fut jeté dans un méchant carrosse qui le conduisit dans l'église Saint-Eustache, sous l'escorte de plusieurs cavaliers du guet qui marchaient à pied.

Aussi, quand Louis XIV, qui retenait Seignelay à Fontainebleau sans lui permettre d'aller embrasser son père à l'agonie, fit, par un de ses gentilshommes, demander au moribond des nouvelles de sa santé, Colbert refusa de le recevoir, et, se retournant du côté du mur :

— Je ne veux plus entendre parler de cet homme, dit-il. Si j'avais fait pour Dieu ce que j'ai fait pour lui, je serais sûr d'être sauvé dix fois, tandis que je ne sais plus maintenant ce que je vais devenir.

Nous ne pouvons énumérer ici tout ce que fit Colbert ; un seul calcul donnera l'idée de son immense activité. Il trouva en 1664, c'est-à-dire à l'époque où il entra au ministère, la marine royale composée de :

3 vaisseaux de 1er rang de 60 à 70 canons.
8   »   de 2e rang de 40 à 50   »
7   »   de 3e rang de 30 à 40   »
4 flûtes.
8 brûlots.

Total... 30 bâtiments de guerre.

Le 6 septembre 1683, à l'époque de sa mort, il laissait :

12 vaisseaux de 1er rang de 76 à 120 canons.
20   »   de 2e rang de 64 à 74   »
39   »   de 3e rang de 50 à 60   »
25   »   de 4e rang de 40 à 30   »
5   »   de 5e rang de 24 à 30   »
25   »   de 6e rang de 6 à 24   »
7 brûlots depuis 100 jusqu'à 300 tonneaux.
20 flûtes de 80 à 600 tonneaux.
17 barques longues.

En tout... 186 bâtiments de guerre, sans compter 68 bâtiments en construction.
ci... 68
Total... 254

Tout avait grandi dans la même proportion.

A la mort de Colbert, Seignelay, son fils, eut la marine ; Claude Le Peletier, le contrôle général des finances ; Louvois, la charge de surintendant des bâtiments avec le patronage de l'Académie de sculpture et de peinture, quoique cette charge eût été promise par Louis XIV à Colbert pour son second fils, Jules-Armand Colbert, marquis de Blainville.

Les autres enfants de Colbert étaient : Louis Colbert, abbé de Notre-Dame de Bon-Port et prieur de Ruell ; Charles-Édouard Colbert, chevalier de Malte, destiné à servir dans la marine ; et enfin les duchesses de Chevreuse, de Beauvilliers et de Mortemart.

Tant que Colbert, ce grand partisan de la paix, avait vécu, Louvois, son rival et surtout son ennemi, avait constamment voulu la guerre, qui avait de besoin incessant de renommée nécessaire à Louis XIV, et qui le rendait, lui, Louvois, nécessaire à son maître ; mais, Colbert mort et Louvois devenu surintendant des bâtiments, ce fut Louvois à son tour qui désira la paix, ayant ou croyant avoir dans le goût de la bâtisse, presque aussi grand chez le roi que le besoin de gloire, un moyen de tenir à lui seul celui que Colbert lui avait disputé toute sa vie.

Mais alors ce fut Seignelay qui, à son tour, en sa qualité de ministre de la marine, joua le jeu qu'avait joué Louvois ; seulement, il changea le théâtre de la guerre, et, au lieu de la Flandre ou de l'Empire, prit la Méditerranée et l'Océan.

Ce fut dans ces circonstances que l'on résolut l'expédition de Gênes. Cinq griefs différents fournirent un prétexte à cette expédition. On reprochait aux Génois :

1° D'avoir armé et mis en mer quatre galères, malgré les représentations du roi Louis XIV ;

2° D'avoir vendu de la poudre et d'autres provisions aux Algériens en guerre avec le roi de France ;

---

(1) On sait que Colbert mourut de la pierre.
(2) Voir la note Z à la fin du volume.

3° D'avoir refusé le passage par Savone des sels de France envoyés à Mantoue ;

4° D'avoir dénié à M. le comte de Fiesque une indemnité qu'il réclamait de la République ;

5° D'avoir tenu des propos injurieux à l'honneur du grand roi.

Il y avait là plus de griefs qu'il n'en fallait pour faire déclarer une guerre que Louis XIV désirait. Aussi, pour rendre cette guerre inévitable, à peine fut-elle décidée, que deux lettres de cachet furent expédiées. L'une ordonnait à l'exempt de la prévôté de l'hôtel de se saisir à l'instant même du sieur Marini, envoyé de Gênes, et l'autre à M. de Besemaux, gouverneur de la Bastille, de le recevoir dans cette prison, en lui laissant toutefois la liberté de la promenade.

La flotte qui devait venger l'honneur du roi partit de Toulon le 6 mai 1684 ; elle arriva le 17 mai devant Gênes.

Ce fut le second essai de cette terrible invention de Petit-Renaud. Trois mille bombes furent lancées sur la ville superbe, tous ses faubourgs brûlés, et la plus grande partie de ses palais réduits en poussière.

On estima à près de cent millions le dommage causé par le bombardement.

Seignelay, qui avait assisté à l'affaire en personne, fit dire au doge que, s'il ne donnait pas au roi la satisfaction qui lui serait demandée, on reviendrait l'année suivante bombarder Gênes pour la seconde fois.

Puis il se retira.

Un traité de paix fut conclu le deuxième jour de février 1685. Dès le 14 janvier précédent, l'envoyé génois avait été mis hors de la Bastille.

L'article premier de ce traité portait :

« Le doge actuellement en charge et quatre sénateurs aussi en charge se rendront, dans la fin du mois de mars suivant, ou au plus tard le 10 avril, en la ville de Marseille, d'où ils s'achemineront au lieu où sera Sa Majesté. Lorsqu'ils seront admis à son audience, revêtus de leurs habits de cérémonie, ledit doge, portant la parole, témoignera, au nom de la république de Gênes, l'extrême regret qu'elle a d'avoir déplu à Sa Majesté, et se servira dans son discours des expressions les plus soumises, les plus respectueuses et qui marquent le mieux le désir sincère qu'elle a de mériter à l'avenir la bienveillance de Sa Majesté et de la conserver précieusement. »

En vertu de cet article du traité, le doge partit de Gênes le 29 mars 1685, avec quatre sénateurs, pour venir en France faire des soumissions au roi de la part de la République.

Les quatre sénateurs qui l'accompagnaient étaient les seigneurs Garibaldi Paris, Mario Salvago, Agostino Lomellino et Marcello Durazzo.

Le doge descendit à Paris, où il arriva le 18 avril, dans une maison du faubourg Saint-Germain, tout près de la Croix-Rouge.

L'ambassadeur demeura à Paris sans avoir son audience jusqu'au 15 mai, c'est-à-dire près d'un mois.

On avait nommé M. le maréchal d'Humières pour aller chercher le doge ; mais, celui-ci ayant refusé de lui laisser prendre la droite, il fut donna simplement M. de Bonneuil, introducteur des ambassadeurs ; en outre, on lui fit dire qu'il eût à ôter les clous de son carrosse, cette distinction n'étant réservée qu'aux personnes royales et aux souverains.

C'était à Versailles que Louis XIV devait recevoir le doge. Versailles s'achevait et détrônait déjà Fontainebleau et Saint-Germain. Pour arriver à ce résultat, le roi, invincible jusqu'alors, avait tout vaincu, le site, l'absence d'eau, et jusqu'à la mortalité. Pendant trois mois, on avait emporté du milieu de ces pierres tronquées, comme d'un champ de bataille, des charretées d'ouvriers morts. Un prince du sang, le duc de Chartres, avait failli y laisser la vie pour être venu y passer huit jours ; et le désespoir de la princesse palatine, sa mère, avait été tel, qu'elle avait voulu se tuer, croyant son fils bien-aimé mort. Au milieu des arbres transportés à grands frais des forêts de Fontainebleau, de Marly et de Saint-Germain, se détachaient déjà, sur la verdure des charmilles naissantes, les groupes de Coysevox, de Girardon, de Desjardins, de Masson et du Puget. Aux plafonds commençait à éclore, sous le pinceau de Le Brun et de Mignard, tout ce monde mythologique auquel Louis XIV mêlait sa famille, faisant cet honneur à ses dieux d'accepter leur parenté. La chapelle seule n'était point achevée ; mais, dans l'ordre chronologique, l'Olympe avait précédé le ciel, et le Dieu des chrétiens, dieu humble, dieu pauvre, dieu né dans une crèche, pouvait bien attendre son tour : on le logerait quand Louis XIV serait logé ; on penserait à lui quand madame de Maintenon aurait besoin de lui.

Ce fut dans ce palais fait à sa taille, au milieu de toute cette splendeur naissante qui préparait la banqueroute de 1718 et la révolution de 1793, que le grand roi reçut, non pas le doge, car, à ce titre de doge, il eût fallu rendre des honneurs presque souverains, mais l'ambassadeur de la république de Gênes.

Le roi avait fait placer son trône au bout de la galerie, du côté du salon de la Paix. A midi, le grand appartement et la galerie étaient pleins. Le doge arriva dans les carrosses du roi et de madame la dauphine ; les sénateurs le suivaient dans les autres carrosses, et douze pages à cheval et quarante estafiers le précédaient.

Louis XIV avait à ses côtés M. le dauphin, M. le duc de Chartres, M. le Duc, M. le duc du Maine et M. le comte de Toulouse.

A la vue du doge, le roi se couvrit et fit couvrir le doge ; les sénateurs restèrent découverts, et les princes qui avaient le droit de se couvrir mirent leur chapeau sur leur tête.

Le doge fit au roi un discours selon les termes du traité : le discours fut humble ; mais celui qui le prononça fut constamment digne et fier. Quand il eut cessé de parler, il se découvrit, et, pour lui faire honneur, les princes se découvrirent à leur tour.

Pendant l'après-midi, le doge fut introduit chez M. le dauphin et chez les princes. Les princesses le reçurent sur leur lit pour n'avoir pas besoin de le reconduire. Quelques jours après, il fut invité à revenir à Versailles, assista au lever, dîna chez le roi et parut au bal. Puis le roi lui donna une boîte magnifique avec son portrait et des tapisseries des Gobelins.

En sortant, un des sénateurs, émerveillé des richesses qu'il venait de contempler, demanda au doge ce qui l'avait le plus étonné à Versailles.

— C'est de m'y voir, répondit celui-ci.

XLIII

COUP D'ŒIL SUR LA LITTÉRATURE, LES SCIENCES ET LES BEAUX-ARTS A CETTE ÉPOQUE. — MOLIÈRE. — LA FONTAINE. — BOSSUET. — BUSSY-RABUTIN. — MADAME DE SÉVIGNÉ. — FÉNELON. — LA ROCHEFOUCAULD. — PASCAL. — BOILEAU. — MADAME DE LA FAYETTE. — MADAME DESHOULIÈRES. — SAINT-SIMON. — QUINAULT. — LULLI. — LA PEINTURE. — LA SCULPTURE. — L'ARCHITECTURE. — ÉTAT DE LA LITTÉRATURE ET DES SCIENCES EN ANGLETERRE, EN ALLEMAGNE, EN ITALIE ET EN ESPAGNE. — PROGRÈS DE L'INDUSTRIE FRANÇAISE DANS CETTE PÉRIODE. — LES DAMES D'HONNEUR. — EMBELLISSEMENTS DE PARIS. — PROGRÈS DES ARTS MILITAIRES. — ARMÉE DE TERRE. — CAVALERIE. — ARTILLERIE. — MARINE. — FAMILLE DE LOUIS XIV. — LE GRAND DAUPHIN ET SES FILS. — ENFANTS NATURELS. — LE COMTE DE VERMANDOIS. — LE COMTE DU VEXIN. — MADEMOISELLE DE BLOIS. — M. DU MAINE. — MADEMOISELLE DE NANTES. — UNE JOURNÉE DU GRAND ROI. — ÉTIQUETTE DE SA COUR.

Arrêtons-nous un instant sur ce point culminant où Louis XIV a eu tant de peine à monter et du haut duquel, soumis, malgré sa divinité factice, aux lois de la faiblesse humaine, il lui faudra bientôt descendre.

Corneille vient de mourir, et avec lui le dernier reflet de la littérature espagnole en France ; le sceptre de la tragédie est à Racine, c'est-à-dire à l'élégance moderne et à l'imitation grecque ; bien entendu que cette imitation perd sa forme antique pour prendre, non pas même la forme française, mais pour se plier au goût et au caprice du grand roi.

Molière, qui n'a pas eu de prédécesseur, qui n'aura pas d'héritier, et qui restera sans égal, quoique Boileau lui conteste le prix de l'art (1), fait jouer ses chefs-d'œuvre, et se repose de *Tartufe* et du *Misanthrope* par ces admirables

---

(1) C'est par là que Molière, illustrant ses écrits,
Peut-être de son art eût remporté le prix.

farces qui, après deux siècles, sont restées des modèles de bon sens et de gaieté.

La Fontaine fait sa cour à madame de Montespan, qui a eu un instant la Voisin pour rivale ; puis, de temps en temps, il lui pousse une fable comme un arbre pousse un fruit : on la cueille sans s'inquiéter ni de son origine ni si les différentes branches du fablier sont greffées avec Phèdre, avec Esope ou avec Pilpay, et l'on en fait ce recueil devenu élémentaire, et qui restera à la fois un chef-d'œuvre de finesse et de bonhomie.

Quand on le secoue bien fort, il en tombe des contes que les femmes qui ne comprennent pas Boccace, l'Arioste ou le Pogge, et qui ne veulent pas se fatiguer à lire Bonaventure Desperriers et la reine de Navarre dans leur vieux français, emportent furtivement dans leurs boudoirs, et qu'elles cachent sous les coussins de leurs sofas lorsqu'il entre une femme qui n'est pas leur amie ou un homme qui n'est pas leur amant.

Bossuet écrit son *Histoire universelle* et fait ses admirables *Oraisons funèbres*. Il avait à peu près débuté par celle de la reine mère, composé en 1667 et qui lui avait valu l'évêché de Condom ; puis était venu, en 1669, l'*Eloge funèbre de la reine d'Angleterre*, regardé comme son chef-d'œuvre jusqu'en 1670, où, après avoir vu mourir Madame entre ses bras, il s'écria le lendemain : « O nuit désastreuse ! nuit effroyable ! où retentit tout à coup, comme un éclat de tonnerre, cette étonnante nouvelle : *Madame se meurt ! Madame est morte !* »

Cette dernière mit le comble à sa réputation. Mais aussi quel est le prédicateur qui a eu dans sa vie à faire trois oraisons funèbres comme celles d'Anne d'Autriche, de madame Henriette d'Angleterre, et de cette belle et poétique Madame qui n'avait d'autres ennemis que les étranges maîtresses du prince son mari ?

Bussy-Rabutin écrit son *Histoire amoureuse des Gaules*, un des plus curieux documents sur les intrigues galantes de cette époque, et va à la Bastille pour l'avoir écrite. Bussy-Rabutin était, avec sa cousine, dont il passa sa vie à dire trop de bien et trop de mal, un reste de l'école frondeuse.

Madame de Sévigné jette ses *Lettres* au vent, et, comme les feuilles de la sibylle de Cumes, on se dispute les *Lettres*, modèle d'esprit, de langue et d'absence de sensibilité, à moins qu'on ne prenne pour de la sensibilité ses sensibleries adressées à madame de Grignan. Madame de Coulanges lui répond des lettres qu'on peut lire non seulement avant, mais encore après les siennes.

Ce disciple et cet ami de Bossuet, qui deviendra plus tard son rival et son ennemi, Fénelon commence son *Télémaque*. Si ce fut, comme on l'a dit, pour l'éducation de M. le duc de Bourgogne, c'était un étrange livre à mettre entre les mains d'un fils de France que celui qui commençait par les amours de Calypso et d'Eucharis, et qui finissait par la critique de son aïeul. En effet, Sésostris triomphant sous l'appel d'orgueil, idoméné de ce fils fastueux et pauvre, pouvaient être comparés à Louis XIV passant sous les arcs triomphaux qui sont aujourd'hui la porte Saint-Denis et la porte Saint-Martin, et bâtissant Versailles, cette ruine de la France ; tandis que Protésilas, cet ennemi des grands capitaines qui veulent être l'honneur des États et non les complaisants des ministres, était le Louvois Antique persécutant Turenne et annihilant Condé.

Quatorze éditions anglaises furent faites du *Télémaque*; dont treize au moins furent dues à cette opinion.

La Rochefoucauld, que nous avons vu frondeur et amoureux, a cessé d'être amoureux, mais est resté frondeur. Les deux blessures qu'il a reçues pour madame de Longueville l'ont rendu misanthrope, et il a écrit ses désespérantes *Maximes*.

Dès 1654, Pascal a fait paraître le recueil de ses *Provinciales*, auxquelles notre célèbre professeur d'histoire Michelet vient de donner une suite. Tout le monde sait quel succès elles avaient eu ; mais ce que tout le monde ne sait pas, c'est qu'un jour, l'évêque de Luçon demandant à Bossuet quel ouvrage il aimerait mieux avoir fait s'il n'eût pas fait les siens :

— Les *Lettres provinciales*, répondit l'évêque de Meaux.

Boileau, qui cessera d'écrire quand Louis XIV cessera de vaincre, n'ayant plus de campagnes de Hollande à décrire ni de passage du Rhin à raconter, publie son *Art poétique*, ses *Satires* et son *Lutrin*. Mais, de toutes ses satires, celles qui sont le plus lues ne sont pas celles qui sont imprimées ; il y en a une qui court, manuscrite, que tout le monde sait par cœur, et qui a fait sourire Louis XIV, le grand abaisseur de ce qui existait avant lui ; elle est adressée à Dangeau et commence par ce vers :

La noblesse, Dangeau, n'est pas une chimère.

Madame de la Fayette vient d'écrire son *Histoire de Madame*; madame de Caylus, ses romans ; madame Deshoulières, ses idylles.

Fontenelle invente ses *Mondes* et promène ses lecteurs dans ce pays des chimères dont, vingt ans auparavant, Descartes avait été le Christophe Colomb.

Saint-Simon, presque enfant, prend les notes sur lesquelles il écrira ses admirables *Mémoires*.

Après l'histoire et la poésie vient le chant. Quinault, trop attaqué par Boileau, et Lulli, peut-être trop loué par lui, se sont associés, et les premiers opéras français nés de cette collaboration se jouent le jour sous le nom d'*Armide* et d'*Atthis*. Avant Lulli, nous ne connaissions guère que la chanson, et presque tous les airs chantés sur le théâtre ou la guitare nous venaient d'Espagne ou d'Italie. Les vingt-quatre violons du roi étaient la seule musique organisée qu'il y eût en France.

La peinture avait commencé sous Louis XIII. Rubens, en venant peindre la vie de Marie de Médicis, avait pu admirer Poussin ; et Le Brun, avec lequel grandissait notre école, valait mieux que tout ce que l'Italie possédait alors. Il est vrai que l'Italie était en décadence, et qu'au contraire la France, jeune et ignorante encore, produisait en quelque sorte ses premiers tableaux.

Il faut bien dire un mot des architectes, quoiqu'on ne puisse opposer nos architectes connus à ces architectes ignorés qui ont fait Notre-Dame, Rouen, Strasbourg, Chartres, Reims, Beauvais, Caudebec, et les églises et les hôtels de ville éparpillés sur le vieux sol français, qui se sont épanouis, magnifique végétation de pierre depuis le xe jusqu'au xvie siècle ; mais il faut faire la part d'une époque qui prenait le grand pour le grandiose, et. si Versailles et la colonnade du Louvre ne valent pas ce qu'on avait fait avant Mansard et Perrault, ils valent mieux toujours que ce qu'on a fait depuis.

Au reste, Colbert avait, en 1657, fondé l'académie de peinture de Rome, et, en 1671, l'académie d'architecture de Paris.

La sculpture, plus heureuse que l'architecture, avait conservé un certain caractère quand le Bernin, sollicité par une ambassade de venir bâtir la colonnade du Louvre, mit pied à terre à Toulon. La première chose qu'il aperçut fut la porte de l'hôtel de ville, soutenue par deux cariatides du Puget. Il s'arrêta devant elles, et, après les avoir regardées plus d'un quart d'heure sans en détourner les yeux :

— On n'a pas besoin, dit-il, d'envoyer chercher des artistes à Rome quand on a en France l'homme qui a fait cela.

Et le Bernin avait raison ; ce qu'il y avait d'extraordinaire seulement, c'est qu'il reconnut cette supériorité du Puget, égale à la taille de tout ce que la statuaire moderne a produit de beau.

Au reste, ce fut une grande école de sculpture que ce Versailles où le marbre et le bronze poussaient, sous le ciseau de Girardon, de Coysevox et de Coustou, plus vite que les arbres sous le souffle de Dieu.

De son côté, l'Europe semblait répondre à l'appel de la France. A Shakspeare, ce roi du drame et de la poésie, plus grand à lui seul que tous les poètes et tous les dramaturges, avaient succédé Dryden, Milton et Pope, c'est-à-dire l'élégie, l'épopée et la philosophie. En outre, Marsham avait étudié l'Egypte, Hyde la Perse, Sale la Turquie ; enfin Halley, simple astronome, élevé au commandement d'un vaisseau du roi, s'apprêtait à aller fixer la position des étoiles du pôle antarctique et déterminer les variations de la boussole dans toutes les parties du monde connu.

Enfin Newton trouve, à vingt-quatre ans, le calcul de l'infini.

En jetant les yeux vers le Nord, on voit qu'il n'est point resté en arrière. Helvétius envoie de Dantzick un rapport dans lequel on trouve la première connaissance exacte de la lune ; Leibnitz, savant, jurisconsulte, philosophe, théologien et poète, dispute à Newton sa gigantesque découverte, comme Améric dispute à Colomb le nouveau monde à Colomb. Il n'y a pas jusqu'au Holstein qui n'offre son Mercator, précurseur de Newton en géométrie.

L'Italie lutte contre le passé : son malheur à elle, est d'avoir eu Dante, Pétrarque, l'Arioste, Raphaël, Michel-Ange, le Tasse et Galilée. Aussi est-ce bien humblement qu'elle prononce les noms de Chiabrera, de Lappi, de Filicaja, de Cassini, de Maffei et de Bianchini. Son midi est éteint par son orient.

L'Espagne, qui n'a plus de savants depuis les Arabes, qui n'a plus de poètes depuis Lope de Véga et Calderon, plus de peintres depuis Vélasquez et Murillo, plus de rois depuis Charles-Quint et Philippe II, va se transformer, et, Louis XIV, qui sait déjà, par sa nièce Marie-Louise, que Charles II est impuissant, convoite pour un de ses fils l'héritage de Ferdinand et d'Isabelle, qui va rester vacant faute d'héritier.

L'Espagne n'a plus que Cervantès et vit sur *Don Quichotte*.

Ce n'est pas simplement par les arts et par la science

que la France est supérieure à tout ce qui l'entoure, c'est encore par l'industrie. Chaque année du ministère de Colbert est marquée, non seulement par quelque chef-d'œuvre de Corneille, de Molière ou de Racine, par la fondation de quelque académie, par l'ouverture de quelque théâtre, mais aussi par l'établissement de quelque manufacture. Sous Henri IV et sous Louis XIII, on n'avait de draps fins que ceux qui se fabriquaient en Hollande et en Angleterre : en 1669, on compta jusqu'à quarante-quatre mille deux cents métiers dans le royaume, et, en 1680, Louis a si bien encouragé les manufacturiers auxquels il avance, par chaque métier battant, deux mille livres, que les plus beaux draps sont ceux d'Abbeville.

Les soies suivent la même progression : des mûriers sont plantés dans tout le midi de la France ; les fabricants peuvent, au bout de dix ans de culture, se passer des soies étrangères, et cette seule branche d'industrie opère dans le commerce un mouvement de fonds de cinquante millions de ce temps-là, qui en font près de quatre-vingts de notre époque.

Les seuls tapis dont on se servait pour les palais royaux et pour les grands hôtels étaient, jusque-là, les tapis de Perse et de Turquie. A partir de 1670, les tapis de la Savonnerie, lutent avec eux et les détrônent ; quiconque a lu les chroniques du XIVe, du XVe et du XVIe siècle, a vu les ducs de Bourgogne faire don de leurs magnifiques tapis de Flandre à tous les princes et à tous les souverains de l'Europe et de l'Asie. Aujourd'hui, c'est le roi Louis XIV qui possède les plus belles tapisseries du monde et qui fait sortir du vaste enclos des Gobelins, où travaillent plus de huit cents ouvriers, ces vastes tableaux imités de Raphaël ou dessinés par Le Brun.

Il faut que nos dentelles ne restent point en arrière de celles d'Italie et de Malines. On fait venir trente ouvrières de Venise, deux cents de Flandre, et on leur donne seize cents filles à diriger.

Dès 1666, on faisait en France des glaces aussi belles qu'à Venise ; mais, pour Louis XIV, ce n'est rien que d'atteindre, il faut surpasser. Dix ans après, nos glaces étaient les plus grandes, les plus belles et les plus pures de l'Europe.

Tous les ans, le roi achetait pour un million d'objets d'art ou d'industrie, dont il composait des loteries : ces loteries étaient un moyen ingénieux de faire des présents aux dames de la cour.

Nous disons les dames, car, depuis 1673, les demoiselles d'honneur avaient été supprimées. Louis XIV savait par lui-même combien ces demoiselles d'honneur méritaient peu leur nom. Une aventure, rendue célèbre par le fameux sonnet de l'*Avorton*, fit qu'on substitua aux douze filles d'honneur douze dames du palais. On y gagnait non pas une amélioration de mœurs, mais au moins l'absence du scandale, et, en outre, la présence à Paris ou à Versailles des parents et des maris ; ce qui augmentait la splendeur de la cour.

Quand Louis XIV rentra dans Paris après sa fuite à Saint-Germain et son expédition de Bordeaux, il y retrouva le Paris de Henri IV et de Louis XIII, c'est-à-dire la ville mal pavée, mal éclairée, qui régit le jour, mal gouvernée la nuit. La satire de Boileau fait foi qu'à l'époque où elle fut écrite, c'est-à-dire vers l'année 1660, il n'y avait aucune sûreté à se promener dans les rues passé six heures du soir l'hiver et neuf heures l'été. Louis XIV pava et nettoya les rues, alluma cinq mille fanaux, rétablit les anciens ports, en fit construire cinq nouveaux, créa une garde à pied et à cheval, et institua un magistrat uniquement chargé de la police.

Sous lui, les armées se forment ou plutôt se créent : avant Louis XIV, il y avait des rassemblements d'hommes, mais pas de soldats. Son établissement de haras, qui date de 1667, donnera des chevaux à la cavalerie, qui en a toujours manqué ; l'adoption de la baïonnette constitue la principale force de l'infanterie : soixante ans plus tard, le fusil, arme principale d'abord, ne sera plus qu'une arme secondaire ; et le maréchal de Saxe, le philosophe le plus militaire et le plus philosophe qu'il y ait jamais eu, osera mettre en avant cet étrange axiome que le fusil n'est que le manche de la baïonnette.

Avant Louis XIV, l'artillerie n'existe pas ; c'est encore la cavalerie qui décide du gain des batailles comme au temps de l'ancienne chevalerie. Le roi fonde les écoles de Metz, de Douai et de Strasbourg ; il crée un régiment de bombardiers pour mettre à profit une invention nouvelle qui deviendra l'une des plus meurtrières de l'avenir ; il prend ses hussards, dont il crée le premier régiment, à ses ennemis les Autrichiens et les Hongrois ; il constitue un corps d'ingénieurs qui, élèves de Vauban, construiront ou répareront cent cinquante places de guerre ; il donne un uniforme aux divers régiments, établit des marques pour les différents grades, institue les brigadiers, met les corps de la maison du roi sur le pied qu'ils ont conservé jusqu'à la Révolution, fixe à cinq cents hommes les deux compagnies de mousquetaires auxquels il donne l'habit que nous leur avons vu porter de 1815 à 1830, attache une compagnie de grenadiers à chaque régiment d'infanterie, et institue l'ordre de Saint-Louis, pour lequel on n'aura pas besoin de faire ses preuves comme pour ceux du Saint-Esprit et de Saint-Michel.

Aussi son armée, qui, en 1672, étonne l'Europe par son chiffre de 180,000 soldats, est-elle, douze années plus tard, portée au nombre de 450.000 hommes, y compris les troupes de la marine. Ces armées sont successivement commandées par Condé, Turenne et Luxembourg, qui, même après nos guerres de l'Empire, ont conservé la réputation de grands généraux.

Nous avons dit ailleurs à quelles forces étaient arrivées ses flottes commandées par Duquesne, Jean Bart et Tourville, flottes qui lui donnèrent la supériorité maritime sur les autres nations (lesquelles saluent les premières le pavillon français) et l'égalité avec l'Angleterre.

Maintenant que nous avons passé en revue les poètes, les savants, les artistes qui font la gloire de Louis XIV, et jeté les yeux sur les armées, les généraux et les amiraux qui font sa puissance, portons nos regards sur ce que le ciel lui avait donné pour faire le bonheur, c'est-à-dire sur sa famille.

Louis XIV, à l'époque où nous sommes arrivés, c'est-à-dire vers la fin de 1684, a un fils légitime pour lequel il garde cette couronne déjà trop lourde au front d'un homme, et qui tombera sur la tête d'un enfant ; ce fils, c'est monseigneur Louis, qu'on appelle le *grand dauphin*.

Le grand dauphin, élevé par M. de Montausier, l'Alceste du *Misanthrope*, instruit par Bossuet son précepteur, avait reçu de ces deux hommes quelques bonnes qualités et la nature une foule de vices dont ces quelques bonnes qualités étaient parvenues à ne garder que des défauts. Il n'avait jamais bien aimé ni bien haï personne. Cependant il était méchant : son grand plaisir était de faire du chagrin à ceux qui l'entouraient ; mais aussi, sur une simple observation, les principes de ceux qui l'avaient élevé reprenaient le dessus, et il était tout prêt à faire plaisir à cette même personne qu'il avait affligée. C'était, d'ailleurs, en tout point, comme en celui-ci, l'humeur la plus inconcevable qu'il y eût au monde. Quand on le supposait de mauvaise humeur, on le trouvait en bonne disposition. Jamais on ne devinait juste ; aussi personne ne l'a jamais bien connu, pas même ses proches : la princesse palatine, qui vécut vingt-cinq ans avec lui, le voyant tous les jours, disait qu'elle n'avait jamais vu son semblable, et croyait qu'il ne devait pas en naître son pareil. On ne pouvait pas dire qu'il fût un sot : son mérite, particulier et incontestable, si toutefois c'était un mérite, était de saisir non seulement les ridicules des autres, mais encore les siens ; il remarquait tout, avec quelque air distrait qu'il regardât passer les choses, et racontait plaisamment ce qu'il avait vu ou remarqué ; sa grande crainte, sa crainte incessante et éternelle, était d'être roi, non point parce qu'il ne pouvait être roi qu'à la mort de son père, mais à cause de la peine qu'il serait obligé de prendre s'il voulait gouverner. En effet, il était d'une paresse extrême qui lui faisait négliger les choses les plus importantes ; aussi préférait-il ses aises à tous les empires et à tous les royaumes. Toute la journée, on le trouvait couché soit sur un canapé, soit sur une chaise à bras, fouettant silencieusement avec sa canne tantôt un soulier, tantôt l'autre. Jamais de sa vie on ne lui entendit donner son opinion sur rien, ni en art, ni en littérature, ni en politique. Cependant, lorsque par hasard il parlait et qu'il était bien disposé, il s'exprimait en termes nobles et élégants ; puis, une autre fois, c'était tout autre chose : on eût dit la niaiserie même. Un jour, on s'imaginait que c'était le meilleur prince de la terre ; le lendemain, il discourait comme s'il eût été Néron ou Héliogabale. Son principe était de ne point faire plus de cas d'un homme que d'un autre. On eût dit qu'il ne faisait point partie du genre humain, tant l'humanité lui était indifférente ; il avait horreur des favoris et on ne lui en connut pas un seul, ce qui n'empêchait pas qu'il n'ambitionnât la faveur comme d'un avide des courtisans. Son étude particulière était de ne pas laisser deviner sa pensée, et, lorsque par hasard on la devinait, il enrageait de grand cœur. Trop de respect le gênait, trop d'abandon le blessait. Il riait fréquemment et joyeusement. Enfant soumis et surtout craintif, il obéissait au roi, non pas en dauphin, mais en fils de simple particulier. Jamais il n'a haï ou aimé une femme. La seule personne qu'il n'aimait pas, mais à laquelle il était soumis comme s'il l'eût aimée, c'était madame de Maintenon.

A cette époque, monseigneur le grand dauphin avait déjà de sa femme Marie-Anne de Bavière trois fils : Louis, duc de Bourgogne, qui eut Fénelon pour professeur, et qui épousa Marie-Adélaïde de Savoie, cette charmante duchesse qui fut les premières amours du duc de Richelieu ; et Philippe, duc d'Anjou, qui devint roi d'Espagne. Mais nous n'avons encore rien eu à dire ni de l'un ni de l'autre : le premier avait deux ans et demi, et le second dix-huit mois.

L'espoir de la monarchie n'en reposait pas moins sur trois têtes, et, d'ailleurs, Monseigneur pouvait encore avoir et eut effectivement d'autres enfants.

Outre son fils légitime et ses deux petits-fils, Louis XIV avait encore à cette époque cinq enfants naturels, tous légitimés par lui :

Mademoiselle de Blois, fille de mademoiselle de la Vallière, qui épousa M. le prince de Conti ;

M. le duc du Maine, qui épousa Louise de Condé ;

Mademoiselle de Nantes, qui épousa le duc de Bourbon ;

La seconde mademoiselle de Blois, qui épousa le duc d'Orléans, régent ;

Et M. le comte de Toulouse, qui épousa mademoiselle de Noailles.

Disons un mot de deux enfants, naturels aussi, que venait de perdre Louis XIV : l'un, fils de mademoiselle de la Vallière ; l'autre, fils de madame de Montespan. Tous deux étaient morts il y avait un an.

Le premier était le comte de Vermandois, amiral de France.

Le second, le comte du Vexin, abbé de Saint-Denis.

Le comte de Vermandois était mort à Courtray le 15 juillet 1685. Sa mort avait été inattendue, et elle donna lieu à plusieurs suppositions qui trouveront plus tard leur place dans notre récit.

Le comte de Vermandois avait seize ans lorsqu'il mourut, comme nous venons de le dire, après sa première campagne. Il était adonné à la boisson, bien fait, mais louchant un peu. Ses débauches étranges avaient fort courroucé le roi contre lui. On accusa M. le dauphin de l'avoir perdu ; mais c'était une calomnie dont M. le dauphin, qui d'ailleurs avait ce vice en horreur, se défendit avec une énergie qui ne permet pas de douter qu'il ne fût étranger à tout ce scandale. Ceux qui débauchèrent le jeune prince furent le chevalier de Lorraine et son frère, le comte de Marsan. Quoi qu'il en soit, Louis XIV refusa longtemps de le voir, et, lorsque la seconde Madame, qui aimait beaucoup ce jeune prince, profita de l'accouchement de madame la dauphine pour intercéder en sa faveur, le roi lui répondit :

— Non, non, ma sœur, M. le comte de Vermandois n'est pas encore assez puni de ses crimes.

En effet, ce ne fut qu'un an après que le roi lui pardonna, mais comme pardonnait Louis XIV, sans oublier. Aussi la mort du comte de Vermandois ne causa-t-elle pas au roi toute la peine qu'elle lui eût causée dans une autre circonstance. Quant à madame de la Vallière, on connaît sa réponse en apprenant cette nouvelle :

— Hélas ! dit-elle, j'apprends sa mort avant d'être consolée de sa naissance.

Le comte du Vexin avait onze ans lorsqu'il mourut d'une trop grande application au travail, à ce qu'on assure. Madame de Maintenon ne l'aimait pas, et l'enfant le lui rendait bien : il était couché sur son lit d'agonie, entre sa mère et sa tante, madame de Thianges, qui toutes deux l'adoraient, quand madame de Maintenon, sa gouvernante, entra et voulut se venir asseoir aussi près de son lit. Mais alors l'enfant, qui toute sa vie avait dissimulé sa haine, n'eut pas la force de l'emporter au carnaval et éclata. Rappelant ses forces et se retournant de son côté :

— Madame, dit-il, tout le temps que vous avez été commise pour surveiller ma conduite, j'ai tâché, autant qu'il a été en moi, de vous obéir pour montrer ma déférence à mes parents, qui avaient placé auprès de nous ; madame de Thianges, que j'aime pourtant de tout mon cœur, s'est aussi trompée et, sans le vouloir, vous a bien trompé sa sœur en l'assurant que vous étiez franche et bonne, tandis que vous n'êtes ni l'un ni l'autre. Ne croyez pas que ce soit l'amour que vous portez à M. du Maine qui m'ait inspiré de la jalousie et m'empêche de vous aimer ; non, c'est parce que vous m'avez toujours conseillé la dissimulation, que vous me repreniez avec humeur quand je disais ce que je pensais, et que vous ne vous êtes pas cachée devant nous de ne pas aimer madame de Montespan, tandis qu'elle vous comblait sa mère) et devant madame de Thianges, vous êtes une ingrate !

On comprend l'effet que fit une pareille sortie. Madame de Maintenon, quoique peu facile à décontenancer, ne savait quel visage faire, quand, heureusement pour elle, les médecins entrèrent et défendirent au jeune prince de parler. En même temps, ils engagèrent madame de Montespan à aller prendre un peu de repos, ce à quoi elle ne consentit qu'à la condition que madame de Maintenon ne resterait pas près de son fils. Les trois femmes sortirent donc. Deux heures après, madame de Thianges rentrait chez son neveu, et il expirait dans ses bras.

La mort du jeune prince rapprocha un instant le roi de madame de Montespan ; mais c'était un rapprochement de pitié seulement, et auquel l'amour n'avait aucune part ; aussi ne fut-il que momentané.

Les autres enfants du roi étaient, nous l'avons dit, mademoiselle de Blois, le duc du Maine, mademoiselle de Nantes, la seconde mademoiselle de Blois et M. le comte de Toulouse.

Il y a peu de chose à dire de la première mademoiselle de Blois, fille de la duchesse de la Vallière, si ce n'est que ce fut celle de ses filles du côté gauche que le roi aima le plus ; elle était d'une politesse qui l'avait fait chérir de tout le monde, ce qui est assez rare partout et surtout à la cour. Elle avait épousé François-Louis, prince de Conti, dont il fut un instant question pour en faire, après la mort de Jean Sobieski, un roi de Pologne. C'était un prince fort débauché, et, comme il était très délicat et que ses forces ne répondaient point à ses désirs, il prit un jour des mouches cantharides et mourut à peu près tué par cet aphrodisiaque.

M. du Maine était le favori du roi et surtout de madame de Maintenon. Une chute qu'il avait faite des bras de sa nourrice, étant tout petit, l'avait rendu boiteux, et cet accident avait encore aigri son caractère. Quoique âgé de treize ou quatorze ans à peine, il promettait déjà d'être tout ce qu'il a été depuis ; personne n'avait plus d'esprit ni d'art caché que M. du Maine, il possédait toutes les grâces qui peuvent charmer. Avec l'air le plus simple, le plus naïf et le plus naturel, personne ne connaissait mieux les gens qu'il avait intérêt à connaître ; personne n'avait plus de tour de manège et d'adresse pour s'insinuer auprès d'eux ; personne enfin, sous un extérieur dévot, solitaire, philosophe, sauvage, ne cachait des vues plus ambitieuses plus vastes, vues que son extrême timidité servait encore à couvrir. Nul, s'il en faut croire Saint-Simon, ne ressemblait plus au démon en malignité, en noirceur, en perversité d'âme, en marches profondes, en orgueil superbe, en faussetés exquises, en artifices sans bornes, en simulations sans mesure ; et encore en agréments, en l'art d'amuser, de divertir et de charmer, quand il voulait plaire. En outre, c'était un poltron accompli de cœur et d'esprit, et, à force de l'être, le poltron le plus dangereux de ce qu'il se peut, pourvu que ce fût par-dessous terre, à se porter aux plus terribles extrémités pour payer à ce qu'il jugeait avoir à craindre.

C'était là un caractère comme il convenait à madame de Maintenon ; aussi l'avons-nous dit, M. du Maine était son élève de prédilection, et M. du Maine, de son côté, préférait de beaucoup madame de Maintenon à sa mère.

On disait tout bas à la cour, et le duc d'Orléans régent le disait tout haut, que M. du Maine n'était pas le fils de Louis XIV, mais de M. de Terme, qui était de la même maison que M. de Montespan.

Mademoiselle de Nantes venait, dans l'ordre chronologique, après M. du Maine. A elle aussi l'on déniait la naissance royale : un gentilhomme allemand nommé Bettendorf prétendait qu'elle était la fille du maréchal de Noailles. « Il avait vu, disait-il, étant de garde, le maréchal entrer nuitamment chez madame de Montespan ; il avait marqué l'heure, et, neuf mois après, jour pour jour, mademoiselle de Nantes était née. »

Madame la duchesse n'était pas précisément jolie, mais pleine de grâce et de gentillesse : c'était une chatte pour sa finesse, sa câlinerie et ses griffes cachées sous le velours ; elle avait la figure et les manières si bien harmonisées ensemble, que figure et manières paraissaient charmantes. Personne n'avait son port de tête, personne ne dansait mieux ni avec plus de grâce, quoiqu'elle fût un peu boiteuse ; tout amusement semblait le sien. Aisée avec tout le monde, elle avait l'art de mettre chacun à son aise. Il n'y avait rien en elle, soit dans la voix, soit dans le sourire, soit dans le geste, qui n'allât naturellement à plaire. N'aimant personne, connue pour telle, mais séduisante à tous, ceux qui avaient le plus de raisons de la haïr étaient forcés de se rappeler qu'ils la haïssaient pour ne pas l'adorer. Enjouée, gaie, plaisante, disant les choses avec un tour qui n'appartenait qu'à elle ; invulnérable aux surprises, d'esprit dans les moments les plus inquiets et les plus contraints ; aimant les choses frivoles, les plaisirs singuliers, méprisante, moqueuse, piquante ; incapable d'amitié, fort capable de haine si elle croyait avoir des raisons de haïr, et alors méchante, fière, implacable ; féconde en artifices sanglants et en chansons cruelles (1) dont elle accablait

(1) Voir la note AA à la fin du volume.

les personnes qui passaient leur vie avec elle, et qu'elle semblait le plus aimer : c'était la sirène antique avec tous les charmes et tout les dangers de l'enchanteresse de *l'Odyssée*.

En ce moment, le roi, qu'elle amusait fort, était un peu en brouille avec elle. Comme son frère le comte du Vexin, elle détestait madame de Maintenon et saisissait toutes les occasions de dire de son ancienne gouvernante ce qu'elle en pensait. Un jour, elle se promenait dans le parc de Versailles ; surprise par la pluie, elle court à la première porte venue ; cette porte, qui s'ouvrait sur la terrasse du nord, était gardée par un Suisse qui avait reçu du roi lui-même la consigne de ne laisser passer personne par la porte qu'il gardait. Le Suisse, fidèle à la consigne, refuse le passage : madame la duchesse insiste, mais l'honnête Helvétien lui répond que c'est le roi lui-même qui a donné l'ordre. En ce moment, madame de Maintenon, pressée, comme madame la duchesse, par la pluie, accourt à la même porte.

— Ah ! bon ! dit madame la duchesse à la sentinelle, voici la p...... du roi (1) ; comme l'ordre ne la concerne probablement pas, j'entrerai avec elle.

Sur ces entrefaites, madame de Maintenon arrive, même refus.

— Sentinelle, dit madame de Maintenon, prenez garde à ce que vous faites !

— Oh ! je sais bien ce que je fais, dit la sentinelle, j'opéis à ma gonzigne.

— Mais savez-vous qui je suis ?

— Foui, matame, on me l'a tit : fous êtes la butain du roi ; mais c'être égal, fous n'endrerez bas !

Madame la duchesse fit un grand éclat de rire, salua respectueusement madame de Maintenon et rentra par une autre porte.

Quant à la seconde mademoiselle de Blois et au comte de Toulouse, ils étaient encore trop jeunes à cette époque pour que nous essayions de tracer leur caractère ; l'occasion s'en présentera dans la suite de cette histoire, et nous ne la laisserons pas échapper.

Ce furent toutes les morts que nous avons rapportées, c'est-à-dire celle du comte du Vexin, celle du comte de Vermandois, celle de la reine, et enfin celle de Colbert, arrivée vers la fin de la même année, qui sans doute répandirent dans le cœur du roi cette grande tristesse, qui le firent pencher vers la religion et le détermineront à établir cette étiquette qui transportait dans sa vie royale quelque chose de la rigueur du cloître.

Empruntons les détails d'une journée du grand roi au *Cérémonial des rois*, à *l'Etat de France* et aux *Mémoires de Saint-Simon*.

A huit heures du matin, tandis qu'un officier de fourrière remettait du bois au feu dans la chambre du roi, qui dormait encore, les garçons de chambre ouvraient doucement les fenêtres, enlevaient *l'en cas* (2), ainsi que le mortier (3) et le *lit de veille* (4). Alors, le premier valet de chambre en quartier qui avait couché dans la chambre du roi, et qui s'était habillé dans l'antichambre, rentrait et attendait que la pendule eût sonné la demie ; puis, et avant que la vibration du timbre se fût éteinte, il éveillait le roi. Aussitôt, le premier chirurgien, le premier médecin et la nourrice du roi, tant qu'elle a vécu, entraient en même temps : la nourrice allait l'embrasser, les deux autres le frottaient, et, s'il avait transpiré, l'aidaient à changer de chemise. A neuf heures un quart, on appelait le grand chambellan, ou, en son absence, le premier gentilhomme de la chambre, et avec eux les grandes entrées. L'un des deux ouvrait le rideau du lit, qui s'était refermé, et présentait l'eau bénite du bénitier placé au chevet du lit. Ces messieurs restaient là un moment, et ils saisissaient ce moment pour parler au roi ou pour lui faire leurs demandes. Quand aucun d'eux n'avait rien à dire ou à demander, celui qui avait ouvert le rideau et offert l'eau bénite, présentait le livre de l'office du Saint-Esprit ; puis tous deux passaient dans le cabinet du conseil. Cet office, fort court, achevé, le roi appelait, et ils rentraient ; le même lui donnait sa robe de chambre, et cependant les secondes entrées ou brevets d'affaires étaient introduits. Peu de moments après ceux-ci, ce qu'on appelait la *chambre* après la chambre, tout ce qu'il y avait là de distingué ; puis tout le monde, qui trouvait le roi se chaussant avec *grâce et adresse*, dit Saint-Simon, des mules qu'après lui avoir passé ses bas lui présentait le premier valet de chambre. De deux jours l'un, on lui voyait faire sa barbe. Il n'avait point de toilette à sa portée ; on lui présentait seulement un miroir. Il était coiffé d'une petite perruque courte toujours pareille, et qu'on lui voyait sur la tête même au lit, quand il recevait au lit, les jours de médecine.

Dès que le roi était habillé, il allait prier Dieu à la ruelle de son lit ; autour de lui, ce qu'il y avait de clergé se mettait à genoux, les cardinaux sans carreaux ; tous les laïques demeuraient debout, et le capitaine des gardes venait au balustre pendant la prière, d'où le roi passait dans son cabinet.

Il y trouvait ou y était suivi de tout ce que l'on appelait l'entrée du cabinet, et cette entrée était fort étendue, car les charges l'avaient toutes ; il y donnait l'ordre à chacun pour la journée : ainsi, l'on savait dès le matin tout ce que le roi devait faire, et jamais, à moins d'événements graves, cet ordre n'étant interverti ou changé. Alors, tout le monde se retirait, et il ne restait près du roi que les bâtards, avec eux MM. de Montchevreuil et d'O, comme ayant été leurs gouverneurs, Mansard et d'Antin, le fils de madame de Montespan : toutes les personnes entraient, non par la chambre, mais par les derrières. C'était le bon temps des us et des autres.

On raisonnait plans, bâtisses, jardins, et cette conversation durait plus ou moins, selon que le roi avait affaire.

Pendant ce temps toute la cour attendait dans la galerie. Le capitaine des gardes était seul dans la chambre, assis à la porte du cabinet : on l'avertissait quand le roi voulait aller à la messe, et alors il entrait à son tour. A Marly, la cour attendait dans le salon ; à Trianon et à Meudon, dans les pièces de devant ; à Fontainebleau, dans la chambre et dans l'antichambre.

Cet *entre-temps* (comme on le voit, chaque minute avait son nom), cet entre-temps était celui des audiences, quand le roi en accordait ou qu'il voulait parler à quelqu'un ; c'était l'heure aussi où les ministres étrangers étaient reçus en présence de Torcy. On appelait ces dernières audiences les audiences secrètes, pour les distinguer de celles qui se donnaient sans cérémonie à la ruelle du lit, au sortir de la prière, et qu'on appelait audiences particulières, ou des audiences de cérémonie qui se donnaient en grand apparat aux ambassadeurs.

Le roi allait à la messe, où sa musique particulière chantait un motet. Pendant le trajet, lui parlait qui voulait ; il suffisait de dire un mot au capitaine des gardes, préambule dont étaient même dispensés les gens de distinction. Le roi allait et revenait par la porte des cabinets dans la galerie. Cependant les ministres avaient été avertis et s'assemblaient dans la chambre du roi. Le roi s'arrêtait peu au retour de la messe, et demandait presque aussitôt le conseil.

La matinée était finie, car le conseil durait, d'ordinaire, jusqu'à midi et demi ou une heure.

A une heure avait lieu le dîner.

Le dîner était toujours au petit couvert, c'est-à-dire que le roi mangeait seul dans sa chambre (1), sur une table carrée, vis-à-vis la fenêtre du milieu ; le repas était plus ou moins abondant, car le roi ordonnait le matin son petit couvert ou son très petit couvert ; mais, même dans ce dernier cas, il était encore fort copieux et de trois services, sans le fruit, car Louis XIV mangeait beaucoup. La table dressée, les principaux courtisans entraient, puis tout ce qui était connu. Alors, le premier gentilhomme allait avertir Sa Majesté qu'elle était servie ; le roi se mettait à table, et le premier gentilhomme le servait, si le grand chambellan n'y était pas.

Quelquefois, mais fort rarement, Monseigneur, et plus tard Monseigneur et ses fils, assistaient au petit couvert debout, et sans que jamais le roi leur proposât un siège. Il en était de même, et l'on pense bien, des princes du sang et des cardinaux. Souvent Monsieur y venait, donnait la serviette, et, comme les autres, tout frère du roi qu'il était, demeurait debout. Alors, et quelques minutes après avoir rempli l'office du grand chambellan, le roi lui demandait s'il ne voulait pas s'asseoir ; Monsieur alors faisait la révérence, et le roi ordonnait qu'on lui apportât un siège. Ce siège était un tabouret, qu'on plaçait derrière le roi.

---

(1) Que l'on ne s'étonne pas de cette manière de parler, elle était fort commune, surtout à la cour.
(2) L'on ca, était une collation préparée *en cas* que le roi eût faim, pendant la nuit. Il se composait, d'ordinaire, d'un bol de bouillon, d'un poulet voit froid, de pain, de vin et d'eau, avec une tasse de vermeil.
(3) Le mortier était un petit vaisseau d'argent de la forme d'un mortier à piler ; on le remplissait d'eau, et sur cette eau surnageait un morceau de cire jaune. C'était, à proprement dire, une veilleuse plus riche et d'une plus grande dimension que les veilleuses ordinaires.
(4) Le lit de veille était le lit qu'on préparait tous les soirs pour le premier valet de chambre.

(1) Voir la note BB à la fin du volume.

Cependant Monsieur continuait de se tenir debout jusqu'à ce que le roi lui dît : « Asseyez-vous donc, mon frère. » Monsieur s'asseyait alors et demeurait assis jusqu'à la fin du dîner, où il présentait une seconde fois la serviette. Aucune dame ne venait au petit couvert, excepté madame la maréchale de Lamothe, qui avait conservé ce privilège de sa charge de gouvernante des enfants de France ; encore venait-elle très rarement : dès qu'elle paraissait, on lui apportait un siège, car elle était duchesse à brevet.

Les grands couverts à dîner étaient extrêmement rares. C'était ordinairement à Fontainebleau et les jours de grande fête. Le premier médecin assistait toujours au dîner.

En sortant de table, le roi entrait aussitôt dans son cabinet. C'était encore pour les gens distingués un moment de lui parler. A cet effet, il s'arrêtait quelques minutes à la porte, puis il entrait. Il était fort rare qu'on le suivît alors, excepté le premier médecin ; mais, en tout cas, on ne le suivait jamais sans demander, et c'est, dit Saint-Simon, ce qu'on n'osait guère. Alors, le roi se plaçait, avec celui qui l'avait suivi, dans l'embrasure de la fenêtre la plus proche du cabinet, dont la porte se fermait aussitôt. C'était encore un moment donné aux enfants naturels et aux valets de l'intérieur ; c'était aussi le moment adopté par Monseigneur, quand il n'avait pas vu le roi le matin. Monseigneur entrait et sortait par la porte de la galerie.

Alors, le roi donnait à ses chiens couchants et s'amusait plus ou moins longtemps avec eux ; puis il demandait sa garde-robe, et changeait devant le petit nombre de courtisans qu'il plaisait au premier gentilhomme de la chambre de laisser entrer ; puis, aussitôt qu'il avait changé, le roi sortait par derrière et par le petit degré, dans la cour de Marbre, pour monter en carrosse. Depuis le bas de ce degré jusqu'à son carrosse, lui parlait qui voulait, et c'était de même en revenant.

Non seulement le roi aimait extrêmement le grand air, mais le grand air lui était nécessaire pour lui ; quand il en était privé, il éprouvait des maux de tête. Il attribuait cette susceptibilité au grand usage de parfums que faisait sa mère Anne d'Autriche ; aussi ne pouvait-il souffrir aucune odeur, excepté celle de la fleur d'oranger. Les courtisans ou les personnes qui l'approchaient se gardaient donc d'avoir aucun parfum sur eux.

Ce grand besoin d'air avait rendu le roi peu sensible au froid, au chaud et même à la pluie : aussi les temps extrêmes l'empêchaient-ils seuls de sortir tous les jours. Ces sorties n'avaient que trois objets : courre le cerf, tirer dans ses parcs ou visiter les ouvriers. Parfois aussi il ordonnait des promenades avec les dames, et des collations dans la forêt de Marly ou de Fontainebleau. Aucun ne le suivait dans les promenades qui n'étaient point ordonnées, excepté ceux qui étaient de service ou que les charges principales attachaient à sa personne. En pareil cas, dans les jardins de Versailles et dans ceux de Trianon, le roi seul était couvert.

A Marly, c'était autre chose, tout le monde pouvait suivre le roi dans sa promenade, le joindre ou le quitter. Ce château, où Louis XIV se retirait pour échapper à l'étiquette, avait encore un autre privilège. A peine hors de ses appartements, le roi disait :

— Le chapeau, messieurs !

Et, aussitôt, courtisans, officiers des gardes, architecte, gens de bâtiment, se couvraient devant, à côté, derrière, avec une promptitude qui était devenue une politesse, car on obéissait à un ordre du roi.

La chasse au cerf avait aussi ses privilèges : une fois invité, y allait qui voulait. Au nombre des invités étaient ceux qui avaient obtenu le fameux justaucorps à brevet dont nous avons parlé, et qui était, nous croyons l'avoir déjà dit, un uniforme bleu, avec des galons, un d'argent entre deux d'or, doublé de rouge.

Il en était de même du jeu ; une première invitation donnait le droit d'y assister toujours. Le roi le voulait gros et continuel. Le lansquenet était le jeu principal du principal salon, et dans les autres salons, il y avait encore des tables et d'autres jeux.

Au retour de sa promenade, depuis son carrosse jusqu'au bas du petit degré, s'approchait de lui qui voulait. Une fois rentré, il se rhabillait, et, changement opéré, restait dans son cabinet. C'était encore l'heure attendue des bâtards et de leurs valets de bâtiment. Il y restait une heure ; puis il passait chez madame de Maintenon en traversant les appartements de madame de Montespan ; et sur le chemin lui parlait encore qui voulait.

A dix heures précises, le roi était servi ; le maître d'hôtel en quartier, ayant son bâton à la main, allait avertir le capitaine des gardes en quartier dans l'antichambre de madame de Maintenon. Il n'y avait que les capitaines des gardes qui entrassent dans cette antichambre, qui était fort petite ; alors, le capitaine des gardes ouvrait la porte et disait :

— Le roi est servi.

Un quart d'heure après, le roi venait souper.

Pendant ce quart d'heure, les officiers avaient fait *les prêts*, c'est-à-dire essayé le pain, le sel, les assiettes, la fourchette, la cuiller, le couteau et les cure-dents du roi. Les viandes avaient été apportées suivant le cérémonial arrêté par l'ordonnance du 7 janvier 1681, c'est-à-dire qu'elles étaient précédées de deux gardes, d'un huissier de salle, du gentilhomme servant de panetier, du contrôleur général, du contrôleur d'office, de l'écuyer de cuisine, et suivies de deux gardes qui empêchaient d'approcher de la viande du roi.

Alors, Louis, précédé du maître d'hôtel et de deux huissiers portant flambeau, venait s'asseoir devant sa nef (1) et son cadenas (2) ; il regardait autour de lui, et trouvait réunis presque toujours les fils et les filles de France, et, plus tard, les petits-fils et petites-filles de France, et, de plus, un grand nombre de courtisans et de dames. Aussitôt, il apparaissait aux princes et aux princesses de prendre leurs places. Aux extrémités de la table, six gentilshommes restaient devant le roi pour le servir et renouveler l'essai des viandes. Quand le roi voulait boire, l'échanson disait tout haut :

— A boire pour le roi.

Les chefs d'échansonnerie bouche faisaient la révérence, apportaient une coupe de vermeil et deux carafes, et faisaient l'essai. Après quoi, le roi se servait lui-même à boire, et les chefs d'échansonnerie, après une nouvelle révérence, reportaient les carafes sur le buffet.

Pendant tout le repas, il y avait une musique douce qui n'empêchait point de parler, et qui semblait, au contraire, un accompagnement aux paroles.

Lorsqu'il avait soupé, le roi se levait et tout le monde avec lui. Deux gardes et un huissier le précédaient ; on traversait le salon, et l'on entrait dans la chambre à coucher. Arrivé là, le roi se trouvait quelques instants debout adossé au balustre du pied du lit ; puis, après des révérences aux dames, passait dans son cabinet, où il donnait l'ordre au capitaine des gardes. Alors entraient dans ce cabinet les fils et filles de France, leurs enfants quand ils en avaient, et les bâtards, leurs femmes et leurs maris. Ils y trouvaient le roi dans un fauteuil et, d'ordinaire, Monsieur dans un autre, et Monseigneur debout, ainsi que tous les autres princes. Les princesses étaient assises sur des tabourets. Après la mort de la dauphine, la seconde Madame y fut admise. Quant aux dames d'honneur des princesses et aux dames du palais, elles attendaient dans le cabinet du conseil qui précédait celui où était le roi.

Vers minuit, le roi se retirait, et, en se retirant, allait porter à manger à ses chiens. Au retour, il donnait le bonsoir, puis passait dans la chambre à la ruelle de son lit, où il faisait sa prière comme le matin ; alors commençait le petit coucher, où restaient les grandes et secondes entrées ou brevets d'affaires. Cela était court. Les privilégiés en profitaient, et, si l'on voyait le roi causer avec un des assistants, les autres se retiraient pour laisser à celui-là tout le temps d'exposer sa demande.

D'avance, on avait apporté dans la chambre du roi son en-cas de nuit ; son fauteuil était placé près de la cheminée, ainsi que sa robe de chambre et ses pantoufles. Le barbier avait préparé la toilette et les peignes, et le fameux bougeoir à deux bougies, sur lequel se mesurait la faveur royale, était sur une table près du fauteuil.

Le roi alors venait à son fauteuil, remettait au valet de chambre sa montre et ses reliques, dégageait son cordon qu'il remettait au gentilhomme de la chambre en service avec sa veste et sa cravate ; puis il s'asseyait ; le premier valet de chambre, aidé l'un de ses confrères, lui détachait ses deux jarretières, tandis que deux valets de garde-robe retiraient, l'un à droite, l'autre à gauche, les souliers, le bas et les hauts-de-chausses. Deux pages alors présentaient les pantoufles.

En ce moment, M. le dauphin s'approchait et présentait au roi sa chemise de nuit chauffée par un valet de garde-robe. Le premier valet de chambre prenait le bougeoir ; le roi indiquait celui des seigneurs qui le devait éclairer jusqu'à son lit ; puis, ce choix fait, l'huissier criait :

— Allons, messieurs, passez.

Et le reste des assistants sortait de la chambre.

Le roi indiquait alors l'habit qu'il désirait porter le

(1) La nef était une espèce de vaisseau en or ou en vermeil dans lequel on enfermait le linge.
(2) Le cadenas était le coffre qui contenait le porte-fourchette, le couteau, etc.

lendemain, se couchait, et faisait signe au médecin qu'il pouvait approcher de son lit pour étudier sa santé.

Pendant ce temps, le premier valet de chambre allumait ou faisait allumer la bougie du mortier.

Le médecin sortait alors, puis tous les valets le suivaient. Le valet de chambre en quartier restait seul, fermait les rideaux du lit, poussait les verrous, éteignait le bougeoir, et se couchait à son tour sur le lit de veille dressé pour lui et par lui.

Les jours de médecine, qui revenaient tous les mois, l'étiquette changeait. Le roi prenait la médecine dans son lit, puis entendait la messe, où il n'y avait que les aumôniers et les entrées; Monseigneur et la maison royale lui faisaient visite pendant un instant; puis M. le duc du Maine, M. le comte de Toulouse et madame de Maintenon venaient l'entretenir à leur tour. Madame de Maintenon s'asseyait dans le fauteuil près du lit; quant à Monseigneur, il se tenait toujours debout, ainsi que les autres personnes de la maison royale. M. du Maine seul, à cause de son infirmité (il était fort boiteux on se le rappelle), se mettait près du lit sur un tabouret, mais quand il n'y avait personne que madame de Maintenon et son frère. Ces jours-là, le roi dînait dans son lit, et, vers les trois heures, tout le monde entrait. Alors, le roi se levait, passait dans son cabinet, où il tenait conseil; puis, après, comme à l'ordinaire, il passait chez madame de Maintenon, et soupait à dix heures au grand couvert.

Au camp, l'étiquette subissait toutes les conséquences des événements; les heures étaient déterminées par les circonstances; le conseil seul était régulier. Le roi ne mangeait qu'avec des gens ayant droit à cet honneur. Ceux qui croyaient pouvoir y prétendre le faisaient demander au roi par le premier gentilhomme de la chambre en service; il rendait la réponse, et, dès le lendemain, on se présentait au roi au moment où il allait dîner. Alors, le roi disait: « Monsieur, mettez-vous à table. » Cette invitation une fois faite, comme celle des chasses, elle était faite à toujours. Au reste, pour cette distinction, la noblesse seule pouvait être invoquée; les grades militaires n'y donnaient aucun droit. Vauban mangea pour la première fois à la table du roi au siège de Namur, et cependant les colonels de qualité y étaient admis sans la moindre difficulté. Un seul abbé eut l'honneur de dîner avec le roi: ce fut l'abbé de Grancey, qui s'exposait sur les champs de bataille pour confesser les blessés et encourager les troupes. Le clergé fut toujours exclu de cet honneur, excepté les cardinaux et les pairs. Ainsi, M. de Coislin, étant évêque d'Orléans et premier aumônier, et suivant, en cette dernière qualité, le roi dans toutes ses campagnes, voyait manger au roi à la table royale le duc et le chevalier de Coislin, ses frères, sans avoir jamais reçu la même faveur qu'eux: il fut nommé cardinal, et le roi l'invita.

A ces repas d'une étiquette particulière, tout le monde était couvert, et c'eût été un manque de respect duquel on vous eût averti sur-le-champ que de ne pas avoir son chapeau sur sa tête; Monseigneur lui-même l'avait, et, par contraste, le roi demeurait tête nue. Quand le roi adressait la parole à un de ses convives, celui auquel il adressait la parole se découvrait; il en était de même pour ceux à qui Monseigneur et Monsieur faisaient cet honneur.

Le roi avait toujours été religieux, même avant de devenir dévot; à la messe, le roi manqua la messe, une seule fois, et c'était à l'armée, un jour de grande marche. Il manquait rarement les sermons de l'avent et du carême, faisait toutes les dévotions de la semaine sainte et des grandes fêtes, suivait les deux processions du saint sacrement, celles des jours de l'ordre du Saint-Esprit et celle de l'Assomption; à l'église, il se tenait très respectueusement, et au sanctus, chacun se devait mettre à genoux, car, si quelqu'un y eût failli, le roi n'eût pas manqué de s'en apercevoir et de lui en faire reproche; s'il entendait le moindre bruit, il surprenait le moindre entretien, il le trouvait fort mauvais. Cinq fois l'année, il communiait, et toujours en collier de l'Ordre, rabat et manteau, le samedi saint à la paroisse et les autres jours à la chapelle: ces autres jours étaient la veille de la Pentecôte, le jour de l'Assomption, la veille de la Toussaint et la veille de Noël. Le jeudi saint, il servait les pauvres à dîner; aux jubilés, il faisait les stations à pied; et, tous les jours de carême, où il mangeait maigre, il faisait seulement collation.

Depuis qu'il avait passé trente-cinq ans, il était toujours vêtu de couleur plus ou moins brune, avec une légère broderie, jamais sur les tailles; quelquefois rien qu'un bouton d'or, quelquefois aussi en velours noir; toujours il avait une veste fort brodée, tantôt rouge, tantôt bleue, tantôt verte; jamais il ne portait de bagues, jamais n'avait de pierreries qu'à ses boucles de souliers, de jarretières et de chapeau. Toujours, contre l'habitude des rois ses prédécesseurs, il portait le cordon bleu dessous, excepté aux noces et aux fêtes; alors, il le portait fort long et tout chargé de pierreries: il y en avait pour huit ou dix millions.

Cette étiquette, une fois adoptée, fut constamment suivie et, excepté pour les jeûnes et les maigres, qui lui furent remis lorsqu'il eut atteint soixante-cinq ans, demeura en usage jusqu'au jour où il se mit au lit de la maladie dont il mourut.

XLIV

LES CALVINISTES ET LES CATHOLIQUES. — VEXATIONS ANTÉRIEURES A L'ÉDIT DE RÉVOCATION. — QUELLE A ÉTÉ LA PART DE MADAME DE MAINTENON DANS CES PERSÉCUTIONS. — RÉVOCATION DE L'ÉDIT DE NANTES. — L'ABBÉ DU CHAYLA. — SON MARTYRE. — IL EST ENVOYÉ DANS LES CÉVENNES. — SES CRUAUTÉS. — PROJET DE MARIAGE ENTRE LOUIS XIV ET MADAME DE MAINTENON. — RÉSISTANCE DU DAUPHIN. — INCERTITUDE DU ROI. — LE MARIAGE S'ACCOMPLIT. — SONNET DE MADAME LA DUCHESSE. — LETTRE DE CHARLES II. — CARACTÈRE DE CE PRINCE. — AVÈNEMENT DE JACQUES II. — SA CONDUITE IRRÉFLÉCHIE. — LE PRINCE D'ORANGE DÉTRÔNE SON BEAU-PÈRE. — JACQUES ET SA FAMILLE SE RÉFUGIENT EN FRANCE. — RETOUR DE LAUZUN. — LIGUE D'AUGSBOURG. — MALADIE DE LOUIS XIV. — LA CROISÉE DE TRIANON.

Depuis le commencement de l'année 1685, deux choses importantes marchaient de front dans l'esprit de la nouvelle favorite: l'une était la révocation de l'édit de Nantes, l'autre était son mariage avec le roi.

L'édit de Nantes fut le premier en date; c'est donc de ce fait que nous allons nous occuper d'abord.

Cet acte de révocation, dû sans doute à l'influence de madame de Maintenon et à celle du père La Chaise, semblait, au reste, un projet élaboré de longue main: c'était la terreur de Henri IV, c'était le rêve de Richelieu. Henri IV avait prévu cette révocation; aussi, à la liberté de conscience accordée à ses anciens frères, avait-il ajouté le don de plusieurs places fortes qui devaient, en cas de persécution, servir de lieux de refuge aux calvinistes. Mais les ennemis de la religion réformée procédèrent tout au contraire des prévisions du vainqueur d'Arques; ils commencèrent par prendre les places fortes, puis ils cassèrent l'édit. On se rappelle le siège de La Rochelle et le fameux mot de Bassompierre, huguenot et disant: *Vous verrez que nous serons assez niais pour prendre la Rochelle.*

En effet, les unes après les autres, toutes les places calvinistes avaient été réduites, et, vers l'année 1657, c'est-à-dire sous le cardinal Mazarin, à la suite d'une émeute arrivée à Nîmes, centre éternel de la lutte religieuse, cette persécution, qui éclata plus tard, allait peut-être commencer, lorsque, de l'autre côté du détroit, Cromwell apprit ce qui se passait dans le midi de la France, et au bas d'une dépêche écrivit ces mots:

« J'apprends qu'il y a eu des émotions populaires dans une ville du Languedoc nommée Nîmes; que tout s'y passe, je vous prie, sans qu'on y verse le sang et le plus doucement possible. »

Heureusement pour les huguenots, Mazarin avait en ce moment besoin de Cromwell. En conséquence, on décommanda les supplices et l'on s'en tint aux vexations.

C'est que, dans le Midi, cette guerre, dont les dragonnades allaient être un épisode, datait de loin. Depuis plus de trois cents ans, tout était action et réaction sur cette malheureuse terre toujours imprégnée soit du sang catholique, soit du sang huguenot. Les Albigeois n'étaient, en réalité, que les ancêtres des protestants. Chaque flux et reflux portait le caractère du parti qui triomphait. Si les protestants étaient vainqueurs, la vengeance était publique, brutale, colère ; si c'était le parti catholique qui l'emportait, les représailles étaient sourdes, hypocrites, sordides.

Vainqueurs, les protestants jetaient bas les églises, rasaient les couvents, insultaient les religieuses, chassaient les moines, brûlaient les crucifix, et, détachant quelques malfaiteurs de la potence pour clouer le cadavre en croix, puis, lui perçant le côté et lui mettant la couronne sur la tête, ils allaient planter cette croix sur quelque marché, parodiant ainsi Jésus au Calvaire.

Vainqueurs, les catholiques, plus sourdement imposent des contributions, stipulent des indemnités, et, ruinés à chaque défaite, se retrouvent plus riches après chaque victoire.

Les protestants agissent au grand jour, démolissent les maisons de leurs ennemis au son du canon, fondent, en pleine place publique, les cloches des églises pour en faire des canons, se chauffent avec les stalles brisées des chanoines, affichent leurs thèses sur les portes des cathédrales et transforment leurs lieux saints en abattoirs et en voiries.

Les catholiques préfèrent l'obscurité ; les ténèbres sont leurs complices, la nuit leur sauvegarde ; ils marchent sans bruit, entrent sournoisement par les portes entr'ouvertes plus nombreux qu'ils ne sont sortis, font l'évêque président du conseil, placent les jésuites qui viennent d'apparaître en possession des collèges, et, comme ils ont toujours des relations avec la cour et un appui dans le roi, ils mettent les protestants hors la faveur, en attendant qu'ils les mettent hors la justice.

Ainsi, dès 1630, c'est-à-dire vingt ans à peine après la mort de Henri IV, le conseil de Chalon-sur-Saône décide qu'aucun protestant ne sera admis à la fabrication des produits commerciaux de la ville.

En 1643, c'est-à-dire six mois à peine après l'avènement au trône de Louis XIV, les lingères de Paris dressent un règlement qui déclare les filles et les femmes des huguenots indignes d'obtenir la maîtrise de leur profession.

En 1654, c'est-à-dire un an après sa majorité, Louis XIV permet que la ville de Nîmes soit imposée pour l'entretien de l'hôpital catholique et de l'hôpital protestant à une somme de quatre mille francs ; et, au lieu d'imposer proportionnellement chaque culte pour défrayer l'hôpital de sa religion, il ordonne que la taxe soit levée sur tous indistinctement, de sorte que les protestants, qui sont en ce moment dans cette ville deux fois plus nombreux que les catholiques, défrayent, non seulement leur hôpital, mais encore une portion de l'hôpital de leurs ennemis. Le 9 août de la même année, un arrêt du conseil ordonne que les consuls des artisans seront tous catholiques. Le 16 décembre, un arrêt défend aux protestants de faire des députations au roi. Enfin, le 20 décembre, un autre arrêt décide que les consuls catholiques auront seuls l'administration des hôpitaux.

En 1662, il est enjoint aux protestants de n'enterrer leurs morts qu'au point du jour ou à l'entrée de la nuit ; et, un article de la loi, circonscrivant le deuil, fixe le nombre des parents ou des amis qui pourront suivre le convoi.

En 1664, le parlement de Rouen fait défense aux maîtres merciers de recevoir aucun ouvrier ou apprenti protestant. En 1665, le règlement fait pour les merciers est étendu aux orfèvres.

En 1666, une déclaration du roi, régularisant les arrêts du parlement, décide (art. 31) que les charges de greffiers des maisons consulaires ou de secrétaires des communautés d'horlogers, celles de portiers, ou toutes autres fonctions municipales ne pourront être tenues que par des catholiques ; que (art. 33), lorsque les processions dans lesquelles le saint sacrement sera porté passeront devant le temple de ceux de la religion prétendue réformée, ils cesseront de chanter leurs psaumes jusqu'à ce que lesdites processions aient passé ; enfin (art. 34) que lesdits de la religion réformée seront tenus de souffrir qu'il soit tendu des draps et tapisseries par devant de leurs maisons et autres lieux à eux appartenant.

En 1669, on commence à remarquer l'émigration des protestants, et voici un acte, dont voici un des articles : « Considérant que plusieurs de nos sujets ont passé dans les pays étrangers, y travaillant dans les exercices dont ils sont capables, même à la construction des vaisseaux, s'engagent dans les équipages maritimes, etc., faisons défense à aucun de la religion prétendue réformée de sortir du royaume sans notre permission, sous peine de confiscation de corps et de biens, et ordonnons à ceux qui sont déjà sortis de France de rentrer dans les limites. »

En 1670, le roi exclut les médecins réformés du décanat du collège de Rouen, et ne tolère à ce collège que deux médecins de la religion.

En 1676, publication d'un arrêt qui ordonne que les armes de France seront enlevées des temples de la religion prétendue réformée.

En 1680, déclaration du roi qui interdit aux femmes de la religion réformée la profession de sages-femmes.

En 1681, ceux qui abandonnent la religion réformée sont exempts des contributions et du logement des gens de guerre pendant deux ans. Enfin, au mois de juillet de la même année, on fait fermer le collège de Sedan, le seul qui reste aux calvinistes dans tout le royaume pour l'instruction de leurs enfants.

En 1682, le roi ordonne aux notaires, procureurs, huissiers et sergents calvinistes de se démettre de leurs offices, les déclarant inhabiles à ces professions.

En 1684, le conseil d'État étend les dispositions précédentes aux titulaires des charges de secrétaires du roi, et, au mois d'août, le roi déclare les protestants inhabiles à être nommés experts.

En 1685, le prévôt de Paris enjoint aux marchands privilégiés calvinistes de vendre leurs privilèges dans l'espace d'un mois.

Ainsi, grâce à ces ordonnances successives, les persécutions sociales et religieuses prennent le protestant à son berceau et ne le quittent pas même lorsqu'il a été cloué dans son cercueil.

Enfant, il n'a plus de collège où s'instruire.

Jeune homme, il n'a plus de carrière à parcourir, puisqu'il ne peut être ni concierge, ni mercier, ni médecin, ni avocat, ni consul.

Homme fait, il n'a plus de temple pour prier ; à chaque heure, sa liberté de conscience est opprimée ; il chante sa prière, une procession passe, il faut qu'il se taise ; une cérémonie catholique a lieu, il doit dévorer sa haine et laisser tendre sa maison en signe de joie ; la petite fortune de ses pères, cette fortune qu'il ne peut entretenir faute d'état, de position sociale et de droit civil, s'échappe peu à peu de ses mains et va entretenir les collèges et les hôpitaux de ses ennemis.

Vieillard, son agonie est tourmentée, car s'il meurt dans la foi de ses pères, il ne pourra reposer près de ses aïeux, et, à l'exception d'un nombre fixé à dix, ses amis ne pourront suivre ses funérailles nocturnes et cachées comme celles d'un paria.

Enfin, à quelque âge que ce soit, s'il veut fuir cette terre marâtre sur laquelle il ne peut plus ni vivre, ni mourir, il sera déclaré rebelle, ses biens seront confisqués, et la moindre chose qui pourra lui arriver, si ses ennemis, d'une façon ou de l'autre, parviennent à s'emparer de lui, ce sera d'aller passer le reste de sa vie à ramer sur les galères du roi, entre un incendiaire et un assassin.

On le voit, nous rendons justice à qui de droit ; nous déchargeons madame de Maintenon des persécutions intérieures à l'époque de son influence ; mais nous lui laisserons partager avec Louis XIV la responsabilité des bûchers et des dragonnades, et ce sera bien assez, devant Dieu, pour un roi et une favorite.

Dès 1682, Louis XIV, qui se préparait à la révocation de l'édit de Nantes, avait rappelé de l'Inde l'abbé du Chayla et l'avait envoyé à Mende avec le titre d'archiprêtre et d'inspecteur des missions dans les Cévennes.

L'abbé du Chayla était un fils puîné de la maison de Langlade, et, malgré l'instinct courageux qui veillait en lui, éloigné de la carrière des armes, il avait été obligé de se jeter dans celle de l'Église ; mais, comme à ce caractère de feu il fallait des dangers à courir, des obstacles à vaincre, une religion à imposer, ce fut l'Église militante qu'il choisit, ce fut l'Inde qu'il prit pour champ de bataille et ce fut le martyre qu'il alla chercher de l'autre côté des mers. Le jeune missionnaire arriva à Pondichéry au moment même où le roi de Siam, qui plus tard devait envoyer une ambassade à Louis XIV, venait de faire périr dans les tortures plusieurs missionnaires qui, à son avis, avaient porté trop loin dans ses États l'exaltation du zèle religieux. Les missionnaires français venaient donc de recevoir défense de pénétrer dans l'Indo-Chine, défense que l'abbé du Chayla se hâta de braver en franchissant les frontières du royaume interdit.

Trois mois après, il était pris, conduit devant le gouvernement du Bankan ; là, il avait été placé entre l'abjuration et le martyre ; mais le vaillant soldat du Christ, au lieu de renier sa foi, avait glorifié le nom du Seigneur, et, livré au bourreau pour être torturé, avait souffert tout ce que le corps de l'homme peut supporter sans mourir ; si bien que la colère s'était lassée avant la résignation et la patience, et que, les mains mutilées, la poitrine sillonnée de blessures, les jambes brisées par les entraves, il s'était évanoui et on l'avait cru mort. Alors, les bourreaux l'avaient suspendu par les poignets à un arbre, le laissant sur la route comme un exemple terrible de la justice de leur roi. Le soir venu, un pauvre paria, pitoyable comme tout ce qui a souffert, le recueillit et le rappela à la vie.

Le martyre avait été éclatant ; l'ambassadeur de France, en ayant été informé, avait demandé justice de la mort du missionnaire ; de sorte que le roi de Siam, trop heureux que les bourreaux se fussent lassés si vite, avait renvoyé un homme mutilé, mais vivant, à l'ambassadeur qui ne réclamait qu'un cadavre.

Ce fut cet homme que Louis XIV, dans la prévision sans doute des rébellions qu'amènerait dans le midi de la France la révocation de l'édit de Nantes, envoya à Mende, avec le titre d'archiprêtre et d'inspecteur des missions dans les Cévennes. Là, de persécuté qu'il avait été, l'abbé devint à son tour persécuteur. Insensible aux douleurs des autres comme il avait été immuable dans les siennes, son apprentissage de supplices n'avait pas été perdu, et, tortureur inventif, il avait élargi la science de la question. Car non seulement l'Inde lui avait offert des machines inconnues, mais encore il en avait inventé de nouvelles. En effet, on parlait avec terreur de roseaux coupés en sifflet que l'impassible missionnaire faisait glisser sous les ongles ; de pinces de fer avec lesquelles il arrachait la barbe, les sourcils et les paupières ; de mèches goudronnées qui enveloppaient les doigts des patients et qui, allumées ensuite, faisaient un candélabre à cinq flambeaux ; d'un étui mobile où l'on enfermait le malheureux qui refusait de se convertir, et dans lequel on le faisait tourner si rapidement, qu'il finissait par perdre connaissance ; enfin d'entraves perfectionnées grâce auxquelles les prisonniers qu'on transportait d'une ville à l'autre ne pouvaient se tenir assis ni debout, mais seulement courbés.

Aussi, les panégyristes les plus ardents de l'abbé n'en parlaient-ils qu'avec une espèce de crainte, et lui-même, il faut le dire, lorsqu'il descendait dans son propre cœur et qu'il songeait combien de fois il avait appliqué au corps cette faculté de lier et de délier que Dieu lui avait donnée seulement pour les âmes, il se sentait pris de frissonnements, tombait à genoux, et restait quelquefois des heures entières les mains jointes et perdu dans l'abîme de ses pensées, si bien que, moins la sueur d'angoisse qui lui tombait du front, on eût pu le prendre pour une statue de marbre pleurant sur un sépulcre.

C'était là l'homme qui, aidé de M. de Bâville, intendant du Languedoc, et soutenu de M. de Broglie, devait surveiller dans le Midi l'exécution du décret terrible que Louis XIV allait rendre.

Le 18 octobre 1685, le roi signa la révocation de l'édit de Nantes, qui avait été présentée au conseil dès le mois d'avril et arrêtée au mois d'août : ce fut à propos de cet acte que Louis XIV, à ses devises déjà connues, ajouta cette devise nouvelle : *Lex una sub uno*, une seule loi sous un seul chef.

Nous reviendrons plus tard au résultat de cette loi, et nous verrons ce qu'elle coûtera à établir.

Cette grande œuvre accomplie au profit du ciel, madame de Maintenon pensa qu'elle pouvait bien songer un peu à elle-même.

Après la retraite de madame de Montespan, la cour, comme nous l'avons dit, était devenue triste et monotone. Madame de Maintenon commença dès lors à prendre cet ascendant qu'elle conserva toujours depuis sur l'esprit du roi. Peut-être celui-ci dut-il cet ascendant à la résistance inaccoutumée que Louis XIV trouva en elle. Au premier mot d'amour, les autres femmes s'étaient abandonnées à cet autre maître du monde qui avait résolu d'imiter le maître des dieux jusque dans ses amours ; aux plus vives instances madame de Maintenon ne répondit que par les deux mots avec lesquels le menait Louis XIV pendant le reste de sa vie : *la crainte de l'enfer, l'espoir du salut*.

Ce fut alors que le père la Chaise, complètement gagné par les avances de la nouvelle favorite, osa proposer à son auguste pénitent, qui se plaignait à lui de ses désirs qu'il ne pouvait réprimer et de cette résistance qu'il ne pouvait vaincre, un mariage secret qui donnerait à la fois le repos à sa conscience et la liberté à son penchant.

Louis hésita.

Enfin, madame de Maintenon, avouant à son tour à son royal amant les combats qu'elle avait à soutenir contre son propre cœur, lui déclara qu'elle allait, à l'exemple de madame de la Vallière et de madame de Montespan, quoique moins coupable qu'elles, se mettre en retraite et passer le reste de ses jours à prier pour le salut du roi.

Puis vint M. le duc du Maine, tout éploré de cette prétendue retraite. Il accourut supplier Louis XIV de ne pas la séparer de celle qui avait été sa véritable mère et qui l'aimait avec une telle tendresse, qu'il lui serait impossible de supporter son absence.

Toutes ces prières remuaient d'autant plus le cœur du roi qu'elles étaient d'accord avec ses propres désirs. Le confesseur revint à la charge : il lui montra madame de Maintenon ne combattant son amour que par ses éternelles prières. Et cependant, malgré tout cela, le roi voulut prendre un nouvel avis ; cet avis était celui de Bossuet.

Bossuet fut favorable à madame de Maintenon, et la nouvelle fut portée à la favorite qu'elle allait être reine. Sa joie fut si grande, qu'elle ne put en garder le secret. Quelques amis intimes en reçurent la confidence, et l'un d'eux, on ne sut jamais lequel, alla prévenir Monseigneur.

Monseigneur, pour la première fois, sortit alors de son indolence et de son apathie. Il quitta Meudon, accourut à Versailles, se présenta au roi à une heure qui n'était point celle où le roi avait coutume de le voir, et, là, commença par lui parler en fils et finit par parler en héritier de la couronne.

Si peu accoutumé que fût Louis XIV à rencontrer des obstacles à sa volonté, la parole du jeune homme était si grave et touchait à de si hauts intérêts, qu'il promit de consulter encore quelques personnes. Monseigneur lui indiqua comme de dévoués et fidèles serviteurs, deux hommes bien opposés par leurs mœurs et leur état, Fénelon et Louvois. Tous deux, moins complaisants que le père la Chaise et Bossuet, furent contraires à la favorite, et tous deux eurent à s'en repentir : Fénelon y perdit sa faveur, et Louvois, s'il faut en croire Saint-Simon, y perdit la vie.

Cependant Louis XIV, vaincu, promit à Monseigneur que ce mariage tant redouté ne se ferait pas.

Fier de cette promesse du roi et de l'influence qu'il avait eue pour la première fois sur son père, le dauphin retourna à Meudon, et quinze jours se passèrent sans qu'il entendît rien dire qui pût lui faire croire que Louis XIV avait changé de résolution. Quel fut son étonnement lorsqu'un matin, on vint lui proposer de légitimer une fille qu'il avait eue de mademoiselle de la Force, à la condition qu'il ne s'opposerait plus au mariage du roi avec la favorite !

— Dites à ceux qui vous ont envoyé vers moi pour me faire cette honteuse proposition, répondit le dauphin, que je les regarde et les regarderai toujours comme les plus implacables ennemis de la grandeur de la France et de la gloire du roi. Si jamais j'ai le malheur d'être le maître, je les ferai, je vous le jure, repentir de la hardiesse qu'ils ont eue de me proposer d'accéder à leur complot en légitimant ma fille ; et, si la tendresse que je lui porte pouvait m'entraîner à une pareille folie, je tomberais à l'instant même à genoux pour supplier Dieu de me la ravir plutôt que de permettre un pareil scandale. Sortez et ne vous présentez jamais devant moi !

Alors, Louis XIV résolut d'accomplir ce mariage sans en plus parler à personne.

Un soir du mois de janvier 1686, le père la Chaise, le valet de chambre Bontemps, l'archevêque de Paris, M. de Harlay et M. de Montchevreuil furent avertis de se trouver dans un cabinet du palais de Versailles qu'on leur désigna. Louvois consentit lui-même à être témoin, à condition que le mariage ne serait jamais déclaré. Un autel avait été dressé dans ce cabinet. Ils y étaient réunis depuis quelques instants lorsque le roi entra, conduisant par la main madame de Maintenon, et alla s'agenouiller avec elle devant l'autel.

Le père la Chaise dit la messe du mariage ; Bontemps la servit, MM. de Louvois et de Montchevreuil furent témoins, et, le lendemain, Versailles se réveilla à l'écho de cette singulière nouvelle : la veuve Scarron a épousé le roi Louis XIV !

Louis XIV avait quarante-sept ans, un mois et dix-sept jours, et madame de Maintenon cinquante-deux ans, lorsque ce mariage s'accomplit.

Dès lors commencèrent à éclater dans la famille royale les dissensions qui attristèrent la fin du règne de Louis XIV. Monseigneur se confina entièrement à Meudon. A partir de ce moment, il vint rarement à Versailles, et jamais plus il n'y coucha. Vainement les bals affecta de faire ses réceptions chez madame de Maintenon pour y attirer son fils ; Monseigneur ne voulut jamais reconnaître cette étrange belle-mère ; et une fois, entre autres, qu'au sortir de la messe, le roi avait pris le dauphin par dessous le bras, espérant cette fois vaincre ses résolutions par le respect qu'il était forcé d'imposer, le dauphin vint jusqu'au seuil de l'appartement qu'il s'était promis de ne pas franchir, et, s'arrêtant là, il dégagea son bras de l'étreinte paternelle, salua humblement le roi et se retira sans prononcer une parole.

Aussi, à partir de ce moment, madame de Maintenon voua-t-elle à Monseigneur une haine qui lui fut franchement et loyalement rendue. Tous les jours, quelque épigramme, quelque sonnet, quelque écrit injurieux sortaient de cette petite cour de Meudon, et allaient attrister le roi. Une de ces pièces l'affecta tellement, qu'il envoya chercher le lieutenant de police pour qu'il eût à en découvrir l'auteur. Puis, comme il regardait plus attentivement ce sonnet qu'il songeait à punir, il s'aperçut presque avec terreur qu'il était écrit de la main de madame la Duchesse (1). Il renvoya le lieutenant de police sans lui rien ordonner. Voici les vers :

Que l'Eternel est grand ! que sa main est puissante !
Il a comblé de biens mes pénibles travaux.
Je naquis demoiselle et je devins servante;
Je lavai la vaisselle et souffris mille maux.

Je fis plusieurs amants et ne fus point ingrate ;
Je me livrai souvent à leurs premiers transports.
A la fin, j'épousai ce fameux cul-de-jatte
Qui vivait de ses vers comme moi de mon corps.

Mais enfin il mourut, et, vieille devenue,
Mes amants sans pitié me laissaient toute nue,
Lorsqu'un héros me crut encor propre aux plaisirs.

Il me parla d'amour, je fis la Madeleine ;
Je lui montrai le diable au fort de ses désirs ;
Il en eut peur, le lâche ! et je me trouve reine...

Une lettre qui censurait l'édit de révocation, comme ces vers flétrissaient le mariage, parut à la même époque. Cette lettre, c'était madame de Montespan qui l'avait reçue par les mains de la duchesse de Portsmouth, cette maîtresse que Louis XIV avait envoyée au roi Charles II pour le détacher de l'alliance hollandaise; elle était tout entière de la main de cet autre petit-fils de Henri IV. La voici reproduite textuellement :

« Sire, je vous conjure, au nom du grand Henri dont le sang précieux circule dans nos veines, de respecter les protestants, qu'il regardait comme ses enfants. Si, comme on vous le dit, vous voulez les forcer de renoncer à leur religion sous peine de les bannir de vos États, je leur offre un asile dans le royaume d'Angleterre. Je leur prouverai que j'ai l'honneur d'être le petit-fils du grand Henri, par la protection que j'accorderai à ceux qui si longtemps ont combattu avec distinction sous ses drapeaux. Je vous persuade que vous éloignerez de vous les conseillers perfides qui ont pu imaginer une pareille proscription. Il y a beaucoup de ces protestants qui ont versé leur sang à votre service : quelle récompense vous leur réservez ! la misère et la honte d'être bannis de leur patrie, de la patrie du grand Henri ! Quel est l'homme qui ne s'honorerait pas d'être né mon sujet ? Et ce serait l'héritier de son trône, son petit-fils, qui détruirait un ouvrage qu'il avait eu tant de peine à consolider, et qui avait coûté la vie ! Les rois de France devraient jurer, en montant sur le trône, de ne souffrir aucun jésuite auprès de leur personne et de leur famille, puisqu'ils ont été accusés d'avoir coopéré à l'assassinat de Henri IV, et qu'ils osent aujourd'hui l'offenser au delà du tombeau, en détruisant son plus cher ouvrage. Écoutez, mon frère et cousin, les représentations d'un de vos plus proches parents, qui vous aime comme roi et vous chérit comme son ami. »

Cette lettre fit d'autant plus d'effet qu'elle fut rendue publique par madame de Montespan quelques mois après la mort de celui qui l'avait écrite, et qu'elle sembla une voix sortie de la tombe pour tenter un dernier et inutile effort en faveur des malheureux calvinistes.

Le roi Charles II était mort le 16 février 1685, et Jacques II, son frère, l'avait remplacé sur le trône.

Charles II avait vécu assez tranquille vers les dernières années de son règne. Le repos venait surtout de son indifférence en matière de religion. Insouciant des disputes qui partagent les hommes à l'endroit des croyances, sa religion, à lui, était ce déisme si commode pour ceux qui veulent allier les plaisirs du corps à la paix de la conscience.

Jacques II, au contraire, attaché dès l'enfance à la communion romaine, avait tout le zèle d'un convertisseur. S'il eût été Turc ou Chinois, disciple de Mahomet ou sectateur de Confucius, s'il eût été sceptique ou même athée, les Anglais, las des révolutions qui les avaient agités avant

---

(1) La Duchesse, mademoiselle de Nantes, épouse du duc de Bourbon; petit-fils du grand Condé. On sait qu'elle a composé beaucoup de vers extrêmement satiriques et licencieux.

la mort de Charles Ier et après celle de Cromwell, les Anglais l'eussent, selon toute probabilité, laissé dans sa croyance, à la condition qu'il les eût laissés dans la leur. Mais, encouragé par Louis XIV à se faire absolu, pressé par les jésuites de rétablir leur religion et leur crédit, il commença par agir comme si la révolution qu'il désirait faire au profit de la papauté était déjà accomplie. Il reçut publiquement à sa cour un nonce de Sa Sainteté, en même temps qu'il faisait mettre en prison sept évêques anglicans qu'il n'eût pu gagner par la persuasion. Au lieu d'accorder, comme Charles II montant sur le trône, de nouveaux privilèges à la ville de Londres, il lui ôta quelques-uns de ceux qu'elle se croyait bien acquis. Aussi un cardinal, en voyant cette conduite irréfléchie, proposa-t-il à Innocent XI d'excommunier Jacques II, comme l'homme qui allait perdre le peu de catholicisme qui restait encore en Angleterre.

Le prince d'Orange tenait, en attendant, les yeux fixés sur le trône de son beau-père, que la privation d'un fils devait lui livrer à la mort de Jacques. Mais, tout à coup le bruit se répandit que la reine était grosse, et la reine accoucha d'un fils. A partir de ce moment, toutes les espérances du stathouder étaient anéanties, et il lui fallait bien prendre ce qu'on ne voulait pas lui laisser.

Le prince d'Orange équipa une flotte qui devait porter quatorze ou quinze mille hommes. On publia partout que cette flotte était destinée à faire la guerre à la France, et cela n'étonna personne ; car on savait la haine qui animait le stathouder de Hollande contre le roi de France, depuis l'offre que lui avait faite Louis XIV de lui donner pour épouse l'une de ses filles naturelles, et depuis cette réponse de Guillaume, que « les princes de la maison d'Orange étaient habitués à épouser les filles des plus grands rois et non pas leurs bâtardes. » Cependant plus de deux cents personnes savaient la véritable destination de cette flotte, et, chose singulière, le secret fut profondément gardé ; c'est seulement lorsque la flotte arriva en vue des côtes d'Angleterre que le roi Jacques comprit sa véritable destination. Elle avait passé à travers les vaisseaux anglais sans même être signalée.

Jacques II écrivit alors à Louis XIV et à l'empereur.

L'empereur lui répondit : « Il ne vous est arrivé que ce que nous avions prédit. » Louis XIV s'apprêta à venir à son aide. Mais, avant que sa flotte fût rassemblée, il reçut un courrier qui lui annonça que la reine d'Angleterre et le prince de Galles venaient d'arriver heureusement à Calais sous la garde de Lauzun. En effet, l'illustre courtisan, repoussé de Versailles s'était réfugié, comme nous l'avons vu, à la cour de Saint-James, et avait bientôt gagné les bonnes grâces du roi Jacques II, comme il avait autrefois gagné celles de Louis XIV. C'était donc à lui, au moment de son malheur, lorsqu'il se vit délaissé de ses deux filles, abandonné par l'un de ses gendres, poursuivi par l'autre, que Jacques remit sa femme et son fils pour les conduire en France. Aussi la princesse, en écrivant à Louis XIV, insinua-t-elle que la seule chose qui altérait la joie qu'elle avait de se confier à la protection d'un si grand roi, c'était de n'oser mener à ses pieds celui auquel elle devait, ainsi que le prince de Galles, non seulement la liberté, mais peut-être même la vie.

La réponse du roi fut que, partageant la haine de la princesse pour ses ennemis, il devait naturellement partager sa reconnaissance pour ses amis ; il avait donc hâte de témoigner sa satisfaction au duc de Lauzun en lui rendant ses bonnes grâces.

En effet, lorsque le roi vint au-devant d'elle jusqu'à Chatou, et lui dit : « Je vous rends, madame, un triste service ; mais j'espère vous en rendre bientôt de plus grands et de plus heureux ; » il se retourna vers Lauzun et lui tendit sa main, que celui-ci baisa avec respect, et, dès le même jour, lui rendit les grandes entrées, en lui promettant un logement au château de Versailles.

En entrant au château de Saint-Germain, qui, à partir de ce moment, devait être la résidence des augustes exilés, la reine fut entourée des mêmes serviteurs qu'elle avait, de son vivant la reine de France. De plus, elle trouva sur sa toilette une bourse de dix mille louis. Le roi son mari arriva le lendemain, et, le même jour, la maison fut réglée. Il eut les mêmes officiers que le roi, les mêmes gardes et six cent mille livres par an.

Ce n'est pas tout : Louis XIV s'occupa aussitôt de le rétablir sur son trône. Malheureusement pour le roi Jacques, ce fut au milieu de ces préparatifs de restauration que le roi tomba gravement malade.

Louis XIV, quoique âgé de quarante-neuf ans à peine, commençait à sentir les premières atteintes de la vieillesse. Déjà il avait eu plusieurs attaques de goutte, lorsqu'une indisposition plus sérieuse vint effrayer la cour. Le roi avait une fistule. Le mal paraissait d'autant plus grave, que la chirurgie était loin, à cette époque, d'être aussi avancée qu'elle l'est aujourd'hui. Félix, chirurgien du roi, homme habile pour son temps, se renferma à l'Hôtel-Dieu, et, pendant un mois, fit des essais sur de pauvres malades qu'on lui amenait de tous les hôpitaux de Paris. Quand il crut avoir acquis le degré d'habileté nécessaire, il prévint le roi de se préparer. Au reste, tout le monde ignorait cette maladie ; quatre personnes seulement étaient dans la confidence du danger que courait le roi : madame de Maintenon, Louvois, Félix et Monseigneur.

En effet, au moment où une ligue européenne, la ligue d'Augsbourg, dont le nouveau roi d'Angleterre, Guillaume III, était l'âme, se préparait contre Louis XIV, la nouvelle que le roi était incapable de marcher, comme il le faisait autrefois, à la tête de ses armées, pouvait donner grande confiance à ses ennemis et hâter leurs résolutions. Aussi, au

Le roi avait conservé sa passion pour les bâtiments et le besoin d'en diriger la construction en personne. Un jour qu'il allait voir ces nouvelles constructions, suivi de Louvois qui avait succédé à Colbert dans la surintendance des bâtiments, le roi crut s'apercevoir qu'une des fenêtres n'était point en harmonie avec les autres. Il en fit aussitôt la remarque à Louvois, qui, voulant soutenir sa dignité de surintendant, prétendit au contraire qu'il n'y avait rien à dire à cette fenêtre. Mais Louis XIV n'était pas homme à se laisser battre ainsi : le lendemain, il se rendit à Trianon, et, ayant rencontré Le Nôtre, il le conduisit devant la fenêtre, objet du litige, et le fit juge de sa discussion avec son ministre. Le Nôtre, qui redoutait également de se brouiller avec l'un ou

La loi nouvelle avait été appliquée dans toute l'étendue de sa rigueur.

moment même où ces quatre personnes tremblaient pour la vie de l'auguste malade, madame la dauphine reçut l'ordre de continuer ses réceptions et de danser comme si le roi eût été en parfaite santé.

L'opération se fit en présence des quatre confidents : madame de Maintenon était debout près de la cheminée ; le marquis de Louvois, à côté du lit, tenait la main du roi ; Monseigneur était au pied ; Félix allait, venait, préparait tout. L'opération fut des plus heureuses : le roi ne jeta pas un cri, et, dès qu'elle fut terminée, il voulut se montrer à ses courtisans.

La France apprit donc la guérison de son roi en même temps que la maladie et le danger qu'il avait couru.

Cependant la paix n'eût peut-être pas été troublée sans une circonstance qui prouve à quel fil délié tient le repos des nations. Louis XIV, non content d'avoir fondé Versailles, faisait encore bâtir Trianon. C'était Le Nôtre qui était chargé de disposer les jardins dans un goût tout différent de ceux de l'astre somptueux dont Trianon n'était que le satellite.

avec l'autre, se défendit longtemps d'émettre une opinion positive. Le roi alors lui ordonna de mesurer la fenêtre qu'il soutenait être plus petite que les autres ; Le Nôtre se mit à l'œuvre bien à contre-cœur, tandis que Louvois grondait tout haut, et que le roi se promenait avec impatience ; le résultat de l'opération prouva que Louvois avait tort. Alors le roi, qui jusque-là avait contenu sa colère, s'y abandonna sans réserve, disant à Louvois qu'il commençait à se lasser de ses opiniâtretés, et qu'il était fort heureux qu'il fût venu là, attendu que, si le hasard ne l'y avait pas amené, Trianon aurait été bâti tout de travers.

La scène s'était passée devant les courtisans et devant les ouvriers, de sorte que Louvois, d'autant plus blessé qu'il y avait eu plus de témoins, rentra chez lui furieux en s'écriant :

— Je suis perdu, si je ne donne pas de l'occupation à un homme qui se transporte ainsi pour des misères. Il n'y a que la guerre qui puisse le détourner de ses bâtiments ; et, pardieu ! il en aura, puisqu'il lui en faut, à lui et à moi.

XLV

GUERRE GÉNÉRALE. — NOUVEL INCENDIE DU PALATINAT. — LUXEMBOURG. — LE MARÉCHAL DE DUMAS. — LE DAUPHIN. — CATINAT. — PRISE DE PHILIPSBOURG. — BATAILLES GAGNÉES ET PERDUES. — LE PRINCE EUGÈNE. — SUITE DE LA GUERRE CIVILE DES CÉVENNES. — FIN TERRIBLE DE L'ABBÉ DU CHAYLA. — MORT DU PRINCE DE CONDÉ. — LUTTE ENTRE MADAME DE MAINTENON ET LOUVOIS. — LE ROI ET LE MINISTRE. — SCÈNE DES PINCETTES. — LA GARDE MAL PLACÉE. — LA PROMENADE ET LE MONOLOGUE. — MORT DE LOUVOIS. — RÉVÉLATION SUR SA MORT. — LA REINE D'ESPAGNE MEURT EMPOISONNÉE.

L'Europe se trouva donc de nouveau livrée à une guerre générale parce qu'une des fenêtres de Trianon était plus petite que les autres, et que le roi avait eu le malheur d'avoir raison sur son ministre.

Cette nouvelle guerre eut pour résultat :

Sur mer, deux combats : l'un, celui de Béveziers (1), gagné par Tourville ; l'autre, celui de la Hogue, gagné par l'amiral Russell.

En Italie, la reprise des hostilités et le gain de la bataille de Staffarde, qui amena pour Amédée la perte de la Savoie et de la plupart des places du Piémont ; mais, avec le secours de l'Autriche, c'est-à-dire avec quatre mille hommes commandés par le prince Eugène, le duc recommença cette guerre de haies, de montagnes et de ravins à laquelle se prêtaient si bien son territoire et son génie. Le prince Eugène fit lever aux Français le siège de Coni, et le duc de Bavière, arrivant avec de nouveaux renforts, nous força de repasser les Alpes.

Ce fut la première fois qu'on entendit retentir victorieusement à Paris le nom du fils de la comtesse de Soissons. Destiné d'abord à l'Église, il avait jeté bas le petit collet, et avait été faire la guerre aux Turcs. Au retour de cette croisade où il s'était signalé, il demanda un régiment à Louis XIV, qui le lui refusa. Alors, il écrivit au roi une lettre dans laquelle il lui disait que, sur son refus de l'employer, il prenait du service chez l'empereur. Louis XIV plaisanta beaucoup de cette lettre qu'il regarda comme une singulière impertinence du jeune homme, et, le même soir, au jeu, il la passa à Villeroi, à qui ce même prince Eugène devait tailler plus tard de si rude besogne, en lui disant :

— Ne vous semble-t-il pas que j'ai fait là une grande perte ?

En Espagne, le maréchal de Noailles prit Urgel, qui lui ouvrait l'Aragon, et le comte d'Estrées bombarda Barcelone.

Sur le Rhin, à défaut de Condé, mort depuis trois ans, et de Créquy, mort l'année précédente, Henri de Durfort, maréchal de Duras, fut chargé de tenir la campagne sous les ordres de monseigneur le dauphin, fils de Louis XIV. Il avait, entre autres lieutenants généraux, Catinat et Vauban ; ce dernier devait diriger le siège de Philipsbourg, où Monseigneur était appelé à faire ses premières armes. Au moment du départ, le roi le serra et lui dit :

— Mon fils, en vous envoyant commander mes armées, je vous donne l'occasion de faire connaître votre mérite ; allez le montrer à toute l'Europe, afin que, lorsque je ne serai plus, on ne s'aperçoive pas que le roi est mort.

Le dauphin partit, et, comme de tout temps, on le sait, nous avons chanté, il arriva devant la ville menacée au refrain d'une chanson qui eut alors bonheur de succès et à laquelle il eut le bonheur de donner un démenti (2).

Philipsbourg fut pris en dix-neuf jours ; Mannheim en trois jours ; Franckenthal en deux ; Spire, Worms et Oppenheim se rendirent à l'apparition des Français, qui possédaient déjà Mayence et Heidelberg.

Ce fut au milieu de cette guerre qu'arriva le fameux ordre de Louvois, de tout réduire en cendre et de faire du Palatinat un désert. Ainsi se trouvaient rallumées pour un plus vaste incendie les flammes dont Turenne avait brûlé deux villes et vingt villages.

A la lueur de cet incendie, Guillaume, affermi sur le trône de son beau-père, repassa la mer pour venir nous combattre sur le premier terrain où il nous avait déjà rencontrés. C'était un homme qui nous avait trop appris à nos dépens, ce qu'il pouvait faire, pour que nous ne cherchassions pas à lui opposer un rival digne de lui. Le roi choisit Luxembourg, tombé depuis deux ou trois ans dans la disgrâce de Louvois, qui haïssait ce maréchal comme il avait haï Turenne, comme il haïssait enfin tout ce qui était grand et fort.

Au moment de partir, Luxembourg exprima au roi quelques craintes sur cette haine qu'il laissait derrière lui. Mais Louis XIV, qui savait si bien vouloir quand la chose était nécessaire et souvent même quand elle ne l'était pas, lui répondit :

— Partez tranquille, j'aurai soin que Louvois marche droit. Je l'obligerai de sacrifier au bien de mon service la haine qu'il a contre vous ; vous n'écrirez qu'à moi et vos lettres ne passeront point par ses mains.

Luxembourg débuta dans cette campagne, qui lui valut le titre de tapissier de Notre-Dame, par la victoire de Fleurus ; deux cents drapeaux ou étendards furent le premier envoi qu'il fit à la métropole. Ce fut dans cette campagne encore qu'eurent lieu les fameux sièges de Mons et de Namur, commandés par le roi en personne, et les deux batailles de Steinkerque et de Neerwinden, où le duc de Chartres, fils de Monsieur, alors âgé d'environ quinze ans, fit ses premières armes. Nous reviendrons plus tard, à propos du régent, sur ce brillant début. M. le Duc, Louis III, petit-fils du grand Condé, mari de mademoiselle de Nantes, obtint ainsi une mention honorable dans ces deux batailles.

Mais ce n'était pas le tout que ces guerres extérieures. La France était en proie à une guerre civile qui lui rongeait les entrailles. La révocation de l'édit de Nantes portait ses fruits ; les flammes du Palatinat avaient gagné les Cévennes. On se rappelle le prêtre terrible, ce missionnaire implacable envoyé à Mende comme inspecteur des missions. L'abbé du Chayla avait été fidèle à ses principes et avait appliqué la loi nouvelle dans toute l'étendue de sa rigueur. Il avait enlevé des enfants à leurs pères et à leurs mères, les avait mis dans des couvents, et, pour qu'ils y fissent pénitence d'une hérésie qu'ils tenaient de leurs parents, on les avait soumis à de tels châtiments qu'ils en étaient morts.

Il était entré dans la chambre des agonisants, pour leur apporter non pas des consolations, mais des menaces. Il s'était penché sur leurs lits comme l'ange des colères célestes pour leur dire qu'un cas de non conversion, procès serait fait à leur mémoire, et que leur corps, sans sépulture, serait jeté à la voirie après avoir été traîné sur la claie.

Enfin, quand des enfants pieux, essayant de soustraire l'agonie à ses menaces ou le cadavre à ses persécutions, emportaient entre leurs bras leurs parents moribonds ou morts, afin qu'ils eussent ou un trépas tranquille, ou une tombe chrétienne, il avait déclaré coupables de lèse-religion ceux-là mêmes qui avaient ouvert une porte hospitalière à cette sainte désobéissance, laquelle, chez les païens, eût été debout sur des autels.

Aussi, comme, depuis quatre ans, il était toujours prêt au martyre, il avait fait creuser d'avance sa tombe dans l'église de Saint-Germain, qu'il avait choisie parce qu'elle avait été bâtie par le pape Urbain IV lorsqu'il était évêque de Mende.

Depuis que l'abbé du Chayla était archiprêtre des Cévennes, chaque jour avait été marqué par quelques arrestations, par quelques tortures, ou par quelques exécutions capitales. C'étaient surtout les prophètes protestants qu'il avait poursuivis comme véritables ferments de l'hérésie. Deux ou trois prophétesses apparurent, qu'il fit condamner au moment de leur apparition. L'une de ces malheureuses, dont on ignore le nom, fut brûlée à Montpellier ; une autre, qu'on appelait Françoise des Brez, fut pendue, Enfin un troisième prédicateur, qui se nommait Laquoite, allait être roué vif, lorsque, le matin du jour fixé pour le supplice, on ne le retrouva plus dans sa prison, sans qu'on ait jamais su de quelle façon il en était sorti. Le bruit se répandit aussitôt que, conduit par le Saint-Esprit, comme saint Pierre par l'ange, il avait passé invisible au milieu des soldats.

Mais ce prophète, sauvé miraculeusement, redevint visible pour prêcher à son tour la mort de l'abbé du Chayla, qu'il représentait comme l'Antéchrist. Tous ceux qui avaient souffert par lui, tous ceux qu'il avait habillés de deuil, et le nombre en était grand, se réunirent à sa voix, et, sous le commandement d'un nommé Laporte, maître forgeron, et d'un nommé Esprit Séguier, qui, après Laquoite, était le plus révéré des vingt ou trente prophètes que possédaient à cette époque les hérétiques, s'acheminèrent vers l'abbaye de Montvert, où l'archiprêtre faisait sa résidence. Toute la troupe était armée de faux, de hallebardes, d'épées ; quelques hommes même avaient des pistolets et des fusils.

L'abbé était dans son oratoire lorsque, malgré l'ordre qu'il

(1) Voir la note CC à la fin du volume.
(2) Voir la note DD à la fin du volume.

avait donné de ne jamais le déranger pendant ses prières, un de ses serviteurs accourut tout effaré, lui annonçant que des fanatiques descendaient de la montagne. L'abbé pensa que c'était un rassemblement sans consistance qui venait pour enlever six prisonniers qu'il tenait dans les ceps. Alors, comme il avait autour de lui une garde de soldats, il fit venir le chef qui la commandait et lui ordonna de marcher aux fanatiques et de les disperser.

Mais, en voyant le nombre inattendu des rebelles, le chef jugea qu'au lieu d'attaquer, il n'avait rien autre chose à faire qu'à se défendre. Il fit fermer les portes de l'abbaye et plaça ses hommes derrière une barricade élevée à la hâte sous une voûte qui conduisait aux appartements de l'archiprêtre. Ces préparatifs étaient à peine achevés, que la porte extérieure vola en éclats sous les coups d'une poutre dont les assiégeants se servaient comme d'un bélier. Aussitôt ils se répandirent dans la première cour, demandant à grands cris les prisonniers. L'abbé du Chayla répondit à ces menaces par l'ordre de faire feu.

L'ordre fut exécuté : un huguenot tomba mort, deux autres furent blessés. Les assaillants se précipitèrent aussitôt sur la barricade, qu'ils enlevèrent en quelques instants et avec ce courage irréfléchi des enthousiastes qui se battent pour une cause qu'ils croient sainte. A leur tête étaient toujours Laporte et Esprit Séguier, qui avaient à venger, l'un la mort de son père, l'autre celle de ses fils, exécutés tous deux par les ordres de l'abbé.

Les soldats se réfugièrent dans une salle basse située au-dessous de la chambre où l'abbé était en prières avec ses serviteurs. Dans cette attaque, les fanatiques avaient eu deux hommes tués et cinq autres blessés, de sorte que les deux chefs, craignant une résistance désespérée, ouvrirent l'avis de délivrer d'abord les prisonniers et ensuite de brûler l'abbaye.

Une portion de la troupe se mit en quête, tandis que l'autre veillait à ce que personne ne sortît. Les prisonniers furent bientôt retrouvés, car, se doutant que c'étaient leurs frères qui venaient à leur secours, ils les appelèrent à grands cris. On les tira de leur cachot où depuis huit jours ils demeuraient, les jambes prises entre des poutres fendues. C'étaient trois jeunes garçons et trois jeunes filles qu'on avait surpris au moment où ils allaient fuir de France. On les retrouva enflés par tout le corps, ayant les os à demi brisés et ne pouvant plus se soutenir sur leurs jambes.

A la vue de ces martyrs, la colère et la haine des assaillants redoublèrent, si c'était possible. Les cris : « Au feu ! au feu ! » se firent entendre, et en un instant les bancs, les chaises, les meubles entassés dans l'escalier et à la porte de la salle basse, furent enflammés à l'aide d'une paillasse étendue sur tout ce bûcher.

Cependant l'abbé, sentant les flammes monter jusqu'à lui, avait, à la prière d'un de ses valets, essayé de fuir par la fenêtre. Mais, les draps dont il se servait pour descendre étant trop courts, il avait été obligé de sauter à terre d'une assez grande hauteur, et, en tombant, s'était cassé la jambe. Il ne put donc que se traîner jusqu'à un angle de muraille où il essaya de se cacher, mais où bientôt la réverbération de l'incendie, en l'éclairant, le dénonça à ses ennemis. Alors, il se vit enveloppé d'un seul élan ; un seul cri retentit :

— Mort à l'archiprêtre ! mort au bourreau !

Mais Esprit Séguier accourut, étendit les mains sur lui et s'écria :

— Rappelez-vous les paroles du Seigneur. Il veut, non pas que le pécheur meure, mais qu'il vive et se convertisse.

— Non, non, s'écrièrent toutes les voix, non ! qu'il meure sans miséricorde, comme il a frappé sans pitié. A mort, le fils de Bélial, à mort !

— Silence ! cria le prophète d'une voix qui dominait les autres ; car voici ce que Dieu vous dit par ma bouche : Si cet homme veut nous suivre et remplir parmi nous les fonctions de pasteur, qu'il lui soit fait grâce de la vie qu'il consacrera désormais à la propagation de la vraie croyance.

— Plutôt mourir mille fois, dit l'archiprêtre, que de venir en aide à l'hérésie !

— Meurs donc ! s'écria Laporte en le frappant de son poignard ; tiens, voilà pour mon père, que tu as fait brûler à Nîmes.

Et il passa le poignard à Esprit Séguier.

L'archiprêtre ne poussa pas un cri ; on eût pu croire que le poignard avait émoussé sur sa robe, et l'on n'eût vu couler de sa poitrine à terre qu'une traînée de sang. Seulement, il leva les mains et les yeux au ciel en prononçant ces paroles du psaume de la pénitence :

— Des profondeurs de l'abîme, j'ai crié vers vous, Seigneur, écoutez ma voix.

Alors, Esprit Séguier leva le bras et le frappa à son tour en disant :

— Voilà pour mon fils, que tu as fait rouer vif à Montpellier.

Et il passa le poignard à un troisième fanatique.

Mais le coup n'était pas encore mortel. Seulement, un autre ruisseau de sang se fit jour et l'abbé dit d'une voix plus faible :

— Délivrez-moi, ô mon Sauveur, des peines que méritent mes actions sanglantes, et je publierai avec joie votre justice.

Celui qui tenait le poignard s'approcha et frappa à son tout en disant :

— Voilà pour mon frère, que tu as fait mourir dans les ceps.

Cette fois, le coup avait porté au cœur ; l'abbé tomba en murmurant :

— Ayez pitié de moi, mon Dieu, selon votre miséricorde.

Et il expira.

Mais sa mort ne suffisait pas à la vengeance de ceux qui n'avaient pu l'atteindre vivant. Chacun s'approcha donc de lui et le frappa comme avaient fait les trois premiers, au nom de quelque ombre qui lui était chère et en prononçant les mêmes paroles de malédiction. Et l'abbé reçut ainsi cinquante-deux coups de poignard.

Après une pareille vengeance, il n'y avait pas de grâce à espérer, et cette guerre d'extermination, qui fait un si terrible pendant à la Saint-Barthélemy, commença, moins excusable qu'elle, car elle était moins nécessaire. Nous ne la suivrons pas dans ces détails si connus ; mais nous verrons plus tard apparaître un instant à la cour de Louis XIV un de ses chefs les plus redoutés, le fameux Jean Cavalier.

Pendant la période que nous venons de parcourir, deux hommes étaient morts qui avaient largement marqué leur place dans le siècle, l'un comme général, l'autre comme ministre. L'un était M. le prince de Condé, l'autre le marquis de Louvois.

Le grand Condé, que la mort avait tant de fois épargné sur les champs de bataille, mourut à la suite d'une visite qu'il avait faite à sa petite-fille, madame la Duchesse, atteinte de la petite vérole. C'était le dernier représentant de cette grande seigneurie qui avait succédé à la grande vassalité ; c'était le dernier prince qui devait faire, au grand jour, la guerre à son roi. Aussi son talent militaire était-il bien plutôt le talent brutal et instinctif des époques de chevalerie que le talent raisonné et, si l'on peut dire, mathématique des Turenne, des Catinat, et, plus tard du maréchal de Saxe. Depuis sept ou huit ans, Condé vivait séparé de la cour. Était-ce lui qui s'était éloigné de Louis XIV, dont la grandeur le blessait? Était-ce Louis XIV qui l'avait éloigné de lui parce qu'il ne pouvait admettre ce surnom de Grand, donné du son vivant à un homme qui avait été un instant son ennemi ? A son lit de mort, cependant, il y eut retour du prince au roi, et, après sa mort, retour du roi au prince. Le moribond sollicita de Louis XIV la rentrée du prince de Conti, qui était en pleine disgrâce, et, quand le roi reçut la lettre et apprit en même temps que celui qui l'avait écrite n'était plus :

— Je perds là, dit-il, mon meilleur capitaine.

Et il accorda la grâce demandée.

Bossuet fut chargé de l'oraison funèbre : il appartenait au plus grand orateur du temps de louer le plus grand capitaine.

Quant à Louvois, sa mort fut triste et pleine de mystère.

Nous avons dit plus haut qu'à lutter contre madame de Maintenon, Fénelon perdit sa faveur et Louvois peut-être la vie. Expliquons ce que nous avons dit.

A peine mariée, la situation de madame de Maintenon éclata de toute sa nouvelle splendeur : elle n'osa porter les armes de son mari, qui étaient les armes de France, mais elle supprima celles de Scarron et ne porta plus que les siennes seules et les cordelières qui indiquent le veuvage. Huit jours après la célébration de ce mariage, un appartement lui fut donné à Versailles, en haut du grand escalier, vis-à-vis de celui du roi et de plain-pied avec lui. En quelque lieu qu'elle fût, à partir de ce moment, elle était toujours logée aussi proche et toujours de plain-pied autant que la chose était possible. Il y a plus : le travail, depuis cette époque, se fit habituellement chez elle ; deux fauteuils étaient disposés à côté de la cheminée, l'un pour elle, l'autre pour le roi, et, devant la table deux tabourets, l'un pour son sac à ouvrage, l'autre pour le ministre. Pendant le travail, madame de Maintenon lisait et s'occupait de tapisserie. Elle entendait tout ce qui se passait entre le roi et le ministre, qui parlaient tout haut : rarement elle mêlait un mot à la conversation, plus rarement encore ce mot était de quelque conséquence. Souvent le roi lui demandait son avis. Alors, elle répondait avec de grandes mesures, ne paraissant s'intéresser ni aux choses ni aux personnes dont il était question, mais ayant d'avance tout arrangé chez le ministre. Quant à ses autres relations, les voici : elle allait voir quelquefois la reine d'Angleterre, avec qui elle jouait, et à son tour la recevait aussi de temps en temps chez elle. Jamais elle n'allait chez aucune princesse du sang, pas même chez Madame. Aucune d'elles non plus n'allait jamais chez madame de Maintenon, à moins que ce ne fût par audience ; ce qui était extrêmement rare, et ne manquait jamais de faire nouvelle. Si elle avait à parler aux princesses, filles du roi, elle les envoyait chercher ; et, comme c'était presque toujours pour les gronder qu'elle leur faisait cette faveur, elles arrivaient toutes tremblantes et sortaient d'ordinaire tout en larmes. Il va sans dire que cette étiquette n'existait pas pour M. du Maine, devant qui les portes s'ouvraient à quelque heure que ce fût, et qui était toujours reçu à bras ouverts par son ancienne gouvernante.

Cependant bientôt tant d'honneurs secrets et pour ainsi dire solitaires ne lui suffirent plus, et elle voulut être déclarée.

Ce fut encore M. du Maine et Bossuet que l'on fit agir pour obtenir du roi cette déclaration. Le roi céda devant l'amour de l'un et devant l'éloquence de l'autre et promit tout ce qu'on lui demandait.

Mais Louvois, qui dépensait plus de cent mille francs pour sa police intérieure du château, apprit bien vite et les manéges de madame de Maintenon pour se faire déclarer, et la promesse que le roi avait eu la faiblesse de donner. Il mande aussitôt l'archevêque de Paris, M. de Harlay, qui avait été présent à la célébration du mariage, et, au sortir du dîner, prend ces papiers, se rend avec le prélat chez le roi, et, comme il le faisait toujours, entre droit dans les cabinets. Le roi, qui allait sortir pour la promenade, s'arrête étonné et demande à Louvois ce qui l'amène à une heure où il n'a pas l'habitude de venir.

— Quelque chose de pressé et d'important, répond Louvois, et qui exige que je parle seul à Votre Majesté.

Les courtisans et les valets d'intérieur sortirent aussitôt ; mais ils laissèrent les portes ouvertes, de sorte que non seulement ils entendirent tout ce qui se dit, mais encore virent tout ce qui se passa, par le moyen des glaces.

Louvois venait supplier le roi de se rappeler la promesse qu'il lui avait faite, ainsi qu'à M. de Harlay, de jamais déclarer son mariage. Le roi, se voyant pris par son ministre en flagrant délit de dissimulation, balbutia, se défendit mal, s'embrouilla dans de faibles et transparents détours, et, sans défense contre sa parole royale, se mit à marcher pour gagner l'autre cabinet où étaient les valets et les courtisans, et se débarrasser ainsi de celui qui le pressait. Mais Louvois, se jetant sur lui et à la porte, et tombant à ses genoux, tire de sa ceinture une courte épée qu'il portait d'habitude, et, en présentant la garde au roi :

— Sire, lui dit-il, tuez-moi afin que je ne voie pas mon roi manquer à la parole qu'il m'a donnée ou plutôt qu'il s'est donnée à lui-même.

Le roi, furieux, trépigne, insiste, ordonne à Louvois de le laisser passer. Mais, au lieu d'obéir, le ministre le serre davantage et va, de peur qu'il ne lui échappe, jusqu'à le saisir à bras-le-corps, lui représentant l'horrible contraste de sa naissance avec celle de madame de Maintenon, l'opposition de cette première misère si humble avec cette seconde fortune si haute dont elle ne sait pas se contenter, et pour la seconde fois obtient de lui sa parole de ne jamais, Louvois mort ou vivant, déclarer le mariage.

Madame de Maintenon attendait, pleine d'espoir, espérant à chaque instant que le roi allait lui annoncer l'heure où elle serait déclarée. Huit jours se passèrent sans qu'il fût question de rien. Alors, ce fut elle qui se hasarda à lui rappeler la promesse qu'il avait donnée à M. le duc du Maine et à Bossuet. Mais le roi coupa court à cette nouvelle instance, en priant madame de Maintenon de ne lui plus jamais parler de cette affaire. Madame de Maintenon, qui avait aussi sa police, chercha, s'informa, apprit ce qui s'était passé entre le roi et le ministre, et commença dès lors à préparer la perte de ce dernier, qu'elle méditait depuis longtemps.

Or, ceci se passait au milieu de l'incendie du Palatinat ; et, malgré le profond respect que Louis XIV avait imposé pour sa personne et ses actes, le retentissement de cette cruauté avait produit, même à la cour, un fâcheux effet. Madame de Maintenon saisit un de ces moments de doute comme Louis XIV en avait quand les mesures ordonnées ne venaient pas de lui. Elle éveilla en faveur des Bavarois ses scrupules religieux, endormis à l'endroit des Cévenols, et en arriva jusqu'à lui dire que, quoique la mesure vint du ministre, la blâme lui inspirait retombait sur le roi. Mais, comme Louis avait adhéré à ces mesures, il ne fit aucun reproche à Louvois ; seulement, il commença d'éprouver en sa présence ce malaise qu'un coupable ressent en présence de son complice.

Cependant Louvois se félicitait, au contraire, des terribles exécutions du Palatinat, et, marchant toujours dans la même voie, il vint proposer à Louis XIV de brûler Trèves, dont il était à craindre que l'ennemi ne fît une place d'armes dangereuse. Cette fois, bien loin d'applaudir à la proposition, le roi refusa net. Le ministre insista ; mais le roi tint ferme et rien ne fut décidé.

Louvois étant parti, madame de Maintenon ne manqua point d'abonder dans le sens de Louis XIV et de faire ressortir tout ce qu'il y avait de froide cruauté dans le conseil du ministre.

Mais, par l'anecdote de la fenêtre de Trianon, on a pu voir que Louvois n'était pas homme à céder facilement, même à celui à qui toutes choses cédaient. En conséquence, à quelques jours de là, étant venu, selon son habitude travailler chez madame de Maintenon, à la fin de la séance :

— Sire, dit-il au roi, j'ai bien vu l'autre jour que c'était un scrupule de conscience seul qui vous empêchait de consentir à une mesure aussi nécessaire que l'est l'incendie de Trèves ; j'ai donc pris sur moi la responsabilité comme je le prends sur ma conscience, et je viens de faire partir un courrier avec l'ordre que Trèves soit brûlée.

Sans doute le roi était à bout de sa patience, car à peine ces paroles furent-elles prononcées, que lui, si calme d'ordinaire et si maître de ses sentiments, se jeta sur les pincettes de la cheminée et allait en frapper le ministre, si madame de Maintenon ne se fût précipitée entre eux deux en s'écriant :

— Ah ! sire qu'allez-vous faire ?

Cependant Louvois gagnait la porte ; mais, avant qu'il fût sorti, Louis XIV lui cria :

— Faites partir à l'instant même un second courrier, et qu'il ramène le premier ; vous m'en répondez sur votre tête.

Louvois n'eut pas besoin de faire partir un second courrier, car le premier attendait, tout botté, le résultat de la tentative audacieuse qu'il avait résolu de faire et qui venait d'échouer.

Une seconde aventure acheva de perdre Louvois dans l'esprit du roi. Louis XIV avait formé le projet de prendre Mons au commencement du printemps de 1691, et il avait décidé que, comme à Namur, les dames seraient du siège ; mais Louvois s'y opposa formellement, déclarant que l'on n'était plus assez riche pour faire de pareilles folies.

Louis XIV fut profondément blessé de se trouver impuissant pour la première fois. Cependant il céda devant l'inexorable volonté des chiffres, et Mons n'eut pas l'honneur d'être pris en présence des dames.

Enfin, à ce siège arriva un petit événement qui fut la goutte d'eau sous laquelle déborda le vase.

Le roi, se promenant autour de son camp, trouva une garde ordinaire de cavalerie mal placée à son avis, et la replaça autrement. Le même jour, le hasard ayant fait qu'il repassât devant cette même garde, il la retrouva à l'endroit qu'il lui avait déjà fait abandonner. Il fut surpris et choqué d'une pareille inconvenance et demanda au capitaine qui l'avait mis où il le voyait.

— Sire, répondit celui-ci, c'est M. de Louvois, qui vient de passer il y a une heure.

— Mais, lui demanda le roi, ne voyez-vous donc pas dit à M. de Louvois que c'était moi qui vous avais placé où vous vous teniez ?

— Si fait, sire, répondit le capitaine.

— Voilà bien Louvois ! dit le roi en se retournant vers sa suite ; ne le reconnaissez-vous pas là, messieurs ?

Et aussitôt il replaça le capitaine et la garde où il les avait déjà mis le matin.

Aussi, après le retour de Mons, l'éloignement du roi pour Louvois ne fit-il qu'augmenter et devint-il si visible, que lui, qui se croyait l'homme nécessaire, le conseiller indispensable, le ministre suprême, commença à tout appréhender.

Un jour que la maréchale de Rochefort et madame de Blansac, sa fille, étaient allées dîner chez lui à Meudon, il leur proposa, après le dîner, de les mener à la promenade. Elles acceptèrent, et il les fit monter dans une calèche légère qu'il menait lui-même. Alors, elles l'entendirent, oubliant qu'elles étaient là, se parler comme s'il eût été seul, rêvant profondément, et, tout en rêvant, répétant à diverses reprises :

— Le fera-t-il ?... Le lui fera-t-on faire ? Non... Mais cependant... Oh ! non, il n'oserait...

Pendant ce monologue, il allait toujours, quittant le chemin, suivant une pelouse, si bien qu'au bout d'un instant, la voiture se trouva au bord d'une pièce d'eau, et que la maréchale n'eut que le temps de se jeter sur les mains de Louvois et de retenir les rênes. Au cri qu'elle poussa, Louvois se réveilla comme d'un profond sommeil ; il recula de quelques pas en disant :

— Ah ! oui, c'est vrai, je songeais à autre chose.

Le 16 juillet 1691, sans aucune maladie qui pût faire prévoir cet accident, le bruit se répandit tout à coup, vers les cinq heures du soir, que Louvois venait de mourir.

La surprise fut grande ; on s'inquiéta, on s'informa. On apprit qu'un travail chez madame de Maintenon, il s'était senti un peu indisposé et que le roi l'avait forcé de s'en aller ; qu'il était retourné à pied chez lui, où le mal avait subitement augmenté ; qu'il avait demandé son fils Barbezieux, et que celui-ci, quoiqu'il fût dans le même hôtel et qu'il n'eût pas perdu une minute pour accourir, avait trouvé son père déjà expiré.

Au moment où il venait de mourir, le roi, au lieu d'aller voir ses fontaines, suivant son habitude, et de diversifier sa promenade comme il le faisait toujours, ne fit qu'aller et venir le long de la balustrade de l'Orangerie, d'où il voyait, en revenant vers le château, le bâtiment où Louvois venait d'expirer et qui était le logement du roi de la surintendance. Pendant qu'il se promenait ainsi, un officier du roi d'Angleterre vint, le visage tout contrit, complimenter, au nom de Leurs Majestés, le roi sur cette mort.

— Monsieur, lui répondit Louis XIV d'un ton plus que dégagé et dans lequel il était impossible que la meilleure volonté vît le moindre regret ; monsieur, faites mes compliments au roi et à la reine d'Angleterre, et dites-leur de ma part que mes affaires et les leurs n'en iront pas moins bien.

La soudaineté du mal et la rapidité de la mort de Louvois firent tenir quantité de discours, d'autant plus que l'ouverture de son corps donna, à ce qu'assure Saint-Simon, la preuve qu'il avait été empoisonné. Le ministre était grand buveur d'eau et en avait toujours un pot sur la cheminée de son cabinet, à même duquel il buvait. Il avait bu de cette eau avant d'aller travailler avec le roi, et cela, un instant après qu'un frotteur du logis était entré son cabinet et y était resté quelques moments seul. Le frotteur fut arrêté et mis en prison ; la peine y était-il demeuré quatre jours, et la procédure commencée, qu'il fut élargi par ordre du roi, et ce qui avait été fait, jeté au feu avec défense de continuer aucune recherche (1).

Entre ces deux morts, une autre arriva qui fit non moins de bruit et sur laquelle Louis XIV lui-même eut soin qu'il ne restât pas de doute.

Un jour, à son lever, le roi dit tout haut :

— Messieurs, la reine d'Espagne est morte empoisonnée ; le poison a été préparé dans une tourte d'anguille ; la comtesse de Pernitz et les camèristes Zapata et Mina, qui en ont mangé après elle, sont mortes du même poison.

Cette reine d'Espagne était Marie-Louise d'Orléans, fille de Monsieur et de madame Henriette, et elle fut empoisonnée pour avoir révélé à Louis XIV l'impuissance du roi Charles II, son mari.

On avait été prévenu d'avance de la probabilité de ce malheur, et l'on avait envoyé de Versailles du contre-poison qui arriva malheureusement deux ou trois jours après sa mort.

XLVI

ÉTAT DE L'EUROPE VERS LA FIN DE LA GUERRE. — TRAITÉ AVEC LA SAVOIE. — PAIX DE RYSWICK. — PREMIER TESTAMENT DU ROI D'ESPAGNE. — ÉLECTION DU PRINCE DE CONTI AU TRONE DE POLOGNE. — BATAILLE DE ZENTA. — PAIX DE CARLOWITZ. — LE MARÉCHAL FERRANT DE SALON. — SON VOYAGE A VERSAILLES. — IL EST PRÉSENTÉ A LA COUR. — SON ENTREVUE AVEC LOUIS XIV. — SON HISTOIRE. — EXPLICATION DE SES AVENTURES MYSTÉRIEUSES. — LE COMTE D'AUBIGNÉ. — SES DÉSORDRES. — LA JEUNE DUCHESSE DE BOURGOGNE. — SA RÉCEPTION EN FRANCE. — SON ARRIVÉE A MONTARGIS, A FONTAINEBLEAU ET A VERSAILLES. — CÉLÉBRATION DU MARIAGE. — LA PREMIÈRE NUIT DE NOCES. — PORTRAIT DU DUC DE BOURGOGNE.

Un mot sur la situation de nos armées et sur le besoin général de repos qui se faisait sentir.

Vers le commencement de l'année 1696, nous avions quatre armées sur pied : l'une, forte de 80,000 hommes, était en Flandre avec Villeroi ; l'autre, commandée par le maréchal de Choiseul, comptait 40,000 hommes et stationnait sur les rives du Rhin ; Catinat, avec 35,000 hommes, tenait le Piémont ; le duc de Vendôme, dont nous aurons à parler plus tard, parvenu au généralat comme un simple soldat de fortune, après avoir débuté comme garde du roi, tout petit-fils de Henri IV qu'il était, commandait à Barcelone,

(1) Saint-Simon, tome XXIV, page 404.

qu'il venait de prendre, avec 45,000 hommes : c'était donc un total de 200,000 hommes, que, tout affaiblis que nous étions par trente ans de guerre, nous avions encore à opposer à la ligue d'Augsbourg, contre laquelle nous soutenions la lutte depuis huit années.

Cependant, comme cela arrive après un certain temps de guerre, chaque peuple en armes éprouvait la nécessité de concentrer en lui-même ses forces disséminées sur des champs de bataille où tant de sang avait été répandu.

Guillaume, après avoir conquis l'Angleterre, après y avoir réuni l'Irlande, aspirait à ce calme si nécessaire aux monarchies qui se fondent.

L'empereur avait hâte de rappeler ses soldats de l'Italie et de les opposer, avec son jeune vainqueur, le prince Eugène, aux Turcs, qui faisaient à la fois la guerre à l'Allemagne, à la Pologne, à Venise et à la Russie.

Le duc de Savoie commençait à comprendre que son véritable allié était le roi de France, chez lequel il avait si souvent envoyé ses filles pour en faire des princesses royales.

Enfin, Charles II, qui allait s'alanguissant de jour en jour, aspirait à choisir en paix son successeur parmi les princes de l'Europe.

Il n'y avait pas jusqu'à Louis XIV lui-même qui, déjà refroidi par l'âge, embarrassé dans ses finances mal gérées depuis la mort de Colbert, attristé par ses dissensions de famille, ne désirât une paix qui tout au moins une trève qui lui permît de poursuivre, du côté de l'Espagne, le plan qu'il avait sans doute formé dans son esprit depuis le jour où une indiscrétion de sa nièce lui avait appris d'une manière certaine que le roi Charles II ne pouvait avoir d'héritier.

Ce fut par Victor-Amédée, duc de Savoie, que l'on attaqua la ligue ; le comte de Tessé et le maréchal de Catinat furent les négociateurs ; au reste, le résultat de la négociation n'était pas douteux : on rendait au duc son pays dans toute son intégralité ; on lui donnait de l'argent dont il avait fort besoin, on lui proposait, chose qu'il demandait depuis longtemps, le mariage de sa fille Marie-Adélaïde avec le duc de Bourgogne, fils de monseigneur le dauphin, et, par conséquent, héritier possible de la couronne de France.

C'était à Notre-Dame de Lorette, en Italie, que devait se conclure le traité. M. le comte de Tessé et le maréchal de Catinat s'y rendirent de leur côté, et le duc de Savoie du sien, sous prétexte d'un pélerinage. Ce fut là que les conventions furent signées sous le patronage direct du pape Innocent XII, qui avait un intérêt puissant à délivrer l'Italie des Autrichiens et des Français, qui la ruinaient également. Le duc de Savoie s'engageait dans le traité à faire reconnaître par l'Empire la neutralité de l'Italie.

L'Empire fit des difficultés ; alors le duc de Savoie joignit son armée à celles de la France, de sorte qu'en moins d'un mois, après avoir été généralissime de l'empereur Léopold, il se trouva généralissime du roi Louis XIV. Cette conversion détermina l'empereur à entrer en négociation à son tour. Les Hollandais, qui, de leur côté, avaient à gagner à la paix, proposèrent le château de Ryswick pour les conférences. Charles XI, roi de Suède, fut nommé médiateur, et, quoiqu'il mourut au milieu des conférences, laissant le trône à son fils Charles XII, la paix ne fut pas moins signée le 20 septembre 1697.

Par cette paix, le roi rendait à l'Espagne tout ce qu'il avait pris vers les Pyrénées, c'est-à-dire Luxembourg, Mons, Ath et Courtrai ; à l'empereur, Kehl, Philipsbourg, Fribourg et Brisach. Les fortifications d'Huningue et de Neuf-Brisach furent rasées. L'électeur de Trèves rentra dans sa ville, le Palatin dans ses terres, le duc de Lorraine dans son duché ; le prince d'Orange, qu'on avait traité jusqu'alors d'usurpateur et de tyran, fut reconnu pour roi légitime, et Louis XIV s'engagea à ne donner aucun secours à ses ennemis. Or, les ennemis du roi Guillaume, c'étaient le roi Jacques et son fils, qui habitaient le château de Saint-Germain, et qui en furent réduits à se contenter du titre stérile de majesté.

Quant à nous, on nous rendit Strasbourg, ou plutôt on nous confirma dans sa possession.

Charles II put alors tester tranquillement. Il donnait la couronne à Léopold de Bavière, jeune prince qui n'avait pas plus de cinq ans, mais qui descendait du roi Philippe IV et était petit-neveu du roi régnant.

Au moment même où le roi d'Espagne disposait ainsi de sa couronne en faveur d'un prince qui allait mourir, les Polonais choisissaient pour porter la leur, un roi qui ne devait pas régner. Le cardinal de Polignac avait dirigé cette élection en faveur du prince de Conti, le même qui s'était distingué à Steinkerque et à Neerwinden. Il est vrai que, deux heures après que la majorité l'avait élu, la minorité élisait à son tour Auguste, électeur de Saxe. Cette fois, ce fut le parti de la minorité qui l'emporta. Auguste était prince souverain ; il avait amassé de longue main un trésor pour cette occasion ; enfin, il se tenait tout prêt à entrer en Pologne pour réclamer cette couronne qu'on lui volait. Le prince de Conti, au contraire, était éloigné, n'avait d'autres protecteurs que son nom et l'influence du cardinal, d'autre armée que trois ou quatre gentilshommes qui l'avaient accompagné, d'autre argent que quelques lettres de change. En arrivant à Dantzig, il apprit que son rival venait d'être couronné, et s'en revint en France sans avoir pu même toucher l'argent de ses lettres de change que le banquier refusa de lui payer.

En même temps, le prince Eugène battait les Turcs à Zenta, et, comme l'Occident signait la paix de Ryswick, l'Orient signait celle de Carlowitz. Ce furent les Turcs qui firent les frais de la guerre. Ils cédèrent aux Vénitiens la Morée, aux Moscovites Azof, aux Polonais Kaminich, à l'empereur la Transylvanie.

Alors, les peuples se regardèrent avec étonnement : de la Néva au Tigre, du Bosphore à Gibraltar, le monde était en paix. Mais, pour le tzar Pierre et le nouveau roi de Suède Charles XII, cette paix ne fut qu'une trêve.

Revenons à Versailles.

Louvois était mort, comme nous l'avons dit, et cette mort avait rendu à madame de Maintenon l'espoir d'être déclarée. Cependant elle voulut, pour arriver à ce but, recourir, cette fois, à des moyens surnaturels, espérant que le roi, qui avait repoussé la voix des hommes, écouterait du moins la voix de Dieu.

Un jour, un maréchal ferrant de la petite ville de Salon en Provence, arriva à Versailles après avoir fait le voyage à pied, et, s'en allant tout droit au palais, avant même de prendre aucun repos, s'adressa à M. de Brissac, major des gardes, afin qu'il l'introduisît près du roi, auquel il avait, disait-il, des choses de la plus haute importance à révéler. M. de Brissac refusa naturellement ; mais le paysan revint tant de fois à la charge et fit tant d'instances auprès de différentes personnes de la cour, que le roi fut informé de cette étrange aventure, et, voulant savoir jusqu'où irait la persistance du bonhomme, lui fit dire qu'il était inutile qu'il tentât de nouvelles démarches, attendu que le roi de France n'avait pas l'habitude de parler ainsi au premier venu.

Mais le paysan insista, disant que, s'il avait le bonheur de voir le roi, il lui raconterait des choses connues de lui seul, et si secrètes, que le roi comprendrait bien qu'il avait affaire, non pas à un intrigant, comme on paraissait le croire, mais à un véritable illuminé. Il ajouta que, s'il lui était, en effet, impossible de voir le roi, il demandait à être envoyé à l'un de ses ministres d'État.

Le roi fit venir Barbezieux, fils de Louvois, et lui ordonna d'écouter cet homme qui se présenterait sans doute chez lui, le lendemain. Puis, lorsque le paysan revint, on l'invita à passer chez M. de Barbezieux qui l'attendait. Mais il secoua la tête.

— J'ai demandé à parler à un ministre d'État, s'écria-t-il, et M. de Barbezieux n'est pas un ministre d'État.

Cette réponse étonna tout le monde et surtout le roi. Le paysan était arrivé depuis trois ou quatre jours seulement : comment donc était-il si bien au courant des charges de la cour ? Louis XIV nomma aussitôt, pour recevoir les confidences du paysan, M. de Pomponne, qui ne pouvait être récusé, puisqu'il avait, lui, le titre exigé. Aussi le maréchal ne fit-il aucune observation. Il alla trouver le ministre, et lui raconta qu'un soir qu'il revenait fort tard vers son village, il s'était trouvé, tout à coup et au moment où il passait sous un arbre, enveloppé d'une grande lumière ; qu'alors, au centre de cette lumière, il lui était apparu une jeune femme, belle, blonde et fort éclatante, vêtue d'une longue robe blanche, et, par-dessus cette robe, portant un manteau royal ; que cette femme lui avait dit : « Je suis la reine Marie-Thérèse ; allez trouver le roi et répétez-lui les choses que je vais vous communiquer tout à l'heure ; Dieu vous aidera dans votre voyage, et, si le roi doutait que vous vinssiez à lui de ma part, vous lui diriez une chose que lui seul sait, que lui seul peut savoir et par laquelle il reconnaîtra la vérité de tout ce que vous venez lui apprendre. Si tout d'abord, ce qui est probable, vous ne pouvez parler au roi, vous demanderez à parler à un ministre d'État ; et, sur toutes choses, vous ne communiquerez rien aux autres, quels qu'ils soient. Partez donc hardiment et diligemment, et exécutez ce que je vous ordonne, ou sinon vous serez puni de mort. » Le maréchal avait alors promis tout ce que l'apparition exigeait de lui ; et, aussitôt cette promesse faite, la vision lui avait dit ce de secret qu'il ne devait répéter qu'au roi, et elle avait disparu. Avec elle disparut la lumière qui l'avait précédée, et le paysan s'était retrouvé seul au pied de son arbre, tellement étourdi, qu'il n'avait point osé aller plus loin et, que, s'étant couché sur cet endroit, il s'y était endormi.

Le lendemain, il s'était réveillé croyant avoir fait un rêve et pensant qu'il serait insensé à lui de se mettre en route sur la foi de cette apparition. Mais, à deux jours de là, passant, à la même heure, près du même arbre, la même vision lui était apparue de nouveau, lui avait répété les mêmes paroles, mais en ajoutant aux reproches sur son incrédulité et joignant à ces reproches des menaces tellement réitérées que, cette fois, il avait promis positivement de partir, opposant pour toute excuse le dénûment absolu où il se trouvait. Alors, la reine lui avait ordonné d'aller trouver l'intendant de la Provence, de lui dire ce qu'il avait vu, ainsi que la nécessité où il se trouvait de partir incontinent pour Versailles, ajoutant qu'elle ne faisait aucun doute qu'il ne pourvût aux frais du voyage. Cependant le pauvre homme restait dans sa perplexité première, et il lui fallut une troisième apparition pour le décider.

Cette fois, il se rendit immédiatement à Aix, alla trouver l'intendant, lui conta tout avec un tel accent de conviction, que celui-ci, sans balancer, l'exhorta à se mettre en route et lui donna de quoi faire son voyage.

Mais, quelques instances que fit M. de Pomponne, il ne parvint pas à en savoir davantage ; à tout ce que le ministre put dire, cet homme répliqua que c'était au roi seul qu'il pouvait confier le reste.

M. de Pomponne revint au roi et lui raconta ce qui s'était passé. Ce rapport inspira à Louis XIV une telle curiosité, que celui-ci voulut entretenir lui-même le maréchal. Il ordonna donc qu'on le fit monter dans ses cabinets et qu'on l'introduisit par le petit degré qui donnait sur la cour de marbre.

Cette première conversation sembla à Louis XIV si intéressante, à ce qu'il paraît, que, dès le lendemain, il voulut en avoir une seconde. Chacune des conférences dura une heure au moins, et, personne n'y ayant assisté, personne ne sut jamais ce qui s'y dit ; seulement, comme à la cour il n'y a point de secret complet, nous allons répéter ce qui transpira de cette étrange entrevue.

Le lendemain du jour où Louis XIV avait vu le paysan pour la seconde fois, comme le roi descendait, pour aller à la chasse, le même escalier par lequel, suivant ses ordres, le maréchal avait été introduit près de lui, M. de Duras, qui était, par son nom et sa position, et surtout par l'amitié que lui portait Louis XIV, sur le pied de dire au roi tout ce qu'il lui plaisait, se mit à parler de cet homme avec mépris et à terminer cette attaque par ce proverbe fort commun à cette époque : Ou cet homme est fou, ou le roi n'est pas noble. À ce mot, le roi s'arrêta, ce qu'il ne faisait jamais, pour répondre, et, se tournant tout à fait vers M. de Duras :

— Si le proverbe est vrai, monsieur le duc, dit-il, ce n'est pas cet homme qui est fou, c'est moi qui ne suis pas noble ; car je l'ai entretenu deux fois, fort longtemps chaque fois, et j'ai trouvé tout ce qu'il m'a dit plein de sens et de raison.

Ces derniers mots furent prononcés avec une si grande gravité, qu'ils surprirent toute l'assistance, et, comme M. de Duras, malgré l'affirmation du roi, se permettait de faire un signe de doute :

— Apprenez, reprit Louis XIV, que cet homme m'a parlé d'une chose qui m'est arrivée il y a plus de vingt ans, et que personne ne peut savoir, attendu que je n'en ai parlé à personne, et cette chose, c'est qu'un fantôme m'est apparu dans la forêt de Saint-Germain, et qu'il m'a dit une phrase que ce paysan m'a textuellement répétée.

Il en fut de même toutes les fois que Louis XIV parla de cet homme, sur lequel son opinion fut toujours favorable. Tout le temps qu'il demeura à Versailles, il fut défrayé par la maison du roi, et, lorsqu'on le renvoya chez lui, le roi non seulement veilla aux besoins de son voyage, mais encore lui remit une forte somme. En outre, l'intendant de la Provence reçut l'ordre de le protéger particulièrement, de ne le tirer jamais de son état et de son métier, de veiller à ce qu'il ne manquât de rien pendant le reste de sa vie.

On n'en sut pas davantage du roi ni du paysan, qui jamais ne voulurent s'expliquer, soit qu'ils l'ignorassent, soit que le roi leur eût défendu d'en parler, sur la véritable cause du voyage de ce paysan. Quant à lui, il reprit son métier et vécut, comme à l'ordinaire, fort considéré des gens de son village, et sans qu'il ait jamais parlé à aucun d'eux de ce bonheur infini pour un homme de sa classe, d'avoir été reçu par le roi.

Maintenant, à force de recherches, voici ce qu'apprirent les furetors de nouvelles :

Il y avait à Marseille une certaine madame Armond, dont la vie avait été tout un roman, et qui, laide, pauvre et veuve, avait inspiré les plus grandes passions et gouverné les gens les plus considérables de l'endroit, si bien que chacun disait qu'elle était sorcière. Elle s'était fait épouser par M. Armond, intendant de la marine de Marseille, avec les circonstances les plus singulières. À force d'esprit et de manège, comme madame de Maintenon, dont elle était l'intime amie, s'était fait épouser par Louis XIV. Or, on suppose que le roi avait avoué à madame de Maintenon cette apparition de la forêt de Saint-Germain, dont il prétendait n'avoir parlé à personne ; que madame de Maintenon avait fait passer ce détail à son amie et que celle-ci en avait fait un passeport au maréchal ferrant, à l'aide duquel il se serait tout d'abord emparé de la confiance du roi. Quant à ce que lui aurait recommandé cette femme vêtue de blanc et couverte du manteau royal qui, au dire de l'envoyé, lui était apparue, cette recommandation qu'elle l'aurait chargé de porter au roi, n'eût été autre que celle de reconnaître publiquement madame de Maintenon pour reine. Ce bruit coïncidait, d'ailleurs, avec celui qui avait couru à la mort de Marie-Thérèse : à savoir, que la mourante aurait remis aux mains de madame de Maintenon son anneau nuptial.

plus grand tort du monde en ne lui envoyant pas le bâton de maréchal de France. Il est vrai, ajoutait-il, qu'il avait préféré prendre ce bâton en argent. Ce frère faisait à tout moment des avanies épouvantables à madame de Maintenon sur ce qu'il n'était pas encore duc et pair et ministre des conseils du roi ; se plaignant qu'on ne faisait rien pour lui, quoiqu'il fût gouverneur de Belfort, puis d'Aigues-Mortes, puis de la province du Berry, et, de plus, chevalier de l'Ordre. C'était d'ailleurs un homme de beaucoup d'esprit et dont on citait les mots à une époque où chacun en faisait.
Un jour, madame de Maintenon se plaignant à lui de la vie malheureuse qu'elle menait et s'écriant : « En vérité, je voudrais être morte », le comte regarda gravement sa sœur :

Voici M. le duc d'Anjou, que vous pouvez saluer comme votre roi.

Ces probabilités furent confirmées par la nouvelle qui se répandit bientôt que madame de Maintenon allait être déclarée ; déclaration qu'eût seule empêchée une conférence que le roi aurait eue avec Fénelon et Bossuet, et dans laquelle ces deux dignes prélats lui auraient rappelé la parole sacrée qu'il avait donnée à Louvois.

Quoi qu'il en soit, et bien que madame de Maintenon fût publiquement accusée d'avoir fait jouer tous les rouages de cette machine extraordinaire, ce fut la dernière tentative de ce genre qu'elle essaya ; « car, dit Saint-Simon, elle comprit qu'il n'y avait plus à revenir sur cette décision du roi, et elle eut assez de force sur elle-même pour couler doucement dessus et ne pas se creuser une disgrâce, pour n'avoir pas été déclarée reine. Le roi, ajoute-t-il, qui se sentit affranchi, lui sut gré de cette conduite qui redoubla son affection pour elle, sa considération, sa confiance. Elle eût peut-être succombé sous le poids de l'éclat de ce qu'elle avait voulu paraître ; elle s'établit de plus en plus par la confirmation de sa transparente énigme. »

Au milieu de ce prodige d'élévation où elle était parvenue, madame de Maintenon avait ses chagrins de famille. Ces chagrins lui étaient surtout causés par un frère, le comte d'Aubigné, lequel, n'ayant jamais été que capitaine d'infanterie, parlait sans cesse de ses vieilles guerres comme un homme qui méritait tout et à qui l'on faisait le

— Alors, lui dit-il, vous avez donc promesse d'épouser Dieu le père ?

Mais justement un homme de cet esprit et de ce caractère était fort embarrassant pour madame de Maintenon ; courant après toutes les jolies filles qu'il rencontrait, sortant avec elles, les promenant avec leur famille à Paris et même à Versailles, disant tout ce qui lui passait par la tête, goguenardant sur tout le monde, n'appelant jamais Louis XIV que le beau-frère, il causait à la favorite des transes éternelles : aussi résolut-elle de se défaire, d'une façon ou d'une autre, de ce pesant fardeau. Il n'y avait qu'un moyen de prendre le comte d'Aubigné, c'était la famine. Malgré ses gouvernements, malgré ses places, malgré ses bons particuliers sur le trésor, il manquait toujours d'argent, et, dans ces cas-là, il revenait à sa sœur, soumis et câlin comme un écolier qui veut obtenir une faveur de son maître. Sa sœur lui faisait faire alors les plus belles promesses du monde ; le comte promettait tout ce qu'elle voulait ; puis, lorsqu'il avait l'argent, elle n'en entendait plus parler jusqu'à ce qu'il donnât signe d'existence par l'éclat de ses nouvelles folies.

Un jour, le comte d'Aubigné vint trouver sa sœur pour lui faire ses réclamations habituelles ; mais, cette fois, madame de Maintenon le reçut d'un air fort sévère en lui disant que le roi avait enfin appris ses fredaines, qu'elle avait eu tant de peine à lui cacher, et ne les avait pardonnées qu'en considération de l'engagement qu'elle avait pris que son frère se repentirait ou tout au moins ferait semblant de se repentir. Le comte d'Aubigné répondit que, pour se repentir, c'était impossible; mais, que quand il en faire semblant, la chose lui paraissait plus facile; il demandait, en conséquence, à sa sœur, qui devait s'y connaître, de quelle façon il fallait s'y prendre pour avoir l'air parfaitement converti. Madame de Maintenon lui répondit que rien n'était plus simple, qu'il n'avait qu'à cesser de se montrer en mauvaise compagnie pendant trois semaines, ou un mois, qu'elle répandrait le bruit de sa conversion, et qu'il se retirerait momentanément dans la communauté qu'un certain M. Doyen avait établie sous le clocher de Saint-Sulpice, et où des gentilshommes des meilleures maisons de France se réunissaient pour y vivre en commun et se livrer à des exercices de piété, sous la direction de quelques honorables ecclésiastiques.

Le comte d'Aubigné débattit longtemps le moyen, qu'il trouvait médiocrement agréable; mais son auguste sœur tint bon, et, comme elle promettait vingt-cinq mille livres au bout d'un mois de retraite, il consentit à feindre le repentir le plus profond de ses déportements passés, se retira à Saint-Sulpice, signa les conventions établies par M. Doyen, se promettant bien, aussitôt les vingt-cinq mille livres reçues, de faire une brillante rentrée dans le monde.

En effet, le lendemain du jour où la somme fut payée, le comte d'Aubigné disparut de la confrérie de Saint-Sulpice. Mais le cas était prévu. M. Doyen avait un ordre, grâce auquel on rattrapa le comte d'Aubigné et on lui donna pour gardien un des prêtres de Saint-Sulpice, qui, toutes les fois qu'il voulait sortir, sortait avec lui et le suivait comme son ombre. Un jour, le comte s'impatienta et maltraita son surveillant; celui-ci fit son rapport, et d'Aubigné fut condamné à six semaines d'arrêts dans sa chambre. Dès lors, il vit bien qu'il avait pris le mauvais moyen, et, comme sur le refus du premier surveillant de continuer à le suivre, on lui en avait donné un second, il entreprit de corrompre celui-ci et de le mettre de moitié dans ses fredaines.

L'histoire ne dit pas s'il y réussit; mais ce qu'il y a de positif, c'est que le comte d'Aubigné se trouva forcé de mettre un peu plus de retenue dans sa conduite, et que de cette façon sa sœur fut ainsi à peu près débarrassée, sinon de lui, du moins des craintes qu'il lui inspirait.

Revenons maintenant à un mariage dont nous n'avons dit qu'un mot et qui cependant avait une grande importance: c'était celui de monseigneur le duc de Bourgogne avec la petite princesse de Savoie.

En exécution du traité de Notre-Dame de Lorette, le duc de Savoie envoya en France sa fille, âgée de onze ans. Depuis trois semaines, la maison de la princesse l'attendait à Lyon, lorsqu'elle arriva au pont de Beauvoisin, où elle devait quitter sa maison italienne et où sa maison française la devait recevoir. Ce fut le 16 octobre 1696 que la jeune princesse mit le pied sur la terre de France et fut conduite au logis qui lui avait été préparé de ce côté du pont. Elle y coucha et, le surlendemain, se sépara de toutes les personnes qui l'avaient accompagnée, excepté d'une femme de chambre et d'un médecin qui ne devaient pas non plus demeurer en France et qui, eux aussi, furent renvoyés après l'établissement de la princesse à Versailles.

Au moment même où la fille du duc de Savoie était reçue et avait déjà commencé, selon l'étiquette de simple princesse, à s'embrasser madame la duchesse du Lude et M. le comte de Brionne, un courrier arriva avec ordre du roi de traiter en tout la future duchesse comme fille de France et comme ayant déjà épousé monseigneur le duc de Bourgogne. Elle s'arrêta donc au milieu de ses embrassades, et madame du Lude et M. de Brionne furent les seuls qui obtinrent cet honneur innocemment usurpé.

Par toutes les villes où elle passa, elle fut reçue selon les intentions exprimées par le roi. Pendant les séjours dans les grandes villes, elle était en public, servie par la duchesse du Lude. Dans les villes de second ordre et dans les repas ordinaires, ses dames mangeaient avec elle.

Le dimanche, 4 novembre, le roi, Monseigneur et Monsieur allèrent séparément à Montargis au-devant de la princesse, qui y arriva à six heures du soir et fut reçue par Louis XIV lui-même à la portière de son carrosse. Puis le roi la mena dans l'appartement qui lui était destiné et lui présenta Monseigneur, Monsieur et M. le duc de Chartres.

La petite princesse, douée d'un esprit juste et fin, avait été admirablement instruite par son père, le duc de Savoie, du caractère de Louis XIV et de celui des principaux personnages de sa cour. Elle se conduisit en conséquence, et tout ce que vit des gentilshommes, des flatteries pleines d'esprit, du peu d'embarras et, avec tout cela, de l'air mesuré de ses manières respectueuses de la princesse, le rassit au plus haut degré et le charma tout d'abord. Aussi passa-t-il la journée à la louer sans cesse et à la caresser continuellement et, dès le même soir, il envoya un courrier à madame de Maintenon pour lui dire combien il était satisfait de leur petite-fille.

Le lendemain à cinq heures du soir, on arriva à Fontainebleau, dans la cour du Cheval-Blanc. Tout Versailles était sur l'escalier du Fer-à-Cheval. La foule était en bas. Le roi menait la princesse, qui, suivant l'expression de Saint-Simon, semblait sortir de sa poche, et, tout enfant qu'elle était, il la conduisit avec le plus grand respect, lui, roi, lui vieillard, tant était grande la force de l'étiquette, jusqu'à l'appartement qui lui était destiné. Puis il fut réglé par le roi lui-même qu'on appellerait madame la duchesse de Bourgogne la Princesse tout court; qu'elle mangerait seule, servie par la duchesse du Lude; qu'elle ne verrait que ses dames et celles à qui le roi donnerait expressément la permission de la voir; qu'elle ne tiendrait point de cour; que M. le duc de Bourgogne n'irait chez elle qu'une fois tous les quinze jours, et messieurs ses frères une fois le mois.

Le 8 novembre, toute la cour était de retour à Versailles. La princesse eut l'appartement de la reine défunte. Au bout de huit jours, elle l'avait, par son esprit, entièrement charmé le roi et ensorcelé madame de Maintenon, qu'à défaut de titres consacrés par l'étiquette, elle eut l'idée d'appeler ma tante, conservant vis-à-vis d'elle plus de dépendance et plus de respect qu'elle n'eût pu faire pour une mère et pour une reine, et usant en même temps à son égard d'une liberté et d'une familiarité apparentes qui ravissaient le roi et la favorite.

Aussi le roi, qui adorait la princesse, songea-t-il à en faire sa petite-fille le plus tôt possible. Le jour où elle eut douze ans, il voulut que le mariage fût célébré. C'était le 7 décembre, un samedi. Quelques jours auparavant, il avait dit tout haut, et de manière à ce que chacun l'entendît, qu'il désirait que les fêtes du mariage fussent splendides et que la cour y fût magnifique. Et, lui-même qui depuis longtemps ne portait plus que des habits très simples et de couleur sombre, en voulut pour ce jour-là éclatants de couleurs et superbes d'ornements. Ce fut assez, comme on le comprend bien, pour que tout ce qui n'était pas d'Église ou de robe essayât de se surpasser en richesse. Aussi les broderies d'or et d'argent furent-elles mises au nombre des choses communes. Les perles et les diamants se changèrent en broderies, et le luxe atteignit un tel degré, que le roi se repentit d'avoir donné lieu à ces folles dépenses, et dit tout haut qu'il ne comprenait pas comment il y avait des maris assez fous pour se laisser ruiner par les habits de leur femme.

C'était un singulier spectacle dans Paris. Chacun courait pour se procurer de l'or ou de l'argent. Les marchands de pierreries vidèrent leurs boutiques. Enfin les ouvriers manquèrent pour mettre tant de richesses en œuvre. Madame la Duchesse, que rien n'embarrassait, s'avisa d'en faire enlever huit de chez le duc de Rohan par les hoquetons de la cour. Louis XIV fut instruit, trouva le procédé fort mauvais et fit reconduire les huit ouvriers à l'hôtel de Rohan. Il avait d'autant mieux le droit d'en agir ainsi qu'ayant choisi un dessin et l'ayant donné au brodeur, celui-ci se proposait de quitter tous les ouvrages commencés pour se mettre à celui-là; mais le roi le lui défendit expressément et lui commanda d'achever d'abord tout ce qu'il avait entrepris et de ne travailler qu'ensuite à celui qu'il avait choisi lui-même, ajoutant que, si cette parure n'était pas faite à temps, on s'en passerait.

A midi, les fiançailles eurent lieu; à une heure, le mariage fut consacré. Le cardinal de Coislin officia en l'absence du cardinal de Bouillon, grand aumônier.

Le soir, après le souper, on alla coucher la mariée, de chez laquelle le roi fit sortir tous les hommes. Toutes les dames au contraire y demeurèrent, et la reine d'Angleterre donna la chemise, que madame la duchesse du Lude présenta à la princesse. Monseigneur le duc de Bourgogne se déshabilla au milieu de toute la cour, assis sur un pliant. Louis XIV était présent avec tous les princes; le roi d'Angleterre donna la chemise, que lui présentèrent les ducs de Beauvilliers.

Dès que la mariée fut couchée, monseigneur le duc de Bourgogne entra suivi de M. de Beauvilliers et se mit dans le lit à droite de la princesse, en présence des rois et de toute la cour. Aussitôt après, le roi et la reine d'Angleterre sortirent; puis Louis XIV s'alla coucher à son tour, et tout le monde abandonna la chambre nuptiale, excepté Monseigneur, les dames de la princesse et le duc de Beauvilliers, qui demeura toujours au chevet du lit du côté de son pupille, et la duchesse du Lude du côté de la princesse. Un quart d'heure après, Monseigneur fit relever son fils, lui permettant d'embrasser sa femme; ce à quoi madame du Lude s'opposa de tout son pouvoir, ne cédant que sur un ordre supérieur du dauphin.

Le lendemain matin, deux personnes trouvèrent fort mauvais ce qui avait été fait: le roi, que le marié eût embrassé sa femme, et le petit duc de Berry, que son frère eût quitté le lit, déclarant qu'à sa place il ne se serait pas laissé emmener, ou qu'il aurait pleuré jusqu'à ce qu'on le recouchât auprès de la princesse.

La pauvre petite duchesse était, d'ailleurs, fort mal partagée, car le duc son mari, assez laid de visage, était en outre tout bossu. Cela venait, à ce qu'assurait le duc de Beauvilliers, son gouverneur, d'une barre de fer qu'on lui avait fait porter pour l'habituer à se tenir droit, mais qui fit, au contraire, que le prince, pour éviter la douleur que cela lui causait, se tenait de travers, habitude qui lui déjeta la taille. Du reste, élève de Fénelon, il avait joint à beaucoup d'esprit naturel une excellente éducation. Il était dévot et charitable; beaucoup d'anciens officiers reçurent des secours sans jamais savoir qu'ils venaient de lui. Du premier moment où il vit sa femme, il l'aima, et depuis poussa cet amour jusqu'à l'adoration. Quelques jours après son mariage, pendant une de ces visites qu'il était autorisé par le roi à faire à la princesse, celle-ci lui raconta qu'un célèbre astrologue de Turin, ayant tiré son horoscope, lui avait annoncé tout ce qui lui était arrivé, même qu'elle épouserait un fils de France, et lui avait prédit qu'elle mourrait à l'âge de vingt-sept ans.

— Si ce malheur m'arrive, dit la petite princesse, qui épouserez-vous, monsieur?

— Il est inutile de songer à cela, répondit le duc de Bourgogne; car, si vous mourez avant moi, huit jours après vous je serai mort.

La pauvre duc tint sa parole: la duchesse, comme nous le verrons, mourut le 12 février 1712, et le duc le 18 du même mois.

XLVII

TESTAMENTS DU ROI D'ESPAGNE. — INTRIGUES A CE SUJET. — CONSEILS DU PAPE INNOCENT XII. — LA FRANCE EST ENFIN PRÉFÉRÉE A L'AUTRICHE. — MORT DE CHARLES II. — OUVERTURE DU TESTAMENT. — PLAISANTERIE DU DUC D'ABRANTÈS. — CONDUITE PRUDENTE DE LOUIS XIV. — LE DUC D'ANJOU EST RECONNU POUR ROI D'ESPAGNE. — UNE RÉCEPTION A MEUDON. — DERNIÈRE INTERVUE DE LOUIS XIV ET DE MADAME DE MONTESPAN. — FIN DE RACINE. — CAUSE DE SA MORT. — NAISSANCE DE VOLTAIRE.

Nous avons vu que le roi Charles II avait choisi pour héritier de sa double monarchie le prince Léopold de Bavière. Dès que ce testament eut été fait, le cardinal Porto-Carrero l'avait dit, en grand secret, au marquis d'Harcourt, notre ambassadeur, lequel avait immédiatement dépêché M. d'Iguilville au roi de France avec cette nouvelle. Louis XIV, en l'apprenant, ne parut manifester aucun mécontentement. Il n'en fut pas de même de l'Empereur. La cour d'Autriche passait pour s'être déjà défaite, au moyen du poison, de la reine d'Espagne, fille de Monsieur. Tout à coup on apprit la mort du jeune prince de Bavière, et les mêmes accusations se renouvelèrent.

Le jeune prince mort, le roi Charles II tomba dans une perplexité d'autant plus grande que, sans attendre qu'il se fût prononcé, on s'empressa, comme il l'apprit, de faire un nouveau partage qui donnait à l'archiduc toute la monarchie d'Espagne. Porto-Carrero, son conseiller, s'était prononcé en faveur de Philippe d'Anjou, petit-fils du roi de France, et il était parvenu à mettre au chevet du moribond un confesseur tout entier dans les mêmes intérêts que lui. Cependant cette double obsession paraît insuffisante encore. Le roi n'osait prendre sur lui une telle résolution, de donner son royaume au petit-fils d'une reine et d'un roi qui y avaient publiquement renoncé en se mariant. Il résolut donc de consulter le pape; il lui écrivit fort en long, et lui fit remettre directement la lettre par laquelle il lui demandait son avis. Le pape, qui était Innocent XI, se mourait lui-même à cette époque; aussi ne fit-il point attendre sa décision. Il répondit qu'étant lui-même aussi proche de la mort que l'était Sa Majesté Catholique, il avait un intérêt aussi puissant qu'elle-même à ne pas se tromper dans un conseil dont il n'eût pas à recevoir de reproches quand il irait se présenter devant le trône de Dieu; qu'il pensait donc que l'exclusion de la maison d'Autriche, les enfants du dauphin étaient les vrais, les seuls et les légitimes héritiers de sa monarchie; qu'ils excluaient tous autres, et que, du vivant de leur postérité, l'archiduc, ses enfants et toute la maison d'Autriche n'avaient aucun droit au trône d'Espagne; que plus la succession était immense, plus l'injustice qui la compétirait en la détournant de l'héritier légitime lui deviendrait terrible au jour du jugement; qu'il l'engageait donc à n'oublier aucune de précautions ou des mesures que toute sa sagesse pourrait lui suggérer pour faire justice à qui il devait et pour assurer, autant qu'il serait possible, la totalité de sa succession et de sa monarchie à un des fils de France.

Tout ceci, comme on le comprend bien, fut fait en secret, et ce secret fut si profondément enseveli, que l'on ne sut qu'après l'avènement de Philippe V la consultation de Charles II et la réponse d'Innocent XII.

Cette réponse reçue, tous les scrupules de Charles II se trouvèrent levés; de nouvelles dispositions furent dressées en faveur du duc d'Anjou et portées à l'auguste moribond avec un autre testament qu'on lui avait fait signer antérieurement en faveur de l'archiduc. Ce dernier fut brûlé en présence du roi d'Espagne et de son confesseur; et, quand la flamme qui venait, pour ainsi dire, de dévorer un royaume, fut éteinte, le roi signa le second testament qui fut fermé avec toutes les formalités d'usage.

Il était temps que cette précaution fût prise: Charles II, près de mourir à chaque instant, n'avait déjà plus l'exercice de ses facultés. Le duc d'Harcourt, sur un ordre du roi de France, quitta Madrid, laissant M. de Blécourt à sa place, et partit le 23 octobre 1700 pour Bayonne, où une armée avait été rassemblée, laquelle avait ordre, en cas de besoin, d'entrer immédiatement en Espagne.

Le 1ᵉʳ novembre, le roi Charles II mourut.

Dès qu'on le sut expiré, il fut question d'ouvrir son testament. Le secret avait été scrupuleusement gardé par tous les confidents, de sorte que la curiosité et la grandeur d'un événement, qui intéressait tant de millions d'hommes attirèrent tout Madrid au palais et dans ses environs. Chaque ministre étranger avait usé de ses ressources pour pénétrer jusqu'au conseil d'État. Toutes les portes, soit publiques, soit secrètes, étaient assiégées par les ambassadeurs et par les courtisans. C'était à qui saurait le premier le choix du roi pour répandre le premier cette grande nouvelle. M. de Blécourt, notre chargé d'affaires, était là comme les autres, ne sachant rien de la chose et se trouvait près du comte de Harach, ambassadeur de l'empereur, qui espérait tout qui, connaissait le testament fait en faveur de l'archiduc, se tenait vis-à-vis de la porte par laquelle devait sortir ce grand secret, debout, avec l'air hautain qui lui était habituel, l'air triomphant que lui donnait la circonstance. Celui qui sortit le premier de la chambre où le testament venait d'être ouvert fut le duc d'Abrantès. C'était un homme d'un esprit railleur et qui, depuis longtemps déjà, vivait en assez mauvais termes avec le comte d'Harach. A peine parut-il que chacun se précipita vers lui, et que les questions se multiplièrent. Mais lui, sans rien répondre, jetait les yeux de tous côtés, gardant gravement le silence; il s'avança lentement. M. de Blécourt se trouva le premier sur son chemin. Le duc d'Abrantès le regarda un instant, puis tournant la tête; ce qui fut interprété à très mauvais signe pour la France. Alors, faisant semblant de chercher des yeux l'homme qui était devant lui, il aperçut le comte d'Harach, vers lequel il s'avançait vivement au cou d'un air d'intérêt:

— Ah! monsieur le comte, lui dit-il en espagnol, que je suis heureux de vous voir. Croyez que c'est avec beaucoup de plaisir... (il fit une pause pour l'embrasser mieux), oui, monsieur, croyez que c'est avec une extrême joie que pour toute la vie... (et il redoubla d'embrassades), et avec le plus grand contentement, acheva-t-il, que je me sépare à tout jamais de vous et prends congé de la très auguste maison d'Autriche.

Puis laissant le comte d'Harach tout stupéfait du compliment:

— Messieurs, dit-il, c'est le duc d'Anjou qui est roi d'Espagne; vive le roi Philippe V!

Et, perçant la foule émerveillée d'une pareille nouvelle, il disparut.

M. de Blécourt n'en demanda pas davantage; il s'élança à son tour hors du palais et courut rédiger sa dépêche. Comme il allait l'expédier, un messager du conseil d'État lui vint apporter un extrait du testament qu'il mit dans sa lettre. M. d'Harcourt, qui était à Bayonne, avait l'autorisation d'ouvrir tous les paquets adressés à Louis XIV, afin d'agir suivant les nouvelles et de ne point épuiser de temps à attendre les ordres de la cour, ordres qui, d'ailleurs, lui avaient été donnés d'avance et prévoyaient tous les cas possibles. Le courrier de M. de Blécourt fit une telle diligence, qu'il arriva presque mourant à Bayonne. M. d'Harcourt dépêcha aussitôt pour Fontainebleau, où il était, à la cour, un autre envoyé avec quatre mots, qu'il ordonna à celui-ci de remettre à Barbezieux, son ami, afin de le faire porter de cette grande nouvelle, et profit tout toute faveur. Le duc effectivement était de chasser qui descendit le courrier, et le ministre, sans perdre un instant, porta sa dépêche au roi, qui était au conseil des finances.

C'était le mardi matin, 9 novembre.

Le roi, qui devait chasser au tir en sortant du conseil, contremanda aussitôt la chasse, et dîna comme à l'ordinaire au petit couvert, sans rien montrer sur son visage de ce qu'il savait, déclarant seulement la mort du roi d'Espagne, et annonçant qu'il n'y aurait de tout l'hiver ni appartement, ni comédie, ni aucun divertissement à la cour. Mais, lorsqu'il fut rentré dans son cabinet, il manda au ministre de se rendre à trois heures chez madame de Maintenon. Un courrier envoyé à Monseigneur le trouva en train de courre le loup. Monseigneur revint aussitôt, et il se rendit à trois heures avec les ministres chez madame de Maintenon.

Le conseil dura jusqu'à sept heures, après quoi, le roi travailla encore jusqu'à dix avec MM. de Torcy et Barbezieux.

Le lendemain, il y eut deux autres conseils, et toujours chez madame de Maintenon. Si accoutumée que fût la cour à sa faveur, on ne la vit cependant pas sans quelque étonnement appelée ainsi à délibérer presque publiquement sur la plus importante affaire qui, pendant ce long règne, eût été soumise à un conseil d'État.

Tout demeura dans le silence et dans le doute jusqu'au dimanche 14, où M. de Torcy, après avoir longtemps causé avec le roi, prévint l'ambassadeur d'Espagne de se trouver le lendemain au soir à Versailles.

Le lundi 15, le roi partit de Fontainebleau entre neuf et dix heures du matin, et arriva à Versailles vers quatre heures. L'ambassadeur d'Espagne fut reçu par le roi ; mais il ne transpira rien de cette entrevue.

Enfin, le lendemain mardi 16 novembre, le roi, au sortir de son lever, fit entrer l'ambassadeur dans son cabinet, où M. le duc d'Anjou s'était déjà rendu par une entrée particulière. Alors, le roi, montrant son petit-fils à l'envoyé d'Espagne :

— Monsieur, lui dit-il, voici M. le duc d'Anjou, que vous pouvez saluer comme votre roi.

Aussitôt l'ambassadeur se jeta à genoux et fit au jeune prince un long discours en langue espagnole. Louis XIV le laissa aller jusqu'au bout ; puis, lorsqu'il eut fini :

— Monsieur, lui dit-il, mon petit-fils ne parle pas encore cette langue, qui désormais sera la sienne ; c'est donc à moi à vous répondre en son nom.

Et, tout aussitôt, contre sa coutume, le roi ordonna qu'on ouvrît à deux battants la porte de son cabinet, et permit à tous ceux qui se trouvaient là d'entrer. Or, la foule était grande ; car la curiosité était vivement excitée. Alors, couvrant de la main gauche son petit-fils et le leur montrant de la main droite :

— Messieurs, dit-il, voici le roi d'Espagne. Sa naissance l'appelait à la couronne ; le feu roi a reconnu son droit par un testament ; toute la nation le souhaite, et me l'a demandé instamment. C'était l'ordre du ciel, et je m'y suis conformé avec plaisir.

Puis, se tournant vers son petit-fils :

— Soyez bon Espagnol, dit-il ; mais cependant, quoique ce soit présentement votre premier devoir, souvenez-vous que vous êtes né Français pour entretenir l'union entre les deux peuples : c'est le moyen de les rendre heureux et de conserver la paix à l'Europe.

Dès le même jour, il fut décidé que le roi d'Espagne partirait le 1er décembre ; qu'il serait accompagné des deux princes ses frères, qui descendraient à aller avec lui jusqu'à la frontière ; que M. de Beauvilliers, son gouverneur, aurait l'autorité dans tout le voyage sur les princes et les courtisans, et le commandement sur les gardes, les troupes, les officiers et la suite, et qu'il règlerait et emporterait seul de toutes choses. M. le maréchal duc de Noailles lui fut adjoint, non point pour se mêler ni ordonner de quoi que ce soit en sa présence, lui qui fut maréchal de France et capitaine des gardes du corps, mais pour le suppléer en cas de maladie ou d'absence. Ils eurent chacun cinquante mille livres pour leur voyage.

Tout se passa comme Louis XIV l'avait réglé, à la seule différence qu'au lieu de partir le 1er décembre, le roi d'Espagne ne partit que le 4.

Il avait été décidé que, le 2, le nouveau roi irait à Meudon prendre congé de son père. En conséquence, toute la cour du dauphin avait été prévenue de se trouver réunie pour cette solennité.

Madame la Duchesse, fille naturelle de Monseigneur, qui avait beaucoup d'empire sur son esprit, le pria d'engager madame de Montespan à paraître à Meudon le jour où le roi d'Espagne devait venir lui faire ses adieux. Monseigneur y consentit presque avec empressement, car il faisait à la fois deux choses qui lui étaient agréables : il satisfaisait madame la Duchesse et contraintait madame de Maintenon, chez laquelle il n'avait jamais reçue chez lui, mais chez laquelle il ne s'était rendu que le jour où il avait été forcé d'assister un conseil.

En effet, madame de Montespan était complètement retirée de la cour depuis quelques années déjà, et, comme personne n'avait osé lui dire que sa présence à Versailles était devenue un reproche et, par conséquent, une gêne pour Louis XIV, ce fut M. du Maine qui se chargea de faire comprendre à sa mère que son absence était devenue indispensable. Cependant ce premier avis ne suffit pas : madame de Montespan se cramponnait, pour ainsi dire, aux débris de sa fortune passée, et il fallut que Louis XIV se décidât à lui donner l'ordre positif de se retirer. Mais qui lui porterait cet ordre ? On était assez embarrassé du choix d'un messager, lorsque M. du Maine s'offrit encore lui-même pour chasser sa mère. Cette fois, l'ordre était positif : il n'y avait point à éluder, la résistance était impossible. Madame de Montespan partit tout en larmes et se retira dans la communauté de Saint-Joseph, qu'elle avait fait bâtir. Mais elle n'avait point encore assez dépouillé les habitudes du monde ; moins heureuse et surtout moins résignée que mademoiselle de La Vallière, elle promenait ses inquiétudes de Paris à Bourbon et de Bourbon à Fontevrault sans pouvoir parvenir à se rendre à elle-même. Au milieu de cette agitation, elle accomplissait de grands actes de piété ; car, même au temps de sa faveur, elle avait toujours été pieuse et bonne, quittant quelquefois le roi pour aller prier dans son oratoire, faisant tous ses carêmes avec austérité, tous ses jeûnes avec rigueur, répandant, enfin à droite et à gauche les aumônes, non pas toujours avec une sage distribution, mais toujours au moins à la première demande qui lui était adressée.

Ce fut au milieu de cette vie de regret, de piété, d'espérances mondaines peut-être, que madame de Montespan, qui désirait vivement voir de près madame la duchesse de Bourgogne, qu'on lui avait dite charmante, reçut l'invitation de se rendre le 2 décembre chez Monseigneur.

Cependant pour se conformer à l'étiquette, Monseigneur fit passer au roi la liste des personnes qui seraient chez lui pendant l'entrevue. Le roi la lut d'un bout à l'autre, ne fit aucune observation, la plia et la mit dans sa poche.

Les gardes qui précédaient toujours le roi annoncèrent son arrivée. À cette annonce, madame de Montespan faillit se trouver mal et voulut se retirer ; mais madame de Montmorency, son amie, s'y opposa.

— Que craignez-vous de la présence du roi, madame ? lui dit-elle. Sa Majesté pense trop bien quand elle pense toute seule pour ne pas être heureuse de vous voir ; d'ailleurs, ajouta-t-elle, il serait plaisant qu'il lui prît envie d'être infidèle à sa vieille favorite. Quant à moi, je suis sûre que le plaisir que j'en ressentirais me ferait vivre dix ans de plus. À votre place, je demanderais au roi la permission d'exercer ma charge de surintendante chez sa nouvelle épouse.

En même temps, la petite duchesse de Bourgogne, qui sans doute voulait examiner l'impression que la vue de madame de Montespan ferait sur le roi, se plaça près de madame la Duchesse, qui était assise à côté de sa mère, et lia conversation avec elle.

Dans ce moment, le roi entra.

Louis XIV adressa d'abord la parole à l'ambassadeur d'Espagne, qui accompagnait le duc d'Anjou. Puis, se promenant sans affectation autour de l'appartement, il invita les dames, qui se tenaient debout par respect, à s'asseoir ; puis, s'arrêtant devant la duchesse de Bourgogne, lui parla un moment. Après elle, il adressa la parole à madame la Duchesse, et enfin il se trouva en face de madame de Montespan, qui, pâle et tremblante, avait grand-peine à ne pas s'évanouir. Le roi la regarda un instant ; puis, avec un gracieux mouvement de tête :

— Je vous fais mon compliment, madame, lui dit-il ; vous êtes toujours belle et toujours fraîche ; mais, ce n'est pas le tout, j'espère encore que vous êtes heureuse.

— Je le suis aujourd'hui beaucoup, sire, répondit madame de Montespan, puisque j'ai l'honneur de présenter mon respectueux hommage à Votre Majesté.

Alors, le roi lui prit la main et la lui baisa ; puis il passa outre et alla visiter les autres dames.

Quand il fut assez loin pour ne point entendre la conversation, madame la duchesse de Bourgogne demanda à madame de Montespan pourquoi elle avait quitté la cour.

— Ce n'est pas moi, madame, répondit l'ancienne favorite, qui ai quitté la cour, c'est la cour qui m'a quittée.

Ce fut la dernière fois que madame de Montespan vit le roi.

Lorsque madame la duchesse de Bourgogne revint à Versailles, madame de Maintenon, qui avait hâte de savoir ce qui s'était passé, la fit appeler et lui demanda si elle s'était bien amusée.

— Oh ! je vous l'assure, répondit la jeune princesse ; la cour était superbe et madame de Montespan s'y trouvait ; c'est encore une très belle femme, et le roi lui a dit qu'elle lui paraissait toujours fraîche et jolie.

Puis, se tournant vers M. le duc du Maine, qui, selon son habitude, se tenait près de madame de Maintenon :

— Pourquoi n'êtes-vous pas venu à Meudon ? lui demanda-t-elle ; votre frère de Toulouse y était avec madame la Duchesse, et tous deux, comme c'était leur devoir, ont constamment fait compagnie à madame de Montespan.

Cependant, toutes les puissances de l'Europe accédèrent d'abord au testament, et reconnurent Philippe V, qui avait été proclamé à Madrid le 24 novembre, comme roi d'Espagne. L'Autriche seule fit ses réserves.

Pendant la période qui vient de s'écouler, et tandis que

s'accomplissaient les graves événements que nous avons indiqués, Racine, qui avait survécu de vingt-six ans à Molière, venait lui-même de mourir. Après avoir longtemps vécu dans la familiarité des grands et dans la faveur de Louis XIV, dont il écrivait l'histoire, et de madame de Maintenon, pour laquelle il faisait ses tragédies d'*Esther* et d'*Athalie*, il était mort en pleine disgrâce. Plusieurs causes ont été supposées à ce changement de Louis XIV envers son poète; voici la plus probable:

Sa charge d'historiographe ne fût qu'il partageait avec son ami Despréaux, les illustres amitiés qu'il avait su se faire, les succès de premier ordre qu'il avait obtenus, lui avaient acquis, comme on disait alors, de grandes *privances* à la cour. Il arrivait même quelquefois que le roi, se trouvant chez madame de Maintenon sans ministre, dans le mauvais temps d'hiver, attristé par le défaut de promenade ou l'absence d'affaires sérieuses, envoyait chercher Racine pour causer avec lui et la favorite en petit comité. Malheureusement pour Racine, il était, comme tout poète, sujet à des distractions fort grandes.

Or, il arriva qu'un soir qu'il se trouvait entre le roi et madame de Maintenon, au coin du feu de cette dernière, la conversation roula sur les théâtres de Paris, et, après avoir épuisé l'Opéra, tomba sur la Comédie. Le roi, qui depuis longtemps n'allait plus au spectacle, s'informa des pièces que l'on jouait, des acteurs qui les représentaient, et demanda à Racine pourquoi la Comédie était si fort tombée de ce qu'il l'avait vue autrefois. Racine donna plusieurs excellentes raisons, et, entre autres, l'absence d'auteurs vivants:

— Ce qui en est cause, dit-il, que, faute de bonnes pièces nouvelles, on est obligé d'en jouer d'anciennes, et surtout les pièces de Scarron, qui ne valent rien et qui rebutent tout le monde.

A ce mot, madame de Maintenon rougit, non pas de ce qu'on attaquait la réputation littéraire de son premier mari, mais de ce que, pour la première fois peut-être depuis quinze ans, ce nom était prononcé devant le second. Le coup était si brutal, que le roi lui-même s'en embarrassa. Il ne répondit rien, et, comme de son côté madame de Maintenon se taisait, il succéda à cette judicieuse observation du poète un silence si glacé, que le malheureux Racine se réveilla en sentant l'abîme où il venait de se précipiter. Aussi demeura-t-il le plus confondu des trois, sans oser lever les yeux ni ouvrir davantage la bouche. Ce silence, tant la surprise avait été profonde, dura quelques minutes. Enfin le roi le rompit le premier, en renvoyant Racine sous prétexte qu'il allait travailler. Racine sortit tout éperdu et gagna comme il le put la chambre de Cavoie, son ami, auquel il conta sa sottise. Elle était telle, qu'il n'y avait point à la raccommoder. Aussi, depuis, ni le roi ni madame de Maintenon non seulement n'envoyèrent chercher Racine, mais ne lui parlèrent ni ne le regardèrent plus. Dès ce moment, le grand poète, duquel la faveur royale avait été toute sa vie le seul soleil, conçut un si profond chagrin, qu'il tomba en langueur, et ne songea plus qu'à faire son salut.

Enfin, le 22 avril 1699, il mourut en recommandant qu'on l'enterrât à Port-Royal-des-Champs pour qu'il demeurât, même après sa mort, dans la compagnie des illustres solitaires avec lesquels il avait conservé jusqu'au dernier moment, et malgré sa vie toute mondaine, les relations de sa jeunesse.

Boileau Despréaux demeura le seul de cette grande pléiade qui s'était levée au-dessus du berceau de Louis XIV; car, depuis le 15 avril 1695, la Fontaine avait été mort.

Il est vrai que le chef de la littérature qui devait succéder à la leur avait déjà vu le jour: le 20 février 1694, François-Marie Arouet de Voltaire était né à Chatenay, près Paris.

XLVIII

BARBEZIEUX, SON PORTRAIT, SON CARACTÈRE, SES DÉBAUCHES, SA MORT. — CHAMILLART, ORIGINE SINGULIÈRE DE SA FORTUNE. — FIN DE JACQUES II. — SES DERNIERS MOMENTS. — JUGEMENT SUR CE ROI. — DÉCLARATION DE LOUIS XIV. — CONDUITE DE GUILLAUME III. — DERNIÈRE MALADIE DE CE PRINCE. — SON CARACTÈRE. — L'HOMME AU MASQUE DE FER. — SON HISTOIRE. — RECHERCHES A SON SUJET. — CONJECTURE DE L'AUTEUR.

L'année 1701 s'ouvrit par la mort de Louis-François-Marie Le Tellier, marquis de Barbezieux, secrétaire d'Etat de la guerre.

C'était, comme on se le rappelle, le fils de Louvois; mais, tout au contraire de son père, il était soutenu contre la répugnance du roi par une certaine affection que lui portait madame de Maintenon, pour laquelle il avait toujours eu beaucoup de déférence et de respect.

Barbezieux était un homme de haute mine, d'une physionomie agréable, forte et pleine d'esprit. C'était à la fois un visage mâle et gracieux, une organisation remplie d'activité, de pénétration et de justesse, qui lui donnait pour le travail cette incroyable facilité sur laquelle il se reposait; car, presque toujours occupé de ses plaisirs, il faisait plus et mieux en deux heures qu'aucun de ses collègues dans toute sa journée. Sa personne était sympathique à la première vue; il avait le langage facile, les manières courtoises, l'énonciation aisée, juste et choisie, et cependant naturelle, quoique forte et éloquente. Personne n'avait autant l'air du monde et les manières d'un grand seigneur, quoique sa noblesse ne remontât pas bien haut. Quand il voulait plaire, il charmait; quand il obligeait, c'était avec de telles façons, qu'il était impossible d'être ingrat. Nul n'exposait mieux une affaire, n'en possédait plus pleinement tous les détails et ne les rapportait mieux que lui; quand elle sortait de ses mains, elle était complètement épuisée. Il sentait, avec une délicatesse que Louis XIV, mieux que qui que ce fût, était à même d'apprécier, la différence des personnes et des manières différentes dont il fallait leur parler. Mais à côté de ses jours de courtoisie et de bonne santé, si l'on peut le dire, Barbezieux avait ses jours de malaise et d'orgueil. Alors, il devenait hautain à l'excès, hardi, insolent, vindicatif, facile à se blesser des moindres choses, très difficile à revenir sur une aversion. Alors aussi, son humeur était terrible; il la connaissait. Il s'en plaignait et ne la pouvait vaincre. Naturellement brusque et dur, il devenait brutal et capable de toutes les insultes et de tous les emportements. Ces heures de fièvre, dont il n'était pas maître, lui avaient ôté dans le cours de sa vie beaucoup d'amis, qu'il choisissait mal d'ailleurs, et que, dans ces moments-là, il outrageait, quels qu'ils fussent, petits comme grands, faibles comme forts.

Quand Barbezieux avait trop bu, ce qui lui arrivait quelquefois, ou qu'il projetait quelque partie de plaisir, ce qui lui arrivait souvent, il avait accoutumé le roi à remettre son travail en lui mandant qu'il avait pris de la fièvre. Louis XIV ne s'en inquiétait pas, car il savait qu'il rattraperait le temps perdu, et, quoiqu'il ne fût pas dupe de cette fièvre factice, il souffrait tout cela de Barbezieux en faveur de la facilité et de la lucidité de son travail.

Comme il était probable que la succession d'Espagne allait amener une longue et cruelle guerre, Barbezieux avait fait quelques excès de travail qui ne l'avaient pas empêché de se livrer à ses excès habituels. Ainsi, un jour qu'il avait donné, comme il le disait lui-même, un de ces coups de collier à l'aide desquels il terminait avec une incroyable facilité les affaires les plus compliquées, il crut pouvoir prendre quatre ou cinq jours de congé, et, réunissant quelques amis, il alla s'enfermer avec eux dans une maison qu'il avait bâtie en plein champ, entre Versailles et Vaucresson, au bout du parc de Saint-Cloud, et qui, dans la plus riante situation du monde, mais à portée de tout, lui avait coûté des millions. Au bout de quatre jours, il revint à Versailles, mais avec un mal de gorge et une fièvre ardente qui demandaient une prompte révulsion. Barbezieux crut ne devoir pas faire attention à ces symptômes, quelque graves qu'ils fussent, et ce ne fut qu'au bout de deux jours qu'il envoya chercher Fagon. Mais celui-ci, avec sa brutalité habituelle, lui dit qu'il n'avait plus qu'une chose à faire pour lui, c'était de l'inviter à s'occuper de son testament et à se confesser.

Barbezieux reçut avec cette fermeté qu'on avait toujours remarquée en lui, et mourut, pour ainsi dire, tout vivant, au milieu de sa famille, à l'âge de trente-trois ans et dans la même chambre où son père était mort.

Aussitôt que le roi apprit cet événement, il manda M. de Chamillart, qui, huit jours auparavant, avait déjà obtenu la place de contrôleur général des finances. Un valet de chambre de madame de Maintenon l'alla chercher à Montfermeil, en l'invitant à se trouver le lendemain au lever du roi.

Chamillart obéit, et Louis XIV, le faisant entrer dans son cabinet, lui annonça qu'il lui donnait la charge de Barbezieux. Chamillart, étonné de cette faveur croissante dont nous ferons tout à l'heure l'histoire, voulut lui remettre les finances, représentant au roi l'impossibilité où était un seul homme, fût-il d'une capacité supérieure à la sienne, de s'acquitter des deux emplois qui séparément avaient occupé tout entiers Colbert et Louvois.

Mais Louis XIV répondit que c'était précisément le souvenir de ces deux ministères et de leurs éternels débats qui lui faisait réunir ces deux ministères dans une même main.

Cette main, on le voit, n'était en réalité celle de Chamillart, c'était celle de Louis XIV.

En effet, Chamillart ne devait point s'attendre à la rapide fortune qu'il avait faite. C'était un homme grand de taille, qui marchait en se dandinant, mais dont la physionomie ouverte ne signifiait rien, n'indiquant que la douceur et la bonté. Son père, maître des requêtes, était mort en 1675, à Caen, où il avait été intendant pendant dix ans. L'année suivante, le fils avait été nommé conseiller au parlement. Comme il était appliqué, laborieux, et qu'il aimait naturellement la bonne compagnie, la réputation qu'il avait d'être de bon commerce et fort honnête homme l'aida à sortir un peu des gens de robe et à fréquenter les gens d'épée. Mais, au milieu de cette médiocrité en toutes choses, Chamillart avait acquis un talent supérieur, il était de première force au billard. Or, c'était le moment où le roi avait pris à ce jeu un goût qui lui dura longtemps. Il faisait presque tous les soirs d'hiver de longues parties, tantôt avec M. de Vendôme, tantôt avec le maréchal de Villeroy, tantôt avec le duc de Grammont. Un jour, vint à parler de la force de Chamillart. Ces messieurs, qui ne le connaissaient pas, résolurent d'en essayer, partirent pour Paris et l'invitèrent à venir faire leur partie. Chamillart accepta l'invitation, les battit à plate couture sans s'écarter un seul instant de sa politesse et de son humilité naturelles, et les laissa si enchantés de lui, que, dès le soir même, ils firent du conseiller au parlement un éloge pompeux à Louis XIV. Le roi, piqué de curiosité, le voulut voir, et pria M. de Vendôme de l'amener à Versailles la première fois qu'il irait à Paris. C'était un grand honneur pour le conseiller ; il fit force façons ; on fut obligé de lui dire que le roi le voulait ; il se décida enfin, vint à Versailles avec ses deux protecteurs, fut présenté à Louis XIV, qui le conduisit incontinent à la salle de billard.

Chamillart commença par faire quelques manques de touche ; c'était une manière de faire sa cour à Louis XIV, qui remarquait toujours la première impression qu'il produisait sur ceux qui l'approchaient, et qui était flatté que cette impression fût celle de l'intimidation. Mais peu à peu, et comme eût pu le faire le courtisan le plus habile, Chamillart se remit, se rassura, fit des carambolages si fins, des doublés si justes, des bloqués si fermes, que Louis XIV demeura en admiration et l'admit de ce jour et à tout jamais à sa partie.

Une fois admis, la difficulté était de se maintenir ; ce fut dans cette conjoncture qu'éclata l'adresse du nouveau favori. Quoiqu'il fût visible qu'il plaisait au roi et, ce qui était moins facile, à madame de Maintenon, il demeura si modeste, qu'il conserva cette faveur sans qu'elle blessât personne. Invité à la fois par madame de Maintenon et par Louis XIV, il fit des voyages fréquents à Versailles, continuant de vivre avec ses confrères, sans rien prendre de cette importance qui suit ordinairement les distinctions. Bientôt le roi le fit maître des requêtes, afin qu'il fût plus en état d'être avancé. Alors, il lui donna un logement au château, chose sans exemple pour un homme de sa condition. Trois ans après, c'est-à-dire en 1689, le roi le nomma intendant de Rouen. Il vint alors supplier Louis XIV de ne point l'éloigner de sa personne. Mais, pour lui prouver que ce n'était pas son intention, le roi lui permit de venir passer trois fois par an trois ou six semaines à Versailles, et, le même jour, il le mena à Marly et le mit de son jeu ; ce qui était un grand signe de faveur de d'intimité.

Après trois ans de séjour à Rouen, le roi lui donna, de son propre mouvement, la charge d'intendant des finances, dans laquelle il demeura jusqu'à l'époque où nous sommes arrivés, toujours le même pied avec le roi, quoique le billard fût passé de mode. Nous avons vu, parvenu à l'heure où il s'y attendait le moins, il succéda à Barbezieux.

Vers ce temps, et comme s'il n'eût attendu pour mourir que l'affermissement de l'usurpateur de sa couronne, le roi Jacques II tomba en paralysie d'une partie du corps sans que la tête fût attaquée ; Louis XIV et toute la cour, à son exemple, lui rendirent de grands devoirs. Fagon l'envoya aux eaux de Bourbon-l'Archambault, où la reine d'Angleterre, sa femme, tenant tout de la liberté de Louis XIV, l'accompagna. Le roi pourvu largement à tous les frais du voyage ; mais l'auguste malade revint sans soulagement. A partir de ce moment, il ne traîna plus qu'une vie languissante, et, le 8 septembre 1701, tomba dans un tel état de faiblesse, qu'il ne laissa plus aucune espérance. Le mardi 13, Louis XIV quitta Marly pour aller visiter le mourant à Saint-Germain. Jacques était si mal, que, lorsqu'on annonça le roi, à peine rouvrit-il les yeux un moment. Louis XIV s'approcha de son lit et lui dit qu'il pouvait mourir en repos sur le prince de Galles ; qu'il le reconnaîtrait comme roi d'Angleterre, d'Écosse et d'Irlande. Tous les Anglais qui étaient présents à cet engagement solennel se jetèrent aux genoux du roi pour le remercier. Après quoi, Louis XIV passa chez la reine d'Angleterre, à laquelle il donna la même assurance. Il en envoya chercher le prince de Galles, et le roi lui renouvela la même promesse. Revenu à Marly, Louis XIV déclara, au milieu des applaudissements de toute la cour, ce qu'il venait de faire pour les exilés.

Le 16 septembre 1701, à trois heures de l'après-midi, Jacques II expira.

Le soir du même jour, le corps du roi d'Angleterre, fort légèrement accompagné, fut conduit rue Saint-Jacques, aux bénédictins anglais de Paris. Là, comme il eût été celui du plus simple particulier, le corps fut mis en dépôt dans une chapelle jusqu'au moment où il pourrait être transporté à Westminster.

Jacques II est le type vivant que la royauté peut offrir à ses partisans, de cette ténacité du droit divin et de cette haute conviction de l'hérédité qui font sacrifier toutes les chances du bonheur de la famille à l'accomplissement du devoir politique, et qui imposent au fils découronné de poursuivre avec acharnement la succession de son père. Exilé à Saint-Germain, sans fortune personnelle, sans trésor, sans armée, tenant tout de la libéralité de Louis XIV, Jacques II ne cessa pas un instant de se regarder comme le seul, le vrai, l'unique roi de l'Angleterre. Pour lui, Guillaume vainqueur ne fut qu'un rebelle, et Guillaume reconnu qu'un usurpateur. Jusqu'au dernier moment de sa vie, le fils des Stuarts, renversé du trône, n'eut qu'une seule pensée et qu'un seul cri : cette pensée fut que la couronne était à lui ; ce cri, la longue et éternelle protestation du légitime souverain contre l'erreur momentanée de la fortune. Si, malgré son insensibilité apparente, Louis XIV put entendre les dernières paroles de Louis XIV, son âme dut s'envoler joyeuse et consolée ; car elle emportait, sinon la conviction, du moins l'espérance que l'œuvre d'opposition qu'il avait faite pendant sa vie serait continuée après sa mort.

Le roi Guillaume était en Hollande à sa maison de Loo lorsqu'il apprit la mort du roi Jacques II et la reconnaissance que Louis XIV avait faite de son fils. Il tenait table, et à cette table étaient les principaux princes d'Allemagne. Il répéta la nouvelle telle qu'on venait de la lui annoncer, et sans y ajouter aucun commentaire. Seulement, il rougit, enfonça, par un mouvement de violence, son chapeau sur tête, et envoya sur-le-champ à Londres l'ordre de en chasser Poussin, qui faisait les affaires de France à titre d'ambassadeur. Mais, comme, malgré leur rivalité pour le sceptre et la couronne, le roi Jacques II était son beau-père, il ordonna de prendre le deuil en violet ; après quoi, il se hâta d'achever en Hollande tout ce qui assurait cette formidable ligue à laquelle les princes qui la composaient donnèrent le nom de *Grande Alliance*. Puis il retourna en Angleterre pour demander des secours pécuniaires au parlement.

Mais à son arrivée à Londres, Guillaume, à son tour, se sentit sérieusement malade ; il comprit bientôt la gravité de son état, qu'il était parvenu à se dissimuler à force d'activité d'esprit et d'énergie de volonté. Cependant, quoique la difficulté de respirer fût arrivée chez lui au point qu'à chaque instant on eût pu croire qu'il allait suffoquer, il ne diminua en rien les travaux de son cabinet, se contentant de faire demander sur l'exposé de son état des consultations aux principaux médecins de l'Europe. Une de ces consultations fut envoyée à Fagon, et elle lui était adressée par un curé de village. Fagon, ne croyait pas avoir grands ménagements à garder avec un pauvre prêtre et, d'ailleurs, agissant d'ordinaire fort brutalement, écrivit simplement au-dessous de la consultation : *Se préparer à mourir*. Guillaume ne se tint pour dit et ne chercha plus qu'à soutenir ses forces par tous les moyens possibles. Un de ceux qu'il employait était de se promener à cheval, et il se trouvait presque toujours soulagé par ces promenades. Mais bientôt, n'ayant plus la force de se soutenir, il fit une chute qui précipita sa fin, et mourut sans plus s'occuper de religion, au moment de sa mort, qu'il n'avait fait pendant sa vie, mais travaillant jusqu'au dernier moment aux affaires de l'État. On le soutint durant les deux derniers jours par des liqueurs fortes, des spiritueux et des excitants. Enfin il expira le dimanche 19 mars 1702, à dix heures du matin, après avoir pris une tasse de chocolat ; il n'était âgé que de cinquante-deux ans.

Guillaume III ne laissait pas d'enfants.

La princesse Anne, sa belle-sœur, seconde fille du roi Jacques II et épouse du prince Georges de Danemark, fut aussitôt proclamée reine.

Guillaume III est un des caractères les plus éminents de l'époque que nous essayons de peindre. C'est le type de la force et de la capacité, en lutte contre la légitimité et le droit. Né prince, il se fit général ; général, il dédaigna de redevenir prince et se fit roi ; homme de guerre, il combattit souvent avec avantage contre Condé, Turenne et Luxembourg ; homme politique, il lutta constamment avec succès contre Colbert, Louvois et Louis XIV. La supériorité de son génie lui conquit la suprême autorité des stathouders en Hollande, la couronne des Stuarts en Angleterre, la dictature du monde, moins la France, en Europe. Toute sa vie fut un combat, sourd, triste et laborieux, dont il ne serait pas sorti vainqueur, peut-être, s'il n'eût été l'implacable représentant du calvinisme, implacablement poursuivi. Guillaume III, enfin, fut moins le successeur de Jacques II que le continuateur de Cromwell.

Presque au même temps où ces deux morts royales étaient burinées par l'histoire, le curé de l'église Saint-Paul, à Paris, écrivait sur ses registres cette simple indication du décès d'un des prisonniers de la Bastille :

« L'an 1703, le 19 novembre, Marchiali, âgé de quarante-cinq ans ou environ, est décédé dans la Bastille, duquel le corps a été inhumé dans le cimetière de Saint-Paul, sa paroisse, le 20 dudit mois, en présence de M. Rosarges, major, et de M. Reilhe, chirurgien-major de la Bastille, qui ont signé. »

Ce Marchiali n'était autre, dit-on, que le fameux personnage connu sous le nom d'*homme au masque de fer*, dont on s'occupa si peu à cette époque et dont on a fait si grand bruit depuis. Ce fut Voltaire qui sonna la cloche d'éveil à propos de ce prisonnier d'État, dont, à notre tour, nous allons dire quelques mots.

Commençons par ce qu'il y a de positif, c'est-à-dire par les chiffres et les dates que nous donne l'histoire ; après les certitudes viendront les conjectures.

Ce fut dans l'intervalle du 2 mars 1680 au 1er septembre 1681, sans qu'on puisse indiquer précisément le jour ni le mois de son entrée, que l'homme au masque de fer apparut à Pignerol. Bientôt M. de Saint-Mars, gouverneur de cette forteresse, ayant été nommé gouverneur de celle d'Exiles, emmena son prisonnier avec lui. En 1687, ayant eu le gouvernement des îles Sainte-Marguerite, il s'y fit encore suivre par le malheureux dont il était condamné lui-même à devenir l'ombre, Il existe une lettre de lui, adressée à M. de Louvois, en date du 20 janvier 1687, dans laquelle on trouve ce passage :

Je donnerai si bien mes ordres pour la garde de mon prisonnier, que je puis vous en répondre pour entière sûreté.

M. de Saint-Mars, comme l'indique le fragment de lettre que nous venons de mettre sous les yeux de nos lecteurs, attachait une grande importance à la conservation de son prisonnier. Il fit donc construire, à son intention, une prison modèle. Cette prison, selon Piganiol de la Force, n'était éclairée que par une seule fenêtre, regardant la mer et ouverte à quinze pieds au-dessus du chemin de ronde. Cette fenêtre, outre les premiers barreaux, était défendue par trois grilles de fer.

Rarement M. de Saint-Mars entrait dans la chambre de son prisonnier ; car il lui eût fallu refermer la porte derrière lui, et il craignait que quelque indiscret n'écoutât à cette porte. En conséquence, il se tenait ordinairement sur le seuil. Placé de cette façon, il pouvait, tout en causant avec le prisonnier, voir aux deux côtés du corridor si personne ne s'approchait. Cependant, un jour qu'il causait ainsi, le fils d'un de ses amis, qui était venu passer quelques jours dans l'île, cherchant M. de Saint-Mars pour lui demander l'autorisation de prendre un bateau qui le conduisit à terre, monta, tout en le cherchant, dans le corridor et l'aperçut de loin sur le seuil d'une chambre. En ce moment, sans doute la conversation était des plus animées entre le prisonnier et M. de Saint-Mars, car ce dernier n'entendit les pas du jeune homme que lorsque celui-ci fut tout près de lui. En l'apercevant, il se rejeta vivement en arrière, referma la porte et demanda, tout pâlissant, à l'indiscret visiteur s'il n'avait rien vu ni entendu. Pour toute réponse, le jeune homme lui démontra que, de la place où il se trouvait, c'était chose parfaitement impossible. Alors seulement, le gouverneur se remit ; mais il n'exigea pas moins que, le même jour, le jeune homme quittât les îles Sainte-Marguerite, et il écrivit à son père pour lui raconter la cause du renvoi, en ajoutant ces mots :

« Peu s'en est fallu que cette aventure n'eût coûté cher à votre fils, et je m'empresse de vous le renvoyer, de peur de quelque nouvelle imprudence. »

On comprend que, de la part du prisonnier, le désir de s'échapper devait être au moins égal à la peur qu'avait M. de Saint-Mars qu'il n'y réussît. Plusieurs tentatives furent essayées ; l'une d'elles nous a été transmise dans tous ses détails.

Un jour, le Masque de fer, qui était servi en vaisselle d'argent, écrivit, au moyen d'un clou, quelques lignes sur un plat et le jeta à travers les grilles de sa fenêtre. Un pêcheur trouva ce plat sur le bord de la mer, et, pensant avec raison qu'il ne pouvait provenir que de l'argenterie du château, il le rapporta au gouverneur. M. de Saint-Mars examina le plat et vit avec terreur l'inscription qui y était gravée.

— Avez-vous lu ce qui est écrit là ? dit le gouverneur en montrant l'inscription au pêcheur.
— Je ne sais pas lire, répondit celui-ci.
— Ce plat a-t-il passé en d'autres mains que les vôtres ? demanda encore M. de Saint-Mars.
— Non ; car je l'ai trouvé à l'instant même, et je l'ai apporté à Votre Excellence en le cachant sous ma veste, de peur qu'on ne me prît pour un voleur.

M. de Saint-Mars demeura un instant pensif ; puis, faisant signe au pêcheur de se retirer :

— Allez, lui dit-il, vous êtes bienheureux de ne savoir pas lire.

Une anecdote à peu près pareille, mais dont le principal acteur eut moins de bonheur, arriva quelque temps après.

Un garçon de chirurgie vit, en se baignant, flotter quelque chose de blanc sur la mer. Il nagea vers cet objet, le ramena à bord et l'examina. C'était une chemise de toile très fine, sur laquelle, à l'aide d'un mélange de suie et d'eau qui remplaçait l'encre, et un os de côtelette tenant en manière de plume, le prisonnier avait écrit toute son histoire. Il s'empressa de porter cette chemise au gouverneur. M. de Saint-Mars lui fit alors la même question qu'il avait adressée au pêcheur. L'apprenti chirurgien répondit qu'il savait lire, il vrai, mais que, pensant que les lignes tracées sur ce linge pouvaient renfermer quelque secret d'État, il s'était bien gardé de jeter les yeux dessus. M. de Saint-Mars le renvoya alors sans lui rien recommander ; mais, le lendemain, on le trouva mort dans son lit.

Le Masque de fer avait un domestique qui le servait. Ce domestique était prisonnier comme lui et aussi sévèrement gardé que lui. Il mourut : une pauvre femme se présenta pour le remplacer. Mais, M. de Saint-Mars l'ayant prévenue que, si elle désirait cette place, il fallait qu'elle partageât éternellement la prison du maître de qui elle allait entrer et qu'elle renonçât pour jamais à revoir son mari et ses enfants, elle refusa de souscrire à de si dures conditions et se retira.

En 1698, l'ordre arriva à M. de Saint-Mars de transférer son prisonnier à la Bastille. On comprend que, pour un voyage de deux cent quarante lieues, les précautions durent redoubler. L'homme au masque de fer fut placé dans une litière qui s'avançait précédée de la voiture de M. de Saint-Mars et entourée de plusieurs hommes à cheval qui avaient ordre de tirer sur le prisonnier à la moindre tentative qu'il ferait pour parler ou pour fuir. En passant près d'une terre qui lui appartenait et qu'on appelait Palteau, M. de Saint-Mars s'arrêta un jour et une nuit. Le dîner eut lieu dans une salle basse dont les fenêtres donnaient sur la cour. A travers ces fenêtres, on pouvait voir le gouverneur et le prisonnier prendre leur repas. Seulement, l'homme au masque de fer tournait le dos aux fenêtres. Il était de haute taille, vêtu de brun, et mangeait avec son masque, duquel s'échappaient par derrière quelques mèches de cheveux blancs. M. de Saint-Mars était assis en face de lui et avait un pistolet de chaque côté de son assiette. Un seul valet les servait et fermait la porte à double tour chaque fois qu'il entrait dans la salle ou qu'il en sortait.

La nuit venue, M. de Saint-Mars se fit dresser un lit de camp dans la chambre de son prisonnier et coucha en travers de la porte. Le lendemain, au point du jour, on se remit en route en prenant les mêmes précautions. Enfin les voyageurs arrivèrent à la Bastille le 18 septembre 1698 à trois heures après midi.

L'homme au masque de fer fut conduit aussitôt dans la cour de la Bassinière, où il attendit la nuit. Puis, la nuit venue, M. Dujonca, alors gouverneur de la forteresse, le conduisit lui-même dans la troisième chambre de la tour de la Bertaudière, laquelle chambre, dit le journal de M. Dujonca, avait été meublée de toutes les choses nécessaires à la commodité du prisonnier. Le sieur Rosarges, qui venait des îles Sainte-Marguerite à la suite de M. de Saint-Mars, était chargé de servir et de soigner le prisonnier, qui était nourri de la table du gouverneur.

Néanmoins, en souvenir, sans doute, de la chemise trouvée au bord de la mer, c'était le gouverneur lui-même qui servait le prisonnier à table, lui apportait le repas, lui enlevait son linge. En outre, le malheureux captif avait reçu défense expresse de parler à personne ou d'ouvrir devant qui que ce fût la serrure qui fermait son masque. Au cas où il eût contrevenu à l'une ou à l'autre de ces défenses, les sentinelles avaient ordre de tirer sur lui.

Ce fut ainsi que le mystérieux captif demeura enfermé à la Bastille jusqu'au 19 novembre 1703. A la date de ce jour, on lit dans le journal que nous avons déjà cité la note suivante :

« Le prisonnier inconnu, toujours masqué d'un masque de velours noir, s'étant trouvé hier un peu plus mal en sortant de la messe, est mort aujourd'hui sur les dix heures du soir sans avoir eu grande maladie. M. Giraud, notre aumônier, le confessa hier. Surpris par la mort, il n'a pu recevoir les sacrements ; mais notre aumônier l'a exhorté un instant avant qu'il mourût. Il a été enterré, le mardi 20 novembre à quatre heures après midi, dans le cimetière de Saint-Paul, notre paroisse ; son enterrement a coûté quarante livres. »

Sans doute, cette note fut écrite après coup, car on remarquera qu'elle annonce à la date du 19 que le prisonnier a été enterré le 20.

Mais ce que ne disent ni le journal de la Bastille ni le registre de l'église Saint-Paul, c'est les précautions qui entourèrent le malheureux captif pendant sa vie le poursuivirent après sa mort. Son visage fut défiguré avec du vitriol, afin qu'en cas d'exhumation, on ne pût le reconnaître. Puis on brûla tous ses meubles, on effondra les plafonds, on fouilla dans les coins et recoins, on gratta et reblanchit les murailles, on leva enfin les uns après les autres tous les carreaux, de peur qu'il n'eût caché quelque billet ou quelque indice qui pût faire connaître son vrai nom.

A partir de ce moment, tout est doute et obscurité. Cependant les trois régnants conservèrent le secret de cette affaire jusqu'au roi Louis XVI, qui, interrogé à ce sujet, dit-on, par Marie-Antoinette, répondit : « C'est l'honneur de notre aïeul Louis XIV que nous gardons ».

Lorsque, le 14 juillet 1789, la Bastille tomba devant le canon populaire, les premiers soins des vainqueurs furent pour les vivants. On trouva huit prisonniers dans la sombre et sinistre forteresse, et le bruit courut que plus de soixante avaient été transportés dans les autres bastilles de l'État. Puis, après la sympathie pour les vivants, vint la curiosité pour les morts.

Parmi les grandes ombres qui apparaissaient au milieu des ruines fumantes de la Bastille, se dressait, plus sombre et plus gigantesque que les autres, le fantôme voilé du Masque de fer. Aussi courut-on à la tour de la Bertaudière, qu'on savait avoir été habitée cinq ans par le malheureux captif. Mais on eut beau chercher sur les murailles, sur les vitres, sur les carreaux ; on eut beau déchiffrer tout ce que l'oisiveté, la résignation ou le désespoir avaient pu tracer de sentences, de prières ou de malédictions sur ces mystérieuses archives où les condamnés se léguaient les uns aux autres, toute recherche fut inutile, et le secret du Masque de fer continua de rester un mystère entre lui et ses bourreaux.

Alors, on songea à ce registre de la Bastille sur lequel était mentionnée la date de l'entrée et de la sortie des prisonniers. On l'ouvrit à l'année 1698 : le folio 120, correspondant au jeudi 18 septembre, avait été déchiré. Ce feuillet, sur lequel devait être consignée l'entrée du fameux prisonnier, manquant ; on se reporta à la date de sa sortie ; mais le feuillet correspondant au 19 novembre 1703 avait disparu comme celui du 18 septembre 1698. Cette double lacération bien constatée, tout espoir fut à jamais perdu de découvrir le secret du Masque de fer.

Napoléon voulut à son tour pénétrer l'impénétrable secret ; il ordonna des recherches, mais toute pièce positive avait disparu. Ce fut alors qu'on se lança dans le champ des conjectures, et que les différents systèmes qui ont été tant débattus depuis, furent établis sans qu'on la probabilité d'aucun d'eux puisse équivaloir à la moindre certitude.

Nous sommes loin d'avoir la prétention d'ajouter un système à ceux que le lecteur trouvera dans notre appendice (1) ; nous prions seulement qu'on se rappelle ce que nous avons dit à propos de la naissance de Louis XIV et des relations connues de la reine Anne d'Autriche avec Mazarin. M. de Richelieu prétendait que le Masque de fer était le frère jumeau de Louis XIV, dérobé à l'accouchement public de la reine à Saint-Germain ; ne serait-il pas plus probable encore de croire à la naissance d'un frère aîné qui aurait vu le jour dans quelqu'une de ces mystérieuses chambres du Louvre dont Mazarin avait la clef secrète ?...

(1) Voir la note EE à la fin du volume.

XLIX

LES PUISSANCES DE L'EUROPE SE DÉCLARENT CONTRE LOUIS XIV. — LA GRANDE-ALLIANCE. — NOS ENNEMIS ET NOS ALLIÉS. — MALADIE DU GRAND DAUPHIN. — VISITE DES DAMES DE LA HALLE. — FIN DE MONSIEUR. — LE DUC DE CHARTRES. — CARACTÈRE DE MONSIEUR. — COUP D'ŒIL SUR LES OPÉRATIONS DE LA GUERRE. — FAVEUR DE VILLEROY. — VENDOME, SON PORTRAIT. — SES HABITUDES SINGULIÈRES. — JEAN CAVALIER. — SA VISITE A VERSAILLES. — IL QUITTE LA FRANCE. — FIN DE LA GUERRE DES CÉVENNES. — DERNIERS MOMENTS DE MADAME DE MONTESPAN. — LA GROTTE DE THÉTIS. — FAMINE DE 1709. — IMPÔT DU « DIXIÈME ». — FIN DU PÈRE LA CHAISE. — SON SUCCESSEUR LE PÈRE LE TELLIER. — DÉSASTRES DE LA FRANCE.

L'avènement de Philippe V au trône d'Espagne fut une de ces grandes catastrophes qui détruisent en une heure l'équilibre d'une partie du monde. Aux yeux de l'Europe entière, Louis XIV essayait d'exécuter le plan que n'avait pu accomplir Charles-Quint, c'est-à-dire d'atteindre à cette monarchie universelle rêvée par Alexandre en Orient, par Charlemagne en Occident et presque réalisée par Auguste.

Mais ce qui effrayait surtout les puissances alliées, c'est que, par la réunion de la France à l'Espagne, qui s'était faite en effaçant, au sire de Louis XIV, les Pyrénées de la carte du monde, le roi de France avait toute chance de réussir dans ses projets.

Lorsque Charles-Quint voulait punir ses Gantois révoltés ou tenir une diète à Cologne ou à Ratisbonne, il était obligé de demander passage à son ennemi François 1er, ou de se confier, lui ou quelques-unes de ses galères à mille rames, aux caprices de la Méditerranée, et celle-ci le forçait à mettre au nombre de ses adversaires la tempête, qui l'avait déjà vaincu sur les côtes d'Alger. Louis XIV, au contraire, ayant l'Espagne pour alliée, ou plutôt pour sujette, touchait, grâce à la réunion des deux royaumes, vers le côté du midi, à l'Afrique, par Gibraltar ; vers l'orient, à l'Italie, par la possession de Naples et de la Sicile ; et tout cela, sans compter le royaume des Amériques, ce nouveau monde qui venait de succéder à l'Inde comme la source des richesses de la terre, et le pays de colonisations.

Aussi, nous avons vu Guillaume III, cet ennemi acharné de Louis XIV, susciter contre lui la nouvelle ligue qu'on appela, ainsi que nous l'avons déjà dit, la Grande-Alliance.

Le but de cette grande alliance était de mettre sur le trône d'Espagne l'archiduc Charles, fils de l'empereur, ou tout au moins, si l'on ne réussissait pas à déposséder Philippe V, de tracer autour de la France et de l'Espagne une ligne que ne pût jamais franchir l'ambition de l'un ou de l'autre des deux royaumes.

En conséquence, la Hollande, cette petite république de marchands, presque subjuguée, trente ans auparavant, en moins de deux mois par le jeune Louis XIV, s'engageait à entretenir contre son vainqueur, maintenant fatigué et vieilli, cent douze mille hommes de troupes, soit en garnison, soit en campagne. De son côté, l'Angleterre promettait quarante mille hommes, sans compter ses flottes, et, tout au contraire des rois, qui, dans des conjonctures pareilles, tiennent si rarement leurs promesses, dès la seconde année, elle fournit cinquante mille hommes, et, vers la fin de la guerre, elle en avait près de deux cent mille soldats ou matelots. Enfin, l'empereur, le plus intéressé au maintien et à la réussite de cette ligue, devait, sans le secours de l'Empire et des alliés qu'il espérait détacher de la maison de Bourbon, mettre sur pied quatre-vingt-dix mille hommes.

Ces alliés étaient le Portugal, que son intérêt portait à se séparer de l'Espagne ; le duc de Savoie, dont on avait élevé la pension de cinquante mille écus par mois à deux cent mille francs, et qui, toujours mécontent, réclamait le Montferrat mantouan et une partie du Milanais ; et enfin, le roi de Suède, Charles XII, à qui le tzar Pierre Ier allait donner trop d'occupation et de gloire pour qu'il eût le temps même de regarder du côté de la France ce qui allait s'y passer.

Outre ces trois alliés, nous comptions encore celui qui, le moins considéré de tous, devint bientôt le plus important, c'est-à-dire Maximilien-Emmanuel, de cette noble maison de Bavière, vieille comme Charlemagne, lequel, ayant été gouverneur des Pays-Bas sous Charles II, venait de reconnaître Philippe V, qui l'avait, en retour, confirmé dans son gouvernement de Bruxelles.

Au milieu de ces préparatifs de guerre, de graves accidents avaient agité Versailles : Monseigneur avait failli mourir, Monsieur était mort.

Le samedi 19 mars 1701, veille des Rameaux, le roi, étant à son prie-Dieu, entendit crier au secours dans sa chambre et appeler avec un grand trouble Fagon et Félix, ses chirurgiens ordinaires : c'était Monseigneur qui se trouvait extrêmement mal. Après avoir passé la journée à Meudon, où il avait seulement fait une légère collation, il était venu à Marly pour souper avec le roi son père. Là, grand mangeur comme toutes les personnes de sa famille, il s'était attaqué à un énorme turbot ; puis, sans qu'il parût, après le souper, éprouver aucune indisposition, il venait de descendre chez lui et de se faire sa prière pour se coucher, quand tout à coup, en rentrant dans sa chambre, il tomba la face contre terre et perdit connaissance. C'était alors que ses valets éperdus et quelques-uns de ses courtisans avaient fait irruption chez le roi et donné l'alarme en appelant le premier médecin et le premier chirurgien.

Louis XIV aussitôt descendit chez Monseigneur, qu'il trouva à demi nu et que ses gens promenaient et traînaient par la chambre pour le faire revenir à lui. Mais l'attaque était si violente, qu'il ne reconnut ni le roi qui lui parla, ni personne, et qu'il sembla n'avoir conservé de ses forces que pour se défendre contre Félix, qui voulait le saigner ; celui-ci, malgré l'opposition du malade, y réussit avec une adresse qui effraya et ravit tout le monde. Aussitôt que la saignée commença de couler, Monseigneur revint à lui et demanda un confesseur. On fit entrer un curé que le roi avait déjà, par avance, envoyé chercher ; ce qui n'empêcha pas Fagon et Félix de donner force émétique au malade pendant qu'il se confessait. La saignée et l'émétique firent leur effet : à deux heures du matin, Monseigneur était hors de danger, et, sur cette certitude, le roi, qui avait versé beaucoup de larmes, s'alla coucher, laissant l'ordre de venir l'éveiller si quelque nouvel accident survenait. A cinq heures, Monseigneur était endormi, et, le lendemain, se portait aussi bien que si rien ne se fût passé.

Un instant, la nouvelle se répandit à Paris que Monseigneur était mort. Paris aimait le prince, qui était fort simple, fort populaire et allait souvent au spectacle. La joie qui succéda à cette terreur momentanée, quand on apprit que le prince était hors de danger, fut donc grande et universelle. Les dames de la halle surtout résolurent de se signaler à cette occasion. Elles choisirent quatre personnes de leur honorable compagnie pour aller savoir des nouvelles du prince. Monseigneur les fit entrer à l'instant même, et l'une d'elles, dans son enthousiasme, se jeta à son cou, l'embrassa sur les deux joues, tandis que les autres, plus révérencieuses, se contentèrent de lui baiser les mains. L'audience finie, Bontemps reçut l'ordre de les promener dans les appartements et de leur donner à dîner. Au moment où elles allaient quitter Marly, on leur remit une bourse de la part de Monseigneur et une bourse de la part du roi. Cette double libéralité les toucha au point qu'elles firent, le dimanche suivant, chanter un Te Deum à Saint-Eustache.

Monsieur, moins heureux que son neveu, succomba, comme nous l'avons dit, à une attaque à peu près pareille, le 8 juin de la même année.

Depuis quelque temps, Monsieur était fort tourmenté par son confesseur et par ses tracasseries de famille.

Son confesseur était un gentilhomme breton, de bon lieu, appartenant à l'ordre des jésuites et s'appelant le père du Trévoux. A l'inverse des confesseurs des princes, celui-ci était fort rigide. Il débuta par éloigner du duc d'Orléans tous ses favoris, qui lui avaient fait si grand tort à son entrée dans le monde et qu'il aurait conservés dans sa vieillesse. Puis, sans doute pour ramener ses pensées au ciel, il lui répétait sans cesse d'avoir à bien prendre garde à lui, qu'il était vieux, usé de débauches, gras, court de cou, et que, selon toute probabilité, il mourrait un jour d'apoplexie. C'étaient là de rudes paroles pour le prince le plus voluptueux qu'on eût vu depuis Henri III, et le plus attaché à la vie qu'on eût vu depuis Louis XI. Aussi, essaya-t-il de réagir contre ces menaces du père du Trévoux ; mais celui-ci déclara tout net qu'il n'avait pas envie de se damner à la place de son noble pénitent, et que, s'il ne lui laissait pas la liberté de la parole, il pouvait bien chercher un autre confesseur. Mais c'eût été une affaire si grave pour Monsieur, qui avait, à ce qu'il paraît, beaucoup

de péchés à dire, que le prince prit patience et garda le père du Trévoux.

Depuis quelque temps aussi, il y avait mésintelligence entre Monsieur et le roi. Cette mésintelligence était venue à propos des déportements du duc de Chartres, fils de Monsieur.

Le duc de Chartres, depuis plusieurs années déjà, avait, on se le rappelle, épousé mademoiselle de Blois, fille naturelle du roi et de madame de Montespan. Ce mariage avait, à cette époque, fort étonné tout le monde, car le duc de Chartres, neveu du roi, petit-fils de Louis XIII, était bien au-dessus des princes du sang, et il n'avait pas fallu moins que les cajoleries dont Louis XIV connaissait l'influence pour déterminer le duc d'Orléans à consentir à ce mariage. Quant à la princesse palatine, seconde femme de Monsieur, princesse bavaroise, orgueilleuse de sa noblesse, dont les trente-deux quartiers que n'avait encore souillés aucune tache, on sait qu'elle accueillit par un soufflet la nouvelle que le jeune prince lui apporta de ce prochain mariage.

Cette union forcée n'avait pas été heureuse. Au bout de quelque temps, le prince s'était éloigné de sa femme et avait donné, comme raison singulière de sa répugnance pour elle, le goût un peu trop prononcé que montrait madame de Chartres pour le bon vin, goût que madame la Duchesse, la mordante, avait reproché à la princesse ; à quoi celle-ci avait répondu par les vers suivants :

Pourquoi vous en prendre à moi,
   Princesse ?
Pourquoi vous en prendre à moi ?

Vous ai-je ôté la tendresse
De quelque garde du roi ?
Pourquoi vous en prendre à moi,
   Princesse ?
Pourquoi vous en prendre à moi ?

De votre goût la bassesse
Vaut-il le vin que je bois ?
Pourquoi vous en prendre à moi,
   Princesse ?
Pourquoi vous en prendre à moi ?

Saint-Simon nous apprend que madame la duchesse de Chartres était beaucoup plus grosse, ce qui faisait que madame la Duchesse avait pris l'habitude de l'appeler mignonne. Les vers suivants, qui sont la réponse de madame la Duchesse, nous apprennent qu'elle n'était pas agréable :

Croyez-moi, vous n'êtes point faite,
Chère sœur, pour la chansonnette ;
Reprenez votre air sérieux :
Gardez à votre cour les amours ennuyeux,
  Et laissez à votre Altesse
Ceux qui sont animés par les ris et les jeux.

Cette fois, à notre avis, madame la Duchesse se laissait battre par ses propres armes.

Tous ces petits défauts, et, surtout, la façon dont le mariage avait été imposé, avaient rendu Monsieur fort indulgent pour les fautes du duc de Chartres ; il en était résulté que le jeune prince s'était jeté dans des écarts qui avaient éveillé la susceptibilité du roi, devenu, comme on le sait, depuis son mariage avec madame de Maintenon, fort chatouilleux sur ces sortes de matières.

En effet, le duc de Chartres, amoureux en ce moment de mademoiselle Séry de la Boissière, fille d'honneur de Madame, venait d'en avoir un fils, le chevalier d'Orléans, qui fut depuis grand prieur de France.

Louis XIV pensa que c'était le moment d'éclater, et, le mercredi 8 juin, Monsieur étant venu de Saint-Cloud pour dîner avec le roi à Marly, et étant, selon son habitude, entré dans le cabinet de son frère au moment où le conseil d'État en sortait, le roi, à qui, sans doute, les affaires de l'Europe commençaient à donner de l'inquiétude, aborda sèchement la question en débutant par faire des reproches à Monsieur sur la conduite de son fils. Le duc d'Orléans, qui, le matin même, avait eu précisément une prise avec son confesseur, et arrivait de fort mauvaise humeur, reçut mal le compliment et répondit avec aigreur à Sa Majesté que les pères qui avaient eu une certaine vie avaient peu de grâce et d'autorité à reprendre leurs enfants, surtout que ces derniers puisaient leurs exemples dans leur propre famille. Le roi sentit le poids de la réplique ; mais, n'osant se fâcher, il se contenta de répondre que, du moins M. le duc de Chartres ne devait pas, ne fût-ce que par considération pour sa femme, se montrer en public avec sa maîtresse. A quoi Monsieur, qui, dans ses discussions avec son frère, ne voulait jamais avoir le dernier, répondit à son tour que le roi avait eu bien d'autres façons avec la feue reine, jusqu'à mettre dans sa propre voiture de Marie-Thérèse, non pas une, mais deux de ses maîtresses, c'est-à-dire mademoiselle de la Vallière et madame de Montespan. Le roi, outré, s'emporta, et tous deux se mirent à crier à tue-tête.

La scène se passait dans un cabinet tout ouvert, et, comme des portières seules séparaient les deux princes des courtisans et des valets, toute cette conversation était entendue. Monsieur reprochait au roi de lui avoir, lors du mariage du duc de Chartres, promis monts et merveilles et de n'avoir rien tenu, ajoutant que de cette façon il n'avait eu que le déshonneur et la honte du mariage sans en tirer aucun profit. Le roi, de plus en plus furieux, répondit au prince que, la guerre qu'on allait avoir l'obligeant à faire des économies, il le priait de n'être point étonné si ces économies portaient principalement sur ceux qui se montraient si peu complaisants à ses volontés.

Les deux frères en étaient là de la querelle quand on vint avertir le roi qu'il était servi. Louis XIV, qu'aucune passion ne pourrait distraire de l'étiquette, sortit aussitôt du cabinet pour se rendre dans la salle à manger. Monsieur le suivit, le visage si enflammé, les yeux si brillants de colère, que quelques personnes firent l'observation qu'il aurait grand besoin d'être saigné. C'était aussi l'avis de Fagon, qui en avait prévenu le prince peu de jours auparavant. Mais, malheureusement, Monsieur avait un vieux chirurgien, nommé Tancrède, qui saignait mal et l'avait manqué. Soit pour ne point lui faire de peine, soit parce qu'il n'eût confiance qu'en lui, le prince n'avait pas voulu se laisser saigner par un autre. Et effectivement, comme on le remarquait, le sang paraissait le suffoquer.

Cependant le dîner se passa comme à l'ordinaire ; le duc d'Orléans, suivant son habitude, y mangea beaucoup. En sortant de table, Monsieur mena la duchesse de Chartres à Saint-Germain, où elle allait faire visite à la reine d'Angleterre, et revint avec elle à Saint-Cloud.

Le soir, Monsieur se remit à table ; mais, vers l'entremets, comme il versait du vin de liqueur à madame de Bouillon, on s'aperçut qu'il balbutiait en montrant quelque chose de la main. Monsieur parlait quelquefois espagnol ; on crut qu'il faisait une observation en cette langue et l'on voulut lui faire répéter sa phrase. Mais tout à coup la bouteille lui échappa, et il se laissa aller dans les bras de M. le duc de Chartres, qui était près de lui. Aussitôt tout le monde se récria, car on vit bien qu'il venait d'être frappé d'une attaque d'apoplexie. On l'emporta à l'instant même dans son appartement, on le secoua, on le promena, on le saigna deux ou trois fois, on lui fit prendre l'émétique à triple dose ; mais rien ne put le rappeler à la vie.

Un courrier fut expédié sans retard à Marly, pour annoncer au roi l'état dans lequel se trouvait son frère. Mais le roi, qui pour des riens accourait d'habitude chez Monsieur, se contenta de commander que les carrosses fussent prêts, et, ayant ordonné au marquis de Gesvres d'aller à Saint-Cloud prendre des nouvelles de Monsieur, passa chez madame de Maintenon, et, après être demeuré un quart d'heure avec elle, rentra chez lui et se coucha, croyant sans doute à quelque artifice de la part de son frère, artifice qui aurait eu pour but d'amener un raccommodement dont le roi ferait ainsi les premiers frais.

Mais, une heure et demie après que le roi fut couché, M. de Longueville arriva de la part du duc de Chartres. Il venait annoncer au roi que, l'émétique et la saignée n'ayant rien fait, Monsieur allait de plus mal en plus mal. Le roi se leva, et, comme son carrosse était resté attelé, il y monta et partit aussitôt pour Saint-Cloud. Les courtisans, qui s'étaient couchés en voyant le roi se mettre au lit, l'imitèrent encore quand il la virent se laver et partir. Chacun appela ses gens, commanda les carrosses, et en peu d'instants tout Marly fut sur la route de Saint-Cloud. Monseigneur y vint comme les autres, mais avec une telle frayeur, que l'on fut obligé de le porter dans sa voiture. En effet, il venait d'échapper presque miraculeusement à une attaque pareille.

Monsieur n'avait pas repris connaissance depuis qu'il s'était trouvé mal.

Le roi parut ne pouvoir plus affligé : il pleurait facilement, et au bout d'un instant il fut tout en larmes. Monsieur était, en effet, pour Louis XIV, ses bâtards et la petite duchesse de Bourgogne, une des personnes qu'il aimait le plus ; puis il n'était son cadet que de deux ans, s'était toute sa vie mieux porté que lui, et le roi, dans son égoïsme, devait être plus sensible qu'un autre à ces avertissements du ciel.

Le roi passa la nuit à Saint-Cloud, où il entendit la messe. Le matin à huit heures, Monsieur n'avait repris qu'un rayon de connaissance, et, l'ayant perdu aussitôt, il ne donna plus aucune espérance. Madame de Maintenon et la duchesse de Bourgogne engagèrent alors le roi à revenir à Paris ; ce à quoi il consentit facilement. Comme il allait monter en voiture, M. le duc de Chartres vint se jeter à ses pieds, en s'écriant :

— Que vais-je devenir si je perds Monsieur ? car je sais que vous ne m'aimez point.

Mais le roi le releva, l'embrassa, lui dit tout ce qu'il put trouver de tendre en ce moment, puis revint à Marly.

Trois heures après, Fagon, à qui Louis XIV avait ordonné de ne point quitter Monsieur, parut au seuil de l'appartement du roi.

— Eh bien, monsieur Fagon, s'écria le roi, mon frère est donc mort ?

— Oui, sire, répondit le médecin, nul remède n'a pu agir.

A ces mots, le roi pleura beaucoup, et madame de Maintenon, voyant sa tristesse, désirait lui faire manger un morceau chez elle ; mais le roi ne voulut point commettre une pareille infraction aux règles prescrites par lui-même, et déclara qu'il dînerait, comme d'habitude, avec les dames.

Le repas fut court. Le roi sortit de table pour se renfermer chez madame de Maintenon, où il resta jusqu'à sept heures. Puis, étant allé faire un tour dans ses jardins, il rentra pour régler avec M. de Pontchartrain le cérémonial des obsèques de son frère, et, toutes choses arrêtées, il donna ses ordres à Desgranges, maître des cérémonies, soupa une heure plus tôt qu'à l'ordinaire, et, aussitôt après avoir soupé, il se coucha.

La foule, qui était accourue avec le roi à Saint-Cloud, s'écoula du château aussitôt que le roi en fut parti : de sorte que Monsieur, mourant, fut abandonné sur un lit de repos dans son cabinet, sans autre compagnie que Fagon, le duc de Chartres et les bas officiers de sa maison.

Le lendemain matin, qui était le vendredi 10 juin, M. de Chartres vint chez le roi pendant qu'il était encore au lit. Louis XIV lui parla avec beaucoup d'amitié.

— Monsieur, lui dit-il, il faut que désormais vous me regardiez comme votre père ; j'aurai soin de votre grandeur et de vos intérêts ; j'oublierai tous les petits sujets de chagrin que j'ai eus contre vous. De votre côté, vous oublierez toutes les peines que j'ai pu vous causer. Je désire que les avances d'amitié que je vous fais servent à vous attacher à moi, et que vous me donniez votre cœur comme je vous redonne le mien.

M. de Chartres ne put que se jeter aux pieds du roi et lui baiser les mains.

Après un si triste événement, après tant de larmes versées, personne ne douta que le reste du temps qu'on avait encore à passer à Marly ne fût le plus triste du monde, lorsque, ce même jour où le duc de Chartres était venu voir son oncle, les dames du palais, en entrant chez madame de Maintenon, où était le roi avec madame la duchesse de Bourgogne, entendirent de la chambre où elles se tenaient, et qui joignait à la sienne, Louis XIV chanter des prologues d'opéra. Quelques instants après, le roi, voyant madame la duchesse de Bourgogne fort triste dans un coin de la chambre, se retourna vers madame de Maintenon et lui dit :

— Qu'a donc la princesse à être si mélancolique aujourd'hui ?

Et, comme madame de Maintenon n'osait sans doute pas rappeler la cause de cette tristesse, elle fit entrer les dames, à qui Louis XIV ordonna de distraire sa petite-fille.

Ce ne fut pas le tout : au sortir du dîner, c'est-à-dire vingt-six heures après la mort de Monsieur, monseigneur le duc de Bourgogne se mit à une table, et, se tournant vers le duc de Montfort :

— Voulez-vous jouer au brelan, duc ? demanda-t-il.

— Au brelan ? s'écria Montfort. Monsieur n'est pas encore refroidi.

— Pardonnez-moi, monsieur, répondit le jeune prince, j'y songe fort bien ; mais le roi ne veut pas qu'on s'ennuie autour de lui ; il m'a ordonné de faire jouer tout le monde et de donner moi-même l'exemple, de peur que personne ne l'osât faire le premier.

Le duc de Montfort salua, s'assit à la table du prince, et, au bout d'un moment, tout le monde jouait comme si rien ne fût arrivé.

Au reste, le roi tint parole au duc de Chartres : outre les pensions qu'il avait, il lui conserva toutes celles de Monsieur, de sorte que, Madame payée de son douaire et de toutes ses reprises, le jeune duc de Chartres se trouvait avoir, son apanage compris, dix-huit cent mille livres de rente, plus le Palais-Royal, Saint-Cloud et ses autres maisons. En outre, il eut, ce que l'on n'avait jamais vu que pour les fils de France, des gardes et des Suisses, les gardes dans l'intérieur du château de Versailles, un chancelier et un procureur général, au nom duquel il plaiderait pour n'avoir point à plaider au sien propre, la nomination de tous les bénéfices de son apanage, excepté les évêchés ; de plus, il prit le nom du duc d'Orléans, gardant, non seulement ses régiments d'infanterie et de cavalerie, mais encore ceux qu'avait Monsieur, ainsi que ses compagnies de gendarmes et de chevau-légers.

Le roi prit le deuil pour six mois, et se chargea de tous les frais de la pompe funèbre, qui fut magnifique.

La cour, en perdant Monsieur, perdit ce qui lui restait de distraction et de plaisir, car déjà, depuis longtemps il en était toute la vie et toute l'action. Il avait conservé le goût des folies qu'avait perdu son frère en devenant dévot ; et, quoiqu'il aimât l'ordre des rangs et des distinctions, et les fit garder tant qu'il pouvait, il savait conserver une si grande affabilité, qu'il était aimé à la fois des grands et des petits. Sa familiarité était calculée de telle façon que, tout en obligeant, il conservait sa grandeur naturelle, si bien que les plus étourdis n'eussent jamais l'idée d'en abuser. Il avait appris de la reine sa mère cet art qu'elle possédait de tenir une cour, de sorte qu'il donnait chez lui une entière liberté, sans que cependant le respect et la dignité en souffrissent aucune altération. Voilà, avec une valeur incontestable, le compte des bonnes qualités de Monsieur ; faisons celui des mauvaises, tout en laissant de côté le plus grave reproche qu'on ait eu à lui faire.

Monsieur avait plus d'élégance que d'esprit ; nulle éducation, nulle science, nulle lecture ; la seule chose qu'il sût parfaitement, c'était l'histoire des alliances et les généalogies des principales maisons nobles de France. Personne n'était plus faible de caractère, plus léger d'esprit, plus efféminé de corps. Aucun prince ne fut plus trompé, plus gouverné ni plus méprisé de ses favoris. Tracassier et indiscret comme les femmes au milieu desquelles il passait sa vie à caqueter, semant les noises et les discussions dans sa petite cour, se plaisant à brouiller les gens entre eux, s'amusant des propos qui ressortaient de ces brouilles et les répétant à ceux-là surtout qui eussent dû les ignorer, Monsieur avait toutes les mauvaises qualités des femmes, qui se vengeaient de la concurrence qu'il leur faisait en le déshonorant.

Cependant tout se préparait pour la guerre. Le maréchal de Boufflers, qui commandait en Flandre, vint à Bruxelles pour se concerter avec l'électeur. Le secret le plus profond fut gardé, et les mouvements des troupes furent ordonnés avec tant de mesure et réglés avec tant d'exactitude, qu'à un jour dit, 30,000 hommes, commandés par M. de Puységur, se présentèrent simultanément devant les places fortes des Pays-Bas, au moment où elles ouvraient leurs portes, et s'en emparèrent presque sans coup férir. Les garnisons se rendirent ; elles se composaient de Hollandais qui furent renvoyés à la Haye avec armes et bagages, dans l'espérance que cette générosité détacherait les Provinces-Unies de la coalition.

En même temps, une armée passait les Alpes, commandée par le maréchal de Catinat ; exigeant du duc de Savoie une route militaire, et s'établissant à Crémone, pivot de nos futures opérations.

Deux généraux ennemis reçurent mission d'arrêter la marche des Français, l'un en Allemagne, l'autre en Italie. Ces deux hommes étaient l'Anglais Churchill, comte et plus tard duc de Marlborough, déclaré général des troupes anglaises et hollandaises en 1702 ; et l'autre le prince Eugène, dont nous avons eu déjà occasion de parler.

Marlborough, le général qui, peut-être, a fait le plus de mal à la France, et dont les Français se sont vengés comme ils se vengent de tout, en le chansonnant, gouvernait alors la reine d'Angleterre, et par le besoin que cette reine avait de lui, et par l'influence que lady Marlborough, sa femme, avait sur l'esprit de cette princesse. Mais pour lui ce n'était point assez que d'envelopper la reine dans une double nécessité, il voulut encore avoir l'appui du parlement, et il y était parvenu en donnant sa fille en mariage au grand trésorier Godolphin. Élève de Turenne, sous lequel il avait fait ses premières campagnes comme volontaire, aussi grand politique que Guillaume, plus brillant capitaine que le comte de Marlborough était, de tous les généraux de l'époque, celui qui possédait au plus haut degré la tranquillité dans le courage et la sérénité dans le péril. Soldat infatigable pendant la campagne, infatigable négociateur pendant le repos d'hiver, il parcourait toutes les cours d'Allemagne pour exciter les ressentiments ou pour réveiller les intérêts. Le premier mois, le général hollandais, comte d'Athlone, essaya de lui disputer le commandement ; mais, dès le second, il reconnut son infériorité et se rangea de lui-même à la place qui lui convenait. Le maréchal de Boufflers, comme nous l'avons dit, commandait les troupes françaises qui lui étaient opposées, ayant sous les ordres le duc de Bourgogne. Mais, dès l'entrée en campagne, la fortune prit parti pour le comte de Marlborough, et, après plusieurs échecs successifs, le duc de Bourgogne, sans doute rappelé par le roi qui ne voulait pas exposer un de ses petits-fils à être battu, quitta l'armée et revint à Versailles. Boufflers continua de lutter contre Marlborough, mais sans pouvoir reprendre l'offensive, et le général anglais, avançant toujours sans perdre un seul instant sa supériorité, conquit sur nous Venloo, Ruremonde et Liège.

Le prince Eugène, alors âgé de trente-sept ans, dans toute l'activité de la jeunesse et dans toute la force de son génie militaire, vainqueur des Turcs, qu'il venait de forcer à la paix, descendait en Italie par les terres de Venise, avec 30,000 Autrichiens ou Allemands, et la liberté entière de s'en servir à sa volonté.

Les deux généraux ennemis avaient un grand avantage sur les généraux français, c'était celui d'être parfaitement libres de leurs mouvements, et de pouvoir s'inspirer de l'occasion, tandis qu'au contraire Catinat et Boufflers avaient leur plan tout fait envoyé de Versailles, et se trouvaient enchaînés par la prétention qu'avait Louis XIV d'être le premier général de son époque, comme il avait celle d'en être le premier politique, double prétention qui lui avait fait également détester Turenne et Condé, Colbert et Louvois.

Catinat ne fut pas plus heureux contre le prince Eugène que Boufflers ne l'avait été contre Marlborough. En effet, le général autrichien força le poste de Carpi, s'empara de tout le pays qui s'étend entre l'Adige et l'Adda, pénétra dans le Bressan et força Catinat de reculer jusque derrière l'Oglio.

Louis XIV pensa alors que c'était le moment d'utiliser les talents de son favori Villeroy, et il l'envoya en Italie avec ordre à Catinat de le reconnaître pour son chef.

Le maréchal duc de Villeroy que l'on donnait comme vainqueur de Staffarde et de Marsailles, était le fils de ce vieux duc de Villeroy que nous avons vu gouverneur de Louis XIV. Élevé avec le roi, il avait été de tous ses campagnes et de tous ses plaisirs. Il avait une grande réputation de bravoure et d'honnêteté ; il était, disait-on, bon et sincère ami, magnifique en toutes choses ; mais ce n'étaient point là des qualités suffisant à un homme appelé à combattre l'un des premiers généraux de l'époque. Villeroy débuta dans sa campagne par un échec en faisant attaquer le prince Eugène au poste de Chiari, et la termina en se laissant prendre à Crémone avec une partie de son état-major.

Il va sans dire que plus la faveur de Villeroy avait été grande, plus les courtisans s'emportèrent contre lui. Les attaques dont on le poursuivait furent si violentes et si publiques à Versailles, que Louis XIV se crut obligé de les interrompre en disant :

— On se déchaîne contre Villeroy parce qu'il est mon favori.

Le mot étonna tout le monde ; c'était la première fois que le roi le prononçait, et il avait attendu l'âge de soixante-quatre ans pour s'en servir.

Cependant l'armée d'Italie ne pouvait rester sans chef ; on lui envoya M. de Vendôme.

Louis-Joseph, duc de Vendôme, était arrière-petit-fils de Henri IV, et fils du duc de Mercœur, qui avait épousé Laure Mancini. Il était d'une taille ordinaire, un peu gros, mais vigoureusement bâti, alerte et adroit ; il avait, avant les accidents qui le défigurèrent, comme on le verra bientôt, le visage noble et l'air royal, beaucoup de grâce dans le maintien, beaucoup de facilité dans la parole, beaucoup d'esprit naturel, qui, soutenu par la hardiesse que lui donnait sa position princière, se tourna depuis en audace. Sa connaissance du monde était parfaite ; il en savait à fond tous les personnages. Sous une apparente insouciance, il avait un soin et une adresse étranges, à profiter de tout. Admirable courtisan, il sut, près de Louis XIV, tirer parti même de ses vices. Poli avec art et surtout avec choix, plein de mesure dans sa politesse, insolent à l'excès dès qu'il croyait devoir en sortir, familier et populaire avec les soldats et les gens du commun, il voulait sous cette familiarité et sous cette popularité un orgueil qui voulait tout et qui dévorait tout. A mesure que son rang s'augmenta, sa hauteur, son ampleté, son orgueil grandirent ; enfin, plus tard, il arriva à ne plus écouter aucune espèce d'avis et à n'avoir plus auprès de lui que des valets, n'ayant pas voulu admettre de supérieurs et ne pouvant pas tolérer d'égaux.

Le vice dominant de M. de Vendôme, à part le vice honteux que Saint-Simon s'étonne que Louis XIV lui ait pardonné, était la paresse. Dix fois il manqua d'être enlevé par l'ennemi, parce que, placé dans un logement commode ou trop éloigné, aucun avis, aucun conseil, aucune prière, ne pouvaient lui faire quitter ce logement. Il perdit des batailles et laissa souvent échapper le bénéfice d'une campagne heureuse pour n'avoir pu se résoudre à quitter un camp où il se trouvait à sa guise. Rarement on parvenait à le faire lever avant quatre heures de l'après-midi. Comme dès lors il n'avait plus aucun temps à donner à sa toilette, il était d'une malpropreté extrême, et dont il finit par tirer vanité. Son lit, dans lequel il ne se contraignait en rien, dit Saint-Simon, était plein de chiens qui s'y mettaient aussi à l'aise que lui et de chiennes qui y faisaient leurs petits. Sa thèse favorite était que tout le monde était aussi sale que lui, et qu'une fausse honte seule empêchait les hommes d'avouer leur penchant naturel de vivre comme les plus immondes animaux. Louis XIV arriva un jour comme il soutenait cette proposition à madame de Conti, qui était la personne la plus propre et la plus recherchée du monde.

Aussitôt levé, M. de Vendôme passait dans sa garderobe. Là, en qualité d'arrière-petit-fils de Henri IV, il abusait du cérémonial introduit par les rois d'avoir deux trônes. Là, il dictait ou écrivait ses lettres, recevait ses généraux, déjeunait ou dînait à fond. Aussi, madame la Duchesse disait-elle que les sirènes étaient moitié femme et moitié poisson, mais que M. de Vendôme était moitié homme et moitié chaise percée. Dans notre histoire de la Régence, nous dirons plus tard quelle influence la chaise percée de M. de Vendôme eut sur les destinées du monde.

Tout cela terminé, et, comme on le voit, ces soins lui prenaient la meilleure partie de son temps, il s'habillait, jouait gros jeu, soit au piquet, soit à l'hombre, et, s'il le fallait absolument, il montait à cheval.

M. de Vendôme pouvait avoir, à l'époque où nous sommes arrivés, quarante ans à peu près, et était déjà connu militairement pour avoir commandé, en 1695, l'armée de Catalogne en remplacement de M. de Noailles. Dans cette campagne, il avait pris Ostalric, battu la cavalerie espagnole, et, étant entré à Barcelone après avoir accordé à cette ville une capitulation honorable, il avait été reçu vice-roi en grande cérémonie. Mais à peine installé dans sa vice-royauté, qui, à ce qu'il paraît, lui avait porté malheur, M. de Vendôme était revenu précipitamment à Paris, pour cause de santé. Alors, il s'était mis entre les mains des chirurgiens, qui ne l'avaient lâché qu'avec perte de la moitié de son nez et de sept ou huit de ses dents. Si brave et si grand vainqueur que fût M. de Vendôme, de pareilles blessures ne laissèrent pas que d'effrayer quelque peu la cour. Il sollicita donc un commandement qui l'en éloignât, obtint celui d'Italie et reçut en partant quatre mille louis pour son équipage. Son frère, le grand prieur, servit sous ses ordres.

Jacques Fitz-James, fils naturel du roi Jacques II et d'Arabelle Churchill, sœur de Marlborough, connu sous le titre de duc de Berwick, fut envoyé pour commander en Espagne à la place de M. de Vendôme.

Laissons Berwick en face des Portugais, Vendôme en face des Autrichiens, et Villars en face des Anglais et des impériaux, triple lutte d'où jailliront les victoires de Friedlingen, d'Hochstett, de Cassano et d'Almanza, les défaites de Blenheim, de Ramilies et de Malplaquet, et revenons à Versailles.

Avant de retourner à l'armée de Flandre, Villars avait à peu près pacifié les Cévennes. L'un des principaux chefs des Cévennes, Jean Cavalier, dont nous avons parlé, avait traité avec le maréchal moyennant la promesse qui lui avait été faite du titre de colonel et d'un régiment. Au moment où nous revenons à Versailles, on s'occupait fort de la prochaine arrivée du jeune chef, qui était un beau garçon de vingt-sept ou vingt-huit ans tout au plus, et, à ce qu'on assurait, d'une élégance de formes remarquable pour un homme de sa classe. Par toute la route, Cavalier avait été parfaitement accueilli, et, à Mâcon, où il s'était arrêté un instant, il reçut de M. de Chamillart un courrier que celui-ci avait ordre de le conduire à Versailles.

La réception que lui fit le ministre confirma le futur colonel dans les rêves d'avenir qu'il avait pu faire. Le ministre lui avoua qu'on s'était fort occupé de lui à la cour, lui promit toute sa bienveillance, et lui affirma que les plus grands seigneurs et les plus grandes dames de Versailles n'étaient pas moins bien disposées en sa faveur qu'il ne l'était lui-même. Bien plus, il ajouta que le roi désirait le voir, et qu'il n'avait, en conséquence, qu'à se tenir prêt pour être présenté le surlendemain ; qu'on le ferait placer sur le grand escalier, où le roi devait passer.

Cavalier revêtit son plus beau costume. Il était d'une figure fine à laquelle sa grande jeunesse, ses longs cheveux blonds et la douceur de ses yeux donnaient beaucoup de charme. Deux ans de guerre lui avaient, d'ailleurs, procuré une tournure martiale. Bref, au milieu des plus élégants, il pouvait passer pour un charmant cavalier.

La curiosité fut grande à l'aspect du jeune Cévenol, tout le ban et l'arrière-ban des courtisans étaient dans l'admiration ; mais, comme personne ne savait encore quel visage lui ferait Louis XIV, nul n'osa l'aborder de peur de se compromettre, l'accueil du roi devant servir de régulateur à tout le monde. Quant à lui, après un instant d'embarras en présence de ces regards curieux et de ce silence affecté, il s'appuya contre la rampe de l'escalier, croisant ses jambes l'une sur l'autre et jouant dédaigneusement avec la plume de son chapeau.

Bientôt une grande rumeur se fit entendre ; Cavalier se retourna et aperçut Louis XIV. C'était la première fois qu'il voyait et à sa vue, il se sentit faiblir et le sang lui monta au visage.

Arrivé à la hauteur de Cavalier, le roi s'arrêta, sous prétexte de faire remarquer à Chamillart un nouveau plafond que venait de terminer Le Brun, mais en effet pour regarder tout à son aise l'homme singulier qui avait lutté contre deux maréchaux de France, et traité de pair à pair avec un troisième ; puis, lorsqu'il l'eut examiné tout à son aise :

— Quel est ce jeune seigneur ? demanda-t-il à Chamillart.

— Sire, répondit le ministre en faisant un pas pour le présenter au roi, c'est le colonel Jean Cavalier.

— Ah ! oui, dit dédaigneusement le roi, l'ancien boulanger d'Anduze.

Puis, haussant les épaules en signe de mépris, il continua son chemin.

Cavalier, de son côté, avait fait, comme Chamillart, un pas en avant, croyant que Louis XIV allait s'arrêter, lorsque cette dédaigneuse réponse du grand roi le changea en statue. Un instant il demeura immobile et pâlissant, au point qu'on eût pu croire que la vie l'abandonnait ; puis, instinctivement, il porta la main à son épée ; mais aussitôt, comprenant qu'il était perdu s'il restait un instant de plus parmi les hommes qui, tout en ayant l'air de rire lui, ne pensaient pas à s'occuper de lui, ne perdirent pas de vue un de ses mouvements, il s'élança de l'escalier sous le vestibule, se précipita dans le jardin qu'il traversa en courant, et rentra à son hôtel, maudissant l'heure où, se fiant aux promesses de M. de Villars, il avait abandonné ses montagnes, dans lesquelles il était aussi roi que Louis XIV l'était à Versailles.

Le soir même, il reçut l'ordre de quitter Paris et de rejoindre son régiment.

Cavalier partit sans avoir revu M. de Chamillart.

Le jeune Cévenol retrouva ses compagnons à Mâcon, et, sans leur raconter l'étrange réception que le roi lui avait faite, il leur laissa soupçonner pourtant qu'il craignait non seulement qu'on ne tint pas fidèlement les promesses de Villars, mais encore qu'on ne lui jouât quelque mauvais tour. Il les engagea, en conséquence, à gagner la frontière et à le suivre à l'étranger.

Alors, ces hommes, dont il a été si longtemps le chef, et dont il est encore l'oracle, se mettent en marche sans savoir où Cavalier les conduit. Arrivés à Dinan, ils font leur prière, puis, désertant tous ensemble une patrie inhospitalière, ils traversent le mont Belliard, se jettent dans le Porentruy et prennent le chemin de Lausanne.

Cavalier, comprenant que tout était fini pour son parti, passa en Hollande, puis en Angleterre, où il reçut de la reine Anne un accueil des plus honorables ; il accepta du service et eut le commandement d'un régiment de réfugiés ; de sorte qu'il occupa dans la Grande-Bretagne ce grade de colonel qui lui avait été vainement offert en France. Cavalier commandait son régiment, à la bataille d'Almanza, et il sa trouva, par hasard, opposé à un régiment français. Alors, ces vieux ennemis se reconnurent, rugissants d'une même colère, sans exécuter aucun commandement, sans écouter la voix même de leur chef, du maréchal de Berwick, ils se détruisirent presque entièrement. Cavalier survécut cependant à cette boucherie, dont il avait largement pris sa part, et à la suite de laquelle il fut nommé officier général et gouverneur de l'île de Wight. Enfin, sa vie se prolongea jusqu'en 1740, qu'il mourut à Chelsea, âgé de soixante ans.

Vers l'époque où se terminait cette guerre civile des Cévennes, qui avait désolé si longtemps les provinces du Midi, une nouvelle arriva à Paris, rapide et inattendue, comme un coup de foudre : on apprit que madame de Montespan était morte, le vendredi 27 mai 1707, à trois heures du matin.

Nous avons dit qu'une fois chassée de la cour par l'intermédiaire de M. le duc du Maine, son fils, l'ancienne favorite s'était retirée à la communauté de Saint-Joseph, mais que, ne pouvant s'accoutumer à la vie du cloître, elle allait souvent promener à Bourbon-l'Archambault et ailleurs avec ses remords ou plutôt ses espérances ; car madame de Montespan, plus jeune de six ans que madame de Maintenon, et toujours belle, se flattait, à la mort de celle-ci, de rentrer à la cour et de reprendre sa puissance sur le roi. Madame de Montespan passait donc sa vie à aller des eaux de Bourbon aux terres d'Antin, et des terres d'Antin à Fontevrault. Tout ce qu'elle avait pu corriger en elle, elle l'avait fait, ou pour mieux dire elle avait gardé ses défauts et acquis des vertus. Devenue pieuse, charitable et laborieuse, elle était restée altière, dominante et résolue. Elle en était venue à donner aux pauvres, près des trois quarts de ce qu'elle possédait; et, comme si ce n'était point assez de cet abandon de sa fortune, elle faisait aussi le sacrifice de son temps : huit heures de la journée étaient consacrées par elle à des travaux d'aiguille destinés aux hôpitaux. Sa table — et elle avait aimé la table avec excès — était devenue simple et même frugale ; à chaque heure du jour, elle quittait le jeu, la compagnie, la conversation, pour aller prier dans son oratoire. Ses draps et ses chemises étaient de grosse toile jaune, cachés, il est vrai, sous des draps et des chemises ordinaires. Elle portait des bracelets, des jarretières et une ceinture à pointe de fer ; et cependant, malgré cette austérité qui, dans son esprit, avait pour but de la rapprocher du ciel, elle avait une telle crainte de la mort, qu'elle payait plusieurs femmes dont l'unique emploi était de veiller près de son lit. Elle couchait tous ses rideaux ouverts avec toutes les veilleuses autour d'elle, beaucoup de lumière dans la chambre, et, comme elle avait pris soin de faire dormir ses femmes pendant le jour, chaque fois qu'elle se réveillait, elle voulait les trouver causant, riant ou jouant, tant elle craignait que la mort ne profitât de leur assoupissement pour la frapper. Et avec cela, chose étrange, jamais autour d'elle ni médecin ni chirurgien.

Puis, par un autre contraste, l'ancienne favorite avait conservé cette étiquette princière et cet extérieur de reine dont elle avait pris l'habitude au temps de sa faveur. Son fauteuil avait le dos appuyé au pied de son lit, et il n'en fallait pas chercher d'autre dans la chambre, pas même pour ses enfants, madame la duchesse d'Orléans et madame la duchesse de Bourbon. Monsieur l'avait toujours fort aimée, et ainsi faisait la grande Mademoiselle, dont nous avons, en 1693, oublié de consigner la mort : à ceux-là seulement on apportait des fauteuils. On peut juger par là comment elle recevait tout le monde : c'était avec des petites chaises à dos, semées çà et là dans son appartement, et dont ses nièces, pauvres filles sans fortune, faisaient d'ordinaire les honneurs.

Cela n'empêchait pas, dit Saint-Simon, que, par une fantaisie qui s'était tournée au devoir, toute la France n'y allât.

Et cependant, le père Latour, son confesseur, avait tiré d'elle un terrible acte de pénitence : c'était de demander pardon à son mari et de se remettre entre ses mains. Une fois décidée à cette démarche, l'altière favorite l'accomplit de bonne grâce : elle écrivit à M. de Montespan dans les termes les plus soumis et lui offrit de retourner avec lui s'il la daignait recevoir, ou de se rendre en quelque lieu qu'il lui voulût désigner. Mais M. de Montespan lui fit répondre qu'il ne voulait ni la recevoir, ni lui prescrire rien, ni surtout entendre parler d'elle pendant le reste de sa vie. Effectivement M. de Montespan mourut sans lui pardonner, et à cette mort elle prit le deuil comme les veuves ordinaires. Mais, ni avant ni après, elle ne reprit jamais ses livrées ni ses armes, qu'elle avait quittées pour prendre les armes de sa famille.

Belle et fraîche jusqu'au dernier moment de sa vie, elle croyait toujours être malade et près de mourir. Cette inquiétude la poussait sans cesse à voyager, et, dans ses voyages, elle emmenait toujours avec elle une compagnie de sept ou huit personnes, et ces personnes, qui s'étaient frottées à elle et sur lesquelles son esprit s'était répandu comme le parfum de la rose sur le caillou de Saadi, ces personnes, qui n'étaient près de elle, mais qui avaient vécu près d'elle, reportaient dans le monde ce dialogue animé, cette vive repartie, ce sel attique, que l'on appelle encore aujourd'hui l'*esprit des Mortemart*.

La dernière fois qu'elle alla à Bourbon-l'Archambault, quoiqu'elle fût en pleine santé, elle eut un pressentiment de sa mort, et disait qu'elle était à peu près sûre de ne point revenir de ce voyage. Elle paya deux années d'avance des pensions qu'elle faisait en grand nombre, presque

Le roi vit s'avancer un homme d'un extérieur repoussant.

toutes à de pauvres gens de noblesse, et doubla ses aumônes.

En effet, madame de Montespan, quelques jours après son arrivée à Bourbon, se trouva tout à coup mal dans la nuit du 26 mai, que les veilleuses, effrayées, envoyèrent éveiller à l'instant même toutes les personnes qui se trouvaient chez elle. Madame de Cœuvres accourut des premières, et, la trouvant près de suffoquer, lui administra à tout hasard l'émétique.

Ce remède rendit à la malade une tranquillité d'un instant dont elle profita pour se confesser. Mais, avant sa confession privée, elle fit sa confession publique, raconta toutes les fautes dont, depuis vingt ans, elle portait la peine ; puis elle passa à sa confession privée, et, celle-ci accomplie, elle reçut les sacrements ; et, chose singulière, à ce moment suprême, cette terreur de la mort, sa compagne incessante l'abandonna, comme si son ombre froide et glacée se fût évanouie aux splendeurs célestes qu'elle contemplait déjà.

D'Antin, son fils, qu'elle n'avait jamais aimé, mais qu'elle avait cependant, par repentir bien plus que par tendresse, rapproché d'elle depuis quelque temps, arriva au chevet de son lit comme elle allait expirer ; elle le reconnut et put lui dire encore :

— Vous me trouvez, mon fils, dans un état bien différent de celui où j'étais la dernière fois que nous nous sommes vus.

Cinq minutes après, elle expira.

Presque aussitôt, d'Antin partit, et le corps et les funérailles restèrent à la merci des valets.

Madame de Montespan avait légué son corps au tombeau de sa famille, situé à Poitiers, son cœur au couvent de la Flèche, et ses entrailles au prieuré de Saint-Menoux, peu distant de Bourbon-l'Archambault. Un chirurgien de village procéda donc à l'autopsie et sépara le cœur et les entrailles du corps. Le corps demeura longtemps sur la porte de la maison, tandis que les chanoines de la Sainte-Chapelle et les prêtres de la paroisse disputaient leur rang ; le cœur, enfermé dans une boîte de plomb, fut expédié à la Flèche ; enfin les entrailles furent mises dans un coffre et placées, à l'aide d'une hotte, sur le dos d'un paysan qui se mit en marche avec elles pour Saint-Menoux. Au milieu du chemin, l'envie prit au commissionnaire de savoir quel genre de fardeau il portait ; il ouvrit alors le coffre, et, comme on ne l'avait prévenu de rien, il crut être le jouet de quelque mauvais plaisant, et jeta ce qu'il contenait sur le revers d'un fossé. Un troupeau de porcs passait en ce moment, et les plus immondes des animaux dévorèrent les entrailles de la plus hautaine des femmes.

Avec le type vivant de la grande époque de Louis XIV disparaissaient tous les souvenirs secondaires. Versailles lui-même, ce courtisan de granit, se pliait au goût du jour en changeant sa grotte de Thétis en une chapelle.

Cette grotte de Thétis, dont on voit encore aujourd'hui des fragments dans le bosquet des Bains d'Apollon, avait été, vers la fin des amours du roi avec la Vallière, et vers le commencement de ses infidèles amours avec madame de Montespan, une des retraites favorites de Louis XIV. Tous les artistes s'étaient réunis pour en faire un lieu de mystérieuses délices : Perrault en avait dessiné l'architecture. Le Brun les statues, et, sur les dessins de Le Brun, Girardon avait fouillé le marbre, et, d'un bloc gigantesque, avait fait saillir le groupe principal. Mais, dès 1699, Louis XIV avait condamné la grotte aux mondains souvenirs, et sur ses ruines avait commencé de faire bâtir la chapelle qu'on y voit encore aujourd'hui.

Seulement, la pénitence ne s'étendit pas du plaisir jusqu'à l'orgueil. Louis XIV, comme madame de Montespan, en était au repentir peut-être, mais pas encore à l'humilité. Mansard, qui était chargé de l'exécution de la chapelle, l'éleva plus à Louis XIV qu'à Dieu. Il mit le tabernacle du Seigneur au rez-de-chaussée, et la tribune royale au premier étage.

Peut-être est-ce ce singulier contraste qui, six ans après, fit prononcer à Massillon, sur le cercueil de Louis XIV, l'oraison funèbre qui commençait par ces paroles, et dont le passé et le présent, mis en face l'un de l'autre, doublaient la sublimité :

« Dieu seul est grand, mes frères ! »

Ce fut pendant cette année, où le lieu à la chapelle, qu'eut lieu la terrible famine de 1709. Les oliviers, cette grande ressource du Midi, périrent tous sans exception ; la plupart des arbres fruitiers ne virent point paraître leurs feuilles au printemps, et toute espérance de récolte fut d'avance détruite. Il n'y avait point de magasins en France : on essaya de faire venir du blé du Levant ; mais il fut pris par les vaisseaux ennemis, qui, depuis longtemps, dépassaient les nôtres en nombre. Nos armées mouraient de faim, tandis qu'au contraire les Hollandais, ces facteurs de nations, approvisionnaient, aux mêmes prix que dans les années d'abondance, les armées étrangères, de blé et de fourrage.

Louis XIV envoya sa vaisselle à la monnaie. Cette opération se fit contre l'avis du chancelier et du contrôleur général, qui faisaient observer avec raison que cette ressource, trop faible pour apporter un grand secours à l'État, manifestait notre détresse à l'ennemi. En effet, le peuple continua d'avoir faim, et, comme la faim éteint tout autre sentiment, pour la première fois Louis XIV vit des placards injurieux s'afficher dans les carrefours et jusque sur les piédestaux de ses statues. Le dauphin, que le peuple aimait et auquel il n'avait rien à reprocher, puisqu'il était toujours resté ostensiblement et réellement étranger aux affaires qui avaient amené la ruine de l'État, n'osait plus venir à Paris ; car, s'il y venait par hasard et que sa voiture fût reconnue, il était suivi à l'instant même par le peuple, qui avec le cri de la douleur lui demandait un pain qu'il ne pouvait pas lui donner.

Ce fut alors qu'on songea à établir l'impôt du *dixième*, ainsi nommé parce qu'il se composait du dixième du revenu.

Cet impôt était excessif ; aussi Louis XIV résista-t-il longtemps quand on lui proposa de l'établir. Alors, son nouveau confesseur, le jésuite Le Tellier (car le père la Chaise était mort le 20 janvier 1709, après trente-deux ans de direction de la conscience royale), voyant Louis XIV triste et rêveur, lui demanda la cause de cette préoccupation. Le roi répondit que la nécessité de l'impôt, si bien justifiée qu'elle fût, il ne pouvait combattre victorieusement les scrupules qui s'élevaient dans son esprit ; qu'il avait des doutes, et qu'avant de permettre l'établissement de cet impôt, il eût désiré que ses doutes fussent éclaircis. Le jésuite répondit au roi que ses scrupules étaient d'une âme délicate, qu'il les approuvait et qu'il consulterait, dans le but de tranquilliser sa conscience, les casuistes les plus éclairés de la compagnie. En effet, après avoir disparu trois jours, le confesseur revint et assura intrépidement à son pénitent royal qu'il n'y avait pas matière à scrupule, attendu qu'étant le seul et véritable maître de tous les biens de son royaume, c'était en quelque sorte sur lui-même qu'il prélevait l'impôt.

— Ah ! dit le roi en respirant, vous me soulagez beaucoup, mon père, et me voilà tranquille désormais.

Huit jours après, l'édit fut rendu.

Le père la Chaise était mort à plus de quatre-vingts ans. Plusieurs fois, quoique sa tête et sa santé fussent restées assez fermes, il voulut, mais inutilement, se retirer ; c'est que le prêtre, bon homme au fond et assez sage conseiller, sentait venir la décadence prochaine de son corps et de son esprit. En effet, les infirmités de la décrépitude l'assaillirent bientôt de concert ; les jésuites, qui le suivaient de l'œil, lui firent comprendre qu'il était temps de songer à la retraite ; c'était le désir qu'il avait déjà manifesté ; il revint donc à la charge auprès du roi, priant, suppliant Sa Majesté de le laisser penser à son propre salut, incapable qu'il se sentait de diriger désormais celui des autres ; mais Louis XIV ne voulut rien entendre. Les jambes tremblantes du bon père, sa mémoire éteinte, son jugement perdu, ses connaissances brouillées, rien ne rebuta le roi : il continua à se faire amener aux jours et aux heures accoutumées ce demi-cadavre et à dépêcher avec lui les affaires de sa conscience. Enfin, le lendemain d'un de ses voyages à Versailles, le père la Chaise s'affaissa si fort, qu'il reçut les sacrements. La sainte cérémonie terminée, il demanda une plume et de l'encre et eut encore le courage d'écrire de sa main au roi une longue lettre, à laquelle ce prince fit de sa main aussi une réponse tendre et prompte. Après quoi, le père la Chaise ne s'appliqua plus qu'à songer à Dieu.

Deux autres jésuites se trouvaient près du moribond ; c'étaient le père Le Tellier, provincial, et le père Daniel, supérieur de la maison professe. Ils lui demandèrent deux choses : la première, s'il avait accompli les commandements de sa conscience, et la seconde, s'il avait pensé, dans ses derniers moments d'influence sur le roi, au bien et à l'honneur de la compagnie. Le père la Chaise répondit que, sur le premier point, il était en repos ; que, sur le second point, on s'apercevrait bientôt par les effets qu'il n'avait rien à se reprocher. Après avoir donné aux deux jésuites cette double assurance, le père la Chaise expira paisiblement à cinq heures du matin.

A son lever, Louis XIV vit apparaître les deux jésuites. Ils apportaient les clefs du cabinet du confesseur, dans lequel il y avait beaucoup de papiers que l'on supposait secrets et que l'on croyait importants. Le roi les reçut devant tout le monde et fit un grand éloge de la bonté du père la Chaise.

— Il était si bon, dit Louis XIV, que je le lui reprochais souvent. Alors, il me répondait : « Ce n'est pas moi qui suis bon, sire, c'est vous qui êtes mauvais. »

Ce propos était si étrange dans la bouche de Louis XIV, que tous ceux qui l'entendirent baissèrent les yeux, ne sachant quelle contenance tenir.

La question que le père la Chaise fit aux deux jésuites, et qui avait pour but de savoir si le roi choisirait son nouveau directeur dans leur compagnie, avait plus de portée qu'on ne pourrait le croire au premier abord. En effet, Maréchal, premier chirurgien de Louis XIV, lequel avait succédé à Félix, homme probe et sévère, raconta tout haut qu'un jour, étant dans le cabinet du roi, qui regrettait le père la Chaise et louait l'attachement de son confesseur pour sa personne, il lui cita comme une marque de cet attachement que, peu d'années avant sa mort, le père la Chaise lui avait demandé en grâce de choisir un confesseur dans sa compagnie, en ajoutant qu'il connaissait bien cette compagnie, qu'elle était très étendue, qu'elle était composée de bien des sortes de gens dont on ne pouvait répondre et dont l'esprit et le pouvoir s'étendaient partout ; qu'il ne fallait pas pousser ces gens au désespoir en leur ôtant la direction de la conscience du roi et, par conséquent, l'influence qu'ils pouvaient prendre par là aux affaires temporelles, et se mettre ainsi dans un péril dont le roi ne pourrait répondre ; car, disait-il encore, un mauvais coup est bientôt fait et n'est pas toujours sans exemple.

Le roi se souvint de ce précieux avis ; il voulait vivre, et vivre en sûreté. Les ducs de Chevreuse et de Beauvilliers furent donc chargés d'aller à Paris et de s'informer lequel d'entre les jésuites était le plus digne de l'honneur qu'attendait la société. Les deux ducs choisirent le père Le Tellier.

Le père Le Tellier était entièrement inconnu du roi lorsqu'il obtint cette faveur, et Louis XIV avait vu pour la première fois son nom sur une liste de cinq ou six jésuites que le père la Chaise lui avait présentée, comme des sujets propres à lui succéder. Il avait passé par tous les degrés de la compagnie ; il avait été professeur théologien, recteur, provincial et écrivain ardent sur le molinisme, poursuivant le renversement de toutes les autres sectes, ambitieux d'établir sa compagnie sur les ruines des autres sociétés, nourri dans les principes du prosélytisme le plus violent, admis à tous les secrets de l'ordre, à cause du génie que la société lui avait reconnu ; il n'avait vécu depuis dix ans que d'études, d'intrigues et d'ambition. Son esprit dur, entêté, infatigable, incessamment appliqué aux questions d'influence, dépourvu de tout autre goût ; méprisant toute société, ennemi de toute dissipation, ne faisant cas des hommes, même de ceux qui appartenaient au même ordre que lui, qu'en raison de la conformité de leur caractère avec le sien et de leurs passions avec les siennes, exigeant chez les autres un travail pareil à celui auquel il se livrait sans interruption, ne comprenant pas, avec sa tête et sa santé de fer, qu'on pût jamais avoir besoin de repos ; en outre, faux, trompeur, cachant les plis sous les replis, exigeant tout, ne rendant rien, manquant aux paroles les plus expressément données lorsqu'il ne lui importait pas de les tenir, poursuivant avec fureur ceux qui les avaient reçues et qui pouvaient lui reprocher sa mauvaise foi, ayant conservé toute la rudesse de son extraction, grossier et ignorant à surprendre, insolent et impétueux à effrayer, ne connaissant du monde ni ses mesures, ni ses degrés, ni ses engagements ; c'était un homme terrible qui, couvert ou à découvert, ne marchait qu'à un seul but, c'est-à-dire à la destruction de tout ce qui pouvait lui nuire, et qui, parvenu à l'autorité, ne se cacha plus de ce désir et de cette volonté.

La première fois qu'il fut présenté à Louis XIV, le roi vit s'avancer un homme d'un extérieur repoussant, d'une physionomie ténébreuse et fausse avec des yeux louches et méchants. Il n'y avait avec le roi que Blouin le premier valet de chambre, et Fagon le médecin ; l'un appuyé sur la cheminée, l'autre courbé sur son bâton, tous deux examinant avec intérêt cette première entrevue.

— Mon père, demanda le roi quand on eut nommé le nouveau confesseur, êtes-vous parent de MM. Le Tellier ?
— Moi, sire ! répondit le père en s'anéantissant devant le roi, moi, parent de MM. Le Tellier ! Je suis bien loin de cela, étant seulement fils d'un pauvre paysan de basse Normandie.

Fagon, qui avait écouté ces paroles et remarqué l'air dont elles avaient été prononcées, s'approcha alors de Blouin, et, lui montrant le jésuite du coin de l'œil :

— Voilà, lui dit-il, un grand hypocrite, ou je me trompe fort.

Tel était l'homme aux mains duquel tombait l'avenir du roi et de l'État, puisque Louis XIV avait dit : « L'État, c'est moi. »

En arrivant au poste élevé qu'il venait de conquérir, le père Le Tellier songea d'abord à venger ses injures particulières. Les jansénistes avaient fait condamner à Rome un de ses livres traitant des cérémonies chinoises. Il était mal personnellement avec le cardinal de Noailles ; il envoya aux évêques des lettres, des mandements et des accusations contre ce cardinal, au bas desquels ils n'avaient plus qu'à mettre leur nom, et vingt dénonciations arrivèrent à la fois à Louis XIV contre le prélat. Puis il envoya à Rome cent trois propositions presque toutes jansénistes à condamner. Le saint-office les condamna une une.

Louis XIV oublia ou plutôt se souvint que les solitaires de Port-Royal avaient produit des hommes qui s'étaient appelés Arnauld, Nicole, Le Maistre, Herman et Sacy ; que ces hommes avaient vécu jusqu'à l'époque de sa mort, c'est-à-dire jusqu'en 1699, entourés de respect ; madame de Longueville, sa vieille ennemie, ne voulant plus être galante, s'était faite dévote, et qui, ne pouvant plus combattre, voulait intriguer, et les persécutions, à peu près éteintes sous le père La Chaise, recommencèrent avec une nouvelle ardeur sous le père Le Tellier. Cependant le roi avait vendu pour quatre cent mille francs de vaisselle d'or ; les plus grands seigneurs, à son exemple, envoyèrent leur vaisselle d'argent à la Monnaie ; madame de Maintenon ne mangeait plus que du pain d'avoine ; enfin Louis XIV n'hésita pas à faire demander la paix aux Hollandais, autrefois si méprisés par lui.

C'est que, comme nous l'avons dit, Louis XIV avait perdu successivement les batailles de Blenheim, de Ramillies, de Turin, et de Malplaquet.

La bataille de Blenheim nous avait coûté, à nous, une armée superbe, tout le pays situé entre le Danube et le Rhin, et la maison de Bavière, notre alliée, ses États héréditaires.

La défaite de Ramillies nous avait fait perdre toute la Flandre, où les troupes battues ne s'étaient arrêtées qu'aux portes de Lille.

La déroute de Turin nous avait enlevé la possession de l'Italie. On occupait bien encore quelques places ; mais on proposa à l'empereur de les lui céder, pourvu qu'il laissât sa retraite, sans les inquiéter, les quinze mille hommes de troupes qui les occupaient.

Enfin, le désastre de Malplaquet repoussa nos armées des bords de la Sambre jusqu'à Valenciennes.

Cette dernière bataille était la plus terrible qu'on eût livrée sous le règne de Louis XIV ; on y avait tiré, chose inouïe jusqu'alors, onze mille coups de canon ; depuis, à Wagram, on en tira soixante et onze mille, et cent soixante et quinze mille à Leipzig. Jusqu'à présent, cette dernière bataille est demeurée comme l'apogée de la destruction.

L.

MALADIE DE LA DUCHESSE DE BOURGOGNE. — LE DUC DE FRONSAC. — SON MARIAGE. — AMANTS DE LA JEUNE DUCHESSE. — NANGIS. — MAULEVRIER. — ENFANTS DE MADAME DE BOURGOGNE. — OPÉRATIONS MILITAIRES. — VILLEROY EN FLANDRE. — DÉFAITE DE RAMILLIES. — IL EST REMPLACÉ PAR VENDOME. — LE DUC D'ORLÉANS EN ITALIE. — DÉROUTE DE TURIN. — LE MÊME PRINCE EN ESPAGNE. — SINGULIERS SCRUPULES DE LOUIS XIV. — AFFAIRE DE LÉRIDA. — INTRIGUES CONTRE LE DUC D'ORLÉANS. — SITUATION CRITIQUE DE PHILIPPE V. — PRISE DE MADRID PAR L'ARCHIDUC CHARLES. — FOLLES ESPÉRANCES DU DUC D'ORLÉANS. — PROPOSITIONS HUMILIANTES DE LOUIS XIV. — DURETÉ DE SES ENNEMIS. — VENDOME APPELÉ EN ESPAGNE.

Au milieu de toutes ces tristesses, la seule chose qui égayait un instant la cour, c'était la gentillesse et l'esprit de la jeune madame de Bourgogne, dont l'influence sur Louis XIV et sur madame de Maintenon continuait d'être la même. Après la mort de Monsieur, qu'elle aimait fort, elle avait, au grand ennui de Louis XIV, paru trop longtemps chagrine ; puis, pour s'être baignée nouvellement après avoir mangé beaucoup de fruits, elle était tombée malade, et, comme c'était au mois d'août, à l'époque des voyages de Marly, le roi, dont l'affection n'allait jamais jusqu'à la contrainte, ne voulut ni retarder son départ ni laisser la malade à Versailles ; de sorte que la pauvre princesse, fatiguée du voyage, se trouva bientôt à l'extrémité ; elle se confessa deux fois. Le roi, madame de Maintenon et le duc de Bourgogne étaient au désespoir ; car la prédiction du prophète de Turin annonçant que la princesse devait mourir jeune leur revenant en mémoire. Enfin, à force de saignées et d'émétique, double traitement dans lequel consistait à peu près toute la médecine du grand siècle, elle se trouva mieux ; mais alors Louis XIV voulut retourner à Versailles sans attendre la convalescence, et il ne fallut pas moins que les prières de madame de Maintenon et la déclaration des médecins pour obtenir huit jours de délai. Ces huit jours écoulés, madame la duchesse de Bourgogne se trouvait encore si faible, qu'elle était obligée de se tenir couchée tout le jour dans une chambre où ses dames et quelques privilégiés faisaient le jeu pour l'amuser.

A cette époque apparaissait à la cour François Armand, duc de Fronsac, qui, depuis, sous le nom de duc de Richelieu, devint le type de l'aristocratie du siècle de Louis XV, comme Lauzun l'avait été de la seigneurie du siècle de Louis XIV.

Le jeune duc, âgé de quinze ans à peine, venait d'exécuter, en épousant mademoiselle de Noailles, un traité fait trois ans avant sa naissance entre son père et le marquis de Noailles, lesquels, en se mariant, s'étaient promis d'unir leurs enfants. Cela donnait au jeune Fronsac, qui n'aimait point sa femme et qui avait fait tout son possible pour ne pas l'épouser, un petit air sacrifié qui, joint à la promesse qu'il avait faite publiquement de ne jamais être en ménage avec son épouse, imprimait au commencement de cette carrière un caractère d'originalité qui ne fit que s'accroître par la suite. Au reste, charmant de corps et d'esprit, laissé libre par son père dès sa tendre jeunesse, il avait débuté à la cour par un succès universel, et près de madame la duchesse de Bourgogne par un succès tout particulier.

Cette préférence de la princesse pour le petit duc n'était

pas un secret pour lui, car madame de Maintenon avait écrit à M. de Richelieu, son vieil ami : « J'ai un plaisir extrême à entendre louer M. de Fronsac et à vous en instruire. Vous me croirez facilement, car vous savez que je ne suis pas flatteuse : madame la duchesse de Bourgogne a une grande attention pour monsieur votre fils. »

Cette grande attention déplut au duc de Bourgogne, qui s'en plaignit à Louis XIV. En effet, le bruit commençait à courir à Versailles que le jeune Fronsac faisait la cour à la duchesse, et que madame de Bourgogne n'était point insensible à ce premier hommage d'un jeune homme qui devait plus tard acquérir en amour une si grande célébrité. On enjoignit alors à M. de Fronsac de reporter vers sa femme cet amour qui faisait scandale. Fronsac répondit que sa femme n'était pas sa femme, qu'il avait fait le serment qu'elle ne le serait jamais, et qu'il était trop honnête homme pour manquer à son serment.

Le roi envoya M. de Fronsac à la Bastille. Ce fut pendant ce premier séjour dans la forteresse royale, où il devait retourner quatre fois, que le duc fit son apprentissage de prisonnier.

Ce n'étaient pas, au reste, les premiers propos qu'on tenait sur la petite duchesse de Bourgogne. M. de Nangis, qui fut depuis maréchal de France, et qui alors, suivant l'expression de Saint-Simon, était la fleur des pois, avec un visage gracieux sans rien de rare, avec un corps bien fait sans rien de merveilleux, Nangis, produit tout jeune dans le monde et dans la galanterie, se trouvait alors un des hommes les plus à la mode. Il avait eu un régiment tout enfant ; tout enfant, il avait montré de la volonté, de l'application, du courage, si bien que, protégé par les femmes, il se trouva recherché de ce duc de M. le duc de Bourgogne, qui était à peu près de son âge, et qui, malheureusement pour lui, n'était pas fait comme Nangis. Cependant la princesse répondait si parfaitement à son amour, qu'il put bien soupçonner les autres d'avoir des yeux pour sa femme, mais qu'il ne soupçonna jamais sa femme d'avoir des regards pour un autre que lui. Et pourtant un des regards de la princesse était tombé sur Nangis. Malheureusement ou heureusement pour Nangis, il avait pour maîtresse madame de la Vrillière, fille de madame de Mailly, dame d'atours de la duchesse de Bourgogne. De cette façon il était de toutes choses à la cour ; elle ne fut donc pas longtemps à s'apercevoir de l'intention qu'avait son amant de lui être infidèle. Mais, au lieu de céder la place à la princesse, elle déclara à Nangis qu'elle était prête à soutenir la lutte, et même, s'il besoin était, à la soutenir avec éclat.

C'était une menace fort dangereuse : le roi ne badinait pas à cette époque avec le scandale, et le duc de Bourgogne ne paraissait pas le moins du monde disposé à jouer le rôle du mari complaisant. Il en résulta que Nangis ne sut point ou n'osa pas mettre à profit les espérances que lui avait données madame la duchesse de Bourgogne, et laissa un concurrent plus hardi se glisser entre lui et la princesse. Ce concurrent était M. de Maulevrier, fils d'un frère de Colbert.

Tout au contraire de Nangis, Maulevrier n'avait pas une figure agréable ; sa physionomie était commune ; mais, comme il avait de l'esprit, une imagination fertile en intrigues sombres et une ambition démesurée, il pensa que ce serait une puissante protection que celle qui s'étendrait sur un homme auquel la duchesse de Bourgogne n'aurait rien à refuser. Il avait épousé la fille de ce maréchal de Tessé qui avait négocié la paix à la suite de laquelle la princesse de Savoie était venue en France épouser le duc de Bourgogne. Sa femme, en souvenir de cette négociation, était admise à monter dans les carrosses, à manger à la table, à aller à Marly, à être de tout enfin chez la duchesse. Maulevrier, naturellement, venait à la suite, ou plutôt au même rang comme neveu de Colbert. Il remarqua des premiers ce qui se passait à l'égard de Nangis, se rendit très assidu chez la duchesse, excité par l'exemple soupira, et, las de ce que ses soupirs n'étaient pas entendus, écrivit. Son audace lui réussit : une dame d'honneur, amie intime du maréchal de Tessé, remit à la princesse les billets qu'elle croyait d'un fort du beau-père et les réponses au nom de son beau-père aussi Maulevrier ne tarda pas à recevoir.

Sur ces entrefaites, il fut question de repartir pour l'armée. Maulevrier était au service et ne pouvait se dispenser de faire campagne ; mais il s'avisa d'un expédient qui atteignit, comme on le verra tout à l'heure, un double but. Il fit semblant d'être malade de la poitrine, toussa, se mit au lait d'ânesse, mais inutilement, car bientôt il perdit complètement la voix.

Nous avons dit que Maulevrier atteignit un double but ; en effet, il resta à Versailles, et, comme il parlait tout bas à ceux qui le visitaient, il put, sans être suspect, parler également tout bas à madame la duchesse de Bourgogne.

L'extinction de voix dura plus d'un an, et tout le monde s'y était si bien habitué, qu'il ne fallut pas moins qu'une imprudence presque publique de la part de Maulevrier pour que cette petite comédie parvînt à la connaissance de la cour.

Un jour que Dangeau, chevalier d'honneur de la duchesse de Bourgogne, était absent, Maulevrier alla, vers la fin de la messe, à la tribune de la princesse. Les écuyers, qui étaient soumis au maréchal de Tessé, en sa qualité de premier écuyer du roi, avaient pris l'habitude, quand Maulevrier était là, de lui céder l'honneur de donner la main à madame la duchesse de Bourgogne ; ce qu'ils faisaient par compassion pour sa voix éteinte, et qui ne lui permettait de parler que tout bas et presque à l'oreille des gens. Ce jour-là, Maulevrier était de méchante humeur. La princesse avait, la veille, regardé Nangis plus qu'il lui avait convenu, de sorte qu'il lui fit une scène de jalousie tout en la conduisant, la traitant à peu près aussi mal qu'il aurait fait d'une simple bourgeoise, la menaçant d'instruire de sa coquetterie le roi, madame de Maintenon et le prince son mari ; et, lui serrant les doigts au point de les lui écraser, il la conduisit ainsi, avec toute sorte de politesses apparentes et de brutalités réelles, jusqu'à son appartement, où elle n'arriva que pour s'évanouir. Là, elle raconta tout à madame de Nogaret, qui le répéta au maréchal de Tessé. Trois semaines se passèrent en transes mortelles pour la pauvre duchesse. Au bout de ce temps, Fagon, prévenu par le maréchal, déclara que, pour un rhume si opiniâtre que l'était celui de Maulevrier, il ne voyait de remède que l'air d'Espagne. Louis XIV entra dans les idées de Fagon et invita Maulevrier, au nom de l'amitié qu'il portait autrefois à son oncle, à ne pas manquer le moyen qui lui était ouvert d'acquérir à la fois de la gloire et de reconquérir sa santé. Maulevrier n'osa résister à l'intérêt royal et partit pour l'Espagne avec son beau-père. Cependant, la duchesse de Bourgogne ne respira librement que lorsqu'elle le sut de l'autre côté de la frontière.

Au milieu de toutes ces intrigues, la duchesse de Bourgogne, qui avait déjà un fils dont l'on était mort et l'autre devait bientôt mourir, et qui tous deux avaient reçu en naissant le nom de duc de Bretagne, se trouva grosse une troisième fois et fort incommodée de cette grossesse. Aussi cette nouvelle, au lieu de réjouir Louis XIV, le contraria-t-il au dernier point. Sa petite-fille, comme on le sait, était son seul amusement ; il voulait donc qu'elle l'accompagnât partout ; mais, dans l'état où elle se trouvait, la chose devenait très difficile, sinon impossible. Cependant, Fagon se risqua d'en dire quelques mots au roi. Il avait été habitué à faire voyager ses maîtresses enceintes ou à peine relevées de couches, et cela, toujours en grand habit. Il se décida cependant à ajourner une de ses voyages à deux reprises ; mais, malgré tout ce qu'on put dire ou faire pour obtenir que la princesse restât à Versailles, ne voulant pas le retarder plus longtemps, il l'emmena avec lui.

C'était le mercredi qu'avait eu lieu le voyage ; le samedi suivant, tandis que le roi se promenait entre le château et la perspective, s'amusant à donner à manger à des carpes, entouré de ses courtisans qui le regardaient faire avec une respectueuse admiration, on vit venir d'un pas rapide madame du Lude, au-devant de laquelle s'avança le roi. Mais, comme il n'était à portée de les entendre, nul ne savait de qui s'était dit. Presque aussitôt, on vit revenir le roi, qui, se penchant de nouveau sur le bassin, sans s'adresser à personne, dit tout haut et avec dépit ces seules paroles :

— La duchesse de Bourgogne est blessée.

M. de la Rochefoucauld, M. de Bouillon et plusieurs autres seigneurs qui étaient là se récrièrent plus ou moins haut sur l'accident qui venait d'arriver, et surtout M. de la Rochefoucauld, qui, se récriant plus fort que les autres, se mit à dire :

— Oh ! mon Dieu ! ne vous semble-t-il pas, sire, que c'est le plus grand malheur du monde ? car madame la duchesse de Bourgogne, s'étant déjà blessée une fois, n'aura peut-être plus d'enfants ?

Mais, au lieu d'abonder dans ce sens :

— Eh bien, dit le roi avec colère au grand étonnement de tout le monde, est-ce qu'elle n'a pas déjà un fils ? et quand ce fils mourrait, est-ce que le duc de Berry n'est pas en âge de se remarier et d'avoir des enfants ? Que m'importe à moi qui me succédera, des uns ou des autres ? Ne sont-ils pas tous également mes petits-fils ?

Puis, continuant avec impétuosité :

— Dieu merci ! elle est blessée ; puisqu'elle avait à l'être, tant mieux ! je ne serai plus contrarié dans mes voyages par les représentations des médecins et les raisonnements des matrones. J'irai, je viendrai à ma fantaisie, et on me laissera en repos.

On devine quel profond silence succéda à cette sortie ; tout le monde baissait les yeux ; à peine osait-on respirer, et chacun, jusqu'aux gens du bâtiment et au jardinier, demeura stupéfait et immobile.

Le lundi suivant, la duchesse fit effectivement une fausse couche.

Pendant que les choses intimes que nous venons de raconter avaient leurs cours, et que le duc de Vendôme, malgré son insouciance et sa paresse, rétablissait les affaires d'Italie, Villeroy, que, dans l'espérance sans doute des nouvelles fautes qu'il devait faire, le prince Eugène venait de nous renvoyer sans rançon, prenait le commandement de 80,000 hommes qui nous restaient en Flandre, promettant de réparer par de brillants et prompts succès ce qu'il appelait son malheur et que l'histoire a nommé ses fautes. Cet entêtement du roi à pousser ce favori sans mérite, n'était pas approuvé quoiqu'il fût applaudi. Chacun s'empressa de complimenter avant son départ le nouveau général, tout en doutant qu'une influence heureuse dût sortir d'un pareil choix. Seul, le maréchal de Duras, auquel il reprochait de n'avoir pas joint ses félicitations à celles des autres, lui répondit :

— Mes compliments ne sont que différés, monsieur le maréchal, et je les garde pour votre retour.

Les prévisions ne tardèrent pas à se réaliser ; on en vint aux mains à Ramillies. A Blenheim, on s'était battu huit heures et l'on avait perdu près de 6,000 hommes ; à Ramillies, l'armée ne résista pas quarante minutes en tout, et les Français perdirent 20,000 soldats. La Bavière et Cologne nous avaient été enlevées par la bataille de Blenheim ; toute la Flandre nous le fut par celle de Ramillies. Marlborough, fait duc en récompense de ses dernières victoires, entra triomphant à Anvers, à Bruxelles, à Ostende et à Menin. Villeroy cinq jours sans oser écrire au roi cette nouvelle qui déjà était parvenue à Versailles et n'attendait que sa confirmation. Le roi n'osa pas soutenir davantage le maréchal et le rappela. Mais, en le rappelant, il voulut le consoler, et, lorsqu'à son retour, il le vit s'avancer tout honteux, au lieu de lui faire un reproche, il vint au-devant de lui, et lui dit avec un soupir :

— Monsieur le maréchal, on n'est pas heureux à notre âge.

La voix publique désignait le duc de Vendôme comme pouvant seul réparer ces campagnes de Flandre si courtes et si décisives. C'était, en effet, le général le plus populaire de l'époque, et l'on fredonnait jusque dans le Louvre les couplets de cette chanson, qui se chantait tout haut dans les rues :

Savoyards et Allemands,
Qui vous rend si mécontents ?
Vendôme.

Eugène, prince mutin,
Qui te rend donc si chagrin ?
Vendôme.

Tu croyais prendre, en passant,
Auprès du pont de Cassan,
Vendôme.

Mais qui jeta dans l'Adda,
Tes hommes et tes dadas ?
Vendôme.

Qui fit, malgré tes efforts,
Huit mille de tes gens morts ?
Vendôme.

Et vous, prince (1) sans pareil,
Qui vous a gobé Verceil ?
Vendôme.

Le duc d'Orléans fut envoyé pour remplacer Vendôme en Italie ; mais le prince ne mit de l'autre côté des Alpes que pour assister à un échec qui lui prouva que, tout en le plaçant à la tête d'une armée, le roi s'en était réservé le commandement. Le duc, en arrivant au camp devant Turin, se trouva avoir pour lieutenants généraux le duc de la Feuillade, l'un des hommes les plus brillants et les plus aimables du royaume, le même qui érigea de ses propres deniers la statue de Louis XIV sur la place des Victoires, et le maréchal de Marsin, le même qui avait perdu la bataille de Blenheim, et pour ennemis le prince Eugène et le duc de Savoie, qui, après avoir été longtemps allié infidèle, s'était réuni enfin aux impériaux, et faisait la guerre à ses deux filles. Le duc d'Orléans comprit qu'il allait être attaqué et qu'il perdrait tous les avantages que lui avaient donnés l'offensive. Il assembla un conseil de guerre, qui se composait du maréchal de Marsin, du duc de la Feuillade, puis d'Albergotti et de Saint-Frémont, qui servaient sous eux.

Il exposa alors la situation avec une grande netteté, et termina son discours en proposant de marcher à l'ennemi. Le plan que proposait le jeune duc était si clair, il présentait de tels avantages, que chacun répéta après lui qu'il fallait marcher ; mais alors le maréchal de Marsin tira de sa poche un ordre signé du roi, qui prescrivait aux autres généraux et au duc lui-même de déférer à son avis en cas d'action, et il déclara que son avis était de rester dans les lignes.

(1) Le duc de Savoie.

Le duc d'Orléans, indigné qu'on l'eût envoyé à l'armée comme prince du sang et non comme général, attendit le prince Eugène, qui attaqua les retranchements et les força après deux heures de combat. Aussitôt les lignes et les tranchées sont abandonnées, l'armée se disperse et bagages, provisions, munitions, caisse militaire, tombent aux mains de l'ennemi. Le duc d'Orléans et le maréchal de Marsin, qui avaient payé de leur personne comme de simples soldats, étaient blessés tous deux. Un chirurgien du duc de Savoie coupa la cuisse au maréchal, qui mourut quelques instants après l'opération, en avouant qu'il avait reçu l'ordre, en quittant Versailles, d'attendre que le roi lui offrît la bataille et non de la présenter.

Cet ordre fut cause qu'après 2,000 hommes tués seulement, 70,000 furent dispersés ; que les fuyards à grand'peine se trouvèrent ramenés dans le Dauphiné, et qu'on perdit en quelques mois le Milanais, le Mantouan, le Piémont et enfin le royaume de Naples.

Cependant, après son retour à Paris, le duc d'Orléans reçut le commandement général en Espagne, avec une omnipotence qui eût probablement sauvé l'Italie, s'il l'avait eue au camp de Turin. Il fit aussitôt tous ses préparatifs de départ, composant sa maison et emmenant ceux du conseil ou du courage desquels il croyait être le plus sûr. Au moment de partir, le roi lui demanda la liste des personnes qu'il emmenait. Au nombre de ces personnes était M. de Fontpertuis. Arrivé à ce nom, le roi s'arrêta.

— Comment ! mon neveu, s'écria-t-il, vous emmenez M. de Fontpertuis, le fils d'une femme qui a été amoureuse de M. Arnauld et qui a couru publiquement après lui ! M. de Fontpertuis ! un janséniste ! je ne veux pas de cela avec vous.

— Ma foi ! sire, lui répondit le duc d'Orléans, je ne défends pas la mère ; mais pour le fils, être janséniste ! il ne croit pas même en Dieu.

— M'en donneriez-vous votre parole ? dit le roi.

— Sire, foi de gentilhomme.

— Alors, s'il en est ainsi, dit Louis XIV, vous pourrez l'emmener.

Le roi en était arrivé, comme on le voit, à préférer un athée à un janséniste.

Le duc d'Orléans partit donc pour l'Espagne avec qui bon lui semblait, et rejoignit le duc de Berwick quelques jours après la bataille d'Almanza, que celui-ci venait de gagner sur Galloway. Le duc alla mettre le siège devant Lérida, qui passait pour imprenable, et qui fut prise cependant après dix jours de tranchée ouverte.

Le duc d'Orléans voulut à l'instant même aller faire le siège de Tortose ; mais l'année était trop avancée, et force lui fut de remettre à l'année suivante la continuation de ses victoires. Il revint donc à Versailles, où il fut admirablement reçu par le roi, lequel lui dit :

— Ce vous est une grande gloire, mon neveu, d'avoir réussi là où M. le prince de Condé a échoué.

En effet, non seulement le prince de Condé, mais encore le comte d'Harcourt, avaient été obligés de lever le siège de Lérida.

L'année suivante le duc d'Orléans revint en Espagne ; mais tout y était dans une si grande misère au moment où il arriva, que les conseillers d'Aragon, n'étant pas payés de leurs appointements, venaient d'envoyer une requête pour solliciter de Sa Majesté Catholique la permission de demander l'aumône. Il fallut chercher les moyens de suppléer à tout. Cela prit beaucoup de temps, et, comme M. le duc d'Orléans laissait à Paris une foule d'ennemis parmi lesquels il fallait compter toute la famille de Condé, que le mot du roi avait blessée, et madame de Maintenon qui prenait continuellement texte de la conduite du prince pour le dénigrer aux yeux du roi, le bruit se répandit que M. le duc d'Orléans négligeait la guerre en restait à Madrid parce qu'il était amoureux de la reine d'Espagne. Celle qui fit surtout courir ce bruit, ce fut madame la Duchesse, qui, à ce que disaient les chroniques de la cour, haïssait le duc d'Orléans pour l'avoir trop aimé. Tous ces bruits revenaient au prince, qui, en connaissant la source, gardait naturellement rancune aux auteurs, et surtout à madame de Maintenon, dont, depuis dix ans, il avait à combattre la haine. Madame de Maintenon avait pour correspondante en Espagne madame des Ursins, qui gouvernait tout auprès du roi Philippe V, guerre et finances, et qui n'avait pris, à ce qu'on assurait, par l'influence de madame de Maintenon, ni fait prendre aucunes mesures pour la campagne, si bien que, comme madame de Maintenon dirigeait tout de Versailles, et que madame des Ursins régnait sous ses ordres à l'Escurial, on appelait madame de Maintenon la capitaine et madame des Ursins le lieutenant. Une santé insolemment cynique que porta M. le duc d'Orléans à ces deux chefs en jupons, acheva de gâter ses affaires déjà fort entamées à la cour par les sourdes menées de madame des Ursins. Cependant, à force de persévérance, il arriva à se mettre en campagne, mais sans avoir jamais pour plus de huit jours de subsistances assurées. Il n'en prit pas moins, au commencement de juin, le camp de Ginestar, et, enlevant Palotte et quelques autres petits postes, il finit par investir Tortose ; puis, ayant forcé la ville à capituler et tenu l'ennemi en échec tout le reste de la campagne, il revint à Madrid, et, de là, après quelques nouveaux démêlés avec madame des Ursins, regagna Versailles, où il trouva Louis XIV fort refroidi à son égard, et qui lui dit le premier que mieux valait qu'il ne recourût plus en Espagne.

Le prince y avait eu trop de désagréments pour que le séjour de la Péninsule lui fût fort agréable. Il se rejeta donc ou fit semblant de se rejeter dans ses frivolités ordinaires. Nous disons fit semblant, parce que nous verrons bientôt que, tout en quittant l'Espagne, le duc d'Orléans n'avait point cessé de tourner les yeux de ce côté.

Mais avec le duc d'Orléans le bon génie de Philippe V sembla s'être éloigné ; bientôt les affaires prirent une gravité qu'elles n'avaient point encore eue. Le Portugal, comme on l'a vu, avait quitté notre alliance pour celle de l'Angleterre, et une armée anglo-portugaise s'avançait dans l'Estramadure, tandis que l'archiduc Charles, reconnu par la Grande-Alliance comme roi d'Espagne, et maître de l'Aragon, de Valence, de Carthagène et d'une partie de la province de Grenade, recrutait des forces en Catalogne, où bientôt milord Galloway, qui commandait l'armée anglo-portugaise, vint leur donner la main.

Philippe V avait quitté Madrid, dont les chemins étaient ouverts à ses ennemis, et s'était retiré dans Pampelune. Tout paraissait si désespéré, que Vauban proposa un projet qui avait pour but d'envoyer Philippe V régner en Amérique. Ce prince y consentit ; sa femme, qui était la sœur cadette du duc de Bourgogne, s'y résolut, et, craignant encore, dans la retraite que l'on allait faire, de tomber entre les mains de l'ennemi, elle envoya en France toutes ses pierreries et la fameuse perle nommée la Pérégrine, et estimée un million, par un de ses valets qui remit aux mains de Louis XIV, pur et intact, le trésor qu'on lui avait confié.

Alors, l'armée ennemie marcha sur Madrid, où elle entra sans qu'on essayât même de l'arrêter. Mais ce fut surtout une fois arrivée dans cette capitale que l'archiduc dut comprendre le peu de chances qu'il avait de régner en Espagne, car il put juger combien peu il était populaire, et combien, au contraire, Philippe V était aimé. La noblesse espagnole fit des merveilles de courage : les grands et les bourgeois riches livrèrent toute leur argenterie, pour le payement des troupes ; les curés, non seulement prêchèrent la fidélité au roi, mais encore dépouillèrent les églises des vases sacrés, et les comtesses elles-mêmes, voulant contribuer autant qu'il était en elles à la délivrance de leur patrie, se répandirent parmi les soldats autrichiens et en firent périr, disent les mémoires du temps, plus que n'aurait pu faire la plus sanglante bataille.

Dans ces conjonctures, les affaires de Philippe V paraissaient désespérées ; les amis du duc d'Orléans lui conseillèrent de profiter de ce départ pour faire valoir ses droits qu'il avait sur la couronne d'Espagne en qualité de petit-fils d'Anne d'Autriche, son aïeule. Le prince accueillit cette ouverture et s'engagea vis-à-vis des grands d'Espagne qui lui faisaient, pour le cas où Philippe V passerait dans les Indes.

M. le duc d'Orléans avait chargé deux de ses officiers, nommés Flotte et Renaud, de suivre cette affaire à Madrid ; mais ils se conduisirent imprudemment, et bientôt madame des Ursins fut au courant de ce petit complot, qu'elle fit à l'instant même connaître à Versailles, en l'assaisonnant de tout ce qui pouvait irriter la colère du roi contre son neveu.

L'accusation était si grave, que, lorsque le roi se fut assuré qu'elle n'était pas dénuée de fondement, il donna ordre au chancelier Pontchartrain d'arrêter le prince et d'instruire son procès. Mais le chancelier, qui vit que le roi n'agissait pas de lui-même, hésitait à se rendre un ennemi aussi puissant, et fit observer au roi que ce serait contre le droit des gens de poursuivre en France M. le duc d'Orléans, accusé d'un crime commis à l'étranger.

— Si le prince, dit-il, est coupable en Espagne, c'est en Espagne qu'on doit lui faire son procès ; mais s'il est innocent à l'égard de la couronne de France, il ne peut être poursuivi dans un royaume qui est son asile naturel.

Sur cette observation, l'affaire fut abandonnée.

Ainsi donc, victorieux partout autrefois, Louis XIV était maintenant vaincu partout. M. le duc de Vendôme lui-même, ce dernier des victorieux, n'avait pas été heureux en Flandre. Après une escarmouche vivement poussée sur les bords de l'Escaut, et dans laquelle il pensa prendre Marlborough, et prit Cadogan son favori, il retomba dans sa paresse habituelle et vit, des places qu'il tenait, l'ennemi se promener en Flandre et enlever toutes les villes qui étaient à sa convenance.

Ce fut alors que Louis XIV se trouva parvenu à l'époque la plus désastreuse de son règne. Tout manquait, et surtout l'argent ; et ce ne fut pas l'une des moindres humiliations que dut subir le grand roi que de se faire lui-même le cicerone du juif Samuel Bernard, et de le promener dans le château et dans le parc de Versailles, afin de tirer de ce riche traitant quelques misérables millions.

Depuis longtemps, Louis XIV essayait de négocier avec ses ennemis. Après les déroutes de Blenheim, de Ramillies et de Turin, il avait offert d'abandonner à l'archiduc la couronne d'Espagne des États du nouveau monde, à condition que le royaume de Naples, la Sicile, les possessions espagnoles en Italie, ainsi que la Sardaigne, resteraient au roi Philippe V. Après les désastres de 1707 et 1708, il renouvela les mêmes propositions et fit offrir de plus Milan et les ports de la Toscane, le Milanais, les Pays-Bas, les îles et le continent d'Amérique, ne réservant que Naples, la Sicile et la Sardaigne, et laissant même entrevoir qu'il tenait peu à cette dernière province. Puis, pour amener les Hollandais à se faire médiateurs, il proposait de donner quatre places en otage, de rendre Strasbourg et Brisach, de renoncer à la souveraineté de l'Alsace et de n'en garder que la préfecture, de raser toutes ses places depuis Bâle jusqu'à Philippsbourg, de combler le port de Dunkerque, et de laisser aux états généraux Lille, Tournai, Menin, Ypres, Condé, Furnes et Maubeuge. Ce ne fut pas tout : les plénipotentiaires français allèrent jusqu'à promettre que, si Philippe V n'acceptait pas de plein gré la condition qu'il le chassât d'Espagne, le roi donnerait l'argent nécessaire à solder les armées qui le détrôneraient. Mais, comme, au moment même où le roi faisait cette proposition, les alliés prenaient Douai et Béthune, et que le général allemand Guy de Staremberg remportait sur les troupes de Philippe V la victoire de Saragosse, on exigea de Louis XIV que, pour préliminaires de la paix qu'il sollicitait, il s'engageât à chasser seul son petit-fils d'Espagne, et cela, par la voie des armes.

En apprenant cette exigence, le vieux roi releva la tête et s'écria :

— Puisqu'il me faut absolument faire la guerre, j'aime encore mieux faire la guerre à mes ennemis qu'à mes enfants.

Mais, s'il refusait d'attaquer Philippe V, au moins ne pouvait-il plus le soutenir. Il avait été obligé de retirer les trois quarts des troupes qu'il avait en Espagne, afin d'opposer une plus grande résistance vers la Savoie, sur le Rhin et surtout en Flandre.

Ce fut alors que, se voyant abandonné par l'armée française, le conseil du roi d'Espagne demanda à Louis XIV de lui envoyer au moins un général. Ce général était Vendôme qui, après sa campagne malheureuse de Flandre, s'était retiré dans son château d'Anet.

LI

SUCCÈS DE VENDÔME EN ESPAGNE. — CHUTE DE MARLBOROUGH. — LA JATTE D'EAU. — MORT DE L'EMPEREUR JOSEPH Ier. — REVIREMENT DE LA POLITIQUE CONTRAIRE A LOUIS XIV. — DÉSASTRES DANS LA FAMILLE ROYALE. — MALADIE DE MONSEIGNEUR LE GRAND DAUPHIN. — SA MORT. — SON PORTRAIT. — MALADIE ET FIN DE MADAME DE BOURGOGNE. — PORTRAIT DE CETTE PRINCESSE. — MALADIE DU DUC DE BOURGOGNE. — SA MORT. — SON PORTRAIT. — SON CARACTÈRE. — FRANCHISE DE GAMACHE. — MALADIE ET MORT DU DUC DE BRETAGNE, TROISIÈME DAUPHIN. — MALADIE ET MORT DU DUC DE BERRY. — FIN DU DUC DE VENDÔME. — VICTOIRE DE DENAIN. — PAIX D'UTRECHT.

Il y a, dans les malheurs extrêmes, un point où la constance lasse enfin la fortune contraire : Louis XIV en était arrivé à ce point-là. C'était Vendôme qui devait donner le signal du retour à la prospérité politique. À peine paraît-il en Espagne, tout brillant encore de la réputation qu'il s'était faite en Italie et que la Flandre n'a pu lui faire perdre, que les Espagnols reprennent courage et se rallient à lui. Tout manquait en son absence, argent, soldats, enthousiasme ; il paraît et on le reçoit avec des cris de joie. Chacun met à sa disposition tout ce qu'il possède, et, comme Bertrand Duguesclin autrefois avait fait sortir une armée de terre en frappant la terre du pied, le duc de Vendôme voit se renouveler le même miracle, se trouve à la tête des vieux soldats échappés à Saragosse, auxquels se réunissent dix mille recrues, poursuit à son tour les vainqueurs, qui sentent enfin que l'heure de la défaite est revenue pour eux, ramène le roi dans son palais de Madrid, chasse l'ennemi devant lui, le repousse vers le Portugal, le suit pas à pas, passe le Tage à la nage comme il ferait d'un simple ruisseau, enlève le général Stanhope avec cinq mille Anglais, atteint Staremberg, et remporte sur lui la victoire de Villaviciosa, victoire si glorieuse, si complète, si décisive, qu'elle releva tout ce qui était abattu, rétablit tout ce qui était désespéré et raffermit à tout jamais sur la tête de Philippe V la double couronne des Indes et de l'Espagne.

Il avait fallu quatre mois pour faire cette campagne, qui n'a son égale que dans les marches fabuleuses de Napoléon.

Tout à coup on apprit en France la disgrâce de la duchesse et du duc de Marlborough. C'était une grande et incroyable nouvelle, car la duchesse de Marlborough gouvernait la reine Anne, et le duc gouvernait l'État : par Godolphin, beau-père d'une de ses filles, il tenait les finances ; par le secrétaire Sunderland, son gendre, il tenait le cabinet ; toute la maison de la reine était aux ordres de sa femme ; toute l'armée, dont il donnait les emplois, était aux siens. À la Haye, il avait plus de crédit que le grand pensionnaire, en Allemagne, il balançait le pouvoir de l'empereur, qui avait besoin de lui. Partage fait entre ses quatre enfants, il lui restait encore, sans les grâces et les faveurs de la cour, un million cinq cent mille livres de rente.

Eh bien, toute cette fortune était tombée, toute cette haute position était perdue ; tout cet édifice, lentement et laborieusement construit, s'était écroulé, parce que lady Marlborough, par une méprise affectée et en présence de la reine, avait laissé tomber une jatte d'eau sur la robe de milady Masham, dont le crédit commençait à balancer le sien.

Cette maladresse calculée amena une querelle entre lady Marlborough et la reine. La duchesse se retira dans ses terres, on ôta d'abord le ministère à Sunderland, puis les finances à Godolphin, puis enfin le généralat à Marlborough.

Un nouveau ministère fut nommé.

Quelques jours après cette nomination, c'est-à-dire vers la fin de janvier 1711, un prêtre inconnu, nommé l'abbé Gauthier, qui autrefois avait été l'aide de l'aumônier du maréchal de Tallard dans son ambassade auprès du roi Guillaume, et qui, depuis ce temps, était demeuré à Londres, arriva à Versailles, et, se rendant chez le marquis de Torcy, qu'après quelques difficultés il parvint enfin à voir, il lui dit :

— Voulez-vous faire la paix, monsieur ? Je viens vous apporter les moyens de la traiter.

Le marquis de Torcy prit d'abord cet homme pour un fou. Mais alors celui-ci raconta au ministre cette révolution inattendue qui s'était accomplie en quelques heures ; aussitôt le marquis de Torcy comprit que, non par sympathie pour la France, mais par haine contre Marlborough, le nouveau ministère ne s'opposerait effectivement pas à la paix.

En même temps, on apprit une autre nouvelle non moins inattendue et non moins heureuse : l'empereur Joseph venait de mourir, laissant la couronne d'Autriche, l'empire d'Allemagne et ses prétentions sur l'Espagne et sur l'Amérique à son fils Charles, qui fut élu empereur quelques mois après.

La ligue contre Louis XIV s'était faite pour qu'il ne possédât pas tout à la fois la France, l'Espagne, l'Amérique, la Lombardie, le royaume de Naples et la Sicile. On comprit que ce serait une imprudence non moins fatale que de faire l'empereur d'Allemagne aussi grand qu'on avait craint un instant que le roi de France ne le devînt.

Mais alors, pour contre-poids à ces deux nouvelles, qui laissaient quelques espérances, Dieu permit qu'une autre série de malheurs s'abattit autour de Louis XIV. Le dauphin, son fils unique, meurt le 14 avril 1711 ; madame la duchesse de Bourgogne meurt le 12 février 1712 ; le duc de Bourgogne, devenu dauphin, meurt le 18 du même mois et dans la même année ; enfin, trois semaines après, le duc de Bretagne, l'aîné de leurs fils, meurt au tombeau, et il ne reste plus, de cette vieille lignée et de cette triple génération, que le duc d'Anjou, faible enfant dont on était si loin de prévoir la fortune à venir, que Dangeau oublie d'inscrire sur son journal le jour de la naissance de celui qui sera, cinq ans plus tard, le roi Louis XV.

Disons quelques mots de toutes ces morts qui furent si rapprochées, et qui produisirent un effet si terrible, qu'on ne les voulut point croire naturelles.

Commençons par Monseigneur, qui était à cette époque âgé de cinquante ans.

Le lendemain des fêtes de Pâques de l'an 1711, Monseigneur, allant à Meudon, rencontra à Chaville un prêtre qui portait le viatique à un malade ; il fit aussitôt arrêter sa voiture, descendit, se mit à genoux avec madame la duchesse de Bourgogne, et, le prêtre étant passé, demanda de quelle maladie était atteint le moribond. On lui répondit que c'était de la petite vérole.

M. le dauphin n'avait eu la petite vérole que tout enfant, fort légère et volante seulement. C'était sa terreur continuelle ; aussi la réponse lui fit-elle impression, et qui, quoiqu'ils soupçonnassent la gravité de la maladie, lui rendirent même, en causant avec son premier médecin, Boudin, il lui dit qu'il ne serait nullement étonné d'avoir, avant quelques jours, la petite vérole.

Le lendemain, jeudi 11 avril, Monseigneur se leva à son heure habituelle ; il devait courre le loup dans la matinée ; mais, en s'habillant, il se trouva faible et tomba sur une chaise. Son médecin le força aussitôt à se coucher, et ce fut-il au lit, que la fièvre se déclara. Une heure après, le roi fut averti, mais il crut à une simple indisposition.

Il n'en fut pas ainsi de M. le duc et de madame la duchesse de Bourgogne, qui étaient chez Monseigneur, et qui, quoiqu'ils soupçonnassent la gravité de la maladie, lui rendirent, sans permettre que personne les assistât dans ces pieuses fonctions, tous les soins dont le malade avait besoin. Tous deux ne quittèrent Monseigneur que pour le souper du roi, qui, seulement par eux, connut la situation véritable de son fils.

Le lendemain matin, 12, Louis XIV envoya un messager à Meudon et apprit à son réveil que Monseigneur était en grand péril ; il déclara aussitôt qu'il partait pour visiter son fils et resterait auprès de lui, quelle que fût la maladie, tout le temps que la maladie durerait.

En même temps, il défendit de le suivre à tous ceux qui n'auraient pas eu la petite vérole, et particulièrement à ses enfants.

La maladie se déclara, on crut sauvé ; le roi continua de présider son conseil et de travailler avec ses ministres comme à l'ordinaire, voyant Monseigneur le matin, le soir, quelquefois même dans l'après-dînée, et toujours dans la ruelle de son lit.

Le mieux se continuait, et les dames de la halle, si fidèles amies de Monseigneur, revinrent lui faire leurs compliments. Le prince, reconnaissant de cette affection, les voulut voir, les fit entrer dans sa chambre, ce qui exalta si fort leur enthousiasme, qu'elles se jetèrent sur son lit pour lui baiser les pieds à travers la couverture. Puis elles se retirèrent en disant qu'elles allaient faire chanter un Te Deum, pour réjouir tout Paris de cette convalescence.

Cependant, le 14 avril, Monseigneur se trouva plus mal ; son visage enfla extraordinairement, la fièvre le reprit plus fort, et un peu de délire accompagna sa fièvre. Madame de Conti se présenta à lui ; le prince ne la reconnut point.

Vers quatre heures de l'après-midi, l'état du malade avait tellement empiré, que Boudin proposa à Fagon d'envoyer chercher à Paris quelques médecins des hôpitaux, qui, ayant plus l'habitude d'étudier le fléau qu'eux autres, médecins de la cour, pussent leur donner d'utiles conseils. Mais Fagon refusa positivement et défendit même qu'on prévînt le roi de cette rechute, de peur que la nouvelle n'empêchât Sa Majesté de souper.

En effet, pendant que le roi était à table, l'état de l'auguste malade empirait de plus en plus, et la tête commençait à tourner à tous ceux qui l'entouraient. Fagon lui-même, effrayé de la responsabilité qu'il avait prise, se mit à entasser remède sur remède, sans en attendre l'effet. Le curé de Meudon, qui tous les soirs allait prendre des nouvelles de Monseigneur, se présenta comme d'habitude, trouva toutes les portes ouvertes, les valets éperdus, entra dans la chambre, et, courant au malade, lui prit la main et lui parla de Dieu. Le prince était plein de connaissance, mais hors d'état de parler. Le prêtre lui tira quelque chose qui ressemblait à une confession, lui donna les prières que le pauvre prince répéta confusément en se frappant la poitrine et en serrant des mains la main du curé.

Cependant Louis XIV sortait de table lorsque Fagon se présenta à lui tout éperdu en s'écriant :

— Sire, il n'y a plus aucun espoir, et Monseigneur va mourir.

Le roi pensa tomber à la renverse à cette nouvelle. Il prit à l'instant même le chemin de l'appartement de son fils ; mais, à la porte de la chambre, il trouva madame de Conti qui le repoussa des mains, lui disant qu'il ne devait plus maintenant penser qu'à lui-même. Le roi, écrasé d'un coup aussi inattendu, tomba en faiblesse sur un canapé qui se trouvait à cette porte, demandant, tout faible qu'il était, des nouvelles de Monseigneur à chaque personne qui sortait de la chambre.

Madame de Maintenon accourut à son tour, s'assit sur le même canapé, tâchant de pleurer et essayant d'emmener le roi ; mais il déclara qu'il ne quitterait la place que quand Monseigneur serait mort.

L'agonie dura une heure. Pendant toute cette heure, Louis XIV demeura près de cette porte. Enfin Fagon sortit de la chambre et annonça que tout était fini.

Le roi se retira aussitôt, entraîné par madame de Maintenon, par la duchesse de Bourgogne et par la princesse de Conti. Dès que le roi fut parti de Meudon, tout ce qu'il y avait au château de gens de la cour le suivit et s'entassa dans les carrosses qui se trouvaient à la porte, sans s'inquiéter à qui ces carrosses appartenaient. En un instant Meudon se trouva vide.

Le dauphin, fils de Louis XIV, était plutôt grand que petit, fort gras, et cependant, malgré cela, d'aspect noble et digne, sans rien de rude ni de hautain. Il était d'un fort beau blond, avait le visage rougi par le hâle, mais sans aucune physionomie. Cependant il eût été beau si M. le prince de Conti ne lui eût cassé le nez en jouant avec lui dans son enfance. Il avait les plus belles jambes du monde et les pieds si petits, qu'ils paraissaient disproportionnés avec sa taille ; aussi semblait-il toujours tâtonner en marchant, comme quelqu'un qui a peur de tomber, et, pour peu que le chemin ne fût pas parfaitement uni, appelait-il la personne qui se trouvait la plus proche de lui pour l'aider à monter ou à descendre. Il était fort bien à cheval, y avait grande mine, mais il y manquait de hardiesse ; un piqueur courait devant lui à la chasse, et, quand il perdait de vue ce piqueur, il arrêtait à l'instant son petit galop, cherchait lentement la chasse, et, s'il ne la trouvait pas, s'en revenait tout seul. Depuis l'indigestion dont il avait manqué de mourir, il ne faisait plus qu'un repas par jour.

Quant à son caractère, il était nul ; ce qu'il avait de bon sens n'était soutenu par aucun esprit ; sa hauteur, sa dignité ne venait pas de son âme, mais il l'avait reçue naturellement de sa naissance ou l'avait acquise par imitation du roi. Opiniâtre sans mesure, sa vie n'était qu'un tissu de petitesses arrangées avec tout le soin qu'un autre eût pu mettre à combiner de grandes choses. Doux par paresse, mais non par bonté, il eût été dur si la violence n'eût pas éveillé chez lui une émotion qui lui était désagréable. D'une familiarité prodigieuse avec ses subalternes et ses valets, il s'occupait avec eux des derniers détails et leur faisait les questions les plus singulières. D'ailleurs, complètement insensible à la misère et à la douleur d'autrui, silencieux jusqu'à l'incroyable, il ne parla pas une seule fois en sa vie des affaires d'État à mademoiselle Choin, sa maîtresse, qui, d'ailleurs, bonne et simple fille, mais dénuée de toute intelligence, n'y eût rien compris. Il l'avait épousée secrètement comme le roi avait épousé madame de Maintenon. Un jour, en partant pour l'armée, il lui laissa un papier qu'il lui invitait à lire. C'était un testament par lequel il lui assurait cent mille livres de rente. Mademoiselle Choin déplia le testament, le lut et le déchira.

— Tant que vous vivrez, monseigneur, dit-elle, je n'ai besoin de rien ; si j'avais le malheur de vous perdre, mille écus de rente me suffiraient pour vivre dans un couvent, et j'ai justement mille écus de rente qui me viennent de ma famille.

Au reste, à la mort de Monseigneur, mademoiselle Choin tint parole. Elle n'avait jamais reçu de son auguste amant plus de seize cents louis par an, qu'il lui donnait par quartier, en or et de la main à la main, sans jamais y ajouter un écu...

Monseigneur mort, M. le duc de Bourgogne reçut immédiatement l'ordre de prendre le titre de dauphin.

Le vendredi 5 février 1712, M. le duc de Noailles fit cadeau à madame la dauphine d'une boîte pleine de tabac d'Espagne qu'elle trouva excellent ; c'était vers onze heures à peu près que le duc avait fait ce cadeau à la princesse. La duchesse posa cette boîte sur une table dans son cabinet, où personne n'avait l'habitude d'entrer, et s'en alla chez le roi. Une partie de la journée se passa sans qu'elle fût incommodée en rien ; vers cinq heures du soir, elle rentra chez elle, prit une prise ou deux du même tabac, et, deux heures après, sentit des frissons, précurseurs de la fièvre. Elle se mit au lit avec l'intention de se relever pour assister au souper du roi ; mais elle se trouva bientôt si mal, qu'elle n'en eut plus la force ni le courage. Cependant, le lendemain 6, la dauphine, qui avait eu la fièvre toute la nuit, fit un effort et se leva ; quoique souffrante et alourdie, elle passa la journée comme à son ordinaire ; mais, reprise le soir par un accès des plus violents, elle eut une fort mauvaise nuit. Le dimanche 7, vers six heures du soir, elle fut saisie tout à coup par une douleur vive et aiguë au-dessus de la tempe ; cette douleur était si cruelle, qu'elle fit prier le roi, qui venait pour la voir, de ne pas entrer. Bientôt cette douleur se changea en rage et dura sans relâche jusqu'au lundi 8, résistant à tout, même à l'opium et à la saignée.

Un accident si inattendu, un état si violent mirent toute la cour en rumeur. C'était l'époque des morts subites, et il était d'habitude de chercher à ces morts d'autres causes que celles qui viennent de la nature. En se mettant au lit le vendredi 5, madame la duchesse de Bourgogne avait donné l'ordre qu'on lui apportât sa boîte, en indiquant qu'on la trouverait sur la table de son cabinet. Madame de Lévis, une de ses dames, s'était empressée de s'acquitter de la commission, mais était revenue aussitôt en disant qu'elle n'avait vu aucune boîte. Les recherches les plus exactes furent faites à partir de ce moment ; mais la boîte ne se retrouva pas. On n'osa point trop parler de cette circonstance, madame de Bourgogne prenant du tabac à l'insu du roi.

Pendant la nuit du lundi au mardi 9 février, la princesse tomba dans une espèce d'engourdissement dont, malgré la fièvre qui la brûlait, elle ne sortait que par courts réveils et avec la tête affreusement engagée. Quelques marques sur la peau firent espérer que ce serait la rougeole ; mais déjà, dans la nuit du mardi au mercredi 10, cette espérance était évanouie. Le jeudi 11 février, la princesse se trouva si mal, qu'on se décida à lui parler des sacrements. L'avis l'effraya : elle ne se croyait pas dans un état si extrême ; cependant elle répondit qu'elle allait se disposer. Elle demanda aussitôt M. Bailly, prêtre de la mission de Versailles ; mais il était absent. Le temps pressait ; la malade ne voulait pas se confesser au père de la Rue, son confesseur ordinaire ; on envoya chercher un récollet, le père Noël, qui accourut en toute hâte. Cette répugnance de se confesser au père de la Rue étonna fort tout le monde, et fit faire de singulières réflexions sur ce que la princesse avait à dire à ses derniers moments. On avait emmené le dauphin de force, car, déjà malade luimême de fatigue, on voulait lui épargner la vue de ce qui allait se passer.

La confession fut longue, et, après l'extrême-onction que le prêtre administra incontinent, on annonça le saint viatique, que le roi alla recevoir jusqu'au pied du grand escalier. Après avoir communié, la dauphine demanda qu'on lui dît les prières des agonisants ; mais on lui répondit qu'elle n'en était point encore là, et on l'invita à essayer de se rendormir.

Pendant ce temps, une consultation avait lieu entre ses médecins. Tous opinèrent pour une saignée du pied avant le redoublement de la fièvre, et pour l'émétique vers la fin de la nuit si la saignée ne produisait pas l'effet qu'on en attendait. La saignée fut exécutée à sept heures du soir et n'empêcha pas le redoublement de la fièvre. On administra donc l'émétique ; mais l'émétique ne fit pas plus d'effet que la saignée.

La journée se passa en symptômes plus fâcheux les uns que les autres, et, vers la soir, comme cela était arrivé pour Monseigneur, tout le monde perdit la tête. Avec grand'peine, on décida le roi à sortir de la chambre, et il n'était pas encore dans la cour que madame la Duchesse avait rendu le dernier soupir. Le roi était monté en carrosse au pied du grand escalier, avec madame de Maintenon, et s'en était revenu à Marly, tous deux dans une si profonde douleur, qu'ils n'avaient pas osé entrer chez le dauphin.

Madame la duchesse de Bourgogne était plutôt laide que jolie ; elle avait le front trop avancé, les joues pendantes, le nez sans caractère, de grosses lèvres, peu de dents et toutes gâtées, la bouche un peu trop long, avec un commencement de goitre, mais un teint admirable, une belle peau, les plus beaux yeux du monde, les cheveux et les sourcils bruns et bien plantés, un port de tête galant et majestueux à la fois, le regard charmant, le sourire expressif, la taille longue et parfaitement coupée ; enfin une de ces démarches auxquelles Virgile reconnaissait les déesses. Avec cela, elle se montrait pleine de grâce, simple et naturelle toujours, naïve quelquefois, et en toute occasion pétillante d'esprit.

On présuma que le changement de confesseur, au moment de la mort de la dauphine, avait eu pour motif les relations que nous avons indiquées avec Nangis et Maulevrier, et que la princesse hésitait à confier de pareilles choses au père de la Rue, qui était aussi le confesseur de son mari.

Madame la duchesse de Bourgogne fut donc vivement regrettée de toute la cour, et surtout du pauvre dauphin.

Toute l'agonie de la dauphine s'était passée au-dessus de la chambre de son mari ; mais, comme au bruit de l'agonie devait en succéder un autre plus lugubre encore, on se décida à quitter son appartement. Le 13 février, à sept heures du matin, il se jeta dans une chaise qui le porta jusqu'à son carrosse ; il se fit conduire à Marly, où il entra dans son appartement, non point par la porte, mais par une fenêtre, tant il était fatigué et craignait de faire le moindre détour.

Un instant après son arrivée, le roi, prévenu, vint le visiter, et, en regardant le dauphin, qu'il n'avait pas aperçu depuis deux jours, il fut effrayé de le voir avec quelque chose de contraint, de fixe et de farouche dans le regard. Il avait le visage tout marbré de taches plutôt livides que rougeâtres. Le roi fit aussitôt appeler les médecins, qui lui tâtèrent le pouls, et, l'ayant trouvé mauvais, lui dirent qu'il serait à propos qu'il se mît au lit.

Le lendemain dimanche 14, l'inquiétude augmenta sur le dauphin ; lui-même, tout au contraire de la duchesse, ne se dissimulant pas son état, en parla à Boudin comme d'un mal dont il ne croyait pas se relever. Les jours suivants, le mal augmenta sans cesse, jusqu'à ce que, le mercredi 17, les douleurs devinssent si violentes, que le malade déclara qu'il lui semblait que ses entrailles brûlaient. Aussi, le soir, vers onze heures, le dauphin envoya-t-il demander au roi la permission de communier le lendemain. Le roi l'accorda, et, le jeudi 18 février, à sept heures et demie du matin, il communia ; une heure après, il était mort. Ce prince n'avait pas trente ans.

M. le duc de Bourgogne était plutôt petit que grand ; il avait le visage long et brun, le front bien fait, avec de beaux yeux aux regards vifs, tantôt doux, tantôt perçants ; mais là s'arrêtait la libéralité de la nature. Le bas du visage était pointu et allongé comme celui des bossus : il avait le nez long outre mesure, les lèvres et la bouche agréables quand il ne parlait point ; mais, lorsqu'il y parlait, comme le râtelier supérieur s'avançait et emboîtait celui de dessous, sa figure devenait tout à fait disgracieuse. On s'aperçut de bonne heure que la taille lui tournait ; on employa tous les moyens connus pour arrêter cette déviation, mais la nature l'emporta, et il devint si particulièrement bossu d'une épaule, qu'il cessa d'être d'aplomb, pencha d'un côté et devint boiteux. Cependant il n'en marchait pas moins souvent, moins volontiers ni moins vite, et, comme il aimait beaucoup à monter à cheval, il continua de se livrer à cet exercice, quoiqu'il y fût on ne peut plus ridicule. Au reste, humble et patient sur toutes choses, le duc de Bourgogne ne pouvait souffrir aucune allusion, soit volontaire, soit involontaire, à son infirmité.

Ce jeune prince, héritier probable d'abord, puis héritier présomptif de la couronne, était né avec un caractère qui fit trembler tous ceux qui l'entouraient. Dur et colère, se laissant emporter à la plus grande violence, même contre les choses inanimées, impétueux avec fureur, incapable de souffrir la moindre résistance, opiniâtre à l'excès, effrayant dans ses accès d'impatience au point de faire craindre que sa colère ne tournât contre lui-même, passionné pour toutes les voluptés ; aimant le vin, la table, la chasse avec fureur, la musique avec un enivrement qui le plongeait dans l'extase, le jeu avec un amour-propre qui ne lui permettait pas d'avouer qu'il eût été vaincu même aux chances du hasard ; souvent farouche, naturellement cruel, barbare en raillerie, impitoyable à reproduire les ridicules des autres avec une justesse qui les assommait ; regardant, du haut de l'Olympe paternel, les hommes comme des êtres avec lesquels il n'avait aucune ressemblance : à peine ses deux frères, élevés dans une égalité parfaite, lui semblaient-ils des intermédiaires entre lui et le genre humain ; plein d'esprit, d'une pénétration profonde jusque dans ses emportements, ses réponses étonnaient ; enfin l'étendue et la vivacité de son tempérament étaient telles, qu'elles l'empêchaient de s'appliquer à une seule chose, et qu'il fallut toujours lui en enseigner plusieurs à la fois pour qu'il les apprît bien.

Le duc de Beauvilliers, gouverneur du prince, sentit des le jour où l'enfant quitta les femmes pour passer entre ses mains, à quelle tâche il devait se préparer. Secondé de Fénelon, de Fleury et de Moreau, son premier valet de chambre, homme fort au-dessus de son état, il se mit à attaquer les uns après les autres tous ces défauts, à les combattre avec persévérance et à les vaincre successivement. Aidé de Dieu, qui fit, dit Saint-Simon, un ouvrage de sa droite, il accomplit victorieusement cette rude mission, et, à vingt ans, le duc de Bourgogne était sorti de l'abîme de sa jeunesse, doux, affable, humain, modéré, patient, humble et austère pour lui, miséricordieux et compatissant pour les autres.

Le prince avait auprès de lui un de ses menins, nommé Gamache, qui lui disait tout, l'ayant mis sur le pied de tout entendre. Lors de la campagne que le duc de Bourgogne, on se le rappelle, fit en Flandre, le prince était accompagné du chevalier de Saint-George, qui servait comme volontaire dans l'armée ; mais, au lieu de lui témoigner le respect dû à un roi détrôné, car, à cette époque, le chevalier de Saint-George était Jacques III, le duc de Bourgogne le traitait avec une légèreté offensante, qu'un jour Gamache, s'approchant du prince :

— Monseigneur, lui dit-il, votre procédé avec le chevalier de Saint-George est apparemment un gageure : si cela est, vous l'avez gagnée depuis longtemps ; ainsi donc, je vous le conseille, traitez-le mieux désormais.

Le duc de Bourgogne se le tint pour dit, et, à partir de ce moment, ses manières furent tout autres à l'égard de l'illustre exilé.

Une autre fois, ennuyé des puérilités auxquelles se livrait le prince pendant un conseil de guerre :

— Monseigneur, lui dit Gamache, vous avez beau faire des enfantillages, avec tout le talent et l'esprit dont vous êtes capable, votre fils le duc de Bretagne, sera toujours votre maître sur ce chapitre-là.

Enfin, un autre jour que le duc de Bourgogne restait trop longtemps à l'église, comme l'armée française et l'armée ennemie étaient déjà en bataille, Gamache prit le prince par le bras et lui dit :

— Je ne sais monseigneur, si vous aurez jamais le royaume du ciel ; mais, quant au royaume de la terre, je dois vous déclarer que le prince Eugène et M. de Marlborough s'y prennent mieux que vous pour l'obtenir.

M. de Bourgogne laissa des maximes étranges pour un homme de son âge et pour un prince de son temps. En voici quelques-unes que l'on trouva écrites de sa main :

« Les rois sont faits pour les sujets, et non les sujets pour les rois ; ils doivent punir avec justice, parce qu'ils sont les gardiens des lois ; donner des récompenses parce que ce sont des dettes, mais jamais de présents, parce que, n'ayant rien à eux, ils ne peuvent donner qu'aux dépens des peuples. »

Un jour, il eut envie d'un meuble ; mais, le trouvant trop cher, il se le refusa. Un courtisan essaya de le faire passer par-dessus cette retenue.

— Monsieur, lui dit le duc, les peuples ne peuvent être assurés du nécessaire que lorsque les princes s'interdisent le superflu.

Le duc de Bourgogne mort, le titre de dauphin échut à l'aîné de ses fils, M. le duc de Bretagne ; mais le titre portait malheur. Le dimanche 6 mars, les deux enfants de France, le nouveau dauphin et son frère le duc d'Anjou tombèrent malades. Le roi, qui sentait la main de Dieu s'appesantir sur sa maison, ordonna aussitôt qu'ils fussent baptisés tous deux, et tous deux nommés Louis. L'aîné avait cinq ans et le plus jeune deux ans à peine. Le 8 mars, le duc de Bretagne mourut, et l'on vit le même char funèbre conduire à Saint-Denis le père, la mère et l'enfant.

Le petit duc d'Anjou, qui fut depuis Louis XV, restait encore. La duchesse de Ventadour s'en empara, et, aidée des femmes, prenant tout sous sa responsabilité, méprisant les menaces, elle le défendit contre les médecins et ne le laissa ni saigner, ni traiter par aucun remède ; bien plus, comme des bruits sinistres avaient couru à la mort du duc et de la duchesse de Bourgogne, madame de Ventadour envoya demander à madame la comtesse de Verrue un contre-poison qu'elle tenait du duc de Savoie, et qui l'avait sauvée elle-même dans un cas désespéré. Ce fut à ce contre-poison, qu'elle fit prendre au jeune prince, qu'on attribua la miraculeuse conservation de celui-ci.

En apprenant la mort du duc de Bretagne, le roi se retourna vers M. le duc de Berry, et, l'embrassant tendrement :

— Hélas ! mon fils, lui dit-il, je n'ai plus maintenant que vous.

Ce dernier appui sur lequel comptait Louis XIV devait encore lui échapper.

Le 4 mai 1614, à quatre heures du matin, après quatre jours d'une maladie dans laquelle les médecins retrouvèrent à peu près les mêmes symptômes que dans celles du duc et de la duchesse de Bourgogne, le duc de Berry mourut à son tour dans sa vingt-huitième année. C'était le plus beau, le plus aimable et le plus accueillant des trois fils de Monseigneur ; et, comme il était d'un naturel ouvert, libre et gai, on ne parlait dans sa jeunesse que de ses reparties à madame et à M. de la Rochefoucauld, qui se faisaient un jeu de l'attaquer tous les jours. Mais cet esprit naturel ne l'aida en rien dans son éducation, car ce prince ne sut jamais que lire et écrire. Plus tard, il sentit cette ignorance, et elle le rendit d'une timidité si outrée, qu'il en était arrivé à n'oser ouvrir la bouche devant les personnes qui n'étaient pas de son intimité, de peur de dire quelque sottise. Il avait épousé l'aînée des filles de M. le duc d'Orléans, à laquelle nous verrons jouer, dans sa Régence, un rôle aussi original qu'important.

Avant cette dernière mort, on en avait eu à déplorer une qui n'avait pas produit moins d'effet que si c'eût été celle d'un fils de France.

Le 11 juin 1712, après avoir obtenu du roi d'Espagne un ordre pour qu'il fût traité d'Altesse, le duc de Vendôme mourut dans un petit bourg de Catalogne, situé au bord de la mer et où il était venu pour manger du poisson tout à son aise. Après un mois de séjour, il se trouva tout à coup fort incommodé ; son chirurgien crut que cette indisposition venait des excès de table qu'il avait faits et lui ordonna une diète sévère. Mais le mal augmenta si promptement et avec des accidents si singuliers, qu'à cette époque où le poison était à la mode, on ne douta point que le duc de Vendôme ne fût empoisonné. On envoya de tous côtés chercher du secours ; mais le mal ne voulait point attendre et redoubla si précipitamment, que le duc ne put signer un testament qu'on lui présentait. Alors, tout ce qui l'entourait s'enfuit et l'abandonna, de sorte qu'il demeura entre les mains de trois ou quatre valets du plus bas étage et qu'il passa les derniers moments de sa vie sans prêtre et sans autre secours que celui de son chirurgien. Puis les trois ou quatre valets qui étaient restés près de lui se saisirent de tout ce qu'ils trouvèrent dans ses armoires, et, lorsqu'il n'y eut plus rien à prendre, ils lui retirèrent sa couverture et ses matelas, sans écouter la prière qu'il leur adressait, de ne pas le laisser mourir tout nu sur une paillasse.

Le duc de Vendôme avait cinquante-huit ans.

Au milieu de tant de malheurs, Dieu devait sans doute une compensation au roi et à la France. Le 25 juillet, on apprit à Versailles la victoire de Denain. Cette victoire amena la paix d'Utrecht.

Voici ce que chacun gagnait à cette paix, qui fut signée en 1713, sur la promesse formelle que Philippe V renouvellerait sa renonciation à la couronne de France, et que Louis XIV renoncerait pour son arrière-petit-fils, le duc d'Anjou, actuellement dauphin, à la couronne d'Espagne.

On donnait au duc de Savoie, qui prenait enfin le titre de roi, si longtemps ambitionné par sa famille : dans la Méditerranée, la Sicile, lambeau arraché à la maison de Bourbon ; et, sur le continent, Fenestrelles, Exiles et la vallée de Pragelas. On lui restituait, en outre, le comté de Nice et tout ce qui lui avait été enlevé pendant la guerre. Il était, de plus, déclaré héritier de la couronne d'Espagne en cas d'extinction de la descendance de Philippe V.

On donnait à la Hollande la barrière qu'elle avait si souvent désirée contre les envahissements du roi, c'est-à-dire que la maison d'Autriche avait la souveraineté des Pays-Bas espagnols, dans lesquels les troupes hollandaises conservaient leurs garnisons. En outre, la Hollande obtenait les mêmes avantages commerciaux que l'Angleterre dans les colonies espagnoles. Il était expressément entendu que dans aucun cas la France ne pourrait être traitée en nation privilégiée dans les États du roi Philippe V, et que le commerce des Provinces-Unies serait sur le pied d'égalité avec le commerce de la France.

On offrait à l'empereur la souveraineté des huit provinces et demie de la Flandre espagnole, en lui assurant le royaume de Naples et la Sardaigne, avec tout ce qu'il possédait en Lombardie, et quatre ports sur les côtes de Toscane. L'offre était inférieure aux prétentions impériales, et la guerre continua avec l'Empire.

L'Angleterre obtenait que l'on démolît et comblât le port de Dunkerque, objet de sa longue jalousie. Elle restait en possession de Gibraltar et de Minorque, dont elle s'était emparée pendant la guerre. La France lui abandonnait, en Amérique, la baie d'Hudson, l'île de Terre-Neuve et l'Acadie ; enfin Louis XIV, à sa considération, consentait à mettre en liberté tous les huguenots qui étaient retenus en prison.

L'électeur de Brandebourg obtint le titre de roi de Prusse, avec la cession de la haute Gueldre, de la principauté de Neuchâtel et de quelques autres possessions.

Le Portugal eut seulement quelques avantages sur les bords de la rivière des Amazones.

Quant à la France, on lui rendait Lille, Orchies, Aire, Saint-Venant, Béthune ; et le roi de Prusse lui cédait la principauté d'Orange et les deux seigneuries de Châlon et de Châtel-Belin en Bourgogne.

Pour remplacer la perte des fortifications et du port de Dunkerque, le roi fit, quelque temps après, élargir le canal de Mardick. Le comte de Stairs, alors ambassadeur à Paris, vint aussitôt trouver Louis XIV à Versailles pour lui faire quelques observations.

— Monsieur, dit le roi de France, j'ai toujours été le maître chez moi, et, quelquefois chez les autres, ne m'en faites pas souvenir.

L'ambassadeur lui-même racontait cette anecdote peu après la mort du roi et ajoutait :

— J'avoue que la vieille machine m'a encore paru très respectable.

Ce fut le maréchal de Villars et le prince Eugène, ces deux adversaires, qui eurent la gloire de régler à Rastadt les intérêts de leurs deux souverains. Le premier mot du prince Eugène fut un compliment pour M. de Villars, qu'il appela son illustre ennemi.

— Monsieur, répondit le maréchal, nous ne sommes point ennemis : vos ennemis sont à Vienne et les miens à Versailles.

Les conférences furent longues et orageuses. On montre encore, sur la porte du cabinet où elles se tenaient, les traces d'un encrier que le maréchal de Villars y brisa dans un moment d'impatience. Le résultat du traité fut que Louis XIV garda Strasbourg et Landau, qu'il avait offert de céder auparavant, Huningue, qu'il avait proposé lui-même de raser, la souveraineté de l'Alsace, qui déjà deux fois avait failli échapper de ses mains, enfin le rétablissement dans leurs États des électeurs de Bavière et de Cologne.

L'empereur obtint les royaumes de Naples et la Sardaigne avec le duché de Milan.

Louis XIV jeta un dernier regard sur l'Europe ; il vit l'Europe tranquille ; alors, il regarda au-devant de lui, compta soixante et seize ans d'existence, soixante et onze ans de règne, et voyant que, comme roi, il avait dépassé les limites de toute royauté, que, comme homme, il touchait aux limites de la vie, il ne songea plus qu'à mourir.

LII

VIEILLESSE DE LOUIS XIV. — SA TRISTESSE. — DIVISION DE LA COUR EN DEUX PARTIS. — CALOMNIE CONTRE LE DUC D'ORLÉANS. — CAUSES ET CONSÉQUENCES DE CETTE CALOMNIE. — CONDUITE DU ROI DANS CETTE CIRCONSTANCE. — SA PRÉDILECTION POUR LES PRINCES LÉGITIMÉS. — PROTESTATIONS. — LE DUC DU MAINE EST COMBLÉ DE FAVEURS. — TESTAMENT ARRACHÉ A LOUIS XIV. — L'AMBASSADEUR APOCRYPHE. — UNE ÉCLIPSE. — DERNIÈRE REVUE DE LA MAISON DU ROI. — MALADIE DE LOUIS XIV. — CONFÉRENCE DU ROI AVEC LE DUC D'ORLÉANS. — RECOMMANDATIONS SUPRÊMES DE LOUIS XIV. — SES DERNIERS MOMENTS. — SA FIN.

En effet, Louis XIV était vieux ; il avait beau, de temps en temps, relever cette tête fière et hautaine pour laquelle la couronne avait été à la fois si glorieuse et si pesante, il sentait l'âge l'envahir. Triste et morose, devenu, à dire de madame de Maintenon, l'homme le plus *inamusable* de France, il avait rompu toutes ses étiquettes pour prendre les habitudes paresseuses du vieillard : il se levait tard, il recevait et mangeait au lit, et, une fois levé, demeurait des heures entières absorbé dans son grand fauteuil au coussin de velours. Vainement Maréchal lui répétait-il que le défaut d'exercice, en amenant cette absorption et cette somnolence, annonçait quelque crise prochaine ; vainement lui avait-il fait remarquer quelquefois les enflures violacées de ses jambes, le roi, tout en reconnaissant la vérité de ses observations, n'avait pas le courage de réagir contre cette faiblesse presque octogénaire, et tout l'exercice qu'il consentait à prendre était de se laisser promener dans ses magnifiques jardins de Versailles, devenus tristes comme leur roi, sur un petit char traîné à bras, où ses traits décomposés témoignaient des accès de souffrance que le roi, silencieux et, pour ainsi dire, trop fier pour les avouer, éprouvait dans la froide et muette dignité de ses derniers jours.

Ce fut alors qu'arriva la mort du duc de Berry, que nous avons racontée plus haut. Louis XIV supporta cette dernière douleur avec sa fermeté de roi ; le cœur du père avait tant saigné depuis trois ans, qu'il s'était endurci. Il jeta l'eau bénite sur le corps bleuâtre de son petit-fils, sans permettre qu'il fût ouvert, de peur qu'on ne rencontrât les traces de ce poison qui dévorait sa postérité. Puis, pour que la vue de ces crêpes, de ces costumes noirs, de ces tentures funéraires, n'attristât pas trop les derniers jours qu'il avait à vivre, il supprima le deuil de Versailles.

La cour était divisée en deux partis bien distincts : l'un était celui des princes du sang, que représentaient le duc d'Orléans, les Condés, les Contis, tous ces jeunes gens de noble, antique et légitime race, fiers de montrer sur les frontons de leurs palais, sur les panneaux de leurs carrosses, un blason pur de toute bâtardise ; les ducs et pairs faisaient cause commune avec eux, car les haines et les intérêts leur étaient communs. L'autre parti était celui des princes légitimés, et se composait du duc du Maine, du comte de Toulouse et des autres enfants naturels de Louis XIV ; ils avaient pour eux, balançant toute l'influence de la pairie, madame de Maintenon, qui ne perdait pas l'espérance d'être reconnue, à leur prière, reine de France et de Navarre. Le premier parti avait pour lui son droit ; le second, l'intrigue.

Le premier coup que porta le parti des bâtards à celui des princes fut l'accusation d'empoisonnement dont on essaya de souiller la réputation de M. le duc d'Orléans.

Le but principal de cette calomnie était d'enlever la régence au prince à qui elle revenait de droit et de la faire donner à M. le duc du Maine. Le père Le Tellier, qui connaissait la haine du duc d'Orléans pour ceux de son ordre, entra dans la cabale des bâtards ; et, tandis qu'on accusait tout haut le prince dans les rues, lui l'accusa sourdement au confessional, répétant sans cesse au roi que plus il mourrait de princes, plus le duc d'Orléans devenait insensiblement l'héritier présomptif de la couronne, lui montrant sans cesse son neveu travaillant avec le chimiste Humbert, non pas dans un but de plaisir ou de science, mais dans un but de criminelle ambition, et forçant son royal pénitent à prêter l'oreille aux clameurs des gens payés qui s'écriaient en voyant passer le prince :

— Voilà l'assassin ! voilà l'empoisonneur !

Le duc d'Orléans alla droit au roi ; il venait le prier ou de faire taire les calomniateurs ou de permettre qu'il se rendît à la Bastille pour qu'on lui fît son procès.

Mais le roi le reçut avec un sombre et mystérieux silence, et, comme le duc d'Orléans répétait sa proposition :

— Je ne veux pas d'éclat, dit le roi, et je vous défends d'en faire.

— Mais, si je me rends à la Bastille, demanda le duc, ne m'accorderez-vous pas la grâce de me faire juger ?

— Si vous allez à la Bastille, répondit le roi, je vous y laisserai.

— Mais, sire, insista le duc d'Orléans, faites au moins arrêter Humbert.

Le roi haussa les épaules et sortit sans répondre.

Le duc d'Orléans revint à Paris, et raconta à sa femme, à madame la Duchesse, sœur de sa femme, et aux autres princesses qui l'attendaient, la réception que le roi venait de lui faire. C'était un coup porté à toute la race légitime : aussi madame la Duchesse, quoique appartenant à celle des bâtards, fit-elle cette proposition, que toute la famille se rendît chez le roi pour lui demander justice.

Pendant ce temps, le chimiste Humbert se faisait écrouer à la Bastille.

En ce moment, M. de Pontchartrain, apprenant la démarche qui avait été tentée auprès du roi, fit prier M. le duc d'Orléans de ne rien risquer de pareil, promettant au prince qu'il allait trouver auprès de Sa Majesté et qu'il lui représenterait les maux que pourrait attirer sur l'État un procès de cette nature. Le duc d'Orléans accepta l'intermédiaire qui se proposait lui-même, et partit avec tous les princes et princesses pour attendre à Saint-Cloud le résultat de l'entrevue du roi et du chancelier.

Ce cortège presque royal accompagnant le futur régent de France, accusé de meurtre et d'empoisonnement, était si nombreux, si noble et si digne, que, cette fois, la populace le regarda passer sans oser jeter un seul cri de menace ou d'accusation.

M. de Pontchartrain tint parole au duc, et, à la suite d'une conversation dans laquelle le roi avait reconnu la pleine innocence de son neveu, qui était aussi son gendre, il revint avec l'ordre de rendre la liberté à Humbert.

Mais la défiance n'en était pas moins entrée dans le cœur du roi. Cette défiance rejaillit en faveur sur les princes légitimés. Déjà, en 1675, le roi avait donné au duc du Maine un comté du Vexin, les seuls qui existassent alors, de Bourbon, quoiqu'ils fussent nés pendant le mariage de madame de Montespan et du vivant de son mari, ce qui les rendait, étant nés aussi du vivant de la reine, doublement adultérins ; en 1680, des lettres patentes autorisèrent ces enfants à se succéder les uns aux autres, suivant l'ordre des successions légitimes ; en 1694, le roi accorda au duc du Maine et au comte de Toulouse le premier rang immédiatement après les princes du sang, et la préséance sur les souverainetés hors du royaume ; par un édit enregistré au parlement le 2 août 1714, les appela à la couronne les princes légitimés et leurs descendants, à défaut des princes du sang ; enfin, le 23 mai 1715, Louis XIV publia encore une déclaration qui, en confirmant leur habileté, rendait l'état des princes légitimés égal en tout à l'état des princes du sang.

Aussi Louis XIV, effrayé lui-même de l'énormité qu'il venait de commettre, dit-il le même jour à ses bâtards :

— Je viens de faire pour vous, non seulement ce que je pouvais, mais plus que je ne pouvais ; c'est à vous d'affermir ma décision par votre mérite.

Les courtisans se pressaient autour des deux frères et les félicitaient. Le comte de Toulouse, qui était un prince fort sensé et peu ambitieux, se contenta de répondre à ce déluge de compliments :

— Cela est fort beau, pourvu que cela dure et nous donne un ami de plus.

L'académicien Valaincourt, l'un de ces amis dont le comte de Toulouse voulait voir augmenter le nombre, fut le seul qui laissa percer ses craintes en complimentant le prince.

— Monseigneur, dit-il, voilà une couronne de roses que je crains bien de voir devenir une couronne d'épines quand les fleurs en seront tombées.

Deux hommes protestèrent contre cet édit du roi : d'Aguesseau, en proclamant hautement que l'édit était contraire à nos lois et à nos mœurs, et en disant que le parlement avait mis le comble à son déshonneur en l'enregistrant ; Pontchartrain, en faisant mieux encore : il était chancelier ; il déclara au roi qu'il n'avait pas le droit de disposer de la couronne, qui appartenait, par les constitutions du royaume, à ses descendants légitimes, et ajouta, en lui remettant les sceaux, qu'il pouvait sacrifier sa vie à son roi, mais non pas son honneur. Louis XIV insista pour que le chancelier reprît les sceaux ; mais, celui-ci ayant refusé avec opiniâtreté, ils furent donnés à Voisin, créature de madame de Maintenon, qui déjà, depuis six ans, avait remplacé Chamillart, tombé dans la disgrâce non pas du roi, mais de la favorite.

Maintenant, M. le duc du Maine jouissant, sous le nom du roi et sous l'influence de madame de Maintenon, de tous les pouvoirs de la royauté, n'avait plus qu'une chose à désirer, c'était que le roi fît un testament qui ôtât la régence à M. le duc d'Orléans et la lui donnât, à lui. Depuis longtemps, le chancelier Voisin était dans la confidence de ce désir, qui était aussi celui de sa protectrice ; mais c'était une chose difficile à prononcer devant un roi qui s'était si longtemps refusé à entendre le mot de testament. Aussi le chancelier Voisin, pressé par la favorite de faire cette ouverture au roi, et n'osant prononcer le mot cruel, se contenta-t-il de parler à Louis XIV de la nécessité de transmettre sa volonté. Mais, à ces mots, si mesurés qu'ils fussent, le roi tressaillit ; et, se tournant vers le chancelier :

— La naissance du duc d'Orléans, dit-il, l'appelle à la régence, et je ne veux pas que mon testament éprouve le sort de celui de mon père. Tant que nous sommes vivants, nous pouvons tout ce que nous voulons ; mais, après notre mort, nous sommes moins que des particuliers.

Alors commencèrent les persécutions qui attristèrent les dernières années de la vie de Louis XIV. Puis, quand on eut vu qu'insinuations du confesseur, conseils du chancelier, obsessions de la favorite, tout était inutile, on résolut d'abandonner le roi, sans distraction aucune, à la tristesse de ses vieux ans et aux regrets des jeunes années ; on évoqua de nouveau à ses yeux effrayés les prétendus crimes du duc d'Orléans ; on discontinua tout amusement ; on cessa toute conversation ; on assombrit les jours, on isola les nuits. Puis, quand le vieux roi, accablé d'idées sombres, venait à cette femme qu'il avait faite reine, à ces bâtards qu'il avait faits princes, on se retirait devant lui ; on, s'il exigeait que l'on restât, on le boudait ; s'il donnait un ordre, on mettait à l'exécution tout le retard de la mauvaise volonté ou l'âpreté de la méchante humeur.

Louis XIV, miné par cette guerre sourde, s'avoua enfin vaincu, et, moins heureux avec sa seconde famille qu'il ne l'avait été avec l'Europe, il fut contraint de passer sous les fourches caudines de la veuve Scarron et des enfants adultérins de madame de Montespan. Le testament fut extorqué de la lassitude du roi ; mais d'avance il en prédit le sort, et, en le remettant à ceux qui l'avaient tant désiré, il dit :

— Je l'ai fait parce qu'on l'exige ; mais je crains bien qu'il n'en soit de celui-ci comme du testament du roi mon père.

Enfin, un matin, le premier président et le procureur général furent mandés au lever du roi. Louis XIV les conduisit dans son cabinet, et, là, tirant de son secrétaire un papier cacheté qu'il remit entre leurs mains :

— Messieurs, dit-il, voici mon testament : nul ne sait ce qu'il contient ; je vous le confie pour le déposer au parlement, à qui je ne puis donner une plus grande preuve de mon estime et de ma confiance.

Le roi prononça ces paroles d'un ton si douloureux, qu'elles frappèrent les deux magistrats, et qui, dès ce moment, ils furent convaincus que le testament contenait des désirs étranges et peut-être même impossibles.

Le testament fut conservé au fond d'une tour creusé dans l'épaisseur du mur d'une tour du palais, sous une grille de fer et derrière une porte fermée de trois serrures.

Alors, madame de Maintenon et les princes légitimés jugèrent que le roi, ayant fait ce qu'ils voulaient, méritait bien quelque distraction, et le bruit se répandit que Mehemet-Riza-Beg, ambassadeur de Perse, allait arriver à Paris. Chacun sait les préparatifs faits par Louis XIV pour la réception de cet ambassadeur apocryphe ; il donna à Versailles une des dernières comédies qui y furent jouées, à laquelle le roi seul peut-être assista de bonne foi, et qui fut sifflée par toute la France.

L'ambassadeur parti, la cour retomba dans sa tristesse et dans l'obscurité dont l'avaient tiré ce bruit et cette splendeur d'un instant.

Le 3 mai 1715, le roi se leva de bonne heure pour observer une éclipse de soleil qui promettait d'être une des plus extraordinaires qu'on eût encore vues. Pendant quinze minutes, en effet, la terre sembla enveloppée des plus épaisses ténèbres et le froid descendit à deux degrés au-dessous de zéro. Cassini avait été mandé à Marly avec ses instruments, et le roi, ayant voulu suivre l'éclipse dans tous ses détails, se sentit très fatigué le soir. Il soupa chez la duchesse de Berry, et, s'y trouvant mal à l'aise, il quitta la table et revint se coucher vers huit heures. Aussitôt le bruit se répandit qu'il était sérieusement malade, et ce bruit prit une telle consistance, que les ambassadeurs envoyèrent des courriers à leurs souverains. Louis XIV le sut et, comme si c'était une insulte faite à son impérissable royauté que de croire qu'il allait mourir, il ordonna, pour faire tomber ces bruits de maladie, une revue de sa maison, et il annonça qu'il la passerait en personne.

Le 20 juin, cette revue eut effectivement lieu. Pour la dernière fois, les compagnies de gendarmes et les chevau-légers, dans leur plus magnifique équipage, se déployèrent devant la terrasse de Marly, et l'on vit descendre du perron, avec un costume pareil à celui qu'il portait dans ses jours de jeunesse et d'activité, ce vieillard qui, malgré l'âge et la couronne, porta la tête haute jusqu'au suprême moment. Arrivé au dernier degré, il se mit lestement en selle, et se tint pendant quatre heures à cheval, à la face de ces ambassadeurs qui avaient déjà annoncé sa mort à leurs souverains.

La Saint-Louis approchait. Le roi avait quitté Marly et était revenu à Versailles. La veille de cette solennité, le roi tint un grand couvert; mais, à la pâleur de ses traits, à la maigreur de son visage, il était facile de voir que la lutte qu'il soutenait depuis trois mois pour prouver qu'il vivait encore, touchait à son terme. Aussi, vers la fin du grand couvert, le roi se trouva mal et une fièvre ardente se déclara. Cependant, le lendemain, jour de sa fête, il se sentit un peu mieux, et déjà les musiciens s'apprêtaient pour le concert et avaient reçu du roi l'ordre de jouer des airs doux et gais, lorsque les tapisseries de sa chambre, qu'il avait fait tirer, retombèrent, et, au lieu des musiciens qu'on invitait à sortir, on appela les médecins. Ceux-ci trouvèrent le pouls si mauvais, qu'ils ne balancèrent pas à exciter le roi à recevoir les sacrements. On envoya chercher le père Le Tellier et avertir le cardinal de Rohan, qui était chez lui en grande compagnie, et qui, se doutant de rien fut fort étonné lorsqu'on lui dit qu'on le venait quérir pour donner le viatique au roi. Tous deux accoururent; et le danger paraissait tellement pressant, que, pour ne point perdre de temps, le père Le Tellier confessa l'auguste malade, tandis que le cardinal allait prendre le saint sacrement à la chapelle et qu'on envoyait chercher le curé et les saintes huiles.

Deux aumôniers du roi mandés par le cardinal, sept ou huit flambeaux portés par des garçons du château, deux laquais de Fagon et un page de Maintenon, furent tout l'accompagnement qui monta chez le roi par le petit escalier des cabinets. Madame de Maintenon et une douzaine de personnes entouraient le lit du royal moribond, auquel le cardinal dit deux mots qui cette grande et dernière action. Le roi les écouta d'un air très ferme et communia d'un air très pénétré. Dès qu'il eut reçu l'hostie et qu'il eut été touché des saintes huiles, tout ce qui était présent à la cérémonie sortit devant ou derrière le saint sacrement, et il ne resta auprès du roi que madame de Maintenon et le chancelier.

Tout aussitôt, on apporta près du lit une petite table et un papier sur lequel le roi écrivit quatre ou cinq lignes : c'était un codicille en faveur de M. le duc du Maine que le roi ajoutait encore à son testament.

Alors, le roi demanda à boire; puis, lorsqu'il eut bu, il appela le maréchal de Villeroy et lui dit :

— Maréchal de Villeroy, je sens que je vais mourir; quand ce sera fait de moi, conduisez votre nouveau maître à Vincennes et faites exécuter mes volontés.

Puis, renvoyant le duc de Villeroy, il fit appeler M. le duc d'Orléans.

Le prince s'approcha de son lit; le roi fit signe à tout le monde de s'écarter, et il parla si bas au duc, que personne n'entendit ce qu'il pouvait dire. Depuis, le duc d'Orléans prétendit que, dans cette conférence à voix basse, le roi lui avait témoigné autant d'amitié que d'estime, et lui avait assuré qu'il lui conservait par son testament tous les droits de sa naissance, en ajoutant ces propres paroles :

— Si le dauphin vient à manquer, vous serez le maître et la couronne vous appartiendra. J'ai fait les dispositions que j'ai crues les plus sages; mais, comme on ne saurait tout prévoir, s'il y a quelque chose qui ne soit pas bien, on le changera.

Si telles furent les paroles du roi, il est étrange que l'hostie encore sur les lèvres, il ait osé faire un pareil mensonge.

Dès que le duc d'Orléans fut sorti, le roi appela M. le duc du Maine, lui parla pendant près d'un quart d'heure, et autant fit-il pour le comte de Toulouse; puis il appela les princes du sang, qu'il avait aperçus sur la porte du cabinet; mais il ne leur adressa que quelques mots, parlant à tous collectivement, sans rien dire de particulier ni tout bas à aucun d'entre eux.

Pendant ce temps, les médecins s'avancèrent pour panser sa jambe, et les princes sortirent; puis, le pansement achevé, on tira un peu le rideau du lit pour voir si le roi ne pourrait pas reposer, et madame de Maintenon passa dans les arrière-cabinets.

Le lundi 26 août, le roi dîna dans son lit en présence de tout ce qui avait les entrées. Comme on desservait, il fit signe aux assistants de s'approcher davantage et leur dit :

— Messieurs, je vous demande pardon du mauvais exemple que je vous ai donné; j'ai bien à vous remercier de la manière dont vous m'avez servi, ainsi que de l'attachement et de la fidélité que vous m'avez toujours témoignés. Je vous demande pour mon petit-fils la même application et la même fidélité; que votre exemple en soit un pour tous mes autres sujets. Adieu, messieurs, je sens que je m'attendris et que je vous attendris, et je vous en demande pardon. Je compte que vous vous souviendrez quelquefois de moi.

Puis il appela le maréchal de Villeroy pour lui annoncer qu'il le faisait gouverneur du dauphin. Ensuite il manda à madame de Ventadour de lui amener l'enfant qui allait devenir son successeur, et, l'ayant fait approcher de son lit, il lui dit devant madame de Maintenon et derrière quelques valets privilégiés qui les recueillirent, les paroles suivantes :

— Mon enfant, vous allez être un grand roi; ne m'imitez pas dans le goût que j'ai eu pour les bâtiments, ni dans celui que j'ai eu pour la guerre. Tâchez, au contraire, d'avoir la paix avec vos voisins; rendez à Dieu ce que vous lui devez et faites-le honorer par vos sujets. Tâchez de soulager vos peuples, ce que je suis assez malheureux pour n'avoir pu faire, et n'oubliez jamais la reconnaissance que vous devez à madame de Ventadour. — Madame, continua-t-il en s'adressant à la gouvernante, souffrez que j'embrasse le prince.

Il l'embrassa effectivement, et, après l'avoir embrassé :

— Mon cher enfant, lui dit-il, je vous donne ma bénédiction de tout mon cœur.

Alors, on lui ôta le dauphin; mais il le redemanda, l'embrassa de nouveau, et, levant les yeux et les mains au ciel, il le bénit une seconde fois.

Le lendemain 27, il ne se passa rien de particulier, si ce n'est que, vers les deux heures, le roi envoya chercher M. le chancelier, et, seul avec lui et madame de Maintenon, il se fit apporter deux cassettes dont il brûla presque tous les papiers. Sur le soir, il s'entretint un instant avec le père Le Tellier, et, aussitôt après cet entretien, il envoya chercher l'ancien garde des sceaux Pontchartrain et lui ordonna d'expédier, aussitôt qu'il serait mort, un ordre pour faire porter son cœur dans l'église de la maison professe des jésuites de Paris, où était déjà celui de son père.

La nuit qui suivit fut très agitée. Ceux qui entouraient le roi le voyaient à tout moment joindre les mains et l'entendaient dire ses prières habituelles; au Confiteor, il se frappait la poitrine avec force.

Le mercredi 28 août, il fit, en s'éveillant, ses adieux à madame de Maintenon, mais d'une façon qui déplut fort à la favorite, plus âgée de trois ans que l'auguste moribond.

— Madame, lui dit-il, ce qui me console de mourir, c'est que nous ne pouvons tarder à nous rejoindre.

Madame de Maintenon ne répondit pas; mais, au bout d'un instant, elle se leva en disant :

— Voyez un peu le rendez-vous qu'il me donne! cet homme-là m'a jamais aimé que lui.

Bois-le-Duc, apothicaire du roi, qui était à la porte, entendit ce propos et le lui répéta.

Comme elle venait de sortir, le roi vit dans la glace de sa cheminée deux garçons de chambre qui pleuraient, assis près de son lit :

— Pourquoi pleurez-vous? leur demanda-t-il; avez-vous donc pensé que j'étais immortel? pour moi, je ne l'ai jamais cru, et vous avez dû, à l'âge où je suis, vous préparer depuis longtemps à me perdre.

En ce moment, une espèce de charlatan provençal, qui avait appris à l'extrémité du roi son chemin de Marseille à Paris, se présenta à Versailles avec un élixir qui, disait-il, guérissait la gangrène. Le roi était si mal, les médecins étaient tellement dénués d'espérance, qu'ils consentirent à tout. Fagon seulement voulut dire quelques mots ; mais ce charlatan, nommé Lebrun, le malmena tellement, lui qui avait l'habitude de malmener les autres, qu'il en demeura tout étourdi et tout muet.

On donna donc au roi dix gouttes de cet élixir dans du vin d'Alicante. Quelques instants après, il se trouva mieux, regarda autour de lui, s'aperçut de l'absence de madame de Maintenon et demanda ce qu'elle était devenue. Personne ne le savait, excepté le maréchal de Villeroy, qui l'avait aperçue au moment où elle montait dans un carrosse et qui la fit prévenir à Saint-Cyr, où elle s'était retirée.

Le lendemain 30, le roi retomba plus faible que jamais. Voyant que la tête du roi s'embarrassait, madame de Maintenon passa dans son appartement, où M. de Cavoie la suivit malgré elle. Là, elle voulut enfermer quelques papiers dans une cassette pour les emporter. Mais M. de Cavoie s'y opposa, disait qu'il avait ordre de M. le duc d'Orléans de s'emparer de tous les papiers. Cet ordre atterra madame de Maintenon.

— Me sera-t-il permis au moins, monsieur, dit-elle après un instant de silence, de disposer de mes meubles?
— Oui, madame, répondit Cavoie, excepté de ceux qui appartiennent à la couronne.

Le roi s'élança sur lui et lui cassa sur le dos un léger bambou qu'il tenait à la main.

A quatre heures, le roi étant retombé dans l'état d'où l'élixir l'avait tiré momentanément, on lui en donna une seconde dose ; et, comme il éprouvait quelque répugnance à la prendre :
— Sire, lui dit-on, c'est pour vous rappeler à la vie.
— A la vie ou à la mort, dit le roi en prenant le verre, tout comme il plaira à Dieu.

Ce mieux d'un instant avait été si fort exagéré, que le duc d'Orléans, dont le palais s'était déjà rempli de courtisans, le vit à peu près vide en une heure.

Le roi montra beaucoup d'impatience de ce qu'on ne retrouvait pas madame de Maintenon, dont il ne pouvait pas plus se passer pour mourir que pour vivre. Enfin elle arriva, et, aux reproches que lui fit le roi, s'excusa en disant qu'elle était allée unir ses prières à celles de ses filles de Saint-Cyr.

Le jour suivant, le roi alla un peu mieux et mangea même deux petits biscuits dans du vin d'Alicante. Saint-Simon alla faire ce jour-là une visite au duc d'Orléans, et il trouva les appartements parfaitement vides.

— Ces ordres que vous me donnez, monsieur, dit la favorite, sont bien hardis ; le roi n'est pas encore mort, et, si Dieu nous le rendait, vous pourriez vous repentir de les avoir exécutés.
— Si Dieu nous rendait le roi, madame, répliqua encore le capitaine des gardes, il faut espérer qu'il reconnaîtrait ses véritables amis, et qu'il approuverait la conduite qu'ils ont tenue.

Puis il ajouta :
— Si vous voulez rentrer chez le roi, vous en êtes la maîtresse ; si vous ne le désirez pas, j'ai ordre de vous accompagner à Saint-Cyr.

Madame de Maintenon, sans répondre, partagea aussitôt ses meubles entre ses domestiques et partit accompagnée de Cavoie.

Mais, en arrivant, elle put s'apercevoir, quoique le roi ne fût pas encore expiré, que son règne était déjà fini. La supérieure la reçut avec plus de froideur que de respect, et, s'approchant de Cavoie :
— Monsieur, lui dit-elle, ne me compromettrai-je point

en recevant ici madame de Maintenon sans la permission de M. le duc d'Orléans ?

— Madame, répondit Cavoie indigné de cette ingratitude, avez-vous donc oublié que madame de Maintenon est la fondatrice de cette maison ?

Le lendemain, 31 août, la journée fut terrible. Le roi n'eut que de rares et courts instants de connaissance. La gangrène montait à vue d'œil, et, après avoir gagné le genou, envahissait la cuisse. Vers onze heures, Louis XIV se trouva si mal, qu'on lui dit les prières des agonisants. L'appareil funèbre le rappela à lui, et il mêla aux voix des ecclésiastiques et de tous ceux qui étaient entrés une voix si forte, qu'elle se faisait entendre au-dessus des autres. Les prières finies, il reconnut le cardinal de Rohan et lui dit :

— Ce sont les dernières grâces de l'Eglise.

Puis il répéta plusieurs fois :

— Nunc et in hord mortis.

Puis enfin il s'écria dans un dernier élan :

— O mon Dieu ! venez à mon aide et hâtez-vous de me secourir.

Ce furent ses paroles suprêmes, et, après les avoir prononcées, il ne parla plus, et tomba sans connaissance. Toute la nuit ne fut plus alors qu'une longue agonie qui finit le dimanche 1er septembre 1715, à huit heures un quart du matin, quatre jours avant que le roi eût ses soixante-dix-sept ans accomplis, et dans la soixante et douzième année de son règne.

Jamais l'Europe n'avait vu jusque-là un règne si long, ni un roi si agé.

L'ouverture de son corps fut faite par Maréchal, son premier chirurgien, qui en trouva toutes les parties si entières et si saines, qu'il déclara que, sans cette gangrène qui avait tué le roi comme par accident, il ne savait de quelle maladie le roi eût pu mourir, ne voyant aucun organe affecté. Une chose remarquable, c'est qu'on lui trouva la capacité de l'estomac et des intestins double de celle des autres hommes ; ce qui expliqua le grand appétit qu'il avait, et comment, après de si copieux repas, il n'était jamais indisposé.

Les entrailles du roi furent portées à Notre-Dame, son cœur à la maison des grands Jésuites et son corps à Saint-Denis.

Ainsi mourut, nous ne dirons pas un des plus grands hommes, mais certes bien un des plus grands rois qui aient existé.

CONCLUSION

Nous avons suivi Louis XIV depuis sa naissance jusqu'à sa mort, nous l'avons montré dans toutes les phases de sa fortune ascendante et descendante, nous avons essayé de l'envisager et de le faire connaître sous tous les aspects ; il ne nous reste donc qu'à jeter un dernier coup d'œil sur cette longue vie, et à dire, en quelques mots, ce que nous pensons de l'homme et du roi.

L'enfant royal, on l'a vu, avait été fort abandonné dans sa jeunesse : Mazarin le maintenait ignorant pour demeurer nécessaire. Aussi le règne de Louis XIV ne commençait-il en réalité qu'à la mort du ministre ; cette mort, Louis XIV, sans la désirer tout haut, l'attendait au moins avec impatience ; aussi lui échappa-t-il de dire, lorsqu'il se vit débarrassé de son ministre :

— Je ne sais en vérité ce que j'aurais fait s'il eût vécu plus longtemps.

Le défaut d'éducation, qui avait nui à la science, n'avait pu nuire à l'esprit. Roi de la cour la plus élégante et la plus spirituelle du monde, Louis était aussi élégant que Lauzun, aussi spirituel que qui que ce fût. Nous citerons deux ou trois mots qui le prouvent.

Un musicien nommé Gaye avait, dans une débauche, fort médit de l'archevêque de Reims. La nouvelle en vint, par deux différentes sources, au roi et à l'archevêque. Quelques jours après, Gaye chantait la messe, en présence de Sa Grandeur et de Sa Majesté.

— Quel dommage ! dit l'archevêque, ce pauvre Gaye perd sa voix.

— Vous vous trompez, répondit Louis XIV, il chante bien, mais il parle mal.

Un jour, il vit passer Cavoie et Racine qui se promenaient sous ses fenêtres.

— Tenez, dit-il aux courtisans, voici Cavoie et Racine qui causent ensemble : quand ils se quitteront tout à l'heure, Cavoie se croira un homme d'esprit et Racine un fin courtisan.

Le duc d'Uzès venait de prendre femme ; le duc était jeune et bien fait ; la duchesse était charmante ; et cependant, quoique marié depuis huit jours, disait-on, le duc n'était pas encore le mari de sa femme. Ce singulier bruit avait pris une telle consistance, qu'un soir, à un jeu du roi, un courtisan plus hardi que les autres en parla au duc. Le duc avoua tout, accusant sa femme d'avoir un tort rare et charmant, que le bistouri d'un chirurgien pouvait seul faire disparaître. Louis XIV vit un groupe, s'approcha et, selon son habitude, voulut savoir ce dont il était question ; force fut alors au duc d'Uzès d'expliquer au roi la nature de l'obstacle qui s'opposait à son bonheur, et de quelle façon il comptait le faire disparaître.

— Fort bien, duc, je comprends, dit Louis XIV ; mais, croyez-moi, choisissez un chirurgien qui ait la main légère.

Nous avons dit combien Louis était égoïste : nous l'avons entendu chanter un petit air d'opéra à sa louange le jour même de la mort de Monsieur ; nous l'avons vu se féliciter de ce que madame la duchesse de Bourgogne blessée n'empêcherait plus ses Marly d'avoir lieu à jour fixe ; et cependant Louis XIV ne manquait pas d'une certaine bonté ou plutôt d'une certaine justice. En voici quelques preuves.

Le marquis d'Uxelles hésitait à se présenter devant lui, honteux qu'il était, quoiqu'il eût obtenu d'excellentes conditions, d'avoir rendu Mayence après plus de cinquante jours de tranchée ouverte.

— Marquis, lui dit le roi en l'apercevant, vous avez défendu la place en homme de cœur, et vous avez capitulé en homme d'esprit.

Nous avons cité son mot à Villeroy après la bataille de Ramillies : « Monsieur le maréchal, on n'est plus heureux à notre âge. » Il est vrai que l'attachement de Louis XIV pour le maréchal de Villeroy n'était point de la justice, c'était de la faiblesse.

Un jour, le duc de la Rochefoucauld se plaignait devant le roi du tracas que lui donnait le dérangement de ses affaires.

— Eh ! duc, dit le roi, ne vous prenez qu'à vous de vos embarras.

— Comment cela, sire ? demanda le duc.

— Sans doute, répliqua le roi, que ne vous adressez-vous à vos amis ?

Et, le même soir, il lui envoya cinquante mille écus.

Bontems, son valet de chambre, était fort obligeant, et sollicitait toujours pour les autres. Un jour que, selon la coutume, il demandait pour un étranger la charge de gentilhomme ordinaire qui venait de vaquer :

— Eh ! Bontems, lui dit le roi, demanderez-vous donc toujours pour votre prochain et jamais pour vous-même ? Je donne la charge à votre fils.

Un de ses valets inférieurs, moins discret que le bonhomme Bontems, priait un soir le roi de faire recommander à M. le premier président un procès qu'il avait contre son beau-père, et, comme le roi faisait la sourde oreille :

— Hélas ! sire, dit le valet, vous savez cependant qu'à dire une parole et tout sera fini.

— Je le sais mordieu bien ! dit le roi, et ce n'est pas de quoi je suis en peine ; mais, si tu étais à la place de ton beau-père, serais-tu content que je te la dise, cette parole ?

Quoique d'un naturel violent, Louis XIV était parvenu à se dompter au point de ne se mettre que bien rarement en colère. Nous l'avons vu briser la canne qu'il avait levée sur Lauzun.

Un valet que le roi vit un jour, mettre un biscuit dans sa poche fut moins heureux que le gentilhomme : le roi s'approcha sur lui et lui cassa le dos un léger bambou qu'il tenait à la main. Il est vrai que derrière cette cause apparente et futile était une cause grave et occulte : le roi avait appris par Devienne, son baigneur, ce tout le monde lui avait caché avec le plus grand soin, c'est-à-dire qu'une lâcheté du duc du Maine avait empêché le maréchal de Villeroy de battre M. de Vaudemont. Le biscuit ne fut qu'un prétexte et ce fut la honte du père qui fit le coup sur le fils.

Le roi avait été d'autant plus terrible à Louis XIV que lui-même passait pour un peu trop prudent. Le vers de Boileau, tout chef-d'œuvre de courtisanerie qu'il était, n'a pas fait que la postérité ait pardonné à Louis XIV d'être resté en deçà du Rhin. Le comte de Guiche ne le lui pardonna pas non plus, et, un jour, il dit tout haut devant le roi et de manière à ce que celui-ci l'entendît :

— Ce faux brave nous fait tous les jours briser les bras et les jambes et ne s'est pas encore exposé à recevoir un seul coup de mousquet.

Louis XIV l'entendit et fit semblant de ne pas l'entendre.

Le vice dominant de Louis XIV était l'orgueil ; mais ce vice, qui lui était naturel, s'était encore moins développé, il faut le dire, par les dispositions de son caractère que par les flatteries des courtisans. A peine Mazarin mort, Louis XIV passa à l'état de demi-dieu, puis de dieu. Son emblème fut le soleil, sa devise le nec pluribus impar et le vires acquirit eundo. Mais il ne s'en tint pas à l'emblème et voulut représenter le soleil lui-même. Un ballet fut commandé à Benserade, et, dans ce ballet, on disait au roi :

> Je doute qu'on le prenne avec vous sur le ton
> De Daphné ni de Phaéton :
> Lui trop ambitieux, elle trop inhumaine.
> Il n'est point là de piége où vous puissiez donner.
> Le moyen de s'imaginer
> Qu'une femme vous fuie ou qu'un homme vous même ?

Bientôt tout le monde à la cour s'aperçut, comme dit Saint-Simon, de son faible plutôt que de son goût pour la gloire. Ministres, généraux, maîtresses, courtisans, le louèrent à l'envi et le gâtèrent. Bientôt, de la louange, on passa à la flatterie, et la flatterie devint un élément nécessaire à la vie du grand roi. Ce n'était que par des flatteries qu'on approchait sûrement de lui ; il ne fallait pas craindre de les outrer : les plus basses et les plus exagérées étaient les mieux reçues. Lui-même, sans avoir aucune voix et sans connaître la musique, chantait incessamment des prologues d'opéra à sa louange. Tout en arriva à être néant autour de lui, et le *j'ai failli attendre* est plus d'un dieu que d'un homme.

Ce fut cet orgueil ou plutôt cette flatterie qui porta Louis XIV à détruire Fouquet, à haïr Colbert et à se réjouir de la mort de Louvois. Ce qu'il lui fallait, à lui, c'étaient des ministres comme Chamillart, comme Pomponne et comme Voisin, c'est-à-dire de simples commis ; c'étaient des généraux comme Villeroy, comme Tallard et comme Marsin, auxquels il envoyait, de Versailles, des plans de campagne tout faits, de sorte qu'il pouvait réclamer leurs victoires et les laissant écrasés sous le poids de leurs défaites. Condé et Turenne n'étaient point ses hommes ; aussi le premier mourut-il à peu près en disgrâce, et le second ne fut-il jamais en faveur. Monsieur eut aux yeux de son frère le grand tort d'avoir battu le prince d'Orange et pris Cassel ; aussi ne commanda-t-il plus jamais d'armée du jour où il eut donné la preuve qu'il était digne de commander.

L'esprit de Louis XIV était naturellement porté aux petits détails ; il se crut un grand administrateur parce qu'il s'occupait lui-même de l'armement, de l'habillement et de la discipline de ses soldats. Son suprême bonheur sur ce point était d'en remontrer aux plus vieux généraux, et ceux-là étaient sûrs de lui plaire qui lui avouaient avec humilité qu'il leur avait appris quelque chose qu'ils ignoraient. Il en était ainsi en poésie ; le roi se vantait d'avoir fourni à Molière les principales scènes de *Tartufe*, oubliant sans doute qu'il avait empêché pendant cinq ans l'ouvrage d'être joué. Il croyait être pour beaucoup dans les pièces de Racine, à cause des conseils qu'il lui donnait, et n'aima jamais Corneille, dans lequel vivait incessamment le vieil esprit frondeur. — Il en était de même dans les différents arts : Louis donnait les sujets à Le Brun, traçait les plans à Mansard et Le Nôtre, et souvent on le voyait, la toise à la main, dirigeant ses maçons et ses terrassiers, tandis que l'architecte et le jardinier se croisaient les bras.

Ainsi que Louis XIV avait fait pour les hommes, abaissant les grands et élevant les petits, il le fit pour ses châteaux et ses résidences. Le Louvre, cet orgueilleux berceau de nos rois, fut abandonné par lui ; Saint-Germain, où son père était mort, dut le céder à Versailles : c'est que Versailles, comme on le disait, était son favori sans mérite ; c'est qu'il avait fait Versailles comme il avait fait Chamillart et Villeroy, qu'il avait improvisé l'un ministre, l'autre général ; c'est qu'il était en quelque sorte reconnaissant à cette nature aride, stérile, ingrate, où il s'était laissé devenir à force de volontés et de trésors. Saint-Germain, avec son vieux château bâti par Charles V, avec son château neuf bâti par Henri IV, Saint-Germain avec ses traditions de douze règnes, ne devait pas recevoir assez de lustre de lui seul ; il lui fallait un palais qui, bâti par lui, fût vide sans lui, et tous les souvenirs commençassent à lui et finissent avec lui.

Et cependant cet assemblage de vices et de vertus, de grandeurs et de bassesses, composa ce siècle qui prendra sa place dans l'ordre des temps après le siècle de Périclès, après le siècle d'Auguste et après le siècle de Léon X ; c'est qu'il y avait chez Louis XIV un merveilleux instinct pour s'approprier la valeur des autres, pour absorber en lui les rayons divergents autour de lui ; c'est que, tout au contraire du soleil qu'il avait pris pour emblème, ce n'était pas lui qui éclairait, mais qui était éclairé. Les gens à vue faible s'y trompèrent et baissèrent les yeux devant cette lumière de réflexion comme ils les eussent baissés devant une lumière personnelle.

Louis XIV était de petite taille ; il parvint, en inventant les hauts talons et en adoptant les hautes perruques, à paraître grand ; il en fut de Louis XIV, au moral, comme il en avait été au physique : Turenne, Condé, Luxembourg, Colbert, Le Tellier, Louvois, Corneille, Molière, Racine, Le Brun, Perrault et Puget le haussèrent à la hauteur de leur génie, et l'on appela Louis XIV *le grand roi.*

Mais ce qu'il y a surtout de remarquable dans ce long règne, c'est la pensée unique qui y préside, était-elle le résultat du génie du roi, ou du tempérament de l'homme ? Le maître tout-puissant y poursuivait-il un calcul ou obéissait-il à un instinct ? C'est ce que Louis XIV ignorait sans doute lui-même.

Cette pensée unique, c'est l'unité du gouvernement.

On a vu ce qu'était Paris lorsque Louis XIV le prit : sans police, sans guet, sans réverbères, sans carrosses, avec ses voleurs dans les rues, ses meurtres dans les carrefours, ses duels sur les places publiques ; on sait ce qu'était Paris quand il l'a laissé. Le Paris du commencement du règne de Louis XIV est encore le Paris du moyen âge ; le Paris de la fin du règne de Louis XIV est déjà le Paris moderne.

Eh bien, ce que l'élève de Mazarin, ou plutôt ce que l'élève de la Fronde fit pour Paris, il le fit pour la France et pensa le faire pour l'Europe. Cette guerre civile dont les cris l'ont tant de fois éveillé dans son berceau, ce parlement qui rend des arrêts, cette aristocratie qui se révolte, ces bourgeois qui font les grands seigneurs, qui font les petits rois, ces Molé, ces Blancmesnil, ces Broussel, qui traitent d'égal à égal avec la royauté ; ces Condé, ces Turenne, ces Conti, ces d'Elbœuf, ces Bouillon, ces Longueville qui la combattent, tout cela a fait fermenter la haine de toute résistance dans le cœur de l'enfant, et toute résistance sera brisée par l'enfant devenu roi.

Mais, avant toutes choses, il faut ôter non seulement toute chance, mais encore tout espoir aux Richelieu et aux Mazarin futurs. Fouquet est sous la main de Louis XIV et c'est une bonne fortune. Il est fort, il est riche, il est ambitieux, il est populaire, il est puissant ; tant mieux : plus il tombera de haut, plus il fera de bruit en tombant, et plus il fera de bruit en tombant, plus l'écho de sa chute se prolongera dans l'avenir.

Nous l'avons dit, cette chute était plus que la chute d'un ministre, c'était la chute du ministérialisme. Dès lors, Louis XIV travaille à atteindre le but qu'il se propose : l'unité monarchique, la suprématie de la royauté.

Tout le pouvoir des vieux rois de France était provincial, tout le pouvoir de Louis XIV sera administratif. Le pouvoir, autrefois, venait de la province et aboutissait à un centre qui recevait de lui sa force ; le pouvoir, à l'avenir, partira, au contraire, du centre et au lieu de recevoir la force, c'est lui qui la donnera ; Versailles sera le comple, Louis XIV sera le dieu ; Louis XIV ordonne, et de Versailles part ce système merveilleux de protection pour l'art, d'encouragement pour le commerce, d'impulsion pour l'industrie, qui va se répandre comme ces cercles que fait naître une pierre jetée au milieu d'un bassin et qui vont s'élargissant toujours du centre à la circonférence.

Après avoir obtenu l'unité politique, Louis XIV comprit qu'il lui manquait encore l'unité religieuse. Il y avait en dehors de l'Église catholique deux croyances qui étaient devenues des partis, deux opinions qui à chaque crise étaient devenues des faits : c'étaient le calvinisme et le jansénisme. Les Cévennes et Port-Royal furent traités avec la même rigueur ; c'est le propre de quiconque a obtenu la souveraineté du corps, de réclamer la souveraineté de l'âme.

Alors, l'influence s'étend de la France à l'Europe. Comme Charlemagne, comme Charles-Quint, Louis XIV rêva la monarchie universelle, que, cent ans plus tard, rêvera à son tour Napoléon. Alors, toute l'Europe tremble, s'émeut, se soulève et, comme une marée immense, vient battre les frontières de la France qu'elle envahit. Un accident plutôt qu'une victoire arrête l'Europe à Denain, et la paix d'Utrecht laisse à la France la Lorraine, l'Alsace et la Franche-Comté, qu'elle a mis trente ans à conquérir et qu'elle a failli perdre d'un trait de plume.

Or, du règne de Louis XIV, trois grands résultats demeurèrent accomplis et restèrent debout : l'unité monarchique, la centralisation administrative et l'augmentation territoriale.

Napoléon fut moins heureux ; il ne put rendre à la monarchie les frontières qu'il avait reçues de la République.

Aussi Napoléon, disait-il de Louis XIV que le prince qui avait le mieux su son métier de roi.

Napoléon fut plus grand homme que Louis XIV, mais Louis XIV fut plus grand roi que Napoléon.

En effet, pendant soixante et douze ans que Louis XIV a porté la couronne, Louis XIV a véritablement régné.

Pendant dix ans que Napoléon a porté le sceptre, Napoléon n'a fait que du despotisme.

NOTES

NOTE A

Cette déclaration eut de terribles suites, dit M. de Montmarqué dans ses notes aux *Historiettes* de Tallemant des Réaux, car la reine se plaignit au marquis de Mirabel, ambassadeur d'Espagne, de la témérité de Richelieu. Le marquis en prévint le comte d'Olivarès, qui lui ordonna de faire assassiner le cardinal pour avoir osé parler à la fille du roi d'Espagne. — Voir pour plus amples renseignements les *Mémoires de Lenet* et l'*Historiette du cardinal de Richelieu*, par Tallemant des Réaux.

NOTE B

« Le lundy, 21 juillet (1578), Saint-Mesgrin, jeune gentilhomme bourdelois, beau, riche et de bonne part, l'un des mignons fraisés et frisés du roy, sortant à onze heures du soir du chasteau du Louvre, où le roy étoit, en la mesme rue du Louvre, vers la rue Saint-Honoré, est chargé de coups d'espée, de pistolet et de coutelas par vingt'ou trente hommes incongneus, qui le laissèrent pour mort sur le pavé, comme aussi mourust-il le jour ensuiivant, et fust merveilles encores comme il peut tant vivre estant atteint de trente-quatre ou trente-cinq coups mortels. Le roy fist porter son corps mort au logis de Boisi, près la bastille Saint-Antoine, où estoit mort Quélus, son compagnon, et enterrer à Saint Paul avec pareille pompe et solennité qu'avoient esté auparavant inhumés, dans la mesme église, Quélus et Maugiron, ses compagnons.

« De ce meurtre et assassinat n'en fust faite aucune instance et poursuite, tout mignon et favori du roy qu'il estoit. Sa Majesté estant bien advertie que le duc de Guise l'avoit fait faire pour le bruit qu'avoit ce mignon d'entretenir sa femme, et que celui qui avoit fait le coup portoit la barbe et la contenance du duc de Maïenne, son frère. »

« Le mercredy, 19 d'aoust, Bussy d'Amboise, premier gentilhomme de M. le duc, gouverneur d'Anjou, abbé de Bourgeuil, qui faisoit tant le grand et le hautain, à cause de la faveur de son maître, et qui tant avoit fait de maux et de pilleries en pays d'Anjou et du Maine, fust tué par le seigneur de Montsoreau, ensemble avec lui le lieutenant criminel de Saumur en une maison dudit seigneur de Montsoreau, où la nuit ledit Bustenant, qu'estoit son messager d'amour, l'avoit conduit pour coucher cette nuit-là avec la femme dudit de Montsoreau, à laquelle Bussy dès long-temps faisoit l'amour, et auquel ladite dame avoit donné exprès cette fausse assignation pour l'y faire surprendre par de Montsoreau, son mari; à laquelle pourparoissant sur le minuit, fust aussitôt (avec) et assailli par dix ou douze qui accompagnoient le seigneur de Montsoreau, lesquels de furie se ruerent sur lui pour le massacrer. Ce gentilhomme se voiant si pauvrement trahi, et qu'il estoit seul (comme on ne s'accompagne guères pour telles exécutions), ne laissa pas de se defendre jusqu'au bout, montrant que le jour jamais n'avoit trouvé place en son cœur. Car il combattoit toujours, comme il disoit souvent, tant qu'il lui demeura un morceau d'espée dans la main et jusques à la polongée, et après s'aida des tables, bancs, chaises et escabelles, avec lesquels il en blessa et offensa trois ou quatre de ses ennemis, jusques à ce qu'estant vaincu par la multitude et desmué de toutes armes et instruments pour se deffendre, fust assommé près d'une fenestre par laquelle il vouloit se jetter, pour se cuider sauver.

« Telle fut la fin du capitaine Bussy, qui estoit d'un courage invincible, hault à la main, fier et audacieux, aussi vaillant que son espée, et pour l'aage qu'il avoit, qui n'estoit que de trente ans, aussi digne de commander une armée que capitaine qui fust en France, mais vicieux et peu craignant Dieu ; ce qui lui causa son malheur, n'estant parvenu à la moitié de ses jours, comme il advient ordinairement aux hommes de sang comme lui. »

(*Journal de l'Estoile*.)

Relativement à Quélus, dont il est parlé ci-dessus, voici comment l'Estoile raconte son aventure :

« Le dimanche, 27 avril (1578), pour desmesler une querelle née pour fort légère occasion, le jour précédent en la cour du Louvre, entre le seigneur de Quélus, l'un des grans mignons du roy, et le jeune Antraguet, qu'on appeloit Antraguet, favori de la maison de Guise, ledit Quélus avec Maugiron et Livarot, et Antraguet avec Ribérac et le jeune Chomberg se trouvèrent, dès cinq heures du matin, au Marché aux Chevaux (anciennement les Tournelles, près la bastille Saint-Antoine), et combattirent si furieusement, que le beau Maugiron et le jeune Chomberg demeurèrent morts sur le place. Ribérac, des coups qu'il y receut, mourut le lendemain à midi ; Livarot, d'un grand coup qu'il eust sur le teste, fut six sepmaines malade et enfin reschappa ; Antraguet s'en alla sain et sauf avec un petit coup qui n'estoit qu'une esgratignure au bras ; Quélus, auteur et agresseur de la noise, de dix-neuf coups qu'il y receust, languist trente-trois jours et mourut le jeudi, vingt-neuvième mai, en l'hostel de Boisi, où il fut porté du champ de combat comme lieu plus amy et plus voisin. Et ne lui profita la grande faveur du roy, qui l'alloit toujours voir et ne bougeoit du chevet de son lit, et qui avoit promis aux chirurgiens qui le pansoient cent mil francs en cas qu'il revinst en convalescence, et à ce beau mignon cent mil escus pour lui faire avoir bon courage de guérir ; nonobstant lesquelles promesses, il passa de ce monde en l'autre, aiant toujours eu la bouche ces mots, mesme entre ses derniers soupirs, qu'il jettoit avec grand'force et grand regret : « Ah ! mon roy ! mon roy ! » sans parler autrement de Dieu ni de sa mère. A la vérité, le roy portoit à Maugiron et à lui une merveilleuse amitié, car il les baisa tous deux morts, fist tondre leurs testes et emporter et serrer leurs blonds cheveux, osta à Quélus les pendans de ses aureilles, que lui mesme auparavant lui avoit donnés et attachés de sa propre main. »

NOTE C

Voyez, dans les *Mémoires de madame de Motteville*, le détail des riches objets que renfermaient ces caisses.

NOTE D

Psaphon était un grand seigneur libyen qui avait la prétention d'être reconnu pour un dieu : il réunit tous ses oiseaux parleurs qu'il put se procurer, leur apprit à dire : *Psaphon est un grand dieu*, et, quand ils répétèrent correctement cette phrase, il les lâcha. Les oiseaux s'en allèrent répétant ce que leur maître leur avait appris, et les Libyens, étonnés de ce prodige, proclamèrent Psaphon dieu à l'unanimité.

NOTE E

Veut-on voir une preuve de cette défiance, rapportée par la fille de Gaston elle-même :

« Le roi, dit-elle, partit de Paris pour le voyage de Roussillon au mois de février de l'année 1642 ; il laissa la reine et ses deux enfants à Saint-Germain en Laye, après avoir donné tous les ordres et pris toutes les précautions possibles pour leur sûreté. Ces deux princes étoient sous la charge de madame de Lansac, en qualité de leur gouvernante, et, pour leur garde, ils n'eurent qu'une compagnie du régiment des gardes-françaises, dont le bonhomme Montigny étoit le capitaine et le plus ancien de tout le régiment. Ces deux personnes-là eurent chacun un ordre particulier : celui qu'ont madame de Lansac étoit, qu'en cas que Monsieur, qui demeuroit à Paris le premier après le roi, vint voir la reine, de dire aux officiers de la compagnie de demeurer auprès du dauphin et de ne pas laisser entrer Monsieur s'il venoit accompagné de plus de trois personnes. Quant à Montigny, le roi lui donna une moitié d'écu d'or avec commandement exprès de ne pas abandonner la personne des deux princes qu'il gardoit, et, s'il arrivoit qu'il reçût ordre de les transférer ou de les mettre en les mains de quelque autre, il lui défendit d'y obéir quand lui-même il le verroit écrit des mains de Sa Majesté, si ce n'étoit que celui qui le lui rendroit ne lui présentât en même temps l'autre moitié de l'écu d'or qu'il retenoit. Mais il ne fut rien tenté, bien merci, qui ait pu faire croire qu'aucun mouvement ait dû donner lieu aux soupçons qu'on avoit eus sur ce sujet. » (*Mémoires de mademoiselle de Montpensier*, première partie, 1642.)

NOTE F

« Madame de Chevreuse étant arrivée un soir avec sa fille proche des Pyrénées, en un lieu où il ne se trouvoit de logement que chez le curé, qui encore n'avoit que son lit : « Je sais si fatigué, » lui dit-elle en parlant toujours comme si elle étoit un cavalier, « qu'il faut bien que je me « couche pour me reposer. » Mais, le curé contestant et disant qu'il ne quitteroit point son lit, ils convinrent enfin de coucher tous trois ensemble ; ce qui fut fait. Le matin, les deux cavaliers rancontrèrent à cheval, et la duchesse de Chevreuse, en partant, donna au curé un billet par lequel elle l'avertissoit qu'il venoit de coucher avec la duchesse de Chevreuse et sa fille, et que, s'il n'avoit pas usé de ces avantages, ce n'étoit point à elles qu'il avoit tenu. (Mss. de Conrart, recueil in-folio, XIII, 633.)

NOTE G

On a connu, depuis, le véritable auteur de ces fameuses lettres. Elles avaient été écrites par madame de Fouquerolles et étaient adressées à M. de Mauléverier.

NOTE H

Les prez n'ont point tant de brins d'herbes,
Les granges n'ont point tant de gerbes,
La mer n'a point tant de poissons,
Ny la fièvre tant de frissons,
Ny la Beausse tant d'alouettes ;
Paris n'a point tant de coquettes,
L'hiver n'a point tant de glaçons,
L'été n'a point tant de moissons ;
L'Afrique n'a point tant de Mores,
Ny Baïzac tant de métaphores,
Moulins n'a point tant de ciseaux,
Chastellerault tant de couteaux ;
Les flatteurs n'ont tant de louanges,
Ny la Provence tant d'oranges ;
Les poules ne font point tant d'œufs ;
Poissy ne vend point tant de bœufs,
Les fous n'ont point tant de chimères,
Ny le Poitou tant de vipères ;
Cupidon n'a point tant de traits,
Et Vénus n'a point tant d'attraits ;
Les couvents n'ont point tant de moynes,
Les évesques tant de chanoines,
L'Espagne tant de rodomonts,
Les carêmes tant de sermons

Les ballets n'ont tant de figures,
Les voyageurs tant d'aventures ;
L'Anjou n'a point tant de melons,
Fontainebleau tant de salons ;
Une hydre n'a point tant de testes ;
Les poissons n'ont point tant d'arrestes,
La Bourgogne tant de raisins,
La noblesse tant de cousins ;
Estampes n'a tant d'escrevisses,
Ny les prestres tant de services,
Saint-Jacques n'a tant de bourdons,
Les rostisseurs tant de lardons ;
Les zélés n'ont point tant d'extases ;
Les pédants n'ont point tant de phrases ;
Taharin n'a point tant d'onguents,
Et Vendosme n'a tant de gants ;
Saint-Michel n'a tant de coquilles,
Ny Melun n'a tant de anguilles ;
Brodo n'a point tant de chapeaux ;
Saint-Cloud n'a point tant de gâteaux
Les marais n'ont tant de grenouilles,
Et Troyes n'a point tant d'andouilles
Lyon n'a point tant de marrons ;
Les forests n'ont tant de larrons ;
Un courrier n'a tant de dépesches,
Et Corbeil n'a point tant de pesches ;
Les Indes n'ont tant de tabac,
Orléans tant de cotignac,
Pont-Lévesque tant de fromages,
Ny les églises tant d'ima os,
Les monarques tant de subjets,
Et Mazarin tant de projets ;
Les charlatans n'ont tant de drogues,
Et l'Angleterre tant de dogues ;
Maïence n'a tant de jambons ;
Les forges n'ont tant de charbons,
Les poulains tant de sonnettes,
Ny les bouffons tant de sornettes ;
Un amant n'a tant de soupirs,
Et l'air n'a point tant de zéphirs,
Le Pérou n'a point tant de mines,
L'Orient tant de perles fines ;
Le printemps n'a point tant de fleurs ;
L'autore n'a point tant de pleurs ;
La nuit n'a point tant de phantosmes ;
Le soleil n'a point tant d'atosmes ;
Enfin l'eau, la terre et les cieux
Font moins voir d'objets à nos yeux,
Que je n'ay d'ennuis que la reine
Tost à Paris le Roy ramène.

NOTE I

Notons encore ici deux choses que nous lisons dans les auteurs de l'époque :

« Vers ce temps s'établit, pour les jeunes gens, la mode de s'asseoir aux deux côtés du théâtre sur des chaises de paille ; les élégants ne veulent plus aller au parterre où l'on se tient debout. Quoiqu'il y ait des soldats à la porte pour prévenir ou du moins pour arrêter les rixes, et quoiqu'on ait été l'épée aux pages et aux laquais, les loges sont fort chères et il y faut songer de bonne heure, tandis que, pour un écu d'or ou un demi-louis, on est sur le théâtre ; mais cela gâte tout, et il ne faut qu'un insolent pour tout troubler. »

Voilà pour la première ; la seconde n'est pas moins curieuse :

« C'était à une heure précise que les comédiens ouvraient leurs portes, le spectacle commençait à deux et devait être fini à quatre et demie. On avait pris cette mesure à cause de la boue et des filous qui encombraient alors les rues de Paris, fort mal éclairées la nuit. »

Ce mot de *filous* nous conduit droit à un autre détail de mœurs qui n'est point déplacé ici ; et, puisque nous venons de voir ce qui se passait au théâtre, voyons un peu ce qui, une fois que le théâtre était fermé, se passait à la porte. Nous empruntons la citation aux *Mémoires* du comte de Rochefort, le même nous avons vu jouer un rôle si actif et si terrible dans le procès du Chalais.

« Le hasard, dit Rochefort, ayant voulu que je fisse coterie avec le comte d'Havecourt, cadet du duc d'Elbœuf d'aujourd'hui, je me trouvai un jour engagé dans une débauche, où, après avoir fui jusqu'à l'excès, on proposa d'aller voler sur le pont Neuf. C'était un des plaisirs que M. le duc d'Orléans avait mis à la mode vers ce temps-là. Aussi, j'eus beau dire avec quelques autres que je n'y voulais point aller, les plus forts l'emportèrent, et il me fallut suivre malgré moi. Le chevalier de Rieux, cadet du marquis de Sourdéac, qui avait été de nos sentiments, ne fut pas plus tôt arrivé sur le pont Neuf, qu'il me dit que, pour ne point faire comme les autres, il nous fallait monter sur le cheval de bronze, et que nous verrions, de là, tout à notre aise, ce qui se passerait. Aussitôt dit, aussitôt fait. Nous grimpons du côté de la tête, et nous servant des rênes pour mettre notre pied, nous fîmes si bien que nous nous assîmes tous deux sur le cou. Les autres étaient cependant à guetter les passants, et pirent quatre à cinq manteaux. Mais, un des volés ayant été se plaindre, les archers vinrent, et nos gens, ne trouvant plus la partie égale, s'enfuirent d'une grande vitesse. Nous en voulûmes faire autant ; mais, les rênes ayant cassé sous le pied du chevalier de Rieux, il tomba sur le pavé, tandis que, moi, je demeurais perché comme un oiseau de proie. Les archers n'eurent pas besoin de lanterne pour nous découvrir : le chevalier de Rieux, qui s'était blessé, se plaignait de toute sa force, et, étant accourus au bruit, ils m'aidèrent à descendre malgré moi et nous conduisirent au Châtelet. »

NOTE J

Nous ne parlons ici que du caractère de l'écriture ; quant au style et à la façon dont Mademoiselle mettait l'orthographe, on en jugera par la lettre suivante ; Mademoiselle avait trente-huit ans quand elle l'écrivit :

« A Choisy, ce 5 aoust 1665.

« Monsieur, le sieur Segrais qui est de la cademie et qui a beucup travaillé pour la gloire du Roy et pour le public ainnt este oublié lannée pasée dans les gratiffications que le Roy a faicts aux baus esaprit ma prié de vous faire souvenir de luy sel un aussi homme de meritte et qui est a moy il y a longtems ; jespere que sela ne nuira pas a vous obliger a auoir de la consideration pour luy, set se que je vous demande et de me croire,

Monsieur Colbert,

« Votre afectionnée amie,

« ANNE-MARIE-LOUISE D'ORLÉANS. »

NOTE K

La lettre du roi contenant simplement l'autorisation pour la Meilleraie d'agir comme il le fait à l'égard du cardinal de Retz, nous avons cru inutile de la transcrire.

NOTE L

Les passages suivants, extraits textuellement des *Mémoires de Laporte*, qui était, comme on le sait, premier valet de chambre du jeune roi Louis XIV, donneront quelques éclaircissements sur le fait auquel nous faisons allusion dans notre texte.

« Vers la fin de juin (1652), le roi fit quelque séjour à Melun, où pour se divertir, il fit faire un petit fort au bord de l'eau, et tous les jours il y allait faire collation. Le jour de la Saint-Jean de la même année, le roi (il avait alors treize ans et neuf mois) ayant dîné chez Son Eminence, et étant demeuré avec lui jusque vers les sept heures du soir, il m'envoya dire qu'il se voulait baigner. Son bain était prêt, il arriva tout triste, et j'en connus le sujet sans qu'il fût nécessaire qu'il me le dit. La chose était si terrible, qu'elle me mit dans la plus grande peine où j'aie jamais été, je ne demeurai cinq jours à balancer si je dirais à la reine ; mais, considérant qu'il y allait de mon honneur et de ma conscience de ne pas prévenir par un avertissement de semblables accidents, je le lui dis enfin, dont elle fut fort satisfaite, et me dit que je ne lui avais jamais rendu un si grand service ; mais, comme je ne lui nommai pas l'auteur de la chose, n'en ayant pas de certitude, cela ut cause de ma perte. »

En effet, Laporte fut disgracié, mais au bout de quelques mois seulement, et il attribue sa disgrâce au cardinal Mazarin. Dans une lettre à la reine, où il essaye de se justifier, il dit encore :

« Votre Majesté connaîtrait bien la vérité si elle voulait se donner la peine d'examiner la chose à fond ; car voici le sujet de ma disgrâce. Je donnai avis à Votre Majesté à Melun, en 1652, que, le jour de la Saint-Jean, le roi, dînant chez M. le cardinal, me commanda de lui faire apprêter son bain sur les six heures dans la rivière ; ce que je fis, et le roi, à my arrivant, me parut plus triste et plus chagrin qu'à son ordinaire ; et, comme nous le déshabillions, l'attendant manuel qu'on voulait de commettre sur sa personne parut si visiblement, que Bontemps le père et Moreau le virent comme moi... Votre Majesté se souviendra, s'il lui plaît, que je lui ai dit que le roi parut fort triste et fort chagrin ; ce qui était une marque qu'il n'avait pas consenti à ce qui s'était passé et qu'il n'en avait pas l'auteur. Je ne voudrais pas, madame, en accuser qui que ce soit, parce que je craindrais de me tromper ; mais ce qui est certain, c'est que, si je n'eusse point donné cet avis à Votre Majesté, je serais encore près du roi... Je prie encore une fois à Votre Majesté que, si elle voulait prendre la peine d'examiner toutes les circonstances de cette affaire, elle connaîtrait aisément mon innocence, et pourrait aisément se décharger la conscience du mal que je souffre il y a douze années. »

Après la mort du cardinal et de la reine mère, Louis XIV, qui connaissait l'innocence de Laporte, le rappela auprès de sa personne

NOTE M

Voici deux autres épigrammes sur le cardinal Mazarin :

Jules fut gueux, Jules fut riche,
Jules fut noble et roturier,
Jules fut prélat et guerrier,
Jules fut magnifique et chiche,
Jules fut Français et Romain,
Jules fut sujet et souverain,
Jules fut louable et blâmable,
Jules fut chrétien et païen,
Jules fut Dieu, Jules fut diable,
Jules fut tout et n'est plus rien.

Ci-gît que la goutte fouilla
Depuis les pieds jusqu'aux épaules,
Jules, non qui conquit les Gaules,
Mais Jules qui les dépouilla.

NOTE N

VAUX. — Il y a beaucoup de lieux de ce nom dans le département de Seine-et-Marne.

Vaux, aujourd'hui Vaux-Praslin ou simplement Praslin. — Ce château dépend de Malnoy, village de 4,100 habitants, à une lieue de Melun. A l'époque où Fouquet en fit l'acquisition, c'était une demeure seigneuriale assez triste que le nouveau propriétaire remplaça par une magnifique résidence. Peu après la chute de Fouquet, le château de Vaux devint la propriété du maréchal de Villars, et reçut alors le nom de Vaux-Villars. Le fils du maréchal cessa d'entretenir les cascades, bouleversa les jardins et vendit enfin cette belle propriété au duc de Praslin, ministre de la marine, dont elle prit le nom. Elle est restée dans cette maison, à laquelle elle appartient encore. — Le château est entouré de larges fossés remplis d'eau vive. L'avant-cour est décorée de portiques, les bâtiments sont vastes et magnifiques ; les peintures des appartements sont parfaitement conservées ; le parc a six cents arpents.

NOTE O

Donnons encore ici quelques passages assez remarquables de cette relation. — Après avoir nommé les seigneurs et les officiers qui faisaient partie du cortège, le courtisan poète continue ainsi :

A peine était-on hors de la cour en ovale,
Que le vieux Brusquignon laissa tomber sa malle ;
Mais le brave Beaufort, qui vit par l'accident
La toilette royale en péril évident,
L'étant du faible dos de la méchante rosse,
Le plaça de grand cœur dans le fond d'un carrosse...
On voyait cependant les côtés de la plaine
Richement tapissés de haute lice humaine,
Et le peuple à genoux, en assez bon arroi,
Jusqu'à s'égosiller criant : Vive le roi !
Mais tous les magistrats, par le vouloir du maître,
Rengaînaient la harangue, et faisaient bien peut-être, etc.

NOTE P

C'est de cette princesse de Conti, s'il faut en croire une tradition du temps, que, sur la simple vue de son portrait, Muley Ismael, roi de Maroc, devint amoureux ; cet amour, quelque peu romanesque, donna lieu à ces vers de J.-B. Rousseau :

Votre beauté, grande princesse,
Porte les traits dont elle blesse
Jusques aux plus sauvages lieux ;
L'Afrique avec vous capitule
Et les conquêtes de vos yeux
Vont plus loin que celles d'Hercule.

NOTE Q

Bautru fit mourir ce galant à force de lui dégoutter de la cire d'Espagne sur la partie peccante. Suivant Ménage, le valet n'en mourut pas, et Bautru le fit condamner à être pendu. Mais, sur l'appel du condamné, la peine fut commuée en celle des galères, attendu qu'il fut reconnu que le plaignant s'était déjà fait justice lui-même.

NOTE R

« La reine mère, veuve de Louis XIII, non contente d'aimer le cardinal Mazarin, avait fini par l'épouser ; il n'était pas prêtre et n'avait pas les ordres qui pussent l'empêcher de contracter mariage. Il se laissa terriblement tirer de la bonne reine et la traita durement ; ce qui est la suite ordinaire de pareils mariages, mais, c'était l'usage du temps de contracter des mariages clandestins. »

(*Mémoires de la princesse palatine.*)

NOTE T

L'antiquité du nom des Mortemart est enregistrée dans le nom lui-même, puisque les généalogistes prétendent qu'un seigneur qui accompagnait Godefroy de Bouillon dans la croisade, obtint pour sa part d'a conquête cette portion de la Syrie sur laquelle s'étend la mer Morte. De là le nom de Mortimer en Angleterre et de Mortemart en France. — La princesse palatine, dans ses curieux mémoires, assigne à ce nom une autre étymologie.

NOTE U

« Madame ne pardonnait guère. Elle voulait chasser le chevalier de Lorraine ; celle-ci fit en effet, mais il s'en est bien vengé : c'est d'Italie qu'il a envoyé le poison par un gentilhomme provençal nommé Morel. Cet homme, on ne l'a donné par la suite pour premier maître d'hôtel, et, quand il m'eut bien volé, ils lui ont fait vendre cher sa charge. Cet homme avait de l'esprit comme un diable ; mais c'était ce qu'on appelle un homme sans foi ni loi. Il m'a avoué lui-même qu'il ne croyait à rien ; au moment de sa mort, il n'a pas voulu entendre parler de Dieu. Il disait en parlant de lui-même : « Laissez ce cadavre, il n'est plus bon à rien... » C'était un homme qui mentait, volait, jurait ; il était affilié et sodomite, en tenait école, vendait des garçons comme des chevaux et allait au portereur de l'Opéra pour faire ses marchés. »

(*Mémoires de la princesse palatine.*)

NOTE V

Voir, dans notre roman de la Reine Margot, des détails curieux sur ce personnage de la Mole, qui passait pour l'amant de la reine de Navarre, première femme de Henri IV.

NOTE X

Ce fameux noël n'a pas moins de douze couplets ; nous donnerons ici seulement les trois premiers.

— O messager fidèle
Qui reviens de la cour,
Apprends-nous pour nouvelle
Ce qu'on fait chaque jour.

— Plusieurs à l'ordinaire
Y passent mal leur temps,
Les gens du ministère
Y sont les seuls contents.

— Que fait le grand Alexandre
Tandis qu'il est en paix ?
N'a-t-il plus de cœur tendre ?
N'aimera-t-il jamais ?
— On ne sait plus qu'en dire,
Et l'on n'ose en parler ;
Si son grand cœur soupire,
Il sait dissimuler.

— Est-il vrai qu'il s'occupe,
Au moins le tiers du jour,
Où son cœur est la dupe
Ainsi que son amour ?
— En homme d'habitude
Il va chez Maintenon :
Elle est humble, elle est prude,
Il trouve cela bon.

NOTE Y

Les jeunes gens de votre cour
De leur corps font folie,
Et se régalent tour à tour
Des plaisirs d'Italie.

Autrefois, pareille action
Eût mérité la braise ;
Mais ils ont un trop bon patron
Dans le père la Chaise.

NOTE Z

Voici encore deux couplets d'une chanson épigrammatique sur le même sujet :

Colbert avait un grand-père
Qui n'était pas si puissant
Ni si riche que son père,
Mais qui vivait plus content.
Il portait sous son aisselle
Une ravissante vielle
Qui du son de ses accords
Lui tirait la faim du corps.

Il était dans la campagne
De l'ordre de Saint-François ;
Sa vielle était sa compagne
Et son écuelle de bois ;
Et du fredon de sa vielle
Il remplissait son écuelle,
Et remettait en son point
Le moule de son pourpoint.

NOTE AA

On trouvera dans le courant de l'ouvrage des couplets de cette princesse qui justifieront le caractère satirique et épigrammatique qu'on attribue ici à ses poésies.

NOTE BB

C'était une habitude royale ; c'est ce qui faisait dire au fou de Louis XIV : « Il y a deux choses auxquelles je ne pourrais pas m'habituer, c'est de manger seul et de ch... en compagnie. »

NOTE CC

BEVEZIERS. Le cap Beveziers ou Beachy-Head, sur la côte d'Angleterre, à la vue de l'île de Wight. Cette bataille s'est donnée le 10 juillet 1690.

NOTE DD

Voici cette chanson :

Retourne en cour
Et quitte la cuirasse,
Retourne en cour,
Laisse la Philippsbourg.
Il est plus doux
De courir à la chasse
Que d'aller aux coups.
Crains les jaloux ;
On ne prend pas ses places
Comme l'on prend les loups.

NOTE EE

On compte déjà plus de douze systèmes relatifs au Masque de fer.

1° Suivant les uns, ce serait un fils d'Anne d'Autriche qu'elle aurait eu secrètement d'un certain C. D. R. (comte de Rivière ou de Rochefort), par les soins du cardinal de Richelieu, qui voulait, dit-on, faire pièce à Gaston en faisant naître un héritier à son frère Louis XIII.

2° Selon Sainte-Foix, ce serait le duc de Monmouth, fils naturel de Charles II, roi d'Angleterre, lequel, au lieu d'être exécuté après sa révolte contre Jacques II, aurait été transporté en France et enfermé avec un masque de velours noir sur le visage.

3° Lagrange-Chancel prétend que c'était le fameux duc de Beaufort, le roi des halles, que nous avons vu disparaître au siège de Candie en 1669.

4° Ce serait le comte de Vermandois, fils naturel de Louis XIV et de mademoiselle de la Vallière, qui n'aurait point été frappé d'une mort prématurée, comme nous l'avons dit, mais qui aurait été enfermé par Louis XIV pour avoir donné un soufflet au dauphin. Ce système paraissait sourire à Voltaire.

5° Suivant une version peu accréditée, il est vrai, ce serait le nommé Mattioli, secrétaire du duc de Mantoue, que Louis XIV aurait fait arrêter et enfermer pour le punir d'avoir détourné son souverain du projet qu'il manifestait de céder sa capitale au roi de France.

6° Suivant une autre version, encore moins accréditée que la précédente, ce serait Henri Cromwell, le second fils du protecteur, lequel disparut subitement de la scène du monde sans qu'on ait jamais pu savoir ce qu'il était devenu.

7° Dufey (de l'Yonne) soupçonnait que ce pouvait bien être un fils d'Anne d'Autriche et de Buckingham.

8° M. de Taulès, consul général en Syrie, a publié un gros volume pour démontrer que ce personnage n'était autre que le patriarche arménien Arwedicks, que les jésuites auraient fait enlever parce qu'il s'opposait à leurs vues.

Le duc de Richelieu, ou du moins Soulavie, son secrétaire, croyait que c'était un frère jumeau de Louis XIV, lequel serait né à Saint-Germain, le 5 septembre 1638, à huit heures du soir, c'est-à-dire huit heures après la naissance de Louis XIV.

9° Notre contemporain le bibliophile Jacob (Paul Lacroix) a émis l'opinion que le Masque de fer pourrait bien être le malheureux Fouquet, qui aurait été puni d'une tentative d'évasion par l'application d'un masque permanent.

10° M. A. encore prétendu que c'était un malheureux écolier que Louis XIV, à la recommandation des jésuites, punissait ainsi d'un distique latin fait contre l'ordre de ces bons pères.

11° D'autres soupçonnent que c'était un fils de Louis XIV et de sa belle-sœur, madame Henriette d'Angleterre, duchesse d'Orléans ; mais on n'appuie cette conjecture d'aucune preuve.

12° Suivant la tradition qui s'est perpétuée, assure-t-on, dans la famille royale, relativement à ce personnage, ce serait le premier fruit des relations d'Anne d'Autriche avec Mazarin, lequel aurait vu le jour à l'époque où Louis XIII se tenait éloigné de sa femme ; de là la nécessité de l'élever d'abord secrètement, puis de l'enfermer par raison d'État. Louis XIV lui-même, suivant cette version, serait le fruit des mêmes relations ; mais, les précautions ayant été prises pour que Louis XIII pût s'attribuer cette paternité, la reine s'était trouvée affranchie de tout mystère à l'endroit de son second enfant.

13° Enfin, en présence de tant de systèmes contradictoires, les sceptiques en sont venus à se demander si l'homme au masque de fer ne serait pas un personnage imaginaire.

Voir, pour de plus amples détails, une Année à Florence, par Alexandre Dumas, l'Homme au masque de fer, par le chevalier de Taulès ; le Masque de fer, roman précédé d'une dissertation intéressante, par le bibliophile Jacob, etc., etc.

Nous avons reçu récemment, au sujet du Masque de fer, une lettre qui renferme des détails assez curieux ; la voici en partie :

Champahant, ancien capitaine d'artillerie, à M. Alexandre Dumas.

« Yssingeaux (Haute-Loire), le 4 mars 1845.

« Monsieur,

» Vous serez passablement surpris de voir arriver une lettre timbrée de la Haute-Loire ; mais votre surprise pourra cesser, lorsque je vous annoncerai que l'opinion que vous avez émise sur l'Homme au masque de fer se trouve confirmée par le malheureux prisonnier lui-même, par ses gravures (sur la pierre), que j'ai vues dans la prison et dont je suis bien aise de vous donner connaissance.

» En 1794 (cinquante et un ans, c'est déjà bien vieux), j'étais en garnison à Cannes, en face des îles Marguerite ; j'allai plusieurs fois faire visite à quelques officiers de la 117e demi-brigade qui occupaient ce poste et qui étaient mes compatriotes... Ils s'empressèrent de me faire visiter la prison de l'Homme au masque de fer, qui était ordinairement fermée, et j'y entrai plusieurs fois.

« Cette prison est tout à fait sur le bord de la mer, elle est de forme carrée et a environ vingt-quatre pieds sur chaque face. Les murs ont trois pieds d'épaisseur, elle est éclairée par une fenêtre assez grande, à laquelle sont adaptés trois grillages en fer de robuste armature, l'un à l'intérieur, l'autre au milieu du mur et le troisième du côté de la mer.

« Le parement du mur est, à l'intérieur, construit en pierre de taille de couleur jaunâtre et d'un grain un peu gros. Cette pierre me parut moins dure que le granit vrai. La hauteur de la prison est de douze pieds environ ; elle est très saine, mais c'est une prison.

« Voici actuellement les remarques que j'y fis, et qui sont le sujet de cette lettre.

« En entrant, on voit tout de suite l'effigie de l'Homme au masque de fer. La tête est à peu près de grandeur naturelle, elle est en profil et présente la joue droite, le cou et la naissance de l'épaule. La couleur noire du masque est extrêmement saillante et fixe l'attention. Elle est gravée sur la pierre, à la profondeur de trois lignes environ.

« Sur le mur à gauche (autant qu'il m'en souvienne), on lit cette inscription latine, également gravée sur la pierre :

Hic dolor,
Hic luctus perpetuus.

« Les lettres ont à peu près deux pouces de hauteur et sont parfaitement formées.

« Enfin (et c'est ici l'objet principal), sur un troisième mur est gravée une balance dont les bassins peuvent avoir sept à huit pouces de diamètre. Le fléau est presque perpendiculaire et non horizontal, de manière que l'un des bassins est en bas et l'autre en haut. Le premier est percé par une épée à forte poignée et renfonce l'autre bassin, sur lequel on voit une couronne très bien dessinée et gravée. Cette couronne est légère et paraît s'envoler.

« A ma seconde visite dans cette prison, je dis à mes camarades : « Le prisonnier, par ces gravures, nous indique son origine, et la cause « de sa disgrâce... C'est un prince auquel la force et la violence ont « enlevé une couronne, et il verse des pleurs perpétuels. »

« Cette explication parut assez naturelle à mes amis, et, comme nous n'étions pas très versés en histoire et en littérature, nous en restâmes là. Depuis cette époque, j'ai lu divers articles de littérature et de critique sur cet étrange prisonnier, et notamment en dernier lieu le feuilleton que vous avez fait à son égard, et je demeure convaincu comme vous que ce malheureux prince était un frère aîné de Louis XIV... »

TABLE DES MATIÈRES
DE
LOUIS XIV ET SON SIÈCLE

Pages

I. — Circonstances auxquelles Louis XIV doit la vie. — Anne d'Autriche se déclare enceinte. — Grâce qu'elle demande au roi à cette occasion. — Coup d'œil jeté en arrière. — Louis XIII. — Anne d'Autriche. — Marie de Médicis. — Le cardinal de Richelieu. — Gaston d'Orléans. — Madame de Chevreuse. — Première mésintelligence de Louis XIII et d'Anne d'Autriche. — Jalousie du roi contre son frère. — Le cardinal de Richelieu amoureux de la reine. — Anecdote au sujet de cet amour. 5

II. — Mission du Comte de Carlisle en France. — Arrivée du duc de Buckingham. — Sa magnificence. — L'histoire prend la forme du roman. — Intrigues de Buckingham pour plaire à la reine. — Les dix-sept. — Le chevalier de Guise et Buckingham au bal de la cour. — Le Grand Mogol. — La Dame blanche. — Aventure des jardins à Amiens. — Séparation. — Nouvelle visite de Buckingham à la reine. — Conséquences de la scène du jardin d'Amiens. 11

III. — M. de Chalais. — Son caractère. — Conspiration du duc d'Anjou révélée par Chalais au cardinal. — Le cardinal et le duc d'Anjou. — Mariage projeté. — Arrestation à Blois de César, duc de Vendôme, et du grand prieur de France, fils naturels de Henri IV. — Le comte de Rochefort. — Le couvent des capucins de Bruxelles. — Le complot est mûr. — Arrestation, procès et exécution de Chalais. — La reine est amenée en plein conseil. — Réponse de la reine. . . 18

IV. — Ce qu'étaient devenus les ennemis du cardinal. — Projets politiques et amoureux de Buckingham. — Mort de la duchesse d'Orléans. — Nouvelles exécutions. — Milord Montaigu. — Mission de Laporte. — La partie de cartes. — Situation critique de la Rochelle. — Fin tragique de Buckingham. — Regrets de la reine. — Anne d'Autriche et Voiture. . 26

V. — Fin et conséquences de la guerre. — Bruits à propos de la grossesse d'Anne d'Autriche. — Premier enfant. — Campanella. — Naissance de Louis XIV. — Joie générale. — Réjouissances. — Horoscope du nouveau-né. — Présents du pape. — Cortège du futur roi. 30

VI. — Naissance du duc d'Anjou. — Remarques curieuses à propos du mois de septembre. — Faveur de Cinq-Mars. — L'Académie française. — *Mirame*. Première représentation de cette tragédie. — Fontrailles. — La Chesnaye. — M. le Grand. — Anecdotes sur Cinq-Mars. — Fabert. — Conspiration terrible. — Voyage du roi dans le Midi. — Maladie du cardinal. — Il abat les conspirateurs. — Derniers moments de Richelieu. — Double jugement sur ce ministre. 33

VII. — Anecdotes sur le cardinal de Richelieu. — Le cordon bleu. — *La Milliade*. — Son favori de campagne. — La Follone. — Rossignol. — Le père Mulot. — Le grand écuyer et l'aumônier. — Le cardinal et l'aumônier. — Bois-Robert et Richelieu. — Récits drolatiques. — Racan en visite. — Les chausses retroussées. — Pour enfants vivants. — Mademoiselle de Gournay. — Les trois Racan. — Les chats pensionnés. — Le cardinal et Marion de Lorme. — Madame de Chaulnes. — Madame d'Aiguillon. — Ses galanteries. — Épigrammes. — Madame de Boutillier. — Le cardinal et Chérel. — La Saint-Amour. — Disgrâce de Bois-Robert. — Ode à ce sujet. — Ruse de Mazarin. — La saignée. . . . 39

Pages

VIII. — Entrée de Mazarin au conseil. — Faveur de M. des Noyers. — Bassompierre sort de la Bastille. — Les restes de la reine mère. — Maladie du roi. — Déclaration relative à la régence. — Baptême du dauphin. — Derniers moments de Louis XIII. — Son rêve prophétique. — Sa mort. — Jugement sur ce roi. — Son avarice, sa cruauté, sa futilité. 44

IX. — Mazarin. — Son origine. — Ses commencements. — Opinion de Richelieu à son sujet. — Son coup d'essai. — Prédiction d'un ambassadeur. — Factions qui partagent la cour. — Trois partis. — Le plus honnête homme du royaume. — Conduite de la reine. — Déclaration du parlement. — Les rivalités éclatent. — Mazarin et le valet de chambre de la reine. — Les tablettes 46

X. — Le duc d'Enghien. — M. le Prince. — Charlotte de Montmorency. — Le ballet et Henri IV. — Dernier amour du Béarnais. — Le roi postillon. — Gassion. — La Ferté-Senectère. — Don Francesco de Mello. — Bataille de Rocroy. 49

XI. — Situation d'Anne d'Autriche. — Retour de ses créatures. — Conduite de madame de Chevreuse. — La princesse de Condé. — Générosité de Mazarin envers madame de Chevreuse. — Madame de Hautefort. — Le mécontentement grossit. — Le roi des halles. — Le parti des importants. — Les deux lettres. — Querelle entre madame de Montbazon et la princesse de Condé. — La réparation. — Disgrâce de madame de Chevreuse. — Conspirations contre Mazarin. — Arrestation du duc de Beaufort. — Fuite de madame de Chevreuse. — Madame de Hautefort et la reine. — Fin de la cabale des importants. . . . 52

XII. — Retour du duc d'Enghien à Paris. — Le duc de Guise. — L'archevêque de vingt ans. — Ses folies. — Son orgueil. — Ses maîtresses. — La visite pastorale. — L'abbesse d'Avenay. — L'archevêque en exil. — Il devient soldat. — Ses mariages. — Son combat avec Coligny. — Fureur du duel à cette époque. . . 56

XIII. — La cour quitte le Louvre pour le Palais-Royal. — Enfance de Louis XIV. — Les enfants d'honneur. — Éducation du jeune roi. — Leçons de son valet de chambre. — Aversion du roi contre Mazarin. — Triste état de sa garde-robe. — Avarice du cardinal-ministre. — Portrait de Mazarin par La Rochefoucauld 58

XIV. — Révolte du Loisé. — Naissance du jansénisme. — Première représentation de *Rodogune*. — Second mariage de Gaston. — Noces de Marie de Gonzague. — Magnificence des Polonais. — Fêtes à la cour. — *La Folle supposée*. — Campagne de Flandre. — Le duc de Bellegarde, sa réputation, ses amours. — Bassompierre. — Un conte de fée. — Henri IV et Bassompierre. — Les demi-pistoles. — Esprit de Bassompierre. — Anecdotes à son sujet. — Sa mort, son portrait. 61

XV. — État des opérations militaires. — Masaniello à Naples. — Prétentions du duc de Guise. — Ses folies pour mademoiselle de Pons. — Le bas de soie. — La médecine. — Le perroquet blanc. — Les chiens savants. — Succès du duc à Naples. — Sa chute. — Calme à l'intérieur. — Famille de Mazarin. — Ses nièces et ses neveux. — Leurs alliances. — Paul de Gondi. — Ses commencements. — Ses duels. — La nièce de l'épicière. — Sentiments de Richelieu à l'égard de Gondi. — Ses voyages en Italie. — La

	Pages
partie de ballon. — Il est présenté à Louis XIII. — Il devient coadjuteur. — Ses libéralités. — Émeutes à cause des impôts. — Nouveaux édits. — La résistance s'organise	65
XVI. — Évasion de Beaufort. — Mademoiselle de Montpensier et le prince de Galles. — Projet de mariage de la princesse avec l'empereur. — Mademoiselle et l'archiduc. — Le coadjuteur reparaît. — Victoire de Lens. — Le coadjuteur et Mazarin. — Le *Te Deum*. — Inquiétudes du peuple. — Arrestation de Broussel. — Mouvements populaires. — Conduite du coadjuteur. — Comédie politique. — Dissimulation des uns, terreur des autres. — Colère de la reine. — Effroi du lieutenant civil. — Mission du coadjuteur. — Il sauve la Meilleraie. — Danger qu'il court lui-même. — Nouvelle visite au Palais-Royal. — Réponse de la reine. — Le coadjuteur devant la foule. — Le peuple se disperse	70
XVII. — Le coadjuteur et ses amis. — Leurs craintes et leurs conseils. — Pensées ambitieuses de Gondi. — Préparatifs de guerre civile. — Dispositions du coadjuteur. — Mouvement du peuple. — Les barricades. — Projets de la cour. — Démarche du parlement près de la reine. — Danger qui le menace à son retour. — Sa nouvelle démarche au Palais-Royal. — Il obtient la liberté de Broussel. — Inquiétudes à la cour. — Triomphe de Broussel. — Arrêt du parlement. — Destruction des barricades. — Couplet sur les *frondeurs*	75
XVIII. — La cour se retire à Ruell. — Victoires et blessures du prince de Condé. — Il est rappelé. — Le prince est possédé. — Motion énergique faite au parlement. — Déclaration de la reine. — Prétendu mariage de la reine mère avec Mazarin. — Influence de Condé. — La cour revient à Paris. — Nouvelles hostilités du parlement contre Mazarin. — Conseil odieux du prince de Condé. — La cour se propose de retourner à Saint-Germain. — *La reine boit*. — Départ de Paris. — Dénûment de la cour à Saint-Germain. — Terreur des Parisiens. — Lettre du roi. — Arrêt du parlement. — La guerre civile est déclarée	78
XIX. — Un mot sur le duc d'Elbeuf, le duc de Bouillon, le prince de Conti, madame de Longueville, le coadjuteur. — Pourquoi ils étaient mécontents. — Intelligence de Gondi avec madame de Longueville. — Ovation du coadjuteur au Marché-Neuf. — Visite de Brissac à M. de Gondi. — Les projets de M. d'Elbeuf. — Il joue au fin avec le coadjuteur. — Arrivée du prince de Conti. — Défiance du peuple contre la famille de Condé. — Les princes au parlement. — Lutte entre le prince de Conti et M. d'Elbeuf. — Intrigues du coadjuteur. — Mesdames de Longueville et de Bouillon à l'hôtel de ville. — Conti est déclaré généralissime du parlement	83
XX. — Condé se déclare pour la cour. — Arrivée du duc de Beaufort à Paris. — Histoire du jeune Tancrède de Rohan. — Mesures des frondeurs. — Dénûment de la reine d'Angleterre. — Le comte d'Harcourt. — Mission qu'il reçoit. — Succès des Parisiens. — *La première aux Corinthiens*. — Mort du jeune Tancrède. — Condé attaque et prend Charenton. — Affaire de *Villejuif*. — Démarches pacifiques de la cour. — Négociations particulières. — Traité général. — Du premier acte de la guerre civile. — Révolution en Angleterre	86
XXI. — Le duc d'Orléans rentre à Paris. — Projet d'alliance entre la maison de Vendôme et Mazarin. — Succès de l'ennemi. — La reine part pour Compiègne avec ses deux fils, le cardinal et M. le prince. — Dispositions de Condé. — Brouille entre Mazarin et lui. — Les deux imprimeurs. — René Duplessis. — Les mazarins et les frondeurs. — Le souper interrompu. — Les visites à Compiègne. — Succès du duc d'Harcourt. — Rentrée de la cour à Paris. — Joie du populace. — Nouvelle brouille entre Condé et Mazarin. — Affaire des tabourets. — Mécontentement et vengeance de M. le Prince.	

	Pages
Madame de Chevreuse et Mazarin. — Démarches auprès du coadjuteur. — Entrevue de Gondi avec la reine. — Démonstrations amicales de Mazarin. — Conventions menaçantes pour Condé. — Désespoir amoureux de Monsieur. — Madame de Chevreuse le console. — Il entre dans le complot contre M. le Prince. — Visite de Condé à la reine. — Il est arrêté avec son frère. — Conséquences de cette arrestation	90
XXII. — Madame de Longueville en Normandie. — Sa vie aventureuse. — Elle arrive en Hollande. — Évasion de madame de Bouillon. — Elle est reprise. — Madame de Condé à Bordeaux. — Démarche de madame la princesse douairière. — Conduite de Gaston. — Turenne traite avec les Espagnols. — Inquiétude de la cour. — Elle se rend à Compiègne. — Bordeaux reçoit les mécontents. — La cour marche contre cette ville. — Acte de cruauté de la reine. — Représailles des Bordelais. — Le baron de Canolle. — Son exécution. — Fin de la guerre du Midi. — Visite de madame de Condé à la reine. — Mot de la Rochefoucauld. — Succès de Turenne à la tête des Espagnols. — Le coadjuteur entre dans le parti des princes. — Conditions de cette alliance. — Le prince de Condé est transféré de Vincennes à Marcoussis, puis au Havre. — Campagne de Mazarin. — Fin de madame la princesse douairière de Condé. — Arrêt du parlement. — Le cardinal revient à Paris. — Détails sur le duc d'Angoulême	96
XXIII. — Intrigues de Mazarin après sa rentrée à Paris. Refus de Mademoiselle. — Fidélité de Gaston. — Plaintes du parlement. — Factum du garde des sceaux contre le coadjuteur. — Discours de Gondi. — La citation improvisée. — Nouvel orage menaçant pour la cour. — Le duc d'Orléans et Mazarin. — Mesures que prend Gaston. — La tempête éclate contre Mazarin. — Avis de madame de Chevreuse. — Départ de Mazarin. — Conseil du coadjuteur. — Indécision de Monsieur. — Émotion dans Paris. — Le peuple au Palais-Royal. — Délivrance des princes. — Arrivée de Condé à Paris. — Retraite du coadjuteur. — Prétentions de M. le Prince. — La reine se rapproche du coadjuteur. — Conventions. — Majorité du roi.	101
XXIV. — Ce qu'était la société à cette époque. — Quelles femmes ont eu de l'influence sur elle. — Marion de Lorme. — Anecdotes. — Le surintendant d'Émery. — Le président de Chevry. — Claude Quillet. — Mort de Marion. — Ninon de Lenclos. — Son père. — Saint-Étienne. — Baray. — Coulon. — Les payeurs, les favoris, les martyrs et les caprices. — Navailles. — Madame de Choisy. — Sa société. — Mademoiselle de Scudéry. — Son éducation littéraire. — Ses embarras d'argent. — Ses premiers ouvrages. — *Les Chroniques du Samedi*. — La marquise de Rambouillet. — Son hôtel. — La chambre bleue. — Bonté de madame de Rambouillet. — Sa définition de l'amitié. — L'évêque de Lisieux et les roches de Rambouillet. — Les champignons du comte de Guiche. — Famille de madame de Rambouillet. — La belle Julie. — M. de Pisani. — Mademoiselle Paulet. — M. de Grasse. — Voiture.	106
XXV. — Commencement du théâtre. — L'hôtel de Bourgogne. — Le théâtre du Marais. — État précaire des acteurs. — Gaultier-Gargouille. — Henri Legrand. — Gros-Guillaume. — Bellerose. — La Beaupré. — La Valliote. — Mondory. — Bellerose. — Baron Ier. — d'Orgemont. — Floridor. — Mademoiselle Baron. — Duel entre deux actrices. — Les Béjart. — Molière. — Auteurs dramatiques. — Scudéry. — La Calprenède. — Tristan l'Ermite. — La Serre. — Bois-Robert. — Colletet. — Scarron. — Rotrou. — Corneille	115
XXVI. — Majorité du roi. — Les Barbons. — État de la France à l'intérieur et à l'extérieur. — Monsieur. — Le prince de Condé. — Mazarin. — Le coadjuteur. — Mademoiselle. — Le cardinal rentre en France. — Sa tête est mise à prix. — Il traverse tranquille-	

ment la France et va rejoindre la reine à Poitiers. — Le maréchal de Turenne revient offrir ses services au roi. — La cour se dirige vers Orléans. — Mademoiselle se déclare et prend Orléans 119

XXVII. — Le prince de Condé arrive à l'armée rebelle. — Ses lettres à Mademoiselle. — État de l'armée royale. — Combat singulier entre le roi et son frère. — Détresse de la cour. — Quel était alors le crédit de Louis XIV. — Les cent louis gardés et perdus. — Misère générale. — Retour de Mademoiselle à Paris. — Elle continue de se montrer chef de parti. — Un combat se prépare. — Monsieur refuse d'agir. — Il donne ses pouvoirs à Mademoiselle. — Elle se rend à l'hôtel de ville. — Propositions qu'elle fait aux conseillers. — Combat du faubourg Saint-Antoine. — Mademoiselle fait tirer le canon de la Bastille sur les troupes royales. — Retraite de l'armée du roi. — Mademoiselle est complimentée au Luxembourg. 124

XXVIII. — Assemblée à l'hôtel de ville. — Singulier signe de ralliement. — Nouveaux embarras de Monsieur. — Le projet d'*Union*. — Attaque à l'hôtel de ville. — Confession générale. — Inquiétudes des princes. — Nouvelle mission qu'elle fait. — Courage de cette princesse. — Son arrivée à l'hôtel de ville. — Elle sauve le prévôt des marchands. — La cour se retire à Pontoise. — Déclaration du parlement en faveur de Monsieur. — Arrêt contraire du conseil royal..... 129

XXIX. — Divisions entre les princes. — Suite de la querelle de M. de Nemours avec le duc de Beaufort. — Duel à mort. — Le prince de Condé reçoit un soufflet. — Mot du président Bellièvre. — Monsieur perd son fils unique. — Nouvelle opposition du parlement. — Nouveau départ de Mazarin. — Le roi rentre à Paris. — Embarras de Mademoiselle. — Départ des princes. — Ils sont déclarés criminels de lèse-majesté. — Rappel de Mazarin. — Motif qui le détermine à revenir. — Imprudence du coadjuteur. — On songe à se débarrasser de lui. — La volonté royale commence à se manifester. — Arrestation du cardinal de Retz. — Fin de la seconde guerre de la Fronde. — Retour de Mazarin............. 131

XXX. — Conduite du prince de Condé. — Premières mesures de Mazarin. — Distribution de récompenses. — Simple coup d'œil sur la société parisienne à cette époque. — Françoise d'Aubigné, depuis madame de Maintenon. — Ses commencements. — Elle est déclarée morte. — Grande misère. — Elle entre au couvent. — Son arrivée à Paris. — Comment elle fait la connaissance de Scarron. — Son mariage. — Ses succès dans la société. — Madame de Longueville se retire du monde. — Le prince de Marsillac fait sa paix avec la cour. — Mariage du prince de Conti. — Sarrasin négociateur. — Sa fin. — Arrêt de mort contre Condé. — Vues de Mazarin à l'égard de Louis XIV. — Fêtes à la cour. — Le roi acteur et danseur. — Il est sacré. — Sa première campagne. — Mort de Broussel................ 136

XXXI. — Gondi devient archevêque de Paris. — Opposition de la cour. — Intrigues à ce sujet. — Offres brillantes. — Refus du cardinal de Retz. — Raisons qui le déterminent à donner sa démission. — Il est transféré au château de Nantes. — Le pape ne veut pas ratifier la démission. — Embarras du cardinal. — Il s'échappe de prison. — Comment il évite d'être repris. — Lettre du prince de Condé au cardinal. — Frayeur de la cour. — Premières amours de Louis XIV. — Madame de Frontenac. — Mademoiselle de Châtillon. — Mademoiselle d'Heudecourt. — Madame de Beauvais. — Olympe Mancini. — Passion sérieuse. — Le parlement veut faire acte d'opposition. — Démarche hardie du jeune roi. — Gondi arrive à Rome. — Nouvelle campagne de Louis XIV. — Fêtes et ballets. — Premier carrousel. — Christine en France. — Portrait de cette reine par le duc de Guise. — Mort de madame et de madame de Mercœur. — Mariage d'Olympe Mancini. — Fin de la vie politique de Gaston d'Orléans 140

XXXII. — Intrigues d'amour de Marie de Mancini. — Mademoiselle de la Motte d'Argencourt. — Jalousie. — Une *distraction* royale. — La jeune jardinière. — Retour à Marie de Mancini. — Projets de mariage. — Mesdemoiselles d'Orléans. — Henriette d'Angleterre. — La princesse de Portugal. — Marguerite de Savoie. — L'infante Marie-Thérèse. — Christine à Fontainebleau. — Lettre curieuse de cette reine. — Fêtes à la cour. — Espérances de Mazarin. — Opposition d'Anne d'Autriche. — Trahison et punition du maréchal d'Hocquincourt. — Campagne du roi. — Grave maladie. — Mesures de précautions du cardinal Mazarin. — Voyage à Lyon. — Entrevue de la cour de France et de celle de Savoie. — La gouvernante somnambule. — Conduite du roi d'Espagne. — Il fait offrir l'infante à Mazarin............ 146

XXXIII. — Conclusion du projet de mariage avec la princesse de Savoie. — Joie du roi. — Représentation d'*Œdipe*. — La Fontaine. — Bossuet. — Racine. — Boileau. — Projet de traité entre la France et l'Espagne. — Fin des amours du roi et de Marie de Mancini. — Mot de Mazarin. — Départ de Marie. — La cour se rend dans le Midi. — Conférences de l'île des Faisans. — Traité des Pyrénées. — Retour de Gaston d'Orléans. — Mort de Gaston d'Orléans. — Anecdotes au sujet de ce prince. — Fin de la dernière Fronde. 151

XXXIV. — Mariage de Louis XIV. — Portrait de la jeune reine. — Retour de la famille royale à Paris. — Rétablissement de la royauté en Angleterre. — Maladie de Mazarin. — Déclaration des médecins. — Regrets du cardinal. — Générosité extraordinaire du moribond. — Raillerie de Bautru. — Derniers moments de Mazarin. — Le cardinal et le théatin. — La restitution pour rire. — Une *deito* de jeu. — Mort de Mazarin. — Son testament. — Jugement sur ce ministre. — Son ambition. — Son avarice. — Son éloge.................................... 153

XXXV. — Le Tellier. — Lyonne. — Fouquet. — Leur caractère. — Colbert et le trésor. — Louis XIV à vingt-trois ans. — Philippe d'Anjou et son frère. — Retraite d'Anne d'Autriche. — Manière de vivre de la jeune reine. — La princesse Henriette et le jeune Buckingham. — La reine mère d'Angleterre et sa fille reviennent en France. — Motifs de ce retour. — Monsieur va à leur rencontre. — Le comte de Guiche. — Violente jalousie. — Mariage du duc d'Anjou. — Il prend le titre de duc d'Orléans. — Portrait de madame Henriette. — Emploi ordinaire d'une journée de Louis XIV. — Les frondeurs deviennent courtisans. — Le roi amoureux de Madame. — Comment on veut cacher cette liaison. — Mademoiselle de la Vallière. — Louis XIV poëte. — Dangeau doublement secrétaire. — Chute de Fouquet se prépare. — Fête de Vaux. — Voyage à Nantes. — Arrestation de Fouquet. — Haines contre Colbert......... 159

XXXVI. — Naissance du dauphin. — État des esprits à cette époque. — Première querelle du roi avec mademoiselle de la Vallière. — Elle s'enfuit aux carmélites de Chaillot. — La réconciliation. — Commencements de Versailles. — *La Princesse d'Élide*. — *Tartufe*. — Création des chevaliers du Saint-Esprit. — Le justaucorps bleu. — Puissance de la France. — Mademoiselle de la Vallière devient mère d'une fille, puis d'un fils. — Détails sur le duc de la Meilleraie. — Bautru. — Anecdotes à son sujet. — Maladie de la reine mère. — Madame et le comte de Guiche. — La brouille et le raccommodement. — Fin d'Anne d'Autriche. — Considérations sur son caractère et sa politique...................... 165

XXXVII. — Conséquence de la mort d'Anne d'Autriche. — Refroidissement du roi pour mademoiselle de la Vallière. — Commencement de Madame de Montespan. — La princesse de Monaco. — Caractère de la nouvelle favorite. — Préparatifs de guerre. — Campagne de Flandre. — Rudesse de Louis XIV. — Amours de la grande Mademoiselle avec Lauzun. — Portrait de Lauzun. — Son origine. — Causes de

	Pages
son rapide avancement. — Il se fait mettre à la Bastille. — Sa grossièreté. — Le roi consent d'abord à son mariage. — Motifs qui déterminent le roi à donner son consentement. — Dernières années du duc de Beaufort. — Sa fin mystérieuse.	171
XXXVIII. — Griefs de Louis XIV contre les Provinces-Unies. — Projet d'alliance de la France avec l'Angleterre. — Madame Henriette négociateur. — Succès de sa mission. — Mécontentement de Monsieur. — Griefs de Madame contre son mari. — Le chevalier de Lorraine. — Le roi prend fait et cause pour Madame. — Colère du duc d'Orléans. — Maladie de madame. — Elle se croit empoisonnée. — Opinion des médecins. — Progrès du mal. — Derniers moments de la princesse. — Conduite de Monsieur. — Visite du roi. — Mort de madame Henriette. — Le crime est dévoilé. — Indulgence du roi.	175
XXXIX. — Louis XIV et madame de Montespan. — Abandon de mademoiselle de la Vallière. — Première grossesse de la nouvelle favorite. — Mystère dont on entoure son accouchement. — Naissance du duc du Maine. — Chute de Lauzun ; il est arrêté. — Il retrouve Fouquet dans sa prison de Pignerol. — Le jeune duc de Longueville paraît à la cour. — Ses liaisons avec la maréchale de la Ferté. — Madame de la Ferté et son mari. — La maréchale et son valet de chambre. — Vengeance du maréchal. — Le maréchal et la dame de compagnie. — Le duc de Longueville et le marquis d'Effiat. — Le guet-apens. — Le coup de canne. — Guerre contre la Hollande. — Passage du Rhin. — Mort du duc de Longueville. — Son testament. — État du théâtre. — Retraite de mademoiselle de la Vallière.	178
XL. — Paix de Nimègue. — Coup d'œil rétrospectif. — Louis XIV et les poètes. — Le vieux Corneille vengé par le roi. — Vers à ce sujet. — Conspiration du chevalier de Rohan. — Sa fin. — Les empoisonneuses. — La poudre de succession. — La Voisin. — La Vigoureux. — La *Chambre ardente*. — Consultation de Monsieur. — Le diable lui apparaît. — La Voisin et ses habitués. — Conjuration du cardinal de Bouillon. — La Reynie et la comtesse de Soissons. — Exécution de la Vigoureux. — Fin de la Voisin.	184
XLI. — La princesse palatine ; son portrait. — Son caractère. — Sa conduite à la cour. — Enfants naturels de Louis XIV. — Nouvelles amours du roi. — Madame de Soubise. — Madame de Ludre. — Mademoiselle de Fontange. — Madame de Maintenon. — Ses premiers rapports avec Louis XIV. — Comment la cour voit sa faveur naissante. — Le père La Chaise. — Maladie du roi. — Fin de la reine Marie-Thérèse. — Retour momentané de Lauzun. — État de la France pendant cette période.	187
XLII. — Guerre contre Alger. — Invention des bombes. — Petit-Renaud. — Premier bombardement. — Traité de paix. — Mort de Colbert. — Ses épitaphes. — Ses funérailles. — Sa famille. — Guerre contre Gênes. — Deuxième bombardement. — Suspension des hostilités. — Conventions. — Le doge à Versailles. — État du nouveau palais. — L'ambassadeur génois devant Louis XIV.	192
XLIII. — Coup d'œil sur la littérature, les sciences et les beaux-arts à cette époque. — Molière. — La Fontaine. — Bossuet. — Bussy-Rabutin. — Madame de Sévigné. — Fénelon. — La Rochefoucauld. — Pascal. — Boileau. — Madame de La Fayette. — Madame Deshoulières. — Saint-Simon. — Quinault. — Lulli. — La peinture. — La sculpture. — L'architecture. — État de la littérature et des sciences en Angleterre, en Allemagne, en Italie et en Espagne. — Progrès de l'industrie française dans cette période. — Les dames d'honneur. — Embellissements de Paris. — Progrès des arts militaires. — Armée de terre. — Cavalerie. — Artillerie. — Marine. — Famille de Louis XIV. — Le grand dauphin et ses fils. — Enfants naturels. — Le comte de Vermandois. — Le comte du Vexin. — Mademoiselle de Blois. — M. du Maine. — Mademoiselle de Nantes. — Une journée du grand roi. — Étiquette de sa cour.	195
XLIV. — Les calvinistes et les catholiques. — Vexations antérieures à l'édit de révocation. — Quelle a été la part de Maintenon dans ces persécutions. — Révocation de l'édit de Nantes. — L'abbé du Chayla. — Son martyre. — Il est envoyé dans les Cévennes. — Ses cruautés. — Projet de mariage entre Louis XIV et madame de Maintenon. — Résistance du dauphin. — Incertitude du roi. — Le mariage s'accomplit. — Sonnet de madame la Duchesse. — Lettre de Charles II. — Caractère de ce prince. — Avénement de Jacques II. — Sa conduite irréfléchie. — Le prince d'Orange détrône son beau-père. — Jacques et sa famille se réfugient en France. — Retour de Lauzun. — Ligue d'Augsbourg. — Maladie de Louis XIV. — La croisée de Trianon.	201
XLV. — Guerre générale. — Nouvel incident du Palatinat. — Luxembourg. — Le maréchal de Duras. — Le Dauphin. — Catinat. — Prise de Philipsbourg. — Batailles gagnées et perdues. — Le prince Eugène. — Suite de la guerre civile des Cévennes. — Fin terrible de l'abbé du Chayla. — Mort du prince de Condé. — Lutte entre madame de Maintenon et Louvois. — Le roi et le ministre. — Scène des pincettes. — La garde mal placée. — La promenade et le monologue. — Mort de Louvois. — Révélation sur sa mort. — La reine d'Espagne meurt empoisonnée.	205
XLVI. — État de l'Europe vers la fin de la guerre. — Traité avec la Savoie. — Paix de Riswick. — Premier testament du roi d'Espagne. — Élection du prince de Conti au trône de Pologne. — Bataille de Zenta. — Paix de Carlowitz. — Le maréchal ferrant de Salon. — Son voyage à Versailles. — Il est présenté à la cour. — Son entrevue avec Louis XIV. — Son histoire. — Explication de ses aventures mystérieuses. — Le comte d'Aubigné. — Ses désordres. — La jeune duchesse de Bourgogne. — Sa réception en France. — Son arrivée à Montargis, à Fontainebleau et à Versailles. — Célébration du mariage. — La première nuit des noces. — Portrait du duc de Bourgogne.	209
XLVII. — Testaments du roi d'Espagne. — Intrigues à ce sujet. — Conseil du pape Innocent XII. — La France est enfin préférée à l'Autriche. — Mort de Charles II. — Ouverture du testament. — Plaisanterie du duc d'Abrantès. — Conduite prudente de Louis XIV. — Le duc d'Anjou est reconnu pour roi d'Espagne. — Une réception à Meudon. — Dernière entrevue de Louis XIV et de madame de Montespan. — Fin de Racine. — Cause de sa mort. — Naissance de Voltaire.	212
XLIII. — Barbezieux, son portrait, son caractère, ses débauches, sa mort. — Chamillart, origine singulière de sa fortune. — Fin de Jacques II. — Ses derniers moments. — Jugement sur ce roi. — Déclaration de Louis XIV. — Conduite de Guillaume III. — Dernière maladie de ce prince. — Son caractère. — L'Homme au masque de fer. — Son histoire. — Recherches à son sujet. — Conjectures de l'auteur.	215
XLIX. — Les puissances de l'Europe se déclarent contre Louis XIV. — La Grande-Alliance. — Nos ennemis et nos alliés. — Maladie du grand dauphin. — Visites des dames de la halle. — Fin de Monsieur. — Le duc de Chartres. — Caractère de Monsieur. — Coup d'œil sur les opérations de la guerre. — Faveur de Villeroy. — Vendôme, son portrait. — Ses habitudes singulières. — Jean Cavalier. — Sa visite à Versailles. — Il quitte la France. — Fin de la guerre des Cévennes. — Derniers moments de madame de Montespan. — La grotte de Thétis. — Famine de 1709. — Impôt du dixième. — Fin du père La Chaise. — Son successeur le père Le Tellier. — Désastres de la France.	218
L. — Maladie de la duchesse de Bourgogne. — Le duc de Fronsac. — Son mariage. — Amants de la jeune duchesse. — Nangis. — Maulevrier. — Enfants de Madame de Bourgogne. — Opérations militaires. — Villeroy en Flandre. — Défaite de Ramillies. — Il est remplacé par Vendôme. — Le duc d'Orléans	

| Pages |

en Italie. — Déroute de Turin. — Le même prince en Espagne. — Singuliers scrupules de Louis XIV. — Affaire de Lérida. — Intrigues contre le duc d'Orléans. — Situation critique de Philippe V. — Prise de Madrid par l'archiduc Charles. — Folles espérances du duc d'Orléans. — Propositions humiliantes de Louis XIV. — Dureté de ses ennemis. — Vendôme appelé en Espagne 225

LI. — Succès de Vendôme en Espagne. — Chute de Malborough. — La jatte d'eau. — Mort de l'empereur Joseph 1er. — Revirement de la politique contraire à Louis XIV. — Désastres dans la famille royale. — Maladie de monseigneur le grand dauphin. — Sa mort. — Son portrait. — Maladie et fin de madame de Bourgogne. — Portrait de cette princesse. — Maladie du duc de Bourgogne. — Sa mort. — Son portrait. — Son caractère. — Franchise de Gamache. — Maladie et mort du duc de Bretagne, troisième dauphin. — Maladie et mort du duc de Berry. — Fin du duc de Vendôme. — Victoire de Denain. — Paix d'Utrecht 228

LII. — Vieillesse de Louis XIV. — Sa tristesse. — Division de la cour en deux partis. — Calomnie contre le duc d'Orléans. — Causes et conséquences de cette calomnie. — Conduite du roi dans cette circonstance. — Sa prédilection pour les princes légitimés. — Protestations. — Le duc du Maine est comblé de faveurs. — Testament arraché à Louis XIV. — L'ambassadeur apocryphe. — Une éclipse. — Dernière revue de la maison du roi. — Maladie de Louis XIV. — Conférence du roi avec le duc d'Orléans. — Recommandations suprêmes de Louis XIV. — Ses derniers moments. — Sa fin 232

Conclusion 236

Notes 238

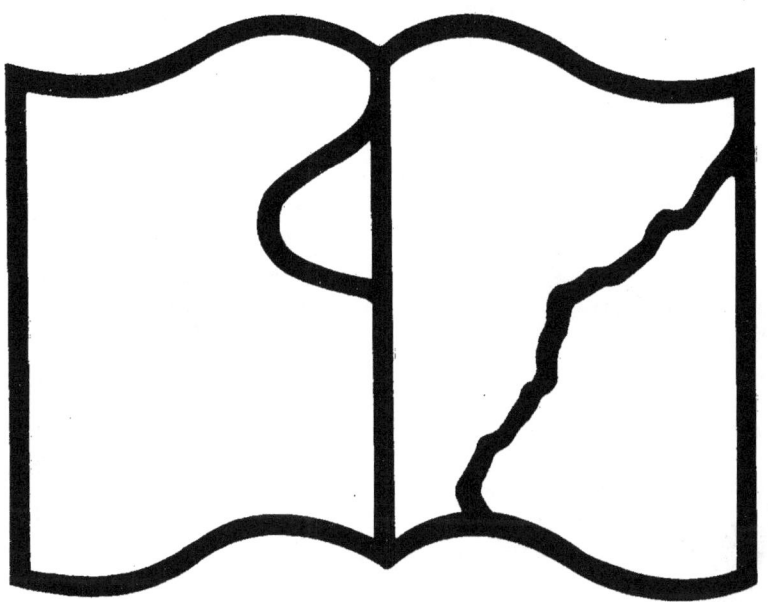

Texte détérioré — reliure défectueuse

NF Z 43-120-11

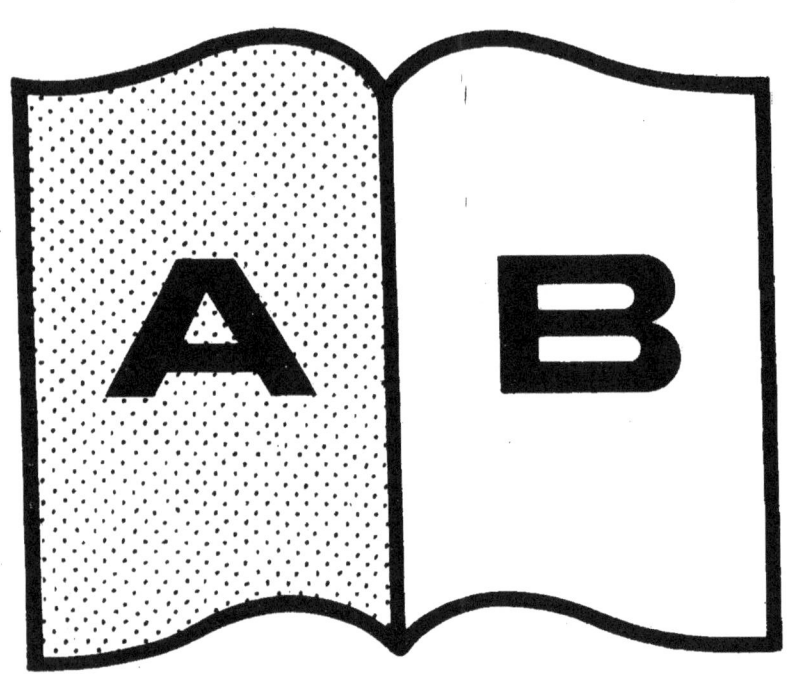

Contraste insuffisant

NF Z 43-120-14

www.ingramcontent.com/pod-product-compliance
Lightning Source LLC
Chambersburg PA
CBHW070522170426
43200CB00011B/2290